P9-AQT-261

OPTIONS, FUTURES
AND OTHER DERIVATIVES
9th Edition

期权、期货
及其他衍生产品
(原书第9版)

[加] 约翰·赫尔(John C. Hull)(多伦多大学)著
[加] 王勇(光大证券) 索吾林(女王大学)译

图书在版编目（CIP）数据

期权、期货及其他衍生产品（原书第9版）/（加）赫尔（Hull，J. C.）著；（加）王勇，（加）索吾林译．—北京：机械工业出版社，2014.11（2015.3重印）
（华章教材经典译丛）
书名原文：Options，Futures，and Other Derivatives

ISBN 978-7-111-48437-0

I. 期… II. ①赫… ②王… ③索… III. ①期货交易 ②期权交易 IV. F830.9

中国版本图书馆CIP数据核字（2014）第250209号

本书版权登记号：图字：01-2014-5895

John C. Hull. Options，Futures，and Other Derivatives，9th Editon.
ISBN 978-0-13-345631-8

本书被誉为金融衍生产品领域的“圣经”。本书对金融衍生品市场中期权与期货的基本理论进行了系统阐述，提供了大量业界事例，主要讲述了期货市场的运作机制、采用期货的对冲策略、远期及期货价格的确定、期权市场运作过程、雇员股票期权的性质、期权交易策略以及信用衍生产品、布莱克－斯科尔斯－默顿模型、希腊值及其运用等。本书与时俱进，书中更新了大量经济数据，带来了最新的市场信息，还特意针对证券化和始于2007年的信用危机展开论述。

本书可作为高等院校经济、金融相关专业教学用书，也可作为金融机构管理者，特别是期权、期货从业人员的参考用书。

出版发行：机械工业出版社（北京市西城区百万庄大街22号 邮政编码：100037）
责任编辑：黄姗姗　　责任校对：殷　虹
印　　刷：北京瑞德印刷有限公司　　版　　次：2015年3月第1版第2次印刷
开　　本：185mm×260mm　1/16　　印　　张：43.25
书　　号：ISBN 978-7-111-48437-0　　定　　价：109.00元

凡购本书，如有缺页、倒页、脱页，由本社发行部调换
客服热线：（010）88379210　68995261　88361066　　投稿热线：（010）88379007
购书热线：（010）68326294　88379649　68995259　　读者信箱：hzjg@hzbook.com

Foreword | 推荐序一

多年来，中国出口位列全球首位，但在贸易强国的背后，企业参与期货市场套期保值的程度较低，市场产品种类少，支柱产业缺乏整体竞争力和抗风险能力，尤其是在大宗商品及衍生品市场方面，我们还都处于起步较晚、发展水平较低的阶段。

2008 年的金融危机给我国带来的一个宝贵启示：我们要正确理解金融衍生品，改变对金融衍生品认识的传统观念，引导企业参与、利用衍生品市场，充分发挥衍生品市场的积极作用，利用衍生产品积极有效地进行风险管理，促进生产安排的科学决策。

值得欣喜的是，金融危机后的我国资本市场，不仅传统的商品期货发展迅速，股价指数类金融衍生品与利率衍生品等交易品种也日渐丰富，这极大地提高了我国资本市场的抗风险能力。继股指期货和国债期货推出之后，金融期权也即将上市。不久之后，中国金融期货交易所将推出沪深300 股指期权，上海证券交易所也将推出全市场的个股期权和 ETF 期权交易。

面对日新月异的金融衍生品市场，作为金融从业人员，学习和认知衍生品是非常重要的。在这方面，约翰·赫尔教授的代表作《期权、期货及其他衍生产品》无疑是不可多得的入门书籍。译者王勇博士和索吾林教授分别在业界和学界从事多年衍生品风险管理和教学工作，在理论和实践方面均有较高的造诣。

《期权、期货及其他衍生产品》（原书第 9 版）是一本理论联系实际的金融衍生品教材。本书对于普及期权、期货及其他衍生品知识，增强金融从业人员的衍生品业务能力，培育良好的衍生品交易文化，在金融机构中形成统一的衍生品交易与管理语言，促进期权、期货等衍生品交易和管理工作的有效开展，尤其在做好风险管理、立足资产管理、利用国际市场、拓展衍生业务方面，有重大的参考作用和借鉴意义，对于推动我国金融衍生品市场的发展，有着积极的作用！

袁长清
中国光大集团副总经理（原光大证券董事长）

推荐序二 | Foreword

2007 年的美国次级债风暴，特别是 2008 年 9 月中旬美国雷曼公司申请破产引发的美国以致全球金融危机为全球上了一堂难得的金融衍生产品知识的普及课，该课程目前仍在继续，案例仍在增加。即使在金融非常发达的北美和西欧，金融衍生产品，特别是银行间的各类金融衍生产品，都仅仅是少数专业人士才能够明白的专业知识。对于次级债风暴和金融危机中涉及的房产按揭抵押证券、债务抵押债券、信用违约互换等银行间或者场外交易的衍生产品在西方发达国家也只是少数金融专才才能完全明白的产品。在金融创新刚刚起步的我国，这些产品对绝大多数投资者，甚至众多金融从业人士都还是相对陌生的词语。

金融危机的持续蔓延使得国内外不少人士认为本次金融危机主要是美国金融创新过度以及衍生产品闯的祸。“金融危机前后涉及的主要金融产品如证券化产品和信用违约互换等都有多年的发展历史，几十年来国际市场上并没有发生过如此巨大的系统性危机，却唯独在 2008 年发生了。究其原因，从产品历史和危机爆发的时间来判断，并不是产品本身导致了金融危机的爆发。因为所有的金融衍生产品皆有一个基础市场，这些基础市场就像我们盖房或者盖楼的地基，如果地基打得不牢固，那么建在地基之上的楼房轻则发生倾斜，重则发生倒塌”。[⊖]美国本次从次级债到危机的最主要的原因是房产按揭贷款审慎原则没有坚持，同时相应的审慎监管也没有到位。所以衍生产品本身并没有问题，问题在“地基”，问题在监管，问题在杠杆使用程度过高，并不是产品本身。

孔夫子两千多年前就说过“道之不明也，我知之矣，贤者过之，不肖者不及也”。这里的“道”就是两千多年来扎根于我国文化深层的“中庸之道”。用我们现在的语言来讲，事物的发展总有个度。超过了这个度就是过分了，成为过错；而不到这个度就是没有达到最佳状态，也是过错。从一年多的美国次级债风波到金融危机可以看出，美国金融业杠杆的应用过度了。我国近年来虽然在金融创新方面取得了可喜的成绩，但相关的市场和产品的发展明显不足，才刚刚起步，离最佳状态还有相当大的距离。所以在金融危机持续和蔓延的今天，我们不仅不能因噎废食，减缓金融创新的步伐，还要继续努力推动。

金融衍生产品的发展在西方经历了近半个世纪的时间，有一个从简单到复杂的发展过程。近年来国内金融衍生产品市场有了可喜的发展，股指期货成功推出后 4 年多来交易活跃，国债期货推出 1 年以来名义成交金额就超过了同期股指期货的成交总额，显示出国内场内衍生产品

⊖ 张光平．人民币国际化和产品创新［M］．4 版．北京：中国金融出版社，2013.

市场的巨大潜能；然而商品期货期权、股指期权和利率期权至今仍然缺位，银行间各类金融衍生产品市场流动性相对很低，与近年来国内利率市场化和汇率市场化的步伐很不相称。我们应该充分学习和借鉴国外该领域的研究成果和市场发展过程中的经验和教训，结合我国实际情况，逐步、稳健地建立我国多层次的金融市场格局。十八届三中全会决定明确指出要“鼓励金融创新，丰富金融市场层次和产品”，为国内金融创新提出了明确的要求。

加拿大多伦多大学约翰·赫尔教授的《期权、期货及其他衍生产品》为我们学习金融衍生产品提供了很好的教材。约翰·赫尔教授是国际衍生产品领域的著名专家，他的衍生产品和风险管理著作数十年在国际上是很多大学本科、研究生、MBA 在这方面主要的教材。《期权、期货及其他衍生产品》经过数次更新，目前包括远期、期货、利率互换、外汇互换、信用互换、普通期权、奇异期权、互换期权等国际场内外市场上常用的衍生产品；除了这些产品，本书对资产证券化产品、抵押债券产品等也有详细的介绍和分析。本书不仅有浅显易懂的实际例子，也有具体的数学模型和定价公式，不仅对于简单的股票、商品、外汇类产品有系统介绍，而且对各类主要利率类和信用类衍生产品也有相当详细的介绍和分析，对我们了解、熟悉和分析这些产品有一定的参考作用。书中内容不仅对产品设计和定价有系统深入的描述，而且对十几年来国际市场上的利率模型和信用模型也有详细的介绍和评论，很有参考意义。

除了对产品和定价有系统的介绍和分析外，作者还用了相当的篇幅对金融风险对冲和管理的概念、计量、方法、模型等方面进行了相当系统深入的介绍和分析，特别是对国际市场上20年来的主要重大风险事件，比如美国加州奥兰治县、英国巴林银行、美国长期资本管理公司等，给予了系统的介绍和分析，对于我国金融业风险管控有相当的借鉴意义。总之，该书可以看作国际金融衍生产品和风险管理方面的大全书，对相关监管者、市场参与者、广大投资者、学校教授、学生皆很有用。

本书的译者王勇博士和索吾林教授在衍生产品和风险管理领域有着多年的实战和教学经验。王勇博士曾是加拿大资深的风险管理专家，现回国就职于光大证券，还是美国注册金融分析师（CFA）和注册风险管理师（FRM）。王勇博士既有扎实的数学等学术背景，又有多年金融业从业经验，对十几年来国际市场上的各类金融衍生产品和相应的风险管理有着直接的操作与管理经验。索吾林教授曾师从于约翰·赫尔教授，拥有数学和金融专业两个博士头衔，对赫尔教授的作品有着非常深刻的理解，并在衍生产品领域发表多篇学术论文。翻译约翰·赫尔教授的《期权、期货及其他衍生产品》是一项巨大的工程，虽然没有仔细询问翻译工作的详细过程，但是我可以想象翻译原书厚达800多页的巨著需要相当的时间和耐心。相信该书对逐步建立我国多层次金融市场，促进金融创新，加强金融风险管控，提升我国金融业的竞争力等方面皆有相当的借鉴作用。王勇博士约我为本书中文版作序，在感到高兴的同时，觉得义不容辞。希望我们各界能够认真学习借鉴国外金融业的先进经验，结合我国市场现状，努力推动我国金融创新，为提升我国金融竞争力，为建立创新型国家做出贡献。

张光平　博士
上海银监局副局长

译者序 | The Translators' Words

在20年以前刚刚进入金融领域不久，我们有幸在约翰·赫尔教授的课上学习衍生产品理论。课堂上，赫尔教授利用通俗易懂的语言和数学工具对衍生产品领域中许多艰涩的概念进行了精彩的描述。我们为赫尔教授出色的表达力所折服。《期权、期货及其他衍生产品》一书延续了赫尔教授课程的风格，在书中，赫尔教授采用了直观的形式将复杂的衍生产品结构和金融数学问题解释给读者，同时他分析问题的方式又不乏严谨性。

本书常被人称为金融衍生产品领域的“圣经”，这种说法一点都不过分。毫无疑问，衍生产品是近年来金融市场上的最大革新。2007～2009年，美国爆发了严重的金融危机。时至今日，市场上许多投资人对金融危机仍是心有余悸。监管当局出台了许多法令想要避免类似危机的再次发生。金融风暴给我们最大的启示之一是：对金融工具，尤其是衍生工具要充分理解，才能发挥其最大功效，否则后患无穷。

此书的英文版从第1版发展到第9版，赫尔教授在他的每次再版过程中都根据金融市场形势，给读者带来最新市场信息。书中涉及领域以及讨论文献非常之广，从业人员在该书上能找到几乎所有关于衍生产品定价及管理的信息。本书自问世以来，已经被世界上许多院校用作衍生产品课程的教材，包括本科、MBA以及一些金融工程专业课程。大多数在金融衍生产品领域从事定量工作的人员都持有本书。与我们一样，许多有理科背景的从业人员都是从本书开始了解金融衍生产品定价及其市场运作的。目前，全球衍生产品市场正在发生巨大变化，在新形势及新市场环境下仔细研读赫尔教授的经典大作，意义重大。

在本版翻译过程中我们得到了许多人的热情帮助，他们分别是张敏娜、陈一铭、董家良、董方鹏、杜妍、段涟、方舒曼、费宝刚、冯德诚、韩萌、韩慧明、季小虎、李红梅、李海涛、刘子健、刘莲、刘梦云、刘宝旭、聂堃、欧鹏、潘娈、沈瑞萌、王姝、王阳、吴子欣、吴禹辰、廖奇、谢晓宏、杨帆、杨乐意、袁俊、翟克岚、郑焱冰、周超、朱文泽和邹博。中财浩源资产管理有限公司总经理隋鹏达先生仔细阅读了中文稿的部分章节并提出了一些宝贵的建议，我们深表感谢。我们还要特别感谢华章图书的编辑，他们对于本书的出版提供了帮助并提出了宝贵的意见及建议。

回首过去几个月的辛劳，家人的体谅和关怀让我们能够尽快完成翻译工作。我们在此要特意分别感谢我们的妻子金燕敏和郝震，此书凝聚了她们对我们的体贴和鼓励。

王勇　索吾林

Preface 前言

有时连我自己都难以相信此书出版于1988年的第1版只有13章，篇幅只有330页！我必须不断扩充本书的内容来跟上衍生产品市场的迅速发展趋势。

与本书的前几版类似，这一版的读者有几类。该书可作为商学、经济学、金融数学以及金融工程专业的研究生教材，也可以作为高年级中具有较好定量数学背景的大学生教材。还有，许多衍生产品市场的从业人员会发现该书是一本很有用的参考书。购书的读者中有一半是衍生产品市场和风险管理中的分析员、交易员以及其他有关从业人员，对这一点我感到非常欣慰。

执笔衍生产品写作的作者必须做出的一个关键性决策是有关数学的运用程度，如果书中采用的数学难度太深，那么许多学生和从业人员会认为内容高不可攀；如果书中采用数学难度太浅，那么对许多重要问题的讨论会不可避免地停留在非常浅显的水平。在写作中，我对书中采用的数学和符号的处理非常谨慎，一些非关键的数学内容或者被省略，或者被包含在每章末的附录中，也有一些内容可以在我的网页上获得。我仔细解释了对许多读者而言有可能是新的概念，并针对这些概念给出了许多数值计算例子。

《期权、期货及其他衍生产品》（*Options, Futures, and Other Derivatives*）可用于衍生产品的入门课程，也可用于高等课程。教师在课堂上可以多种形式应用此书。讲授衍生产品入门课程的教师可以将课堂的大部分时间花在书的前半部分；讲授衍生产品高等课程的教师可以将本书后半部分的章节进行不同组合来进行教学。我发现无论是对于入门课程还是高等课程而言，第36章的内容都十分有益。

本版新增内容

该书的很多内容都得到了改进和更新，第9版的更新包括以下几个方面。

1. 本书在很多地方都增加了新的内容来讨论业界采用的隔夜指数互换（OIS）贴现利率。

2. 在本书的前半部分中增加了一章专门讨论贴现利率、信用风险和资金费用。

3. 增加了关于场外衍生产品市场监管的新内容。

4. 增加了更多关于中央清算、保证金要求和互换实施场所的内容。

5. 讨论了芝加哥交易所提供的末日期权（DOOM）和信用事件两点式期权（CEBO）等

产品。

6. 对于布莱克－斯科尔斯－默顿公式中的每项都给出了新的、非技术性的解释。

7. 讨论了永续期权和其他永续衍生产品。

8. 本书对于前面版本所引入的信用风险和信用衍生品中的关键产品类型和重要话题进行了扩写和更新。

9. 对于单因子均衡模型给出了更为全面的讨论。

10. DerivaGem 软件有几点更新（见下面的说明）。

11. 对于题库（Test Bank）进行了改进，采用本书的教师可以拿到题库。

12. 在每章结束增加了一些新的习题。

软件

此书包括 DerivaGem 软件的第 3.00 版本，这一软件包括两个 Excel 的应用：期权计算器（Options Calculator）及应用工具（Applications Builder）。期权计算器包括一个易于应用的软件，用户可以利用这些软件来对多类不同形式的期权进行定价。应用工具中包括若干 Excel 函数，用户可以在这些函数的基础上研发自身的应用程序，应用工具包括若干程序，这些程序采用不同的数值计算方法，学生可以将这些程序用于验证期权的性质。教师可以采用应用工具来设计出更为有趣的作业题，学生可以直接接触程序原代码。

DerivaGem 3.00 软件包括许多新功能，用户可以利用软件，并通过第 27 章所讨论的 CEV、默顿（Merton）、混合跳跃扩散（mixed-jump diffusion）、方差 Gamma 等模型来对欧式期权定价，也可以进行蒙特卡罗模拟试验。利用市场数据，用户可以构建 LIBOR 和 OIS 曲线，基于曲线，用户可以对互换和债券定价。对互换、上限及互换期权定价时，用户可以采用 OIS 和 LIBOR 两种不同的贴现方式。

本书的最后有关于这一软件的说明，用户可以在以下网页上下载此软件的最新版本 http://www.personhighered.com/hull。

教师手册

选用此书的教师可以通过在线的形式从培生公司来获得教师手册，这一手册包含了对于所有问题的答案（包括练习题和作业题），同时也含有每章的讲义、题库习题、课程组织心得和一些相关的 Excel 计算表。

技术报告

书中的某些观点是通过技术报告（Technical Notes）来说明的。读者可以在我的网页下载这些技术报告 www-2.rotman.utoronto.ca/~hull/technicalnotes。

在本书中，我没有包括这些技术报告，这是为了能够更好地组织材料，以保证学生更好地理解所讲述的内容。

致谢

在此书的写作过程中，许多人提供了帮助。事实上，如果一一列举所有给过此书建议的人，那所占篇幅就太长了。在这里我想强调，我特别受益于许多学术界用此书授课的同仁建议，以及金融从业人员的评论；同时特别感谢多伦多大学上我课的学生，他们给此书提供了许多非常好的建议。感谢几何出版社（Geometric Press）Eddie Mizzi 的终稿编辑工作和装订。罗马国际社会科学自由大学（Luiss Guido Carli University in Rome）的 Emilio Barone 为本书提供了许多详尽的建议。

我要特别感谢艾伦·怀特（Alan White），艾伦是我在多伦多大学的同事，在过去的大约30年里，艾伦和我在衍生产品和风险管理领域有许多合作研究。在这期间，我们花了大量的时间在一些关键领域进行探讨，此书中采用的许多新观点，以及对一些旧观点的新的解释方法是艾伦和我共同拥有的。艾伦是 DerivaGem 软件的主要开发者。

我要特别感谢培生公司的多位工作人员，特别是 Donna Battista，Alison Kalil 和 Erin McDonagh，我在此感谢他们对我的热情帮助、建议以及鼓励。我在此欢迎读者对此书提出建议。我的 e-mail 地址是 hull@ rotman. utoronto. ca。

约翰·赫尔

多伦多大学罗特曼管理学院

作者简介 | About the Author

约翰·赫尔（衍生产品及风险管理教授）

约翰·赫尔教授在衍生产品以及风险管理领域享有盛名。他的研究领域包括信用风险、雇员股票期权、波动率曲面、市场风险和利率衍生产品。他和艾伦·怀特教授研发出的Hull-White利率模型荣获Nikko-LOR大奖。他曾为北美、日本和欧洲多家金融机构提供金融咨询。

约翰·赫尔教授著有《风险管理与金融机构》（*Risk Management and Financial Institutions*）㊀、《期权与期货市场基本原理》（*Fundamentals of Futures and Options Markets*）㊁和《期权、期货及其他衍生产品》（*Options, Futures, and Other Derivatives*）等金融专著。这些著作被翻译成多种语言，并在世界不同地区的交易大厅被广泛采用。赫尔教授曾荣获多项大奖，其中包括多伦多大学著名的Northrop Frye教师大奖，1999年他被国际金融工程协会（International Association of Financial Engineers）评为年度金融工程大师（Financial Engineer of the Year）。

约翰·赫尔教授现任职于多伦多大学罗特曼管理学院，他曾任教于加拿大约克大学、美国纽约大学、英国克兰菲尔德大学和英国伦敦商学院等。他现为8本学术杂志的编委。

㊀㊁ 中文版已由机械工业出版社出版。

About the Translators | 译者简介

王勇（博士，CFA，FRM）

1985年毕业于西安交通大学，1994年获加拿大达尔豪斯大学博士学位，同年加盟加拿大皇家银行，持有CFA和FRM证书，现任光大证券首席风险官，主管公司的全面风险管理体系的建设。王勇博士曾任加拿大皇家银行集团副总裁，全球风险定量分析部董事总经理，主管全行的定量分析。

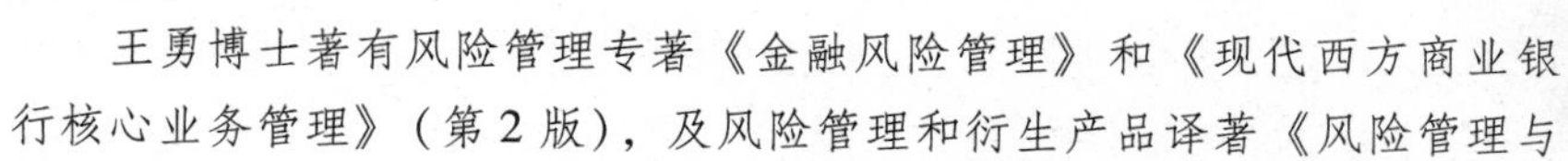

王勇博士著有风险管理专著《金融风险管理》和《现代西方商业银行核心业务管理》（第2版），及风险管理和衍生产品译著《风险管理与金融机构》（第3版）、《期权与期货市场基本原理》（第8版）、《期权、期货及其他衍生产品》（第8版）和《价值投资》。他曾为数十家金融机构的高级管理人员提供风险管理培训，内容覆盖公司治理、风险管理框架及战略、资本市场金融衍生产品和金融工程、巴塞尔协议等。王勇博士是多伦多大学罗特曼管理学院院长特别顾问，加拿大约克大学金融数学特聘教授，上海交通大学高级金融学院授课教授，浙江大学金融学院特聘研究员，他还曾受邀在加拿大几家著名高校研究生院及加拿大证券学院讲课。

王勇博士是加中金融协会和加拿大新视野职业俱乐部的创始人之一，2008～2014年期间任加中金融协会会长。

索吾林（博士）

1982年毕业于河北大学，1994年获加拿大不列颠哥伦比亚大学应用数学博士，2002年获多伦多大学金融学博士。自2000年加入加拿大女王大学商学院，现为终身教授。讲授的课程包括投资学与组合分析、金融衍生品以及资产定价理论。曾在多伦多大学做过博士后，还曾在加拿大皇家银行资金部和全球风险管理部工作。

索吾林博士在数学领域的研究兴趣主要在随机微分方程与随机控制方面，在金融领域的研究兴趣包括投资学与组合分析、金融工程、资产定价、风险管理以及计算金融和金融数学。曾在应用数学和金融杂志上发表过多篇文章。

简明目录 | Brief Contents

目录 Contents

第 14 章 维纳过程和伊藤引理 234

第 15 章 布莱克 - 斯科尔斯 - 默顿模型 249

第 16 章 雇员股票期权 275

第 17 章 股指期权与货币期权 286

第1章 引言

CHAPTER1

在过去的40年中，衍生产品市场在金融领域的地位变得越来越重要。现在期货和期权交易在全世界许多交易所里都十分活跃。金融机构、基金经理和企业的资金部之间经常在场外市场进行远期合约、互换、期权和其他形式的衍生产品交易。我们常常看到衍生产品被嵌入到债券之中、被用于公司高管的报酬之中、被用于资本投资项目之中、被用作将按揭风险从发起人转移到投资人的工具，等等。在现在的市场环境下，每一个金融从业人员（甚至很多金融行业外的从业人员）都应该了解衍生产品市场的运作机制、衍生产品的应用以及产品的定价过程。

不管你是喜欢还是厌恶衍生产品，你绝不能忽略它！衍生产品的市场规模庞大：如果以标的资产进行衡量的话，衍生产品市场的规模远远大于股票市场。衍生产品标的资产价值是全世界经济总产值的若干倍。本章中我们将会看到，衍生产品可用于对冲风险、投机和套利。在转移各式各样不同类型风险的过程中衍生产品扮演着非常关键的角色。

衍生产品（derivative）是指由某种更为基本的变量派生出来的产品。衍生产品的标的变量常常是某种交易资产的价格。例如，股票期权是由股票价格派生出的衍生产品。然而，衍生产品价值可以依赖于几乎任何变量，其中包括从猪肉价格到某个滑雪胜地的降雪量。

自从本书的第1版在1988年出版以来，衍生产品市场发生了许多变化。现在信用衍生产品、电力衍生产品、气候衍生产品和保险衍生产品的交易均十分活跃。在市场上产生了许多有关利率、外汇、股权的新型衍生产品；在风险测量和风险管理方面也出现了许多新的方法；对资本投资估算方面常常会使用所谓的**实物期权**（real option）对项目进行分析与估值。本书将反映所有这些方面的进展。

由于在2007年开始的信用危机中所扮演的角色，衍生产品市场受到了猛烈抨击。利用证券化过程，市场参与者可以从美国市场中具有较大风险的按揭组合来派生出新的衍生产品。许多这样的产品在房价下跌时变得一钱不值，使全世界许多金融机构和投资人都蒙受了巨大损失，并使整个世界陷入了75年来最糟糕的经济萧条之中。在本书的第8章里我们解释了证券化过程，同时说明了为什么市场上会出现这样的损失。正是由于信用危机，衍生产品市场受到了比过去更加严格的监管。例如，银行需要对自己承担的风险设定更多的资本金，同时也需要投入更多的精力去管理流动性。

银行对衍生产品定价的方法也随时间经历了许多变化，与过去相比，人们更加注意有关抵押品与信用方面的一些问题。尽管无法从理论上解释其合理性，许多银行都将代表“无风险”的利率改成了反映其融资费用的利率。在本版新加的第 9 章中，我们讨论了有关这方面的一些发展。在后面的第 24 章里我们将对信用与抵押品给出更详细的讨论。

在第 1 章中，我们首先讨论衍生产品市场及其变化，我们还将描述远期、期货和期权市场，然后我们概括地讨论了在市场上对冲者、投机者以及套利者如何使用这些衍生产品。在今后的章节中，我们将对这方面的问题给予更加详细的讨论。

1.1 交易所市场

在衍生产品交易所市场中，人们所交易的是经过交易所标准化之后的衍生产品。衍生产品交易所已经存在了很久。为了将农场主和商人联系起来，芝加哥交易所（Chicago Board of Trade，CBOT）于 1848 年成立。CBOT 在最初的主要职能是将所交易的谷物进行数量和质量标准化。几年以后，在 CBOT 开发了最初的期货类合约（当时这类合约也称为**将至合约**（to-arrive contract））。投机者很快发现用这种合约可以替代对谷物的直接交易，从而对这种合约产生了很大兴趣。CBOT 的竞争对手芝加哥商业交易所（Chicago Mercantile Exchange，CME）成立于 1919 年。现在世界上已经有许多期货交易所（见本书最后的列表）。现在 CME 和 CBOT 已经合并成立了 CME 集团（CME Group，www.cmegroup.com），该集团还包括纽约商品交易所（New York Mercantile Exchange，NYMEX）、商品交易所（Commodity Exchange，COMEX）以及堪萨斯市交易所（Kansas City Board of Trade，KCBT）。

芝加哥期权交易所（CBOE，www.cboe.com）从 1973 年开始交易关于 16 种股票的看涨期权合约。事实上，期权远在 1973 年之前就已经开始交易，但 CBOE 首先明确地定义了期权合约，并成功地为这样的产品建立了市场。交易所在 1977 年开始交易看跌期权。到目前为止，CBOE 交易超过 2 500 种股票期权和许多股指期权。与期货一样，期权合约也非常流行。现在世界上已经有许多交易所进行期权交易（见本书最后的列表），期权的标的资产包括外汇、期货合约以及股票和股指。

一旦两位交易员对一桩交易达成共识，具体的交易手续由交易所的清算中心负责。清算中心是两位交易员之间的中介，并对交易风险负责。例如，假设交易员 A 同意在将来某时间从交易员 B 手中按每盎司[⊖]1 450 美元的价格购买 100 盎司黄金，这项交易的结果是交易员 A 有一份从清算中心按每盎司 1 450 美元的价格购买 100 盎司黄金的合约，而交易员 B 有一份按每盎司 1 450 美元的价格卖给清算中心 100 盎司黄金的合约。这样安排交易的优点是交易员们不需要顾虑对手的信用问题。清算中心解决这个问题的方式是要求两个交易员都在清算中心储存一定数目的资金（保证金），以便确保他们履行自己的契约。在第 2 章里我们讨论对保证金的要求以及清算中心的运作方式。

电子交易市场

在传统上，衍生产品交易所是通过所谓的**公开喊价系统**（open outcry system）来进行交易

⊖ 1 盎司 = 28.349 5 克。

的。这一系统包括在交易大厅上的面谈、喊叫和一套复杂的手势来表达交易意向。交易所已逐渐采用**电子交易**（electronic trading）来替代公开喊价系统。在电子交易中，交易员需要输入交易指令，然后电脑会促成买卖双方的交易。虽然公开喊价系统有它的拥护者，但随着时间的推移，公共喊价系统已变得越来越少。

电子交易促成了高频率交易（high-frequency trading）与算法交易（algorithmic trading）的发展，这种交易方式借助于计算机程序来进行，在交易过程中常常无须人员介入。电子交易已成为衍生产品市场的一个重要特色。

业界事例 1-1 雷曼的破产

2008年9月15日，雷曼兄弟向法庭提出破产保护，这是美国历史上一起最大破产案，整个衍生产品市场都受到震动。直到破产的最后时刻，雷曼兄弟一直好像都有生存的机会。几家公司（比如韩国发展银行、英国巴克莱银行以及美国银行）都曾表示有购买雷曼的愿望，可是一直到最后都没有达成交易。许多人认为雷曼会是“大而不倒”（too big to fail）的公司，同时认为在最终没有买主的情况下，政府也会出资救助雷曼，但事实并非如此。

究竟发生了什么呢？雷曼的破产是由于高杠杆、高风险投资以及流动性问题等多种原因。商业银行因承接存款的原因，必须按照监管规定设定一定数量的资本金，但雷曼兄弟是一家投资银行，从而不受这一资本金监管规则的约束。在2007年，雷曼兄弟的杠杆比率高达31:1，这意味着资产只要跌价3%～4%就会消耗掉整个银行的资本金。雷曼的主席与首席执行官理查德·福尔德（Richard Fuld）崇尚激进的风险文化，据说他曾对自己的高管讲“每天都是在打仗，你们必须去消灭敌手。”雷曼的首席风险官很有能力，但其影响却有限，这位风险官甚至在2007年被从高管委员会上除名。雷曼兄弟最终承担的风险产品包括大量由次债派生出的债券（我们将在第8章对这些产品进行描述）。雷曼的运作大多依赖于短期债务，但是当市场对雷曼失去信心时，这些贷款人拒绝再将贷款进行延期，因此造成了雷曼的破产。

雷曼在场外衍生产品市场上非常活跃，其交易对手数量高达8 000多个，交易数量在百万笔以上。雷曼的交易对手在交易中常常要支付抵押品，但这些抵押品却被雷曼用于不同的目的。显然，在这种情况下要想搞清楚究竟谁欠谁的钱，简直就是个噩梦。

业界事例 1-2 系统风险

系统风险指的是当一家金融机构宣布破产时，它所产生的连锁反应会导致其他金融机构破产，从而威胁整个金融系统的稳定性。在银行之间有很多场外交易，如果银行A破产，由于和银行A所做的许多交易，这将会给银行B带来重大损失，从而可能会导致B的破产，与银行A和银行B有许多交易的银行C也许同样会有巨大损失，从而产生严重困难，等等。

尽管金融系统挺过了1990年德崇证券（Drexel）的破产以及2008年雷曼兄弟的破产，但目前监管部门仍是忧心忡忡。由于对系统风险的顾虑，政府在2007年和2008年的市场动荡期间营救了许多大型金融机构，使它们避免了破产的后果。

1.2 场外市场

并不是所有的衍生产品交易都是在交易所里进行的，**场外市场**（over-the-counter，OTC）

上也有许多交易。银行与其他大型金融机构、基金经理以及一些大公司都是衍生产品场外市场的主要参与者。一旦同意了场外交易，双方可以将交易递交到中央交易对手（central counterparty，CCP）或进行双边清算，中央交易对手的作用如同交易所的清算中心：它介于交易对手之间，从而使交易的一方不用顾虑对手的违约风险。当双边清算时，交易双方通常会签署一份覆盖它们之间所有交易的协约，在协约中常常会说明在什么情况下可以终止现存的交易、在终止交易时如何计算最终结算数量以及如何计算双方必须缴纳的抵押品（如果需要的话）数量。在第2章里我们将更详细地讨论中央交易对手与双边清算。

衍生产品场外市场参与者通常是通过电话或电子邮件来联系对方，或者通过经纪来为自己的交易寻找对手。金融机构常常是市场上流行产品的**做市商**（market maker）。这意味着他们在随时准备提供**买入价**（bid price）（即以这一价格买入产品）的同时，也提供**卖出价**（offer price）（即以这一价格卖出产品）。

在2007年开始的信用危机之前（见第8章中的讨论），在很大程度上衍生产品场外市场是不受监管约束的。在信用危机与雷曼兄弟倒闭之后（见业界事例1-1），场外市场受到了许多新规则的影响，这些规则的目的是改善场外市场的透明度、改善市场有效性程度以及降低系统风险（见业界事例1-2）。从某些方面来看，场外交易被强制性地变得越来越像交易所市场。三项最大的变化如下。

（1）在可能的情况下，美国的场外标准衍生产品必须按**互换交易执行场所**（swap execution facilities，SEF）中所述的方式进行交易。在这样的交易平台上，市场参与者可以出示买入价与卖出价，并且一个市场参与者可以选择接受另一个市场参与者所出示的报价而进行交易。

（2）对于大多数标准衍生产品交易，世界上许多地区都要求使用中央交易对手。

（3）所有交易都必须向登记中心提供备案。

市场规模

场外市场与交易所里的衍生产品交易数量都很大。尽管与交易所市场相比，场外市场交易数量相对较小，但是交易的平均规模却大得多。虽然这两个市场的统计结果不具有完全可比性，但很显然场外市场规模远远大于交易所市场。国际清算银行（Bank of International Settlement，www. bis. org）从1998年起开始统计市场交易数据，图1-1比较了①从1998年6月至

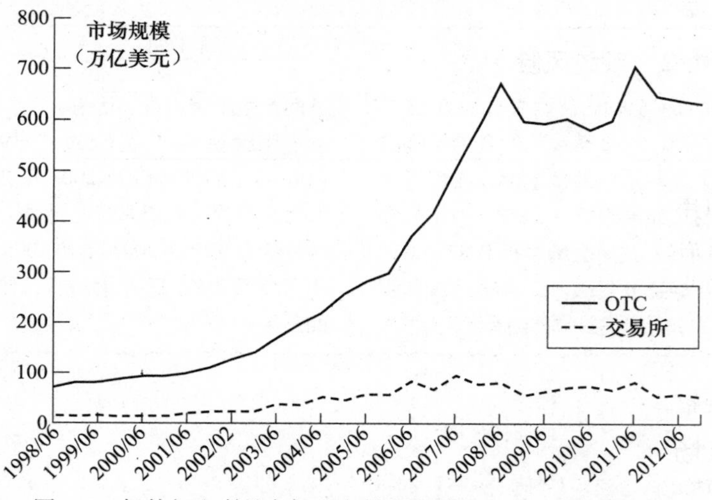

图1-1　场外衍生产品市场和交易所交易衍生产品市场的规模

2012 年 12 月场外市场未平仓交易的面值总和，与②同一段时间内，交易所合约中的标的资产的总价值。这些数据显示，到 2012 年 12 月为止，场外市场交易量已经增至 632.6 万亿美元，而交易所市场交易量增至 52.6 万亿美元。[一]

在分析这些数据时，我们应该认识到场外市场交易产品的合约金额（面值）与其价值并不是一回事。例如，某场外市场交易为 1 年期按某一指定汇率以英镑买入 1 亿美元的合约，这一交易的合约金额为 1 亿美元，但是这一交易的价值可能只有 100 万美元。据国际清算银行估计，截至 2012 年 12 月所有场外市场合约的市场总值大约为 24.7 万亿美元。[二]

1.3　远期合约

一种比较简单的衍生产品是**远期合约**（forward contract），它是在将来某一指定时刻以约定价格买入或卖出某一产品的合约。远期合约可以与**即期合约**（spot contract）对照，即期合约是指立刻就要买入或卖出资产的合约，远期合约常常是金融机构之间或金融机构与其客户之间在场外市场进行的交易。

在远期合约中，同意在将来某一时刻以约定价格买入资产的一方被称为持有**多头寸**（long position，简称多头），远期合约中的另外一方同意在将来某一时刻以同一约定价格卖出资产，这一方被称为持有**空头寸**（short position，简称空头）。

外汇远期合约在市场上十分流行。许多大银行都既雇用了即期交易员，也雇用了远期合约交易员。在后面的章节里我们会看到，在远期价格、即期价格以及两种货币的利率之间存在一种关系。表 1-1 列出的是 2013 年 5 月 6 日一家大型跨国银行给出的有关英镑（GBP）和美元（USD）之间汇率的买入和卖出价格，这里的汇率价格是指 1 英镑可兑现的美元数量。表中左边第 1 行数字表示该银行准备以每英镑 1.554 1 美元的价格在即期市场（即马上交割）买入英镑（英镑也被称为 sterling），同时也准备以每英镑 1.554 5 美元的价格在即期市场卖出英镑；表中左边第 2 行、右边第 1 行和第 2 行表示该银行准备在 1 个月、3 个月和 6 个月后分别以每英镑 1.553 8 美元、1.553 3 美元和 1.552 6 美元的价格买入英镑，同时银行也准备在 1 个月、3 个月和 6 个月后分别以每英镑 1.554 3 美元、1.553 8 美元和 1.553 2 美元的价格卖出英镑。

表 1-1　2013 年 5 月 6 日美元/英镑即期和远期的买入和卖出价
（表中所示价格为每英镑所对应的美元价格）　　（单位：美元）

	买入价	卖出价		买入价	卖出价
即期	1.554 1	1.554 5	3 个月远期	1.553 3	1.553 8
1 个月远期	1.553 8	1.554 3	6 个月远期	1.552 6	1.553 2

远期合约可以用来对冲外汇风险，假定在 2013 年 5 月 6 日美国一家企业的资金部主管已经预料到在 6 个月后（2013 年 11 月 6 日）需要支付 100 万英镑，这位主管准备对冲外汇风险，他可以同银行达成一个以表 1-1 所示的远期合约，在合约中约定在 6 个月后，这家企业必须以每英镑 1.553 2 美元的价格买入 100 万英镑，在远期合约中这家企业为多头方，也就是说这家企业在 2013 年 11 月 6 日以 155.32 万美元的价格买入 100 万英镑，而银行在合约中处在空头方的位置，也就是说银行必须在 2013 年 11 月 6 日以 155.32 万美元的价格卖出 100 万英镑。企业

[一] 如果场外市场中的一笔交易是通过了中央交易对手，那么在国际清算银行的统计中会显示成两笔交易。

[二] 一个交易对于某一方价值为 100 万美元，而对另一方价值为 -100 万美元，该交易的总值会被计为 100 万美元。

和银行都必须履行合约。

1.3.1 远期合约的收益

考虑上述交易中企业持有的头寸，远期合约在签署以后会产生什么样的结果呢？在这里的远期交易中，企业有义务在6个月后以1 533 200美元价格买入100万英镑。当汇率上涨时，假如在6个月后1英镑值1.600 0美元，这时对企业来讲，远期合约价值为+46 800美元（1 600 000 - 1 553 200）。远期合约保证企业可以按每英镑1.533 2美元（而不是1.600 0美元的价格）买入100万英镑。类似地，当在6个月后汇率降到1.500 0时，对企业来讲，远期合约价值为-53 200美元，这是因为由于持有远期合约而使企业比从市场直接购买英镑多花了53 200美元。

一般来讲，在合约到期时，对于远期合约多头方来讲，每1单位合约的收益为

$$S_T - K$$

这里K为合约的交割价格（delivery price），S_T为资产在合约到期时的市场价格，合约中的多头方必须以K的价格买入价值为S_T的资产。同样，对于远期合约的空头方来讲，合约所带来的收益为

$$K - S_T$$

以上所列的两项收益均可正可负，这些收益表示在图1-2中。因为签订远期合约的费用为0，所以合约的收益也就是交易员所有的盈亏。

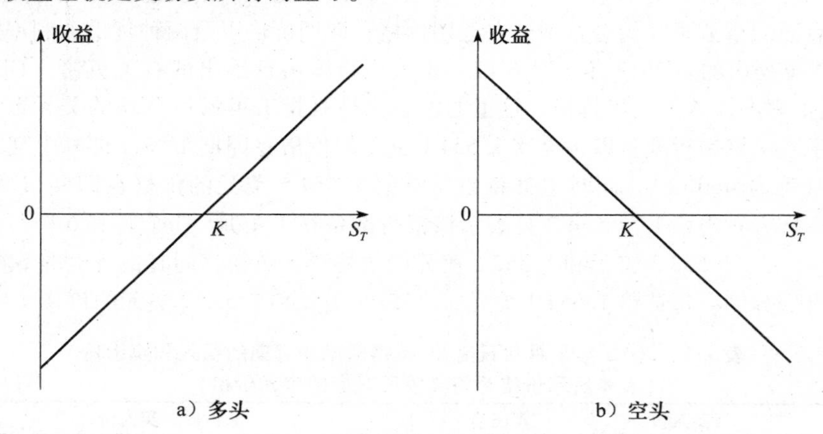

图1-2 远期合约的收益

注：合约的交割价格$=K$，资产在合约到期时的价格$=S_T$。

在上面例子中，$K=1.553\,2$，企业持有多头。当$S_T=1.600\,0$时，每英镑的收益为0.046 8美元；当$S_T=1.500\,0$时，每英镑的收益为-0.053 2美元。

1.3.2 远期价格和即期价格

我们将在第5章里详细讨论远期价格和即期价格之间的关系。为了粗略地描述两者之间的关系，考虑现价为60美元的无股息股票。假定借入和借出1年期现金的利率均为5%，1年期的远期价格是多少呢？

答案是60美元以5%增长到1年后的数量，即63美元。如果股票的远期价格大于63美元，比如为67美元。你可以借入60美元资金，买进股票，然后以远期合约的价格在1年后以

67 美元卖出股票。在 1 年后，偿还贷款，你可以得到 4 美元的盈利。如果股票的远期价格小于 63 美元，比如为 58 美元。在投资组合中持有股票的投资者可以卖出股票而获得 60 美元资金，然后签订在 1 年后以 58 美元买进股票的远期合约。将卖出股票所得资金以 5% 进行投资后可以得到 3 美元的利息。在 1 年后以 58 美元的价格买回股票，这样做会使投资者在一年中比保留股票的做法多赚 5 美元。

1.4　期货合约

与远期合约类似，期货合约（futures contract）也是在将来某一指定时刻以约定价格买入或卖出某一产品的合约。与远期合约不同的是，期货合约交易是在交易所进行的。为了能够进行交易，交易所对期货合约做了一些标准化。期货合约的交易双方并不一定知道交易对手，交易所设定了一套机制来保证交易双方会履行合约承诺。

世界上最大的期货交易所是芝加哥交易所（CBOT）和芝加哥商业交易所（CME），这两个交易所已经合并成为 CME 集团。在这两个以及世界各地其他交易所中，期货交易的标的资产包括各种商品和金融资产。商品包括猪肉、活牛、糖、羊毛、木材、黄铜、铝、黄金和锡。金融资产包括股指、货币和国债。金融媒体会定期公布期货价格定期。假定在 9 月 1 日，12 月份黄金期货的价格为 1 380 美元，该价格为（除佣金外）交易员同意买入或卖出在 12 月份交割的黄金价格。同其他资产价格一样，这一价格是由资产的供需关系来决定的：如果想买入资产的交易员比想卖出资产的交易员多，价格将会上涨；在相反情况下，价格将会下跌。

在第 2 章中将进一步讨论关于保证金要求、每日结算过程、交割过程、卖出 - 买入差价以及交易所清算中心的作用。

1.5　期权合约

期权产品在交易所市场和场外市场里均有交易。期权产品可以分成两种基本类型：**看涨期权**（call option）的持有者有权在将来某一特定时间以某一特定价格买入某种资产，**看跌期权**（put option）的持有者有权在将来某一特定时间以某一特定价格卖出某种资产。合约中所说的特定价格叫**执行价格**（exercise price）或**敲定价格**（strike price）；期权合约所指的特定时间叫**到期日**（expiration date）或**期限**（maturity）。**美式期权**（American option）是指期权持有人在到期日之前任何时间都可以选择行使期权；**欧式期权**（European option）是指期权持有人只能在到期日才能选择是否行使期权。[⊖]在交易所交易的股票期权大多为美式期权。一份合约的标的资产数量通常为 100 股。欧式期权比美式期权分析起来要容易一些，美式期权的性质常常与相应欧式期权性质一样。

在这里应该强调的是期权赋予持有者去做某一项事情的权利，当然持有者可以选择不去行使这一权力。与此相比，远期和期货合约中的双方必须要买入或卖出标的资产。这里我们应该注意到，尽管进入远期或期货合约时不需要支付任何费用，但必须付出一定费用才能拥有期权。

芝加哥期权交易所（CBOE）是世界上最大的股票期权交易所。表 1-2 给出了谷歌（股票

⊖ 这里的术语**欧式期权**及**美式期权**同这些产品的交易地点与交易中心无关，有些在北美交易中心交易的期权是欧式期权。

代码：GOOG）股票看涨期权在2013年5月8日的买入价和卖出价。表1-3给出了相应看跌期权的价格。这些报价均来自于CBOE网页。谷歌公司股票在2013年5月8日的收盘买入价和卖出价分别为871.23美元和871.37美元，期权的买入－卖出差价（作为价格的百分比）通常比其标的股票的差价要大，而且同时也取决于其交易量。表1-2与表1-3中期权的执行价格分别为820美元、840美元、860美元、880美元、900美元和920美元。表中所示期权的到期日期分别为2013年6月、2013年9月和2013年12月。6月份期权的到期日为2013年6月22日，9月份期权的到期日为2013年9月21日，12月份期权的到期日为2013年12月21日。

表1-2 谷歌股票看涨期权在2013年5月8日的价格：股票买入价为871.23美元，卖出价为871.37美元

执行价格	2013年6月		2013年9月		2013年12月	
（美元）	买入价	卖出价	买入价	卖出价	买入价	卖出价
820	56.00	57.50	76.00	77.80	88.00	90.30
840	59.50	40.70	62.90	63.90	75.70	78.00
860	25.70	26.50	51.20	52.30	65.10	66.40
880	15.00	15.60	41.00	41.60	55.00	56.30
900	7.90	8.40	32.10	32.80	45.90	47.20
920	n. a.①	n. a.	24.80	25.60	37.90	39.40

①n. a. 表示无数据，下同。

资料来源：CBOE。

表1-3 谷歌股票看跌期权在2013年5月8日的价格：股票买入价为871.23美元，卖出价为871.37美元

执行价格	2013年6月		2013年9月		2013年12月	
（美元）	买入价	卖出价	买入价	卖出价	买入价	卖出价
820	5.00	5.50	24.20	24.90	36.20	37.50
840	8.40	8.90	31.00	31.80	43.90	45.10
860	14.30	14.80	39.20	40.10	52.60	53.90
880	23.40	24.40	48.80	49.80	62.40	63.70
900	36.20	37.30	59.20	60.90	73.40	75.00
920	n. a.	n. a.	71.60	73.50	85.50	87.40

资料来源：CBOE。

这些表格显示了期权的一些性质。当执行价格上升时，看涨期权价格下降，而看跌期权价格上升。当期权期限增大时，这两种期权价值均会上升。在第11章，我们将讨论期权的这些性质。

假如某投资者向其经纪人发出购买谷歌股票12月看涨期权的指令，期权执行价格为880美元，经纪人会向CBOE的交易员传递购买指令，从而完成这项交易。如表1-2所示，期权的价格为56.30美元（列表中的卖出价格），这一价格是指买入1只股票的期权价格。在美国，每份股票期权合约的规模为100股，因而投资者必须通过经纪人向交易所注入5 630美元资金，然后交易所会将此项资金转给期权的卖出方。

在我们的例子中，投资者以5 630美元的价格买入了在将来某时刻以每股880美元价格买入100股谷歌股票的权利。如果在2013年12月21日之前，谷歌的股票价格没有高于880美元，期权持有人则不会行使权利，投资者（期权持有人）因此也就损失了5 630美元。[⊖]但是，如果谷歌公司的股票表现很好，在期权被行使时，谷歌股票（买入）价格为1 000美元，这时期权持有人能够以每股880美元的价格买入每股实际价值为1 000美元的股票，这会给投资者

⊖ 计算中没有包括投资人所支付的手续费。

带来 12 000 美元的收益。将最初买入期权的费用考虑在内后，期权持有人的实际盈利为 6 370 美元。[⊖]

另外一种情形是假定投资者以 31 美元的价格卖出了执行价格为 840 美元的 9 月份看跌期权（列表中的买入价格）。出售期权后会马上收入 100 × 31. 00 = 3 100 美元。如果谷歌股票价格一直高于 840 美元，期权也就不会被行使，投资者的盈利为 3 100 美元。但是，如果股票价格下跌，当期权被行使时股票价格为 800 美元，投资人将会产生损失。尽管股票的价格是 800 美元，但是投资者必须按每股 840 美元的价格购买 100 只股票，从而损失 4 000 美元，将最初的期权收费考虑在内，投资者实际损失为 900 美元。

在 CBOE 内交易的期权为美式。但为了便于讨论，我们假设这些期权为欧式，也就是假设只有在到期日才能行使这些期权。将投资者的盈利作为到期时股票价格的函数，我们可以在图 1-3 中画出期权的盈利图。

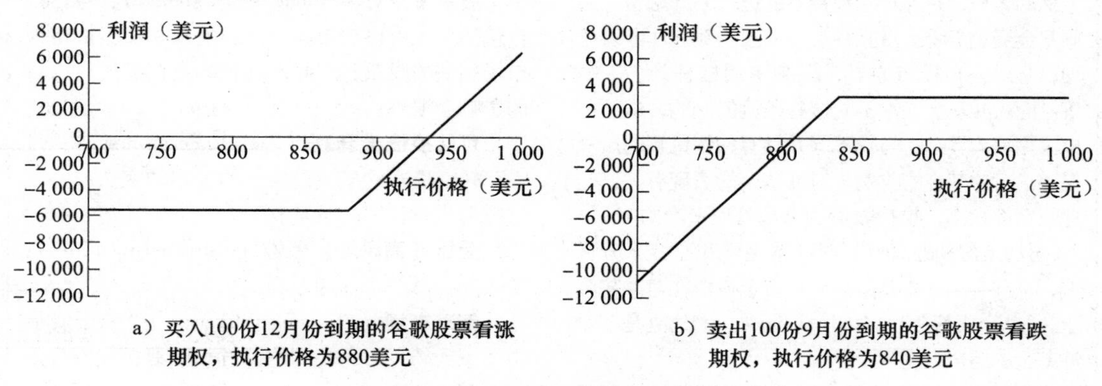

图 1-3 交易产生的净盈利

在今后的章节里我们将进一步讨论期权市场的运作机制以及交易员如何对表 1-2 和表 1-3 中的期权进行定价。我们在这里指出，期权市场上有 4 种参与者。

（1）看涨期权的买方；

（2）看涨期权的卖方；

（3）看跌期权的买方；

（4）看跌期权的卖方。

期权的买入方被称为持有**多头**（long position），期权的卖出方被称为持有**空头**（short position），卖出期权也被称为对**期权承约**（writing the option）。

1.6 交易员的种类

衍生产品市场已经非常成功，其中主要原因是这些市场吸引了许多不同类型的交易员，而且市场具有极强的流动性。当一个投资者想进入某个交易的一方时，通常可以很容易地找到想进入交易另一方的投资者。

交易员可以粗略地分为三大类：对冲者（hedger）、投机者（speculator）以及套利者（arbitrageur）。

⊖ 在计算中我们没有考虑贴现的影响。从理论上讲，当计算盈利时，我们应当将行使期权后所得的 12 000 美元贴现到购买期权的时间。

对冲者采用衍生产品合约来减小自己所面临的由于市场变化而产生的风险，投机者利用这些产品对今后市场变量的走向下赌注，套利者则采用两个或更多相互抵消的交易来锁定盈利。如业界事例1-3所示，无论出于哪种目的，对冲基金都已经成为衍生产品的最大用户。

在接下来的几节中，我们将更详细地讨论每种交易员的交易行为。

业界事例1-3 对冲基金

在近年来对冲基金已经成为衍生产品市场的重要参与者，它们运用衍生产品进行对冲、投机以及套利。对冲基金与共同基金类似，基金管理者将客户的资金进行投资，但是对冲基金的资金来自较为老练的客户，并且对冲基金不能进行公开融资。共同基金受监管条约的限制：基金份额随时可以兑现，必须公布投资方针，限制使用杠杆效应，等等。而对冲基金通常不受这些条例的制约，从而可以采用较为复杂、与众不同并具有独到见解的投资策略。对冲基金的收费与对冲基金的表现有关，一般收费都较高，收费数量通常是管理资产的1%～2%再加上盈利的20%。对冲基金现在已经十分普遍，全球有高达2万亿美元的资金投资在对冲基金上。“基金式基金”（funds of funds）的建立是在对冲基金的组合上进行投资。

对冲基金经理采用的投资策略常常包括利用衍生产品来设定投机和套利头寸。一旦设定这些策略，对冲基金投资经理要采取以下行动：

（1）对基金面临的风险进行评估；

（2）决定哪些风险可以接受，哪些风险应当对冲；

（3）设计交易策略（通常会涉及衍生产品）来对冲不能接受的风险。

以下是对冲基金的几种类型以及常常采用的交易策略。

股票多空对冲（long/short equities）：对冲组合包括买入价格被市场低估的股票和卖出价格被市场高估的股票，因此市场总体变化趋势对组合的影响会很小。

可转换债券套利（convertible arbitrage）：进入可转换债券的多头以及标的股票的空头，并以动态形式管理标的股票的空头。

受压（高风险）债券（distressed securities）：买入濒临破产企业的证券。

新兴市场（emerging markets）：投资于发展中国家或新兴市场公司的债券和股票，或投资于这些国家的国债。

全球宏观（global macro）：投资反映预期全球宏观经济走势的交易。

兼并套利（merger arbitrage）：在兼并和收购消息公布后进行交易。当并购交易成功后，可以达到盈利的目的。

1.7 对冲者

在这一节中，我们将说明对冲者如何利用远期合约和期权来减小他们所面临的风险。

1.7.1 利用远期进行对冲

假定今天是2013年5月6日，一家美国进口公司ImportCo得知在2013年8月6日因买入商品将向一家英国供应商支付1 000万英镑。表1-1列出了金融机构关于美元/英镑汇率的报价。ImportCo可以从金融机构买入3个月期限、汇率为1.553 8的英镑（GBP）远期合约来对冲其外汇风险。这样做的实际效果是向其英国供应商支付的美元数量锁定为15 538 000美元。

接下来我们考虑另一家美国出口公司ExportCo，该公司向英国出口商品。在2013年5月6日得知公司在3个月后将收入3 000万英镑。ExportCo可以在3个月远期合约中以1.553 3的价格卖出3 000万英镑。这样做的实际效果是确定卖出英镑后收入美元的数量为46 599 000美元。

注意，一个公司选择不对冲时有可能会比选择对冲的盈利效果更好，但也有可能更差。考虑 ImportCo 公司。如果汇率在 8 月 6 日为 1.400 0，假如公司没有选择对冲，这时对于 1 000 万英镑只需支付 14 000 000 美元，这一数量小于 15 538 000 美元。但如果汇率变为 1.600 0，1 000 万英镑值 16 000 000 美元，这时公司会希望自己进行了对冲！ExportCo 的情形与以上刚好相反：如果 8 月份的汇率低于 1.553 3，那么公司会希望进行了对冲；如果汇率高于 1.553 3，公司会希望自己没有进行对冲。

这一例子说明了对冲的一个关键性质：对冲的目的是减小风险，对冲后的实际结果并不一定能保证比不对冲更好。

1.7.2 采用期权进行对冲

期权也可以用来对冲。考虑一位投资人在 5 月份拥有 1 000 只某种股票的情形。股票价格为每股 28 美元。投资者非常担心在今后 2 个月内股票价格下跌，所以想买入保护。投资人可以在 CBOT 买入 10 份在这个股票上 7 月到期的股票看跌期权合约，期权的执行价格为 27.50 美元。持有这一期权可使投资者以 27.50 美元的价格卖出 1 000 只股票。如果期权报价为 1 美元，每份期权合约的费用为 100 × 1 = 100 美元，对冲的整体费用为 10 × 100 = 1 000 美元。

这一策略的费用为 1 000 美元，它可以保证卖出股票的价格在期权期限内至少为 27.50 美元。如果市场价格低于 27.50 美元，投资者行使期权，这时持有股票的收入为 27 500 美元。将期权费用考虑在内，实际收入 26 500 美元。如果股票价格高于 27.50 美元，期权不会被行使，这时期权到期时价值为 0。但是拥有股票的实际收入总是高于 27 500 美元（将期权费用考虑在内，实际收入高于 26 500 美元）。图 1-4 显示了交易组合的净值（考虑期权费用以后）与两个月时股票股价的函数关系图形。虚线显示没有对冲时交易组合的价值。

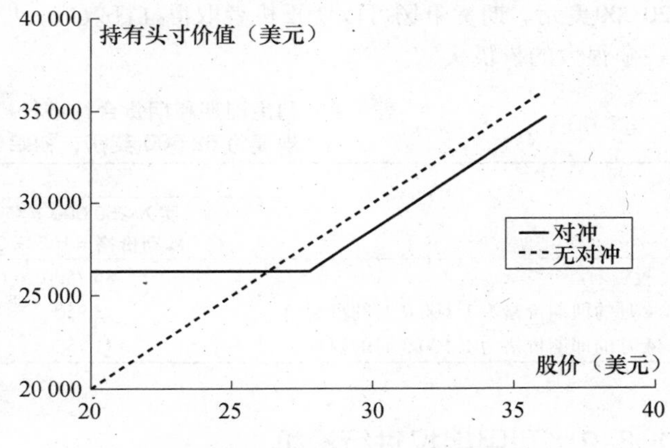

图 1-4 证券组合在对冲与不对冲情形下，在两个月后的价值

1.7.3 比较

采用期货合约与采用期权进行对冲有一个关键性区别：以期货合约来中和风险的形式是通过设定买入和卖出标的资产的价格来对冲；而期权产品则是提供了价格保险。当价格向不利方向变化时，期权产品对投资者提供了保护，但同时又能使投资者在价格向有利方向变化时盈利。与期货不同，拥有期权是需要付费的。

1.8 投机者

我们接下来考虑投机者如何利用期货和期权。对冲者是想避免面对将来资产价格不利波动的风险敞口，而投机者却要建立头寸：他们或者对资产价格上涨下注，或者对资产价格下跌下注。

1.8.1 利用期货进行投机

在2月份，一位美国投机者认为英镑（相对美元）在今后两个月会升值。投机者的一种做法是在即期市场买入250 000英镑，然后希望在今后以更高的价格卖出这些英镑（买入的英镑被存入支付利息的账户中）。另外一种做法是进入4份CME的4月份期货合约的多头（1份合约是买入62 500英镑的合约）。表1-4总结了以上两种策略，其中当前汇率为1.547 0（美元/英镑），4月份期货价格为1.541 0。在4月份时如果汇率为1.600 0，采用期货合约的做法可以使投机者盈利（1.600 0 - 1.541 0）×250 000 = 14 750美元。当采用即期汇率的做法时，投机者以1.547 0的价格在2月份买入250 000英镑，并以1.600 0的价格在4月份将英镑卖出，其盈利为（1.600 0 - 1.547 0）×250 000 = 13 250美元。如果汇率跌至1.500 0，期货带来的损失为（1.541 0 - 1.500 0）×250 000 = 10 250美元，而采用即期产品做法的损失为（1.547 0 - 1.500 0）×250 000 = 11 750美元。在两种情形下，即期市场的结果看上去比期货市场稍微差一点，这是因为对以上两种做法所产生的盈利与亏损计算中没有考虑利息的收入和支出。

以上两种做法的差别是什么呢？第1种做法在最初需要386 750美元（= 250 000 × 1.547 0）的投资。与之相比，第2种做法只需要将少量资金存入保证金账户（在第2章中，我们将解释保证金账户的运作过程）。在表1-4中，最初的保证金要求为每份合同5 000美元，总共为20 000美元。期货市场可以使投机者取得杠杆效应，即投资者只需要支出少量资金就可以建立一个很大的投机头寸。

表1-4 利用即期和期货合约进行投机，1份期货合约的规模为62 500英镑，初始保证金为20 000美元 （单位：美元）

	可能的交易	
	买入250 000英镑 即期价格 = 1.547 0	买入4份期货合约 期货价格 = 1.541 0
投资	386 750	20 000
4月的即期价格为1.600 0时的盈利	13 250	14 750
4月的即期价格为1.500 0时的盈利	-11 750	-10 250

1.8.2 利用期权进行投机

投机者还可以利用期权进行投机。假定现在是10月，一位投机者认为某公司的股票在今后两个月内要涨价。股票的当前价格为20美元，执行价格为22.50美元、期限为两个月的看涨期权的当前价格为1美元。表1-5说明了投资者可以选择的两种投机方式（这里假设他准备投资2 000美元）：一种方式是买进100只股票，另外一种方式是买入2 000份看涨期权（即20份合约）。假定投资者的猜测是正确的：股票在12月上涨到27美元。第1种投资方法带来的盈利为

$$100 \times (27 - 20) = 700(\text{美元})$$

表1-5 将2 000美元投资于价格为20美元股票的两种不同策略的盈亏比较 （单位：美元）

投资策略	12月的股票价格	
	15	27
买入100股股票	-500	700
买入2 000个看涨期权	-2 000	7 000

但这时第2种方法盈利会更高。执行价格为22.50美元的看涨期权的收益为4.50美元（因为持有这一期权投资者可以按22.50美元的价格买入价值27美元的产品）。在第2种策略下，持有2 000个期权的总收益为

$$2\,000 \times 4.50 = 9\,000(\text{美元})$$

将最初的费用扣除后，净盈利为

$$9\,000 - 2\,000 = 7\,000(\text{美元})$$

因此买入期权的投机策略盈利是买入股票盈利的10倍。

期权策略也会触发更大的损失：假定股票价格在12月降至15美元，买入股票的投机策略损失为

$$100 \times (20 - 15) = 500(\text{美元})$$

因为期权在到期时价值为0，期权策略的损失为2 000美元（即最初付出的期权费用）。图1-5显示了两种交易策略在两个月后的收益与股票价格的函数关系图形。

与期货类似，期权给投资者提供了杠杆效应。对于一项投资，使用期权会放大最终的经济效果：好的收益会更好，坏的收益可能会使投资者丧失最初的全部投资。

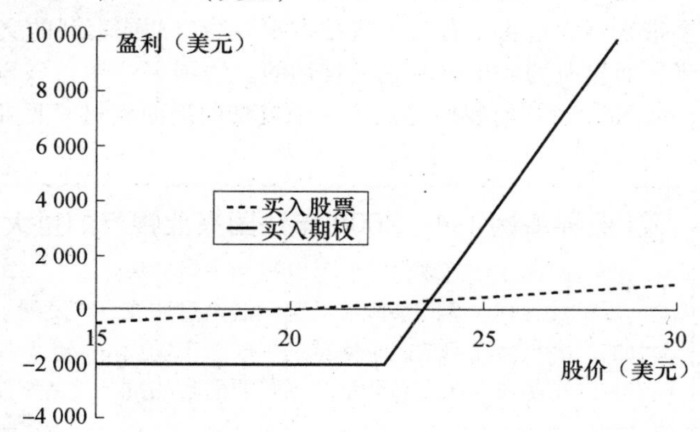

图1-5 对价格为20美元的股票的两种投机策略的盈亏

1.8.3 比较

对于投机者所取得的杠杆效应而言，期货和期权比较相似。但是，这两种产品有一个重要区别：投机者使用期货时，潜在的损失与收益都很大。但采用期权产品时，不管市场有多么糟糕，投机者的损失不会超过所支付的期权费用。

1.9 套利者

套利者是期货、远期以及期权市场的第3种重要参与者。套利包括同时进行两种或更多的交易来锁定无风险盈利。在后面的章节中，我们将会论述当某一个资产的期货价格与其即期市场价格不协调时，如何会产生套利机会。我们也将描述如何在期权市场中应用套利。在这一节里，我们用一个简单的例子来说明套利的概念。

我们考虑在纽约交易所（NYSE，www.nyse.com）和伦敦股票交易所（London Stock Exchange，www.stockex.co.uk）均有交易的某一股票。假定这一股票在纽约的价格为150美元，同时在伦敦的价格为100英镑，相应的汇率为每英镑1.530 0美元。一个套利者可以在纽约买入100份股票并同时在伦敦将股票卖出，其无风险盈利为

$$100 \times [(1.53 \times 100) - 150]$$

即300美元（计算中忽略了交易费用）。交易费用的存在可能会消除小投资者的盈利。但是，大型投资银行在股票市场以及外汇市场的交易费用都很低，所以投资银行会发现这一套利机会很诱人，他们会试图从中获利。

以上描述的套利机会不会持续太久。随着套利者在纽约买入股票，供需关系会使股票的美元价格上涨。类似地，随着套利者在伦敦卖出股票，供需关系会使股票的英镑价格下跌。市场会很快会使两个价格在当前汇率下趋向于平衡。事实上，套利者对于套利的急切渴望使得股票的美元价格以及英镑价格之间不可能存在如此严重的失衡。将此例推广，我们可以说正是由于套利者的存在，才使得在实际中的大多数金融市场报价中只会存在很小的套利机会。在本书中，大多数关于期货价格、远期价格和期权价格的讨论都是建立在无套利机会的假设之上。

1.10 危险

衍生产品变化莫测，它们可以被用来对冲、投机和套利。正是因为产品的变幻莫测才可能会带来巨大危害。有时一些被指定只能对冲或套利的交易员会在有意或无意之中变成市场投机者，而投机的后果有时是灾难性的。法国兴业银行（Société Général）的杰洛米·科维尔（Jerome Kerviel）给我们提供了一个典型的反面教材（见业界事例 1-4）。

业界事例 1-4 2008 年法国兴业银行的重大损失

衍生产品变化莫测，它们可以被用来对冲风险、投机及套利。有时某些被指定只能做对冲或套利的交易员会在自觉或不自觉之中成为市场投机者，这正是公司在交易衍生产品时要面临的挑战之一。

杰洛米·科维尔在 2000 年加入法国兴业银行，一开始从事合规工作。2005 年，他被提升为初级交易员，在银行的 Delta One 产品组工作。他主要交易股指，比如德国的 DAX 股指、法国的 CAC 40 和欧元的 Stoxx 50。他的职责是寻找套利机会：当股指期货在不同交易所的交易价格不相等时，就可能会出现套利机会，或者当股指期货的价格与构成指数的股票价格不一致时，套利机会也可能会出现（见第 5 章里有关这种套利的讨论）。

由于科维尔对银行监管流程非常熟悉，他进行了表面上看起来是套利，而实际是投机的交易。他持有很大的股指头寸，同时建立了虚假的对冲交易。事实上，他在豪赌股指的走向，随着日积月累，他的未对冲的实际头寸高达上百亿欧元。

2008 年 1 月，科维尔的行为被法国兴业银行发现，兴业银行用了 3 天时间对他的头寸进行平仓，损失高达 49 亿欧元，这是当时金融历史上由舞弊造成的最大经济损失。（后来由麦道夫的庞氏骗局造成的损失更大）。

在 2008 年之前，由无赖交易员而造成的损失就早有耳闻。比如 20 世纪 90 年代的尼克·利森是巴林银行派往新加坡分行的一名雇员。利森的职责类似于科维尔的职责，他负责在大阪交易所与新加坡交易所之间辨别日经 225（Nikkei 225）期货指数的套利机会，而在交易过程中，利森由一个套利者变成了一个投机者：他用期货和期权对日经 225 进行豪赌，结果损失了近 10 亿美元。这一损失使得一家有近 200 年历史的银行破产。在 2002 年，爱尔兰银行的约翰·卢斯内克因进行非授权的外汇投机交易而损失了 7 亿美元。从以上的事例中我们可以吸取一个重要的教训：在交易行为中，金融或非金融机构一定要给交易员定义一个清楚的风险限额，并对限额进行谨慎的监测以保证交易员遵守风险限额。

要想避免类似兴业银行的错误，金融或非金融机构一定要控制其衍生产品的交易机制。衍生产品一定要被用于指定的目的，在交易中必须建立风险额度，银行必须经常监控交易员的交易以保证风险额度制度的贯彻执行。

不幸的是，有时即使交易员遵循风险额度，大的错误也会出现。在 2007 年 7 月危机开始以前，市场上某些交易员所做交易的风险远比雇用他们的金融机构所意识到的要大得多。如第8章所述，美国的房价在很长一段时间内增长极快，多数人认为房价增加的趋势会持续下去，即使在最糟糕的情形下房价即使不涨也不会下跌，很少有人对所发生的房价的急剧下跌有任何准备，也很少有人对全国不同地区按揭市场违约的高相关性有任何准备。尽管有些金融机构的风险管理人员对机构所存在的房产风险敞口表示出忧虑，但是在市场欣欣向荣的情况下（至少看起来是欣欣向荣），风险管理人员的声音是不会得到重视的。2006～2007年的市场就是这样一种状态。信用危机带给我们的教训之一就是：金融机构应当时常扪心自问“问题会出在哪里?”，同时还要问自己“如果出现问题，我们的损失会是多大?”

小 结

在过去的40年中，衍生产品市场的迅猛增长是金融市场中最令人鼓舞的发展之一。在许多情形下，对冲者和投机者都会发现交易衍生产品比直接交易标的资产本身更为方便。有些衍生产品的交易是在交易所里，有些衍生产品的交易是在金融机构、基金经理和企业资金部之间的场外市场进行，还有一些衍生产品被嵌入在债券或股权之中。本书的目的是为了给出一套对衍生产品定价的统一框架，而不是仅仅对期权和期货进行定价。

在这一章中我们初步了解了远期、期货以及期权合约。远期和期货是在将来某一时刻以某一约定价格买入或卖出一项特定资产的合约。期权有两种类型：看涨期权和看跌期权。看涨期权的持有者有权在将来某一约定时间以某一约定价格买入某种资产；看跌期权的持有者有权在将来某一约定时间以某一约定价格卖出某种资产。远期、期货和期权的标的产品范围很广。

衍生产品是资本市场上很成功的创新。在市场上有3类投资者：对冲者、投机者和套利者。对冲者面临资产价格风险，他们利用衍生产品来减小或消除风险。投机者则是对今后的资产价格变动下注，衍生产品可以给他们提供更强的杠杆效应。套利者试图从两个不同市场价格的失衡中盈利。例如，当套利者发现期货价格和即期价格之间失衡时，他们会同时在两个市场中做相互抵消的交易来锁定盈利。

推荐阅读

Chancellor, E. *Devil Take the Hindmost—A History of Financial Speculation*. New York: Farra Straus Giroux, 2000.

Merton, R.C. “Finance Theory and Future Trends: The Shift to Integration,” *Risk*, 12, 7 (July 1999): 48–51.

Miller, M.H. “Financial Innovation: Achievements and Prospects,” *Journal of Applied Corporate Finance*, 4 (Winter 1992): 4–11.

Zingales, L., “Causes and Effects of the Lehman Bankruptcy,” Testimony before Committee on Oversight and Government Reform, United States House of Representatives, October 6, 2008.

练习题

1.1 远期合约多头与远期合约空头的区别是什么?

1.2 仔细解释对冲、投机以及套利之间的区别。

1.3 解释以下交易的不同之处（a）当期货价格为50美元时，进入期货的多头；（b）进入1份执行价格为50美元的看涨期权的多头。

1.4 仔细解释卖出一个看涨期权同买入一个看跌期权之间的差别。

1.5 一个投资者进入了一个远期合约的空头：在该合约中，投资者能够以1.500 0的汇率（美元/英镑）卖出100 000英镑。当远期合约到期时的汇率为（a）1.4900，（b）1.5200时，投资者的损益分别为多少？

1.6 某交易员进入期货价格每磅[1]50美分的棉花远期合约空头方。合约的规模是50000磅棉花。当合约结束时棉花的价格分别为（a）每磅48.20美分，（b）每磅51.30美分，对应以上价格交易员的盈亏为多少？

1.7 假定你承约了一个执行价格为40美元的看跌期权，期限为3个月，股票的当前价格为41美元，1份看跌期权合约的规模是100只股票。你做出的是什么承诺？你的盈亏将是什么？

1.8 场外交易市场和交易所交易市场的区别是什么？场外交易市场的造市商给出的卖出-买入差价是什么？

1.9 你认为某股票价格将要上升，股票的当前价格为29美元，而3个月期限，执行价格为30美元的看涨期权价格为2.90美元，你总共有5800美元的资金。说明两种投资方式：一种是利用股票，另一种是利用期权。每种方式的潜在盈亏是什么？

1.10 假如你拥有5000只股票，每股价格为25美元。你如何采用看跌期权而使你投资的价值在将来4个月内得到保护？

1.11 股票在最初发行时会给公司提供资金，对期权来讲这种说法是否正确？

1.12 解释为什么期货合约既可以用于投机也可以用于对冲。

1.13 假如1份在3月份到期的看涨期权价格为2.50美元，期权执行价格为50美元。假设期权一直被持有到到期日，在什么情形下期权持有人会盈利？在什么情形下持有人会行使期权？画出期权多头的盈利与在期权到期时股票价格之间关系的图形。

1.14 假如一个在6月份到期、执行价格为60美元的看跌期权价格为4美元。假设期权被一直持有到到期日。在什么情形下期权的卖出方会盈利？在什么情形下期权会被行使？画出一个期权空头在到期时的收益与股票价格之间的关系图。

1.15 现在是5月，一位交易员卖出了1份9月份到期的看涨期权，其执行价格为20美元。当前的股票价格为18美元，期权价格为2美元。如果期权一直被持有到9月份，那时股票价格为25美元，讨论投资者的现金流状况。

1.16 一个交易员卖出了12月到期的看跌期权，执行价格为30美元。期权价格为4美元。在什么情况下交易员会有盈利？

1.17 一家公司预期在4个月后将收入一定数量的外币。哪种期权可以作为合适的对冲产品？

1.18 一家美国公司得知在6个月后要支付100万加元。解释如何采用（a）远期，和（b）期权产品来对冲汇率风险。

1.19 一个交易员进入了面值为1亿日元期货的空头。远期汇率为0.0090（美元/日元）。在合约到期时汇率如下的情况下，交易员的损益是什么？(a) 0.0084，(b) 0.0101。

1.20 CME集团提供长期国债上的期货。具有什么特征的交易员可能会使用这些产品？

1.21 “期权和期货是零和博弈”（zero-sum game）。你如何理解这句话？

1.22 描述以下交易组合的盈利情况：某资产上远期合约多头和同一资产上与远期合约有相同期限的欧式看跌期权多头的组合，其中执行价格等于在建立交易组合时资产的远期价格。

1.23 在20世纪80年代，信孚银行（Bankers Trust）开发了一种**指数货币期权债券**（Index Currency Option Notes，ICONs）。债券持有人在到期时得到的收益与某个汇率有关。其中一个例子是信孚银行与日本长期信用银行（Long Term Credit Bank of Japan）所做的一笔交易。在ICON中约定如下：在到期日（1995年）如果汇率 S_T 高于169（YEN/USD），债券持有人会收到1000美元。如果在到期日汇率低于169（YEN/USD），债券持有

[1] 1磅=453.592克。

人的收益为

$$1\,000-\max\left[0,1\,000\left(\frac{169}{S_T}-1\right)\right]$$

如果在到期日汇率低于84.5，债券持有人收益为零。证明ICON是一个简单债券与两个期权的组合。

1.24 在2011年7月1日，一家公司进入了在2012年1月1日到期的远期合约，在合约中公司要买入1 000万日元。在2011年9月1日，公司进入了在2012年1月1日到期的远期合约，在合约中公司要卖出1 000万日元，描述这一交易策略的收益。

1.25 假如美元/英镑之间即期和远期汇率如以下表格所示

即期	1.558 0
90天远期	1.555 6
180天远期	1.551 8

当有以下两种情形时，套利者会有什么样的机会：

(a) 180天期限、执行价格为1.52美元(USD/GBP)的欧式看涨期权价格为2美分；

(b) 90天期限、执行价格为1.59美元(USD/GBP)的欧式看跌期权价格为2美分。

1.26 某交易员按3美元的价格买进执行价格为30美元的看涨期权，交易员是否会在选择行使期权的情况下而亏损？为什么？

1.27 某交易员按5美元的价格卖出1份执行价格为40美元的看跌期权。交易员的最大盈利与最大亏损是多少？为什么？

1.28 “购买已经持有的股票上的看跌期权其实是买了一份保险”。解释这句话的意思。

作业题

1.29 如表1-2所示，在2013年5月8日谷歌股票的即期卖出报价为871.37美元，而执行价格为880美元的9月份看涨期权卖出报价为41.60美元。某交易员在考虑两种不同策略：买100只谷歌股票，或者买100份9月份看涨期权。对每种选择计算(a)交易费用，(b)当9月份股票的价格是950美元时交易的总回报，(c)当9月份股票的价格是800美元时交易的总损失。我们假设在9月份之前期权未被行使，而且如果购买股票的话，我们假设在9月份将股票卖掉。

1.30 什么是套利？解释以下的套利机会：一家在两个交易所同时上市的矿业公司股票在纽约交易所的价格是50美元，在多伦多交易所的价格是52加元，而美元与加元之间的汇率是1美元兑换1.01加元。如果交易员利用这些机会取利，那么价格将会受何影响？

1.31 交易员A签订了在1年后以1 000美元价格买入一种资产的远期合约多头，交易员B购买了1份1年后有权以1 000美元价格买入同项资产的看涨期权，期权的费用为100美元。这两个交易员的头寸有什么区别？以1年以后的资产价格为自变量，展示两位交易员的盈利情况。

1.32 在3月，一位美国投资人指示其经纪人出售7月份到期的股票看跌期权，目前的股票价格为42美元，执行价格为40美元，期权的价格为3美元。解释投资人承诺了什么。在什么情况下，这个交易对投资人是有利可图的？风险又是什么？

1.33 一家美国公司知道它在3个月后需要支付300万欧元，现在的汇率为每欧元兑换1.350 0美元。讨论该公司如何运用远期合约和期权合约来对冲其汇率风险敞口。

1.34 股票价格为29美元，一位投资人买入1份看涨期权合约，执行价格为30美元；同时又卖出一个执行价格为32.50美元的看涨期权。市场上关于这两个期权的价格分别为2.75美元和1.50美元，期权具有相同的到期日。描述投资人的头寸情况。

1.35 当前黄金市价为每盎司1 400美元，1年期远期合约的远期价格为 1 500 美元，一位套利者能够以每年 4% 的利息借入资金，套利者应如何去做才能达到套利目的？这里我们假设黄金存储费为 0，同时黄金不会带来任何利息收入。

1.36 股票的当前价格为 94 美元，同时 3 个月期、执行价格为 95 美元的欧式看涨期权价格为 4.70 美元，一个投资者认为股票价格会上涨，但他无法决定是应买入 100 只股票还是买入 2 000 份（相当于 20 份合约）期权，这两种投资所需资金均为 9 400 美元。在此你会给出什么样的建议？股票价位涨到什么样的水平后会使得期权投资盈利更好？

1.37 2013 年 5 月 8 日，一个投资者拥有 100 股谷歌股票。如表 1-3 所示，股票价格为 871 美元，一个 12 月份到期、执行价格为 820 美元的看跌期权价格为 37.50 美元。该投资者试图比较两种投资方法对价格下跌风险进行控制的效果。第 1 种方法是买入 12 月份的看跌期权，执行价格为 820 美元。第 2 种方法包括通知经纪人当谷歌股票下跌到 820 美元时，马上卖出 100 只股票。讨论以上两种方法的优缺点。

1.38 一个由标准原油公司（Standard Oil）发行的债券形式如下：债券持有人不会收到通常的券息，但在债券到期时公司会给债券持有人偿还 1 000 美元本金并付加一笔与原油价格有关的金额，数量等于 170 乘以在到期日原油价格高于 25 美元的差额（如果是正的话），附加数量的最大限额为 2 550 美元（这价格对应于每桶 40 美元）。说明这一债券是由一个简单债券、一个执行价格为 25 美元的看涨期权多头和一个执行价格为 40 美元的看涨期权空头组合而成。

1.39 对应于表 1-1 的情形，一个资金部主管说：“在 6 个月后，我需要卖出 100 万英镑。如果汇率低于 1.52，我想让你给我的汇率为 1.52；如果汇率高于 1.58 时，我将接受 1.58 的汇率；如果汇率介于 1.52 和 1.58 之间，我将利用市场汇率卖出英镑。”你将如何利用期权来满足该资金部主管的要求？

1.40 描述如何利用外汇期权来对 1.7 节里描述的情形进行对冲，以保证（a）ImportCo 可以锁定小于 1.570 0 的汇率；（b）可以保证 ExportCo 公司的汇率至少为 1.530 0。利用 DerivaGem 来计算建立每种对冲策略所需的费用，假定汇率的波动率为每年 12%，美国的利率为 5%，英国的利率为 5.7%，当前的汇率等于表 1-1 所给出的买入和卖出汇率的平均值。

1.41 一位交易员买入了 1 份欧式看涨期权，同时又卖出了 1 份欧式看跌期权。期权具有同样的标的资产、执行价格以及期限。讨论交易员的头寸。在什么情况下看涨期权价格等于看跌期权价格？

第 2 章 期货市场的运作机制

CHAPTER2

在第 1 章中我们曾指出期货与远期合约均是在将来某时刻以既定价格卖出或买入某种资产的协议。期货合约交易是在有组织的交易所中进行的，而且交易所将合约标准化；而远期合约是在场外市场进行交易，交易双方可以按需要来设计合约。

本章将详细介绍期货市场的具体运作机制。我们将讨论合约条款的约定、保证金账户的运作、交易所的组织结构、市场监管规则、期货报价方式以及有关期货的财会与税务处理等内容。我们还将说明场外市场如何采用了一些最初由期货交易所提出的管理机制。

2.1 背景知识

在第 1 章里我们看到，期货合约在世界各地的交易都很活跃。芝加哥交易所（Chicago Board of Trade）、芝加哥商业交易所（Chicago Mercantile Exchange）和纽约商品交易所（New York Mercantile Exchange）合并而成立了 CME 集团（CME Group，www. cmegroup. com）。其他大型交易所包括纽约 Euronext 集团（NYSE Euronext，www. euronext. com）、Eurex 集团（Eurex，www. eurexchange. com）、圣保罗的巴西商品和期货交易所（BM&F BOVESPA，www. bmfbovespa. com. br）以及东京国际金融期货交易所（Tokyo International Financial Futures Exchange，www. tfx. co. jp）。在本书的最后我们更详细地列举了世界各地的交易所。

我们以 CME 集团的玉米期货为例来说明期货合约是如何形成的。假定在 6 月 5 日，一位在纽约的商人指示经纪人买入 5 000 蒲式耳[㊀]玉米，资产交割时间在 9 月份。经纪人会马上将这一指令通知交易员买入 1 份（进入期货多头）9 月到期的玉米期货合约（1 份玉米期货合约正好是关于 5 000 蒲式耳玉米的交割）。与此同时，假定在堪萨斯的另一位商人指示经纪人卖出 5 000 蒲式耳玉米，资产交割时间也是 9 月份，经纪人也会马上将客户的指令通知交易员卖出（进入期货空头）1 份 9 月到

㊀ 1 蒲式耳 =36. 368 735 升。

期的玉米期货合约。当双方同意交易价格后，交易成交。在传统的公开喊价（outcry）系统中，代表各方的交易员在交易大厅里碰面并确定价格，在电子交易中，交易是通过计算机系统来匹配的。

在这一交易中，同意买入资产的纽约商人进入了**期货多头方**（long futures position），而同意卖出资产的堪萨斯商人进入了**期货空头方**（short futures position），所同意的交易价格是在目前9月份玉米期货的**期货价格**（futures price），比如每蒲式耳600美分。与其他价格一样，这个价格是由市场供需关系来决定的：如果在某一时刻有较多的人想卖出（而不是买入）9月份玉米期货，那么价格将会下跌，这时会有新的买方进入市场，从而使买方与卖方达到平衡；如果有较多的人想买入（而不是卖出）9月份玉米期货，那么价格将会上涨。新的卖方将会进入市场，从而达成买方和卖方的平衡。

期货合约的平仓

大多数期货交易不会导致实物交割，原因是大多数投资人在合约规定的交割期到来之前会选择平仓。对一个合约平仓就是进入一个与初始交易头寸相反的头寸。例如，在6月5日买入1份9月份玉米期货合约的纽约商人可以在7月20日通过卖出（即进入空头方）1份9月份玉米期货合约来进行平仓；而在6月5日卖出（即持有空头方）1份9月份玉米期货合约的堪萨斯商人可以在8月25日通过买入1份9月份的玉米期货合约来进行平仓。在每种情况下，商人的总损益等于平仓日的期货价格与6月5日的期货价格之差。

期货实物交割事件非常少见，以致有时交易员会忘记交割的过程（见业界事例2-1）。尽管如此，我们在本章仍要花一定篇幅讨论期货合约的交割过程。正是因为期货合约有最终实物交割的可能性才使得期货价格与即期价格（spot price）联系在一起。[⊖]

业界事例2-1 期货合约中令人诧异的资产交接

这个故事（可能是虚构的）是很久以前某家金融机构的高级主管亲口讲给本书作者的。故事的主人公是这家金融机构刚刚雇用的一位在金融界没有任何经验的新手。此家金融机构的一个客户为了对冲风险而常常需要进入活牛期货交易的多头方，同时也指示金融机构在期货到期前的最后一个交易日将交易平仓（每份在CME集团交易的活牛期货合约里的标的资产为40 000磅活牛），这位新雇员的职责是管理这个客户的账户。

当期货合约接近到期日时，在注意到客户仍然持有1份合约的多头方，这位雇员指示交易所的交易员以多头方（而不是空头方）进入期货合约。这一错误的后果是使金融机构持有两份多头方的期货合约，当发现这个交易错误时，该期货合约的交易已经停止。

金融机构（而不是客户）要对其错误负责，这一错误的直接后果就是对此毫无经验的金融机构必须去处理一群活牛的交接工作。期货合约规定卖空方可以在交接月份内在美国境内几家不同的地点交付牲畜，因此作为多头方的金融机构只有等待空头方向交易所提供**交割意向通知书**，交易所再向金融机构发出交接通知。

最后金融机构终于收到了交易所发出的交接通知：活牛将在2 000英里[⊜]以外的一个地点并在通知后的第1个星期二交接。这位新雇员被安排到交接地点处理交接事务。在交接地点每个星期二都有牲畜拍卖，期货合同的空头方在拍卖市场买下牲畜并随后就进行交付，不幸的是本星期买下的牲畜必须在下一个星期才能进行拍卖，这位可怜的新雇员就不得不留下来安排牲畜的饲养。这位新雇员的金融职业生涯开始的多么有趣!

⊖ 如第1章所述，即期价格就是几乎马上要进行交割的价格。
⊜ 1英里=1 609.344米。

2.2 期货合约的规格

当开发一种新合约时，交易所必须详细注明双方协议中的具体条款，尤其是资产品种、合约规模（即每一合约所交割的标的资产确切数量）、交割地点以及交割时间。

有时在合约中会指明交割资产备选方案，包括交易标的资产的等级或其他交割地点等。一般的规则是期货的空头方（即同意卖出产品的一方）可以在备选方案中做出选择。[⊖]当合约空头方准备选择交割时，要向交易所填写**交割意向通知书**（notice of intention to deliver），在这一书面文件里会注明交割资产的等级以及交割地点。

2.2.1 资产

当期货标的资产为商品时，商品质量可能有很大差别。因此，当指定标的资产时，交易所对允许交割资产等级的规定非常重要。洲际交易所（ICE）将其所交易的橙汁期货合约标的资产描述为：美国A级、糖度值（Brix value）不低于62.5度冰冻高纯度橙汁。

对于某些商品，在一定等级范围内的商品都可以用于交割，但价格要根据选择的等级进行调整。例如，CME集团的玉米期货的标准等级为“黄色2号”，但按交易所规定，经价格调整后的替代品也可用以交割：1蒲式耳“黄色1号”的价格比“黄色2号”要贵1.5美分，1蒲式耳“黄色3号”的价格比“黄色2号”要便宜1.5美分。

当期货合约中的标的资产为金融资产时，其定义通常很明确，含义也很清楚。例如，我们无须定义日元的等级。但是，在芝加哥交易所交易的美国中、长期国债期货合约有一些很有意思的特性。在长期国债期货合约中，标的资产可以是任何在期货到期时期限介于15年与25年之间的任何国债。在中期国债期货合约中，标的资产可以是任何在期货到期时期限不短于6.5年但又不超过10年的国债。在这两种情况下，交易所使用一个公式来根据所交割国债的期限和券息对收取的价格进行调整。在第6章中将有进一步讨论。

2.2.2 合约规模

合约的规模（contract size）定义了在每一份合约中交割资产的数量。交易所要做的一个重要决定是选择合约的规模：如果合约规模太大，许多希望对冲较小头寸的投资者或希望持有较小头寸的投机者就不可能通过交易所进行交易；从另一方面来讲，由于每个合约都会有交易成本，因此合约规模太小时会使交易成本太高。

显然合约的适当规模取决于潜在客户的需求。某农产品期货合约中交割资产的价值从10 000美元到20 000美元不等，而一些金融期货合约的规模会大得多。例如，在CME集团交易的长期国债期货的标的资产面值为100 000美元。

有时一些交易所会引进“小型”（mini）合约来吸引小额度投资者。例如，CME集团的小型纳斯达克100期货（Mini Nasdaq 100）合约是以20倍的纳斯达克100指数为标的资产，而一个标准合约是以100倍的纳斯达克100指数为标的资产（我们将在第3章对股指期货进行更为全面的讨论）。

⊖ 也有例外的情况，参见J. E. Newsome，G. H. F. Wang，M. E. Boyd，and M. J. Fuller，“Contract Modification and the Basic Behavior of Live Cattle Futures，” *Journal of Futures Markets*，24，6（2004），557-90。在1995年，CME在活牲畜期货合约中给了买方一些选择交割的自由。

2.2.3 交割安排

交割地点必须是由交易所指定的地点，这对那些运输费用昂贵的商品尤其重要。ICE 冰冻高纯度橙汁期货的交割地点为位于佛罗里达州、新泽西州以及特拉华州境内由交易所授权的仓库。

当选择其他交割地点时，期货的空头方所收入的价格会随着交割地点的不同而被调整。一般当期货交割地点与商品生产地越远时交割价格也会越高。

2.2.4 交割月份

期货合约通常是以交割月份来命名的。交易所必须明确指定在交割月份内的哪一段时间内可以交割。对于许多期货而言，交割期间为整个月份。

不同合约有不同交割月份，交易所对交割月份的选取是为了满足客户的需求。例如，在CME 交易的玉米期货交割月份为 3 月、5 月、7 月、9 月以及 12 月。在任何给定时间，交易的合约中包括最近交割月的合约和之后一系列交割月的合约。交易所指定对每个月份合约开始交易的具体时间，同时也指定这一合约的最后交易日。一般在可以交割的最后一天的前几天，期货将停止交易。

2.2.5 报价

报价的方式是由交易所定义的。例如，在美国，原油期货是以美元和美分来报价，而中长期国债期货是以美元以及 1 美元的 1/32 来报价的。

2.2.6 价格和头寸的限额

大多数合约价格在每天的变动限额是由交易所规定的。与前一天收盘价格相比，如果在某一天期货价格下跌的金额等于每日价格限额，这一合约被称为**跌停**（limit down）。如果上涨的金额等于每日价格限额，这一合约被称为**涨停**（limit up）。**涨跌停变动**（limit move）是指在任何方向上价格波动等于一天价格变动的限额。一般来讲，价格一旦达到当天的涨停或跌停限额时，该合约将会在当天停止交易。然而在有些情况下，交易所有权干涉并改变价格变动的限额。

设定每日价格变动限额的目的是为了防止由于过多投机活动而造成价格的巨幅波动。然而，当标的商品价格迅速上升或下降时，这些限制将会成为人为造成的交易障碍。价格限额是否对期货市场有利仍是一个有争议的话题。

头寸限额是一个投机者可持有的最大合约数量，头寸限额的目的是为了防止投机者对市场有不良的影响。

2.3 期货价格收敛到即期价格

随着期货合约交割月份的逼近，期货价格会逐渐收敛到标的资产的即期价格。在到达交割期间时，期货价格会等于（或非常接近）即期价格。

为了说明原因，我们首先假定在交割期间内期货的价格高于即期价格，这时，交易员有明显的套利机会：

（1）卖出一份期货合约（即持有空头）；

（2）买入资产；

（3）进行交割。

以上交易一定会盈利：其金额等于期货价格和即期价格的差价。当交易员利用这种套利机会后，期货价格将会下降。接下来假定在交割期间内期货价格低于即期价格。想获得该标的资产的公司会发现进入期货多头然后等待空头方交割资产会更加有利。一旦公司这么做以后，期货的价格将会上涨。

因此，在交割期间内，期货价格与即期价格会十分接近。图2-1显示的是期货价格收敛于即期价格的情形。在图2-1a中，在交割期之前，期货价格高于即期价格；在图2-1b中，在交割期之前，期货价格低于即期价格。在第5章中将讨论在什么情况下我们会观察到以上不同的变化形式。

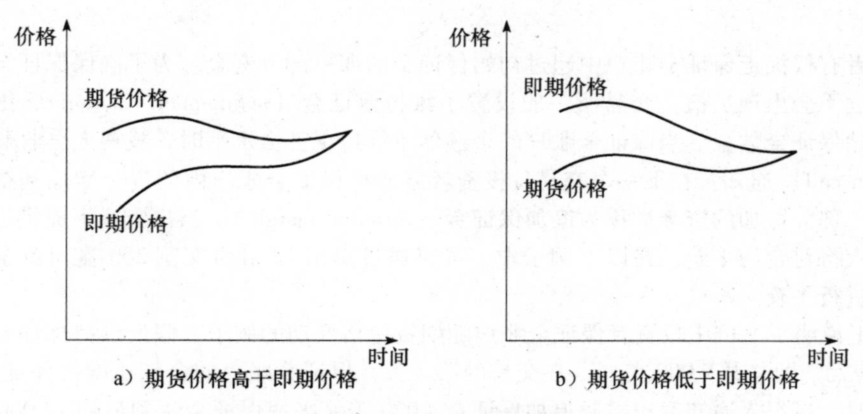

图2-1　随着交割日期临近，期货价格与即期价格之间的关系

2.4　保证金账户的运作

如果两个投资者通过直接接触而同意在将来某时刻按约定的价格交易某一资产，很明显这笔交易中存在风险：投资者的一方可能对该交易感到后悔并想退出交易。另外，投资者也可能没有财力来履行承诺。交易所的一个关键职责是组织交易使违约避免发生，这正是设定保证金账户的目的。

2.4.1　每日结算

为了说明保证金的运作方式，我们假定一位投资人在某天与经纪人联系，准备买入两份CME集团的纽约商品交易所COMEX分所12月到期的黄金期货合约。我们假定期货合约的当时价格为每盎司1 450美元，由于合约的规模为100盎司黄金，所以投资者建立了以这一价格买入200盎司黄金的合约。经纪人会要求投资人将一定数量的资金存入**保证金账户**（margin account）之中。投资人在最初开仓交易时必须存入的资金量叫**初始保证金**（initial margin）。我们假定每份合约的初始保证金为6 000美元，因此保证金总共为12 000美元。在每个交易日结束时，保证金账户的金额数量都会得到调整，从而反映投资者的盈亏。这种做法叫**每日结算**（daily settlement）或叫作**按市场定价**（marking to market）。

例如，假设在第 1 个交易日结束时，期货价格跌了 9 美元，即从 1 450 美元跌至 1 441 美元。投资者的损失为 1 800 美元（ =200 ×9），因为投资者约定要以 1 450 美元的价格买入的 200 盎司的 12 月的黄金，现在仅能以 1 441 美元出售。因此保证金账户中的金额要减少 1 800 美元，保证金减至 10 200 美元。类似地，如果 12 月份期货价格在第 1 个交易日结束时上涨到 1 459美元，保证金账户的金额将会增加 1 800 美元，保证金增至 13 800 美元。一笔交易首先以达成交易这一天闭市时的市场价格来结算，在随后的交易日，这笔交易都要以当天闭市时的市场价格来结算。

注意，按市场定价不仅是经纪人与其客户之间的协议：当期货价格下降时，期货多头方投资人的保证金账户里减少了 1 800 美元时，经纪人必须向交易所支付 1 800 美元，然后交易所将 1 800 美元支付给期货空头投资者。类似地，当期货价格上升，空头方的经纪人要将资金支付给交易所，交易所再将资金转给期货多头方的经纪人。在后面我们将进一步探讨保证金账户的运作模式。

投资者有权提走保证金账户中超过初始保证金的那一部分资金。为了确保保证金账户的资金余额永远不会出现负值，交易所一般设置了**维持保证金**（maintenance margin），维持保证金会低于初始保证金数量。当保证金账户的余额低于维持保证金水平时，投资人会收到**保证金催付**（margin call）通知：在下一个交易日投资者需要将保证金账户内的资金增加到初始保证金水平，这一部分增加的资金被称为**追加保证金**（variation margin）。当投资者不提供追加保证金时，经纪人将对合约平仓。在以上例子中，可以通过卖出 12 月份交割 200 盎司黄金的合约对现有合约进行平仓。

表 2-1 说明了上例中投资者保证金账户随期货价格变动的例子。假设维持保证金为每份合约 4 500 美元，即总共 9 000 美元。在交易的第 7 天，保证金账户的余额比维持保证金低 1 020 美元。这时，经纪人通知客户需要追加保证金 4 020 美元来使保证金达到最初 12 000 美元的水平。我们假设投资者确实在第 8 天收盘之前提供了这一保证金。在交易的第 11 天，保证金账户中的余额又低于维持保证金的水平，这时经纪人又会发出追加 3 780 美元的通知。投资者在第 12 天收盘之前又提供了保证金。在第 16 天，投资者决定通过卖出 2 个合约来对交易进行平仓。这一天合约的价格为 1 426. 90 美元，投资者累积损失为 4 620 美元。注意在第 8、13、14、15 天投资者的保证金账户余额超出了初始保证金数量。在表 2-1 中，我们假设投资者没有提取多余资金。

表 2-1 两份黄金期货的多头方的保证金运作过程 （单位：美元）

交易日	交易价格	结算价格	日收益	累积收益	保证金余额	催付保证金
1	1 450. 00				12 000	
1		1 441. 00	−1 800	−1 800	10 200	
2		1 438. 30	−540	−2 340	9 660	
3		1 444. 60	1 260	−1 080	10 920	
4		1 441. 30	−660	−1 740	10 260	
5		1 440. 10	−240	−1 980	10 020	
6		1 436. 20	−780	−2 760	9 240	
7		1 429. 90	−1 260	−4 020	7 980	4 020
8		1 430. 80	180	−3 840	12 180	
9		1 425. 40	−1 080	−4 920	11 100	
10		1 428. 10	540	−4 380	11 640	

（续）

交易日	交易价格	结算价格	日收益	累积收益	保证金余额	催付保证金
11		1 411.00	-3 420	-7 800	8 220	3 780
12		1 411.00	0	-7 800	12 000	
13		1 414.30	660	-7 140	12 660	
14		1 416.10	360	-6 780	13 020	
15		1 423.00	1 380	-5 400	14 400	
16	1 426.90		780	-4 620	15 180	

注：初始保证金为每份合约6 000美元，总计为12 000美元，维持保证金为每份合约4 500美元，总计9 000美元。在第1天开仓时，期货价格为1 450美元；在第16天平仓时，期货价格为1 426.90美元。

2.4.2 进一步细节

大多数经纪人向投资者在保证金账户中的余额支付利息。如果保证金账户提供的利率与通过其他途径所获得的利率相比具有一定的竞争性，那么这一账户中的余额并不能算是真正的费用。为了满足初始保证金（而不是后来的追加保证金）要求，投资者有时可以将有价证券存放在经纪人那里。通常短期国债可以按其面值的90%数量代替现金。有时股票也可以代替现金，但只能为其市值的50%。

对于远期合约，只有在最后到期时才会进行结算，而期货合约却每天都需要结算。在每个交易日结束时，投资者的盈利（亏损）会被加入其保证金账户（从保证金中扣除），从而使得期货合约的价值变为0。这相当于期货合约每天都要进行一次平仓，然后又以新价格开仓。

对于期货合约，交易所清算中心会设定初始保证金和维持保证金的最低要求。经纪人要求客户存放的保证金可能会比交易所清算中心规定的要高。保证金的最低数量是根据标的资产价格的变化程度来决定的，并且在需要时会加以调整。资产价格变化程度越大，保证金水平也越高。维持保证金通常为初始保证金的75%。

对保证金的要求可能取决于交易员的交易目的。对于一个真正的对冲者，其保证金的要求可能会低于对投机者的保证金要求。例如，当一家生产某商品的公司卖出该产品的期货时，对它的保证金要求会低于对投机者的保证金要求，原因是对冲者的违约风险相对较小。对**短线交易**（day trade）和**差价交易**（spread transaction）所要求的保证金常常低于对冲交易的保证金。在短线中，交易人向经纪人指明在同一天会将交易进行平仓。差价交易是指交易者在进入某一交割月份合约的多头方（买入合约）时，还同时进入同一标的资产上另一交割月份合约的空头方（卖出合约）。

注意对于期货空头方的保证金要求与对期货多头方的保证金要求是一样的。进入期货空头方与进入期货多头方一样容易，而在即期市场上则不具备这种对称性：持有即期市场的多头会涉及购买资产并立即支付，这不存在任何问题；而持有即期空头则是卖出一种你不拥有的资产，这是一种比较复杂的交易，在某些市场上可能做不到这一点。在第5章我们将仔细讨论这个问题。

2.4.3 清算中心与结算保证金

在期货交易中，**清算中心**（clearinghouse）起着中介的作用，它保证交易双方会履行合约。清算中心拥有一定数量的结算会员，而不是清算中心会员的经纪人必须通过会员来开展业务，并在会员处注入保证金。清算中心的主要任务是记录每天的交易，以便计算每一个会员的净头寸。

清算中心要求会员提供最初保证金（有时也被称作**结算保证金**（clearing margin）），其数量反映了所要结算合约的总数量。清算中心对会员没有维持保证金的要求。每天结算会员处理的交易都要经过清算中心来进行结算。如果会员处理的交易总和出现了亏损，会员需要向交易所清算中心提供追加保证金；如果交易总和出现了盈余，会员将从交易所清算中心收到追加保证金。

在计算初始保证金时，未平仓合约的数量一般是在净值基础上计算的，这意味着在合约总数计算过程中，会员处理的空头合约数量会抵消该会员所处理的多头合约数量。假定某清算中心的会员共有两个客户：一个客户持有20份合约的多头，另一个客户持有15份合约的空头，这时初始保证金数量的计算是基于5份合约。清算中心会员需要向清算中心提供担保基金（guaranty fund）。当会员需要提供追加保证金而没能做到时，这时担保基金可以用来填补将会员的头寸平仓时所出现的亏损。

2.4.4 信用风险

保证金体系的目的是保证当交易员赚钱时，能够有足够的资金用来支付给交易员。从整体上来讲，这一系统十分成功。在大型交易所里，还没有出现过对交易员所做的交易没有兑现的情况。在1987年10月19日期货市场曾经承受过考验：在这一天里标普500指数下跌幅度超过20%，持有标普500多头方的交易员发现自己保证金账户的余额成了负数，不能满足保证金催付要求的交易员的交易被平仓，即使这样这些交易员仍然欠款于经纪人。有些人没有支付欠款，从而使一些经纪人破产，原因是在没有拿到客户资金时，经纪人无法满足由于代表客户而持有的合约的催付保证金要求。即使这样，交易所仍有足够多的资金去支付持有标普500期货空头方的客户。

2.5 场外市场

第1章介绍的场外市场是指公司之间不通过交易所而进行衍生产品交易的市场。信用风险通常是场外市场的一个特征。考虑两家公司A和B之间进行的一些衍生产品交易。当交易的净价值对B为正值时，如果A违约，B将会受到损失；类似地，当交易的净价值对A为正值时，如果B违约，A将会受到损失。为了减小信用风险，场外市场借用了交易所采用的一些机制，我们将讨论这些机制。

2.5.1 中央交易对手

我们曾在1.2节里简单提到过中央交易对手（CCP）的概念，中央交易对手为标准的场外交易进行结算，其功能与交易所的清算中心类似，而CCP的成员与清算中心成员类似：他们需要提供初始保证金和追加保证金，同时也要提供担保基金。

场外市场上，当两个交易商A和B就某衍生产品达成交易意向后，他们会同时将交易提交给CCP。当CCP同意交易时，它将同时成为A和B的交易对手（这一点类似于期货交易所清算中心分别是期货多头和空头的交易对手）。例如，如果在一个远期合约中，A同意在1年后以指定价格从B处买入某资产，CCP将进行以下交易：

（1）在1年后，以指定价格从B处买入资产；

（2）在1年后，以指定价格向A卖出同一资产。

CCP将同时承担A和B的信用风险。

所有CCP成员都要向CCP提供初始保证金，在每天都要对每笔交易定价，每天都会向CCP成员支付或收入追加保证金。非CCP成员的场外市场参与者必须经过CCP成员来进行交易。在交易中，CCP成员要向CCP提供保证金，参与者与CCP成员之间的关系类似于在交易所里经纪商与清算中心会员之间的关系。

在2007年开始的信用危机之后，市场监管变得更加关注市场系统性风险（见业界事例1-2）。在1.2节提到过，许多地区都通过立法来要求大多数的标准衍生产品通过CCP来进行交易。

2.5.2 双边结算

在场外衍生品市场，不能通过CCP结算的产品都要双边结算。在双边结算场外市场，公司A和B通常可以签署一项覆盖双方之间所有交易的主协议，[㊀]这种主协议通常会包括被称为信用支持的附件（credit support annex，CSA），该附件要求A或B（或双方）提供抵押品，抵押品的功能类似于交易所清算中心或CCP对其会员所要求的保证金。

在CSA的抵押品协议中通常会要求每天都要对交易进行定价：A和B之间可能有以下形式的简单双边协议：如果从一天到下一天，两者之间的交易对A的价值增加了X（对B而言，价值减少了X），B需要向A支付价值为X的抵押品；反过来，如果对于B而言，两者之间交易的价值增加了X（对于A而言，价值减少了X），A要向B支付价值为X的抵押品（采用交易市场的术语，X对应于追加保证金）。在第24章里我们将进一步讨论双边结算交易的抵押品协议和对手信用风险的评估问题。

在传统上，CSA协议要求初始保证金的情况很罕见，但最近市场上有了一些新的变化。在2012年引入的一项监管规定要求凡是在金融机构之间进行的双边结算交易中，交易方既要提供初始保证金也要提供追加保证金，[㊁]初始保证金通常要与其他资金分开，并且提交给第三方。

抵押品大大减少了双边结算场外交易的信用风险（一旦当有关金融机构之间双边结算交易的初始保证金和追加保证金的新规定生效后，场外双边结算交易信用风险还会进一步减少）。在20世纪90年代，长期资本管理公司（Long-Term Capital Management，LTCM）曾对于其双边结算衍生产品使用了抵押品协议，这些协议使LTCM能够取得很高杠杆。抵押品协议确实为LTCM提供了信用保护，但如业界事例2-2所示，LTCM过高的杠杆造成了这家对冲基金所面临的其他风险。

业界事例2-2 长期资本管理公司的巨大损失

长期资本管理公司是在20世纪90年代中期成立的对冲基金。在所做的双边结算交易中LTCM一直使用抵押品。这家对冲基金使用的投资策略是**收敛套利**（convergence arbitrage），这一策略的简单例子如下：假如X和Y是同一家公司发行的两种债券，X和Y具有相同的收益，但X的流动性比Y要差（X的交易没有Y活跃），在市场上对流动性会给予一定的价值，因此X的价格比Y要低一些。LTCM会同时对X持多头，对Y持空头，然后等待两个债券的价格在将来趋向一致。

㊀ 最为普遍的该类主协议是国际互换及衍生产品协会（ISDA）发布主协议。

㊁ 在该项监管规定以及金融机构必须通过CCP标准交易进行结算的规定中，“金融机构”的定义包括银行、保险公司、养老基金及对冲基金，与非金融机构进行的交易以及某些外汇交易不受该监管规定的制约。

当利率增长时，LTCM 预计债券价格下降的幅度基本相同，因此对于 X 债券付出的抵押品与 Y 债券收入的抵押品基本相同；类似地，当利率下降时，LTCM 预计债券价格上涨的幅度也会基本相同，因此由抵押条约造成的资金外流不会很大。

1998 年 8 月，俄罗斯对其自身国债违约，因此造成了资本市场的**"择优而栖"**（flight to quality）现象，这一现象造成流动性好的产品价格与流动性差的产品价格之间的差价比平时要高得多，因此在 LTCM 投资组合中流动性好的产品与流动性差的产品之间的差价急剧增大：买入的债券价格大幅下降，而卖出的债券价格急剧增长，这时无论对多头方还是空头方交易都必须注入抵押品，由于具有高杠杆，LTCM 经历了巨大困难。LTCM 必须对交易进行平仓，从而其造成了 40 亿美元的损失。假如财务并不处于高杠杆状态的话，LTCM 也许能够承受"择优而栖"现象而带来的压力，这样公司就有机会生存到流动性好的产品价格和流动性差的产品价格趋向一致的时候。

图 2-2 显示了双边和中央结算的运作机制（这里我们假设市场上总共有 8 个参与者，而且只有 1 个 CCP）。在双边结算机制下，在市场参与者之间会产生如图 2-2a 所示的多个协议。如果所有交易是通过 CCP 来进行结算，这里的情形如图 2-2b 所示。在实际中，并非所有的场外衍生品均由 CCP 来结算，市场上也存在多个 CCP，因此，实际市场具备由图 2-2a 及图 2-2b 所示的两种特点。[⊖]

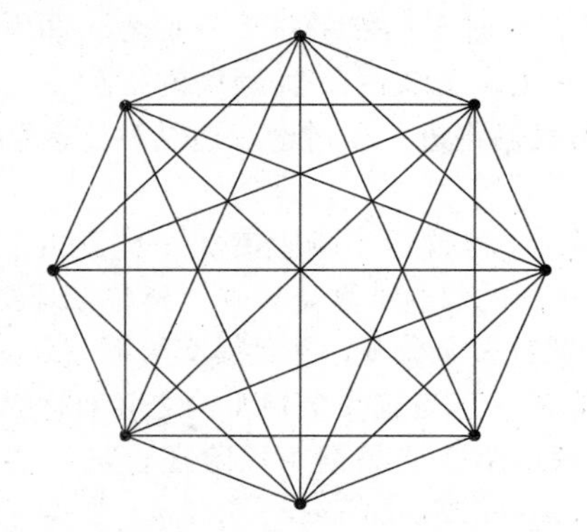

a）传统场外市场的运作：由市场参与者的双边交易来构成

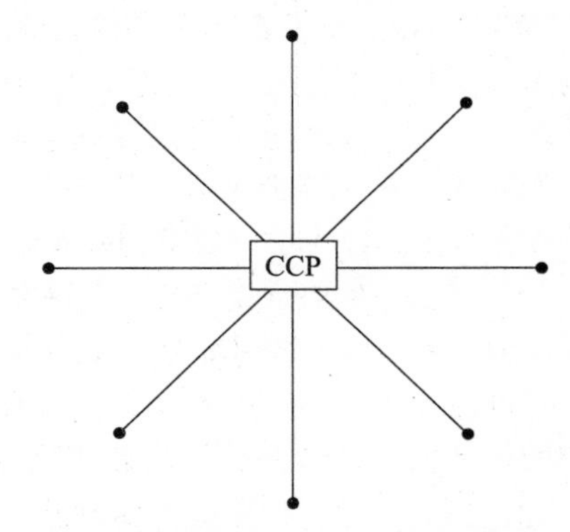

b）在中心结算的情况下，场外市场的结构

图 2-2

2.5.3 期货交易与场外交易

无论以何种方式对交易进行结算，现金形式的初始保证金都会赚取利息，而期货交易中的结算会员提供的追加保证金却不会赚取利息，这是因为追加保证金是用在每日结算上。无论是通过双边结算或 CCP 结算，在场外市场都不是每日结算。正是由于这个原因，由 CCP 成员提供的每日追加抵押品，或由于 CSA 提供的抵押品，当抵押品是现金时都会挣取利息。

证券常常可以被用来作为抵押品，[⊜]但是在决定将证券作为抵押品的价值时，通常会将其市值降低一定数量。所降低的数量叫**折扣**（haircut）。

⊖ 中心结算对信用风险的影响取决于中心结算商的数量和经过中央结算的场外市场交易占整体市场的比率，见 D. Duffie and H. Zhu，"Does a Central Clearing Counterparty Reduce Counterpart Risk?" *Review of Asset Pricing Studies*，1（2011）：74－95。

⊜ 如前所述，期货的追加保证金一定要以现金形式提供。

2.6　市场报价

在交易所和互联网上可以得到有关期货行情的报价。根据 CME 集团提供的数据，表 2-2 是关于一些商品在 2013 年 5 月 14 日中午的期货报价。在第 3 章、第 5 章和第 6 章中将分别给出有关股指期货、外汇期货以及利率期货的报价。

在表 2-2 中每部分的前面列有期货合约标的资产、期货的规模以及报价方式。第 1 项资产为黄金，期货规模为 100 盎司，报价方式为每盎司的美元价格。期货的到期月列在表中的第 1 列。

表 2-2　2013 年 5 月 14 日一些 CME 集团商品期货合约的报价

	开盘价	最高价	最低价	前一天闭盘价	最后交易日	变化量	成交量
黄金（百盎司），美元/盎司							
2013/06	1 429.5	1 444.9	1 419.7	1 434.3	1 425.3	−9.0	147 943
2013/08	1 431.5	1 446.0	1 421.3	1 435.6	1 426.7	−8.9	13 469
2013/10	1 440.0	1 443.3	1 424.9	1 436.6	1 427.8	−8.8	3 522
2013/12	1 439.9	1 447.1	1 423.6	1 437.7	1 429.5	−8.2	4 353
2014/06	1 441.9	1 441.9	1 441.9	1 440.9	1 441.9	+1.0	291
原油（千桶①），美元/桶							
2013/06	94.93	95.66	94.50	95.17	94.72	−0.45	162 901
2013/08	95.24	95.92	94.81	95.43	95.01	−0.42	37 830
2013/12	93.77	94.37	93.39	93.89	93.60	−0.29	27 179
2014/12	89.98	90.09	89.40	89.71	89.62	−0.09	9 606
2015/12	86.99	87.33	86.94	86.99	86.94	−0.05	2 181
玉米（5 000 蒲式耳），美分/蒲式耳							
2013/07	655.00	657.75	646.50	655.50	652.50	−3.00	48 615
2013/09	568.50	573.25	564.75	568.50	570.00	+1.50	19 388
2013/12	540.00	544.00	535.25	539.25	539.50	+0.25	43 290
2014/03	549.25	553.50	545.50	549.25	549.25	0.00	2 638
2014/05	557.00	561.25	553.50	557.00	557.00	0.00	1 980
2014/07	565.00	568.50	560.25	564.25	563.50	−0.75	1 086
大豆（5 000 蒲式耳），美分/蒲式耳							
2013/07	1 418.75	1 426.00	1 405.00	1 419.25	1 418.00	−1.25	56 425
2013/08	1 345.00	1 351.25	1 322.25	1 345.00	1 345.75	+0.75	4 232
2013/09	1 263.75	1 270.00	1 255.50	1 263.00	1 268.00	+5.00	1 478
2013/11	1 209.75	1 218.00	1 203.25	1 209.75	1 216.75	+7.00	29 890
2014/01	1 217.50	1 225.00	1 210.75	1 217.50	1 224.25	+6.75	4 488
2014/03	1 227.50	1 230.75	1 216.75	1 223.50	1 230.25	+6.75	1 107
小麦（5 000 蒲式耳），美分/蒲式耳							
2013/07	710.00	716.75	706.75	709.75	710.00	+0.25	30 994
2013/09	718.00	724.75	715.50	718.00	718.50	+0.50	10 608
2013/12	735.00	741.25	732.25	735.00	735.00	0.00	11 305
2014/03	752.50	757.50	749.50	752.50	752.50	0.00	1 321
活牛（40 000 磅），美分/磅							
2012/06	120.550	121.175	120.400	120.575	120.875	+0.300	17 628
2012/08	120.700	121.250	120.200	120.875	120.500	−0.375	13 922
2012/10	124.100	124.400	123.375	124.125	123.800	−0.325	2 704
2013/12	125.500	126.025	125.050	125.650	125.475	−0.175	1 107

①1 美桶＝158.987 立方分米。

2.6.1 价格

每一行的前三个数字分别代表为开盘价、当天交易最高价和当天交易最低价。开盘价是在2013年5月14日交易开始后立即成交的期货合约价格。对于2013年6月黄金期货合约，在2013年5月14日的期货开盘价为1 429.5美元，在当天最高价格是每盎司1 444.9美元，最低价格是每盎司1 419.7美元。

2.6.2 结算价格

每行的第4个数字为**结算价格**（settlement price）。这一价格用于计算每天合约的盈亏以及所需要的保证金数量。该价格通常为在交易日结束之前最后成交的期货合约价格。每行的第4个数字是交易日前一天（即2013年5月13日）期货合约结算价格，第5个数字为最后交易价格，第6个数字为和上一个交易日结算价格相比时价格的变化量。对于2013年6月的黄金期货，2013年5月13日结算价格为1 434.3美元，5月14日的最后交易价格为1 425.3美元，比前一天下跌了9.0美元。这时，如果2013年5月14日的结算价格为1 425.3美元，持有一份合约多头的投资者在5月14日会发现其保证金账户的余额减少了900美元（=100×9.0美元）；类似地，持有一份合约空头的投资者在这一天会发现其保证金账户的余额增加了900美元。

2.6.3 交易量和未平仓合约数量

表2-2中的最后一列显示了合约**交易量**。交易数量是在一天内交易的合约总份数。我们可以将交易量与**未结权益**（open interest）进行比较，未结权益是尚未平仓合约份数的总量，它是所有多头的总和，也是所有空头的总和。

如果在一天内短线交易员进行了很大数量的交易（在一天中进入合约的某种头寸，并在休市前将交易平仓），与刚刚开盘时未平仓数量以及休盘时未平仓数量相比，一天的交易量可能会更大。

2.6.4 期货价格的规律

期货价格可以呈现不同的规律。在表2-2中，黄金、小麦以及活牛的交割价格是期限的递增函数，我们称这种市场为**正常市场**（normal market）；如果合约价格是期限的递减函数，我们称这种市场为**反向市场**（inverted market）。[⊖]原油、玉米及大豆等类商品的价格在2013年5月14日呈现了有时是正常市场，有时是反向市场的特征。

2.7 交割

在本章前面我们曾提到过，在开仓后只有很少的期货合约会导致标的资产的最终交割，大多数合约会被提前平仓。尽管如此，正是由于有最后交割的可能性而决定了期货价格，因此理解交割过程是非常重要的。

可以交割的时间段是由交易所定义的，不同合约的交割时间段也不尽相同。具体交割时间

⊖ 当期货价格是期限的递增函数时，我们称这样的情形为**期货溢价**（contango）；当期货价格是期限的递减函数时，我们称这样的情形为**现货溢价**（backwardation）。从严格意义来讲，这些名词是用于描述标的资产价格预期会增长和下跌的情形。

是由期货的空头方来决定，在这里我们将这个投资者记为A。当投资者A决定交割资产时，A的经纪人会向交易所清算中心递交交割意向书。在意向书中会指明交割产品的数量，而且当标的是商品时，还要指明交割地点以及交割产品的级别。然后交易所会选择持有期货多头方的某个对手来接受交割。

假定投资者B为投资者A持有的合约在开仓时的交易对手，我们应该认识到B并不一定就是接受交割的投资者。投资者B可能通过与投资者C的交易而提前对其合约进行了平仓，投资者C也可能通过与投资者D的交易而对其合约进行了平仓，等等。通常的规则是交易所将交割产品意向书转给持有多头时间最久的投资者，而持有多头的一方必须接受交割通知。但是如果通知是可转让的（transferable），多头方投资方会有很短一段时间（通常为半个小时）来找到另一个持有多头的投资者来接受交割通知。

对于商品期货，接受交割通常意味着在接收仓库收据后马上付款。接受交割的一方要负责所有的仓储费用，对于活牲畜，还会有动物的喂养费用（见业界事例2-1）。对于金融产品期货，交割一般是通过电子汇款的形式来实现的。对于所有的合约，多头方所支付的价格应当为最新的结算价格。根据交易所规定，价格还要根据产品级别、交割地点等加以调整。从发出通知到最后资产的支付，整个交割过程一般需要2~3天的时间。

合约中有3个至关重要的日期：它们是第一交割通知日、最后交割通知日以及最后交易日。**第一交割通知日**（first notice day）是可以向交易所递交交割意向的第1天，**最后交割通知日**（last notice day）是可以向交易所递交交割意向的最后一天，**最后交易日**（last trading day）通常是最后交割通知日的几天前。为了避免接受交割的风险，持有多头方的投资者应该在第一交割通知日之前将期货平仓。

现金结算

有些金融期货（比如第3章里讨论的股指期货）的结算采用现金形式，这是因为直接交割标的资产非常不方便或不可能。例如，对于标的资产为标普500指数的期货，交割标的资产会包括交割一个500种股票的组合。当合约以现金结算时，所有未平仓的合约都在某个预先指定的日子平仓，最后的结算价格等于标的资产在这一天开盘时或收盘时的即期价格。例如，在CME集团交易的标普500期货合约，事先约定的日期为交割月的第3个星期五，最终结算价为开盘价。

2.8　交易员类型和交易指令类型

执行交易的有两种交易员：一种是**期货佣金经纪人**（futures commission merchants，FCM），另一种是**自营经纪人**（local）。佣金经纪人执行其他人的指令并收取佣金；自营经纪人用自己账户中的资金进行交易。

我们可以像第1章中讨论的那样将持有头寸的人（无论是自营经纪人还是佣金经纪人的客户）划分为对冲者、投机者或套利者。投机者可分为短期投机者、短线交易员以及头寸交易员。**短期投机者**（scalper）通过观察价格的短期走势而试图从中盈利，这些交易员持有头寸时间可能只有几分钟。**短线交易员**（day trader）持有头寸的时间不超过1个交易日，他们不愿承担每天晚上由于不利消息所带来的风险。**头寸交易员**（position trader）持有期限较长，他们希望从市场上大的变动中取得可观的盈利。

指令

投资者向经纪人所发指示中最简单的是**市场指令**（market order）。这是以市场上可以得到的最好价格马上进行交易的指令。在市场上还有许多其他形式的指令，我们在这里讨论较为常用的几种指令形式。

限价指令（limit order）指定一个价格，只有在达到该价格时或价格更优惠时才能执行这一指令。因此，如果一个投资者想买入资产的限价指令为30美元，这一指令只有在价格为30美元或更低时才能执行。当然，如果限定的价格一直没有达到，这一指令就根本不会被执行。

停止指令（stop order）或**止损指令**（stop-loss order）也指定了一个价格，当买入价或卖出价达到这一价格或价格更不利时指令才会被执行。假定一个止损指令为在30美元时卖出资产，当前资产价格为35美元。在价格跌到30美元时，止损指令就成为了卖出的指令。事实上，一旦注明的价格被达到时止损指令就会成为市场指令。止损指令的目的是在不利价格发生后对头寸进行平仓，目的是控制损失的幅度。

限价止损指令（stop-limit order）是一个止损指令与限价指令的组合。当买入或卖出价等于止损或比限定价格更糟时，这一指令就变为了限价指令。在限价止损指令中必须指明两个价格：**限价价格**（limit price）和**止损价格**（stop price）。假定，当市场价格为35美元时，一个买入资产的限价止损指令指明其止损价格为40美元，限价为41美元。当市场上出现买入或卖出价为40美元时，这一限价止损指令变为限价为41美元的限价指令。如果限价和止损价格价格相同，这种指令有时也被称为**止损和限价指令**（stop-and-limit order）。

触及市价指令（market-if-touched order，MIT）是指当价格达到指定水平或者比指定水平更有利的价格时才执行交易的指令。当市场价格达到指定水平后MIT指令就成了市场指令。MIT指令也被称为**挂盘指令**（board order）。假定某交易员持有期货的多头，并向经纪人发出对合约进行平仓的指令。止损指令的目的是在价格朝不利方向变动时，保证损失锁定在一定范围之内。与止损指令相反，触及市价指令的目的是如果价格朝有利方向变动，当盈利足够高时马上兑现。

自行裁定指令（discretionary order）或**不为市场所限指令**（market-not-held order）是一种市场指令，但是这种指令允许经纪人自行决定延迟交易以便得到更好的价格。

有些指令限定执行交易的时间。除非特别说明，**当天指令**（day order）在交易日当天结束时会自动取消。**限时指令**（time-of-day order）只能在一天内的某一段时间内才能执行。**开放指令**（open order）或**一直有效直至成交**（good-till-canceled order）是只有在成交后才被取消的指令。顾名思义，**成交或取消**（fill-or-kill order）指令要求要么立即执行指令，要么将永不执行。

2.9 制度

当前美国的期货市场是由联邦政府级机构，即商品期货交易委员会（Commodity Futures Trading Commission，CFTC，www.cftc.org）来监管。这一委员会成立于1974年。

CFTC要维护的是大众利益，该组织的职责是确保有关价格的信息会传递给公众，当期货交易者的头寸超出某一水平时，他们必须报告其所持有的未平仓期货头寸。CFTC也向所有为大众提供期货服务的个人颁发执照，并且调查这些提供服务的个人的背景，同时对这些个人做出最低资本金的要求。CFTC处理公众投诉，如果投诉确实正当，CFTC将采用某些惩罚措施，CFTC有权要求交易所对违反规则的成员进行惩罚。

自从美国全国期货协会（National Futures Association，NFA，www. nfa. futures. org）在1982年成立以来，CFTC的一部分职责转移给了期货行业本身。NFA是期货从业人员的自发性组织，其目的是为了防止欺诈并确保市场运作有利于大众利益。NFA有权监测交易并在适当的时候采取惩罚措施，这一机构建立了一套裁决个人以及会员之间纠纷的有效制度。

在2010年，奥巴马总统签署了《多德－弗兰克法案》（Dodd-Frank Act），该法案扩大了CFTC的权利。CFTC最近宣布了一项规定，要求所有的标准场外衍生品必须通过互换执行设施（swap execution facility）来完成，并要通过中央交易对手来结算。

违规交易

在大多数情况下，期货市场都是在有效地运作，并且与公众的利益保持一致，但有时也确实发生一些违规交易。当某个投资集团企图“操纵市场”时，就会出现违规交易行为。[⊖]例如，某投资集团持有大量期货的多头，并试图对标的商品的供应进行某种控制。随着期货期限的临近，该投资集团并没有对其头寸进行平仓，因此未平仓的期货数量可能会超出能够用于交割的商品数量。空头方的持有者意识到他们难以交割，从而为了平仓而变得绝望。这样的结果是期货价格和即期价格急剧上升。监管当局处理市场上这类违规事件的方法通常是增加保证金、设定更严格的头寸限额、禁止投机者增加未平仓头寸的交易以及强迫市场参与者平仓等。

其他种类的违规交易可能会涉及交易所大厅里的交易员。FBI利用密探在芝加哥交易所和芝加哥商业交易所进行了两年调查，并在1989年年初披露了这些违规行为。调查起因于一家大型农业公司的投诉，投诉内容包括向客户收取过高的费用、不向客户完全支付卖出商品的全部收益以及交易员在已知客户信息的基础上为自己提前交易的行为（这一行为被称为**抢跑交易**（front running））。

2.10　会计和税收

有关期货合约的会计（accounting）与税务处理具体细节已超出本书范围，需要这方面知识的交易员可向专家咨询。在这一节里，我们只提供一些基本的背景知识。

2.10.1　会计

除了能够合格地用于对冲的情形，会计准则要求及时反映期货合约的市场价值变化。如果合约确实能够合格地归为对冲，在财会处理上，合约盈亏的确认时间可以与被对冲产品盈亏发生的时间相同。这种处理方式叫**对冲会计准则**（hedge accounting）。

考虑一家公司，其财务年度在12月底结束。在2014年9月，该公司买入了2015年3月的玉米期货，并在2015年2月底进行平仓。假定在进入合约时期货价格为每蒲式耳650美分，在2014年年底的价格为670美分，在平仓时价格为680美分。合约的标的资产为5 000蒲式耳玉米。如果合约不能被当成对冲交易，那么对其收益的财会处理方式是

2014年的收入为

$$5\,000\times(6.70-6.50)=1\,000(\text{美元})$$

2015年的收入为

⊖ 这种违规最著名的案例为1979～1980年亨特（Hunt）兄弟操纵白银市场的交易行为。在1979年年中至1980年年初，他们的交易行为使得白银价格从每盎司6美元上升到50美元。

$$5\,000 \times (6.80 - 6.70) = 500(\text{美元})$$

如果公司买入期货合约的目的是为了对冲在2015年2月需要买入的5 000蒲式耳玉米，因此合约可以按对冲会计准则处理，从而将全部1 500美元的收入当成是在2015年发生的。

这里处理对冲盈亏的方式比较合理。如果公司是为了对冲在2015年2月买入的5 000蒲式耳玉米，期货合约的作用是为了保证支付价格接近于每蒲式耳650美分。会计处理方式反映了价格是在2015年支付的事实。

1998年6月，美国财务会计准则委员会（Financial Accounting Standards Board，FASB）颁布了关于衍生产品和对冲行为会计标准（Accounting for Derivative Instruments and Hedging Accounting）第133号文件（FAS 133）。FAS 133适用于所有衍生产品（包括期货、远期、互换和期权）。这一标准要求所有衍生产品都要以公允市场价值（fair value）计入资产负债表，[⊖]同时FAS 133增加信息披露的要求。与以前相比，这一文件对公司在使用对冲会计准则时的要求更加严格，为了保证能够采用对冲会计法则，对冲产品一定要很有效地抵消（被对冲）头寸的风险敞口，而且每3个月都要进行一次对冲有效性的测试评估。国际会计准则委员会（International Accounting Standards Board）也颁布了一个类似的标准，即IAS 39号文件。

2.10.2 税收

在美国税务规定中有两个关键问题：一个是**应税损益**（taxable gain or loss）的特性，另外一个是损益的确认时间。损益分为**资本损益**（capital gain or losses）和**普通收入**（ordinary income）。

对于企业付税者而言，资本损益的税率与普通收入一样，然而扣减资本损失则受到一定限制，企业资本损失只能从资本收益中扣除。公司可以弥补过去3年的资本损失，并可以将资本损失向未来分摊5年。对于非企业纳税者而言，短期资本增值与普通收入的税率一样，长期资本增值的税率最高为15%（长期资本增值来源于持有期超过1年的资本资产带来的收入；短期资本收益来源于持有期不超过1年的资本资产带来的收入）。对于非企业纳税者而言，资本损失最多可以从资本收益和普通收入总和中扣除3 000美元，并可以无限期地向未来延期。

一般来讲，在处理期货合约的头寸时，我们可以将其看作在税收年度的最后一天被平仓。对于非企业付税者而言，这会产生资本损益。这些损益有60%应被视为长期损益，40%应被视为短期损益，这一处理方式不考虑实际的持有期限。这就是所谓的“60/40”法则。一个非企业纳税人可以将来自于60/40法则的损失用来抵消过去3年在此法则下的普通收入。

对冲交易不受以上规则的限制。税务中关于对冲的定义与会计规则关于对冲定义有所不同。在税法中，对冲定义为在正常的业务运作中出于以下两个目的而做的交易。

（1）为了降低纳税者已经拥有的资产，或为了产生普通收入而将要拥有的资产所面临的价格变化或利率波动所带来的风险。

（2）为了降低纳税人由于贷款所面临的价格、利率以及汇率波动的风险。

这些对冲交易清楚地确认在公司的分类账里。处理对冲交易的损益与普通收入一样，对冲交易损益的确认时间一般与被对冲项目产生损益的时间一致。

2.11 远期与期货合约的比较

表2-3总结了远期合约与期货合约之间的主要区别。两种合约均是在将来特定时刻以某种

⊖ 在这之前，衍生产品的吸引力之一在于它们被处理为表外项目（off-balance-sheet）。

价格买入或卖出某种资产的协议。远期合约的交易在场外市场进行，并且没有标准的合约规模与交割安排，这种合约通常会指定一个交割日期，并且一般会持到到期日，然后进行交割。期货合约是在交易所交易的标准合约，交割日期通常为一段时间，这种合约每天结算，并且一般在到期日之前会被平仓。

表2-3 远期合约与期货合约的比较

远期合约	期货合约	远期合约	期货合约
交易双方间的私下合约	在交易所内交易	在合约到期时结算	每日结算
没有被标准化	标准化	通常会发生实物或现金交割	合约通常在到期前会被平仓
通常指明一个交割日	有一系列的交割日	有信用风险	几乎没有信用风险

2.11.1 期货和远期合约的盈利

假定英镑的90天远期汇率为1.5000（每英镑所对应的美元数量），这一汇率也正好是在90天后交割的外汇期货价格。那么，这两个合约的损益有何区别呢？

在远期合约中，全部的损益均在合约到期时实现。在期货合约中，由于每日结算，损益每天被实现。假设投资者A进入了90天期限、面值100万英镑的远期合约多头，而投资者B进入了90天期限，面值也为100万英镑的期货合约多头。（因为1份期货合约是关于62 500英镑，投资者B应持有16份合约。）假定在90天后，即期汇率为1.7000，投资者A在90天后收入200 000美元；投资者B也有收益，但其收益分散在90天上。在某些天投资者B可能会有损失，而在其他天会有收益。但是总体来讲，将损失和收益相抵后，投资者B在90天内的总收益为200 000美元。

2.11.2 外汇报价

外汇上的远期和期货交易都十分活跃。但是，有时在这两个市场上汇率的报价是有区别的。例如，在期货中有美元时，期货的报价总是一个外币单位所对应的美元数量，或者一个外币单位所对应的美分数量。远期报价永远同即期市场报价一样。这意味着对于英镑、欧元、澳元以及新西兰元，远期报价为一个外币单位所对应的美元数量（这与期货报价相同）。对于其他主要货币，远期报价为1美元兑换的外币数量。考虑加元（CAD）情形，期货报价为每加元为0.95美元，与之对应的远期报价为每美元为1.0526加元（1.0526＝1/0.9500）。

小 结

大部分期货合约不会对标的资产进行实际交割。通过进入相反的头寸，这些合约在交割期到达之前就已经被平仓。但是，这种最后交割的可能性是确定期货价格的主要因素。对于每种期货合约，在一定的时间范围内能够进行资产交割，并且对交割的方式有明确的规定。对于其他（比如标的资产是股指）的期货合约，结算的方式是现金结算（而不是实物交割）。

制定合约的细则是交易所一个重要的职责。合约双方都应该了解可交割资产的种类、交割地点以及交割时间。他们也必须知道交易时间、报价形式、最大价格变动等细节。新合约必须得到商品期货交易委员会的批准后才可以开始交易。

保证金是期货市场很重要的一个组成部分。投资者在其经纪人处要开设保证金账户。这一账户里的资金每天都要加以调整来反映盈亏状态。在价格变动对投资者不利时，经纪人有时会要求投资者追加保证金。每个经纪人或者是清算中心会员，或者要在清算中心会员处开设保证金账户。每个清算中心会员都要在清算中心开设保证金账户，保证金账户里的余额在每天的变化反映了会员的业务盈亏状态。

在场外衍生产品市场上交易结算形式或者是通过CCP或者是通过双边结算。当采用双边结算时，交易的单方或双方要支付抵押品，目的是减小信用风险；当采用CCP结算时，CCP会介于交易双方之间，并要求交易双方都要提供保证金，其运作方式类似于交易所内的清算中心。

远期合约与期货合约在许多方面都有区别。远期合约是由双方私下约定的合约，而期货合约交易是在交易所进行的。远期合约只有一个交割日期，而期货合约通常有一段日子可以交割。因为远期合约不在交易所交易，因此它们无须标准化。远期合约通常在合约到期日结算，大多数远期合约会导致资产交割或现金结算。

在接下来几章里，我们将进一步详细讨论如何应用远期和期货进行对冲。我们也将讨论如何确定远期和期货合约的价格。

推荐阅读

Duffie, D., and H. Zhu. "Does a Central Clearing Counterparty Reduce Counterparty Risk?" *Review of Asset Pricing Studies*, 1, 1 (2011): 74–95.

Gastineau, G. L., D. J. Smith, and R. Todd. *Risk Management, Derivatives, and Financial Analysis under SFAS No. 133*. The Research Foundation of AIMR and Blackwell Series in Finance, 2001.

Hull, J. "CCPs, Their Risks and How They Can Be Reduced," *Journal of Derivatives*, 20, 1 (Fall 2012): 26–29.

Jorion, P. "Risk Management Lessons from Long-Term Capital Management," *European Financial Management*, 6, 3 (September 2000): 277–300.

Kleinman, G. *Trading Commodities and Financial Futures*. Upper Saddle River, NJ: Pearson, 2013.

Lowenstein, R. *When Genius Failed: The Rise and Fall of Long-Term Capital Management*. New York: Random House, 2000.

Panaretou, A., M. B. Shackleton, and P. A. Taylor. "Corporate Risk Management and Hedge Accounting," *Contemporary Accounting Research*, 30, 1 (Spring 2013): 116–139.

练习题

2.1 说明**未平仓合约数量**与**交易量**的区别。

2.2 说明**自营经纪人**与**佣金经纪人**的区别。

2.3 假定你进入了1份纽约商品交易所的7月份白银期货合约的空头，在合约中你能够以每盎司17.20美元的价格卖出白银，期货规模为5 000盎司白银。最初保证金为4 000美元，维持保证金为3 000美元。期货价格如何变动才会导致保证金的催付通知？你如果不满足保证金催付通知会有什么后果？

2.4 假定在2015年9月一家公司进入了2016年5月原油合约的多头方。在2016年3月公司将合约平仓。在进入合约时期货价格（每桶）为88.30美元，在平仓时价格为90.50美元，在2015年12月底为89.10美元。每份合约是关于1 000桶原油的交割。公司的总盈利是什么？盈利是在何时实现的？对以下投资者应如何进行税收？(a) 对冲者，(b) 投机者。假定公司年度末为12月31日。

2.5 在2美元时卖出的止损指令含义是什么？什么时候可以使用这一指令。在2美元时卖出的限价指令含义是什么？什么时候可以使用这一指令？

2.6 由清算中心管理的保证金账户的运作与由经纪人管理的保证金账户的运作之间有什么区别？

2.7 外汇期货市场、即期市场以及远期市场的汇率报价之间的区别是什么？

2.8 期货合约的空头方有时有权选择交割资产的种类、交割地点以及交割时间等。这些选择权会使期权价格上升还是下降？解释原因。

2.9 在设计一个新的期货合约时最重要的是需要考虑哪几个方面？

2.10 说明为什么保证金可以使投资者免受违约风险。

2.11 某投资者进入了两份7月冰冻橙汁合约的多头。每份合约的规模为15 000磅橙汁。当前期货价格为每磅160美分。最初保证金为每份合约6 000美元，维持保证金为每份合约4 500美元。什么样的价格变化会导致对保证金的催收？在什么情况下可以从保证金账户中提取2 000美元。

2.12 如果在交割区间内商品的期货价格高于即期价格，证明这时会存在套利机会。如果商品的期货价格低于即期价格，存在套利机会吗？解释你的答案。

2.13 解释触及市价指令与止损指令之间的区别。

2.14 解释在止损限价指令中，限价为20.10美元时以20.30美元卖出的含义是什么？

2.15 在某一天末，某清算中心会员持有100份合约的多头，结算价格为每份合约50 000美元，最初保证金为每份合约2 000美元。在第2天，这一会员需要负责再对20份合约多头进行结算，进入合约时每份合约为51 000美元。在第2天末的结算价格为50 200美元。这位会员要向清算中心注入多少追加保证金？

2.16 解释为什么2008年金融危机之后所引入的监管OTC市场新规则将会使抵押品会增加。

2.17 在45天后交割的瑞士法郎远期汇率报价为1.100 0。在45天后的相应期货合约价格为0.900 0。解释这两个报价的含义。对一个想卖出瑞士法郎的投资者，哪一种汇率更有利？

2.18 假定你向经纪人发出了卖出7月猪肉合约的指令，描述将会发生什么。

2.19 “在期货市场投机就是纯粹的赌博，为了公众利益不应该让投机者在交易所交易期货。”讨论这种观点。

2.20 解释衍生品双边结算和中央清算之间的区别。

2.21 假如在合约中未完全指明标的资产的质量，你认为会发生什么情况？

2.22 “在交易所大厅交易1份期货合约时，未平仓合约数量可能增加1个，或保持不变，或减小1个。”解释这句话的含义。

2.23 假定在2015年10月24日。一家公司卖出1份2016年4月的活牛期货合约，并在2016年1月21日将合约平仓。在进入合约时期货价格（每磅）为121.20美分，在平仓时期货价格为118.30美分，在2015年12月底期货价格为118.80美分，期货规模为40 000磅活牛。这时公司的总盈利是多少？如果公司分别为（a）对冲者（b）投机者，它将如何付税？假定公司的财政年底是12月31日。

2.24 一位饲养牲畜的农场主将在3个月后卖出120 000磅活牛。在CME 3个月期限的活牛期货合约规模为40 000磅活牛。农场主如何使用期货合约来对冲风险？从这一农场主的角度来看，对冲的好处和坏处分别是什么？

2.25 现在是2014年7月。一个矿业公司刚刚发现了一个小型金矿。建矿需要6个月时间，然后在1年内以大致连续规模的形式将黄金开采出来。从2014年8月到2015年12月，每两个月有一个期货交割月，每一个合约规模为100盎司黄金。讨论矿业公司将如何采用期货产品来对冲风险。

2.26 解释CCP的运作机制。所有的标准衍生产品都要通过CCP来进行结算，这对金融系统有什么样的好处？

作业题

2.27 交易员A进入3个月后以130万美元兑换100万欧元的期货多头；交易员B进入相应远期的多头。假设汇率（美元/欧元）在头两个月急剧下跌，然后在第3个月回升到1.330 0美元/欧元。忽略每日结算，每个交易员的总盈利是多少？如果考虑每日结算的影响，哪个交易员的盈利更大？

2.28 解释什么是未平仓量，为什么未平仓量通常在交割月之前的一个月中会下降？在某一天中，一种期货有2 000次交易，这说明有2 000个是买方（多头方），2 000个是卖方（空头方）。其中在2 000个多头中，1 400个是用于平仓的，而剩下的600个是新头寸；在2 000个空头中，1 200个是用于平仓的，而剩下的800个是新头寸。这一天的交易对未平仓量有什么影响？

2.29 1份橙汁期货合约是关于15 000磅冰冻浓缩橙汁的交易。假定2014年9月，一家公司卖出1份2016年3月份橙汁的期货，价格为每磅120美分；在2014年12月，期货价格为140美分；在2015年12月期货价格为110美分；在2016年2月交易被平仓，这时价格为125美分。该公司以12月为财政年末，这个合约给公司带来的盈亏是多少？盈亏是如何实现的？如果公司被划分为（a）对冲者（b）投机者，其会计和税务方面该如何处理？

2.30 一家公司进入了1份期货合约的空头方，在合约中以每蒲式耳750美分的价格卖出5 000蒲式耳小麦。初始保证金为3 000美元，维持保证金为2 000美元，价格如何变化会导致保证金的催收？在什么情况下公司可以从保证金账户中提取1 500美元？

2.31 假定原油没有存储费用，借入与借出资金的利率均为5%。假定某年6月和12月期货合约的交易价格分别为80美元及86美元，如何通过交易来盈利？

2.32 什么样的交易头寸等价于在指定时刻以价格K买入资产远期合约的多头与在同一时刻以价格K卖出资产的看跌期权的组合？

2.33 某公司与A、B和C 3家银行之间有衍生产品交易。对于该公司而言，交易的价值分别为2 000万美元、-1 500万美元及-2 500万美元，在以下两种情形中，该公司将提交多少保证金或抵押品。

(a) 交易是双边结算，抵押品协议是单边需要支付抵押品，即该公司要支付追加保证金，但无须支付初始保证金，银行无须支付抵押品。

(b) 交易是通过CCP来结算，CCP需要的最初保证金数量为1 000万美元。

2.34 一家银行与某交易对手之间有衍生产品交易。对于银行而言，产品价值为1 000万美元，交易对手已经支付了数量为1 000万美元的现金抵押品。银行面临的信用风险敞口是什么？

2.35 在网页www. rotman. utorouto. ca/ ~ hull/data上有关于原油期货与黄金期货的收盘价历史数据，你需要通过下载数据来回答以下问题。

(a) 假定市场价格在每天的变动服从均值为0的正态分布，估计在99%置信程度下，每天价格不会被超出的变动数量。

(b) 假定交易所想设定维持保证金，并想确保在99%的置信下，保证金不会因价格在两天的变动而完全消耗掉（在这里之所以选择两天，是因为在保证金催付是在一天交易日结束时做出，交易员在第2天结束时必须决定是否要提供保证金。）在正态分布前提下，准备金数量要设在什么样的水平？

(c) 假定维持保证金为初始保证金的75%。计算在数据所覆盖的时间区间内，交易员持有多头时，保证金被完全消耗的概率。从你的结果来看，正态分布的假设是否适用。

第3章 利用期货的对冲策略

CHAPTER3

在期货市场上很多参与者都是对冲者，他们的目的是利用期货市场来对冲自己面临的某种风险，这里的风险可能与原油价格、汇率、股票价格或其他变量的波动有关。**完美对冲**（perfect hedge）是指完全消除风险的策略，在实际中完美对冲极其罕见。因此，在大多数情况下，选取期货对冲就是指找出一种尽可能接近完美的对冲方式。

在这一章里，我们考虑建立对冲的一些基本问题：什么时候应该采用期货空头？什么时候应该采用期货多头？应该选用哪一种期货合约？采用期货对冲的最佳头寸又是什么？在目前，我们将集中精力考虑所谓的**保完即忘策略**（hedge-and-forget strategy），也就是说，一旦设定对冲策略后，无须再对其进行调整。在这种对冲中，对冲者只需要在开始时建立期货头寸，然后在结束时将其平仓。在第19章里我们将考虑**动态对冲策略**（dynamic hedging strategy），这时对冲者要密切监视对冲策略，并经常调整头寸。

在本章里我们首先将期货合约作为远期合约来处理（即忽略每天的结算），然后我们将讨论所谓的“跟踪因子”（tailing）调节量，这种调节量考虑了期货与远期合约的不同。

3.1 基本原理

当个人或公司选用期货产品来对冲风险时，目标是选择尽量使风险中性化的头寸。考虑这样一家公司，它已知在3个月后如果某商品的价格上涨1美分，公司将收入10 000美元，但如果商品的价格下跌1美分，公司将损失10 000美元。为了对冲风险，公司资金部主管应进入期货合约的空头来抵消风险：当商品价格上涨1美分时，期货将触发10 000美元的损失；当商品价格下跌1美分时，期货将带来10 000美元的收益。如果商品价格确实下跌，期货合约的收益会抵消公司其他业务的损失；如果商品价格上涨，期货的损失被公司其他业务的收益抵消。

3.1.1 空头对冲

空头对冲（short hedge）如以上例子所述，对冲者选择期货的空头方。当对冲者已经拥有了某种资产并期望在将来某时刻卖出资产时，这时选择期货空头对冲是合理的。例如，一个养猪的农场主知道自己会在2个月后在当地市场出售活猪，他这时可以选择空头对冲。在当前不拥有资产但在将来会拥有资产的情况下，也可以选择空头对冲。例如，一个美国出口商已知在3个月后将收进一笔欧元，出口商在欧元（同美元比较）升值时会有收益，而在欧元（同美元比较）贬值时会有损失，这时可以选择空头对冲。对冲策略在欧元升值时会产生损失，而在贬值时则会产生盈利，其作用是消除出口商的风险。

为了更详细地叙述空头对冲在一些情形下的运作方式，我们假定今天是5月15日，一位原油生产商刚刚签订了一份卖出100万桶原油的合约。合约所约定的价格为8月15日的市场价格。因此在今后3个月内，原油价格每上涨1美分，原油生产商就会增加10 000美元的收益，原油价格每下跌1美分，原油生产商将会损失10 000美元。假设5月15日每桶原油的即期价格为80美元，8月份到期的原油期货价格为79美元。因为每份期货合约的规模为1 000桶原油，因此原油生产商可以通过卖出1 000份期货合约来对冲风险。如果原油生产商在8月15日平仓，这一交易策略的效果是将原油锁定在大约79美元的价格上。

为了说明对冲后将会发生的情形，假如在8月15日原油的即期价格为每桶75美元。公司因卖出原油而收入7 500万美元。由于8月份是期货的交割月，所以在8月15日的期货价格应与这一天的即期价格（即75美元）非常接近，因此公司从每桶原油上赚取大约

$$79 - 75 = 4(\text{美元})$$

期货空头的总收益为400万美元。由卖出原油合约与期货合约一起所实现的是价格为大约每桶79美元，整体收入为7 900万美元。

考虑另外一种情形，假定在8月15日原油的即期价格为每桶85美元。公司以每桶85美元卖出石油，而因持有原油期货每桶亏损的数量大约为

$$85 - 79 = 6(\text{美元})$$

这时，卖出原油和期货的总收入大约为7 900万美元。不难看出，在不同情形下，公司的整体收入总是大约为7 900万美元。

3.1.2 多头对冲

持有期货多头的对冲策略叫**多头对冲**（long hedge）。当公司已知在将来需要买入一定资产并想在今天将价格锁定时，可以采用多头对冲。

假设今天是1月15日，为了满足一项合同某一铜产品加工商知道在5月15日将会需要100 000磅铜，即期铜价为每磅340美分，5月份交割的期货合约价格为每磅320美分。该加工商可以进入4份CME集团COMEX交易所的期货合约多头，并在5月15日将合约平仓。每一份合约的规模为25 000磅铜。这一策略的实际效果是将加工商所需铜的价格锁定在每磅320美分左右。

假如在5月15日铜的即期价格为每磅325美分。因为5月为铜期货的交割月，所以即期价格与期货价格非常接近。加工商从期货合约中所得收益大约为

$$100\,000 \times (3.25 - 3.20) = 5\,000(\text{美元})$$

同时为买入铜而支付 $100\,000 \times 3.25 = 325\,000$ 美元，因此整体费用大约等于 $325\,000 - 5\,000 =$

320 000美元。对于另外一种情形，假如在5月15日铜的即期价格为每磅305美分。加工商在期货中损失大约为

$$100\,000 \times (3.20 - 3.05) = 15\,000(\text{美元})$$

而在买入铜时的支出为100 000×3.05＝305 000美元，因此整体费用大约为320 000美元，即每磅320美分。

注意，对于这家公司而言，采用期货合约的策略要优于在1月15日从即期市场买入铜的策略。如果公司采用后一方法，它必须每磅支付340美分，并且还要付出利息和贮存费用。对一家经常需要铜的公司，这些不便可能会被由于持有铜而带来的便利收益相抵消。[⊖]但是，如果公司知道自己在5月15日之前不需要铜，利用期货合约的做法可能会是一个更好的选择。

在前面的例子中，我们均假定在交割月内对期货头寸平仓。如果允许交割发生，对冲的基本效果仍然是一样的。但是，履行交割的费用可能很昂贵并且非常不便。出于这一原因，即使对冲者将期货合约持有到交割月，实际交割通常也不会发生。像我们在今后讨论的那样，为了避免接受交割的可能性，持有期货多头的对冲者通常选择在交割期之前对期货进行平仓。

在上面讨论的两个例子中，我们假定对期货合约没有进行每天结算。在实际中，每天结算对于对冲效果确实有一定影响。如第2章所述，这意味着由期货合约产生的收益在对冲期限内会每天逐步实现（而不只是全部集中在最后时刻）。

3.2　拥护与反对对冲的观点

支持对冲的观点非常明显，因此我们不再重述。大多数非金融公司的业务为制造业、零售业、批发业或服务业，这些公司没有预见利率、汇率以及商品价格变化的特殊能力。因此，对于这些公司而言，对冲由这些市场变量所引起的风险很有意义，因为这样公司可以集中精力发展自己的主要业务，而这些主要业务正是这些公司的特长。通过对冲，公司可以避免由于商品价格急剧上涨而使购买费用增大所带来的不快。

在实际中，许多风险是不被对冲的。下面我们将探讨这样做的原因。

3.2.1　对冲与股东

有一种观点认为，如果股东愿意的话，他们可以自己对冲所面临的风险，而不需要公司为他们做这些。但是，这一观点有所欠妥，因为它假定了股东与公司管理人对于公司所面临的风险有同样的了解。但在大多数情况下，事实并非如此。这一观点也忽略了手续费和其他交易费用。相对来讲对于大型交易，对冲1美元的费用要比小型交易低得多，因此由公司进行对冲要比个人更加便宜。事实上，在许多情形下期货合约的规模常常会使单个股东难以利用期货产品来对冲风险。

股东个人比企业做起来更容易的一件事是将风险分散化，一个持有充分分散投资组合的股东可能会免于承受企业所面临的许多风险。例如，一个进行多样化投资的股东可能拥有铜生产公司和铜消费公司两家公司的股票，因此对于铜价没有太多的风险敞口。如果公司是代表多样化投资的股东利益，那么也许可以讲在许多情形下没有必要做对冲。在实际中，管理人员受这种观点的影响程度仍然是个未知数。

⊖ 见5.11节关于便利收益（convenience yield）的讨论。

3.2.2 对冲与竞争

在某些行业里，如果对冲并不是常规做法，这时一家公司选择与别人都不相同的做法也许没有太大意义。行业之间的竞争压力会迫使企业调整商品和服务价格来反映原材料价格、利率、汇率等的变化。因此，一家选择不对冲风险的企业可以期望利润率基本保持不变，而一个选择对冲风险的企业的利润率可能会有很大的浮动。

为了说明这一点，我们考虑两家黄金珠宝加工商，SafeandSure（保守）公司与 TakeaChance（冒险）公司。我们假定在这个行业中大多数公司不采用对冲措施，TakeaChance 也不例外。但是 SafeandSure 却采用与众不同的政策：公司决定利用期货合约来锁定在将来 18 个月内的黄金价格。当黄金价格上涨时，经济压力会造成珠宝批发价格普遍上涨，这样一来，TakeaChance 的利润基本不受影响。与此相反，由于采用了对冲，SafeandSure 公司的利润将会提高。而当黄金价格下跌时，经济压力会造成珠宝批发价格普遍下跌，从而 TakeaChance 公司的利润仍然不会受到太大影响，但 SafeandSure 公司利润却将会下降。在某些极端条件下，由于对冲的缘故 SafeandSure 利润可能会出现负值。表 3-1 总结了此例。

表 3-1 在同业竞争对手不对冲时采用对冲策略的危险性

黄金价格的变化	对黄金珠宝价格的影响	对 TakeaChance 利润的影响	对 SafeandSure 利润的影响
上涨	上涨	没有影响	增加
下跌	下跌	没有影响	减少

这一例子强调了在对冲时一定要从全局出发，在设计对冲策略时一定要考虑价格变化对企业盈利的整体影响。

3.2.3 对冲可能会使结果更糟

我们应该认识到这样一个现实问题：与不采用对冲相比，采用对冲既可能增加也可能减少企业的利润。在以上讨论的原油生产商例子中，当原油价格下跌时，公司销售 100 万桶原油会有损失，但公司在期货交易中会得到收益，公司资金部门主管也因为有这样的业务远见而得到称赞。很显然，与不采用对冲相比，采用对冲给公司带来了更好的收益，公司的其他主管也会（希望如此）赞赏资金部的成就。但是当原油价格上升时，公司在销售中会盈利，对冲交易却带来损失，此时对冲比不对冲的结果要糟糕。即使对冲在最初被认为是一个明智的决策，此时资金部仍然会难以说服他人当初为什么会采取对冲决策。假如原油价格每桶上涨到 89 美元，期货对冲的损失是每桶 10 美元。不难想象，资金部主管同公司总裁可能会有这样的对话。

总　　裁： 真是太糟了，我们在过去 3 个月由于期货而损失了 1 000 万美元！究竟是怎么回事？我需要解释。

资金部主管： 我们进入期货交易是为了对冲原油价格变化带给我们的风险。对冲交易目的不是为了盈利。请不要忘记在原油价格上涨时，我们在销售中盈利了 1 000 万美元。

总　　裁： 这同我们的损失有什么关系？这就像在讲我们因为纽约的销售好，而不用去关心在加州的销售业绩。

资金部主管： 假如原油价格要是下跌的话……

总　　裁： 我不关心原油价格下跌后会怎么样，事实上，原油的价格上涨了。我真的不知道你原来是这样利用期货市场的。我们的股东希望看到我们在这一季度表现出色，我如何向股东解释因为你的行为而造成的 1 000 万美元损失呢？恐怕今年你不会拿到分红。

资金部主管： 这不公平，我这样做是因为……

总　　裁： 不公平？你不被解雇就已经很幸运了，你毕竟损失了1 000万美元。

资金部主管： 这取决于你怎么看……

从这一例子不难理解为什么有时公司资金部主管不太情愿进行对冲。对冲策略虽然可以缓解公司所面临的风险，但如果别人不理解对冲的内在意义，这一策略可能增加资金部主管“本人”所面临的风险。解决这一问题的唯一方法就是在实施对冲策略之前一定要让公司的所有高级主管都理解对冲的内在含义，一个理想的做法是由公司董事会来制定对冲政策，并与公司管理层和股东之间进行充分的沟通（业界事例3-1里介绍黄金矿业公司的对冲决策）。

业界事例3-1　黄金矿业公司的对冲决策

黄金矿业公司担心黄金价格会变化而采取对冲决策，这样做非常自然。通常黄金矿业公司需要花好几年时间来提炼金矿中的黄金。当一家企业准备开发一个金矿时，自然也就会对黄金价格有很大的风险敞口。在黄金价格狂跌的情况下，一个表面看来会盈利的金矿事实上可能会变得亏损。

黄金矿业公司会很谨慎地向股东解释所采用的对冲决策，但有些黄金矿业公司不采取对冲，这样做可以吸引那些想在黄金价格上涨中盈利同时在黄金价格下跌时能够接受损失的投资者。其他公司采取对冲来回避风险，这些公司对今后几年内的黄金月产量有一个大概的估计，然后通过卖空期货或远期合约来锁定卖出黄金的价格。

假设你代表高盛公司（Goldman Sachs）与某黄金矿业公司签订了一个远期合约，合约规定你要以某一指定价格买入一笔数量很大的黄金，这时你将如何对冲风险呢？对这一问题的答案是：你会在中央银行借入黄金然后将黄金在现货市场上变卖（许多国家的中央银行都有大量的黄金储备），并将所得资金以无风险利率进行投资。在远期合约期满时，你从黄金矿业公司那里买入黄金并偿还中央银行，这里所指定的黄金远期价格反映了你所能挣到的无风险利率以及你向中央银行支付的黄金租用利率。

3.3　基差风险

到目前为止，我们所考虑的对冲例子都完美得令人难以置信。在这些例子中，对冲者可以确定将来买入资产的准确日期，从而可以利用期货合约来消除在那一天几乎所有由于资产价格变动而带来的风险。在实际中对冲时常常并没这么容易，部分原因如下：

（1）需要对冲价格风险的资产与期货合约的标的资产可能并不完全一样；

（2）对冲者可能无法确定买入或卖出资产的准确时间；

（3）对冲者可能需要在期货到期月之前将期货平仓。

这些问题就引起了所谓的**基差风险**（basis risk）。接下来我们解释这一概念。

3.3.1　基差

在对冲意义下，**基差**（basis）的定义如下[⊖]

基差 = 被对冲资产的即期价格 − 用于对冲的期货合约价格

⊖ 这是通常的定义，有时也采用另外一种定义（尤其当期货是关于金融资产时）：

基差 = 期货价格 − 即期价格

如果被对冲的资产与期货合约的标的资产相同，在期货到期时基差应当为0。在到期日之前，基差可正可负。由表2-2我们可以看到在2013年5月14日，黄金的基差为负，而玉米和大豆的短期限合约的基差为正。

随着时间的变化，即期价格变化与特定月份期货的价格变化并不一定相同，因而会导致基差的变化。当基差变大时称为是**基差增强**（strengthening of the basis）；当基差变小时称为**基差减弱**（weakening of the basis）。图3-1中的基差为正，图形展示了在期货到期之前基差随时间变化的形式。

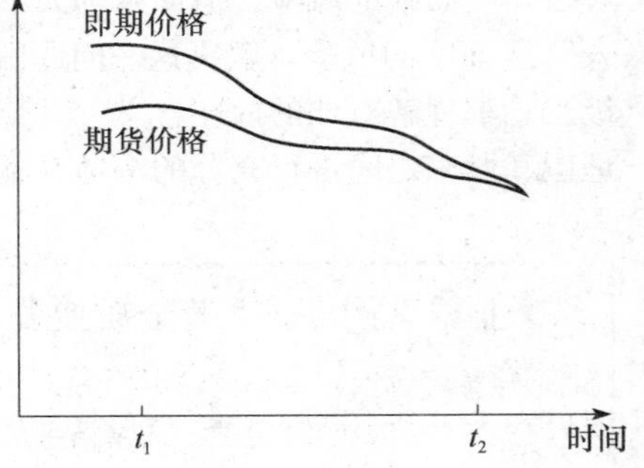

图3-1 基差随时间的变化

为了讨论基差风险的性质，我们使用以下符号：

S_1：在时刻 t_1 的即期价格；

S_2：在时刻 t_2 的即期价格；

F_1：在时刻 t_1 的期货价格；

F_2：在时刻 t_2 的期货价格；

b_1：在时刻 t_1 的基差；

b_2：在时刻 t_2 的基差。

我们假定在时刻 t_1 建立对冲头寸，并在时刻 t_2 平仓。作为例子，我们考虑如下情形：在刚建立对冲时，即期和期货价格分别是2.50美元和2.20美元，在对冲平仓时，即期和期货价格分别是2.00美元和1.90美元。这意味着 $S_1=2.50$，$F_1=2.20$，$S_2=2.00$ 和 $F_2=1.90$。

由基差定义

$$b_1 = S_1 - F_1 \quad 和 \quad b_2 = S_2 - F_2$$

得出 $b_1=0.30$ 和 $b_2=0.10$。

首先考虑如下情形：对冲者已知将在时刻 t_2 卖出资产，并在 t_1 时持有了期货空头。资产所实现的价格为 S_2，期货的盈利为 F_1-F_2。因此对冲后，卖出资产所得实际价格为

$$S_2 + F_1 - F_2 = F_1 + b_2$$

在我们的例子中，上式等于2.30美元。在时刻 t_1，已知 F_1 的价格，如果在这个时刻也知道 b_2，那么这时可以构造完美对冲。对冲风险与 b_2 的不确定性有关，此风险即为**基差风险**。考虑另外一种情形，公司知道在时刻 t_2 将购买资产，因而在时刻 t_1 进行了多头对冲。买入资产所付价格为 S_2，对冲的损失为 F_1-F_2。实施对冲以后，买入资产支付的实际价格为

$$S_2 + F_1 - F_2 = F_1 + b_2$$

这与前面的表达式一样，在本例中上式等于2.30美元。在时刻 t_1 已知 F_1 的价格，b_2 代表基差风险。

注意，基差风险可以使得对冲者的头寸得到改善或得到恶化。假设一家公司计划在将来卖出资产，决定采用空头对冲，如果基差在意想不到的情况下增强（即增大），对冲者的头寸会有所改善，这是因为在考虑了期货的盈亏之后，卖出资产时会拿到更好的价格；如果基差在意想不到的情况下减弱（减小），对冲者的头寸有所恶化。同样，假设一家公司计划在将来买入资产，决定采用多头对冲，如果基差在意想不到的情况下增强，对冲者的头寸将会恶化，这是因为在考虑了期货的盈亏以后，买入资产时要支付更高的价格；如果基差在意想不到的情况下减弱，对冲者的头寸将会得到改善。

有时给对冲者带来风险的资产与用于对冲的合约标的资产是不一样的，这种情形下的对冲叫**交叉对冲**（cross hedging）。在这种情况下，基差风险一般会更大。定义 S_2^* 为期货合约标的

资产在时刻t_2的价格。与上面相同，S_2是被对冲资产在时刻t_2的价格。通过对冲，公司确保购买或出售资产的价格为

$$S_2 + F_1 - F_2$$

上式可被变形为

$$F_1 + (S_2^* - F_2) + (S_2 - S_2^*)$$

$S_2^* - F_2$和$S_2 - S_2^*$代表基差的两个组成部分，$S_2^* - F_2$代表当被对冲资产与期货合约标的资产一致时，对冲所产生的基差；$S_2 - S_2^*$是由于被对冲资产与期货合约标的资产不一样而产生的基差。

3.3.2 对合约的选择

影响基差风险的一个关键因素是选择用来对冲的期货合约。这里的选择包括两部分：

（1）对期货合约标的资产的选择；

（2）对交割月份的选择。

如果被对冲的资产刚好与期货合约的标的资产吻合，这里的第一个选择一般会很容易。在其他情形下，对冲者必须通过仔细分析来确定哪一种期权价格与被对冲资产的价格有最紧密的相关性。

交割月份的选择跟多个因素有关。在本章前面的例子中，当假定对冲的期限对应于某种期货的交割月份时，我们选择了对应于这个交割月份的期货合约。事实上，在这种情形下对冲者往往会选择一个在稍后月份交割的期货合约。因为在这种情况下，处于交割月份中的期货价格有时会很不稳定。同时，在交割月份多头对冲者会承受必须接受实物交割的风险，因为资产交割的花费很大，而且极不方便（多头对冲者一般喜欢将期货合约平仓，然后在常用的供应商处买入资产）。

一般来讲，当对冲的期限与期货交割月份之间的差距增大时，基差风险也会随之增大。一种经验法则（rule of thumb）是尽量选择与对冲期限最近却在其之后的交割月份。假定某一资产上期货的到期月分别为3月、6月、9月和12月。对于在12月、1月、2月到期的对冲，应当选择3月份的合约；对于在3月、4月、5月到期的对冲，应当选择6月份的合约等。这种经验法则假设了所有满足对冲需要的合约都有足够的流动性。在实际中，短期限期货合约往往具有最强的流动性。因此在某些情形下，对冲者常常会倾向于采用短期合约，并且不断将合约向前展期。我们将在本章后面的内容里讨论这一策略。

例3-1

假定今天是3月1日。一家美国公司预期将在7月底收入5 000万日元。CME集团的日元期货交割月份分别是3月、6月、9月和12月。每份合约的交割数量为1 250万日元。因此这家公司在3月1日进入4份9月份日元期货空头。在7月底收到日元时，公司对其期货合约平仓。假设日元期货在3月1日的价格为每日元0.980 0美分，而当期货被平仓时的即期价格与期货价格分别为0.920 0美分和0.925 0美分。

期货合约的盈利为每日元0.980 0 − 0.925 0 = 0.055 0美分。合约被平仓时的基差为每日元0.920 0 − 0.925 0 = −0.005 0美分，购买日元（按美分计算）的实际价格等于最终即期价格加上从期货中所得盈利

$$0.920\,0 + 0.055\,0 = 0.975\,0(\text{美分})$$

这也可以写成最初的期货价格加上最后的基差

$$0.9800 + (-0.0050) = 0.9750(\text{美分})$$

公司从5 000万日元上所收的美元数量是50×0.009 75（百万），即487 500美元。

例3-2

假定今天是6月8日，一家公司知道在10月或11月里需要买入20 000桶原油。目前在CME集团纽约商品交易所（NYMEX）里，任何一个月交割的原油期货合约都有交易，每份合约的规模为1 000桶原油。公司决定利用12月的期货进行对冲，并进入了20份12月份合约的多头。在6月8日，期货价格是每桶88.00美元，公司在11月10日需要购买原油，因此在该天对期货合约平仓。在11月10日这一天，即期价格和期货价格分别是每桶90.00美元和每桶89.10美元。

期货的盈利是每桶89.10－88.00＝1.10美元，期货平仓时的基差是每桶90.00－89.10＝0.90美元。买入原油所付实际价格是（每桶按美元计）最后现价减去在期货上的盈利，即

$$90.00 - 1.10 = 88.90(\text{美元})$$

这也可以由最初的期货价格加上最后的基差来计算

$$88.00 + 0.90 = 88.90(\text{美元})$$

公司购买原油所付的总价格是88.90×20 000＝1 778 000美元。

3.4 交叉对冲

在例3-1和例3-2中，对冲时所用期货的标的资产与被对冲的资产是一样的。当两种资产不同时就会出现**交叉对冲**（cross hedging）。例如，某家航空公司对航空燃料油的未来价格有些担心，但是由于没有航空燃料油的期货，这家公司也许会利用民用燃料油期货合约来对冲风险。

对冲比率（hedging ratio）是指持有期货合约的头寸数量与资产风险敞口数量的比率。当期货标的资产与被对冲资产一样时，对冲比率当然应该取为1.0。这正是我们在以上所有例子中所采用的对冲比率。例如，在例3-2中，对冲者的风险敞口为20 000桶原油，期货所对应的资产交割数量刚好与这个头寸相等。

当采用交叉对冲时，将对冲比率取为1.0并不一定是最优的选择。对冲者采用的对冲比率应当使被对冲后头寸价格变化的方差达到极小。我们现在考虑对冲者如何能做到这一点。

3.4.1 计算最小方差对冲比率

最小方差对冲比率取决于即期价格的变化与期货价格变化之间的关系。我们采用以下符号

ΔS：在对冲期限内，即期价格S的变化；

ΔF：在对冲期限内，期货价格F的变化。

我们用h^*表示最小方差对冲比率，可以证明h^*是ΔS对ΔF进行线性回归时所产生的**最优拟合直线**（best-fit line）的斜率（见图3-2）。这个结果在直观上很合理：我们希望h^*是当F变化一定数量时，S平均变化的比例。

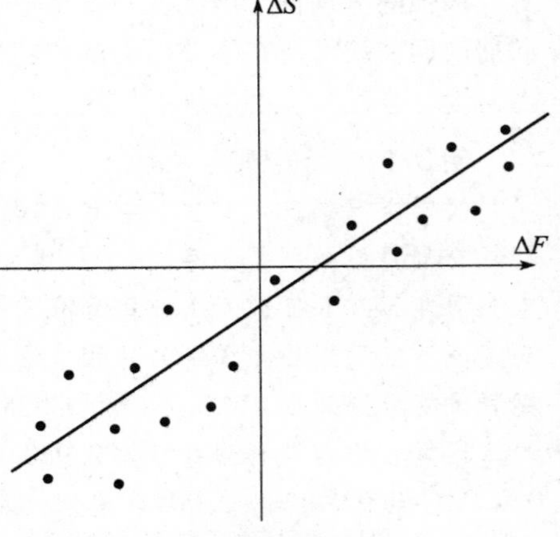

图3-2 即期价格变化与期货价格变化之间的回归曲线

h^* 的公式如下

$$h^* = \rho \frac{\sigma_S}{\sigma_F} \tag{3-1}$$

其中 σ_S 是 ΔS 的标准差，σ_F 是 ΔF 的标准差，ρ 是两者之间的相关系数。

式（3-1）显示最佳对冲比率等于 ΔS 与 ΔF 之间的相关系数乘以 ΔS 的标准差与 ΔF 的标准差之间的比率。图 3-3 说明对冲者头寸价值变化的方差与对冲比率之间的关系。

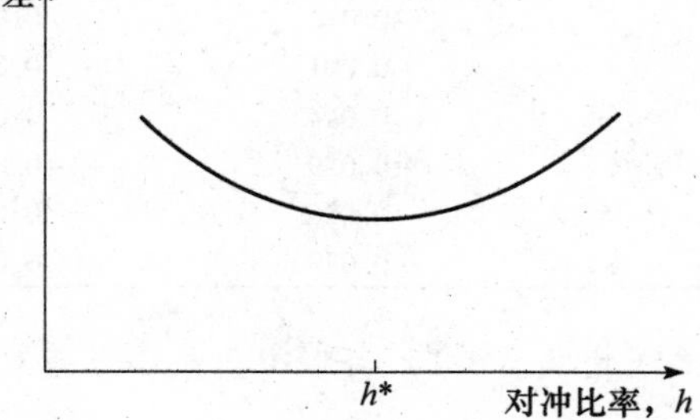

图 3-3　对冲者头寸价值变化的方差与对冲比率的关系

如果 $\rho=1$ 和 $\sigma_F=\sigma_S$，对冲比率 h^* 为 1.0：因为这时期货价格变化正好等于即期价格的变化，这一结果正是我们所预期的。如果 $\rho=1$ 和 $\sigma_F=2\sigma_S$，最佳对冲比率 h^* 为 0.5：因为这时期货价格的变化幅度是即期价格变化幅度的两倍，这一结果也正好是我们所预期的。**对冲效率**（hedge effectiveness）可以被定义为对冲所消除的方差量占总方差的比例，这正是将 ΔS 对 ΔF 进行线性回归的 R^2 系数，等于 ρ^2。

式（3-1）中的参数 ρ、σ_F 和 σ_S 通常是通过 ΔS 和 ΔF 的历史数据来估计（这里所隐含的假设是从某种意义上，历史反映未来）。在计算中要选择一定数量的长度相等而且互不重叠的时间区间，然后在每个区间上观测 ΔS 和 ΔF 的值，理想的做法是将时间区间选成与对冲的期限相同。在实际中，这种做法有时会严重地限制可以利用的观察值数量，因此在计算过程中一般会选用比较小的时间区间。

3.4.2　最优合约数量

为了计算对冲所用的合约数量，定义：

Q_A：被对冲头寸的数量（单位数量）；

Q_F：1 份期货合约的规模（单位数量）；

N^*：用于对冲的最优期货合约数量。

期货合约应当是关于 $h^* Q_A$ 单位的资产，因此所需要的期货合约份数为

$$N^* = \frac{h^* Q_A}{Q_F} \tag{3-2}$$

例 3-3 说明了一家航空公司如何将这一节中的结果用于对冲燃料购买。[1]

例 3-3

某航空公司预计在 1 个月后需要购买 200 万加仑[2]航空燃料油，并决定利用民用燃料油期货来对冲。我们假设表 3-2 给出了连续 15 个月每加仑航空燃料油价格变化 ΔS，以及用于对冲的民用燃料油期货价格的相应变化 ΔF。利用通常计算标准差和相关系数的公式，我们可以得

[1] 收益与航空燃料油挂钩的衍生产品确实存在，但民用燃料油期货却常常被用来对冲航空燃料油的风险敞口，这是因为民用燃料油期货的交易更为活跃。

[2] 1 英制加仑 = 4.546 升；1 美制加仑 = 3.785 升。

出 $\sigma_F = 0.0313$，$\sigma_S = 0.0263$，$\rho = 0.928$。

表 3-2 当利用民用燃料油期货对冲航空燃料油时，决定最小方差对冲比率的数据

月份	每加仑民用燃料油期货价格的变化（ΔF）	每加仑航空燃料油价格的变化（ΔS）	月份	每加仑民用燃料油期货价格的变化（ΔF）	每加仑航空燃料油价格的变化（ΔS）
1	0.021	0.029	9	0.048	0.043
2	0.035	0.020	10	-0.006	0.011
3	-0.046	-0.044	11	-0.036	-0.036
4	0.001	0.008	12	-0.011	-0.018
5	0.044	0.026	13	0.019	0.009
6	-0.029	-0.019	14	-0.027	-0.032
7	-0.026	-0.010	15	0.029	0.023
8	-0.029	-0.007			

由式（3-1）可以得出最小方差对冲比率 h^* 为

$$h^* = 0.928 \times \frac{0.0263}{0.0313} = 0.78$$

每份 CME 集团的民用燃料油期货是关于42 000 加仑民用燃料油，由式（3-2），最优合约的数量为

$$\frac{0.78 \times 2\,000\,000}{42\,000} = 37.03$$

近似到最近的整数，合约数量为 37。

3.4.3 尾随对冲

如果我们用来对冲的是远期合约，上面的分析是正确的，这是因为我们感兴趣的确实是在对冲期限内远期价格变化和即期价格变化的相关程度。

当利用期货进行对冲时，会存在期货合约的每天结算和一系列持续 1 天的对冲交易问题。为了反映这个特征，分析员有时计算期货价格每天百分比变化和即期价格每天百分比变化之间的相关系数，将此系数记为 $\hat{\rho}$。另外，将期货价格每天百分比变化的标准差记为 $\hat{\sigma}_F$，即期价格每天百分比变化的标准差记为 $\hat{\sigma}_S$。

如果 S 和 F 为即期和期货价格，1 天价格变化的标准差分别为 $S\hat{\sigma}_S$ 和 $F\hat{\sigma}_F$。由式（3-1）得出，期限为 1 天的对冲比率为

$$\hat{\rho}\frac{S\hat{\sigma}_S}{F\hat{\sigma}_F}$$

由式（3-2）得出，为了下一天对冲需要持有的合约数量为

$$N^* = \hat{\rho}\frac{S\hat{\sigma}_S Q_A}{F\hat{\sigma}_F Q_F}$$

采用以上结果来计算对冲合约数量的做法有时被称为**尾随对冲**（tailing the hedge）。[⊖]我们可将这一结果表达为

$$N^* = \hat{h}\frac{V_A}{V_F} \tag{3-3}$$

其中 V_A 为被对冲头寸的实际货币价值（$=SQ_A$），V_F 为一个期货合约的货币价值（$=FQ_F$），

⊖ 关于与货币对冲相关的讨论，见练习题 5.23。

与 h^* 类似，$\hat{h}$ 的定义是

$$\hat{h} = \hat{\rho}\frac{\hat{\sigma}_S}{\hat{\sigma}_F}$$

从理论上讲，这个结果说明应当将对冲期货的头寸随着 V_A 和 V_F 的变化而调整，但在实际中，在一天内对冲的变化很小，通常被忽略。

3.5 股指期货

我们接下来考虑股指期货，以及如何将其用于对冲或管理与股票价格有关的风险敞口。

股指（stock index）跟踪一个虚拟股票组合的价值变化，每个股票在组合中的权重等于股票组合投资于这一股票的比例。在很短一段时间区间里股指上升的百分比被设定为该虚拟组合价值变化的百分比。在计算中，通常不包括股息，因此股指是用于跟踪在这一组合上投资的**资本增值/亏损**（capital gain/loss）。[⊖]

如果虚拟股票投资组合保持不变，组合中每个股票的权重不一定不变。当组合中某一股票的价格比其他股票的涨幅要大得多时，这一股票的权重就会自动增大。有些指数的建立是在一些股票中每样取一只，这时股票的权重与其市场价格成比例，当股票分股时做适当调整。另一些股指的构造使得权重与股票的市场资本总价值（股票价格×发行的数量）成比例，这时股票组合会对股票的分股、股票形式的股息和新股发行自动进行调整。

3.5.1 股指

表3-3展示了在2013年5月14日3个不同股指的期货合约价格。

表3-3 2013年5月14日CME集团发布的不同股指期货合约报价

	开盘价	最高价	最低价	前一天闭盘价	最后交易日	变化量	数量
小型道琼斯工业指数（5美元×指数）							
2013/06	15 055	15 159	15 013	15 057	15 152	+95	88 510
2013/09	14 982	15 089	14 947	14 989	15 081	+92	34
小型标普500指数（50美元×指数）							
2013/06	1 630.75	1 647.50	1 626.50	1 630.75	1 646.00	+15.25	1 397 446
2013/09	1 625.00	1 641.50	1 620.50	1 625.00	1 640.00	+15.00	4 360
2013/12	1 619.75	1 635.00	1 615.75	1 618.50	1 633.75	+15.25	143
小型纳斯达克100指数（20美元×指数）							
2013/06	2 981.25	3 005.00	2 971.25	2 981.00	2 998.00	+17.00	126 821
2013/09	2 979.50	2 998.00	2 968.00	2 975.50	2 993.00	+17.50	337

道琼斯工业平均指数（Dow Jones Industrial Average）是基于30个美国蓝筹（blue-chip）股票所组成的股票组合，权重与股票价格成比例。CME集团有两种关于这个指数的合约：一种期货的标的变量是10美元乘以指数值；另一种（Mini DJ Industrial Average）是5美元乘以指数值，Mini合约在市场上交易最活跃。

标准普尔500指数（S&P 500）是基于一个包括500种股票的组合，这500种股票的组成为：400种工业股，40种公共事业股，20种交通业股以及40种金融股。在任何时刻，股票的

⊖ 一个例外是整体收益指数（total return index），计算方式是假定股息被重新投资于组合之中。

权重与该股票的总市值成比例。这些股票都是在 NYSE Euronext 或 Nasdaq OMX 上市。CME 集团有两种关于标普 500 的期货合约：一种是关于 250 美元乘以指数；另一种（Mini S&P 500 contract）是关于 50 美元乘以指数，Mini 合约在市场上交易最活跃。

纳斯达克 100 指数（Nasdaq 100）是基于由全国债券交易自动报价服务联合会（National Association of Securities Dealers Automatic Quotations Service）交易的 100 种股票所组成的组合。CME 集团交易所交易两种与这个指数有关的合约：一种是关于 100 美元乘以指数；另一种（Mini Nasdaq 100 Contract）是关于 20 美元乘以指数，Mini 合约在市场上交易最活跃。

由第 2 章所述，股指期货合约采用现金交割（而不是实际交割标的资产）。在最后一个交易日，所有的合约必须以最后一个交易日的开盘价或收盘价来结算，然后头寸算是已经平仓。例如，对于标普 500 期货的平仓是按标普 500 在交割月第 3 个星期五的开盘价来结算。

3.5.2 股票组合的对冲

股指期货可用于对冲风险分散良好的股票投资组合。定义：

V_A：股票组合的当前价值；

V_F：一份期货的当前价值（定义为期货价格乘以期货规模）。

如果组合是为了跟踪股票指数，最优对冲率 h^* 为 1.0，由式（3-3）得出需要持有的期货空头合约数量为

$$N^* = \frac{V_A}{V_F} \tag{3-4}$$

例如，某股票组合跟踪的是标普 500，价值为 5 050 000 美元。股指的当前值为 1 010，每一份期货是关于 250 美元乘以股指。这时，$V_A = 5\,050\,000$ 和 $V_F = 1\,010 \times 250 = 252\,500$。因此，对冲者应该持有 20 份期货空头合约来对冲这个股票组合。

当股票组合不跟踪股指时，我们可以采用资本资产定价模型（CAPM，见本章附录）中的 β 值来确定持有期货空头的数量。β 是将组合超过无风险利率的收益与股票市场超过无风险利率的收益进行回归所产生的最佳拟合直线的斜率。当 $\beta = 1$ 时，组合收益往往跟踪市场收益；当 $\beta = 2$ 时，组合超过无风险利率的收益等于股票市场超过无风险收益的两倍；当 $\beta = 0.5$ 时，组合超过无风险利率的收益等于股票市场超过无风险收益的一半，等等。

一个 β 值等于 2.0 的组合对市场的敏感度是一个 β 值等于 1.0 的组合的两倍。因此，为了对冲这一组合，我们将需要两倍数量的合约。类似地，一个 β 值等于 0.5 的组合对市场的敏感度是一个 β 值等于 1.0 的组合的一半，因此我们只需要一半数量的合约来对冲风险。一般来讲

$$N^* = \beta \frac{V_A}{V_F} \tag{3-5}$$

在这一公式里，我们假设期货合约的到期日与对冲期限很近。

将式（3-5）与式（3-3）比较，可以得出 $\hat{h} = \beta$，该等式对我们来讲并不意外，对冲比率 $\hat{h}$ 是将组合价值在一天内的百分比变化对于股指期货价格在一天内的百分比变化做线性回归时的最优拟合直线的斜率，β 是组合变化对股指变化做线性回归时的最优拟合直线的斜率。

我们通过例子来说明利用这个公式做对冲时的效果很好。假定利用 4 个月期限的期货合约来对组合在今后 3 个月内的价值进行对冲。假设

标普 500 股指当前值 = 1 000

标普 500 股指期货价格 = 1 010

组合价值 = 5 050 000 美元

无风险利率 = 每年 4%

股指票息收益率 = 每年 1%

组合的 β = 1.5

1 份期货合约是交割 250 美元乘以股指，因此，$V_F = 250 \times 1\,010 = 252\,500$。由式（3-5）得出对冲组合所需要持有的空头期货合约数量为

$$1.5 \times \frac{5\,050\,000}{252\,500} = 30$$

假定股指在 3 个月后为 900，期货价格为 902，期货空头的收益为

$$30 \times (1\,010 - 902) \times 250 = 810\,000(\text{美元})$$

股指的亏损为 10%。股指每年支付 1% 的股息收益率，或每 3 个月 0.25%。因此，将股息考虑在内时，股指投资者在 3 个月里的收益为 −9.75%。由于组合的 β 是 1.5，由资本资产定价模型得出：

$$\text{组合的收益期望} - \text{无风险利率} = 1.5 \times (\text{股指收益} - \text{无风险利率})$$

3 个月期的无风险利率大约为 1%，因此，组合在 3 个月内的收益期望（%）为

$$1.0 + [1.5 \times (-9.75 - 1.0)] = -15.125$$

因此组合在 3 个月后价值的期望（包括股息）为

$$5\,050\,000 \times (1 - 0.151\,25) = 4286\,187(\text{美元})$$

在考虑对冲收益后，对冲者头寸价值的期望值为

$$4\,286\,187 + 810\,000 = 5\,096\,187(\text{美元})$$

表 3-4 总结了这些计算，同时也对股指在到期时可能取的其他数值进行了类似的计算。我们可以看出，在 3 个月后，对冲者的头寸几乎与股指的取值无关。

表 3-4 股指对冲的表现

3 个月时的股指价格	900	950	1 000	1 050	1 100
当前的股指价格	1 010	1 010	1 010	1 010	1 010
3 个月时的股指期货价格	902	952	1 003	1 053	1 103
股指期货的收益（美元）	810 000	435 000	52 500	−322 500	−697 500
市场收益	−9.750%	−4.750%	0.250%	5.250%	10.250%
组合的预期回报	−15.125%	−7.625%	−0.125%	7.375%	14.875%
包括股息的组合的预期回报（美元）	4 286 187	4 664 937	5 043 687	5 422 437	5 801 187
整体头寸在 3 个月时的价值（美元）	5 096 187	5 099 937	5 096 187	5 099 937	5 103 687

在这个例子中，我们还没有讨论期货价格与即期价格之间的关系。在第 5 章，我们将看到这里所假设的当前期货价格 1 010 与我们假设的利率和股息率是一致的。这一结论对于表 3-4 中 3 个月后的期货价格也适用。[⊖]

3.5.3 对冲股权组合的理由

表 3-4 显示，实施对冲策略以后，对冲者在 3 个月后的头寸价值大约比在对冲开始时的头

⊖ 在表 3-4 的计算中，我们假定股指的股息收益率是可以预测的，无风险利率为常数，而且股指在 3 个月内收益与组合收益之间具有完美的相关性。在实际中，这些假设并不完全成立，对冲效果并不像表 3-4 所描述的那样完美。

寸价值高1%，这一结果并不奇怪，因为无风险利率为每年4%，或每3个月1%。实施对冲后使得对冲者的头寸按无风险利率增长。

人们自然要问，为什么要采用期货合约来对冲呢？为了取得无风险利率的收益，对冲者只需要变卖资产，并将得到的资金投放于类似短期国债之类的无风险产品即可。

回答这个问题的一个答案是，如果对冲者感觉组合中的股票选取的很好，那么实施对冲是有道理的。在这种情况下，对冲者对市场的整体风险很不确定，却确信组合中的股票收益会高于市场的收益（对组合β值进行调整之后）。一个对冲者可以采用股指期货来消除因市场变动而触发的风险，从而使对冲者仅仅暴露于股票组合与市场的相对表现中。在下面，我们将进一步讨论这一点。另一个原因是对冲者计划在一段很长时间内持有股票组合，但需要在短时间内对市场的不确定性进行保护。将资产变卖并在将来买回，这样做可能会触发很高的交易费用。

3.5.4 改变组合的β

在表3-4所示的例子中，对冲者的β值被降低到0，因此对冲者的收益期望几乎与指数的表现无关。有时也可以利用期货合约来调整组合的β，而不是将β值降低到0。继续以上的例子：

标普500股指当前取值 = 1 000

标普股指期货价格 = 1 010

组合价值 = 5 050 000美元

组合的β = 1.5

同上，$V_F = 250 \times 1\,010 = 252\,500$。进行完美对冲时需要持有空头的合约数量为

$$1.5 \times \frac{505\,000}{252\,500} = 30$$

为了将组合的β从1.5转变为0.75，我们需要持有空头的合约数量应当为15，而不是30；当要将组合的β由1.5转变为2.0，需要持有10个期权的多头，等等。通常来讲，当将组合的Beta从β变为β^*时，如果$\beta > \beta^*$，所持期货空头的数量应当为

$$(\beta - \beta^*)\frac{V_A}{V_F}$$

如果$\beta < \beta^*$，所持期货多头的数量应当为

$$(\beta^* - \beta)\frac{V_A}{V_F}$$

3.5.5 锁定挑选股票的优势

假设你擅长于挑选比市场表现更好的股票。你拥有一只股票或一个小的股票组合。你不知道在今后几个月内股票市场的表现将会如何，但你非常确认你持有的股票将比市场表现要好，你这时该如何做呢？

你应该持有数量等于$\beta V_A/V_F$的股指期货合约空头，其中β为你所持有股票的Beta值，V_A为持有的股票价值，V_F为1份股指期货合约的价值。如果你的股票投资组合比一个具有同样β但风险分散很好的组合表现要好，你这时就会赚钱。

考虑某投资者在4月持有20 000只某公司股票，每股价格为100美元。投资者认为在今后

3个月内市场会有剧烈变动，但该公司股票很可能比市场表现要好。投资者想在今后3个月内利用8月的标普500期货合约来对冲市场变化。公司股票的β值为1.1，8月标普500期货的当前价格为1 500，每一份合约是250美元乘以指数，这时$V_A = 20\,000 \times 100 = 2\,000\,000$，$V_F = 1\,500 \times 250 = 375\,000$，因此应当持有的股指期货空头数量为

$$1.1 \times \frac{2\,000\,000}{375\,000} = 5.87$$

近似为整数，对冲者应卖出6份股指期货，并在7月平仓。假定公司股票在1个月后降至90美元，标普500期货价格降至1 300，投资于公司股票的损失为$20\,000 \times (100 - 90) = 200\,000$美元，但在期货上的收益为$6 \times 250 \times (1\,500 - 1\,300) = 300\,000$美元。

在这个例子中，投资者的总体收益为100 000美元，这是因为公司股票并没有像$\beta = 1.1$，而且风险完全分散的组合那样下跌。如果市场价格上升，公司股票上升的幅度会大于$\beta = 1.1$的组合，这时投资者还是赚钱的（正如投资者预期的那样）。

3.6 向前滚动对冲

有时对冲的期限要比所有能够利用的期货期限更长，这时对冲者必须对到期的期货进行平仓，同时再进入具有较晚期限的合约。这样可以将对冲向前滚动很多次。这种做法被称为**向前滚动对冲**（stack and roll）。考虑某家公司，它希望利用期货空头来减少在将来时刻T收到某个资产时所带来的风险。如果在市场上存在期货合约1，2，3，…，n（并不一定目前都存在），其到期日一个比一个更晚。公司可以采用以下策略：

在t_1时刻： 进入合约1的空头

在t_2时刻： 对合约1平仓
进入合约2的空头

在t_3时刻： 对合约2平仓
进入合约3的空头

⋮

在t_n时刻： 对合约$n-1$平仓
进入合约n的空头

在T时刻： 对合约n平仓

假设在2014年4月，一家公司意识到将在2015年6月将卖出100 000桶原油，并决定采用按1.0的对冲比率来对冲风险（在该例中，我们不进行像3.4节里描述的尾随对冲调整）。当前原油即期价格为89美元，虽然交割期限长达几年的期货在市场都有交易，我们假设只有最前面6个月的合约具有足够可以满足公司要求的流动性。因此公司进入了100份2014年10月合约的空头。在2014年9月，将对冲向前滚动到2015年3月的合约。在2015年2月，将对冲向前滚动到2015年7月的合约。

表3-5展示了一种可能出现的结果，2014年10月刚建立空头时期货价格为88.20美元，平仓时价格为87.40美元，因此盈利为每桶0.80美元；2015年3月刚建立空头时期货价格为87.00美元，平仓时价格为86.50美元，因此盈利为每桶0.50美元；2015年7月刚建立空头时期货价格为86.30美元，平仓时价格为85.90美元，因此盈利为每桶0.40美元，最终的即期价格为86美元。

表 3-5　滚动对冲例子的数据　（单位：美元）

日　期	2014/04	2014/09	2015/02	2015/06
2014 年 10 月期货价格	88.20	87.40		
2015 年 3 月期货价格		87.00	86.50	
2015 年 7 月期货价格			86.30	85.90
即期价格	89.00			86.00

持有期货空头所得盈利为每桶

$$(88.20-87.40)+(87.00-86.50)+(86.30-85.90)=1.70(\text{美元})$$

原油价格从每桶 89 美元降至每桶 86 美元，每桶跌价 3 美元，而由期货的补偿只有每桶 1.70 美元，这看来不太令人满意。但是，当期货价格低于即期价格时，我们不能期望得到全部的补偿。假如 2015 年 6 月的期货交易活跃的话，这时最好的希望是将价格锁定在该期货的价格上。

在实际中，公司通常在每个月里对标的资产都有风险敞口，并且利用 1 个月的期货合约来对冲，因为这样的短期限合约流动性较强。在最初时，公司会进入足够多的头寸（即将合约叠在一起）来覆盖所有在对冲展望期内的风险敞口。1 个月过后，公司将所有期货合约平仓，并向前滚动，即进入到新的合约来应对新的风险敞口等。

如业界事例 3-2 所示，德国金属公司（Metallgesellschaft）在 20 世纪 90 年代初曾按这种方式对冲自己由于提供固定价格商品而带来的风险。在商品价格下跌时，公司运作产生困难，原因是对短期期货损失要立即支付保证金，而所期望的长期收益却无法马上实现。被对冲产品所产生的收益和对冲产品所带来损失的时间不匹配，给公司带来了无法克服的流动性困难。这一事例的警示是，当制订对冲计划时，我们一定要将流动性会产生的潜在问题考虑在内。

业界事例 3-2　德国金属公司对冲的失调

有时采用向前滚动的对冲方式会造成对公司现金流的压力。在 20 世纪 90 年代初，这一问题在一家德国公司，即德国金属（Metallgesellschaft，MG）身上体现得淋漓尽致。

MG 公司以高于市场价 6 ~ 8 美分的固定价格向其客户卖出了大量的 5 ~ 10 年民用燃料油和汽油合约，然后采用短期限期货合约的多头来对冲其风险敞口，在对冲过程中，将这些短期合约向前滚动。随后原油价格下跌，因持有期货，MG 需要补充保证金，这给公司造成了短期现金流的压力。公司内设计这一对冲策略的人员认为这些短期现金流可以被长期固定价格合约的现金流抵消，然而公司高管与贷款银行对这笔巨额现金的流出十分担心，最后公司只好对所有对冲交易进行平仓，同时同意客户的要求而放弃了固定价格的合约。结果 MG 损失了 13.3 亿美元。

小　结

在这一章里我们讨论了公司采用期货来对冲资产价格风险的不同形式。如果资产价格上升公司会盈利，而当资产价格下跌公司会亏损的情况下，应当采用期货空头对冲。如果资产价格下跌公司会有盈利，而资产价格上升公司会有亏损的情况下，应当采用期货多头对冲。

对冲是减少风险的一种方法，因此应当受到多数高管的欢迎。在实际中，许多理论和实际方面的原因会使公司不进行对冲。从理论上讲，当公司股东持有一个风险分散良好的组合时，公司所面临的许多风险会被消除掉，因此并不需要公司去对冲这些风险。从实际上讲，如果同行业里的竞争对手都不进行对冲，这时选择对冲会增大而不是减小风险。还有，当公司从价格变动中得到盈利，但在对冲中遭受损失时，公司资金部主管可能会担心其他高管会对这一情形进行批评。

在对冲中的一个重要概念是基差风险。基差是即期价格与期货价格的差，基差风险的产生是由于在对冲到期日基差的不确定性。

对冲比率是期货合约的头寸与风险敞口资产头寸的比率。对冲比率为1.0并不一定总是最优：如果对冲者希望让头寸的方差最小，对冲比率可能并不等于1.0。最佳对冲比率是以即期价格变化与期货价格变化进行回归后所得最佳拟合直线的斜率。

股指期货可以用来对冲股票组合中的系统风险。对冲所需要的期货合约数量等于组合的β乘以组合价值与1份期货合约价值的比。股指期权也可以在不改变组合股票构成的前提下，改变其β系数。

当不存在到期日比对冲期限更晚并具有充分流动性的期货合约时，我们可以采用向前滚动的策略来进行对冲：这一策略包括进入一系列的期货交易，当第1个期货接近到期日时，将该合约平仓，并进入第2个具有更晚到期日的合约；当第2个期货接近到期日时，将该合约平仓，并进入第3个具有更晚到期日的合约；依此类推。这样做可由一系列短期合约来生成一个长期的期货合约。

推荐阅读

Adam, T., S. Dasgupta, and S. Titman. "Financial Constraints, Competition, and Hedging in Industry Equilibrium," *Journal of Finance*, 62, 5 (October 2007): 2445–73.

Adam, T. and C.S. Fernando. "Hedging, Speculation, and Shareholder Value," *Journal of Financial Economics*, 81, 2 (August 2006): 283–309.

Allayannis, G., and J. Weston. "The Use of Foreign Currency Derivatives and Firm Market Value," *Review of Financial Studies*, 14, 1 (Spring 2001): 243–76.

Brown, G.W. "Managing Foreign Exchange Risk with Derivatives." *Journal of Financial Economics*, 60 (2001): 401–48.

Campbell, J. Y., K. Serfaty-de Medeiros, and L. M. Viceira. "Global Currency Hedging," *Journal of Finance*, 65, 1 (February 2010): 87–121.

Campello, M., C. Lin, Y. Ma, and H. Zou. "The Real and Financial Implications of Corporate Hedging," *Journal of Finance*, 66, 5 (October 2011): 1615–47.

Cotter, J., and J. Hanly. "Hedging: Scaling and the Investor Horizon," *Journal of Risk*, 12, 2 (Winter 2009/2010): 49–77.

Culp, C. and M. H. Miller. "Metallgesellschaft and the Economics of Synthetic Storage," *Journal of Applied Corporate Finance*, 7, 4 (Winter 1995): 62–76.

Edwards, F. R. and M. S. Canter. "The Collapse of Metallgesellschaft: Unhedgeable Risks, Poor Hedging Strategy, or Just Bad Luck?" *Journal of Applied Corporate Finance*, 8, 1 (Spring 1995): 86–105.

Graham, J. R. and C. W. Smith, Jr. "Tax Incentives to Hedge," *Journal of Finance*, 54, 6 (1999): 2241–62.

Haushalter, G. D. "Financing Policy, Basis Risk, and Corporate Hedging: Evidence from Oil and Gas Producers," *Journal of Finance*, 55, 1 (2000): 107–52.

Jin, Y., and P. Jorion. "Firm Value and Hedging: Evidence from US Oil and Gas Producers," *Journal of Finance*, 61, 2 (April 2006): 893–919.

Mello, A. S. and J. E. Parsons. "Hedging and Liquidity," *Review of Financial Studies*, 13 (Spring 2000): 127–53.

Neuberger, A. J. "Hedging Long-Term Exposures with Multiple Short-Term Futures Contracts," *Review of Financial Studies*, 12 (1999): 429–59.

Petersen, M. A. and S. R. Thiagarajan, "Risk Management and Hedging: With and Without Derivatives," *Financial Management*, 29, 4 (Winter 2000): 5–30.

Rendleman, R. "A Reconciliation of Potentially Conflicting Approaches to Hedging with Futures," *Advances in Futures and Options*, 6 (1993): 81–92.

Stulz, R.M. "Optimal Hedging Policies," *Journal of Financial and Quantitative Analysis*, 19 (June 1984): 127–40.

Tufano, P. "Who Manages Risk? An Empirical Examination of Risk Management Practices in the Gold Mining Industry," *Journal of Finance*, 51, 4 (1996): 1097–1138.

练习题

3.1 在什么情况下采用以下对冲：(a) 空头对冲，(b) 多头对冲。

3.2 采用期货合约对冲会产生**基差风险**，这句话的含义是什么？

3.3 什么是**完美对冲**？一个完美对冲的后果一定比不完美对冲好吗？解释你的答案。

3.4 在什么情况下使得对冲组合方差为最小的对冲是不做任何对冲？

3.5 列举3种资金部经理选择不对冲公司风险敞口的理由。

3.6 假定某商品价格在每季度里变化的标准差为0.65，商品的期货价格在每季度里变化的标准差为0.81，两种价格变化之间的相关系数为0.8。这时3月期合约的最佳对冲比率为多少？其含义是什么？

3.7 一家公司持有价值为2 000万美元、β值为1.2的股票组合。该公司想利用标普500期货来对冲风险。股指期货的当前水平是1 080，每一份期货合约是关于250美元乘以股指。什么样的对冲可以使风险最小化？公司怎么做才可以将组合的β值降低到0.6？

3.8 交易所里玉米期货合约的交割月份包括3月、5月、7月、9月和12月。当对冲期限如下时，对冲者应选用哪种合约来进行对冲？

(a) 6月，(b) 7月，(c) 1月。

3.9 一个完美对冲是否总能成功地将未来交易的价格锁定在当前的即期价格上？解释你的答案。

3.10 解释为什么空头对冲在基差意想不到的增大时，对冲效果会改善；当基差意想不到的减小时，对冲效果会恶化。

3.11 假设你是一位向美国出口电子设备的日本公司资金部主管，讨论你将采用什么样的策略来对冲外汇风险，你将如何使用这一策略并获得其他高管认可？

3.12 假设在3.3节里的例3-2中，公司选择的对冲比率为0.8。这一选择将如何影响对冲的实施与结果。

3.13 “最小方差对冲比率为1.0，这一对冲一定为完美对冲。”这一说法正确吗？解释你的答案。

3.14 “如果没有基差风险，最小方差对冲比率总为1.0。”这句话是否正确，为什么？

3.15 “如果一个资产的期货价格通常低于即期价格，这时多头对冲可能会很有吸引力。”解释这一观点。

3.16 活牛市场价格每月变化的标准差为每磅1.2美分，而活牛期货价格每月变化的标准差为每磅1.4美分，这两个价格变化之间的相关系数为0.7。现在时间是10月15日，一位牛肉商必须在11月15日买入200 000磅活牛，并想采用12月到期的期货合约来对冲其风险，每一份合约是关于40 000磅活牛，牛肉商应该采用什么样的对冲策略？

3.17 一个玉米农场主有以下观点“我不采用期货来对冲我面临的风险，我的真正风险并不是玉米价格的变化，我所面临的真正风险是气候可能会使我颗粒无收”。讨论这一观点，这位农场主是否应该估计玉米预期产量，然后采用对冲策略来锁定价格。

3.18 在7月1日，某投资者持有50 000只某种股票，股票价格为每股30美元，投资者想在今后1个月内对所持股票进行对冲，并决定采用9月份的小型标普500指数期货合约，股指期货的当前价格为1 500，一份合约是关于50美元乘以股指。股票的β值为1.3。投资者应采取什么样的策略？在什么情况下会盈利？

3.19 假定在表3-5中，公司决定采用对冲比率1.5，这一决定将会怎样影响对冲的实施与结果？

3.20 假定我们使用期货来对冲，解释为什么合约的每日按市场定价制度会产生现金流问题。

3.21 一位航空公司主管有以下论点：“对冲航空燃料价格毫无意义，将来油价比期货价格低的情形与比期货价格高的情形有同样的可能性。”解释这位主管的观点。

3.22 假定1年黄金租赁利率为1.5%，1年无风险利率为5%。这里的两个利率均为按年复利。利用业界事例3-1中的讨论计算当黄金即期价格为1 200美元时，高盛应对黄金矿业公司报出的1年期远期的最高价格。

3.23 标普500的收益率期望为12%，无风险利率为5%，以下投资的回报率期望分别是多少？（a）$\beta=0.2$，（b）$\beta=0.5$，（c）$\beta=1.4$。

作业题

3.24 假定现在是6月，某公司想在9月卖出5 000桶原油，决定采用CME集团10月期货来对冲价格风险，期货是关于1 000桶轻质无硫原油。公司采用的头寸是什么？在建立头寸以后，公司还会面临什么样的价格风险？

3.25 某公司决定采用60份期货合约来对冲其白银头寸，每份期货合约都是关于5 000盎司白银。在对冲平仓时，基差为每盎司0.20美元。以下情形对于对冲者头寸会有什么样的影响？（a）对冲者是为了对冲将要买入的白银，（b）对冲者是为了对冲将要卖出的白银。

3.26 某交易员持有55 000单位的某种资产，她想采用另外一种与资产相关的期货来进行对冲，每份期货是关于5 000单位的某种资产。交易员持有资产的每单位即期价格为28美元，在对冲期限内价格变化的标准差为0.43美元，相关资产的期货价格为27美元，在对冲期限内期货价格变化的标准差为0.40美元，即期价格与期货价格变化的相关系数为0.95。

（a）最小方差对冲比率是多少？

（b）对冲者是应该采用多头还是空头？

（c）在没有尾随对冲前提下，期货对冲最佳数量是多少？

（d）在具有尾随对冲前提下，期货对冲最佳数量是多少？

3.27 一家公司希望通过汽油期货来对冲一种新燃料的价格变化风险，已知新燃料价格变化与汽油期货价格变化的相关系数为0.6。在未来3个月里，当新燃料每加仑价格上涨1美分时，该公司会损失100万美元；新燃料价格变化的标准差比汽油期货价格的标准差高50%。如果用汽油期货来对冲，对冲比率是多少？如果将公司的风险敞口以新燃料加仑数量计算，风险敞口是多少？该公司应该持有什么样的汽油期货头寸（以加仑为单位）？需要交易多少份汽油期货合约？每份合约的标的是42 000加仑汽油。

3.28 一位基金经理管理一个β为0.2的积极组合。在过去的1年中，无风险利率为5%，股权收益非常糟糕，仅为-30%。该经理的组合回报是-10%，并声称在这种情况下，他管理的基金表现良好。请讨论他的结论。

3.29 以下表格是关于某商品的即期价格与期货价格在1个月内价格变化的历史数据，利用这些数据来计算使方差达到最小的对冲比率。

即期价格变化	+0.50	+0.61	-0.22	-0.35	+0.79
期货价格变化	+0.56	+0.63	-0.12	-0.44	+0.60
即期价格变化	+0.04	+0.15	+0.70	-0.51	-0.41
期货价格变化	-0.06	+0.01	+0.80	-0.56	-0.46

3.30 假定今天是7月16日，一家公司持有价值1亿美元的股票组合，组合的β为1.2，这家公司希望采用CME的12月标普500股指期货将组合在7月16日至11月16日之间变化的β由1.2变成0.5。当前股指期货价格为1 000，每一份期货合约的规模是250美元与股指的乘积。

(a) 公司应做什么样的交易?

(b) 假如公司改变初衷而想将投资组合的β由1.2增加到1.5，公司应持什么样的头寸?

3.31 一位基金经理持有价值为5 000万美元、β等于0.87的股票组合。该经理担心在今后两个月内市场的表现，因此打算采用3个月期限的标普500期货合约来对冲其风险。股指的当前水平为1 250，期货合约的规模是250美元乘以股指，无风险利率为每年6%，股息收益率为每年3%，当前3个月期限的期货价格为1 259。

(a) 基金经理应采用什么样的头寸来对冲在今后两个月内的市场风险?

(b) 当股指在两个月后分别为1 000、1 100、1 200、1 300和1 400时，你的策略对于基金经理的收益影响会如何? 假定1个月期的期货价格比现在的股指水平高0.25%。

3.32 今天是2014年10月。一家公司预计在2015年2月、2015年8月、2016年2月以及2016年8月都要买入100万磅铜。公司决定采用CME集团COMEX交易所的期货合约来对冲风险。每个合约规模为25 000磅铜。对于每个合约，最初保证金为2 000美元，维持保证金为1 500美元。公司的政策是要对冲其80%的头寸敞口。期限在13个月内的期货合约都有很好的流动性，并满足公司的需求。设计一个适当的对冲策略（不用做3.4节中的尾随对冲调解）。

假定今天与将来的市场价格（每磅的美分数量）如下表所示。你所提出的策略对于公司买入铜的价格有什么影响? 在2014年10月需要的初始保证金为多少? 公司会收到保证金催付通知吗?

日　期	2014/10	2015/02	2015/08	2016/02	2016/08
即期价格	372.00	369.00	365.00	377.00	388.00
2015年3月的期货价格	372.30	369.10			
2015年9月的期货价格	372.80	370.20	364.80		
2016年3月的期货价格		370.70	364.30	376.70	
2016年9月的期货价格			364.20	376.50	388.20

附录3A　资本资产定价模型

资本资产定价模型（Capital Asset Pricing Model，CAPM）是一种将资产的回报期望值与回报风险联系起来的模型。资产回报的风险分成两个部分：**系统风险**（systematic risk）与将市场作为一个整体的回报有关，这一部分风险无法被分散掉；**非系统风险**（nonsystematic risk）是资产独有的并可以通过选取一个由不同资产组成的交易组合来分散掉。CAPM的讨论集中于系

统风险。CAPM 公式为[一]

$$预期资产回报 = R_F + \beta(R_M - R_F) \quad (3A\text{-}1)$$

其中 R_M 是由所有可投资资产构成的组合产生的回报，R_F 是无风险投资回报，参数 β 是对系统风险的一种度量。

由所有可投资资产构成的组合产生的回报 R_M，叫**市场回报**（return on the market），通常以像标普500这样充分分散化的股票指数来作为近似。β 是衡量资产回报对于市场回报的敏感程度，通常由历史数据来估计：将资产高于无风险利率的额外回报与市场交易组合高于无风险利率的额外回报进行线性回归时，β 是回归方程的斜率。当 $\beta = 0$ 时，敏感度为零（即无敏感度），这时资产无系统性风险，式（3A-1）显示资产的回报期望值等于无风险利率；当 $\beta = 0.5$ 时，资产回报率超过无风险利率的那一部分（平均来讲）是市场回报率超出无风险利率的一半；当 $\beta = 1$ 时，资产回报的期望值等于市场回报，等等。

假定无风险利率 R_F 为5%，市场回报率为13%，式（3A-1）显示，当 β 为0时，回报期望为5%；当 β 等于0.75时，回报期望为 $0.05 + 0.75 \times (0.13 - 0.05) = 0.11$，即11%。

CAPM 的推导建立许多假设之上[二]，其中包括：

（1）投资者只关心资产投资组合回报的期望值与标准差；

（2）两个资产之间的相关性只是因为这些资产与市场组合相关，这个假设等价于资产回报只取决于一个因子；

（3）投资人只关心在某一特定时间区间上的投资回报，而且所有投资人所选定的时间区间均相同；

（4）投资人可以按相同的无风险利率借入或借出资金；

（5）税务不影响投资决策；

（6）所有投资人对资产回报的期望值、标准差以及对资产之间的相关系数都有相同的估计。

以上假设最多也只有在近似意义下成立，即使如此，实践证明，CAPM 模型已经是投资组合管理人员一件有用的工具，该模型常常被用来作为检验投资组合表现的标准。

当资产是单个股票时，根据式（3A-1）所得出的回报期望并非真实回报的一个有效预测，但当资产是一个充分分散化后的股票组合时，预测效果就要好很多。所以，如3.5节所示，以下关系式可以作为对冲分散化组合的基础

$$分散化的组合回报 = R_F + \beta(R_M - R_F)$$

其中 β 是组合的 beta，该系数可以根据组合中每个股票 β 的加权平均来计算。

[一] 如果市场回报率未知，R_M 由期望值来代替。

[二] 关于推导细节，见 J. Hull, *Risk Management and Financial Institutions*, 3rd edn. Hoboken, NJ: Wiley, 2012, Chap, 1. 此书中文版已由机械工业出版社出版。

CHAPTER4

第4章 利率

利率是决定几乎所有衍生产品价格的因素之一。在本书今后的内容中，有关利率的内容将会占非常显著的位置。在这一章里我们将考虑关于度量和分析利率的一些基本问题。我们将解释定义利率所用的复利频率，以及在衍生产品分析中有着广泛应用的连续复利利率的含义。本章包括零息利率、平价收益率、收益率曲线以及债券定价分析方面的内容，而且还将描述衍生产品交易员经常采用的计算零息国债利率的方法。本章还将讨论远期利率、远期利率合约以及关于利率期限结构的不同理论。最后，我们讨论如何利用久期与曲率来确定债券价格对利率变化的敏感度。

在第6章中我们将讨论利率期货，并说明当对冲利率风险敞口时如何利用久期测度。为了便于解释问题，在本章中我们将忽略计天方式约定，在第6章和第7章中将会讨论这些约定的性质以及对于计算的影响。

4.1 利率的种类

利率定义了在一定情况下借入方承诺支付给借出方的资金数量。在任何货币中都会经常引用许多种类型的利率，其中包括住房抵押贷款利率、存款利率、最优客户利率（prime borrowing rate）等。特定情形下所用的利率与信用风险有关，信用风险是指因为借入方对偿还本金和利息的承诺违约而造成的风险，信用风险越大，借入方承诺的利率也越高。

我们经常会用基点来表示利率，一个基点代表每年0.01%。

4.1.1 国债收益率

国债收益率是投资者将资金投资于国库券与国债时所挣得的收益率。国库券和国债是政府借入自身货币而发行的金融产品。日元国债收益率是指日本政府借入日元资金的利率，美国国债收益率是指美国政府借入美元的利率，等等。我们通常认为一个政府不会对自己发行并以自己货币为单位的债务违约，因此国债利率为无风险利率，即买入短期和中长期国债的投资者肯定会收到国债所承诺的本金和利息。

4.1.2 LIBOR

LIBOR是**伦敦同业银行拆借利率**（London Interbank Offered Rate）的缩写，它是银行之间短期无抵押拆借利率。在每个业务日，通常是计算针对10种货币和15个借贷期限的LIBOR利率。借贷期限从1天到1年不等。在全球市场上，LIBOR利率被用作好几百万亿美元交易的参考利率。一种常见的以LIBOR作为参考利率的衍生产品是利率互换（见第7章）。英国银行家协会（British Bankers Association，BBA）在每个业务日的上午11点半（英国时间）发布当天的LIBOR利率。为了计算LIBOR利率，英国银行家协会征询一些银行，看它们在正好上午11点（英国时间）以前，银行借入资金的利率。对于不同银行给出的报价，英国银行家协会删去前1/4的最高报价和后1/4的最低报价，然后计算中间数据的平均值，这个平均值就是当天的LIBOR报价，一般来讲，所有提供报价的银行的信用评级都是AA级。[一]因此，LIBOR常被看作AA级金融机构之间的无抵押借贷利率。

在最近几年，市场上有人怀疑某些银行操纵了LIBOR利率。产生这些怀疑的原因有两个：一个原因是将银行的借贷利率报告的比实际利率低时，会使银行看起来比较健康；另外一个原因是像利率互换这样的交易，其现金流依赖于LIBOR，因此有人会由此从中盈利。造成问题的原因是银行之间的拆借行为并不多，因此难以对不同的币种与借贷期限计算出关于LIBOR利率的精确估计。现在看来，在将来这些有关LIBOR利率的报价会被少数基于流动性较好的市场交易的报价所取代。

4.1.3 联邦基金利率

在美国，金融机构都要在美联储存入一定数量的现金（称为现金储备）。在任何时刻，银行需要存入现金储备的数量与银行的资产负债状态有关。在一天结束时，有些金融机构在美联储设定账户中会有资金盈余，有些金融机构会有资金缺口，这就导致了隔夜拆借。在美国，隔夜利率被称为**联邦基金利率**（federal funds rate）。借入和借出资金交易往往是通过经纪商来达成的，由经纪商所达成交易的利率加权平均（权重与交易规模有关）被称为**有效联邦基金利率**（effective federal funds rate），该利率由中央银行监控。在必要时，央行可以通过自身交易来对利率的水平进行调整。其他国家也有类似于美国的机制。例如，在英国，经纪商达成的平均利率被称作为英镑隔夜指数平均（stering overnight index average，SONIA）；在欧元区，相应的利率被称作是欧元隔夜指数平均（euro overnight index average，EONIA）。

LIBOR和联邦基金利率均为无抵押利率。除了2007年8月到2008年12月这一段时间以外，平均来讲，隔夜LIBOR利率比有效联邦基金利率要高6个基点（0.06%）。造成两个利率差别的原因包括：时间差异、英国借贷群体和纽约借贷群体的不同以及伦敦和纽约结算机制的不同。[二]

4.1.4 再回购利率

与LIBOR和联邦基金利率不同，再回购（repo）利率是有抵押借贷利率。在再回购合约

㊀ 最好的信用评级为AAA，其次为AA。

㊁ 见L. Bartolini, S. Hilton, and A. Prati, "Money Market Integration," *Journal of Money, Credit and Banking*, 40, 1 (February 2008), 193-213.

中，拥有证券的金融机构同意将证券出售给合约的另一方，并在将来以稍高价格将证券买回。金融机构由此得到的是贷款，所支付的利息等于证券卖出与买入之间的差价，相应的利率被称为**再回购利率**（repo rate）。

如果仔细地设计再回购合约，这种交易几乎没有信用风险。如果借款人不履行合约，那么借出方可以保留证券。如果借出方不履行合约，那么证券的原拥有人可以保留现金。最流行的再回购合约是**隔夜回购**（overnight repo），这种回购合约每天都要重新设定。但是期限较长的合约，即所谓的**期限回购**（term repo）有时也会被从业者使用。因为再回购利率对应于有抵押借贷，所以再回购利率比相应的联邦基金利率要稍低一些。

4.1.5 "无风险"利率

衍生产品的定价一般是通过建立一个无风险投资组合，然后使投资组合的回报等于无风险利率。因此无风险利率在衍生产品定价过程中起着一个关键性的作用。在本书的大部分地方我们会用到无风险利率，但并不明确说明无风险利率指的是什么。这是因为从事衍生产品交易的从业人员对于无风险利率有几个不同的近似。在传统上一直将 LIBOR 利率作为无风险利率，尽管我们知道 LIBOR 利率并非是无风险，因为 AA 级的金融机构对于短期借贷有很小的违约可能性。最近在市场上出现了一些变化，在第 9 章里我们将讨论从业者在选取无风险利率时会考虑的一些问题，以及一些有关的理论问题。

4.2 利率的度量

银行注明 1 年的储蓄利率为 10%，这句话听起来虽然非常直接并且含义清楚，但事实上这句话的精确含义依赖于利率的计算方式。

如果利率计算方式是 1 年复利 1 次，银行所说的 10% 利率是指 100 美元在年终会增长为

$$100 \times 1.1 = 110(\text{美元})$$

如果利率的计算方式为每半年复利 1 次，这表示每 6 个月会挣取 5% 的利息，而且利息也被用于再投资，这时 100 美元在 1 年后将会增长为

$$100 \times 1.05 \times 1.05 = 110.25(\text{美元})$$

当利率计算方式为每季度复利 1 次，银行所说的利率是指每 3 个月会挣取 2.5% 的利息收入，而且所得利息均用于再投资，这样 100 美元在 1 年后将会增长为

$$100 \times 1.025^4 = 110.38(\text{美元})$$

表 4-1 列出了复利频率增长的影响。

表 4-1 利率为每年 10%，复利频率的增长对于 100 美元在 1 年后价值的影响

复利频率	100 美元投资在年底的价值（美元）	复利频率	100 美元投资在年底的价值（美元）
每年 1 次（$m=1$）	110.00	每月 1 次（$m=12$）	110.47
每半年 1 次（$m=2$）	110.25	每周 1 次（$m=52$）	110.51
每季度 1 次（$m=4$）	110.38	每日 1 次（$m=365$）	110.52

复利频率定义了在计算利率时的时间单位。1 年复利 1 次的利率可以被转换成以按不同复利频率的等价利率。例如，由表 4-1 我们可以看到 1 年复利 1 次 10.25% 利率与 1 年复利 2 次 10% 利率等价，利率在不同计息频率下的关系可以与公里同英里之间的关系相比，它们代表的

是不同的计量单位。

为了推广以上结果，我们假设将数量为 A 的资金投资 n 年。如果利率是按年复利，那么投资的终值为

$$A(1+R)^n$$

如果利率是1年复利 m 次，投资终值为

$$A\left(1+\frac{R}{m}\right)^{mn} \tag{4-1}$$

当 $m=1$ 时所对应的利率有时被称为**等值年利率**（equivalent annual interest rate）。

连续复利

复利频率 m 趋于无穷大时所对应的利率叫按**连续复利**（continuous compounding）利率。[㊀]在连续复利情况下，可以证明数量为 A 的资金投资 n 年时，投资的终值为

$$Ae^{Rn} \tag{4-2}$$

其中 $e=2.71828$。大多数计算器中都有计算指数函数 e^x 的功能，所以计算式（4-2）时不会产生任何麻烦。在表4-1的例子中，$A=100$，$n=1$，$R=0.1$，按连续复利时数量为 A 的资金在投资1年后将增长到

$$100e^{0.1}=110.52(\text{美元})$$

这个精确到小数点后两位的数值与用每天复利所得的结果一样。在大多数实际情况下，我们可以认为连续复利与每天复利等价。对一笔资金以利率 R 连续复利 n 年相当于乘上 e^{Rn} 项。而对一笔在第 n 年后的资金以利率 R 按连续复利进行贴现，其效果是相当于乘上 e^{-Rn}。

在本书中，除非特别指明，利率将按连续复利来计算。习惯于按每年、每半年、每季度或其他复利频率的读者可能在开始时会感到别扭。但是，在衍生产品定价中，连续复利利率的应用非常广泛，所以应当习惯它的使用。

假设 R_c 是连续复利利率，R_m 是与之等价的每年 m 次复利利率。由式（4-1）与式（4-2），我们得出

$$Ae^{R_c n}=A\left(1+\frac{R_m}{m}\right)^{mn}$$

或

$$e^{R_c}=\left(1+\frac{R_m}{m}\right)^{m}$$

这就是说

$$R_c=m\ln\left(1+\frac{R_m}{m}\right) \tag{4-3}$$

和

$$R_m=m(e^{R_c/m}-1) \tag{4-4}$$

这些式子可以将每年 m 次复利的利率转换为连续复利的利率，反之亦然。自然对数函数 $\ln x$ 是指数函数的**反函数**（inverse function），其定义为：如果 $y=\ln x$，那么 $x=e^y$。在大多数计算器里都有计算这个函数的功能。

㊀ 在精算领域，连续复利利率也被称为**利率强度**（force of interest）。

例 4-1

利率报价为每年 10% 按半年复利。因此 $m=2$，$R_m=0.1$，由式（4-3）得出，与之等价的连续复利利率为

$$2\ln\left(1+\frac{0.1}{2}\right)=0.09758$$

即每年 9.758%。

例 4-2

假设某贷款人对贷款利率的报价为每年 8%，连续复利，利息每季度支付 1 次，因此 $m=4$，$R_c=0.08$。由式（4-4）得出，与之等价的按季度复利的利率为

$$4\times(e^{0.08/4}-1)=0.0808$$

即每年 8.08%。这意味着，对于 1 000 美元的贷款，每季度支付利息为 20.20 美元。

4.3 零息利率

n 年的零息利率是指在今天投入资金并连续保持 n 年后所得的收益率。所有的利息以及本金都在 n 年末支付给投资者，在 n 年满期之前，不支付任何利息收益。n 年期的零息利率有时也叫作 n 年期的**即期利率**（spot rate），或者 n 年期**零息率**（zero rate），或者 n 年期的零率（zero）。假如 5 年期连续复利的零息利率是每年 5%，这意味着今天的 100 美元在投资 5 年后会增长到

$$100\times e^{0.05\times5}=128.40（美元）$$

许多在市场上直接观察到的利率并不是纯零息利率。考虑一个票息为 6% 的 5 年期政府债券，这个债券本身的价格并不能决定 5 年期的零息利率，这是因为债券的一些券息发生在 5 年后的到期日之前。在本章以后的内容中，我们将讨论如何由带票息的债券市场价格计算零息利率。

4.4 债券定价

大多数债券提供周期性的票息，债券发行人在债券满期时将债券的本金（有时也称为票面值或面值）偿还给投资者。债券的理论价格等于对债券持有人在将来所收取的现金流贴现后的总和。有时债券交易者用单一贴现率对债券的所有现金流进行贴现，但更精确的办法是对不同现金流采用不同的零息贴现率。

为了说明这一点，假设零息利率由表 4-2 给出（我们在今后将说明如何计算这些值），表中的利率是按连续复利。假设一个两年期债券的面值为 100 美元，券息为 6%，每半年付息一次。为了计算第 1 个 3 美元票息的现值，我们用 5.0% 的 6 个月贴现率贴现；为了计算第 2 个 3 美元票息的现值，我们用 5.8% 的 1 年贴现率，依次类推。因此债券的理论价格为

$$3e^{-0.05\times0.5}+3e^{-0.058\times1.0}+3e^{-0.064\times1.5}+103e^{-0.068\times2}=98.39$$

即 98.39 美元。

表 4-2 国债零息利率

期限（年）	零息利率（连续复利,%）	期限（年）	零息利率（连续复利,%）
0.5	5.0	1.5	6.4
1.0	5.8	2.0	6.8

4.4.1 债券收益率

债券收益率是指将此收益率用于对债券所有的现金流进行贴现时，所得价值等于债券的市场价格。假设我们上面考虑的债券理论价格也就是其市场价格，即98.39美元（这里的债券市场价格与表4-2中数据完全一致）。如果y表示按连续复利的债券收益率，我们有

$$3e^{-y\times0.5}+3e^{-y\times1.0}+3e^{-y\times1.5}+103e^{-y\times2}=98.39$$

这一方程式的解可以通过迭代的方式（“试错法”）得出，其解为$y=6.76\%$。[⊖]

4.4.2 平价收益率

对应于具有某一期限的债券，**平价收益率**（par yield）是使债券价格等于**面值**（par value）（这里的面值与本金是一样的）的券息率。债券通常每半年支付一次券息。假定债券每年支付的券息为c（或每6个月$c/2$）。采用表4-2中的零息利率，当以下方程成立时债券价格等于其面值，即100，

$$\frac{c}{2}e^{-0.05\times0.5}+\frac{c}{2}e^{-0.058\times1.0}+\frac{c}{2}e^{-0.064\times1.5}+\left(100+\frac{c}{2}\right)e^{-0.068\times2.0}=100$$

我们可以直接计算这一方程的解：$c=6.87\%$。两年的平价收益率为6.87%，按半年复利（或6.75%按连续复利）。

一般地讲，如果d为债券到期时收到1美元的贴现值，A为一个年金（annuity，即在每个券息日支付1美元）现金流的当前价值，m是每年券息支付的次数，那么平价收益率满足

$$100=A\frac{c}{m}+100d$$

因此

$$c=\frac{(100-100d)m}{A}$$

在我们的例子中，$m=2$，$d=e^{-0.068\times2}=0.87284$，以及

$$A=e^{-0.05\times0.5}+e^{-0.058\times1.0}+e^{-0.064\times1.5}+e^{-0.068\times2.0}=3.70027$$

这个公式证实了平价收益率为每年6.87%。

4.5 确定国库券零息利率

确定像表4-2里所示零息利率的一种方法是通过观测**票息剥离产品**（strips）所对应的利率，这些产品是由交易员将国库券的本金和票息分开卖出时人工生成的无息证券。

另一种确定零息收益率的方法是通过一般的短期国债和国库券，最流行的方法是所谓的**票息剥离方法**（bootstrap method）。为了说明这一方法，考虑表4-3中有关5个债券价格的数据。因为前三个债券不支付票息，很容易计算对应于这些证券期限的零息

表4-3 票息剥离法数据

债券本金（美元）	期限（年）	年票息（美元）[①]	债券价格（美元）
100	0.25	0	97.5
100	0.50	0	94.9
100	1.00	0	90.0
100	1.50	8	96.0
100	2.00	12	101.6

①票息每半年支付一次。

⊖ 解非线性方程$f(y)=0$的一种方法是利用Newton-Raphson方法。我们从方程解的一个估计值开始，并利用公式$y_{i+1}=y_i-f(y_i)/f'(y_i)$逐步得到更好的估计$y_1$、$y_2$、$y_3$、…，其中$f'(y)$为$f(y)$关于$y$的一阶导数。

利率。第1个债券的结果是将97.5美元的投资在第3个月后变成100美元，因此3个月的连续复利利率R满足

$$100 = 97.5e^{R\times 0.25}$$

即10.127%。类似地，6个月的连续复利利率R满足

$$100 = 94.9e^{R\times 0.5}$$

即10.469%，一年的连续复利利率R满足

$$100 = 90e^{R\times 1.0}$$

即10.536%。

第4个债券的期限为1.5年，票息和本金支付如下：

6个月时：4美元

1年时：4美元

1.5年时：104美元

由前面的计算，对于在6个月后支付的利息应采用贴现率10.469%，对于在1年后支付的利息应采用贴现率10.536%。我们知道债券价格为96美元，它必须等于债券持有人所有收入现值的总和。假定在1.5年所对应的零息利率为R，那么

$$4e^{-0.10469\times 0.5} + 4e^{-0.10536\times 1.0} + 104e^{-R\times 1.5} = 96$$

以上方程可被简化为

$$e^{-R\times 1.5} = 0.85196$$

即

$$R = -\frac{\ln(0.85196)}{1.5} = 0.10681$$

因此1.5年所对应的零息利率为10.681%。这是唯一与6个月期限、1年期限以及表4-3数据一致的零息利率。

2年期的零息利率也可以通过类似的方法由6个月、1年以及1.5年的零息利率来求得：假定R为两年期的零息利率，我们有

$$6e^{-0.10469\times 0.5} + 6e^{-0.10536\times 1.0} + 6e^{-0.10681\times 1.5} + 106e^{-R\times 2.0} = 101.6(\text{美元})$$

由此得出$R=0.10808$，即10.808%。

表4-4总结了计算的结果。表示零息利率与期限关系的图形叫**零息利率曲线**（zero curve）。在由票息剥离法所得数值节点之间，一般假定零息利率曲线为线性（这意味着在我们的例子中1.25年的零息利率等于$0.5\times 10.536 + 0.5\times 10.681 = 10.6085\%$）。通常还假定在零息曲线上第1个节点之前的利率和超出最后一个节点的利率为水平。图4-1就是建立在这些假设下的零息曲线。采用期限更长的债券，我们可以将零息曲线推广到两年以上。

表4-4 由表4-3数据所得出的连续复利利率

期限（年）	零息利率（连续复利,%）
0.25	10.127
0.50	10.469
1.00	10.536
1.50	10.681
2.00	10.808

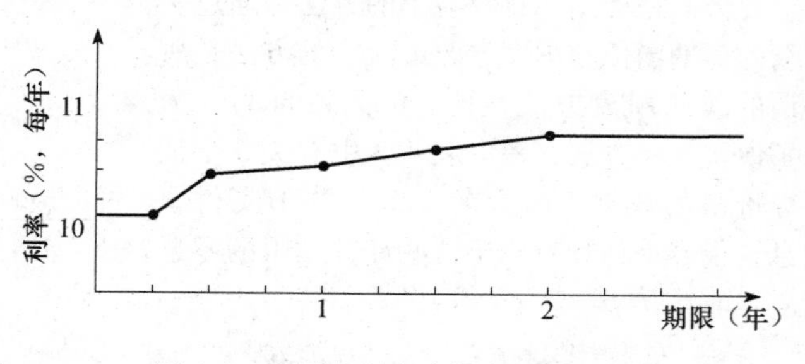

图4-1 由票息剥离法得出的零息利率

在实际中，一般在市场上并没有期限正好等于1.5年、2年、2.5年等的债券。分析员通常的做法是在计算零息利率曲线之前首先对债券价格数据进行插值。例如，如果已知在2.3年到期、券息为6%的债券的价格为98，以及在2.7年到期、券息为6.5%的债券的价格为99，分析员可能会假定2.5年到期的、券息率为6.25%的债券价格为98.5。

4.6 远期利率

远期利率（forward interest rate）是由当前零息利率所隐含的对应于将来时间区间的利率。为了说明远期利率的计算方式，我们假设如表4-5中第2列所示的一组零息利率。假设这些利率是按连续复利，因此，1年期3%年利率意味着今天投资100美元，在1年后投资者将得到$100e^{0.03\times1}=103.05$美元；2年期4%年利率意味着今天投资100美元，在2年后投资者会得到$100e^{0.04\times2}=108.33$美元，等等。

表4-5中第2年的远期利率为每年5%。这是由第1年年末与第2年年末的零息利率而隐含出的在第2年之间的利率，即由1年期每年3%的利率与2年期每年4%的零息利率计算得出的。这个用于第2年内的利率与第1年的利率结合将会得出2年期的利率4%。为了说明正确答案为每年5%，假定你投资100美元。第1年利率是3%和第2年利率是5%将意味着在第2年年末的收益是

$$100e^{0.03\times1}e^{0.05\times1}=108.33(\text{美元})$$

将投资连续以4%利率投资两年得出的收益为

$$100e^{0.04\times2}$$

也是108.33美元。这一例子说明一个一般结论：当利率按连续复利表达时，将相互衔接的时间段上的利率结合在一起，整个时间区间上的等价利率为各个时段利率的平均值。在我们的例子中，把第1年利率3%和第2年利率5%平均将会得到2年的利率4%。对于非连续复利的利率，这一结论只是近似地成立。

表4-5 计算远期利率

期限（年）	对应于 *n* 年投资零息利率（每年,%）	第 *n* 年的远期利率（每年,%）	期限（年）	对应于 *n* 年投资零息利率（每年,%）	第 *n* 年的远期利率（每年,%）
1	3.0		4	5.0	6.2
2	4.0	5.0	5	5.3	6.5
3	4.6	5.8			

第3年的远期利率是由2年期的零息利率4%与3年期的零息利率4.6%所隐含而出的，结果为每年5.8%。这是因为以4%利率投资2年以后再以5.8%利率投资1年将得出3年期平均年利率为每年4.6%。用类似的方法可以计算其他远期利率，结果如表4-5第3列所示。一般来讲，如果R_1和R_2分别对应期限为T_1和T_2的零息利率，R_F为T_1与T_2之间的远期利率，那么

$$R_F=\frac{R_2T_2-R_1T_1}{T_2-T_1} \tag{4-5}$$

为了说明这一公式，考虑表4-5中第4年的远期利率：$T_1=3$，$T_2=4$，$R_1=0.046$，$R_2=0.05$，公式给出$R_F=0.062$。

式（4-5）可以被写成

$$R_F = R_2 + (R_2 - R_1)\frac{T_1}{T_2 - T_1} \tag{4-6}$$

这一公式说明如果零息利率曲线在 T_1 与 T_2 之间向上倾斜，即 $R_2 > R_1$，那么 $R_F > R_2$（在 T_2 结束的时间段上的远期利率大于期限为 T_2 的零息利率）。类似地，如果零息曲线为向下倾斜，即 $R_2 < R_1$，那么 $R_F < R_2$（远期利率小于期限为 T_2 的零息利率）。在式（4-6）中令 T_2 接近于 T_1，并将共同值记为 T，我们得到

$$R_F = R + T\frac{\partial R}{\partial T}$$

其中 R 是期限为 T 的零息利率，以这种方式得到的 R_F 被称为是 T 的**瞬时远期利率**（instantaneous forward rate），这是用于在 T 开始的一段很短时间里的远期利率。这一利率适用于由时刻 T 开始的一段很短的时间区间。定义 $P(0, T)$ 为在时刻 T 到期的零息债券的价格，因为 $P(0, T) = e^{-RT}$，瞬时远期利率的方程也可以写成

$$R_F = -\frac{\partial}{\partial T}\ln P(0,T)$$

假如表4-5给出了大型金融机构借入与借出资金的利率，这时金融机构可以锁定远期利率。例如，假设金融机构借入100美元，利率是3%，期限为1年，然后以4%的利率将资金投资2年。结果现金流是在第1年年末流出 $100e^{0.03\times1} = 103.05$ 美元，在第2年年末收入 $100e^{0.04\times2} = 108.33$ 美元。因为 $108.33 = 103.05e^{0.05}$，在第2年的收益等于远期利率5%。也可以按5%的利率借入100美元，期限为4年，并同时以4.6%利率投资3年。在第3年年末收入 $100e^{0.046\times3} = 114.80$ 美元，在第4年年末流出 $100e^{0.05\times4} = 122.14$ 美元。因为 $122.14 = 114.80e^{0.062}$，资金在第4年的借款利率为远期利率6.2%。

如果投资者认为将来的利率会与今天的远期利率不同，那么投资者就会发现市场上有许多交易策略非常具有吸引力（见业界事例4-1）。其中一种做法是利用**远期利率合约**（forward rate agreement），我们在下面讨论这种合约的运作机制和定价方式。

业界事例4-1 奥兰治县对收益曲线的赌博

假设一个大型投资者可以按表4-5所示的利率借出或借入资金，并认为在今后5年内1年期的利率不会有太大的变化。这个投资者可以借入1年期的资金并将资金投资5年。1年期借款可以在第1年年末、第2年年末、第3年年末和第4年年末向前滚动1年。如果利率确实保持不变，这种投资策略会大约每年盈利2.3%，这是因为收入的利率为5.3%而支出的利率为3%。这种投资方式叫作**收益曲线赌博**（yield curve play）。投资者认为将来的利率会与今天所观察到的远期利率很不相同，并对此观点进行投机（在我们的例子中，今天观察到的4个1年期远期利率分别为5%、5.8%、6.2%和6.5%）。

在1992年和1993年，美国奥兰治县资金主管罗伯特·西特伦（Robert Citron）非常成功地利用了以上的投机方式。西特伦所做交易的盈利对奥兰治县的预算做出了巨大贡献，而他本人也因此得以连任（在选举中有人指出这一投资方式风险太大，但没有人听取这一反对意见）。

在1994年西特伦进一步扩大了这种方式的投机，他选用了大量**反向浮息债券**（inverse floaters），这种债券的票息为某一固定利率同某一浮动利率之间的利差，他通过在再回购市场上借入短期资金的方式进一步加大了杠杆效应。假如短期利率保持不变或下降的话，他依然会保持很好的收益。但在1994年利率急剧上涨，在1994年12月1日奥兰治县宣布其投资组合损失了15亿美元。在几天之后，奥兰治县宣布寻求破产保护。

4.7 远期利率合约

远期利率合约（FRA）是一种场外交易，这种交易的目的是锁定在将来一段时间借入或借出一定数量资金时的利率。在 FRA 合约中，借入和借出资金的利率常常设为 LIBOR。

如果合约中约定的固定利率大于对应于同一时间段的 LIBOR 利率，借入方要支付借出方的数量等于固定利率与 LIBOR 利率的差乘以面值；在相反情形下，借出方要支付借入方，数量等于 LIBOR 利率与固定利率的差乘以面值。因为利息是在时间段的末端支付的，所以这里所支付的利率之差的时间也是在时间段的末端，然而通常是在区间开始时支付经过贴现以后的数量，见例 4-3。

例 4-3

假定一家公司签订了一项 FRA 合约，目的是使这家公司在 3 年后在 1 亿美元本金上收入 4% 的 3 个月期限固定利率。在 FRA 中公司将 LIBOR 转换成了 4% 的固定利率，期限为 3 个月。如果在 3 年后，3 个月期限 LIBOR 为 4.5%，资金借出方在 3.25 年时的现金流为

$$100\,000\,000 \times (0.04 - 0.045) \times 0.25 = -125\,000(\text{美元})$$

这一现金流与在 3 年时的以下现金流等价

$$-\frac{125\,000}{1 + 0.045 \times 0.25} = -123\,609(\text{美元})$$

因此，对于交易对手而言，在 3.25 年时现金流为 +125 000 美元，或在 3 年时现金流为 +123 609 美元（在这一例子中所有利率均为按季度复利）。

考虑以下远期利率合约，其中公司 X 同意在 T_1 和 T_2 之间将资金借给公司 Y。定义

R_K：FRA 中的约定利率；

R_F：由今天计算的介于时间 T_1 和 T_2 之间的 LIBOR 利率；[⊖]

R_M：在时间 T_1 观察到的 T_1 和 T_2 之间的真正 LIBOR 利率；

L：合约的本金。

与以往不同，在这里我们将不采用连续复利的假设。我们假设 R_K、R_F 和 R_M 的复合频率均与这些利率相对应的区间保持一致。这意味着，如果 $T_2 - T_1 = 0.5$，那么这些利率为每半年复利一次；如果 $T_2 - T_1 = 0.25$，那么这些利率为每季度复利一次，等等（这一假设与市场上关于 FRA 的做法一致）。

一般来讲，公司 X 由 LIBOR 贷款所得收益应当为 R_M，但 FRA 会使其收益为 R_K。签订 FRA 会使公司 X 得到额外利率（也可能为负）为 $R_K - R_M$。利率是在 T_1 设定并在 T_2 付出，因此对于 X 而言，额外利率会导致在 T_2 有以下数量的现金流

$$L(R_K - R_M)(T_2 - T_1) \tag{4-7}$$

与此类似，对于 Y 而言，在 T_2 的现金流为

$$L(R_M - R_K)(T_2 - T_1) \tag{4-8}$$

⊖ 在第 7 章和第 9 章中将会讨论 LIBOR 远期利率的计算方法。

由式（4-7）和式（4-8）我们可以得出对于 FRA 的另外一种解释：在 FRA 中，X 同意在 T_1 与 T_2 之间对本金收入固定利率 R_K，并同时付出在市场上所实现的 LIBOR 利率 R_M，公司 Y 对本金在 T_1 与 T_2 之间付出固定利率 R_K，并同时收入 LIBOR 利率 R_M。这种对 FRA 的理解对于我们在第 7 章里讨论互换时很重要。

通常 FRA 是在 T_1 时刻（而不是在 T_2 时刻）进行交割，因此必须将收益从 T_2 贴现到 T_1。对于公司 X，在时刻 T_1 的收益为

$$\frac{L(R_K - R_M)(T_2 - T_1)}{1 + R_M(T_2 - T_1)}$$

而对于公司 Y，在 T_1 时刻的收益为

$$\frac{L(R_M - R_K)(T_2 - T_1)}{1 + R_M(T_2 - T_1)}$$

定价

为了对 FRA 定价，我们首先注意当 $R_K = R_F$ 时，FRA 的价格是 0。[㊀]当双方刚刚进入合约时，R_K 被设定为 R_F 的当前取值，因此对于交易双方而言，合约的价值为 0。[㊁]随着时间变化，利率会有所变化，FRA 合约的价值也就不再为 0。

衍生产品合约在一个时刻的市场价值被称为是其**逐日盯市**（mark-to-market，MTM）的价值，为了计算一个收入固定利率合约的 FRA 的 MTM 价值，我们考虑以下由两个 FRA 组成的投资组合。第 1 个 FRA 承诺在时间 T_1 与 T_2 之间收入的利率为 R_K，本金为 L；第 2 个 FRA 承诺在 T_1 和 T_2 之间支付利率 R_F，本金也是 L。第 1 个 FRA 在时刻 T_2 的回报为 $L(R_K - R_M)(T_2 - T_1)$，第 2 个 FRA 在时刻 T_2 的回报为 $L(R_M - R_F)(T_2 - T_1)$，投资组合的整体回报等于 $L(R_K - R_F)(T_2 - T_1)$，该回报在今天为确定量，投资组合是一个无风险投资，其价值等于在 T_2 时刻收益的贴现值，即

$$L(R_K - R_F)(T_2 - T_1)\mathrm{e}^{-R_2T_2}$$

其中 R_2 为 T_2 期限的无风险利率。[㊂]因为第 2 个 FRA 中支付 R_F，其价值为 0。在第 1 个 FRA 中收入 R_K，其价值是

$$V_{\text{FRA}} = L(R_K - R_F)(T_2 - T_1)\mathrm{e}^{-R_2T_2} \tag{4-9}$$

与此类似，支付 R_K 的 FRA 价值是

$$V_{\text{FRA}} = L(R_F - R_K)(T_2 - T_1)\mathrm{e}^{-R_2T_2} \tag{4-10}$$

将式（4-7）与式（4-9），或式（4-8）与式（4-10）进行比较，我们看到可以采取以下过程为 FRA 定价：

（1）假定在远期利率会被实现的前提下（即 $R_M = R_K$）计算收益；

（2）将收益用无风险利率进行贴现。

㊀ 这可以被看作远期 LIBOR 利率的定义。在理想情况下，当银行可以按 LIBOR 借入和借出资金时，银行可以人为地生成一项合约，在合约中可以收入或支付远期 LIBOR 利率，过程如 4.6 节所示。例如，银行可以借入一定度量期限为 2 年的资金，将资金投资 3 年，以此将 2 年到 3 年的远期利率作为投资利率。类似地，银行可以借入一定数量期限为 3 年的资金，将资金借出 2 年，以此将 2 年到 3 年的远期利率作为贷款利率。

㊁ 在实际中，这并不完全正确。像银行这样的造市商对于 R_K 会给出买入价和卖出价，买入价对应于银行将支付 R_K，卖出价对应于银行将收入 R_K。因此，在合约开始时，对于银行而言，FRA 有一个小的正价值；对于交易对手而言，FRA 有一个小的负价值。

㊂ 注意 R_K、R_M 以及 R_F 的复利频率与 $T_2 - T_1$ 的长度一致，而 R_2 为连续复利。

在第7章里对互换（FRA组合）定价时，我们将会用到这个结果。

例4-4

假定第1.5年与第2年之间的远期LIBOR利率为5%（每半年复利一次），某公司在此之前进入了一个FRA合约，约定该公司将收入5.8%（每半年复利一次），同时将支付LIBOR利率，面值为1亿美元。2年期限的无风险利率为4%（连续复利）。由式（4-9），我们得出FRA的价值为

$$100\,000\,000\times(0.058-0.050)\times0.5\mathrm{e}^{-0.04\times2}=369\,200(\text{美元})$$

4.8 久期

顾名思义，债券的**久期**（duration）是指投资者收到所有现金流所要等待的平均时间。一个n年期零息债券的久期为n年，而一个n年带券息（coupon-bearing）债券的久期小于n年，这是因为持有人在n年之前就已经收到一些现金付款。

假定债券在t_i时刻给持有人提供的现金流为$c_i(1\leqslant i\leqslant n)$。债券价格$B$与收益率$y$（连续复利）之间的关系式为

$$B=\sum_{i=1}^{n}c_i\mathrm{e}^{-yt_i}\tag{4-11}$$

债券久期D的定义是

$$D=\frac{\sum_{i=1}^{n}t_ic_i\mathrm{e}^{-yt_i}}{B}\tag{4-12}$$

也可以写为

$$D=\sum_{i=1}^{n}t_i\left[\frac{c_i\mathrm{e}^{-yt_i}}{B}\right]$$

以上方括号中的项为t_i时刻债券支付的现金流现值与债券价格的比率，而债券价格等于所有将来支付的现值总和，因此久期是付款时间t_i的加权平均，其中对应于t_i的权重等于t_i时刻的支付现值与债券总值的比率，这里的所有权重相加等于1。注意为了定义久期，所有贴现均采用债券收益率y（对于不同现金流，我们没有像在4.4节描述的那样采用不同的零息利率）。

当收益率有微小变化时，以下公式近似成立

$$\Delta B=\frac{\mathrm{d}B}{\mathrm{d}y}\Delta y\tag{4-13}$$

由式（4-11），上式可以写成

$$\Delta B=-\Delta y\sum_{i=1}^{n}c_it_i\mathrm{e}^{-yt_i}\tag{4-14}$$

（注意B与y之间呈反向关系：当收益率增加时，债券价格降低；而当收益率减小时，债券价格升高）。由式（4-12）和式（4-14），我们可以得出下面关于久期的重要公式

$$\Delta B=-BD\Delta y\tag{4-15}$$

或写成

$$\frac{\Delta B}{B} = -D\Delta y \tag{4-16}$$

式（4-16）是关于债券价格百分比变化同收益率之间的一个近似关系式，这个公式非常易于使用，这也是为什么当麦考利（Macaulay）最初在1938年提出久期概念以后被广泛采用的原因。

表 4-6　久期的计算

期限（年）	现金流（美元）	现值（美元）	权重	年份×权重
0.5	5	4.709	0.050	0.025
1.0	5	4.435	0.047	0.047
1.5	5	4.176	0.044	0.066
2.0	5	3.933	0.042	0.083
2.5	5	3.704	0.039	0.098
3.0	105	73.256	0.778	2.333
合计	130	94.213	1.000	2.653

考虑一个面值为100美元、券息为10%的3年期债券。该债券按连续复利的年收益率为12%，即 $y=0.12$。债券每6个月付息一次，券息值为5美元。表4-6显示有关债券久期的计算步骤，在计算中将收益率作为贴现率，计算出的现值被列在表中的第3列（例如第1次付息的现值为 $5e^{-0.12\times0.5}=4.709$），第3列数字之和等于债券价格94.213。将第3列中数字除以94.213美元即可得到久期的权重，第5列数字之和等于久期，即2.653年。

DV01对应于当所有利率都变化一个基点时，价格的变化。Gamma对应于利率变化一个基点时，DV01的变化。以下例子验证了久期关系式（4-15）的精确性。

例 4-5

由表4-6所描述的债券价格为94.213，久期为2.653，根据式（4-15）

$$\Delta B = -94.213\times2.653\times\Delta y$$

即

$$\Delta B = -249.95\times\Delta y$$

当收益率增加10个基点（=0.1%），即 $\Delta y=+0.001$ 后，久期公式给出 ΔB 的近似结果为

$$\Delta B = -249.95\times0.001 = -0.250$$

由久期公式所预计的债券价格会下降到 $94.213-0.25=93.963$，为了检验这个结果的准确性，我们计算当收益率增加10个基点到12.1%时的债券价格

$$5e^{-0.121\times0.5}+5e^{-0.121\times1.0}+5e^{-0.121\times1.5}+5e^{-0.121\times2.0}+5e^{-0.121\times2.5}+105e^{-0.121\times2.5}=93.963$$

这一数值同我们用久期公式预计的变化相同（精确到小数点后第3位）。

4.8.1　修正久期

以上的分析是建立在收益率 y 为连续复利的前提之下。如果 y 为1年复利1次的利率，可以证明这时的相应近似式（4-15）为

$$\Delta B = -\frac{BD\Delta y}{1+y}$$

在 y 为1年 m 次复利的一般情形下

$$\Delta B = -\frac{BD\Delta y}{1+y/m}$$

由

$$D^* = -\frac{D}{1+y/m}$$

定义的变量 D^* 为债券的**修正久期**（modified duration）。久期关系式可以简化为

$$\Delta B = -BD^*\Delta y \tag{4-17}$$

其中 y 是以每年复利 m 次所表示的收益率，以下的例子验证了修正久期的精确性。

例 4-6

由表4-6描述的债券价格为94.213，久期为2.653。按每年复利两次的收益率为12.367 3%，修正久期为

$$D^* = \frac{2.653}{1+0.123\,673/2} = 2.498\,5$$

由式（4-17）我们得出

$$\Delta B = -94.213 \times 2.498\,5 \times \Delta y$$

或

$$\Delta B = -235.39 \times \Delta y$$

当收益率（1年复利2次）增加10个基点（0.1%），即 $\Delta y = +0.001$ 时，由久期关系式估计的债券价格变化为 ΔB 为 $-235.39 \times 0.001 = -0.235$，因此债券价格下降到 $94.213 - 0.235 = 93.978$。这个结果的精确度有多高呢？通过与前面例子相同的计算，我们可以得出当收益率增加10个基点到12.467 3%时，债券的价格为93.978。这说明当债券收益率变化很小时，修正久期计算公式是非常精确的。

另外一个常用的名词为**绝对额久期**（dollar duration），这一变量为修正久期与债券价格的乘积，因此 $\Delta B = -D_{\$}\Delta y$，其中 $D_{\$}$ 为绝对额久期。

4.8.2 债券组合

债券组合的久期 D 可以被定义为构成债券组合中每一个债券久期的加权平均，其权重与相应债券价格成正比。式（4-15）至式（4-17）在这里仍然适用，其中 B 为债券组合的价值。这些方程可以用来估计当所有债券收益率都有一个微小变化 Δy 时对证券组合价值的影响。

当将久期的概念用于债券组合时，我们隐含地假设了所有债券的收益率变化都大致相同，认识到这一点是很重要的。当债券有不同的期限时，只有当零息利率曲线的变化是平行移动时，情形才会是这样。因此我们应将式（4-15）至式（4-17）理解为当零息收益率曲线有微小的平行移动 Δy 时，对于债券组合价值的估计。

通过确保资产久期等于负债久期来对冲所面临的利率风险（即净久期为0），金融机构可以消除由于收益率曲线微小平行移动所带来的风险，尽管这样，金融机构仍然会对大的平行移动与非平行移动存在风险敞口。

4.9 曲率

久期仅适用于当收益率变化很小的情形。图 4-2 显示了两个具有相同久期的交易组合价值百分比变化与收益率变化之间的不同形式。这两条曲线在原点的斜率相同，这意味着，当收益率的变化很小时，两个交易组合价值变化的百分比相同，这与式（4-16）一致。但当利率变化较大时，两个组合价值变化不同。组合 X 与收益率之间关系的曲率比组合 Y 要大。一种叫作**曲率**（convexity）的变量可以用来衡量曲线的弯曲（curvature）程度，它可以用来改善式（4-16）的精确性。

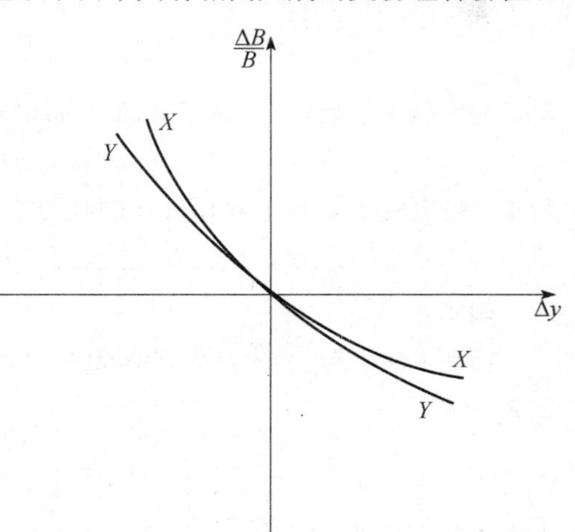

图 4-2　两个具备同样久期的交易组合

测量曲率的一种方式是：

$$C = \frac{1}{B}\frac{\mathrm{d}^2 B}{\mathrm{d}y^2} = \frac{\sum_{i=1}^{n} c_i t_{i=1}^2 \mathrm{e}^{-yt_i}}{B}$$

利用泰勒阶数展开，我们可以得到一个比式（4-13）更精确的表达式

$$\Delta B = \frac{\mathrm{d}B}{\mathrm{d}y}\Delta y + \frac{1}{2}\frac{\mathrm{d}^2 B}{\mathrm{d}y^2}\Delta y^2 \tag{4-18}$$

由此可以得出

$$\frac{\Delta B}{B} = -D\Delta y + \frac{1}{2}C(\Delta y)^2$$

对于给定的久期，当债券组合提供的收入均匀地分布在很长时间区间上时，组合的曲率一般是最大的；而当收入都集中在某一个时间附近时，曲率会最小。通过选择使净久期与净曲率为零的资产与债务组合，金融机构可以使自身对零息利率曲线相对较大的平行移动所引起的风险得到免疫，然而组合仍含有零息曲线非平行移动所带来的风险。

4.10 利率期限结构理论

我们很自然会问是什么因素决定了零息利率曲线的形状。为什么有时曲线向下倾斜，有时向上倾斜，而有时会部分向下倾斜与部分向上倾斜。关于这一点有几种理论，其中最简单的是**预期理论**（expectations theory）：这一种理论假设长期利率应该反映所期望的未来短期利率。更精确地讲，这一理论认为对应于将来某一段时间的远期利率等于这一段时间在未来的即期利率的期望值。另外一种理论是**市场分割理论**（market segmentation theory）：这一理论认为短期、中期以及长期利率之间没有任何关系。在这一理论中，类似于大型退休金等投资者只投资于某些期限的债券，并不会改变期限。短期利率由短期债券市场的供需关系来决定，中期利率由中期债券市场的供需关系来决定，以此类推。

最有说服力的是**流动性偏好理论**（liquidity preference theory）。这一理论的基本假设是投资者喜欢保持资金的流动性，并因此将资金投资于较短的期限。另一方面，借贷人一般喜欢借入较长期限的固定利率。流动性偏好理论造成了远期利率高于将来零息利率期望值的情形，这与所观察到的收益率曲线常常是向上倾斜（而不是向下倾斜）的实证结果是一致的。

4.10.1 净利息收入管理

为了理解流动性偏好理论，我们可以考虑银行接受存款和发放贷款时所面临的利率风险。**净利息收入**（net interest income）是指利息收入与利息支出的差，银行必须对净利息收入进行妥善管理。

为了展示利息收入的不同变化，我们假定某银行给客户提供1年与5年的存款利率，同时又给客户提供1年与5年的住房贷款利率，这些利率由表4-7所示。为了简化分析，我们假设将来的1年期利率期望值同今天市场上的1年利率相同。不严格地讲，市场认为利率上涨与利率下降有相同的可能性，由此我们可以说由表4-7显示的利率是“公平”的，因为它们正确地反映了市场的期望（也就是对应于预期理论）。将资金投放1年然后再投资4年会同一个5年的投资带来相同的回报。类似地，以1年期借入资金然后接下4年里每年都再进行融资，这样同一个5年期的贷款会带来一样的融资费用。

表4-7 银行给客户提供各种利率

期限（年）	存款利率（%）	住房贷款（按揭）利率（%）
1	3	6
5	3	6

假定你将资金存入银行，并且你认为利率上涨与利率下降有相同的可能性，你此时是会将资金以3%的利率存1年还是会以3%利率存5年？你此时往往会将资金存1年，因为将资金锁定在较短期限里会给你带来许多方便。

现在假定你需要住房贷款，你仍然认为利率上涨与下降的可能性相同，你此时是会选一个1年期6%的住房贷款还是会选一个5年期6%的住房贷款？这时你往往会选择一个5年期的住房贷款。因为这样做会将你的借款利率锁定在今后5年，从而你会面临较小的再融资风险。

当银行提供由表4-7所示的利率时，大多数存款客户会选择1年期存款，同时大多数住房贷款客户会选择5年期贷款。这样一来，银行的资产与付债就会产生不匹配的现象，从而对净利息收入产生风险敞口。利息降低时不会产生问题，银行的贷款收入仍为6%，而支撑贷款的存款利息低于3%。因此利息收入会增加。但当利率上涨时，银行贷款收入仍为6%，存款费用高于3%，由此使银行净利息收入降低，当1年利率上涨幅度达到3%时，利息收入会变为零。

资产负债管理部门的职责就是将带来收入的资产期限与带来利息费用的负债期限进行匹配。一种手段是提高5年的存款与住房贷款利率。例如，我们可以将利率调节为表4-8的形式，这时5年期的存款利率为4%，5年期的贷款利率为7%。这样做会将5年期存款与1年期住房贷款变得相对来讲更有吸引力，一些选择表4-7中1年期存款的投资者会将自己的资金转入到表4-8中所示的5年期存款；一些选择表4-7中5年期住房贷款的顾客会选择1年期住房贷款。这样所带来的效果可以使资产和负债得以匹配。如果顾客仍然过多地选择1年期存款和5年期住房贷款而造成资产负债的不平衡，我们可以进一步提高5年期存款和贷款利率，这样会逐渐消除资产负债的失衡。

表4-8 提高5年期利率以达到资产负债的匹配

期限（年）	存款利率（%）	住房贷款（按揭）利率（%）
1	3	6
5	4	7

如果所有银行均按以上所描述的方式进行资产负债管理，其效果是长期利率比预期的将来短期利率要高，这一现象就是所谓的流动性偏好理论。在大多时候收益率曲线都是向上倾斜，只有当市场预期短期利率会剧烈下跌时才会出现向下倾斜的现象。

许多银行都已经建立了一套完善的系统来监测客户的业务决策行为，当看到资产与负债有不匹配现象时，它们可以对利率做稍微调整。有时利率互换（在第7章中将会讨论）等衍生产品也会被用来管理利率风险敞口，这样做银行会保证利息收入的稳定并达到减少风险的目的。但并不是所有的银行都能做到这一点。在美国，20世纪80年代一些信贷公司和1984年大陆伊利诺伊破产的原因在很大程度上是由于资产和负债的不匹配所引起的，这些失败都为美国的纳税人带来了巨大损失。

4.10.2 流动性

除了以上描述的问题以外，投资组合期限的不匹配还会造成流动性困难。考虑一家金融机构，其5年期的固定利率贷款由3个月的批发存款来支撑。金融机构认识到自身对利率上升的风险敞口，因此对利率风险进行了对冲（一种做法是利用前面提到过的利率互换）。这样做以后，金融机构仍然会有流动性风险。批发存款人有可能会对金融机构失去信心，因此在短期内不愿意再将资金借给金融机构，即使有足够多股权资本的金融机构仍会深陷流动性的泥潭，甚至遭遇破产。如业界事例4-2所示，这一类流动性问题是在2007年开始的金融危机中一些金融机构破产的主要原因。

业界事例4-2 流动性和2007~2009年金融危机

在2007年7月开始的信用危机中，有一种“择优而栖”现象，这是指金融机构和投资人不愿承担信用风险，只进行安全投资。依赖于短期融资的金融机构遭遇流动性困难。英国的北岩（Northern Rock）银行就是一个例子。北岩按揭贷款资金依赖于批发存款，这些存款的期限只有3个月。在2007年9月，忧心忡忡的贷款人不愿意再将贷款续借给北岩，即在3个月后不愿将资金继续存在北岩。这造成了北岩对自身资产失去了资金支持。英国政府在2008年年初接手了北岩。在美国，一些像贝尔斯登和雷曼兄弟这样的银行也遭遇了类似的流动性困难，这些金融机构同样利用短期批发存款作为融资来源支撑机构的部分运作。

小结

对于衍生产品交易员来讲，国债利率和LIBOR利率是两个非常重要的利率。国债利率是当政府借入自身货币的资金而支付的利率，LIBOR利率是银行在行业之间为借入短期资产而支付的利率。

利率的复利频率定义了度量利率的单位。1年复利1次的利率与1年复利4次的利率差别可以类比为英里同公里的差别。在分析期权及更复杂的衍生产品时，分析员常常采用连续复利的形式。

在金融市场中的报价采用许多不同类型的利率，而且分析员也常常计算这些利率。n年零息（或n年即期市场）利率对应于一个n年期并且所有投资收益均发生在到期日的一种投资的收益率，债券的平值收益率是使得其价格等于面值的券息率。远期利率是从今天零息收益曲线计算而应用于将来一段时间的利率。

一种计算零息曲线的常用方法是所谓的票息剥离法，这一方法由短期产品出发，循序渐进地利用长期限产品来计算利率。在计算过程中要保证在每一阶段计算的零息利率使得输入的产品价格与计算出的产品价格一致。交易平台常常采用这种方法来计算国债零息利率曲线。

远期利率合约（FRA）是一种场外交易。在此交易中，在将来某一时段一方将一种利率（常常是LIBOR）与另一个指定的利率交换。对FRA

进行定价可以通过假定远期利率等于在将来实现的利率，然后对相应的收益进行贴现来进行。

在利率市场中，**久期**是一个重要概念。久期衡量了投资组合价格对零息收益率曲线平行移动变化的敏感度。准确地讲

$$\Delta B = -BD\Delta y$$

其中B为投资组合价值，D为组合价值的久期，Δy为零息曲线平行移动的微小变量，ΔB是由Δy引起的组合价值变化。

流动性偏好理论可以用于解释现实中的利率期限结构。这一理论指出：大多数个人以及公司喜欢借长放短。为了保证借入资金与借出资金期限的匹配，金融机构有必要提高长期利率以使得远期利率高于将来即期利率的期望值。

推荐阅读

Fabozzi, F. J. *Bond Markets, Analysis, and Strategies*, 8th edn. Upper Saddle River, NJ: Pearson, 2012.

Grinblatt, M., and F. A. Longstaff. "Financial Innovation and the Role of Derivatives Securities: An Empirical Analysis of the Treasury Strips Program," *Journal of Finance*, 55, 3 (2000): 1415–36.

Jorion, P. *Big Bets Gone Bad: Derivatives and Bankruptcy in Orange County*. New York: Academic Press, 1995.

Stigum, M., and A. Crescenzi. *Money Markets*, 4th edn. New York: McGraw Hill, 2007.

练习题

4.1 一家银行的利率报价为每年14%，每季度复利一次。在以下不同的复利机制下对应的利率是多少？(a) 连续复利，(b) 1年复利1次。

4.2 LIBOR与LIBID的含义是什么？哪一个更高？

4.3 6个月期与1年期的零息利率均为每年10%。一个剩余期限还有18个月，券息率为8%（刚刚付过半年1次的券息）的债券，收益率为10.4%的债券价格为多少？18个月期的零息利率为多少？这里的所有利率均为每半年复利一次。

4.4 一个投资者在年初投入1 000美元，年末收入1 100美元。计算投资在不同复利机制下的收益率 (a) 1年复利1次，(b) 1年复利2次，(c) 每月复利1次，(d) 连续复利。

4.5 假设连续复利的零息利率如下：

期限（以月计）	利率（%，年）
3	8.0
6	8.2
9	8.4
12	8.5
15	8.6
18	8.7

计算第2季度、第3季度、第4季度、第5季度和第6季度的远期利率。

4.6 假定零息利率如练习题4.5所示，一个收入3个月期固定利率为9.5%的FRA价值为多少？这里FRA的面值为100万美元，起始日期为1年以后，利率复利为每季度一次。

4.7 利率期限结构向上倾斜，将以下变量按大小排列：

(a) 5年期零息利率。

(b) 5年期带息债券的收益率。

(c) 将来从第4.75~5年的远期利率。

当利率期限结构向下倾斜，结果会如何变化？

4.8 从久期你能知道债券组合对于利率有什么样的敏感度？久期有什么局限性？

4.9 与每年15%，按月复利等价的按连续复利的年利率是多少？

4.10 一个存款账户以每年12%的连续复利利率来计算利息，但利息每个季度支付一次，对应于10 000美元存款在每季度的利息为多少？

4.11 假定6个月期、12个月期、18个月期、24个月期和30个月期的零息利率分别为每年4%、4.2%、4.4%、4.6%和4.8%，

按连续复利。估计一个面值为100美元的债券的价格，假定此债券在第30个月后到期，债券券息率为每年4%，每半年付息一次。

4.12 一个3年期债券的券息率为8%，每半年付息一次，债券的现金价格为104，债券的收益率为多少？

4.13 假定6个月期、12个月期、18个月期和24个月期的零息利率分别为每年5%、6%、6.5%和7%。2年期债券的平值收益率为多少？

4.14 假设连续复利的零息利率如下：

期限（以年计）	利率（%，年）
1	2.0
2	3.0
3	3.7
4	4.2
5	4.5

计算第2年、第3年、第4年和第5年的远期利率。

4.15 假定9个月及12个月的LIBOR利率分别为2%和2.3%，9个月和12个月之间的远期利率为多少？假定在一个FRA合约中，收入3%固定利率，同时支付9~12个月之间的LIBOR利率，所有利率均为每季度复利一次，FRA的面值为1 000万美元，假定LIBOR被用作无风险利率，这时FRA的价值是多少？

4.16 10年期票息为8%的债券价格为90美元，10年期票息为4%的债券价格为80美元，10年期的零息利率为多少？（**提示**：考虑2份票息为4%的债券的多头和1份票息为8%的债券的空头。）

4.17 仔细解释为什么流动性偏好理论与市场上所观察到的利率期限结构向上倾斜多于向下倾斜这一现象一致。

4.18 “当零息利率曲线向上倾斜时，对应于某一期限的零息利率比相应期限的平值收益率要高。当零息利率为向下倾斜时，对应于某一期限的零息利率要比相应同一期限的平值收益率要低。”解释这是为什么？

4.19 为什么美国国债收益率远低于其他几乎无风险的投资收益率？

4.20 为什么再回购市场贷款的信用风险很低？

4.21 解释为什么一个FRA等价于以浮动利率交换固定利率？

4.22 一个年收益率为11%（连续复利）的5年期债券在每年年底支付8%的票息，请计算

(a) 此债券价格为多少？

(b) 债券久期为多少？

(c) 运用久期公式来说明当收益率下降幅度为0.2%时对债券价格的影响。

(d) 重新计算年收益率为10.8%时债券的价格，并验证计算结果同（c）是一致的。

4.23 6个月期和1年期国债（零息）的价格分别为94.0美元和89.0美元。1.5年期的债券每半年付票息4美元，价格为94.84美元。2年期的债券每半年付票息5美元，价格为97.12美元。计算6个月期、1年期、1.5年期以及2年期的零息利率。

4.24 “一个利率互换中的浮动利率为6个月LIBOR，固定利率为5%，面值为1亿美元，这样的互换是一个FRA组合。”解释这一说法。

作业题

4.25 一个按年复利的利率为11%，当利率按以下复利计算时，数量分别为多少？

(a) 每半年复利一次，(b) 每季度复利一次，(c) 每月复利一次，(d) 每周复利一次，(e) 每天复利一次。

4.26 下表给出了零息国债的零息利率及现金流，零息利率为连续复利。

(a) 债券的理论价格为多少？

(b) 债券的收益率为多少？

期限（年）	零息利率（%）	票息（美元）	面值（美元）
0.5	2.0	20	
1.0	2.3	20	
1.5	2.7	20	
2.0	3.2	20	1 000

4.27 一个5年期的债券提供每年5%的票息，每半年支付一次，它的价格为104美元。债券的收益率为多少？

4.28 假设到期日为1、2、3、4、5和6个月的LIBOR利率分别为2.6%、2.9%、3.1%、3.2%、3.25%和3.3%，连续复利。在将来的1个月期的远期利率分别为多少？

4.29 一家银行可以按LIBOR利率进行贷款或放贷，2个月期的LIBOR利率为每年0.28%（连续复利）。假设利率不能为负，那么当3个月期的LIBOR为每年0.1%时（连续复利）存在什么样的套利机会？为保证无套利机会，3个月期的LIBOR利率最低能达到多少？

4.30 一家银行可以按LIBOR利率进行借贷或放贷，假定6个月利率为5%，而9个月利率为6%；在6个月到9个月之间的利率可以通过FRA来锁定，其值为7%。假设所有利率均为连续复利，银行可以如何进行套利？

4.31 对一个年息5%，按半年复利的利率，在以下复利形式下所对应的利率为多少？（a）1年复利1次，（b）每月复利1次，（c）连续复利。

4.32 6个月、12个月、18个月和24个月期限的零息利率分别为4%、4.5%、4.75%和5%，这里的利率为每半年复利1次。

（a）相应的连续复利利率为多少？

（b）在18个月开始的6个月期的远期利率为多少？

（c）在18个月开始的6个月内支付6%利率（半年复利）的FRA价值是多少？假设本金为100万美元。

4.33 当零息利率由作业题4.32给定时，2年的平值收益率为多少？2年期票息等于平值收益率的债券收益率为多少？

4.34 下表给出了债券价格。

债券面值（美元）	期限（以年为计）	年票息①（美元）	债券价格（美元）
100	0.5	0	98
100	1.0	0	95
100	1.5	6.2	101
100	2.0	8.0	104

①以上表格中，每6个月支付所示利息的一半。

（a）计算对应于6个月、12个月、18个月和24个月期限的零息利率。

（b）以下时间段的远期利率为多少？6～12个月；12～18个月；18～24个月。

（c）对于每半年支付一次票息，期限分别为6个月、12个月、18个月和24个月的债券的平值收益率为多少？

（d）估计票息率为7%、每半年支付一次、2年期限债券的价格和收益率。

4.35 组合A由一个本金为2 000美元的1年期零息债券和一个面值为6 000美元的10年期零息债券组成。组合B由一个面值为5 000美元的5.95年期的零息债券组成。每个债券目前的收益率均是10%。

（a）证明两个组合具有相同的久期。

（b）证明当两个组合的收益率每年都增长0.1%时，两个组合价值变化的百分比是一样的。

（c）当收益率每年增长5%时，两个组合价值变化的百分比是多少？

4.36 通过DerivaGem来验证4.4节里的债券价格，并检验当收益率变化一个基点时，由DV01预测的价格变化精确度。由DV01来估计债券的久期。当收益率变化200个基点时，利用DV01和Gamma预测变化对于债券价格的影响。利用Gamma来估计债券的曲率（**提示：**在DerivaGem软件中，DV01等于dB/dy，其中B为债券价格，y是以基点计量的收益率，Gamma等于d^2B/dy^2，y是以百分比为计量的收益率。）

CHAPTER 5

第5章 如何确定远期和期货价格

在这一章里，我们将讨论远期价格和期货价格与标的资产即期价格之间的关系。远期合约比期货合约更容易分析，这是因为对远期合约不需要每日结算（只是在到期日一次性结算），因此我们首先从远期价格与即期价格之间的关系开始。幸运的是，当同一资产上的远期合约和期货合约有相同期限时，可以证明远期价格和期货价格通常非常接近。这对我们的分析非常有用，因为有关远期合约的结论通常对期货合约也是适用的。

在本章的第一部分，我们将推导远期价格（或期货价格）与即期价格之间的一个重要关系式。然后我们利用这一结果来研究对于股指、外汇以及商品期货价格与即期价格之间的关系。我们在下一章里将考虑利率期货合约。

5.1 投资资产与消费资产

在考虑远期合约与期货合约时，区分**投资资产**（investment asset）和**消费资产**（consumption asset）是很重要的。投资资产是投资者为了投资目的而持有的资产。股票与证券显然是投资资产，黄金和白银也属于投资资产。注意投资资产并不是只能用来投资（例如，白银也有一些工业用途）。但是，投资资产的一个条件是有足够多的投资者持有它的唯一目的就是为了投资。而持有消费资产的目的主要是为了消费而不是为了投资。消费资产的例子包括铜、原油和猪肉。

在本章里我们将看到，对于投资资产，我们可以从无套利假设出发由即期价格与其他市场变量得出远期和期货价格，但对于消费资产我们做不到这一点。

5.2 卖空交易

本章所讨论的套利策略有时会涉及**卖空**（short selling）。这种交易是指卖出你并不拥有的资产。对有些投资资产是可以卖空的，但并不是所有投资资产都可以卖空。我们用卖空股票来说明如何进行这种交易。

假设某投资者想通过经纪人来卖空 500 股公司 X 的股票，经纪人往往是通过借入其他客户的股票，并将股票在市场上卖出来执行投资者的指令。只要经纪人可以借到股票，投资者想持有这一卖空交易多久都可以。在将来投资者需要从市场上买入 500 股公司 X 的股票来对自己的头寸进行平仓，这些买入的股票是用于偿还在此之前借入的股票。当股票价格下跌时，投资者将会盈利，而当股票价格上涨时，投资者则会亏损。当在卖空交易平仓之前，如果经纪人不能再借到股票，此时无论投资者是否愿意，都必须对其头寸进行平仓，也就是说，此时投资者必须马上偿还所借的股票。有时卖空方为借入股票和其他证券而需要支付一定的费用。

在卖空交易中，持有卖空头寸的投资者必须向经纪人支付被卖空资产的所有收入，像股票的股息和债券的票息等（这些收入是在一般情况下被卖空资产应得的收入），经纪人会将这些收入转入证券借出方的账户。假设某投资者在 4 月股价为 120 美元时卖空 500 只股票。在 7 月当价格为 100 美元时，对头寸进行平仓。假定股票在 5 月支付了每股 1 美元的股息。在 4 月交易开始时，投资者收到 $500 \times 120 = 60\,000$ 美元，在 5 月，投资者付出 $500 \times 1 = 500$ 美元，在 7 月交易平仓时投资者要支付 $500 \times 100 = 50\,000$ 美元。投资者的净收益为

$$60\,000 - 500 - 50\,000 = 9\,500(\text{美元})$$

在这里我们假设无须对所借入的股票支付费用。表 5-1 展示了这个例子。我们可以看到，在卖空交易中投资者的现金流就如同一笔在 4 月买入并在 7 月卖出的一笔正常股票交易现金流的镜像反射（假设没有借贷费用）。

表 5-1　卖空交易与正常股票买卖的现金流　　（单位：美元）

股票的买卖	4 月：以每股 120 美元买入 500 股股票	−60 000
	5 月：收到股息	+500
	7 月：以每股 100 美元卖出 500 股股票	+50 000
		净收益 = −9 500
股票卖空交易	4 月：借入 500 股股票并以每股 120 美元卖出	+60 000
	5 月：支付股息	−500
	7 月：以每股 100 美元买入 500 股股票，对卖空交易平仓	−50 000
		净收益 = +9 500

在卖空交易中，卖空方需要在经纪人那里开一个**保证金账户**（margin account），并在这保证金账户中存入一定数量的现金或其他有价证券，以便保证在股票价格上涨时投资者不会违约。这与第 2 章里讲过的期货保证金是类似的。在账户刚刚开设时，投资者要投入一定的**初始保证金**（initial margin），而且当市场变化对投资者不利时，即当借入股票的价格上涨时，投资者可能会需要提供附加保证金。当投资者没有提供附加保证金时，卖空交易将被平仓。投资者投入的保证金并不代表投资费用，这是因为经纪人会按投资者账户上的金额数量而支付利息，如果支付的利率对投资者来讲不可接受，投资者可以在保证金账户中存入有价证券（像国债）来满足要求。卖出这些资产时的收入属于投资者，而且一般会作为初始保证金的一部分。

随着时间的变化，关于卖空交易的监管条例也在变化。在 1938 年首先引入了证券价格**报升**（uptick）规则。在**报升**规则下，证券只有在最近一次交易时价格变动是上升时才被允许卖空。2007 年 7 月，SEC 取消了**报升**规则，但在 2010 年 2 月引进了**另类报升**（alternative uptick）规则：当某一股票价格在某一天的跌幅超过 10% 时，在这一天与下一天，对于这一股票的卖

空交易将会受到限制。这些限制是股票被卖空的价格要高于当时市场上最好的出价。有时也会暂时禁止卖空活动：在2008年一些国家实行了这一规则，因为监管当局认为卖空交易助长了当时市场上出现的剧烈波动。

5.3 假设与符号

在这一章里，我们假定对于某些市场参与者而言，以下假设全部成立：

（1）市场参与者进行交易时没有手续费。

（2）市场参与者对所有交易净利润都使用同一税率。

（3）市场参与者能够以同样的无风险利率借入和借出资金。

（4）当套利机会出现时，市场参与者会马上利用套利机会。

注意，我们并不要求这些条件对于所有市场参与者均成立。我们只要求这些条件对像大型衍生品交易商这样的关键市场参与者成立或大致成立即可。正是因为这些关键市场参与者的交易行为以及他们寻找套利机会的积极心态决定了远期价格与即期价格之间的关系。

在本章里我们将采用以下符号：

T：远期或期货合约的期限（以年计）。

S_0：远期或期货合约标的资产的当前价格。

F_0：远期或期货的当前价格。

r：按连续复利的无风险零息利率，这一利率的期限对应于合约的交割日（即T年后）。无风险利率r是指在无信用风险的前提下（即资金一定全被偿还的情况下），借入和借出资金的利率。如第4章所述，衍生产品市场参与者在传统上将LIBOR利率作为无风险利率的近似，但自金融危机以后，在某些情况下市场参与者使用了其他无风险利率（有关这方面的进一步讨论，见第9章）。

5.4 投资资产的远期价格

最容易定价的远期合约是不提供任何中间收入的投资资产上的合约。无股息股票和零息债券都属于这一类资产。

考虑一个购买1只无股息股票的3个月期远期合约。[⊖]假定股票的当前价格为40美元，3个月期的无风险利率为每年5%。

首先假定远期价格相对较高，为43美元。套利者能够以5%的无风险利率借入40美元来购买1只股票，并同时进入3个月期远期合约的空头（即在远期合约中将卖出股票）。在3个月后，套利者交割股票并收到43美元。在3个月后偿还贷款的现金总额为

$$40e^{0.05\times3/12} = 40.50(\text{美元})$$

通过这一策略，套利者在3个月结束时获得的盈利为43－40.50＝2.50美元。

接下来我们假定远期的价格相对较低，为39美元。这时，一个套利者可以卖空1只股票，将所得资金以5%利率投资3个月，并同时进入1个3个月期远期合约的多头。卖空股票资金

⊖ 在实际中，关于单一股票的远期合约并不常见，但是这一例子对我们要说明的问题很有帮助。美国市场从2002年11月开始交易有关单一股票的期货。

的投资在 3 个月后会涨至 $40e^{0.05\times3/12}=40.50$ 美元。在 3 个月后，套利者支付 39 美元，按照远期合约买进股票，并将股票用于卖空交易的平仓。套利者在 3 个月后的盈利为

$$40.50-39.00=1.50(\text{美元})$$

表 5-2 是对以上两个交易策略的总结。

表 5-2 远期价格与即期价格的脱节而引起的套利机会，标的资产不提供中间收入（资产价格为 40 美元，利率为 5%，远期合约的期限为 3 个月）

远期价格 =43 美元	远期价格 =39 美元
现在的交易	**现在的交易**
以 5% 利率借入 40 美元，期限为 3 个月	卖空 1 只股票，收入现金 40 美元
买入 1 份资产	将 40 美元以 5% 利率投资 3 个月
进入远期合约，在合约中同意在 3 个月时以 43 美元卖出资产	进入远期合约，在合约中同意在 3 个月后以 39 美元买入资产
3 个月后的交易	**3 个月后的交易**
以 43 美元的价格卖出资产	以 39 美元买入资产
偿还贷款本息 40.50 美元	获得 40.50 美元投资收入，对卖空交易进行平仓
实现盈利为 2.50 美元	实现盈利为 1.50 美元

在什么情况下表 5-2 所显示的套利机会就不再存在了呢？第 1 种套利在远期价格高于 40.50 美元时成立；第 2 种套利在远期价格低于 40.50 美元时成立。因此我们可以得出，为了保证无套利机会，远期价格必须正好为 40.50 美元。

5.4.1 推广

为了推广上面的例子，我们考虑一个投资资产的远期合约，资产的当前价格为 S_0，并且不提供任何中间收入。采用我们前面的符号：T 为到期期限，r 为无风险利率，F_0 为远期价格。F_0 与 S_0 的关系式为

$$F_0=S_0e^{rT} \tag{5-1}$$

如果 $F_0>S_0e^{rT}$，套利者可以买入资产并进入远期合约的空头来进行套利；如果 $F_0<S_0e^{rT}$，套利者可以卖空资产并进入远期合约的多头来进行套利。[⊖]在我们的例子中，$S_0=40$，$r=0.05$ 和 $T=0.25$。因此，由式（5-1）得出

$$F_0=40e^{0.05\times0.25}=40.50(\text{美元})$$

这同以上的计算结果一致。

远期合约多头与即期购买的结果都是在时间 T 拥有一份资产。买入并在远期期限内持有资产会带来融资成本，因此远期价格会高于即期价格。在 1994 年基德公司（Kidder Peabody）忽视了这一点，从而产生了很大的费用（见业界事例 5-1）。

⊖ 还有另一种证明式（5-1）的方法。考虑以下策略：买入 1 份资产并且进入远期合约的空头，在远期合约中以 F_0 价格卖出资产，这一交易成本为 S_0，在将来的现金流入为 F_0。因此 S_0 一定等于 F_0 的贴现值：$S_0=F_0e^{-rT}$，或 $F_0=S_0e^{rT}$。

业界事例 5-1　基德公司令人难堪的失误

投资银行业开发了一种产品叫作剥离零息债券（strip zero-coupon bond），其方法是将带息国家长期债券的每个现金流都当成一个单独的个体来出售。券商基德公司的一位交易员约瑟夫·吉特（Joseph Jett）有一个非常简单的交易策略：买入剥离零息债券，并在期货市场上将其卖出。如式（5-1）所示，不提供收入的债券上期货价格永远比即期价格高。例如，假设3个月期的利率是每年4%，剥离零息债券的即期价格是70美元。那么剥离零息债券上3个月期的远期价格是$70e^{0.04\times 3/12}=70.70$美元。

基德公司的计算机系统对吉特的每笔交易的利润都显示成等于远期价格高于即期价格的部分（在我们的例子中是0.70美元）。事实上，这项所谓利润只不过是购买剥离零息债券所用的融资成本。但是通过将每一笔远期进行延长，吉特防止了将这笔费用累积到他的头上。

基德公司的系统将吉特所做交易盈利显示成1亿美元（吉特也为此得到了一大笔奖金），但事实上这笔交易的实际损失为3.5亿美元。这一例子显示一个大的金融机构也可能会将简单事情弄错。

例 5-1

考虑1个4个月期限的远期合约，这一合约的多头持有者可以在4个月时买入从今天起1年后到期的零息债券（这意味着当远期合约到期时，债券的剩余期限为8个月）。债券的当前价格为930美元，我们假定4个月期限的无风险利率为每年6%（连续复利）。因为零息债券不提供中间收入，我们可以采用式（5-1），参数为$T=4/12$，$r=0.06$和$S_0=930$。远期价格F_0为

$$F_0 = 930e^{0.06\times 4/12} = 948.79(\text{美元})$$

这一价格为今天成交的远期合约的交割价格。

5.4.2　不允许卖空时会怎么样

并不是所有的投资资产都可以用于卖空交易，而且有时在卖空时需要对所借的资产支付一定的费用。但这些情形对以上结果并没有影响。为了推导式（5-1），我们并不需要卖空资产，所需要的假设是有足够多的投资者拥有这种资产的唯一目的是为了投资（由定义我们知道，对于投资资产这一假设永远是正确的）。如果远期价格太低，投资者会卖出资产并进入远期合约的多头。

假定某标的资产没有贮存费用与中间收入。如果$F_0>S_0e^{rT}$，投资者可以采取以下交易策略：

（1）按利率r借入S_0美元，期限为T。

（2）买入1份资产。

（3）进入远期合约空头。

在时刻T，标的资产价格为F_0，这时偿还贷款所需资金为S_0e^{rT}，投资者的盈利为$F_0-S_0e^{rT}$。接下来假定$F_0<S_0e^{rT}$，这时拥有资产的投资者可以采取以下交易策略：

（1）以S_0的价格卖出资产。

（2）将所得资金以收益率r进行投资，期限为T。

（3）进入远期合约多头。

在时刻T，现金投资会涨至S_0e^{rT}。投资者以F_0价格买入资产，这一投资者同一直保存资产的

投资者相比，所得盈利为 $S_0 e^{rT} - F_0$。

类似于以上考虑的无股息股票，我们可以期望远期价格将会得以调整从而使以上所述的两种套利机会都不再存在。这意味着式（5-1）必须成立。

5.5 提供已知中间收入的资产

在这一节里，我们考虑当资产给持有者提供完全可以预测的收入时的远期价格。这样的例子包括提供已知股息的股票以及带券息债券。我们采取与上节相似的方式首先考虑数值例子，然后再进行正式讨论。

考虑一个买入当前价格为900美元的带息债券远期合约的多头。假定远期合约的期限为9个月。我们假定在4个月后将有40美元的券息付款，并且假定4个月期和9个月期的无风险利率（连续复利）分别是3%和4%。

首先假定远期价格比较高，为910美元。一个套利者可以借入900美元来买入债券，并且进入远期合约的空头。券息的现值为 $40e^{-0.03\times4/12}=39.60$ 美元。在900美元的价格中，其中有39.60美元所对应的利率为每年3%，期限为4个月，而这笔资金在4个月时可用券息来偿还，其他部分资金（即860.40美元）所对应的利率为9个月期的利率。这笔资金在9个月后变为 $860.40e^{0.04\times0.75}=886.60$ 美元。按照远期合约条款，套利者在远期合约中卖出证券可以收入910美元，因此盈利为

$$910.00-886.60=23.40(\text{美元})$$

接下来假定远期价格相对较低，为870美元。一个套利者可以卖空债券并同时进入远期合约的多头。在卖空交易所得的900美元资金中，将其中39.60美元以3%的利率投资4个月，在4个月时这笔资金足以偿还债券的券息。剩余的860.40美元以4%投资9个月，在到期时这笔资金变为886.70美元。根据远期合约，投资者能够以870美元买入债券，然后将卖空交易进行平仓，投资者的收入为

$$886.60-870=16.60(\text{美元})$$

表5-3总结了以上两种套利策略。[⊖]第1个策略在远期价格大于886.60美元时会产生套利盈利，第2个策略在远期价格小于886.60美元时会产生套利盈利。因此，在没有套利机会的情况下，远期价格必须为886.60美元。

表5-3 一个9个月期远期价格与即期价格脱节所产生的套利机会。这里的资产提供已知现金收入（资产价格为900美元；在4个月时的中间收入为40美元；4个月期和9个月期的利率分别为每年3%和4%）

远期价格 =910 美元	远期价格 =870 美元
现在交易	**现在交易**
借入900美元：其中39.60美元为4个月期，860.40美元为9个月期	卖空1份资产，收入900美元
买入1份资产	将39.60美元投资4个月，将860.40美元投资9个月
进入远期合约的空头，即在9个月时以910美元的价格卖出资产	进入远期合约（多头），在9个月时能够以870美元的价格买入资产

⊖ 如果债券不允许卖空，拥有债券的投资者可以卖出债券并同时进入远期合约的多头，这样做以后投资者可以得到额外利润16.60美元。这一点与之前章节所描述的黄金交易策略类似。

（续）

远期价格 =910 美元	远期价格 =870 美元
在 4 个月以后的交易	在 4 个月以后的交易
收入 40 美元	收入投资收益，即 40 美元
用 40 美元偿还第 1 笔贷款利息	支付卖空资产 40 美元的券息
在 9 个月以后的交易	在 9 个月以后的交易
卖出资产，收入 910 美元	从 9 个月的投资中收入 886.60 美元
用 886.60 美元偿还第 2 笔贷款本息	以 870 美元的价格买入资产对卖空交易平仓
实现利润为 23.40 美元	实现利润为 16.60 美元

推广

我们可以将以上例子推广，当投资资产在远期合约期限内提供的收入贴现值为 I 时，我们有以下关系式

$$F_0 = (S_0 - I)e^{rT} \tag{5-2}$$

在我们的例子中，$S_0 = 900.00$，$I = 40e^{-0.03\times4/12} = 39.60$，$r = 0.04$ 和 $T = 0.75$，因此

$$F_0 = (900 - 39.60)e^{0.04\times0.75} = 886.60(\text{美元})$$

这与我们以上的计算结果一致。式（5-2）适用于任何提供已知收入的投资资产。

如果 $F_0 > (S_0 - I)e^{rT}$，套利者可以买入资产并且进入远期合约的空头来取得盈利；如果 $F_0 < (S_0 - I)e^{rT}$；一个套利者可以卖空资产并且进入远期合约的多头来获得盈利。如果不能卖空交易，拥有资产的投资者可以卖出资产，并同时进入远期合约的多头来获得盈利。[⊖]

例 5-2

考虑某股票上 10 个月期限的远期价格，股票的当前价格为 50 美元。我们假定对于所有期限，按连续复利的无风险利率为 8%。我们还假定在 3 个月、6 个月、9 个月后股票会各支付 0.75 美元的股息。股息的现值 I 为

$$I = 0.75e^{-0.08\times3/12} + 0.75e^{-0.08\times6/12} + 0.75e^{-0.08\times9/12} = 2.162$$

T 为 10 个月，因此式（5-2）中的远期价格 F_0 为

$$F_0 = (50 - 2.162)e^{0.08\times10/12} = 51.14(\text{美元})$$

如果远期价格小于以上价格，套利者能够以即期价格卖空股票并且进入远期合约多头。如果远期价格大于以上价格，套利者可以进入远期合约的空头并且以即期价格买入股票。

5.6 收益率为已知的情形

我们现在考虑远期合约标的资产支付已知的收益率（而非现金收入的情形）。这意味着在

⊖ 还有另一种证明式（5-2）的方法。我们考虑以下策略：买入 1 份资产并且进入远期合约的空头，在远期合约中，在时刻 T 以 F_0 价格卖出资产，这一交易成本为 S_0。在将来时刻 T 的现金流入为 F_0，并在将来流入的现金流的贴现值为 I。最初的现金流出 S_0。所有的流入现金流的贴现值为 $I + F_0e^{-rT}$，因此 $S_0 = I + F_0e^{-rT}$，其等价形式为 $F_0 = (S_0 - I)e^{rT}$。

中间收入的数量是当时资产价格的百分比。假定某资产预计所支付的收益率为每年 5%。这可能是指每年支付一次中间收入，数量是资产价格的 5%，这时收益率为 5% 按年复利；它也可能是指对收入的支付是一年两次，每次支付收入的数量等于当时资产价格的 2.5%，而这时收益率为每年复利两次。在 4.2 节里我们曾指出，一般采用按连续复利的形式来对利率进行计算。类似地我们也采用按连续复利的形式来计算收益率。转换不同复利频率收益率的计算公式与 4.2 节中关于利率的公式是一样的。

定义 q 为资产在远期期限内的平均年收益率，计算形式为连续复利。我们可以证明（见练习题 5.20）

$$F_0 = S_0 e^{(r-q)T} \tag{5-3}$$

例 5-3

考虑一个 6 个月期限的远期合约，合约的标的资产在期限内预计提供的收入等于资产价格的 2%。按连续复利的无风险利率为 10%。资产价格为 25 美元。这时 $S_0 = 25$，$r = 0.10$ 和 $T = 0.5$。收益率为每年 4%（半年复利一次）。由式（4-3）得出，这一收益率在连续复利情形下为 3.96%。因此 $q = 0.0396$。由式（5-3）得出远期价格为

$$F_0 = 25e^{(0.10-0.0396)\times 0.5} = 25.77(\text{美元})$$

5.7 对远期合约定价

在刚刚进入远期合约时，其价值为 0。但在进入合约之后，远期合约价值可能为正也可能为负。对银行或其他金融机构来讲，每天计算这些合约的价值是非常重要的（这叫对合约按市场定价）。采用前面引入的符号，假设 K 是以前成交的合约的交割价格，合约的交割日期是在从今日起 T 年之后，r 是期限为 T 年的无风险利率，变量 F_0 表示目前的远期价格，即假如在今天成交的话，合约的交割价格。我们还定义 f 为远期合约今天的价值。

清楚地理解变量 F_0、K 和 f 的含义是非常重要的。如果今天正好是合约的最初成交日，那么交割价格 K 等于远期价格 F_0，而且合约的价值 f 是 0。随着时间的推移，K 保持不变（因为它已经被合约确定），但远期价格 F_0 将会变动，而且远期合约的价值 f 可以变成或正或负。

对于远期合约的多头方（投资资产和消费资产），合约的价值是

$$f = (F_0 - K)e^{-rT} \tag{5-4}$$

为了说明式（5-4）是正确的，我们采用类似于 4.7 节里关于远期利率合约价格的证明方式。我们用以下形式构造一个组合：(a) 以远期价格 K 在时间 T 购买标的资产，和 (b) 以远期价格 F_0 在时间 T 卖出标的资产。组合中第 1 个合约在时间 T 的收益为 $S_T - K$，第 2 个合约的收益为 $F_0 - S_T$，总收益为 $F_0 - K$。这个数值在今天是已知的。因此交易组合是无风险的，在今天的价值等于在时间收益的贴现值，即 $(F_0 - K)e^{-rT}$。因为 F_0 是今天进入远期合约时的远期价格，所以按交割价格 F_0 卖出资产的远期合约价值为 0，由此可见，具有交割价格 K 的合约（多头）在今天的价值为 $(F_0 - K)e^{-rT}$。类似地，以执行价格 K 卖出资产的远期合约（空头）的价值为 $(K - F_0)e^{-rT}$。

例 5-4

一个无股息股票上的远期合约多头是在以前成交的。这一远期合约还有 6 个月到期。无风

险利率（连续复利）为10%，股票价格为25美元，远期合约的交割价格为24美元。这时$S_0=25$，$r=0.10$，$T=0.5$和$K=24$。由式（5-1）得出6个月期的远期合约的价格F_0为

$$F_0 = 26e^{0.1\times0.5} = 26.28(\text{美元})$$

由式（5-4）可知远期合约的价值为

$$f = (26.28 - 24)e^{-0.1\times0.5} = 2.17(\text{美元})$$

式（5-4）说明对于一个资产上的远期合约多头定价时，我们可以假定资产在远期合约到期时的价格等于远期价格F_0。为了说明这一点，注意在做出这个假设之后，远期合约在T时刻的收益为F_0-K，贴现值为$(F_0-K)e^{-rT}$，这与式（5-4）中的f一致。类似地，在对于远期合约空头进行定价时也可以假设远期价格在将来会实现。这与4.7节中的结果类似：对远期利率合约定价时，我们可以假设远期价格在将来会实现。

将式（5-4）与式（5-1）结合，我们可以得出在没有中间收入的资产上的远期合约多头价值为

$$f = S_0 - Ke^{-rT} \tag{5-5}$$

类似地，将式（5-4）与式（5-2）结合，我们可以得出在提供贴现值为I的已知收入的投资资产上远期合约多头价值为

$$f = S_0 - I - Ke^{-rT} \tag{5-6}$$

最后，将式（5-4）与式（5-3）并用，我们可以得出提供收益率为q的投资资产上的远期合约多头价值为

$$f = S_0e^{-qT} - Ke^{-rT} \tag{5-7}$$

当期货价格变化时，期货合约的盈亏等于其价格变化乘以持有期货头寸的大小。因为期货合约为每日结算，所以收益几乎马上就可以兑现。式（5-4）表示当远期价格变化时，其盈亏等于远期价格变化的贴现值，并乘以其头寸的大小。外汇交易中远期和期货收益的不同可能会给外汇交易员带来困扰（见业界事例5-2）。

业界事例5-2 是系统错误吗

一家银行的一名外汇交易员进入了一个在3个月后以汇率1.500 0的价格买入100万英镑远期合约的多头。同时，另外一个交易台的交易员进入了16份3个月期限英镑期货合约的多头，期货价格为1.500 0。每份英镑期货合约的规模为62 500英镑，因此远期和期货交易的头寸一样。在进入交易后，远期和期货价格都涨至1.504 0。银行系统显示期货交易员获利4 000美元，但远期合约交易员的获利只有3 900美元。远期合约交易员马上打电话给银行系统部门进行抱怨。远期合约交易员的抱怨合理吗？

答案是否定的！期货合约的每天交割保证了交易员马上兑现了盈利，盈利数量对应于期货价格的涨幅。如果远期合约交易员马上对其头寸进行平仓，即进入执行价格为1.504 0的远期合约空头，远期合约交易员在3个月后能够以1.500 0的汇率买入100万英镑，并同时能够以1.504 0的价格卖出100万英镑，这因此会产生4 000美元盈利，但这一盈利是在3个月以后。因此远期合约交易员的盈利为4 000美元的贴现值，这与式（5-4）是一致的。

远期合约交易员可以从盈利与亏损的对称性中得到补偿，如果远期/期货价格下跌到1.496 0，而不是上升到1.504 0，那么期货交易员马上会损失4 000美元，而远期合约交易员却只损失3 900美元。

5.8 远期和期货价格相等吗

在网页 www. rotman. utoronto. ca/ ~ hull/TechnicalNotes 里的 Technical Note 24 中，我们以套利的方法证明了当无风险利率对所有期限均为常数时，具有同一期限的远期价格与期货价格是一样的。其中的结论可以推广到利率为时间已知函数的情形。

当利率变化无法预测时（正如现实世界中那样），从理论上讲远期价格与期货价格会有所不同。通过考虑标的资产价格 S 与利率高度正相关的情形，我们会对两者之间的关系有一个感性的认识。当 S 上涨时，期货多头的持有者因为期货的每日结算会马上获利。期货价格与利率的正相关性说明利率也很可能上涨，这时对所获利润的投资收益很可能会高于平均利率。同样，当 S 下跌时，投资者马上会遭受损失。这时亏损的融资费用很可能会低于平均利率。而持有远期多头（而不是期货多头）的投资者不会因为利率的这种上下变动而受到影响。因此，在其他条件相同的情况下，期货多头比远期多头更具吸引力。因此，当 S 与利率有正的相关性时，期货价格往往会高于远期价格；当 S 与利率有负相关性时，通过类似的讨论我们可以说明远期价格往往会高于期货价格。

当期限只有几个月时，在大多情形下可以忽略期货价格和远期价格的理论差异。在实际中，一些在理论模型中没有包括的因素往往会造成远期和期货价格的不同。这些因素包括税务、交易费用以及对于保证金的处理等。由于交易所结算中心的作用，期货合约中的对手违约风险很小。还有，有时期货合约的市场流动性较好而且要比远期合约更容易交易。尽管有这么多不定因素，在大多数情形下我们仍然可以比较合理地假设远期价格等于期货价格。在本书中，我们常常采用这一假设，我们用符号 F_0 来代表一个标的资产上远期和期货的当前价格。

欧洲美元上的期货和远期合约是上面假设的一个例外。我们将在6.3节里对此进行讨论。

5.9 股指期货价格

在3.5节里我们介绍了股指期货，并指出股指期货是管理股权组合非常有用的工具。表3-3给出了一些不同股指上的期货价格。我们现在考虑如何确定股指期货价格。

股指一般可以被看成支付股息的投资资产，[⊖]投资资产为构成股指的股票组合，股息等于构成资产所支付的股息。通常假定股息为已知收益率（而不是现金收入）。如果 q 为股息收益率，式（5-3）给出的期货价格 F_0 为

$$F_0 = S_0 e^{(r-q)T} \tag{5-8}$$

这说明期货价格按 $r-q$ 的速度随期限增长。在表3-3中标普500指数的12月期货价格比6月期货价格要低0.75%，这意味着在2013年5月14日，短期无风险利率 r 要比股息率 q 每年低1.5%。

例5-5

考虑标普500上3个月期的期货合约。假定构成股指的股票提供1%的年收益率，股指的当前价格为1 300，按连续复利的无风险利率为每年5%。这时，$r=0.05$，$S_0=1\ 300$，$T=0.25$

⊖ 有时情况并非如此，见业界事例5-3。

和 $q=0.01$，因此期货价格 F_0 等于

$$F_0 = 1\,300e^{(0.05-0.01)\times 0.25} = 1\,313.07(\text{美元})$$

在实际中，组成股指的股票组合的票息收益率在一年当中每周都会变化。例如，在纽约股票交易所（NYSE）交易的股票大部分票息都是在每年的2月、5月、8月和11月的第1个星期内支付。股息收益率 q 应该为在期货合约期限中平均的股息年收益率。用于估计 q 的股息的除息日应该是在期货的期限之内。

业界事例5-3　CME的日经225指数期货合约

在这一章里所说明的期货价格确定方式中，我们需要假定股指为投资资产。这意味着股指必须为可交易资产组合的价值。在CME交易的日经225股指（Nikkei 225）期货不满足这一要求。其原因并不是那么显而易见。假定 S 为日经225指数的价格，这一指数是以日元计算的日本225个股票组合的价格。CME交易的日经225指数期货的标的变量为 $5S$ 美元。换句话讲，虽然股指期货的标的变量以日元计算，但期货价格被直接以美元计价。

我们无法投资于价值 $5S$ 美元的投资组合，我们所能做的是投资于 $5S$ 日元的组合，这时其价值永远为 $5QS$，其中 Q 为1日元所对应的美元数量。变量 $5S$ 美元不对应于任何投资资产的价格，因此式（5-8）不成立。

CME的日经225指数期货是**交叉货币度量衍生产品**（Quanto）的一个例子，这种衍生产品的标的资产以一种货币计价，但收益却是以另一种货币支付。在第29章中我们将进一步讨论这种产品。

指数套利

如果 $F_0 > S_0e^{(r-q)T}$，我们可以通过以即期价格（即马上支付）买入构成指数的股票，并且同时进入指数期货合约空头而获利。如果 $F_0 < S_0e^{(r-q)T}$，我们可以通过相反操作，即卖空或卖出构成指数的股票，同时进入指数期货的多头而获利。这种交易策略就是所谓的**指数套利**（index arbitrage）。当 $F_0 < S_0e^{(r-q)T}$ 时，指数套利常常由拥有指数中股票组合的养老金实现。当 $F_0 > S_0e^{(r-q)T}$，持有短期货币市场资产的银行或企业可能会进行指数套利。对于一些包含很多股票的指数而言，指数套利有时是通过交易数量相对较少但具有代表性的股票来进行的，这些股票组合的选取是使其变化与指数变化非常接近。指数套利通常是通过**程序交易**（program trading）来进行，即通过一个计算机系统来产生交易指令。

在大多数情况下套利者的行为保证了式（5-8）的成立。但也有时套利是不可行的，因此期货价格会脱离与即期价格之间的关系式（见业界事例5-4）。

业界事例5-4　1987年10月的指数套利

为进行指数套利，交易员必须能够在市场上得到报价后很快地同时交易指数期货和构成股指的股票。在正常市场条件下，交易员可以采用程序交易，并且式（5-8）成立。1987年10月19日和20日的市场绝非属于正常市场：在被称为“黑色星期一”的1987年10月19日这一天，市场下跌幅度超过20%。这一天的6.04亿只股票交易量轻易打破了以往的记录。交易所整个系统超负荷运转，如果在这一天发出一个买入或卖出股票的指令，你可能要等上两个小时才能完成交易。

在1987年10月19日这一天的大部分时间里，期货价格远低于标的股指的价格。例如，在交易日结束时，股指标普500收盘价为225.06（在这一天下跌了57.88），12月到期的标普500股指期货的收盘价为201.50（在这一天下跌了80.75）。资产这种现象出现的主要原因是由于处理交易的延迟而使套利行为变得不可能。在接下来的一天（即1987年10月20日，星期二），纽约股票交易所暂时限制了程序交易。这使指数套利变得更加困难，因此股票价格与期货价格之间通常具有的关系被打破。在那一天甚至出现12月份交割的期货价格比标普500股指的价格低18%的情形。但是，在几天以后市场恢复正常，套利者的行为保证了期货与即期价格之间的关系式，即式（5-8）的成立。

5.10 货币的远期和期货合约

我们现在从美国投资者的角度来考虑外汇的远期和期货合约，这里的标的资产为1单位的外币。定义变量 S_0 为1单位外币的美元即期价格，F_0 为1单位外币的美元远期或期货价格。这种定义 S_0 和 F_0 的方式与其他标的资产上远期和期货的形式是一致的。但是，正如2.11节所述，这种形式并不一定对应于外汇市场上即期和远期汇率的报价方式。除英镑、欧元、澳元和新西兰元之外，主要货币的即期和远期汇率报价通常是1美元所对应的外币数量。

外币具有以下性质：外币持有人可以收取货币发行国的无风险利率。例如，外币持有人可将货币投资于以外币计价的债券。我们定义 r_f 为对应于期限 T 的外币无风险利率，变量 r 为对应于同样期限的美元无风险利率。

F_0 与 S_0 有以下关系式

$$F_0 = S_0 e^{(r-r_f)T} \tag{5-9}$$

这就是在国际金融领域里著名的利率平价关系式，图5-1显示了该公式成立的原因。假定某投资者在开始时持有1 000单位的外币。投资者有两种办法可以在时刻 T 将外币转变为美元：一种办法是按利率 r_f 将外汇投资 T 年，并同时进入将所有的投资本息转换为美元的远期合约。这种办法的结果是在时间 T 具有 $1\,000F_0e^{r_fT}$ 美元。另外一种办法是将外汇在外汇即期市场转换成美元，然后再将美元按利率 r 投资 T 年。这种办法的结果是在时间 T 会具有 $1\,000S_0e^{rT}$ 美元。在没有套利机会的情况下，以上两种办法会得到同样的结果，即

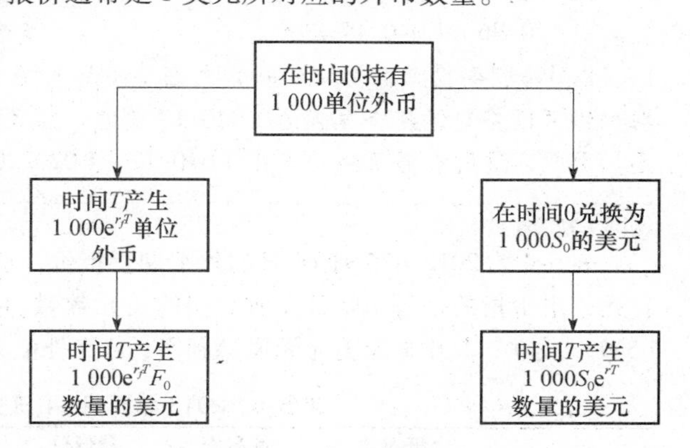

图5-1　两种将外汇在时刻 T 转换成美元的方法

注：S_0 为即期汇率；F_0 为远期汇率；r 及 r_f 分别为美元及外币无风险利率。

$$1\,000F_0e^{r_fT} = 1\,000S_0e^{rT}$$

因此

$$F_0 = S_0e^{(r-r_f)T}$$

例5-6

假定澳元和美元的2年期无风险利率分别是3%和1%，并且澳元和美元的即期汇率为

0.9800（即1澳元所对应的美元数量）。由式（5-9）得出2年期的远期汇率应该等于

$$0.9800e^{(0.01-0.03)\times 2} = 0.9416$$

首先假定2年期的远期汇率小于这个数量，为0.9300。一个套利者可以进行以下交易：

（1）以3%利率借入1 000澳元，期限为2年。将澳元转化为980美元，并以1%的美元利率投资2年（两个利率均为连续复利）。

（2）进入一个远期合约：在合约中以（1 061.84 × 0.93 = ）987.51美元的价格买入1 061.84澳元。

以1%利率投资的980美元在2年后会增长到$980e^{0.01\times 2}$ = 999.80美元，在这部分资金中有987.51美元用于在远期合约中买入的1 061.84澳元。这正好可以用于偿还借入1 000澳元所产生的本息（即$1000e^{0.03\times 2}$ = 1 061.84）。这种策略所产生无风险盈利为999.80 − 987.51 = 12.29美元（如果这一结果听起来不太刺激，你设想一下可以借入1亿澳元并采取以上策略所产生的结果）。

接下来，假定2年期的远期价格为0.9600（大于由式（5-9）得出的0.9416）。这时，一个套利者可以进行以下交易。

（1）以1%利率借入1 000美元，期限为2年，并将资金兑换为1 000/0.9800 = 1 020.41澳元，然后将澳元以3%利率进行投资。

（2）进入2年期的远期合约，在合约中卖出1 083.51澳元，收入美元的数量为1 083.51 × 0.96 = 1 040.17美元。

以3%利率投资的1 020.41澳元在2年后会增长到$1\,020.41e^{0.03\times 2}$ = 1 083.51澳元，通过远期合约可以将这笔资金兑换为1 040.17美元。偿还美元贷款的数量为$1\,000e^{0.01\times 2}$ = 1 020.20美元。因此，这种交易策略会产生1 040.17 − 1 020.20 = 19.97美元的无风险盈利。

表5-4为2013年5月14日的外汇期货报价，这里的价格是外汇所对应的美元数量。（对于日元，报价指的是每100日元所对应的美元数量。）这是期货合约的约定报价方式。这时，式（5-9）成立，其中r为美元无风险利率，r_f为外汇无风险利率。

表5-4　2013年5月14日交易的外汇期货价格

	开盘价	最高价	最低价	前一天闭盘价	最后交易日	变化量	数量
澳元，USD/AUD，100 000澳元							
2013/06	0.9930	0.9980	0.9862	0.9930	0.9870	−0.0060	118 000
2013/09	0.9873	0.9918	0.9801	0.9869	0.9808	−0.0061	535
英镑，USD/GBP，62 500英镑							
2013/06	1.5300	1.5327	1.5222	1.5287	1.5234	−0.0053	112 406
2013/09	1.5285	1.5318	1.5217	1.5279	1.5224	−0.0055	214
加元，USD/CAD，100 000加元							
2013/06	0.9888	0.9903	0.9826	0.9886	0.9839	−0.0047	63 452
2013/09	0.9867	0.9881	0.9805	0.9865	0.9819	−0.0046	564
2013/12	0.9844	0.9859	0.9785	0.9844	0.9797	−0.0047	101
欧元，USD/PER，125 000欧元							
2013/06	1.2983	1.3032	1.2932	1.2973	1.2943	−0.0030	257 103
2013/09	1.2990	1.3039	1.2941	1.2981	1.2950	−0.0031	621
2013/12	1.3032	1.3045	1.2953	1.2989	1.2957	−0.0032	81
日元，USD/百日元，1 250万日元							
2013/06	0.9826	0.9877	0.9770	0.9811	0.9771	−0.0040	160 395
2013/09	0.9832	0.9882	0.9777	0.9816	0.9777	−0.0039	341

（续）

	开盘价	最高价	最低价	前一天闭盘价	最后交易日	变化量	数量
瑞士法郎，USD/CHF，125 000 瑞士法郎							
2013/06	1.044 9	1.050 7	1.035 8	1.043 7	1.036 8	−0.006 9	41 463
2013/09	1.046 7	1.051 2	1.037 0	1.044 6	1.037 6	−0.007 0	16

在2013年5月14日，日元、瑞士法郎和欧元的短期利率均低于美元短期利率，这对应于$r > r_f$的情形。这也解释了在表5-4中期货价格随着期限增长而上升的现象。澳元、英镑和加元的短期利率高于美元短期利率，这对应于$r_f > r$的情形，这解释了这些货币的期货价格随着期限增长而下降的现象。

例5-7

在表5-4中，9月份交割的澳元价格比6月份交割的澳元价格低0.6%。这说明短期期货价格随期限以每年2.4%的速度下降。由式（5-9）得出，这大约等于在2013年5月14日澳元短期利率高出美元短期利率的数量。

将外汇作为提供已知收益率的资产

注意，如果以r_f代替q，式（5-9）与式（5-3）相同。这并非偶然：外币可以看成提供已知收益率的资产，这里的收益率为外汇的无风险利率。

为了理解这一点，注意外汇提供的利息与外汇的价值有关。假定英镑利率为5%。对于美元投资者而言，这一外币提供的收入以英镑计量为5%。换句话讲，英镑是提供5%收益率的资产。

5.11 商品期货

接下来考虑商品期货，我们首先考虑类似黄金与白银这类投资资产的商品期货价格，[⊖]然后考虑消费资产的期货价格。

5.11.1 收入和贮存费用

如业界事例3-1所示，黄金生产商的对冲策略会造成一部分投资银行需要借入黄金。类似于像中央银行这样的黄金拥有者在借出黄金时会索取所谓**黄金租借率**（gold lease rate）形式的利息。对于白银也是一样。因此，黄金和白银会给其拥有者提供收入。与其他商品一样，它们也需贮存费用。

在没有贮存费用和中间收入时，式（5-1）给出了投资资产的远期价格为

$$F_0 = S_0 e^{rT} \tag{5-10}$$

贮存费用可被视为负收入。假定U为期货期限之间所有去掉收入后贮存费用的贴现值。由式

⊖ 一个资产是投资资产并不一定意味着这种资产只是用于投资目的。我们所需要的假设是有些人持有这些资产的唯一目的是投资。当看到期货投资更为有利时，他们会变卖资产并进入期货合约的多头。这一观点解释了为什么虽然白银有广泛的工业用途，但仍可被视为投资资产。

(5-2) 得出

$$F_0 = (S_0 + U)e^{rT} \tag{5-11}$$

例 5-8

考虑投资资产上的 1 年期期货合约。我们假定资产不提供中间收入，并假定贮存单位资产的费用为每年 2 美元，贮存费用是在年末支付。资产的即期价格为 450 美元，对应所有期限的无风险利率均为每年 7%。因此 $r=0.07$，$S_0=450$，$T=1$ 和

$$U = 2e^{-0.07\times 1} = 1.865$$

由式 (5-11)，我们得出 F_0 的理论价格为

$$F_0 = (450 + 1.865)e^{0.07\times 1} = 484.63(\text{美元})$$

如果期货的实际价格高于 484.63 美元，那么套利者可以买进资产并且同时进入 1 年期的期货合约空头来锁定一项盈利。如果期货的实际价格低于 484.63，这时已拥有资产的投资者可以通过卖出资产并进入期货合约多头来改善收益。

如果在每个时刻的贮存费用（除去收入）都与商品价格成比例，这时的费用可看成负收益率。由式（5-3）得出

$$F_0 = S_0 e^{(r+u)T} \tag{5-12}$$

其中 u 为除去资产所挣取的所有收益率后贮存费用占即期价格的比例。

5.11.2 消费商品

用于消费而不是投资的商品往往不提供中间收入，但这些商品可能需要很高的贮存费用。我们接下来仔细考虑如何由即期价格来确定期货价格的套利策略。[⊖]假设式（5-11）不成立，即

$$F_0 > (S_0 + U)e^{rT} \tag{5-13}$$

为了利用这一关系式，一个套利者可以进行以下交易：

（1）按无风险利率借入 S_0+U 数量的资金，用这些资金买入 1 个单位的商品并支付贮存费用。

（2）进入 1 个单位的商品远期合约的空头。

如果我们将期货合约当作远期合约来考虑，即没有每日结算，以上策略在时间 T 产生的盈利为 $F_0-(S_0+U)e^{rT}$。对于任何商品，采取这一套利策略都没有问题。但是，当套利者都这样做时将会造成 S_0 上升或 F_0 下降，直到不等式不再成立。因此我们可以肯定，不等式式（5-13）不会维持太久。

接下来假设

$$F_0 < (S_0 + U)e^{rT} \tag{5-14}$$

当商品为投资资产时，我们可以说许多投资者拥有商品的目的是为了投资。当他们发现以上关系后，会采用以下交易策略来获利：

（1）卖出商品，节省贮存费用，并将所得资金按无风险利率来投资。

（2）进入远期合约的多头。

⊖ 对于某些商品，即期价格与商品支付的地点有关。我们在此假定商品的即期与期货的支付地相同。

将结果与持有商品进行比较，投资者在到期日的无风险盈利为 $(S_0+U)e^{rT}-F_0$，因此，不等式式（5-14）不会持续太长。因为不等式式（5-13）和式（5-14）都不可能持续太久的时间，所以 $F_0=(S_0+U)e^{rT}$ 一定成立。

当持有商品的主要目的不是为了投资时，以上的讨论不再适用。当个人和公司持有商品的目的是为了其消费价值而不是为了其投资价值，他们不愿意在即期市场出售商品并买入期货合约，因为远期和期货合约并不能用于加工或其他形式的消费。因此，我们没有任何理由说不等式式（5-14）不能成立，我们所能肯定的只是以下关系式

$$F_0 \leqslant (S_0+U)e^{rT} \tag{5-15}$$

如果将贮存费用表示成即期价格的比例 u，等价表达式为

$$F_0 \leqslant S_0 e^{(r+u)T} \tag{5-16}$$

5.11.3 便利收益率

因为商品持有者可能会认为持有商品比持有期货合约能提供更多的便利，因此式（5-15）和式（5-16）不一定成立。例如，某原油加工厂不太可能将持有原油期货合约与持有原油库存同等看待。库存原油可以被用于原油加工，而持有的期货合约并不能用于这个目的。一般来讲，持有实物资产可以确保工厂的正常运作，并且从商品的暂时局部短缺中盈利，而持有一个期货合约并不能做到这一点。由于持有商品而带来的好处有时被称为是商品的**便利收益率**（convenience yield）。如果贮存成本为现金形式而且已知现值为 U，商品的便利收益率 y 由以下关系式来定义

$$F_0 e^{yT} = (S_0+U)e^{rT}$$

如果单位商品的贮存成本为即期价格的比例 u，那么便利收益率 y 可由以下关系式定义

$$F_0 e^{yT} = S_0 e^{(r+u)T}$$

即

$$F_0 = S_0 e^{(r+u-y)T} \tag{5-17}$$

便利收益率只是简单地衡量了式（5-15）和式（5-16）中左端小于右端的程度。对于投资资产，便利收益率为0，否则会产生套利机会。第2章的表2-2显示，在2013年5月14日，自2013年7月到2013年11月，大豆的期货价格随着期货合约期限的增加而下降，这说明大豆期货的便利收益率 y 比 $r+u$ 还要大。

便利收益率反映了市场对将来能够购买商品的可能性的期望。商品短缺的可能性越大，便利收益率就越高。如果商品的用户拥有大量库存，在不久的将来出现商品短缺的可能性便会很小，这时便利收益率也会比较小。但从另一方面讲，较低的库存会导致较高的便利收益率。

5.12 持有成本

期货价格与即期价格之间的关系式可由**持有成本**（cost of carrying）这一术语来描述。持有成本包括贮存成本加上资产的融资利息，再减去资产的收益。对于无股息的股票而言，持有成本为 r，这是因为股票既没有贮存费用也没有中间收入；对于股指而言，持有成本为 $r-q$，因为股指收益率为 q。对于货币而言，持有成本为 $r-r_f$；对于提供中间收益率 q 和贮存成本率为 u 的资产而言，持有成本为 $r-q+u$；等等。

定义持有成本为 c，对于投资资产，期货价格满足

$$F_0 = S_0 e^{cT} \tag{5-18}$$

对于消费资产，期货价格满足

$$F_0 = S_0 e^{(c-y)T} \tag{5-19}$$

其中y为便利收益率。

5.13 交割选择

远期合约中的交割时间通常约定为将来的某一天，而期货合约通常允许合约的空头方在将来某一特定时间段之内选择任意时间进行交割（一般来讲，空头方应提前几天给出交割意向通知）。这种选择权使得期货定价更加复杂。期货合约的到期日为交割期的开始、中间还是末尾呢？虽然大多数期货合约在到期前会被平仓，但了解交割的发生时间对计算期货的理论价值仍然是十分重要的。

如果期货价格是期货期限的递增函数，由式（5-19）得出$c>y$，持有资产所带来的利益（包括去掉贮存费后的便利收益率）小于无风险利率。因此空头方越早交割资产会越有利，因为此时收到资金后所得利息超出了持有资产所带来的好处。作为一般规则，在这种情况下计算期货价格时应当假设交割时间为交割期的开始。如果期货价格随期限的增加而减小（$c<y$），这时采取的标准会相反：空头方交割越晚越有利，因此在这种情况下对期货定价时应当使用这一假设。

5.14 期货价格与预期未来即期价格

我们将市场对于在将来某时刻资产即期价格的一般观点称为资产在这一时刻的**即期价格期望值**（expected spot price）。假定现在是6月份，9月份的期货价格为350美分。这时我们会想知道：9月份的即期价格期望值是多少？这一价格是等于350美分，高于350美分，还是低于350美分呢？如图2-1所示，期货价格在到期时会收敛到即期价格。如果即期价格期望值小于350美分，市场预料9月份的期货价格将会下跌，因此持有期货空头的交易员会有盈利，而持有期货多头的交易员会有亏损。如果即期价格期望值大于350美分，这时情况会相反：市场预料9月份期货价格会上升，因此持有期货多头的交易员会有盈利，而持有期货空头的交易员会有亏损。

5.14.1 凯恩斯和希克斯

经济学家约翰·梅纳德·凯恩斯（John Maynard Keynes）和约翰·希克斯（John Hicks）提出，如果对冲者倾向于持有空头而投机者倾向于持有多头，那么资产期货价格会低于未来即期价格期望值。[⊖]这是因为投机者因承担风险而会索取收益，投机者只有在预期产生盈利时才会进行交易。对冲者平均来讲会有损失，因为期货可以减小风险，所以对冲者更容易接受这个事实。凯恩斯和希克斯指出，如果对冲者倾向于持有多头而投机者倾向于持有空头时，可以采用类似的原因说明期货价格会高于未来即期价格的期望值。

⊖ 见 J. M. Keynes, *A Treatise on Money*. London: Macmillan, 1930；及 J. R. Hicks, *Value and Capital*. Oxford: Clarendon Press, 1939。

5.14.2　风险与收益

解释期货价格与即期价格期望值之间关系的现代方法是以经济中风险与收益期望之间的关系为基础的。一般来讲，一项投资的风险越大，投资者所要求的收益期望也越高。本书第3章附录中的资本资产定价模型定义了经济中的两种风险：系统风险与非系统风险。对投资者而言，非系统风险并不重要，这类风险可以通过持有高度分散化的组合来消除。投资者承担非系统风险不应该索取更高的期望收益。同非系统风险相反，系统风险不能通过分散化来消除，它是由投资收益与整个市场的相关性来决定的。投资者一般对所承担的正的系统风险会要求高于无风险利率的期望收益。同时，当承担的系统风险为负时，投资者会接受低于无风险利率的期望收益。

5.14.3　期货头寸的风险

我们考虑一个进入了期货合约多头的投机者，期货合约期限为 T 年。这一投机者希望在期货到期时，即期价格高于期货价格。我们忽略期货每天结算的特性，将这一期货合约与远期合约同等对待，并假设投机者将数量等于期货价格贴现值的资金进行无风险投资，而且同时进入了期货的多头。在期货交割日可用无风险投资的收入购买资产。投机者买入资产后，马上将资产以其市场价格变卖。对于投机者而言，其现金流为

今天：$-F_0e^{-rT}$

期货结束时：$+S_T$

其中 F_0 为期货的当前价格，S_T 为在到期日（即时刻 T）的资产价格，r 是期限为 T 的无风险投资收益率。

我们如何对这一投资定价呢？对于时刻 T 的预期现金流的贴现利率应当等于投资者所要求的投资收益率。假设 k 为投资者对于这一投资所要求的收益率，投资的贴现值为

$$-F_0e^{-rT}+E(S_T)e^{-kT}$$

其中 E 代表期望值。假设在证券市场上所有投资定价都使得其净贴现值为0，这意味着

$$-F_0e^{-rT}+E(S_T)e^{-kT}=0$$

即

$$F_0=E(S_T)e^{(r-k)T} \tag{5-20}$$

像我们刚刚指出的那样，投资者从一项投资所要求的收益与系统风险有关。事实上，我们这里考虑的投资是对期货合约标的资产的投资。如果这项资产的投资收益与股票市场无关，那么正确的贴现利率应该为无风险利率 r，因此我们应该设定 $k=r$，式（5-20）变为

$$F_0=E(S_T)$$

这一关系式说明：在标的资产的收益与股票市场无关时，期货价格是对未来即期价格期望值的无偏估计。

当一项资产的收益与股票市场有正相关性时，由 $k>r$ 和式（5-20）得出 $F_0<E(S_T)$。这一关系式说明，当期货合约标的资产具有正系统风险时，我们应该期望期货价格会低估将来即期价格的期望值。具有系统风险资产的一个例子是股指，投资者对股指所期望的收益率要大于无风险利率 r。假定股指的收益率为 q，股指的预期增长率应大于 $r-q$。因此式（5-8）与期货价格期望值会低估将来股指期货预期价格这一结论是一致的。

如果资产收益与股票市场有负相关性，由 $k<r$ 和式（5-20）得出 $F_0>E(S_T)$。这一关系

式说明：当期货标的资产有负的系统风险时，我们应该期望期货价格会高估未来即期价格的期望值。

表5-5总结了以上结果。

表5-5 期货价格与预期未来即期价格之间的关系

标的资产	资产收益率期望 k 与无风险利率 r 之间的关系	期货价格 F_0 与预期未来即期价格 $E(S_T)$ 之间的关系
无系统风险	$k=r$	$F_0=E(S_T)$
正系统风险	$k>r$	$F_0<E(S_T)$
负系统风险	$k<r$	$F_0>E(S_T)$

5.14.4 正常期货溢价和期货倒价

当期货价格低于将来即期价格期望值时，这一情形叫**现货溢价**（normal backwardation）；当期货价格高于将来即期价格期望值时，这一情形叫**期货溢价**（contango）。但是，需要注意这些名词有时是指期货价格低于或高于当前即期价格，而不是未来即期价格的期望值。

小 结

在大多数情况下，具有确定交割日期的期货合约可以被看作具有相同交割日期的远期合约。理论上可以证明，当利率在完全可以预测的情况下，两种合约价格应完全一致。

在理解期货（或远期）价格时，为了方便起见我们将期货合约分成两类：一种合约的标的资产被众多投资者所拥有，另外一类合约的标的资产主要是为了消费。

对于投资资产，我们主要考虑了3种不同情形：

（1）资产不提供收入；

（2）资产提供已知的现金收入；

（3）资产提供已知的收益率。

结果如表5-6所示。由此我们可以得出股指、货币、黄金和白银的期货价格。贮存费用可以被看成负收入。

表5-6 投资资产的期货/远期价格总结，资产价格为 S_0，期限为 T，无风险利率为 r

资　产	远期/期货价格	执行价格为 K 的远期合约多头的价值
不提供中间收入	S_0e^{rT}	S_0-Ke^{-rT}
提供贴现值为 I 的中间收入	$(S_0-I)e^{rT}$	S_0-I-Ke^{-rT}
提供连续收益率 q	$S_0e^{(r-q)T}$	$S_0e^{-qT}-Ke^{-rT}$

对于消费性资产，我们不可能将期货价格表达为即期价格和其他市场可观察变量的函数。这时，所谓的资产便利收益率变得十分重要，这一参数是用于衡量商品的用户拥有实际资产比仅持有期货合约而带来额外好处的程度。这些好处包括从商品在本地暂时短缺中获利，以及保持生产线正常运作的能力，等等。我们可以从套利理论中得出消费性资产期货价格的上限，但无法建立期货价格与即期价格之间的等式。

持有成本这一概念有时很有用。持有成本等于标的资产贮存成本加上融资成本再减去资本收益。对于投资资产，期货价格大于即期价格的数量反映了持有成本。对于消费资产，期货价格大于即期价格的数量反映了持有成本与便利收益的差。

如果假设资本资产定价模型成立，期货价格与未来即期价格期望值之间的关系取决于即期价格与股票市场的总体价格水平具有正的相关性还是负的相关性。正相关性会使期货价格低于未来即期价格期望值，负相关性会使得期货价格高于未来即期价格期望值。只有在相关性为0时，理论期货价格才等于未来即期价格期望值。

推荐阅读

Cox, J.C., J.E. Ingersoll, and S.A. Ross. "The Relation between Forward Prices and Futures Prices," *Journal of Financial Economics*, 9 (December 1981): 321–46.

Jarrow, R.A., and G.S. Oldfield. "Forward Contracts and Futures Contracts," *Journal of Financial Economics*, 9 (December 1981): 373–82.

Richard, S., and S. Sundaresan. "A Continuous-Time Model of Forward and Futures Prices in a Multigood Economy," *Journal of Financial Economics*, 9 (December 1981): 347–72.

Routledge, B.R., D.J. Seppi, and C.S. Spatt. "Equilibrium Forward Curves for Commodities," *Journal of Finance*, 55, 3 (2000) 1297–1338.

练习题

5.1　说明当投资者卖空1只股票时，会有什么情况发生。

5.2　远期价格与远期合约价值有什么不同？

5.3　假定你签署了一个无股息股票上6个月期限的远期合约，股票当前价格为30美元，无风险利率为12%（连续复利），远期价格为多少？

5.4　一个股指的当前价格为350，无风险利率为每年8%（连续复利），股指的股息收益率为每年4%。4个月期的期货价格为多少？

5.5　仔细解释为什么黄金的期货价格可以由黄金的即期价格与其他可观测变量计算得出，但铜的期货价格却不能这么做。

5.6　仔细解释**便利收益**与**持有成本**两个术语的含义。期货价格、即期价格、便利收益与持有成本之间的关系式是什么？

5.7　解释为什么可以将外币视为提供已知收益率的资产。

5.8　一个股指的期货价格是会高于还是会低于其未来价格期望值？为什么？

5.9　在签署无股息股票1年期的远期合约时，股票当前价格为40美元，连续复利的无风险利率为每年10%。

(a) 远期合约的初始价值和期货价格分别为多少？

(b) 6个月后，股票价格变为45美元，无风险利率仍为每年10%。这时远期价格和远期合约的价值分别为多少？

5.10　无风险利率为每年7%（连续复利），股指的股息收益率为每年3.2%。股指的当前价格为150。6个月期的期货价格为多少？

5.11　假定无风险利率为每年9%（连续复利），股指股息的收益率在一年中经常发生变化。在2月份、5月份、8月份和11月份，股息收益率为每年5%，在其他月份，股息收益率为每年2%。假定股指在7月31日为1 300。在同一年12月31日交割的期货价格为多少？

5.12　假定无风险利率为每年10%（连续复利），股指股息收益率为每年4%。股指的当前价格为400，在4个月后交割的期货合约中期货价格为405。这时会存在什么样的套利机会？

5.13　由表5-4中的数据来估计在2010年5月14日加拿大和美国短期利率之间的差异。

5.14　在瑞士和美国按连续复利的两个月期限利率分别为每年2%和5%。瑞士法郎的即期价格是1.050 0美元。在2个月后交割的期货价格也是1.050 0美元，这时会存在什么样的套利机会？

5.15　白银的现价为每盎司25美元，每年贮存费用为每盎司0.24美元，贮存费要每季度预付一次。假定所有期限的利率均为每年5%（连续复利），计算9个月后交割的期货价格。

5.16　假定F_1和F_2是同一种商品上两份合约的期货，合约的到期日分别为t_1和t_2，这里$t_2>t_1$，证明

$$F_2 \leqslant F_1 e^{r(t_2-t_1)}$$

其中 r 为无风险利率（假定为常数），假定无贮存费用。在这个问题里，假定期货价格与远期价格相等。

5.17 当一家公司采用远期合约对将来已知的外汇现金流进行对冲时，就不存在汇率风险。而当采用期货合约来对外币对冲时，因为按市场定价的方式会使得公司有一定的风险敞口。解释这种风险的实质。尤其当出现以下4种情况时，公司使用期货合约和远期合约哪种形式会更好？

(a) 在合约的期限内，外汇迅速贬值。

(b) 在合约的期限内，外汇迅速升值。

(c) 外汇先升值，然后贬值到它的初始水平。

(d) 外汇先贬值，然后升值到它的初始水平。

在分析中，假设远期价格等于期货价格。

5.18 有人认为远期汇率是未来即期汇率的无偏估计。在什么情况下这一说法成立？

5.19 证明股指期货的增长率等于组成股指的股票组合收益率超出无风险利率的数量。假定无风险利率和收益率均为常数。

5.20 通过考虑一个标的资产与其期货上的投资组合来证明式（5-3）成立。在证明中假设所有资产的收入均再投资于资产之中。参考本章中关于证明式（5-1）和式（5-2）的脚注，详细说明当式（5-3）不成立时，一个套利者会怎么做。

5.21 仔细解释对于将来某一时间商品价格的期望值是什么。假设随着期限的增大，原油期货价格以2%的速度下跌，再假设投机者倾向于卖空原油期货并且对冲者倾向于持有原油期货的多头。由凯恩斯和希克斯的理论所得出的将来价格期望值会是怎么样？

5.22 价值线综合指数（Value Line Index）是用于反映1 600个股票价值变化的等权重指数。在1988年3月9日以前，这一指数在每天的变化值是按照指数所包含的股票价格的**几何**平均值来计算的。在这种情况下，式（5-8）是否正确地反映指数的期货价格与其现金价格之间的关系？如果不是，这一表达式是会低估还是高估期货价格？

5.23 一家美国公司想采用CME集团的期货合约来对冲澳元的风险敞口。假定美国和澳大利亚的无风险利率分别为 r 和 r_f（对应于任何期限），r 和 r_f 为常数，公司利用在 T 到期的合约来对冲时间 $t(T>t)$ 的风险敞口，证明

(a) 最佳对冲比率为 $e^{(r_f-r)(T-t)}$。

(b) 当 t 等于1天时，最佳对冲比率几乎正好等于 S_0/F_0，其中 S_0 为澳元的即期价格，F_0 为目前澳元在 T 时刻到期的期货价格。

(c) 对于长于1天的风险敞口，通过使对冲比率等于即期价格与期货价格的比，公司可以应对期货的每日结算问题。

5.24 解释（a）投资资产（b）消费资产的含义。为什么在确定远期及期货价格时，区别投资资产和消费资产是很重要的？

5.25 以下资产的持有成本是什么？

(a) 无股息股票。

(b) 股指。

(c) 有储存费用的商品。

(d) 外汇。

作业题

5.26 在2012年年初，瑞士法郎与美元之间的汇率是1.040 4（每法郎对应的美元数）。美国和瑞士的利率分别是每年0.25%和0（连续复利）。3个月期限的远期汇率是1.030 0（每法郎对应的美元数）。这时存在什么套利机会？如果汇率是1.050 0（每法郎对应的美元数），你的答案会如何改变？

5.27 指数为1 200，3个月的无风险利率为每年3%，以后3个月的股息收益率为每年

1.2%；6个月的无风险利率为每年3.5%，以后6个月的股息收益率为每年1%。估计3个月期和6个月期的指数期货价格。假定所有利率和收益率均为连续复利。

5.28 当前的美元/欧元的汇率为每欧元兑1.4000美元，6个月期的远期汇率为1.3950，6个月期的美元利率为每年1%（连续复利）。估计6个月期的欧元利率。

5.29 原油现货价格为每桶80美元，存储1年的费用为每桶3美元，年底支付；无风险利率为每年5%，连续复利。1年期原油期货价格的上限是多少？

5.30 股票预计在2个月和5个月时将支付1美元股息。股票价格为50美元，对应所有期限的连续复利无风险利率均为每年8%。某投资者刚刚进入了股票上6个月期限的远期合约空头。

(a) 远期价格与远期合约的初始价值为多少？

(b) 在3个月后，股票价格变为48美元，无风险利率仍为每年8%。这时远期价格和远期合约空头的价值为多少？

5.31 一家银行向企业客户提供了两种选择：一种是按11%的利率借入现金，另一种是以2%利率借入黄金（当借入黄金时，必须以黄金形式支付利息，因此，如果今天借入100盎司，在1年后必须偿还102盎司黄金）。无风险利率为每年9.25%，贮存费用为每年0.5%。讨论同现金贷款利率相比，借入黄金的利率是太高还是太低？这里两种贷款的利率均为每年复利一次，无风险利率和贮存费用率均为连续复利。

5.32 一家公司不太确定在将来收入或支出某笔外汇的时间，它可以同银行来商定一种远期合约，在远期合约中注明可以交割的时间区间。公司想保留选择交割时间的权利以便保证同自身现金流的吻合。假定你处在银行的位置，你会如何对这家公司需要的产品来定价？

5.33 一位交易员的长期投资组合中包含一种既不提供收入，也不需要贮存费用的商品。交易员能够以每盎司1250美元的价格买入商品，以每盎司1249美元的价格卖出商品。交易员能够以每年6%的利率借入资金，并以每年5.5%的利率借出资金（这里的利率均为按年复利）。当期货价格在什么范围时，交易员没有套利机会。在这里假定远期价格的买入价和卖出价相同。

5.34 一家公司与银行进行一项远期合约交易。在合约中银行可以在T_1时刻以汇率K_1卖出外汇。在T_1时实际汇率为$S_1(>K_1)$。公司要求银行将远期合约延续到$T_2(>T_1)$（而不是在T_1）进行交割。银行同意了一个新的交付价格K_2，解释K_2的计算方法。

CHAPTER6

第6章 利率期货

到目前为止，我们已经讨论了商品、股指以及外汇上的期货合约，并且阐述了这些合约的运作机制、如何用来对冲以及如何确定期货价格。我们接下来将讨论利率期货合约。

在这一章里我们将讨论在美国市场上流行的国债期货合约和欧洲美元期货合约。世界上许多其他利率期货合约产品都是建立在这些合约基础上。在本章里，我们还将说明如何与第4章中引入的久期测度结合起来使用期货合约对冲一个公司的利率风险敞口。

6.1 天数计算和报价惯例

在这里我们将考虑天数计算和报价惯例等预备知识，这些知识适用于债券和其他与利率有关的证券产品。

6.1.1 天数计算

天数计算定义了在一段时间内利息累计的方式。一般来讲，我们知道在一段参考区间内的利息（例如，介于息票支付时间间隔内的利息），在这里，我们感兴趣的是对于某个其他时间期限内的利息累计方式。

一般惯例是将天数计算表达成 X/Y 的形式。当我们计算两个日期之间的利息时，X 定义了两个日期之间计算天数的方式，Y 定义了参考期限内总天数的计算方式。在两个日期之间挣到的利息为

（两个日期之间的天数／参考期限的总天数）× 参考期限内所得利息

在美国有3种流行的天数计量惯例：

（1）实际天数/实际天数（一段时间内）；

（2）30/360；

（3）实际天数/360。

美国长期国债采用“实际天数/实际天数（一段时间内）”的天数计算惯例：

在两个日期之间的利息是基于实际过去天数与两个息票支付日期之间实际天数的比率。假定一个债券的本金为100美元，息票支付日期为3月1日和9月1日，息票率为每年8%（这意味着在每年的3月1日和9月1日各付4美元的利息），我们想要计算3月1日与7月3日之间的利息。这里的参考时间段为3月1日至9月1日，总共有184天（实际天数），这段时间所得利息为4美元。在3月1日与7月3日之间总共有124天（实际天数）。因此3月1日与7月3日之间的所得利息为

$$\frac{124}{184}\times 4 = 2.6957$$

美国企业债券和市政债券采用“30/360”的天数计算惯例。我们在计算中假定每个月有30天，每年有360天。采用“30/360”的惯例，在3月1日与9月1日之间总共有180天。在3月1日与7月3日之间总共有$4\times 30+2=122$天。因此对于和我们刚才考虑的政府债券具有一样期限和利率的企业债券，在3月1日与7月3日之间的所得利息为

$$\frac{122}{180}\times 4 = 2.7111$$

如业界事例6-1所示，有时“30/360”天数计算惯例会产生令人吃惊的结果。

业界事例6-1 天数计量有时可能会使人迷惑

在2015年2月28日与3月1日之间，你可以选择一个美国国债或一个美国企业债券，两债券的息票率均为10%，并且报价是一样的。两者之间你应选择哪一个呢？

乍听起来，两者应该没有太大的区别。但事实上你应选择企业债券。在“30/360”天数计算惯例下，2011年2月28日与2013年3月1日之间总共有3天。在政府债券的“实际天数/实际天数（一段时间内）”的天数计算惯例下，两个日期之间只有1天。拥有企业债券你所得利息将是拥有政府债券所得利息的大约3倍。

美国货币市场产品采用“实际天数/360”的天数计算惯例。这说明参考期限选定为360天，一年中的一段时间内所得利息等于实际过去的天数除以360，然后再乘以报价利率。90天期间所得的利息应正好等于年率的1/4。注意，含有365天的整年里所得的利息为365/360乘以报价利率。

国家与国家之间和产品与产品之间的天数计量惯例都有所不同。例如，澳大利亚、加拿大以及新西兰的货币市场惯例为“实际天数/365”。除英镑外所有货币的LIBOR利率均为“实际天数/360”，英镑的LIBOR利率为“实际天数/365”。欧元债券和英镑债券通常采用“实际天数/实际天数”惯例。

6.1.2 美元短期债券的报价

货币市场的产品报价有时采用**贴现率**（discount rate）方式，该贴现率是所得利息作为最终面值（而不是最初所付出价格）的百分比。美国的短期国债就是一个例子：如果一个91天期限短期国债的报价为8，这意味着，每360天所得利率为面值的8%。假定面值为100美元，在91天内的利息为2.0222美元（$=100\times 0.08\times 91/360$）。对应于91天的真正利率为$2.0222/(100-2.0222)=2.064\%$。一般来讲，美国短期国债的现金价格与报价的关系式为

$$P = \frac{360}{n}(100 - Y)$$

其中 P 为报价，Y 为现金价格，n 为短期债券期限内以日历天数所计算的剩余天数。例如，当 90 天短期国债的现金价格为 99 美元时，报价为 4 美元。

6.1.3 美国长期国债

美国长期国债是以美元和美元的 1/32 为单位报出的。所报价格是相对于面值 100 美元的债券。因此，90 - 05 的价格意味着 100 000 美元面值的债券的价格为 90 156.25 美元。

交易人员将报价称为**纯净价**（clean price），它不同于现金价格。现金价也称为**带息价格**（dirty price）。一般来讲，我们有以下关系式

$$\text{现金价格} = \text{报价(即纯净价)} + \text{从上一个付息日以来的累计利息}$$

为了说明这一公式，假设现在时间是 2015 年 3 月 5 日，所考虑的债券息票率为 11%，到期日为 2038 年 7 月 10 日，报价为 95 - 16，即 95.50 美元。因为政府债券的券息每半年支付一次（最后一个券息支付日期为债券的到期日）。最近的前一次付息日为 2015 年 1 月 10 日，下一个付息日为 2015 年 7 月 10 日。在 2015 年 1 月 10 日与 2015 年 3 月 5 日之间（实际天数）总共有 54 天，而在 2015 年 1 月 10 日与 2015 年 7 月 10 日之间（实际天数）总共有 181 天。一个面值为 100 美元的债券在 1 月 10 日和 7 月 10 日所支付的券息为 5.50 美元。2015 年 3 月 5 日的累计利息是在 7 月 10 日所支付的息票被累积到 2015 年 3 月 5 日时的数量。因为美国国债累计利息是基于"实际天数/实际天数"，因此累计利息为

$$\frac{54}{181} \times 5.50 = 1.64(\text{美元})$$

100 美元面值债券的现金价格为

$$95.50 + 1.64 = 97.14(\text{美元})$$

因此，对应 100 000 美元面值债券的现金价格为 97 140 美元。

6.2 美国国债期货

表 6-1 是 2013 年 5 月 14 日利率期货的报价。市场上最流行的长期利率期货合约之一是 CME 集团交易的长期国债利率期货。在这种合约里，从交割月份的第 1 天算起，任何期限介于 15 年与 25 年之间的债券均可以用于交割。自 2010 年开始，CME 集团引入超级国债（untra T-bond）期货，任何期限超过 25 年的国债均可以用于交割。

表 6-1 2013 年 5 月 14 日的 CME 集团利率期货报价

	开盘价	最高价	最低价	前一天闭盘价	最后交易日	变化量	数量
超长期国债，100 000 美元							
2013/06	158-08	158-31	156-31	158-08	157-00	-1-08	45 040
2013/09	157-12	157-15	155-16	156-24	155-18	-1-06	176
长期国债，100 000 美元							
2013/06	144-22	145-04	143-26	144-20	143-28	-0-24	346 878
2013/09	143-28	144-08	142-30	143-24	142-31	-0-25	2 455
10 年中期国债，100 000 美元							
2013/06	131-315	131-050	131-205	131-310	131-210	-0-100	1 151 825
2013/09	131-040	131-080	130-240	131-025	130-240	-0-105	20 564
5 年中期国债，100 000 美元							
2013/06	123-310	124-015	123-267	123-307	123-267	-0-040	478 993
2013/09	123-177	123-192	123-122	123-165	123-122	-0-042	4 808

（续）

	开盘价	最高价	最低价	前一天闭盘价	最后交易日	变化量	数量
2 年中期国债，200 000 美元							
2013/06	110-080	110-085	110-075	110-080	110-075	-0-005	98 142
2013/09	110-067	110-072	110-067	110-070	110-067	-0-002	13 103
30 日联邦基金利率，50 000 000 美元							
2013/06	99.875	99.880	99.875	99.875	99.875	0.000	956
2014/07	99.830	99.835	99.830	99.830	99.830	0.000	1 030
欧洲美元，1 000 000 美元							
2013/06	99.720	99.725	99.720	99.725	99.720	-0.005	107 167
2013/09	99.700	99.710	99.700	99.705	99.700	-0.005	114 055
2013/12	99.675	99.685	99.670	99.675	99.670	-0.005	144 213
2015/12	99.105	99.125	99.080	99.100	99.080	-0.020	96 933
2017/12	97.745	97.770	97.675	97.730	97.680	-0.050	14 040
2019/12	96.710	96.775	96.690	96.760	96.690	-0.070	23

10 年、5 年和 2 年美国中期国债期货合约同样非常流行。在 10 年期中期国债期货合约中，任何尚有 $6\frac{1}{2}$到 10 年期限的长期（或中期）国债均可以用作交割。对于 5 年期和 2 年期的合约，可交割的国债的剩余期限分别为 5 年和 2 年（原始期限必须少于 5.25 年）。

在下一节里我们将会看到，交易所开发了一种调整价格的方法。当一种长期国债或中期国债被用于交割时，这一方法可用来调整期货空头方可接受的价格。在下面我们将主要讨论长期国债期货，在美国以及世界上其他地方都有许多与美国长期国债期货相似的合约，因此这里的许多结论在处理这些合约时仍成立。

6.2.1　报价

超级国债和长期国债期货合约均是以美元和美元的 1/32 为单位报出的，这与长期国债在即期市场上的报价方式类似。在表 6-1 中，2013 年 6 月份的长期债券期货结算价格为 144-20，即 $144\frac{20}{32}$，或 144.625。10 年期中期债券期货的结算价格精确度为 1/32 的一半，因此 2013 年 9 月的期货价格为 131-025，即 $131\frac{2.5}{32}$，或 131.078 125。5 年期和 2 年期的期货报价更精确，精确度为 1/32 的 1/4，6 月份 5 年债券期货的结算价格为 123-307，即 $123\frac{30.75}{32}$，或123.960 937 5。类似地 9 月份合约期货的结算价格为 123-122，即 $123\frac{12.25}{32}$，或 123.382 812 5。

6.2.2　转换因子

前面说过，长期国债期货允许合约的空头方选择交割任何期限介于 15 年和 25 年之间的债券。当交割某一债券时，一个叫作**转换因子**（conversion factor）的参数定义了空头方所收取的价格。对应于交割债券的报价等于其转换因子与最新成交期货价格的乘积。将累计利息考虑在内（见 6.1 节），每交割 100 美元面值的债券所收入的现金价格为

$$（最新的期货成交价格 \times 转换因子）+ 累计利息$$

每一份合约对应于交割 100 000 美元面值的债券。假定最新的成交价格为 90-00，交割债券的转换因子为 1.380 0，并且在交割时面值为 100 美元的债券的累计利息为 3 美元。因此，期货空头

方交割债券时，对于每100美元面值的债券，收到的现金数量为（由期货多头方支付）：

$$(1.3800 \times 90.00) + 3 = 127.20(\text{美元})$$

期货空头方应交割的债券面值为100 000美元，因此收到现金为127 200美元。

一个债券的转换因子是这样来确定的：在假定所有期限的利率均为每年6%（按半年复利）的前提下，转换因子等于按交割月份第1天的债券报价所对应1美元面值的债券价格。为了计算的目的，债券的到期日以及距券息支付日的时间均下调到3个月的整倍数。通过这种方法，交易所会产生一个很全面的数表。如果在取整后，债券的期限为6个月的整数倍，我们假定第一次支付利息为6个月后。如果在取整后，债券的期限不是6个月的整数倍（即包含另外3个月），我们假定第一次支付利息为3个月后，支付利息数量中应减去应计利息。

作为以上规则的第一个例子，假定债券的券息率为每年10%，期限为20年零2个月。为了计算转换因子，假定债券期限为正好20年，在6个月后第一次付息，然后每6个月支付一次券息，直到20年后支付本金为止。假定面值为100美元。当贴现率为每年6%（每半年复利一次），即每6个月为3%时，债券价值为

$$\sum_{i=1}^{40} \frac{5}{1.03^i} + \frac{100}{1.03^{40}} = 146.23(\text{美元})$$

将以上价值除以100后得出转换因子为1.4623。

作为以上规则的第二个例子，假定债券的券息率为8%，债券期限为18年零4个月。为了计算转换因子，假定债券的期限为18年零3个月。将债券支付的所有现金流以每年（半年复利一次）贴现到3个月后的时间上，债券价格为

$$4 + \sum_{i=1}^{36} \frac{4}{1.03^i} + \frac{100}{1.03^{36}} = 125.83(\text{美元})$$

3个月的利率为$\sqrt{1.03}-1$，即1.4889%。因此将3个月时的债券价值贴现到今天的价值为125.83/1.014889 = 123.99美元。减去累计利息2.0，得出债券价值为121.99美元。因此转换因子为1.2199。

6.2.3 最便宜交割债券

在交割月份的任何时候都有许多债券可以用于长期国债期货合约的交割，这些可交割债券具有不同的券息率与期限。空头方可以从这些债券中选出**最便宜可交割债券**（cheapest-to-deliver bond）来用于交割。因为空头方收到的现金量为

（最新成交价格 × 转换因子）+ 累计利息

买入债券的费用为

债券报价 + 累计利息

因此最便宜交割债券是使得

债券报价 -（最新成交价格 × 转换因子）

达到最小的债券。一旦期货的空头方决定交割债券，最便宜交割的债券可以通过考虑每个可交割债券来确定。

例6-1

在期货空头方决定交割时可以从下表中选出最便宜交割债券。假定最近一次成交的期货价格为93-08，即93.25美元。

债券	债券报价（美元）	转换因子
1	99.50	1.038 2
2	143.50	1.518 8
3	119.75	1.261 5

交割每种债券的成本如下：

债券1：99.50 - （93.25 × 1.038 2） = 2.69（美元）

债券2：143.50 - （93.25 × 1.518 8） = 1.87（美元）

债券3：119.75 - （93.25 × 1.261 5） = 2.12（美元）

因此，最便宜交割债券为债券2。

决定最便宜可交割债券的因素有许多种。当债券收益率大于6%时，转换因子系统倾向于券息率较低且期限较长的债券。当债券收益率小于6%时，系统倾向于券息率较高同时期限较短的债券。还有，当收益率曲线为上坡型时，系统倾向于交割期限较长的债券；当收益率曲线为下坡型时，系统倾向于期限较短的债券。

除了拥有交割最便宜可交割债券的选择外，空头方还拥有一个被称万能牌规则的选择，在业界事例6-2中描述了这种选择。

业界事例6-2 万能牌规则

CME集团长期国债期货交易的交割价格是芝加哥当地时间下午2点时的期货价格。但是，长期国债的即期交易要2点以后继续交易，而持有期货空头的交易员可以在当天更晚时间向结算中心下达交割意向通知。在下达交割通知后，**交割应付价格**（invoice price）是以当天的成交价格为基础来进行结算的，该成交价格为下午2点时的期货价格。

这种做法给了期货的空头方一种叫作**万能牌规则**（wild card play）的选择权。如果在交割月第1天的下午2点后债券价格下跌，空头方可以在比如3点45分发出交割意向通知，然后买入债券并由下午2点钟的期货价格为标准计算交割价格。如果债券价格没有下跌，空头方可以保持头寸，并等到第2天再采用相同的策略。

就像空头方拥有其他选择权一样，万能牌选择权并不是免费的：它的价值反映在其期货价格中，有选择权的期货价格比不具备选择权的期货价格要低。

6.2.4 确定期货价格

由于空头方拥有选择交割时间的权利和选择所交割债券的权利，精确地确定长期国债期货的理论价格是十分困难的。但是如果假定已知最便宜可交割债券以及交割日期，长期国债期货等价于一个为持有人提供中间收入的证券上期货合约。[⊖]式（5-2）给出了期货价格 F_0 与即期价格 S_0 之间的关系式

$$F_0 = (S_0 - I)e^{rT} \tag{6-1}$$

其中 I 为期货合约期限内券息的贴现值，T 为期货到期时间，r 为适用于期限 T 的无风险利率。

⊖ 在实际中，为了估计最便宜可交割债券，分析员通常假设在期货到期时的零息利率等于今天的远期利率。

例 6-2

假定对于某一国债期货已知最便宜可交割债券的券息率为 12%，转换因子为 1.600 0。假定已知期货交割日期为 270 天后，每半年一次支付一次券息。由图 6-1 所示，上一次券息支付为 60 天前，下一次券息支付为 122 天后，再下一次券息支付为 305 天后。利率期限结构为水平，每年 10%（连续复利）。假定债券的当前报价为 115 美元。债券的现金价格等于报价加上从上一次付息到今天的累计利息，债券现金价格为

$$115 + \frac{60}{60 + 122} \times 6 = 116.978$$

在 122 天（0.334 2 年）后，债券持有者将收到 6 美元的券息，其贴现值为

$$6e^{-0.1 \times 0.3342} = 5.803$$

期货合约将持续 270 天（0.739 7 年）。如果期货合约是关于券息率为 12% 的债券，期货的现金价格为

$$(116.978 - 5.803)e^{0.1 \times 0.7397} = 119.711$$

在债券交割时会有 148 天的累计利息。假如期货合约是关于券息率为 12% 的债券，期货的报价为

$$119.711 - 6 \times \frac{148}{148 + 35} = 114.859$$

由转换因子的定义，1.600 0 倍的标准债券等价于一个 12% 的债券。因此，期货的报价应为

$$\frac{114.859}{1.60} = 71.79$$

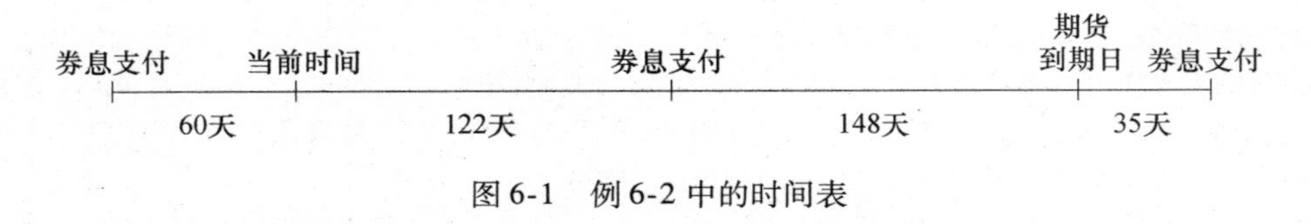

图 6-1 例 6-2 中的时间表

6.3 欧洲美元期货

在美国市场里最流行的利率期货是 CME 集团交易的 3 个月期限的欧洲美元期货。欧洲美元是存放于美国本土之外的美国银行或外国银行的美元。欧洲美元利率是银行之间存放欧洲美元的利率，这一利率与第 4 章引入的伦敦银行同业拆借利率（LIBOR）基本上是一样的。

3 个月期限欧洲美元期货的标的变量是在将来某 3 个月里（某个按欧洲美元利率借款）100 万美元上所付的利息。这使得交易员可以对未来某段 3 个月期限的利率进行投机或者对冲未来利率的风险。这些合约的交割月份为 3 月、6 月、9 月以及 12 月，期货的期限可长达 10 年。这意味着在 2014 年某投资者可采用欧洲美元期货来锁定远至 2024 年之前某 3 个月的利率。除了 3 月、6 月、9 月以及 12 月的期货外，市场上也交易其他短期限的利率期货合约。

为了理解欧洲美元期货的运作方式，我们考虑表 6-1 中 2013 年 6 月份的合约。这一合约在 2013 年 5 月 13 日的成交价格为 99.725。合约的最后一个交易日是交割月份第 3 个星期三的前

两天，对于所考虑的合约这一天是2013年6月17日。合约在2013年6月17日之前按通常的方式每天以市值定价。在最后一个交易日的上午11点，有一个数量为100 - R的最后成交价格，其中R为这一天确定的3个月欧洲美元利率，该利率是按每季度复利（天数计算惯例为“实际天数/360”）。因此，如果在2013年6月17日，3个月期限的欧洲美元利率为0.75%（按季度复利，实际天数/360），期货的最后成交价格为99.250。一旦最后交易结算完成后，所有合约被宣布平仓。

合约的设计使得期货报价1个基点（=0.01）的变化对应于25美元的收益或亏损。当欧洲美元报价增长1个基点时，持有1份合约多头的交易员的收益为25美元，而持有1份合约空头的交易员的损失为25美元。类似地，当报价下跌1个基点时，持有1份合约多头的交易员会亏损25美元，而持有一份合约空头的交易员会盈利25美元。例如，当结算价格从99.725变为99.685时，多头交易员在每份合约上的损失为25×4=100美元；空头方交易员每份合约上的收益为100美元。在期货报价中一个基点的变化相当于标的利率0.01%的变化，这会导致面值100万美元在3个月的利息变化为

$$1\,000\,000 \times 0.000\,1 \times 0.25 = 25$$

即25美元。因此，“每个基点25美元”的规则与以上提过的合约是为了锁定面值为100万美元的3个月利率的说法一致。

期货报价为100减去期货利率。因此，利率下降时对期货多头的投资者有利；在利率上升时对期货空头的投资者有利。假设某交易员在2013年5月13日进入了表6-1中2013年6月份期货多头，表6-2展示了可能出现的一组结果。

表6-2 2013年6月欧洲美元合约的可能价格

日期	期货价格	变化量	每份合约盈利（美元）
2013/05/13	99.725		
2013/05/14	99.720	-0.005	-12.50
2013/05/15	99.670	-0.050	-125.00
⋮	⋮	⋮	⋮
2013/06/17	99.615	+0.010	+25.00
总计		-0.110	-275.00

期货的价格定义为

$$10\,000 \times [100 - 0.25 \times (100 - Q)] \qquad (6\text{-}2)$$

其中Q为报价。因此表6-1中2013年6月份合约的结算价99.725所对应的合约价格为

$$10\,000 \times [100 - 0.25 \times (100 - 99.725)] = 999\,312.5(\text{美元})$$

在表6-2中，合约的最终价格为

$$10\,000 \times [100 - 0.25 \times (100 - 99.615)] = 999\,037.5(\text{美元})$$

最初与最终合约价格的差别为275美元，这与表6-2中采用的“每基点变化25美元”规则是一致的。

例6-3

某投资者想锁定9月份第3个星期三前两天的3个月期限利率，面值为1亿美元。我们假定9月的欧洲美元期货报价为96.50，这表明投资人可以锁定的利率为每年100 - 96.5 = 3.5%。投资者买入了100份合约来对冲风险。假设在9月份第3个星期三前两天的3个月利率为2.6%，那么最终的成交价格为97.40。投资者在多头中的收益为

$$100 \times 25 \times (9\,740 - 9\,650) = 225\,000$$

即在欧洲美元期货上的收益为225 000美元。在3个月内投资所挣取的利息为

$$100\,000\,000 \times 0.25 \times 0.026 = 650\,000(\text{美元})$$

欧洲美元期货收益使得总收益变为 875 000 美元。这对应于利率为 3.5% 时的利息数量 (100 000 000 × 0.25 × 0.035 = 875 000)。这说明期货交易的效果是将利率锁定在 3.5%，即 (100 − 96.5)%。

这里看起来好像期货交易会使得在任何情况下都将利率正好锁定在3.5%上。事实上，对冲不是完美的，这是因为 (a) 期货合约是每日结算（而不是仅在最后），和 (b) 期货的最后结算是在合约到期日，而3个月投资的利率支付是在3个月之后。关于第二点，我们可以降低对冲的规模来反映在9月收到资金与在3个月后收到资金之间的区别。在这种情况下，我们假设在这3个月内的利率是3.5%，然后将1/（1 + 0.035 × 0.25） = 0.991 3 乘以期货合约的数量。结果是需要购买99份合约（而不是100份）。

表6-1显示了2013年5月的美国市场利率曲线结构为上坡型。从“前一天闭盘价”（Prior Settlement）列看出，在2013年6月17日、2013年9月16日、2013年12月16日、2015年12月14日、2017年12月18日以及2019年12月16日开始的3个月的期货利率分别为0.275%、0.295%、0.325%、0.900%、2.270%以及3.240%。

例6-3中说明了一个投资者如何通过运用欧洲美元期货合约来对冲未来某3个月时间段里的利率风险。注意对冲头寸的现金流时间并不是与被对冲的利率现金流时间完全一致，这是因为期货是每日结算的，而且最后的结算日是在9月份，但是投资的利息收入是在其后的3个月，即12月份。如例子所示，我们可以将对冲头寸稍微进行调整来反映结算日与投资利息收入时间的不同。

与CME集团欧洲美元期货类似的利率期货产品在其他国家也有交易。CME集团也进行欧洲日元（Euroyen）交易。伦敦国际金融期货及期权交易所（此交易所为Euronext的一部分）进行3个月期的Euribor合约（即关于欧元区银行之间欧元存款的3个月期利率）以及3个月期欧洲瑞士法郎（Euroswiss）的期货交易。

6.3.1 远期与期货利率的比较

欧洲美元期货与远期利率合约（FRA，见4.7节）很相似，它们都可以用于锁定在将来某个时间段里的利率。对于较短的期限（不长于大约1年），可以假设欧洲美元期货利率与相应的远期利率相同。对于较长期限的合约，了解它们之间的区别是很重要的。考虑介于时间 T_1 与 T_2 之间的期货合约利率和相应的远期合约利率。对欧洲美元期货合约要每天进行结算，最终的结算是在 T_1，并反映了 T_1 与 T_2 之间的利率。与此相反，远期利率合约不是每天结算，最终的结算反映了 T_1 与 T_2 之间的利率，并且最终付款时间是在 T_2。[⊖]

因此欧洲美元期货与远期利率合约之间有两个不同之处，它们是：

（1）欧洲美元期货与一个类似但并不是每天结算的合约之间的不同，后者为一个假想的远期合约，其收益等于远期利率与 T_1 时刻实际利率的差；

（2）在时间 T_1 结算的远期合约与在时间 T_2 结算的远期合约之间的不同。

以上两个因素造成了两种合约之间的差异，并给从业人员带来了一定的困惑。两个因素都使远期利率低于期货利率，但对于长期限合约，以上第2个因素所带来的效果要远小于第1个因素。第1个因素（每天结算支付）使远期利率低于期货利率的原因可由在5.8节里的讨论来解

⊖ 如4.7节所述，结算支付也可能发生在 T_1，交割数量等于在 T_2 的远期合约收益的贴现值。

释。假定你持有1份合约，合约在时间 T_1 的收益为 $R_M - R_F$，其中 R_F 为事先约定的介于 T_1 与 T_2 之间的利率，R_M 为这一时间段的实际利率。假设你可以选择每天进行结算。这时，在利率较高时每天结算会造成现金流的流入，而在利率较低时会造成现金流的流出。在利率较高时，你可能会选择每天结算，因为这样会使保证金账户里有更多的现金。由于这个原因，市场对于每天结算所对应的 R_F 会设的较高（减少预期累计收益）。换言之，从每天结算变为只在时间 T_1 进行结算会降低 R_F 的大小。

为了理解为什么第2个因素会使得远期利率变低，假定收益 $R_M - R_F$ 发生在 T_2 而不是在 T_1（就像正常的远期利率合约那样）。如果 R_M 很高，该收益为正。因为利率较高，在 T_2 收入收益所付代价比在 T_1 收入收益所付代价要高。如果 R_M 较低，收益为负。因为利率较低，在 T_2 支付收益比在 T_1 支付收益所得好处也相对较低。总而言之，你更希望在 T_1 收到收益。如果结算日在 T_2 而不是在 T_1，你会从 R_F 的降低中得到补偿。[一]

6.3.2 曲率调整

分析员对于以上两种利率的差别进行**曲率调整**（convexity adjustment）。一种流行的做法是[二]

$$\text{远期利率} = \text{期货利率} - \frac{1}{2}\sigma^2 T_1 T_2 \tag{6-3}$$

同上，T_1 为期货合约的期限，T_2 为期货合约标的利率所对应的到期时间。变量 σ 为1年的短期利率变化的标准差，这里利率均为连续复利。[三]

例 6-4

考虑 $\sigma = 0.012$ 的情形，我们想计算8年期限、欧洲美元期货价格为94所对应的远期利率。这时 $T_1 = 8$，$T_2 = 8.25$，曲率调整为

$$\frac{1}{2} \times 0.012^2 \times 8 \times 8.25 = 0.004\,75$$

即0.475%（47.5个基点）。在天数计量惯例为“实际天数/360”的基础上，按每季度复利的期货利率为每年6%，这对应于每90天的利率为1.5%。对应于“实际天数/365”的天数计量惯例并按连续复利是每年（365/90）ln1.015 = 6.038%。因此由式（6-3）所估计的远期利率为按连续复利每年6.038 - 0.475 = 5.563%。以下表格显示了随着到期时间变化的曲率调整幅度。

期货的期限（年）	曲率调解量（基点数）	期货的期限（年）	曲率调解量（基点数）
2	3.2	8	47.5
4	12.2	10	73.8
6	27.0		

以上结果显示调节数量大约与期货合约到期时间的平方成正比。因此，对于4年期限合约调节量大约是对于2年期限合约调节量的4倍。

[一] 在第30章中我们将进一步考虑由于时间的区别对衍生产品价值的影响。

[二] 该式的证明见网页 www.rotman.utoronto.ca/~hull/TechnicalNotes 里 Technical Note 1。

[三] 这一公式是基于将在第31章里讨论的 Ho-Lee 利率模型。见 T. S. Y. Ho and S. -B. Lee, “Term structure movements and pricing interest rate contingent claims”, *Journal of Finance*, 41 (December 1986), 1011-29。

6.3.3 利用欧洲美元期货来延长 LIBOR 零息收益率曲线

期限小于1年的LIBOR零息曲线可由1个月、3个月、6个月以及12个月的LIBOR利率来确定。在经过刚刚描述的曲率调整以后，欧洲美元期货可用于延长曲线的期限。假定第 i 个欧洲美元期货的到期日为 T_i（$i=1, 2, \cdots$）。通常假定第 i 个期货上得出的远期利率正好适用于区间 T_i 与 T_{i+1}（在实际中基本上是这样的），这使得我们可以采用票息剥离法来计算零息利率。假定 F_i 是由第 i 个期货所得出的远期利率，R_i 是期限为 T_i 的零息利率。由式（4-5），我们有

$$F_i = \frac{R_{i+1}T_{i+1} - R_iT_i}{T_{i+1} - T_i}$$

因此

$$R_{i+1} = \frac{F_i(T_{i+1} - T_i) + R_iT_i}{T_{i+1}} \tag{6-4}$$

其他像欧洲瑞士法郎、欧洲日元以及 Euribor 这样的欧洲利率的使用方式与此类似。

例 6-5

400天期限的LIBOR零息利率为4.80%（连续复利），由欧洲美元期货报价得出的（a）在400天开始的90天远期利率为5.30%（连续复利），（b）从491天开始的90天远期利率是5.50%（连续复利），（c）从589天开始的90天利率是5.60%（连续复利）。我们可以利用式（6-4）得出第491天的零息利率为

$$\frac{0.053 \times 91 + 0.048 \times 400}{491} = 0.048\,93$$

即4.893%。类似地，我们可以采用第2个远期利率来得出第589天的零息利率

$$\frac{0.055 \times 98 + 0.048\,93 \times 491}{589} = 0.049\,94$$

即4.994%。下一个远期利率5.60%将会用来确定对应下一个欧洲美元期货到期日的零息利率（注意，尽管欧洲美元期货利率期限为90天，假定其覆盖区间为两个相邻的期货到期日，区间长度为91天或98天）。

6.4 基于久期的期货对冲策略

我们在4.8节中曾讨论了久期。假定我们持有一个与利率有关的资产组合（例如，债券组合或货币市场证券）。我们现在考虑如何利用利率期货来对这个资产组合进行对冲。

定义

V_F：1份利率期货合约的价格；

D_F：期货合约标的资产在期货合约到期日的久期值；

P：被对冲的债券组合在对冲到期日的远期价值（在实际中，通常假定该价值等于债券组合的当前价值）；

D_P：被对冲的证券组合在对冲到期日时的久期值。

如果我们假定对应于所有期限，收益率的变动均为 Δy，即利率曲线的变动为平行移动，那么以下方程近似成立

$$\Delta P = -PD_P\Delta y$$

以下方程也近似成立

$$\Delta V_F = -V_F D_F \Delta y$$

因此用于对冲收益率变动 Δy 所需的合约数量为

$$N^* = \frac{PD_P}{V_F D_F} \tag{6-5}$$

这个公式是**基于久期的对冲比率**（duration based hedge ratio），有时也被称为**价格敏感性对冲比率**（price sensitivity hedge ratio）。[⊖]利用这一关系式可以使整体证券头寸的久期变为0。

当采用国债期货进行对冲时，对冲者必须在假设某一特定债券将被交割的前提下计算 D_F。这意味着对冲者在实施对冲时，必须首先估计哪个债券可能是最便宜可交割债券。如果利率环境发生了变化，以至于其他债券变为了最便宜可交割债券，对冲者必须将对冲头寸进行调整，因此对冲效果也许会比预期的要差。

当利用利率期货进行对冲时，对冲者应注意利率与期货价格向相反方向变动：当利率上升时，利率期货价格下降；当利率下降时，利率期货价格上升。因此，在利率下降时会承受损失的公司应进入期货的多头。类似地，在利率上升时会承受损失的公司应进入期货的空头。

对冲人应选择期货合约使标的资产的久期尽量接近于被对冲资产的久期。欧洲美元期货常常被用于短期利率头寸对冲，而超级国债、长期国债和中期国债期货常常被用于对长期利率头寸的对冲。

例6-6

假定今天是8月2日。一位负责管理价值为1 000万美元的政府债券组合的基金经理十分担心在今后3个月内利率会剧烈变化，并决定利用12月份的国债期货来对冲债券组合的价格变动。12月份国债期货的报价为93-02，或93.062 5。由于美元合约要交割面值为10万美元的国债，因此合约的价值为93 062.50美元。

假设证券组合在3个月后的久期为6.80年。国债中最便宜可交割债券预计为20年期、券息率为12%的债券。这一债券当前收益率为每年8.80%，在期货到期时，其久期为9.20年。

基金经理需要进入国债期货的空头来对冲其证券组合的价格变动：如果利率上升，期货空头会带来收益，同时债券组合会产生损失；如果利率下降，期货空头会带来损失，但债券组合会产生收益。基金经理需要卖出债券期货头寸的数量可由式（6-5）求得，数量为

$$\frac{10\,000\,000}{93\,062.50} \times \frac{6.80}{9.20} = 79.42$$

将以上数字取整，基金经理需要卖出79份合约。

⊖ 有关式（6-5）细节的讨论，见 R. Rendleman, "Duration-Based Hedging with Treasury Bond Futures," *Journal of Fixed Income*, 9, 1 (June 1999): 84-91。

6.5 对于资产与负债组合的对冲

金融机构常常通过确保其资产平均久期等于其债务平均久期来对冲所面临的利率风险（负债可以被认为等同于债券的空头）。这种策略被称为**久期匹配**（duration matching），或**证券组合免疫**（portfolio immunization）。在实施这种策略以后可以保证利率的微小平行移动不会对资产与负债组合的价值产生太大的影响，即资产的收益（损失）与负债的损失（收益）相互抵消。

久期匹配不能使证券组合免疫于收益率曲线的非平行移动，这是该对冲策略的不足之处。在实际中，短期利率的变化幅度较大，并且与长期利率没有完美的相关性，有时甚至短期利率与长期利率会朝两个相反的方向变动，久期匹配只是进行利率管理的第一步，因此金融机构开发出了许多管理利率风险的其他方法，见业界事例6-3。

业界事例6-3 银行的资产－负债管理

现在银行的资产－负债管理（ALM）委员会谨慎地监测自身的利率风险头寸。保证资产与负债的久期相匹配的做法有时只是第一步，但这种措施并不能在利率曲线非平行移动时对银行提供保护。这时一种流行的做法被称为**缺口管理**（GAP Management），这一管理方法将零息收益率曲线切为几**段**（buckets），第1段可能是0～1个月，第2段为第1～3个月等。ALM管理委员会检验当利率曲线的某一段移动而同时所有其他段都不动的情形下，对于资产以及负债价值的影响。

如果有不匹配的情况，银行会采取一定的纠正措施。管理过程会涉及按照4.10节所描述的方式来调整存款利率和贷款利率。另外一些管理办法是利用利率互换、远期利率合约、债券期货、欧洲美元期货以及其他形式的利率衍生产品。

小结

在美国有两种最流行的利率期货：国债期货和欧洲美元期货。在国债期货中，空头方有以下几种有趣的交割选择。

(1) 在交割月份的任意一天均可进行交割；

(2) 在交割时，有多种不同债券可作为选择；

(3) 在交割月中的任意一天，基于下午2点成交价格的交割意向通知可以在当天更晚时候发出。

这些选择往往会降低期货价格。

欧洲美元期货是关于在交割月份的第3个星期三前两天开始的3个月利率的合约。在构造LIBOR零息曲线时，欧洲美元期货利率常常被用于估计LIBOR远期利率。当采用长期限合约时，因为期货合约按市值定价的要求，我们必须对期货利率进行曲率调整。

在对冲利率风险时，久期是一个重要的概念。久期可以使对冲者能够了解一个债券组合由于收益率曲线一个微小的平行移动所引起变化的敏感性。它也可以帮助对冲者估计利率期货价格对收益率曲线微小变化的敏感性。对冲者可以利用久期计算出为了确保债券组合不受收益率曲线微小平行移动影响所需要的期货合约的数量。

基于久期对冲的一个关键假设是所有利率变化幅度均相等，这意味着利率期限结构只能平行移动。在实际中，短期利率一般比长期利率变化更为剧烈，并且如果期货合约的标的债券的久期与被对冲的资产久期存在明显不匹配时，对冲的效果可能会很不好。

推荐阅读

Burghardt, G., and W. Hoskins. "The Convexity Bias in Eurodollar Futures," *Risk*, 8, 3 (1995): 63–70.

Grinblatt, M., and N. Jegadeesh. "The Relative Price of Eurodollar Futures and Forward Contracts," *Journal of Finance*, 51, 4 (September 1996): 1499–1522.

练习题

6.1 一个美国长期国债在每年1月7日和7月7日支付券息，券息率为7%，对于面值为100美元的美国国债，从2014年7月7日至2014年8月8日之间的应计利息为多少？如果这一债券为企业债券，你的答案会有什么不同？

6.2 假定现在是2015年1月9日。券息率12%并在2030年10月12日到期的美国长期国债的报价为102-07。这一债券的现金价格为多少？

6.3 如何计算CME集团的债券转换因子？如何使用这些转换因子？

6.4 当一个欧洲美元期货价格由96.76变化为96.82时，一个持有2份合约多头的投资者的盈亏为多少？

6.5 对于欧洲美元期货利率所做的曲率调整目的是什么？为什么这种调整是必要的？

6.6 350天的LIBOR利率是3%（连续复利），而且由350天期限的欧洲美元期货合约所得出的远期利率是3.2%（连续复利）。估计440天期限的零息利率。

6.7 今天是1月30日。你负责管理的债券组合价值为600万美元。债券组合在6个月后的久期为8.2年。9月份到期的国债期货的当前价格为108-15，并且最便宜可交割债券在9月份的久期为7.6年。你将如何对今后6个月内利率变化进行对冲？

6.8 一个90天期限的国库券的报价为10.00。某投资者将这一债券持有90天，该投资者的连续复利收益率（基于"实际天数/365"）为多少？

6.9 今天是2014年5月5日。一个在2024年7月27日到期、券息率为12%的政府国债报价为110-07。这一债券的现金价格为多少？

6.10 假定国债期货的价格为101-12，以下4个债券中哪一个为最便宜可交割债券？

债券	价格	转换因子
1	125-05	1.2131
2	142-15	1.3792
3	115-31	1.1149
4	144-02	1.4026

6.11 今天是2015年7月30日。在2015年9月到期的国库券期货所对应的最便宜可交割债券的券息率为13%，预计交割时间为2015年9月30日，债券券息的支付时间为每年的2月4日和8月4日。期限结构为水平，每半年复利一次的利率为每年12%。这一债券的转换因子为1.5，债券的当前报价为110美元。计算这一期货合约的报价。

6.12 一个投资者在国债期货市场上寻找套利机会。一个具有空头的投资者可以选择支付任意期限大于15年并且小于25年的债券，这一选择会带来什么复杂性呢？

6.13 假定9个月期LIBOR利率为每年8%，6个月期LIBOR利率为每年7.5%（两个利率天数计算惯例均为"实际天数/365"并连续复利）。估计在6个月时到期的3个月期欧洲美元期货报价。

6.14 假设300天期限的LIBOR零息利率是4%，而对300、398和489天到期合约的欧洲美元报价分别为95.83、95.62和95.48. 计算398天和489天的LIBOR零息利率。假设在计算中不区别远期利率与期货利率。

6.15 假设一个久期为12年的债券组合用标的

资产具有4年久期的期货合约来对冲。由于12年利率没有4年利率波动性大，这会给对冲造成什么影响？

6.16 假设现在为2月20日，某资金部主管意识到公司将必须在7月17日发行500万美元、期限为180天的商业票据。如果商业票据在今天发行，公司将收入482万美元（也就是说，公司可得资金482万美元，在180天后以500万美元将票据赎回）。9月份欧洲美元的报价为92.00。资金部主管如何来对冲其风险敞口呢？

6.17 在8月1日，某证券组合经理的债券组合价值为1 000万美元。在10月份债券组合的久期将为7.1年。12月份国债期货在目前的价格为91-12，并且最便宜可交割债券在期货到期时的久期为8.8年。组合经理如何能使债券价值在两个月里对利率变化得到免疫？

6.18 一个证券组合的经理采取什么样的交易可将练习题6.17中的债券组合的久期转换为3.0年？

6.19 在2015年10月30日与2015年11月1日之间，你可以选择拥有券息率为12%的美国国债或者券息率为12%的美国企业债券。仔细考虑这一章所讨论的天数计算惯例，在其他条件相等的情况下，你会更愿意持有哪一个债券？忽略违约风险。

6.20 假定一个在60天到期的欧洲美元期货的报价为88。介于60天与150天之间的LIBOR远期利率为多少？在这一问题中忽略期货合约与远期合约的不同。

6.21 一个在6年后到期的3个月欧洲美元期货合约的报价为95.20。短期利率在1年内变化的标准差为1.1%。计算介于6年与6.25年之间的LIBOR远期利率。

6.22 解释为什么远期利率小于相应由欧洲美元期货合约中得出的期货利率。

作业题

6.23 今天是2014年4月7日，每年券息为6%（半年付息一次）的美国国债报价为120-00，该国债的到期日为2023年7月27日，该债券的现金价格为多少？如果该债券为企业债券，你的答案会有什么变化？

6.24 某国债期货的报价为103-12，3个可交割债券的价格分别为115-06、135-12及155-28，债券相对应的转换因子分别为1.067 9、1.226 4及1.416 9，哪一个是最便宜可交割债券？

6.25 12月份的欧洲美元期货合约报价为98.40，一个公司预计在12月份要借入800万美元，为期3个月，利率为LIBOR加0.5%。

(a) 用欧洲美元期货合约，该公司可以锁定什么样的利率？

(b) 公司应该进入什么样的头寸？

(c) 如果到时的实际3个月利率为1.3%，那么期货合约的最终结算价格是多少？

6.26 在5.1～5.35年间的欧洲美元期货的报价为97.10。短期利率在1年内变化的标准差为1.4%，估计FRA的远期利率。

6.27 假设现在是2014年3月10日，2014年12月国债期货的最便宜可交割债券为8%券息，预计在2014年12月31日交割；券息支付在每年的3月1日和9月1日。对应所有期限按连续复利的利率均为每年5%，债券的转换因子为1.219 1，现在的报价为137美元，计算合约期货价格的报价。

6.28 假设一家银行可以在LIBOR市场以相同的利率借入或借出美元。90天的利率为每年10%，180天的利率为每年10.2%，两个利率均为连续复利，天数计算惯例为“实际天数/实际天数”，91天到期的欧洲美元期货的报价为89.5。对银行而言，这时会有什么样的套利机会？

6.29 某加拿大公司想采用美国欧洲美元期货

和外汇远期合约来生成加元的LIBOR期货合约。用一个例子解释公司如何可以达到目的。在本题中假定期货合约与远期合约等同。

6.30 在2014年6月25日，2014年6月的债券期货合约是118-23。

(a) 计算在2030年1月1日到期，券息为10%的债券的转换因子。

(b) 计算在2035年10月1日到期，券息为7%的债券的转换因子。

(c) 假定(a)和(b)中的债券报价分别为169.00和136.00，哪一个债券支付更便宜？

(d) 假定最便宜可交割债券在2014年6月25日确实被支付，卖出债券的现金价格为多少？

6.31 在今后3个月，某证券经理打算采用国债期货合约来对冲其债券组合。组合价值为1亿美元，在3个月后久期为4.0年。期货价格为122，每一份期货合约是关于100 000美元的债券。在期货合约到期时，预计最便宜可交割债券的久期为9年。对冲所要求的期货头寸为多少？

(a) 在1个月后最便宜可交割债券换成一个具有7年久期的债券，对冲要进行什么样的调整？

(b) 假定在今后3个月内，所有利率均增长，但长期利率增长幅度小于中期与短期利率增长幅度。这对于对冲效果的影响是什么？

CHAPTER7

第7章 互换

互换合约的诞生可以追溯到1981年IBM和世界银行签署的一笔货币互换，世界银行的借款是美元，而IBM的借款是德国马克和瑞士法郎。世界银行（直接以马克和瑞士法郎借款是受到限制的）同意支付IBM借款的利息，而IBM同意支付世界银行借款的利息。

自1981年第一笔交易之后，互换市场发展迅猛，现在互换合约在场外衍生产品市场中起了至关重要的作用。据国际清算银行的统计显示，利率互换交易占所有场外衍生产品市场的58.5%，货币互换占场外衍生产品市场的4%。在本章里我们将主要讨论标准利率互换和货币互换。在本章最后我们将对其他类型的互换进行简单描述，并在今后的章节里（第25章和第33章）进行详细讨论。

互换是指两个公司之间达成的在将来交换现金流的合约。在合约中，双方约定现金流的交换时间与现金流数量的计算方法。通常对于现金流的计算会涉及利率、汇率及其他市场变量在将来的值。

远期合约可以看作一种简单互换的例子。假定现在是2016年3月1日，某公司签订了一个1年期的远期合约，在合约中这家公司同意在1年后以每盎司1 500美元的价格购买100盎司的黄金。在1年后，公司收到黄金后可以马上在即期市场将黄金变卖。这个在2016年3月1日生效的远期合约可以被认为是一个互换合约。在合约中，公司同意在2017年3月1日以现金150 000美元换取数量为100S美元的现金流，其中S为1年后1盎司黄金的市场价格。远期合约等价于在今后某一时间现金流的互换，而互换合约通常阐明在今后的多个时间点上交换现金流。

市场上最为流行（简单形式）的利率互换是以LIBOR与固定利息进行交换。对互换定价时，我们需要定义“无风险”贴现利率，并对现金流进行贴现。如4.1节所示，传统上LIBOR利率一直被作为对于“无风险”利率的近似，因此简单利率互换的定价过程被大大简化，原因是贴现利率与互换的参考利率是一样的。自2008年信用危机以来，其他形式的无风险利率已经被市场参与者采用，尤其是对于有抵押的交易。在本章，我们将继续假设LIBOR利率为无风险利率，在第9章里我们将重新考虑这一假设，并讨论无风险利率的不同选择对于利率互换的影响。

7.1 互换合约的机制

在利率互换中，一家公司同意向另一家公司在今后指定的若干年内支付在指定名义本金上、由指定的固定利率所产生的现金流。作为回报，这家公司将从另一家公司收取在相同时间内和相同名义本金上按浮动利率产生的现金流。

7.1.1 LIBOR

大多数利率互换合约中的浮动利率是第4章中引入的伦敦同业银行间拆借利率（LIBOR）。这一利率是指具有AA信用等级的银行可以从另一家银行借款所付的利率。

在国内金融市场上，**最佳客户利率**（prime rate）常常被用来作为浮动利率贷款的参考利率。与此相似，LIBOR利率常常被用于国际金融市场中贷款的参考利率。为了理解LIBOR利率的应用方式，考虑一个5年期的债券，券息率为6个月期LIBOR加上0.5%（每年）。债券的期限被分成长度为6个月的10个时间段，每个时间段（即6个月）所对应的券息为时间段开始时6个月期LIBOR利率加上0.5%，而相应利息的支付是在时间段的末尾。

在本书的讨论中，我们称LIBOR利率与固定利率进行交换的利率互换为LIBOR与固定利率（LIBOR-for-fixed）互换。

7.1.2 例示

考虑一个在2014年3月5日开始、为期3年的虚拟利率互换合约。假定这一互换合约是在微软公司与英特尔公司之间达成的。我们假定微软同意向英特尔支付年息5%、本金1亿美元的利息；作为回报，英特尔向微软支付6个月期并且由同样本金所产生的浮动利息。微软为**定息支付方**（fixed-rate payer），英特尔为**浮息支付方**（floating-rate payer）。我们假定合约规定双方每6个月互相交换现金流。这里的5%固定利率为每半年复利一次。这一互换如图7-1所示。

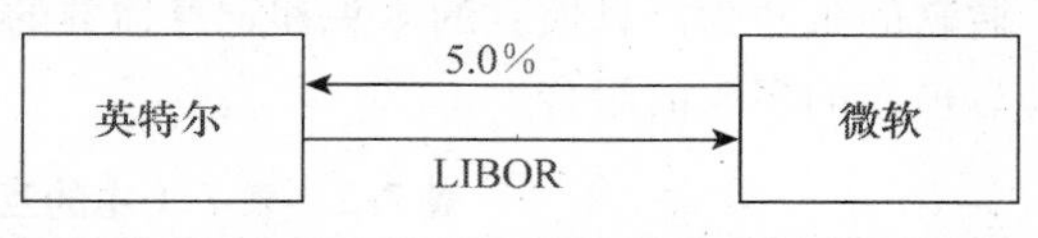

图7-1 微软及英特尔之间的利率互换交易

第1次利息互换是在2014年9月5日，即合约达成6个月之后。微软向英特尔支付250万美元，这个数量是由年利率5%以及本金1亿美元在6个月时间内所产生的利息。英特尔将向微软支付浮动利息，其数量等于1亿美元按2014年9月5日之前6个月内市场上LIBOR利率所产生的利息，这个LIBOR是在3月5日确定的。假定在2014年3月5日6个月期的LIBOR利率为4.2%，这时英特尔向微软支付的浮动利息为$0.5\times0.042\times1$亿$=210$万美元。[⊖]注意，对于首期支付的利息没有不确定性，因为这一支付利息是由在合约签署时的LIBOR来决定的。

第2次利息交换发生在2015年3月5日，即合约签署1年之后。微软将向英特尔支付250万美元。英特尔将向微软支付浮动利息，其数量等于1亿美元按2015年3月5日之前6个月内市场上LIBOR利率所产生的利息，这个LIBOR是在2014年9月5日确定的。假定在2014年9月5日的6个月期LIBOR利率为4.8%。因此英特尔向微软支付的浮动利息为$0.5\times0.048\times1$亿$=240$万美元。

⊖ 在这里我们忽略了天数计算惯例，我们将在本章的后面进一步讨论这一点。

这一互换总共包括6笔利息的交换，其中固定利息总是250万美元，在付款日浮动利息支付是利用付款日6个月之前确定的6个月期LIBOR来计算的。在实际中，利率互换通常只需要一方支付互换现金流的差额。在我们的例子中，在2014年9月5日微软向英特尔支付40万美元（=250－210），在2015年3月5日微软向英特尔支付10万美元（=250－240）。

表7-1展示了该例中对应于一组特定6个月期LIBOR所有的利息支付，这一表格是从微软公司的角度所看到的现金流。注意，这里的1亿美元本金只是在计算利息才被采用，本金并没有进行互换，这也就是我们为什么将它称为**名义本金**（notional principal）或**本金**的原因。

表7-1　微软公司支付本金为1亿美元的固定利率（5%）并收入浮动利率的3年期利率互换的现金流　（单位：百万美元）

日期	6个月期LIBOR（%）	收入的浮动现金流	支付的固定现金流	净现金流
2014/03/05	4.20			
2014/09/05	4.80	+2.10	−2.50	−0.40
2015/03/05	5.30	+2.40	−2.50	−0.10
2015/09/05	5.50	+2.65	−2.50	+0.15
2016/03/05	5.60	+2.75	−2.50	+0.25
2016/09/05	5.90	+2.80	−2.50	+0.30
2017/03/05		+102.95	−102.50	+0.45

如果在以上互换中交换名义本金，那么交易性质并没有改变。这是因为固定利息和浮动利息所对应的本金相同，在互换的末尾交换1亿美元资金对微软和英特尔双方都不会产生任何经济价值。表7-2展示了在表7-1中互换结束时加入本金交换后的现金流状况。这一表格给我们提供了看待互换交易一种有趣的方式：表中的第3列对应于一个浮息债券多头的现金流，第4列对应于一个定息债券空头的现金流。这说明利率互换可以看作定息债券与浮息债券的交换。微软的头寸为浮息债券的多头和定息债券的空头的组合；英特尔的头寸为浮息债券的空头和定息债券的多头的组合。

表7-2　表7-1中的互换在最后交换本金时的现金流　（单位：百万美元）

日期	6个月期LIBOR（%）	收入的浮动现金流	支付的固定现金流	净现金流
2014/03/05	4.20			
2014/09/05	4.80	+2.10	−2.50	−0.40
2015/03/05	5.30	+2.40	−2.50	−0.10
2015/09/05	5.50	+2.65	−2.50	+0.15
2016/03/05	5.60	+2.75	−2.50	+0.25
2016/09/05	5.90	+2.80	−2.50	+0.30
2017/03/05		+102.95	−102.50	+0.45

在互换中现金流的这种特性可以有助于解释为什么互换中的浮动利率在浮动利息支付前6个月就得以确定。在浮息债券中，利率通常在其适用期限的开始就得以确定并在期限的末尾支付。由表7-2所展示的“标准型”（plain vanilla）利率互换中的浮动利率反映了这一点。

7.1.3　利用互换转变负债的性质

对微软公司而言，利率互换可将其浮动利率贷款转换为固定利率贷款。假定微软公司已经安排了以 LIBOR +10 个基点的利率借入面值1亿美元（一个基点是1%的1%，实际贷款利率为 LIBOR +0.1%）的贷款。当微软公司进入互换合约后，它会有以下3项现金流：

（1）支付给外部放款人的利率为 LIBOR +0.1%。

（2）在互换合约中收入 LIBOR。

（3）在互换合约中付出5%的利率。

以上3项现金流的净效果为支出现金流的利率为5.1%。该互换将微软的 LIBOR +10 个基点的浮动利率贷款转换为5.1%的固定利率贷款。

对于英特尔公司而言，利率互换可将其固定利率贷款转换为浮动利率贷款。假定英特尔公司持有3年期5.2%的利率、面值为1亿美元的贷款。当英特尔公司进入互换合约后，它会有以下3项现金流：

（1）支付给外部放款人5.2%利率。

（2）在互换合约中付出 LIBOR。

（3）在互换合约中收入5%。

以上3项现金流的净效果为支付现金流的年率为 LIBOR +20 个基点（即 LIBOR +0.2%）。因此，对英特尔来讲，互换的效果是将5.2%的固定利率贷款转换为 LIBOR +0.2%的浮动利率贷款。微软与英特尔可能利用互换的方式显示在图7-2中。

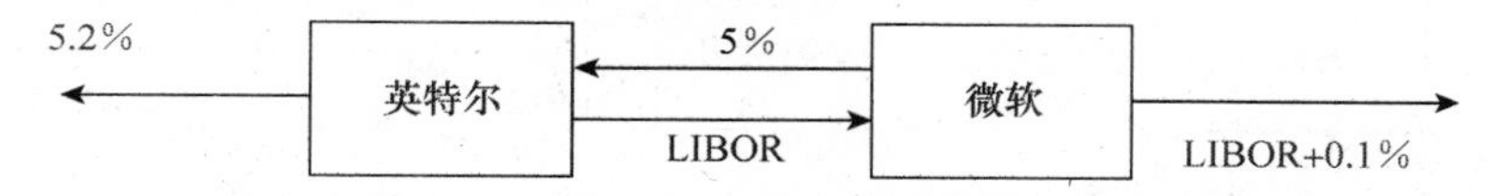

图7-2 微软和英特尔采用利率互换来转变负债的性质

7.1.4 利用互换转变资产的性质

利率互换也可以转换资产的性质。考虑我们例子中的微软公司。利用利率互换，微软公司可以将收入为固定利率的资产转换为收入为浮动利率的资产。假定微软持有面值为1亿美元的3年期债券，债券每年提供的券息为4.7%。当微软公司进入互换合约后，它会有以下3项现金流：

（1）债券收入为4.7%。

（2）在互换合约中收入 LIBOR。

（3）在互换合约中付出5%。

以上3项现金流的净效果为收入现金流的年率等于 LIBOR 减去30个基点。因此对于微软来讲，互换的一种应用是将收入为固定利率4.7%的资产转换为浮动利率 LIBOR-0.3%资产。

接下来考虑英特尔公司。利率互换可将其浮动利率资产转换为固定利率资产。假定英特尔拥有一个1亿美元的投资，其收益为 LIBOR 减去20个基点。当英特尔公司进入互换合约后，它会有以下3项现金流：

（1）投资收入为 LIBOR 减去20个基点。

（2）在互换合约中付出 LIBOR。

（3）在互换合约中收入5%。

以上3项现金流的净效果为收入现金流的年率为4.8%。对于英特尔来讲，利率互换可将其浮动利率等于 LIBOR 减去20个基点的资产转换为固定利率为4.8%的资产。微软与英特尔可能利用互换的方式显示在图7-3中。

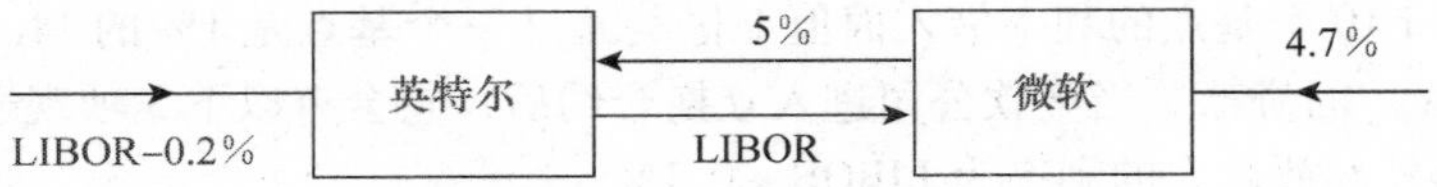

图 7-3　微软和英特尔采用利率互换来转变资产的性质

7.1.5 金融中介的作用

一般来讲，像微软和英特尔这样的非金融公司并不会像图 7-2 和图 7-3 所示的方式互相联系而直接进行互换交易，这些公司都会单独同银行或其他金融机构联系。在安排“标准型”固定与浮动美元利率互换时，金融机构通常会在每一对相互抵消的交易中收取 3 ~ 4 个基点 (0.03%.~0.04%)。

图 7-4 说明了在图 7-2 的情况下金融机构可能扮演的角色。金融机构分别与微软公司和英特尔公司签署了两个相互抵消的互换。假定两家公司均不违约，金融机构肯定可以获得本金为 1 亿美元、年率为 0.03%（3 个基点）的盈利（在 3 年中每年盈利大约为 3 万美元）。微软最终付 5.115%（而不是图 7-2 所示的 5.1%）的贷款利率；英特尔最终付 LIBOR + 21.5 个基点（而不是图 7-2 所示的 LIBOR + 20 个基点）的贷款利率。

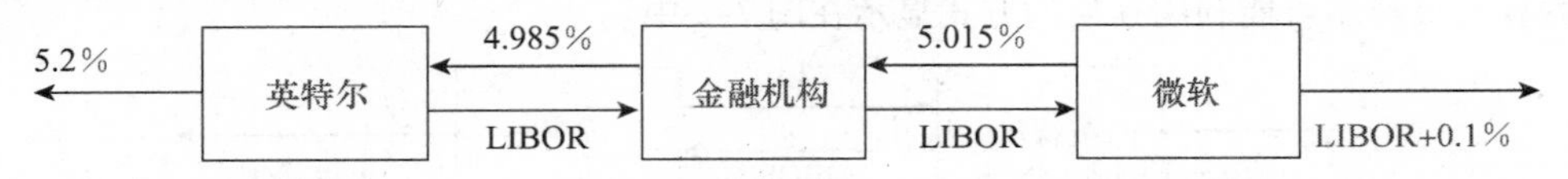

图 7-4　当金融机构介入时，图 7-2 所对应的利率互换

图 7-5 说明了在图 7-3 情形下金融机构的角色。互换与前面一样：如两家公司均不违约，金融机构肯定能赚取 3 个基点的利息。微软将会赚取 LIBOR 减去 31.5 基点（而不是 LIBOR 减去 30 基点），而英特尔将会挣取 4.785%（而不是像图 7-3 中的 4.8%）的利率。

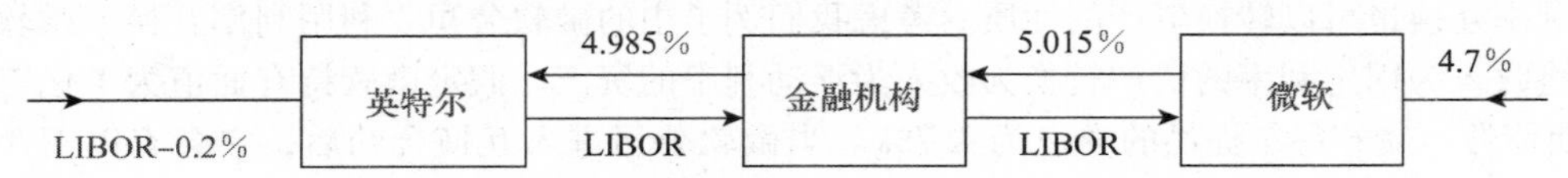

图 7-5　当金融机构介入时，图 7-3 所对应的利率互换

注意在每一种情况下，金融机构有两个单独的合约：一个是与英特尔的，另一个是与微软的。在大多数情况下，英特尔甚至不知道金融机构与微软进行了抵消性的互换，反之亦然。如果一家公司违约，金融机构必须履行与另一方的合约。在金融机构所收入的 3 个基点差价中有一部分是用来补偿由于交易对手违约而带来的信用风险。

7.1.6 做市商

在实际中，两个公司不可能同时与某家金融机构接触并持有相同而且头寸相反的互换。因此，许多大型金融机构起着互换做市商的作用。这意味着金融机构在进入利率互换的同时，并不一定要进入与其他交易对手之间的互换交易。[㊀]做市商必须对自身面临的风险仔细地进行定量化，并采取对冲措施。互换合约的做市商可以采用债券、远期利率合约、利率期货等产品来

㊀ 这一做法有时被称为**互换交易的储存**（swap warehousing）。

对冲风险。表7-3是某做市商可能给出的关于标准美元互换的报价。[⊖]一般来讲，溢差的买入－卖出差价为3～4个基点。买入与卖出利率的平均值被称为**互换利率**（swap rate），表7-3的最后一列为互换利率。

表7-3　利率互换市场中的互换利率买入和卖出报价（年利率%）；利息互换每半年一次

期限	买入价	卖出价	互换利率	期限	买入价	卖出价	互换利率
2	6.03	6.06	6.045	5	6.47	6.51	6.490
3	6.21	6.24	6.225	7	6.65	6.68	6.665
4	6.35	6.39	6.370	10	6.83	6.87	6.850

考虑一个新的互换合约，合约中的固定利率等于当前的互换利率。我们可以合理地假设这一互换的价值为0（不然造市商为什么会选择以互换利率为中心的买入－卖出报价呢?）。在表7-2中，我们看到互换的价值等于一个固定利率的债券与一个浮息债券的差。定义：

B_{fix}：所考虑互换中定息债券的价值。

B_{fl}：所考虑互换中浮息债券的价值。

因为互换的价值为0，因此

$$B_{fix} = B_{fl} \tag{7-1}$$

在本章后面计算LIBOR/互换零息利率曲线时，我们将用到这一结论。

7.2　天数计算惯例

在6.1节中我们曾讨论了天数计算惯例。天数计算惯例影响互换中支付利息的数量，但我们所给的例子中利率并没有完全反应天数计算惯例。例如，我们考虑由表7-1中6个月LIBOR利率所决定的利息，因为这里的利率为货币市场利率，因此6个月LIBOR的天数计算惯例为“实际天数/360”。表7-1中的第1个浮动利息支付为210万美元，这一利息所对应的LIBOR利率为4.2%。因为2014年3月5日及2014年9月5日之间总共有184天，因此利息支付数量应当为

$$100 \times 0.042 \times \frac{184}{360} = 2.1467(\text{百万美元})$$

一般来讲，在互换合约中，一个基于LIBOR的浮动利率现金流等于$LRn/360$，其中L为本金，R为相关的LIBOR利率，n为从上一个付款日到今天的天数。

在互换中通常也会指定固定利率的天数计算惯例。因此，在每个付款日，固定息的支付数量并不一定一样。固定利率的天数计算惯例通常为“实际天数/365”或“30/360”。这些惯例并不能与LIBOR直接相比较，因为固定利率的适用区间为一整年。为了保证利率有近似的可比性，我们要将LIBOR利率乘以365/360或将互换的固定利率乘以360/365。

为了方便叙述起见，在本章下面的计算中我们将忽略天数计算惯例的问题。

7.3　确认书

在互换中的**确认书**（confirmation）是由交易双方的代表鉴置的法律文件。确认书的初稿由

⊖ 在美国的标准利率互换合约中，固定利率一般是每6个月付一次，而浮动利率LIBOR为每3个月付一次。表7-1中的分析假定固定和浮动利率均为6个月付一次。

总部在纽约的**国际互换与衍生产品联合会**（International Swaps and Derivatives Association，即 ISDA，www. isda. org）提供。ISDA 已经制定了一些**主协议**（Master Agreement）。这些主协议定义了合约的一些细节与互换合约中所采用的名词，也阐明了如果某交易方违约将如何对合约进行处理等条文。在业界事例 7-1 中，我们展示了微软与某家金融机构（假设为高盛）在图 7-4 中的互换合约确认书的摘要。一份完整的确认书可能会指明 ISDA 主协议里的条款适用于这一交易。

业界事例 7-1 虚拟互换交易的确认书摘要

交易日（trade date）：	2014 年 2 月 27 日
生效日（effective date）：	2014 年 3 月 5 日
业务天约定（所有日期）：	随后第 1 个工作日
假期日历：	美国
终止日：	2017 年 3 月 5 日
固定息方	
固定利息付出方：	微软
固定利息名义本金：	1 亿美元
固定利率：	每年 5.015%
固定利率天数计量惯例：	实际天数/365
固定利率付款日：	由 2014 年 9 月 5 日开始、直到并且包括 2017 年 3 月 5 日、每年的 3 月 5 日和 9 月 5 日
浮动息方	
浮动利息付出方：	高盛
浮动利息本金：	1 亿美元
浮动利率：	6 个月期的美元 LIBOR 利率
浮动利率天数计量惯例：	实际天数/360
浮动利率付款日：	由 2014 年 9 月 5 日至 2017 年 3 月 5 日（包括这一天）之间所有的 3 月 5 日和 9 月 5 日

确认书中指明**业务天惯例**（business day convention）为**随后第一个工作日**（following business day）和由美国的日历来作为决定一天是工作日还是节假日。这意味着如果一个付款日刚好为周末或美国的假日，付款日会挪到下一个工作日。[⊖]2016 年 3 月 5 日是星期六，因此，这一天的支付要推迟到 2016 年 3 月 7 日。

7.4 相对优势的观点

一种对互换合约在市场上如此流行的解释是所谓的相对优势（comparative-advantage）。考

⊖ 另外一种业务天惯例为**修正随后工作日**（modified following）约定，这一惯例与随后第 1 个工作日的惯例几乎相同，唯一不同之处在于如果某一天所对应的下一个工作日落在下一月，那么付款日就是这一天之前的最后一个工作日。此外，**前一工作日**（proceeding）以及**修正前一天工作日**（modified proceeding）的定义与此类似。

虑利用利率互换转换负债形态的例子：某些公司在固定利率市场贷款具有相对优势，而另一些公司在浮动利率市场贷款具有相对优势。当需要一笔新的贷款时，公司会进入自身有相对优势的市场。因此，本想借入固定利率贷款的公司可能会借入浮动利率贷款，而本想借入浮动利率贷款的公司可能会借入固定利率贷款。互换合同可以用来将固定利率贷款转化为浮动利率贷款，反之亦然。

假定两家公司 AAACorp 与 BBBCorp 均想借入1 000 万美元，期限为5 年。表7-4 给出了相应的贷款利率。AAACorp 公司的信用评级为 AAA；BBBCorp 公司的信用评级为 BBB；[㊀]我们假定 BBBCorp 想借入固定利率贷款，AAACorp 想借入与 6 个月期 LIBOR 有关的浮动利率贷款。公司 BBBCorp 的信用等级比 AAACorp 公司差，因此，它所支付的固定利率与浮动利率都会比 AAACorp 公司更高。

表7-4 给相对优势观点提供基础的借入资金的利率

	固定利率	浮动利率
AAACorp	4.0%	6 个月 LIBOR −0.1%
BBBCorp	5.2%	6 个月 LIBOR +0.6%

提供给 AAACorp 及 BBBCorp 的利率报价中有一个重要特点：固定利率之间的差价大于浮动利率之间的差价。BBBCorp 在固定利率市场要比 AAACorp 多付 1.2%，而在浮动利率市场只多付 0.7%。BBBCorp 在浮动利率市场具有相对优势，AAACorp 在固定利率市场具有相对优势。[㊁]这一明显的差异也就触发了互换合约的形成：AAACorp 以每年 4% 借入固定利率，BBBCorp 以 LIBOR +0.6% 借入浮动利率，然后它们进入利率互换交易，最终结果是 AAACorp 公司融资利率为浮动利率，而 BBBCorp 公司的融资利率为固定利率。

为了理解互换的运作过程，我们假定 AAACorp 公司与 BBBCorp 公司直接取得联系。它们达成的互换合约如图7-6 所示。这一互换与图7-2 的互换非常相似，AAACorp 同意向 BBBCorp 支付本金为1 000万美元的 6 个月 LIBOR 利息。作为回报，BBBCorp 向 AAACorp 支付本金为1 000万美元、每年4.35%的固定利息。

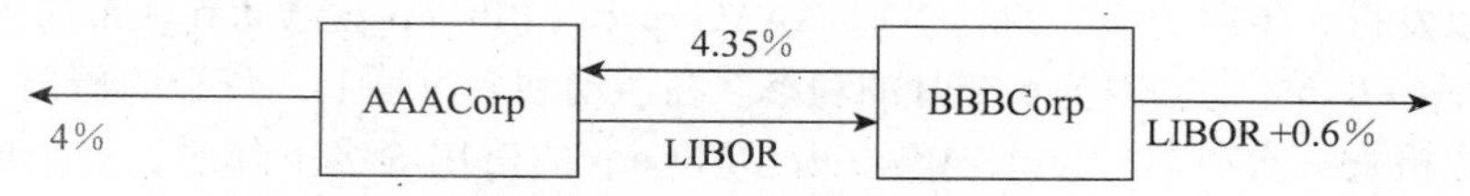

图7-6 AAACorp 及 BBBCorp 之间的利率互换交易，利率由表7-4 给出

AAACorp 会有以下 3 项现金流：

（1）支付给外部放贷人的利率为 4%。

（2）在互换合约中从 BBBCorp 收入 4.35%。

（3）在互换合约中向 BBBCorp 支付 LIBOR。

以上 3 项现金流给 AAACorp 带来的净效果是支出现金流的年率为 LIBOR −0.35%。这比直接在浮动市场上贷款的利率低了 0.25%。当进入互换合约后，BBBCorp 也有 3 项现金流：

㊀ 标准普尔和惠誉对于公司给出的信用评级（由好到坏）分别为 AAA，AA，A，BBB，BB，B，CCC，CC 和 C。穆迪（Moody）的相应的评级分别为 Aaa，Aa，A，Baa，Ba，B，Caa，Ca 和 C。

㊁ 注意 BBBCorp 在浮动利率市场具有相同优势并不意味着 BBBCorp 公司所付的浮动利率低于 AAACorp 公司，这只是意味着 BBBCorp 所付的额外数量比 AAACorp 公司的额外数量在这一市场要更低。我的一个学生将这一情形比作“AAACorp 在固定利率市场付的额外数量少得更多；BBBCorp 在浮动利率市场付的额外数量多得更少”。

(1) 支付给外部放贷人的利率为 LIBOR +0.6%。

(2) 在互换合约中从 AAACorp 收入 LIBOR。

(3) 在互换合约中向 AAACorp 支付 4.35%。

以上 3 项现金流给 BBBCorp 带来的净效果是支出现金流的年率为 4.95%。这比在固定利率市场的贷款利率低了 0.25%。

在这个例子中，互换的构造使得双方均少付了 0.25%，但不一定非是这样。很显然这类互换合约的总收益总是 $a-b$，其中 a 为两家公司在固定利率市场的利率差，b 为两家公司在浮动利率市场的利率差。在我们的例子中，$a=1.2\%$，$b=0.70\%$，所以总收益为 0.5%。

如果 AAACorp 与 BBBCorp 之间并不是直接进行交易，而是利用金融机构，结果可能如图 7-7所示（这与图 7-4 中的例子非常相似）。这时，AAACorp 的贷款利率为 LIBOR-0.33%，BBBCorp 的贷款利率为 4.97%，金融机构的收益为 4 个基点。AAACorp 的收益为 0.23%；BBBCorp 的收益为 0.23%；金融机构的收益为 0.04%。对于 3 方的总收益仍然等于以上所讨论的总收益差，即 0.50%。

图 7-7 AAACorp 及 BBBCorp 之间的利率互换交易，利率由表 7-4 给出，交易中有金融机构介入

对相对优势观点的批评

我们刚刚描述的解释利率互换吸引力的观点存在一些问题。为什么表 7-4 所示的对于 AAACorp 及 BBBCorp 的利率差在固定利率市场与浮动利率市场会有所不同呢？利率互换市场已经存在了好长时间，我们可以合理地假定这种利差已经被套利者消除了。

利差差异存在的原因似乎在于这些公司在固定利率市场与浮动利率市场所能得到的这些合约的特点。AAACorp 和 BBBCorp 在固定利率市场得到的 4.0% 与 5.2% 的利率均为 5 年期（例如，公司可以发行 5 年期的债券的利率）。AAACorp 和 BBBCorp 在浮动利率市场得到的 LIBOR-0.1% 和 LIBOR +0.6% 的利率为 6 个月的利率。在浮动利率市场上，资金的借出方通常有机会在每 6 个月内检查一次利率。当 AAACorp 及 BBBCorp 的信用等级下降时，资金的借出方可以选择在 LIBOR 利率上进行加息。甚至在极端的情形下，贷款人可以拒绝延续贷款。固定利率的贷款人没有以这种方式改变贷款条款的选择。[⊖]

市场提供给 AAACorp 和 BBBCorp 的贷款利率之间的价差反映了 BBBCorp 比 AAACorp 更有可能违约的程度。在今后的 6 个月内，AAACorp 及 BBBCorp 违约的机会都很小。当我们考虑更长期限时，信用等级相对较低的公司（如 BBBCorp）的违约概率比信用等级相对较高公司（如 AAACorp）的违约概率增长得更快。这也就是 5 年期的利率差价比 6 个月期的利率差价更大的原因。

在取得 LIBOR +0.6% 的浮动利率贷款并进入图 7-7 所示的互换之后，BBBCorp 似乎取得了 4.97% 的固定利率贷款。刚才的讨论说明事实并非如此。在实际中，只有在 BBBCorp 能够持续地以 LIBOR + 0.6% 借入浮动利率资金的前提下，固定利率才为 4.97%。例如，如果由于 BBBCorp 信用等级的下降而使浮动贷款利率变成了 LIBOR + 1.6%，这时 BBBCorp 所付出的利

⊖ 如果浮动利率的贷款中事先保证在 LIBOR 上的价差与信用等级变化无关，那么这种差别将不存在。

率将变为5.97%。市场会预计在互换有效期之内BBBCorp在LIBOR浮动利率之上的价差从平均来讲将会增加，因此在进入互换后BBBCorp借入资金的平均利率将会高于4.97%。

图7-7所示的互换使AAACorp公司在今后5年（而不是仅仅为6个月）之内锁定了LIBOR-0.33%的利率。对于AAACorp公司来讲，这似乎是一笔好交易。不利之处在于AAACorp必须承担金融机构违约的风险。如果公司采用通常的形式来借入资金，那么它无须承担这一风险。

7.5 互换利率的本质

我们现在可以考虑互换利率的本质以及互换市场与LIBOR市场之间的关系。在4.1节里我们曾经指出，LIBOR利率是具有AA信用级别的银行向其他银行借入长到12个月期限资金的利率。而如表7-3所示，互换利率等于以下两个利率的平均值：（a）做市商在互换合约中收入LIBOR，并准备付出的固定利率（买入利率），（b）做市商在互换合约中付出LIBOR，并准备收入的固定利率（卖出利率）。

与LIBOR利率一样，互换利率并不是无风险利率。但是，它们同无风险利率非常接近。一家金融机构可以进行以下交易来使得一笔本金的投资收益率等于5年期的互换利率：

（1）将本金借给一家信用级别为AA的公司，期限为6个月，并且在以后每6个月将相同数量的资金借给其他信用级别也为AA的公司；

（2）进入一个5年期的互换交易，而将LIBOR收入转换成5年期互换利率。

这说明5年期的互换利率等于借给AA级公司10个接连6个月期的LIBOR短期资金的收益率。类似地，7年期的互换利率等于借给AA级公司的14个接连6个月期的LIBOR短期资金的收益率。对于其他期限的互换利率，我们也可以给出类似的解释。

注意5年期的互换利率小于AA级公司借入5年期资金的利率。在5年内每6个月将资金借给若干家信用级别总是为AA级公司比在5年开始时将资金借给单家信用级别为AA的公司并锁定5年期限会更具吸引力。

在讨论以上观点时，Collin-Dufresne和Solnik将互换利率成为“连续更新”的LIBOR利率。[㊀]

7.6 确定LIBOR/互换零息利率

使用LIBOR利率的一个问题是我们所能直接观察到的利率期限都不超过12个月。如6.3节所述，一种将LIBOR零息曲线延长到长于12个月的方法是利用欧洲美元期货。一般来讲，欧洲美元可以用来将LIBOR零息曲线延长到2年，有时会长达5年，然后交易员利用利率互换将LIBOR零息曲线再进一步延长。所得零息曲线有时称为LIBOR零息曲线，有时称为互换零息曲线。为了不引起混乱，我们将其称为**LIBOR/互换零息曲线**。下面我们将描述如何利用互换利率来确定LIBOR/互换零息曲线。

第一点应注意的是如果贴现时采用LIBOR/互换零息曲线，新发行的券息为6个月LIBOR的浮动息债券价格将总会等于本金价格（即平价），[㊁]原因是债券的利率为LIBOR，同时贴现利

㊀ 见P. Collin-Dufresne and B. Solnik, “On the Term Structure of Default Premia in the Swap and Libor Market,” *Journal of Finance*, 56, 3 (June 2001)。

㊁ 对新发行的支付1个月、2个月、3个月以及12个月期的LIBOR利率的债券，这当然也是对的。

率也为 LIBOR，债券的券息与贴现利率吻合。因此，债券价格为平价。

在式（7-1）中，我们说明了对于一个新成交的互换交易，当固定利率等于互换利率时，$B_{fix}=B_{fl}$。我们刚才指出 B_{fl} 等于本金值，因此 B_{fix} 也等于本金值。这说明互换利率定义了一组平价债券。例如，由表 7-3 我们可以得出 2 年期 LIBOR/互换平价收益率为 6.045%，3 年期的 LIBOR/互换平价收益率为 6.225%，等等。[⊖]

在 4.5 节中我们说明了如何利用票息剥离法来确定国债零息曲线。类似的方法也可以用在互换利率上来延长 LIBOR/互换零息曲线。

例 7-1

假定已经确定了 6 个月、12 个月、18 个月的 LIBOR/互换零息利率分别为 4%、4.5% 及 4.8%（按连续复利），2 年期互换利率（支付频率为每半年一次）为 5%。5% 的互换利率意味着本金为 100 美元，券息年率 5%（券息每年支付两次）的债券价格为平价。如果 R 为 2 年期的零息利率，那么

$$2.5e^{-0.04\times0.5}+2.5e^{-0.045\times1.0}+2.5e^{-0.048\times1.5}+102.5e^{-2R}=100$$

以上方程的解 $R=4.953\%$（注意在这里我们没有将天数计算惯例与假期日历考虑在内，见 7.2 节）。

7.7 利率互换的定价

我们现在考虑利率互换的定价问题。在合约刚开始时，利率互换的价值接近于 0。随时间的变化，利率互换的价值可能为正，也可能为负。当 LIBOR/互换利率被用作贴现利率时，利率互换有两种定价方式：第 1 种方式将利率互换作为两个债券的差；第 2 种方式将利率互换作为由 FRA 所组成的交易组合。DerivaGen 3.00 可以用来计算以 LIBOR 或 OIS 贴现时的互换价值。

7.7.1 利用债券价格定价

在利率互换中，本金不进行交换。但是如表 7-2 所示，我们可以假设本金在互换的最后进行交换，这一假设并不影响互换的价值。这样做以后我们将收入固定利率而付出浮动利率的互换作为定息债券多头与浮息债券空头的组合，因此

$$V_{swap}=B_{fix}-B_{fl}$$

其中 V_{swap} 为互换的价值，B_{fl} 为互换中浮息债券的价值，B_{fix} 为互换中定息债券的价值。类似地，一个收入浮动利率并付出固定利率的互换可以作为浮息债券多头与定息债券空头的组合，因此

$$V_{swap}=B_{fl}-B_{fix}$$

定息债券的价值可以由 4.4 节所描述的方式来计算。为了计算浮息债券的价格，我们注意债券在券息付出后等于其面值。因为在这时债券为“公平交易”：借贷人对于每个计息区间所支付的利率均为 LIBOR。

[⊖] 分析员常常对互换利率进行插值，然后再进行零息利率曲线的计算。这样做的原因是为了保证对于每 6 个月的期限都有一个互换利率。例如，对于表 7-3 所示的数据，2.5 年的互换利率被假设为 6.135%（即由插值所得），7.5 年的互换利率被假设为 6.696%，等等。

假定名义本金为L，下一个交换支付的时间为t^*，而在t^*支付的浮动息（在前一个付款日已确定）为k^*，在支付之后，如前面所述，$B_{fl}=L$。因此在支付利息之前，$B_{fl}=L+k^*$。因此，浮息债券可以看作在t^*提供单一现金流的产品，对这一现金流进行贴现，即可得出浮动息债券在今天的价格$(L+k^*)e^{-r^*t^*}$，其中r^*为LIBOR/互换零息曲线上对应于t^*的利率。图7-8展示了以上的讨论。

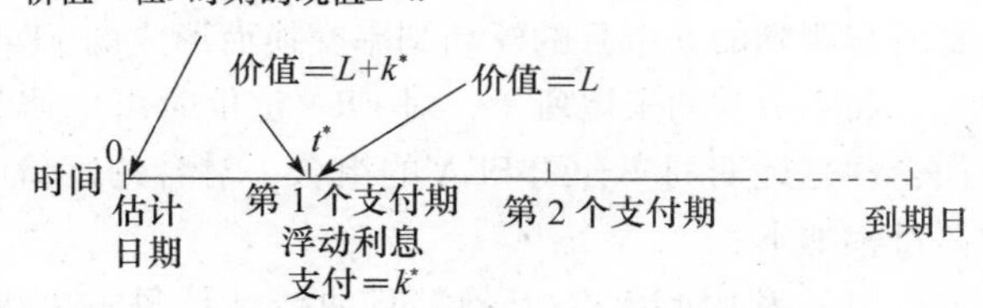

图7-8　面值为L在下一个付款日t^*支付利息为k^*的浮动债券的定价

例7-2

假定在之前某金融机构同意在互换合约中收入6个月期的LIBOR利率并同时支付每年3%（每半年复利一次）的固定利率，互换的本金为1亿美元。互换合约还有1.25年的剩余期限。对应于期限为3个月、9个月和15个月的LIBOR利率（连续复利）分别为2.8%、3.2%和3.4%。前一个付款日所观察的6个月期LIBOR利率为2.9%（每半年复利一次）。

表7-5总结了以债券形式对互换定价的计算。固定息债券的现金流在3个付款日上分别为1.5，1.5和101.5。对应于这3个付款日的贴现因子分别为$e^{-0.028\times0.25}$，$e^{-0.032\times0.75}$，$e^{-0.034\times1.25}$，其数值结果列在表7-5的第4列。表中显示的定息债券价格（以百万美元计）为100.230 6。

表7-5　利用债券价格来定价。其中B_{fix}为互换中的定息债券，B_{fl}为互换中的浮息债券

时间	B_{fix}现金流（百万美元）	B_{fl}现金流（百万美元）	贴现因子	B_{fix}现金流贴现值（百万美元）	B_{fl}现金流贴现值（百万美元）
0.25	1.5	101.450 0	0.993 0	1.489 5	100.742 3
0.75	1.5		0.976 3	1.464 4	
1.25	101.5		0.958 4	97.276 6	
总计				100.230 6	100.742 3

在该例中，$L=1$亿美元，$k^*=0.5\times0.029\times100=145$万美元，$t^*=0.25$。因此，对浮息债券定价时，可以将其认为是在3个月具有10 145万美元的现金流。表中显示的浮动债券价格（以百万美元计）为$101.450\,0\times0.993\,0=100.742\,3$。

债券价值为以上两个债券价格的差：

$$V_{swap}=100.742\,3-100.230\,6=0.511\,7$$

即51.17万美元。

如果金融机构处在相反的位置（即支付固定利率，并收入浮动利率时），互换的价值为负51.17万美元。注意，在计算中，我们没有考虑天数计算惯例以及假期日历。

7.7.2　利用FRA对互换定价

一个互换合约可以被当成远期利率合约的组合。考虑图7-1所示的微软与英特尔之间的互换合约，这一合约在2014年3月5日签订，期限为3年，付款频率为每半年一次。在合约成交时，我们已经知道第一个支付量为多少。其他5个支付量可以被看成FRA合约。在2015年3

月5日的现金流互换可以看作固定利率5%与在2014年9月5日所观测到的6个月的浮动利率交换而形成的FRA；在2015年9月5日的现金流互换可以看作固定利率5%与在2015年3月5日所观测到的6个月的浮动利率交换而形成的FRA，等等。

如4.7节的末尾所示，对FRA定价时可以假设远期利率在将来会得以实现。因为简单互换合约是远期利率合约FRA的组合，对合约定价时我们可以假定远期利率在将来会实现，具体过程如下：

（1）利用LIBOR/互换零息曲线计算每一个决定互换现金流的LIBOR利率所对应的远期利率；

（2）假定LIBOR利率等于相应的远期利率，并计算互换现金流；

（3）对所得互换现金流进行贴现（利用LIBOR/互换零息曲线）来得到互换的价值。

例7-3

再一次考虑例7-2中的情形。在互换中，某金融机构同意支付6个月期的LIBOR并同时收入每年3%（每半年复利一次）的固定利率。互换的本金为1亿美元，互换还有1.25年的剩余期限。对应于期限为3个月、9个月和15个月的LIBOR利率（连续复利）分别为2.8%、3.2%和3.4%。前一个付款日所对应的6个月期LIBOR利率为2.9%（每半年复利一次）。

表7-6总结了计算过程。表的第1行显示了在第3个月时现金流的交换，这时的现金流数量已经被确定。固定利率1.5%对应于100×0.030×0.5=150万美元的现金流出。浮动利率2.9%（在3个月以前设定）对应于100×0.029×0.5=145万美元的现金收入。表中的第2行显示在9个月时的现金流交换，其中假设远期利率会实现。同上，现金流出为150万美元。为了计算现金流入，我们首先计算介于3个月与9个月之间的远期利率。由式（4-5），我们可以得出远期利率为

$$\frac{0.032\times0.75-0.028\times0.25}{0.5}=0.034$$

即3.4%（连续复利）。由式（4-4），对应于每半年复利一次的远期利率为3.429%。因此，收入现金流为100×0.03429×0.5=171.45万美元。类似地，第3行显示在假定远期利率会实现时，在15个月时的现金流。对应于这3个付款日期的贴现因子分别为

$$e^{-0.028\times0.25},\quad e^{-0.032\times0.75},\quad e^{-0.034\times1.25}$$

表7-6 利用FRA对互换定价。浮动利率现金流是假设远期利率将会被实现来计算的

时间	固定现金流（百万美元）	浮动现金流（百万美元）	净现金流（百万美元）	贴现因子	净现金流贴现值（百万美元）
0.25	-1.5000	+1.4500	-0.0500	0.9930	-0.0497
0.75	-1.5000	+1.7145	+0.2145	0.9763	+0.2094
1.25	-1.5000	+1.8672	+0.3672	0.9584	+0.3519
总计					+0.5117

在3个月支付的贴现值为-4.97万美元，与第9个月和第15个月时的交换所对应的FRA价值分别为+20.94万美元和+35.19万美元。互换的总价值为51.17万美元。这与例7-4中将互换分解为债券多头和空头所得出的价值一致。

7.8 期限结构的效应

在互换合约刚刚开始时，互换的价值接近于0。这意味着在开始时，互换中所有 FRA 的价值总和为0，但这并不意味着每个 FRA 的价值为0。一般来讲，有些 FRA 的价值为正，而有些 FRA 的价值为负。

考虑表7-1 中所示微软与英特尔之间互换中的 FRA：

当远期利率 >5.0% 时，对于微软，FRA 价值 >0；

当远期利率 =5.0% 时，对于微软，FRA 价值 =0；

当远期利率 <5.0% 时，对于微软，FRA 价值 <0。

假定利率期限结构在互换刚刚成交时为上升型，这意味着当 FRA 期限增长时，远期利率增大。因为所有 FRA 价值的总和为0，初始付款日所对应的远期利率一定小于5%；互换末端的付款日所对应的远期利率一定大于5%。因此对应前面付款日的 FRA 价值为负，对应于后面付款日的 FRA 价值为正。如果在互换刚刚成交时，利率曲线为下降型，以上结论会刚好相反。利率曲线结构形状对于互换中 FRA 的影响显示在图7-9 中。

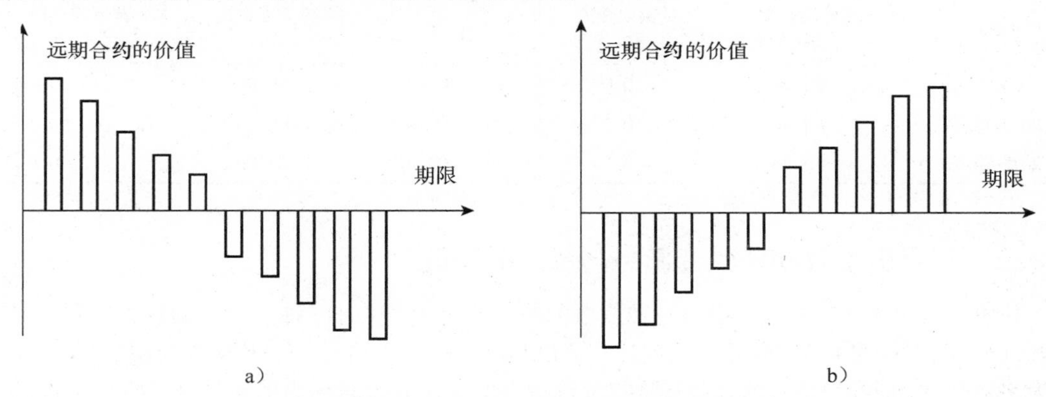

图7-9 互换合约中的 FRA 价格与期限的函数关系

注：在图7-9a 中，利率期限结构为上升型，在合约中我们收入固定利息；或者利率期限结构为下降型，在合约中我们收入浮动利息。在图7-9b 中，利率期限结构为上升型，在合约中我们收入浮动利息；或者利率期限结构为下降型，在合约中我们收入固定利息。

7.9 固定息与固定息货币互换

另外一种较为流行的互换是**固定息与固定息货币互换**（fixed-for-fixed currency swap），这是将一种货币下的固定利息和本金与另外一种货币下的固定利息和本金进行交换。

货币互换合约要求指明在两种不同货币下的本金数量。互换中通常包括开始时和结束时两种货币下本金的交换。通常货币本金数量的选取是使得在互换开始时的兑换率下，两种本金价值大致相同。但在最后交换时，两者的价值可能大不一样。

7.9.1 例示

考虑一个5年期 IBM 与英国石油公司（British Petroleum）之间的虚拟货币互换合约，互换的开始日期为2014年2月1日。我们假定IBM支付英镑上5%利率，同时从英国原油公司收入美元的利率为6%。现金流互换频率为一年一次，本金数量分别为1 500万美元与1 000万英镑。这一互换为**固定息与固定息**（fixed-for-fixed）的货币互换，互换之所以被如此命名是因为每个货币下所对应的利息均为固定利息。这一互换如图7-10所示。在开始时，本金的交换与图中箭头所指方向相反，在互换期限内与互换结束时，现金流与图中箭头所指方向一致。因此，在互换的开始，IBM首先支付1 500万美元，同时收进1 000万英镑。在互换期间的每一年里，IBM收进90万美元（即1 500万美元的6%）并支付50万英镑（即1 000万英镑的5%）。在互换结束时，IBM支付1 000万英镑的本金同时收进1 500万美元的本金。现金流如表7-7所示。

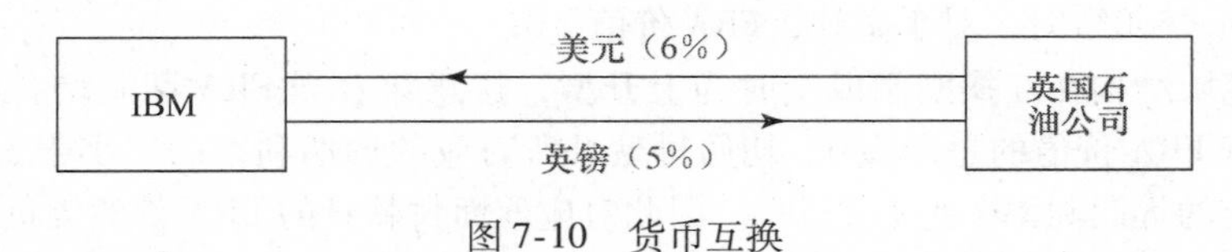

图7-10　货币互换

表7-7　货币互换中IBM的现金流

日期	美元现金流（百万）	英镑现金流（百万）	日期	美元现金流（百万）	英镑现金流（百万）
2014/02/01	-15.00	+10.00	2017/02/01	+0.90	-0.50
2015/02/01	+0.90	-0.50	2018/02/01	+0.90	-0.50
2016/02/01	+0.90	-0.50	2019/02/01	+15.90	-10.50

7.9.2　利用货币互换来改变债务与资产的特征

利用上面所描述的互换可以将一种货币下的贷款转化为另外一种货币下的贷款。假设IBM能够以6%的利率发行1 500万美元债券，货币互换可以将美元债券转化为本金为1 000万、利率为5%的英镑债券。最初的本金互换将发行债券的美元收入转化为英镑，之后货币互换的支付将美元利息与本金转化为英镑。

互换也可以用来转化资产的特征。假设IBM可以将1 000万英镑以每年5%的收益率在英国投资5年，IBM认为美元价格同英镑价格相比将会上涨，因此IBM想将其投资转化为美元的投资。货币互换的作用是将英镑投资转化成收益率为6%、本金为1 500万美元的投资。

7.9.3　相对优势

货币互换的动机可以由比较优势来解释。为了说明这一点，我们考虑另外一个虚拟的例子：假定通用电气（General Electric，GE）与澳洲航空公司（Qantas Airways）分别借入美元与澳元（AUD）的5年期固定利率如表7-8所示。表中的数据显示澳元的利率比美元的利率高，并且通用电气在两种货币下所对应的信用等级都比澳洲航空好，所以在两种货币下通用电气所能得到的利率都好过澳洲航

表7-8　为货币互换提供基础的利率表

（%）

	美元①	澳元①
通用电气	5.0	7.6
澳洲航空	7.0	8.0

①表中报价已经体现了不同税率的影响。

空。从互换交易员的角度来看，有意思的是表7-8中数据说明通用电气在两种不同货币下所付利率的差价与澳洲航空所付利率的差价不同。澳洲航空在美元市场所付的利率比通用电气要高2%，而在澳元市场只高0.4%。

这一现象同表7-4类似：通用电气在美元市场具有比较优势，而澳洲航空在澳元中具有比较优势。在表7-4中考虑标准利率互换时，我们曾指出比较优势的论点只不过是一种假象。而在这里我们比较的是在不同货币下的利率，比较优势的论点很可能是真实的。可能造成比较优势的一种原因是纳税环境：由于通用电气所处的地位，借入美元资金可能会使其在全球范围内收入的税率低于借入澳元所面临的税率。澳洲航空所处的位置可能刚好相反（注意，我们假设表7-8所提供的利率已经反映了这种税率上的优势）。

我们假定通用电气想借入2 000万澳元，而澳洲航空想借入1 800万美元，并且当前的汇率为0.900 0（每美元所对应的澳元数量）。这是产生货币互换的完美情形：通用电气与澳洲航空在自身具有比较优势的市场借入资金，即通用电气借入美元，澳洲航空借入澳元，然后通过货币互换可以将通用电气的美元贷款转化为澳元贷款，并同时将澳洲航空的澳元贷款转化成美元贷款。

我们已经指出，两家公司以美元借入资金的差价为2%，以澳元借入资金的差价为0.4%。同利率互换的例子类似，我们期望对于交易各方的总收益为2－0.4＝1.6%（每年）。

互换有多种形式。图7-11显示了当金融机构介入时的情形。这时，通用电气借入美元，澳洲航空借入澳元。互换对通用电气的效果是将每年5%的美元利息转换为每年6.9%的澳元利息，这比通用电气直接在澳元市场贷款要好0.7%。类似地，澳洲航空将8%利息的澳元贷款转换成了6.3%利息的美元贷款，这比澳洲航空直接在美元市场贷款要好0.7%。金融机构在美元中收入1.3%，而在澳元亏损1.1%。如果我们忽略货币的差别，金融机构净收益为0.2%。正如预料的那样，所有参与方的收益总和为每年1.6%。

图7-11　由比较优势为动机的货币互换

每一年金融机构的美元收益为234 000美元（即1 800万美元的1.3%），亏损为220 000澳元（即2 000万澳元的1.1%）。金融机构可以在互换期限内从远期市场每年买入220 000澳元来避免外汇风险，这样做可以使金融机构锁定美元盈利。

我们也可以改变互换的设计而使金融机构锁定0.2%的美元差价。图7-12与图7-13是另外两种不同的互换形式。在实际中采用这两种形式的可能性不大，这是因为这两种做法不能使通用电气与澳洲航空免于外汇风险。[㊀]在图7-12中，澳洲航空承担外汇风险，因为它要支付每年1.1%的澳元利息，并且支付每年5.2%的美元利息。在图7-13中，通用电气承担外汇风险，因为它要收入每年1.1%的美元利息，同时支付每年8%的澳元利息。

图7-12　货币互换的一种形式：澳洲航空承担外汇风险

㊀ 一般来讲金融机构承担外汇风险比较合理，因为金融机构所处的位置比较利于对冲。

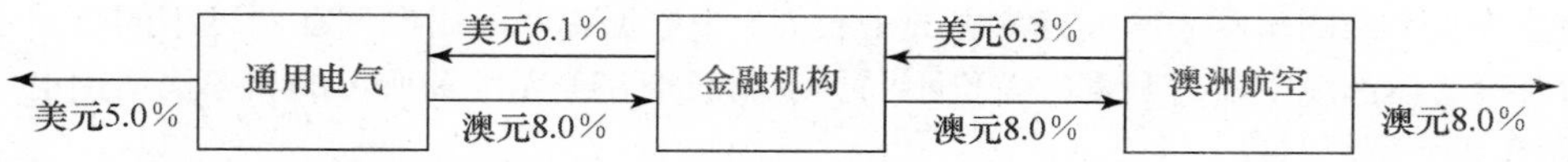

美元6.1%
美元6.3%
通用电气
金融机构
澳洲航空
美元5.0%
澳元8.0%
澳元8.0%
澳元8.0%

图 7-13 货币互换的一种形式：通用电气承担外汇风险

7.10 固定息与固定息货币互换的定价

与利率互换类似，固定息与固定息货币互换可以被分解成两个债券的差或一组远期货币合约的组合。

7.10.1 以债券形式进行定价

如果我们定义 V_{swap} 为收入美元并支付外币的货币互换的美元价值，那么

$$V_{\text{swap}} = B_D - S_0 B_F$$

其中 B_F 为互换中外汇现金流所对应的债券以外币计价的价值，B_D 为互换中本国货币现金流所对应的债券以美元计价的价值，S_0 为即期汇率（表达形式为 1 单位外币所对应的美元数量）。互换的价值可以由两种货币下的利率和即期汇率来确定。

类似地，收入外币同时支付美元的互换价值为：

$$V_{\text{swap}} = S_0 B_F - B_D$$

例 7-4

假设日元和美元的利率曲线为水平：日元利率为每年 4%，美元利率为每年 9%（均为连续复利）。假设在此之前某金融机构进入了一笔货币互换：在互换中收入 5% 的日元利率，付出 8% 的美元利率，互换每年支付一次。两个货币的本金分别为 1 000 万美元与 12 亿日元。互换期限为 3 年，当前汇率为 1 美元等于 110 日元。

计算结果列在表 7-9 中。互换中所对应的美元债券的现金流给出在第 2 列中，以 9% 利率贴现所得结果给出在第 3 列中，互换中所对应的日元债券的现金流给出在第 4 列中，以 4% 利率进行贴现所得结果给出在最后一列中。

表 7-9 以债券形式对货币互换定价 （单位：百万）

时间	美元债券现金流	美元现金流贴现值	日元债券现金流	日元现金流贴现值
1	0.8	0.731 1	60	57.63
2	0.8	0.668 2	60	55.39
3	0.8	0.610 7	60	53.22
3	10.0	7.633 8	1200	1 064.30
总计		9.643 9		1 230.55

美元债券价格 B_D 为 964.39 万美元，日元债券价格为 12.305 5 亿日元，因此互换价值为

$$\frac{1\,230.55}{110} - 9.643\,9 = 1.543\,0(\text{百万美元})$$

7.10.2 以远期合约组合的形式定价

互换合约中的每一个固定息与固定息进行交换都可以看作一个外汇远期合约。如5.7节所述，外汇远期合约可以在假定远期汇率会被实现的情况下来进行定价，对货币互换，我们可以采用类似的假设。

例7-5

考虑例7-4中的情形，假定日元与美元的LIBOR/互换曲线均为水平。日元利率为每年4%，美元利率为每年9%（利率均为连续复利）。在此之前某金融机构进入一笔货币互换：在互换中收入5%的日元利息，支付8%的美元利息，互换支付每年进行一次。两种货币的本金分别为1 000万美元和12亿日元。互换的期限还有3年，当前汇率为1美元等于110日元。

表7-10总结了计算结果。金融机构每年支付0.08×1 000万=80万美元，同时收入12亿×0.05=6 000万日元。另外，在3年后金融机构将支付1 000万美元并且收入12亿日元。即期汇率为每日元等于0.009 091美元。这时$r=9\%$，$r_f=4\%$，由式（5-9）得出1年期远期汇率为每日元等于

$$0.009\,091e^{(0.09-0.04)\times 1}=0.009\,557$$

表7-10 以远期合约组合形式对货币互换定价 （单位：百万）

时间	美元现金流	日元现金流	远期汇率	日元现金流的美元价值	净现金流的美元价值	贴现值
1	−0.8	60	0.009 557	0.573 4	−0.226 6	−0.207 1
2	−0.8	60	0.010 047	0.602 8	−0.197 2	−0.164 7
3	−0.8	60	0.010 562	0.633 7	−0.166 3	−0.126 9
3	−10.0	1 200	0.010 562	12.674 6	2.674 6	2.041 7
总计						1.543 0

采用类似的方法可以计算表中所示的2年期和3年期远期汇率。对远期合约定价时可以假定远期汇率将会实现：如果1年期远期汇率被实现，在1年后日元现金流的美元价值为60×0.009 557=0.573 4（百万美元），因此在1年后净现金流为0.573 4−0.8=−0.226 6（百万美元），贴现值为$-0.226\,6e^{-0.09\times 1}=-0.207\,1$（百万美元）。这一价值为1年后现金流互换所对应远期合约的价值。其他期限的远期合约也可以采用类似的方式计算。如表所示，互换的价值为154.30万美元。这与例7-4中将互换分解为一个债券多头与一个债券空头所计算的结果是一致的。

货币互换在刚刚成交时，价值一般接近于0。采用成交时的汇率，如果两种本金价值相等，那么在本金刚刚交换后，互换的价值也为0。但是，与利率互换类似，这并不意味着互换中的每一个远期合约价值都为0。可以证明，如果在货币互换中的两个利率非常不同，那么对高利率货币的支付者而言，早期交换现金流的外汇远期价值为负，而对应于最后交换本金时的外汇远期价值为正。低利率的支付者所处的情形刚好相反：对应早期支付交换的外汇远期价值为正，而对应于最后互换本金时的外汇远期价值为负。这些结果对于计算互换的信用风险是十分重要的。

7.11 其他货币互换

另外两种较为普遍的货币互换具有以下形式：

（1）一种货币下的浮动利率与另一种货币下的固定利率交换；

（2）一种货币下的浮动利率与另一种货币下的浮动利率互换。

第1种互换的一个例子是支付700万英镑面值按英镑LIBOR利率与收入1 000万美元面值按3%固定利率之间的交换，期限为10年，每半年交换一次。类似与固定息与固定息的货币互换，该互换也涉及最初和最末的本金交换：最初的本金交换方向与利息交换方向相反，而最末的本金交换与利息交换方向相同。固定息与浮动息货币互换可以被理解为一个固定息与固定息货币互换和一个固定息与浮动息利率互换的交易组合。例如，上面的货币互换可以被理解为以下两个互换的组合：（a）收入面值1 000万美元上3%固定利率，支付面值700万英镑上4%固定利率的货币互换；（b）收入面值700万英镑上4%固定利率、支付英镑LIBOR利率的利率互换。

对于以上所考虑的互换定价时，我们将美元现金流以美元无风险利率贴现。对于英镑现金流，我们首先假设英镑远期LIBOR利率在将来会实现，并以此来确定现金流，然后以英镑无风险利率对现金流进行贴现。互换的价值等于以上两项现金流价值在当前汇率下之差。

第2种互换的一个例子是将700万英镑面值上以英镑LIBOR计算的利息与1 000万美元面值上以美元LIBOR计算的利息进行交换。与我们考虑过的其他货币互换类似，这一互换也会涉及本金的交换：最初本金交换与利息支付的方向相反，最末本金交换与利息支付方向相同。浮动息与浮动息的互换可以看作固定息与固定息货币互换和两个不同货币下利率互换的组合。我们例子中的互换可以分解为：（a）收入面值1 000万美元上3%的固定利息、支付面值700万英镑上的4%固定利息的货币互换；（b）收入4%固定利息，支付英镑LIBOR利息，面值700万英镑的利率互换；（c）支付3%固定利率，收入美元LIBOR利率，面值1 000万美元的利率互换。

对浮动息与浮动息互换定价时，我们可以假设在不同货币下远期利率将会实现来确定现金流，然后用不同货币下的无风险利率对现金流贴现，互换的价值等于两组现金流价值在当前汇率下之差。

7.12 信用风险

像互换合约这样由两家公司私下达成的合约会包含信用风险。考虑与两家公司达成了相互抵消的互换合约的金融机构（见图7-4、图7-5或图7-7）。如果两家公司均不违约，金融机构完全处于对冲状态。其中一个互换合约价值的下降会被另一个合约价值的上升所抵消。然而，当互换交易的某一方陷入财务困境并违约时，金融机构仍然需要保持对另一方合约中的承诺。

假设图7-4中的合约在签署了一段时间后，金融机构与微软的互换合约价值为正，但与英特尔的互换合约价值为负。假定金融机构与微软和英特尔之间没有其他衍生产品合约，并假定金融机构与这两家公司之间没有抵押品（在第24章中我们将讨论净值结算和抵押品协议的影响）。如果微软违约，金融机构将可能会失去这份合约中所有的正价值。为了保持对冲状态，金融机构必须寻找替代微软公司位置的第三方。但为了吸引第三方，金融机构支付给第三方的数量大致等于在微软违约之前金融机构与微软之间合约的价值。

显然，只有当互换对于金融机构具有正价值时，金融机构才会有信用风险的敞口。当对方陷入财务困境时，如果互换价值对金融机构而言为负，这时会发生什么情况呢？从理论上讲，金融机构能实现这一意外的收益，因为对方的违约有可能使它免除这项业务。但在实际中，对方很有可能会选择将合约卖给第三者，或重新安排自身的业务以便不丧失合约中的正价值。因此，对于金融机构最合理的假定如下：在对手违约时，如果互换对于金融机构具有正价值，金融机构将会蒙受损失，但是如果互换对于金融机构具有负价值，交易对手违约不会对金融机构产生任何影响。这一情形如图 7-14 所示。

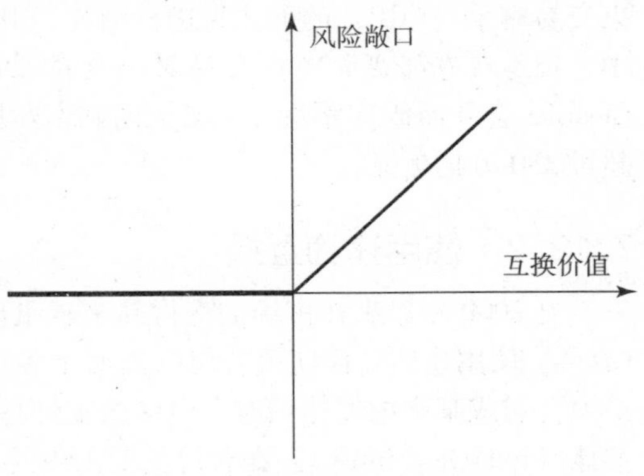

图 7-14 互换中的信用风险

在互换中，有时是早期的现金流交换具有正价值，而后面的交换具有负价值。（在图 7-9a 这是对的，在汇率互换中支付低利率货币的时候也是对的。）这些互换很可能在期限内大部分时间都会具有负价值，因此与相反情形相比会有很小的信用风险。

由互换带来的潜在损失远远小于由具有相同本金的贷款所带来的潜在损失，这是因为互换的价值常常只是相应贷款价值的很小部分。由货币互换对手违约所带来的潜在损失要远远大于由利率互换对手违约所带来的潜在损失。这是因为在货币互换中包括两种不同货币下本金的交换。当对手违约时，货币互换可能会比利率互换具有更大的正价值。

在任意一项合约中，区分金融机构面临的市场风险与信用风险是非常重要的。如上所述，在合约具有正价值时，对手违约会触发信用风险。市场风险来源于利率、汇率等市场变量使得金融机构的互换合约价值变成负值的可能性。市场风险可以通过进入相互抵消的合约来进行对冲，但信用风险不能被简单地对冲。

业界事例 7-2 是互换市场发生的一件很古怪的事。这一件有关英国哈墨史密斯和富勒姆（Hammersmith and Fulham）市政局的故事说明，银行在进行互换交易时除了承担信用风险与市场风险外，有时也会面临法律风险。

业界事例 7-2 哈墨史密斯和富勒姆的故事

1987～1989 年之间，英国伦敦郡的哈墨史密斯和富勒姆进入了名义总面值为大约 60 亿英镑的 600 来个利率互换以及相关交易，这些交易的目的似乎不是为了对冲风险而是为了投机。对这些交易负有直接责任的哈墨史密斯和富勒姆的两个雇员对这些产品的交易风险与运作方式只是略有所知。

截止到 1989 年，因为英镑利率的变化，哈墨史密斯和富勒姆因为这些利率互换交易损失了好几亿英镑。对于与哈墨史密斯和富勒姆进行交易的银行而言，这些交易的价值为好几亿英镑，此时银行对信用风险产生了担忧，因此这些银行做了一些反方向的利率互换交易，如果哈墨史密斯和富勒姆违约的话，银行仍然需要履行这些反方向的交易许诺，并因此会承受巨大损失。

但真正发生的事情并不是违约，哈墨史密斯和富勒姆的审计人员要求宣布这些交易无效，原因是哈墨史密斯和富勒姆并没有权利交易这些产品，英国法庭也同意了这一决定。这一纠纷被一直上告到英国的上议院，上议院的最终裁决是哈墨史密斯和富勒姆确实没有权利交易这些互换产品，但如果是因为风险管理的需要，哈墨史密斯和富勒姆在将来应该是可以进行这些交易的。可以想象，法庭以这种方式终止这些合约使得同哈墨史密斯和富勒姆进行交易的银行感到非常恼火。

7.12.1 结算中心

如第 2 章所述，为了减少场外市场的信用风险，监管当局要求标准场外衍生产品要经过中央交易对手（CCP）的形式来进行结算，中央交易对手是场外交易商之间的中介。在交易过程中，交易双方都要向中央交易对手支付保证金。LCH. Clearnet（由伦敦结算所和位于巴黎的 Clearnet 合并而成）是世界上最大的利率互换结算中心，在 2013 年，其结算的利率互换的面值超过 350 万亿美元。

7.12.2 信用违约互换

自 2000 年以来在市场上变得越来越重要的一种互换是**信用违约互换**（credit default swap，CDS）。信用违约互换使得公司以类似于多年来他们对冲市场风险的方式对冲信用风险。当某一家公司或某个国家违约时，CDS 的支付与保险产品合约类似。这里的公司或国家被称为**参考实体**（reference entity）。在合约的期限内或者到参考实体违约为止，信用违约保护的买方要向信用违约卖出方支付被称为 **CDS 溢差**的保金。假定一个 CDS 合约的面值为 1 亿美元，期限为 5 年，CDS 溢差为 120 个基点，保金数量为 1 亿美元的 120 个基点，即每年 120 万美元。如果参考实体在 5 年内没有违约，保金支付方将不会收到任何赔偿。但当参考实体违约时，假定参考实体发行的债券每 1 美元面值只值 40 美分，这时信用违约的卖出方要向信用违约的买入方支付 6 000 万美元。这种赔偿机制的意义是如果信用违约保护的买入方拥有面值为 1 亿美元由参考实体发行的债券组合，那么信用违约保护的收益使得交易组合的价值不会低于 1 亿美元。

我们将在第 25 章对 CDS 进行更详细的讨论。

7.13 其他类型的互换

在这一章里我们已经讨论了 LIBOR 与固定利率交换的利率互换交易以及一种货币下的固定利率与另一种货币下的固定利率进行交换的货币互换合约。市场上也有其他形式的互换交易。我们将在第 25 章、第 30 章及第 33 章中对其中一些互换进行详细讨论。我们在这里只提供一个概述。

7.13.1 标准利率互换的变形

在固定利率与浮动利率进行交换的互换合约中，LIBOR 是最普遍的浮动参考利率。在本章的例子中，LIBOR 的**票期**（tenor）（即付款频率）为 6 个月，但具有 1 个月、3 个月和 12 个月票期 LIBOR 的互换在市场上也常常出现。浮动利率的票期不一定与固定利率的票期一致（事实上，如 7.1.6 节的脚注所示，在美国，标准利率互换中的 LIBOR 支付为每 3 个月一次，而固定利率的支付为每半年一次）。LIBOR 是最常用的浮动利率，但偶尔也会采用像商业票据（CP）利率这样形式的浮动利率。有时也会成交所谓的**基准**：例如，3 个月期商业票据利率加上 10 个基点可能会同 3 个月期限的 LIBOR 利率进行交换，两个浮动利率对应的本金相同（如果一家公司的资产与负债的参考利率为不同的浮动利率，在对冲风险敞口时，可以采用这种利率互换）。

在互换合约中可以使本金数量在互换期限内变化来满足交易对手的需要。在一个**摊还互换**（amortizing swap）中，本金以事先约定的方式减少（这一设计可能是与本金分期减少的贷款相对应)。在一个**递升互换**(step-up swap)中,本金以约定的方式增加(这一设计可能是对应于某贷款中本金的增加)。在**延期互换**(deferred swap)或**远期互换**(forward swap)中,直到将来的某一时刻才会开始利息的交换。有时互换合约的浮动利率所对应的本金与固定利率所对应的本金会有所不同。

固定期限互换(constant maturity swap,CMS)是将LIBOR与某种互换利率交换的合约。例如,在今后5年内每6个月将6个月期限的LIBOR利率与10年期的互换利率进行交换,双方所对应的本金相同。类似地,**固定期限国债互换**(constant maturity treasury swap,CMT swap)是将LIBOR与某个特定国债利率(例如10年期国债利率)进行交换的合约。

在一个**复合互换**(compounding swap)中,双方的利率都会以既定的形式被复合到互换的末端,这种互换的付款日只有一个,即互换的到期日。在**LIBOR后置互换**(LIBOR-in-arrears swap)中,在一个日期所观察到的LIBOR利率被用来计算在这个日期的付款数量(像在7.1节中解释的那样,在一个标准互换中,在某个时间所观察的LIBOR利率是用于决定在下一个付款日的支付数量)。在一个**区间互换**(accrual swap)中,某一方的利息只有当浮动利率在一定范围内时才进行累计。

7.13.2 Diff互换

有时在某一种货币下所观察到的利率被用到另一种货币的本金之上。一种这类交易是在美国观察到的3个月LIBOR与在英国观察到的LIBOR进行交换,这里的浮动利率所对应的本金均为1 000万英镑。这类互换被称为**跨货币互换**(differential swap)或Quanto。在第30章里我们将讨论这种互换。

7.13.3 股权互换

股权互换(equity swap)是将某个股指的总收益(股息和资本收益的总和)与某固定或浮动利率进行交换。例如,互换可能是在今后每6个月由标普500的整体收益与LIBOR的互换,互换双方的本金相同。股权互换可以被证券组合经理用来将固定或浮动资产收益转化为股指收益,反之亦然。在第33章里我们将讨论股权互换。

7.13.4 期权

有时在互换中会嵌有期权。例如,在**可延期互换**(extendable swap)中,互换的一方有权延长互换的期限。在**可赎回互换**(puttable swap)中,一方可以提前结束互换。**互换期权**(option on swap,或swaption)在市场上也有交易,这时期权的持有人有权在将来进入一个互换,其中与浮动利率进行交换的固定利率要事先约定。在第29章里我们将讨论互换期权。

7.13.5 商品互换、波动率互换以及其他特殊产品

商品互换(commodity swap)在实际上等价于一组具有不同期限却具有同一交割价格的商品远期合约。在**波动率互换**(volatility swap)中,首先要阐明一定的时间段序列,在每一个时间段,互换的一方支付预先指定的固定波动率,而另一方支付在这一时间段内所实现的历史波动率。在计算支付量时,两种波动率都乘以相同的本金数量。在第29章里我们将讨论波动率互换。

互换的变化形式只受限于金融工程师的想象力与企业资金部总管和基金经理对于特殊交易结构的胃口。在第33章里我们将讨论著名的“5/30”互换,这一互换是由宝洁与信孚银行之

间进行的交易，互换中的支付以一种复杂的形式依赖于30天的商业票据利率、30年期债券价格以及5年期国债的收益率。

小 结

市场上最常见的两种互换为利率互换和货币互换。在利率互换中，一方同意向另一方支付对应于一定本金的固定利息，作为回报，这一方同时收入对应于同一本金与期限的浮动利息。在货币互换中，一方同意支付一种货币下一定本金数量上的利息，而作为回报，收入对应于另一种货币下一定数量本金上的利息。

在利率互换中，本金并不进行交换。在货币互换中，本金通常在互换的开始与结束时要进行交换。对于支付外币利率的一方，在互换开始时收入外币本金，并且同时付出本国货币的本金，在互换结束时，要支出外币本金并且同时收入本国货币本金。

利率互换可以用来将浮动利率贷款转化为固定利率贷款，反之亦然。同时，它也可以将浮动收益投资转化为固定收益投资，反之亦然。货币互换可以将在一种货币下的贷款转化为另一种货币下的贷款。它也可以将在一种货币下的投资转化为另一种货币下的投资。

对利率互换与货币互换的定价方式有两种。在第一种方法中，互换被分解为一个债券的多头和另一个债券的空头。在第二个方法中，互换被当成远期合约的组合。

当金融机构与两个不同的对手签署了一对相互抵消掉的互换时，它会面临信用风险。当与某一对手的互换对于金融机构有正价值时，如果这一交易对手违约，金融机构将会遭受损失，因为这时它仍然要向另一方保证其互换协议的承诺。在第24章里我们将讨论对手信用风险、抵押品以及净额结算的影响。

推荐阅读

Alm, J., and F. Lindskog. "Foreign Currency Interest Rate Swaps in Asset–Liability Management for Insurers," *European Actuarial Journal*, 3 (2013): 133–58.

Corb, H. *Interest Rate Swaps and Other Derivatives*. New York: Columbia University Press, 2012.

Flavell, R. *Swaps and Other Derivatives*, 2nd edn. Chichester: Wiley, 2010.

Klein, P. "Interest Rate Swaps: Reconciliation of Models," *Journal of Derivatives*, 12, 1 (Fall 2004): 46–57.

Memmel, C., and A. Schertler. "Bank Management of the Net Interest Margin: New Measures," *Financial Markets and Portfolio Management*, 27, 3 (2013): 275–97.

Litzenberger, R. H. "Swaps: Plain and Fanciful," *Journal of Finance*, 47, 3 (1992): 831–50.

Purnanandan, A. "Interest Rate Derivatives at Commercial Banks: An Empirical Investigation," *Journal of Monetary Economics*, 54 (2007): 1769–1808.

练习题

7.1 公司A和公司B可以按以下利率借入2 000万美元5年期的贷款：

	固定利率	浮动利率
公司A	5.0%	LIBOR +0.1%
公司B	6.4%	LIBOR +0.6%

公司A想得到浮动利率贷款；公司B想得到固定利率贷款。设计一个互换，使作为中介的银行有0.1%的净收益，并且同时对两家公司而言，这一互换具有同样的吸引力。

7.2 公司X希望以固定利率借入美元，公司Y

希望以固定利率借入日元。经即期汇率转换后，双方所需要的金额大体相等。经过税率调整后，两家公司可以得到的利率报价如下：

	日元	美元
公司X	5.0%	9.6%
公司Y	6.5%	10.0%

设计一个互换，使作为中介的银行有50个基点的净收益，并使得该互换对双方具有相同的吸引力，在互换中要确保银行承担所有的汇率风险。

7.3 一个面值为1亿美元的互换还有10个月的剩余期限。根据互换条款，6个月LIBOR利率与固定利率7%（每半年复利一次）进行交换。对于将LIBOR浮动利率与固定利率交换的所有期限的互换不互换利率的卖出与买入价的平均值为每年5%（连续复利）。在2个月前，6个月的LIBOR利率为每年4.6%。对于支付浮动息方，这一互换的当前价值是多少？对于支付固定息方，价值又是多少？

7.4 解释什么是互换利率。互换利率与平价收益率的关系是什么？

7.5 一笔货币互换的剩余期限还有15个月，这一互换将年率为10%，本金为2 000万英镑的利息转换为年率为6%，本金为3 000万美元的利息。英国与美国的期限结构均为水平。如果互换今天成交，互换中的美元利率为4%，英镑利率为7%，所有利率均为按年复利。当前即期汇率为1.550 0。对于支付英镑的一方而言，这一互换的价值是多少？对于支付美元的一方而言，这一互换的价值又是多少？

7.6 解释在一份金融合约中，信用风险与市场风险的区别。

7.7 一家企业资金部主管告诉你说，他刚刚以一个有竞争力的5.2%固定利率签署了一个5年期的贷款。资金部主管解释说，他取得这一利率是以6个月LIBOR加上150个基点借入资金，并同时进入一个LIBOR与固定利率为3.7%的互换来完成的，他解释说这么做的原因是因为他的公司在浮动利率市场有相对优势。这一企业资金部主管忽略了什么？

7.8 解释为什么当一家银行进入相互抵消的互换时，它会面临信用风险。

7.9 有人对公司X与公司Y的500万美元10年期投资许诺以下利率：

	固定利率	浮动利率
公司X	8.0%	LIBOR
公司Y	8.8%	LIBOR

公司X想得到固定收益的投资；公司Y想得到浮动收益的投资。设计一个互换，使作为中介的银行有年率0.2%的净收益，并对于X与Y具有同样的吸引力。

7.10 某金融机构与公司X进行了一笔利率互换交易。在交易中，金融机构收入每年10%并同时付出6个月期的LIBOR，互换的本金为1 000万美元，期限为5年。支付频率为每6个月一次。假如在第6个支付日（第3年年末）X违约，而这时对于所有的期限，利率约为8%（每半年复利一次）。金融机构会有什么损失？假定在2年半时6个月的LIBOR为每年9%。

7.11 公司A与公司B面临利率（经税率调整后）：

	A	B
美元（浮动利率）	LIBOR+0.5%	LIBOR+1.0%
加元（固定利率）	5.0%	6.5%

假定公司A想以浮动利率借入美元，公司B想以固定利率借入加元。一家金融机构计划安排一个货币互换并想从中盈利50个基点。如果这一互换对于A和B有同样的吸引力，A和B最终支付的利率分别为多少？

7.12 某金融机构与公司Y进行了一笔10年期的货币互换交易。在互换交易中，金融机构收入瑞士法郎的利率为每年3%，并同时付出的美元利率为每年8%。利息每年支付一次。本金分别为700万美元及1 000万瑞士法郎。假定公司Y在第6年年末宣布破产，这时汇率为 0.80（每法郎值 0.80 美元）。破产给金融机构带来的费用是多少？假定在第 6 年年末，对于所有期限的瑞士法郎利率均为每年 3%，美元利率均为每年 8%。所有的利率都是每年复利一次。

7.13 在采用远期合约将外汇风险进行对冲以后，图 7-11 中所示金融机构的平均利差可能会大于还是会小于 20 个基点？解释你的答案。

7.14 “信用风险很高的公司是那些不能直接进入固定利率市场的公司。这些公司在利率互换中往往支付固定利率并同时收入浮动利率。”假定这种说法是对的，你认为这样会提高还是降低金融机构互换组合中的风险？假定在利率很高时，公司违约可能性很大。

7.15 为什么对应于同一本金，利率互换在违约时的预期损失小于贷款在违约时的预期损失？

7.16 一家银行发现它的资产与负债不匹配。银行在运作过程中，收入浮动利率存款并且发放固定利率贷款。如何运用互换来抵消风险？

7.17 解释如何对于某一货币下的浮动利率与另一货币下的固定利率的互换来定价。

7.18 期限一直到 1.5 年的 LIBOR 零息曲线为水平 5%（连续复利）。2 年与 3 年期每半年支付一次的互换利率分别为 5.4% 和 5.6%。估计期限为 2 年、2.5 年和 3 年的 LIBOR 零息利率（假定 2.5 年互换利率为 2 年和 3 年互换利率的平均值）。

7.19 如何确定互换的绝对额久期？

作业题

7.20 (a) 公司 A 可以拿到如表 7-3 所示的利率，它可以按 6.45% 的固定利率借款 3 年，那么通过互换，它可以将这个固定利率交换成什么样的浮动利率？

(b) 公司 B 可以拿到如表 7-3 所示的利率，它可以按 LIBOR 加 75 个基点借款 5 年，那么通过互换，它可以将这个浮动利率交换成什么样的固定利率？

7.21 (a) 公司 X 可以拿到如表 7-3 所示的利率，它可以以 5.5% 的固定利率投资 4 年，那么通过互换，它可以将这个固定利率交换成什么样的浮动利率？

(b) 公司 Y 可以拿到如表 7-3 所示的利率，它可以以 LIBOR 加 50 个基点的浮动利率投资 10 年，那么通过互换，它可以将这个浮动利率交换成什么样的固定利率？

7.22 1 年期 LIBOR 利率为 10%（按年复利）。一家银行将固定利率与 12 个月期 LIBOR 进行交换，付款频率为一年一次。2 年期与 3 年期互换利率（按年复利）分别为年率 11% 和 12%。估计 2 年期与 3 年期的 LIBOR 零息利率。

7.23 根据利率互换的条款，一家金融机构同意支付每年 10%，并同时收入 3 个月 LIBOR，互换本金为 1 亿美元，每 3 个月支付一次，这一互换还有 14 个月的剩余期限。对于所有期限，与 3 个月 LIBOR 进行互换的固定互换利率买入卖出价的平均值为每年 12%，1 个月以前的 3 个月 LIBOR 利率为每年 11.8%。所有的利率均为每季度复利一次，该互换的价值是多少？

7.24 公司 A 是一家英国制造商，它想以固定利率借入美元。公司 B 是一家美国的跨国公司，它想以固定利率进入英镑。两家公司可以获得以下年利率报价（经税率调整后）：

	英镑	美元
公司 A	11.0%	7.0%
公司 B	10.6%	6.2%

设计一个互换使作为中介的银行有每年10个基点的净收益，并保证这个互换对A和B两家公司均有15个基点的好处。

7.25 假定美国与澳大利亚的利率期限结构均为水平。美元利率为每年7%，澳元利率为每年9%。每一个澳元的当前价格为0.62美元。在互换协议下，金融机构支付每年8%的澳元并且收入每年4%的美元。两种不同货币所对应的本金分别为1 200万美元和2 000万澳元。支付每年交换一次，其中一次交换刚刚发生。这一互换剩余期限还有2年。对于金融机构而言，这一互换的价值是多少？假定所有利率均为连续复利。

7.26 一家英国公司X想在美国资金市场以固定利率借入5 000万美元，期限为5年。因为这家公司在美国不太知名，直接借入资金几乎不可能。但是这家公司能够以每年12%的固定利率借入英镑。一家美国公司Y想借入5 000万英镑，期限为5年。公司Y无法借入这笔英镑资金，但它可以取得每年为10.5%的美元资金。美国5年期的国债收益率为9.5%，英国5年期的国债收益率为10.5%。构造一个使得金融中介机构的净收益为每年0.5%的适当互换。

CHAPTER8

第8章 证券化与2007年信用危机

像远期、期货、互换以及期权这样衍生产品的主要用途是将风险从经济体系中的一个实体转移到另一个实体。本书的前7章已经着重讨论了远期、期货和互换。在讨论期权之前，我们考虑在经济生活中转移风险的另外一个重要方式：证券化。

由于在2007年开始的信用危机（有时也称为“信用紧缩”）中所扮演的角色，证券化已成为一个备受关注的话题。此次危机起源于美国房屋按揭所产生的金融产品，之后迅速从美国蔓延至其他国家，并且从金融市场到实体经济。有的金融机构破产，其他更多的机构不得不接受政府救助。毫无疑问，21世纪的第1个10年对整个金融行业而言是灾难性的。

在这一章中，我们将讨论证券化的本质以及它在危机中所扮演的角色。我们还将深入了解美国按揭市场、资产支持证券、债务抵押债券（CDO）、瀑布式现金流和金融市场动机的重要性。

8.1 证券化

传统的银行经营模式是吸收存款和发放贷款。在20世纪60年代，随着住房按揭贷款需求的日益增加，美国银行发现传统的模式已经无法跟上步伐，从而导致了按揭抵押证券（MBS）市场的发展。各类按揭贷款组合由此产生，其现金流（利息和本金）被打包成债券卖给投资人。美国政府在1968年创立了政府国家住房按揭协会（GNMA，又叫吉利美（Ginnie Mae））。吉利美有偿地担保合格住房贷款的利息和本金的按时支付，并向投资人发行抵押证券。

尽管银行是住房按揭贷款的发行人，但是它们并没有把贷款保留在资产负债表上。证券化使得银行发放贷款的速度远远大于其存款的增长速度。吉利美保证受保护的按揭抵押证券（protected MBS）投资人免受违约风险。[⊖]

⊖ 然而，MBS投资人仍要承受按揭贷款被提前偿还的不确定性。当利率较低，投资人没有好的投资机会时提前偿还的可能性最大。在刚开始发行MBS时，许多MBS投资人得到的回报比期望的要低，因为他们没有考虑到这一点。

20 世纪 80 年代，按揭市场开发的证券化手段被应用到其他资产上，比如美国的汽车贷款和信用卡应收账款。在世界其他地方证券化同样变得越来越流行，随着证券化市场的不断发展，投资人慢慢地开始接受没有违约担保的证券。

8.1.1 资产支持证券

图 8-1 展示了 2000 ~ 2007 年使用的一种简单的证券化方式，这被称为**资产支持证券**（asset-backed security，ABS）。发行贷款的银行把这些产生现金流的贷款组合卖给一个特殊目的机构（special purpose vehicle，SPV），然后现金流被分配到不同的份额（tranche）中。图 8-1 中有 3 个份额（在实际中的份额可能会很多），分别是高级份额（senior tranche）、中层份额（mezzanine tranche）和股权份额（equity tranche）。总体资产有 1 亿美元的面额，派生出的高级份额占 8 000 万美元，中层份额占 1 500 万美元，股权级份额占 500 万美元。高级份额的回报率为 LIBOR 加上 60 个基点，中层级的回报为 LIBOR 加上 250 个基点，而股权级的回报率为 LIBOR加上 2 000 个基点。

虽然乍看起来股权份额似乎最合算，但实际上并非如此。对利息与本金的支付是没有保证的，与其他份额相比股权份额损失一部分本金的可能性更大，而收到本金之上利息的可能性更小。证券化的现金流是按所谓的瀑布形式（waterfall）进行分配的，一般情况下瀑布现金流分布如图 8-2 所示，本金与利息支付的现金流按不同的瀑布形式分配。本金支付首先要分配给高级份额，直到这个份额的本金被全部偿还，然后才会向中层份额进行分配，直到这个份额的本金被全部偿还，只有在此之后才会向股权份额支付本金。利息的支付也是先分配给高级份额，直到高级份额收到在尚未偿还本金之上所有承诺的利息。假设可以偿还所承诺的利息，然后才会将利息支付分配给中层份额。当中层份额所承诺的回报也被满足，而且现金流仍有剩余时，这时才会向股权份额进行分配。

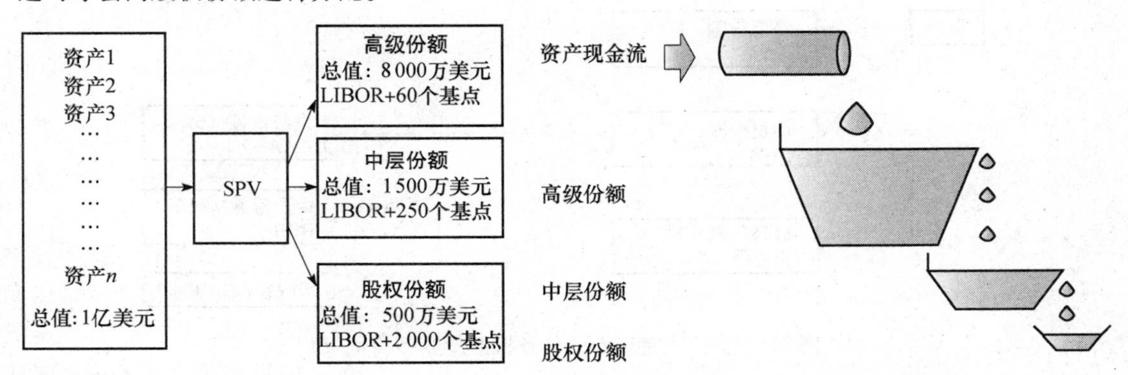

图 8-1 资产支持证券（简化版）　　图 8-2 资产支持证券的瀑布式现金流

各份额所收到的本金的程度取决于标的资产的损失程度。瀑布式现金流影响的情况基本如下：最初 5% 的资产损失由股权份额承担，如果损失超过了 5%，股权份额将会损失全部本金，中层份额会承担剩余损失；如果损失超过 20%，中层份额将损失全部本金，高级份额会承担剩余损失。

我们可以用两种方式来看资产支持证券的结构。一种是参考图 8-2 所示的瀑布形式：现金流首先会分配给高级份额，然后是中级份额，最后才是股权份额；另外一种是以承担损失的方式，股权份额首先承担损失，然后是中级份额，最后才是高级份额。穆迪、标普和惠誉等评级机构在证券化过程中扮演了重要角色。如图 8-1 所示的资产支持证券的设计方式是为了保证高级份额的信用评级为 AAA，中层份额的信用评级通常为 BBB（尽管比 AAA 低，但仍是投资级别），而股权份额通常没有信用评级。

我们这里描述的是资产支持证券一种简化形式。一般来讲，资产支持证券会有多于 3 个以上的份额，份额的信用评级也多种。在我们描述的瀑布式现金流规则中，现金流的分配是按次序进行的，即现金流首先分配给最高级的份额，然后是次高级，依此类推。在实际中，现金流分配规则远比这里所讲述的更复杂，阐述现金流准确分配方式的法律文件一般会长达数百页。另外一个复杂之处在于常常会有超额抵押（over collateralization）机制，即份额的面值总和低于抵押资产的面值，而且对份额所许诺的回报加权平均低于抵押资产回报的加权平均。[⊖]

8.1.2 资产支持证券的债务抵押债券

寻找 AAA 级高级份额的投资人并不困难，因为这个份额所许诺的回报与 AAA 级的债券相比更具有吸引力。股权份额常常由按揭贷款发行人持有，或者卖给对冲基金。

寻找中层份额的投资人会比较困难，由此产生了以资产支持证券（ABS）为资产支持的证券（即 ABS 的 ABS），其产生过程如图 8-3 所示。许多如图 8-1 中所述的中层份额被放在一起形成一个组合，这个组合相对应的现金流被再次分层，其过程与图 8-1 类似，这样产生的结构叫作资产支持证券的债务抵押证券（即 ABS CDO 或中层 ABS CDO）。在图 8-3 的例子中，ABS CDO 高级份额的面值占 ABS 中层份额总面值的 65%；ABS CDO 中层份额占 25%，而剩下的 ABS CDO 股权份额占 10%。这种结构的设计是为了使 ABS CDO 的高级份额能被评为 AAA 级，这就意味着在这个例子中 AAA 级的证券为占相关资产组合面值的 90%（80% 加上 65% 的 15%）。这一比率看起来已经很高，但如果考虑将中层 ABS CDO 进一步证券化（事实上确实如此），那么 AAA 级证券所占的比率将会更高。

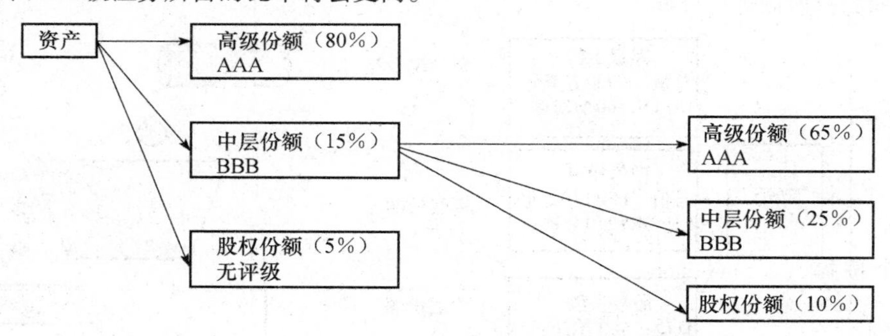

图 8-3　资产支持证券的债务抵押债券（简化版）

在图 8-3 所示的例子中，如果相关按揭资产的损失小于 20%，ABS 的 AAA 级份额可以收到其承诺的收益和本金，因为所有损失都由其他次级份额承担了。图 8-3 所示 ABS CDO 的 AAA 级份额面临更大的危险。当相关按揭组合的损失不超过 10.25% 时，该份额会收到其承诺回报和本金。这是因为 10.25% 的损失意味着 ABS 中层份额所承担的损失等于 ABS 本金面值的 5.25%。因为 ABS CDO 的面值为 ABS 面值的 15%，其损失为面值的 5.25/15，即 35%。ABS CDO 的股权份额与中层份额遭受全部损失，但最高级份额却没有任何损失。

⊖ 这种特征以及超额抵押都有增加资产支持证券发行人收益的可能性。

当相关资产的损失高于10.25%时，ABS CDO的高级份额会有损失。例如，考虑相关资产的损失为17%的情形，在这17%的损失中，有5%是ABS股权份额的损失，剩下12%是ABS中层份额的损失。所以ABS中层份额的损失率为12/15，即80%的面值。最早的35%损失由ABS CDO的股权和中层份额来承担，因此ABS CDO的高级份额损失率为45/65，即69.2%。表8-1是对这一结果和其他损失情形的总结。在我们的计算中假设了所有ABS组合都有相同的违约率。

表8-1　估计图8-3中的ABS CDO的AAA级份额的损失　(%)

标的资产损失	ABS中层份额损失	ABS CDO股权份额损失	ABS CDO中层份额损失	ABS CDO高级份额损失
10	33.3	100.0	93.3	0.0
13	53.3	100.0	100.0	28.2
17	80.0	100.0	100.0	69.2
20	100.0	100.0	100.0	100.0

8.2　美国住房市场

图8-4展示了从1987年1月至2010年3月的标准普尔/凯斯－席勒10城市房价指数（S&P/Case-Shiller Composite-10 index）。这个指数跟踪的是美国10个都市里的房产价格。该图表明大约从2000年开始，房产价格的增长速度远远超过了前一个10年的增长速度。2002～2005年的低利率是造成价格增长的一个重要原因，但住房市场价格泡沫形成的一个重要原因是因为对房屋贷款政策的松懈。

2000～2006年，美国按揭市场的一个显著特点是次级按揭贷款的激增。次级按揭贷款的风险明显要高于按揭贷款的平均风险。在2000年以前，大部分被分类为次级的按揭贷款是借款人的第二个按揭（second mortgage），但在2000年以后，金融机构逐渐接受了第一按揭次级贷款（subprime first mortgage）这一概念。

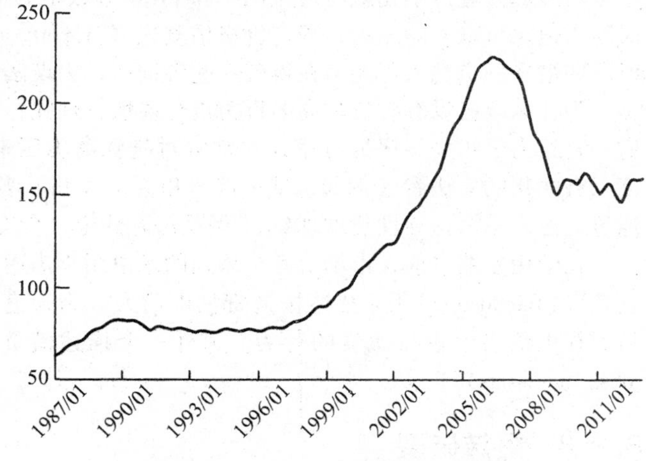

图8-4　标普/凯斯－席勒美国10城市房价指数（1987～2010年）

8.2.1　借贷标准的放松

对那些原本信用不够好、原本没有资格取得贷款的家庭而言，由于贷款标准的放松以及次贷按揭的增长而使购买住房变成了现实。这些家庭增加了市场对房屋的需求，因此房价开始上涨。对贷款经纪人和贷款商而言，房屋价格上涨以及大量的借贷需求无疑是个好消息，更多的借贷意味着更多的盈利，并且房屋价格的上涨意味着贷款会有很好的抵押品，即使贷款人（即借入贷款者）违约时，由于丧失回赎权（foreclousure）也不会给银行造成损失。

贷款经纪人与贷款商如何保持盈利的增长呢？他们所面临的问题是随着房屋价格的上升，

首次买房的购房者会越来越难以承担高房价。为了吸引新客户，贷款经纪人与贷款商不得不设法进一步降低贷款标准。果不其然，他们真是这样做的，贷款标准降低的结果是贷款面额与房屋价值的比例提高了。这时市场开发出了可调整利率按揭（adjustable rate mortgages，ARMs），在这一产品中，延续2~3年的优惠利率（“teaser” rate）很低，而随后的利率会很高。[一]一个典型的前期优惠利率为6%，而在优惠利率期结束后，利率会被调整为LIBOR+6%。[二]但是，市场上也有过1%或2%低优惠利率的报道，在这期间，贷款商在审查贷款申请时也变得越来越漫不经心，以至于他们常常对申请贷款人的收入和其他有关信息都不去仔细审查。

8.2.2 次贷按揭的证券化

次级按揭贷款通常被以图8-1~图8-3里的形式证券化。投资于由次贷所生成份额的投资人通常没有收回利息和本金的保证。证券化在此次危机中扮演了重要的角色，当贷款发放人知道放出去的贷款会被证券化时，他们的发放行为将会改变。[三]在发放新的按揭贷款时，他们关心的问题不再是“这是不是我们要承受的信用风险？”而是“我们是否可以通过卖给别人而从这份按揭上赚钱？”

当按揭被证券化后，所生成证券的买入方感到只要知道组合中每份按揭的贷款与价值比率（loan-to-value ratio）（即贷款数量与房屋估价的比率）以及贷款人的FICO分数[四]就足够了。有关贷款申请人的其他信息被认为是无关紧要的，所以贷款发行者常常不去检查。对于贷款发行方而言，最重要的是能否将按揭贷款卖给其他人，而这主要取决于贷款与价值比率，以及贷款申请人的FICO分数。

然而即使通过了贷款与价值比率和FICO分数检验的按揭也可能具有较差的信用质量。有时因为迫于贷款人的压力，资产价格估测人（property assessor）会给资产定出很高的价格，有时一些潜在的贷款人可能会在得到一些咨询后，去设法改善自己的FICO分数。[五]

为什么政府没有对贷款商的行为进行谨慎管理呢？答案是自20世纪90年代开始，美国政府一直致力于扩大住房拥有率，并常常对贷款商施压来使其加大对中低层收入群体的贷款力度。有些州的立法者（例如，俄亥俄州和佐治亚州）曾表示过对贷款现状的忧虑，并且试图通过立法来抑制掠夺性贷款现象，[六]但是法院认定，全美国的贷款标准应具有优先权。

在信用紧缩之前，市场上有一系列的术语用于描述按揭发放过程，其中一个术语为“骗子货款”（liar loan），用来描述按揭贷款申请人因为知道在贷款申请过程中不会进行背景调查，从而在申请表上进行撒谎的行为。另外一个描述借贷人的术语为“NINJA”（no income，no jobs，no assets）。

8.2.3 泡沫破裂

所有的泡沫最终都会破裂，这次也不例外。在2007年，许多按揭贷款人发现自己在优惠

[一] 当房地产价格上升时，贷款商预料贷款人会在低利率结束前付清按揭。但是，次级贷款中对提前偿付的惩罚可能会很高，而类似的惩罚对高级按揭贷款一般是不存在的。

[二] 例如，一个“2/28”可调整利率按揭（“2/28” ARM）是指该产品在最初两年为固定利率，而在今后的28年中为浮动利率。

[三] 见B. J. Keys，T. Mukherjee，A. Seru and V. Vig，“Did Securization Lead to Lax Screeening? Evidence from Subprime Loans，” *Quarterly Journal of Economics*，125，1（February 2010）：307-62.

[四] FICO是由Fair Isaac公司开发的信用分数，其范围介于300与850之间，它被广泛地用在按揭贷款中。

[五] 一种做法是持续几个月对信用卡进行按时付款。

[六] 掠夺性贷款（predatory lending）是指贷款借出人以欺骗的手段与客户签订不公平贷款合约。

利息结束之后没有能力偿还贷款而导致丧失回赎权，这使得大量住房进入市场，从而引起房价下跌。其他以住房价格 100%（或接近 100%）的数量进行按揭贷款的人发现自己在房子上的资产净值成为了负值。

美国房屋市场的一个特性是在许多州里按揭具有无追索（nonrecourse）条款，这意味着当贷款人违约时，贷款借出方可以收回住房，但对贷款人的其他财产是不能追索的。因此贷款人事实上持有一个免费的美式看跌期权：他可以在任何时候以贷款余额价值将房屋售于贷款借出方。无追索条款特性鼓励了市场投机行为，这也是造成这次泡沫的原因之一。当市场参与者意识到这种看跌期权的代价与其失稳效应时已经太晚了。如果借贷方的资产净值为负值，最优的做法是将房子与剩余贷款本金数量相交换，然后放贷方将房子出售，从而进一步推动房价的下跌。

假设所有按揭违约人都面临相同处境的做法是错误的。有些人因为没有能力履行按揭付款，当他们放弃房屋时遭受了许多困难。但市场上有许多违约者是出于投机的目的，他们买房屋是为了出租，并选择行使看跌期权，这些房屋的租客成了受害人。还有报告显示，有些并非是投机者的房屋拥有人十分有创意地抽取看跌期权的价值：当他们将钥匙还给住房贷款借出方后，随即就以更好的价格买入其他那些已经丧失赎回权的住房。假设两个相邻并且结构相似的房屋均已丧失了赎回权，两个房屋的按揭均为 250 000 美元，而且两个房屋的价值均为 200 000 美元，丧失赎回权的拍卖价均为 170 000 美元。这时房屋拥有者的最佳策略是什么？答案是每个房屋拥有者均行使看跌期权，并随即买入邻居的屋子。

美国并不是房产价格下跌的唯一国家，世界上许多其他国家的房价也难逃厄运，英国的房价在危机中也遭受了严重的打击。

8.2.4　损失

当丧失赎回权的情形越来越多时，按揭贷款的损失也与日俱增。我们或许认为如果房价下跌 35%，违约按揭贷款最大损失也至多为面值的 35%。事实上，损失远远比这大。丧失赎回权的房子通常各方面条件都很差，而且售价只是危机前房价的一小部分。根据 2008 年和 2009 年的报道，有些情况下在丧失赎回权房屋上的按揭贷款本金损失高达 75%。

购买由按揭产生的 ABS 份额的投资者遭受了重大损失。次贷产生的 ABS 份额价值是由一系列叫 ABX 的指数来反映的。指数显示，在 2007 年年底，BBB 级份额的损失达到了其原始值的 80%，而到 2009 年年中这一份额的损失高达 97%。由 BBB 级份额再生成的 ABS CDO 份额是由一系列叫 TABX 的指数来反映的，指数显示，到 2007 年年底，原本 AAA 级的 CDO 份额损失达到了其原始价值的 80%，到 2009 年年中，该类证券变得几乎一文不值。

像瑞银、美林、花旗这样的金融机构拥有大量份额，从而遭受了巨大损失；保险业巨头美国国际保险集团（AIG）由于为 ABS CDO 的 AAA 级提供损失担保，也损失惨重。政府不得不出手救助许多金融机构，在金融史上比 2008 年更糟的年头并不多，贝尔斯登被摩根大通收购；美林被美国银行收购；高盛和摩根士丹利从之前的投行变成了银行控股公司，同时运作商业银行业务和投资银行业务；雷曼兄弟最终破产（见业界事例 1-1）。

8.2.5　信用危机

由住房按揭贷款支持的证券损失导致了一场严重的信用危机。在 2006 年，银行持有充足的资本金，取得贷款相对容易，而且信用溢差也很低（信用溢差是指贷款利率高于无风险利率的那一部分)。到2008年，情况完全不同，银行的资本金由于损失而大幅下降；银行变得更厌恶风险而不愿意借出贷款，有良好信用纪录的个人和公司都觉得难以取得资金贷款，信用溢差急剧上升。全世界经历了几十年来最坏的经济萧条。TED溢差常被用来作为衡量金融市场的压力，这是3个月的欧洲美元存款和3个月的美国国债利率的差。在正常市场情况下，TED溢差为30~50个基点，但是在2008年10月，这个溢差曾高达450个基点。

8.3 问题出在哪里

"非理性繁荣"是美联储前主席格林斯潘用来描述20世纪90年代牛市投资人的行为。这也适用于描述信用危机之前的年头。按揭贷款发行人、住房按揭ABS和ABS CDO的投资人以及那些出售份额保护的公司都认为好时光会永远持续下去，他们认为美国的房价将会持续上升，在一两个地区房价也许会下跌，但是如图8-4所示大幅度下跌的可能性是大多数人没有预料到的。

2007年开始的危机是由许多原因造成的。按揭贷款发放人放宽了贷款要求，证券化产品使得按揭发放人在获利的情况下把信用风险转移给投资人，评级公司从他们所擅长的传统债券评级业务转向对结构性产品的评级。对结构性产品的评级相对较新，而且是没有足够的历史数据。投资人购买的产品非常复杂，并且在很多情况下，投资人和评级公司所掌握的标的资产质量信息是不准确或不完整的。结构性产品的投资人以为他们发现了印钞机，他们往往依赖评级机构的评级，而自身缺乏对标的资产风险的认识。与传统AAA级债券的回报相比，AAA级结构性产品的回报要高。

如图8-1和图8-3所示的结构性产品高度依赖于标的资产之间的违约相关性，违约相关性用于衡量不同贷款人在同一时间违约的可能性。如在图8-1中，标的资产的违约相关性很低，AAA级份额经受损失的可能很小，但当违约相关性上升时，高级份额风险变得越来越大。图8-3中的ABS CDO的份额更是高度依赖于违约相关性。

如果按揭贷款呈现较小的违约相关性(就像在正常市场情况下一样)，这时同时违约的可能性很小，所以由按揭产生的AAA级ABS和ABS CDO是很安全的。但是，许多投资人在遭受损失后发现违约相关性在市场受压的情况下会相应上升，这也同时导致了高违约率的可能性。

市场上常有将具有相同信用等级的份额债券与一般债券视为相同的倾向。评级机构公布了他们用于对份额评级的标准，标普和惠誉的方法是确保份额损失的概率与类似级别债券的损失概率相同，而穆迪的方法是确保份额的预期损失与同类级别债券的预期损失相同。[⊖]评级机构的评级程序设计只能保证份额的损失分布和债券的损失分布的某一方面相匹配，但是分布的其他信息可能千差万别。

事实上，份额的覆盖区间通常很窄，这使得份额和债券的区别越发突出。如图8-1所示，AAA级份额通常占有80%的面额，但是其他份额的个数多达15~20个的情况也不是不常见。这些次级份额可能只占1%或2%的面额，如此窄的区间使得份额要么毫发无损，要么损失殆尽，投资者获得部分补偿的机会很小(而债券投资人通常可以得到补偿)。考虑如下情况，一个BBB级的份额损失覆盖区间为5%~6%，如果标的组合的损失小于5%，该份额是安全的；

⊖ 关于评级机构的评级标准和评级合理性分析，见J. Hull and A. White, "Ratings Arbitrage and Structured Products," *Journal of Derivatives*, 20, 1 (Fall 2012): 80-86, and "The Risk of Tranches Created from Mortgages," *Financial Analysts Journal*, 66, 5 (September/October 2010): 54-67。

如果标的组合的损失大于6%，份额全部损失；只有当损失在5%~6%时，投资人才可能得到部分补偿。

许多投资人忽略了一个很窄的BBB份额与一个BBB债券之间的区别，这种区别造成了由ABS的BBB级份额产生的ABS CDO份额比由BBB级债券产生的CDO要危险得多。通常可以合理地假设BBB级债券组合的损失不会超过25%，而表8-1显示由BBB级份额组成的组合可以轻易地遭到100%的损失，对只覆盖1%或2%本金的份额而言，完全损失的可能性更是如此。

8.3.1 监管套利

大部分按揭贷款是由银行发行的；同时银行也是由按揭贷款派生出的份额产品的主要投资者。为什么银行会选择将按揭进行证券化，同时又买入证券化产品呢？这里的奥秘在于**监管套利**（regulatory arbitrage），即持有由按揭组合所产生的份额资产所需的资本金要小于直接持有按揭本身所需要的资本金。

8.3.2 动机

此次危机给我们带来的教训之一就是动机的重要性。经济学家使用名词代理成本（agency cost）来描述在某个商业行为中两个不同参与者的利益不完全一致的情形。不幸的是在美国按揭市场的贷款发行、证券化和债券出售过程中到处充满了代理成本。

按揭发行商的动机是确保按揭抵押产品发行人和ABS CDO发行人可以接受自己发放的贷款。房产估价师的动机是讨好贷款商而将房价估得越高越好，这样会使贷款与价值的比率达到最低。（讨好房贷者的结果是很可能会从贷款商那里拿到更多的生意。）份额产品发行人关心的是份额资产将被如何评级，他们的目的是使AAA级的份额资产数量达到最大，因此份额资产发行人会利用评级公司公布的评级标准来达到这一目的。评级公司的收入来自于被评级证券的发行人，评级公司大约有一半的收入来自于结构化产品。

另外一项代理成本来源是金融机构对雇员的奖励措施。雇员的工资分成三类：基本工资、年终现金分红以及股票或股票期权。金融机构中不同级别的雇员（特别是交易员）工资的很大一部分是以年终现金分红形式给出的，这种工资形式侧重于短期表现。如果某个雇员在某年盈利很高而在今后的几年中损失很大，该雇员在第1年会收到很高的现金分红而在今后几年不需要归还已得到的分红。（雇员也许因为第2年的损失而失去工作，即使这样，对他来讲，情况也不是太糟。令人惊讶的是，金融机构好像很愿意雇用那些简历上有亏钱纪录的求职者。）

假设你是一家金融机构在2006年负责投资ABS CDO资产的雇员，你基本上可以确认美国房屋市场存在泡沫现象，并认定这一泡沫迟早会破裂，但是你仍然可能会决定继续进行ABS CDO投资。如果在2006年年底之前泡沫不破裂的话，你仍然会在2006年年底收到一笔可观的分红。

8.4 危机的后果

在危机以前，监管当局对于场外衍生品市场基本上没有设定专门的监管条例。最近该市场出现了很多变化。如前面的章节所述，目前已经要求标准场外衍生产品必须要通过中央交易对手的形式来进行结算。这意味着对这些产品的处理就像交易所里的期货产品一样。银行一般都是一家或多家CCP的会员，在交易标准衍生产品时，他们要向CCP支付初始保证金和变动保证金，还需要支付违约基金。对于双边结算交易，监管方还要对于抵押品设定专门的管理规定，而不是让交易双方来确定保证金协议。

近来，银行管理人员收到的分红也越来越受到关注，有些国家可能会对于银行管理人员所能收到的分红数量进行限定，分红的支付形式也在产生变化。在危机以前，交易员一年分红一般是在年终时全部支付，而且往往不会出现退还分红的情形。目前越来越普遍的做法是将交易员的分红分配到若干年内。如果出现损失，在此之后交易员将不再收到分红。

美国《多德-弗兰克法案》（Dodd-Frank Act）以及英国和欧洲类似的立法加强了金融机构监管的监管力度，这些法令中增加了许多新的监管规定。例如，承接存款的金融机构进行自营交易或类似交易已经变得更加困难（在美国，此项规定叫**沃尔克法则**，由美联储前主席保罗·沃尔克（Paul Volcker）提出；英国的一个由约翰·威克斯（John Vickers）牵头的委员会也提出，银行的零售业务要与其他高风险业务分开，即通过“围栅”（ring-fencing）制度对于银行业务进行分治；欧盟利克宁委员会（LiiKanen committee）要求交易及其他高风险业务要与其他银行业务进行分离）。另外，监管当局对于那些被认为具有系统重要性的银行设定遗嘱制度（living will），设定遗嘱的目的是阐明银行在破产时，将如何平稳解体。另外一项规定是对于证券化产品，发行商要持有发行份额的5%（此项规定有些例外）。

不同国家和地区的银行是由巴塞尔银行监管委员会（Basel Committee on Banking Supervision）来监管的，[⊖]该委员会在信用危机前所制定的监管规则分别被称为《巴塞尔Ⅰ》和《巴塞尔Ⅱ》。业界事例8-1总结了这些监管规则。自危机以后，巴塞尔银行监管委员会提出了《巴塞尔Ⅱ.5》，其中心要点是提高市场风险资本金数量。在2010年，委员会又提出了《巴塞尔Ⅲ》，实施时间会一直延续到2019年。《巴塞尔Ⅲ》的宗旨是提高银行持有资本金的数量和质量，同时也对银行的流动性要求制定了标准。如业界事例4-2所述，导致金融危机的原因之一是银行过分依靠短期负债来支持长期资金需求。对于流动性所设定的要求就是改变这种做法。

业界事例8-1　巴塞尔委员会

在20世纪80年代后，银行的业务变得越来越全球化，世界上不同国家的监管当局认识到制定一个国际监管框架的必要性。因此，巴塞尔委员会应运而生。在1988年，该委员会制定了一套阐明银行对自身信用风险必须持有资本金数量的规则，这些规则也就是《巴塞尔Ⅰ》。在1995年对《巴塞尔Ⅰ》进行了修改并添加了关于净额结算（netting）的规则。在1996年，委员会颁布了关于市场风险新的资本金规则，这些规则在1998年得以实施。在1999年，委员会对信用风险资本金的计算方法进行了一个重大修改，同时引入了有关操作风险资本金的规则。这些规则就是《巴塞尔Ⅱ》。《巴塞尔Ⅱ》比《巴塞尔Ⅰ》要复杂很多，其具体实施被推迟到了2007年（有些国家更晚）。在2007年信用危机时以及危机之后，巴塞尔委员会引入了新的资本要求规则，即《巴塞尔Ⅱ.5》。在此之后，委员会又提出了《巴塞尔Ⅲ》，其中对资本金要求更严，并引入了对流动性的要求。

⊖ 关于巴塞尔委员会的细节工作以及银行监管规定，见J. Hull，*Risk Management and Financial Institutions*，3rd Edition，Wiley，2012.

小 结

银行通过证券化的方式把贷款和其他产生收入的资产打包成证券，然后卖给投资者。这样做可以将贷款从银行的资产负债表中消除，从而使银行能比以前更快地发展贷款业务。第一批被证券化的贷款是20世纪六七十年代美国的房屋按揭贷款。由于政府国家住房按揭协会的担保，购买房屋抵押证券的投资者没有贷款人违约的风险。之后，汽车贷款、公司贷款、信用卡应收款以及次级贷款纷纷被证券化。很多情况下，这些证券的投资人没有违约保护。

在2007开始的信用危机中，证券化扮演了重要的角色。由次贷产生的份额被进一步打包形成新的份额。危机的源头可以追溯到美国的房屋市场，当时的美国政府热衷于鼓励住房拥有率，同时利率一度很低，按揭经纪人和按揭发行人发现通过放宽借贷标准可以使得他们的业务更具吸引力。证券化使得投资人承担的信用风险不同于按揭发行人的风险，评级机构对证券化的高级份额给出了AAA的评级，由于它的收益率比其他AAA级债券要高，AAA级份额在市场上备受投资者的青睐。银行认为“好时光”将会持续，因为交易员的薪酬只看重短期盈利，所以银行的雇员无视房屋市场的泡沫以及泡沫对一些非常复杂产品的影响。

当初次购房者和投机者一起进入市场时，房价上涨。有些按揭包括适用于最初2~3年的优惠利率，当优惠利率结束后，许多贷款的还款利息会显著增加，因不能偿还高利息贷款，贷款人只能违约，从而造成了丧失赎回权的增大，同时也增大了卖方市场的供应，2000~2006年市场上涨现象终于戛然而止，投机者及其他投资人发现他们所欠按揭的价值大于房屋价值（即他们的净资产为负），从而加重了房价的下滑幅度。

银行正在为危机付出代价，新的立法和规则将减弱银行的盈利能力。例如，银行所持有的资本金数量有所增加，银行将面临新的关于流动性的监管要求，场外衍生品已经受到更严格的监管。

推荐阅读

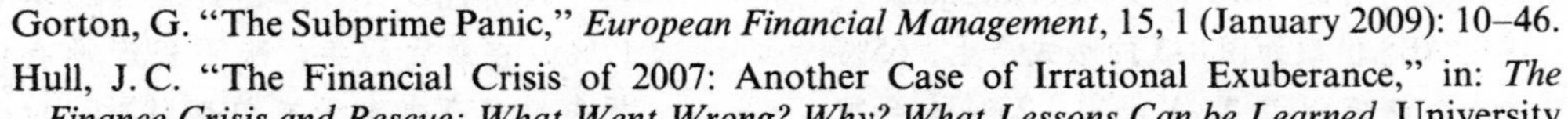

Gorton, G. "The Subprime Panic," *European Financial Management*, 15, 1 (January 2009): 10–46.

Hull, J.C. "The Financial Crisis of 2007: Another Case of Irrational Exuberance," in: *The Finance Crisis and Rescue: What Went Wrong? Why? What Lessons Can be Learned*. University of Toronto Press, 2008.

Hull, J.C., and A. White. "Ratings Arbitrage and Structured Products," *Journal of Derivatives*, 20, 1 (Fall 2012): 80–86.

Keys, B.J., T. Mukherjee, A. Seru, and V. Vig. "Did Securitization Lead to Lax Screening? Evidence from Subprime Loans," *Quarterly Journal of Economics*, 125, 1 (2010): 307–62.

Krinsman, A.N. "Subprime Mortgage Meltdown: How Did It Happen and How Will It End," *Journal of Structured Finance*, 13, 2 (Summer 2007): 13–19.

Mian, A., and A. Sufi. "The Consequences of Mortgage Credit Expansion: Evidence from the US Mortgage Default Crisis," *Quarterly Journal of Economics*, 124, 4 (November 2010): 1449–96.

Zimmerman, T. "The Great Subprime Meltdown," *Journal of Structured Finance*, Fall 2007, 7–20.

练习题

8.1 吉利美在20世纪70年代的按揭抵押证券市场中所扮演的角色是什么？

8.2 解释概念（a）ABS，（b）ABS CDO。

8.3 什么是中层份额？

8.4 证券化瀑布式现金流是指什么？

8.5 表8-1中针对以下损失率的数字分别是多

少？(a) 12%，(b) 15%。

8.6 什么是次级贷款？

8.7 你为什么认为2000～2007年间的房价增长是一个泡沫？

8.8 2000～2007年，为什么按揭发放人不经常审查潜在申请人所提供的信息？

8.9 市场是如何错误判断ABS CDO风险的？

8.10 什么是“代理成本”？在信用危机中，“代理成本”又是如何体现的？

8.11. 一个ABS CDO是如何派生出来的？动机又是什么？

8.12 解释违约相关性的增加对ABS高级份额风险的影响。对股权级份额又有什么影响？

8.13 解释为什么AAA级的ABS CDO份额比AAA级的ABS份额的风险更高。

8.14 解释为什么年终奖金有时被称为“短期薪酬”。

8.15 在表8-1中加入以下资产损失情形 (a) 2%，(b) 6%，(c) 14%，(d) 18%。

作业题

8.16 假定如图8-3所示的ABS和ABS CDO中，分配给高级、中层、股权份额的本金比例分别为70%、20%、10%，这对表8-1产生什么影响？

8.17 “再次证券化是一个非常糟糕的业务模式，由证券化中层份额资产来作为抵押品所派生出的AAA级份额比一般资产抵押证券AAA级份额的违约率要更高。”讨论这个观点。

8.18 类似于图8-3，假定由ABS CDO的某些中层份额我们进一步派生出新的份额资产。这种资产称作CDO平方 (CDO square)。假定ABS份额如图8-3的形式产生，65%的本金被分配为AAA份额，25%本金被分配为BBB份额，10%本金被分配为股权份额。当标的资产损失的比率到哪种程度时，由这种形式派生出的AAA份额会经历损失？(假定产生份额资产的抵押资产组合的违约损失率相同。)

8.19 如果如图8-3中ABS的中层份额的覆盖范围（宽度）变小，同时中层份额本金减少的数量被平分于高级份额和股权份额中，这时会发生什么？尤其是对表8-1有何影响？

8.20 假定在2000年，某市场参与者利用图8-1的形式来产生份额资产，期限为10年，假定在产品发行后的前期，账下资产没有任何违约，但在第8年年末，由于信用危机，资产违约损失达本金的17%，在最后两年，账下资产没有任何损失，资产本身没有前期付款。对于资产份额相对表现进行分析。在分析中假定LIBOR利率为常数3%，分析中要考虑利息和本金付款。

第9章 OIS贴现、信用以及资金费用

CHAPTER9

在本章里，我们将讨论自2007年信用危机以来在衍生产品市场上受到人们关注的一些问题。第一个要考虑的问题是关于无风险利率的贴现。这个问题很重要，在今后的章节中我们会看到，在几乎所有衍生产品的定价中都会涉及利用无风险利率来对将来预期现金流进行贴现。在信用危机之前，市场参与者一般是将LIBOR/互换利率作为无风险利率的近似：由LIBOR利率和LIBOR固定息互换利率出发，利用7.6节中所描述的方法来确定无风险零息利率。但自危机以来，在某些情形下，人们开始用其他利率作为无风险利率的近似。

在本章的第二部分里我们将讨论信用风险，这个问题在衍生产品市场上变得越来越重要。在传统上，交易所对衍生产品中信用风险的处理是非常成功的。(例如，在第2章里我们曾经解释过期货产品交易机制的设计是为了减少信用风险。) 如2.5节所述，场外市场一般是通过双边结算或中心清算。中心交易清算机制与交易所清算机制类似，因此如果处理妥当的话，也能像交易所一样有效地降低信用风险。与中心交易相比，双边结算交易的信用风险更大，因此对双边结算的衍生产品定价时，一个重要问题是如何将信用风险考虑在内。在本章中我们首先对这一问题进行大致讨论，在第24章中我们将会给出更多的细节。

本章所考虑的最后一个课题是资金费用。资金费用是否会影响衍生产品的定价？这个问题颇具争议。有些人认为对衍生产品定价时要进行资金价值调解(funding value adjustment，FVA)，其他人认为FVA没有任何理论依据，这样做会产生套利机会。

9.1 无风险利率

对于衍生产品定价的标准程序是建立无风险组合，在没有套利的前提下，该组合的回报应当等于无风险利率。在4.7节里对远期利率合约（FRA）的定价和5.7节里对远期合约的定价为这种方式提供了简单的例子，互换是远期利率合约或远期合约的一种组合，其价值同样依赖于无风险利率贴现。事实上，随着我们

对于衍生产品理解的提高，我们将看到几乎所有的衍生产品定价都会涉及无风险利率贴现，因此，对无风险利率的选择也就变得至关重要。

在美国，短期、中期和长期国债利率一般会被认为是无风险利率的自然选择。这些国债是由美国政府发行，并以美元计算的债券。大多数分析人员认为美国政府不会对自己的债券违约，因为政府总是可以通过增加货币供应的形式（也就是印更多的钞票）来支付债务，这种说法也可以推广到其他以自己的货币发行债券的国家。[⊖]

事实上，衍生产品市场参与者不将国债利率作为无风险利率，这是因为他们通常认为国债利率过低，在业界事例9-1中，我们列举了部分原因。在2008年之前，市场参与者通常用LIBOR利率和LIBOR/固定息互换利率作为无风险利率的近似。如4.1节所述LIBOR是信用较好（一般信用评级达到AA或更好）的银行从其他银行进行拆借所采用的短期（1年或更短）利率。在2007年开始的信用危机之前，市场参与者认为LIBOR是接近无风险的：一家信用为AA的银行在市场上进行1年或短于1年的借贷，该银行对于贷款违约的可能性很低。

业界事例9-1　什么是无风险利率

衍生产品交易商认为国债中隐含的利率过低，原因主要有以下几个方面。

（1）金融机构为满足各项监管要求必须买入一些长期与短期国债，而这一需求会造成国债价格较高，从而收益率较低。

（2）同持有其他类似的低风险投资相比，银行持有国债所需要的资本金要低得多。

（3）由于在美国投资于政府国债时无须缴纳州税，对于国债产品的税务规定要比其他定息投资更为有利。

在传统上，衍生产品交易商假定LIBOR利率是无风险利率，在本书第7章里确定互换产品价值时我们也采用了这种假设，但LIBOR并非是完全无风险的。自2007年开始的信用危机之后，许多交易商（至少对于有抵押的交易）改成采用隔夜指数互换（overnight indexed swap，OIS）利率作为无风险利率。我们将在本章里讨论如何使用这些利率。

在信用危机时期，由于银行之间不愿意进行借贷而导致LIBOR利率飙升。TED溢差定义为3个月期欧洲美元存款利率（类似于银行之间进行借贷3个月期限的LIBOR）与3个月期限的美国短期国债的差。如第8章所述，在正常市场条件下TED溢差低于50个基点，而在2007年10月与2009年5月之间，TED很少会低于100个基点，在2008年10月最高时甚至高达450个基点。很显然，在这段时期内银行不再认为给其他银行的借贷是无风险的。

大家也许会认为经过信用危机以后，在对于衍生产品定价时，市场参与者会寻求其他利率来作为无风险利率的近似，但事实并非完全如此。在信用危机之后，多数银行对于有抵押的交易纷纷将无风险利率由LIBOR利率改为隔夜指数互换（OIS）利率。在下一节里我们将讨论OIS利率。但是，对于没有抵押的交易，市场参与者继续使用LIBOR利率，或者更高的利率来进行贴现（见2.5节关于抵押品的讨论）。这种做法反映了以下观点：银行对衍生产品定价所使用的贴现利率应该体现其平均资金费用，而不是无风险利率。对于无抵押衍生产品，平均资金费用至少不应低于LIBOR。有抵押的衍生产品由抵押品来作为资金支撑，我们今后将会看到，OIS利率可以作为这些交易的资金费用的估计。

⊖ 这种说法对欧元区的国家并不成立，欧元区国家采用欧元来作为统一货币，其辖内的国家，比如意大利或西班牙，对于欧洲中央银行并没有直接控制。

9.2 OIS利率

如4.1节里解释的那样，联邦基金利率（Fed funds rate）是美国金融机构之间的无抵押隔夜拆借利率。经纪商通常促成借贷者与放贷者之间的交易，由经纪商所促成交易的加权平均利率（以交易规模作为权重）被称为**有效联邦基金利率**（effective federal funds rate）。其他国家也有与美国类似的体制，例如，英国由经纪商所促成的隔夜拆借平均利率称作SONIA（Sterling Overnight Index Average），欧元区由经纪商所促成的隔夜拆借平均利率称作EONIA（Euro Overnight Index Average）。各个国家的隔夜利率均由央行来监测，在必要时，央行可以通过自身的交易进行干涉以便对利率的高低进行调整。

隔夜指数互换（OIS）是将一段时间里（例如1个月或3个月）的固定利率与隔夜利率的几何平均值进行交换的合约（这里的隔夜利率就是以上描述的由经纪商所促成交易的加权平均利率）。如果在一段时间里，一家银行以隔夜利率进行贷款（每天都将本金与利息向前延伸），银行在这段时间里支付的利率是隔夜利率的几何平均值。类似地，如果一家银行每天按隔夜利率放贷（每天都将本金与利息向前延伸），银行在这段时间所得的利息也是隔夜利率的几何平均值。因此，通过OIS互换可以将在一段时间里按隔夜利率借贷转换成按固定利率进行借贷。OIS互换中的固定利率叫**隔夜指数互换利率**（OIS rate）。如果在这段时间里隔夜拆借利率的几何平均小于固定利率，在这段时间结束时固定息的支付方需要向浮动息的支付方付款；在相反的情况下，浮动息的支付方要向固定息的支付方付款。

例9-1

假定一个3个月期OIS互换的面值为1亿美元，固定息（即OIS利率）为每年3%，如果在3个月内，隔夜有效联邦基金利率的几何平均值为每年2.8%，固定息支付方要向浮动息支付方付$0.25\times(0.030-0.028)\times100\,000\,000=50\,000$美元（在此例的计算中没有考虑天数计量惯例的影响）。

隔夜指数互换往往期限短（常常是3个月或更短），但期限长达5~10年的交易也变得越来越普遍。期限长于1年的互换往往会被分割为3个月的时间段，在每个时间段结束时，隔夜拆借利率的几何平均与OIS固定利率进行互换。在7.5节里我们曾解释过在简单LIBOR与固定利率（LIBOR-for-fixed）互换中的互换利率等价于每个阶段都要进行更新的LIBOR利率（即向一个AA级金融机构进行一系列短期贷款所对应的利率）。类似地，OIS互换利率等价于每天更新的隔夜利率（即一家金融机构按一系列隔夜贷款的形式向另外一家金融机构放贷时所得利率）。

假定银行A进行了以下交易：

（1）在隔夜市场借入1亿美元资金，期限为3个月。在每一天结束时，对利息和本金都进行延伸。

（2）以LIBOR利率将1亿美元资金借给银行B，期限为3个月。

（3）利用OIS互换将隔夜贷款转换成支付3个月的OIS利率的贷款。

以上交易会使得银行A收入3个月期限的LIBOR（假定A的信用评级保持在隔夜资金拆借市场可以接受的水平上），同时支付3个月期限隔夜指数互换利率。我们也许会期望3个月的 OIS 互换利率等于 3 个月期限的 LIBOR 利率，但 OIS 利率一般会比较低，原因是在银行 A 将资金借给银行 B 的 3 个月中，银行 B 有违约可能，银行 A 为此要求一定的补偿。在隔夜市场上，借给银行 A 3 个月资金所面临的风险比银行 A 借给银行 B 3 个月资金的风险要小，因为银行 A 的信用一旦变坏，借出方有权终止向银行 A 的贷款。

3 个月期限 LIBOR 与 3 个月期限 OIS 互换利率的差称为 **LIBOR-OIS 溢差**，这一溢差常常用来检测金融市场的受压程度，图 9-1 显示了 2002 ~ 2013 年之间溢差的变化。在正常市场条件下，这一溢差大约是 10 个基点，但在 2007 ~ 2009 年信用危机时，这一溢差大幅度飙升，原因是银行不太愿意将资金以 3 个月的期限借给其他金融机构。2008 年 10 月，该溢差曾经飙升到 364 个基点，但在 1 年以后，该溢差又恢复到了正常水平，但自此以后由于金融市场出现压力和震荡，这一溢差再次出现上升的现象。例如，在 2011 年 12 月末，市场参与者对一些欧洲国家（例如希腊）的经济产生忧虑，LIBOR-OIS 溢差一度升到了大约 50 个基点。

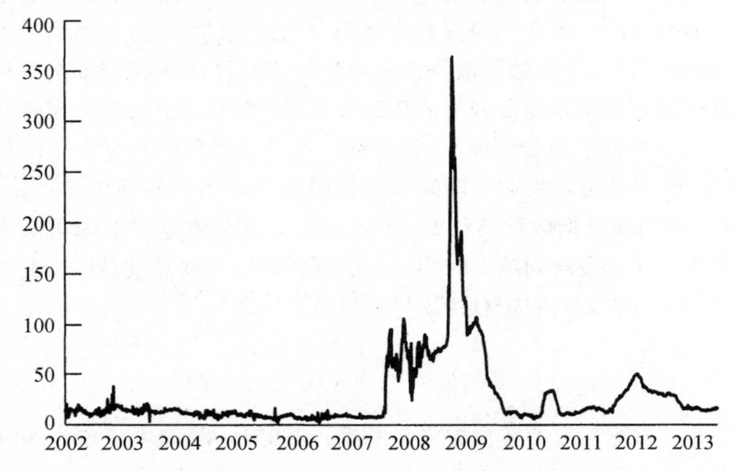

图 9-1　2002 年 1 月至 2013 年 5 月 LIBOR-OIS 溢差

OIS 利率是对于无风险利率的一个好的近似估计。OIS 不是完全无风险，而它只是接近于无风险。这里的风险有两个来源（尽管都很小）。第一个是两个金融机构之间的隔夜贷款可能会出现违约，这种可能性很小，因为一家金融机构可能将面临信用问题的任何风声都会使其被排除在隔夜市场之外。第二个来源是 OIS 互换本身可能会出现违约。然而 OIS 互换利率对这种违约可能性的调整一般都很小（尤其是 OIS 有抵押的情形）。

确定 OIS 零息利率

在 7.6 节中，我们描述了如何利用票息剥离法来确定 LIBOR/互换零息曲线。我们看到 LIBOR与固定息互换利率定义了一系列平价债券。应该指出的是，为了用互换利率定义一系列平价债券，我们需要使票息剥离法所确定的利率与用于贴现的利率相等。

当 OIS 利率被用于贴现时，构造 OIS 零息曲线的方法类似于当使用 LIBOR 利率贴现时构造 LIBOR 零息曲线的方法。1 个月 OIS 利率定义了 1 个月期限的零息利率，3 个月 OIS 利率定义了 3 个月期限的零息利率，依此类推。如果 OIS 互换合约是定期结算的，相应的 OIS 利率就定义了一个平价债券收益率。例如，假定 5 年期的 OIS 利率为 3.5%，每个季度都有付款结算（这意味着在每个季度末，数量为 $0.25\times3.5\%=0.875\%$ 的固定利率都要与这个季度内隔夜利率的几何平均值进行交换），这时 5 年期的券息率为每年 3.5% 的债券会被假设成平价债券。

虽然OIS互换流动性已经越来越好，但这些OIS互换的期限并不像更为普遍的LIBOR与固定息互换的期限那么长。如果我们需要长期限的OIS零息利率，比较自然的做法是假定OIS利率和相应的LIBOR/互换利率之间的溢差在一定期限之外是一样的，这里的期限等于有可靠数据的OIS合约中最长的期限。举个例子，假定市场上期限大于5年的OIS互换数据都不可靠，若5年期OIS利率为4.7%，5年期LIBOR与固定息互换利率为4.9%，这时我们可以假定所有期限超过5年的OIS互换利率比相应期限LIBOR/互换利率低20个基点。另外一种对于OIS零息曲线进行延伸的方法是利用基差互换（basis swap）数据（在基差互换中，3个月期限的LIBOR利率与美联储基金利率的平均值进行交换）。在美国，该类互换的期限长达30年。[1]

9.3 当用OIS贴现时互换和远期利率合约的价值

一旦确定了OIS零息利率曲线，我们就可以假定OIS零息利率为无风险利率。例如，式（5-4）给出了远期合约的价值，其中r即为期限为T年的OIS零息利率。[2]对互换和FRA定价时，我们需要做更多的工作。首先要做的是计算与OIS贴现一致的远期LIBOR利率。

利用OIS贴现来确定远期LIBOR利率

为了对LIBOR与固定息互换定价，假设我们已经知道远期LIBOR利率会在将来实现。如果一个互换交易以今天的市场中间价（mid-market）达成，互换的价值为零。利用这一特点，我们可以确定LIBOR远期利率。用OIS贴现时所确定的LIBOR远期利率不同于用LIBOR贴现时所确定的LIBOR远期利率。我们将用一简单情形来对此进行说明，例9-2给出了在假定用LIBOR利率贴现时，计算远期LIBOR利率的过程；例9-3给出了在假定用OIS利率贴现时，计算远期LIBOR利率的过程。

例9-2

假定1年期的LIBOR利率为5%，2年期的LIBOR与固定息互换的利率为6%，以上两个利率均为每年复利一次。当某家银行使用的贴现利率为LIBOR时，假定2年期的LIBOR/互换零息利率为R，因为券息为6%的债券为平价债券（见7.6节），以下方程一定成立

$$\frac{6}{1.05}+\frac{106}{(1+R)^2}=100$$

对以上方程求解，得出$R=6.030\%$。假定F为在1年后开始、期限为1年的远期LIBOR利率，我们可以用零息利率来计算这个值

$$F=\frac{1.060\,30^2}{1.05}-1=7.070\,7\%$$

---

[1] 如果30年期限的LIBOR互换利率为5%，合约阐明LIBOR利率与平均联邦基金利率加上20个基点进行互换，这时我们可能会假定30年期限的OIS利率为4.8%（假设对计量天数惯例做过适当调整）。不幸的是，这样做会涉及一种近似，因为在联邦基金与LIBOR互换中是将隔夜利率的算术平均值（而不是几何平均值）与同段时间的LIBOR交换的。从理论上讲，在计算过程中我们需要进行曲率调整，见K. Takada, "Valuation of Arithmetic Average of Fed Funds Rates and Construction of the US Dollar Swap Yield Curve," 2011, SSRN-id981668.

[2] 为了采用式（5-4），我们要用到对应于期限为T的远期价格F_0，一般计算F的方法是对在市场上观察到的远期价格进行插值。

为了验证以上结果，我们可以计算使相应的互换价值为 0 的 F。对应于 100 美元的面值，在 1 年时，固定息收入方将得到 +1 美元（这是因为此方将收入 6 美元，同时支出 5 美元），假定远期利率将实现，在 2 年时，对应于 100 美元面值，固定息收入方收入 $6-100F$，互换价值为

$$\frac{1}{1.05}+\frac{6-100F}{1.060\,30^2}$$

将以上数量设为 0，求解 F 得出，$F=7.070\,7\%$，该结果与前面的结果一致。

例 9-3

如例 9-2，假定 1 年期的 LIBOR 利率为 5%，2 年期的 LIBOR 与固定息互换的利率为 6%，假定以上两个利率均为每年复利一次。一家银行使用 OIS 贴现，假定 OIS 零息曲线已经由 9.2 节中所述的方法确定，1 年期和 2 年期 OIS 零息利率分别为 4.5% 和 5.5%，均为每年复利一次（在该情形下，OIS 零息利率比 LIBOR 零息利率低 50 个基点）。假定 F 为在 1 年后开始、期限为 1 年的远期 LIBOR 利率。对互换价值的计算可以假定远期 LIBOR 利率会在将来实现。收入为 6%、同时支付 LIBOR 利率的互换价值为 0，因此

$$\frac{1}{1.045}+\frac{6-100F}{1.055^2}=0$$

解这个方程得出 $F=7.065\,1\%$。

在例 9-2 和例 9-3 中，当我们将 LIBOR 贴现换成 OIS 贴现时，远期 LIBOR 由 7.070 7% 变为 7.065 1%，变化量稍微超过半个基点。尽管这个变化量很小，但交易员并不想忽略它。在实际中，变化量的大小取决零利率曲线的陡峭程度和远期利率的期限（见 DerivaGem 3.00）。

当无风险贴现利率设成 OIS 时，由例 9-3 所示的计算过程可以确定远期 LIBOR 曲线。利用一系列每 3 个月交换现金流的互换，我们可以确定作为期限函数的 3 个月期限的远期利率（即作为 3 个月期限开始时间的函数）；利用一系列每 6 个月交换现金流的互换，我们可以确定作为期限函数的 6 个月期限的远期利率（即作为 3 个月期限开始时间的函数），依此类推。[㊀]（为了确定完整远期 LIBOR 利率曲线，在所计算出的远期利率之间可以利用插值。）

如果对互换定价时用的是 OIS 贴现，与互换现金流相对应的远期利率要从合适的远期 LIBOR曲线中求得。然后，在假定远期利率被实现的情况下，将互换现金流用适当的 OIS 零息利率贴现。

9.4 OIS 还是 LIBOR：哪一个正确

我们在前面提到过，许多衍生产品交易商对有抵押的衍生产品（带有类似于 2.5 节里描述的抵押协议的衍生产品合约）定价时，采用的是 OIS 贴现利率；而对于没有抵押协议的衍生产品定价时，采用的是 LIBOR 利率。[㊁]对这种做法最普遍的解释是与资金费用有关：有抵押的衍

㊀ 在计算完整 LIBOR 远期利率曲线时，对应于不同计息区间的基差互换（例如 1 个月期限的 LIBOR 与 6 个月期限的 LIBOR 之间的互换）提供了更多的信息。

㊁ LCH. Clearnet 是一家规模很大的中央交易对手，2013 年经 LCH. Clearnet 清算的互换交易面值超过了 350 万亿美元，这些互换交易通过起始和变动保证金进行抵押。为了和交易商保持一致，LCH. Clearnet 也采用 OIS（而不是 LIBOR）贴现。

生产品的资金费用取决于抵押品，而联邦基金利率（如我们以前所述，该利率与 OIS 利率相关）是隔夜贷款利率，这是在计算抵押品利率时最常用的利率。对于无抵押的交易，一般认为交易资金费用会更高，因此在贴现时要反映出这一点。

在今后将会看到，基于资金费用的观点令人怀疑，原因是在金融理论中一条众所周知的基本原则是对投资的评估不应当与资金费用有关。在评估投资时，投资的风险和预期现金流才是重要因素。当建立无风险交易组合之后，按照金融理论，我们应该在所有可以使用的无风险利率估计值中选择最好的一种。在实际中可以说 OIS 零息利率最接近于无风险利率，因此，无论有无抵押品，在定价时都应该使用这个利率进行贴现。[⊖]

9.5　信用风险：CVA 和 DVA

应该强调，在衍生产品定价时，贴现率并不是用来反映信用风险的。我们到目前为止所描述的估值方法（无论是利用 OIS，还是 LIBOR 来进行贴现）都是用于计算在假定交易双方都不会违约前提下的衍生产品价值（被称为衍生产品的**无违约价值**（no-default value）），若要将信用风险考虑在内，还需要进行单独的计算。我们现在讨论这些计算的本质，在本书的第 24 章中将会给出更为详尽的阐述。

假设一家银行和交易对手进行了一组需要进行双边结算衍生产品交易双边结算。第一点需要注意的是在银行和交易对手之间几乎肯定会指明净值结算生效，这意味着在任何一方违约时，组合中所有的衍生产品将会被当成单一衍生产品。在一方宣布破产、没有按要求及时支付抵押品或者没有完成其他形式的承诺时，另外一方可以宣布破产事件发生，从而会导致提前终止组合中尚未平仓的衍生产品。

首先假定没有抵押品的情况。如果提前终止事件发生时，衍生产品组合对于银行具有正价值，同时对于交易对手具有负价值，这时银行对于交易对手是进行无抵押担保的放贷，放贷的数量等于交易组合的价值，此时银行会产生损失，因为银行本身无法讨回衍生产品交易组合的全部价值。在相反的情形下，如果衍生产品组合对于银行具有负价值，同时对于交易对手具有正价值，那么银行可以与交易对手（或交易对手的清算人）进行支付，此时交易双方都不会产生损失。

信用价值调节量（credit value adjustment，CVA）就是对由于交易对手违约而给银行造成的预期费用的现值估计。假定银行与交易对手之间的衍生产品中最长的期限为 T 年，为了计算 CVA，银行会将以后 T 年的时间区间划分为众多的小区间，然后在每个小区间内，进行如下计算：

（1）造成合约提前终止的交易对手违约事件在第 i 个区间发生的概率 q_i；

（2）假定交易在第 i 个区间中间点被提前终止时，合约组合预期损失的贴现值 v_i。

CVA 由以下公式得出

$$\mathrm{CVA} = \sum_{i=1}^{N} q_i v_i$$

其中 N 为区间的数量。以上公式貌似很简单，但相应的计算过程（尤其是对于 v_i 的确定）却是非常复杂，我们将在第 24 章中讨论计算过程。

⊖ 关于进一步的讨论，见 J. Hull and A. White, “LIBOR vs. OIS: The Derivatives Discounting Dilemma,” *Journal of Investment Management*, 11, 3 (2013), 14-27.

定义衍生产品交易组合对于银行的无违约价值为f_{nd}，即假定交易双方都不会违约时，衍生产品交易组合的价值（我们看到的许多关于衍生产品的估值公式，包括此书中的公式，均是关于计算衍生产品的无违约价值）。若将对手违约的可能性考虑在内，衍生产品组合价值为

$$f_{nd} - \text{CVA}$$

但这还没有考虑全面，因为银行本身也可能违约，这会给交易对手带来损失，损失数量正好为银行的收益。债务价值调节量（debt value adjustment，或 debit value adjustment，DVA）是由于银行自身违约可能给自己带来的预期收益的贴现值，其计算公式为

$$\text{DVA} = \sum_{i=1}^{N} q_i^* v_i^*$$

其中 q_i^* 为在第 i 个区间银行的违约概率，v_i^* 为当银行在第 i 个区间的中间点违约时给银行带来的收益（也就是交易对手损失）的贴现值。将 CVA 和 DVA 都考虑在内，对于银行而言，组合的价值为

$$f_{nd} - \text{CVA} + \text{DVA}$$

抵押品

当交易合约指明交易双方要支付抵押品时，以上讨论的计算会变得更加复杂。第一个原因是抵押品会影响 CVA 和 DVA 的计算，第二个原因是作为抵押品的现金会触发利息，因此也会影响组合价值。

为了计算 v_i 和 v_i^*，当合约提前终止时，银行需要计算银行或交易对手支付的抵押品价值，其中的计算过程一般会比较复杂，因为违约方在合约终止的前几天就会终止支付抵押品，同时也不会归还额外的抵押品。

抵押品一般是由现金和有价证券（marketable securities）构成（在合约中一般会指明什么有价证券可以用作抵押品，以及计算抵押品的折价比率）。现金抵押品一般会触发利息，如果相应的利率为无风险利率，这时我们对于交易组合价值无须再做进一步调整，如果与无风险利率不同，我们还要进一步估计现金抵押品所挣的利息与抵押品以无风险利率所挣利息之差的贴现值，这个差被称为是抵押品利率调整量（collateral rate adjustment，CRA)，其值可正可负。若将所有调整量考虑在内，衍生产品价值为

$$f_{nd} - \text{CVA} + \text{DVA} - \text{CRA}$$

如以前所述，银行倾向于将 OIS 利率作为有抵押品交易的无风险利率，如果隔夜现金抵押品所挣的利率为有效美联储基金利率（如以上所述，即构成 OIS 的利率)，在计算中我们无须再考虑 CRA。

9.6 融资费用

假定无风险利率为5%，某银行的平均融资费用为7%，当一个无风险的项目回报率为6%时，该银行是否应该对项目进行投资？答案在这里是肯定的：银行应该对该项目进行投资。对于项目中现金流的贴现率应该使用5%，而当采用这一利率时，该项目的贴现值为正。如果认为银行的资金费用为7%，因此必须投资于回报率高于7%的项目，这种想法是不对的。平均而言，银行投资项目的回报率应该高于7%，否则银行就会是亏本运作，但这并不意味着银行投资的每一个项目的回报率都会高于7%。

为了理解为什么银行7%的平均融资费用与对项目的价值无关，我们考虑银行在进行无风险投资以后的情形。银行的融资费用将会下降，因为附加资金费用是无风险利率5%，而不是7%。我们可以通过考虑极端情形来说明这一点：假定我们所讨论的银行以投资无风险项目的形式将自身的规模增加一倍，银行的资金费用将变为6%（平均资金费用为前期老项目的成本7%和新项目的成本5%的均值），新项目的附加资金成本为5%。

一般来讲，如果一家公司将自身的平均资金费用作为选取项目的标准，那些低风险的项目会变得没有人理睬，而高风险项目会受人青睐，因此公司会更加倾向于投资高风险的项目。

并不是所有的衍生产品参与者都同意以上观点，如上所述，现在很多银行都使用OIS对有抵押衍生产品贴现，用比OIS高的利率对无抵押品衍生产品贴现。对这种做法，衍生产品参与者一般所给的理由都与资金费用相关（我们前面讲过，应当无关）：有抵押衍生品的融资利率等同于抵押品挣得利息的利率（一般为联邦基金利率），无抵押衍生品的融资利率一般被假设为银行的整体平均融资利率。

对于那些认为资金费用与衍生产品估值有关的银行，在对于无抵押衍生产品时，他们会做所谓的**融资价值调整**（funding value adjustment，FVA）。FVA的作用是当一家银行将自身的平均融资利率作为无风险利率时，所得衍生产品的价值。例如，如果一家银行的平均融资费用为3.8%，而银行所用的无风险利率为3%，FVA反映了将贴现率增长80个基点后所造成的影响。[㊀]

FVA调整是一个很有争议的问题，这种做法是否能经得起时间检验，还尚待分晓。我们在本章的讨论中已经指出资金费用不应当影响项目的价值，重要的是投资的风险。对于衍生产品定价，我们应当进行CVA和DVA调节，但关于FVA的争论似乎与FVA和DVA概念的混淆有关。进行FVA调节以后，资金费用高的银行对于提供资金的产品（例如，卖出期权），会给出有竞争力的价格；资金费用低的银行对于需要资金支持的产品，会给出有竞争力价格。FVA会给市场参与者提供套利的机会：套利者可以从资金费用较高的交易商处买入期权，同时将这些期权变卖给资金费用较低的交易商。[㊁]

银行的交易员当然可以自行决定产品定价方法，并以此来进行交易，但出于财会或其他原因，交易每天都要进行估值（这种做法被称作**按市场定价**（marking-to-market））。银行财会人员希望用产品的售出价格（exit price）来计量，这是银行为了抵消最初交易而做交易的目前市场价格。在任何时间，售出价格是使得交易在市场上得到平衡的价格（即使供需达到平衡），这应当与持有衍生产品银行的资金费用无关。

小结

在前面的章节里我们看到，由于2007年开始的信用危机，对于场外衍生产品的监管比原来更加严格。在这一章里我们了解到信用危机也促使衍生产品的参与者以更加谨慎的态度来

㊀ 在今后的章节中我们将看到利率在衍生产品定价中起着两个作用：一个作用是定义了贴现利率，另外一个作用是定义标的资产在风险中性世界里的增长率。在FVA计算中，对于第一个目的即用于贴现时，我们增加了利率，但对于第二个目的，我们对利率不做任何调整。这是因为用于衍生品对冲的标的资产可以用于再回购，因此这些资产的融资费用应该和无风险利率很接近，而衍生产品本身却不能用于再回购。

㊁ 对于这些观点的进一步讨论，见J. Hull and A. White，“Valuing Derivatives: Funding Value Adjustments and Fair Value,” *Financial Analyst Journal*, forthcoming.

检验自己的业务。在信用危机以前，常常将LIBOR作为对于无风险利率的一种合理估计（这样做会带来很多方便。如第7章所示，这种做法简化了LIBOR与固定利率互换的估值过程）。在信用危机之后，市场参与者已经将对无风险利率的估值由LIBOR利率换成了OIS利率（至少对于有抵押的衍生产品交易是这样）。

OIS利率是与隔夜联邦基金利率几何平均值进行互换的固定利率，该利率并非是完全无风险的，因为隔夜贷款和互换均有违约可能。但是，OIS远比LIBOR更接近于无风险。

利用OIS利率（而不是LIBOR利率）贴现会改变远期LIBOR利率的计算方式。在采用OIS贴现时，估计远期LIBOR利率时我们必须保证在今天以市场中间价格进入的LIBOR与固定息的互换价格为零。

多年以来，银行和其他衍生产品交易商对于交易对手的信用风险都十分担心。为此他们对市场上双边结算交易做了两种调整。CVA是针对交易对手违约可能性而对衍生产品交易组合所进行的调整，CVA会降低衍生产品组合的价值；DVA是针对自身的违约可能性而对衍生产品交易组合所进行的调节，DVA会增加衍生产品组合的价值。另外，对于有抵押的交易组合，如果现金抵押品产生利率与无风险利率不同，我们对于衍生产品交易组合的估值还要进行进一步调整。

金融理论说明了一个项目的融资费用不应该影响项目的价值，即使如此，有些银行对衍生产品交易组合还是进行融资价值调节(FVA)，其目的是当衍生产品有融资需要（或有资金供给）时，贴现利率能够反映获取（或给予）资金的费用。FVA充满争议，财会人员、分析人员及交易员对FVA各自持有不同的见解。

推荐阅读

Demiralp, S., B. Preslopsky, and W. Whitesell. "Overnight Interbank Loan Markets," Manuscript, Board of Governors of the Federal Reserve, 2004.

Filipovic, D., and A. Trolle. "The Term Structure of Interbank Risk," *Journal of Financial Economics*, 109, 3 (September 2013): 707–33.

Hull, J., and A. White. "The FVA Debate," *Risk*, 25th anniversary edition (July 2012): 83–85.

Hull, J., and A. White. "LIBOR vs. OIS: The Derivatives Discounting Dilemma,", *Journal of Investment Management*, 11, 3 (2013): 14–27.

Hull, J., and A. White. "OIS Discounting and the Pricing of Interest Rate Derivatives," Working Paper, University of Toronto, 2013.

Smith, D. "Valuing Interest Rate Swaps Using OIS Discounting," *Journal of Derivatives*, 20, 4 (Summer 2013): 49–59.

练习题

9.1 解释(a) 3个月LIBOR和(b) 3个月OIS利率的含义，这两个利率哪个更高？为什么？

9.2 “当银行不再愿意将资金借给其他银行时，3个月期限的LIBOR-OIS溢差将会上升。”解释这一现象。

9.3 假设在例9-2中用LIBOR利率对3年期LIBOR与固定息互换进行贴现。假定3年期LIBOR与固定息的互换利率为7%，相应的3年期的LIBOR/互换零息利率为多少？2年和3年之间的LIBOR远期利率为多少？

9.4 在例9-3中用OIS利率对LIBOR与固定息互换进行贴现。假定3年期LIBOR与固定息的互换利率为7%，3年期的OIS零息利率为6.5%（按年复利），2年和3年之间的LIBOR远期利率为多少？

9.5 为什么衍生产品交易商在贴现时有时会采用多条零息曲线？

9.6 解释CVA和DVA衡量的是什么。

9.7 假定市场认为银行的违约概率有所增大，

这时DVA会有什么样的变化？在收入报告上会有何体现？

9.8 解释抵押品利率调整量（CRA）的含义，在何种情形下，该调整量不会为零？

9.9 一家公司的资金平均费用为每年5%，无风险利率为3%，目前公司正在进行的项目价值为900万美元，公司计划以投资一个无风险项目的方式增大规模，该无风险项目的价值为100万美元，公司今后的资金平均费用将如何改变？

9.10 假定所有期限的OIS利率均为每年3.4%。3个月的LIBOR利率为每年3.5%，在6个月期限的互换中，3个月的LIBOR与固定息3.6%进行交换，假定所有的利率均按季度复利。如果利用OIS贴现，3个月到6个月之间的LIBOR远期利率为多少？

9.11 解释为什么在计算CVA和DVA时，我们要针对交易对手的整体交易组合（而不是对单笔交易）进行计算。

作业题

9.12 假定1年期的LIBOR利率为4%，2年、3年和4年期限LIBOR与固定息的互换利率分别为4.2%、4.4%和4.5%，互换的利息支付为每年一次，所有的利率均为按年复利。

(a) 如果贴现时用LIBOR利率，2年、3年、4年期限的LIBOR/互换零息利率分别为多少？

(b) 如果用LIBOR贴现，第2年、第3年、第4年的1年期LIBOR远期利率分别为多少？

(c) 对应于1年、2年、3年、4年的OIS的零息利率分别为每年3.6%、3.8%、4%、4.1%（按年复利），如果用OIS贴现，第2年、第3年、第4年的1年期LIBOR远期利率分别为多少？

9.13 假定1年期的LIBOR零息利率为3%，从第1年开始到第2年的LIBOR远期利率为3.2%，3年期的互换利率为3.2%，互换中的利息支付为每年一次，所有利率均为每年复利。如果用OIS贴现，对应于1年期、2年期、3年期的OIS的零息利率分别为每年2.5%、2.7%、2.9%，第2年和第3年之间的LIBOR远期利率为多少？在一个3年期的互换中，如果每年收入固定息4%，每年支付LIBOR，互换面值为1亿美元，该互换的价值为多少？

9.14 假定1年期和10年期的LIBOR与固定息的互换利率分别为3%及X%（每年支付），1年和10年的OIS互换利率比相应的LIBOR与固定息的互换利率低50个基点。当分别采用OIS和LIBOR贴现时，利用DerivaGem软件里的零息曲线的工作表来展示10年期限LIBOR零息曲线的不同，尤其当X由3增加到10时的变化。

CHAPTER10

第10章 期权市场机制

我们曾经在第1章中引入了期权，在这一章里我们将要解释期权市场组织结构、市场专用术语、市场的交易过程以及担保金的设定等。在后面的章节里我们将考虑期权的交易策略、期权价格的确定以及期权对冲方面的内容。这一章将主要讨论股票期权，同时也涉及货币期权、股指期权和期货期权合约的简单内容。第17章和第18章中将对这些产品做详细讨论。

期权与远期合约和期货产品有着本质的不同：期权给持有者某种权利去做什么事情，但期权持有者不一定必须行使权利。与之相反，在远期与期货合约中，合约的双方有义务执行合约。进入远期与期货合约时，交易者不用付费（保证金的要求除外），而对于期权产品，持有者需要在最初时付费。

当我们利用图形来展示期权的盈亏时，一般都忽略贴现效应，因此所得出的盈亏为期权最终的收益减去最初的费用，在这一章里我们将采用这种做法。

10.1 期权类型

如第1章所述，期权有两种基本类型：**看涨期权**（call option）给期权持有者在将来某个日期以一定价格买入某资产的权利，**看跌期权**（put option）给期权持有者在将来某个日期以一定价格卖出某资产的权利。期权合约中注明的日期叫**到期日**（expiration date）或**满期日**（maturity date），合约中所注明的价格叫**执行价格**（exercise price）或**敲定价格**（strike price）。

期权可以是**美式期权**（American option）或**欧式期权**（European option），这些名称与期权交易的地理位置毫无关系。美式期权可以在到期日之前的任何时刻行使，而欧式期权只能在到期日才能行使。大多数交易所交易的期权为美式期权，但一般来讲，欧式期权比美式期权更容易分析，一些美式期权的性质常常从相应欧式期权的性质中类推而来。

10.1.1 看涨期权

考虑以下情形：一个投资者买入执行价格为100美元、购买100只股票的看涨期权。假定股票的当前市场价格为 98 美元，期权到期日为 4 个月，购买 1 只股票的期权价格为 5 美元。持有者的最初投资为 500 美元。因为期权为欧式，持有者只能在到期日才能行使期权。如果在到期日，股票价格低于 100 美元，很明显投资者不会行使期权（没有必要以 100 美元的价格买入市场价值低于 100 美元的股票）。因此投资者会损失全部 500 美元的最初投资；如果在到期日，股票价格大于 100 美元，期权将会被行使。假定在到期日股票价格为 115 美元。通过行使期权，期权持有人可以按每股 100 美元的价格买入 100 只股票，如果投资者马上将股票变卖，则每股可以赚 15 美元。忽略交易费用，投资者可以挣得 1 500 美元。将最初的期权费用考虑在内，投资者的盈利为 1 000 美元。

图 10-1 显示了本例中投资者买入看涨期权的净盈利与最终股票价格之间的关系。我们应该知道期权持有人有时在行使期权后，整体来讲仍承受损失，认识到这一点是很重要的。例如，假定在到期日的股票价格为 102 美元，期权持有人会行使期权，这时收益为 100 × (102 − 100) = 200 美元，将最初的期权费用考虑在内，期权持有人的损失为 300 美元。可能有人会认为此时期权持有人不应该行使期权，但那样一来整体损失会高达 500 美元，这比行使期权时 300 美元的损失还要高。一般来讲，当在到期日股票价格高于执行价格时，看涨期权持有人就应该行使期权。

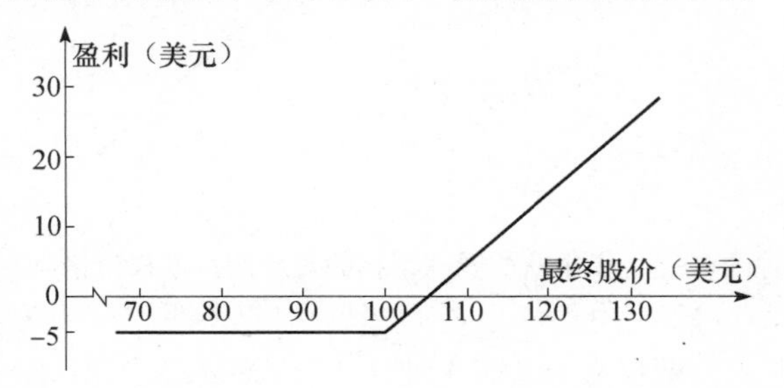

图 10-1　买入 1 只股票上欧式看涨期权的盈亏。期权价格 =5 美元，执行价格 =100 美元

10.1.2　看跌期权

看涨期权持有者希望股票价格上涨，而看跌期权持有者则希望股票价格下跌。考虑一个能以 70 美元执行价格出售 100 只股票的看跌期权。假定股票的当前价格为 65 美元，期权到期日为 3 个月，卖出 1 只股票上期权的价格为 7 美元，投资者的最初投资为 700 美元。因为期权为欧式，这一期权只能在到期日股票价格低于 70 美元时才会被行使。假定在到期日股票价格为 55 美元，投资人能够以 55 美元的价格买入 100 只股票，按照期权的约定，期权持有人可以按每股 70 美元的价格卖出股票，因此投资者每股收益为 15 美元，即总收益为 1 500 美元（我们仍然忽略交易费用）。将最初的期权费用 700 美元考虑在内，投资者的净盈利为 800 美元。这里并不能保证投资者一定会盈利。如果在到期日股票价格高于 70 美元，看跌期权在到期时价值会一文不值，投资者会损失 700 美元。图 10-2 显示了例子中投资者买入看跌期权的净盈利/损失与最终股票价格之间的关系。

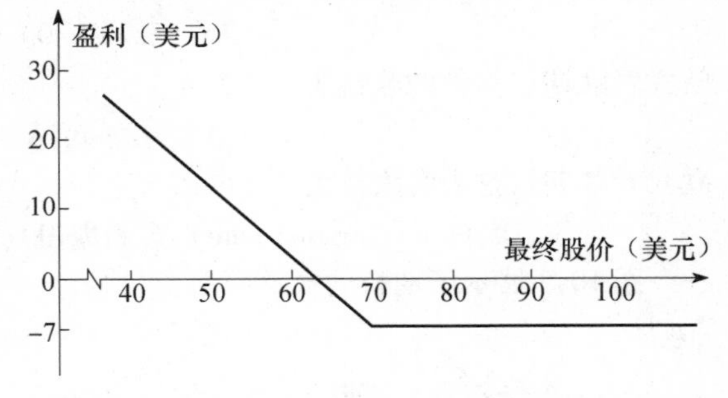

图 10-2　买入 1 只股票上欧式看跌期权的盈亏。期权价格为 7 美元，执行价格为 70 美元

10.1.3　提前行使期权

如上所述，交易所里交易的期权通常为美式期权而不是欧式期权。这意味着前面所述的投资者并不一定要等到到期日才行使期权，在后面我们将看到有时在到期日之前行使美式期权为最优。

10.2 期权头寸

任何一个期权合约都有两方：一方为期权的多头（即买入期权方），另一方为期权的空头（即卖出期权或**对期权进行承约方**（written the option））。卖出期权的一方在最初收入期权费，但这一方在今后有潜在的义务，承约方的盈亏与买入期权一方的盈亏刚好相反。图 10-3 和图 10-4 分别是图 10-1 和图 10-2 的变形，它们显示了期权承约人的盈亏与最终股票价格之间的关系。

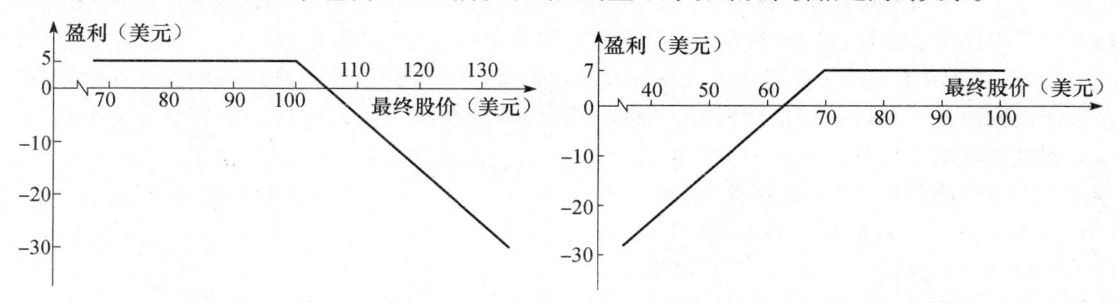

图 10-3　卖出欧式看涨期权的盈亏图。期权价格为 5 美元，执行价格为 100 美元

图 10-4　卖出欧式看跌期权的盈亏图。期权价格为 7 美元，执行价格为 70 美元

期权交易共有 4 种头寸形式：

（1）看涨期权多头；

（2）看跌期权多头；

（3）看涨期权空头；

（4）看跌期权空头。

一般来讲，对于欧式期权持有者而言，以期权收益来理解欧式期权常常是十分有用的。这时期权的最初费用不包括在计算之中。如果 K 为执行价格，S_T 为标的资产的最终价格，欧式看涨期权多头的收益为

$$\max(S_T - K, 0)$$

这反映了在 $S_T > K$ 时期权会被行使，而在 $S_T \leqslant K$ 时期权将不会被行使。欧式看涨期权空头的收益为

$$-\max(S_T - K, 0) = \min(K - S_T, 0)$$

欧式看跌期权多头的收益为

$$\max(K - S_T, 0)$$

欧式看跌期权空头的收益为

$$-\max(K - S_T, 0) = \min(S_T - K, 0)$$

图 10-5 展示了期权的收益图形。

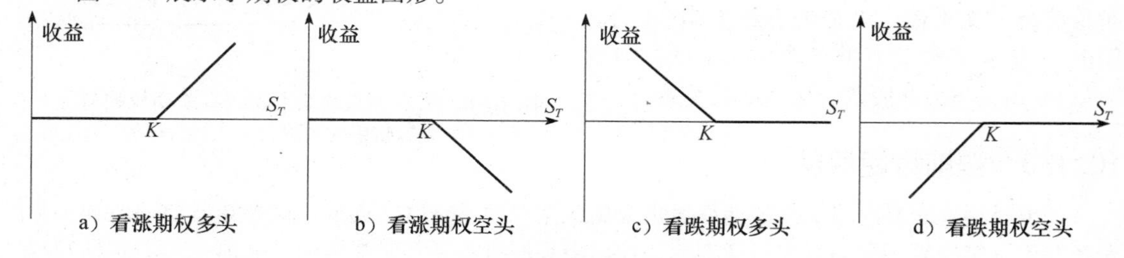

图 10-5　欧式期权收益

注：K 是指执行价格；S_T 是指到期时的资产价格。

10.3 标的资产

在这一节里我们将简单介绍标的资产为股票、货币、股指和期货等的期权是如何在交易所中交易的。

10.3.1 股票期权

大部分股票期权的交易是在交易所进行的。在美国主要交易股票期权的交易所包括芝加哥期权交易所（www.cboe.com）；NYSE Euronext（www.euronext.com，在 2008 年收购美国股票交易所）；国际证券交易所（www.iseoptions.com）和波士顿期权交易所（www.bostonoptions.com）。有数千种股票可以进行期权交易。在 1 份期权合约中，持有者能够以执行价格买入或卖出 100 只股票，因为股票本身通常是以 100 只为单位进行交易，所以这一规定对投资者而言非常方便。

10.3.2 货币期权

大部分货币期权交易是在场外市场进行的，但在交易所也有一些交易。美国交易货币期权的交易所包括 NASDAQ OMX（www.nasdaqtrader.com）。该交易所在 2008 年收购了费城股票交易所，它提供关于多种货币的欧式期权合约。期权合约的规模是以美元买入或卖出 1 万个单位的外币（日元合约规模为 100 万日元）。在第 17 章里将进一步讨论货币期权。

10.3.3 指数期权

许多种不同的指数期权都在世界各地的场外市场和交易所市场进行交易。在美国，在交易所里最流行的合约为标普 500 股指（SPX）期权，标普 100 股指（OEX）期权，纳斯达克 100 股指（The Nasdaq 100 Index，NDX）期权和道琼斯工业指数（Dow Jones Industrial Index，DJX）期权。所有这些期权的交易都在芝加哥期权交易所进行，大多数合约为欧式。其中标普 100 股指期权是个例外，该期权为美式期权：每一份合约可以购买或出售指数的 100 倍。合约结算总是以现金形式（而不是交割指数交易组合）。例如，1 份标普 100 看涨期权的执行价格为 980。当指数价格为 992 时，期权会被行使，承约者需向期权持有者支付 $(992-980)\times 100=1\ 200$ 美元。我们将在第 17 章讨论股指期权。

10.3.4 期货期权

当交易所交易一种期货时，该交易所也往往交易这一期货上的美式期权。期货期权的有效期一般是期货交割日之前的一小段时间。当行使看涨期权时，期权持有者的收益等价于期货价格超出执行价格的现金额。当行使看跌期权时，期权持有者的收益等价于执行价格超出期货价格的现金额。我们在第 18 章里将进一步讨论期货期权。

10.4 股票期权的细节

在本章的以下内容里我们将着重讨论股票期权。前面讲过，美国交易所内的股票期权为可以购买或出售 100 只股票的美式期权。关于合约的细节，例如，到期日、执行价格、股息处理方式、投资者的头寸限额等均由交易所来确定。

10.4.1 到期日

用于描述股票期权的一个术语是到期日所在的月份。因此1月份IBM看涨期权的到期日为1月份的某一天。精确地讲，到期日为到期月份的第3个星期五之后的星期六。期权的最后交易日为到期月的第3个星期五。期权的多头方通常在这个星期五的美国中部时间下午4:30之前给经纪人发出行使期权指令。经纪人可在第二天中部时间晚上10:59之前完成书面报告并通知交易所准备行使期权。

股票期权是在1月、2月或3月的循环期上进行交易。1月份循环期包括1月份、4月份、7月份和10月份；2月份循环期包括2月份、5月份、8月份和11月份；3月份循环期包括3月份、6月份、9月份和12月份。如果本月份的到期日尚未来到，交易的期权包括在当月到期的期权，下个月到期的期权和当前月循环期中下两个到期月的期权；如果当月的到期日已过，交易期权包括下个月到期的期权，再接下一月到期的期权以及这一个月循环期中下两个到期月的期权。例如，假定IBM股票期权处在1月份循环期中。在1月初，该股票期权的到期月份为1月份、2月份、4月份和7月份；在1月末，该股票期权的到期月份为2月份、3月份、4月份和7月份，在5月初，该股票期权的到期月份为5月份、6月份、7月份和10月份等。当一个期权到期后，另一期权交易随即开始。美国的交易所交易许多家股票的长期限的期权，这类期权叫LEAPS（长期资产预期证券，Long Term Equity Anticipation Securities）。这些期权的期限可能会长达39个月，LEAPS的到期日总是在1月份。

10.4.2 执行价格

执行价格通常由交易所选定，只有那些被选定执行价格的期权才能被承约，执行价格的价格间隔分别为2.50美元、5美元或10美元。一般来讲，当股票价格介于5美元与25美元之间时，执行价格的间隔为2.50美元；当股票价格介于25美元与200美元之间时，执行价格的间隔为5美元；当股票价格高于200美元时，执行价格的间隔为10美元。在下面我们将会解释股票拆股和股息均会造成非标准的执行价格。

当引入一个新的到期日时，交易所通常会选择2个或3个最接近股票当前价格的执行价格。如果股票价格变动超出了最高执行价格与最低执行价格的范围，交易中通常会引入新的执行价格的期权。为了说明这些规则，假定在10月份期权开始交易时，股票价格为84美元，交易所最初提供的看涨期权与看跌期权的执行价格很可能为80美元、85美元与90美元。当股票价格上升到90美元以上，交易所很有可能会提供执行价格为95美元的期权；当股票下降到80美元以下时，交易所会很可能提供执行价格为75美元的期权，等等。

10.4.3 术语

对于任何资产，在任何给定的时刻，市场上都可能有许多不同的期权在进行交易。考虑某股票，其上有4个到期日和5个不同执行价格的期权。如果对于每个到期日与执行价格均有相应的看涨期权与看跌期权交易，这样就会有40种不同的期权合约。所有类型相同的期权（看涨或看跌）都可以归为一个**期权类**（option class）。例如，IBM的看涨期权为一类，IBM的看跌期权为另一类。一个**期权系列**（option series）是由具有相同到期日与执行价格的某个给定类型的所有期权。换句话讲，期权系列是指市场交易中某个特定的合约。例如IBM 200 2014年10月份看涨期权是一个期权系列。

期权可分为**实值期权**（in-the-money option）、**平值期权**（at-the-money option）和**虚值期权**（out-of-the-money option）。如果S为股票价格，K为执行价格，对于看涨期权，当$S>K$时为实值期权，当$S=K$时为平值期权，而当$S<K$时为虚值期权。对于看跌期权，当$S<K$时为实值期权，当$S=K$时为平值期权，而当$S>K$时为虚值期权。显然，只有在期权为实值期权时才会被行使。在没有交易费用的前提下，一个实值期权在没有提前行使的前提下，在到期时总是会被行使。[一]

一个期权的**内涵价值**（intrinsic value）定义为假设期权立即被行使时具有的价值。一个看涨期权的内涵价值为$\max(S-K, 0)$；一个看跌期权的内涵价值为$\max(K-S, 0)$。一个实值美式期权的价值至少等于其内涵价值，因为该期权持有者可以马上行使期权来实现其内涵价值。通常一个实值美式期权的持有者最好的做法是等待而不是立即执行期权，这时期权被称为具有**时间价值**（time value）。期权的整体价值等于内涵价值与时间价值的和。

10.4.4 灵活期权

芝加哥期权交易所提供股票和股指**灵活期权**（FLEX option）。这种期权具有交易员之间认可的一些非标准条款。这些非标准条款可以涉及期日或执行价格不同于交易所通常提供的期权，甚至还可以选择欧式或美式期权。灵活期权是期权交易所试图从场外市场争夺客户的一种尝试。交易所会注明灵活期权交易的最小规模（比如100份合约）。

10.4.5 其他非标准产品

除了灵活期权，CBOE还交易其他类型的非标准产品，例子如下：

（1）**交易所交易基金**（exchange traded fund，ETF）的期权。[二]

（2）**单周期权**（weeklys），在每个星期四发行，在下星期五到期的期权。

（3）**两值期权**（binary Option），当标的资产价值达到执行价格时，该类期权的回报为一个固定数量。例如，当标的股票价格在期权到期日超过50美元时，一个执行价格为50美元的两值看涨期权的回报为100美元；当标的股票价格在期权到期日低于50美元时，一个执行价格为50美元的两值看跌期权的回报为100美元。在第26章里我们将进一步讨论两值期权。

（4）**信用事件两值期权**（credit event binary option，CEBO），当某家公司（称作参考实体）在到期日之前出现信用事件（credit event）时，该产品会支付一项收益，信用事件的定义包括破产、不能支付债券本金或利息以及债券重组。12月份合约的到期日是某一年12月份的某一天，信用事件触发的付款是在到期日支付，CEBO是信用违约互换（CDS）的一种特殊形式（7.12节给出过CDS的概述，第25章提供了详细讨论）。

（5）**末日期权**（DOOM option），这里的末日期权代表深度虚值（deep-out-of-the-money）看跌期权，因为其行使价格很低，价格非常便宜，当资产价格大跌时，该类期权才会有回报，末日期权回报类似于信用违约互换。

10.4.6 股息和股票拆股

早期的场外期权受到股息保护。如果一家公司发放现金股息，公司股票期权的执行价格会

[一] 关于实值期权、平值期权和虚值期权，交易员有另外一种定义，见20.4节。

[二] 对于投资人来讲，交易所交易基金（ETF）已经成为了共同基金的一种流行的替代产品，ETF的交易形式类似于股票，ETF设计保证了其价格反映了基金资产的价值。

在股息发放前一天减去股息金额，而交易所交易的期权不受股息保护。换句话讲，当公司发放现金股息时，期权中的条款不做任何调整。对于大额现金股息有时会有例外（见业界事例10-1中关于古弛集团的例子）。

业界事例10-1　古弛集团的大额股息

当股息很大（通常大于股票价格的10%）时，芝加哥期权交易所的期权结算委员会（Option Clearing Corporation，OCC）可以决定是否对期权条款进行调整。

在2003年5月28日，古弛集团（Gucci Group NV，股票符号GUC）宣布对其股票每股将支付13.50欧元（大约为15.88美元）的股息，这一决定在2003年7月16日GUC的年会上得到批准。股息大约为公布股息时股票价格的16%。对于这种情况OCC决定调整期权的条款：看跌期权被行使时收入100乘以执行价格并同时需要支付100只股票附加100×15.88＝1 588美元现金；看涨期权的持有者付出的金额为100乘以执行价格并同时收入1 588美元与100只股票。这些调整相当于将执行价格降低了15.88美元。

对应于大数额股息，并不是总会进行调整。例如，在1998年3月10日德国奔驰（Daimler-Benz）公司宣布了占股票价格12%的股息，这一股息量是市场所没有预料到的，但是德国证券交易所（Deutsche Terminborse）没有对交易所交易的期权合约做出任何调整。

当股票分股时，交易所交易的期权要进行调整。股票进行分股时，现存的股票被分割成更多的股票。例如，在股票3对1（3-for-1）分股时，3只新发行的股票将代替原来的1只股票。因为股票分股不改变公司的资产与盈利能力，我们不应该期望分股会影响公司股东的财富。在其他条件不变的情况下，3对1股票分股会使得分股后的股票价格等于分股前价格的1/3。一般来讲，n对m股票分股会使得股票价格下降为分股前价格的m/n。期权中的条款会有所调整以便反映因分股而造成的价格变化。在n对m股票分股时，期权的执行价格也变为分股前执行价格的m/n倍，每一份期权合约所涉及的股票数量为初始期权所涉及股票数量的n/m倍。如果股票价格按所预料那样降低，期权承约方与买入方的头寸都保持不变。

例10-1

考虑可以让持有者以每股30美元的价格买入100只股票的看涨期权。假定公司进行了2对1股票分股，期权合约的条款将变为持有者有权以每股15美元的价格买入200只股票。

股票期权也对股票股息进行调整。股票股息可以是公司向其股东分发更多的股票。例如，20%的股票股息是指股东每拥有5股原公司股票就会收到1股新股票。同股票分股类似，发放股票股息对公司的资产与盈利均无影响。在公司发放股票股息后，可以预计公司的股票价格会有所下降。20%的股票股息基本上等价于6对5股票分股。在其他条件不变的情况下，这一股票股息会造成股价下降到发放股票股息前价值的5/6。与股票分股类似，这时期权合约中的条款会有所调整，以便反映股票股息所带来的股票价格变化。

例10-2

考虑可以让持有者以每股15美元的价格出售100只股票的看跌期权。假定公司发放25%

股票股息，这等价于5对4的股票分股。期权合约的条款将会变成持有者有权以12美元的价格出售125只股票。

对于优先权证（rights issues），期权条款也会加以调整。基本的调整方法是首先计算权证的理论价格，然后从执行价格中减去这一数量。

10.4.7 头寸限额与行使限额

芝加哥期权交易所常常阐明期权合同的**头寸限额**（position limit）。这些限额是一个投资者在市场的一方中可持有期权合约的最大数量。为此目的，看涨期权的多头和看跌期权空头被认为是市场的同一方。同样，看涨期权的空头与看跌期权的多头也被看作市场的同一方。**行使限额**（exercise limit）通常与头寸限额相同，它规定了任何投资个人（或者投资群体）在5个连续交易日中可以行使期权合约的最大额度。对于市场上最大与交易最频繁的股票期权头寸限额为250 000份合约。市场规模较小的股票期权头寸限额可以是200 000、75 000、50 000与25 000份合约不等。

虽然头寸限额与行使限额的设定是为了防止某些个人或群体操纵市场，但投资者对于这些额度设定的必要性仍有争议。

10.5 交易

传统上，交易所必须要给投资者提供了一个见面并进行期权交易的空间，但这种情况有所变化。大多数衍生产品交易所为完全电子化，因此交易员之间并不需要见面。国际证券交易公司（International Securities Exchange，www.iseoptions.com）在2000年5月推出了第1个将股票期权交易完全电子化的市场。芝加哥期权交易所95%的交易由电子系统完成，余下的交易由于数量巨大或结构复杂需要由交易员来完成。

10.5.1 做市商

大多数交易所都采用做市商制度来促成交易的进行。一个期权的造市商是一个当需要时会报出买入价与卖出价的人。买入价是做市商准备买入期权的价格，卖出价是做市商准备卖出期权的价格。在报出买入价与卖出价时，做市商并不知道问询价格一方是要买入还是要卖出期权。卖出价一定会高出买入价，高出买入价的差额就是**买卖差价**（bid-offer spread）。交易所设定买卖差价的上限。例如，期权价格小于0.5美元时，交易所可以设定买卖差价不超过0.25美元，期权价格价于0.5美元与10美元之间时，不超过0.5美元，期权价格介于10美元与20美元之间时不超过0.75美元，期权价格高于20美元时不超过1美元。

做市商的存在可以确保买卖指令在没有延迟的情况下，交易总是可以在某一价格上立即执行，因此，做市商的存在增加了市场的流动性。做市商本身可以从买入卖出差价中盈利，他们可以利用第19章所讨论的一些方法来对冲风险。

10.5.2 冲销指令

购买期权的投资者可以发出出售相同数量期权的冲销指令来结清他的头寸。类似地，某期权的承约者也可以发出一个购买相同数量期权的冲销指令来结清其头寸（从这一点上来看，期权市场的运作和期货市场类似）。当一个期权正在交易时，如果交易的任何一方都没有冲销其现存交易，则持仓量加一；如果某一方冲销某现存头寸而另一方没有冲销其头寸，这时持仓量保持不变；如果双方投资者都冲销头寸，这时持仓量减一。

10.6 佣金

投资者向经纪人发出的期权交易指令形式同期货交易（见2.8节）类似。市场指令可以马上执行，限价指令是当市场出现合适价格才被执行的指令，等等。

对于零售投资者来讲，不同经纪人的佣金会很不同。折扣经纪人（discount broker）的收费要比提供全面服务经纪人（full service broker）要低。实际收费常常等于一个固定数量再加上交易量的百分比。表10-1给了某一个折扣经纪人的收费报表例子。根据该表，买入8份价格为3美元的期权交易佣金为$20+0.02\times2\,400=68$美元。

当进入冲销交易来结清现存头寸时，投资者也必须再次支付佣金。当期权被执行时，所付佣金的数量会与买入和卖出标的资产的佣金相同。

表10-1　折扣经纪人的一个典型的佣金价格表

交易规模	佣金①
小于2 500美元	20美元+交易规模的2%
2 500~10 000美元	45美元+交易规模的1%
大于10 000美元	120美元+交易规模的0.25%

①最多佣金计算如下：对于前5个合约，每份佣金30美元，在超出前5个合约之上的每一份合约，每份佣金为20美元；最少佣金计算如下：对于第1份合约，每份佣金30美元。在之后的每一份合约，每份佣金为2美元。

考虑买入1份执行价格为50美元的看涨期权合约的投资者，股票价格为49美元。假定期权价格为4.50美元，买入期权的总费用为450美元。按表10-1的价格计算，买入或卖出1份期权的费用为30美元（最多佣金与最少佣金对于第1份期权的费用均为30美元）。假定股票价格上涨，期权被行使，期权被行使时的股票价格为60美元。假定投资者在行使期权时需要付0.75%的佣金，在卖出股票时需要再支付0.75%的佣金，那么在期权被行使时，其产生的额外佣金数量为

$$2\times0.007\,5\times60\times100=90(\text{美元})$$

因此，所付佣金的总数为120美元，投资者的净盈利为

$$1\,000-450-120=430(\text{美元})$$

注意，以10美元价格卖出期权会给投资者节省60美元的佣金（在我们的例子中，卖出期权的佣金仅为30美元）。一般来讲，佣金系统会趋向于使投资者更有利于卖出期权而不是行使期权。

期权交易（股票交易也一样）中一种不明显的费用是买卖差价。假定在我们以上考虑的例子中，期权买入价为4美元，而同时期权卖出价为4.5美元，我们可以假定期权的公平价格为4.25美元。对期权卖方和买方而言，市场造市商系统的费用为公平价格与付出价格的差，即每单位期权为0.25美元，每份期权合约为25美元。

10.7 保证金

在美国购买股票时，投资者可以支付现金也可以通过在保证金账户中借入至多不超过50%的资金来买入股票（这种作法叫**以保证金购买**（buying on margin））。当股票价格下跌速度很快并使贷款远远高于当前股票价值的50%时，将会触发保证金催付。保证金催付要求投资者在经纪人处存入现金。如果投资者不能满足保证金催付的要求，经纪人会变卖股票。

当购买期限小于9个月的看涨与看跌期权时，投资者必须付清全部费用，这时投资者不能用保证金方式来购买期权，因为这些期权中已经具有很高的杠杆效应。以保证金方式买入期权会将杠杆效应提高到不可接受的水平。对于期限长于9个月的期权，投资者可以至多借入期权价格25%的资金来以保证金购买的形式买入期权。

当投资人卖出期权时必须在保证金账户中保持一定的资金。投资者的经纪人和交易所需要确保当期权被行使时，期权的承约人不会违约。担保金的数额与投资者的头寸有关。

10.7.1 承约裸露期权

一个**裸露期权**（naked option）是指期权不与对冲该期权头寸风险的标的资产并存。在芝加哥期权交易所，卖出裸露看涨期权时的初始和维持保证金是以下两个数量中的最大值：

（1）卖出期权所得金额的100%，加上20%的标的股票价格，减去（如果存在）期权的虚值数量。

（2）卖出期权所得金额的100%，加上10%的标的股票价格。

卖出裸露看跌期权时，初始保证金为以下两个数量的最大值。

（1）变卖期权所得金额的100%，加上20%的标的股票价格，减去（如果存在）期权的虚值数量。

（2）变卖期权所得金额的100%，加上10%的执行价格。

由于包含广泛股票的股指通常比单个股票的波动率要小，所以在以上的计算中，对于股指期权，以上系数20%被15%代替。

例10-3

投资者卖出了4份裸露看涨期权，期权价格为5美元，期权执行价格为40美元，股票当前价格为38美元，因为期权的虚值数量为2美元，计算保证金的第1种形式为

$$400\times(5+0.2\times38-2)=4\,240(\text{美元})$$

第2种形式

$$400\times(5+0.1\times38)=3\,520(\text{美元})$$

因此，最初保证金要求为4 240美元。假定这里的期权为看跌期权，期权的实值数量为2美元，因此最初保证金数量为

$$400\times(5+0.2\times38)=5\,040(\text{美元})$$

看跌和看涨两种情形，最初的收费（即2 000美元）均可用于满足保证金的部分要求。

与初始保证金计算类似（但由目前市价代替卖出价值）的计算会在每天重复一遍。当计算表明所需保证金比保证金账户中的数量低时，可以从账户中提取资金，当计算表明需要更高保证金数量时，将会有追加保证金的通知。

10.7.2 其他规则

在第12章里我们将讨论期权交易策略，例如，备保看涨期权、保护性看跌期权、溢差、组合、跨式期权和异价跨式期权。CBOE对这些交易保证金要求有特殊的规则，这些规则在**CBOE保证金手册**（CBOE Margin Manual）中有所说明，这一手册可以从CBOE网页上

(www. cboe. com) 下载。

我们考虑以下例子，一个投资者卖出了一个备保看涨期权，投资者可能是在已经拥有股票后才对期权进行承约，拥有的股票可以用于交割。备保看涨期权比裸露看涨期权风险要小得多，这是因为最差情形莫过于投资者以低于市场价格卖出自己已拥有的股票。对于卖出备保看涨期权的投资者，交易所不需要任何保证金，但投资者对于股票头寸最多可以借入资金的数量为 $0.5\min(S, K)$，而非 $0.5S$。

10.8 期权结算公司

在期权市场中期权结算公司（OCC）的职能与期货市场中结算中心的职能很相似（见第2章），它确保出售期权的一方按照期权合约的规定来履行义务，同时结算公司也要记录多头方和空头方的状况。期权结算中心拥有一些会员，所有的期权交易必须通过其会员来结清。如果经纪人公司本身并不是期权结算公司的会员，那么该经纪人必须通过期权结算公司的会员来结清交易。会员必须满足资本金的最低限额要求，而且必须提供特殊资金。当有任何一个会员对其义务违约时，这一特殊资金会将会被起用。

当买入期权时，期权买入方必须在第二个业务日的早上支付期权费用，资金要存入期权结算公司。如上所述，期权的出售方必须在经纪人那里开设保证金账户，[⊖]而同时经纪人在负责结算其交易的结算公司会员那里维持一个保证金账户。同样结算公司会员也要在结算公司维持一个保证金账户。

期权的行使

当投资者通知经纪人要执行期权时，经纪人随后通知在期权结算公司负责结算交易的会员，这一会员随后向期权结算公司发出执行期权指令。之后，期权结算公司会随机地选择某个持有相同期权空头的会员。这个会员按事先约定的程序，选择出售该期权的投资者。如果期权是看涨期权，那么出售期权的投资者必须按执行价格出售股票；如果期权是看跌期权，那么出售期权的投资者必须按执行价格购买股票。这时我们称投资者被指定（assigned），该笔交易于执行指令被发出后的第3个工作日结清，当一期权被行使后，期权的未平仓数量减一。

在期权的到期日，除非由于交易成本太高以至于抵消收益，所有的实值期权都应该被执行。当在到期日执行期权对客户有利时，一些经纪人会替客户自动执行期权。许多交易所也制定了在到期日，当期权为实值状态时行使期权的规则。

10.9 监管制度

期权市场受到多种形式的监管。交易所与期权结算公司都制定了监管其交易员行为的制度。另外，对于期权市场还存在州际与联邦监管机构。一般来讲，期权市场还表现出自律倾向。到目前为止，期权结算公司还没有出现大的丑闻或成员违约事件。投资者对于期权市场的运作应当有很强的信心。

⊖ 在上一节里所述的保证金要求为期权结算公司注明的最低保证金。经纪人对其客户可能会要求更高的保证金，但是不管在什么情况下，经纪人所要求的保证金不会低于期权结算公司注明的最低保证金。有些交易商甚至不允许自己的客户出售无备保的期权。

证券交易委员会（SEC）是在美国联邦层次上负责监管股票、股指、外汇和债券期权市场的组织。商品期货交易委员会（CFTC）负责监管期货期权市场。美国最大的期权市场在伊利诺伊州和纽约州，这些州也积极地制定法律来遏制违规交易行为。

10.10 税收

关于期权策略的税收规定比较复杂，因此对于税收规则有疑问的投资者应当尽量去咨询税务专家。在美国，一般规则是（除非纳税人为专业交易员）：为了征税的目的，股票期权的收益被当作资本损益（capital gains or losses）。在2.10节中，我们讨论了资本损益在美国的征税方式。对于股票期权持有方和承约方而言当（a）期权到期而没有执行（b）期权已经被出售平仓时，由行使期权带来的损益会被认为是已经实现。对于已被执行的期权，其收益或损失会被加入到股票之中，盈亏会在股票平仓时被确定。例如，当一个看涨期权被行使时，期权多头方购买股票的费用为执行价格加上期权价格。因此，这些费用会被作为出售股票这一方计算盈亏的基础。类似地，看涨期权空头被认为是按执行价格加上开始时看涨期权的价格卖出了股票。当一个看跌期权被行使时，期权的卖出方被认为是以执行价格减去开始时的期权价格买入了股票，同时期权的买入方被认为是以执行价格减去开始时看跌期权的价格来卖出股票。

10.10.1 虚售规则

在美国期权交易中，一条税务规则是**虚售规则**（wash sale rule）。为了理解这一规则，想象一个投资者在股票价格为60美元时买入股票并同时打算长期持有这一股票。如果股票下跌到40美元，该投资者也许会出售股票，然后马上将股票购回。从税务角度而言，投资者实现了20美元的损失。为了防止这一情况的发生，税务当局规定如果在售出股票的30天内（即介于售出股票的前30天和售出股票后的30天）将股票重新买入，那么出售股票产生的损失不能在税中扣除。这种规定同样对投资者买入期权或以其他形式获取股票的情形也适用，而且这时限定时间长度为61天。因此当卖出股票后30天内买入看涨期权时，亏损是不允许扣税的。

10.10.2 推定出售

在1997年之前，美国的纳税人如果要卖空某证券，并同时持有一个基本与卖空证券一样的其他证券，这时在卖空交易平仓之前的盈亏是不被承认的。这意味着卖空交易可被用来延迟税务的缴纳。以上情形在1997年《税务减轻法案》（Tax Relief Act）通过后有所改变。一个增值的财产在当财产拥有人做出以下任何一种投资行为时，其投资即可被当成“**推定出售**”（constructively sold）：

（1）进入相同或几乎相同的财产卖空交易；

（2）进入期货或远期合约，在合约中投资者会交付相同或几乎相同的财产；

（3）进入一个或多个交易，这些交易几乎消除所有损失与盈利机会。

应该指出只是减轻损失风险或只是减少盈利机会的交易不能被划分为推定出售。因此，一个持有某股票的投资者可以买入实值看跌期权而不触发推定出售的情况。

税务人有时可以利用期权来对税务费用进入最小化或对税务收益进行最大化（见业界事例10-2）。许多地区的税务部门纷纷遏制那些只是为了避税而使用衍生产品的行为。在进入一个以税务为动机的交易之前，企业资金部主管或个人投资者应该仔细考虑当税法变动时，交易结构将如何被平仓，以及平仓交易会带来什么样的费用。

业界事例 10-2 使用期权的税务计划

作为一个如何利用期权进行纳税规划的例子，我们假定国家 A 的税务制度对利息和股息征税较低，但对资本增值征税较高，国家 B 的税务制度对利息和股息征税较高，但对资本增值征税较低。对于公司来讲，在国家 A 得到利息收入，而在国家 B 得到资本增值（如果增值存在的话）会比较合算。公司会将资本的亏损尽量保留在国家 A，因为这些损失可以用于抵消在国家 A 的资本增值。以上的计划可以通过以下形式来实现：在国家 A 成立分公司并同时以法律形式拥有证券，并且在国家 B 成立分公司并且买入在 A 国分公司承约的本公司看涨期权，期权的执行价格等于证券的当前价格。在期权有效期内，证券的收入由在 A 国的公司获得，如果证券价格迅速上涨，期权会被行使而资本增值在 B 国实现；如果证券价格迅速下降，期权不会被行使，资本损失会在 A 国实现。

10.11 认股权证、雇员股票期权和可转换债券

认股权证（warrants）是由金融机构或非金融机构发行的期权。例如，一家金融机构可以发行关于 100 万盎司黄金的看跌认股权证，并同时建立关于这些权证的市场。为了行使权证，投资者需要同金融机构取得联系。非金融机构一般在发行债券时才会使用权证产品。一家公司可以发行关于自身股票的看涨权证，并将这些权证附加在债券上，以使债券更能吸引投资者。

雇员股票期权（employee stock option）是公司发给雇员的看涨期权，这样做的目的是为了促使雇员的动机与公司股东的利益一致（见第 16 章）。在发行时，期权通常为平值。目前，在许多国家这些期权都已被当成费用且包括在公司利润表中。

可转换债券（convertible bond）常常被简称为**可转换产品**（convertible），这是由公司发行的一种债券，持有者在将来可以按某个预定的比例这种债券转换为股票。这些产品是含有公司股票上看涨期权的债券。

认股权证、雇员股票期权和可转换债券的一个共同特性是期权发行数量在事先已确定。与这一特性相反，CBOE 交易所或其他交易所交易期权的数量并不能事先确定。当有更多的人交易某个期权系列时，市场上期权数量（即未平仓数量）也会随之增加。当人们将期权平仓时，市场上的期权数量则随之减少。公司发行的股票认股权证、雇员股票期权以及可转换债券与交易所交易期权还有一个很重要的区别：那就是当这些期权被行使时，公司需要发行更多的股票并以行使价格卖给期权的持有人。执行这些期权会导致公司股票数量的增加。与这一点相反，当交易所看涨期权被行使时，期权的空头方从市场上买入已经发行的股票并以行使价格卖给期权的多头方。发行股票的公司不需要介入交易过程。

10.12 场外市场

本章的大部分内容是关于交易所交易的期权市场。自 20 世纪 80 年代初，场外期权市场已经变得十分重要，现在这一市场的规模已经超过了交易所交易市场。如第 1 章所述，金融机构、企业资金部主管与基金经理通过电话在场外市场进行交易。期权交易的标的产品范围很广。场外市场的外汇和利率期权十分流行。场外市场的一个最大缺点是期权的承约方可能会违约，这意味着期权买入方会承担信用风险。为了克服这些缺点，市场参与者与监管者常常采取注入抵押保证金的方式来降低这一风险。这一点曾在 2.5 节中有所讨论。

场外市场上交易的产品常常是金融机构为了满足客户的具体需要而设计的产品。这些产品

的到期日、执行价格、合约规模一般与交易所交易的产品不同。在某些情形下，期权的结构与标准看涨和看跌期权不同，这些产品被称为**特种期权**（exotic option）。在第26章里我们将描述几种不同形式的特种期权。

小　结

期权可分为两类：看涨期权和看跌期权。看涨期权持有者有权在将来某时刻以指定价格买入标的资产，看跌期权持有者有权在将来某时刻以指定价格卖出标的资产。期权市场上有4种可能的交易头寸：看涨期权多头、看涨期权空头、看跌期权多头、看跌期权空头。进入期权的空头也称为对期权承约。期权市场的标的资产包括股票、股指、外汇、期货以及其他资产。

交易所必须要阐明交易期权合约的条款，特别是期权的规模、到期日的准确时刻与执行价格等。在美国，一份股票期权合约给持有人买入或卖出100只股票的权利，股票期权的到期时刻为到期月第三个星期五之后的星期六中部时间晚上10点59分。在任意时刻有几个具有不同到期月的期权在进行交易。执行价格的间隔为2.50美元、5美元和10美元，具体的选择与股票价格有关。在期权刚刚开始交易时，执行价格与当前股票价格很接近。

股票期权合约的条款对现金股息一般不做调整，但是这些条款对于股票股息、股票拆股和优先权证要进行调整。调整的目的是使承约方与买入方的头寸整体保持不变。

大多数期权交易所采用做市商机制。做市商同时报出买入价（即做市商以此价买入资产）和卖出价（即做市商以此价卖出资产）。做市商的存在提高了市场的流动性，并同时确保市场订单不会被延迟执行。做市商从买入卖出价格差（称为买卖差价）中盈利。交易所会指明买卖差价的上限。

期权的承约方有潜在的责任，因此要求他们在经纪人那里保持一定的保证金。如果经纪人不是期权结算公司的成员，经纪人必须在期权结算公司的某个成员那里开设一个保证金账户，而后者也需要在期权清算中心开设一个保证金账户。期权结算公司负责记录所有尚未平仓的期权合约，并处理行使指令等。

并不是所有的期权都在交易所交易。许多期权是通过电话在场外市场进行交易的。场外市场的一个优点是金融公司可以按企业资金部主管或基金经理的具体要求来设计产品。

推荐阅读

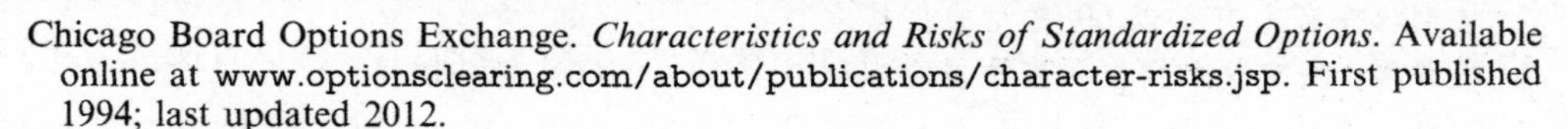

Chicago Board Options Exchange. *Characteristics and Risks of Standardized Options*. Available online at www.optionsclearing.com/about/publications/character-risks.jsp. First published 1994; last updated 2012.

Chicago Board Options Exchange. *Margin Manual*. Available online at www.cboe.com/LearnCenter/workbench/pdfs/MarginManual2000.pdf. 2000.

练习题

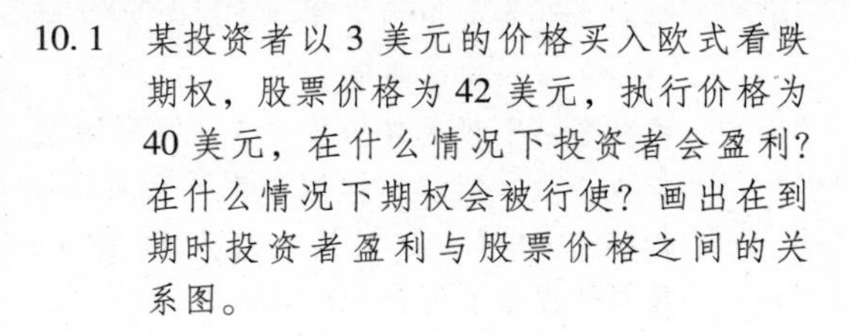

10.1　某投资者以3美元的价格买入欧式看跌期权，股票价格为42美元，执行价格为40美元，在什么情况下投资者会盈利？在什么情况下期权会被行使？画出在到期时投资者盈利与股票价格之间的关系图。

10.2　某投资者以4美元的价格卖出1份欧式看涨期权，股票价格为47美元，执行价格为50美元，在什么情况下投资者会盈利？在什么情况下期权会被行使？画出在到期时投资者盈利与股票价格之间的关系图。

10.3 某投资者卖出1份欧式看涨期权并同时买入1份欧式看跌期权，看涨及看跌期权的执行价格均为K，到期日均为T，描述投资者的头寸。

10.4 解释经纪人为什么向期权的承约方（而不是买方）收取保证金。

10.5 一股票期权的循环期为2月份、5月份、8月份和11月份，在以下日期有哪种期权在进行交易？(a) 4月1日，(b) 5月30日。

10.6 一家公司宣布2对1的股票拆股，解释执行价格为60美元的看涨期权条款会如何变化。

10.7 “雇员股票期权与正规的交易所交易或场外交易的美式期权是不同的，这是因为它们可以影响公司的资产结构。”解释这一结论。

10.8 一家企业的资金部主管计划采用货币期权对冲外汇风险。列举以下两种交易市场的优缺点。(a) NASDAQ OMX交易所，(b) 场外交易市场。

10.9 假定欧式看涨期权的价格为5美元，该期权拥有人有权以100美元的价格买入股票，假定这一期权一直被持有到到期日。在什么情形下期权持有人会有盈利？在什么情形下期权会被行使？画出在期权到期时期权多头的盈利与股票价格之间的关系。

10.10 假定某欧式看跌期权的价格为8美元，该期权拥有人有权以60美元的价格卖出股票，假定这一期权一直被持有到到期日。在什么情况下期权承约人会盈利？在什么情形下期权会被行使？画出在期权到期时期权的空头的盈利与股票价格之间的关系。

10.11 描述以下交易组合的最终价值：一个刚刚进入的某资产远期合约多头和对于同一资产的欧式看跌期权的空头。看跌期权的期限与远期合约的期限相同，期权的执行价格等于交易组合刚刚设定时资产的远期价格。证明欧式看跌期权的价格与具有相同期限和执行价格的欧式看涨期权的价格相等。

10.12 某交易员买入1份看涨期权与看跌期权，看涨期权的执行价格为45美元，看跌期权的执行价格为40美元，两个期权具有相同的期限，看涨期权价格为3美元，看跌期权价格为4美元，画出交易员盈利与资产价格之间的关系图。

10.13 解释为什么一个美式期权的价值不会小于一个具有同样期限和执行价格的欧式期权价格。

10.14 解释为什么一个美式期权的价值不会小于其内涵价值？

10.15 仔细解释卖出看跌期权与买入看涨期权之间的区别。

10.16 一家企业的资金部主管试图采用期权或远期合约来对公司的外汇风险进行对冲，说明两种办法的优缺点。

10.17 考虑交易所交易的一个看涨期权：期权期限为4个月，执行价格为40美元，这一期权给期权拥有人买入500股的权利。说明在以下情况下期权合约条款的变化：
(a) 10%的股票股息；
(b) 10%的现金股息；
(c) 4对1股票分股。

10.18 “如果一种股票上的看涨期权大多为实值，这说明股票价格在最近几个月内上升了很多。”讨论这句话的意义。

10.19 一笔意外的现金股息对以下期权的影响是什么？
(a) 看涨期权；
(b) 看跌期权。

10.20 通用汽车公司的股票期权的期限的循环期为3月份、6月份、9月份和12月份。在以下日期都有什么样的期权在进行交易？(a) 3月1日，(b) 6月30日，(c) 8月5日。

10.21 解释为什么做市商的买卖差价代表了期权投资者的实际费用。

10.22 在美国一个投资者出售了5份裸露看涨期权合约，期权价格为3.5美元，执行价格为60美元，股票价格为57美元，最初的保证金为多少？

作业题

10.23 计算表1-2中2013年9月看涨期权中间价格（买入卖出价格的平均）的内涵价值和时间价值，对于表1-3的2013年9月看跌期权进行同样计算。在计算中假定标的资产当前价格的中间价为871.30美元。

10.24 某交易员持有关于某股票的看跌期权，期权是关于100份股票，执行价格为60美元。以下情形发生会对期权有什么样的影响？

(a) 宣布2美元股息。

(b) 支付2美元股息。

(c) 5对2股票拆股。

(d) 支付5%股票股息。

10.25 一个交易员承约5份看跌期权合约，每份合约是关于100份股票，期权价格为10美元，期限为6个月，执行价格为64美元。

(a) 股票价格为58美元时，保证金为多少？

(b) 如果实施股指期权规则，(a)的答案会有什么变化？

(c) 如果股票价格变为70美元，(a)的答案会有什么变化？

(d) 如果交易员不是卖出期权，而是买入期权，(a)的答案又会有什么变化？

10.26 股票价格为40美元，这一股票上一个1年期的欧式看跌期权执行价格为30美元，期权价格为7美元；1年期的欧式看涨期权执行价格为50美元，期权价格为5美元。假如投资者买入了100只股票，卖出了100股看涨期权，买入了100股看跌期权。画出图形来显示在1年后投资者的盈利与股票价格之间的关系。当投资者买入100只股票，卖出200股看涨期权并且买入200股看跌期权，你的答案会有什么变化？

10.27 “一家公司经营不比其竞争对手好，但其股票价格仍在上涨，公司的高管在雇员股票期权中会得到很多好处，这种现象实在是不合理。”讨论这一观点。为了解决这一问题，你如何对常规的雇员股票期权进行修改？

10.28 利用DerivaGem来计算一个无股息股票上的美式看跌期权的价格，股票价格为30美元，执行价格为32美元，无风险利率为5%，波动率为30%，期权的期限为1.5年。（对于期权类型选择二叉树美式期权模型（Binomial American），二叉树的步数为50步。）

(a) 期权的内涵价值是什么？

(b) 期权的时间价值是什么？

(c) 时间价值为0是什么含义？时间价值为0的期权价值是什么？

(d) 采用“试错法”，计算使得期权时间价格刚好为0的股票价格。

10.29 在2004年7月20日，微软公司意外地宣布了3美元股息的消息，股票的除息日为2004年11月17日，股息的付款日为2004年12月2日，当时微软股票价格为大约28美元，雇员股票期权（employee stock option）的条款也进行了调整，每一份期权的执行价格下调到

$$\text{股息前执行价格}\times\frac{\text{收盘价}-3.0\text{美元}}{\text{收盘价}}$$

每一份期权所能购买的股票数量被上调至

$$\text{股息前购买数量}\times\frac{\text{收盘价}}{\text{收盘价}-3.0\text{美元}}$$

这里的收盘价是指在纳斯达克微软普通股在除息日之前的最后一个交易日的收盘价。评价这些调整，并将这些调整与交易所对于大额现金股息的调整系统进行比较（见业界事例10-1）。

CHAPTER11

第11章 股票期权的性质

在这一章里，我们将讨论影响股票期权价格的因素。我们采用一些不同形式的套利方式来探讨欧式期权价格、美式期权价格以及标的资产价格之间的关系式，其中最重要的关系式为欧式看涨期权和看跌期权价格之间的**看跌－看涨平价关系式**（put-call parity），该式给出了欧式看涨期权、欧式看跌期权以及标的资产价格之间的关系。

本章将讨论是否应当提前行使美式期权的问题。我们将证明提前行使无股息股票上美式看涨期权肯定不会是最佳选择，但是在一定条件下，提前行使这种股票上的看跌期权则可能是最佳。当股票支付股息时，提前行使看涨和看跌期权都可能为最佳。

11.1 影响期权价格的因素

有6种因素会影响股票期权的价格：

（1）当前股票价格，S_0；

（2）执行价格，K；

（3）期权期限，T；

（4）股票价格的波动率，σ；

（5）无风险利率，r；

（6）期权期限内预期支付的股息。

在这一节里我们将考虑当其中一个因素发生变化时（假定其他因素保持不变），对于期权价格的影响。表11-1总结了这些关系。

表11-1与表11-2给出了欧式看跌和看涨期权价格与上面所列的前5种因素之间的关系，表中采用的参数为：$S_0=50$，$K=50$，$r=5\%$（每年），$\sigma=30\%$（每年），$T=1$年，并且假定股票无股息。此时看涨期权价格为7.116，看跌期权价格为4.677。

表 11-1　当一个变量增加而其他变量保持不变时，对于股票期权价格的影响

变量	欧式看涨	欧式看跌	美式看涨	美式看跌
当前股票价格	+	−	+	−
执行价格	−	+	−	+
时间期限	?	?	+	+
波动率	+	+	+	+
无风险利率	+	−	+	−
股息数量	−	+	−	+

注：+代表当这一变量增加时，期权价格增加或保持不变；−代表当这一变量增加时，期权价格减小或保持不变；? 代表变化关系不明确。

11.1.1　股票价格与执行价格

如果在将来某一时刻行使看涨期权，期权收益等于股票价格与执行价格的差额。因此，随着股票价格的上升，看涨期权价值也会增大，而随着执行价格的上升，看涨期权价值将会减小。看跌期权的收益等于执行价格与股票价格的差额，因此，看跌期权的价格走向刚好与看涨期权相反，即随着股票价格的上升，看跌期权价值会减小；随着执行价格的上升，看跌期权价值将会增大。图 11-1a ~ 图 11-1d 展示了看涨与看跌期权价格对标的股票价格与执行价格的依赖方式。

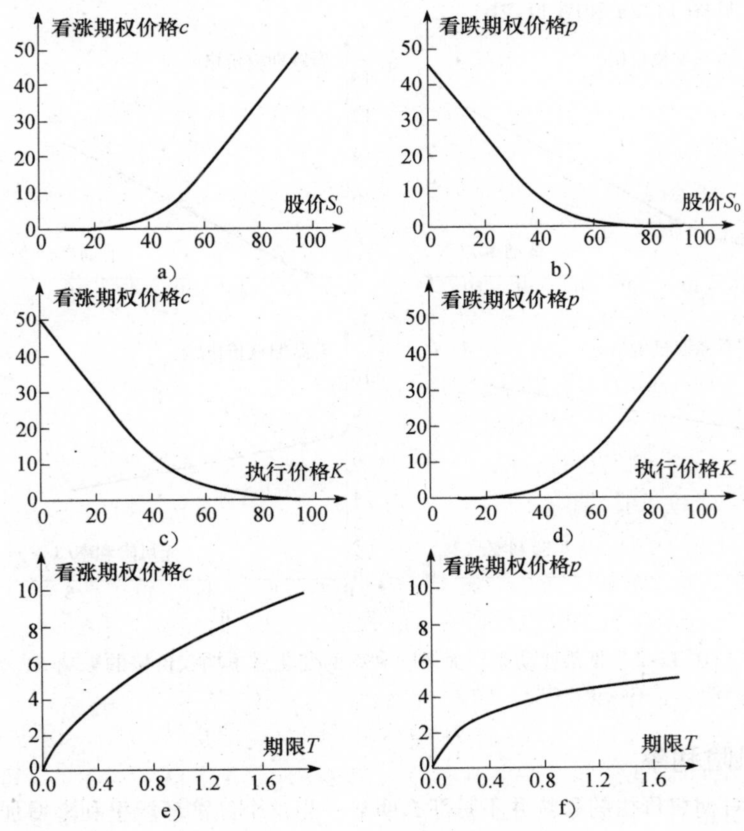

图 11-1　股票价格、执行价格以及期限的变化对于期权价格的影响

注：$S_0=50$，$K=50$，$r=5\%$，$\sigma=30\%$，$T=1$。

11.1.2 期权期限

接下来我们考虑期限对于期权价格的影响。当期限增加时，美式看涨期权与看跌期权价值都会增加（至少不会减小）。考虑两个只是期限不同的美式看涨期权：期限较短的期权在行使时，较长期限的期权也可以被行使。因此，长期限期权的价格至少不会低于短期限期权的价格。

随着期限的增加，欧式看跌期权和看涨期权的价值一般会增加（见图 11-1e 和图 11-1f），但这一结论并非总是成立。考虑两个同一股票上的欧式看涨期权，一个期权的到期日在 1 个月后，另一个期权的到期日在 2 个月后，假定在 6 个星期后股票支付一个大额股息。因为股息会使得期权价格下降，所以短期限期权价值可能会超过长期限的期权价值。[⊖]

11.1.3 波动率

在第 15 章里我们将讨论波动率的精确定义方式。粗略地讲，股票价格的**波动率**（volatility）是用于衡量未来股票价格变动不确定性的一个测度。当波动率增大时，股票价格大幅度上升或下降的机会将会增大。对于股票持有者而言，这两个变动会常常互相抵消，但对于看涨或看跌期权持有者而言，情况会有所不同。看涨期权的拥有者可以从股票上升中获利，但当股票下跌时，其损失是有限的，因为期权的最大损失只是期权费用。类似地，看跌期权持有者可以从价格下跌中获利，同时损失也会有限。因此随着波动率的增加，看涨期权及看跌期权价值都会增加（见图 11-2a 和图 11-2b）。

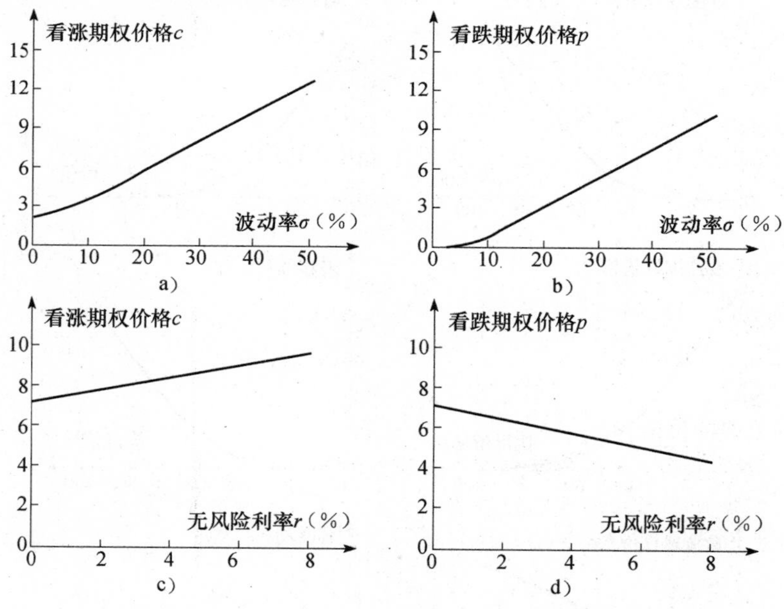

图 11-2 股票波动率、无风险利率的变化对于期权价格的影响

注：$S_0=50$，$K=50$，$r=5\%$，$\sigma=30\%$，$T=1$。

11.1.4 无风险利率

无风险利率对期权价格的影响并不是那么明显。当整个经济环境里利率增加时，投资者所

⊖ 我们假定当期权期限改变时，股票上票息的数量与支付时间均不改变。

要求股票收益的期望值也会增加。同时，期权持有人将来所收到现金流的贴现值会降低。以上两种效应的综合效应是看涨期权价值会增加，而看跌期权价值会降低（见图 11-2c 和图 11-2d）。

应该强调的是我们假定利率增大时其他变量的值保持不变。特别是在表 11-1 中当利率上升（下降）时，股票价格保持不变。在实际中，当利率上升（下降）时，股票价格往往会下降（上升）。利率上升与相应股票价格下降的整体效应可以使看涨期权价值下降，使看跌期权价格上升。类似地，利率下降与相应的股票价格上升的整体效应可以使看涨期权价值上升，使看跌期权价值下降。

11.1.5　将来的股息数量

股息将使股票在除息日的价格降低。对于看涨期权，这是一个坏消息；但对于看跌期权，这却是一个好消息。因此，看涨期权价值与预期股息的大小成反向关系；看跌期权的价值与预期股息的大小成正向关系。

11.2　假设与记号

在这一章中我们采用与第 5 章中推导远期与期货价格时类似的假设。假定市场上存在一些像大型投资银行这样的参与者，从而使下面的假设成立：

（1）没有交易费用；

（2）所有交易盈利（减去交易损失）的税率相同；

（3）投资者可以按无风险利率借入与借出资金。

我们假定在市场上一旦出现套利机会时，参与者马上会利用这些机会。正如在第 1 章与第 5 章中所述，这意味着任何套利机会都会很快消失。因此，为了便于分析问题，我们可以合理地假定在市场上不存在套利机会。

我们将采用以下记号：

S_0：股票的当前价格；

K：期权的执行价格；

T：期权的期限；

S_T：T 时刻股票的价格；

r：在 T 时刻到期的无风险投资利率（连续复利）；

C：买入 1 只股票的美式看涨期权价值；

P：卖出 1 只股票的美式看跌期权价值；

c：买入 1 只股票的欧式看涨期权价值；

p：卖出 1 只股票的欧式看跌期权价值。

应该注意 r 为名义利率（而非实际利率）。我们可以假定 $r>0$，否则无风险投资的收益不比持有现金更好（事实上，如果 $r<0$，持有现金比无风险投资更好）。

11.3　期权价格的上限与下限

在这一节里我们将推导期权价格的上下限。这里的上下限不依赖于对 11.1 节中所述因素的假设（$r>0$ 除外）。当期权价格大于上限或者小于下限时，就会出现套利机会。

11.3.1 上限

美式看涨期权或欧式看涨期权给其持有者以指定价格买入1只股票的权利。无论发生什么情况，期权的价格都不会超出股票价格。因此，股票价格是看涨期权价格的上限

$$c \leqslant S_0 \quad 与 \quad C \leqslant S_0 \tag{11-1}$$

如果以上的不等式不成立，那么套利人可以购买股票并同时出售期权来轻易获取无风险盈利。

美式看跌期权持有者有权以价格 K 卖出1只股票。无论股票价格变得多么低，期权的价值都不会高于执行价格

$$P \leqslant K \tag{11-2}$$

对于欧式期权，我们知道在 T 时刻，期权的价值不会超出 K。因此，当前期权的价格不会超过 K 的贴现值，即

$$p \leqslant e^{-rT}K \tag{11-3}$$

如果以上的不等式不成立，那么套利者可以通过卖出一个期权，并同时将所得收入以无风险利率进行投资，这样套利人将可以获取无风险盈利。

11.3.2 无股息股票上看涨期权的下限

不支付任何股息的股票上欧式看涨期权的下限为

$$S_0 - Ke^{-rT}$$

在正式讨论以上结论之前，我们首先给出一个数值例子。

假定 $S_0=20$ 美元，$K=18$ 美元，$r=10\%$（每年），$T=1$ 年。这时

$$S_0 - Ke^{-rT} = 20 - 18e^{-0.1} = 3.71$$

即3.71美元。考虑欧式看涨期权价格为3美元的情形，这一价格小于理论下限3.71美元。套利者可以卖空股票并同时买入看涨期权，交易的现金流入为 $20-3=17$ 美元。以10%的利率投资1年后，17美元将增长为 $17e^{0.01}=18.79$ 美元。在年末期权到期时，如果股票价格高于18美元，套利者按18美元价格行使期权，并对卖空交易进行平仓，所得盈利为

$$18.79 - 18 = 0.79(美元)$$

如果股票价格低于18美元，套利者可以在市场上买入股票来对卖空交易进行平仓。这时套利人盈利会更多。例如，如果股票价格为17美元，套利者的盈利为

$$18.79 - 17 = 1.79(美元)$$

为了更正式的讨论，我们考虑以下两个投资组合：

组合A：一个欧式看涨期权加上在时间 T 提供收益 K 的零息债券。

组合B：1只股票。

在组合A中，在时间 T 零息债券的价值为 K。在时间 T，如果 $S_T>K$，投资者行使看涨期权，组合A的价值为 S_T。如果 $S_T<K$，期权到期时价值为0，这时组合A的价值为 K。因此，在 T 时刻组合A的价值为

$$\max(S_T, K)$$

组合B在时间 T 的价值为 S_T。在时间 T 组合A的价值总不会低于组合B的价值，因此，在无套利的条件下，组合A的价值也不会低于组合B的价值。零息债券在今天的价值是 Ke^{-rT}，因此

$$c + Ke^{-rT} \geqslant S_0$$

或

$$c \geqslant S_0 - Ke^{-rT}$$

对于看涨期权而言，最糟的情况是期权到期时价值为0，因此期权价值不能为负值，即$c \geqslant 0$。因此

$$c \geqslant \max(S_0 - Ke^{-rT}, 0) \tag{11-4}$$

例 11-1

考虑一个无股息股票上欧式看涨期权，假定股票价格为 51 美元，期权执行价格为 50 美元，期权期限为 6 个月，无风险利率为每年 12%。在本例中，$S_0 = 51$，$K = 50$，$T = 0.5$ 和 $r = 0.12$。由式（11-4）得出期权的下限为 $S_0 - Ke^{-rT}$，即

$$51 - 50e^{-0.12 \times 0.5} = 3.91(\text{美元})$$

11.3.3　无股息股票上欧式看跌期权下限

对于无股息股票上的欧式看跌期权，其价值下限为

$$Ke^{-rT} - S_0$$

我们接下来仍先考虑一个数值例子，然后再进行正式讨论。

假设 $S_0 = 37$ 美元，$K = 40$ 美元，$r = 5\%$（每年），$T = 0.5$ 年，在这种情形下

$$Ke^{-rT} - S_0 = 40e^{-0.05 \times 0.5} - 37 = 2.01(\text{美元})$$

考虑欧式看跌期权价格为 1 美元的情形，这时期权价格小于 2.01 美元的理论下限值。套利者可借入 38 美元，借款期限为 6 个月，同时买入看跌期权与股票。在 6 个月结束时，套利者需支付 $38e^{0.05 \times 0.5} = 38.96$ 美元。如果股票价格低于 40 美元，套利者执行期权，以 40 美元价格卖出股票，偿还贷款，从而获利

$$40 - 38.96 = 1.04(\text{美元})$$

如果股票价格高于 40 美元，套利者放弃期权，卖出股票，偿还贷款，并获得更高盈利。例如，如果股票价格是 42 美元，这时套利者的盈利为

$$42 - 38.96 = 3.04(\text{美元})$$

为了更正式的讨论，我们考虑以下两个投资组合：

组合 C：一个欧式看跌期权加上 1 只股票。

组合 D：在时间 T 收益为 K 的零息债券。

如果 $S_T < K$，在到期时组合 C 里的期权会被执行，组合 C 的价值变为 K；如果 $S_T > K$，在到期时，期权价值为 0，C 的价值为 S_T，因此在 T 时组合 C 的价值为

$$\max(S_T, K)$$

在时间 T，组合 D 的价值为 K，因此在 T 时刻组合 C 的价值总是不会低于组合 D 的价值。在无套利条件下，在今天组合 C 的价值也不会低于组合 D 的价值

$$p + S_0 \geqslant Ke^{-rT}$$

或

$$p \geqslant Ke^{-rT} - S_0$$

对于一个看跌期权而言，最差的情况是期权到期时价值为 0，因此期权价值不能为负值。因此

$$p \geqslant \max(Ke^{-rT} - S_0, 0) \tag{11-5}$$

例 11-2

考虑一个无股息股票上的欧式看跌期权，假定股票价格为 38 美元，期权执行价格为 40 美元，期权期限为 3 个月，无风险利率为每年 10%。在本例中，$S_0=38$，$K=40$，$T=0.25$ 与 $r=0.10$。由式（11-5）得出期权的下限为 $Ke^{-rT}-S_0$，即

$$40e^{-0.1\times0.25}-38=1.01(\text{美元})$$

11.4 看跌-看涨平价关系式

我们现在推导具有同样执行价格与期限的欧式看跌期权与看涨期权价格之间的一个重要关系式。考虑下面两个在前一节里已经用过的组合。

组合 A：一个欧式看涨期权加上在时间 T 收益为 K 的零息债券。

组合 C：一个欧式看跌期权加上 1 只股票。

我们仍然假设股票不支付股息，看涨期权与看跌期权具有相同的执行价格 K 与期限 T。

像在上一节里那样，组合 A 中的零息债券在时间 T 的价值为 K。如果在时间 T 股票价格 S_T 高于 K，那么组合的期权将被执行，所以在这种情况下组合 A 在时间 T 时的价值为 $(S_T-K)+K=S_T$。如果 S_T 低于 K，那么在组合 A 里的看涨期权将会没有价值，因此在时间 T 组合的价值为 K。

在组合 C 中，在时间 T 时股票的价值为 S_T。如果 S_T 低于 K，这时在组合 C 中的看跌期权将会被行使，这说明在时间 T，组合的价值为 $(K-S_T)+S_T=K$。如果 S_T 高于 K，这时在组合 C 中的看跌期权将会没有价值，从而在时间 T，组合的价值为 S_T。

表 11-2 总结了这些结果：当 $S_T>K$ 时，在时间 T 两个组合的价值均为 S_T；当 $S_T<K$ 时，在时间 T 两个组合的价值均为 K。换句话说，在时间 T 当期权到期时，两个组合的价值均为

$$\max(S_T,K)$$

由于组合 A 及组合 C 中的期权均为欧式期权，在到期日之前均不能行使，因此两个组合在时间 T 有相同的收益，从而组合 A 和组合 C 在今天必须有相同的价值。如果不是这样的话，套利者可以买入便宜的组合，而同时卖空较贵的组合。由于两个组合在时间 T 将会相互抵消，这种交易策略将会锁定无风险套利，数量等于两个组合价值的差。

表 11-2 组合 A 和组合 C 在时间 T 的价值

		$S_T>K$	$S_T<K$
组合 A	看涨期权	S_T-K	0
	零息债券	K	K
	总和	S_T	K
组合 B	看跌期权	0	$K-S_T$
	股票	S_T	S_T
	总和	S_T	K

组合 A 中期权和债券在今天的价值分别为 c 和 Ke^{-rT}，组合 C 中期权和股票在今天的价值分别为 p 和 S_0，因此

$$c+Ke^{-rT}=p+S_0 \tag{11-6}$$

这就是所谓的**看跌-看涨平价关系式**（put-call parity）。此公式表明具有某个执行价格与行使日期的欧式看涨期权价格可由一个具有相同执行价格和行使日期的欧式看跌期权价值推导出来，这一结论反之亦然。

为了说明当式（11-6）不成立时就会出现套利机会，假定股票价格为 31 美元，执行价格

为 30 美元，无风险利率为每年 10%，3 个月的欧式看涨期权为 3 美元，3 个月的欧式看跌期权为 2.25 美元，这时

$$c + Ke^{-rT} = 3 + 30e^{-0.1\times3/12} = 32.26(\text{美元})$$

$$p + S_0 = 2.25 + 31 = 33.25(\text{美元})$$

相对于组合 A 来讲，组合 C 的价格太高。一个套利策略是买入组合 A 中的证券并同时卖空组合 C 中的证券。在这个交易策略中包括买入看涨期权，卖出看跌期权并卖空股票，因此，今天的现金流为

$$-3 + 2.25 + 31 = 30.25(\text{美元})$$

以无风险利率进行投资，这笔现金在 3 个月后将变为

$$30.25e^{0.1\times0.25} = 31.02(\text{美元})$$

如果在到期日股票价格高于 30 美元，看涨期权将会被行使，如果股票价格低于 30 美元，看跌期权将被行使。在这两种情况下，投资者以 30 美元的价格买入 1 只股票，购入股票可用于平仓卖空的股票，因此净收益为

$$31.02 - 30 = 1.02(\text{美元})$$

对于另外一种情况，假定看涨期权价格为 3 美元，看跌期权价格为 1 美元

$$c + Ke^{-rT} = 3 + 30e^{-0.1\times3/12} = 32.26(\text{美元})$$

$$p + S_0 = 1 + 31 = 32.00(\text{美元})$$

这时组合 A 的价值比组合 C 的价值高。套利者可以卖空组合 A 中的证券，并同时买入组合 C 中的证券来锁定盈利。交易策略包括卖出看涨期权，买入看跌期权与股票，最初的投资为

$$31 + 1 - 3 = 29(\text{美元})$$

当以无风险利率借入资金时，在 3 个月后需要偿还的金额为 $29e^{0.1\times0.25}=29.73$ 美元。与前面的例子类似，或者看涨期权或者看跌期权将会被行使。卖出看涨期权与买入看跌期权将会使股票以 30 美元的价格被售出，因此净盈利为

$$30 - 29.73 = 0.27(\text{美元})$$

表 11-3 描述了以上例子。业界事例 11-1 说明看跌－看涨平价关系式可以被用来解释公司的债券人及股权人之间的相互关系。

表 11-3 看跌－看涨平价关系式不成立时会出现的套利机会。股票价格为 31 美元，利率为 10%，看涨期权价格为 3 美元，看跌及看涨期权的执行价格为 30 美元，期限均为 3 个月

3 个月期限看跌期权价格为 2.25 美元	3 个月期限看跌期权价格为 1 美元
当前交易	**当前交易**
买入看涨期权，付费 3 美元	借入 29 美元资金，期限 3 个月
卖出看跌期权，收入 2.25 美元	卖出看涨期权，收入 3 美元
卖空股票收入 31 美元	以 1 美元价格买入看跌期权
将 30.25 美元的资金以无风险利率投资 3 个月	以 31 美元的价格买入股票
当 $S_T>30$ 时，3 个月后的交易	**当 $S_T>30$ 时，3 个月后的交易**
由投资得到收入 31.02 美元	看涨期权被行使，以 30 美元价格卖出股票
行使看涨期权，以 30 美元价格买入股票	偿还 29.73 美元贷款
净盈利 1.02 美元	净盈利 0.27 美元
当 $S_T<30$ 时，3 个月后的交易	**当 $S_T<30$ 时，3 个月以后的交易**
由投资得到收入 31.02 美元	行使看跌期权，以 30 美元价格卖出股票
看跌期权被行使，以 30 美元价格买入股票	偿还 29.73 美元贷款
净盈利 1.02 美元	净盈利 0.27 美元

业界事例 11-1　看跌－看涨平价关系式与资本结构

期权定价理论的先驱者是费希尔·布莱克（Fisher Black）、迈伦·斯科尔斯（Myron Scholes）、和罗伯特·默顿（Robert Merton）。在20世纪70年代初，他们还证明了可以用期权理论来刻画公司的资本结构。今天这一模型已被金融机构广泛地用于描述公司的信用风险。

为了示范这种分析，考虑一家资本结构包括零息债券与股票的公司。假定债券在第5年时到期，本金为 K。公司不支付任何股息。如果在第5年时资产价值大于 K，公司股东将会选择偿还债券，如果资产价格小于 K，股东则选择宣布破产。这时债券持有人将掌握公司的拥有权。

公司的股权在第5年时价值为 $\max(A_T-K, 0)$，其中 A_T 为公司资产在第5年时的价值。这一关系式表示股东拥有一个在公司资产上执行价格为 K 的5年期欧式看涨期权。这时，债券持有者拥有什么呢？其收益为 $\min(A_T, K)$，这一表达式等价于 $K-\max(K-A_T, 0)$。这表示债券价格等于 K 的贴现值减去一个公司资产上执行价格为 K 的5年期欧式看跌期权的价值。

综上所述，令 c 及 p 分别为公司资产上看涨与看跌期权的价值，那么

$$\text{股权价值} = c$$

$$\text{债券价值} = PV(K) - p$$

将公司在当前的资产价值记为 A_0。资产价值等于所有构成资产成分的全部价值。这意味着公司资产的当前价值等于股票价值加上债券的价值，因此

$$A_0 = c + [PV(K) - p]$$

重新组织以上表达式，我们得出

$$c + PV(K) = A_0 + p$$

这正是由式（11-6）所述的在公司资产上看涨与看跌期权所满足的平价关系式。

美式期权

虽然看跌－看涨期权的平价关系式只对欧式期权成立，但我们也可以得出美式期权服从的一些关系式。可以证明（见练习题11.18），当没有股息时

$$S_0 - K \leqslant C - P \leqslant S_0 - Ke^{-rT} \tag{11-7}$$

例 11-3

美式看涨期权的执行价格为20美元，期限为5个月，期权价值为1.5美元。假定当前股票价格为19美元，无风险利率为每年10%。由式（11-7）我们得出

$$19 - 20 \leqslant C - P \leqslant 19 - 20e^{-0.1\times5/12}$$

即

$$1 \geqslant P - C \geqslant 0.18$$

以上关系式表示 $P-C$ 介于0.18美元与1美元之间。由于 C 为1.5美元，P 必须介于1.68美元及2.50美元之间。换句话讲，与美式看涨期权具有相同执行价格和期限的美式看跌期权价格的上下限分别为2.50美元和1.68美元。

11.5 无股息股票上看涨期权

在这一节里，我们将说明在到期之前行使无股息股票上美式看涨期权永远不会是最佳选择。

为了说明问题的基本原理，考虑一个不付股息而且期限为1个月的美式看涨期权，股票价格为70美元，期权的执行价格为40美元。这一期权实值程度很大，期权的持有者可能会很想马上行使期权。但是，如果投资者计划在行使期权后将所得股票持有1个月以上，那么这不会

是最佳策略。更好的方案是持有期权并在 1 个月后（即在到期日）行使期权，这样做可以使 40 美元的执行价格比马上行使晚 1 个月付出，因此可以挣到 40 美元在 1 个月内的利息。因为股票不付任何股息，投资者不会损失任何由股票带来的收入。持有期权而不马上行使期权的另一个好处是股票在 1 个月内有可能会低于 40 美元（尽管机会不大）。在这种情况下，投资者将不会行使期权，并且会很庆幸在 1 个月前没有提前行使期权。

以上讨论说明，如果投资者计划在期权的剩余期限内持有股票（本例中的期限为 1 个月），提前行使期权没有任何好处。但如果投资者认为股票的价格被高估了，这时是否应行使期权然后将股票卖掉呢？在这种情况下，投资者应卖掉期权，而不是行使期权。[⊖]那些确实想持有股票的投资将会购买期权，而这样的投资者一定会存在，否则股票的当前价格就不会是 70 美元。综上所述，期权价格会大于其内涵价值 30 美元。

为了给出一个正式论证，我们利用式（11-4）

$$c \geqslant S_0 - Ke^{-rT}$$

因为美式期权的持有者行使期权的机会包括欧式期权行使期权的机会，所以 $C \geqslant c$，因此

$$C \geqslant S_0 - Ke^{-rT}$$

由于 $r>0$，当 $T>0$ 时我们有 $C>S_0-K$。这说明在到期之前期权价格 C 总是大于其内涵价值。如果提前行使期权，C 将等于在行使时的内涵价值，因此，提前行使期权不会是最优。

总结上面所述，不应当提前行使期权的原因有两个：一个与期权所提供的保险有关。拥有期权（而不是股票）实际上是对持有者提供了股票价格不会低于执行价格的保险，一旦行使了期权，而将执行价格换成了股票，那么失去了这种保险。另一个原因与货币的时间价值有关。从期权持有者的角度讲，付出执行价格越晚越好。

上下界

由于在没有股息时永远不会提前行使美式看涨期权，所以 $C=c$。由式（11-1）和式（11-4），期权价值的上下界分别为

$$\max(S_0 - Ke^{-rT}, 0) \quad 和 \quad S_0$$

这些上下界显示在图 11-3 中。

图 11-4 显示了期权价格与标的股票价格 S_0 之间的一般关系式。随着 r 或 T 或股票价格波动率的增长，看涨期权与股票价格关系的图形会朝箭头所示方向移动。

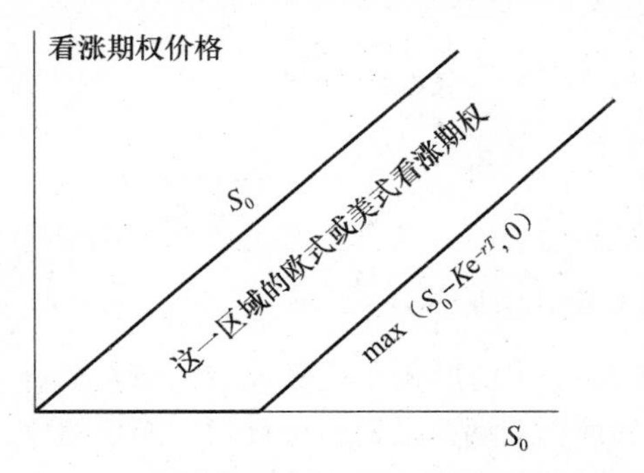

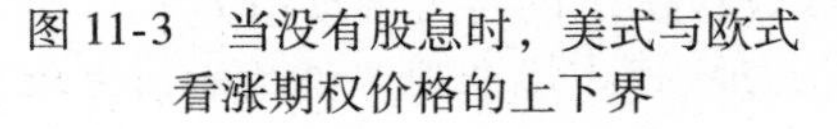
图 11-3 当没有股息时，美式与欧式看涨期权价格的上下界

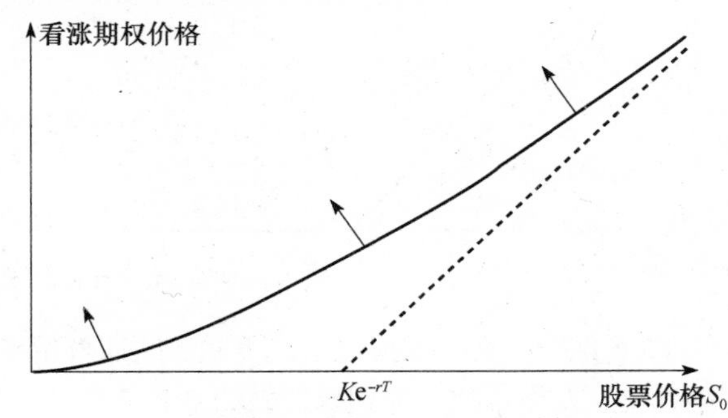

图 11-4 当没有股息时，美式与欧式看涨期权的价格与股票价格 S_0 之间的变化关系。当利率、期限或股票价格波动率增长时，曲线朝箭头所指方向移动

⊖ 另一种策略是投资者保留期权而卖空股票来锁定比 10 美元更多的盈利。

11.6 无股息股票上看跌期权

提前行使无股息股票上看跌期权有时可能是最优的。事实上，在期权期限内的任一给定时刻，当期权的实值程度足够大时都应该提前行使期权。

为了说明这一点，考虑以下极端情形：假定执行价格为10美元，股票价格几乎为0。通过立即行使期权，投资者可以马上得到近10美元。如果投资者选择等待，行使期权的盈利可能低于10美元，但不可能高于10美元，这是因为股票的价值不可能为负值。不仅如此，现在收到10美元要比将来收到10美元更好。所以期权应该马上被行使。

同看涨期权类似，看跌期权也可以看作一种保险，当同时持有股票与看跌期权时，看跌期权可以为持有者在股票价格下跌到一定程度时提供保险。但与看涨期权不同的是，放弃这一保险而提前行使期权来立即实现执行价格的做法可能为最优。一般来讲，当 S_0 减小，r 增大和 σ 减小时，提前行使期权为最优选择的可能性也会增大。

上下界

在没有股息的情况下，由式（11-3）与式（11-5）可知欧式看跌期权的上下界为

$$\max(Ke^{-rT} - S_0, 0) \leqslant P \leqslant Ke^{-rT}$$

对于没有股息的股票上的美式看跌期权，由于总是可以马上行使期权，所以它永远满足

$$P \geqslant \max(K - S_0, 0)$$

这比式（11-5）中欧式看跌期权的关系式更强。利用式（11-2）中的结果，无股息股票上美式看跌期权的上下界为

$$\max(K - S_0, 0) \leqslant P \leqslant K$$

图11-5展示了这些上下界。

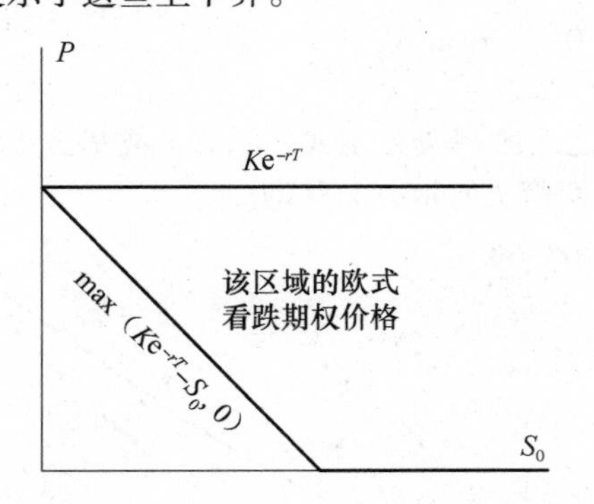

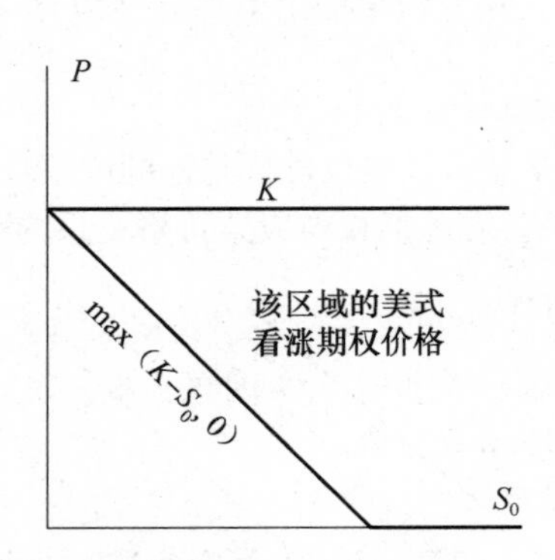

图11-5 当没有股息时，欧式与美式看跌期权的上下界

图11-6说明了在一般情况下，美式看跌期权价格随 S_0 变化的形式。只要 $r>0$，当股票价格足够低时，立即行使美式期权的做法总是最佳的。当提前行使期权是最佳选择时，期权的价值为 $K-S_0$。因此当 S_0 很小时，表示看跌期权价值的曲线与看跌期权的内涵价值 $K-S_0$ 相重合。在图11-6中，这个 S_0 的值由A点表示。当 r 减小或波动率增大或期限 T 增大时，表示看跌期权价格与股票价格之间关系的曲线会向箭头所指方式移动。

由于在某些情形下提前行使美式看跌期权是最佳的，美式看跌期权的价格总是会高于相应的欧式看跌期权价格。而且由于美式看跌期权的价值有时等于其内涵价值（见图11-6），因此

欧式看跌期权的价值有时会低于内涵价值，这说明表示欧式期权价格与标的股票价格之间关系的曲线将会位于相应美式期权曲线之下。

图 11-7 给出了欧式看跌期权价格随股票价格变化的图形。注意在图 11-7 中的 B 点上，期权价格等于其内涵价值，它所代表的股票价格必须大于图 11-6 中 A 点所代表的股票价格，这是因为图 11-7 里的曲线位于图 11-6 中的曲线之下。在图 11-7 中，E 点对应于 $S_0 = 0$，而看跌期权价格为 Ke^{-rT} 的情形。

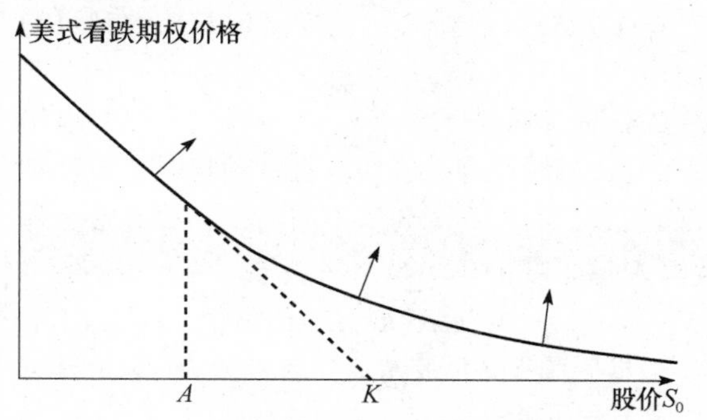

图 11-6　美式看跌期权的价格与股票价格之间的变化关系，当股票价格期限或波动率增大、或利率降低时，曲线朝箭头所指方向移动

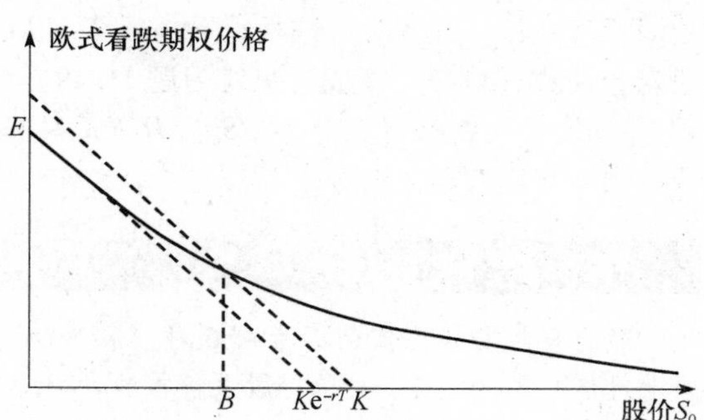

图 11-7　欧式看跌期权的价格与股票价格之间的变化关系

11.7　股息对于期权的影响

到目前为止，本章里的结论都是建立在假设标的股票不付任何股息的前提下得到的。在这一节里我们考虑股息对于期权的影响。我们假设在期权期限内股息的支付时间与数量都是已知的。因为大多数在交易所交易期权的期限都不超过 1 年，所以在大多数情况下这个假设并不是太不合理。我们用 D 来表示期权期限内股息的贴现值。在计算 D 时，我们假定股息是在除息日付出的。

11.7.1　看涨期权与看跌期权的下限

我们将组合 A 和组合 B 重新定义如下：

组合 A：一个欧式看涨期权 c 加上数量为 $D + Ke^{-rT}$ 的现金。

组合 B：1 只股票。

以推导式（11-4）的类似方法可以证明

$$c \geqslant \max(S_0 - D - Ke^{-rT}, 0) \tag{11-8}$$

我们将组合 C 和组合 D 重新定义如下：

组合 C：一个欧式看跌期权 p 加上 1 只股票。

组合 D：数量为 $D + Ke^{-rT}$ 的现金。

以推导式（11-5）的类似方法可以证明

$$p \geqslant \max(D + Ke^{-rT} - S_0, 0) \tag{11-9}$$

11.7.2　提前行使

当预计有股息时，我们将不再有美式看涨期权不会被提前行使的结论。有时在正好除息日之前行使美式看涨期权是最优的，而在其他时刻行使美式看涨期权则不会是最优策略。在15.12节中我们将进一步讨论这一点。

11.7.3 看跌－看涨平价关系式

比较经过重新定义的组合A与组合C在时间T的价值，我们可以得出当存在股息时，式（11-6）所表达的看跌－看涨平价关系式变为

$$c + D + Ke^{-rT} = p + S_0 \qquad (11\text{-}10)$$

股息会使式（11-7）变成（见练习题11.19）

$$S_0 - D - K \leqslant C - P \leqslant S_0 - Ke^{-rT} \qquad (11\text{-}11)$$

小结

影响股票期权价值的因素有6种：股票的当前价格、执行价格、期限、股票价格波动率、无风险利率以及在期权期限内所预期的股息。当股票的当前价格、期限、波动率以及无风险利率增长时，看涨期权的价值也会增加；当执行价格与预期股息增长时，看涨期权价值会减小。当执行价格、期限、波动率和预期股息增加时，看跌期权价值一般也会增加；当股票的当前价格与无风险利率增加时，看跌期权的价值会减小。

我们也可以在不对股票价格波动率做任何假设的前提下，得出一些关于期权价格的结论，例如，股票看涨期权的价格一定总是低于股票本身的价格。类似地，股票看跌期权的价格永远低于股票期权的执行价格。

无股息股票上看涨期权的价格必须高于

$$\max(S_0 - Ke^{-rT}, 0)$$

其中S_0为股票价格，K为执行价格，r为无风险利率，T为期限。无股息股票上看跌期权的价格必须高于

$$\max(Ke^{-rT} - S_0, 0)$$

假定股票所支付股息的贴现值为D，欧式看涨期权的下限为

$$\max(S_0 - D - Ke^{-rT}, 0)$$

欧式看跌期权的下限为

$$\max(Ke^{-rT} + D - S_0, 0)$$

看跌－看涨期权的平价关系式是同一股票上欧式看涨期权价格c和欧式看跌期权价格p之间的关系式。对于无股息股票，平价关系式为

$$c + Ke^{-rT} = p + S_0$$

对于支付股息的股票，平价关系式为

$$c + D + Ke^{-rT} = p + S_0$$

对于美式期权，看跌－看涨平价关系式不成立。但是，我们可以利用无套利理论获得美式看涨期权与看跌期权差价的上限和下限。

在第15章中，我们将利用对股票价格的概率分布所做的假设来对本章里的结论做出进一步分析。我们将推导欧式期权的准确定价公式。在第13章和第21章中我们将看到如何利用数值方法来对美式期权进行定价。

推荐阅读

Broadie, M., and J. Detemple. "American Option Valuation: New Bounds, Approximations, and a Comparison of Existing Methods," *Review of Financial Studies*, 9, 4 (1996): 1211–50.

Merton, R.C.. "On the Pricing of Corporate Debt: The Risk Structure of Interest Rates," *Journal of Finance*, 29, 2 (1974): 449–70.

Merton, R.C. "The Relationship between Put and Call Prices: Comment," *Journal of Finance*, 28 (March 1973): 183–84.

Stoll, H.R. "The Relationship between Put and Call Option Prices," *Journal of Finance*, 24 (December 1969): 801–24.

练习题

11.1　列出影响股票期权价格的 6 个因素。

11.2　无股息股票上看涨期权的期限为 4 个月，执行价格为 25 美元，股票的当前价格为 28 美元，无风险利率为每年 8%，期权的下限是多少？

11.3　无股息股票上欧式看跌期权的期限为 1 个月，执行价格为 15 美元，股票的当前价格为 12 美元，无风险利率为每年 6% 时，期权的下限为多少？

11.4　列举两个原因来说明为什么无股息股票上美式看涨期权不应当被提前行使。第一个原因应涉及货币的时间价值；第二个原因在利率为 0 时也应成立。

11.5　“提前行使美式看跌期权是在货币的时间价值与看跌期权的保险价值之间的权衡。”解释这一观点。

11.6　解释为什么一个支付股息股票上美式看涨期权的价格至少等于其内涵价格。这对欧式看涨期权也成立吗？解释你的答案。

11.7　无股息股票的价格为 19 美元，其上 3 个月期执行价格为 20 美元的欧式看涨期权价格为 1 美元，无风险利率为每年 4%，这个股票上 3 个月期限执行价格为 20 美元的看跌期权价格为多少？

11.8　解释为什么关于欧式期权看跌 - 看涨平价关系的讨论对于美式期权不适用。

11.9　无股息股票上看涨期权的期限为 6 个月，执行价格为 75 美元，股票当前价格为 80 美元，无风险利率为每年 10% 时，期权价格的下限为多少？

11.10　无股息股票上欧式看跌期权的期限为 2 个月，执行价格为 65 美元，股票当前价格为 58 美元，无风险利率为每年 5% 时，期权价格的下限为多少？

11.11　一个期限为 4 个月，在支付股息股票上的欧式看涨期权价格为 5 美元，执行价格为 60 美元，股票当前价格为 64 美元，预计在 1 个月后股票将支付 0.8 美元的股息，对于所有期限的无风险利率均为 12%，这时对于套利者而言存在什么样的套利机会？

11.12　期限为 1 个月的无股息股票上欧式看跌期权的当前价格为 2.5 美元。股票价格为 47 美元，执行价格为 50 美元，无风险利率为每年 6%，这时对套利者而言存在什么样的套利机会？

11.13　当无风险利率上升与波动率下降时，用直观方式解释为什么提前行使美式看跌期权会变得更吸引人。

11.14　执行价格为 30 美元，期限为 6 个月的欧式看涨期权的价格为 2 美元。标的股票价格为 29 美元，在 2 个月与 5 个月时预计股票将会分别发放 0.5 美元股息，所有期限的无风险利率均为 10%。执行价格为 30 美元，期限为 6 个月的欧式看跌期权价格是多少？

11.15　解释当练习题 11.14 中的欧式看跌期权价格为 3 美元时，会有什么样的套利机会。

11.16　无股息股票上美式看涨期权的价格为 4 美元，股票价格为 31 美元，执行价格为 30 美元，期限为 3 个月，无风险利率为 8%。推导具有相同股票价格、相同执行价格与相同期限的美式看跌期权上下限。

11.17　在练习题 11.16 中，如果美式看跌期权价格高于其上限，仔细说明这时存在什么样的套利机会。

11.18　证明式（11-7）（**提示**：对于关系式的第一部分，考虑（a）一个欧式看涨期权与一个数量为 K 的现金组合，及（b）一个美式看跌期权与 1 只股票的组合）。

11.19　证明式（11-11）（**提示**：对于关系式的第一部分，考虑（a）一个欧式看涨期权与一个数量为 $D+K$ 的现金的组合，以及（b）一个美式看跌期权与 1 只股票的组合）。

11.20　考虑一个 5 年期的雇员期权，标的股票不支付股息，期权可以在 1 年后任何时候行使。与通常在交易所内交易的看涨期权不同的是，雇员期权不能被出售。

这一限制对提前行使策略会有什么影响？

11.21 采用 DerivaGem 软件来验证图 11-1 及图 11-2 的正确性。

作业题

11.22 在交易所，看涨期权比看跌期权被更早引入，在看涨期权被引入而同时看跌期权还没有被引入时，对于一个无股息股票，你将如何由看涨期权来构造欧式看跌期权？

11.23 假定关于某无股息股票的看涨和看跌期权的价格分别为 20 美元和 5 美元，期权期限为 12 个月，执行价格为 120 美元，当前股票价格为 130 美元，由以上信息隐含得出的无风险利率为多少？

11.24 同一股票上的欧式看涨与看跌期权的执行价格均为 20 美元，期限均为 3 个月，两个期权的价格均为 3 美元，无风险利率均为每年 10%，当前股票价格为 19 美元，在 1 个月时股票预计将支付 1 美元的股息。对于交易员来讲，这时会有什么样的套利机会？

11.25 假设 c_1、c_2、c_3 分别代表执行价格为 K_1、K_2 与 K_3 的欧式看涨期权的价格，这里的执行价格满足 $K_3 > K_2 > K_1$ 和 $K_3 - K_2 = K_2 - K_1$。所有期权具有相同的到期日，证明

$$c_2 \leqslant 0.5(c_1 + c_3)$$

（**提示**：考虑以下交易组合：一个执行价格为 K_1 的期权多头，一个执行价格为 K_3 的期权多头，以及两个执行价格为 K_2 的期权空头）。

11.26 如果作业题 11.25 中的期权为欧式看跌期权，结果又会如何？

11.27 假设你是一家杠杆比例很高公司的经理和唯一股东，所有的债务在 1 年后到期，如果那时公司的价值高于债务的面值，你将偿还债务；如果那时公司价值小于债务的面值，你将宣布破产，同时债务人将会拥有公司。

(a) 将公司的价值作为期权的标的资产，描述你的期权头寸状况。

(b) 将公司的价值作为期权的标的资产，描述债权人的期权头寸状况。

(c) 你应该如何提高你的期权头寸价值？

11.28 考虑以下期权：股票价格为 41 美元，执行价格为 40 美元，无风险利率为 6%，波动率为 35%，期限为 1 年。假定预计在 6 个月时将发放 0.5 美元的股息。

(a) 假定期权为欧式看涨期权，采用 DerivaGem 软件对这一期权定价。

(b) 假定期权为欧式看跌期权，采用 DerivaGem 软件对这一期权定价。

(c) 验证看跌 - 看涨平价关系式。

(d) 用 DerivaGem 说明当期权期限变得很长时，期权价格会如何改变。在分析中假定股票无股息。解释你所得出的结果。

11.29 考虑无股息股票上的看跌期权，股票价格是 40 美元，执行价格是 42 美元，无风险利率是 2%，波动率是每年 25%，期限是 3 个月。利用 DerivaGem 解决以下问题。

(a) 当期权是欧式时的价格（采用布莱克 - 斯科尔斯公式，欧式）。

(b) 当期权是美式时的价格（采用二叉树，美式，100 步）。

(c) 图 11-7 中的点 B。

11.30 11.1 节里给出了一个欧式看涨期权价格随时间期限增长而有所降低的例子，请给出一个具有同样性质，即价格随时间期限增长而有所降低的欧式看跌期权的例子。

第 12 章 期权交易策略

CHAPTER 12

在第 10 章中我们讨论过由单个期权所产生的盈利模式。在这一章里，我们将讨论当期权与其他资产相结合时能够产生什么样的盈利模式，特别是由以下头寸构成的组合：（a）期权与零息债券，（b）期权与标的资产，以及（c）同一标的资产上的两个或更多个期权。

人们很自然地会问以下问题：为什么交易员要构造这里讨论的不同盈利形式？对于这个问题的答案是：交易员选用不同的盈利形式取决于交易员对于价格走向的判断，以及交易员承担风险的意愿。12.1 节里讨论的保本证券对于那些厌恶风险的投资人会很有吸引力，此类投资人不愿意损失本金，但他们对于某种特定资产价格是会升值或者减值持有一定看法，因此也愿意面对资产回报高低与自己的观点是否正确相关联的事实。如果一个交易员愿意承担比保本证券投资更大的风险，他可以选择 12.3 节讨论的牛市差价（bull spread）或熊市差价（bear spread），或者他直接选择风险更大的看涨或看跌期权的多头。

假定某交易员认为某资产价格会有一个大的变动，但不能确定价格究竟是上涨还是下跌，该交易员可以选择几种不同的交易形式，一个厌恶风险（risk-averse）的交易员可以选择 12.3 节里讨论的蝶式差价（butterfly spread）。如果交易员的直觉正确，该交易员会有一个小收益；如果交易员的直觉错误，该交易员也只会有一个小损失。一个更为激进的交易员可以采用 12.4 节讨论的跨式组合（straddle）或者异价跨式组合（strangle），其中收益和损失都可能会更大。

在以后的章节里还会考虑涉及期权的更多交易策略。例如，在第 17 章中将讨论如何利用股指来管理股票组合的风险，并解释如何利用范围远期来对冲关于外汇的风险敞口；在第 19 章里我们考虑在交易期权时如何利用希腊字母（风险敏感度）来管理风险；第 26 章考虑了特种期权以及所谓的静态期权复制方法。

12.1 保本债券

在零售市场上，期权常常被用来构造**保本债券**（principal-protected notes），这种产品对保守的投资者很有吸引力。投资人收益依赖于单个股票、股指或其他风险资产的表现，但是本金却没有风险。下面的例子说明了如何构造简单的保本债券。

例 12-1

假设连续复利的 3 年期利率为 6%，这说明 $1\,000e^{-0.06\times 3}=835.27$ 美元在 3 年后将增长为 1 000美元。1 000 美元与 835.27 美元的差额是 164.73 美元。假设一个股票组合的价值是 1 000 美元，提供的收益率是每年 1.5%。再假设可以按低于 164.73 美元的价格买入在这个组合上的 3 年期欧式平值看涨期权。（由 DerivaGem 可以验证，当组合价值的波动率小于 15% 时，确实如此。）一家银行可以向客户提供以下形式的 1 000 美元的投资机会：

（1）面值为 1 000 美元的 3 年期零息债券；

（2）股票组合上 3 年期欧式平值看涨期权。

如果组合的价值增长，那么投资人得到 1 000 美元所增长到的数量。（这是因为零息债券的收益是1 000 美元，这正好等于期权的执行价格。）假如组合价值下跌，期权将会没有价值，在零息债券上的投资保证了投资人可以得到所投资的 1 000 美元本金。

保本债券的诱人之处是投资人能够在不冒本金风险的情况下，对风险资产建立头寸。可能发生的最坏的情况是在债券有效期内失去赚取初始投资上的利息（或其他收入，比如红利）的机会。

在市场上有许多以上所述产品的变形。认为资产价格将会下跌的投资人可以购买由零息债券与看跌期权组成的保本债券。在 3 年后投资人的收益是 1 000 美元加上看跌期权的收益。

从投资者的角度看，保本债券是不是合算呢？当生成保值债券时，银行总是首先要将自己的盈利包含在内，这说明在例 12-1 里，零息债券加上看涨期权对银行的成本将会小于 1 000 美元。另外，投资人还要承受银行无法支付保本债券收益的风险。（在 2008 年当雷曼兄弟倒闭时，有些投资人在雷曼发行的保本债券上蒙受了此类损失。）因此，在某些情况下，更好的做法是投资人自己按平常的方式购买标的期权，并将剩余的本金投资到无风险投资上。但情况并非总是如此，在购买期权时，同银行相比，普通投资人很可能会面临更大的买入卖出差价，而且所赚的利息很可能比银行要低。因此银行有可能会给投资人带来利益，同时自己也能盈利。

我们现在从银行的角度看保本债券。例 12-1 里组合结构的经济可行性依赖于利率水平与组合的波动率。如果利率是 3% 而不是 6%，银行仅有 $1\,000-1\,000e^{-0.03\times 3}=86.07$ 美元的资金购买看涨期权。如果利率是 6%，但波动率是 25% 而不是 15%，期权的价格将会是 221 美元。在这两种情况之下，例 12-1 中的产品都无法使银行盈利。但是，银行仍然有办法构造可以盈利的 3 年期产品。例如，可以提高期权的执行价格，使得比如只有当组合价格增长 15% 时投资人才会获利；可以将投资人的收益封顶；可以将投资人的收益依赖于组合的平均价格（而不是最后的价格）；可以指明一个将期权敲出的临界水平。在本书的后面部分里将会讨论这里涉及的一些衍生产品。（对期权加封顶对应于本章后面讨论的牛市差价期权策略。）

当利率较低或波动率较高时，一种可使银行盈利的保本债券方式是延长债券到期日。考虑例 12-1 的情形，其中（a）利率是 3% 而不是 6%，和（b）股票组合的波动率为 15% 并且提供 1.5% 的股息率。DerivaGem 给出的 3 年期平值欧式看涨期权的成本为 119 美元，这高于可以用来购买期权的金额（$1\,000-1\,000e^{-0.03\times 3}=86.07$ 美元）。10 年期平值欧式看涨期权的成本为大约217美元，这低于可以用来购买期权的金额（$1\,000-1\,000e^{-0.03\times10}=259.18$ 美元），从而使产品能够盈利。当期限延长到20年时，期权的成本大约为281美元，这比可以用来购买它的资金（$1\,000-1\,000e^{-0.03\times20}=451.19$ 美元）要低得多，因此产品的盈利更高。

在我们的例子中，对银行来讲一个关键的变量是股息率：股息率越高，产品给银行的盈利也越高；如果股息率为零，无论期限是多长，例12-1所讨论的保本债券都不会给银行带来利润。（这可以由式（11-4）看出。）

12.2　包括单一期权与股票的策略

为了方便起见，我们假设在本章剩下部分内所考虑的期权标的资产是股票。（对其他标的产品，同样可以建立类似的交易策略。）我们也按通常的做法来计算盈利，即最后的收益减去最初的费用，并且忽略贴现效应。

包括单个股票期权和股票本身的策略有多种不同的形式，这些盈利的形态显示在图12-1中。在本图以及本章的其他图形中，虚线代表组合中单个证券的盈利与股票价格之间的关系，而实线则代表整个组合的盈利和股票价格之间的关系。

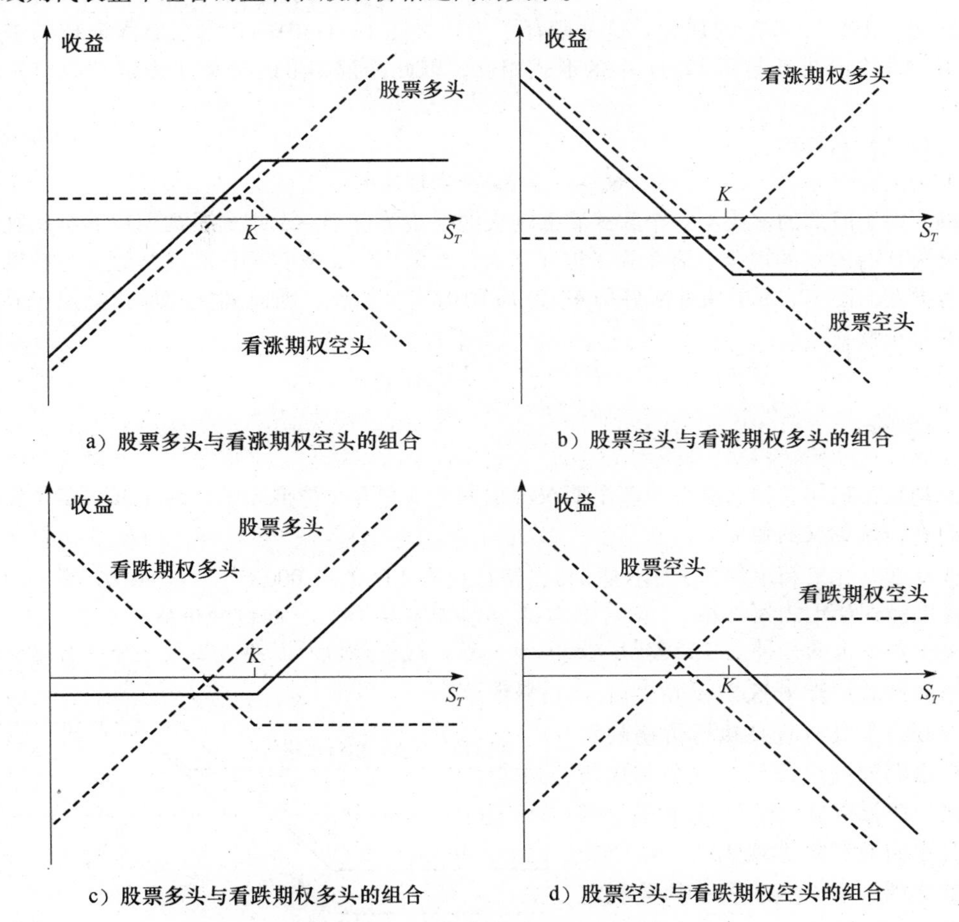

图12-1　交易策略的盈利

图 12-1a 中的交易组合是由一个股票的多头与一个欧式看涨期权的空头组成。这种交易策略被称为**备保看涨期权承约**（writing covered call）。这里股票的多头“**保护**”或掩护投资者，使其免遭由于股票价格急剧上涨所带来的损失。在图 12-1b 中，交易组合是由一个股票的空头与一个看涨期权的多头组成，其盈利形态与备保看涨期权的盈利形态相反。在图 12-1c 中，交易组合包括一个欧式看跌期权的多头与股票本身的多头，这一交易策略被称为**保护看跌期权**（protective put）策略。在图 12-1d 中，交易组合是由一个看跌期权的空头和一个股票本身空头组成，这一交易策略的盈利形式与保护看跌期权的盈利形式相反。

图 12-1a ~ 图 12-1d 中的盈利形式与第 10 章中讨论的看跌期权空头、看跌期权多头、看涨期权多头与看涨期权空头的盈利形态相似。由看跌 - 看涨平价关系式，我们可以理解为何如此。第 11 章里的看跌 - 看涨平价关系式为

$$p + S_0 = c + Ke^{-rT} + D \tag{12-1}$$

其中 p 为欧式看跌期权的价格，S_0 为股票价格，c 为欧式看涨期权的价格，K 为看涨期权与看跌期权的执行价格，r 为无风险利率，T 为看涨期权与看跌期权的期限，D 为期权期限内预期发放股息的贴现值。

式（12-1）表明，欧式看跌期权的多头加上股票的多头等同于欧式看涨期权的多头加上一定数量（$Ke^{-rT}+D$）的现金。这就解释了为什么图 12-1c 中的头寸与看涨期权的多头相似。图 12-1d 中的头寸与图 12-1c 中的形式相反，因此其盈利形态类似于看涨期权空头的盈利形式。

式（12-1）可以改写为

$$S_0 - c = Ke^{-rT} + D - p$$

换句话讲，一个股票的多头与一个欧式看涨期权的空头等价于一个欧式看跌期权的空头加上一定数量（$Ke^{-rT}+D$）的现金。这个式子解释了为什么图 12-1a 中的盈利形式类似于看跌期权空头的盈利形式。图 12-1b 的头寸刚好与图 12-1a 中的头寸相反，因此其盈利形式类似于看跌期权多头的盈利形式。

12.3 差价

差价是指将相同类型的两个或多个期权（由两个或更多个看涨期权或两个或更多个看跌期权）组合在一起的交易策略。

12.3.1 牛市差价

差价中最流行的一种是**牛市差价**（bull spread），这种差价可以通过买入一个具有某一确定执行价格的欧式股票看涨期权并卖出一个在同一股票上具有较高执行价格的欧式股票看涨期权组合而成，两个期权的期限相同。该策略显示在图 12-2 中。两个期权头寸的盈利由虚线表示，整个交易策略的盈利为两个虚线表示的盈利之和，在图中由实线表示。由于随着执行价格的上升，看涨期权的价格会下降，

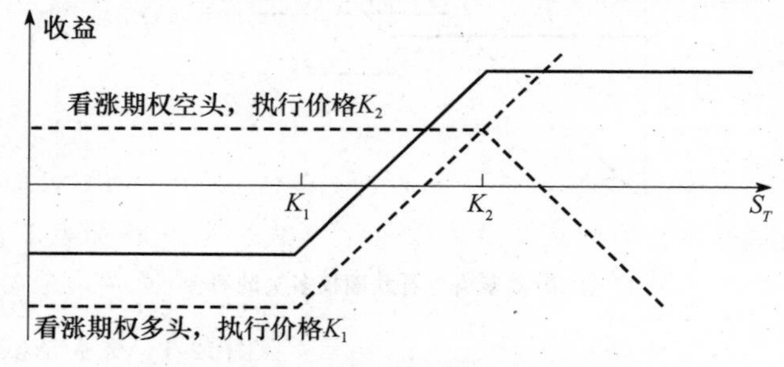

图 12-2　由看涨期权构造的牛市差价的盈利

所以执行价格较高期权的价值总是小于执行价格较低的期权的价值。由此可见建立由看涨期权组成的牛市差价时需要启动资金。

假定 K_1 为买入看涨期权的执行价格，K_2 为卖出看涨期权的执行价格，S_T 为股票在期权到期日的价格。表 12-1 显示了牛市差价在不同情况下会实现的总收益。如果股票价格表现很好，即价格上涨并高于组合中较高的执行价格时，牛市差价收益为两个执行价格的差，即 K_2-K_1；如果股票在到期日的价格介于两个执行价格之间，牛市差价的收益为 S_T-K_1；如果在期权到期日时，股票价格低于较低的执行价格，牛市差价的收益将为 0。在图 12-2 中，盈利等于最终收益减去最初的投资。

表 12-1　由看涨期权所构造的牛市差价的收益

股票价格范围	看涨期权多头方的收益	看涨期权空头方的收益	整体收益
$S_T \leqslant K_1$	0	0	0
$K_1 < S_T < K_2$	S_T-K_1	0	S_T-K_1
$S_T \geqslant K_2$	S_T-K_1	K_2-S_T	K_2-K_1

牛市差价限制了投资者的收益但同时也控制了损失的幅度。这一策略可表达为：投资者拥有一个执行价格为 K_1 的看涨期权，同时通过卖出执行价格为 $K_2(K_2>K_1)$ 的期权而放弃了股票上升时的潜在盈利。作为对放弃潜在盈利的补偿，投资者获得了执行价格为 K_2 的期权费用。在市场上有 3 种不同类型的牛市差价：

（1）最初的两个看涨期权均为虚值期权。

（2）最初的一个看涨期权为实值期权，另一个看涨期权为虚值期权。

（3）最初的两个看涨期权均为实值期权。

第 1 种牛市差价最为激进，这一策略的成本很低，收到高收益（$=K_2-K_1$）的概率也很小。当我们从类型一换到类型二，从类型二换到类型三时，牛市差价逐渐趋于保守。

例 12-2

投资人以 3 美元的价格买入了一个 3 个月期限、执行价格为 30 美元的欧式看涨期权并同时以 1 美元的价格卖出了一个 3 个月期限、执行价格为 35 美元的欧式看涨期权。如果股票价格高于 35 美元，这一牛市差价的收益为 5 美元；如果股票价格低于 30 美元，牛市差价的收益为 0；如果股票价格介于 30 美元和 35 美元之间，牛市差价的收益为股票价格与 30 美元的差。这一牛市差价策略的成本为 3－1＝2 美元。其盈利如下表所示

股票价格范围	盈利
$S_T \leqslant 30$	-2
$30 < S_T < 35$	S_T-32
$S_T \geqslant 35$	$+3$

如图 12-3 所示，牛市差价也可以由通过买入较低执行价格的欧式看跌期权和卖出较高执行价格的欧式看跌期权构造而成。与采用看涨期权构造牛市差价不同的是用看跌期权构造牛市差价会给投资者在最初时带来一个正的现金流（忽略保证金的要求），而收益为负或为 0。

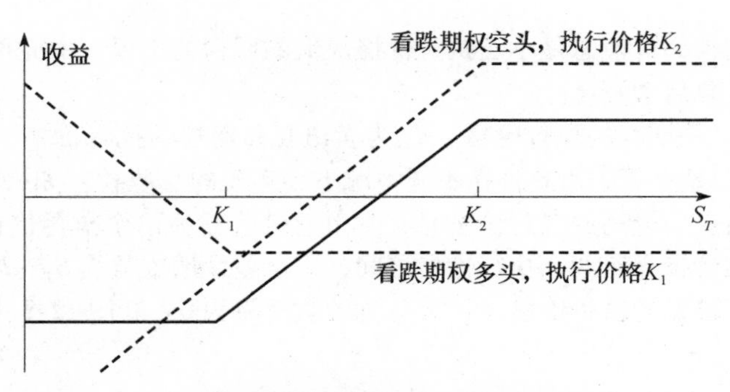

图 12-3　由看跌期权构造的牛市差价的盈利

12.3.2　熊市差价

持有牛市差价的投资者希望股票价格上升，与此相反，持有**熊市差价**（bear spread）的投资者则希望股票价格下降。熊市差价可以由买入具有某一执行价格的欧式看跌期权并同时卖出具有另一执行价格的欧式看跌期权来构造。买入期权的执行价格大于卖出期权的执行价格（这与牛市差价刚好相反：牛市差价中的买入期权的执行价格总是小于卖出期权的执行价格）。在图 12-4 中，差价的盈利由实线表示。由看跌期权构造的熊市差价在最初会有现金流的支出，这是因为卖出期权的价格小于买入期权的价格。事实上，买入具有某一执行价格看跌期权的投资者决定在卖出一个具有较低执行价格看跌期权后放弃了一部分可能的盈利。对于放弃可能盈利的报偿是投资者收取卖出期权的价格。

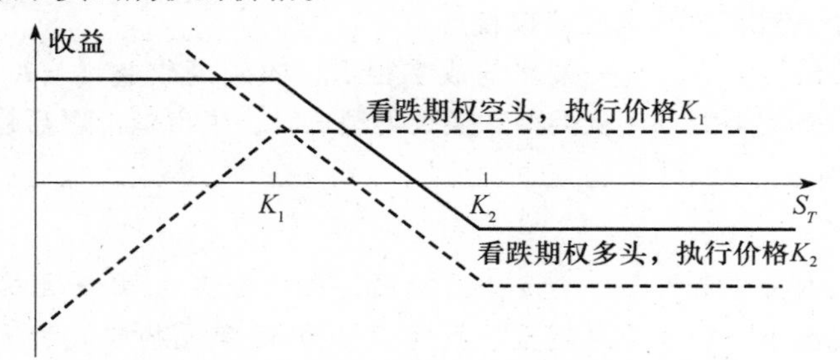

图 12-4　由看跌期权构造的熊市差价的盈利

假定期权的执行价格为 K_1 和 K_2，其中 $K_1 < K_2$。表 12-2 显示了在不同情况下，熊市差价的收益。当股票价格大于 K_2 时，收益为 0；如果股票价格低于 K_1 时，收益为 $K_2 - K_1$；当股票价格介于 K_1 与 K_2 之间时，收益为 $K_2 - S_T$。交易策略的盈利等于收益减去初始费用。

表 12-2　由看跌期权构造的熊市差价的收益

股票价格范围	看涨期权多头的收益	看涨期权空头的收益	整体收益
$S_T \leqslant K_1$	$K_2 - S_T$	$-(K_1 - S_T)$	$K_2 - K_1$
$K_1 < S_T < K_2$	$K_2 - S_T$	0	$K_2 - S_T$
$S_T \geqslant K_2$	0	0	0

例 12-3　由看跌期权构成的熊市差价

投资者以 3 美元的价格买入了 3 个月期限、执行价格为 35 美元的欧式看跌期权，并以 1 美元的价格卖出了 3 个月期限、执行价格为 30 美元的欧式看跌期权。如果股票价格高于 35 美元，熊市差价策略的收益为 0；如果股票价格低于 30 美元，熊市差价策略的收益为 5 美元；如果股票介于 30 美元与 35 美元之间，熊市差价的收益为 $35-S_T$。期权的最初费用为 $3-1=2$ 美元。因此盈利由下表所示

股票价格范围	盈利
$S_T \leqslant 30$	+3
$30 < S_T < 35$	$33-S_T$
$S_T \geqslant 35$	−2

与牛市差价类似，熊市差价限定了盈利的上限，同时也控制了损失幅度。熊市差价可以不用看跌期权而用看涨期权来构造：投资者可以买入一个具有较高执行价格的看涨期权并同时卖出一个具有较低执行价格的看涨期权，如图 12-5 所示。由看涨期权所构成的熊市差价在最初会有现金流入（忽略保证金的要求）。

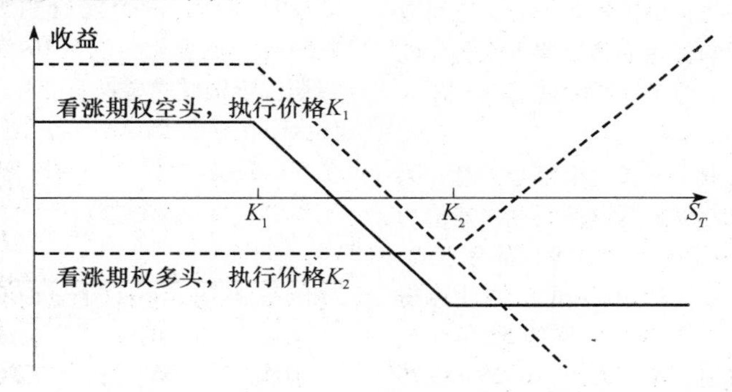

图 12-5　由看涨期权构造的熊市差价的盈利

12.3.3　盒式差价

盒式差价（box spread）是由执行价格为 K_1 与 K_2 的看涨期权所构成的牛市差价与一个具有相同执行价格看跌期权所构成的熊市差价的组合。如表 12-3 所示，盒式差价的收益总是 K_2-K_1，因此盒式差价的贴现值为 $(K_2-K_1)\mathrm{e}^{-rT}$。当其价值与这一数值不同时将会产生套利机会：如果盒式差价的市场价格过低，套利者可以通过买入盒式来盈利。这种套利策略包括：买入一个具有执行价格 K_1 的看涨期权，买入一个执行价格为 K_2 的看跌期权，卖出一个执行价格为 K_2 的看涨期权并卖出一个执行价格为 K_1 的看跌期权。如果盒式差价的市场价格过高，套利者可以采用卖出盒式来盈利：套利策略为买入执行价格为 K_2 的看涨期权，买入一个执行价格为 K_1 的看跌期权，卖出一个执行价格为 K_1 的看涨期权并卖出一个执行价格为 K_2 的看跌期权。

表 12-3　盒式差价的盈利

股票价格范围	牛市溢差收益	熊市溢差收益	整体收益
$S_T \leqslant K_1$	0	K_2-K_1	K_2-K_1
$K_1 < S_T < K_2$	S_T-K_1	K_2-S_T	K_2-K_1
$S_T \geqslant K_2$	K_2-K_1	0	K_2-K_1

我们应当注意到盒式差价只对欧式期权适用。在交易所里交易的大多数期权为美式期权。正如业界事例12-1所示，没有经验的交易员将美式期权作为欧式期权来处理时常常会遭受损失。

业界事例12-1　盒式差价产生的损失

假设某股票的价格为50美元，波动率为30%，无股息，无风险利率为8%。一位交易员向你提供在CBOE上以5.10美元的价格卖出一个2个月期限盒式差价的机会。盒式差价中的执行价格分别为55美元与60美元。你该做这笔交易吗?

这个交易看起来很诱人，这时$K_1=55$，$K_2=60$，在2个月时的收益为固定的5美元。以5.10美元卖出盒式差价并将资金投资2个月，你可以在2个月时有足够多的资金去满足等于5美元的盒式差价收益。盒式差价的理论价格为$5e^{-0.08\times2/12}=4.93$美元。

不幸的是，这种考虑方式过于粗心大意。因为CBOE的股票期权为美式期权，而盒式差价为5美元的收益是建立在期权为欧式期权的假设上。该例中的期权价格（由DerivaGem软件计算得出）列在以下表中。一个执行价格为55美元与60美元的牛市差价的价格为0.96－0.26＝0.70美元（无论是对欧式还是美式期权，这个数量相同。这是因为如第11章所示，当股票无股息时，欧式看涨期权的价格等于美式看涨期权的价格）。一个由同样执行价格的欧式看跌期权所构成的熊市差价的价格为9.46－5.23＝4.23美元，而一个由同样执行价格的美式看跌期权所构成的熊市差价的价格为10－5.44＝4.56美元。当差价由欧式期权构成时，两个差价的组合费用为0.70＋4.23＝4.93美元。这一数值刚好等于上面所计算的理论价格。当差价由美式期权构成时，两个差价的组合费用为0.70＋4.56＝5.26美元。以5.10美元的价格卖出由美式期权所构成的盒式差价并不合算。在交易后，你会很快认识到这一点，因为交易涉及卖出一个60美元执行价格的看跌期权，这个期权在卖出后就会马上被行使。

（单位：美元）

期权类型	执行价格	欧式期权价格	美式期权价格
看涨	60	0.26	0.26
看涨	55	0.96	0.96
看跌	60	9.46	10.00
看跌	55	5.23	5.44

12.3.4　蝶式差价

蝶式差价（butterfly spread）策略是由3种具有不同执行价格的期权组成的。其构造方式为：买入一个具有较低执行价格K_1的欧式看涨期权，买入一个具有较高执行价格K_3的欧式看涨期权，并卖出两个具有执行价格为K_2的看涨期权，其中K_2为K_1及K_3的中间值。一般来讲，K_2接近于当前股票价格。这一交易策略的盈利表示在图12-6中。如果股票价格保持在K_2附近，蝶式差价会产生盈利，但如果股票价格远远偏离K_2，蝶式差价会有小量的损失。因此蝶式差价对于那些认为股票价格不会有太大波动的投资者而言会非常合理。该策略需要少量的初始投资。表12-4给出了蝶式差价的收益。

表12-4　一个蝶式差价期权的收益

股票价格范围	第一看涨期权多头的收益	第二看涨期权多头的收益	期权空头的收益	整体收益①
$S_T\leqslant K_1$	0	0	0	0
$K_1<S_T\leqslant K_2$	S_T-K_1	0	0	S_T-K_1
$K_2<S_T<K_3$	S_T-K_1	0	$-2(S_T-K_2)$	K_3-S_T
$S_T\geqslant K_3$	S_T-K_1	S_T-K_3	$-2(S_T-K_2)$	0

①计算整体收益时采用了关系式$K_2=0.5(K_1+K_3)$。

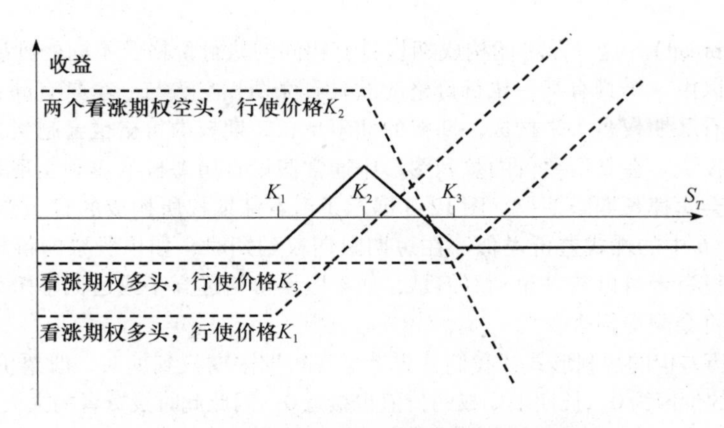

图 12-6　由看涨期权所构造的蝶式差价的收益

假定某股票的当前价格为 61 美元，某投资者认为在 6 个月后股票价格不可能会发生太大变动。假定 6 个月期限欧式看涨期权价格如下所示

执行价格（以美元计）	看涨期权价格（以美元计）
55	10
60	7
65	5

投资者可以买入执行价格为 55 美元的看涨期权，再买入一个执行价格为 65 美元的看涨期权，并同时卖出两个执行价格为 60 美元的看涨期权来构造蝶式差价。构造这一蝶式的费用为 $10+5-2\times7=1$ 美元。如果在 6 个月后，股票价格高于 65 美元或低于 55 美元，蝶式差价的收益为 0，这时投资者的净损失为 1 美元，如果股票价格介于 56 美元和 64 美元之间，投资者会盈利。在 6 个月后，当股票价格为 60 美元时投资者会有最大盈利，即 4 美元。

蝶式差价也可以由看跌期权来构成：投资者可以买入一个具有较低执行价格与一个具有较高执行价格的欧式看跌期权，同时卖出两个具有中间执行价格的欧式看跌期权，如图 12-7 所示。以上考虑的蝶式差价可由买入一个执行价格为 55 美元的看跌期权，买入一个执行价格为 65 美元的看跌期权并同时卖出两个执行价格为 60 美元的看跌期权来构成。由看涨期权所构造的蝶式差价与由看跌期权所构造的蝶式差价完全相同。看跌 - 看涨平价关系可用来证明最初的投资是一样的。

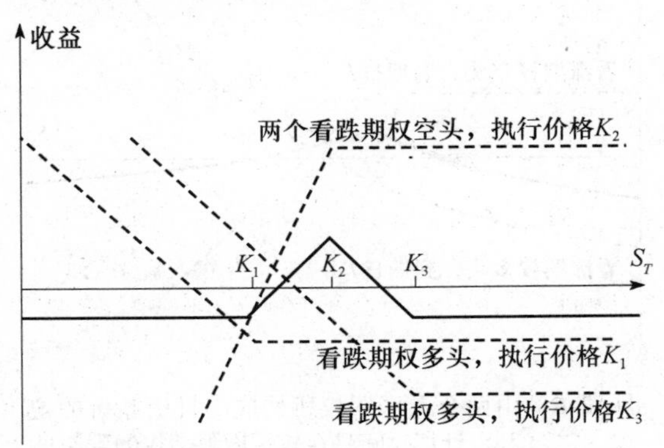

图 12-7　由看跌期权所构成的蝶式差价的收益

利用与以上相反的策略可以卖空蝶式差价。这时蝶式差价等于卖出两个执行价格分别为 K_1 及 K_3 的期权，买入两个具有平均执行价格 K_2 的期权。如果股票价格发生较大的变动，这种交易策略会带来一定数量的盈利。

12.3.5　日历差价

到目前为止，我们一直假定构造差价的所有期权都具有相同到期日。我们接下来讨论**日历**

差价（calendar spread），这一差价的构成期权具有相同的执行价格及不同的到期日。

日历差价可以由一个具有某一执行价格的欧式看涨期权空头与一个具有同样执行价格，但较长期限的欧式看涨期权多头来构成。期权的期限越长，期权的价格也会越贵，因此日历差价需要一定的初始投资。在日历差价的盈利图形中通常假设日历差价的盈利实现是在短期限期权的到期日，而且会卖掉长期限期权。图12-8展示了由看涨期权所构成的日历差价的盈利形态，盈利形状与图12-6中的蝶式差价类似。在短期限期权到期时，如果股票的价格接近短期限期权的执行价格，投资者可以获得盈利。但是，如果股票价格远高于或远低于短期限期权的执行价格时，投资者将会蒙受损失。

为了理解日历差价的盈利形式，我们首先考虑在短期限期权到期时，股票价格较低的情形。这时短期限期权的价值为0，长期限期权的价值也接近0。因此此时投资者的损失等于建立日历差价的最初费用。接下来我们考虑当短期限期权到期时股票价格 S_T 很高的情形。短期限期权给投资者带来的费用为 S_T-K，长期限期权的价格会比 S_T-K 更高些，这里 K 为期权的执行价格。这时投资者的净损失量也与建立日历差价策略时的初始费用很接近。如果 S_T 接近于 K，短期限期权给投资者带来的费用或者为0或者很小，但是长期限期权仍很有价值，这时投资者会得到可观的利润。

在**中性日历差价**（neutral calendar spread）中，选取的执行价格接近于股票的当前价格。**牛市日历差价**（bullish calendar spread）涉及较高的执行价格，而**熊市日历差价**（bearish calendar spread）则涉及较低的执行价格。

倒置日历差价（reverse calendar spread）的收益正好与图12-8及图12-9的形状相反。投资者买入期限较短的期权，同时卖出期限较长的期权。当短期限期权到期时，如果股票远高于或远低于短期限期权的执行价格，投资者获得少量利润。但是当股票价格接近该执行价格时，投资者则会遭受损失。

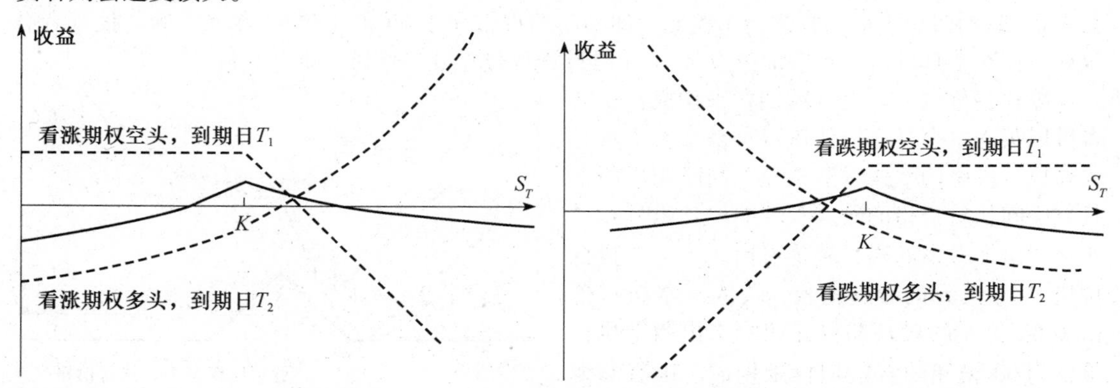

图12-8 由两个看涨期权所构成的日历差价的盈利，计算时间是在较短期限期权的到期日

图12-9 由两个看跌期权所构成的日历差价的盈利，计算时间是在较短期限期权的到期日

12.3.6 对角差价

牛市、熊市以及日历差价均可以由一看涨期权的多头及另一看涨期权的空头来构成。对于牛市与熊市差价，两个看涨期权的执行价格不同而到期日相同；对于日历差价，期权具有相同的执行价格和不同的到期日。

在**对角差价**（diagonal spread）中，两个看涨期权的执行价格与到期日均不相同。这些交易策略将会产生更多形式的盈利方式。

12.4 组合

组合（combination）是一种包括同一股票上看涨与看跌期权的交易策略。我们将要考虑的组合包括跨式组合、序列组合、带式组合以及异价跨式组合等。

12.4.1 跨式组合

一种比较流行的组合形式是**跨式组合**（straddle）。该组合是买入具有同样执行价格与期限的一个欧式看涨期权和一个看跌期权，盈利形式显示在图 12-10 中。这里执行价格为 K。在期权到期时，如果股票价格接近于期权的执行价格，跨式组合会导致损失。但是股票在任何方向有一个足够大的变动时，跨式组合都会带来一个显著的盈利。表 12-5 计算了跨式组合的收益。

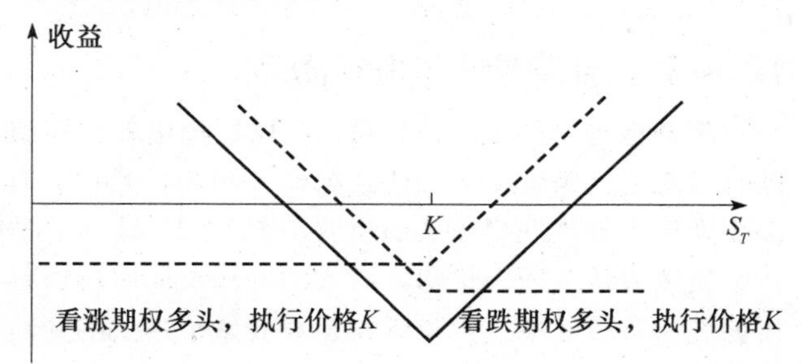

图 12-10 跨式组合的盈利

表 12-5 跨式组合的收益

股票价格范围	看涨期权的收益	看跌期权的收益	整体收益
$S_T \leqslant K$	0	$K-S_T$	$K-S_T$
$S_T > K$	S_T-K	0	S_T-K

当投资者认为股票价格将有大幅度变化却不能确认变化方向时，可以采用跨式组合。考虑如下情形：某投资者认为一个当前价格为 69 美元的股票在 3 个月后价格会有重大变化，该投资者可以同时买入 3 个月期限的看涨与看跌期权，期权的执行价格为 70 美元。假定看涨期权的成本为 4 美元，看跌期权的成本为 3 美元。如果股票价格保持在 69 美元不变，我们很容易得出这一交易策略给投资者带来的成本为 6 美元（起始投资为 7 美元，期权到期时，看涨期权价值为 0，看跌期权价值为 1 美元）。如果股票价格变为 70 美元，则会产生 7 美元的损失（这是可能会发生的最差情况）。但是如果股票价格跳跃到 90 美元，投资可盈利 13 美元；如果股票价格降至 55 美元，投资者盈利 8 美元。如业界事例 12-2 所示，投资者在进行一个跨式组合交易之前应仔细考虑，自己所预测的价格跳跃是否已经体现在期权价格中。

业界事例 12-2 如何由跨式组合交易中盈利

假设某公司成为了被兼并的对象，或者公司卷入了某个法律诉讼，而法律诉讼的结果即将公布。以上两种情形均会造成股票价格的大幅度变动，这时你应该交易跨式组合吗？

交易跨式组合在此时看来很合理。但是，如果你的观点与市场上其他投资者的观点一致，那么这些观点将会反映在期权价格上。这时该股票上期权的价格要远远高于类似的但没有预期跳跃的股票期权价格。因此，由图 12-10 所示的跨式组合交易的盈利会降低。此时，只有股票价格的波动很大时才会取得盈利。

为了使交易跨式组合成为有效的交易策略，你应该认为股票价格变动会很大，同时你的观点同其他大多数投资者的观点不同。市场价格包含了投资者的观点，为了从某种投资策略中盈利，你必须同市场其他大多数投资者的观点不同，而同时你的观点还必须是正确的。

图 12-10 的跨式组合有时被称为**底部跨式组合**（bottom straddle）或**买入跨式组合**（straddle purchase）。**顶部跨式组合**（top straddle）或**卖出跨式组合**（straddle write）的情形刚好与此相反：这种交易策略由卖出具有相同执行价格与期限的看涨期权和看跌期权来构成。该投资策略的风险很大。如果在到期日，股票价格接近于执行价格，投资者会有一定的利润。但是，股票价格大的变动所带来的损失是无限的。

12.4.2 序列债券与带式债券

序列组合（strip）是具有相同执行价格和相同期限的一个欧式看涨期权多头与两个欧式看跌期权多头的组合。一个**带式组合**（strap）是由具有相同执行价格和相同期限的两个看涨期权多头和一个看跌期权空头的组合。图 12-11 显示了序列组合与带式组合的盈利形式。序列组合中，投资者认为股票价格会有大的变动，同时投资者认为价格下降的可能性要大于价格上升的可能性。在带式中，投资者也是对股票价格大的变动进行下注，这时，投资者认为价格上升的可能性要大于价格下降的可能性。

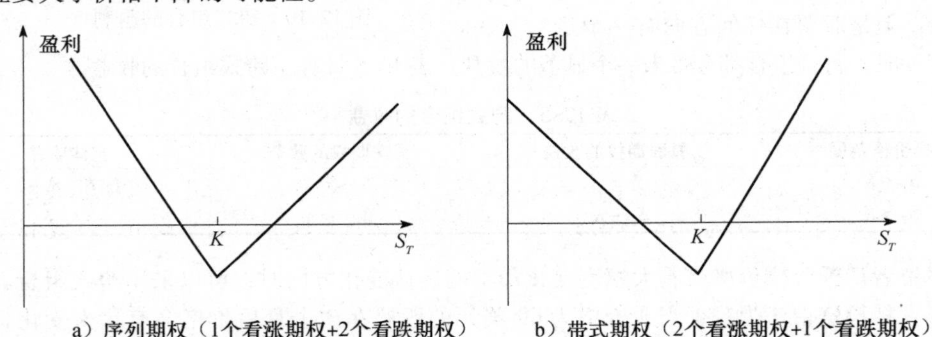

图 12-11 序列组合与带式组合的盈利

12.4.3 异价跨式组合

异价跨式组合（strangle）有时也被称为**底部垂直组合**（bottom vertical combination）。在这一交易策略中，投资者买入具有相同期限但具有不同执行价格的欧式看跌与看涨期权。图 12-12 显示了其盈利形式。这里执行价格 K_2 高于执行价格 K_1。表 12-6 显示了异价跨式组合的收益。

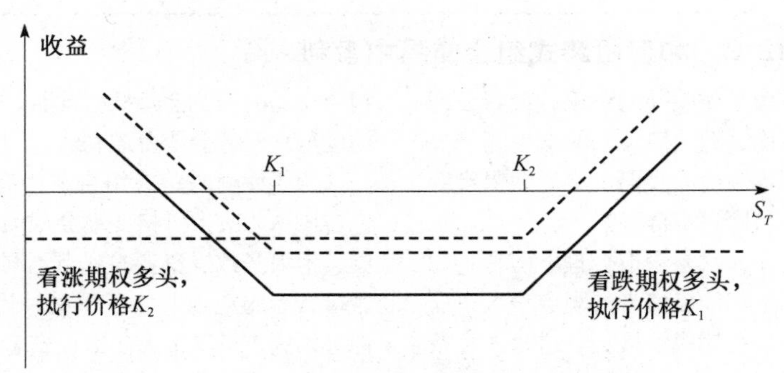

图 12-12 异价跨式组合的盈利

表 12-6　异价跨式组合的盈利

股票价格范围	看涨期权收益	看跌期权收益	整体收益
$S_T \leqslant K_1$	0	$K_1 - S_T$	$K_1 - S_T$
$K_1 < S_T < K_2$	0	0	0
$S_T \geqslant K_2$	$S_T - K_2$	0	$S_T - K_2$

异价跨式组合与跨式组合类似：投资者对于股票价格有很大变动的可能性下注，但不能确定是上涨还是下跌。比较图 12-12 及图 12-10，我们看到在异价跨式组合中，股票的变动要比在跨式组合中变动更大时才会盈利。但是当股票价格变动介于中间价格时，异价跨式组合的损失会较小。

异价跨式组合所取得的盈利与执行价格之间的差异有关。差异越大，潜在的损失越小，但为了获取盈利，价格的变动也需要很大。

有时卖出一个异价跨式组合也被称为**顶部垂直组合**（top vertical combination）。如果投资者认为股票价格大的变动不太可能，则可以采用这一交易策略。类似于卖出跨式组合，这一交易策略的风险很大，投资者潜在的损失也是无限的。

12.5　具有其他收益形式的组合

在本章里，我们展示了期权所生成的盈利与期权标的股票价格之间几种有趣的关系。如果对到期日 T，任何执行价格的欧式期权均可以交易，那么从理论上讲，在时间 T，我们可以取得任何形式的收益。说明这一点最简单的方式会涉及蝶式差价：蝶式差价可以通过买入具有执行价格 K_1 与 K_3 的期权同时卖出两个执行价格为 K_2 的期权来实现，其中 $K_1 < K_2 < K_3$ 并且 $K_3 - K_2 = K_2 - K_1$。图 12-13 展示了蝶式差价的收益。收益图形很像某种“尖刺”。当 K_1 与 K_3 离得越来越近时，这个尖刺变得越来越细。将一组数量巨大而且具有尖刺收益形式的期权适当地组合在一起后，我们可以得到任何形式的收益。

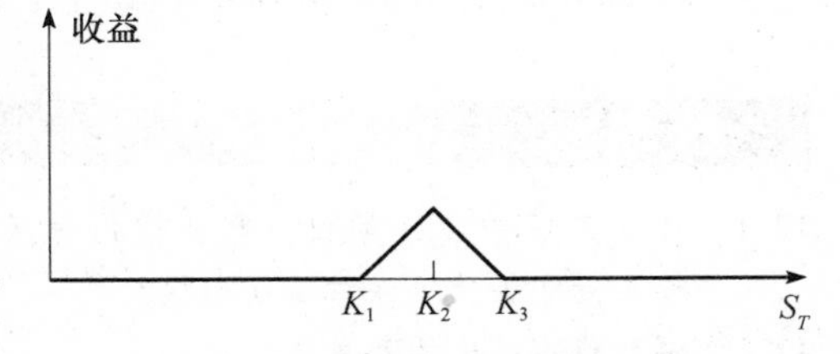

图 12-13　由蝶式差价构造的尖刺收益可以用来构造其他收益

小结

保本债券可以通过零息债券与欧式看涨期权生成。这些产品对某些投资人很有吸引力：因为不管期权标的股票的表现如何，产品的发行者会保证投资人的本金。

一些普通交易策略包括单个期权产品与标的股票。例如，卖出一个备保看涨期权包括购买股票与卖出这一股票上的看涨期权；保护看跌期权包括买入一个股票并同时买入这一股票上的看跌期权。前者类似卖出一个看跌期权；后者类似于买入一个看涨期权。

差价交易策略可能涉及持有两个或更多个看涨期权，也可能涉及买入两个或更多看跌期权。牛市差价由买入一个具有较低执行价格的看涨期权（看跌期权）、同时卖出一个具有较高执行价格的看涨期权（看跌期权）来构成。熊市差价由买入一个具有较高执行价格的看跌期权（看涨期权）与卖出一个具有较低执行价格的看跌期权（看涨期权）来构成。蝶式差价由买入一个具有较低价格和一个具有较高执行价格的看涨期权（看跌期权）并且同时卖出两个具有中间执行价格的看涨期权（看跌期权）来构成。日历差价包括卖出一个短期限的看涨期权（看跌期权），并同时买入一个较长期限的看涨（看跌期权）来构成。对角差价包括买入一个期权而同时卖出一个期权，买入与卖出期权的期限和执行价格均可以不同。

组合包括持有同一股票上的看涨和看跌期权。跨式组合包括持有一个看涨期权的多头与一个具有同一执行价格和期限的看跌期权多头。序列组合包括持有一个看涨期权多头和两个具有同一执行价格和期限的看跌期权多头。带式包括持有两个看涨期权的多头和一个具有同样执行价格与期限的看跌期权多头。异价跨式组合包括持有具有不同执行价格但具有同样期限的看涨期权多头和看跌期权多头。运用期权还可以构造出许多其他有趣的产品收益形式。毫不奇怪，期权交易会日趋广泛并会不断受到投资者的青睐。

推荐阅读

Bharadwaj, A. and J.B. Wiggins. "Box Spread and Put–Call Parity Tests for the S&P Index LEAPS Markets," *Journal of Derivatives*, 8, 4 (Summer 2001): 62–71.

Chaput, J. S., and L. H. Ederington, "Option Spread and Combination Trading," *Journal of Derivatives*, 10, 4 (Summer 2003): 70–88.

McMillan, L.G. *Options as a Strategic Investment*, 5th edn. Upper Saddle River, NJ: Prentice Hall, 2012.

Rendleman, R.J. "Covered Call Writing from an Expected Utility Perspective," *Journal of Derivatives*, 8, 3 (Spring 2001): 63–75.

Ronn, A.G. and E.I. Ronn. "The Box–Spread Arbitrage Conditions," *Review of Financial Studies*, 2, 1 (1989): 91–108.

练习题

12.1 什么是保护看跌期权？什么样的看涨期权头寸才能等价于保护看跌期权？

12.2 解释熊市差价的两种构造方式。

12.3 对投资者而言，什么是购买蝶式差价的良好时机？

12.4 有效期为3个月的看涨期权执行价格分别为15美元、17.5美元和20美元，相应的期权价格分别为4美元、2美元及0.5美元。解释如何运用这些期权构造蝶式差价。做图表来说明蝶式差价的盈利随股票价格的变化关系。

12.5 采用什么样的交易可以产生倒置日历差价？

12.6 跨式组合与异价跨式组合的差别是什么？

12.7 执行价格为50美元的看涨期权的价格为2美元，同一股票上执行价格为45美元的看跌期权价格为3美元。解释由这两种期权如何构成异价跨式组合，这一组合的盈利图形为何种形式？

12.8 利用看跌-看涨平价关系式，说明由看涨期权生成的牛市差价最初投资与由看跌期权生成的牛市差价最初投资之间的关系。

12.9 解释如何用看跌期权来构造激进性熊市差价。

12.10 假定执行价格为30美元和35美元的看跌期权价格分别为4美元和7美元。如何利用这些期权来构造（a）牛市差价，（b）熊市差价。用表格说明这些差价的盈利与收益。

12.11 利用看跌-看涨平价关系式来说明由欧式看跌期权所构成的蝶式差价的费用等于由欧式看涨期权所构成的蝶式差价的费用。

12.12 一个执行价格为60美元的看涨期权的价格为6美元，一个具有相同执行价格与期限的看跌期权价格为4美元。制作一个表格来说明跨式组合的盈利。股票在什么价位时跨式组合会导致亏损?

12.13 制作表格来说明由执行价格为 K_1 和 $K_2(K_2>K_1)$ 的看跌期权所构成的牛市差价收益。

12.14 某投资者相信股票价格会有大幅度变动，但不能确定变动方向。解释投资者所能采用的6种不同交易策略，并解释交易策略之间的不同之处。

12.15 如何运用期权来构造具有确定交割价格与交割时间的远期合约?

12.16 “盒式差价由4个期权来构成，其中两个期权是用来生成远期合约的多头，另两个期权是用来生成远期合约的空头。”解释以上论述。

12.17 在异价跨式组合中，如果看跌期权的执行价格高于看涨期权的执行价格，结构会怎么样?

12.18 1澳元的当前价格为0.64美元，1年期的蝶式差价由执行价格为0.60美元、0.65美元与0.70美元的欧式看涨期权构成，美国与另一国的无风险利率分别为5%与4%，汇率的波动率为15%。采用DerivaGem软件计算生成蝶式差价的费用。证明采用欧式看跌期权的费用与采用欧式看涨期权的费用相同。

12.19 股指的股息率为1%，波动率为20%，无风险利率为4%。对于例12-1里所构造的保本债券，期限多长时才会使发行的银行有利可图?对期权定价时可以利用DerivaGem。

作业题

12.20 某交易员通过卖出6个月期限执行价格为25美元的看跌期权，同时买入6个月期限执行价格为29美元的看跌期权来产生熊市差价，卖出期权的价格为2.15美元，买入期权的价格为4.75美元，交易员最初的投资为多少?当股票为以下价格时，此熊市差价的最终的回报为多少?(不考虑最初投资)(a)23美元，(b)28美元，(c)33美元。

12.21 某交易员通过卖出6个月期限执行价格为50美元的欧式看涨期权，同时卖出6个月期限执行价格为40美元的欧式看跌期权来产生异价跨式差价，执行价格为50美元的期权价格为3美元，执行价格为40美元的期权价格为4美元，在期权到期时，标的资产价格在哪个范围时，交易员才会盈利?

12.22 三个同一股票上具有同样期限的看跌期权执行价格分别为55美元、60美元和65美元，这3种期权的市场价格分别为3美元、5美元和8美元。解释如何构造蝶式差价。用表来说明这一策略的盈利形式。股票在什么价位时，这一交易策略会导致亏损。

12.23 一个对角差价由买入一个执行价格为 K_2，期限为 T_2 的看涨期权以及卖出一个执行价格为 K_1，期限为 T_1 的看涨期权来构成，这里 $T_2>T_1$。对以下两种情况画出盈利图(a) $K_2>K_1$，(b) $K_2<K_1$。

12.24 画出以下几种投资者的交易组合与股票价格之间的盈亏关系图。

(a) 一只股票并一个看涨期权的空头。
(b) 两只股票并一个看涨期权的空头。
(c) 一只股票并两个看涨期权的空头。
(d) 一只股票并四个看涨期权的空头。

对于以上不同情形，假定看涨期权的执行价格等于当前股票价格。

12.25 假定一个不付股息的股票价格为32美元，股票价格波动率为30%，对于所有期限的无风险利率均为每年5%。利用DerivaGem软件来计算以下几种交易策略的费用。对于每种情形，造表来说明盈利与最终股票价格之间的关系，在分析中忽略贴现作用。

(a) 由执行价格分别为25美元与30美元，期限为6个月的欧式看涨期权所组成的牛市差价。

(b) 由执行价格分别为25美元与30美元，期限为6个月的欧式看跌期权所组成的熊市差价。

(c) 由执行价格分别为25美元、30美元与35美元，期限为1年的欧式看涨期权所组成的蝶式差价。

(d) 由执行价格分别为25美元、30美元与35美元，期限为1年的欧式看跌期权所组成的蝶式差价。

(e) 由执行价格为30美元、期限为6个月的期权所组成的跨式组合。

(f) 由执行价格分别为25美元与30美元、期限为6个月的期权所组成的异价跨式组合。

12.26 一个异价跨式组合的多头和一个跨式组合空头的组合是什么样的交易头寸？假定异价跨式组合和跨式组合的期限相同，并且跨式组合的执行价格等于异价跨式组合中的两个执行价格的均值。

12.27 买入执行价格为 K_2 的看涨期权、卖出执行价格为 K_1 的看跌期权，而且两者具有相同期限，$K_2 > K_1$，所得交易头寸是什么？当 $K_2 = K_1$ 时，交易头寸是什么？

12.28 一家银行决定在一个无息股票上构造保本债券，方式是向投资人提供零息债券加上由看涨期权生成的牛市差价。无风险利率为4%，股票价格波动率为25%。牛市差价里低执行价格期权为平值。在牛市差价里，高执行价格与低执行价格的最大比例是多少？利用 DerivaGem。

第13章 二叉树

CHAPTER13

对期权定价时，一种有用并且很流行的方法是构造**二叉树**（binomial tree）。这里的二叉树是指代表在期权期限内可能会出现的股票价格变动路径的图形。这种方法假设了股票价格服从**随机游动**（random walk）。在树形上的每一步，股票价格以某种概率会向上移动一定的比率，同时以某种概率会向下移动一定的比率。在步长足够小的极限状态下，这种模型与第15章里讨论的布莱克－斯科尔斯－默顿模型是一致的。在本章的附录里我们将证明当步长变得越来越小时，由二叉树给出的欧式期权价格收敛到布莱克－斯科尔斯－默顿价格。

本章中的内容是很重要的。第一个原因是本章解释了用来对期权定价的无套利假设的特点，第二个原因是介绍了常常用于对美式期权和其他衍生产品定价所用的二叉树数值方法，第三个原因是本章引进了非常重要的风险中性定价原理。

本章采用的是Cox、Ross和Rubinstein在1979年发表的一篇重要文章中的方法。我们将在第21章里对二叉树数值方法进行更详细的讨论。

13.1 一步二叉树模型与无套利方法

我们由一个非常简单的例子入手。假设一个股票的当前价格为20美元，并且我们已知在3个月后股票的价格将会变为22美元或18美元。我们希望对3个月后能够以21美元买入股票的期权定价。这个期权在3个月后的价值将为以下两者之一：如果股票价格变为22美元，期权价值将为1美元；如果股票价格为18美元，期权价值将为0。这些情形如图13-1所示。

我们发现，利用一种比较简单的方式可以来对此例中的期权定价，唯一需要的假设是在市场上没有套利机会。我们由股票和期权构造一个在3个月后价值没有不确定性的投资组合。因为这一投资组合没有任何风险，所以其收益率一定等于无风险利率。这样我们得出构造这一投资组合的成本，并由此得出期权的价格。因为这里有两个证券（股票与股票期权），并且只有两种不同的可能性，因此我们总是可以构造出无风险投资组合。

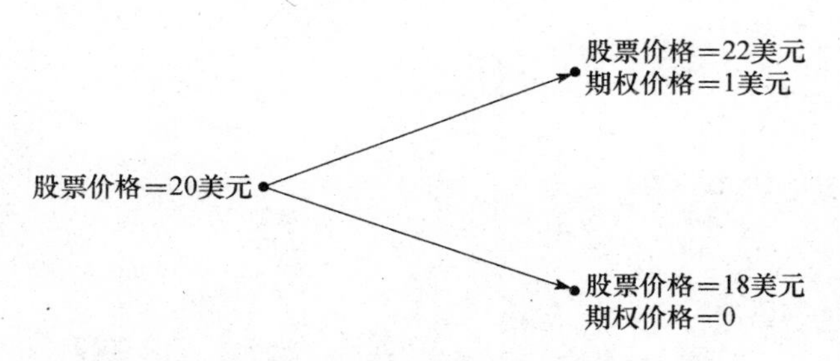

图 13-1　13.1 节例子中股票价格的变化

考虑一个由 Δ 单位的股票多头和一份看涨期权空头所构成的投资组合。我们将求出使投资组合成为无风险的 Δ。当股票价格由 20 美元变为 22 美元时，所持股票的价值为 22Δ，期权的价值为 1 美元，投资组合的总价值为 22Δ－1；当股票的价格由 20 美元变为 18 美元时，所持股票的价值变为 18Δ，期权的价值为 0，投资组合的总价值为 18Δ。当投资组合在以上两种可能性下价值相等时，投资组合没有任何风险，这意味着

$$22\Delta - 1 = 18\Delta$$

即

$$\Delta = 0.25$$

因此，无风险投资组合为：

多头：0.25 单位的股票；

空头：1 份期权。

如果股票价格上涨为 22 美元，投资组合价值为

$$22 \times 0.25 - 1 = 4.5 (\text{美元})$$

如果股票价格下跌到 18 美元，投资组合价值为

$$18 \times 0.25 = 4.5 (\text{美元})$$

无论股票价格上涨还是下跌，在期权到期时投资组合的价值总是 4.5 美元。

在无套利机会时，无风险投资组合的收益率等于无风险利率。假设这时的无风险利率为每年 12%，那么该投资组合在今天的价值必须为 4.5 美元的贴现值，即

$$4.5e^{-0.12 \times 3/12} = 4.367 (\text{美元})$$

股票在今天的价格已知为 20 美元，如果将期权的价格记为 f，那么投资组合在今天的价值是

$$20 \times 0.25 - f = 5 - f$$

因此

$$5 - f = 4.367$$

或

$$f = 0.633$$

以上讨论说明，在无套利机会时，期权的目前价值必须为 0.633 美元。如果期权价值高于 0.633 美元，那么构造投资组合的费用就会低于 4.367 美元，而投资组合的收益率就会高于无风险利率。如果期权价值低于 0.633 美元，那么卖空这一投资组合将会提供一个低于无风险利率的借款机会。

在市场上我们无法交易 0.25 份的股票，但是以上讨论也适应于卖出 400 份期权及买入 100 份股票的情形。一般来讲，对于每份卖出的期权，我们都要买入 Δ 份股票来构成无风险投资组合。对于对冲期权风险，参数 Δ（delta）很重要，在本章后面的内容及第 19 章里我们将对这个参数做进一步讨论。

13.1.1 推广

我们可以将以上无套利的论证进行推广。假定股票的价格为 S_0，股票期权（或以股票为标的的任何衍生产品）当前的价格为 f。假定期权的期限为 T，在期权有效期内，股票价格由 S_0 或者会上涨到 S_0u，或者会下跌到 S_0d，其中 $u>1$，$d<1$。当股票价格上涨时，增长的比率为 $u-1$。当股票价格下跌时，下跌的比率为 $1-d$。假设股票价格变到 S_0u 时相应的期权价格为 f_u，而股票价格变为 S_0d 时期权价格为 f_d。结果如图 13-2 所示。

与前面相同，我们考虑一个由 Δ 单位股票的多头与一份期权的空头所组成的投资组合。我们可以找到一个使投资组合没有任何风险的 Δ：如果股票价格上涨，在期权到期时投资组合的价值为

$$S_0u\Delta - f_u$$

如果股票价格下跌，组合的价值为

$$S_0d\Delta - f_d$$

令以上两个值相等，即

$$S_0u\Delta - f_u = S_0d\Delta - f_d$$

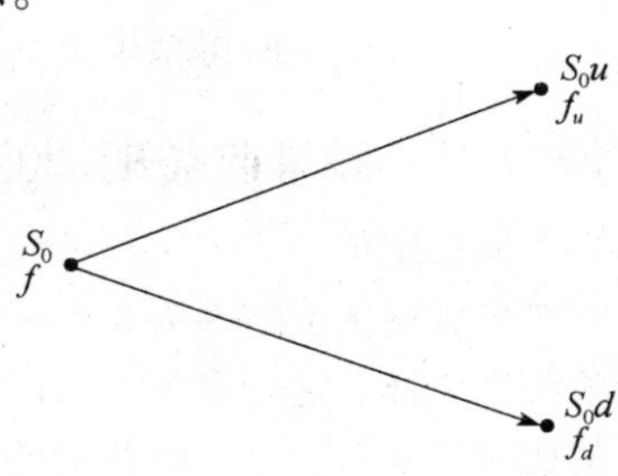

图 13-2 一步二叉树中的股票价格与期权价格

我们得出

$$\Delta = \frac{f_u - f_d}{S_0u - S_0d} \tag{13-1}$$

这时投资组合是无风险的。因为没有套利机会，其收益率必须等于无风险利率。式（13-1）表明，Δ 为时间 T 时期权价格变化与股票价格变化的比率。

如果我们将无风险利率记为 r，那么投资组合的现值为

$$(S_0u\Delta - f_u)\mathrm{e}^{-rT}$$

而构造投资组合的起始成本为

$$S_0\Delta - f$$

所以

$$S_0\Delta - f = (S_0u\Delta - f_u)\mathrm{e}^{-rT}$$

即

$$f = S_0\Delta(1 - u\mathrm{e}^{-rT}) + f_u\mathrm{e}^{-rT}$$

将式（13-1）中的 Δ 代入上式并化简，我们得出

$$f = S_0\left(\frac{f_u - f_d}{S_0u - S_0d}\right)(1 - u\mathrm{e}^{-rT}) + f_u\mathrm{e}^{-rT}$$

或

$$f = \frac{f_u(1 - d\mathrm{e}^{-rT}) + f_d(u\mathrm{e}^{-rT} - 1)}{u - d}$$

或

$$f = \mathrm{e}^{-rT}[pf_u + (1-p)f_d] \tag{13-2}$$

其中

$$p = \frac{\mathrm{e}^{rT} - d}{u - d} \tag{13-3}$$

当股票价格由一步二叉树给出时，式（13-2）及式（13-3）可以用来对期权进行定价。这个公

式需要的唯一假设是在市场上没有套利机会。

在前面所考虑的例子中（见图13-1），$u=1.1$，$d=0.9$，$r=0.12$，$T=0.25$，$f_u=1$ 及 $f_d=0$。由式（13-3），我们得出

$$p=\frac{e^{0.12\times 3/12}-0.9}{1.1-0.9}=0.6523$$

由式（13-2），我们得出

$$f=e^{-0.12\times 0.25}(0.6523\times 1+0.3477\times 0)=0.633$$

这与本节开始时所得结果是一致的。

13.1.2 股票收益期望的无关性

期权定价公式式（13-2）中没有涉及股票价格上涨或下跌的概率。例如，按此公式计算，当股票价格上涨概率为0.5时所得的欧式期权价格与股票价格上涨概率为0.9时所得的欧式期权价格一样。这一点令人惊讶，似乎与我们的直觉不符。我们会很自然地认为当股票价格上涨的概率增大时，这一股票上的看涨期权价格也会增大，同时这一股票上的看跌期权价值会下降。但事实并非如此。

这里的关键原因是我们并不是在一个绝对的条件下对期权进行定价的。我们是根据股票价格来计算期权价格的，未来股票价格上涨与下跌的概率已经反映在它的价格之中。因此，当根据股票价格对期权定价时，我们无须考虑股票上涨与下跌的概率。

13.2 风险中性定价

我们现在可以引进关于衍生产品定价的一个重要原理，即所谓的**风险中性定价**（risk-neutral valuation）：对衍生产品定价时，我们可以假设投资者是**风险中性**（risk-neutral）的。这个假设是指投资的风险增长时，投资人并不需要额外的预期回报率。所有投资者都是风险中性的世界叫作**风险中性世界**（risk-neutral world）。当然，我们所生活的世界不是风险中性的：投资人所承受的风险越大，他们所要求的回报也会越高。但是，我们发现当假设世界是风险中性时，给出的衍生产品价格不但在风险中性世界里是正确的，在我们所生活的世界里也是正确的。这种定价方式奇迹般地避开了我们一无所知的有关买方与卖方的风险厌恶程度。

风险中性定价方法乍看起来好像很令人吃惊。期权是风险投资，难道一个人对风险的态度不应当影响对它们的定价吗？这里的答案是当我们利用标的资产的价格对期权定价时，投资人对风险的态度是不重要的。当投资人对风险更加厌恶时，股票价格将会下跌，但是将期权价格与股票价格联系起来的公式是不变的。

风险中性世界的两个特点可以简化对衍生产品的定价：

（1）股票（或任何投资）的收益率期望等于无风险利率。

（2）用于对期权（或其他证券）的收益期望值贴现的利率等于无风险利率。

在式（13-2）中，参数 p 应当理解为在风险中性世界里股票价格上涨的概率，而 $1-p$ 是在这个世界里股票价格下跌的概率。表达式

$$pf_u+(1-p)f_d$$

则是期权在到期日的收益在风险中性世界里的期望值，因而式（13-2）可以表达为期权今天的价值等于将其收益在风险中性世界里期望值以无风险利率贴现所得的现值。这正是风险中性定

价的一个应用。

为了证明我们对 p 的理解是合理的，我们注意当上涨概率为 p 时，股票价格在时间 T 的收益期望 $E(S_T)$ 为

$$E(S_T) = pS_0u + (1-p)S_0d$$

即

$$E(S_T) = pS_0(u-d) + S_0d$$

将式（13-3）中的 p 代入公式，我们得出

$$E(S_T) = S_0e^{rT} \tag{13-4}$$

以上公式说明股票价格上涨概率为 p 时，股票价格以无风险利率的平均速度增长。换句话说，股票价格的变化行为正如当 p 为价格上涨概率时，在风险中性世界我们所期望的那样。

对衍生产品定价时，风险中性方法是非常重要的结果。这个结果说明当我们假设世界是风险中性时，得到的价格不但在风险中性世界里是正确的，在所有世界里也都是正确的。我们证明了当股票价格按二叉树的方式变化时，风险中性定价的正确性。可以证明，即使不做股票价格变化二叉树假设，风险中性定价依然是成立的。

在利用风险中性方法对衍生产品定价时，我们首先计算在风险中性世界里各种不同结果发生的概率，然后由此计算衍生产品的收益期望值。衍生产品的价格等于这个期望值在无风险利率下的现值。

13.2.1　再论一步二叉树例子

我们再回到图 13-1 所示的例子上，并以此说明风险中性定价与无套利定价所给出的结果是一样的。在图 13-1 中，股票的当前价格为 20 美元，3 个月后的股票价格可变成 22 美元或 18 美元。所考虑的期权为欧式期权，执行价格为 21 美元，期限为 3 个月，无风险利率为 12%。

定义 p 为在风险中性世界里股票价格上涨的概率。我们可以由式（13-3）来计算 p。另外一种计算 p 的办法是利用在风险中性世界里，股票的收益率期望一定等于无风险利率，这意味着 p 必须满足

$$22p + 18(1-p) = 20e^{0.12\times3/12}$$

即

$$4p = 20e^{0.12\times3/12} - 18$$

因此 $p=0.6523$。

在第 3 个月后，看涨期权价值为 1 所对应的概率为 0.652 3；看涨期权价值为 0 所对应的概率为 0.347 7。因此，它的期望值为

$$0.6523\times1 + 0.3477\times0 = 0.6523$$

在风险中性世界对该期望值以无风险利率进行贴现后，得到期权在今天的价值为

$$0.6523e^{-0.12\times3/12}$$

即 0.633 美元。这与前面所得的值相同，这说明了无套利方法与风险中性定价所给出的结果是一致的。

13.2.2　现实世界与风险中性世界的区别

我们应当强调的是 p 为风险中性世界里股票价格上涨的概率。一般来讲，这一概率与现实世界里股票价格上涨的概率是不同的。在我们的例子中 $p=0.6523$。当价格上涨的概率为

0.652 3 时，股票与期权的收益率期望为 12%，即等于无风险利率。假设在现实世界里股票的收益率期望为 16%，p^*代表在现实世界里股票价格上涨的概率。那么

$$22p^* + 18(1 - p^*) = 20e^{0.16\times3/12}$$

因此 $p^* = 0.704\,1$。

在现实世界里期权的收益期望值为

$$p^* \times 1 + (1 - p^*) \times 0$$

即 0.704 1。不幸的是，找出在现实世界里应当使用的贴现率并不是件容易的事。市场对股票所要求的收益率是 16%，因此对该股票上投资的现金流期望值贴现时，应当使用这个值。期权头寸比股票头寸的风险更大，因此对于期权收益期望值的贴现率要比 16% 更高，但是我们不知道贴现率应当比 16% 高多少。[⊖]风险中性定价方法解决了这个问题，因为在风险中性世界里，所有资产的收益率期望（因此对收益期望的贴现率）均为无风险利率。

13.3 两步二叉树

我们可以将以上的分析推广到图 13-3 所示的两步二叉树情形。这时股票起始价格为 20 美元，在树中的任意一步之间，股票价格或上涨 10% 或下跌 10%。假定树中每一步的步长为 3 个月，无风险利率为 12%。像前面一样，我们所考虑期权的期限为 6 个月，执行价格为 21 美元。

这里分析的目的是计算在起始点时的期权价格。我们可以重复利用上一节里的定价原理对这个期权定价。图 13-4 与图 13-3 的树形相似，其不同之处是在图 13-4 的节点上既显示了股票价格也显示了期权价格（节点上面的数字为股票价格，下面的数字为期权价格）。树中最后一层节点上的期权价格很容易求得，它们等于期权的收益：在节点 D，股票价格为 24.2，期权价格为 24.2 − 21 = 3.2；在节点 E 及 F 上期权处于虚值状态，因此相应的期权价格为 0。

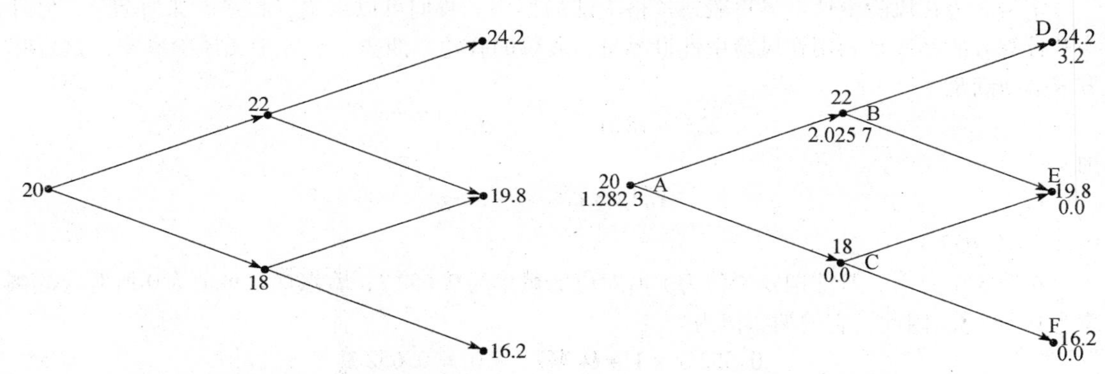

图 13-3 两步二叉树中的股票价格

图 13-4 两步二叉树的股票价格及期权价格。对于每个节点，上面的数字为股票价格，下面的数字为期权价格

在节点 C，期权的价格为 0。这是因为节点 C 的价值来自于节点 E 和 F，而在这两个节点上期权价格均为 0。为了求得在节点 B 上的期权价值，我们考虑由图 13-5 所示的二叉树。利用本章前面引入的符号，$u = 1.1$，$d = 0.9$，$r = 0.12$ 和 $T = 0.25$，因此 $p = 0.652\,3$。由式（13-2）

⊖ 因为期权价值为 0.633，我们可以得出相应的贴现率为 42.58%。这是因为 $0.633 = 0.704\,1e^{-0.425\,8\times3/12}$。

我们可以得出在节点 B 上，期权价值为

$$e^{-0.12\times3/12}(0.6523\times3.2+0.3477\times0)=2.0257$$

最后要计算最初始节点 A 上的期权价格。为此我们考虑二叉树的第一步。我们已知期权在节点 B 上的价值为 2.025 7，在节点 C 上的价值为 0，由式（13-2）得出在节点 A 上期权价值为

$$e^{-0.12\times3/12}(0.6523\times2.0257+0.3477\times0)=1.2823$$

期权的价值是 1.282 3 美元。

注意在以上的例子中，u 与 d（股票上涨与下跌的比率）在每一节点上均相同，而且树中每一步的步长也均相等。因此由式（13-3）所计算出的风险中性概率 p 在每一个节点上也都是相同的。

推广

由图 13-6 我们可以得出关于两步二叉树的一般结论。初始股票价格为 S_0。在二叉树上的每一步，股票价格或者上涨到初始价值的 u 倍，或者下跌到初始价值的 d 倍，期权价值显示在树上（例如，在股票价格上涨两次后，期权价值为 f_{uu}）。我们假定无风险利率为 r，二叉树的步长为 Δt 年。

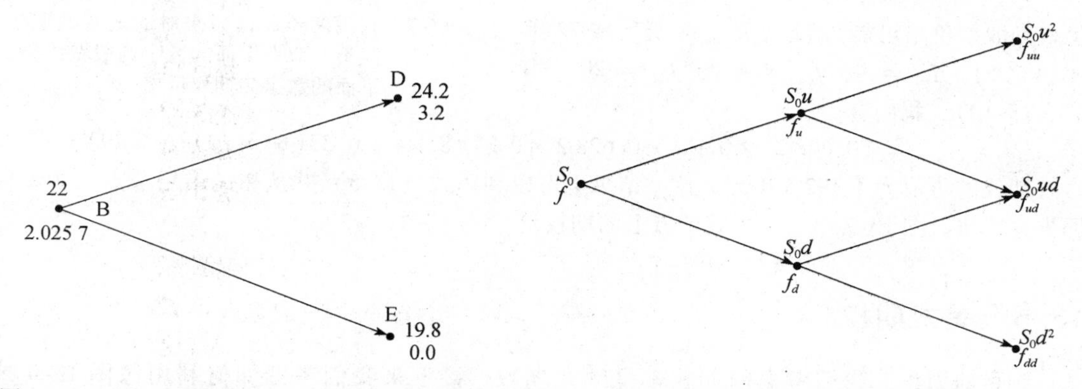

图 13-5　图 13-4 中估计节点 B 上的期权价格　　　图 13-6　一般两步二叉树中的股票价格及期权价格

因为步长为 Δt，式（13-2）及式（13-3）变为

$$f=e^{-r\Delta t}[pf_u+(1-p)f_d] \tag{13-5}$$

$$p=\frac{e^{r\Delta t}-d}{u-d} \tag{13-6}$$

重复应用式（13-5），我们得出

$$f_u=e^{-r\Delta t}[pf_{uu}+(1-p)f_{ud}] \tag{13-7}$$

$$f_d=e^{-r\Delta t}[pf_{ud}+(1-p)f_{dd}] \tag{13-8}$$

$$f=e^{-r\Delta t}[pf_u+(1-p)f_d] \tag{13-9}$$

将式（13-7）和式（13-8）代入式（13-9），我们得出

$$f=e^{-2r\Delta t}[p^2f_{uu}+2p(1-p)f_{ud}+(1-p)^2f_{dd}] \tag{13-10}$$

以上结论与前面提到的风险中性定价理论是一致的。变量 p^2，$2p(1-p)$ 和 $(1-p)^2$ 分别对应于股票价格取上、中、下三个节点上值的概率。期权价格等于其在风险中性世界里的收益期望值以无风险利率进行贴现后所得的现值。

当我们在树上引入更多的步数时，风险中性定价原理仍然成立，期权价格依然等于其收益在风险中性世界里的期望值以无风险利率贴现后的现值。

13.4 看跌期权例子

本章所描述的方法既可以用于对看涨期权定价也可以用于对看跌期权定价。考虑一个两年期执行价格为 52 美元的欧式看跌期权，股票的当前价格为 50 美元。我们假定股票价格服从步长为 1 年的两步二叉树。在二叉树的每一步上，股票价格或者上涨 20%，或者下跌 20%，我们假定无风险利率为 5%。

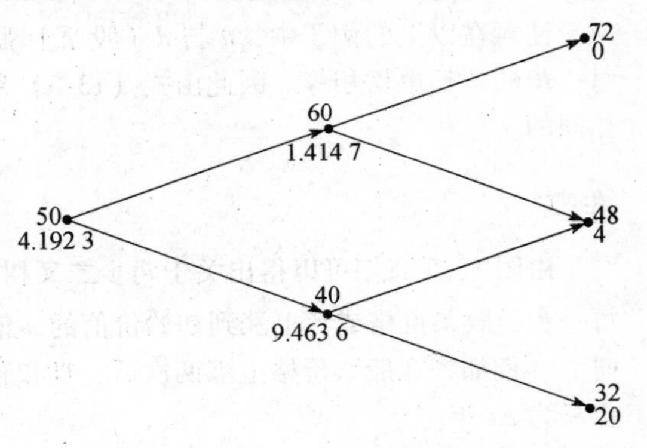

图 13-7 利用两步二叉树来对欧式看跌期权定价。节点上面的数字为股票价格，下面的数字为期权价格

二叉树如图 13-7 所示，这里 $u=1.2$，$d=0.8$，$\Delta t=1$ 及 $r=0.05$。由式（13-6），我们可以得出风险中性概率 p 为

$$p=\frac{e^{0.05\times 1}-0.8}{1.2-0.8}=0.6282$$

最终的股票价格可能为 72 美元、48 美元或 32 美元。这时，$f_{uu}=0$，$f_{ud}=4$ 与 $f_{dd}=20$。由式（13-10），我们有

$$f=e^{-2\times 0.05\times 1}(0.6282^2\times 0+2\times 0.6282\times 0.3718\times 4+0.3718^2\times 20)=4.1923$$

看跌期权的价值为 4.192 3 美元。这一结果也可以利用式（13-5）并从树的最后节点一步步向回推算得出。图 13-7 给出了中间节点上的期权价格。

13.5 美式期权

到目前为止，我们考虑的期权都是欧式期权。接下来我们考虑如何利用像图 13-4 或图 13-7 中所描述的二叉树来对美式期权进行定价。定价的过程是从树的末尾出发以倒推的形式推算到树的起始点，在树的每一个节点上我们都需要检验提前行使期权是否为最优。在树的最后节点上，期权的价格等于欧式期权的价格，之前任何一个节点上期权的价格等于以下两个数量的最大值：

（1）由式（13-5）所计算的值。

（2）提前行使期权的收益。

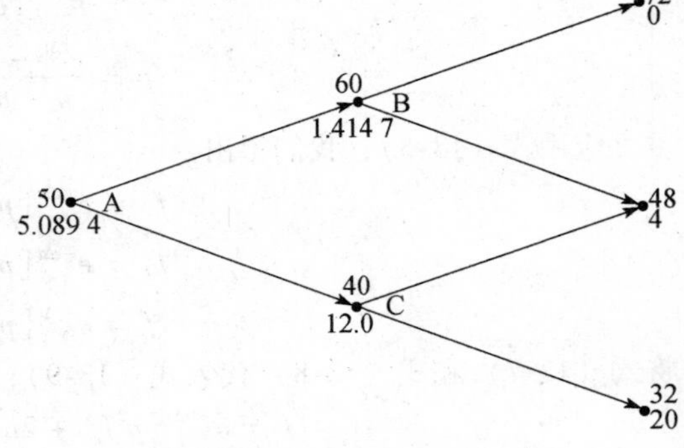

图 13-8 利用两步二叉树来对美式看跌期权定价。在每个节点上面的数字为股票价格，下面的数字为期权价格

图 13-8 显示了当期权为美式期权（而不是欧式期权）时，图 13-7 会如何变化。股票价格和上下变动的概率并没有改变，期权在最后节点上的价值也没有改变。在节点 B 上，式（13-5）所给出期权的价值为 1.414 7，而提前行使期权的相应收益为负值（= −8）。显然在节点 B 上提前行使期权不会是最优的，因此在该

节点上，期权价格为1.4147。在节点C上，式（13-5）所给出的期权价值为9.4636，提前行使期权的收益为12。这时，提前行使期权为最优，因此在该节点上期权价值为12。在最初的节点A上，式（13-5）所计算的数量为

$$e^{-0.05\times1}(0.6282\times1.4147+0.3718\times12)=5.0894$$

提前行使期权的收益为2，这时提前行使期权不为最优。因此，期权价值为5.0894美元。

13.6 Delta

我们现在引进**Delta**，这个变量（有时称为希腊值）在期权定价以及对冲过程中是个很重要的参数。

一个股票期权的Delta（Δ）为期权价格变化同标的股票价格变化之间的比率，它是当我们卖出一份期权时，为了构造无风险组合而需要持有的标的股票数量。这一数量与本章前面所引入的Δ相同。构造无风险投资组合有时也被称为**Delta对冲**（delta hedging）。看涨期权的Delta为正，而看跌期权的Delta为负。

由图13-1，我们可以计算出所考虑的看涨期权Delta为

$$\frac{1-0}{22-18}=0.25$$

这是因为当股票由18美元变为22美元时，期权价格由0变为1美元。（这也是13.1节里计算出的Δ值。）

在图13-4中，对应于股票价格在第1步变化的Delta为

$$\frac{2.0257-0}{22-18}=0.5064$$

如果在第1步后股票价格上涨，第2步的Delta为

$$\frac{3.2-0}{24.2-19.8}=0.7273$$

如果在第1步后股票价格下跌，在第2步的Delta为

$$\frac{0-0}{19.8-16.2}=0$$

由图13-7得出，在第1步后的Delta为

$$\frac{1.4147-9.4636}{60-40}=-0.4024$$

在第2步后Delta等于

$$\frac{0-4}{72-48}=-0.1667\quad或\quad\frac{4-20}{48-32}=-1.0000$$

两步二叉树的例子说明了Delta的值随着时间变化（在图13-4中，Delta从0.5064变化为0.7273或0；在图13-7中，Delta从−0.4024变化为−0.1667或−1.0000）。因此，采用期权和股票进行无风险对冲时我们需要不断调整所持股票的数量。在第19章里我们还要对期权的这一特性做进一步讨论。

13.7 选取u和d使二叉树与波动率吻合

为了构造一个步长为Δt的二叉树，我们需要确定3个参数：u，d和p。一旦u和d确定之

后，我们在选取 p 时要确保预期回报等于无风险利率 r，我们已经证明

$$p = \frac{e^{r\Delta t} - d}{u - d} \tag{13-11}$$

参数 u 和 d 的选取要确保波动率的吻合。股票（或任何资产）价格波动率 σ 的定义是使得 $\sigma\sqrt{\Delta t}$为股票价格在一个长度为 Δt 的时间区间上收益的标准差（有关进一步的讨论，见第 15 章）。与此等价，回报的方差为 $\sigma^2\Delta t$。变量 X 的方差定义为 $E(X^2) - [E(X)]^2$，其中 E 代表期望值。在每一个步长为 Δt 的区间内，股票回报率等于 $u-1$ 的概率为 p，回报率等于 $d-1$ 的概率为 $1-p$。将二叉树波动率与股票波动率进行匹配，得出

$$p(u-1)^2 + (1-p)(d-1)^2 - [p(u-1) + (1-p)(d-1)]^2 = \sigma^2\Delta t \tag{13-12}$$

将式（13-11）的概率表达式代入以上方程并进行简化，得出

$$e^{r\Delta t}(u+d) - ud - e^{2r\Delta t} = \sigma^2\Delta t \tag{13-13}$$

当忽略 Δt^2 和 Δt 的更高级项后，这个方程的解为 ⊖

$$u = e^{\sigma\sqrt{\Delta t}} \quad 及 \quad d = e^{-\sigma\sqrt{\Delta t}}$$

这些正是 Cox、Ross 和 Rubinstein（1979）对 u 和 d 所取得值。

在以上分析中，我们选择的 u 和 d 是在风险中性世界里匹配波动率的。如果我们选择在真实世界来匹配波动率，情况又会如何？我们现在证明，这样做所得结果是一样的。

假定在现实世界里价格向上移动的概率为 p^*，在风险中性世界里价格向上移动的概率为 p。图 13-9 显示不同世界里相应的概率。定义 μ 为现实世界回报期望值，因此

$$p^*u + (1-p^*)d = e^{\mu\Delta t}$$

或

$$p^* = \frac{e^{\mu\Delta t} - d}{u - d} \tag{13-14}$$

假定 σ 为现实世界的波动率，匹配方差会得出与式（13-12）等同的方程，其中的 p 被 p^* 代替。将式（13-14）代入，得出

$$e^{\mu\Delta t}(u+d) - ud - e^{2\mu\Delta t} = \sigma^2\Delta t$$

以上方程与式（13-13）几乎相同，唯一的不同是其中 r 被 μ 代替。当忽略 Δt^2 和 Δt 的更高级项后，得出方程的解与式（13-13）的解相同，为

$$u = e^{\sigma\sqrt{\Delta t}} \quad 及 \quad d = e^{-\sigma\sqrt{\Delta t}}$$

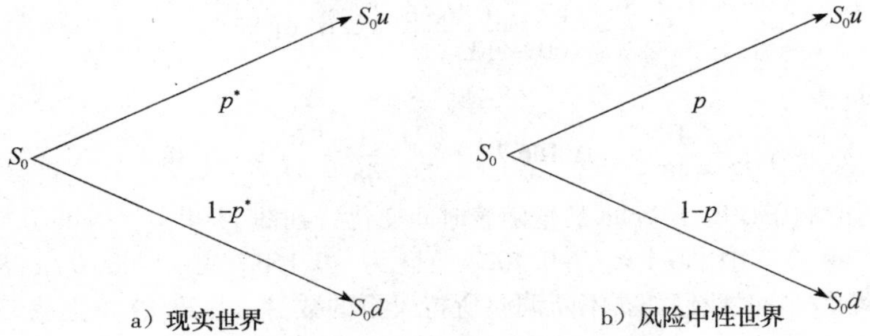

a）现实世界　　b）风险中性世界

图 13-9　股票价格在 Δt 时间内的变化

⊖ 这里我们利用级数展开

$$e^x = 1 + x + \frac{x^2}{2!} + \frac{x^3}{3!} + \cdots$$

哥萨诺夫定理

以上结果与一个叫作**哥萨诺夫定理**（Girsanov's Theorem）的重要结果密切相关。当我们从现实世界转换到风险中性世界时，股票价格的收益期望值将会变化，但它的波动率保持不变。一般来讲，当我们从具有一组风险偏好的世界转换到具有另一组风险偏好的世界时，变量的收益率期望值会变化，但其波动率却保持不变。在第28章里我们将会更详细地探讨风险偏好对市场变量性质的影响。有时也将从一组风险偏好转换到另一组风险偏好的做法称为**测度变换**（changing the measures）。现实世界的测度有时被称作 ***P*-测度**（*P*-measure），而风险中性世界的测度被称作 ***Q*-测度**（*Q*-measure）。[⊖]

13.8 二叉树公式

上一节里的分析表明，当二叉树上的步长为 Δt 时，为了与波动率相吻合，我们取

$$u = e^{\sigma\sqrt{\Delta t}} \tag{13-15}$$

和

$$d = e^{-\sigma\sqrt{\Delta t}} \tag{13-16}$$

而且由式（13-6）

$$p = \frac{a-d}{u-d} \tag{13-17}$$

其中

$$a = e^{r\Delta t} \tag{13-18}$$

式（13-15）~式（13-18）定义了叉树。

我们再考虑图13-8中的美式看跌期权，其中股票价格为50美元，执行价格为52美元，无风险利率为5%，期权期限为2年，二叉树包含两步。这时 $\Delta t = 1$。假定波动率为30%，由式（13-15）~式（13-18），我们得出

$$u = e^{0.3\times 1} = 1.3499$$

$$d = \frac{1}{1.3499} = 0.7408$$

$$a = e^{0.05\times 1} = 1.0513$$

以及

$$p = \frac{1.053 - 0.7408}{1.3499 - 0.7408} = 0.5097$$

图13-10给出了二叉树的形状。看跌期权的价值为7.43（这与图13-8中假定 $u=1.2$ 与 $d=0.8$ 所得出的价值是不一样的）。注意在第1步末，当股票价格达到下面节点时，期权将会被行使。

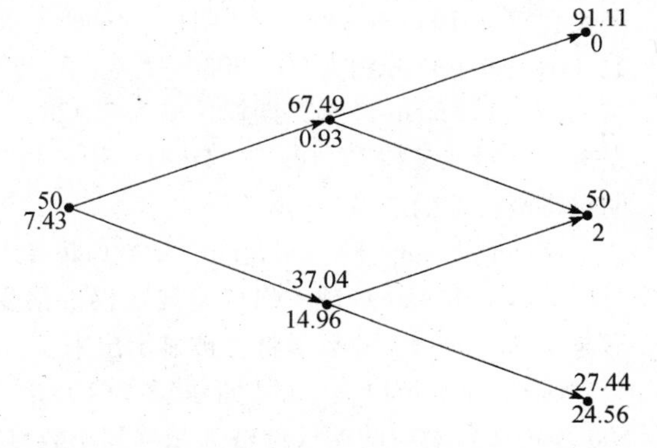

图13-10 用两步二叉树来对一个2年期的美式看跌期权进行定价。股票价格为50，执行价格为52，无风险利率为5%，波动率为30%

⊖ 在我们所采用的记号下，p 为 Q-测度下的概率，而 p^* 是 P-测度下的概率。

13.9 增加二叉树的步数

到目前为止我们所列举的二叉树简单得不切实际。显而易见，如果假定在期权期限内价格变化由一步或两步二叉树来表达，那么由此得出的期权价格将会只是一个非常粗略的近似。

在实际应用二叉树时，期权的期限通常会被分割为30个或更多的时间步。在每一个时间步里，股票价格的变动由一个一步二叉树来表达。在30个时间步中，总共有31个终端股票价格，并且有2^{30}，即大约10亿种可能的股票价格路径。

不管步数是多少，树形的结构都是由式（13-15）~式（13-18）定义。例如，假定图13-10中的二叉树为5步而不是两步，相应的参数为$\Delta t=2/5=0.4$，$r=0.05$及$\sigma=0.3$。相应参数$u=e^{0.3\times\sqrt{0.4}}=1.2089$，$d=1/1.2089=0.8272$，$a=e^{0.05\times0.4}=1.0202$，及$p=(1.0202-0.8272)/(1.2089-0.8272)=0.5056$。

当时间步数增加（从而Δt变小）时，在二叉树模型里对股票价格变化所做的假设与在第15章里引入的布莱克-斯科尔斯-默顿模型里的假设是一样的。在利用二叉树对欧式期权定价时，当步数增加时，所得价格将会收敛到布莱克-斯科尔斯-默顿价格。我们在本章的附录里将证明这个结论。

13.10 使用DerivaGem软件

DerivaGem 3.00对读者了解二叉树非常有用。用户可以根据书末的说明将软件装在自己的电脑上，然后可以采用“Equity_FX_Indx_Fut_Opts_Calc”工作页来进行计算，在计算中选择“股权”（Equity）作为“标的资产类型”（Underlying Type），选择“二叉树美式”（Binominal American）作为“期权类型”（Option Type）。输入股价（stock price）、波动率（volatility）、无风险利率（risk-free rate）、到期日（time to expiration）、执行价格（exercise price）以及树的步数（tree steps）分别为50、30%、5%、2、52及2。先点击“看跌期权”（put）键，再点击“计算”（Calculate）键。期权价格为7.428，这一价格显示在名为“价格”（Price）的小格中。点击“显示二叉树”（Display Tree），用户可以看到类似于图13-10的图形（红色数字对应于期权将被行使的节点）。

返回到Equity_FX_Indx_Fut_Opts_Calc工作页并将时间步数改为5步，敲击回车键并点击“计算”（Calculate）键，你将发现期权价格变为7.671，点击“显示二叉树”，一个5步的树形与u、d、a和p的数值将会被显示出来。

DerivaGem可以展示的树形最多为10步，但计算量最多可以到500步。在我们的例子中，500步树形所对应的期权价格（精确到小数点第2位）为7.47，这是一个非常精确的结果。将“期权类型”选为“二叉树欧式”（Binomial European），我们可以对欧式期权来定价。选用500树型所得结果与具有同样参数的美式期权结果一致，即6.76。（将期权类型改为“布莱克-斯科尔斯欧式”（Black-Scholes European），我们可以计算第15章里将讨论的布莱克-斯科尔斯-默顿公式所得的结果，结果也是6.76。）

通过改变“标的资产类型”，我们也可以分析标的资产并非为股票的期权。接下来我们将讨论这些期权。

13.11 其他标的资产上的期权

在第10章里我们介绍了股指期权、货币期权和期货期权，在第17章和18章中我们还要进一步讨论这些期权。事实上，我们可以采用几乎和构造股票期权一样的方法来构造二叉树，唯一的变化是对概率 p 的计算有所改变。像对于股票期权定价时那样，我们仍采用式（13-2），即每一个节点上的期权价值（在提前行使期权的可能性被考虑之前）等于 p 乘以股票价格上涨时所对应的期权价值加上 $1-p$ 乘以股票价格下跌所对应的期权价值，并以无风险利率进行贴现。

13.11.1 支付连续股息收益率股票的期权

考虑一个支付连续股息收益率 q 的股票。在风险中性世界里股息加上资产收益（capital gain）的总和等于 r，股息收益为 q，因此资本收益率为 $r-q$。如果股票在今天的价格为 S_0，步长为 Δt，第一步后股票的期望值必须为 $S_0e^{(r-q)\Delta t}$，因此

$$pS_0u+(1-p)S_0d=S_0e^{(r-q)\Delta t}$$

即

$$p=\frac{e^{(r-q)\Delta t}-d}{u-d}$$

与计算无股息股票期权类似，我们将 u 设为 $u=e^{\sigma\sqrt{\Delta t}}$，$d=1/u$ 以便使树形与波动率相吻合。这意味着我们可以利用式（13-15）~式（13-18），而计算中唯一的改动是将 $a=e^{r\Delta t}$ 改为 $a=e^{(r-q)\Delta t}$。

13.11.2 股指期权

在第5章中计算股指期货价格时，我们曾假设股指中的标的股票所支付的股息收益率为 q，在这里我们仍采用类似的假设。对于股指期权定价类似于对支付已知连续股息率的股票期权定价。

例13-1

某股指的目前水平为810，波动率为20%，股息收益率为2%，无风险利率为5%。图13-11显示了DerivaGem对于一个执行价格为800，期权为6个月的欧式看涨期权定价结果。

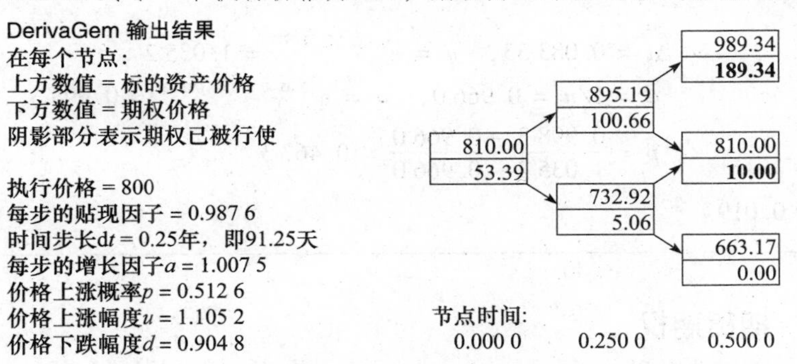

图13-11 利用二步二叉树对股指上6个月期限的欧式看涨期权定价，目前的股指水平为810，执行价格是800，无风险利率是5%，波动率是20%，股息率是2%

在计算中采用了两步二叉树。这时

$$\Delta t = 0.25,\quad u = e^{0.20\times\sqrt{0.25}} = 1.1052,$$
$$d = 1/u = 0.9048,\quad a = e^{(0.05-0.02)\times 0.25} = 1.0075$$
$$p = \frac{1.0075 - 0.9048}{1.1052 - 0.9048} = 0.5126$$

期权价值为53.39。

13.11.3 货币期权

如5.10节所示，外汇可以被视为提供收益率等于外币无风险利率 r_f 的资产。同股指相比较，我们可以采用式（13-15）~式（13-18）并令 $a = e^{(r-r_f)\Delta t}$ 来对货币期权进行定价。

例 13-2

1澳元的当前价值为0.6100美元，汇率波动率为12%，澳元的无风险利率为7%，美元无风险利率为5%。图13-12显示了DerivaGem对于一个执行价格为0.6000，期限为3个月美式看涨期权的定价结果，在计算中采用了三步二叉树。

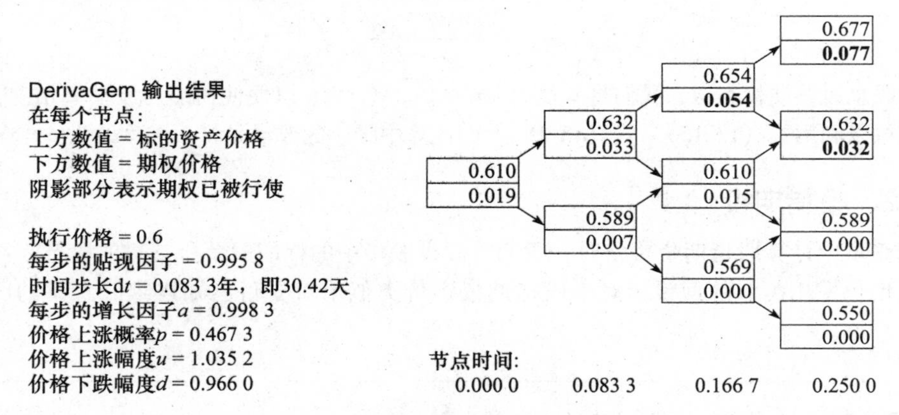

图13-12 利用三步二叉树模型来对一个3个月期限的货币看涨期权定价。汇率当前价值为0.6100，执行价格为0.6000，无风险利率为5%，波动率为12%，外国无风险利率为7%

这时

$$\Delta t = 0.08333,\quad u = e^{0.12\times\sqrt{0.08333}} = 1.0352$$
$$d = 1/u = 0.9660,\quad a = e^{(0.05-0.07)\times 0.08333} = 0.9983$$
$$p = \frac{0.9983 - 0.9660}{1.0352 - 0.9660} = 0.4673$$

期权价值为0.019。

13.11.4 期货期权

进入期货合约的多头或空头时投资者无须支付任何费用。这说明在风险中性世界里期货价格的增长率期望应当为0（在18.7节中我们将详细讨论这一点）。同上，我们定义 p 为期货价格上涨的概率，u 为价格上涨的比例，d 为价格下跌的比例。在开始时期货价格为 F_0。在第1步 Δt 时间后，期货价格的期望值仍然应当是 F_0。这意味着

$$pF_0u + (1-p)F_0d = F_0$$

即

$$p = \frac{1-d}{u-d}$$

我们可利用式（13-15）~式（13-18）以及 $a=1$ 来对期权进行定价。

例 13-3 期货期权

当前的期货价格为31，波动率为30%，无风险利率为5%。图13-13显示了由DerivaGem对于一个执行价格为30，期限为9个月的美式看跌期权的定价结果，计算中采用了三步二叉树。这时

$$\Delta t = 0.25,\ u = e^{0.3\times\sqrt{0.25}} = 1.161\,8$$

$$d = 1/u = 1/1.161\,8 = 0.860\,7,\ a = 1$$

$$p = \frac{1-0.860\,7}{1.161\,8-0.860\,7} = 0.462\,6$$

期权价值为2.84。

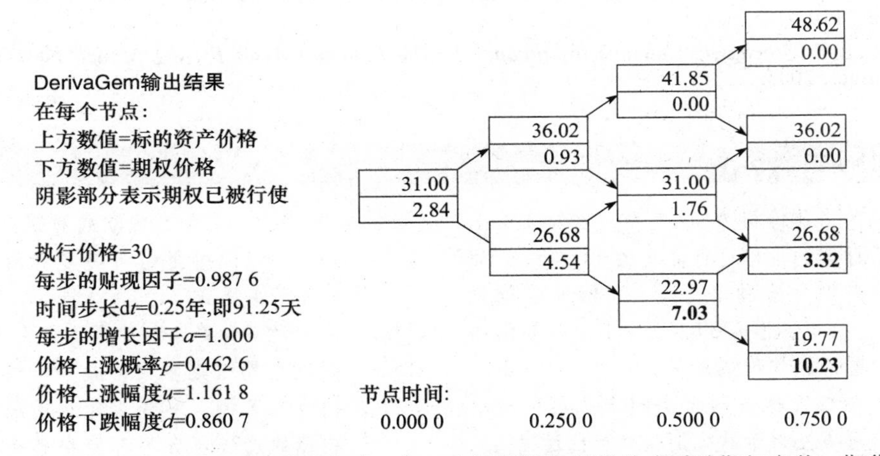

图13-13 采用3步二叉树模型来对一个9个月期限的期货美式看跌期权定价。期货当前价格为31，执行价格为30，波动率为30%，无风险利率为5%

小 结

本章简要介绍了对于股票与其他标的资产上期权的定价过程。对于在期权期限内股票价格服从一步二叉树的简单情形，我们可以构造一个由期权与股票所构成的无风险投资组合。在无套利机会的前提下，无风险投资组合的收益率一定等于无风险利率，由此我们可将股票期权的价格用标的股票价格来表示。值得注意的是，我们对于股票在每个节点上涨与下跌的概率无须做任何假设。

如果股票价格的变化由多步二叉树来表述的话，我们可以依次处理二叉树的每一步，并由期权的到期日出发倒推到树形的起始点得出

期权当前的价值。在分析中，我们只需要假设在市场上不存在套利机会，而对股票价格上涨及下跌的概率无须做任何假设。

另一种同样可以为股票期权定价的方法为风险中性定价原理。这一重要的原理指出：在对股票期权定价时，我们可以假设世界是风险中性的。本章以数值例子和代数的推导形式说明了无套利理论与风险中性是等价的，并会给出同样的期权价格。

股票期权的 Delta（即 Δ）考虑了标的股票价格的一个微小变化对于期权价格的影响。Delta 为期权价格变化与标的股票价格变化的比率。为了构造无风险头寸，对于每个卖出的期权，投资者必须买入 Δ 单位的股票。通过观察一个典型的二叉树我们可以看到 Δ 在期权有效期内随时间变化而改变。这意味着，为了对冲期权，我们必须不断调整标的股票的头寸。

构造股指、外汇、期货定价的二叉树与构造股票期权的二叉树非常相似。在第 21 章里我们将进一步讨论二叉树，并说明在实际中应用二叉树的更多细节。

推荐阅读

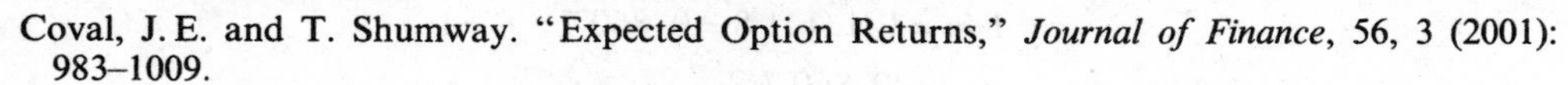

Coval, J. E. and T. Shumway. "Expected Option Returns," *Journal of Finance*, 56, 3 (2001): 983–1009.

Cox, J. C., S. A. Ross, and M. Rubinstein. "Option Pricing: A Simplified Approach," *Journal of Financial Economics* 7 (October 1979): 229–64.

Rendleman, R., and B. Bartter. "Two State Option Pricing," *Journal of Finance* 34 (1979): 1092–1110.

Shreve, S. E. *Stochastic Calculus for Finance I: The Binomial Asset Pricing Model*. New York: Springer, 2005.

练习题

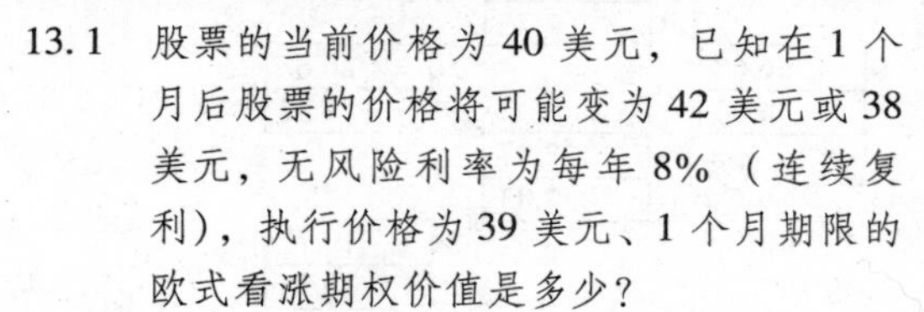

13.1 股票的当前价格为 40 美元，已知在 1 个月后股票的价格将可能变为 42 美元或 38 美元，无风险利率为每年 8%（连续复利），执行价格为 39 美元、1 个月期限的欧式看涨期权价值是多少？

13.2 用一步二叉树说明无套利方法与风险中性定价方法对于欧式期权的定价过程。

13.3 股票期权 Delta 的含义是什么？

13.4 股票的当前价格为 50 美元，已知在 6 个月后这一股票的价格将可能变为 45 美元或 55 美元，无风险利率为 10%（连续复利）。执行价格为 50 美元、6 个月期限的欧式看跌期权的价值是多少？

13.5 股票的当前价格为 100 美元，在今后每 6 个月内，股票价格可能会或上涨 10% 或下跌 10%，无风险利率为每年 8%（连续复利），执行价格为 100 美元、1 年期的欧式看涨期权的价格是多少？

13.6 在练习题 13.5 的情形下，执行价格为 100 美元、1 年期的欧式看跌期权价格是多少？验证所得结果满足看跌 - 看涨期权平价关系式。

13.7 由波动率计算 u 和 d 的公式是什么？

13.8 假设在期权期限内，股票价格变化服从两步二叉树。解释为什么用股票与期权构造的投资组合不可能在整个期权有效期内一直保持无风险状态。

13.9 股票的当前价格为 50 美元，已知在 2 个月后股票价格将可能变为 53 美元或 48 美元，无风险利率为每年 10%（连续复利）。执行价格为 49 美元、期限为 2 个月的欧式看涨期权价值为多少？在讨论中采用无套利方法。

13.10 股票的当前价格为 80 美元，已知在 4 个月后股票价格将可能变为 75 美元或 85 美元，无风险利率为每年 5%（连续复利），执行价格为 80 美元、期限为 4 个月的欧式看跌期权价值为多少？在讨论中采用无套利方法。

13.11 股票的当前价格为40美元，已知在3个月后股票价格将可能变为45美元或35美元，无风险利率为每年8%（连续复利），计算执行价格为40美元、期限为3个月的欧式看跌期权价格。验证由无套利理论与风险中性原理给出的价格相等。

13.12 某股票的当前价格为50美元，在今后6个月的每3个月时间内，股票价格都可能或上涨6%，或下跌5%，无风险利率为每年5%（连续复利）。执行价格为51美元、6个月期限的欧式看涨期权的价值为多少？

13.13 考虑练习题13.12中的情形，执行价格为51美元，6个月欧式看跌期权的价值为多少？验证看跌-看涨期权平价关系式的正确性。如果看跌期权为美式期权，在二叉树的某些节点上提前行使期权会是最优吗？

13.14 股票的当前价格为25美元，已知在2个月末股票价格将可能变为23美元或27美元，无风险利率为每年10%（连续复利）。假定S_T为股票在两个月末的价格，股票上一种衍生产品在2个月后的收益为S_T^2，此衍生产品的价值是多少？

13.15 计算用于对外汇期权定价的二叉树中的u、d和p，二叉树的步长为1个月，本国利率为5%，国外利率为8%，汇率的波动率为每年12%。

13.16 一个无股息股票的价格为78美元，波动率为30%，所有期限的无风险利率均为每年3%（连续复利）。采用2个月的步长，计算参数u，d和p。采用两步二叉树，即步长为2个月、期限为4个月欧式看涨期权的价值为多少？期权的执行价格为80美元。假定一个交易员卖出了1 000份期权（10份合约），交易员在交易开始时，应该持有怎样的股票头寸来对冲交易风险。

13.17 一个股指当前取值为1 500，波动率为18%，所有期限的无风险利率均为每年4%（连续复利），股指的股息收益率为2.5%。采用6个月的步长，计算参数u、d和p。采用两步二叉树，即步长为6个月，期限为12个月美式看跌期权的价值为多少？期权的执行价格为1 480。

13.18 某商品期货的价格为90美元，利用三步二叉树来计算期权价值（a）9个月期限、执行价格为93美元的美式看涨期权，（b）9个月期限、执行价格为93美元的美式看跌期权。波动率为28%，无风险利率（所有期限）为3%（连续复利）。

作业题

13.19 一个无股息的生物科技股票的当前价格为140美元，波动率为25%，无风险利率为4%，对于3个月步长：

(a) 价格上升的百分比为多少？

(b) 价格下跌的百分比为多少？

(c) 在风险中性世界里价格上升的概率为多少？

(d) 在风险中性世界里价格下跌的概率为多少？

利用两步二叉树，即采用3个月步长来对一个6个月期限的欧式看涨和看跌期权来定价，这里的期权执行价格均为150美元。

13.20 在作业题13.19中，假定交易员卖出了10 000份欧式看涨期权，而且两步二叉树可以用来描述股票价格变化，为了对冲6个月期限的欧式看涨期权，在第1个3个月的开始时刻和第2个3个月的开始时刻，交易员要持有多少股票？对于第2个3个月区间，考虑在第1个3个月区间价格上升和价格下降时两种情形。

13.21 股票的当前价格为50美元，在6个月后股票价格将可能变为60美元或42美元，无风险利率为每年12%（连续复利），计算执行价格为48美元、期限为6个月的欧式看涨期权价格。验证无套利方法与风险中性定价方法所得结果是一致的。

13.22 股票的价格为40美元，在今后6个月中每一个3个月的时间内，股票价格或上涨10%或下跌10%，无风险利率为每年12%（连续复利）。

(a) 执行价格为42美元，6个月期限的欧式看跌期权价值是多少？

(b) 执行价格为42美元，6个月期限的美式看跌期权价值是多少？

13.23 利用“试错法”，估计作业题13.17中的期权在什么样的执行价格下应该被马上行使期权。

13.24 股票当前价格为30美元，在今后4个月中的每2个月内，股票价格可能或上涨8%，或下跌10%，无风险利率为5%。采用两步二叉树来计算收益为 $[\max(30-S_T, 0)]^2$ 的衍生产品的当前价值，其中 S_T 为4个月时股票的价格。如果衍生产品为美式，这一期权是否应该被提前行使？

13.25 考虑一个不付股息股票上的欧式看涨期权，股票价格为40美元，执行价格为40美元，无风险利率为每年4%，波动率为每年30%，期限为6个月。

(a) 计算两步二叉树中的 u、d 与 p。

(b) 利用两步二叉树对期权定价。

(c) 验证DerivaGem会给出同样的结果。

(d) 采用DerivaGem并分别采用5、50、100及500步二叉树来计算期权价格。

13.26 重复作业题13.25中的计算，假定标的资产为期货合约，期权为美式看跌期权，执行价格与期货价格均为50美元，无风险利率为10%，期限为6个月，期货价格波动率为每年40%。

13.27 13.2节的脚注表示，对于图13-1中的例子，为了使期权收益在现实世界里的期望值贴现后与期权价格吻合，现实世界里贴现率应取为42.6%。证明如果期权是看跌期权，这时在现实世界里的贴现率应取为-52.5%。解释为什么这两个在现实世界里的贴现率会如此不同。

13.28 股指的当前取值为990，无风险利率为5%，股息收益率为2%，利用3步二叉树来计算期限为18个月的美式看跌期权的价格，期权的执行价格为1000，波动率为每年20%。通过提前行使期权，期权持有者将如何获利？获利在什么时刻？

13.29 利用3步二叉树来计算一个9个月期限的美式看涨期权的价格，该期权是关于买入100万单位的外币，当前汇率为0.79，执行价格为0.80（汇率的表达为每一个单位外币所对应的美元数量），汇率的波动率为每年12%，国内和国外的无风险利率分别为2%和5%，在交易开始时，为了对冲风险，交易员应该持有多少外币？

附录13A 由二叉树模型推导布莱克-斯科尔斯-默顿期权定价公式

推导著名的布莱克-斯科尔斯-默顿欧式期权定价公式有许多方法，其中一种是在二叉树模型中令步数趋于无穷大。

假设我们利用 n 步二叉树对执行价格为 K，期限为 T 的欧式看涨期权定价。每步的时间长度是 T/n，如果在树上股票价值有 j 次向上移动，$n-j$ 次向下移动，最后的股票价格等于 $S_0u^jd^{n-j}$，其中 u 是价格上涨的比例，d 是下跌的比例，S_0 是开始时的股票价格。欧式看涨期权的收益为

$$\max(S_0u^jd^{n-j}-K, 0)$$

由二项分布的性质，j 次向上移动，$n-j$ 次向下移动的概率为

$$\frac{n!}{(n-j)!j!}p^j(1-p)^{n-j}$$

因此看涨期权收益的期望值为

$$\sum_{j=0}^{n}\frac{n!}{(n-j)!j!}p^j(1-p)^{n-j}\max(S_0u^jd^{n-j}-K,0)$$

因为树形所表示的是在风险中性世界里股票价格的变化，所以我们应当用无风险利率贴现来得到期权价格

$$c=e^{-rT}\sum_{j=0}^{n}\frac{n!}{(n-j)!j!}p^j(1-p)^{n-j}\max(S_0u^jd^{n-j}-K,0) \tag{13A-1}$$

在式（13A-1）中，只有当股票价格高于执行价格的项才是非零的，即

$$S_0u^jd^{n-j}>K$$

或

$$\ln(S_0/K)>-j\ln(u)-(n-j)\ln(d)$$

因为 $u=e^{\sigma\sqrt{T/n}}$ 和 $d=e^{-\sigma\sqrt{T/n}}$，这个条件等价于

$$\ln(S_0/K)>n\sigma\sqrt{T/n}-2j\sigma\sqrt{T/n}$$

或

$$j>\frac{n}{2}-\frac{\ln(S_0/K)}{2\sigma\sqrt{T/n}}$$

因此式（13A-1）可以被写成

$$c=e^{-rT}\sum_{j>\alpha}\frac{n!}{(n-j)!j!}p^j(1-p)^{n-j}(S_0u^jd^{n-j}-K)$$

其中

$$\alpha=\frac{n}{2}-\frac{\ln(S_0/K)}{2\sigma\sqrt{T/n}}$$

为方便起见，我们定义

$$U_1=\sum_{j>\alpha}\frac{n!}{(n-j)!j!}p^j(1-p)^{n-j}u^jd^{n-j} \tag{13A-2}$$

和

$$U_2=\sum_{j>\alpha}\frac{n!}{(n-j)!j!}p^j(1-p)^{n-j} \tag{13A-3}$$

因此

$$c=e^{-rT}(S_0U_1-KU_2) \tag{13A-4}$$

首先考虑 U_2。我们知道，当实验次数趋于无穷大时，二项分布将趋向于正态分布。具体地讲，当实验次数为 n，成功的概率为 p 时，成功次数的概率分布近似地等于均值为 np，标准差为 $\sqrt{np(1-p)}$ 的正态分布。式（13A-3）中的 U_2 是成功次数大于 α 的概率。由正态分布的性质，我们知道当 n 很大时

$$U_2 = N\left(\frac{np - \alpha}{\sqrt{np(1-p)}}\right) \tag{13A-5}$$

其中 N 为累积正态分布函数。将 α 代入该式，我们得到

$$U_2 = N\left(\frac{\ln(S_0/K)}{2\sigma\sqrt{T}\sqrt{p(1-p)}} + \frac{\sqrt{n}\left(p - \frac{1}{2}\right)}{\sqrt{p(1-p)}}\right) \tag{13A-6}$$

由式（13-15）~式（13-18），我们有

$$p = \frac{e^{rT/n} - e^{-\sigma\sqrt{T/n}}}{e^{\sigma\sqrt{T/n}} - e^{-\sigma\sqrt{T/n}}}$$

将指数函数按级数展开后我们可以看到，当 n 趋于无穷大时，p（$1-p$）趋向于 1/4，而 $\sqrt{n}\left(p - \frac{1}{2}\right)$ 则收敛于

$$\frac{(r - \sigma^2/2)\sqrt{T}}{2\sigma}$$

所以当 n 趋于无穷大时，式（13A-6）成为了

$$U_2 = N\left(\frac{\ln(S_0/K) + (r - \sigma^2/2)\sqrt{T}}{\sigma\sqrt{T}}\right) \tag{13A-7}$$

我们现在考虑 U_1。由式（13A-2）

$$U_1 = \sum_{j>\alpha} \frac{n!}{(n-j)!j!}(pu)^j[(1-p)d]^{n-j} \tag{13A-8}$$

定义

$$p^* = \frac{pu}{pu + (1-p)d} \tag{13A-9}$$

这时

$$1 - p^* = \frac{(1-p)d}{pu + (1-p)d}$$

式（13A-8）可以写成

$$U_1 = [pu + (1-p)d]^n \sum_{j>\alpha} \frac{n!}{(n-j)!j}(p^*)^j(1-p^*)^{n-j}$$

因为在风险中性世界里，收益的期望值为无风险利率 r，所以 $pu +$（$1-p$）$d = e^{rT/n}$，且

$$U_1 = e^{rT} \sum_{j>\alpha} \frac{n!}{(n-j)!j!}(p^*)^j(1-p^*)^{n-j}$$

这说明 U_1 涉及二项式分布，在这里上移的概率是 p^*（而不是 p）。通过由正态分布来近似二项分布，我们可以得到与式（13A-5）类似的结果

$$U_1 = e^{rT}N\left(\frac{np^* - \alpha}{\sqrt{np^*(1-p^*)}}\right)$$

与式（13A-6）相似，代入 α，将会得到

$$U_1 = e^{rT}N\left(\frac{\ln(S_0/K)}{2\sigma\sqrt{T}\sqrt{p^*(1-p^*)}} + \frac{\sqrt{n}\left(p^* - \frac{1}{2}\right)}{\sqrt{p^*(1-p^*)}}\right)$$

将 u 和 d 代入式（13A-9）

$$p^* = \frac{e^{rT/n} - e^{-\sigma\sqrt{T/n}}}{e^{\sigma\sqrt{T/n}} - e^{-\sigma\sqrt{T/n}}}\left(\frac{e^{\sigma\sqrt{T/n}}}{e^{rT/n}}\right)$$

将指数函数按级数展开后我们可以看到，当 n 趋于无穷大时，p^* （$1-p^*$） 趋向于1/4，而 $\sqrt{n}\left(p^* - \frac{1}{2}\right)$收敛于

$$\frac{(r+\sigma^2/2)\sqrt{T}}{2\sigma}$$

所以当 n 趋于无穷大时

$$U_1 = e^{rT}N\left(\frac{\ln(S_0/K) + (r+\sigma^2/2)T}{\sigma\sqrt{T}}\right) \tag{13A-10}$$

由式（13A-4）、式（13A-7）和式（13A-10），我们有

$$c = S_0N(d_1) - Ke^{-rT}N(d_2)$$

其中

$$d_1 = \frac{\ln(S_0/K) + (r+\sigma^2/2)T}{\sigma\sqrt{T}}$$

和

$$d_2 = \frac{\ln(S_0/K) + (r-\sigma^2/2)\sqrt{T}}{\sigma\sqrt{T}} = d_1 - \sigma\sqrt{T}$$

这就是欧式看涨期权的布莱克－斯科尔斯－默顿公式。在第15章里我们将进一步讨论这个公式，并且在第15章的附录里会给出另一种推导方式。

CHAPTER14

第14章 维纳过程和伊藤引理

如果一个变量的值以某种不确定的形式随时间变化，我们称这个变量服从某种**随机过程**（stochastic process）。随机过程可以分为**离散时间**（discrete time）和**连续时间**（continuous time）两类：一个离散时间随机过程是指变量值只能在某些确定的时间点上变化，而一个**连续时间随机过程**（continuous- time stochastic process）是指变量值可以在任何时刻上变化。随机过程也可以被分为**连续变量**（continuous variable）和**离散变量**（discrete variable）两类。在连续变量过程中，标的变量可以取某一范围内的任何值，而在离散变量过程中，标的变量只能取某些离散值。

在这一章里我们将建立关于股票价格的连续变量、连续时间的随机过程。理解这种过程是学习与理解期权和其他更加复杂衍生产品定价的第一步。在这里应当指出的是，在实际中，我们所观察到的股票价格并不服从连续变量、连续时间过程，股票价格的变动为离散形式（例如，价格为美分的倍数），而且我们只有在开盘时才能够看到股票价格的变化。但即使如此，在大多数情况下，连续变量、连续时间过程仍是一个有用的模型。

许多人认为连续时间随机过程太过于复杂，应当把它们统统交给“火箭专家”来处理，但事实并非如此。理解这些过程的最大障碍是符号，在这里我们将提供一种循序渐进的方式来帮助读者克服这个障碍，同时我们也将解释一个重要结论，即**伊藤引理**（Ito’s Lemma），对衍生产品定价时这一结果是至关重要的。

14.1 马尔科夫性质

马尔科夫过程（Markov process）是一个特殊类型的随机过程，其中只有标的变量的当前值与未来的预测有关，而变量的历史值以及变量从过去到现在的演变方式与未来的预测无关。

通常被假设股票价格服从马尔科夫过程。假定 IBM 股票的当前价格为 100 美元，如果股票价格服从马尔科夫过程，那么 1 个星期以前、1 个月以前或 1 年以前的股票价格不会影响我们对将来价格的预测，而唯一相关的信息就是股票的当前价格为 100 美元。[㊀]我们对将来的预测是不确定的，预测方式必须以概率分布的形式来表达。马尔科夫性质意味着股票价格在将来的概率分布不依赖于股票价格在过去所遵循的特定路径。

股票价格的马尔科夫性质与**弱型市场有效性**（weak-form of market efficiency）是一致的。弱型市场有效性指出，一种股票的当前价格包含了过去价格的所有信息，如果弱型市场有效性不成立，股票技术分析师可以通过分析股票价格的历史数据来获得高于平均收益率的收益，而事实上，我们没有任何证据证明他们可以做到这一点。

正是由于市场的竞争造成了弱型市场有效性的成立。许许多多的投资者都紧盯着股票市场，并想从中盈利。投资者对盈利的追求使得在任意时刻，股票价格都包含了股票的历史价格信息。我们假定在市场上人们发现以往股票价格的某种特殊走势会导致股票价格在今后会有 65% 的机会大幅度上涨，那么一旦观察到这种规律，众多的投资者都会去购买股票，这会造成对此只股票需求的立即增加，因此股票价格会迅速上涨，从而使所观察的规律失效，可以盈利的交易机会也会很快消失。

14.2 连续时间随机过程

我们考虑一个服从马尔科夫过程的变量，假定其当前值为 10，在 1 年内该变量变化的分布为 $\phi(0, 1)$，其中 $\phi(\mu, v)$ 代表正态概率分布，期望值为 m，方差为 v。[㊁]变量在 2 年内变化的概率分布是什么？

变量在 2 年内的变化等于两个正态随机变量的和，这里每一个变量的期望值均为 0，方差均为 1.0。因为此变量满足马尔科夫性质，所以这里的两个分布是相互独立的。将两个相互独立的正态分布变量相加后得到的和也服从正态分布，其期望值等于两个独立变量期望值的和，方差等于两个独立变量方差的和。因此，变量在 2 年内变化的期望值等于 0，方差等于 2.0，所以变量在 2 年内的变化服从 $\phi(0, 2)$，分布的标准差为$\sqrt{2}$。

接下来，我们考虑变量在 6 个月内的变化。变量 1 年内变化的方差等于变量在前 6 个月变化的方差加上变量在接下 6 个月内变化的方差。我们假定这里的前后两个变量方差相同，由此我们得出 6 个月内变化的方差等于 0.5。与此等价，我们可以讲变量在 6 个月内变化的标准差等于 $\sqrt{0.5}$，因此变量在 6 个月内变化的分布为 $\phi(0, 0.5)$。

采用类似的讨论，我们可以说明变量在 3 个月内的变化服从 $\phi(0, 0.25)$。一般来讲，变量在任意时间段 T 内变化的分布服从 $\phi(0, T)$。特别是在很小一段时间 Δt 内变量变化的分布服从 $\phi(0, \Delta t)$。

当我们考虑马尔科夫过程时，变量在相邻时间区间内变化的方差具有可加性，但标准差却不具有可加性。我们的例子中变量在每年内变化的方差为 1.0，因此变量在 2 年内变化的方差为 2.0、在 3 年内的方差为 3.0，变量 2 年内变化和 3 年内变化的标准差分别为$\sqrt{2}$和$\sqrt{3}$。（严格地讲，我们不应该称标准差为每年 1.0。）这里的结果说明了为什么我们有时称不确定性与时间的平方根成正比。

㊀ 在确定股票价格所服从的随机过程特性时，其历史数据的统计特性（例如波动率）也许有用。在这里我们想说明的是股票未来价格与历史价格无关。

㊁ 方差是标准差的平方，因此我们所考虑变量的值在 1 年内变化的标准差是 1.0。

14.2.1 维纳过程

我们以上考虑变量所服从的过程即为著名的**维纳过程**（Wiener process）。维纳过程是一种期望值为0，方差率为每年1.0的特殊马尔科夫过程。这种过程曾在物理学中用来描述一个粒子受到大量小分子碰撞后所产生的运动，有时也称这种运动为**布朗运动**（Brownian motion）。

采用正规的表达方式，变量z具有以下两个性质时被称为服从维纳过程：

性质1：变化量Δz在一小段时间区间Δt之内变化为

$$\Delta z = \varepsilon\sqrt{\Delta t} \tag{14-1}$$

其中ε服从标准正态分布$\phi(0, 1)$。

性质2：在任何两个不相重叠的Δt时间区间内，变化量Δz之间相互独立。

第1个性质说明Δz本身服从正态分布，并且

$$\Delta z\text{ 的均值} = 0$$

$$\Delta z\text{ 的标准差} = \sqrt{\Delta t}$$

$$\Delta z\text{ 的方差} = \Delta t$$

第2个性质说明变量z服从马尔科夫过程。

接下来，我们考虑在一段相对较长时间T内z的变化，我们可以将变化量表达为$z(T)-z(0)$。这一变化量可以被看成是在N个长度为Δt的小时间段内变量z变化的总和，其中

$$N = \frac{T}{\Delta t}$$

因此

$$z(T) - z(0) = \sum_{i=1}^{n}\varepsilon_i\sqrt{\Delta t} \tag{14-2}$$

其中$\varepsilon_i(i=1, 2, \cdots, N)$均服从$\phi(0, 1)$分布。由维纳过程的第2个性质我们知道$\varepsilon_i$之间相互独立，由式（14-2）得出$z(T)-z(0)$服从正态分布，其中

$$z(T) - z(0)\text{ 的均值} = 0$$

$$z(T) - z(0)\text{ 的方差} = N\Delta t = T$$

$$z(T) - z(0)\text{ 的标准差} = \sqrt{T}$$

这一结果与本节前面的结论是一致的。

例14-1

假定变量z服从维纳过程，初始值为25，时间以年为单位。在1年年末，变量值服从正态分布，期望值为25，标准差为1.0；在5年年末，变量值服从正态分布，期望值为25，标准差为$\sqrt{5}$，或2.236。变量在将来某一确定时刻由标准差来定义的不确定性与未来时间长度的平方根成正比。

在普通微积分中，我们通常在微小变化接近0时，将这个微小变化作为极限来处理。因此，我们采用符号$dx = a dt$来代表当$\Delta t \to 0$时，$\Delta x = a\Delta t$的极限形式。在随机微积分中，我们采用类似的符号。因此，我们采用dz来代表维纳过程，即dz代表当$\Delta t \to 0$时，Δz的极限形式。

图 14-1 说明了当 $t \to 0$ 时变量 z 所遵循路径的变化。注意当时间减小时，路径变得更加锯齿化（jagged），这是因为变量 z 在 Δt 时间内的变化的标准差等于 $\sqrt{\Delta t}$。而我们知道当 Δt 很小时，$\sqrt{\Delta t}$远远大于 Δt。以下我们列出两个与 $\sqrt{\Delta t}$有关的维纳过程性质：

（1）在任意给定时间内，变量 z 所遵循路径长度的期望值为无穷大；

（2）在任意给定时间内，变量 z 等于一个给定数值的次数的期望值为无穷大。[⊖]

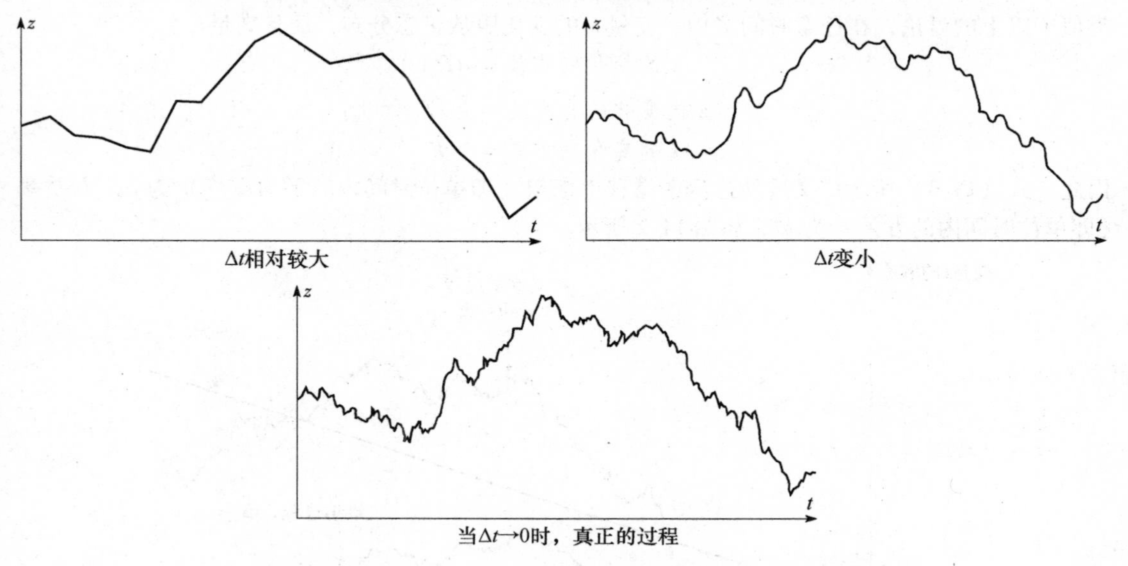

图 14-1　在式（14-1）中 $\Delta t \to 0$ 时，维纳过程的产生方式

14.2.2　广义维纳过程

在随机过程中，变量在每单位时间内变化的期望值叫作变量的**漂移率**（drift rate），方差叫作变量的**方差率**（variance rate）。到目前为止，我们所讨论的基本维纳过程的漂移率为 0，方差率为 1.0。漂移率为 0 意味着在将来任意时刻变量 z 的期望值等于其当前值，方差率等于 1.0 意味着在长度为 T 的任何时间区间内，z 变化的方差等于 T。**广义维纳过程**（generalized Wiener process）x 可以通过 $\mathrm{d}z$ 定义

$$\mathrm{d}x = a\mathrm{d}t + b\mathrm{d}z \tag{14-3}$$

其中 a 和 b 为常数。

为了理解式（14-3），我们可以将方程的右端分成两项来看。$a\mathrm{d}t$ 项说明变量 x 的单位时间漂移率为 a。如果没有 $b\mathrm{d}z$ 项，以上方程变为 $\mathrm{d}x = a\mathrm{d}t$，即 $\mathrm{d}x/\mathrm{d}t = a$。对 t 进行积分得出

$$x = x_0 + at$$

其中 x_0 为 x 在 0 时刻的初始值。在一段时间 T 内，变量 x 的增量为 aT。式（14-3）右端的 $b\mathrm{d}z$ 项可被看成附加在变量 x 路径上的噪声或扰动，它们的幅度为维纳过程的 b 倍。维纳过程的标准差为 1.0，因此 b 倍维纳过程在单位时间内的方差率为 b^2。在短时间 Δt 内，由式（14-1）和式（14-3）给出的 x 变化量 Δx 为

⊖　这是因为在一个时间段，变量 z 对应于任何取值 v 都有一个非零概率。如果在时间 t 取值为 v，在 t 后的附近时间里 z 取 v 值次数的期望值为无穷大。

$$\Delta x = a\Delta t + b\varepsilon\sqrt{\Delta t}$$

其中，如上所述，ε 服从标准正态分布。因此 Δx 服从正态分布，并且

$$\Delta x \text{ 的均值} = a\Delta t$$

$$\Delta x \text{ 的标准差} = b\sqrt{\Delta t}$$

$$\Delta x \text{ 的方差} = b^2\Delta t$$

类似于以上的讨论，在任意时间 T 内，变量 x 的变化服从正态分布，而且满足

$$x \text{ 的变化的均值} = aT$$

$$x \text{ 的变化的标准差} = b\sqrt{T}$$

$$x \text{ 的变化的方差} = b^2T$$

因此，式（14-3）所示广义维纳过程的漂移率期望（即单位时间内的平均漂移）为 a，方差率（即单位时间内的方差）为 b^2，如图 14-2 所示。

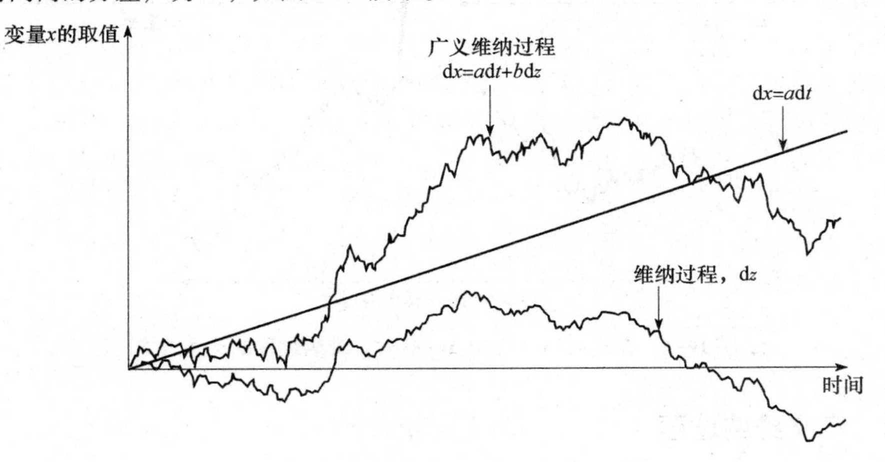

图 14-2 广义维纳过程，$a=0.3$ 和 $b=1.5$

例 14-2

考虑这样一种情况，某公司的现金头寸（以千美元计）满足广义维纳过程，漂移率为每年 20，方差率为每年 900。最初的现金头寸为 50。在 1 年后的现金头寸服从正态分布，期望值为 70，标准差为 $\sqrt{900}$，即 30。在 6 个月结束时，现金头寸服从正态分布，期望值为 60，标准差为 $30\sqrt{0.5}$，即 21.21。我们对于将来现金头寸所做预测的不确定性（即标准差）与我们所考察时间长度的平方根成正比。注意在这里的现金头寸可以为负值（这种情况可以解释为公司借入资金）。

14.2.3 伊藤过程

我们进一步可以定义一类叫作**伊藤过程**（Itô process）的随机过程。伊藤过程是一种更为广义的维纳过程，其中 a 和 b 为变量 x 和时间 t 的函数。伊藤过程的表达式为

$$dx = a(x,t)\,dt + b(x,t)\,dz \tag{14-4}$$

过程中的漂移率期望和方差率均会随时间变化，在任意小的时间区间 t 与 $t+\Delta t$ 内，变量 x 变

为 $x+\Delta x$，其中

$$\Delta x = a(x,t)\Delta t + b(x,t)\varepsilon\sqrt{\Delta t}$$

以上关系式是一个近似式，其中假定了在时间区间 t 与 $t+\Delta t$ 内，变量 x 的漂移率和方差率都是常数，并且等于它们在时间 t 的值。

因为在式（14-4）中，x 的变化只依赖于 x 在时间 t 的值，而与其历史取值无关，所以这个过程具有马尔科夫性质。如果在式（14-4）中，a 与 b 依赖于 x 在时间 t 之前的值，那么这样得到的过程将不再具有马尔科夫性质。

14.3　描述股票价格的过程

在这一节里我们讨论通常对无股息股票的价格所假设的随机过程。

我们可能会想假设股票价格服从广义维纳过程，也就是说，它具有不变的漂移率期望值和不变的方差率。但是，这一模型却没有抓住股票价格的一个关键特性，即投资者所要求的预期收益率与股票价格无关：如果投资者在股票价格等于 10 美元时要求预期收益率为 14%，那么**在其他条件相同**时，投资者在股票价格等于 50 美元时也同样会要求收益率为 14%。

显然，漂移率期望值不变的假设是不合理的，该假设应修正为收益率期望（即漂移率期望值除以股票价格）为常数。如果股票在 t 时刻的价格为 S，那么股票的期望漂移率应为 μS，其中 μ 为常数。这一假设意味着在一段很短的时间 Δt 内，股票 S 的期望增量为 $\mu S\Delta t$，其中 μ 为股票的收益率期望值。

如果 $\mathrm{d}z$ 的系数是 0，即没有不确定性，那么这个模型变为

$$\Delta S = \mu S\Delta t$$

当 $\Delta t \to 0$ 时，其极限形式为

$$\mathrm{d}S = \mu S\mathrm{d}t$$

即

$$\frac{\mathrm{d}S}{S} = \mu\mathrm{d}t$$

由 0 到 T 对变量 t 进行积分，我们得出

$$S_T = S_0\mathrm{e}^{\mu T} \tag{14-5}$$

其中 S_0 和 S_T 分别为股票在 0 时刻和 T 时刻的价格。式（14-5）说明，当方差为 0 时，股票价格在单位时间内的连续复利增值率为 μ。

当然，实际中的股票价格存在不确定性。一个比较合理的假设是无论股票价格为多少，在一段较短时间 Δt 内股票价格百分比收益的变动性都一样。换句话讲，投资者在股票价格为 50 美元和 10 美元时对股票百分比收益的不确定性有同样的观点。这意味着在很短时间 Δt 后，股票价格变化的标准差应与股票价格成正比，因此得出的模型是

$$\mathrm{d}S = \mu S\mathrm{d}t + \sigma S\mathrm{d}z$$

或者

$$\frac{\mathrm{d}S}{S} = \mu\mathrm{d}t + \sigma\mathrm{d}z \tag{14-6}$$

式（14-6）是描述股票价格行为时最为广泛使用的一种模型。变量 μ 为股票价格的收益率期望

值。变量 σ 为股票价格的波动率，而变量 σ^2 为股票价格的方差率。式（14-6）可被视为在现实世界里的股票价格过程。在风险中性世界里，μ 等于无风险利率 r。

14.3.1 离散时间模型

我们以上建立的关于股票价格变化的模型叫**几何布朗运动**（geometric Brownian motion）。模型的离散形式为

$$\frac{\Delta S}{S} = \mu\Delta t + \sigma\varepsilon\sqrt{\Delta t} \tag{14-7}$$

或

$$\Delta S = \mu S\Delta t + \sigma S\varepsilon\sqrt{\Delta t} \tag{14-8}$$

变量 ΔS 为股票价格在一小段时间区间 Δt 内的变化，ε 服从标准正态分布（期望值为 0，方差为 1.0）。参数 μ 为股票在单位时间内的收益率期望值，参数 σ 为股票价格的波动率。在这一章里我们假定以上两个参数均为常数。

式（14-7）的左端是股票在短时间 Δt 内的收益率离散近似，$\mu\Delta t$ 项是收益率的期望值，而 $\sigma\varepsilon\sqrt{\Delta t}$ 是收益率的随机部分。随机部分的方差为 $\sigma^2\Delta t$，从而全部收益的方差也是 $\sigma^2\Delta t$。这与 13.7 节里定义的波动率是一致的，即 σ 的值使得 $\sigma\sqrt{\Delta t}$ 为股票在短时间 Δt 内收益率的标准差。

式（14-7）表明 $\Delta S/S$ 服从正态分布，期望值为 $\mu\Delta t$，标准差为 $\sigma\sqrt{\Delta t}$，换句话讲

$$\frac{\Delta S}{S} \sim \phi(\mu\Delta t, \sigma^2\Delta t) \tag{14-9}$$

例 14-3

考虑某只无股息股票，其波动率为每年 30%，连续复利收益率期望为 15%。这时，$\mu = 0.15$，$\sigma = 0.30$。股票价格的过程为

$$\frac{\mathrm{d}S}{S} = 0.15\mathrm{d}t + 0.30\mathrm{d}z$$

如果 S 是股票在某一时刻的价格，ΔS 为股票价格在此后一个短时间区间内的增量，则过程的离散近似为

$$\frac{\Delta S}{S} = 0.15\Delta t + 0.30\varepsilon\sqrt{\Delta t}$$

其中 ε 服从标准正态分布。假定时间间隔为 1 星期，即 0.019 2 年，那么 $\Delta t = 0.0192$

$$\frac{\Delta S}{S} = 0.15 \times 0.0192 + 0.30 \times \sqrt{0.0192}\varepsilon$$

或

$$\Delta S = 0.00288S + 0.0416S\varepsilon$$

14.3.2 蒙特卡罗模拟

一个随机过程的蒙特卡罗模拟是一种对过程随机抽样的程序。这种方法可以帮助我们理解式（14-6）的含义。

考虑例 14-3 的情形，其中股票的收益率期望值为每年 15%，波动率为每年 30%。股票价格在 1 周内的变化近似为

$$\Delta S = 0.00288S + 0.0416S\varepsilon \tag{14-10}$$

我们可以重复地从 $\phi(0, 1)$ 中抽取 ε 的样本，并代入式（14-10）来模拟股票价格在 10 周内变化的路径。Excel 中的表达式 = RAND() 可用于产生 0 与 1 之间的随机数，正态分布的反函数是 NORMSINV。因此由标准正态分布中取样的指令是 = NORMSINV（RAND()）。表 14-1 显示了由这种方法来产生的股票价格的一条路径。股票价格的初始值为 100 美元。在第 1 段时间里，从 $\phi(0, 1)$ 中抽取的随机数为 0.52，由式（14-10）得出股票价格变化为

$$\Delta S = 0.00288 \times 100 + 0.0416 \times 100 \times 0.52 = 2.45$$

表 14-1　当 μ = 0.15，σ = 0.30，以及时间长度为一周时的股票价格的模拟值

每个时间段开始时的股票价格	对于 ε 的随机抽样	每个时间段的股票价格变动	每个时间段开始时的股票价格	对于 ε 的随机抽样	每个时间段的股票价格变动
100.00	0.52	2.45	106.06	0.21	1.23
102.45	1.44	6.43	107.30	−1.10	−4.60
108.88	−0.86	−3.58	102.69	0.73	3.41
105.30	1.46	6.70	106.11	1.16	5.43
112.00	−0.69	−2.89	111.54	2.56	12.20
109.11	−0.74	−3.04			

因此在第 2 段时间开始时，股票价格为 102.45 美元。在第 2 段时间里，ε 的随机抽样为 1.44。由式（14-10）得出在第 2 段时间内股票价格变化为

$$\Delta S = 0.00288 \times 102.45 + 0.0416 \times 102.45 \times 1.44 = 6.43$$

因此，在下一段时间开始时，股票价格为 108.88 美元，等等。[㊀]注意，因为我们进行抽样的过程为马尔科夫过程，所以每一步对 ε 的抽样必须相互独立。

在表 14-1 中假定股票价格被精确到美分，我们应该认识到这一表格只显示了股票价格变动的一种可能方式。不同的随机抽样会产生不同的价格变动。在模拟中，我们可以采用任意小的时间步长 Δt。在 $\Delta t \to 0$ 的极限状态下可以取得对于随机过程的完美描述。在表 14-1 中，股票的最终价格 111.54 可以被看成在 10 个星期后股票价格的一个随机样本。反复进行如表 14-1 所示的模拟，我们可以得出在这段时间后股票价格的一个完整的概率分布。在第 21 章中我们将进一步详细描述蒙特卡罗模拟。

14.4 参数

本章所建立的描述股票价格的过程涉及两个参数：μ 和 σ。参数 μ 为投资者在很短一段时间里赚取的收益率期望值（按年计）。大多数投资者在承担更大风险时将会要求更高的预期收益，因此 μ 将会依赖于股票收益的风险，[㊁] μ 的取值也应该与经济体系中的利率水平有关，利率水平越高，投资者对股票的预期收益也会越高。

幸运的是我们并不需要关心计算 μ 的细节，因为与股票有关的衍生产品价值一般与 μ 无关。与之相反，对于确定与股票价格有关的衍生产品价值来讲，股票价格的波动率 σ 是至关重

㊀ 在实际中，我们应对 $\ln S$ 进行抽样，而不是对 S 进行抽样，这样效率会更高，我们将在 21.6 节讨论这一做法。

㊁ 更准确地讲，μ 取决于投资者不能通过分散化来消除的那部分风险。

要的。我们在第15章里将讨论估计σ的方法。股票价格的波动率通常是介于0.15到0.60（即15%到60%）之间。

在一段很短时间Δt后，股票价格百分比变化的标准差为$\sigma\sqrt{\Delta t}$。作为一个粗略估计，在一段较长时间T后，股票价格百分比变化的标准差为$\sigma\sqrt{T}$。这意味着，作为近似估计，波动率可以被解释成股票在1年内价格变化的标准差。在第15章里我们将要说明，股票价格的波动率正好等于以连续复利计算的1年时股票价格收益率的标准差。

14.5 相关过程

到现在为止，我们所考虑的是如何表示单变量的随机过程，我们现在将这些分析推广到涉及两个或更多相关变量的随机过程。假设两个变量x_1和x_2分别服从以下随机过程

$$\mathrm{d}x_1 = a_1\mathrm{d}t + b_1\mathrm{d}z_1 \text{ 和 } \mathrm{d}x_2 = a_2\mathrm{d}t + b_2\mathrm{d}z_2$$

其中$\mathrm{d}z_1$和$\mathrm{d}z_2$为维纳过程。

如前面所述，这些过程的近似离散形式是

$$\Delta x_1 = a_1\Delta t + b_1\varepsilon_1\sqrt{\Delta t} \text{ 和 } \Delta x_2 = a_2\Delta t + b_2\varepsilon_2\sqrt{\Delta t}$$

其中ε_1和ε_2是标准正态分布$\phi(0, 1)$的样本。

对变量x_1和x_2，我们可以像在14.3节里所讲的那样进行模拟。如果它们互不相关，用来描述在一段时间Δt内变动的ε_1和ε_2应当是相互独立的。

如果变量x_1和x_2之间有非零的相关系数ρ，那么用来描述在一段时间Δt内变动的ε_1和ε_2应当是二元正态分布的样本，其中每个变量都服从标准正态分布，而且两个变量之间的相关系数为ρ。在这种情形下，我们称维纳过程$\mathrm{d}z_1$与$\mathrm{d}z_2$具有相关系数ρ。

在Excel表中对互不相关的标准正态变量取样时，我们需要将"=NORMINV(RAND())"命令应用在每个单元里即可。当对具有相关系数ρ的标准正态变量ε_1和ε_2取样时，我们可以令

$$\varepsilon_1 = u \text{ 和 } \varepsilon_2 = \rho u + \sqrt{1-\rho^2}v$$

其中u和v是按互不相关的标准正态分布提取的样本。

应当指明的是，对于变量x_1和x_2，我们在上面假定参数a_1，a_2，b_1，b_2可以是x_1，x_2和t的函数。所以a_1，b_1既可以是x_1和t的函数也可以是x_2的函数，而a_2，b_2既可以是x_2和t的函数也可以是x_1的函数。

这里的结果可以推广。当3个变量服从相关的随机过程时，我们需要抽取3个不同ε的样本。这些变量服从三元标准正态分布。当有n个相关的随机变量时，我们需要从相应的多元正态分布中提取个n不同的ε样本。具体做法将在第21章里讨论。

14.6 伊藤引理

股票期权的价格是标的股票价格和时间的函数。更一般地讲，任意一种衍生产品的价格都是某些标的随机变量和时间的函数。想认真学习衍生产品定价的学生应该对随机变量函数的性质有所了解。在这个领域中的一个重要结论是数学家K. Itô在1951年发现的**伊藤引理**（Itô's Lemma）。[⊖]

⊖ 见K. Itô, "On Stochastic Differential Equations," *Memoirs of the American Mathematical Society*, 4 (1951): 1-51。

假设变量 x 的值服从以下伊藤过程

$$dx = a(x,t)dt + b(x,t)dz \tag{14-11}$$

其中 dz 是维纳过程，a 和 b 为 x 和 t 的函数。变量 x 的漂移率为 a，方差率为 b^2。伊藤引理说明 x 和 t 的函数 G 服从以下过程

$$dG = \left(\frac{\partial G}{\partial x}a + \frac{\partial G}{\partial t} + \frac{1}{2}\frac{\partial^2 G}{\partial x^2}b^2\right)dt + \frac{\partial G}{\partial x}b dz \tag{14-12}$$

其中 dz 是与式（14-11）里相同的维纳过程。因此，G 也服从伊藤过程，其漂移率为

$$\frac{\partial G}{\partial x}a + \frac{\partial G}{\partial t} + \frac{1}{2}\frac{\partial^2 G}{\partial x^2}b^2$$

方差率为

$$\left(\frac{\partial G}{\partial x}\right)^2 b^2$$

关于伊藤引理的严格证明已经超出了本书的范围。在本章的附录中，我们将说明这个引理可以作为微积分中一个著名结论的推广。

在本章前面的部分里我们说明了为什么

$$dS = \mu S dt + \sigma S dz \tag{14-13}$$

是一个描述股票价格变化的合理模型，其中 μ 和 σ 为常数。由伊藤引理，S 和 t 的函数 G 服从以下过程

$$dG = \left(\frac{\partial G}{\partial S}\mu S + \frac{\partial G}{\partial t} + \frac{1}{2}\frac{\partial^2 G}{\partial S^2}\sigma^2 S^2\right)dt + \frac{\partial G}{\partial x}\sigma S dz \tag{14-14}$$

注意 S 和 G 都受同一个不确定性来源 dz 的影响。在推导布莱克－斯科尔斯－默顿公式时，这一点很重要。

应用于远期合约

为了说明伊藤引理，我们考虑无股息股票上的远期合约。假定无风险利率为常数，对于所有期限利率均等于 r。由式（5-1），我们得出

$$F_0 = S_0 e^{rT}$$

其中 F_0 为 0 时刻的远期价格，S_0 为即期价格，T 为远期合约的期限。

我们现在推导远期价格随时间如何变化。定义 F 为 t 时刻的远期价格，S 为 t 时刻的股票价格，其中 $t<T$。F 和 S 满足

$$F = Se^{r(T-t)} \tag{14-15}$$

假设 S 服从式（14-13）所定义的随机过程，利用伊藤引理可以确定 F 所服从的随机过程。由式（14-15），我们得出

$$\frac{\partial F}{\partial S} = e^{r(T-t)}, \frac{\partial^2 F}{\partial S^2} = 0, \frac{\partial F}{\partial t} = -rSe^{r(T-t)}$$

根据式（14-14），F 服从的随机过程为

$$dF = [e^{r(T-t)}\mu S - rSe^{r(T-t)}]dt + e^{r(T-t)}\sigma S dz$$

将 $F = Se^{r(T-t)}$ 代入方程，上式变为

$$dF = (\mu - r)F dt + \sigma F dz \tag{14-16}$$

与 S 一样，远期价格 S 也服从几何布朗运动，其增长率期望为 $\mu - r$，而不是 μ。期货价格的增

长率等于 S 收益率超出无风险利率的部分。

14.7 对数正态分布的性质

接下来，我们利用伊藤引理来推导当 S 服从式（14-13）时，$\ln S$ 所服从的随机过程。我们定义

$$G = \ln S$$

因为

$$\frac{\partial G}{\partial S} = \frac{1}{S}, \frac{\partial^2 G}{\partial S^2} = -\frac{1}{S^2}, \frac{\partial F}{\partial t} = 0$$

由式（14-14）得出，G 满足

$$\mathrm{d}G = \left(\mu - \frac{\sigma^2}{2}\right)\mathrm{d}t + \sigma \mathrm{d}z \tag{14-17}$$

因为 μ 和 σ 为常数，以上方程说明 $G = \ln S$ 满足一个广义维纳过程，其漂移率为常数 $\mu - \sigma^2/2$，方差率为常数 σ^2。因此 $\ln S$ 在 0 与 T 时刻之间的变化服从正态分布，期望值为 $(\mu - \sigma^2/2)T$，方差为 $\sigma^2 T$。这意味着

$$\ln S_T - \ln S_0 \sim \phi\left[\left(\mu - \frac{\sigma^2}{2}\right)T, \sigma^2 T\right] \tag{14-18}$$

或者

$$\ln S_T \sim \phi\left[\ln S_0 + \left(\mu - \frac{\sigma^2}{2}\right)T, \sigma^2 T\right] \tag{14-19}$$

其中 S_T 为股票在 T 时刻的价格，S_0 为股票在 0 时刻的价格，$\phi(m, v)$ 代表期望值为 m，方差为 v 的正态分布。

式（14-19）说明 $\ln S_T$ 服从正态分布。如果一个变量的对数服从正态分布，我们称该变量满足对数正态分布。本章所建立的关于股票价格的模型意味着在给定今天股票价格的前提下，股票在 T 时刻的价格满足对数正态分布。股票价格对数的标准差为 $\sigma\sqrt{T}$，这一标准差与时间展望期长度的平方根成正比。

小 结

随机过程描述了变量值随时间变化的概率分布。在马尔科夫过程中，只有变量的当前值与将来的预测值有关。变量的历史以及如何演变到当前值的方式与预测值无关。

维纳过程 $\mathrm{d}z$ 是一个描述正态分布变量变化的马尔科夫过程。该过程在单位时间的漂移率为 0，方差率为 1.0。这意味着，如果变量在 0 时刻的初始值为 x_0，那么该变量在 T 时刻服从期望值为 x_0、标准差为 $\sqrt{T}$ 的正态分布。

广义维纳过程描述了在单位时间内漂移为 a，方差率为 b^2 的正态分布变量的变化过程，其中 a 和 b 为常数。这意味着，如果变量在 0 时刻的值为 x_0，那么该变量在 T 时刻服从期望值为 $x_0 + aT$、标准差为 $b\sqrt{T}$ 的正态分布。

变量 x 满足伊藤过程是指其漂移率和方差率均为 x 本身和时间 t 的函数。在一段很短时间区间内，x 的变化近似地服从正态分布，但在一段较长时间后，x 变化的概率分布往往是非正态的。

一种从直观上理解随机过程的方式是对变量变化进行模拟。模拟的方法是将时间分成若干小的区间，然后再对变量变化的可能路径进

行抽样，这样就可以产生变量在将来的概率分布。在第 21 章里我们将进一步讨论蒙特卡罗模拟方法。

伊藤引理是一种由变量本身所服从随机过程来计算该变量的函数所服从随机过程的方法。在第 15 章里我们将会发现对衍生产品定价时伊藤引理的重要性。该引理的关键是原始变量随机过程中的维纳过程与变量函数随机过程中的维纳过程是一样的，即两个随机过程具有相同的不确定性来源。

通常假设描述股票价格的随机过程为几何布朗运动。在这种过程中，在很小时间区间内，股票持有者的收益大约服从正态分布，而且在任意两个不相重叠的时间区间内的收益相互独立。股票价格在将来时刻的概率分布为对数正态分布。在下一章中我们所考虑的布莱克 - 斯科尔斯 - 默顿模型就是建立在几何布朗运动的假设之上。

推荐阅读

关于市场有效性和股票价格的马尔科夫性质

Brealey, R. A. *An Introduction to Risk and Return from Common Stock*, 2nd edn. Cambridge, MA: MIT Press, 1986.

Cootner, P. H. (ed.) *The Random Character of Stock Market Prices*. Cambridge, MA: MIT Press, 1964.

关于随机过程

Cox, D. R., and H. D. Miller. *The Theory of Stochastic Processes*. London: Chapman & Hall, 1977.

Feller, W. *Introduction to Probability Theory and Its Applications*. New York: Wiley, 1968.

Karlin, S., and H. M. Taylor. *A First Course in Stochastic Processes*, 2nd edn. New York: Academic Press, 1975.

Shreve, S. E. *Stochastic Calculus for Finance II: Continuous-Time Models*. New York: Springer, 2008.

练习题

14.1 如果我们说一个地区的温度服从马尔科夫过程，这里的含义是什么？你认为温度确实可以服从马尔科夫过程吗？

14.2 基于股票价格历史数据的交易策略的收益是否会总是高于平均收益？讨论这一问题。

14.3 假定一家公司的现金头寸（用百万美元来计）服从广义维纳过程，现金头寸的漂移率为每季度 0.5，方差率为每季度 4.0。公司的初始现金头寸要多高才能使得其在 1 年后的现金流为负值的概率小于 5%。

14.4 变量 X_1 和 X_2 服从广义维纳过程，漂移率分别为 μ_1 和 μ_2，方差率分别为 σ_1^2 和 σ_2^2。在以下条件下，$X_1 + X_2$ 服从什么样的过程。

(a) X_1 和 X_2 在任何小的时间区间内的变化相互无关。

(b) X_1 和 X_2 在任何小的时间区间内变化的相关系数为 ρ。

14.5 考虑服从以下过程的变量 S

$$dS = \mu dt + \sigma dz$$

在最初的 3 年中，$\mu = 2$，$\sigma = 3$；在接下的 3 年中，$\mu = 3$，$\sigma = 4$。如果变量的初始值为 5，变量在第 6 年年末的概率分布是什么？

14.6 假设 G 为股票价格和时间的函数，σ_S 和 σ_G 分别为 S 和 G 的波动率。证明当 S 的收益期望增加 $\lambda\sigma_S$ 时，G 的收益期望将会增加 $\lambda\sigma_G$，这里的 λ 为常数。

14.7 股票 A 和股票 B 均服从几何布朗运动，并且在任何短时段内两者的变化相互无关。由一只股票A和一只股票B所构成的证券组合的价值是否服从几何布朗运动？解释原因。

14.8 式（14-8）中的股票价格过程可以写成

$$\Delta S = \mu S \Delta t + \sigma S \varepsilon \sqrt{\Delta t}$$

其中μ和σ为常数。仔细解释以上模型与以下所列举各个模型之间的差别

$$\Delta S = \mu \Delta t + \sigma \varepsilon \sqrt{\Delta t}$$

$$\Delta S = \mu S \Delta t + \sigma \varepsilon \sqrt{\Delta t}$$

$$\Delta S = \mu \Delta t + \sigma S \varepsilon \sqrt{\Delta t}$$

为什么式（14-8）中模型比以上3种模型更适合用来描述股票价格的变化？

14.9 以下过程常被用来描述短期利率r随时间的变化。

$$dr = a(b - r)dt + rc dz$$

其中a，b，c为正常数，dz为维纳过程。描述这一过程的特性。

14.10 假定股票价格S服从几何布朗运动

$$dS = \mu S dt + \sigma S dz$$

其中μ为收益率的期望，σ为波动率。变量S^n服从什么过程？证明S^n也服从几何布朗运动。

14.11 假定x为在T时刻支付1美元的无券息债券的收益率（按连续复利）。假定x服从以下随机过程

$$dx = a(x_0 - x)dt + sx dz$$

其中a，x_0和s均为正常数，dz为维纳过程。债券价格服从的过程是什么？

14.12 某股票的价格是30美元，收益率期望是9%，波动率是20%。在Excel计算表中模拟在未来5年中价格变化的路径，要求步长取为1个月，并且从正态分布中取样。以图形来表示股票价格的路径。点击F9，观察当随机样本变化时路径的变化。

作业题

14.13 假定股票的收益率期望为每年16%，波动率为每年30%。当股票价格在某一天末的价格为50美元时，计算

(a) 在下一天股票价格的期望值。

(b) 在下一天股票价格的标准差。

(c) 在下一天股票价格的95%置信区间。

14.14 假定一家公司的现金头寸（以百万美元计）服从广义维纳过程，漂移率为每月0.1，方差率为每月0.16，初始现金头寸为2.0。

(a) 现金头寸在1个月、6个月以及1年时的概率分布是什么？

(b) 现金头寸在6个月末和1年末时有负现金头寸的概率为多少？

(c) 在将来什么时刻公司具有负现金头寸的概率为最大？

14.15 假定x为永久性政府债券的收益率，债券每年发放1美元的利息。假设x是按连续复利计算，并且券息也是连续支付，x服从以下随机过程

$$dx = a(x_0 - x)dt + sx dz$$

其中a，x_0和s为正常数，dz为维纳过程。债券价格服从的过程是什么？对于债券持有者而言，瞬时收益率的期望（包括利息和资本收益）为多少？

14.16 假定股票价格S服从式（14-6）中的几何布朗运动，以下变量都服从什么样的过程？

(a) $y = 2S$。

(b) $y = S^2$。

(c) $y = e^S$。

(d) $y = e^{r(T-t)}/S$。

对于每种情形，将dt和dz的系数用y（而不是S）来表达。

14.17 假定股票的当前价格为50，其收益率期望和波动率分别为每年12%和每年30%。股票价格在2年后高于80美元的概率为多少？（**提示：** 当$\ln S_T > \ln 80$时，$S_T > 80$。）

14.18 股票A的价格是30美元，收益率期望为11%，波动率为25%。股票B的价格是40美元，收益率期望为15%，波动

率为30%。描述两个股票收益率的过程具有相关系数ρ。在Excel计算表中模拟两个股票在3个月中价格变化的路径，要求步长取成1天，并且从正态分布取样。将结果画图，并点击F9键，观察当随机样本变化时，路径是如何变化的。考虑ρ等于0.25、0.75和0.95时的情形。

附录14A 伊藤引理的推导

在这个附录中我们将说明如何将伊藤引理看成一些简单结论的推广。考虑一个连续可微的x的函数G。如果x很小的变化为Δx，相应G的变化为ΔG，微积分里的一个著名结论是

$$\Delta G \approx \frac{\mathrm{d}G}{\mathrm{d}x}\Delta x \tag{14A-1}$$

换句话讲，ΔG大约等于G对x的导数乘以Δx。误差项包括高阶项Δx^2。如果需要更精确的表达式，我们可以运用ΔG的泰勒展开式

$$\Delta G = \frac{\mathrm{d}G}{\mathrm{d}x}\Delta x + \frac{1}{2}\frac{\mathrm{d}^2G}{\mathrm{d}x^2}\Delta x^2 + \frac{1}{6}\frac{\mathrm{d}^3G}{\mathrm{d}x^3}\Delta x^3 + \cdots$$

如果连续可导函数G有两个变量x和y，那么与式（14A-1）类似的结果为

$$\Delta G \approx \frac{\partial G}{\partial x}\Delta x + \frac{\partial G}{\partial y}\Delta y \tag{14A-2}$$

相应的泰勒展开式为

$$\Delta G = \frac{\partial G}{\partial x}\Delta x + \frac{\partial G}{\partial y}\Delta y + \frac{1}{2}\frac{\partial^2 G}{\partial x^2}\Delta x^2 + \frac{\partial^2 G}{\partial x\partial y}\Delta x\Delta y + \frac{1}{2}\frac{\partial^2 G}{\partial y^2}\Delta y^2 + \cdots \tag{14A-3}$$

当Δx和Δy趋于0时，式（14A-3）变为

$$\mathrm{d}G = \frac{\partial G}{\partial x}\mathrm{d}x + \frac{\partial G}{\partial y}\mathrm{d}y \tag{14A-4}$$

我们现在将式（14A-4）推广到适用于伊藤过程的情形。假定变量x满足伊藤过程

$$\mathrm{d}x = a(x,t)\,\mathrm{d}t + b(x,t)\,\mathrm{d}z \tag{14A-5}$$

G是x和t的函数。与式（14A-3）类似，我们可以得出

$$\Delta G = \frac{\partial G}{\partial x}\Delta x + \frac{\partial G}{\partial t}\Delta t + \frac{1}{2}\frac{\partial^2 G}{\partial x^2}\Delta x^2 + \frac{\partial^2 G}{\partial x\partial t}\Delta x\Delta t + \frac{1}{2}\frac{\partial^2 G}{\partial t^2}\Delta t^2 + \cdots \tag{14A-6}$$

将式（14A-5）离散化，得

$$\Delta x = a(x,t)\Delta t + b(x,t)\varepsilon\sqrt{\Delta t}$$

省略函数的变量时，以上方程可以写成

$$\Delta x = a\Delta t + b\varepsilon\sqrt{\Delta t} \tag{14A-7}$$

这一方程显示了式（14A-6）与式（14A-3）之间所存在的一个重要差别。当对式（14A-3）取极限而将其转换为式（14A-4）时，由于Δx^2项是2阶项，我们可以忽略这一项。由式（14A-7）出发，我们得出

$$\Delta x^2 = b^2\varepsilon^2\Delta t + \Delta t\text{ 的高阶项} \tag{14A-8}$$

以上方程说明式（14A-6）中的Δx^2项包含Δt项，因此这一项是不能忽略的。

标准正态分布的方差为1.0。这意味着

$$E(\varepsilon^2) - [E(\varepsilon)]^2 = 1$$

其中E表示期望值。由于$E(\varepsilon)=0$，所以$E(\varepsilon^2)=1$。因此$\varepsilon^2\Delta t$的期望值为Δt。由标准正

态分布的性质可知 $\varepsilon^2\Delta t$ 的方差为 $2\Delta t^2$。我们知道随机变量在时间 Δt 内的方差与 Δt（而不是 Δt^2）成正比。因此，当 Δt 趋于 0 时，我们可以将 $\varepsilon^2\Delta t$ 视为非随机项，并等于其期望值，因此式（14A-8）中的 Δx^2 在当 Δt 趋于 0 时为非随机项，并等于 $b^2\mathrm{d}t$。对式（14A-6）中取极限，并应用以上结果，我们得出

$$\mathrm{d}G = \frac{\partial G}{\partial x}\mathrm{d}x + \frac{\partial G}{\partial t}\mathrm{d}t + \frac{1}{2}\frac{\partial^2 G}{\partial x^2}b^2\mathrm{d}t \tag{14A-9}$$

以上方程就是伊藤引理。将式（14A-5）中的 $\mathrm{d}x$ 代入式（14A-9），我们得出

$$\mathrm{d}G = \left(\frac{\partial G}{\partial x}a + \frac{\partial G}{\partial t} + \frac{1}{2}\frac{\partial^2 G}{\partial x^2}b^2\right)\mathrm{d}t + \frac{\partial G}{\partial x}b\mathrm{d}z$$

在网页 www. rotman. utoronto. ca/ ~ hull/TechnicalNotes 里的 Technical Note 29 给出了有关伊藤引理推广的证明。当 G 是变量 x_1，x_2，…，x_n 的函数，而且

$$\mathrm{d}x_i = a_i\mathrm{d}t + b_i\mathrm{d}z_i$$

我们有

$$\mathrm{d}G = \left(\sum_{i=1}^{n}\frac{\partial G}{\partial x_i}a_i + \frac{\partial G}{\partial t} + \frac{1}{2}\sum_{i=1}^{n}\sum_{j=1}^{n}\frac{\partial^2 G}{\partial x_i\partial x_j}b_ib_j\rho_{ij}\right)\mathrm{d}t + \sum_{i=1}^{n}\frac{\partial G}{\partial x_i}b_i\mathrm{d}z_i \tag{14A-10}$$

当 G 是一个具有多项不确定来源的变量 x 的函数时

$$\mathrm{d}x = a\mathrm{d}t + \sum_{i=1}^{m}b_i\mathrm{d}z_i$$

我们有

$$\mathrm{d}G = \left(\frac{\partial G}{\partial x}a + \frac{\partial G}{\partial t} + \frac{1}{2}\frac{\partial^2 G}{\partial x^2}\sum_{i=1}^{m}\sum_{j=1}^{m}b_ib_j\rho_{ij}\right)\mathrm{d}t + \frac{\partial G}{\partial x}\sum_{i=1}^{m}b_i\mathrm{d}z_i \tag{14A-11}$$

在这些式子里，ρ_{ij}是 $\mathrm{d}z_i$ 与 $\mathrm{d}z_j$ 之间的相关系数（见 14.5 节）。

第 15 章

CHAPTER15

布莱克-斯科尔斯-默顿模型

在20世纪70年代初，费希尔·布莱克（Fisher Black）、迈伦·斯科尔斯（Myron Scholes）和罗伯特·默顿（Robert Merton）在对欧式股票期权定价上取得了重大突破，[⊖]他们发展了被称为“布莱克-斯科尔斯”（Black-Scholes）或“布莱克-斯科尔斯-默顿”（Black-Scholes-Merton）的模型。该模型对于交易员如何对期权定价与对冲都产生了重大影响。在1997年迈伦·斯科尔斯与罗伯特·默顿荣获了诺贝尔经济学奖，这充分说明了这一模型的重要性。不幸的是费希尔·布莱克在1995年去世，否则，毫无疑问他也会成为这项诺贝尔奖的得主之一。

布莱克、斯科尔斯和默顿是如何取得突破的呢？在他们之前，研究人员也做了类似的假设，并且正确地计算了欧式期权的期望收益，但是如13.2节所述，选取正确的贴现率是很困难的。布莱克和斯科尔斯利用资本资产定价模型（见第3章附录）确定了市场对期权所要求的收益与对股票所要求的收益之间的关系。由于这种关系既依赖于股票价格又依赖于时间，所以这样做并不容易。默顿的处理方式与布莱克和斯科尔斯不同，他的方法涉及由期权与标的股票组成的无风险组合，因而在一个很短的时间区间内，组合的回报率必须是无风险利率。这与我们在13.1节里的讲述是类似的，但是要更为复杂，这是因为股票的价格是随时间连续变化的。默顿的方法比布莱克和斯科尔斯更为一般，这是因为这种方法不依赖于资本资产定价模型的假设。

在这一章里我们将按默顿的方法推导布莱克-斯科尔斯-默顿模型，并且解释如何利用模型从历史数据估计波动率或由期权价格计算隐含波动率。本章还将说明如何使用在第13章中引进的风险中性定价方法，以及如何推广布莱克-斯科尔斯-默顿模型为支付股息的股票期权（包括美式期权）定价。

⊖ 见 F. Black and M. Scholes, “The Pricing of Options and Corporate Liabilities,” *Journal of Political Economy*, 81 (May/June 1973): 637-59; R. C. Merton, “Theory of Rational Option Pricing,” *Bell Journal of Economics and Management Science*, 4 (Spring 1973): 141-83.

15.1 股票价格的对数正态分布性质

布莱克、斯科尔斯和默顿用来描述股票价格行为的模型正是我们在第14章中建立的模型。该模型假设无股息股票在一短时间内的百分比变化具有正态分布。定义

μ：股票每年的期望收益率；

σ：股票价格每年的波动率。

在Δt时间内股票收益的均值和标准差分别近似地等于$\mu\Delta t$和$\sigma\sqrt{\Delta t}$。因此

$$\frac{\Delta S}{S} \sim \phi(\mu\Delta t, \sigma^2\Delta t) \tag{15-1}$$

其中ΔS为股票价格在Δt时间内的变化，$\phi(m, v)$代表期望为m，方差为v的正态分布。（这正是式（14-9）。）

在14.7节中我们曾证明

$$\ln S_T - \ln S_0 \sim \phi\left[\left(\mu - \frac{\sigma^2}{2}\right)T, \sigma^2 T\right]$$

因此

$$\ln\frac{S_T}{S_0} \sim \phi\left[\left(\mu - \frac{\sigma^2}{2}\right)T, \sigma^2 T\right] \tag{15-2}$$

和

$$\ln S_T \sim \phi\left[\ln S_0 + \left(\mu - \frac{\sigma^2}{2}\right)T, \sigma^2 T\right] \tag{15-3}$$

其中S_T是在未来时间T时的价格，S_0是在时间零时的价格。在这里没有做任何近似。式（15-3）说明$\ln S_T$服从正态分布，所以S_T服从对数正态分布。$\ln S_T$的均值是$\ln S_0 + (\mu - \sigma^2/2)T$，标准差是$\sigma\sqrt{T}$。

例15-1

考虑一个初始价格为40美元的股票，该股票的期望收益率为每年16%，波动率为每年20%。由式（15-3）我们知道，股票价格S_T在6个月时的概率分布是

$$\ln S_T \sim \phi(\ln 40 + (0.16 - 0.2^2/2) \times 0.5, 0.2^2 \times 0.5)$$

$$\ln S_T \sim \phi(3.759, 0.02)$$

一个服从正态分布的变量取值落在与均值的距离小于1.96倍标准差范围内的概率为95%。在本例中，标准差为$\sqrt{0.02} = 0.141$，因此在95%的置信度下，我们有

$$3.759 - 1.96 \times 0.141 < \ln S_T < 3.759 + 1.96 \times 0.141$$

这可以写成

$$e^{3.759 - 1.96 \times 0.141} < S_T < e^{3.759 + 1.96 \times 0.141}$$

或

$$32.55 < S_T < 56.56$$

因此，在6个月后股票价格介于32.55及56.56范围内的概率为95%。

具有对数正态分布的变量可以取零与无穷大之间的任何值，图 15-1 显示了对数正态分布的形状。与正态分布不同的是，它呈偏态，因此它的**均值**、**中位数**以及**众数**均不相等。由式（15-3）以及对数正态分布的性质，我们可以证明 S_T 的期望值 E（S_T）为

$$E(S_T) = S_0 e^{\mu T} \tag{15-4}$$

这与将 μ 定义成收益率期望的含义是一致的。S_T 的方差 var(S_T)可以表示为[⊖]

$$\text{var}(S_T) = S_0^2 e^{2\mu T}(e^{\sigma^2 T} - 1) \tag{15-5}$$

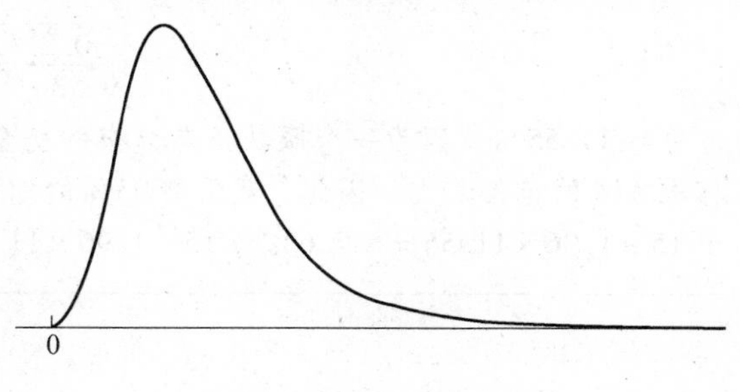

图 15-1　对数正态分布

例 15-2

考虑某股票，其当前价格是 20 美元，期望收益率是每年 20%，波动率为每年 40%。股票在 1 年后价格的期望和方差由下面式子给出

$$E(S_T) = 20e^{0.2\times1} = 24.43 \text{ 和 } \text{var}(S_T) = 400e^{2\times0.2\times1}(e^{0.4^2\times1} - 1) = 103.54$$

1 年后股票价格的标准差为 $\sqrt{103.54}$，即 10.18。

15.2　收益率的分布

由股票价格服从对数正态分布的性质出发，我们可以得出 0 与 T 之间连续复利收益率的概率分布。将 0 与 T 之间以连续复利的收益率计为 x，那么

$$S_T = S_0 e^{xT}$$

$$x = \frac{1}{T}\ln\frac{S_T}{S_0} \tag{15-6}$$

由式（15-2）得出

$$x \sim \phi\left(\mu - \frac{\sigma^2}{2}, \frac{\sigma^2}{T}\right) \tag{15-7}$$

因此，连续复利收益率服从正态分布，其期望值与标准差分别为 $\mu - \sigma^2/2$ 和 $\sigma/\sqrt{T}$。当 T 增大时，x 标准差减小。为了理解这一点，我们可以考虑 $T=1$ 和 $T=20$ 两种情形，我们相信对于在 20 年内的年平均收益估计比 1 年的年平均收益估计更为准确。

例 15-3

考虑某一股票，其预期收益率为每年 17%，波动率为每年 20%，在 3 年内实现的平均收益（以连续复利）服从正态分布，均值为

$$0.17 - \frac{0.2^2}{2} = 0.15$$

⊖ 关于式（15-4）和式（15-5）的证明可以在网页 www.rotman.utoronto.ca/～hull/TechnicalNotes 里的 Technical Note 2 中找到。关于对于对数正态分布性质更详细的讨论，见 J. Aitchison 和 J. A. C. Brown，*The Lognormal Distribution*. Cambridge University Press，1966。

即每年 15%，标准差为

$$\sqrt{\frac{0.2^2}{3}} = 0.1155$$

即每年 11.55%。因为一个服从正态分布的变量有 95% 的机会落在与其均值距离小于 1.96 倍标准方差的范围之内，因此，我们有 95% 的把握肯定在今后 3 年内实现的平均年收益率将会介于 $15 - 1.96 \times 11.55 = -7.6\%$ 与 $15 + 1.96 \times 11.55 = +37.6\%$ 之间。

15.3 收益率期望

投资者从一个股票中所寻求的收益率期望 μ 与股票的风险有关：风险越大，收益率期望也会越高。它还依赖于经济中的利率：当利率越高时，投资人对股票所要求的收益率期望也会越高。庆幸的是，我们不需要关心决定 μ 的任何细节。事实上，当利用标的股票价格来表示期权价格时，期权价格与 μ 毫不相干。尽管如此，股票收益率期望的一个性质常常引起混淆，因此我们特别解释这个性质。

式（15-1）表示 $\mu\Delta t$ 是股票在较短时间段 Δt 内价格变化百分比的期望值。由此我们可能会很自然地假设 μ 是股票以连续复利的收益率期望，但事实并非如此。在一段长度为 T 的时间内真正实现的以连续复利的收益 x 是由式（15-6）给出的：

$$x = \frac{1}{T}\ln\frac{S_T}{S_0}$$

而且由式（15-7），我们知道期望值 $E(x) = \mu - \sigma^2/2$。

以连续复利计算的收益率期望不等于 μ 的原因并不是那么一目了然，却十分重要。假定我们考虑很多长度为 Δt 的很短时间区间。定义 S_i 为股票在第 i 个时间区间末的股票价格，ΔS_i 为 $S_{i+1} - S_i$。在我们对股票价格所做的假设下，在每个小区间上股票价格的平均回报率大约为 μ。换句话说，$\mu\Delta t$ 很接近于 $\Delta S_i/S_i$ 的算术平均值。然而，当表示成以区间 Δt 复利时，在数据所覆盖的总区间上收益的期望接近于 $\mu - \sigma^2/2$，而不是 μ。[⊖]业界事例 15-1 描述的有关互惠基金的数值例子说明了为什么是这样。

为了以数学的方式解释原因，我们首先由式（15-4）开始

$$E(S_T) = S_0 e^{\mu T}$$

取对数，我们得出

$$\ln[E(S_T)] = \ln(S_0) + \mu T$$

我们可能会认为 $E[\ln(S_T)] = E[\ln(S_T)]$，并由此得出 $E[\ln(S_T)] - \ln(S_0) = \mu T$，即 $E[\ln(S_T/S_0)] = \mu T$，这也就得出了 $E(x) = \mu$。但是，因为 ln 是非线性函数。事实上 $\ln[E(S_T)] > E[\ln(S_T)]$，因此 $E[\ln(S_T/S_0)] < \mu T$，从而 $E(x) < \mu$。（如上所述，$E(x) = \mu - \sigma^2/2$。）

⊖ 收益率期望的意义不是很明确，它既可以是 μ，也可以是 $\mu - \sigma^2/2$。除非特别说明，本书所指的收益率期望为 μ。

业界事例 15-1　互惠基金的收益率可能会令人误解

μ 与 $\mu-\sigma^2/2$ 的不同与互惠基金报告收益率时存在的一个问题有密切关系。假定某互惠基金经理报告的在过去 5 年内的年收益率（以年复利）为 15%、20%、30%、－20%和 25%。

这些收益的算术平均值等于以上 5 个数值的和除以 5，即 14%。但是如果一个投资者将资金投入该互惠基金，并投资 5 年，那么其收益率会小于每年 14%。100 美元的投资在 5 年后的价值为

$$100\times1.15\times1.20\times1.30\times0.80\times1.25=179.40\ (\text{美元})$$

而以年复利 14% 的收益率计算，相应值将为

$$100\times1.14^5=192.54\ (\text{美元})$$

在 5 年后，终端值为 179.40 美元所对应的收益率为 12.4%，这是因为

$$100\times1.124^5=179.40\ (\text{美元})$$

那么，基金经理应该报告哪一个收益率呢？基金经理可能想做出以下陈述：“在过去 5 年，我们平均每年的收益率为 14%。”虽然这种说法没有错，但它会令人产生误解，而以下陈述就不太会使人误解：“投资者在过去 5 年将资金投入我们互惠基金所得收益为每年 12.4%。”在有些地区，监管当局要求基金经理以第 2 种形式报告收益率。

以上现象是数学中的一个著名结论：一组数据（不全部相等）的几何平均值总是小于算术平均值。在我们的例子中，收益每年的乘数项为 1.15、1.20、1.30、0.8 和 1.25。这些数字的算术平均为 1.140，而它们的几何平均值为 1.124，即 1 加上年回报在 5 年内的几何平均值。

15.4　波动率

股票的波动率 σ 用于度量股票所提供收益的不确定性。股票的波动率通常介于 15% 与 60% 之间。

由式（15-7）可知股票价格的波动率可以被定义成按连续复利时股票在 1 年内所提供收益率的标准差。

当 Δt 很小时，式（15-1）表明 $\sigma^2\Delta t$ 近似地等于在 Δt 时间内股票价格变化百分比的方差。这说明 $\sigma\sqrt{\Delta t}$ 近似地等于在 Δt 时间内股票价格变化百分比的标准差。例如，一家股票的价格为 50 美元，波动率 $\sigma=0.3$，即每年 30%。对应于每周价格百分比变化的标准差近似地等于

$$30\times\sqrt{\frac{1}{52}}=4.16\%$$

在 1 周内股票价格有 1 个标准差的变化为 50×0.0416，即 2.08 美元。

由标准差来描述股票价格变化不定性的增长速度大约为时间展望期长度的平方根（至少在近似意义下）。例如，一个股票价格在 4 周内的标准差大约为股票价格在 1 周内标准差的两倍。

15.4.1　由历史数据估计波动率

为了以实证的方式估计股票价格的波动率，对股票价格的观察通常是在固定的区间内（如每天、每周或每个月）。定义

$n+1$：观测次数；

S_i：第 i 个时间区间结束时的股票价格，$i=0,1,\cdots,n$；

τ：时间区间的长度，以年为单位。

令

$$u_i = \ln\left(\frac{S_i}{S_{i-1}}\right), i = 1, \cdots, n$$

u_i 标准差的估计值 s 为

$$s = \sqrt{\frac{1}{n-1}\sum_{i=1}^{n}(u_i - \bar{u})^2}$$

或

$$s = \sqrt{\frac{1}{n-1}\sum_{i=1}^{n}u_i^2 - \frac{1}{n(n-1)}\left(\sum_{i=1}^{n}u_i\right)^2}$$

其中 $\bar{u}$ 为 u_i 的均值。[⊖]

由式（15-2）我们知道 u_i 的标准差为 $\sigma\sqrt{\tau}$。因此，变量 s 是 $\sigma\sqrt{\tau}$的估计值。所以 σ 本身可以被估计为$\hat{\sigma}$，其中

$$\hat{\sigma} = \frac{s}{\sqrt{\tau}}$$

可以证明以上估计式的标准误差大约为$\hat{\sigma}/\sqrt{2n}$。

在计算中选择一个合适的 n 值并不很容易。一般来讲，数据越多，估计的精确度也会越高，但 σ 确实随时间变化，因此太老的历史数据对于预测将来波动率可能不太相干。一个折中的办法是采用最近 90 ~ 180 天内每天的收盘价数据。另外一种约定俗成的方法是将 n 设定为波动率所用于的天数。因此，如果波动率是用于计算两年期的期权，在计算中我们可以采用最近两年的日收益数据。估计波动率比较复杂的方法涉及 GARCH 模型，在第 23 章中我们将对此进行讨论。

例 15-4

表 15-1 给出了在 21 个连续交易日里的股票价格序列。这时 $n = 20$

$$\sum_{i=1}^{n} u_i = 0.09531 \quad 及 \quad \sum_{i=1}^{n} u_i^2 = 0.003\,26$$

日收益率标准差的估计值为

$$\sqrt{\frac{0.003\,26}{19} - \frac{0.095\,31^2}{20 \times 19}} = 0.012\,16$$

即 1.216%。假设每年有 252 个交易日，$\tau = 1/252$，以上数据给出的波动率估计值为每年 $0.012\,16\sqrt{252} = 0.193$，即 19.3%。估计值的标准误差为

$$\frac{0.193}{\sqrt{2 \times 20}} = 0.031$$

即每年 3.1%。

⊖ 当利用历史数据估计波动率时，常常将 $\bar{u}$ 假设为 0。

表 15-1 波动率计算

天数	收盘价（美元）	价格比率 (S_i/S_{i-1})	日收益 $u_i=\ln(S_i/S_{i-1})$	天数	收盘价（美元）	价格比率 (S_i/S_{i-1})	日收益 $u_i=\ln(S_i/S_{i-1})$
0	20.00			11	21.00	1.012 05	0.011 98
1	20.10	1.005 00	0.004 99	12	21.10	1.004 76	0.004 75
2	19.90	0.990 05	−0.010 00	13	20.90	0.990 52	−0.009 52
3	20.00	1.005 03	0.005 01	14	20.90	1.000 00	0.000 00
4	20.50	1.025 00	0.024 69	15	21.25	1.016 75	0.016 61
5	20.25	0.987 80	−0.012 27	16	21.40	1.007 06	0.007 03
6	20.90	1.032 10	0.031 59	17	21.40	1.000 00	0.000 00
7	20.90	1.000 00	0.000 00	18	21.25	0.992 99	−0.007 03
8	20.90	1.000 00	0.000 00	19	21.75	1.023 53	0.023 26
9	20.75	0.992 82	−0.007 20	20	22.00	1.011 49	0.011 43
10	20.75	1.000 00	0.000 00				

在以上的分析中假定了股票不付股息，但这里的分析同样也适用于支付股息的股票。对应于一个包含除息日在内的时间区间，股票的收益率为

$$u_i = \ln\frac{S_i + D}{S_{i-1}}$$

其中 D 为股息的数量，在其他时间区间内，股票的收益率仍为

$$u_i = \ln\frac{S_i}{S_{i-1}}$$

但是，由于税收因素可能会对收益率在除息日附近的计算起一定的作用，所以当我们利用每天或每周的数据进行计算时，也许最好的做法是除去包含除息日在内的时间区间里的数据。

15.4.2 交易日天数与日历天数

在计算和使用波动率参数时，一个很重要问题是在度量时间时，我们究竟应该采用日历天数还是交易日天数。如业界事例 15-2 所示，研究结果表明交易所开盘交易时的波动率比休市时的波动率要高很多。因此，在由历史数据来计算波动率以及计算期权期限时，市场参与者往往会去掉交易所休市的日期。由以下公式我们可以从每个交易日的波动率来计算每年的波动率

$$\text{年波动率} = \text{每个交易日的波动率} \times \sqrt{\text{每年的交易日天数}}$$

这也正是在例 15-4 中利用表 15-1 里的数据来计算波动率时采用的公式。对于股票，我们通常假设每年的交易日天数为 252。

期权期限通常也是由交易日天数（而不是由日历天数）来度量的。结果用 T 年来表达，其中

$$T = \frac{\text{距到期日的交易日天数}}{252}$$

业界事例 15-2 为什么价格会波动

我们很自然地假设股票的波动率是由刚刚到达市场的新信息所引起的。这些新信息会使投资者改变对股票价值的观点，从而引起股票价格变化，从而产生波动率。但是这种观点并没有得到研究结果的支持。利用连续几年中每天的股票数据，研究人员可以计算：

（1）在中间不包含非交易日时，一个交易日结束时与下一个交易日结束时股票价格收益率的方差；

（2）在星期五交易结束时与下星期一交易结束时股票价格收益率的方差。

第2项方差为3天之间收益率的方差。第1项方差对应于1天。我们也许很自然地认为第2项方差为第1项方差的3倍。法玛（1965）、弗伦奇（1980）以及弗伦奇和罗尔（1980）都证明了事实并非如此。这3项研究结果所估计的第2项方差只是分别比第1项方差高22%、19%以及10.7%。

这时，你也许会说这些结果的起因是由于在交易开盘时有更多信息，但是罗尔（1984）的研究结果并不支持这一观点，罗尔检测了橙汁期货的价格：对于橙汁期货价格而言，最重要的决定因素是气候，而有关气候的信息对于任何时间都有同样的可能性。当罗尔做了一个类似于我们刚刚描述的有关股票的分析时，他发现第2项（星期五至星期一）方差只是第1项方差的1.54倍。

唯一合理的结论是在很大程度上波动率是由交易本身引起的（交易员一般并不认为这一结论难以接受）。

15.5 布莱克-斯科尔斯-默顿微分方程的概念

布莱克-斯科尔斯-默顿微分方程是每一个依赖于无股息股票的衍生产品价格必须满足的方程式。我们将在下一节推导这个方程，在这里我们考虑布莱克-斯科尔斯-默顿方法的特征。

这种方法与第13章中利用二叉树来描述股票价格变动时的无套利方法类似。在定价的过程中需要构造一个由期权与标的股票所组成的无风险交易组合，在无套利的条件下，这一交易组合的收益率必须为无风险利率 r，由此我们可以得出期权价格必须满足的微分方程。

我们之所以可以建立无风险交易组合是由于股票价格与期权价格均受同一种不定性的影响：股票价格的变动。在任意一段短时期内，衍生产品的价格与股票价格有完美的相关性；在建立了一个适当的股票与期权的组合后，由股票所带来的盈亏总是可以抵消由期权所带来的盈亏。这样一来，交易组合在一个短时间内的价值变化也就成为已知而没有不确定性。

例如，假定在某一特定时刻，股票价格的一个微小变动 ΔS 与由此所引起的欧式看涨期权价格变动 Δc 之间有以下关系

$$\Delta c = 0.4\Delta S$$

这意味着代表 Δc 与 ΔS 之间关系的切线斜率为0.4，如图15-2所示。无风险交易组合构造如下：

（1）40只股票的多头；

（2）100份看涨期权的空头。

假定股票价格上涨了10美分，期权价格将增长4美分。交易组合中股票的增长为 $40 \times 0.1 = 4$ 美元，这恰好等于期权空头的 $100 \times 0.04 = 4$ 美元的损失。

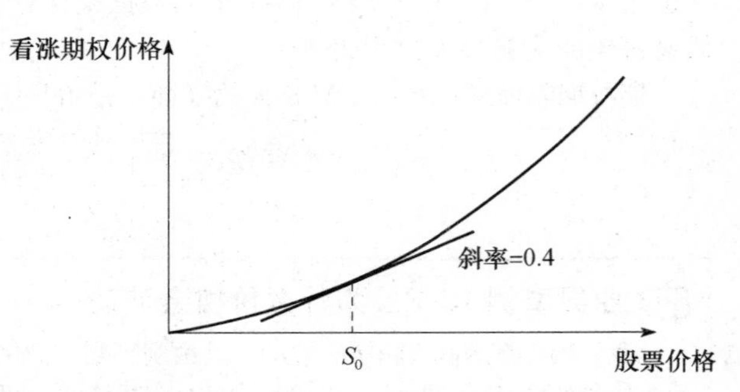

图15-2 期权价格与股票价格的关系，股票的当前价格为 S_0

布莱克-斯科尔斯-默顿分析与第13章里利用二叉树法的分析之间有一个很重要的区别：这里所建立的头寸只是在一个非常短的时间内是无风险的（从理

论上讲，这种无风险只是在瞬时间成立）。为了保持无风险状态，交易组合必须被频繁地调整或**再平衡**（rebalance）。[⊖]例如，Δc 与 ΔS 之间的关系也许会从今天的 $\Delta c=0.4\Delta S$ 变为明天的 $\Delta c=0.5\Delta S$。如果这种情况发生，为了保持交易组合为无风险形态，对卖出的每 100 份看涨期权，我们必须再买入 10 只股票。尽管如此，在短时间内无风险交易组合的收益率必须等于无风险利率。这是布莱克 - 斯科尔斯 - 默顿分析的关键，由此即可得出他们的定价公式。

假设

在推导布莱克 - 斯科尔斯 - 默顿微分方程时，我们采用以下假设：

（1）股票价格服从在第 14 章中所建立的过程，其中 μ 和 σ 为常数；

（2）可以卖空证券，并且可以完全使用所得收入；

（3）无交易费用和税收，所有证券均可无限分割；

（4）在期权期限内，股票不支付股息；

（5）不存在无风险套利机会；

（6）证券交易为连续进行；

（7）短期无风险利率 r 为常数，并对所有期限都是相同的。

我们将在后面的章节中讨论如何放松其中一些假设。例如，σ 和 r 可以是已知的时间函数。只要股票价格在期权到期时的分布是对数正态，我们甚至可以让 r 也是随机的。

15.6 布莱克 - 斯科尔斯 - 默顿微分方程的推导

在本节里的记号与书中其他地方不一样，我们考虑衍生产品在一时间 t（而不是时间 0）时的价格。如果 T 是到期日，那么期权的期限是 $T-t$。

我们假设股票价格服从在 14.3 节所建立的过程，即

$$dS=\mu S\mathrm{d}t+\sigma S\mathrm{d}z \tag{15-8}$$

假定 f 为关于 S 的看涨期权，或其他依赖于 S 的衍生产品价格。变量 f 必须是 S 和 t 的函数。因此，由式（14-14）得出

$$\mathrm{d}f=\left(\frac{\partial f}{\partial S}\mu S+\frac{\partial f}{\partial t}+\frac{1}{2}\frac{\partial^2 f}{\partial S^2}\sigma^2S^2\right)\mathrm{d}t+\frac{\partial f}{\partial S}\sigma S\mathrm{d}z \tag{15-9}$$

式（15-8）和式（15-9）的离散形式为

$$\Delta S=\mu S\Delta t+\sigma S\Delta z \tag{15-10}$$

和

$$\Delta f=\left(\frac{\partial f}{\partial S}\mu S+\frac{\partial f}{\partial t}+\frac{1}{2}\frac{\partial^2 f}{\partial S^2}\sigma^2S^2\right)\Delta t+\frac{\partial f}{\partial S}\sigma S\Delta z \tag{15-11}$$

其中 ΔS 与 Δf 为 S 与 f 在一个短时间区间 Δt 内的变化量。回忆在 14.6 节里有关伊藤引理的讨论中，f 和 S 的维纳过程是一样的。换句话说，式（15-10）和式（15-11）中的 $\Delta z(=\varepsilon\sqrt{\Delta t})$ 项是一样的。因此，我们可以适当地选择股票与衍生产品期权组合来消除维纳过程。选取证券组合为：

−1：衍生产品

⊖ 我们在第 19 章将讨论再平衡的更多细节。

$+\dfrac{\partial f}{\partial S}$：股票

以上组合含有一个衍生产品的空头与 $\partial f/\partial S$ 数量的股票。定义 Π 为组合的价值，由定义

$$\Pi = -f + \frac{\partial f}{\partial S}S \tag{15-12}$$

证券组合的价格在 Δt 时间区间内的变化由以下方程给出

$$\Delta\Pi = -\Delta f + \frac{\partial f}{\partial S}\Delta S \tag{15-13}$$

将式（15-10）和式（15-11）代入式（15-13），得出

$$\Delta\Pi = \left(-\frac{\partial f}{\partial t} - \frac{1}{2}\frac{\partial^2 f}{\partial S^2}\sigma^2 S^2\right)\Delta t \tag{15-14}$$

因为以上方程的右端不含 Δz 项，证券组合在 Δt 时间内一定是无风险的。前一节列举的假设意味着该证券组合必须挣取与其他短期无风险证券相同的瞬时收益率。如果该组合挣取的比这个收益率高，套利者可以通过借入资金来买入组合而取得无风险盈利；如果比这个收益率低，套利者可以卖空组合并同时买入无风险投资证券来取得无风险盈利。因此

$$\Delta\Pi = r\Pi\Delta t \tag{15-15}$$

其中 r 为无风险利率。将式（15-12）和式（15-14）代入式（15-15）会得出

$$\left(\frac{\partial f}{\partial t} + \frac{1}{2}\frac{\partial^2 f}{\partial S^2}\sigma^2 S^2\right)\Delta t = r\left(f - \frac{\partial f}{\partial S}S\right)\Delta t$$

因此

$$\frac{\partial f}{\partial t} + rS\frac{\partial f}{\partial S} + \frac{1}{2}\frac{\partial^2 f}{\partial S^2}\sigma^2 S^2 = rf \tag{15-16}$$

式（15-16）就是布莱克－斯科尔斯－默顿微分方程。对应于不同的以 S 为标的变量的衍生产品，这一方程有不同的解。对于某一特定衍生产品，以上方程的解与方程的**边界条件**（boundary conditions）有关：边界条件定义了衍生产品在 S 和 t 的边界上的取值。欧式看涨期权的关键边界条件为

$$\text{当 } t = T \text{ 时，} f = \max(S - K, 0)$$

欧式看跌期权的关键边界条件为

$$\text{当 } t = T \text{ 时，} f = \max(K - S, 0)$$

例 15-5

在无股息股票上的远期合约是一种依赖于这个股票的衍生产品，因此，其价格应满足式（15-16）。由式（5-5）得出，在时刻 t 的远期合约价值与股票价格 S 之间关系满足

$$f = S - Ke^{-r(T-t)}$$

其中 K 为交割价格。这意味着

$$\frac{\partial f}{\partial t} = -rKe^{-r(T-t)}, \frac{\partial f}{\partial S} = 1, \frac{\partial^2 f}{\partial S^2} = 0$$

将以上方程代入式（15-16）的左端，我们得出

$$-rKe^{-r(T-t)} + rS$$

这正好等于 rf。因此，对于远期合约式（15-16）确实成立。

15.6.1 永续衍生产品

考虑某永续衍生品，当股票价格第1次达到价值 H 时，该衍生品收益为一个固定量 Q。在这个例子中，对于与任何值 S，该衍生品的价值与时间 t 无关，因此 $\partial f/\partial t$ 量为零，偏微分方程式（15-16）也就变成了常微分方程。

首先假定 $S<H$，衍生产品的边界条件是当 $S=0$ 时 $f=0$；而当 $S=H$ 时，$f=Q$。表达式 $f=QS/H$ 满足边界条件和微分方程，因此，该表达式也就给出了衍生产品价值。

接下来假定 $S>H$，衍生产品的边界条件是当 S 趋向无穷时 $f=0$；而当 $S=H$ 时，表达式

$$f = Q\left(\frac{S}{H}\right)^{-\alpha}$$

满足边界条件，其中 α 为一个正常数。当 α 满足以下方程时

$$-r\alpha + \frac{1}{2}\sigma^2\alpha(\alpha+1) - r = 0$$

即 $\alpha=2r/\sigma^2$ 时，以上表达式也满足微分方程。衍生产品的价值为

$$f = Q\left(\frac{S}{H}\right)^{-2r/\sigma^2} \tag{15-17}$$

练习题15.23证明了式（15-17）可以用于对永续美式看跌期权定价。在26.2节中将分析推广到了当标的资产支付股息收益率为 q 时，对美式看涨和看跌期权如何定价。

15.6.2 可交易衍生产品的价格

任何满足式（15-16）的函数 $f(S,\ t)$ 均可以作为某种**可交易衍生产品**的理论价格。如果以函数 $f(S,\ t)$ 为价格的衍生产品确实存在，这个价格将不会造成任何套利机会。反之，如果函数 $f(S,\ t)$ 不满足微分方程式（15-16），那么在不给交易员制造套利机会的前提下，这一函数不会是衍生产品的价格。

为了说明这一点，我们首先考虑函数 e^S，该函数不满足式（15-16）。它因此也不能是股票价格上衍生产品的价格。如果一个价格等于 e^S 的产品确实存在，那么将一定会触发套利机会。作为第2个例子，我们考虑函数

$$\frac{e^{(\sigma^2-2r)(T-t)}}{S}$$

该函数满足式（15-16），因此，从理论上讲，这一函数是某个可交易产品的价格（该衍生产品在 T 时刻的收益为 $1/S_T$）。关于其他可交易产品，参见练习题15.11、练习题15.12、作业题15.23和作业题15.28。

15.7 风险中性定价

在第13章中我们曾利用二叉树模型引入了风险中性定价的方法。毫无疑问，这是在衍生产品定价分析中一个最重要的工具。这个结果是由布莱克－斯科尔斯－默顿微分方程的一个关键的性质而来：布莱克－斯科尔斯－默顿微分方程不涉及任何受投资者风险偏好影响的变量，在方程中出现的变量包括股票的当前价格、时间、股票价格波动率和无风险利率，而它们均与风险选择无关。

如果布莱克－斯科尔斯－默顿微分方程涉及回报期望 μ，那么它将不会与风险选择无关，这是因为 μ 的值确实与风险选择有关，投资者对风险的厌恶程度越高，对任何股票，相应的 μ

值也会越高。可喜的是在推导微分方程时，μ 正好消失了。

由于布莱克－斯科尔斯－默顿微分方程与风险选择无关，我们可以利用下面的巧妙方法：如果风险选择在方程中不出现，那么它不会影响方程的解。因此，在计算 f 时，我们可以使用任何一组风险选择，尤其可以假设所有的投资者都是风险中性的。

在每一个投资者都是风险中性的世界里，所有投资的回报率期望均为无风险利率 r，原因是对风险中性的投资者而言，不需要额外的回报而使他们承受风险。另外，在一个风险中性世界里，任何现金流的现值都可以通过对其期望值以无风险利率贴现来得到。因此，在假设世界是风险中性时能够大大地简化对衍生产品的分析。

考虑一个在某个时刻提供收益的衍生产品，我们可以利用风险中性定价原理对其定价，过程如下：

（1）假定标的资产的收益率期望为无风险利率（即假定 $\mu = r$）；

（2）计算衍生产品收益的期望；

（3）用无风险利率对收益期望进行贴现。

风险中性定价（或假设所有投资者都是风险中性）仅仅是获得期权定价公式的一个人为的工具，认识到这一点是非常重要的。我们所得到的解不仅当投资者是风险中性时成立，而且在所有世界里也都是成立的。当我们从风险中性世界换到风险厌恶世界时，两种情况将会发生：股票价格变动的增长率期望以及对衍生产品收益所必需使用的贴现率都将会变化，而这两种变化刚好相互抵消。

应用于股票远期合约

在 5.7 节中，我们对不支付股息的股票上的远期合约做了定价，并且在例 15-5 中验证了定价公式满足布莱克－斯科尔斯－默顿微分方程。在这一节中，我们利用风险中性定价方法来推导这个定价公式。我们假设利率是常数，等于 r。这比第 5 章中的假设更强。

考虑一个期限为 T 的远期合约多头，交割价格为 K。如图 1-2 所示，在合约到期时，远期合约的价值为

$$S_T - K$$

其中 S_T 是股票在时间 T 的价格。由风险中性定价方法我们知道，远期合约在时间 0 的价值是其风险中性世界里在时间 T 的期望值以无风险利率加以贴现后的现值。将远期合约在时间 0 的价值记为 f，这意味着

$$f = e^{-rT}\hat{E}(S_T - K)$$

其中 $\hat{E}$ 为风险中性世界里的期望值。由于 K 是常数，这个方程可以被写成

$$f = e^{-rT}\hat{E}(S_T) - Ke^{-rT} \tag{15-18}$$

在风险中性世界里股票的回报率 μ 变成了 r。因此，由式（15-4）我们有

$$\hat{E}(S_T) = S_0 e^{rT} \tag{15-19}$$

将式（15-19）带入式（15-18）得到

$$f = S_0 - Ke^{-rT}$$

这一结果同式（5-5）是一致的。

15.8 布莱克－斯科尔斯－默顿定价公式

微分方程式（15-16）最著名的解是关于看涨期权与看跌期权的定价公式，这些公式为

$$c = S_0N(d_1) - Ke^{-rT}N(d_2) \tag{15-20}$$

和

$$p = Ke^{-rT}N(-d_2) - S_0N(-d_1) \tag{15-21}$$

其中

$$d_1 = \frac{\ln(S_0/K) + (r + \sigma^2/2)T}{\sigma\sqrt{T}}$$

$$d_2 = \frac{\ln(S_0/K) + (r - \sigma^2/2)T}{\sigma\sqrt{T}} = d_1 - \sigma\sqrt{T}$$

函数 $N(x)$ 为标准正态分布的累积概率分布函数。换言之，这一函数等于服从标准正态分布 $\phi(0,1)$ 的随机变量小于 x 的概率（见图 15-3）。我们对方程中的其他记号应当很熟悉：c 与 p 分别为欧式看涨与看跌期权的价格，S_0 为股票在时间 0 的价格，K 为执行价格，r 为连续复利的无风险利率，σ 为股票价格的波动率，T 为期权的期限。

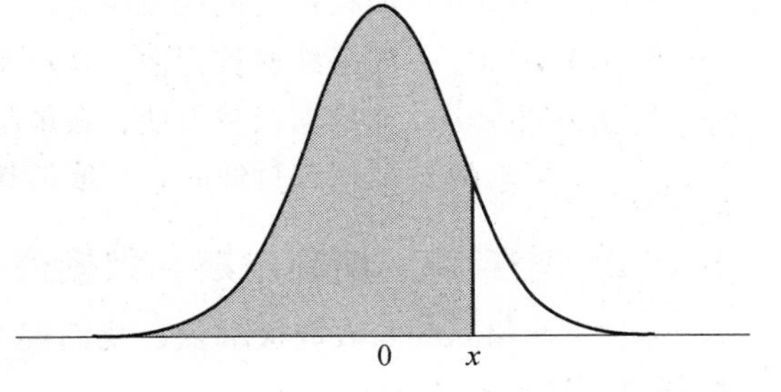

图 15-3　阴影区域代表 $N(x)$

一种推导布莱克－斯科尔斯－默顿公式的方法是解微分方程式（15-16）满足在 15.6 节提到过的边界条件。[⊖]（为了证明式（15-20）中的看涨期权价格满足微分方程，见练习题 15.17。）另一种方法是利用风险中性定价。考虑欧式看涨期权，在风险中性世界里当期权到期时的期望值是

$$\hat{E}[\max(S_T - K, 0)]$$

与前面相同，其中 $\hat{E}$ 为在风险中性世界里的期望值。从风险中性定价方法我们知道，欧式看涨期权的价格 c 等于这个期望值以无风险利率贴现后的现值，也就是说

$$c = e^{-rT}\hat{E}[\max(S_T - K, 0)] \tag{15-22}$$

在本章的附录中我们证明了由这个式子可以得出式（15-20）中的结果。

由于提前行使不支付股息股票上美式看涨期权永远不会是最优的（见 11.5 节），所以式（15-20）也是不付股息股票上美式看涨期权的价值。不幸的是，还没有不付股息股票上美式看跌期权价值的精确解析公式。在第 21 章中我们将讨论计算美式看跌期权的数值方法。

在实际中应用布莱克－斯科尔斯－默顿公式时采用的利率 r 等于期限为 T 的无风险利率。在后面的章节中我们将证明，当 r 是时间的已知函数时，在理论上公式仍然是成立的，而且只要股票价格在时间 T 服从对数正态分布，并且波动率参数取得适当，那么当 r 是随机时，这个公式也是成立的。我们在前面提到过，一般来讲，时间是按期权有效期内的交易天数除以 1 年内的交易天数来度量的。

15.8.1　如何理解 $N(d_1)$ 和 $N(d_2)$

式（15-20）中的 $N(d_2)$ 有一个简单解释，它是在风险中性世界里期权被行使的概率，而

⊖ 微分方程给出了看涨与看跌期权在时间 t 的价格。例如，满足方程的看涨期权价格是 $c = S_0N(d_1) - Ke^{-r(T-t)}N(d_2)$，其中 $d_1 = \dfrac{\ln(S_0/K) + (r + \sigma^2/2)(T-t)}{\sigma\sqrt{T-t}}$ 和 $d_2 = d_1 - \sigma\sqrt{T-t}$。

$N(d_1)$ 却没有一个简单解释，表达式 $S_0N(d_1)e^{rT}$ 是一个在 $S_T>K$ 时等于 S_T，在其他情形（即 $S_T \leqslant K$ 时）等于零的变量在风险中性世界里的期望值。只有当股票价格大于执行价格 K 时，执行价格才会被支付，相应的概率为 $N(d_2)$，在风险中性世界里，期权在时间 T 期望值等于

$$S_0N(d_1)e^{rT}-KN(d_2)$$

将以上表达式由时间 T 到时间 0 进行贴现，得出欧式看涨期权的布莱克－斯科尔斯－默顿公式

$$c=S_0N(d_1)-Ke^{-rT}N(d_2)$$

对于布莱克－斯科尔斯－默顿公式，我们还有另外一种解释。我们注意到布莱克－斯科尔斯－默顿公式也可以写成

$$c=e^{-rT}N(d_2)[S_0e^{rT}N(d_1)/N(d_2)-K]$$

以上公式的各项有以下解释

e^{-rT}：贴现因子；

$N(d_2)$：期权被行使的概率；

$e^{rT}N(d_1)/N(d_2)$：如果期权被行使，在风险中性世界里股票预期增长比率 1；

$S_0e^{rT}N(d_1)/N(d_2)$：如果期权被行使，在风险中性世界里股票预期值；

K：期权被行使时，相应的执行价格。

15.8.2 布莱克－斯科尔斯－默顿公式的性质

通过考虑给一些参数取极端值，我们现在证明布莱克－斯科尔斯－默顿公式具有正确的性质。

当股票价格 S_0 很大时，看涨期权几乎肯定会被执行，这时期权与执行价格为 K 的远期合约非常相似。根据式（5-5）得出看涨期权价格应该为

$$S_0-Ke^{-rT}$$

事实上，以上公式正好是式（15-20）所给出的期权价格：因为当 S_0 很大时，d_1 及 d_2 均很大，因此 $N(d_1)$ 与 $N(d_2)$ 均接近于 1.0。当股票价格很大时，欧式看跌期权的价格接近于零，这与式（15-21）是一致的，因为在这种情形下 $N(-d_1)$ 与 $N(-d_2)$ 均接近于零。

接着我们考虑当波动率接近于零的情形。因为股票价格几乎是无风险的，其价格在时间 T 将会增长到 S_0e^{rT}，看涨期权的收益为

$$\max(S_0e^{rT}-K,0)$$

以利率 r 贴现，看涨期权在今天的价值是

$$e^{-rT}\max(S_0e^{rT}-K,0)=\max(S_0-e^{-rT}K,0)$$

为了证明这与式（15-20）一致，首先考虑当 $S_0>Ke^{-rT}$ 的情况，这意味着 $\ln(S_0/K)+rT>0$。当 σ 趋于零时，d_1 和 d_2 均趋向于 $+\infty$，因此 $N(d_1)$ 与 $N(d_2)$ 均趋向于 1.0，式（15-20）变成了

$$c=S_0-e^{-rT}K$$

当 $S_0<Ke^{-rT}$ 时，将有 $\ln(S_0/K)+rT<0$。当 σ 趋于零时，d_1 和 d_2 均趋向于 $-\infty$，所以 $N(d_1)$ 与 $N(d_2)$ 均趋向于零，方程所给的看涨期权价格为零。类似地，我们可以证明当 σ 趋于零时，看跌期权的价格总是 max（$Ke^{-rT}-S_0$，0）。

15.9 累积正态分布函数

在计算式（15-20）与式（15-21）时，我们需要计算标准正态分布的累积函数 $N(x)$。这

一函数也可以通过 Excel 中的函数 NORMSDIST 来计算。

例 15-6

考虑一个 6 个月期限的期权。股票当前价格为 42 美元，执行价格为 40 美元，无风险利率为年率 10%，波动率为每年 20%，也就是说 $S_0=42$，$K=40$，$r=0.1$，$\sigma=0.2$，$T=0.5$，因此

$$d_1=\frac{\ln(42/40)+(0.1+0.2^2/2)\times 0.5}{0.2\times\sqrt{0.5}}=0.7693$$

$$d_2=\frac{\ln(42/40)+(0.1-0.2^2/2)\times 0.5}{0.2\times\sqrt{0.5}}=0.6278$$

以及

$$Ke^{-rT}=40e^{-0.05}=38.049$$

如果该期权为欧式看涨期权，其价值 c 为

$$c=42N(0.7693)-38.049N(0.6278)$$

如果该期权为欧式看跌期权，其价值 p 为

$$p=38.049N(-0.6278)-42N(-0.7693)$$

采用以上多项式近似或 Excel 中的 NORMSDIST 函数

$$N(0.7693)=0.7791,N(-0.7693)=0.2209$$

$$N(0.6278)=0.7349,N(-0.6278)=0.2651$$

由此得出

$$c=4.76,\quad p=0.81$$

忽略货币的时间价值，股票价格至少上涨 2.76 美元才能使得看涨期权的投资者盈亏均衡。类似地，股票价格至少下跌 2.81 美元才能使得看跌期权的投资者盈亏均衡。

15.10　权证与雇员股票期权

行使一个公司的普通看涨期权对于在市场上交易的公司股票数量没有任何影响。如果期权承约者不拥有公司的股票，那么他在期权被行使时必须在市场上按通常的方式买入股票，然后按执行价格卖给期权的持有者。如在第 10 章解释的那样，权证和雇员股票期权与一般看涨期权不同的是，在权证与雇员股票期权被行使时，公司必须首先发行更多的股票，然后再以执行价格卖给期权持有者。由于执行价格低于股票的市场价格，这些期权的行使会对市场上现有股票持有者的利益产生稀释效应。

这种潜在的稀释效应是否会影响我们对既存权证与雇员股票期权的定价方式呢？答案是否定的。假定市场是有效的，那么股票价格已经反映了已有的权证与雇员股票期权的稀释效应。业界事例 15-3 解释了这一点。[⊖]

⊖ 分析员常常假定权证与股权价值的总和（而非股权价值的总和）服从对数正态分布，因此，由布莱克 - 斯科尔斯公式来表达的权证价值是由权证价值来表示。关于这一模型的细节，参见网页 www.rotman.utoronto.ca/~hull/TechnicalNotes 上的 Technical Note 3。

业界事例 15-3 认股权证、雇员期权和稀释效应

考虑一家公司，该公司发行了 100 000 份股票，每份股票价格为 50 美元。公司发布了一个市场没有预料到的消息：公司将发行 100 000 份股票期权给其雇员，期权执行价格为 50 美元。如果市场认为公司发行的期权以削减雇员工资形式对股东没有带来好处并且对那些较为上进的经理也没有好处，股票价格会很快下跌。如果股票价格跌至 45 美元，期权给股东带来的稀释费用为每股 5 美元，整体费用为 500 000 美元。

假定公司在 3 年后表现很好，届时股票价格为每股 100 美元。假定所有的期权将在 3 年末行使，雇员期权每份的收益为 50 美元。这时人们可能会认为期权行使会带来更多稀释效应，即 100 000 份每份价格为 100 美元的股票会与 100 000 份每份价格为 50 美元的股票进行合并，因此股票价格会跌至 75 美元，期权持有人的每份收益只有 25 美元。但是，以上说法是有问题的。市场预期股票期权会被行使，股票价格已经反映了这一预期。因此，每份期权的收益仍为 50 美元。

这个例子反映了一个普遍现象，即当市场有效时，雇员期权和认股权证被发行后，股票价格中很快会体现出这些产品的稀释效应。

接下来，我们考虑某家公司想发行新权证（或雇员股票期权）的情形。假定在发行新权证没能增加公司价值的假设下，公司想计算发行权证的费用。我们假定这家公司总共已经发行了数量为 N 的股票，每股的价格为 S_0，公司考虑发行 M 份新期权，每份期权可以使期权持有者以 K 的价格买入 1 只股票。公司股票在今天的市场价格为 NS_0，这一价值不受发行新权证的影响。假定在没有发行权证的前提下，股票价格在权证满期时刻 T 的价格为 S_T。这意味着，在时刻 T，股权和权证的价值（无论发行权证或不发行权证）的总和为 NS_T。如果权证被行使，由执行价格所带来的资金流会使得股权和权证的价值总和变为 NS_T+MK，这一价值会被 $N+M$ 股票来分享，因此，在权证被行使后，股票价格变为

$$\frac{NS_T+MK}{N+M}$$

期权持有者行使期权所得收益为

$$\frac{NS_T+MK}{N+M}-K$$

上式等于

$$\frac{N}{N+M}(S_T-K)$$

这里讨论的期权价格等于

$$\frac{N}{N+M}$$

乘以公司股票上的普通看涨期权价格。因此，期权的总费用等于 M 乘以上式。由于我们假设发行权证对公司并没有什么补偿，一旦市场知道了发行权证的决定，公司股票总值将会马上下降，下降的数量为期权的总费用。这意味着股票价格将会下降

$$\frac{M}{N+M}$$

乘以公司股票上的期限为 T 执行价格为 K 的普通看涨期权价格。

例 15-7

某公司共现有 100 万只股票，每股价格为 40 美元，该公司正在考虑发行 200 000 份权证，每

份权证给持有者在 5 年后可以按每股 60 美元的价格买入股票的权利，公司想知道这样做的费用。假定利率为每年 3%，波动率为每年 30%，公司不支付股息。由式（15-20）得出，5 年期的欧式看涨期权价格为 7.04 美元。这时，$N=1\,000\,000$ 以及 $M=200\,000$，因此，每份权证的价格为

$$\frac{1\,000\,000}{1\,000\,000+200\,000}\times 7.04=5.87$$

即 5.87 美元，发行权证的总费用为 $200\,000\times 5.87=117$ 万美元。假定市场认为发行权证不会带来其他好处，我们预计股票价格会下降 1.17 美元，到 38.83 美元。

15.11 隐含波动率

在布莱克 - 斯科尔斯 - 默顿定价公式中，不能直接观察到的参数只有股票价格的波动率。在 15.4 节中我们已经讨论了如何由股票的历史价格来估计波动率。在实际中，交易员通常使用所谓的**隐含波动率**（implied volatility）。这一波动率是指由期权的市场价格所隐含的波动率。[1]

为了说明隐含波动率是如何计算的，假设一个不付股息股票的欧式看涨期权价格为 1.875，而 $S_0=21$，$K=20$，$r=0.1$ 和 $T=0.25$。隐含波动率是使得式（15-20）所给期权价格 $c=1.875$ 时对应的 σ 值。不幸的是，我们不能靠直接反解式（15-20）将 σ 表示成期权价格与其他变量 S_0、K、r、T 和 c 的函数，但是我们可以用迭代的方式求解所隐含的值 σ。例如，开始时我们令 $\sigma=0.20$，对应这一波动率，期权价格 c 为 1.76 美元，这一价格太低。由于期权价格为 σ 的递增函数，我们需要一个较大的 σ 值。我们再令 $\sigma=0.30$，对应的期权价格 c 为 2.10 美元，此值高于市价，这意味着 σ 一定介于 0.2 与 0.3 之间。接下来，我们令 $\sigma=0.25$，此值所对应的期权价格仍太高，所以 σ 应该在 0.20 与 0.25 之间。这样继续下去每次迭代都使 σ 所在的区间减半，因此我们可以计算出满足任意精确度的 σ 近似值。[2]在本例中，隐含波动率 $\sigma=0.235$，即每年 23.5%。与二叉树结合，利用类似的方法可以来计算美式期权的隐含波动率。

隐含波动率可以用来衡量市场上对于某一股票波动率的观点。历史波动率（见 15.4 节）是**回望型**（backward looking），而隐含波动率则为**前瞻型**（forward looking）。通常，交易员对于期权所报出的是隐含波动率，而不是期权的价格。这样做会带来许多方便，因为波动率的变化比期权价格变化更加稳定。在第 20 章中我们将说明交易员如何由市场上交易较为活跃的期权来估算其他期权的隐含波动率。

VIX 指数

芝加哥交易所（CBOE）发表隐含波动率的指数。最流行的指数是 SPX VIX，这是由标普 500 上包括很广的 30 天期限看涨和看跌期权计算的，[3]这一指数也被称作“恐惧指数”（fear factor），VIX 取值为 15 意味着标普 500 上 30 天期限的期权隐含波动率为 15%。在 26.15 节中有关于该指数计算方式的内容。在 VIX 上的期货交易是从 2004 年开始的，而在 VIX 上的期权交易是从 2006 年开始的，1 份合约等于 1 000 乘以指数值。

---

[1] DerivaGem 可以用来计算欧式和美式期权的隐含波动率。

[2] 这一方法只是为了说明问题，在实际中往往采用其他更有力的方法，像 Newtonr-Raphson 方法（见 4.4 节中的脚注）。DerivaGem 可以用来计算隐含波动率。

[3] 与其类似，VXN 是纳斯达克 100 指数的波动率指数，VXD 是道琼斯工业指数的波动率指数。

例 15-8

假设 1 位交易员买了 1 份 VIX 上 4 月份的期权合约，当时的期货价格是 18.5（相当于 30 天标普 500 波动率为 18.5%），并当期货价格为 19.3（相当于 30 天标普 500 波动率为 19.3%）时平仓。交易员赚了 800 美元。

涉及标普 500 的期货或期权是在将来的标普 500 水平以及标普 500 波动率两方面下赌注，与此相反，VIX 上的期货或期权只是在波动率上下注。图 15-4 显示了在 2004 年 1 月与 2013 年 6 月之间的 VIX 指数。从 2004 年至 2007 年年中，VIX 指数通常保持在 10 与 20 之间，在 2007 年后半年，指数达到了 30，而在 2008 年 10 月与 11 月雷曼兄弟破产后，指数有高达 80 的记录。在 2010 年年初，指数逐渐降到了通常的水平，但在 2010 年 5 月和 2011 年下半年，由于金融市场的不确定性，指数又出现了高峰。

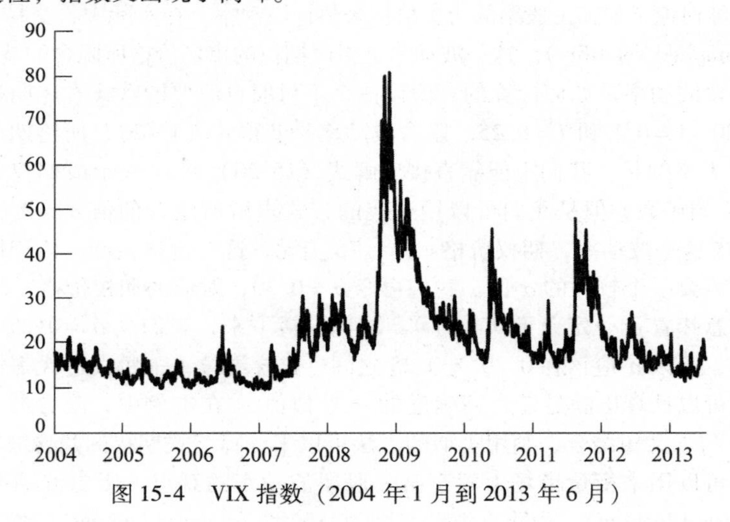

图 15-4 VIX 指数（2004 年 1 月到 2013 年 6 月）

15.12 股息

到目前为止，我们一直假设期权的标的股票不付任何股息。在本节中，我们对布莱克－斯科尔斯－默顿模型加以修改，以便考虑股息。我们假设在期权的有效期内，股息的数量与付出时间均可以被准确地预测到。对于短期限的期权来说，这个假设并不是不合理（对于长期限的期权，我们通常假设已知的是股息率，而不是股息的现金数量，这时可以按我们在第 17 章中所述的方法对期权定价）。股息付出日期应当被假设成除息日，在这个日期上，股票价格下跌的幅度为股息的数量。[⊖]

15.12.1 欧式期权

为了分析欧式期权，我们假设股票价格由以下两部分组成：对应于在期权有效期内所付股

⊖ 由于税收的原因，股价下跌的数量会比股息的现金数量要小。为了考虑这个现象，我们将期权情形下的“股息”理解成由于股息而引起股票在除息日下跌的数量。因此，如果预计 1 美元的股息而股票价格通常在除息日下跌股息数量的 80%，那么为了分析期权的目的，股息应当被假设成 0.80 美元。

息的无风险部分与有风险的部分。在任意给定时刻，无风险部分等于在期权有效期内的所有股息以无风险利率从除息日贴现到今天的现值。当期权到期时，这些股息已经被付出，从而无风险部分不再存在。因此，S_0 表示为有风险的部分的价格、σ 为有风险部分所服从过程的波动率时，布莱克 - 斯科尔斯 - 默顿公式仍然正确。㊀

在运作上，这意味着只要在股票价格中除去所有在期权有效期限内股息的贴现值，我们仍然可以采用布莱克 - 斯科尔斯 - 默顿模型来对期权定价。在计算股息贴现值时，我们采用的贴现日期为除息日，贴现利率等于无风险利率。像已经讲过的那样，只有除息日在期权有效期内的股息才被用于计算。

例 15-9

考虑 1 份欧式股票看涨期权，股票在 2 个月与 5 个月后分别有一个除息日。预计在每个除息日的股息都为 0.5 美元。股票目前价格为 40 美元，执行价格为 40 美元，股票价格波动率为每年 30%，无风险利率为每年 9%，期权期限为 6 个月。股息的贴现值为

$$0.5e^{-0.09\times2/12}+0.5e^{-0.09\times5/12}=0.9742$$

因此，期权价格可由布莱克 - 斯科尔斯 - 默顿公式求出，在公式中输入的参数为 $S_0=40-0.9742=39.0258$，$K=40$，$r=0.09$，$\sigma=0.3$ 和 $T=0.5$，由此得出

$$d_1=\frac{\ln(39.0258/40)+(0.09+0.3^2/2)\times0.5}{0.3\times\sqrt{0.5}}=0.2020$$

$$d_2=\frac{\ln(39.0258/40)+(0.09-0.3^2/2)\times0.5}{0.3\times\sqrt{0.5}}=-0.0102$$

利用 Excel 中的 NORMDIST 函数可以得出

$$N(d_1)=0.5800\quad 及\quad N(d_2)=0.4959$$

由式（15-20）得出期权价格为

$$39.0258\times0.5800-40e^{-0.09\times0.5}\times0.4959=3.67$$

即 3.67 美元。

有些研究人员对于以上给出的计算有股息股票的欧式期权价格的方法提出了批评。他们认为波动率应该是适用于股票价格，而不是剔除了股息贴现值以后的股票价格。研究人员也提出了一些具体的做法。㊁当波动率是由历史数据来估计时，采用这些做法比较合理，但是，在实践中，计算期权时所使用的波动率几乎总是由第 20 章讲述的由其他期权价格隐含得出。如果一个交易员采用同一个模型来计算隐含波动率和期权价格，计算结果也会准确，并不会与模型高度相关。另外一点是，在实践中，如第 18 章所述，市场参与者通常采用标的资产远期价格来计算欧式期权价格，这样做可以避免直接计算资产的预期收入，远期股价的波动率等于股票价格扣除股息贴现值后的波动率。

在我们这里讨论的模型中，股票价格被分成了两个部分，这种做法是内在一致的，并在业界被广泛应用。在第 21 章中对于美式期权定价时我们也会采用同样的方法。

㊀ 从理论上讲，这与股票整体价格的波动率不完全一样。有风险部分的波动率大概等于股票整体价格波动率乘以 $S_0/(S_0-D)$，其中 D 为股息的现值。

㊁ 例如，见 N. Areal and A. Rodrigues, "Fast Trees for Options with Discrete Dividends," *Journal of Derivatives*, 21, 1 (Fall 2013), 49-63。

15.12.2 美式看涨期权

下面我们考虑美式看涨期权。在第 11 章我们看到，在没有股息的情况下永远不应该在到期日之前行使这个期权。将论证推广后可以证明，对于一个支付股息的美式期权，其最优行使时间只有可能为刚好在股票除息日之前的时刻。我们假定股票将预计在时间 t_1，t_2，…，t_n（其中$t_1 < t_2 < \cdots < t_n$）分发股息，在每个除息日相应的股息量分别为 D_1，D_2，…，D_n。

我们首先考虑在最后一个除息日（即 t_n）前提前行使期权的可能性。如果期权在 t_n 被行使，投资者的收益为

$$S(t_n) - K$$

其中 $S(t)$ 为股票在时间 t 的价格。如果期权没有被行使，股票价格下跌到 $S(t_n) - D_n$。如式（11-4）所示，期权的值将大于

$$S(t_n) - D_n - K\mathrm{e}^{-r(T-t_n)}$$

因此，如果

$$S(t_n) - D_n - K\mathrm{e}^{-r(T-t_n)} \geqslant S(t_n) - K$$

即

$$D_n \leqslant K(1 - \mathrm{e}^{-r(T-t_n)}) \tag{15-24}$$ ⊖

那么在 t_n 时刻行使期权不会是最优。反之，如果

$$D_n > K(1 - \mathrm{e}^{-r(T-t_n)}) \tag{15-25}$$

那么在对股票价格所服从随机过程所做的任何合理假设之下，当 $S(t_n)$ 足够大时，在 t_n 行使期权是最优的。当最后一个除息日接近期权到期日（即当 $T - t_n$ 很小）而且股息很大时，不等式式（15-25）往往会被满足。

接下来考虑 t_{n-1}时刻，就是倒数第 2 个除息日。如果期权在 t_{n-1}时被行使，投资者会收到

$$S(t_{n-1}) - K$$

如果期权在 t_{n-1}时刻没有被行使，股票价格降至 $S(t_{n-1}) - D_{n-1}$，之后最近一个可行使期权的时刻为 t_n。由式（11-4），如果在 t_{n-1}不行使期权，期权价格的下限为

$$S(t_{n-1}) - D_{n-1} - K\mathrm{e}^{-r(t_n-t_{n-1})}$$

因此，如果

$$S(t_{n-1}) - D_{n-1} - K\mathrm{e}^{-r(t_n-t_{n-1})} \geqslant S(t_{n-1}) - K$$

即

$$D_{n-1} \leqslant K(1 - \mathrm{e}^{-r(t_n-t_{n-1})})$$

在 t_{n-1}时行使期权不会是最优。与此类似，对于任意 $i < n$，如果

$$D_i \leqslant K(1 - \mathrm{e}^{-r(t_{i+1}-t_i)}) \tag{15-26}$$

那么在 t_i 时行使期权不会是最优。

不等式式（15-26）近似地等价于以下不等式

$$D_i \leqslant Kr(t_{i+1} - t_i)$$

假如 K 与当前股票价格十分接近，股息率小于无风险利率时以上不等式将会成立。通常情况是这样的。

由这一分析我们可以得出，在大多数的情形下，美式看涨期权可能被提前行使的时间为最后一个除息日 t_n。再有，如果不等式式（15-26）对于 $i = 1$，2，…，$n - 1$ 均成立，并且不等式

⊖ 原书中缺式(15-23)。—— 译者注

式（15-24）也成立，那么我们可以确认提前行使期权不会为最优选择，美式期权也因此可以被看作欧式期权。

15.12.3　布莱克近似法

布莱克建议了一种计算美式看涨期权的近似方法，[㊀]这种方法考虑了期权可能被提前行使的特征。这种近似方法包括按本节前面所述的方法计算在 T 和 t_n 到期的欧式期权价格，然后令美式期权价格等于两者的最大值，[㊁]这一公式是一个近似式，其效果相当于期权持有人在起始时刻就要决定期权在 T 和 t_n 是否会被行使。

小　结

在这一章里，我们首先考虑了在第14章中引入的股票价格过程的性质，这意味着在给定当前价格的前提下，股票价格在将来时刻的分布为对数正态分布。这也意味着，在一段时间内股票连续复利的收益为正态分布。我们展望的时间越远，未来股票价格的不确定性也越大。股票价格对数值的标准差与展望时间长度的平方根成比例。

为了以实证的形式来估计股票价格波动率 σ，我们应当以固定的时间区间观测股票价格（例如，每天、每周或每月）。对于每个时间段，计算该时间段末的股票价格与该时间初的股票价格之比的自然对数，然后求出这些数值的标准差，再除以时间长度（以年计）的平方根，这样即可得出波动率的估计值。通常在计算波动率时，我们应该忽略那些交易所休市的天数。

通过构造由期权与股票所组成的无风险交易组合可以得出用于衍生产品定价的微分方程。由于期权与股票价格只依赖于同一项不确定性因素，所以这种无风险头寸总是可以构造出来的。但是，这里所建立的头寸只能在很短的一段时间内为无风险状态。在没有套利的前提下，无风险组合的收益率等于无风险利率。

股票的收益率期望并没有进入布莱克－斯科尔斯－默顿微分方程中，由此而产生了很有用的风险中性定价方法。这个结果说明，当对一个依赖于股票价格的衍生产品定价时，我们可以假设世界是风险中性的，也就是说可以假定股票的回报率期望等于无风险利率，然后以无风险利率对收益的期望值进行贴现。对于欧式看涨和看跌期权的布莱克－斯科尔斯－默顿公式既可以通过求解微分方程来得到，也可以通过风险中性定价来得到。

隐含波动率是指由布莱克－斯科尔斯－默顿期权定价公式计算出的期权价格等于市场价格的波动率。交易员在交易中观察隐含波动率并常常对隐含波动率（而不是对期权价格）提供报价。交易员会利用市场交易活跃的期权隐含波动率来对其他期权的波动率进行估计。

布莱克－斯科尔斯－默顿模型可以被推广到支付股息的欧式股票期权上，其过程是将布莱克－斯科尔斯－默顿公式中的股票价格由原股票价格减去在期权有效期内预期股息的贴现值来代替，而波动率为股票价格减去这些股息的现值后的波动率。

从理论上讲，在任何除息日前夕行使美式看涨期权可能是最优的选择。在实际中，常常仅需考虑最后一个除息日。费希尔·布莱克提出了一种近似方法：将美式看涨期权设成两个欧式看涨期权的最大值，第1个欧式看涨期权的到期日与美式看涨期权相同，第2个期权在最后一个除息日前夕到期。

㊀ 对于只有一个除息日的情形，Roll，Geske 和 Whaley 给出了一个准确公式，见网页 www.rotman.utoronto.ca/~hull/TechnicalNotes 上的 Technical Note 4。这一公式涉及了二元正态分布函数，同一网页上的 Technical Note 5 给出了计算这一分布函数的程序。

㊁ 见 F. Black，"Fact and Fantasy in the Use of Options，" *Financial Analysts Journal*，31（July/August 1975）：36-41，61-72。

推荐阅读

关于股票价格变化的分布

Blattberg, R., and N. Gonedes, "A Comparison of the Stable and Student Distributions as Statistical Models for Stock Prices," *Journal of Business*, 47 (April 1974): 244–80.

Fama, E. F., "The Behavior of Stock Market Prices," *Journal of Business*, 38 (January 1965): 34–105.

Kon, S. J., "Models of Stock Returns—A Comparison," *Journal of Finance*, 39 (March 1984): 147–65.

Richardson, M., and T. Smith, "A Test for Multivariate Normality in Stock Returns," *Journal of Business*, 66 (1993): 295–321.

关于布莱克 - 斯科尔斯 - 默顿分析

Black, F. "Fact and Fantasy in the Use of Options and Corporate Liabilities," *Financial Analysts Journal*, 31 (July/August 1975): 36–41, 61–72.

Black, F. "How We Came Up with the Option Pricing Formula," *Journal of Portfolio Management*, 15, 2 (1989): 4–8.

Black, F., and M. Scholes, "The Pricing of Options and Corporate Liabilities," *Journal of Political Economy*, 81 (May/June 1973): 637–59.

Merton, R. C., "Theory of Rational Option Pricing," *Bell Journal of Economics and Management Science*, 4 (Spring 1973): 141–83.

关于风险中性定价

Cox, J. C., and S. A. Ross, "The Valuation of Options for Alternative Stochastic Processes," *Journal of Financial Economics*, 3 (1976): 145–66.

Smith, C. W., "Option Pricing: A Review," *Journal of Financial Economics*, 3 (1976): 3–54.

关于波动率

Fama, E. F. "The Behavior of Stock Market Prices." *Journal of Business*, 38 (January 1965): 34–105.

French, K. R. "Stock Returns and the Weekend Effect." *Journal of Financial Economics*, 8 (March 1980): 55–69.

French, K. R., and R. Roll "Stock Return Variances: The Arrival of Information and the Reaction of Traders." *Journal of Financial Economics*, 17 (September 1986): 5–26.

Roll R. "Orange Juice and Weather," *American Economic Review*, 74, 5 (December 1984): 861–80.

练习题

15.1 布莱克 - 斯科尔斯 - 默顿股票期权定价模型中对于 1 年后股票价格概率分布的假设是什么？对于 1 年内连续复利收益率分布的假设是什么？

15.2 股票价格的波动率为每年 30%，在一个交易日内价格百分比变化的标准差为多少？

15.3 解释风险中性定价原理。

15.4 计算一个 3 个月期的无股息股票欧式看跌期权的价格，这里期权执行价格为 50 美元，股票当前价格为 50 美元，无风险利率为每年 10%，波动率为每年 30%。

15.5 如果预计股票在两个月后将支付股息 1.5 美元，练习题 15.4 中的结果会如何变化？

15.6 什么是**隐含波动率**？如何计算？

15.7 股票的当前价格为 40 美元，假定其收益率期望为 15%，波动率为 25%。在两年内的股票收益率（连续复利）的概率分布是什么？

15.8 某股票价格服从几何布朗运动，其中收益率期望为 16%，波动率为 35%，股票的当前价格为 38 美元。

(a) 一个该股票上具有执行价格为 40 美元，期限为 6 个月的欧式看涨期权被行使的概率为多少？

(b) 一个该股票上具有同样执行价格及

期限的欧式看跌期权被行使的概率为多少？

15.9 采用本章中的记号，证明 S_T 的95%置信区间介于

$$S_0e^{(\mu-\sigma^2/2)T-1.96\sigma\sqrt{T}} \text{ 与 } S_0e^{(\mu-\sigma^2/2)T+1.96\sigma\sqrt{T}}$$

之间。

15.10 一个组合经理声称自己在过去10年中平均每年的收益率为20%，这种说法在什么方面会引起误解？

15.11 假定一个无股息股票的收益率期望为 μ，波动率为 σ。一个具有创新意识的金融机构刚刚宣布它将交易在时刻 T 收益为 $\ln S_T$ 的衍生产品，其中 S_T 为股票在 T 时刻的价格。

(a) 采用风险中性定价理论来将衍生产品价格表达为股票价格 S 与时间 t 的函数。

(b) 验证你得出的价格满足微分方程式(15-16)。

15.12 考虑一个在时间 T 提供收益为 S_T^n 的衍生产品，其中 S_T 为股票在 T 时刻的价格。当股票价格服从几何布朗运动时，可以证明该衍生产品在时间 $t(t \leqslant T)$ 的价格具有以下形式

$$h(t,T)S^n$$

其中 S 为股票在时间 t 的价格，h 为 t 和 T 的函数。

(a) 将以上形式的解代入布莱克－斯科尔斯－默顿微分方程，推导 $h(t, T)$ 满足的常微分方程。

(b) $h(t, T)$ 所满足的边界条件是什么？

(c) 证明

$$h(t,T) = e^{[0.5\sigma^2n(n-1)+r(n-1)](T-t)}$$

其中 r 为无风险利率，σ 为股票价格的波动率。

15.13 计算以下无股息股票上欧式看涨期权的价格，其中股票价格为52美元，执行价格为50美元，无风险利率为每年12%，波动率为每年30%，期限为3个月。

15.14 计算以下无股息股票上欧式看跌期权的价格，其中股票价格为69美元，执行价格为70美元，无风险利率为每年5%，波动率为每年35%，期限为6个月。

15.15 考虑关于一个股票上的美式看涨期权，股票价格为70美元，期限为8个月，无风险利率为每年10%，执行价格为65美元，波动率为32%。在3个月及6个月时预计各有1美元的股息，证明在两个除息日行使期权永远不会是最佳选择。采用 DerivaGem 来计算期权的价格。

15.16 一个无股息股票上看涨期权的市场价格为2.5美元，股票价格为15美元，执行价格为13美元，期限为3个月，无风险利率为每年5%，隐含波动率为多少？

15.17 采用本章中的记号

(a) $N'(x)$ 等于什么？

(b) 证明 $SN'(d_1) = Ke^{-r(T-t)}N'(d_2)$，其中 S 为股票在时间 t 的价格，以及

$$d_1 = \frac{\ln(S/K) + (r+\sigma^2/2)(T-t)}{\sigma\sqrt{T-t}}$$

$$d_2 = \frac{\ln(S/K) + (r-\sigma^2/2)(T-t)}{\sigma\sqrt{T-t}}$$

(c) 计算 $\partial d_1/\partial S$ 和 $\partial d_2/\partial S$。

(d) 证明当 $c = S_0N(d_1) - Ke^{-r(T-t)}N(d_2)$ 时，以下方程成立

$$\frac{\partial c}{\partial t} = -rKe^{-r(T-t)}N(d_2) - SN'(d_1)\frac{\sigma}{2\sqrt{T-t}}$$

其中 c 为无股息股票上欧式看涨期权的价格。

(e) 证明 $\partial c/\partial S = N(d_1)$。

(f) 证明 c 满足布莱克－斯科尔斯－默顿微分方程。

(g) 证明 c 满足欧式看涨期权的边界条件，即 $t \to T$ 时，$c = \max(S-K, 0)$。

15.18 证明由布莱克－斯科尔斯－默顿给出的期权公式满足看跌－看涨期权平价关系式。

15.19 股票的当前价格为50美元，无风险利率为5%，利用 DerivaGem 将以下欧式期权价格表转换为隐含波动率表，在计算中假定股票无股息。这些期权价格与布莱克－斯科尔斯－默顿的假设一致吗？

执行价格（美元）	期限（月）		
	3	6	12
45	7.0	8.3	10.5
50	3.7	5.2	7.5
55	1.6	2.9	5.1

15.20 仔细解释为什么即使一个股票预期只发放一次股息时，布莱克方法只是对支付股息股票上美式期权的一个近似。由布莱克近似法得出的估计值会高估还是会低估期权价格？解释你的答案。

15.21 考虑关于某股票上的美式看涨期权，股票价格为50美元，期权期限为15个月，无风险利率为每年8%，执行价格为55美元，波动率为25%。股票在4个月与10个月时预计各有1.5美元的股息，证明在两个除息日行使期权不会是最佳选择，并计算期权价格。

15.22 采用本章中的记号，证明在风险中性世界里，一个欧式看涨期权将被执行的概率为$N(d_2)$。在T时刻，股票价格大于K时收益为100美元的衍生产品价格为多少？

15.23 利用式（15-17）中的结果来确定美式看跌期权的价值，期权标的股票不支付任何股息，当股票价格达到价格H时，期权回报为K，其中$H<K$。假定股票当前价格S高于H，H取什么样值时，期权价值为最大？推出具有执行价格K的美式看跌期权的价值。

15.24 某公司已经发行了管理人股票期权，当对期权进行定价时，是否应考虑稀释效应？解释你的答案。

15.25 某公司的股票价格为50美元，市场上共有1 000万股。公司计划向其雇员发行300万5年期的平价看涨期权，在期权行使时，公司需要发行更多的股票，股票价格的波动率为25%，5年的无风险利率为每年5%，公司不发放股息。估算公司发行管理人期权的费用。

作业题

15.26 某股票的波动率为每年18%，计算在以下时段价格变动的标准差（a）1天，（b）1周，（c）1个月。

15.27 某股票的当前价格为50美元。假定股票的预期收益率为18%，波动率为30%，在两年后股票价格的概率分布是什么？计算分布的期望值与标准方差，并确定95%的置信区间。

15.28 假定在连续15个周末所观察的股票价格（以美元计）为：

30.2，32.0，31.1，30.1，30.2，30.3，30.6，33.0，32.9，33.0，33.5，33.5，33.7，33.5，33.2

估计股票价格的波动率，你所估计结果的标准差为多少？

15.29 某金融机构计划提供在时刻T收益为S_T^2的衍生产品。假定股票不提供任何股息。

（a）利用风险中性定价原理推导此衍生产品价格在t时刻的价格与时刻t股票价格S的关系（**提示：**S_T^2的期望可由15.1节中S_T的期望值与方差给出）。

（b）验证你的结果满足微分方程式（15-16）。

15.30 考虑一个无股息股票上的期权，股票价格为30美元，执行价格为29美元，无风险利率为每年5%，波动率为每年25%，期权期限为4个月。

（a）如果期权是欧式看涨期权，其价格为多少？

（b）如果期权是美式看涨期权，其价格为多少？

（c）如果期权是欧式看跌期权，其价格为多少？

（d）验证看跌－看涨期权平价关系式。

15.31 假定作业题15.30中的股票在1.5个月时将会有个除息日，所付股息预期为50美分。

（a）如果期权是欧式看涨期权，其价格为多少？

(b) 如果期权是欧式看跌期权，其价格为多少？

(c) 如果期权为美式看涨期权，会不会在某种情形下提前行使期权成为最优？

15.32 考虑一个美式看涨期权，股票的当前价格为18美元，期权执行价格为20美元，期限为6个月，波动率为30%，无风险利率为每年10%。在今后2个月及5个月股票预计会发放两次相同数量的股息，股息为40美分。采用布莱克近似法与DerivaGem软件来对这一期权定价。使美式期权价格与相应的欧式期权价格相同的股息数量的最大值是多少？

附录15A 布莱克－斯科尔斯－默顿公式的证明

在证明布莱克－斯科尔斯－默顿公式之前，我们先证明一个重要关系式，在今后的章节中我们也将会用到这一结论。

重要关系式

如果V服从对数正态分布，$\ln V$的标准差为w，那么

$$E[\max(V-K,0)]=E(V)N(d_1)-KN(d_2) \tag{15A-1}$$

其中

$$d_1=\frac{\ln[E(V)/K]+w^2/2}{w}$$

$$d_2=\frac{\ln[E(V)/K]-w^2/2}{w}$$

这里E代表期望值。

关系式的证明

定义$g(V)$为V的概率密度函数，因此

$$E[\max(V-K,0)]=\int_K^{\infty}(V-K)g(V)\mathrm{d}V \tag{15A-2}$$

$\ln V$服从正态分布，标准差为w，由正态分布的性质得出，$\ln V$的均值为m，其中[⊖]

$$m=\ln[E(V)]-w^2/2 \tag{15A-3}$$

定义一个新的变量

$$Q=\frac{\ln V-m}{w} \tag{15A-4}$$

Q服从正态分布，均值为0，标准差为1.0。将Q的密度函数记为$h(Q)$，因此

$$h(Q)=\frac{1}{\sqrt{2\pi}}\mathrm{e}^{-Q^2/2}$$

利用式（15A-4）将式（15A-2）关于V的积分转换为关于Q的积分，我们得出

$$E[\max(V-K,0)]=\int_{(\ln K-m)/w}^{\infty}(\mathrm{e}^{Qw+m}-K)h(Q)\mathrm{d}Q$$

或者

$$E[\max(V-K,0)]=\int_{(\ln K-m)/w}^{\infty}\mathrm{e}^{Qw+m}h(Q)\mathrm{d}Q-K\int_{(\ln K-m)/w}^{\infty}h(Q)\mathrm{d}Q \tag{15A-5}$$

我们现在有

⊖ 关于这个的证明，请见 Technical Note 2 at www. rotman. utoronto. ca/～hull/TechnicalNotes。

$$
\begin{aligned}
e^{Qw+m}h(Q) &= \frac{1}{\sqrt{2\pi}}e^{(-Q^2+2Qw+2m)/2} \\
&= \frac{1}{\sqrt{2\pi}}e^{(-(Q-w)^2+2Qw+2m+w^2)/2} \\
&= \frac{e^{m+w^2/2}}{\sqrt{2\pi}}e^{[-(Q-w)^2]/2} \\
&= e^{m+w^2/2}h(Q-w)
\end{aligned}
$$

这意味着，式（15A-5）变为

$$E[\max(V-K,0)] = e^{m+w^2/2}\int_{(\ln K-m)/w}^{\infty}h(Q-w)\mathrm{d}Q - K\int_{(\ln K-m)/w}^{\infty}h(Q)\mathrm{d}Q \tag{15A-6}$$

定义 $N(x)$ 为均值为0，标准差为1的标准正态分布变量小于 x 的概率，式（15A-6）的第1项积分变为

$$1-N[(\ln K-m)/w-w]$$

或

$$N[(-\ln K+m)/w+w]$$

将式（15A-3）中的 m 代入以上表达式，得出

$$N\left(\frac{\ln[E(V)/K]+w^2/2}{w}\right)=N(d_1)$$

类似地式（15A-6）中的第2项积分等于 $N(d_2)$。因此，式（15A-6）变为

$$E[\max(V-K,0)] = e^{m+w^2/2}N(d_1)-KN(d_2)$$

代入（15A-3）定义的 m 项，我们可以得出结论。

布莱克－斯科尔斯－默顿的结果

我们现在考虑一个在时刻 T 到期的欧式看涨期权，标的股票不支付股息，期权的执行价格为 K，无风险利率为 r，股票的当前价格为 S_0，股票价格的波动率为 σ。由式（15-22）得出，看涨期权价格 c 满足

$$c = e^{-rT}\hat{E}[\max(S_T-K,0)] \tag{15A-7}$$

其中 S_T 为股票在 T 时刻的价格，$\hat{E}$代表风险中性世界里的期望值。在布莱克－斯科尔斯－默顿对随机过程的假设下，S_T 服从对数正态分布。由式（15-3）和式（15-4）又得出，$\hat{E}(S_T)=S_0e^{rT}$，$\ln S_T$ 的标准差为 $\sigma\sqrt{T}$。

由以上证明的关键结论，我们可以将式（15A-7）变为

$$c = e^{-rT}[S_0e^{rT}N(d_1)-Ke^{-rT}N(d_2)]$$

或

$$c = S_0N(d_1)-Ke^{-rT}N(d_2)$$

其中

$$d_1=\frac{\ln(\hat{E}(S_T)/K)+\sigma^2T/2}{\sigma\sqrt{T}}=\frac{\ln(S_0/K)+(r+\sigma^2/2)T}{\sigma\sqrt{T}}$$

$$d_2=\frac{\ln(\hat{E}(S_T)/K)-\sigma^2T/2}{\sigma\sqrt{T}}=\frac{\ln(S_0/K)+(r-\sigma^2/2)T}{\sigma\sqrt{T}}$$

这正是布莱克－斯科尔斯－默顿的结果。

第16章 雇员股票期权

雇员股票期权（employee stock option）是公司授予其雇员在本公司股票上的看涨期权。这些期权给予了雇员一份公司的财富。如果公司效益很好而使其股票价格超过执行价格，雇员可以通过行使期权，然后将所得股票按市场价格卖出而获益。

很多公司（尤其是高科技公司）认为吸引和挽留最优秀人才的唯一办法是给予他们很诱人的股票期权方案。一些公司只对其高级管理人员授予期权，而另一些公司则授予各层次的工作人员。微软是最早使用雇员期权的公司之一，而且对其所有雇员都授予了期权；当公司的股票价格上升时，据估计至少有1万人变成了百万富翁。在最近几年里，雇员期权变得并不像以前那么流行了，在本章里我们将给出原因（在2003年，微软宣布将停止使用期权，而直接将微软股票奖励给其雇员），即使如此，世界各地仍有一些其他公司继续热衷于使用雇员股票期权。

股票期权很受新公司的欢迎，这些公司往往没有足够的资源去付给关键雇员像他们能够在一些老牌企业里所挣的报酬。而解决这些问题的办法是利用股票期权来补充雇员的工资。如果公司业绩很好，那么在公司**首次公开募股**（IPO）时，这些期权很可能会变得非常有价值。一些新成立的公司甚至给仅仅在暑假期间为其工作几个月的学生授予期权。在某些情况下，这使得一些学生凭空得来一大笔钱。

本章解释股票期权方案是如何运作的，以及为何它们的流行程度受会计处理方式的影响。我们将讨论雇员股票期权是否会使股东的利益与操作公司的高级管理人员一致。本章还将描述这些期权是如何定价的，并且回顾一些有关的丑闻。

16.1 合约的设计

雇员股票期权常常延续10~15年，执行价格一般设成股票在授予日的价格，因此在最初时期权是平价的。雇员股票期权方案常常含有以下特点：

（1）有一段**等待期**（vesting period），在此期间期权是不能被行使的。这段等待时间可以延续长达4年。

（2）在等待时间内，当雇员离开公司（志愿或非志愿）时，期权将会作废。

（3）在等待期之后，当雇员离开公司（志愿或非志愿的）时，虚值期权将会作废，而且必须马上行使**已经生效**（vested）的实值期权。

（4）雇员不允许出售这些期权。

（5）当雇员行使期权时，公司将会发行新股票，并按执行价格卖给雇员。

提前行使决策

刚才提到的雇员股票期权的第4个特点有很重要意义。如果为了某种原因雇员想把已经生效的期权变成现金，他们必须行使期权，然后将标的股票卖掉。由于他们不能将期权卖给别人，这常常会使雇员期权的行使比与其类似的在交易所交易或场外交易的看涨期权要早。

考虑一个无股息股票上的看涨期权，在11.5节中我们曾证明了如果这是一个普通的看涨期权，那么它永远不应该被提前行使。在期权到期之前，期权持有者总是可以将期权卖掉而获得比行使期权更好的结果。但是由于不能卖掉雇员股票期权，因此11.5节里的结论在这里是不适用的。雇员要是想将期权的值变成现金的话，唯一的做法是行使期权，然后再将股票卖掉。因此与交易所或场外交易的期权相比，提前行使雇员股票期权的现象并不罕见。

雇员是否应该在到期日之前行使期权并且保留股票而不将其卖掉呢？假设期权的执行价格在有效期内是常数，而且期权可以在任何时刻被行使。为了回答这个问题，我们考虑两种期权：一种是雇员股票期权，另一种是与其相同但可以在市场上出售的普通期权。我们将第1种期权记为期权A，第2种期权记为期权B。如果股票无股息，那么从11.5节我们知道，期权B永远不应该被提前行使，因此，提前行使期权A并保留股票不会是最优的做法。如果雇员想拥有公司的一些股份，那么更好的做法是保留期权。如11.5节所述，这样做将会推迟支付执行价格的时间，并保留期权的保险价值。只有当行使期权B为最优时，在到期日之前行使期权A并保留股票才会是理性的决策。[⊖]如在15.12节讨论的那样，只有当相对较多的股息要被付出时的情况下，行使期权B才会是最优的。

在实际中，雇员提前行使期权的行为在各公司之间变化很大。一些公司有不提前行使期权的文化，而在另一些公司往往会在等待时间刚结束就马上行使期权，即使期权仅仅稍微是实值。

16.2 期权会促进股东与管理人员利益的一致吗

使投资者对资本市场具有信心的一个重要因素是股东与管理人员的利益是比较一致的。这意味着在制定决策时，管理人员会以股东的利益出发。管理人员是股东的代理人，如第8章所述，经济学家将由于管理人与股东的利益不一致时所遭受的损失叫作**代理费用**（agency costs）。

雇员期权有助于使雇员的利益与股东一致吗？这个问题的答案并非直截了当。毫无疑问，对新企业来讲，期权起到了一定的作用，这些期权可以激励公司的主要股东，往往这也是公司的高管，为公司积极做出贡献。如果公司很成功而首次公开募股，那么雇员将会获得很多收

⊖ 唯一的例外可能是当高管为了投票权而拥有股票。

益。但如果公司不成功，这些期权将会一文不值。

但是，对已经公开发行上市的公司授予其高管的期权却有很多争议。据估计，雇员股票期权在美国大约占高层管理人员报酬的50%。管理人股票期权有时也被称为高管的**绩效工资**：如果公司的股票价格上涨，于是股东获益，而高管也得到报酬。但这忽略了期权收益的不对称性。如果公司情况糟糕，那么股东遭受损失，但对高管而言，唯一的影响是赚钱少而已。与股东不同的是他们不会遭受损失。[㊀]很多人认为对于业绩表现进行考核的一个更好做法是向管理人发放**受限股票单位**（restricted stock unit），这种方式会使得公司管理人在将来一定期限（等待期）以后拥有一定数量的公司股票，因此公司管理人与股权人的收益直接挂钩。由于期权收益的不对称性，在某些情况下公司管理人甚至会去冒一些不必要的风险，而这些风险无益于股东利益。

对高层管理人员，期权会产生什么样的诱惑呢？假设一个高管计划在3个月后行使很大数量的期权并将股票卖掉，那么对他来讲，可能选择公布好消息的时间，甚至将一个季度的收入记到另一季度，以便使股票价格在期权行使之前上涨，这种做法是具有一定诱惑力的。另一种可能性是如果在3个月后将会授予高管平值期权，那么高管也许会采取措施使股票价格在授予股票期权之前下跌。当然，我们这里所讲的行为是不道德的，而且常常是非法的，但在本章后面所讨论有关**倒填日期**（backdating）的一些丑闻表明，一些高管对有关股票期权的处理方式是欠妥的。

即使没有上面所述的不当行为，管理人股票期权往往会使高管只谋短期利益，而牺牲长期发展。大型基金的经理们担心的是由于股票期权占高管报酬如此大的比例，这会成为他们分心的重大来源。高层管理人员也许会花太多的时间去琢磨他们的报酬，而不去花足够精力来经营自己的公司。

一个经理掌握内部消息，并且可以影响结果与公布时间。这种能力会让他们做出不利于其他股东利益的决策。一种减轻这种问题比较极端的建议是使高管在买入或卖出其公司股票之前（比如1个星期）公布其意向。[㊁]（一旦公布了交易意向，对高管来讲就必须执行。）这会使市场对高管所做交易的原因做出自己的结论。因此，在高管买入之前股票价格可能会上涨，而在卖出之前价格会下跌。

16.3　会计问题

像其他形式的报酬一样，雇员股票期权对公司来讲是一种费用，而对雇员来讲是获益。尽管对许多人来讲这一点是显然的，但这却很有争议。许多高管似乎认为除非期权是实值，否则是没有价值的。因此，他们认为对公司而言，平值期权并不是一种费用。事实上，如果期权对雇员是有价值的，那么对公司的股东与公司而言，这肯定是一种费用，因为不存在免费的午餐。期权对公司的费用来自于公司已经同意当其股票在表现很好时，公司将以低于可以在市场上收取的价格来卖给雇员。

在1995年之前，公司发行股票期权时记入**利润表**（income statement）中的费用为期权的内在价值。大多数期权在发行时都是平值的，所以这项费用是零。在1995年发行了会计准则FAS 123。许多人都认为新准则会要求公司对期权按其公平价值记成费用。但是，经过激烈的

㊀ 当期权变成虚值时，公司有时会将其以新的平值期权来代替。这种叫作**重新定价**（repricing）的做法导致了高管的获利与损失和股东的联系更加松散。

㊁ 这也适用于对期权的行使。因为如果高管要想行使期权并将所得股票卖掉，那么他将同样需要做出意向通知。

游说，1995 年版的 FAS 123 只是鼓励发行期权的公司按公平价值将期权在利润表中作为费用，但公司并不一定非要这样做。如果公平价值没有被记在利润表中，那么必须在公司的账目上以脚注的形式加以说明。

现在会计准则已经改变，它要求公司按股票期权的公平价值将其按费用记在利润表中。2004 年 2 月，国际会计准则委员会（International Accounting Standard Board）发表了 IAS 2，要求公司从 2005 年开始将股票期权作为费用。在 2004 年 12 月，FAS 123 做了修订，要求在美国从 2005 年开始将雇员股票期权作为费用。

新会计准则的效果是在期权授予日对其定价，而且在期权被给出的年份列为当年度的费用。在此之后无须再做定价。我们可以在每个财务年度末（或每个季度）都对期权重新定价，直到被行使或有效期末。[一]这种处理方式将雇员股票期权与公司所做的其他衍生产品交易一视同仁。如果期权在某一年比上一年更值钱，那么就应当在年终计入更多的费用；但是如果其价值下降，那么之前作为费用的一部分将被收回，这对公司收入具有很好的效应。

这种处理方式有很多的优点，对公司账目的累计效果反映了期权的真正费用（当期权不被行使时为零，被行使时是期权的收益）。尽管每年的记账依赖于所用的期权定价模型，但在期权整个有效期内的累计账目却与此无关。[二]可以讲，这样做会大大减少公司进行如本章所述的倒填日期的动机。这样的会计处理方式的不利之处是可能将会在利润表中引入波动性。[三]

替代股票期权

2005 年生效的会计准则促使很多公司选用其他方案来代替向雇员直接发行平值期权的传统薪酬方式。我们已经讨论过受限股票单位（RSU）的概念。受限股票单位定义了雇员在将来（过了等待期以后）拥有股票的数量，许多公司逐渐利用受限股票单位来取代雇员期权，受限股票单位的一种变形形式是市场股票凭据（market-leveraged stock unit，MSU），该凭据的持有者在将来有权拥有股票，在等待期期满时拥有股票数量等于 S_T/S_0，其中 S_0 为 MSU 授予日的股票价格，S_T 为等待期期满时的股票价格。[四]

当整个股票市场表现好时，即使公司股票的表现不如市场，雇员的收益一般会很大。克服这个问题的一种做法是将期权执行价格与标普 500 指数联系起来。假如在期权授予日股票价格是 30 美元，而标普 500 指数为 1 500，最初的执行价格定为 30 美元。如果标普 500 增长 10% 到 1 650，那么股票期权的执行价格也上涨 10% 到 33 美元。如果标普 500 下降 15% 到 1 275，那么股票期权的执行价格也下降 15% 到 25.50 美元。这样做的效果是只有当公司股票比标普 500 指数的表现更好时，期权才会成为实值。除选择标普 500 作为参考指数，公司也可以使用由同类企业的股票所构造的指数。

[一] 见 J. Hull and A. White，"Accounting for Employee Stock Options：A Practical Approach to Handling the Valuation Issues，" *Journal of Derivatives Accounting*，1：1（2004）：3-9。

[二] 有趣的是，如果期权是按现金支付而不是由公司发行新的股票，那么期权是按这里所述的会计方式处理的（然而，按现金结算或向雇员出售新股票在经济意义上是没有差别的）。

[三] 事实上，如果股票期权被重新定价的话，利润表的波动性很可能会降低。当公司生意好时，对雇员股票期权重新定价时会降低收入，而公司生意不好时，收入将会增加。

[四] 有时在 MSU 中，发行公司会设定一个生效股票数量的上限和下限，有时 S_0 和 S_T 会被定义为对应于一段时间段股票价格的平均值，即 S_0 对应于发行日之前一段时间段的股票价格的平均值，S_T 对应于等待期期满之前一段时间段的股票价格的平均值。有关 MSU 的分析，见 J. Hull and A. White，"The Valuation of Market-Leveraged Stock Units，" Working Paper，University of Toronto，2013。

16.4 定价

在雇员股票期权定价方面，会计准则给予公司很大的选择余地。在本节中，我们将叙述其中的几种方法。

16.4.1 快捷而粗略的方法

常被使用的一种方法是基于所谓的**预期期限**（expected life），这是指雇员在行使期权或期权到期之前所持期权的平均时间。预期**期限**可以大致地从记录雇员提前行使期权的历史数据来估计，并且反映等待期、雇员离开公司的影响以及像在 16.1 节中所述的雇员股票期权比普通期权更倾向于被提前行使的影响。这种方法是在将期权有效期 T 设成预期**期限**后，使用布莱克 - 斯科尔斯 - 默顿公式。波动率一般是按 15.4 节中所述的方法通过几年历史数据来估计的。

应当强调的是以这种方式应用布莱克 - 斯科尔斯 - 默顿公式是没有什么理论依据的。没有什么理由认为期限为 T 的欧式期权大致等于我们所关心的预期**期限**为 T 的美式雇员期权价值。但是这种模型所给出的价格并不是完全没有道理。当将期权作为费用时，公司会常常提到在布莱克 - 斯科尔斯 - 默顿计算中所用的预期**期限**与波动率。

例 16-1

一家公司在 2014 年 11 月 1 日授予其高管 100 万份期权。当时的股票价格是 30 美元，并且期权的执行价格也是 30 美元。期权有效期为 10 年，等待期为 3 年。公司在过去的 10 年内一直在发行类似的平值期权，而这些期权被行使或作废的平均时间是 4.5 年。因此公司决定使用 4.5 年的预期期限。利用 5 年的历史数据，公司估计出的股票价格长期波动率为 25%。在今后 4.5 年内所付股息的现值估计为 4 美元，4.5 年期的无风险零息利率为 5%。因此，由布莱克 - 斯科尔斯 - 默顿模型对期权定价时（按 15.12 节里所述的方式对股息进行调整）$S_0 = 30 - 4 = 26$，$K = 30$，$r = 5\%$，$\sigma = 25\%$ 以及 $T = 4.5$ 年。布莱克 - 斯科尔斯 - 默顿公式给出了一个期权的价值为 6.31 美元。因此，在利润表上将 1 000 000 × 6.31 = 6 310 000 美元列为费用。

16.4.2 二叉树方法

对雇员股票期权定价的另一种比较复杂的方法是像在第 13 章中那样建立二叉树，并且在倒退计算时做以下调整：(a) 期权是否已经生效，(b) 雇员离开公司的概率，以及 (c) 雇员选择行使期权的概率。期权的条款决定了在树上所选节点上期权是否已经生效，人事变更方面的历史数据可以用来估计期权被提前行使或由于雇员离开公司而作废的概率。而在树上不同节点上雇员选择行使期权的概率是较难量化的。显然，当股票价格与执行价格的比率增加和与距离到期日越近时，这个概率也将会增加。如果有足够多的历史数据可以使用，那么可以估计作为这两个变量函数的行使期权概率，至少可以近似地这样做。

例 16-2

假设一家公司所授予的股票期权延续 8 年，等待期为 3 年。股票价格与执行价格均为 40

美元，股票价格的波动率是30%，无风险利率是5%，而且公司不付股息。图16-1展示了如何使用一个4步二叉树来对期权定价（这只是为了演示，在实际中需要更多的步数）。在这个情况下，$\sigma=0.3$，$\Delta t=2$ 和 $r=5\%$。于是，使用第13章中的记号，$a=e^{0.05\times2}=1.1052$，$u=e^{0.3\times\sqrt{2}}=1.5285$，$d=1/u=0.6543$，以及 $p=(a-d)/(u-d)=0.5158$。价格向上运动的概率为0.5158，而向下运动的概率是0.4842。期权有可能被提前行使的三个节点是D、G和H。（在节点B期权尚未生效，在其他节点上期权不是实值。）我们假设期权持有人在节点D、G和H上选择行使期权的概率（在此之前没有被行使的条件下）分别为40%、80%和30%。我们假定在每一步上雇员离开公司的概率是5%（相当于每年的雇员变更速度为大约2.5%）。为了方便计算，我们假定雇员离开公司的时间总是在时间段末。如果在期权生效前或虚值时雇员离开公司，那么期权将会作废。在其他情况下，必须立即行使期权。

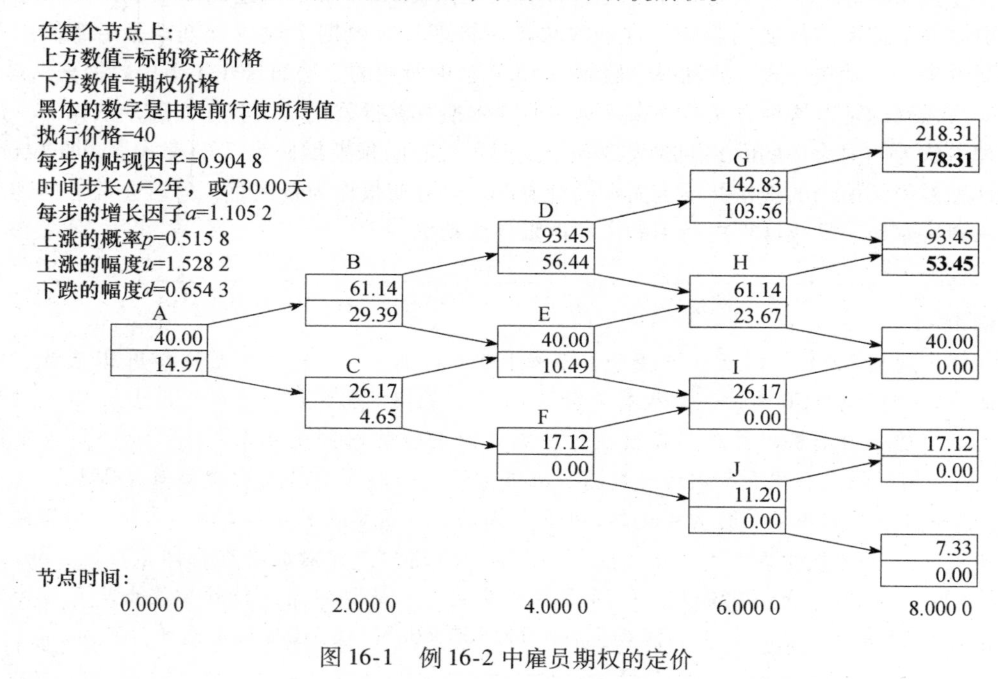

图16-1 例16-2中雇员期权的定价

在最后节点上，期权的价值等于内涵价值。考虑对应于第6年的节点。节点I和J上很简单，由于在它们之后的节点上期权没有价值，因此在这两个节点上期权的价值为零。在节点H上有30%的概率雇员将会选择行使期权。在雇员选择不行使期权的情况下，有5%的可能性雇员将会由于离开公司而必须立即行使期权。因此，选择行使期权的总概率为 $0.3+0.7\times0.05=0.335$。如果期权被行使，它的价值是 $61.4-40=21.14$。如果不被行使，它的价值是

$$e^{-0.05\times2}(0.5158\times53.45+0.4842\times0)=24.95$$

在节点H上期权的值为

$$0.335\times21.24+0.665\times24.95=23.67$$

与此类似，在节点G上期权的值为

$$0.81\times102.83+0.19\times106.64=103.56$$

我们接下来考虑对应于第4年的节点。在节点F上期权的价值显然是零。在节点E上，有5%的概率由于雇员离开公司而放弃期权，95%的可能性会保留期权。在后一种情况下，期权的价

值是

$$e^{-0.05\times 2}(0.5158\times 23.67+0.4842\times 0)=11.05$$

因此在这个节点上，期权的价值是0.95×11.05=10.49。在节点D，行使期权的概率是0.43，保留期权的概率为0.57，期权的价值是56.44。

接下考虑对应于第2年的节点。期权还没生效，而作废的概率是5%，再保留两年的概率是95%，这就导致了图16-1中的价格。期权在最初时价值是14.97（这可以与利用同一个二叉树所给出的普通期权价格17.98进行比较）。

16.4.3　行使倍数方法

赫尔和怀特建议了一种简单的模型，其中一旦期权生效并且股票价格与执行价格的比率高出某一水平时，雇员将立即行使期权。[1]他们将导致期权被行使的股票价格与执行价格比率称为**行使倍数**（exercise multiple）。期权的价格可由二叉树或三叉树来计算。如27.6节所述，在构造二叉树或三叉树时，保证使期权被行使的股票价格位于树的节点上是很重要的。例如，当执行价格是30美元，并且假设当股票价格与执行价格的比率达到1.5倍时，雇员将行使期权。在构造树时，应当使树上有的节点正好在股票价格为45美元的水平上。树形的计算与例16-2相似，并且将雇员离开公司的可能性考虑在内。[2]为了估计行使倍数，我们需要从历史数据中计算在行使期权时股价与执行价格的平均倍数（在到期日行使与雇员由于终止工作而行使期权不包括在这个计算之内）。这也许比预期期限要容易估计，因为后者在很大程度上依赖于股票价格所沿的特殊轨迹。

16.4.4　基于市场的处理方法

对雇员股票期权定价的一种方法是看市场能为期权支付什么价格。思科在2006年试用了这种方法，它们提出了向机构性投资者出售具有与雇员期权同样条款的期权。这种方法遭到了证券交易委员会（SEC）的拒绝，理由是参加对期权竞价的投资者不够广泛。

美国的Zions Bancorp提出了另一种方式，它建议在市场上变卖与雇员期权实际实现收益相同的证券。例如，某一个雇员股票期权的执行价格为40美元，而且结果是正好有1%的雇员在5年后当股票价格为60美元时行使了期权，2%的雇员在6年后当股票价格为65美元时行使了期权，等等。这样，投资者所持有证券的1%在5年后具有20美元的收益，2%在6年后具有25美元的收益，等等。

Zions Bancorp银行利用自己所授予雇员的股票期权对这一想法做了检验，并采用了一种**荷兰式拍卖**（Dutch auction）的形式向投资者拍卖。在这种拍卖过程中，个人或公司递交筹码，表明打算付的价格以及准备购买的期权数目。成交价格是使得按此或更高价格购买期权的累计总数超过要卖期权总数的最高价格。准备按高于成交价格购买期权的买主的买单首先被满足，而准备按成交价格购买期权的买主得到剩余的部分。Zions Bancorp银行在2007年10月宣布他们所建议的市场方法已经得到了SEC的认同。

---

[1] 见J. Hull and A. White, "How to Value Employee Stock Options," *Financial Analysts Journal*, 60: 1 (January/February, 2004): 3-9。

[2] 实现这种方法的软件可以在网页www.rotman.utoronto.ca/~hull上下载。

16.4.5 稀释效应

当雇员行使期权时，公司需要发行新股，并按低于目前市场上的价格将其卖于雇员，这将在某种程度上产生对公司现有股票的稀释效应。很自然人们会认为稀释效应是发生在期权被行使的时刻，但事实上并非如此。如15.10节所述，当市场上第一次得到有关授予股票期权的消息时，股票价格就已经被稀释：市场上已经预料到行使期权的这种可能性，并立即体现在股票的价格上。在业界事例15-3中的例子强调了这一点。

当期权被公布时，股票价格立即反映了可能的**稀释**（dilution）效应。只要在对期权定价时使用这个价格，那么就没有必要去为了稀释效应而调整期权价格。在许多情况下，市场会预料公司将不断授予雇员股票期权，所以甚至在期权公布之前股票的市场价格就已经预料到了这种稀释作用。

如果一家公司正在考虑授予雇员使市场感到意外的期权，那么期权的费用可以由像例15-7中所述的方法来计算。这项费用可以与较低的正常雇员报酬以及较少的雇员跳槽等好处相比较。

16.5 倒填日期丑闻

如果在讨论雇员股票期权时不提及**倒填日期**（backdating）丑闻，那么这样的讨论是不完全的。倒填日期是将文件的发行日期写成早于目前日期的行为。

假设一家公司决定在4月30日当股票价格为50美元时向其雇员授予平值期权。如果在4月3日股票价格是42美元，这时比较诱人的做法是企图将期权当成是在4月3日被授予的，并且使用42美元的执行价格。只要公司在4月30日决定向雇员授予期权时将期权报告成8美元实值，这样做是合法的。但是如果公司将期权报告成为在4月3日的平值期权，那么这种做法则是非法的。在4月3日执行价格为42美元的期权价值比其在4月30日的价格要小得多。当公司将期权报告改成在4月3日被授予时，股东被误导了授予期权的真正费用。

倒填日期到底有多么普遍？为了回答这个问题，研究人员调查了是否在公司公布的期权授予日期其股票价格在平均意义下比较低。Yermack的早期研究表明，股票价格在公司报告的授予日后倾向于上涨。[㊀]Lie推广了Yermack的结果，并且证明了在公司报告期权授予日之前股票价格会倾向于下跌，[㊁]而且他还证明了授予日前后股票价格变化的规律越来越更加明显。他们的结果总结在图16-2中。该图显示了在1993～1994年、1995～1998年与1999～2002年之间在期权授予日前后股票价格的异常收益率。（异常收益率是指对市场组合以及股票Beta进行调整后的收益。）标准的统计分析表明，像在图16-2中所示的规律靠碰巧观察到是几乎不可能的。这使得学术界与监管部门在2002年断定倒填日期已经变得非常普遍。在2002年8月，SEC要求公共企业将授予的期权在两天之内进行报告。Heron和Lie证明了这项要求大大地降低了在授予日前后的异常收益率，尤其是对遵循这项要求的企业更是如此。[㊂]也许可以讲图16-2中的

㊀ 见D. Yermack，“Good Timing：CEO Stock Option Awards and Company News Announcements，” *Journal of Finance*，52（1997），449-476.

㊁ 见E. Lie，“On Timing of CEO Stock Options Awards，” *Management Science*，51：5（May 2005），802-12.

㊂ 见R. Heron and E. Lie，“Does Backdating Explain the Stock Pattern around Stock Option Grants，” *Journal of Financial Economics*，83：2（February 2007），271-95.

规律是因为管理人员仅仅是在坏消息后或好消息前选择授予期权，但是 Heron 和 Lie 的研究结果提供了真实情况并非如此的有力证据。

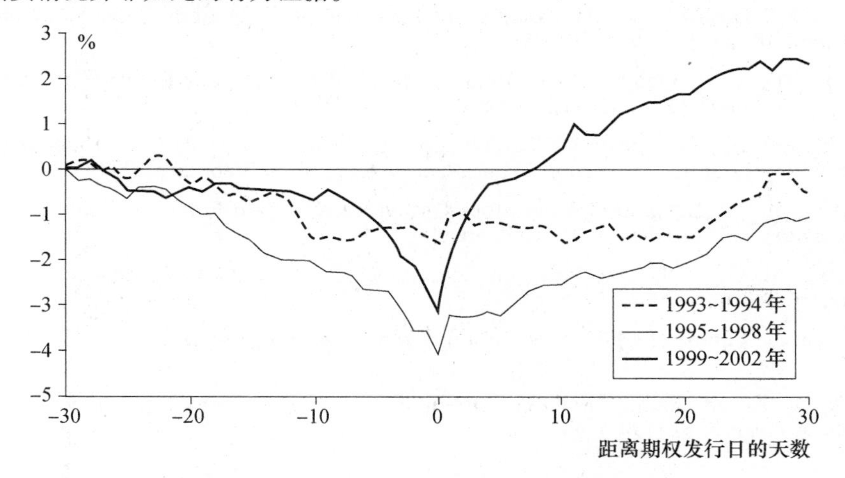

图 16-2　Erik Lie 关于倒填日期行为的证据（经允许取自于 www. biz. uiowa. edu/faculty/elie/backdating. htm. ）

对非法倒填期权授予日期的美国公司数量有各种估计。几十家甚至几百家公司好像都采取了这种做法。许多公司似乎都采纳了一种可以接受不超过 1 个月的倒填日期的态度。由于倒填日期行为被曝光而导致了一些公司总裁的辞职。在 2007 年 8 月，博科通讯系统公司（Brocade Communications Systems，Inc.）的 Gregory Reyes 是第一个被审判并被判有倒填股票期权日罪行的公司总裁。据说，Reyes 先生曾向一位人事部门职员讲过："只要你不被抓住，那么就不是非法的。"在 2010 年 6 月，他被判了 18 个月的狱刑，并被罚了 1 500 万美元。

涉及倒填日期的公司不得不重新报告过去的财务报表，而且成为了声称由于公司倒填期权日期而遭受经济损失的股东集体控告的被告。例如，迈克菲公司（McAfee）在 2007 年 12 月宣布将重新报告 1995 ~2005 年之间的盈利，最后下调营业额高达 1. 374 亿美元。在 2006 年，公司专门拿出 1 380 万美元来应付官司。

小　结

在过去的 20 年里，企业高管的报酬迅猛增长，而且大部分的增长来自于行使被授予高管的股票期权。直到 2005 年，授予平值股票期权是很受欢迎的薪酬方式。这些期权对利润表毫无影响，对雇员却很有价值。现在的会计准则要求将期权作为费用。

对雇员股票期权的定价有许多不同的方法。第 1 种普通的做法是利用布莱克 – 斯科尔斯 – 默顿模型，将期权的有效期设成等于行使期权或期权作废的平均时间。第 2 种做法是假设当股票价格与执行价格的比率达到一定水平时就立即行使期权。第 3 种方法是试图估计期权行使概率、股票价格与执行价格的比率以及期权到期时间之间的关系。这种做法可以与二叉树结合起来。

学术界的研究表明，毫无疑问许多公司参与了由倒填股票期权授予日期来减少执行价格，并且仍然将期权当成平值期权的非法活动。对这种非法行为的第 1 次审判是在 2007 年。

推荐阅读

Carpenter, J., "The Exercise and Valuation of Executive Stock Options," *Journal of Financial Economics*, 48, 2 (May 1998): 127–58.

Core, J. E., and W. R. Guay, "Stock Option Plans for Non-Executive Employees," *Journal of Financial Economics*, 61, 2 (2001): 253–87.

Heron, R., and E. Lie, "Does Backdating Explain the Stock Price Pattern around Executive Stock Option Grants," *Journal of Financial Economics*, 83, 2 (February 2007): 271–95.

Huddart, S., and M. Lang, "Employee Stock Option Exercises: An Empirical Analysis," *Journal of Accounting and Economics*, 21, 1 (February): 5–43.

Hull, J., and A. White, "How to Value Employee Stock Options," *Financial Analysts Journal*, 60, 1 (January/February 2004): 3–9.

Lie, E., "On the Timing of CEO Stock Option Awards," *Management Science*, 51, 5 (May 2005): 802–12.

Yermack, D., "Good Timing: CEO Stock Option Awards and Company News Announcements," *Journal of Finance*, 52 (1997): 449–76.

练习题

16.1 为什么在2005年之前授予平值期权的做法很受公司欢迎？在2005年改变了什么？

16.2 典型的雇员股票期权与交易所或场外市场所交易的美式期权之间有哪些主要区别？

16.3 解释为什么在无股息股票上的雇员期权常常在有效期之前被行使，而关于这种股票的交易所交易的看涨期权却永远不会被提前行使。

16.4 “股票期权很好，因为它提供了使高管为股东的最佳利益努力的动机。”讨论这种观点。

16.5 “向高管授予股票期权就好像是允许职业足球队员对球赛结果下赌注一样。”讨论这种观点。

16.6 为什么在2002年之前美国的一些公司倒填期权授予日期？在2002年后有何变化？

16.7 如果股票期权在每个季度末被重新定价，这对减少倒填日期有哪种帮助？

16.8 解释如何进行分析来产生像图16-2中的图形。

16.9 在5月31日，一家公司的股票价格是70美元，现有100万股。一个高管行使了10万份执行价格为50美元的股票期权。这对股票价格有何影响？

16.10 伴随公司财务报表的一项说明讲道：“我们的高管股票期权延续10年，在4年后生效。我们对今年所授期权的定价是使用布莱克－斯科尔斯－默顿模型，预期期限为5年，波动率为20%。”这说明了什么？讨论公司使用的模型方法。

16.11 在一个1万份雇员期权的荷兰式拍卖中，所下的注码如下：

A 下注为3 000份期权，价格为30美元；

B 下注为2 500份期权，价格为33美元；

C 下注为5 000份期权，价格为29美元；

D 下注为1 000份期权，价格为40美元；

E 下注为8 000份期权，价格为22美元；

F 下注为6 000份期权，价格为35美元。

拍卖的结果是什么？他们各买到多少？

16.12 一家公司向其高管授予了50万份期权。股票价格与执行价格均为40美元，期权延续12年，在4年后生效。公司决定使用5年的预期期限，每年30%的波动率来对期权定价。公司不付股息，而无风险利率是4%。公司在其利润表中所报的费用是多少？

16.13 一家公司的CFO说：“对股票期权的会计处理方式很荒唐。当股票价格是30美元时，我们给公司雇员授予了1 000万份平值期权。我们估计在授予日每份期权的价值为5美元。在年终股票价格已经下降到4美元，但我们仍需要在利润表中记上5 000万美元的费用。”讨论CFO的观点。

作业题

16.14 在例16-2中，雇员股票期权的（风险中性）预期期限是多长？在布莱克-斯科尔斯-默顿公式中使用预期期限时期权的价格是多少？

16.15 一家公司向其雇员授予了200万份期权。股票价格与执行价格均为60美元，期权延续8年，在2年后生效。公司决定使用的预期期限为6年，波动率为每年22%，股票每年支付1美元的股息，在每年的中间付出。无风险利率是5%。在利润表上，公司所报的期权费用是多少？

16.16 一家公司向其雇员授予了100万份期权。股票价格与执行价格均为20美元，期权期限10年，在3年后生效。股价的波动率是30%，公司不付股息。利用4步二叉树对期权定价。假定在树上每一步的末尾有4%的概率雇员会离开公司。假设在每个节点上，在此之前没有提前行使期权的条件下，当（a）期权已经生效，和（b）期权为实值时，雇员自愿提前行使期权的概率为

$$1-\exp(-a(S/K-1)/T)$$

其中S为股票价格，K为执行价格，T为期限，以及$a=2$。

16.17 (a) 对冲基金挣取管理费和奖励费，奖励费是基金回报（如果有）的一定比例（见业界事例1-3）。在这种机制下，基金经理的管理动机会是怎样？

(b) “向公司高管发行期权会使得高管像对冲基金经理管理基金那样去管理公司。”讨论这个观点。

CHAPTER17

第17章 股指期权与货币期权

在第10章里我们引入了股指期权与货币期权，在这一章我们将详细讨论这些产品。本章将介绍产品的运作过程并讨论这些产品的一些应用。在本章的后半部分，我们将第15章中所给出的定价方法推广到支付已知股息率的股票上的欧式期权。然后我们将说明股指和货币都类似于支付股息率的股票。因此，对有关支付股息率的股票上期权定价的结论也同样适用于股指与货币上的期权产品。

17.1 股指期权

有若干家交易所交易股指期权。这些股指中有的反映市场的整体走向，而其他一些是基于某个行业的行情（例如，计算机技术、原油与天然气、交通或电信等行业）。芝加哥期权交易所（CBOE）交易的股指期权包括标普100指数上的美式与欧式期权（OEX与XEO)，标普500指数上的欧式期权（SPX)，道琼斯工业平均指数上的欧式期权（DJX）以及纳斯达克100指数上的欧式期权（NDX）。在第10章里我们曾提到过芝加哥期权交易所交易个体股票上的LEAPS与灵活期权，该交易所也提供关于股指上的这些期权交易。

每份股指期权合约的标的资产为指数值的100倍（注意，用于道琼斯指数上期权的股指为道琼斯指数报价的0.01倍)。股指期权是以现金形式结算。这意味着在期权被行使时，看涨期权持有者收入的现金金额为 $(S-K)\times 100$，而期权承约者则需要支付这个数量的现金，这里的 S 为期权行使日休市时的指数值，K 为执行价格。看跌期权持有者在行使时收入现金金额为 $(K-S)\times 100$，而期权承约人则需要支付这个数量的现金。

17.1.1 证券组合保险

证券组合管理人可以利用股指期权来控制价格下滑的风险。假定今天的股指值为 S，考虑某个风险分散程度很好的证券组合管理人，假设其组合的 β 系数为1.0。这意味着该组合的收益与股指的收益互相对应。假定投资组合的股息收益率与股指的股息收益率相同，这样我们认为投资组合价值的百分比变化大约等于股指值百分比的变化。由于每份期权合约的标的资产为指数值的 100 倍，如果对于证券组合中的每 $100S_0$ 美元资产买入 1 份执行价格为 K 的看跌期权，那么组合管理人就可以使证券组合价值在股指低于 K 时得到保护。假定证券组合的价值为 500 000 美元，而股指的取值为 1 000。这时，组合的价值等于 500 乘上指数值，所以证券组合管理人买进 5 份 3 个月期限、执行价格为 900 的看跌期权就可以得到在 3 个月后证券组合价值不会低于 450 000 美元的保险。

为了说明这一保险的运作过程，我们假定在 3 个月后股指下跌到了 880。这时证券组合的价值大约为 440 000 美元。期权的收益为 5 ×（900 － 880）= 10 000 美元，这就将证券组合的总价值提到了所保的 450 000 美元。

17.1.2　当证券组合 β 不等于 1.0 时

如果证券组合的 β 不等于 1.0，那么对于证券组合中每 $100S_0$ 美元的价值，我们必须买入 β 数量的看跌期权，这里 S_0 为股指的当前值。假定我们刚才所讨论的价值为 500 000 美元证券组合的 β 为 2.0，而不是 1.0，我们仍假设股指取值为 1 000，这时需要买入的看跌期权数量为

$$2.0 \times \frac{500\,000}{1\,000 \times 100} = 10$$

而不是前面计算的数量 5。

为了确定合适的执行价格，我们可以采用资本资产定价模型（见第 3 章附录）。假定无风险利率为 12%，证券组合与股指的股息收益率均为 4%，我们买入保险的目的是为了使得在 3 个月后证券组合的价值不低于 450 000 美元。由资本资产定价模型得出，证券组合超出无风险利率之上的额外收益等于 β 乘以股指组合超出无风险利率之上的额外收益。这个模型使得我们能够由股指在 3 个月后的不同取值来计算组合价值的期望值。表 17-1 给出了股指取值为 1 040 的情形。这时，证券组合价值在 3 个月后的期望值为 530 000 美元。当股指为其他值时，我们也可以进行类似的计算来得出组合的期望值。表 17-2 给出了计算结果。买入期权的执行价格应等于证券组合被保护的目标价值所对应的股指取值。这样证券组合的保护价值为 450 000 美元，买入的 10 份看跌期权的执行价格为 960。[⊖]

表 17-1　计算在 3 个月后股指为 1 040 时证券组合的期望值（β = 2.0）

3 个月后股指	1 040
由股指变化所得收益	40/1 000 = 4%（每 3 个月）
股指股息	0.25 × 4 = 1%（每 3 个月）
股指的整体收益	4 + 1 = 5%（每 3 个月）
无风险利率	0.25 × 12 = 3%（每 3 个月）
股指超出无风险利率的额外收益期望值	5 − 3 = 2%（每 3 个月）
证券组合超出无风险利率的额外收益期望值	2 × 2 = 4%（每 3 个月）
证券组合的收益期望值	3 + 4 = 7%（每 3 个月）
证券组合股息	0.25 × 4 = 1%（每 3 个月）
证券组合增值的期望	7 − 1 = 6%（每 3 个月）
证券组合价值的期望值	500 000 × 1.06 = 530 000 美元

⊖ 在今后 3 个月，股息收益所得大约为 500 000 美元的 1%，即 5 000 美元。如果我们设定证券组合被保护价值 450 000 美元中包括股息收益，我们选择的执行价格应对应于 445 000 美元而不是 450 000 美元，这时的执行价格应该选为 955。

表 17-2 证券组合价值在β等于 2.0 时与股指价值的关系

3 个月后股指	3 个月后证券组合价值（美元）	3 个月后股指	3 个月后证券组合价值（美元）
1 080	570 000	960	450 000
1 040	530 000	920	410 000
1 000	490 000	880	370 000

为了说明保险的作用，假定股指在 3 个月后下跌到 880，如表 17 - 2 所示，证券组合价值大约为 370 000 美元，看跌期权的收益为（960 - 880）× 10 × 100 = 80 000 美元，这一数量刚好是证券组合管理人将投资组合价值由 370 000 美元提到 450 000 美元所需要的资金数量。

以上例子说明了当β增大时，对冲的成本也会增大的两个理由：所需的看跌期权数量增加，同时期权的执行价格也会增大。

17.2 货币期权

货币期权主要在场外市场上交易，该市场的优点是交易者可以进行大额交易，并且该市场可以对产品的执行价格、到期日以及其他特征进行特殊设计来满足公司资金部的需要。虽然美国纳斯达克 OMX 也进行货币期权交易，但对于这类期权，交易所交易市场的规模远小于场外市场。

一个欧式看涨期权的例子如下：期权持有人有权以汇率 1.300 0 的价格买入 100 万欧元（即 1 欧元兑换 1.3 美元）。假设在期权到期时实际汇率为 1.350 0，期权收益为 1 000 000 ×（1.350 0 - 1.300 0）= 50 000 美元。与此相似，一个欧式看跌期权的例子是给期权持有者以汇率 0.900 0 的价格卖出 1 000 万澳元（即 1 澳元兑换 0.900 0 美元）的权利。假如在期权到期时实际汇率为 0.870 0，期权收益为 10 000 000 ×（0.900 0 - 0.870 0）= 300 000 美元。

一家希望对冲外汇头寸风险的公司可以用外汇期权替代外汇远期合约。在未来某一确定时间会收到英镑的公司可以买入在同一时间到期的英镑看跌期权来对冲风险，这种对冲策略将保证英镑汇率不低于执行价格，而且同时允许公司从有利的汇率变动中获利。与此类似，在未来某确定时间将支付英镑的公司可以买入在同一时刻到期的英镑看涨期权来对冲风险。这时期权会保证购买英镑的费用不高于某一水平，而且同时允许公司从有利的汇率变动中获利。远期合约锁定了将来某笔外汇交易中的汇率，而期权则提供了一种保险。这种保险并不是没有代价的，签订远期合约时无须付费，但获得期权时则需要付出一定的费用。

范围远期合约

范围远期合约（range-forward contract）是标准远期合约的变形，这一合约可用于对冲外汇风险。考虑某家美国公司，该公司得知在 3 个月后将接受 100 万英镑。假定 3 个月期的远期汇率为每英镑 1.520 0 美元。这家公司可以签订在 3 个月后卖出 100 万英镑的远期合约空头来锁定汇率。这样做的结果是确定在 3 个月后公司付出 100 万英镑的同时将收入 152 万美元。

另一种做法是买入执行价格为 K_1 的欧式看跌期权，同时卖出执行价格为 K_2 的欧式看涨期权，其中 $K_1 < 1.5200 < K_2$。这种策略称为**范围远期**（range forward）合约的空头，其收益显示在图 17-1a 中，该交易策略的两个期权都是针对于 100 万英镑。在 3 个月后，如果汇率低于 K_1，这时看跌期权将被行使，因此公司能够以 K_1 的价格卖出 100 万英镑。当汇率介于 K_1 与 K_2 之间时，两个期权均不会被行使，公司以市场汇率价格卖出英镑。如果汇率高于 K_2，这时看涨期权将被行使，造成公司以汇率 K_2 卖出 100 万英镑。图 17-2 显示了 100 万英镑外汇交易所实现的汇率。

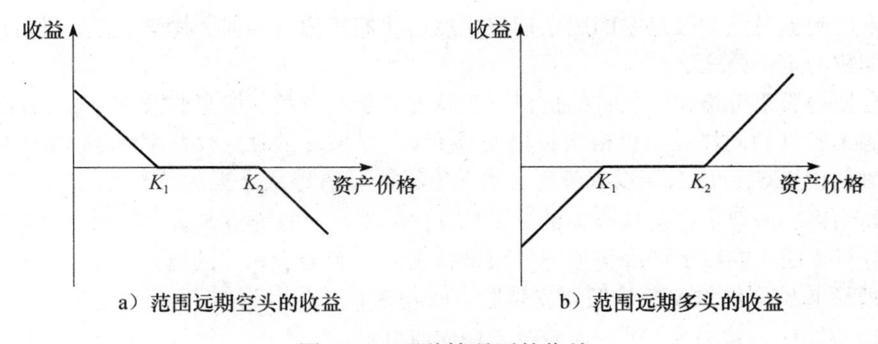

图 17-1　两种情况下的收益

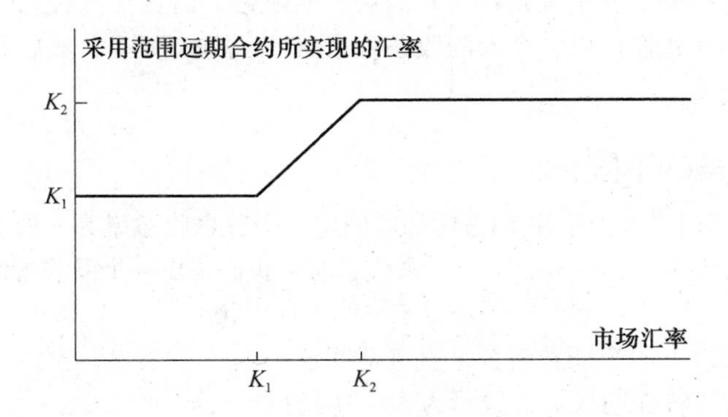

图 17-2　以下两种不同策略所对应的汇率（a）用范围远期空头来对冲将来收入的外汇现金流（b）采用范围远期多头对冲将来支出的外汇现金流

如果该公司知道 3 个月后将支出而不是收进 100 万英镑，这时公司可以卖出执行价格为 K_1 的欧式看跌期权并同时买入一个执行价格为 K_2 的欧式看涨期权。这种策略被称为范围远期合约的多头，其收益显示在图 17-1b 中。如果在 3 个月后汇率低于 K_1，看跌期权将被行使，公司以汇率 K_1 买入 100 万英镑。如果汇率介于 K_1 与 K_2 之间，两个期权均不会行使，公司能够以市场汇率买入 100 万英镑。如果汇率高于 K_2，看涨期权将被行使，公司能够以 K_2 的汇率买入 100 万英镑。买入 100 万英镑所付汇率与前面收入 100 英镑的汇率相同（见图 17-2）。

在实际中，构造范围远期时往往会使看跌期权价格等于看涨期权价格，从而范围远期合约的成本为 0，这与设立普通远期合约的成本为 0 相似。假定美国与英国的利率均为 5%，外汇即期汇率为 1.520 0（与远期汇率相同）。进一步假设汇率波动率为 14%。我们可以利用 DerivaGem 来说明执行价格为 1.500 0（即卖出 1 英镑的价格为 1.500 0 美元）的欧式看跌期权与执行价格为 1.541 3（以即 1.541 3 美元买入 1 英镑）看涨期权的价格相同（均为 0.032 50）。因此，令 $K_1 = 1.5000$，$K_2 = 1.5413$，这样我们例子中的合约成本将为 0。

当一个范围远期合约中看涨与看跌期权的执行价格越来越近时，范围远期合约会成为一个普通远期合约。一个范围远期合约的空头会变为远期合约的空头，而一个范围远期合约的多头会变成远期合约的多头。

17.3　支付已知股息率的股票期权

在这一节里我们会建立一个简单规则，利用这一规则我们可以将无股息股票上欧式期权公式的结果推广到支付已知股息率的股票期权，然后我们将说明如何利用这些结果来推导关于股指与货币期权的定价公式。

股息会使得股票价格在除息日的价格下跌幅度等于股息量。股息收益率 q 会使得股票价格增长幅度比无股息的同样股票价格增长幅度减少 q。如果支付股息收益率 q，股票价格从 S_0 增长到 T 时刻的价格 S_T，那么在没有股息的情况下，该股票将从今天的价格 S_0 增长到 T 时刻的 S_Te^{qT}。换句话讲，股票价格会从今天的 S_0e^{-qT} 增长到 T 时刻的价格 S_T。

这一分析说明，在以下两种情形下股票价格在时间 T 会有相同的概率分布：

（1）股票起始价格为 S_0，该股票支付股息收益率 q；

（2）股票起始价格为 S_0e^{-qT}，该股票无任何股息。

这样我们可以得出一个简单规则：当我们对于期限为 T 而且支付股息收益率为 q 的股票上欧式期权进行定价时，我们可以将今天的股票价格由 S_0 降至 S_0e^{-qT}，然后我们可以将期权按无股息的股票期权来处理。[⊖]

17.3.1 期权价格的下限

作为以上规则的第 1 个应用，我们考虑如何确定一个股息收益率为 q 的股票上欧式看涨期权的下限。当不等式（11-4）中的 S_0 用 S_0e^{-qT}来代替时，我们得出一个欧式看涨期权价格 c 的下限

$$c \geqslant \max(S_0e^{-qT} - Ke^{-rT}, 0) \tag{17-1}$$

我们也可以通过考虑以下两个证券组合来直接证明这一点：

组合 A：一个欧式看涨期权加上数量为 Ke^{-rT}的现金；

组合 B：e^{-qT}只股票，其中股息被再投资于股票。

为了取得欧式看跌期权的下限，我们可以类似地将式（11-5）中的 S_0 用 S_0e^{-qT}代替而得出

$$p \geqslant \max(Ke^{-rT} - S_0e^{-qT}, 0) \tag{17-2}$$

这一结果也可以通过考虑以下两个证券组合来直接得出：

组合 C：一个欧式看跌期权加上 e^{-qT}只股票，其中股息又被投资于股票中；

组合 D：数量为 Ke^{-rT}的现金。

17.3.2 看跌－看涨期权平价关系式

将式（11-6）中的 S_0 由 S_0e^{-qT}代替，我们可以得出一个股息收益率为 q 的股票期权看跌－看涨期权平价关系式

$$c + Ke^{-rT} = p + S_0e^{-qT} \tag{17-3}$$

这一结果也可以通过考虑以下两个证券组合来直接证明：

组合 A：一个欧式看涨期权加上数量为 Ke^{-rT}的现金；

组合 C：一个欧式看跌期权加上 e^{-qT}只股票，其中股息又被投资于该股票中。

以上两个投资组合在时间 T 的价值均为 $\max(S_T, K)$，因此它们今天的价格必须相同，由此我们可得出由式（17-3）所表达的看跌－看涨期权平价关系式。对于美式期权，看跌－看涨关系式如下（见练习题 17.12）

$$S_0e^{-qT} - K \leqslant C - P \leqslant S_0 - Ke^{-rT}$$

⊖ 这一规则可类似于 15.12 节讨论的对支付现金股息的股票欧式期权定价的方法（我们在那里曾指出过可以将股息的贴现值从股票的当前价格中扣除；而在这里，我们可以采用股息率来对股票进行贴现）。

17.3.3 定价公式

将式（15-20）和式（15-21）中的 S_0 由 S_0e^{-qT} 代替，我们可以得出股息收益率为 q 的股票上欧式看涨期权价格 c 与欧式看跌期权价格 p

$$c = S_0e^{-qT}N(d_1) - Ke^{-rT}N(d_2) \tag{17-4}$$

$$p = Ke^{-rT}N(-d_2) - S_0e^{-qT}N(-d_1) \tag{17-5}$$

因为

$$\ln\frac{S_0e^{-qT}}{K} = \ln\frac{S_0}{K} - qT$$

所以 d_1，d_2 分别由以下公式给出

$$d_1 = \frac{\ln(S_0/K) + (r - q + \sigma^2/2)T}{\sigma\sqrt{T}}$$

$$d_2 = \frac{\ln(S_0/K) + (r - q - \sigma^2/2)T}{\sigma\sqrt{T}} = d_1 - \sigma\sqrt{T}$$

这些结果最早是由默顿给出的。[㊀]如在第15章讨论的那样，为了定价的目的，这里的股息应被定义成在除息日由于所宣布支付票息而引起股票价格下跌的数量。如果在期权有效期内股息收益率为已知，但并不是常数，式（17-4）和式（17-5）仍然成立。这时公式中的 q 等于期权期限内股息的平均年收益率。

17.3.4 微分方程和风险中性定价

通过求解期权价格所满足的微分方程或者利用风险中性定价公式，我们更正式地证明式（17-4）和式（17-5）。

当我们在15.6节的分析里包括股息收益率 q 时，微分方程式（15-16）变为[㊁]

$$\frac{\partial f}{\partial t} + (r - q)S\frac{\partial f}{\partial S} + \frac{1}{2}\sigma^2S^2\frac{\partial^2 f}{\partial S^2} = rf \tag{17-6}$$

与式（15-16）相似，这个方程中也不含有任何关于风险偏好的变量。因此，我们可以采用在15.7节中所描述的风险中性定价方法。

在风险中性世界里，股票的整体收益率一定等于 r。因为股息收益率为 q，所以股票的预期增长率等于 $r-q$。因此，股票价格服从以下风险中性随机过程

$$dS = (r - q)Sdt + \sigma Sdz \tag{17-7}$$

为了给出关于股息收益率为 q 的股票上期权的等价公式，我们可以将股票的增长率期望设成 $r-q$，然后以贴现率 r 对收益期望贴现。当股票的增长率期望为 $r-q$ 时，股票在 T 时刻价值的期望值为 $S_0e^{(r-q)T}$。利用与第15章附录中类似的分析，我们可以得出看涨期权收益在风险中性世界里的期望值为

$$e^{(r-q)T}S_0N(d_1) - KN(d_2)$$

其中 d_1 和 d_2 由上面表达式给出，以利率 r 进行贴现后我们可以得到式（17-4）。

㊀ 见 R. C. Merton，"Theory of Rational Option Pricing," *Bell Journal of Economics and Management Science*, 4 (Spring 1973)：141-83。

㊁ 在网页 www.rotman.utoronto.ca/~hull/TechnicalNotes 中的 Technical Note 6 里，有关于这一方程的证明。

17.4 欧式股指期权的定价

在第5章里对股指期货定价时，我们曾假设可以将股指看作支付已知股息收益率的股票。在对股指期权定价时，我们也可以采用类似的假设。这意味着不等式式（17-1）与式（17-2）提供了关于欧式股指期权的下限；式（17-3）是关于欧式股指期权的看跌－看涨期权平价关系式；式（17-4）和式（17-5）可用来对欧式股指期权定价；二叉树可以用来对美式期权定价。在所有情形下，S_0 等于当前股指价格，σ 为股指的波动率，q 为期权有效期内股息的平均年收益率。

例 17-1

考虑一个标普500指数上的欧式看涨期权，期权期限为2个月，股指的当前值为930，执行价格为900，无风险利率为每年8%，波动率为每年20%。在第1个月与第2个月内预计股指将分别支付收益率为0.2%和0.3%的股息。这时 $S_0=930$，$K=900$，$r=0.08$，$\sigma=0.2$，$T=2/12$。在期权期限内的总股息率为 $0.2\%+0.3\%=0.5\%$，所对应的年股息率为 $6\times0.5\%=3\%$，因此 $q=0.03$ 和

$$d_1=\frac{\ln(930/900)+(0.08-0.03+0.2^2/2)\times2/12}{0.2\sqrt{2/12}}=0.5444$$

$$d_2=\frac{\ln(930/900)+(0.08-0.03-0.2^2/2)\times2/12}{0.2\sqrt{2/12}}=0.4628$$

$$N(d_1)=0.7069\quad N(d_2)=0.6782$$

因此由式（17-4）给出的看涨期权价格 c 为

$$c=930\times0.7069\mathrm{e}^{-0.03\times2/12}-900\times0.6782\mathrm{e}^{-0.08\times2/12}=51.83$$

1份合约的价值为5 183美元。

在计算 q 时，我们应该只考虑除息日在期权有效期内的股息。在美国，股票除息日往往是在2月份、5月份、8月份和11月份的第1周，因此在任意给定时刻，q 往往会同期权的期限有关。对于其他国家的股票指数，情况更是如此。例如，日本所有公司往往都采用同一个除息日。

如果我们假设股指中所含股息的绝对数量（而不是连续收益率）是已知的，我们可以采用标准布莱克－斯科尔斯－默顿公式，这时只需在初始股票价格中除去股息的贴现值。在第15章里对提供已知股息的股票期权定价时，我们曾推荐了这一方法，但这一方法可能很难适用于一个包含许多股票的股指，这是因为在计算过程中我们将会需要股指所含股票的所有股息信息。

有时人们会认为从长远来讲，一个股票组合的收益肯定会好过一个具有同样初始价值的债券组合收益。如果真是这样的话，那么一个有权将股指卖出价等于债券组合价格的长期限看跌期权会非常便宜。但事实上，就像业界事例17-1指出的那样，这种看跌期权的价格却非常昂贵。

业界事例 17-1　我们是否可以保证从长远来讲股票收益一定优于债券的收益

人们常说，长线投资者应该购买股票而不是债券。考虑某个美国基金经理，他试图说服那些作为长线投资的人应当购买一个模拟标普 500 指数的股票基金。该投资经理可能向投资者保证其基金在今后 10 年内的收益至少要好过无风险债券的收益率。由历史数据来看，在美国几乎在每个 10 年时间段内股票收益都要好过债券收益。似乎看来基金经理的承诺不太值钱。

事实上，这种承诺会是惊人的昂贵。假定股指今天的值为 1 000，股息收益率为每年 1%，股指波动率为 15%，10 年的无风险利率为每年 5%。要想比债券投资绩效好的话，股指每年的收益要高于 5%。因为股息收益率为 1%，因此资本收益增长率至少为 4%，这意味着 10 年后的股指水平至少为 $1\,000e^{0.04\times10}=1\,492$。

基金经理在这里对标普 500 上的 1 000 美元投资进行保证，保证投资的收益高于债券收益，该基金经理的保证等于一个 10 年期限执行价格为 1 492 的看跌期权。这一看跌期权可由式（17-5）来定价：在计算中输入的参数为 $S_0=1\,000$，$K=1\,492$，$r=5\%$，$\sigma=15\%$，$T=10$，$q=1\%$，看跌期权价格为 169.7。这说明基金经理所做出的承诺等于股指基金价格的 17%，这种承诺显然是不能随便免费给出的。

17.4.1　远期价格

定义 F_0 为股指在时间 T 到期的远期价格。如式（5-3）所示，$F_0=S_0e^{(r-q)T}$。这意味着式（17-4）和式（17-5）中的欧式看涨期权价格 c 和欧式看跌期权价格 p 为

$$c=F_0e^{-rT}N(d_1)-Ke^{-rT}N(d_2) \tag{17-8}$$

$$p=Ke^{-rT}N(-d_2)-F_0e^{-rT}N(-d_1) \tag{17-9}$$

其中

$$d_1=\frac{\ln(F_0/K)+\sigma^2T/2}{\sigma\sqrt{T}},\quad d_2=\frac{\ln(F_0/K)-\sigma^2T/2}{\sigma\sqrt{T}}$$

看跌－看涨期权平价关系式式（17-3）变为

$$c+Ke^{-rT}=p+F_0e^{-rT}$$

或

$$F_0=K+(c-p)e^{rT} \tag{17-10}$$

对于某一特定期限，如果具有同样执行价格的看涨和看跌期权交易很活跃的话（在交易所市场上这一现象并非罕见），我们可以采用这个关系式来估计对应于这一期限的股指远期价格。一旦取得了对于一系列期限的远期价格后，我们可以估计远期价格的期限结构，对于其他的期权，我们可以采用式（17-8）和式（17-9）来进行定价。以上做法的优点是在定价过程中我们不需要明确估计股指的股息收益率。

17.4.2　隐含股息收益率

如果需要估计股息收益率（例如，对美式期权进行定价时），我们可以利用具有等同执行价格与等同期限的看涨期权和看跌期权来进行计算，由式（17-3）得出

$$q=-\frac{1}{T}\ln\frac{c-p+Ke^{-rT}}{S_0}$$

对于一个特定的执行价格和期限，由以上表达式估计的 q 不一定可靠，但如果将许多配对的看涨和看跌期权汇集到一起，我们将可以得出一个有关市场上对于其股息收益率结构所做假设的清晰图像。

17.5 欧式货币期权的定价

为了对货币期权进行定价，我们定义 S_0 为即期汇率。精确地讲，S_0 为一个单位的外币所对应的美元数量。在5.10节中我们曾讲过，外币与支付股息收益率的股票相似，外币持有者收入的股息收益率等于外币无风险利率 r_f（以外币计）。将不等式式（17-1）和式（17-2）中的 q 由 r_f 替代，我们得出欧式看涨期权 c 和欧式看跌期权 q 的下限

$$c \geqslant \max(S_0 e^{-r_f T} - Ke^{-rT}, 0)$$

$$p \geqslant \max(Ke^{-rT} - S_0 e^{-r_f T}, 0)$$

将式（17-3）中的 q 由 r_f 替代，我们可以得出对于欧式货币期权的看跌－看涨期权平价关系式

$$c + Ke^{-rT} = p + S_0 e^{-r_f T}$$

最后，将式（17-4）和式（17-5）中的 q 由 r_f 替代，我们可得出欧式货币期权的定价公式

$$c = S_0 e^{-r_f T} N(d_1) - Ke^{-rT} N(d_2) \tag{17-11}$$

$$p = Ke^{-rT} N(-d_2) - S_0 e^{-r_f T} N(-d_1) \tag{17-12}$$

其中

$$d_1 = \frac{\ln(S_0/K) + (r - r_f + \sigma^2/2)T}{\sigma\sqrt{T}}$$

$$d_2 = \frac{\ln(S_0/K) + (r - r_f - \sigma^2/2)T}{\sigma\sqrt{T}} = d_1 - \sigma\sqrt{T}$$

国内和国外的无风险利率分别对应于期限为 T 的利率。货币上的看跌与看涨期权具有对称性质：以货币B买入货币A，执行价格为 K 的看跌期权等价于对于以货币A买入货币B的执行价格为 $1/K$ 的看涨期权（见练习题17.8）。

例 17-2

考虑一个4个月期限的英镑欧式看涨期权。假定当前英镑/美元汇率为1.6000，期权执行价格为1.6000，美国无风险利率为每年8%，英国无风险利率为每年11%，期权价格为4.3美分。这里 $S_0 = 1.6$，$K = 1.6$，$r = 0.08$，$r_f = 0.11$，$T = 0.3333$ 与 $c = 0.043$。我们可以通过试错法来求取隐含波动率：波动率为20%时，期权价格为0.0639；波动率为10%，期权价格为0.0285；依此类推，最终我们得出隐含波动率为14.1%。

使用远期汇率

由于银行与其他金融机构很频繁地交易远期汇率合约，因此常常会利用远期汇率为期权定价。

由式（5-9）得出，对应于期限 T 的远期汇率为

$$F_0 = S_0 e^{(r - r_f)T}$$

这一结果可将式（17-11）和式（17-12）简化为

$$c = e^{-rT}[F_0 N(d_1) - KN(d_2)] \tag{17-13}$$

$$p = e^{-rT}[KN(-d_2) - F_0 N(-d_1)] \tag{17-14}$$

其中

$$d_1=\frac{\ln(F_0/K)+\sigma^2T/2}{\sigma\sqrt{T}}$$

$$d_2=\frac{\ln(F_0/K)-\sigma^2T/2}{\sigma\sqrt{T}}=d_1-\sigma\sqrt{T}$$

式（17-13）和式（17-14）与式（17-8）和式（17-9）相似。在第 18 章里我们将看到对任何资产的即期价格上的欧式期权，我们均可以通过由式（17-13）和式（17-14）所给出的对于资产远期或期货期权形式来定价。注意，期货或远期的期限与欧式期权的期限相同。

17.6 美式期权

如第 13 章中所述，二叉树可以用来对美式股指和货币期权定价。与无股息股票的情形相同，我们将决定价格上涨幅度的参数 u 取为 $e^{\sigma\sqrt{\Delta t}}$，其中 σ 为波动率，Δt 为时间步长，决定价格下跌幅度的参数 $d=1/u=e^{-\sigma\sqrt{\Delta t}}$。对于无股息股票，价格上涨所对应的概率为

$$p=\frac{a-d}{u-d}$$

其中 $a=e^{r\Delta t}$。对于股指和货币期权，计算 p 的公式不变，但是要将 a 的定义做些变化。对于股指期权

$$a=e^{(r-q)\Delta t} \tag{17-15}$$

其中 q 为股息收益率。对于货币期权

$$a=e^{(r-r_f)\Delta t} \tag{17-16}$$

其中 r_f 为外国的无风险利率。13.11 节中的例 13-1 展示了如何利用 2 步二叉树来对一个股指期权定价。例 13-2 展示了如何构造一个 3 步二叉树来对一个货币期权定价。在第 21 章里我们将给出更多关于利用二叉树来对股指和货币期权定价的例子。

在某些情形下，提前行使美式货币期权或股指期权会是最优的选择。因此，美式货币期权和股指期权比相应的欧式期权价值会更高。一般来讲，高利率货币上的看涨期权和低利率货币上的看跌期权更可能会被提前行使。这是因为高利率货币会更容易贬值，而低利率货币会更容易升值。还有，高股息收益率股指上的看涨期权与低股息收益率股指上的看跌期权更可能会被提前行使。

小结

在交易所里交易的股指期权以现金结算。在行使股指看涨期权时，期权持有人的收入为 100 乘以股指超出执行价格的数量。与此类似，在股指看跌期权被行使时，期权持有人收入为 100 乘以执行价格超出股指的数量。股指期权可用来对证券组合进行保险。如果证券组合与股指有类似的收益，我们可以对于证券组合中每 $100S_0$ 美元的价值买入 1 份看跌期权。如果证券组合与股指的收益不同，对于证券组合每 $100S_0$ 美元的价值，我们需要买入 β 份看跌期权，其中 β 是资本资产定价模型中证券组合的 β 值，这里所购买期权的执行价格应反映所要求的价格保险水平。

大多数货币期权在场外市场进行交易。企

业资金部主管可以利用这些期权来对冲外汇风险。例如，一个美国公司的资金部主管得知在将来某时刻将收入一笔英镑，他可以买入在将来同一时刻到期的英镑看跌期权来对冲外币风险。类似地，一个美国企业资金部主管得知在将来某时刻将支付一笔英镑，他可以买入将来同一时刻到期的英镑看涨期权来对冲外币风险。货币期权可以被用来构造范围远期合约。当公司知道会有外汇风险敞口时，这种零费用合约被用来对损失提供保险，但同时要放弃一些增值机会。

无股息股票的欧式期权布莱克－斯科尔斯－默顿公式可以被推广到当标的股票支付股息收益率的情形。这种推广可以被用来对股指与货币上的欧式期权进行定价，这是因为

(1) 股指类似于支付股息收益率的股票，其中收益率等于构成指数的股票股息收益率；

(2) 外币类似于支付已知股息的股票，在这里外币利率扮演着股息收益率的角色。

二叉树可用来对美式股指和货币期权定价。

推荐阅读

Biger, N., and J.C. Hull. "The Valuation of Currency Options," *Financial Management*, 12 (Spring 1983): 24–28.

Bodie, Z. "On the Risk of Stocks in the Long Run," *Financial Analysts Journal*, 51, 3 (1995): 18–22.

Garman, M.B., and S.W. Kohlhagen. "Foreign Currency Option Values," *Journal of International Money and Finance*, 2 (December 1983): 231–37.

Giddy, I.H., and G. Dufey. "Uses and Abuses of Currency Options," *Journal of Applied Corporate Finance*, 8, 3 (1995): 49–57.

Grabbe, J.O. "The Pricing of Call and Put Options on Foreign Exchange," *Journal of International Money and Finance*, 2 (December 1983): 239–53.

Merton, R.C. "Theory of Rational Option Pricing," *Bell Journal of Economics and Management Science*, 4 (Spring 1973): 141–83.

练习题

17.1 一个当前价值为1 000万美元的证券组合的β值为1.0，某个指数的当前值为800。解释如何利用执行价格为700，标的资产为该指数的看跌期权来为证券组合提供保险。

17.2 “一旦我们知道了如何对支付股息收益率股票上的期权定价，那么我们也就知道了如何对股指和货币期权定价。”解释这句话的含义。

17.3 一个股指的当前值为300，股指的股息收益率为每年3%，无风险利率为每年8%，在这一股指上执行价格为290，期限为6个月的欧式看跌期权下限为多少？

17.4 一种外币的当前价格为0.80美元，波动率为12%，国内和国外无风险利率分别为6%和8%。利用两步二叉树来对以下期权定价：

(a) 期限为4个月，执行价格为0.79的欧式看涨期权，

(b) 4个月期限并具有同样执行价格的美式看涨期权。

17.5 当一家企业知道在将来会收进一笔外汇时，解释该企业如何利用货币范围远期合约来对冲外汇风险。

17.6 计算一个期限为3个月的股指平值欧式看涨期权的价格，股指的当前值250，无风险利率为每年10%，股指的波动率为每年18%，股指股息收益率为每年3%。

17.7 计算一个8个月期限的欧式货币看跌期权价格，期权执行价格为0.50，当前汇率为0.52，汇率波动率为12%，国内无风险利率为每年4%，国外无风险利率为每年8%。

17.8 证明式（17-12）给出的关于以货币B卖出1个单位货币A，执行价格为K的看跌期权的价格等于式（17-11）给出的关于以货币A卖出K个单位货币B，执行价格为$1/K$的看涨期权的价格。

17.9 一种外币的当前价格为1.5美元，国内与国外的无风险利率分别为5%与9%。计算在下面两种情况下一个6个月期执行价格为1.40美元的看涨期权下限，假定期权分别是（a）欧式，（b）美式。

17.10 某股指的当前值为250，股指的股息收益率为每年4%，无风险利率为每年6%。这一股指上3个月期，执行价格为245的欧式看涨期权的目前价格为10美元。该股指上3个月期，执行价格为245的看跌期权价值是多少？

17.11 一个股指的当前值为696，波动率为30%，无风险利率为每年7%，股指所提供的连续股息收益率为每年4%。计算3个月期，执行价格为700的欧式看跌期权价格。

17.12 假定C是执行价格为K，期限为T，连续股息率为q的股票上美式看涨期权价格，P为具有同样执行价格与期限的美式看跌期权价格，证明

$$S_0e^{-qT} - K < C - P < S_0 - Ke^{-rT}$$

其中S_0为股票价格，r为无风险利率，$r>0$。（**提示**：为了证明第1个不等式，考虑以下证券组合的价值

组合A：一个欧式看涨期权加上数量为K的无风险投资；

组合B：一个美式看跌期权加上e^{-qT}只股票，其中股息被再投资于股票之中。

为了证明第2个不等式，考虑以下证券组合的价值

组合C：一个美式看涨期权加上数量为Ke^{-rT}的无风险投资；

组合D：一个欧式看跌期权加上1只股票，其中股息被再投资于股票之中。）

17.13 证明当远期价格等于执行价格时，一个欧式货币看涨期权价格等于相应的欧式货币看跌期权价格。

17.14 你认为股指的波动率会大于还是小于一般股票的波动率？解释原因。

17.15 当证券组合的β值增加时，相应证券组合保险的价格会增加还是减少？解释原因。

17.16 假定某个证券组合的价值为6 000万美元，标普500的当前值为1 200，如果证券组合的收益反映了股指收益，为了保证证券组合在1年后价值不低于5 400万美元，证券组合管理者应购买什么样的期权？

17.17 考虑练习题17.16的情形。假定证券组合的β为2.0，无风险利率为每年5%，证券组合与股指的股息收益率为每年3%。为了保证证券组合在1年后价值不低于5 400万美元，管理者应购买什么样的期权？

17.18 某个指数的当前水平为1 500。执行价格为1 400，期限为6个月的欧式看涨和看跌期权的价格分别为154.00和34.25。6个月期无风险利率为5%，这时的隐含股息收益率为多少？

17.19 一个整体收益指数对某投资组合的整体收益（包括股息）进行跟踪。解释你将如何对该指数上的以下产品定价（a）远期合约，（b）欧式期权。

17.20 什么是欧式货币期权的看跌－看涨期权平价关系式？

17.21 利用书中所述的投资组合来证明式（17-1）、式（17-2）和式（17-3）。

17.22 一个关于日元/欧元的期权是否可由以下两个期权来构造？其中一个期权为美元/欧元期权，另一个期权为美元/日元期权。

作业题

17.23 道琼斯工业平均指数在2007年1月12日为12 556，而对于3月份到期、执行价格为126的看涨期权（March 126 Call）价格为2.25美元。利用DerivaGem软件来

计算期权的隐含波动率，在计算中假定无风险利率为5.3%，股息收益率为3%，期权到期日为2007年3月20日。估计3月份到期，执行价格为126的看跌期权价格。由这一期权价格得出的隐含的波动率为多少？（注意，期权的标的资产为道琼斯指数除以100）。

17.24 某股指的当前值为300，波动率为20%，无风险利率为8%，股息收益率为3%。利用三步二叉树对指数上6个月期，执行价格为300的看跌期权定价。假设期权为（a）欧式，（b）美式。

17.25 假定加元的即期汇率为0.95美元，加元/美元汇率的波动率为每年8%，加拿大与美国的无风险利率分别为每年4%与5%。计算9个月期以0.95美元买入1加元的欧式看涨期权的价格。利用看跌-看涨期权平价关系式来求出9个月期的以0.95美元的价格出售1加元的欧式看跌期权的价格。在9个月后以1加元买入0.95美元的看涨期权价格为多少？

17.26 某股指当前取值为1 000，无风险利率为4%，3个月期限、执行价格为950的欧式看涨和看跌期权的价格分别为78和26，估计（a）股息收益率，（b）隐含波动率。

17.27 如果货币A以货币B表达时满足过程

$$dS = (r_B - r_A)Sdt + \sigma Sdz$$

其中r_A和r_B分别为国家A和国家B的无风险利率。如果以货币A表达货币B，货币B将满足什么过程？

17.28 假定目前美元/欧元的兑换为1.300 0，汇率波动率为15%。一家美国公司在3个月时将收入100万欧元。欧洲和美国的无风险利率分别为5%与4%。这家公司准备采用范围远期合约，其中执行价格下限等于1.250 0。

（a）为保证合约费用为0，执行价格上限等于多少？

（b）公司采用的看涨和看跌期权的头寸是什么？

（c）证明只要两种货币的利率之间的差$r - r_f$保持不变，那么（a）的答案将不依赖于利率的大小。

17.29 在业界事例17-1中，保证在今后10年内基金的回报不会为负的价值是多少？

17.30 1年期限关于墨西哥比索（peso）的远期价格为每比索0.075 0美元，美国的无风险利率为1.25%，墨西哥的无风险利率为4.5%，汇率的波动率为13%。1年期执行价格为0.080 0的欧式和美式看跌期权的价格为多少？

第18章 期货期权

到目前为止，在我们所考虑的期权中，期权持有者可以在将来某一固定时刻按某一价格买入或卖出某个标的资产，这些期权有时也被称为**即期资产上的期权**（options on spot）或**即期期权**（spot options），这是因为在行使期权时，以指定价格而进行的买入或卖出资产的交易马上会发生。在这一章里，我们考虑**期货上的期权**（options on futures），这类期权也被称为**期货期权**（futures options）。在这些合约中，行使期权会使得期权持有者持有期货的一种头寸。

商品期货交易委员会（Commodity Futures Trading Commission，CFTC）在1982年批准了实验性的期货期权交易。在1987年，该委员会批准了永久性的期货期权交易。从那时起，这类期权越来越得到投资者的青睐。

在这一章里，我们将讨论期货期权的运作方式以及这类期权与即期期权之间的差别。我们将探讨如何用二叉树和类似于布莱克-斯科尔斯-默顿股票期权公式来对期货期权定价。我们也将讨论期货期权与即期期权的相对定价问题，并考虑被称为**期货式期权**（futures-style option）的产品。

18.1 期货期权的特性

期货期权给予持有者权利（而非义务）在将来某一时刻以一定的期货价格进入期货合约。具体地讲，看涨期货期权给持有者在将来某时刻以一定期货价格持有合约多头的权利；看跌期货期权给持有者在将来某时刻以一定期货价格持有期货合约空头的权利。大多数期货期权为美式期权，也就是说期权持有者在合约有效期内随时可以行使期权。

当看涨期货期权被行使时，期权持有者进入一个期货合约的多头，加上数量等于最新期货结算价格减去执行价格的现金；当看跌期货期权被行使时，期权持有者进入一个期货合约的空头，加上数量等于执行价格减去最新期货结算价格的现金。以下的例子说明，一个关于看涨期货期权的实际收益等于$\max(F-K, 0)$，而一个关于看跌期货期权的实际收益等于$\max(K-F, 0)$，F是执行期权时的期货价格，K 为执行价格。

例 18-1

假定现在是 8 月 15 日，某投资者持有 1 份 9 月份的黄铜期货期权合约，执行价格为每磅 320 美分。1 份合约的规模是 25 000 磅黄铜。假定当前 9 月份交割的黄铜期货价格为 331 美分，8 月 14 日（最近一个结算日）黄铜期货的结算价格为 330 美分。如果期权被行使，投资者收入现金为

$$25\,000 \times (330 - 320)(\text{美分}) = 2\,500(\text{美元})$$

与此同时，投资者进入了一个在 9 月份买入 25 000 磅黄铜期货合约的多头。如果投资者愿意，他可以立即将期货平仓，投资者除收入 2 500 美元外再加上以下数量的现金

$$25\,000 \times (331 - 330)(\text{美分}) = 250(\text{美元})$$

这一数量反映了在最近一次结算后期货价格的变化。在 8 月 15 日行使期权的整体收益为 2 750 美元，该数量正好等于 $25\,000(F-K)$，其中 F 为行使期权时的期货价格，K 为执行价格。

例 18-2

某投资者持有 1 份 12 月份玉米期货的看跌期权合约，执行价格为每蒲式耳 600 美分。每份合约的规模是 5 000 蒲式耳玉米。假定当前 12 月份交割的玉米期货价格为 580 美分，在最近一个结算日，玉米期货的结算价格为 579 美分。如果行使期权，那么投资者收入的现金数量为

$$5\,000 \times (600 - 579)(\text{美分}) = 1\,050(\text{美元})$$

同时投资者进入了一个在 12 月份卖出 5 000 蒲式耳玉米期货合约的空头。如果投资者愿意，他可以立即将期货平仓，投资者收入 1 050 美元，但同时要付出以下数量的现金

$$5\,000 \times (580 - 579)(\text{美分}) = 50(\text{美元})$$

这一数量反映了在最近一次结算后期货价格的变化。投资者的净收益为 1 000 美元，该数量等于 $5\,000(K-F)$，其中 F 为行使期权时的期货价格，K 为执行价格。

18.1.1 到期月

期货期权是按标的期货到期月（而不是按期权到期月）来识别的。上面讲过，大多数期货期权为美式期权。期货期权到期日通常是标的期货交付日期的前几天（例如，CME 的长期国债期货期权到期日在期货合约到期月前一个月份，具体日期为距月底至少 2 个交易日之前的倒数第 1 个星期五）。CME 中线欧洲美元（mid-curve Eurodollar）合约是一个例外，该合约到期时间比相应期权到期时间要晚 1 或 2 年。

在美国比较流行的期货期权的标的资产包括玉米、大豆、棉花、糖、原油、天然气、黄金、长期国债、中期国债、5 年期国债、30 天期联邦基金、欧洲美元、1 年与 2 年期中线欧洲美元、欧元银行间拆借利率（Euribor）、欧元债券（Eurobonds）和标普 500 指数。

18.1.2 利率期货期权

在美国的交易所里交易最为活跃的利率期权产品是关于长期国债期货、中期国债期货和欧洲美元期货的期权。

CME 集团交易的长期国债期货期权的持有者有权进入一个长期国债期货合约。如第 6 章所述，1 份长期国债期货合约的规模是交割 100 000 美元的长期国债。长期国债期货期权的报价是以标的长期国债面值的百分比给出的，价格被近似到面值 1% 的 1/64。

CME 集团交易的欧洲美元期货期权的持有者有权进入一个欧洲美元期货合约。如第6章所述，当欧洲美元期货的报价变化一个基点（即0.01%）时，欧洲美元期货合约的损益为25美元。与此类似，在对欧洲美元期货期权定价时，一个基点也代表25美元。

利率期货期权合约的运作方式与本章中所讨论的其他期货期权合约相同。例如，在行使期权后，除现金收益外，看涨期权持有者还要同时得到期货合约的多头，而期权承约方将会持有相应期货合约的空头。期权的整体收益（包括期货交易的头寸）为 $\max(F-K, 0)$，其中 F 为行使期权时的期货价格，K 为执行价格。

当债券价格增长时（即利率下降时），利率期货价格会随之增长；当债券价格下降时（即利率增长时），利率期货价格会随之下降。如果一个投资者认为短期利率会增长，他可以买入关于欧洲美元期货的看跌期权来进行投机；如果一个投资者认为短期利率会下降，他可以买入关于欧洲美元期货的看涨期权来进行投机。如果一个投资者认为长期利率会增长，他可以买入关于长期或中期国债期货的看跌期权来进行投机；如果一个投资者认为长期利率会下降，他可以买入关于长期或中期国债期货的看涨期权来进行投机。

例 18-3

现在是2月份，6月份欧洲美元合约的期货价格为93.82（对应于每年6.18%的3个月欧洲美元利率）。对以上合约，执行价格为94.00的看涨期权报价为0.1，即10个基点。该期权可能对于认为利率会下降的投资者具有吸引力。假定短期利率确实下降了大约100个基点，当欧洲美元期货价格为94.78时（对应于每年5.22%的3个月欧洲美元利率），期权持有人行使期权。这时期权收益为 $25\times(94.78-94.00)\times100=1\,950$ 美元，期权合约的费用为 $10\times25=250$ 美元，因此投资者的盈利为1 700美元。

例 18-4

现在是8月份，12月份长期国债合约期货的价格为96-09（即 $96\frac{9}{32}=96.281\,25$）。长期国债的收益率大约为每年6.4%。某投资者认为这一利率到12月份时会下降，他可以买入在12月份到期，执行价格为98的看涨期权。假定期权价格为1-04（价格为面值的 $1\frac{4}{64}=1.062\,5\%$）。如果长期利率确实下降到了每年6%，长期国债期货价格上升到了100-00，投资者在每100美元债券期货上的净盈利为

$$100.00-98.00-1.062\,5=0.937\,5$$

因为一个期权合约是关于面值为100 000美元的产品买卖，因此投资者从每份买入的期权中盈利937.50美元。

18.2 期货期权被广泛应用的原因

人们很自然会问，为什么有人会选择交易期货期权而不是交易关于标的资产的期权呢？主要原因似乎是在大多数情形下，期货合约要比标的资产的流动性更好，而且容易交易。还有，在交易所很容易马上获得期货的价格，而标的资产的价格并不一定很容易取得。

考虑长期国债。长期国债的期货市场要比任何个别的国债市场都活跃得多，而且马上可以

从交易所的交易中得到长期国债期货的价格。与此相比，只有通过联系一个或更多的交易商，投资者才能取得当前债券市场的价格。因此，当我们看到投资者更愿意交割长期国债期货而不是国债现货时，就不会感到奇怪了。

商品期货的交易往往比直接交易商品本身更容易。例如，在市场上，对活牛期货进行交割比对活牛本身进行交割要容易和方便得多。

期货期权的一个重要特点是对期权的行使并不一定会触发对标的资产的交割，因为在大多数情形下标的期货合约会在到期日之前被平仓。期货期权往往最终以现金结算，这对大多数投资者来讲颇具吸引力，尤其是对于那些缺乏资金而不能在期权行使后买入标的资产的投资者更是如此。另外一个有时人们会提到的优点是期货与期货期权在同一个交易所中同时交易。这给对冲、套利、投机都带来了方便，这也使市场有效性会更高。期货期权还有一个优点是在许多情况下，期货期权比即期期权的交易费用要低。

18.3 欧式即期期权和欧式期货期权

执行价格为 K 的欧式看涨即期期权收益为

$$\max(S_T - K, 0)$$

其中 S_T 为期权到期时资产的即期价格。具有同样执行价格 K 的欧式看涨期货期权收益为

$$\max(F_T - K, 0)$$

其中 F_T 为期权到期时的期货价格。如果期货与期权同时到期，那么 $F_T = S_T$，这时两个期权等价。类似地，当期货与期权同时到期时，欧式即期看跌期权与欧式期货看跌期权等价。

大多数市场交易的期货期权为美式期权。但是我们会看到，研究欧式期货期权仍会很有用处，因为我们得出的结果可以用来对欧式即期期权定价。

18.4 看跌－看涨期权平价关系式

在第 11 章里我们得出了欧式股票期权的看跌－看涨期权的平价关系式。我们现在采用类似的方法来推导对于欧式期货期权的看跌－看涨平价关系式。考虑具有相同执行价格 K 与期限 T 的两个欧式看涨和看跌期货期权。我们可以构造以下两个交易组合

组合 A：一份欧式看涨期货期权加上数量为 Ke^{-rT} 的现金；

组合 B：一份欧式看跌期货期权加上一份期货合约多头，再加上数量为 F_0e^{-rT} 的现金，其中 F_0 为期货价格。

在组合 A 中，现金可以按无风险利率 r 进行投资，在 T 时刻，该投资会增长到 K。令 F_T 为期权到期时的期货价格。如果 $F_T > K$，组合 A 中的期权会被行使，这时组合 A 的价值为 F_T；如果 $F_T \leqslant K$，组合 A 中的期权不会被行使，这时组合 A 的价值为 K。因此在 T 时刻，组合 A 的价值为

$$\max(F_T, K)$$

在组合 B 中，现金按无风险利率进行投资。在 T 时刻，该投资会增长到 F_0。看跌期权收益为 $\max(K - F_T, 0)$，期货提供的收益为 $F_T - F_0$。[⊖]因此组合 B 在时刻 T 的价值为

$$F_0 + (F_T - F_0) + \max(K - F_T, 0) = \max(F_T, K)$$

⊖ 在分析中，我们假定期货价格等价于远期价格，即期货只在到期日结算，而非每天结算。

因为以上两个交易组合在 T 时刻的价值相等，并且欧式期权不能被提前行使，所以这里的两个交易组合在今天的价值应该相等。组合 A 在今天的价值为

$$c + Ke^{-rT}$$

其中 c 为看涨期货期权的价格。每日结算过程保证组合 B 中的期货在今天的价格为 0，所以组合 B 的价值为

$$p + F_0e^{-rT}$$

其中 p 为看跌期货期权的价格，因此

$$c + Ke^{-rT} = p + F_0e^{-rT} \tag{18-1}$$

以上看跌－看涨期权平价关系式与式（11-6）中关系式之间的区别是股票价格 S_0 被贴现后的期货价格 F_0e^{-rT} 所取代。

如 18.3 节所示，当期权与标的期货合约同时到期时，欧式即期期权与欧式期货期权是等价的。当两种期权的到期日与期货相同时，式（18-1）即给出了即期看涨期权、即期看跌期权和期货价格之间的关系式。

例 18-5

假定一个对于即期白银的欧式看涨期权价格为每盎司 0.56 美元，期权期限为 6 个月，执行价格为 8.5 美元。假定 6 个月期限的白银期货价格为 8 美元，投资 6 个月的无风险利率为每年 10%。将式（18-1）变形后可以得知一个具有同样期限和执行价格的欧式即期看跌期权价格为

$$0.56 + 8.50e^{-0.1\times6/12} - 8.00e^{-0.1\times6/12} = 1.04$$

对于美式期货期权，看跌－看涨期权的关系是（见练习题 18.19）

$$F_0e^{-rT} - K < C - P < F_0 - Ke^{-rT} \tag{18-2}$$

18.5 期货期权的下限

看跌－看涨期权平价关系式式（18-1）给出了欧式看涨期权和看跌期权的下限。因为看跌期权的价格 p 不能为负值，由式（18-1）得出

$$c + Ke^{-rT} \geqslant F_0e^{-rT}$$

即

$$c \geqslant \max((F_0 - K)e^{-rT}, 0) \tag{18-3}$$

类似地，因为看涨期权的价格 c 不能为负值，由式（18-1）得出

$$Ke^{-rT} \leqslant F_0e^{-rT} + p$$

即

$$p \geqslant \max((K - F_0)e^{-rT}, 0) \tag{18-4}$$

以上得出的下限与第 11 章中推导出的欧式股票期权的下限类似。当期权为深度实值状态时，欧式看涨和看跌期权会与它们的下限价格非常接近。为了说明这一点，我们重新考虑由式（18-1）所表达的看跌－看涨期权平价关系式。当一个看涨期权为深度实值状态时，相应的看跌期权为深度虚值状态，这意味着 p 会接近于 0，c 与其下限的差等于 p。因此看涨期权会与其下限非常接近。对看跌期权我们也可以进行类似的讨论。

由于美式期货期权可以在任何时刻被行使，因此，我们有以下关系式

$$C \geqslant \max(F_0 - K, 0)$$

与

$$P \geqslant \max(K - F_0, 0)$$

因此，假设利率为正，美式期权的下限一定会高于相应欧式期权的下限，美式期货期权总是有被提前行使的可能。

18.6 采用二叉树对期货期权定价

在本节里我们将比在第13章中更正式地探讨如何用二叉树对期货期权定价。期货期权与股票期权的关键区别是进入期货合约时无须付费。

假定当前的期货价格为30，在1个月后，期货价格将上涨到33或者下跌到28。我们考虑对于在期货上执行价格为29的看涨期权。在分析过程中，我们忽略期货每日结算的性质。这一情形显示在图18-1中。当期货价格上涨到33时，期权的收益为4，同时期货合约的价值为3；当期货价格下跌到28时，期权的收益为0，同时期货合约的价值为-2。[⊖]

为了构造无风险对冲，我们考虑由一个期权的空头与Δ份期货的多头所组成的交易组合。当期货价格上涨到33时，交易组合价值为$3\Delta-4$；当期货价格下跌到28时，交易组合价值为-2Δ。当交易组合的终端价格为一样，即以下公式满足时

$$3\Delta - 4 = -2\Delta$$

或$\Delta=0.8$时，交易组合为无风险。

当Δ取值为0.8时，交易组合在1个月后的价值为$3\times0.8-4=-1.6$。假定无风险利率为6%，交易组合今天的价值为

$$-1.6e^{-0.06\times1/12} = -1.592$$

交易组合包含1份期货期权合约的空头与Δ份期货合约。因为今天的期货合约价值为0，因此今天的期权价格必须是1.592。

18.6.1 推广

我们可以将以上分析进行推广。假定F_0为期货的初始价格，在时间段T以后，期货价格会上涨到F_0u或下跌到F_0d。我们考虑一个在时间T到期的期权，当期货价格上涨时，期权收益为f_u，当期货价格下跌时，期权收益为f_d。图18-2是对这一情形的总结。

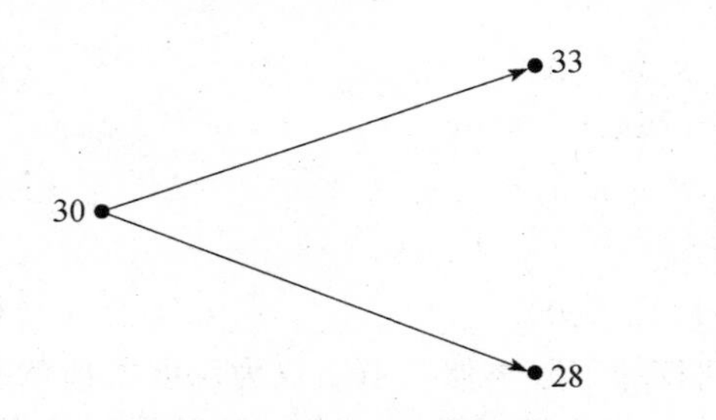

图18-1 数值例子中的期货价格变化

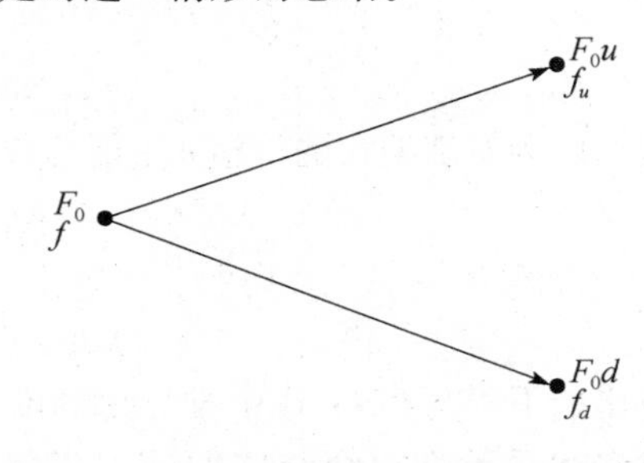

图18-2 一般情形下的期货与期权价格

⊖ 这一数值为期货盈亏的近似，因为期货的收益不仅仅发生在时刻T，其收益分布在由0到T的每一天。但是，当二叉树步长变得越来越小时，这一估计会越来越好。

这时的无风险交易组合包括1份期权的空头和Δ份期货的多头，其中

$$\Delta = \frac{f_u - f_d}{F_0 u - F_0 d}$$

交易组合在T时刻的价值总是

$$(F_0 u - F_0)\Delta - f_u$$

将无风险利率记为r，我们得出交易组合在今天的价值为

$$[(F_0 u - F_0)\Delta - f_u]e^{-rT}$$

另外一种表达交易组合今天价值的表达式为$-f$，其中f为期权今天的价值。因此

$$-f = [(F_0 u - F_0)\Delta - f_u]e^{-rT}$$

将Δ代入以上表达式，f可以被简化为

$$f = e^{-rT}[pf_u + (1-p)f_d] \tag{18-5}$$

其中

$$p = \frac{1-d}{u-d} \tag{18-6}$$

这与13.9节里的结果一致。式（18-6）给出了在风险中性世界里标的资产价格上涨的概率。

在上面的数值例子中（见图18-1），$u=1.1$，$d=0.9333$，$r=0.06$，$T=1/12$，$f_u=4$，$f_d=0$。由式（18-6），我们可以得出

$$p = \frac{1-0.9333}{1.1-0.9333} = 0.4$$

由式（18-5）得出

$$f = e^{-0.06\times 1/12}[0.4\times 4 + 0.6\times 0] = 1.592$$

这与我们以前得到的结果是一致的。

18.6.2 多步二叉树

应用多步二叉树对美式期货期权定价与对股票期权定价的方式是基本相同的，这在13.9节中曾解释过。对应于期货价格上涨的参数u等于$e^{\sigma\sqrt{\Delta t}}$，其中$\sigma$为期货价格的波动率，$\Delta t$为步长，期货价格上升的概率由式（18-6）给出

$$p = \frac{1-d}{u-d}$$

例13-3说明了如何利用多步二叉树来对期货期权定价。第21章中的例21-3给出了进一步的描述。

18.7 期货价格在风险中性世界的漂移率

我们可以利用一种更广义的结果来将17.3节中的分析用到期货期权上。这一结果是：在风险中性世界里，期货价格的变化等价于支付股息收益率为国内无风险利率r的股票。

期货二叉树上关于p的方程与股票二叉树上当$q=r$时的概率方程一致（比较式（18-6）与式（17-15）和式（17-16）），从这一现象中我们可以得出一些线索。另外一些线索是期货期权的看跌-看涨期权平价关系式与将股票价格换成期货价格、令$q=r$时等同（比较式（18-1）和式（17-3））。

为了严格地证明以上结果，我们需要计算期货价格在风险中性世界里的漂移率。定义F_t为时刻t的期货价格，并且假设结算日期为时刻0，Δt，$2\Delta t$，…如果在0时刻进入期货多头，

其价值为0。在时刻 Δt，期货的收益为 $F_{\Delta t}-F_0$。如果 r 为在0时刻一段很短时间（Δt）区间的利率，那么由风险中性定价方法得出在0时刻，合约收益的价值为

$$e^{-r\Delta t}\hat{E}[F_{\Delta t}-F_0]$$

其中 $\hat{E}$ 为风险中性世界的期望。因此我们必须有

$$e^{-r\Delta t}\hat{E}[F_{\Delta t}-F_0]=0$$

从而

$$\hat{E}[F_{\Delta t}]=F_0$$

类似，我们可以证明 $\hat{E}[F_{2\Delta t}]=F_{\Delta t}$，$\hat{E}[F_{3\Delta t}]=F_{2\Delta t}$，等等。将所有这些结果放在一起后，我们可以看到对于任意时刻 T

$$\hat{E}[F_T]=F_0$$

因此，在风险中性世界里，期货价格的漂移率为0。由式（17-7）得出，期货价格类似于股息收益率 q 等于 r 的股票价格。这一结果具有一般性，它对所有的期货价格均成立，并且与关于利率、波动率等的假设无关。[㊀]

在风险中性世界里，通常假设 F 服从以下过程

$$dF=\sigma F dz \tag{18-7}$$

其中 σ 为常数。

微分方程

为了从另外一个角度来说明期货价格类似于股息收益率为 q 的股票，我们可以推导期货价格上衍生产品所满足的微分方程。推导方法类似于在15.6节中无股息股票上衍生产品所满足的微分方程的推导。期货价格上衍生产品的价格满足微分方程[㊁]

$$\frac{\partial f}{\partial t}+\frac{1}{2}\frac{\partial^2 f}{\partial F^2}\sigma^2F^2=rf \tag{18-8}$$

这与在式（17-6）中将 q 取成 r 的形式相同。这验证了在对衍生产品定价时，我们可以将期货价格看成股息收益率为 r 的股票。

18.8 期货期权定价的布莱克模型

通过将以上结果进行推广，我们可以对欧式期货期权定价。费希尔·布莱克在1976年发表的一篇文章中首先证明了这一点。[㊂]假设标的期货价格服从式（18-7）中的对数正态过程，期货期权上的欧式看涨期权价格 c 和看跌期权 p 可以由在式（17-4）与式（17-5）中将 S_0 由 F_0 取代，同时令 $q=r$ 而给出

$$c=e^{-rT}(F_0N(d_1)-KN(d_2)) \tag{18-9}$$

$$p=e^{-rT}(KN(-d_2)-F_0N(-d_1)) \tag{18-10}$$

㊀ 在第28章里，我们将发现这一结果的准确描述是："一个期货价格在定价单位为货币市场账户的传统风险中性世界里的漂移率为零。"一个具有零漂移率的随机过程被称为鞅。远期价格在另一个风险中性世界中为鞅，这一世界的定价单位为在时刻 T 到期的零息债券。

㊁ 关于这个结果的证明，参见网页 www. rotman. utoronto. ca/ ~hull/TechnicalNotes 中的 Technical Note 7。

㊂ 见 F. Black，"The Pricing of Commodity Contracts，" *Journal of Financial Economics*，3（March 1976）：167-79。

其中

$$d_1=\frac{\ln(F_0/K)+\sigma^2T/2}{\sigma\sqrt{T}}$$

$$d_2=\frac{\ln(F_0/K)-\sigma^2T/2}{\sigma\sqrt{T}}=d_1-\sigma\sqrt{T}$$

其中 σ 为期货价格的波动率。当持有费用和便利收益率均为时间的函数时，我们可以证明期货价格的波动率等于标的资产的波动率。

例 18-6

考虑一个原油期货上的欧式看跌期权，期权的期限为 4 个月，当前的期货价格为 20 美元，执行价格为 20 美元，无风险利率为每年 9%，期货波动率为每年 25%。这时 $F_0=20$，$K=20$，$r=0.09$，$T=4/12$，$\sigma=0.25$ 和 $\ln(F_0/K)=0$，因此

$$d_1=\frac{\sigma\sqrt{T}}{2}=0.072\ 16$$

$$d_2=-\frac{\sigma\sqrt{T}}{2}=-0.072\ 16$$

$$N(-d_1)=0.471\ 2,\quad N(-d_2)=0.528\ 8$$

看跌期权价格 p 为

$$p=e^{-0.09\times 4/12}(20\times 0.528\ 8-20\times 0.471\ 2)=1.12$$

即 1.12 美元。

由布莱克模型代替布莱克 - 斯科尔斯 - 默顿模型

18.3 节中的结果说明当期权期限与期货期限相同时，期货期权与即期期权等价。因此式（18-9）和式（18-10）也提供了一种对于即期资产上欧式期权定价的方法。

例 18-7

考虑一个 6 个月期限，标的资产为即期黄金价格的欧式看涨期权，即在 6 个月后买入 1 盎司黄金的期权。期权执行价格为 1 200 美元，6 个月期限的黄金期货价格为 1 240 美元，无风险利率为每年 5%，期货波动率为 20%，这一期权等价于在 6 个月期限的期货价格上的欧式期权。式（18-9）可以给出这个期权的价格为

$$e^{-0.05\times 0.5}[1\ 240N(d_1)-1\ 200N(d_2)]$$

其中

$$d_1=\frac{\ln(1\ 240/1\ 200)+0.2^2\times 0.5/2}{0.2\sqrt{0.5}}=0.302\ 6$$

$$d_2=\frac{\ln(1\ 240/1\ 200)-0.2^2\times 0.5/2}{0.2\sqrt{0.5}}=0.161\ 1$$

计算出的期权价格为 88.37 美元。

与布莱克-斯科尔斯-默顿模型相比，交易员更喜欢采用布莱克模型来对欧式即期期权定价。这种用法非常广泛。标的资产既可以是消费资产也可以是投资资产，而且资产也可以给持有人提供收入。在式（18-9）和式（18-10）中的变量 F_0 被取成与期权期限一样的期货或远期合约价格。

式（17-13）和式（17-14）展示了如何将布莱克模型应用到关于货币即期期权的定价上。式（17-8）和式（17-9）则展示了如何将布莱克模型应用到关于股指即期期权的定价上。布莱克模型的很大优点是我们不需要去估计标的资产的收入（或方便收益）。在模型中的期货或远期价格已经将这些收入考虑在内。

在17.4节里，当考虑股指情形时，我们解释了由看跌-看涨期权平价关系式出发，如何从市场交易活跃的指数期权中隐含地计算相应期限的远期价格，通过对这些远期价格进行插值，我们还可以估计对应于其他期限的远期价格。对于许多其他标的资产，我们都可以进行类似的处理。

18.9 美式期货期权与美式即期期权

在实际中，市场交易的期货期权通常为美式期权。假定无风险利率 r 为正，美式期货期权总是有被提前行使的可能性，因此，美式期货期权价格总是会高于相应的欧式期货期权的价格。

在当期权与期货具有相同期限时，美式期货期权的价格并不一定等于美式即期期权的价格。[㊀]例如，假定我们有一个正常市场（normal market），其中期货价格在到期前一直高于即期资产价格。这时，美式看涨期货期权价格一定会高于相应的美式即期看涨期权。这是因为在某些情形下，期货期权可能会被提前行使，这会给期权持有者带来更大的收益。类似地，一个美式看跌期货期权的价格一定会低于相应的美式即期看跌期权的价格。当市场为反向（inverted market），即期货价格总是低于即期价格时，与以上相反的结论会成立。这时，美式看涨期货期权的价格会低于美式即期看涨期权的价格，而美式看跌期货期权的价格会高于美式即期看跌期权的价格。

上面描述了关于美式期货期权与美式即期期权的差别，这在期货与期权具有不同或相同期限时均成立。事实上，期货期限比期权期限越长，两种期权的差别也就越大。

18.10 期货式期权

有些交易所交易所谓的**期货式期权**（futures-style options），这是关于期权收益的期货合约。一般来讲，交易员在买入（卖出）即期或期货期权时要首先支付（收入）现金。与此不同的是，买入或卖出期货式期权的交易员要缴纳保证金，这一点与一般的期货交易没有什么两样（见第2章）。与其他期货一样，期货式期权要每天进行结算，而最终的结算为期权的收益。期货合约是对资产的将来价格下注，而期货式期权是对期权将来的收益下注。[㊁]当利率为常数时，期货式期权中的期货价格等价于关于期权收益的远期合约中的远期价格，这一结论说明期货式

㊀ 与期货期权相对应的即期期权具有相同的执行价格及到期日。

㊁ 关于期货式期权的详细讨论，见 D. Lieu, "Option Pricing with Future-Style Margining," *Journal of Futures Markets*, 10, 4 (1990), 327-38。当利率为随机时，见 R.-R. Chen and L. Scott, "Pricing Interest Rate Futures with Futures-Style Margining," *Journal of Futures Markets*, 13, 1 (1993), 15-22。

期权中的期货价格等于一个在到期时才付费的期权价格。因此，期货式期权价格等于一个普通期权价格以无风险利率复利到期权满期的数量。

式（18-9）和式（18-10）中的布莱克模型给出了一个普通欧式期权的价格，其中期货（远期）价格 F_0 对应于一个与期权具有同样期限的期货。因此，看涨期货式期权中的期货价格为

$$F_0N(d_1) - KN(d_2)$$

看跌期货式期权中的期货价格为

$$KN(-d_2) - F_0N(-d_1)$$

其中 d_1 和 d_2 由式（18-9）和式（18-10）给出。这些公式不依赖于无风险利率，并且对于期货合约上的期货式期权和资产即期价格上的期货式期权都是正确的。在第 1 种情形下，F_0 为期权标的合约的当前期货价格；在第 2 种情形下，F_0 为与期权具有同样期限的期货合约的当前期货价格。

期货式期权的看跌 - 看涨期权平价关系式为

$$p + F_0 = c + K$$

一个美式期货式期权可以被提前行使，这时要马上结算期权的内涵价值。事实上，提前行使美式期货式期权肯定不是最优的决策，这是因为期权的期货价格永远大于内涵价值，因此我们可以将这种美式期货式期权视为相应的欧式期货式期权。

小结

期货期权在行使时需要交割标的期货。当看涨期权被行使时，期权持有者取得期货多头加上数量为期货价格超出执行价格的现金。类似地，当看跌期权被行使时，期权持有者取得期货空头加上数量为执行价格超出期货价格的现金。期货的到期日通常比期权的到期日要略晚。

期货价格与支付股息收益率等于无风险利率 r 的股票价格相似。这意味着当我们将期货价格取代股票价格，并同时令股息收益率等于无风险利率时，第 17 章中得出的对于股票期权定价公式也适用于期货期权。欧式期货期权的定价公式最初由费希尔·布莱克在 1976 年提出，公式中的主要假设是在期权到期时期货价格服从对数正态分布。

如果期权与期货具有同样的期限，欧式期货期权的价格等于相应的欧式即期期权的价格。这一结论常常被用来对欧式即期期权定价。这一结论对美式期权并不成立。如果期货市场为正常市场，美式看涨期货期权的价格会高于相应的美式即期看涨期权，美式看跌期货期权的价格会低于相应的美式即期看跌期权；当期货市场为反向市场时，与以上相反的结论将会成立。

推荐阅读

Black, F. "The Pricing of Commodity Contracts," *Journal of Financial Economics*, 3 (1976): 167–79.

练习题

18.1 解释一个关于日元的看涨期权和日元期货上看涨期权的不同。

18.2 为什么债券期货期权比债券期权交易更为活跃？

18.3 “期货价格类似于支付股息收益率的股票。”这里的股息收益率是多少？

18.4 一个期货的当前价格为50，在6个月后，价格会或者变为56或者46，无风险利率为每年6%，6个月期限、执行价格为50的欧式看涨期权价格是多少？

18.5 期货期权的看跌-看涨期权平价关系式与无股息股票上期权的看跌-看涨期权平价关系式的不同之处是什么？

18.6 考虑1美式期货看涨期权，其中期货与期权的到期日相同，在什么情况下期货期权价格会高于相应标的资产上的美式期权？

18.7 计算以下5个月期的欧式看跌期货期权价格：期货价格为19美元，期权执行价格为20美元，无风险利率为每年12%，期货价格波动率为每年20%。

18.8 假定你买入了关于10月份黄金期货的看跌期权，执行价格为每盎司1 400美元，每一份期权合约的标的资产为100盎司黄金。当10月份期货价格为1 380美元时，你行使期权会产生什么样的收益？

18.9 假定你卖出了一个关于4月份活牛期货的看涨期权，执行价格为每磅130美分，每一份期权合约的标的资产为40 000磅活牛。在期货价格为135美分时，你行使期权会产生什么样的收益？

18.10 考虑一个2个月期限的期货看涨期权，执行价格为40，无风险利率为每年10%，当前期货价格为47。在以下两种情况下，期货期权的下限为多少？(a)欧式期权，(b)美式期权。

18.11 考虑一个4个月期限的看跌期货期权，执行价格为50，无风险利率为每年10%，期货的当前价格为47。在期权为以下两种情况下，期货期权价格的下限为多少？(a)欧式期权，(b)美式期权。

18.12 某一期货的当前价格为60，波动率为30%。无风险利率为每年8%。利用两步二叉树来估计在期货上6个月期，执行价格为60的欧式看涨期权价格。如果看涨期权为美式期权，期权是否应被提前行使？

18.13 在练习题18.12中，二叉树所给出的6个月期，执行价格为60的期货上欧式看跌期权价格是多少？如果看跌期权为美式期权，期权是否应该被提前行使？验证在练习题18.12中计算出的欧式看涨期权价格和本题中计算出的欧式看跌期权价格满足看跌-看涨期权平价关系式。

18.14 某期货的当前价格为25，波动率为每年30%，无风险利率为每年10%。该期货上9个月期限、执行价格为26的欧式看涨期权价格是多少？

18.15 某期货当前价格为70，波动率为每年20%，无风险利率为每年6%。该期货上5个月期限，执行价格为65的欧式看跌期权价格是多少？

18.16 假定1年期限的期货当前价格为35美元。在这个期货上1年期的欧式看涨期权和1年期的欧式看跌期权价格均为2美元，这里看涨与看跌期权的执行价格均为34，无风险利率为每年10%，识别此处的套利机会。

18.17 “一个平值欧式看涨期货期权价格总是等于一个类似的平值欧式看跌期货期权价格。”解释这句话为什么正确。

18.18 假设期货当前价格为30，无风险利率为每年5%。3个月期限、执行价格为28的美式看涨期货期权的价格为4。计算3个月期执行价格为28的美式看跌期货期权价格的下限。

18.19 假定C为美式看涨期货期权价格，其中执行价格K，期限为T。P为同一期货上具有相同执行价格与期限的美式看跌期货期权价格，证明

$$F_0e^{-rT}-K<C-P<F_0-Ke^{-rT}$$

其中F_0为期货价格，r为无风险利率。假定$r>0$，并且远期和期货价格等同。(**提示：**采用类似练习题17.12中的方法。)

18.20 计算即期白银上3个月期限的欧式看涨期权价格，这里3个月期限的期货价格为12美元，执行价格为13美元，无风

险利率为4%，白银价格波动率为25%。

18.21 一家公司已知在3个月时会将500万美元投资90天，投资收益率为LIBOR-50个基点，这家公司想确保收益率不低于6.5%，它需要买入何种在交易所交易的期权来达到对冲目的？

作业题

18.22 某期货价格为40，已知在3个月末，价格会变为35或45。该期货上执行价格为42的3个月期欧式看涨期权的价格为多少？这里的无风险利率为每年7%。

18.23 关于某资产的期货价格为78，无风险利率为3%，期货上一个6个月期限、执行价格为80的看跌期权价格为6.5。假定看跌期权为欧式期权，一个具有同样执行价格和同样期限的欧式看涨和看跌期权的价格为多少？如果看跌期权为美式期权，一个具有同样执行价格和同样期限的美式看涨和看跌期权的可能价格范围是什么？

18.24 利用3步二叉树计算关于期货的美式看跌期权价格：期货价格为50，期权期限为9个月，执行价格为50，无风险利率为3%，波动率为25%。

18.25 假定今天是2月4日。执行价格为260、270、280、290与300的7月份玉米期货看涨期权价格分别为26.75、21.25、17.25、14.00与11.375。具有相同执行价格的7月份看跌期权价格分别为8.50、13.50、19.00、25.625和32.625。期权到期日为6月19日，7月份玉米期货的目前价格为278.25，无风险利率为1.1%。采用DerivaGem来计算期权的隐含波动率。讨论你所得出的结果。

18.26 由以下关于大豆期货的欧式看跌期权价格表来计算大豆期货的隐含波动率

期货的当前价格	525
执行价格	525
无风险利率	每年6%
期限	5个月
看跌期权价格	20

18.27 计算标普500即期值上6个月期的欧式看跌期权价格。股指上6个月期限的远期价格为1 400，执行价格为1 450，无风险利率为5%，股指波动率为15%。

18.28 期货期权的执行价格是550美分，无风险利率为3%，期货价格的波动率为20%，期权的期限是9个月，期货价格是500美分。

(a) 当期权为欧式看涨期权时，价格是多少？

(b) 当期权为欧式看跌期权时，价格是多少？

(c) 验证看跌-看涨平价关系式。

(d) 如果期权是期货式看涨期权，期权的期货价格是多少？

(e) 如果期权是期货式看跌期权，期权的期货价格是多少？

CHAPTER19

第19章 希腊值

金融机构在场外市场向客户卖出期权后会面临风险管理的问题。如果出售的期权刚好与交易所内交易的期权相同，那么这家金融结构可以在交易所买入同样的期权来对冲其风险敞口。但是，如果所卖出场外市场上的期权是为了满足客户的特殊需要而构造的，那么这一期权与交易所内交易的标准化期权产品会有所不同，这时对冲这一期权的风险就会比较困难。

在这一章里我们将讨论解决这个问题的几种方式。我们将讨论**希腊值**（Greek letters，或简称为 Greeks）。每一个希腊值都是用来度量期权头寸的某种特定风险，而交易员的目标就是管理这些希腊值，以便将风险保持在一个可以接受的范围之内。本章中的分析既适用于交易所内的期权做市商，也适用于金融机构的场外市场交易员。

在本章末我们将讨论如何以合成的形式构造期权。这与期权对冲密切相关：以合成的形式构造期权与对冲相反头寸的期权是一回事。例如，以合成形式所构造的看涨期权多头等价于对冲看涨期权的空头。

19.1 例解

在以下几节里，我们将采用一家金融机构的头寸来作为例子：该金融机构以300 000 美元的价格卖出了 100 000 份无股息股票的欧式看涨期权。我们假设股票价格为 49 美元，期权执行价格为 50 美元，无风险利率为每年 5%，股票价格的波动率为每年 20%，期权期限为 20 周（0.384 6 年），股票的收益率期望为每年 13%。[⊖]采用惯用的符号，这意味着：

$$S_0 = 49, K = 50, r = 0.05, \sigma = 0.20, T = 0.3846, \mu = 0.13$$

由布莱克 – 斯科尔斯 – 默顿模型可以得出期权的价格大约为 240 000 美元（即买 1

⊖ 如第 13 章和第 15 章所示，股票的收益率期望与期权价格无关。这里给出股票收益率期望是因为此变量同对冲的效率有关。

只股票的期权价格是2.40美元)。这家金融机构卖出期权的价格比理论价格高出60 000美元,但它却面临对冲风险的问题。[一]

19.2 裸露头寸和带保头寸

金融机构可采用的一种策略是对期权头寸不采取任何对冲措施,这种做法被称为持有**裸露头寸**(naked position)。在20周后,如果股票价格低于50美元,这种策略的收益会很好。期权在最终没有给金融机构带来任何费用,整个交易给金融机构带来净利润300 000美元。如果在20周后期权被行使,这种策略的收益将不会这么好。在期权到期时,金融机构必须在市场上以市价买入100 000只股票以兑现期权承诺。这样给金融机构带来的费用是100 000乘以股票价格高于执行价格的数量。例如,如果在20周后,股票价格为60美元,期权会给金融机构带来1 000 000美元的费用。这一费用远远大于期权所带来的300 000美元收入。

金融机构可以采用的另一种策略是**带保头寸**(covered position)。在这种策略中,金融机构在卖出期权的同时也买入100 000只股票。如果期权被行使,这一交易策略会很好,而在其他情形下可能会导致很大损失。例如,假如股票价格降到40美元,金融机构持有的股票将损失900 000美元,这一数量远远大于期权所带来的300 000美元收入。[二]

裸露头寸和带保头寸都不是很好的对冲交易策略。如果布莱克-斯科尔斯-默顿公式的前提假设成立,在两种策略中,金融机构的平均费用应当总是240 000美元。[三]但是,在以上各种情况下,成本从0到1 000 000美元以上不等。理想对冲交易策略的费用应当接近于240 000美元。

19.3 止损交易策略

止损交易策略(stop-loss strategy)是一个很有意思的对冲方法。为了解释这个方法,假定某金融机构卖出了一个看涨期权,期权持有者有权以价格K买进1只股票。止损交易策略的思路是这样的:在股票价格刚刚高于K时马上买入股票,而在股票价格刚刚低于K时马上卖出股票。这一对冲的核心思想就是当股票价格低于K时,采用裸露头寸策略,而当股票价格高于K时,采用带保头寸策略。对冲的设计过程保证了在时间T,如果期权处于实值状态,金融机构会持有股票;如果期权处于虚值状态,金融机构不持有股票。如图19-1所示,这一策略在t_1时刻买入股票、在t_2时刻卖出股票、在t_3时刻买入股票、在t_4时刻卖出股票、在t_5时刻买入股票并在时刻T交割。

与以往一样,我们假定股票的初始价格为S_0,建立对冲策略的初始费用在当$S_0>K$时为S_0,否则为0。这样一来,卖出期权并进行对冲后的全部费用为期权的内涵价值

$$Q = \max(S_0 - K, 0) \tag{19-1}$$

这是因为在时间0之后的买入以及卖出交易的价格均为K。如果以上公式正确,在没有交易费用的情况下,该交易对冲策略会非常完美。而且,这种交易的对冲费用永远小于由布莱克-斯

[一] 这里采用无股息股票的欧式看涨期权来作为例子是为了便于说明问题,这里所得结论也适用于其他类型的期权和衍生产品。

[二] 看跌-看涨期权平价关系式说明出售带保头寸看涨期权的风险等价于出售无保护的看跌期权的风险。

[三] 更准确地讲,采用适当风险调整后的贴现率,两种策略成本期望的贴现值均为24万美元。

科尔斯 - 默顿公式所给出的期权价格。因此投资者通过卖出期权并以这一方式对冲后即可以获得无风险盈利。

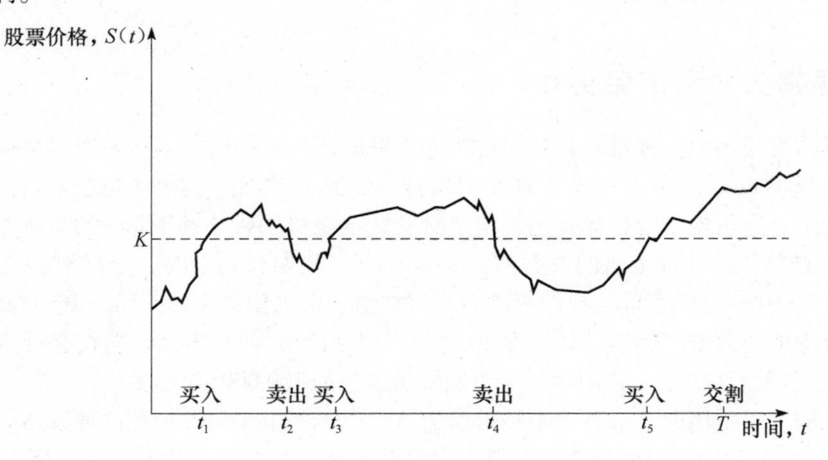

图 19-1 止损交易策略

式（19-1）并不正确，原因有两个：第一个原因是对冲者的现金流发生在不同的时刻，对这些现金流必须贴现；第二个原因是股票的买入与卖出不可能总是正好发生在价格等于 K 的时刻。这里的第 2 个原因很关键。假如我们处在利率为 0 的风险中性世界里，这时可以忽略货币的时间价值。但我们并不能合理地假定股票的买入与卖出刚好发生在价格等于 K 的时刻。如果市场是有效的，在股票市场价格为 K 时，对冲者并不知道股票价格会变得高于 K 还是低于 K。

一种可行的做法是在以上描述的过程中，股票的买入价格必须为 $K+\varepsilon$，股票的卖出价格必须为 $K-\varepsilon$，这里的 ε 为一个小的正数。因此每一笔买入与卖出股票的费用为 2ε（在这里我们忽略交易手续费）。对冲者一个自然的做法是增大价格观测的频率来使得 ε 变得更小。但当 ε 变得更小时，交易也会更加频繁，因此交易费用的减低会被交易频率的增加所抵消。但当 $\varepsilon \to 0$ 时，交易次数的期望值会趋向于无穷大。[一]

尽管止损交易策略从表面上看起来很诱人，但这一策略并不是个有效的对冲手段。例如，考虑 1 个虚值期权。如果股票价格从来达不到 K 的价格，那么止损交易策略的费用为 0。如果股票价格与执行价格水平线交叉很多次，止损交易策略的费用将会很高。蒙特卡罗模拟法（Monte Carlo simulation）可用于检验止损交易策略的整体效果，该方法先随机地产生股票价格的路径，然后再计算采用止损交易策略的结果。表 19-1 显示了关于 19.1 节里期权的结果。假定在时间间隔为 Δt 的末尾观察股票价格，[二]对冲的表现（对冲表现测度）以期权对冲费用的标准差与期权的布莱克 - 斯科尔斯 - 默顿价格的比率来衡量。（对冲费用的计算是除去支付利息与贴现影响后的费用。）每一个结果都是基于 1 000 000 个股票价格路径抽样来计算的。有效对冲策略将会使对冲表现测度接近于 0，但在这里我们可以看出无论 Δt 如何小，止损交易策略的对冲表现测度都不小于 0.70。这说明止损交易策略不是一个好的对冲方法。

[一] 如 14.2 节所述，在某一固定时间段，维纳过程等于某一特定数值次数的期望值为无穷大。

[二] 精确的对冲规则可以描述如下：如果在 Δt 时间段，股票价格从低于 K 上升到高于 K，那么在该时间段的末尾购入股票；如果在 Δt 时间段，股票价格从高于 K 下跌到低于 K，那么在该时间段的末尾卖出股票；否则，不进行任何交易。

表 19-1 止损交易策略的表现。对冲的表现测度为期权承约费用的标准差与做对冲所需理论上的费用之间的比例

Δt（周）	5	4	2	1	0.5	0.25
对冲效果	0.98	0.93	0.82	0.77	0.76	0.76

19.4 Delta 对冲

大多数交易员采用的对冲策略要比我们前面所讨论的方法更为复杂，这包括计算 Delta、Gamma、Vega 等测度。在这一节里，我们将讨论 Delta 的作用。

在第 13 章里我们引入了期权的 Delta(Δ)，该变量定义为期权价格变动与其标的资产价格变动的比率。它是描述期权价格与标的资产价格之间关系曲线的切线斜率。假定某看涨期权 Delta 为 0.6，这意味着当股票价格变化一个很小的数量时，相应期权价格变化大约等于股票价格变化的 60%。图 19-2 展示了期权价格随标的资产价格变化的关系。当股票价格对应于点 A 时，期权价格对应于点 B，而 Δ 为图中所示直线的斜率。一般来讲

$$\Delta = \frac{\partial c}{\partial S}$$

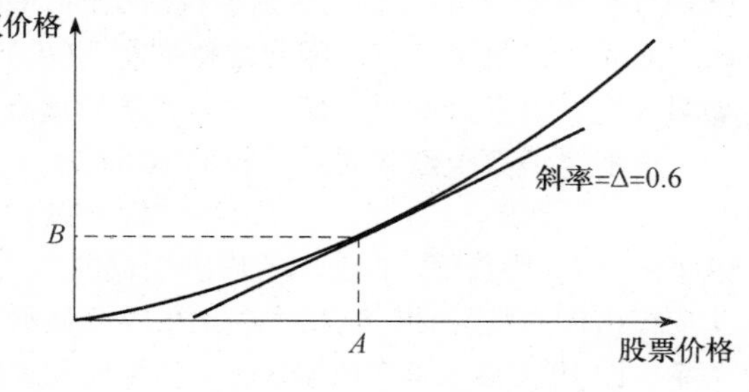

图 19-2 Delta 的计算

其中 c 是看涨期权的价格，S 是股票的价格。

假设在图 19-2 中股票价格为 100 美元，期权价格为 10 美元。假设投资者卖出了 20 份该股票上的看涨期权（期权持有者有权购买 2 000 只股票）。投资者的头寸可以通过购买 $0.6 \times 2\,000 = 1\,200$ 只股票来进行对冲。期权头寸所对应的盈利（亏损）可由股票头寸上的亏损（盈利）来抵消。例如，如果股票价格上涨 1 美元（买入的股票会升值 1 200 美元），期权价格将会上涨大约 $0.6 \times 1 = 0.6$ 美元（卖出期权会带来损失 1 200 美元）；如果股票价格下跌 1 美元（买入股票会损失 1 200 美元），期权价格将会下跌大约 0.6 美元（卖出期权会带来收益 1 200 美元）。

在这一个例子中，交易员的 2 000 个期权空头的 Delta 为

$$0.6 \times (-2\,000) = -1\,200$$

换句话讲，当股票上涨 ΔS 时，交易员期权的空头就会损失 $1\,200\Delta S$。每只股票本身的 Delta 为 1.0，于是持有 1 200 只股票的 Delta 值为 +1 200，因此，投资者整体头寸的 Delta 为 0：股票头寸的 Delta 与期权头寸的 Delta 相互抵消。Delta 为 0 的头寸称为 **Delta 中性**（delta neutral）。

我们应当认识到由于 Delta 会变动，投资者的 Delta 对冲状态（或 Delta 中性状态）只能维持在一段较短的时间里，所以对冲策略要不断地调整。这种调整过程称为**再平衡**（rebalancing）。在我们的例子中，在 3 天后的股票价格也许会升到 110 美元。如图 19-2 所示，股票价格上涨时会使 Delta 变大，假设 Delta 从 0.6 增加到 0.65，如果仍要保持 Delta 中性，投资者需要再买入 $0.05 \times 2\,000 = 100$ 只股票。当对冲头寸需要不断调整时，这种策略叫**动态对冲**（dynamical-hedging）。这种对冲策略与**静态对冲**（static-hedging）策略形成了对比：静态对冲在最初设定后无须再进行调整。静态对冲有时也称为 **"保完即忘"**（hedge-and-forget）策略。

Delta 对冲与布莱克－斯科尔斯－默顿分析密切相关。如第 15 章所述，通过由股票期权和

标的股票建立的无风险交易组合，我们可以推导出布莱克－斯科尔斯－默顿偏微分方程。以 Δ 表示，所建立的交易组合为

$$\begin{cases} -1: \text{期权} \\ +\Delta: \text{股票} \end{cases}$$

采用新的术语，我们可以将这种方法描述如下：在建立 Delta 中性的头寸后，可以通过论证该交易组合的收益率等于（瞬时）无风险利率来为期权定价。

19.4.1 欧式股票期权的 Delta

对于无股息股票期权上欧式看涨期权的 Delta，我们可以证明（见练习题 15.17）

$$\Delta(\text{看涨}) = N(d_1)$$

其中 d_1 由式（15-20）给出，$N(x)$ 是标准正态分布的累积分布函数。以上公式为一个欧式看涨期权多头的 Delta。欧式看涨期权空头的 Delta 为 $-N(d_1)$。对一个欧式看涨期权空头做对冲时，对卖出的每个期权，需要维持拥有 $N(d_1)$ 只股票的多头。类似地，对一个看涨期权多头做对冲时，对买进的每个期权，需要维持拥有 $N(d_1)$ 只股票的空头。

无股息股票上欧式看跌期权的 Delta 为

$$\Delta(\text{看跌}) = N(d_1) - 1$$

这里的 Delta 为负值，这意味着看跌期权的多头应该由标的股票的多头来对冲，而看跌期权的空头应该由标的股票的空头来对冲。图 19-3 显示了看涨与看跌期权的 Delta 与股票价格之间的变化关系。图 19-4 显示了实值期权、平值期权和虚值期权的 Delta 与期权期限之间的变化关系。

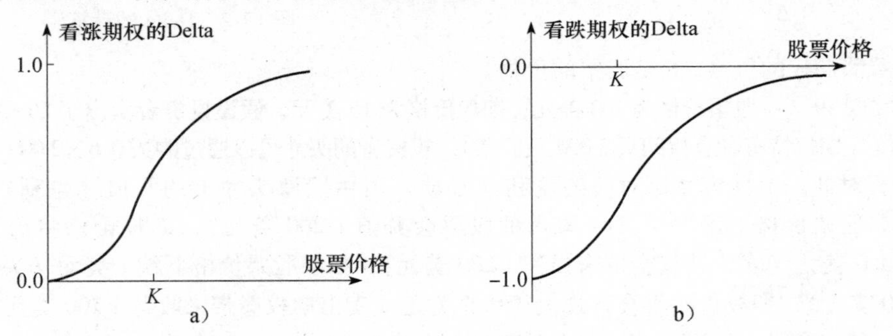

图 19-3　无股息股票看涨期权和看跌期权的 Delta 与股票价格之间的变化关系

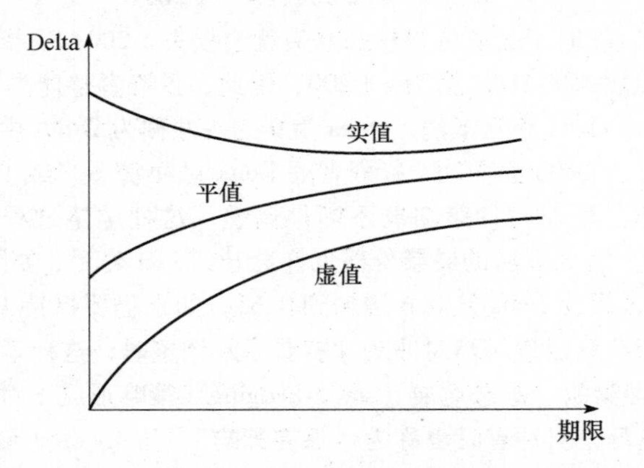

图 19-4　看涨期权的 Delta 与期权期限之间的变化关系

例 19-1

再次考虑 19.1 节中无股息股票上的看涨期权，其中股票价格为 49 美元，执行价格为 50 美元，无风险利率为 5%，期限为 20 周（=0.384 6 年），股票价格波动率为 20%。这时，我们有

$$d_1 = \frac{\ln(49/50) + (0.05 + 0.2^2/2) \times 0.3846}{0.2 \times \sqrt{0.3846}} = 0.0542$$

Delta 为 $N(d_1)$，即 0.522。当股票价格变化为 ΔS 时，期权价格变化为 $0.522\Delta S$。

19.4.2 Delta 对冲的动态特性

表 19-2 和表 19-3 给出了两个对 19.1 节中出售 100 000 看涨期权的例子做 Delta 对冲的例子。在这里我们假设对冲交易是每个星期再平衡一次。在例 19-1 中我们计算了所卖出期权在最初的 Delta 为 0.522，因而所有期权空头的 Delta 为 -100 000 × 0.522，即 -52 200。这意味着在出售看涨期权的同时，交易员必须借入 2 557 800 美元并按每股 49 美元价格购买 52 200 只股票。借入资金的利率为 5%，第一周的利息费用大约为 2 500 美元。

表 19-2 Delta 对冲模拟（期权为实值期权；对冲费用为 263 300 美元）

周数	股票价格	Delta	购买股票数量	购买股票费用（千美元）	累计现金流（千美元）	利息费用（千美元）
0	49.00	0.522	52 200	2 557.8	2 557.8	2.5
1	48.12	0.458	(6 400)	(308.0)	2 252.3	2.2
2	47.37	0.400	(5 800)	(274.7)	1 979.8	1.9
3	50.25	0.596	19 600	984.9	2 966.6	2.9
4	51.75	0.693	9 700	502.0	3 471.5	3.3
5	53.12	0.774	8 100	430.3	3 905.1	3.8
6	53.00	0.771	(300)	(15.9)	3 893.0	3.7
7	51.87	0.706	(6 500)	(337.2)	3 559.5	3.4
8	51.38	0.674	(3 200)	(164.4)	3 398.5	3.3
9	53.00	0.787	11 300	598.9	4 000.7	3.8
10	49.88	0.550	(23 700)	(1 182.2)	2 822.3	2.7
11	48.50	0.413	(13 700)	(664.4)	2 160.6	2.1
12	49.88	0.542	12 900	643.5	2 806.2	2.7
13	50.37	0.591	4 900	246.8	3 055.7	2.9
14	52.13	0.768	17 700	922.7	3 981.3	3.8
15	51.88	0.759	(900)	(46.7)	3 938.4	3.8
16	52.87	0.865	10 600	560.4	4 502.6	4.3
17	54.87	0.978	11 300	620.0	5 126.9	4.9
18	54.62	0.990	1 200	65.5	5 197.3	5.0
19	55.87	1.000	1 000	55.9	5 258.2	5.1
20	57.25	1.000	0	0.0	5 263.3	

在表 19-2 中，1 周以后股票价格降到了 48.12 美元，期权的 Delta 也随之降到了 0.458，期权头寸新的 Delta 为 -45 800。要想保持 Delta 中性，这时需要从已持有的股票中卖出 6 400 只股票。卖出股票所得现金收入为 308 000 美元，因此第 1 周后的累计借款余额减至 2 252 300 美元。在第 2 周内，股票价格降到了 47.37 美元，期权的 Delta 也随之降低，依此类推。在期权

接近到期时，很明显期权将会被行使，期权的 Delta 接近 1.0。因此在第 20 周结束时，对冲者会拥有 100 000 只股票，期权持有人会在此时行使期权，对冲者以执行价格卖出股票而收到 500 万美元，卖出期权与对冲风险的总费用为 263 300 美元。

表 19-3 给出另一组股票模拟价格。期权在期满时成为虚值期权，在第 20 周结束时，对冲人不持有任何股票，这里的总费用为 256 600 美元。

表 19-3 Delta 对冲模拟（期权为实值期权；对冲费用为 256 600 美元）

周数	股票价格	Delta	购买股票数量	购买股票费用（以千计）	累计现金流（以千计）	利息费用（以千计）
0	49.00	0.522	52 200	2 557.8	2 557.8	2.5
1	49.75	0.568	4 600	228.9	2 789.2	2.7
2	52.00	0.705	13 700	712.4	3 504.3	3.4
3	50.00	0.579	(12 600)	(630.0)	2 877.7	2.8
4	48.38	0.459	(12 000)	(580.6)	2 299.9	2.2
5	48.25	0.443	(1 600)	(77.2)	2 224.9	2.1
6	48.75	0.475	3 200	156.0	2 383.0	2.3
7	49.63	0.540	6 500	322.6	2 707.9	2.6
8	48.25	0.420	(12 000)	(579.0)	2 131.5	2.1
9	48.25	0.410	(1 000)	(48.2)	2 085.4	2.0
10	51.12	0.658	24 800	1 267.8	3 355.2	3.2
11	51.50	0.692	3 400	175.1	3 533.5	3.4
12	49.88	0.542	(15 000)	(748.2)	2 788.7	2.7
13	49.88	0.538	(400)	(20.0)	2 771.4	2.7
14	48.75	0.400	(13 800)	(672.7)	2 101.4	2.0
15	47.50	0.236	(16 400)	(779.0)	1 324.4	1.3
16	48.00	0.261	2 500	120.0	1 445.7	1.4
17	46.25	0.062	(19 900)	(920.4)	526.7	0.5
18	48.13	0.183	12 100	582.4	1 109.6	1.1
19	46.63	0.007	(17 600)	(820.7)	290.0	0.3
20	48.12	0.000	(700)	(33.7)	256.6	

在表 19-2 和表 19-3 中，贴现后的对冲成本很接近于布莱克 - 斯科尔斯 - 默顿公式所给出的理论价格（240 000 美元），但这些近似值与布莱克 - 斯科尔斯 - 默顿价格并不完全相同。如果对冲是完美的话，对每一组模拟的股票价格变化，贴现后的对冲费用与理论价格都应当完全相等。Delta 对冲费用与理论值之间的差别是因为对冲交易的频率仅为一周一次。当对冲再平衡的频率增大时，对冲费用与理论值的差距将会减小。当然，表（19-2）和表（19-3）中的例子是建立在波动率为常数而且没有交易费用的假设之上。

表 19-4 给出在上面例子中模拟 100 万只股票价格随机路径后所对应的 Delta 对冲效果。与表 19-1 类似，对冲效果由对冲费用的标准差与期权的布莱克 - 斯科尔斯 - 默顿价格的比率来衡量。显然，Delta 对冲比止损策略有很大改进。与止损策略不同的是随着调整频率的提高，Delta 对冲的效果也逐步提高。

表 19-4 Delta 对冲的效果（衡量标准为卖出期权同时进行对冲所需的费用的标准差与期权理论价格的比率）

再平衡之间的时间（周）	5	4	2	1	0.5	0.25
对冲表现	0.42	0.38	0.28	0.21	0.16	0.13

Delta 对冲的目的是为了使金融机构所持头寸的价值尽量保持不变。最初卖出期权的价值为 240 000 美元，在表 19-2 所示的情况下，第 9 周时的期权价值为 414 500 美元，由于卖出期权而使金融机构损失了 174 500 美元（414 500 - 240 000）。现金累计费用在第 9 周时比第 0 周时要多出 1 442 900 美元，所持有股票的价值由最初的 2 557 800 美元上涨为 4 171 100 美元。将所有头寸汇总在一起，金融机构的交易组合价值从第 0 周到第 9 周的变化仅为 4 100 美元。

19.4.3 费用由何而来

由表 19-2 与表 19-3 所示的 Delta 对冲机制构造出一个等价于期权多头方的交易，从而与金融公司所持的空头相互抵消。如表所示，对空头进行的对冲会造成在价格下跌时卖出股票，而在价格上涨时买进股票。我们可以称此为“买高卖低”。数量为 240 000 美元的费用来自于购买股票所付价格与卖出股票收入价格之间差别的平均值。

19.4.4 投资组合的 Delta

以某单一资产为标的资产的期权或其他衍生产品投资组合的 Delta 为

$$\frac{\partial \Pi}{\partial S}$$

其中 Π 为投资组合的价值。

投资组合的 Delta 值可以从投资组合内各个期权的 Delta 来计算。如果一个交易组合由数量为 w_i 的期权 i（$1 \leqslant i \leqslant n$）来组成，那么投资组合的 Delta 值为

$$\Delta = \sum_{i=1}^{n} w_i \Delta_i$$

其中 Δ_i 为第 i 个期权的 Delta。该公式可以用来计算使投资组合的 Delta 为 0 而需要持有的标的资产头寸。当持有这个头寸时，我们称投资组合为 **Delta 中性**（delta neutral）。

假定一个金融机构持有以下 3 个关于某股票的头寸。

（1）100 000 份看涨期权的多头，执行价格为 55 美元，期限为 3 个月，每份期权的 Delta 为 0.533。

（2）200 000 份看涨期权的空头，执行价格为 56 美元，期限为 5 个月，每份期权的 Delta 为 0.468。

（3）50 000 份看跌期权的空头，执行价格为 56 美元，期限为 2 个月，每份期权的 Delta 为 -0.508。

这时整个投资组合 Delta 为

$$100\,000 \times 0.533 - 200\,000 \times 0.468 - 50\,000 \times (-0.508) = -14\,900$$

这意味着金融机构可以买入 14 900 只股票来使该投资组合成为 Delta 中性。

19.4.5 交易费用

衍生产品交易商一般每天都会将其头寸重新平衡一次，以使其为 Delta 中性。如果交易商持有关于某种资产上少量的期权，这时按以上所描述方式进行对冲时将会引发昂贵的交易费用，但对一个很大的期权组合进行对冲时，Delta 中性就会切实可行。此时只需要进行一笔标的资产交易就可以将整个期权组合的 Delta 中性化，交易费用也会被其他交易盈利所承受。

19.5 Theta

期权组合的 Theta(Θ) 定义为在其他条件不变时，投资组合价值变化与时间变化的比率。Theta 有时称为组合的**时间损耗**（time decay）。对于一个无股息股票上的欧式看涨期权，计算 Theta 的公式可以从布莱克－斯科尔斯－默顿公式得出（见练习题 15.17）

$$\Theta(\text{看涨}) = -\frac{S_0 N'(d_1)\sigma}{2\sqrt{T}} - rKe^{-rT}N(d_2)$$

其中 d_1 与 d_2 由式（15-20）给出

$$N'(x) = \frac{1}{\sqrt{2\pi}}e^{-x^2/2} \tag{19-2}$$

为标准正态分布的密度函数。

对于一个股票上欧式看跌期权，计算 Theta 的公式为

$$\Theta(\text{看跌}) = -\frac{S_0 N'(d_1)\sigma}{2\sqrt{T}} + rKe^{-rT}N(-d_2)$$

因为 $N(-d_2)=1-N(d_2)$，看跌期权的 Theta 比相应看涨期权的 Theta 高出 rKe^{-rT}。

在这些公式中的时间是以年做单位。而通常在计算 Theta 时的时间是以天为单位，因此 Theta 为在其他变量不变时，在 1 天过后交易组合价值的变化。我们可以计算“每日历天”的 Theta 或“每交易日”的 Theta。为了计算每日历天的 Theta，上面计算 Theta 的公式必须除以 365，为了计算每个交易日的 Theta，上面计算 Theta 的公式则除以 252（DerivaGem 计算的是每日历天的 Theta）。

例 19-2

采用例 19-1 中的数据，考虑一个对于无股息股票上的看涨期权，其中股票价格为 49 美元，执行价格为 50 美元，无风险利率为 5%，期限为 20 周（=0.384 6 年），股票价格波动率为 20%，这时 $S_0=49$，$K=50$，$r=0.05$，$\sigma=0.2$ 和 $T=0.3846$，期权的 Theta 为

$$-\frac{S_0 N'(d_1)\sigma}{2\sqrt{T}} - rKe^{-rT}N(d_2) = -4.31$$

因此，每日历天的 Theta 为 $-4.31/365=-0.0118$，每交易日的 Theta 为 $-4.31/252=-0.0171$。

期权的 Theta 一般是负的，[⊖]这是因为在其他条件不变的情况下，随着期限的减小，期权价值会降低。图 19-5 显示一个股票上看涨期权的 Theta 与标的资产价格之间关系的曲线。当股票价格很低时，Theta 接近于零。对应于一个平值看涨期权，Theta 很大而且是负值。当股票价格很高时，Theta 接近于 $-rKe^{-rT}$。图 19-6 显示实值期权、平值期权、虚值看涨期权的 Theta 随期权期限变化的规律。

⊖ 这一特性的反例包括无股息股票上欧式实值看跌期权，以及利率较高时的欧式实值看涨货币期权。

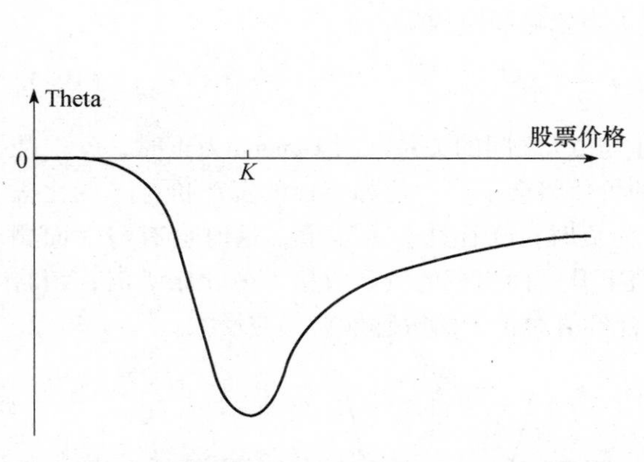

图 19-5 欧式看涨期权 Theta 与标的资产价格的关系

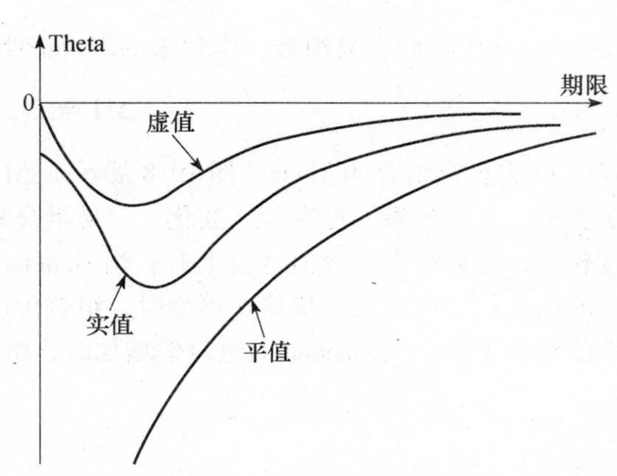

图 19-6 欧式看涨期权 Theta 随时间变化的规律

作为对冲参数，Theta 与 Delta 属于不同类型。这是因为未来股票的价格有很大的不定性，但时间走向却没有不定性。通过对冲来消除交易组合关于标的资产价格变化的风险很有意义，但对冲交易组合对于时间的变化就毫无意义。即使如此，许多交易员仍把 Theta 作为对交易组合有用的一种描述。正如我们在今后会看到的那样，在一个 Delta 中性的交易组合中，Theta 是 Gamma 的近似。

19.6 Gamma

一个期权交易组合的 Gamma(Γ) 是指交易组合 Delta 的变化与标的资产价格变化的比率。这是交易组合关于标的资产价格的二阶偏导数

$$\Gamma = \frac{\partial^2 \Pi}{\partial S^2}$$

当 Gamma 很小时，Delta 变化缓慢，这时为保证 Delta 中性并不需要做太频繁的调整。但是当 Gamma 的值很大（正值或负值）时，Delta 对标的资产价格的变动就会很敏感，此时在一段时间内不对一个 Delta 中性的投资组合做调整都将会是非常危险的。图 19-7 说明了这一点。当股票价格由 S 变成 S'时，Delta 对冲时假设期权价格由 C 变成 C'，而事实上期权由 C 变成了 C''。C'与 C''的不同导致了对冲误差。这一误差的大小取决于期权价格与标的资产价格关系的曲率。Gamma 值正是对这一曲率的度量。

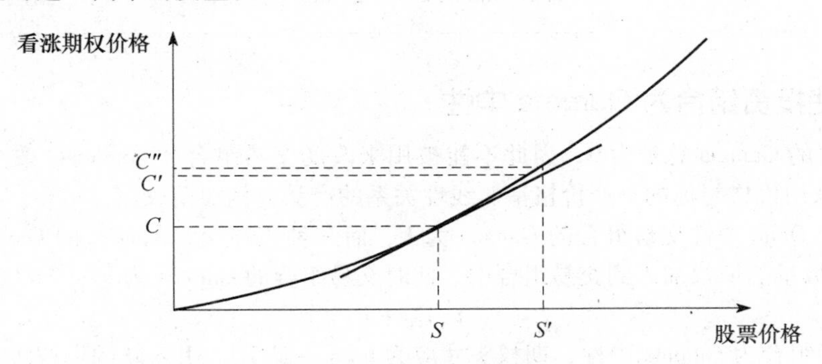

图 19-7 非线性所引入的对冲误差

假定 ΔS 为在很小时间区间 Δt 内股票价格的变化，$\Delta\Pi$ 为相应的投资组合价格变化。对于

一个 Delta 中性的交易组合，本章末的附录证明了当忽略高阶项后

$$\Delta\Pi = \Theta\Delta t + \frac{1}{2}\Gamma\Delta S^2 \tag{19-3}$$

其中 Θ 为投资组合的 Theta。图 19-8 展示了 $\Delta\Pi$ 与 ΔS 之间的关系。当 Gamma 为正时，Θ 往往是负值。这时如果 S 没有什么变化，交易组合的价值将会下降。但如果标的资产价格 S 变化幅度较大，交易组合的价值将会上升；当 Gamma 为负时，Θ 往往会为正值，这时会有与上面相反的结论：当标的资产价格 S 不变时，组合价值上升，而当标的资产价格 S 变化很大时，组合价值将会下降。当 Gamma 的绝对值增加时，组合价值对于 S 的敏感性会相应增大。

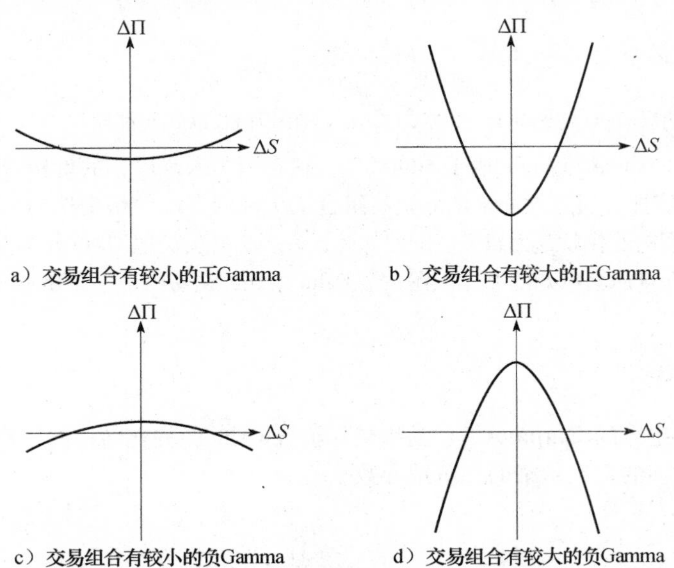

图 19-8　Delta 中性交易组合的 $\Delta\Pi$ 与 ΔS 之间在 Δt 时间内变化的几种关系图

例 19-3

假定某一标的资产上的期权组合为 Delta 中性，Gamma 为 -10 000。式（19-3）表明，如果标的资产价格在较短时间内变化 +2 或 -2，交易组合价值大约下跌

$$0.5 \times 10\,000 \times 2^2 = 20\,000(\text{美元})$$

19.6.1　使投资组合为 Gamma 中性

标的资产的 Gamma 总是为 0，因此不能被用来改变交易组合的 Gamma。改变交易组合的 Gamma 必须采用价格与标的资产价格呈非线性关系的产品，例如期权。

假如一个 Delta 中性交易组合的 Gamma 为 Γ，而一种正在交易的期权的 Gamma 为 Γ_T。如果决定将 w_T 数量的期权加入到交易组合中，此时交易组合的 Gamma 为

$$w_T\Gamma_T + \Gamma$$

因此要使交易组合为 Gamma 中性，期权头寸应为 $w_T = -\Gamma/\Gamma_T$。引入新的期权很可能会改变交易组合的 Delta，因此必须调整标的资产数量以保证新的交易组合 Delta 中性。值得注意的是交易组合仅仅在较短时间内能做到 Gamma 中性，随着时间变化，只有不断调整期权数量以使

$w_T = -\Gamma/\Gamma_T$ 成立，这样才能保证交易组合为 Gamma 中性。

使一个交易组合既 Gamma 中性又 Delta 中性可以看作对于图 19-7 中所示对冲误差的校正。Delta 中性保证了在对冲再平衡之间交易组合价值不受股票价格微小变化的影响，而 Gamma 中性则保证了在对冲再平衡之间交易组合价值不受股票价格较大变化的影响。假设某一交易组合为 Delta 中性，而 Gamma 为 −3 000。某个正在交易的期权的 Delta 和 Gamma 分别为 0.62 和 1.50。在交易组合中加入

$$\frac{3\,000}{1.5} = 2\,000$$

份期权会使得此交易组合变成 Gamma 中性。但这时交易组合的 Delta 也从 0 变成了 $2\,000 \times 0.62 = 1\,240$。因此为保证新的交易组合 Delta 中性，我们必须卖出 1 240 份标的资产。

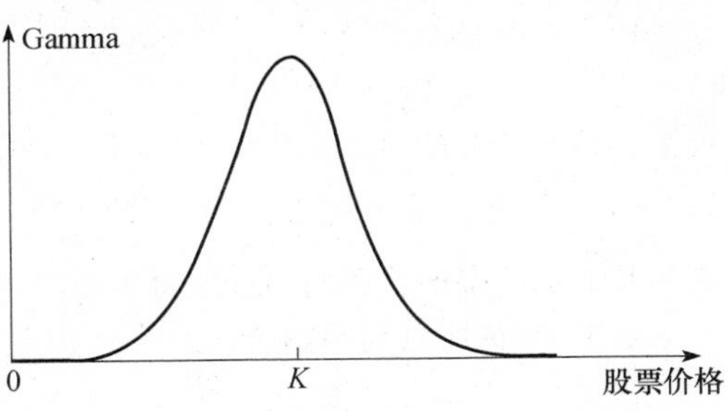

图 19-9 股票期权 Gamma 与标的资产价格的关系

19.6.2 Gamma 的计算

无股息股票上欧式看涨与看跌期权的 Gamma 由以下关系式给出

$$\Gamma = \frac{N'(d_1)}{S_0\sigma\sqrt{T}}$$

其中 d_1 由式（15-20）定义，$N'(x)$ 由式（19-2）给出。多头的 Gamma 总是为正，它与 S_0 之间的变化关系如图 19-9 所示。图 19-10 展示了虚值期权、平值期权和实值期权的 Gamma 与期限变化的关系。对于平值期权，Gamma 随期限的缩短而增大。短期限平值期权的 Gamma 很高，这意味着这种期权持有者的头寸价值对于股票价格变动是非常敏感的。

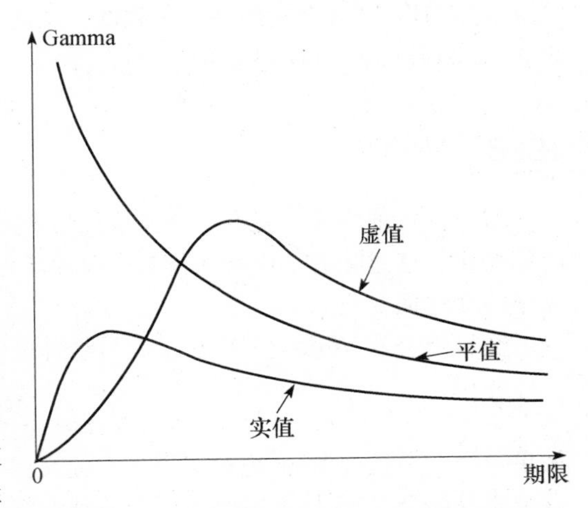

图 19-10 股票期权 Gamma 与期权期限的关系

例 19-4

与例 19-1 一样，考虑一个无股息股票上的看涨期权，其中股票价格为 49 美元，执行价格为 50 美元，无风险利率为 5%，期权期限为 20 周（0.384 6 年），股票价格波动率为 20%。这时 $S_0=49$，$K=50$，$r=0.05$，$\sigma=0.2$，$T=0.3846$。期权的 Gamma 为

$$\frac{N'(d_1)}{S_0\sigma\sqrt{T}} = 0.066$$

当股票价格变化为 ΔS 时，期权 Delta 的变化为 $0.066\Delta S$。

19.7 Delta、Theta 和 Gamma 之间的关系

无股息股票上单个衍生产品的价格必须满足微分方程式（15-16）。因此，由这些衍生产品

所组成的资产组合 Π 也一定满足以下微分方程

$$\frac{\partial \Pi}{\partial t} + rS\frac{\partial \Pi}{\partial S} + \frac{1}{2}\sigma^2 S^2 \frac{\partial^2 \Pi}{\partial S^2} = r\Pi$$

因为

$$\Theta = \frac{\partial \Pi}{\partial t}, \Delta = \frac{\partial \Pi}{\partial S}, \Gamma = \frac{\partial^2 \Pi}{\partial S^2}$$

所以

$$\Theta + rS\Delta + \frac{1}{2}\sigma^2 S^2 \Gamma = r\Pi \tag{19-4}$$

对于其他标的资产，我们可以取得类似的结果（见练习题 19.19）。

对于 Delta 中性交易组合，$\Delta = 0$，因此

$$\Theta + \frac{1}{2}\sigma^2 S_0^2 \Gamma = r\Pi$$

这一公式说明当 Θ 很大并且为正时，交易组合的 Gamma 也很大，但为负，这一结论反过来也成立。这与图 19-8 所示结果是一致的，从而解释了为什么对于 Delta 中性的交易组合，我们可以将 Theta 作为 Gamma 的近似。

19.8 Vega

截止到目前为止，我们一直假设衍生产品标的资产波动率为常数。在实际中，波动率会随时间变化，这意味着衍生产品价格会既随着标的资产价格与期限的变化而变化，同时也会随波动率的变化而变化。

交易组合的 Vega（$\mathcal{V}$）是指交易组合价值变化与标的资产波动率变化的比率[⊖]

$$\mathcal{V} = \frac{\partial \Pi}{\partial \sigma}$$

如果一个交易组合 Vega 绝对值很大，此交易组合的价值会对波动率的细微变化非常敏感，当一个交易组合 Vega 接近零时，资产波动率的变化对交易组合价值的影响也会很小。

标的资产的头寸具有零 Vega。但是，在交易组合中加入某个正在交易的期权将会改变交易组合的 Vega。假设某交易组合的 Vega 为$\mathcal{V}$，正在交易的期权 Vega 为$\mathcal{V}_T$，在交易组合中加入头寸为 $-\mathcal{V}/\mathcal{V}_T$ 的这个期权可以使交易组合瞬时 Vega 中性。但不幸的是，一个 Gamma 中性的交易组合一般不会是 Vega 中性，反之亦然。一个投资者要想使得一个交易组合同时达到 Gamma 和 Vega 中性，通常必须至少引入与标的产品有关的两种不同衍生产品才能达到目的。

例 19-5

假如交易组合为 Delta 中性，Gamma 为 −5 000，Vega 为 −8 000。下表所列的期权可以用来交易。购买数量为 4 000 份期权 1 会使组合成为 Vega 中性，这样做同时会使得 Delta 增至2 400，因此为了保证 Delta 中性必须卖出 2 400 个单位的标的资产，交易组合的 Gamma 也会从 −5 000 变成 −3 000。

⊖ Vega 虽然是期权定价中“希腊值”的一个名称，但是$\mathcal{V}$并不对应于任何一个希腊字母。

	Delta	Gamma	Vega
组合	0	−5 000	−8 000
期权 1	0.6	0.5	2.0
期权 2	0.5	0.8	1.2

为了保证交易组合既 Gamma 中性又 Vega 中性，我们需要同时将期权 1 与期权 2 加入到组合中。用 w_1 和 w_2 来代表期权 1 与期权 2 的头寸，我们需要

$$-5\,000+0.5w_1+0.8w_2=0$$

和

$$-8\,000+2.0w_1+1.2w_2=0$$

以上方程的解是 $w_1=400$，$w_2=6\,000$。因此分别加入 400 份期权 1 和 6 000 份期权 2 会使得交易组合 Gamma 和 Vega 都成为中性。加入这两种期权后，交易组合的 Delta 变为 $400\times0.6+6\,000\times0.5=3\,240$，因此必须卖出 3 240 份标的资产才能保持交易组合为 Delta 中性。

无股息股票上欧式看涨期权或看跌期权的 Vega 由以下公式给出

$$\mathcal{V}=S_0\sqrt{T}N'(d_1)$$

其中 d_1 由式（15-20）定义，$N'(x)$ 由式（19-2）给出。欧式与美式期权多头的 Vega 总为正，Vega 与 S_0 变化的一般形式如图 19-11 所示。

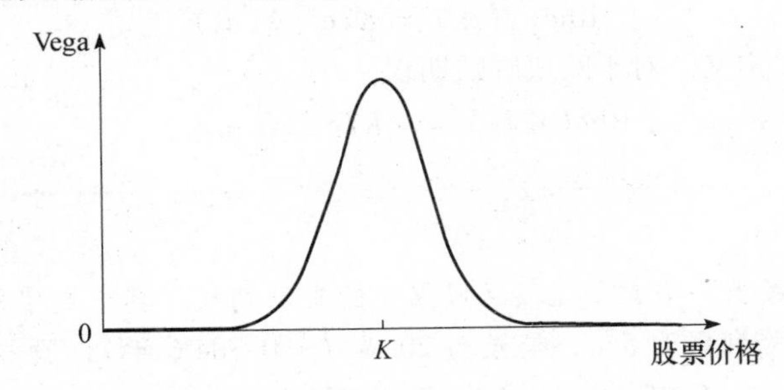

图 19-11　期权的 Vega 与股票价格的关系

例 19-6

如例 19-1 一样，考虑一个无股息股票上的看涨期权，其中股票价格为 49 美元，执行价格为 50 美元，无风险利率为 5%，期限为 20 周（=0.384 6 年），股票价格波动率为 20%。这时，$S_0=49$，$K=50$，$r=0.05$，$\sigma=0.2$，$T=0.384\,6$。

期权的 Vega 为

$$S_0\sqrt{T}N'(d_1)=12.1$$

因此，当波动率增加 1%（0.01）时（由 20% 增长到 21%），期权价格会相应增长大约 $0.01\times12.1=0.121$。

由布莱克－斯科尔斯－默顿模型及其推广形式来计算 Vega 看起来有些奇怪，因为这个模型的一个基本假设就是波动率为常数。从理论上讲，由一个假定波动率为随机变量的模型来计

算 Vega 更为合理。但是结果表明，由随机波动率模型得出的 Vega 与布莱克 - 斯科尔斯 - 默顿模型得出的 Vega 很接近，因此，在实际应用中使用将波动率假设成常数而得出的 Vega 是比较合理的。[㊀]

Gamma 中性保证了在两个对冲平衡交易时间之间，交易组合价格不会因为标的资产较大幅度的变动而产生很大变动，而 Vega 中性则保证当 σ 变动时，交易组合的价值会得到保护。就像所期望的那样，采用正在交易的期权来做 Vega 对冲与 Gamma 对冲是否是最好的选择将取决于对冲的再平衡时间间隔以及波动率的波动率。[㊁]

当波动率变化时，短期限期权的隐含波动率的变化要比长期限期权的隐含波动率要大，因此在计算组合的 Vega 时，长期限期权波动率改变的幅度常常比短期限期权波动率的改变幅度要小。在 22.6 节讨论了其中一种这样的处理方法。

19.9 Rho

期权交易组合的 Rho 为交易组合价值变化与利率变化的比率

$$\frac{\partial \Pi}{\partial r}$$

这一变量用于衡量当其他变量保持不变时，交易组合价值对于利率变化的敏感性。对于一个无股息股票上的欧式看涨期权，Rho 由以下公式给出

$$\text{Rho}(\text{看涨}) = KTe^{-rT}N(d_2)$$

其中 d_2 由式（15-20）定义。对于欧式看跌期权

$$\text{Rho}(\text{看跌}) = -KTe^{-rT}N(-d_2)$$

例 19-7

如例 19-1 一样，考虑一个对于无股息股票上的看涨期权，其中股票价格为 49 美元，执行价格为 50 美元，无风险利率为 5%，期限为 20 周（=0.384 6 年），股票价格波动率为 20%。这时，$S_0=49$，$K=50$，$r=0.05$，$\sigma=0.2$ 和 $T=0.3846$。

期权的 Rho 为

$$KTe^{-rT}N(d_2) = 8.91$$

因此，当利率增加 1%（0.01）时（由 5% 增长到 6%），期权价格相应增长大约 0.01 × 8.91 = 0.089 1。

19.10 对冲的现实性

在一个理想世界里，金融机构的交易员可以随时调整对冲交易以确保投资组合的所有希腊

㊀ 见 J. C. Hull and A. White, “The Pricing of Options on Asset with Stochastic Volatility,” *Journal of Finance*, 42 (June 1987): 281-300; J. C. Hull and A. White, “An Analysis of the Bias in Option Pricing Caused by a Stochastic Volatility,” *Advances in Futures and Options Reasearch*, 3 (1988): 27-61。

㊁ 关于这一问题的讨论，见 J. C. Hull and A. White, “Hedging the Risk from Writing Foreign Currency Options,” *Journal of International Money and Finance*, 6 (June 1987): 131-152。

值均为0，但在现实生活中这样做是不可能的。在管理依赖于某个单一资产的交易组合时，交易员通常是至少每天都重新平衡一次组合，以确保交易组合的Delta为0或接近于0。不幸的是，保证Gamma与Vega为0就没有那么容易，这是因为在市场上很难找到价格合理并且适量的期权或其他非线性产品来达到对冲目的。业界事例19-1中讨论了在金融机构里动态对冲是如何进行的。

业界事例19-1 实践中的动态对冲

一家金融机构一般指定某一交易员或某一个交易组来负责管理与某一特定资产有关的期权交易组合。例如，高盛公司的某一交易员可能被指定负责与澳元有关的所有衍生产品交易组合。交易组合的市价和有关的希腊值均通过计算机系统来产生。对应于每一项风险都会设定不同的风险额度，如果交易员的交易量在交易日结束时超过额度，他必须得到特殊批准。

Delta额度的表达形式通常是对应于标的资产的最大交易量。例如，假设高盛公司关于微软股票的Delta额度为100万美元。假如微软股价为50美元，这意味着对应的Delta绝对值数量不能超过20 000。Vega的交易额度通常表达为当标的价格波动率变化1%时所对应价值变化的最大限量。

事实上，交易员在每天交易日结束时会保证交易组合Delta中性或接近中性。Gamma和Vega会得到监控，但这些风险量并不是每天都得到调整。金融机构常常发现自己因业务需要而向客户卖出期权，天长日久自己会积累负的Gamma与Vega。因此金融机构往往会寻求适当机会以合适的价格买入期权来中和自己所面临的Gamma与Vega风险。

期权组合的一个特征会从某种意义上减轻管理Gamma和Vega的负担。当期权刚刚被卖出时，期权一般为平值（或很接近平值），而此时期权的Gamma和Vega会很大。但随着时间的流逝，当标的资产价格变化足够大后，期权会变成实值或虚值期权，此时期权的Gamma和Vega会很小，从而对交易组合的影响很小。当一个期权接近到期而且标的资产价格与执行价格较为接近时进行对冲是最让交易员最头痛的事。

对于期权交易而言，这里存在一个很大的规模经济问题：为一个资产上的少数期权每天维持Delta中性从经济上讲往往是不现实的，这是因为对冲各个期权的交易费用是很高的。[⊖]但是，对于衍生产品交易商来讲，保持某一个资产上很大的交易组合Delta中性就变得切实可行，这时对冲每份期权的交易费用可能会变得很合理。

19.11 情景分析

除了观察诸如Delta、Gamma和Vega等风险度量之外，期权交易员也常常做情景分析(scenario analysis)。这种分析包括计算在某一指定时间内不同情景下交易组合的盈亏，分析中时间长度的选择通常与产品的流通性有关，分析中所采用的情景可由管理人员选定，也可由模型来产生。

考虑如下情况。一家银行持有一个汇率期权组合，交易组合的价值取决于两个主要变量：汇率与汇率波动率。假定当前汇率为1.000 0，汇率波动率为每年10%。银行可以采用类似于表19-5一样的表格来计算在两周内不同情景下交易组合的盈亏。在表中，我们考虑了7种不

⊖ 当交易员每天以卖方报价买入资产，并以买方出价卖出资产时就会产生交易费用。

同的汇率与3种不同的波动率。汇率在两周内变化的标准方差为0.02，表中汇率的变化对应于大约0个、1个、2个和3个标准方差的变化。

表19-5 在不同情景下某汇率期权交易组合在两周内的盈亏

波动率	汇率						
	0.94	0.96	0.98	1.00	1.02	1.04	1.06
8%	+102	+55	+25	+6	-10	-34	-80
10%	+80	+40	+17	+2	-14	-38	-85
12%	+60	+25	+9	-2	-18	-42	-90

在表19-5中，最大损失位于该表的右下角。这一损失对应的波动率为12%，汇率为1.06的情景。在类似于表19-5的情景分析中，最大损失（像表19-5）通常位于表格的角落位置，但这一特性并不是永远正确。例如，当银行的头寸为蝶式差价的空头时（见12.3节），最大损失是对应于标的资产市场价格不变时的情景。

19.12 公式的推广

到目前为止，我们所推导出的Delta、Theta、Vega与Rho只适用无股息股票上的欧式期权。表19-6给出了当股票支付连续股息收益率q时，这些公式相应的形式，其中d_1和d_2与式(17-4)和式(17-5)中一样。将q取为股指的股息收益率时，我们可以得出欧式股指期权的希腊值；将q取为外币无风险利率时，我们可以得出欧式货币期权的希腊值；当取$q=r$时，我们可以得出欧式期货期权的Delta、Gamma和Vega值。欧式期货看涨期权的Rho等于$-cT$，而欧式看跌期货期权的Rho等于$-pT$。

表19-6 股息收益率为q的资产上期权的希腊值

希腊值	看涨期权	看跌期权
Delta	$e^{-qT}N(d_1)$	$e^{-qT}[N(d_1)-1]$
Gamma	$\frac{N'(d_1)e^{-qT}}{S_0\sigma\sqrt{T}}$	$\frac{N'(d_1)e^{-qT}}{S_0\sigma\sqrt{T}}$
Theta	$-S_0N'(d_1)\sigma e^{-qT}/(2\sqrt{T})$ $+qS_0N(d_1)e^{-qT}$ $-rKe^{-rT}N(d_2)$	$-S_0N'(d_1)\sigma e^{-qT}/(2\sqrt{T})$ $-qS_0N(-d_1)e^{-qT}$ $+rKe^{-rT}N(-d_2)$
Vega	$S_0\sqrt{T}N'(d_1)e^{-qT}$	$S_0\sqrt{T}N'(d_1)e^{-qT}$
Rho	$KTe^{-rT}N(d_2)$	$-KTe^{-rT}N(-d_2)$

对于外汇期权，对于两种不同的利率有两个不同的Rho值。国内利率的Rho由表19-6中公式给出（d_2与式(17-11)中一样)，欧式看涨期权对于外币利率的Rho是

$$\text{Rho(看涨、外汇)} = -Te^{-r_fT}S_0N(d_1)$$

欧式看跌期权对于外币利率的Rho是

$$\text{Rho(看涨、外汇)} = Te^{-r_fT}S_0N(-d_1)$$

其中d_1与式(17-11)中一样。

在第21章里我们将讨论如何计算美式期权的希腊值。

19.12.1 远期合约的Delta

Delta的概念也适用于期权以外的其他金融产品。考虑一个无股息股票上的远期合约，式(5-5)表示远期合约的价值为S_0-Ke^{-rT}，其中K为交割价格，T为远期的期限。在其他变量不变的情况下，当股票价格变化为ΔS时，股票上远期合约的价格变化也为ΔS，因此远期合约多头的Delta永远为1.0。这说明一个股票上远期合约的多头可以用1只股票的空头来对冲，而远期合约的空头可以用买入1只股票来对冲其风险。[⊖]

对于支付股息收益率q的资产，式(5-7)给出远期合约的Delta为e^{-qT}。对于股指合约，q等于股息收益率。对于外汇远期合约，q等于外币无风险利率r_f。

19.12.2 期货合约的Delta

由式(5-1)可知，一个无股息股票的期货价格为S_0e^{rT}，其中T为期货的期限。这一公式说明，在其他变量不变的情况下，当股票价格变化为ΔS时，期货价格的变化为ΔSe^{rT}。因为期货价格每天都按市场定价，期货合约多头的持有者几乎马上会得到ΔSe^{rT}数量的收益，因此期货合约的Delta为e^{rT}。对于股息收益率为q的股票，利用式(5-3)我们可以得出Delta为$e^{(r-q)T}$。

我们应当注意，合约每日结算会造成期货合约Delta与远期合约Delta之间的轻微差别。在利率为常数，而且远期价格等于期货价格时，这一结论仍成立(与其相关的讨论，见业界事例5-2)。

有时期货合约会用来构造Delta中性的头寸。定义

T：期货合约的到期日；

H_A：Delta对冲所需持有的资产头寸；

H_F：Delta对冲时需要的期货合约数量。

如果标的资产不支付股息，上面的分析说明

$$H_F = e^{-rT}H_A \tag{19-5}$$

如果标的资产支付的股息收益率为q

$$H_F = e^{-(r-q)T}H_A \tag{19-6}$$

对于股指，q等于股指收益率；对于货币，q等于外币汇率，因此

$$H_F = e^{-(r-r_f)T}H_A \tag{19-7}$$

例19-8

假设一家美国银行持有一个外汇期权交易组合，并可以通过持有458 000英镑的空头来达到Delta中性。假定美国无风险利率为4%，英国无风险利率为7%。由式(19-7)得出，采用9个月期的货币期货做对冲时需要的空头为

$$e^{-(0.04-0.07)\times 9/12}\times 458\,000$$

即468 442英镑。因为每一个期货合约是关于卖出或买入62 500英镑。这时，该银行进入7份期货合约的空头(这里的合约数量7是与468 442/62 500最近的整数)即可以达到对冲目的。

⊖ 这里的对冲为保完即忘型。因为Delta永远为1，在合约期限内，我们无须对股票头寸重新进行调整。

19.13 资产组合保险

投资组合的管理人常常会想获取所其管理投资组合上的看跌期权。在市场下跌时，看跌期权会对投资组合提供保护，而在市场上涨时，投资组合仍有潜在的上涨空间。一种做法（在17.1节里曾有过讨论）是买入像标普500这样的股指看跌期权，而另外一种做法则是以合成的方式构造期权。

按合成的方式构造期权需要持有一定数量的标的资产（或标的资产的期货），所持资产头寸的Delta应当与所需期权头寸的Delta相同。构造合成期权所需的头寸与对冲该期权所需要的头寸刚好相反，这是因为对期权的对冲过程涉及了构造一个相同但具有相反头寸的合成期权。

对投资组合管理人而言，有两种原因可能会使构造合成看跌期权比在市场上买入期权更有吸引力。第1个原因是期权市场可能不具备足够大的流通性来提供大型基金经理所需要的产品，第2个原因是基金经理所需要期权的执行价格和到期日与交易所里的期权不同。

合成期权可以通过交易投资组合或交易指数期货合约来完成。我们首先描述如何由交易投资组合来构成一个看跌期权。由表19-6得出，投资组合欧式看跌期权的Delta为

$$\Delta = e^{-qT}[N(d_1) - 1] \tag{19-8}$$

与通常一样

$$d_1 = \frac{\ln(S_0/K) + (r - q + \sigma^2/2)T}{\sigma\sqrt{T}}$$

S_0为投资组合价格，K为执行价格，r为无风险利率，q为投资组合的股息收益率，σ为投资组合价格波动率，T为期权期限。组合的波动率通常假设为其Beta乘以一个风险充分扩散的市场指数的波动率。

为了以合成的方式构造看跌期权，基金经理在任意给定时刻所卖出股票占原投资组合的比例为

$$e^{-qT}[1 - N(d_1)]$$

基金经理在卖出股票后将所得资金投入无风险资产。当原投资组合价值下跌时，由式（19-8）给出的看跌期权的Delta会变得越来越负，因此投资组合卖出的份额必须增加；当原投资组合的价值上涨时，看跌期权变负的程度会有所减少，因此投资组合卖出的份额要减少（即需购回原投资组合的一部分）。

采用这种策略来构造投资组合保险意味着在任意给定时刻，基金被分为两部分，一部分基金为需要为其提供保险的股票组合，另一部分为无风险资产。当股票组合价格上涨时，无风险资产要被变卖，股票组合头寸会有所增大；当股票价格下跌时，股票组合头寸要被减小，无风险资产要被买回。保险的成本是由于证券管理人买高卖低而造成的。

例19-9

一投资组合价值为9 000万美元。为了在市场下滑时对投资组合提供保护，投资组合经理需要持有一个执行价格为8 700万美元，期限为6个月的看跌期权。这里无风险利率为每年9%，股息收益率为每年3%，波动率为每年25%，标普500股指的当前价格为900。投资组合的结构很接近标普500，因此投资组合经理的一种做法是买入1 000份标普500上执行价格为870的看跌期权（17.1节）。另外一种做法则是构造合成期权。这里，$S_0 = 9\,000$万，$K = 8\,700$

万，$r=0.09$，$q=0.03$，$\sigma=0.25$，$T=0.5$，因此

$$d_1 = \frac{\ln(90/87) + (0.09 - 0.03 + 0.25^2/2)0.5}{0.25\sqrt{0.5}} = 0.4499$$

初始时刻所需期权 Delta 为

$$e^{-qT}[N(d_1) - 1] = -0.3215$$

这说明，在最初要卖出 32.15% 的投资组合来匹配所需期权的 Delta。卖出证券的收入将被投资于无风险资产上。应该经常调整需要卖出投资组合的数量。例如，如果在 1 天后投资组合价值下跌到 8 800 万美元，这时所需期权的 Delta 变为 -0.367 9，因此需要再卖出原来投资组合的 4.64%，并将所得收入投资于无风险资产上。如果交易组合价值增至 9 200 万美元，所需期权的 Delta 变为 -0.278 7，这时应买回原投资组合的 4.28%。

利用指数期货

我们也可以利用指数期货来构造合成期权，而且这种做法有时比利用标的股票来构造合成期权更受欢迎，这是因为交易股指期货的费用要比交易相应标的资产的费用更低。由式（19-6）和式（19-8）可以得出，指数期货合约空头的金额占投资组合价值的比例应为

$$e^{-qT}e^{-(r-q)T^*}[1 - N(d_1)] = e^{q(T^*-T)}e^{-rT^*}[1 - N(d_1)]$$

其中 T^* 为期货的到期日。如果投资组合价值等于 A_1 乘以指数，指数期货的规模等于 A_2 乘以指数，那么在任意时刻所持指数期货合约空头的数量为

$$e^{q(T^*-T)}e^{-rT^*}[1 - N(d_1)]A_1/A_2$$

例 19-10

假设在前一个例子中我们采用 9 个月期的标普 500 期货来构造合成期权，这时 $T=0.5$，$T^*=0.75$，$A_1=100\,000$，$d_1=0.4499$，每个股指期货是关于股指的 250 倍，因此 $A_2=250$，最终需要期货合约空头的数量为

$$e^{q(T^*-T)}e^{-rT^*}[1 - N(d_1)]A_1/A_2 = 122.96$$

即 123（近似到最近的整数）。随着时间推移与指数的变化，期货的头寸要随时加以调整。

在这里的分析中，我们假定投资组合的收益与指数一样。当实际情况不是这样时，我们需要（a）计算资产组合的 Beta，（b）计算提供保护所需的股指期权头寸数量，（c）选择股指期货头寸来构造合成期权。如 17.1 节所述，期权的执行价格应等于投资组合价格达到保险水平时所对应的市场指数的预期水平。所需指数期权的数量等于投资组合的 β 乘以在投资组合 β 值为 1 时所对应的期权数量。

19.14 股票市场波动率

在第 15 章里我们曾经讨论过究竟是纯粹由于新信息的出现还是交易本身也会引起股票波动率的问题。像以上所描述的这种投资组合保险交易策略有可能会使市场波动率增大。当市场下跌时，这些策略会使投资组合管理人要么卖出股票要么卖出指数期货。这两种交易都会加重

市场的下跌幅度（见业界事例19-2）。抛售股票会直接导致股指进一步下跌，而卖出股指期货也往往会使期货价格下跌。根据指数套利机制（见第5章），这同样会对股票产生抛售的压力，市场指数也会因此下跌。类似地，当市场价格上涨时，投资组合保险会使投资组合管理人或者买入股票或者买入期货，这会进一步加剧市场价格上涨的幅度。

除了这些正式的投资组合保险交易策略外，我们还可以想象许多投资者在有意或无意之中实施自己的投资组合保险策略。例如，某投资者可能在市场下跌时出售证券以便限制自己的损失。

投资组合保险交易策略（正式或非正式）是否会影响市场波动率取决于市场对组合保险策略所产生交易量的容纳程度。如果组合保险交易仅仅占市场交易中很少一部分，那么这种交易策略对市场可能不会有太大影响。但当投资组合保险变得越来越普遍时，这种交易策略往往会产生使市场产生不稳定的影响，在1987年就发生了这种情况。

业界事例19-2　投资组合保险是造成1987年股票暴跌的元凶吗

在1987年10月19日，星期一，道琼斯工业平均指数的下跌幅度超过了20%。对于市场暴跌，许多人认为组合保险策略起了重要的作用。在1987年10月，有近600亿~900亿美元的股票资产受组合保险交易策略影响，这种保险策略利用我们在19.13节中所述的方法以合成的形式构造看跌期权。在1987年10月14日星期三至1987年10月16日星期五这段期间里，市场暴跌了近10%，其中大部分下跌发生在星期五的下午。由于这一下跌，由交易组合保险策略程序显示至少有价值120亿美元的股票或股指期货需要出售。但事实上，交易组合保险持有人的销售量只达到了40亿美元。在接下一周开始时，需要卖出大量股票来达到满足他们的模型所要求的数量。据估计在10月19日星期一由三家交易组合保险持有人所卖出股票的数量几乎占整个纽约股票交易所成交量的10%，而整个交易组合保险策略所产生的交易占整个股指期货交易的21.3%。其他投资者预见到交易组合保险持有人会大量抛售股票，这些投资者也纷纷将自己的股票抛出，这也可能进一步助长了股票市场的下跌幅度。

股票市场下跌如此之快造成了整个交易市场的超负荷运作。许多组合保险持有人不能够及时完成模型所要求的交易，因此组合保险也没有带来预定的效果。当然交易组合保险策略的使用在1987年后大幅减少。这一故事说明当所有市场参与者都在使用类似的交易策略时，这种交易策略（甚至对冲策略）是非常危险的。

小　结

金融机构向其客户提供许多种类的期权产品。这些期权产品常常与交易所内交易的标准化期权有所不同。因此金融机构会面临对冲自身风险敞口的问题。裸露期权与带保头寸会使得他们面临的风险达到不可接受的水平。一种可以采用的策略是所谓的止损交易策略。这种交易策略在当期权为虚值状态时，持有裸露期权头寸；而当期权为实值状态时，马上进入带保期权头寸。虽然这种策略看起来很吸引人，但其对冲效果并不好。

期权的Delta(Δ)为期权价格变化与标的资产价值变化的比率。Delta对冲是指构造Delta为0的头寸（有时也称为Delta中性头寸）。因为标的资产的Delta值为1.0，因此，对于每一个期权的多头，一种对冲的方法是持有$-\Delta$数量的标的资产。期权的Delta随时间变化，这意味着应该经常调整标的资产的头寸。

一旦某个期权头寸已处于Delta中性状态，接下一步是观察其Gamma(Γ)。期权的Gamma值为期权的Delta变化与标的资产价格变化的比率。这一数量是衡量期权价格与标的资产价格关系曲线的曲率。通过使期权头寸的Gamma中性，我们可以减小曲率对Delta对冲效果的影响。如果某头寸的Gamma值为Γ，那么通过持有Gamma值为$-\Gamma$的可交易期权则可以达到以上目的。

Delta与Gamma两种对冲都假设波动率为常数。事实上，波动率会随时间变化。期权或期权组合的Vega等于头寸价值变化与波动率变化的比率。希望将自身期权组合对波动率变化呈中性的交易员可以持有一个Vega中性的交易组合。与构造Gamma中性状态相同，交易员通常可以持有抵消性交易头寸来达到目的。如果交易员希望同时达到Gamma和Vega中性，他必须持有至少两种可以交易期权的头寸。

衡量期权头寸风险的另外两个测度为Theta和Rho。在其他变量不变时，Theta等于头寸价值变化与时间变化的比率。类似地，在其他变量不变时，Rho等于头寸价值变化与利率变化的比率。

在实际中，期权交易员常常会至少每一天都要调整交易组合以便保证Delta中性。要经常保证Gamma和Vega中性是不现实的。一般来讲，交易员会观察这些敏感度，当它们变动太大时，要采取适当措施以致停止交易。

为了对股票投资组合进行保险，有时投资组合管理人会对构造合成看跌期权产生兴趣。交易员可以通过交易自己的投资组合或交易该投资组合的股指期货来达到目的。交易投资组合需要将投资组合分成股权和无风险产品两个部分。当市场下跌时，投资于无风险产品的资金将会增加；当市场上涨时，投资于股权部分的资金将会增加。交易该投资组合的指数期货是在保证股权组合不变的同时，卖出指数期货合约。当市场下跌时，更多的指数期货会被卖出；当市场上涨时，更少的期货会被卖出。这种形式的投资组合保险在正常市场条件下效果会很好。但在1987年10月19日星期一，当道琼斯工业平均指数剧烈下跌时，这一保险策略的效果非常糟糕。这时投资组合的保险者不能及时卖出股票与指数期货来对其头寸进行保护。

推荐阅读

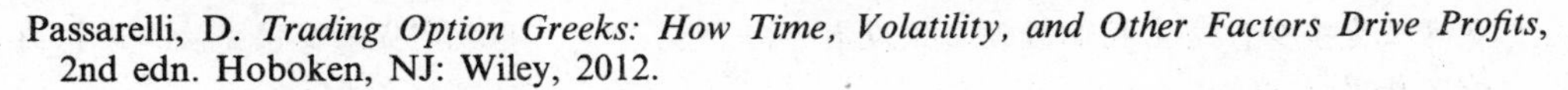

Passarelli, D. *Trading Option Greeks: How Time, Volatility, and Other Factors Drive Profits*, 2nd edn. Hoboken, NJ: Wiley, 2012.

Taleb, N. N., *Dynamic Hedging: Managing Vanilla and Exotic Options*. New York: Wiley, 1996.

练习题

19.1 解释如何实现对一个卖出的虚值看涨期权按止损策略进行对冲。为什么这种策略的效果并不好？

19.2 一个看涨期权Delta为0.7的含义是什么？当每个期权的Delta均为0.7时，如何使得1 000份期权的空头组合成为Delta中性？

19.3 当无风险利率为每年10%，股票波动率为每年25%时，计算无股息股票上平值欧式看涨期权的Delta，其中期权的期限为6个月。

19.4 当时间以年做单位时，一个期权头寸的Theta为-0.1的含义是什么？假如交易人认为股票价格与其隐含波动率都不会变动时，什么样的期权头寸比较合适？

19.5 期权头寸的Gamma是什么含义？某个头寸的Delta为0，而Gamma为一个很大的负值，该头寸的风险是什么？

19.6 “构造一个合成期权的过程，就是对冲这一期权头寸的反过程。”解释这句话的含义。

19.7 解释为什么投资组合保险策略在1987年10月19日的股票市场大跌中效果不好。

19.8 一个执行价格为40美元的虚值看涨期权的布莱克－斯科尔斯－默顿价格为4美元，卖出期权的交易员想采用止损交易策略。交易员想在股票价格为40.10美元时买入股票，而在39.90美元时卖出股票，估计股票被买入与卖出的次数。

19.9 假定某股票的当前价格为20美元，一个执行价格为25美元的看涨期权是由频繁交易标的股票头寸按合成的方式构造而成。考虑以下两个情形：
(a) 股票价格在期权期限内逐渐由20美元涨至35美元；
(b) 股票价格剧烈变动，最后的价格为35美元。
哪种情景会使合成期权的费用更高？解释你的答案。

19.10 数量为1 000的白银期货上欧式看涨期权空头的Delta为多少？其中期权期限为8个月，标的期货的期限为9个月，目前9个月期限的期货价格为每盎司8美元，期权执行价格为8美元，无风险利率为每年12%，白银价格波动率为每年18%。

19.11 在练习题19.10中，为保证Delta对冲，9个月期限的白银期货初始头寸为多少？如果采用白银本身来对冲，初始头寸又为多少？如果采用1年期的期货，初始头寸又为多少？这里我们假设白银没有存贮费用。

19.12 一家公司准备对由某一货币上的看跌和看涨期权所组成的投资组合多头来进行Delta对冲。在下面哪种情况下对冲的效果会最好？
(a) 一种基本上稳定的即期汇率。
(b) 一种变动剧烈的即期汇率。
解释你的答案。

19.13 重复练习题19.12中的分析，这里是一家持有外汇看涨期权和外汇看跌期权空头的金融机构。

19.14 一家金融机构刚刚卖出了1 000份7个月期的日元欧式看涨期权。假设即期汇率为每日元0.80美分，执行价格为每日元0.81美元，美国的无风险利率为每年8%，日本的无风险利率为每年5%，日元汇率的波动率为每年15%，计算金融机构头寸的Delta、Gamma、Vega，Theta和Rho。解释这些数值的含义。

19.15 在什么情况下只需要在组合中加入另外一种欧式期权的头寸即可使一个股指上欧式期权的Gamma和Vega同时中性化？

19.16 某基金经理拥有一个风险分散较好的投资组合，该投资组合的收益反映了标普500股指的收益，组合的价值为3.6亿美元。标普500取值为1 200。投资组合经理打算购买保险，以便使得在今后6个月内投资组合价值下跌的程度不超过5%。无风险利率为每年6%，投资组合与标普500的股息收益率均为3%，标普500股指波动率为每年30%，
(a) 如果基金经理买入交易所内交易的欧式看跌期权，这时的保险费用是多少？
(b) 仔细解释有关交易所内交易的欧式看涨期权的其他交易策略，并说明这些交易策略会取得相同的效果。
(c) 如果基金经理决定将投资组合的一部分投放于无风险证券，最初的头寸应该为多少？
(d) 如果基金经理决定采用9个月期的指数期货来提供保险，最初的头寸应该为多少？

19.17 假定投资组合的β为1.5，重复练习题19.16。假设投资组合股息收益率为每年4%。

19.18 对于以下情景代入相应表达式，证明式(19-4)仍然成立：
(a) 无股息股票上欧式看涨期权。
(b) 无股息股票上欧式看跌期权。
(c) 无股息股票上欧式看涨与看跌期权的任意组合。

19.19 对以下两种情况，与式(19-4)相应的方程是什么？(a) 外汇衍生产品组合，(b) 期货衍生产品组合。

19.20 假定我们要为价值为700亿美元的股权资产做出保险计划。假设这一保险的目的是保证在1年内，股权资产价值的下跌程度不会超过5%，做出你认为需要的估计，并采用DerivaGem软件计算当

在1天之内市场下跌23%时，该股权资产组合保险的管理人应出售股票或期货合约的数量是多少？

19.21 股指远期的 Delta 是否与相同头寸的股指期货的 Delta 相等？解释你的答案。

19.22 某银行持有的美元/欧元汇率期权头寸的 Delta 为 30 000，Gamma 为 -80 000。说明如何理解这些数字。汇率为0.90美元/欧元（每欧元所对应的美元数量为0.90），为了使得头寸为 Delta 中性，你应该持什么样的头寸？在一段短暂时间后，汇率变化为0.93，估计新的 Delta。这时为了保证 Delta 中性，你还要再进行什么样的交易？假定银行在最初的头寸已经是 Delta 中性，在汇率变动后，这一头寸会亏损还是会盈利？

19.23 对于无股息股票上期权，利用看跌-看涨期权平价关系式来推导

(a) 欧式看涨期权 Delta 与欧式看跌期权 Delta 的关系式。

(b) 欧式看涨期权 Gamma 与欧式看跌期权 Gamma 的关系式。

(c) 欧式看涨期权 Vega 与欧式看跌期权 Vega 的关系式。

(d) 欧式看涨期权 Theta 与欧式看跌期权 Theta 的关系式。

作业题

19.24 某金融机构持有以下有关英镑的场外交易期权组合

期权类型	头寸	期权 Delta	期权 Gamma	期权 Vega
看涨	-1 000	0.50	2.2	1.8
看涨	-500	0.80	0.6	0.2
看跌	-2 000	-0.40	1.3	0.7
看涨	-500	0.70	1.8	1.4

某交易所里交易的期权 Delta 为0.6，Gamma 为1.5，Vega 为0.8。

(a) 什么样的交易所内交易的英镑期权头寸和英镑头寸会使交易组合为 Gamma 与 Delta 中性？

(b) 什么样的交易所内交易的英镑期权头寸和英镑头寸会使得交易组合为 Vega 与 Delta 中性？

19.25 考虑作业题19.24中的情景，假定第2个交易所交易期权的 Delta 为0.1，Gamma 为0.5，Vega 为0.6，进行什么样的交易可使得交易组合 Delta、Gamma 与 Vega 均为中性。

19.26 考虑一个1年期的欧式股票看涨期权，股票价格为30美元，执行价格为30美元，无风险利率为每年5%。波动率为每年25%。利用 DervaGem 软件来计算期权的价格、Delta、Gamma、Vega、Theta 和 Rho。将价格改变为30.1美元时，通过计算期权价格来验证 Delta 的正确性；通过计算期权在股票价位为30.1美元时的 Delta 来计算 Gamma，并由此来验证 Gamma 的正确性。进行类似的计算来验证 Vega、Theta 和 Rho 的正确性。采用 DerivaGem 软件画出期权价格、Delta、Gamma、Vega、Theta 和 Rho 与股票价格关系的图形。

19.27 某银行提供的存款产品中，有一种产品向投资者保证收益（a）等于0与（b）市场指数收益的40%的最大值。某投资者决定将100 000美元投资于这种产品，描述该产品作为该市场指数上期权时的收益。假设无风险利率为每年8%，指数股息收益率为每年3%，指数波动率为每年25%，这一产品对于投资者而言合理吗？

19.28 第18章里给出的欧式期货看涨期权 c 与期货价格 F_0 的关系式为

$$c = e^{-rT}[F_0N(d_1) - KN(d_2)]$$

其中

$$d_1 = \frac{\ln(F_0/K) + \sigma^2 T/2}{\sigma\sqrt{T}} \quad 和$$

$$d_2 = d_1 - \sigma\sqrt{T}$$

其中 K、r、T 和 σ 分别为执行价格、利率、期限和波动率。

(a) 证明 $F_0N'(d_1)=KN'(d_2)$。

(b) 证明看涨期权对于期货价格的 Delta 等于 $e^{-rT}N(d_1)$。

(c) 证明看涨期权的 Vega 等于 $F_0\sqrt{T}N'(d_1)\ e^{-rT}$。

(d) 证明 19.12 节里计算 Rho 的公式。

在计算期货看涨期权的 Delta、Gamma、Theta 与 Vega 时，我们可以将一般期权希腊值计算公式中的 q 由 r 来代替，S_0 由 F_0 来代替，q 为股息收益率。为什么这一做法对计算看涨期权的 Rho 时不成立？

19.29 利用 DerivaGem 软件验证 19.1 节中的期权满足式（19-4）。（**注意**：DerivaGem 所计算的结果为每日历天，而式（19-4）的 Theta 对应于每年。）

19.30 利用 DerivaGem 的应用工具（Application Builder）功能重新生成表 19-2（注意：在表 19-2 中，期权头寸已被近似到最近的 100 股）。计算期权头寸每周的 Gamma 与 Theta。计算头寸每周的价值变化，并检验式（19-3）近似成立（**注意**：DerivaGem 所计算的结果为每日历天，而式（19-3）中的 Theta 对应于每年）。

附录 19A 泰勒级数展开和对冲参数

泰勒级数展开显示了在短时间内各个希腊值在交易组合价值变化中起的不同作用。如果标的资产的波动率为常数。作为标的资产价格 S 与时间 t 的函数，交易组合价值 Π 的泰勒展开式为

$$\Delta\Pi=\frac{\partial\Pi}{\partial S}\Delta S+\frac{\partial\Pi}{\partial t}\Delta t+\frac{1}{2}\frac{\partial^2\Pi}{\partial S^2}\Delta S^2+\frac{1}{2}\frac{\partial^2\Pi}{\partial t^2}\Delta t^2+\frac{\partial^2\Pi}{\partial S\partial t}\Delta S\Delta t+\cdots \tag{19A-1}$$

其中 $\Delta\Pi$ 和 ΔS 分别对应于在短时间 Δt 内 Π 与 S 的变化。Delta 对冲可将上式右端的第 1 项消除，第 2 项是一个非随机项，第 3 项可以在保证 Delta 中性且 Gamma 中性时被消除，其他项的阶数都高于 Δt。

对于一个 Delta 中性的交易组合，式（19A-1）右端第 1 项为 0，因此

$$\Delta\Pi=\Theta\Delta t+\frac{1}{2}\Gamma\Delta S^2$$

在这里我们忽略阶数高于 Δt 的项。这正是式（19-3）。

当标的资产价格波动率也不确定时，作为 σ、S 以及 t 的函数，式（19A-1）变为

$$\Delta\Pi=\frac{\partial\Pi}{\partial S}\Delta S+\frac{\partial\Pi}{\partial\sigma}\Delta\sigma+\frac{\partial\Pi}{\partial t}\Delta t+\frac{1}{2}\frac{\partial^2\Pi}{\partial S^2}\Delta S^2+\frac{1}{2}\frac{\partial^2\Pi}{\partial\sigma^2}\Delta\sigma^2+\cdots$$

其中 $\Delta\sigma$ 为波动率在 Δt 内的变化量。这种情况下，通过 Delta 中性可以消除右端第 1 项。通过 Vega 中性可消除第 2 项，第 3 项为非随机项，第 4 项可以通过 Gamma 中性来消除。交易员有时也会定义相应于泰勒展开式中高阶项的希腊字母。

第20章 波动率微笑

由布莱克－斯科尔斯－默顿（Black-Scholes-Merton）模型所计算出的期权价格与市场价格有多么相近呢？交易员在交易中真的采用布莱克－斯科尔斯－默顿公式来对期权定价吗？资产价格真的服从对数正态分布吗？在这一章里我们将回答这些问题。交易员确实使用布莱克－斯科尔斯－默顿公式，但所应用的方式与布莱克、斯科尔斯和默顿最初的想法却有所不同，这是因为交易员允许波动率依赖于期权执行价格以及期权期限。

波动率微笑（volatility smile）是指描述期权隐含波动率与执行价格函数关系的图形。在这一章里，我们将描述交易员在股票与货币市场所采用的波动率微笑。我们将解释波动率微笑与所假设的将来标的资产价格风险中性概率分布之间的关系。我们还将讨论交易员如何将波动率曲面作为期权定价的工具。

20.1 为什么波动率微笑对看涨期权与看跌期权是一样的

在本节里将说明当欧式看涨期权和欧式看跌期权具有同样执行价格和期限时，它们的隐含波动率是一样的。这说明了欧式看涨期权对应于一个期限的波动率微笑和欧式看跌期权对应于这个期限的波动率微笑是一样的。这个结论会给我们带来方便：它说明当讨论波动率微笑时，我们没有必要去明确指明期权是看涨还是看跌。

在前面几章里我们讲过，当欧式看涨期权与看跌期权具有同样的执行价格和期限时，看跌－看涨平价关系式提供了它们之间的一个等式：当标的资产提供股息收益率 q 时，这个关系式为

$$p + S_0 e^{-qT} = c + K e^{-rT} \tag{20-1}$$

与通常一样，c 和 p 分别代表欧式看涨和看跌期权的价格，它们具有同样的执行价格 K 与期限 T。变量 S_0 为今天的标的资产价格，r 为对应于期限 T 的无风险利率。

看跌－看涨平价关系式的一个重要特征是它建立在比较简单的无套利机会基

础上。这一结果并不需要对资产价格的分布做任何假设，无论资产价格是否服从对数正态分布，这个关系式都是成立的。

假定对于某个给定的波动率，p_{BS}与c_{BS}是由布莱克－斯科尔斯－默顿模型得出的欧式看跌与看涨期权的价格。再假定p_{mkt}及c_{mkt}为这些期权的市场价格。因为看跌－看涨平价关系式对于布莱克－斯科尔斯－默顿模型也成立，因此我们有

$$p_{BS} + S_0 e^{-qT} = c_{BS} + K e^{-rT}$$

在无套利的前提下，看跌－看涨平价关系式对市场价格也成立

$$p_{mkt} + S_0 e^{-qT} = c_{mkt} + K e^{-rT}$$

以上两个公式相减，我们得出

$$p_{BS} - p_{mkt} = c_{BS} - c_{mkt} \tag{20-2}$$

以上公式说明：当采用布莱克－斯科尔斯－默顿模型对具有相同期限与执行价格的看跌及看涨期权定价时，公式所产生的误差应完全相同。

假定欧式看跌期权的隐含波动率为22%。这意味当布莱克－斯科尔斯－默顿模型中的波动率为22%时，$p_{BS}=p_{mkt}$。由式（20-2）得出，当采用同一波动率时$c_{BS}=c_{mkt}$，因此看涨期权的隐含波动率也是22%。这里的分析说明，欧式看涨期权的隐含波动率与具有相同执行价格和期限的看跌期权的隐含波动率总是一样的。换句话讲，对于给定的执行价格及期限，利用布莱克－斯科尔斯－默顿模型对欧式看涨期权定价与对欧式看跌期权定价必须要采用同样的波动率。更一般地讲，这说明波动率微笑曲面（即隐含波动率作为执行价格与期限的函数）对看涨期权与看跌期权是一样的。对美式期权，这些结果在近似意义下也是正确的。

例20-1

某一外币的目前价格为0.60美元。美国的无风险利率为每年5%，外币的无风险利率为每年10%。外币1年期限，执行价格为0.59美元的欧式看涨期权市场价格为0.0236。DerivaGem所示的隐含波动率为14.5%。为了保证无套利，式（20-1）所示的看跌－看涨平价关系式必须成立，其中q为外国无风险利率。1年期限，执行价格为0.59美元的欧式看跌期权价格p满足以下关系式

$$p + 0.60e^{-0.10\times1} = 0.0236 + 0.59e^{-0.05\times1}$$

因此$p=0.0419$。根据这一看跌期权价格，DerivaGem所得的隐含波动率也是14.5%，这正是我们上面分析所得的结果。

20.2 外汇期权

交易员所采用的外汇期权波动率微笑一般具有图20-1所示的形状。平值期权的隐含波动率相对较低，但隐含波动率随着期权实值程度或虚值程度的增大而逐渐升高。

在本章末附录里我们将说明，通过在某一时间到期的期权波动率微笑，我们可以确定在同一时间资产价格的风险中性概率分布。我们将这一概率分布称为**隐含概率分布**（implied distribution）。图20-1中的波动率微笑对应于图20-2中由实线表达的概率分布。图20-2中的虚线代表一个与隐含分布有同样期望值和标准差的对数正态分布。可以看出隐含分布比对数正态分布

更具有肥尾特征。[1]

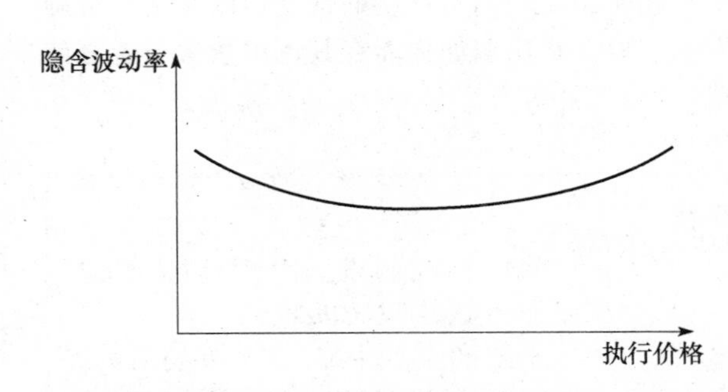

图 20-1 外汇期权的波动率微笑

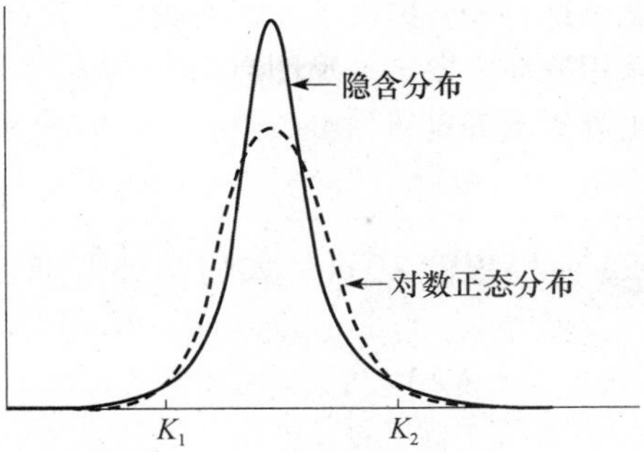

图 20-2 外汇期权隐含分布与对数正态分布

为了说明图 20-1 与图 20-2 的一致性，我们首先考虑一个具有很高执行价格 K_2 的深度虚值看涨期权。这一期权只有在汇率高于 K_2 时才会产生收益。图 20-2 说明这一期权在隐含概率分布下产生收益的概率比在对数正态分布下要大。因此我们期望对于这一期权，隐含概率分布所产生的价格会偏高。较高的价格会对应于较高的波动率，这刚好是我们在图 20-1 中观察到的现象。因此对于较高的执行价格，这两个图形是一致的。接下来，我们考虑一个具有很低执行价格 K_1 的深度虚值看跌期权。这一期权只有在汇率低于 K_1 时才会产生收益。图 20-2 显示这一期权在隐含概率分布下产生收益的概率大于在对数正态分布下产生收益的概率。因此我们期望对于这一期权，由隐含分布所产生的价格也会偏高，从而期权的隐含波动率也会偏高。这正是我们在图 20-1 中所观察到的现象。

20.2.1 实证结果

以上分析说明外汇期权交易员采用的波动率微笑意味着他们认为对数正态分布会低估汇率的极端变动。为了验证这一观点的正确性，我们在表 20-1 中检验了 10 年中 12 种不同汇率的日收益率的变化。[2]产生这个表格的第一步需要计算每一个汇率百分比变化的标准差，第二步是要计算有多少百分比变化超出 1 个标准差、2 个标准差，等等。最后，我们计算在正态分布情况下这些百分比变化出现的频率（对数正态模型说明在一天的时间区间内，百分比的变化几乎完全是正态分布）。

表 20-1 一天内汇率变化大于 1，2，…，6 个标准差的天数占所有观察日的比例 （%）

	历史数据	正态分布		历史数据	正态分布
>1 SD	25.04	31.73	>4 SD	0.29	0.01
>2 SD	5.27	4.55	>5 SD	0.08	0.00
>3 SD	1.34	0.27	>6 SD	0.03	0.00

注：SD = 一天变化的标准差。

一天内变化超过 3 个标准差的天数占所有观察数据的比例为 1.34%，而对数正态分布所对应的比例却只有 0.27%。每天价格百分比变化超出 4 个、5 个和 6 个标准差的天数占所有观察

[1] 这种现象可用峰度（kurtosis）来描述。注意：除了更具有肥尾特征外，隐含概率分布的峰值也更高。在这种分布中，较大与较小变动发生的可能性大于在对数正态分布中的情形，但变动取中间值的可能性较小。

[2] 这一表格取自于 J. C. Hull and A. White，"Value at Risk When Daily Changes in Market Variables Are Not Nomally Distributed." *Journal of Derivatives*，5，No. 3(Spring 1998)：9-19。

日的比例分别为0.29%、0.08%以及0.03%，而对数正态分布认为这些事件几乎不可能发生。因此，这一表格提供了（汇率收益）肥尾形态（见图20-2）确实存在的证据，以及交易员确实采用波动率微笑（见图20-1）的证据。业界事例20-1指出假如你能在其他市场参与者之前做出类似于表20-1中的分析时，如何从中赚钱。

业界事例20-1　如何从外汇期权中赚钱

在布莱克、斯科尔斯和默顿的期权定价公式中假设标的资产在将来的价格服从对数正态分布，这等价于假设资产价格在短时间（比如1天）内的变化服从正态分布。假如大多数市场参与者认为布莱克－斯科尔斯－默顿对于汇率的假设是正确的。假如你刚刚分析了表20-1中的结果而知道利用对数正态分布来描述汇率并不是好的假设后，你如何才能赚钱呢？

对这一问题的回答是你应该买入一个深度欧式看涨和看跌期权，然后等待。这些期权相对来讲比较便宜并且成为实值期权的可能性要比对数正态分布模型所预测的要高，你所持期权的平均收益要远远大于这些期权的成本。

在20世纪80年代中期，有一些交易员认识到汇率分布中的肥尾形态，而其他交易员仍然认为布莱克－斯科尔斯－默顿模型中的对数正态分布假设是合理的，对汇率分布有正确认识的交易员采用了我们描述的策略，并且赚到了很多钱。到了80年代后期，所有的人都认识到对外汇期权定价时应当利用波动率微笑。从而利用这种交易策略赚钱的机会就随之消失了。

20.2.2　外汇期权波动率微笑存在的原因

为什么汇率不服从对数正态分布呢？资产价格服从对数正态分布的两个条件是：

（1）标的资产的波动率为常数；

（2）标的资产价格变化平稳并且没有跳跃。

在实际中，以上的假设对于汇率来讲均不成立。汇率的波动率与常数相差甚远，并且汇率变化常常显示跳跃性。[1]非常数波动率和跳跃都会使得汇率变化产生极端情形的次数更多。

跳跃与非常数波动率对期权价格的影响与期权的期限有关。当期权期限增大时，非常数波动率对期权价格变化百分比影响的程度变得越来越大，但同时对隐含波动率变化百分比影响的程度却越来越小。当期权期限增大时，跳跃性对期权价格变化以及隐含波动率变化的影响越来越小。[2]这一结果的直接推论是当期权期限增大时，波动率微笑变得越来越弱。

20.3　股票期权

在1987年前，市场上没有明显的波动率微笑现象。自1987年以来，交易员在股票期权（包括股指期权）定价中所采用波动率微笑的一般形式如图20-3所示，这种形式的波动率微笑也被称为**波动率倾斜**（volatility skew）。这时，波动率是执行价格的递减函数。低执行价格期权（也就是深度虚值看跌期权与深度实值看涨期权）所对应的隐含波动率要远高于高执行价格期权（也就是深度实值看跌期权及深度虚值看涨期权）。

---

[1] 通常汇率的跳跃同中央银行的决策有关。

[2] 当我们考虑足够长期限的期权时，跳跃的效果会被平均化（averaged out），这时我们会难以区分假设存在跳跃时所得汇率概率分布与假设汇率平稳变化时所得概率分布。

股票期权波动率微笑对应于图20-4中由实线所表达的概率分布。其中的虚线代表一个与隐含概率分布有同样均值和标准差的对数正态分布。可以看出隐含概率分布比对数正态分布有更肥的左端尾部和更瘦的右端尾部。

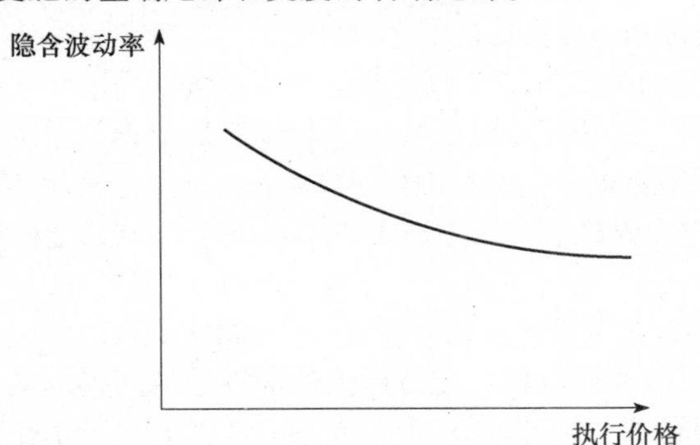

图20-3 股票期权波动率微笑

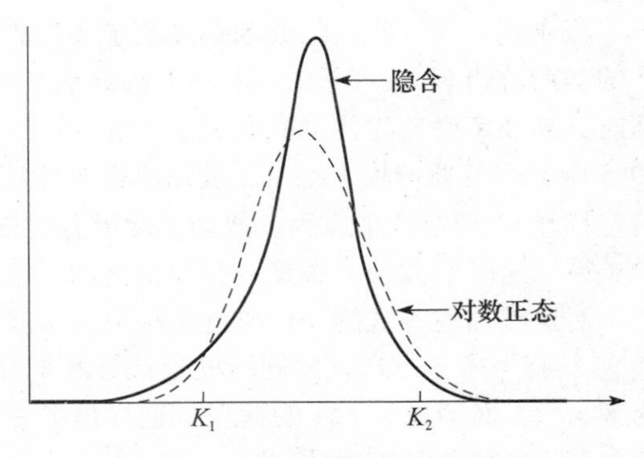

图20-4 股票期权隐含分布与对数正态分布

为了说明图20-3与图20-4是一致的，我们利用与图20-1和图20-2同样的论证，考虑深度虚值期权。图20-4说明执行价格为K_2的深度虚值看涨期权在假设隐含概率分布时的价格低于在假设对数正态分布时的价格。这是因为这一期权只有在股票价格高于K_2时才会产生收益，而隐含概率分布与此所对应的概率低于对数正态分布所对应的概率。因此，我们会期望由隐含概率分布得出的期权价格会低于由对数正态分布得出的期权价格。较低的价格会对应于较低的隐含波动率，而这正如在图20-3所示。接下来，我们考虑一个执行价格为K_1的深度虚值看跌期权。这一期权只有在股票价格低于K_1时才会产生收益。图20-4显示这一期权在隐含概率分布下产生收益的概率将大于在对数正态分布下产生收益的概率。因此对于这一期权，隐含概率分布所对应的价格也会偏高，从而隐含波动率也应该偏高。这正是我们在图20-3中所观察到的现象。

股票期权波动率微笑存在的原因

关于股票期权中波动率微笑的一种解释是杠杆效应：当公司股票价格下跌时，公司杠杆效应增加，这意味着股票风险增大，因此波动率增加。而当公司股票价格上涨时，杠杆效应降低，股票风险变小，因此波动率会减小。这种观点说明股票波动率应该是股票价格的一种递减函数，这一结论与图20-3和图20-4是一致的。另外一种解释是交易员对股票市场暴跌的恐惧（见业界事例20-2）。

业界事例20-2 暴跌恐惧症

我们应该指出图20-3中所示的微笑形状只是在1987年10月股票暴跌后才出现的。在1987年10月之前，隐含波动率与执行价格之间没有太大关系。这使马克·鲁宾斯坦（Mark Rubinstein）提议，波动微笑存在的原因也许是由于人们对股票市场暴跌的恐惧症（crashophobia）。交易员害怕市场上会出现类似1987年10月那样的暴跌，因此对于深度虚值看跌期权赋予较高的价值（这也造成了较高的波动率）。

实际数据给以上的解释提供了一些证据。标普500股指的下跌往往会伴随着波动率倾斜程度的增加，这是因为交易员在股票下跌时会对可能出现的暴跌更加担心，当标普500上涨时，倾斜程度会变小。

20.4 其他刻画波动率微笑的方法

截止到目前，我们将波动率微笑定义为隐含波动率与执行价格之间的关系，这种关系与资产的当前价格有关。例如，图 20-1 中波动率微笑的最低点通常与当前汇率很接近。当汇率上涨时，波动率微笑往往向右移动；当汇率下降时，波动率微笑往往向左移动。类似地，在图 20-3 中，当股票价格上涨时，波动率微笑往往向右移动；当股票价格下降时，波动率微笑往往向左移动。[㊀]正是这个原因，波动率微笑有时被定义为隐含波动率与 K/S_0（而不是与 K）之间的关系。这时的波动率微笑也会变得更加稳定。

对这种描述方式的一种改进是将波动率微笑定义为隐含波动率与 K/F_0 之间的关系，其中 F_0 是具有与所考虑期权相同标的资产和相同期限的远期价格。交易员也经常将平值期权定义为 $K=F_0$，而不是 $K=S_0$ 的期权。这样做的原因是 F_0（而非 S_0）为在风险中性世界中股票在期权到期时价格的期望值。[㊁]

另外一种方式是将波动率微笑定义为隐含波动率与期权 Delta 之间的关系（在第 19 章中定义了 Delta）。利用这种方式，我们有时可以将波动率微笑应用于欧式和美式看涨和看跌期权之外的其他产品上。当应用这种方法时，平值期权被定义为 Delta 等于 0.5 的看涨期权，或 Delta 等于 -0.5 的看跌期权。这些平值期权被称为“50 - Delta 期权”（50 - delta options）。

20.5 波动率期限结构与波动率曲面

交易员允许隐含波动率既依赖于执行价格，也依赖于期限。当短期限波动率在历史低位时，隐含波动率往往是期限的递增函数，因为这时人们认为波动率将会升高。类似地，当短期限波动率在历史高位时，波动率往往是期限的递减函数，因为这时人们认为波动率将会减小。

波动率曲面是将波动率期限结构与波动率微笑结合在一起所产生的表格，这一表格可用于对不同执行价格与不同期限的期权进行定价。表 20-2 是一个可用于汇率期权定价的波动率曲面。

表 20-2 波动率曲面

	K/S_0				
	0.90	0.95	1.00	1.05	1.10
1 个月	14.2	13.0	12.0	13.1	14.5
3 个月	14.0	13.0	12.0	13.1	14.2
6 个月	14.1	13.3	12.5	13.4	14.3
1 年	14.7	14.0	13.5	14.0	14.8
2 年	15.0	14.4	14.0	14.5	15.1
5 年	14.8	14.6	14.4	14.7	15.0

表 20-2 中波动率曲面的其中一个变量为 K/S_0，另一个变量为期限。波动率曲面的数值是由布莱克 - 斯科尔斯 - 默顿公式得出的隐含波动率。在任意给定时间，波动率曲面的某些点对应于市场价格比较可靠的期权价格数据，对应于这些点的隐含波动率可以直接由期权市场价格

㊀ 对于交易所交易期权，Derman 的研究结果说明，这种调整有时具有“黏性”（sticky）的性质。见E. Derman, “Regimes of Volatility,” *Risk*, April 1999：55-59。

㊁ 像在第 27 章所述，远期或期货价格为资产在风险中性世界的期望值这一结论取决于风险中性世界的定义方式。

来求得，并被输入波动率曲面之中。波动率曲面上其他点的数据常常是通过插值来得出。从表中我们可以发现当期权期限变长时，波动率微笑变得不太明显。如前所述，这正是在从汇率期权上可以观察到的现象。（在其他资产的期权上，也会常常看到同样现象。）

当我们需要对一个新的期权定价时，金融工程师会在波动率曲面取得适当的数据。例如，为了对一个 9 个月期限，K/S_0 的比为 1.05 的期权进行定价，金融工程师可以采用表 20-2 中 13.4 与 14.0 之间的插值来作为对波动率的估计，插值所得结果为 13.7%。这一数据可以用于布莱克 - 斯科尔斯 - 默顿公式或二叉树。对于一个 1.5 年期限，K/S_0 的比为 0.925 的期权进行定价时，我们可以采用 2 维线性插值来求得隐含波动率，即 14.525%。

波动率微笑的形状与期权的期限有关。如表 20-2 所示，随着期权期限的增大，波动率微笑的幅度变得越来越小。假如 T 代表期限，F_0 代表期限与所考虑期权相同的资产的远期价格，有些金融工程师将波动率微笑定义为隐含波动率与变量

$$\frac{1}{\sqrt{T}}\ln\left(\frac{K}{F_0}\right)$$

之间的函数，而不是将波动率直接定义为隐含波动率与执行价格 K 的函数。这种方式的微笑通常与期限 T 的关系不大。

20.6　希腊值

波动率微笑会使得希腊值的计算更加复杂。假设对于某个期限，期权的隐含波动率与 K/S 的关系保持不变。[⊖]当标的资产价格变化时，期权的隐含波动率也将会变化从而反映期权的**在值程度**（moneyness）（即期权的实值或虚值程度）。第 19 章中所给出的计算期权希腊值公式将不再成立。例如，看涨期权的 Delta 计算公式变为

$$\frac{\partial c_{\mathrm{BS}}}{\partial S}+\frac{\partial c_{\mathrm{BS}}}{\partial \sigma_{\mathrm{imp}}}\frac{\partial \sigma_{\mathrm{imp}}}{\partial S}$$

其中 c_{BS} 是以资产价格 S 和隐含波动率 σ_{imp} 为函数的布莱克 - 斯科尔斯期权价格。考虑以上公式对股票看涨期权 Delta 的影响：波动率为 K/S 的递减函数，这说明当标的资产价格增加时，隐含波动率也会增加。因此

$$\frac{\partial \sigma_{\mathrm{imp}}}{\partial S}>0$$

所以，这里计算的 Delta 比布莱克 - 斯科尔斯 - 默顿假设下的 Delta 要高。

在实际中，对市场上常常遇到的波动率曲面变化，银行会尽量保证自身对这种变化的风险敞口要小到一定的合理程度。一种识别这些变化的技巧是**主成分分析法**（principal components analysis）。在第 22 章里我们将讨论这种方法。

20.7　模型的作用

如果交易员对每一笔交易都准备采用不同的波动率，那么期权定价模型有多重要呢？我们

⊖ 有意思的是，只有当对于所有的期限波动率微笑都为水平时，这一自然模型才具有内在一致性，见 T. Daglish, J. Hull, and W. Suo, "Volatility Surfaces: Theory, Rules of Thumb, and Empirical Evidence," *Quantitative Finance*, 7, 5(October 2007), 507-24。

可以认为布莱克－斯科尔斯－默顿模型只不过是交易员用来进行插值的工具。利用布莱克－斯科尔斯－默顿模型，交易员可以保证一个期权的价格与市场交易活跃的产品价格是一致的。假如交易员在某一天突然决定不再使用布莱克－斯科尔斯－默顿模型，而改用另一种合理的模型，这时波动率曲面会有所改变、波动率微笑的形状也会改变，但期权的市场现金价格不会有明显的变化。甚至在改变模型后，按上一节的描述而得出的 Delta 也不会有很大的改变。

如果对于某个衍生产品，市场上没有与其相似的产品可以交易，那么模型对这个衍生品的定价就会至关重要。例如，后面章节中所讨论的许多非标准奇异衍生品价格都会与所选取的模型有关。

20.8 当价格预计有大幅度跳跃时

我们现在用一个例子来说明一种奇怪的波动率微笑如何会出现在股票市场上。假定股票的目前价格为 50 美元，今后几天的一个消息会使得股票价格或者上涨 8 美元或者下跌 8 美元（这一消息可能是关于一个并购计划的最终结果或者是关于一个重要法律诉讼的最终宣判）。股票价格在 1 个月以后的分布可能由两个对数正态分布叠加而成：一个对数正态分布对应于好消息，而另一个对数正态分布对应于坏消息。这一情形如图 20-5 所示。其中实线所表达的概率分布为 1 个月后由两个对数正态分布叠加而成的股票价格分布。图中虚线代表一个与以上概率分布有同样期望值和标准差的对数正态分布。

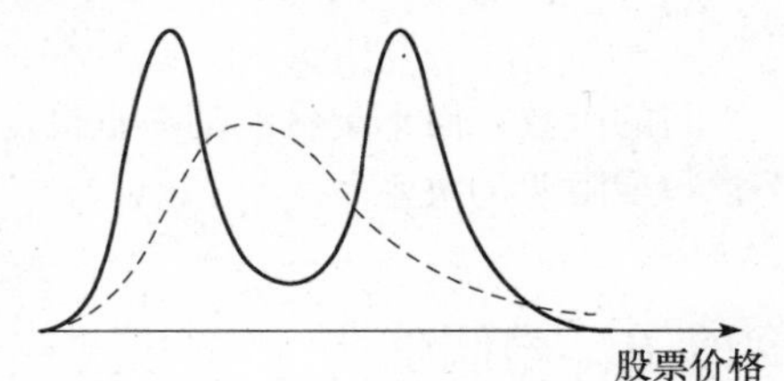

图 20-5 股票价格单个大幅度跳跃的效应。实线代表真实分布；虚线代表对数正态分布

真正的概率分布具有**双峰**（bimodal）（该分布显然不是对数正态分布）。一种研究双峰股票价格分布效应的简单方法是考虑像二项分布这样的极端情形。下面我们考虑这种情况。

假设股票的当前价格为 50 美元。在 1 个月后，股票价格会变为 42 美元或 58 美元。假定无风险利率为每年 12%。这一情形如图 20-6 所示。期权可以通过由第 13 章中所描述的二叉树模型来定价。这时，$u=1.16$，$d=0.84$，$a=1.0101$，$p=0.5314$。表 20-3 列出了不同期权的价格。表中的第 1 列为不同的执行价格；第 2 列为 1 个月期限的欧式看涨期权的价格；第 3 列为 1 个月期限的欧式看跌期权的价格；第 4 列为隐含波动率（如第 20.1 节所述，对于同一执行价格与期限，欧式看涨期权的隐含波动率等于欧式看跌期权的隐含波动率）。图 20-7 展示了由表 20-3 得出的隐含波动率微笑。隐含波动率微笑实际为隐含**波动率皱眉**（volatility frown）（与在货币中观察到的波动率微笑形状相反）。在这种隐含波动率微笑形式中，当期权变得更加实值或虚值时，波动率有所减小。当使用执行价格为 50 的期权隐含波动率来对执行价格为 44 或 56 的期权进行定价时，所得价格将会太高。

表 20-3 隐含波动率，这里已知股票价格要么从 50 上涨到 58，要么下跌到 42 （单位：美元）

执行价格	看涨期权价格	看跌期权价格	隐含波动率（%）	执行价格	看涨期权价格	看跌期权价格	隐含波动率（%）
42	8.42	0.00	0.0	52	3.16	4.64	66.1
44	7.37	0.93	58.8	54	2.10	5.57	60.0
46	6.31	1.86	66.6	56	1.05	6.50	49.0
48	5.26	2.78	69.5	58	0.00	7.42	0.0
50	4.21	3.71	69.2				

注：这里的真实分布为二项分布。

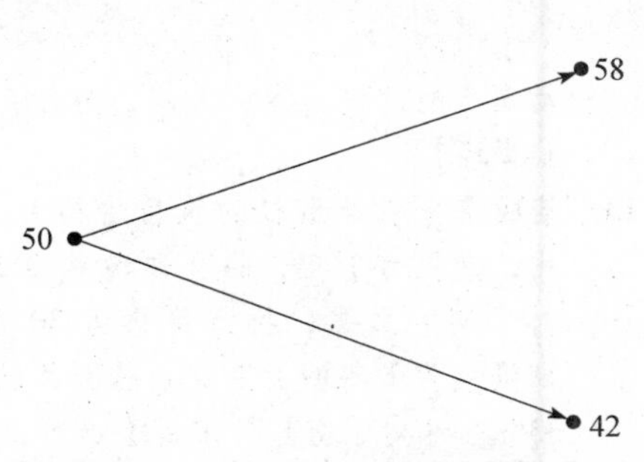

图 20-6　1 个月后的股票价格变化

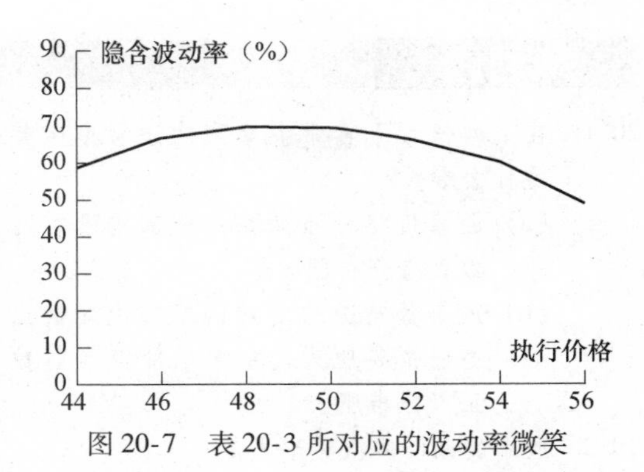

图 20-7　表 20-3 所对应的波动率微笑

小　结

在布莱克－斯科尔斯－默顿模型及其推广形式中，我们总是假设资产价格在将来任意时刻的概率分布服从对数正态。但这与交易员所做的假设是不一样的。他们一般假定的股票价格分布比对数正态分布具有更肥的左端尾部与更瘦的右端尾部。他们也假定汇率的概率分布比对数正态分布具有更肥的左端尾部与更肥的右端尾部。

交易员采用波动率微笑来刻画非对数正态分布。波动率微笑定义了期权隐含波动率与执行价格之间的关系。股票期权波动率微笑具有向下倾斜的形状，这意味虚值看跌期权（out-of-money put）及实值看涨期权（in-the-money call）所对应的隐含波动率较高，而虚值看涨期权（out-of-the-money call）与实值看跌期权（in-the-money put）所对应的隐含波动率较低。外汇期权波动率微笑为 U 字形：虚值及实值期权的波动率均高于平值期权的波动率。

交易员也常常使用波动率期限结构：期权隐含波动率与期权的期限有关。将波动率期限结构与波动率微笑结合在一起时，我们可以产生波动率曲面：波动率曲面将隐含波动率当成了执行价格和期限的函数。

推荐阅读

Bakshi, G., C. Cao, and Z. Chen. "Empirical Performance of Alternative Option Pricing Models," *Journal of Finance*, 52, No. 5 (December 1997): 2004–49.

Bates, D. S. "Post-'87 Crash Fears in the S&P Futures Market," *Journal of Econometrics*, 94 (January/February 2000): 181–238.

Daglish, T., J. Hull, and W. Suo. "Volatility Surfaces: Theory, Rules of Thumb, and Empirical Evidence," *Quantitative Finance*, 7, 5 (2007), 507–24.

Derman, E. "Regimes of Volatility," *Risk*, April 1999: 55–59.

Ederington, L. H., and W. Guan. "Why Are Those Options Smiling," *Journal of Derivatives*, 10, 2 (2002): 9–34.

Jackwerth, J. C., and M. Rubinstein. "Recovering Probability Distributions from Option Prices," *Journal of Finance*, 51 (December 1996): 1611–31.

Melick, W. R., and C. P. Thomas. "Recovering an Asset's Implied Probability Density Function from Option Prices: An Application to Crude Oil during the Gulf Crisis," *Journal of Financial and Quantitative Analysis*, 32, 1 (March 1997): 91–115.

Reiswich, D., and U. Wystup. "FX Volatility Smile Construction," Working Paper, Frankfurt School of Finance and Management, April 2010.

Rubinstein, M. "Nonparametric Tests of Alternative Option Pricing Models Using All Reported Trades and Quotes on the 30 Most Active CBOE Option Classes from August 23, 1976, through August 31, 1978," *Journal of Finance*, 40 (June 1985): 455–80.

练习题

20.1 在下列情形下常常观察到的波动率微笑是什么形式?

(a) 股票价格分布两端的尾部均没有对数正态分布肥大。

(b) 股票价格分布右端的尾部比对数正态分布要肥大,左端尾部没有对数正态分布肥大。

20.2 股票的波动率微笑形式是什么?

20.3 标的资产价格有跳跃时会造成什么样形式的波动率微笑?这种形式对于2年和3个月期限的期权中哪个更显著?

20.4 一个欧式看涨期权与一个欧式看跌期权具有同样的执行价格与期限。看涨期权的隐含波动率为30%,看跌期权的隐含波动率为25%。你会进行什么样的交易?

20.5 仔细解释为什么同对数正态分布相比时,左端尾部更加肥大而右端尾部更加瘦小的分布会造成波动率微笑向下倾斜的形状。

20.6 一个欧式看涨期权的市场价格为3美元。当采用30%的波动率时,由布莱克-斯科尔斯-默顿公式给出的价格为3.50美元,由布莱克-斯科尔斯-默顿模型给出的具有相同执行价格与期限的看跌期权价格为1.00美元。这一期权的市场价格应该为多少?解释你的答案。

20.7 解释“股票暴跌恐惧症”。

20.8 股票的当前价格为20美元。明天将要公布的消息会使得股票价格或上涨5美元或下跌5美元。采用布莱克-斯科尔斯-默顿公式来对1个月期的期权定价会存在什么样的问题?

20.9 当波动率不确定,并且与股票价格有正的相关性时,我们所观察到的6个月期限的期权波动率微笑最可能会是什么样子?

20.10 在以实证的形式验证期权定价公式时,你最可能会碰到什么样的问题?

20.11 假定中央银行的政策是允许汇率在0.97~1.03中变化,你所计算的汇率期权隐含波动率将会具有什么样的特征?

20.12 期权交易员有时将深度虚值期权看成波动率上的期权。你认为他们为什么会这样做呢?

20.13 某股票上看涨期权的执行价格为30美元,期限为1年,隐含波动率为30%。对于同一股票,执行价格为30美元,期限也为1年的看跌期权隐含波动率为33%。这对于交易员来讲会有什么样的套利机会?套利机会是建立在布莱克-斯科尔斯-默顿模型里对数正态分布的前提下吗?仔细解释你的答案。

20.14 假定明天将会宣布对于公司有重大影响的法律诉讼结果。公司股票当前的价格为60美元。如果诉讼结果对公司有利,股票价格将会上涨到75美元;如果诉讼结果对于公司不利,股票价格将会下跌到50美元。诉讼结果对于公司有利的风险中性概率为多少?如果诉讼结果对于公司有利,股票在6个月的波动率为25%;但如果诉讼结果对于公司不利,股票在6个月的波动率为40%。利用DerivaGem来计算今天这家公司股票隐含波动率与欧式期权价格的关系。已知公司不付股息。假定6个月期的无风险利率为6%。在计算中考虑具有执行价格为30美元、40美元、50美元、60美元、70美元及80美元的看涨期权。

20.15 当前某汇率为0.8000。汇率的波动率为12%,两个国家的利率相同。利用对数正态假设,估计在3个月后汇率在以下范围内的概率 (a) 小于0.7000, (b) 介于0.7000与0.7500之间, (c) 介于0.7500与0.8000之间, (d) 介于0.8000与0.8500之间, (e) 介于0.8500与0.9000之间, (f) 大于0.9000。如果假设汇率波动率微笑为通常所看到的形式,以上的估计哪一项太低,哪一项太高?

20.16 某股票的价格为40美元。股票上执行价格为30美元,期限为6个月的欧式看涨期权的隐含波动率为35%。股票上执行价格为50美元,期限为6个月的欧式看涨期权的隐含波动率为28%。6个月期限的无风险利率为5%，股票无股息。解释为什么两个隐含波动率会不同。利用DerivaGem计算两个期权的价格。利用看跌-看涨期权平价关系式计算执行价格分别为30美元及50美元的欧式看跌期权价格。利用DerivaGem计算3个月期限期货期权的隐含波动率。

20.17 “布莱克-斯科尔斯-默顿模型是被交易员用作插值的工具”。解释这一观点。

20.18 利用表20-2计算交易员所采用的8个月期限，$K/S_0=1.04$ 的期权隐含波动率。

作业题

20.19 一家公司股票价格为4美元。公司没有任何债务。分析员认为公司的结算价值至少为300 000美元，公司的流通股数量是100 000。这时你会看到什么样的波动率微笑?

20.20 一家公司正在等待一个重要诉讼结果，而结果会在1个月后宣布。公司股票当前价格为20美元。如果诉讼结果对公司有利，1个月后股票会上涨到24美元；但如果结果对公司不利，1个月后股票会下跌到18美元。1个月期的无风险利率为每年8%。

(a) 诉讼结果对于公司有利的风险中性概率为多少?

(b) 执行价格分别为19美元、20美元、21美元、22美元及23美元，1个月期看涨期权的价格分别为多少?

(c) 利用DerivaGem计算1个月期的看涨期权波动率微笑。

(d) 验证1个月期看跌期权波动率微笑与以上结果一致。

20.21 一个期货目前价格为40美元，无风险利率为5%。明天公布的消息会造成今后3个月期的波动率变为10%或者30%，第1种情况出现的概率为60%，第2种情况出的概率为40%，采用软件DerivaGem来计算3个月期权的波动率微笑。

20.22 在作者网页上可以下载几种汇率数据http://www.rotman.utoronto.ca/~hull/data选定一种货币来产生类似于表20-1的表格。

20.23 在作者网页上可以下载几种股票指数数据http://www.rotman.utoronto.ca/~hull/data选定一种指数并检验价格下跌3个标准差的概率是否会大于价格上涨3个标准差的概率。

20.24 某欧式看涨期权与欧式看跌期权具有同样的执行价格和期限。证明当波动率在一个短暂时段上由 σ_1 上涨到 σ_2 时，以上两个期权的增值相同（**提示**：利用看跌-看涨平价关系式）。

20.25 某汇率当前的值为1.0，6个月期限、具有执行价格0.7、0.8、0.9、1.0、1.1、1.2、1.3的隐含波动率分别为13%、12%、11%、10%、11%、12%、13%。国内与外国无风险利率均为2.5%。利用与本章附录中例20A-1类似的方法计算隐含概率分布，并且与所有隐含波动率均为11.5%时的隐含概率分布相比较。

20.26 利用表20-2计算交易员所用的对应于11个月期限，$K/S_0=0.98$ 的期权隐含波动率。

附录20A 由波动率微笑来确定隐含风险中性分布

期限为 T，执行价格为 K 的欧式看涨期权价格为

$$c = \mathrm{e}^{-rT}\int_{S_T=K}^{\infty}(S_T-K)g(S_T)\,\mathrm{d}S_T$$

其中 r 为利率（假定为常数），S_T 为 T 时刻的资产价格，g 为 S_T 的风险中性概率密度函数。对

K求导数，我们可以得出

$$\frac{\partial c}{\partial K}=-\mathrm{e}^{-rT}\int_{S_T=K}^{\infty}g(S_T)\,\mathrm{d}S_T$$

再对K求一次导数，我们得出

$$\frac{\partial^2 c}{\partial K^2}=\mathrm{e}^{-rT}g(K)$$

因此，概率密度函数g由以下方程给出

$$g(K)=\mathrm{e}^{rT}\frac{\partial^2 c}{\partial K^2} \tag{20A-1}$$

这一结果最先由 Breeden 和 Litzenberger 在 1978 年得出，由此我们可以由波动率微笑来估算风险中性概率分布。[⊖]假定c_1、c_2和c_3分别为期限为T，执行价格为$K-\delta$、K和$K+\delta$的看涨期权价格。假定δ很小，$g(K)$的近似估计为

$$\mathrm{e}^{rT}\frac{c_1+c_3-2c_2}{\delta^2}$$

为了以另外一种方式来理解以上公式，假定你设定了一个蝶式差价，其中执行价格分别为$K-\delta$、K、和$K+\delta$，期限为T。这意味着你将买入执行价格为$K-\delta$的看涨期权，买入执行价格为$K+\delta$的看涨期权，同时卖出 2 个执行价格为K的看涨期权。你的头寸的价值为$c_1+c_3-2c_2$，这一头寸的价值也可以通过对收益的风险中性概率分布$g(S_T)$进行积分，并以无风险利率进行贴现来求得。头寸收益如图 20A-1 所示。因为δ很小，我们可以假定在$K-\delta<S_T<K+\delta$区域内，$g(S_T)=g(K)$，这里的收益不为 0。在图 20A-1 三角形“尖刺”（spike）区域下的面积为$0.5\times 2\delta\times\delta=\delta^2$，从而收益的价值为$\mathrm{e}^{-rT}g(K)\delta^2$。因此

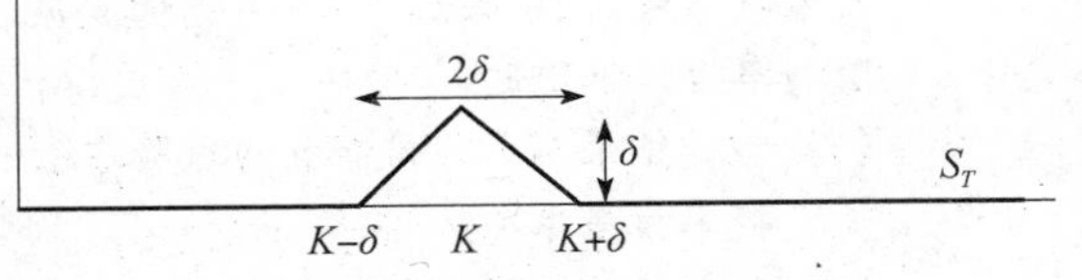

图 20A-1　蝶式差价的收益

$$\mathrm{e}^{-rT}g(K)\delta^2=c_1+c_3-2c_2$$

由此得出

$$g(K)=\mathrm{e}^{rT}\frac{c_1+c_3-2c_2}{\delta^2} \tag{20A-2}$$

例 20A-1

假定一个无股息股票的当前价格为 10 美元，无风险利率为 3%，3 个月期限执行价格分别为 6 美元、7 美元、8 美元、9 美元、10 美元、11 美元、12 美元、13 美元和 14 美元的期权的隐含波动率分别为 30%、29%、28%、27%、26%、25%、24%、23%和 22%。一种应用以上结果的方式如下：假定$g(S_T)$在$S_T=6$和$S_T=7$之间为常数，在$S_T=7$和$S_T=8$之间为常数，等等。定义

$$g(S_T)=g_1 \quad 当\ 6\leqslant S_T<7$$
$$g(S_T)=g_2 \quad 当\ 7\leqslant S_T<8$$
$$g(S_T)=g_3 \quad 当\ 8\leqslant S_T<9$$

⊖ 见 D. T. Breeden and R. H. Litzenberger, “Prices of State-Contingent Claims Implicit in Option Prices,” *Journal of Business*, 51(1978), 621-51。

$$g(S_T) = g_4 \quad 当 9 \leqslant S_T < 10$$
$$g(S_T) = g_5 \quad 当 10 \leqslant S_T < 11$$
$$g(S_T) = g_6 \quad 当 11 \leqslant S_T < 12$$
$$g(S_T) = g_7 \quad 当 12 \leqslant S_T < 13$$
$$g(S_T) = g_8 \quad 当 13 \leqslant S_T < 14$$

g_1 的取值可以由期限为3个月，执行价格为6.5美元的隐含波动率进行插值计算求得，计算结果为29.5%，这意味着执行价格为6美元、6.5美元和7美元的隐含波动率分别为30%、29.5%和29%。由软件DerivaGem可以得出对应的价格分别为4.045美元、3.549美元和3.055美元。利用式（20A-2），$K=6.5$ 和 $\delta=0.5$，得出

$$g_1 = \frac{e^{0.03\times0.25}(4.045 + 3.055 - 2 \times 3.549)}{0.5^2} = 0.0057$$

进行类似计算，可以得出

$$g_2 = 0.0444, \quad g_3 = 0.1545, \quad g_4 = 0.2781$$
$$g_5 = 0.2813, \quad g_6 = 0.1659, \quad g_7 = 0.0573, g_8 = 0.0113$$

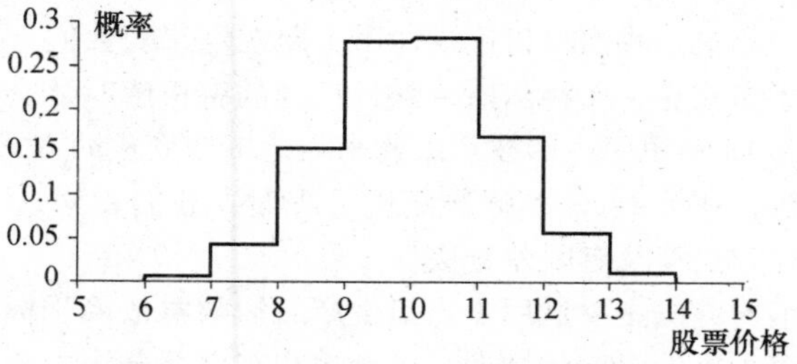

图20A-2 例20A-1中的隐含波动率

图20A-2展示了隐含概率分布（注意，在概率分布下的区域面积为0.9985，因此 $S_T<6$ 或 $S_T>14$ 的区域面积为0.0015）。虽然图从20A-2中看来并不是很明显，隐含波动率的左端比对数正态分布的左端确实要肥大，右端比对数正态分布的右端要瘦小。对于基于单一波动率为26%的对数正态分布而言，股票价格介于6美元和7美元之间的概率为0.0031（在图20A-2中为0.0057）；股票价格介于13美元和14美元的概率为0.0167（在图20A-2中为0.0113）。

CHAPTER21

第21章 基本数值方法

在这一章里，我们将讨论3种用于期权定价的数值方法，这些方法一般是在没有类似于布莱克-斯科尔斯-默顿这样的解析解时才会被采用。第1种方法涉及构造在第13章里引入的树形结构来表达资产变化的方式；第2种方法是蒙特卡罗模拟方法，在第14章里解释随机过程时，我们曾对这一方法进行过简要的讨论；第3种方法涉及有限差分法。

蒙特卡罗方法主要适用于当衍生产品的收益依赖于标的资产的历史价格，或者依赖于多个标的资产的情形；树形法和有限差分法主要适用于期权持有者可以提前行使的美式期权，或者当持有者需要在到期日之前做出某种决定的衍生产品。除了对产品定价，本章所讨论的数值方法也都可以用来计算 Delta、Gamma、Vega 等希腊值。

这里所讨论的基本数值方法可用来处理我们在实际中遇到的大多数问题，但有时需要将这些方法进行改进后才能用来解决一些特殊的问题。在第27章里我们将讨论这一点。

21.1 二叉树

我们在第13章中引进了二叉树方法，这一方法既可以用于对欧式期权定价，也可用于对美式期权定价。在第15章、第17章和第18章中给出的布莱克-斯科尔斯-默顿模型及其推广形式为欧式期权提供了解析定价公式，[一]但美式期权价格的解析公式却不存在。二叉树最有用的地方正是对美式期权定价。[二]

如第13章所述，在二叉树方法中，我们首先将期权的期限分成许多长度为

㊀ 布莱克-斯科尔斯-默顿公式是基于与二叉树相同的假设下。正如在第13章附录里所示，当步数逐渐增大时，由二叉树给出的欧式期权价格收敛于由布莱克-斯科尔斯-默顿给出的价格。

㊁ 有人提出了求解美式期权的近似解析公式，网页 www. rotman. utoronto. ca/ ~ hull/Technical-Notes 里的 Technical Note 8描述了一种二阶近似法。

Δt 的很小时间区间。我们假定在每一个时间区间里股票价格从开始的价格 S 变为两个新价格 Su与 Sd 中的一个。这一模型如图 21-1 所示。一般来讲，$u>1$，$d<1$。因此，我们称 S 到 Su 的变化为价格上涨，S 到 Sd 的变化为价格下跌。价格上涨的概率记为 p，价格下跌的概率为 $1-p$。

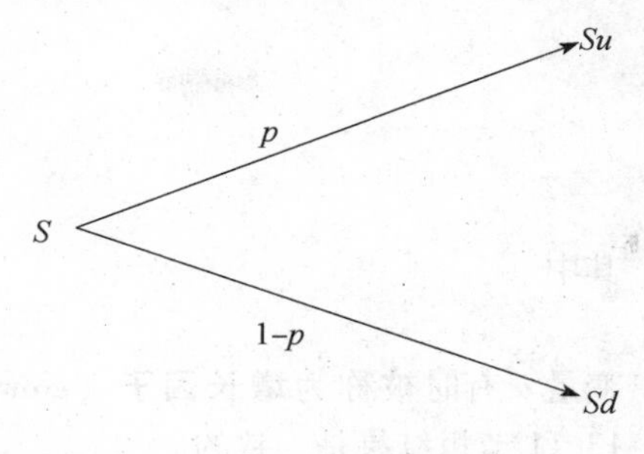

图 21-1　在二叉树模型中，在时间 Δt 后资产价格的变化

21.1.1　风险中性定价

在第 13 章与第 15 章中讨论的风险中性定价原理说明，对期权（或其他衍生产品）定价时，我们可以假定世界是风险中性的。这意味着为了定价的目的，我们可以采用以下过程：

（1）假定所有交易证券的收益率期望均为无风险利率。

（2）计算衍生产品收益的期望值，并以无风险利率对其贴现来对衍生产品定价。

以上描述的过程是采取树形定价的基础。

21.1.2　确定 p，u和 d

参数 p，u 和 d 的选择必须保证股票价格在时间 Δt 内变化的均值与方差都给出正确的值。由于我们假定了风险中性世界，股票的收益率期望为无风险利率 r，如果资产提供收益率 q 的收入，那么资本增值部分的收益率期望必须是 $r-q$。这意味在一个时间区间 Δt 末，资产价格的期望值为 $Se^{(r-q)\Delta t}$，其中 S 为资产在时间区间开始时的价格。为了保证二叉树与回报均值相吻合，我们有

$$Se^{(r-q)\Delta t}=pSu+(1-p)Sd$$

即

$$e^{(r-q)\Delta t}=pu+(1-p)d \tag{21-1}$$

一个变量 Q 的方差等于 $E[Q^2]-[E(Q)]^2$。将资产价格在 Δt 时间内的变化百分比记为 R，则 $1+R$ 等于 u 的概率为 p，等于 d 的概率为 $1-p$。从式（21-1）可知，$1+R$ 的方差为

$$pu^2+(1-p)d^2-e^{2(r-q)\Delta t}$$

因为任何一个变量加上一个常数并不改变该变量的方差，$1+R$ 的方差与 R 的方差是一样的。如 15.4 节所述，这个值等于 $\sigma^2\Delta t$，因此

$$pu^2+(1-p)d^2-e^{2(r-q)\Delta t}=\sigma^2\Delta t$$

由式（21-1）可知，$e^{(r-q)\Delta t}(u+d)=pu^2+(1-p)d^2+ud$，因此

$$e^{(r-q)\Delta t}(u+d)-ud-e^{2(r-q)\Delta t}=\sigma^2\Delta t \tag{21-2}$$

式（21-1）及式（21-2）给出了决定 p，u 和 d 的两个条件。Cox、Ross 和 Rubinstein（CRR）选取的第三个条件为[⊖]

$$u=\frac{1}{d} \tag{21-3}$$

⊖ 见 J. C. Cox，S. A. Ross and M. Rubinstein，“Option Pricing：A Simplified Approach，” *Journal of Financial Economics*，7(October 1979)，229-63。

当忽略 Δt 的高阶项时，式（21-1）至式（21-3）的解为[⊖]

$$p = \frac{a-d}{u-d} \tag{21-4}$$

$$u = e^{\sigma\sqrt{\Delta t}} \tag{21-5}$$

$$d = e^{-\sigma\sqrt{\Delta t}} \tag{21-6}$$

其中

$$a = e^{(r-q)\Delta t} \tag{21-7}$$

变量 a 有时被称为**增长因子**（growth factor）。注意，式（21-4）~式（21-7）与 13.8 节和 13.11 节里结果是一致的。

21.1.3 资产价格的树形

图 21-2 展示了资产价格 4 步树形的完整结构。在时间 0，价格 S_0 为已知；在时刻 Δt，价格有两种可能的值：S_0u，S_0d；在时刻 $2\Delta t$，价格有 3 种可能的值：S_0u^2，S_0，S_0d^2；依此类推。在一般情形下，在时刻 $i\Delta t$，价格有 $i+1$ 种可能取值，它们是

$$S_0u^jd^{i-j}, j = 0,1,\cdots,i$$

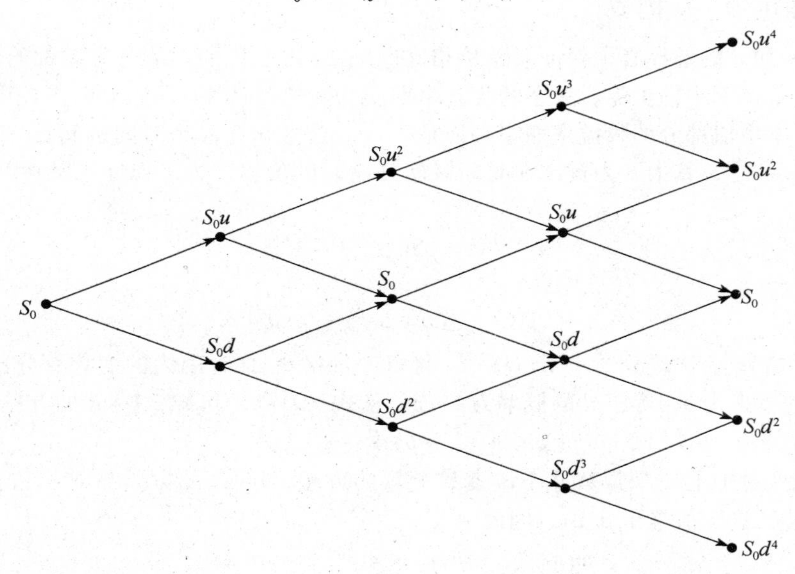

图 21-2 用于期权定价的树形

注意在图 21-2 中，在计算节点上资产价格时我们采用了关系式 $u=1/d$。例如，当 $j=2$ 和 $i=3$ 时，资产价格为 $S_0u^2d=S_0u$。还应注意，树中节点是重合的（recombine），也就是说资产价格先上涨后下跌与先下跌再上涨所得出的值是一样的。

⊖ 为了说明这一点，我们注意式（21-4）和式（21-7）严格满足式（21-1）和式（21-3）中的条件。指数函数 e^x 可以展开为 $1+x+x^2/2+\cdots$ 当我们忽略 Δt 的高阶项时，式（21-5）意味着 $u=1+\sigma\sqrt{\Delta t}+\frac{1}{2}\sigma^2\Delta t$，式（21-6）意味着 $d=1-\sigma\sqrt{\Delta t}+\frac{1}{2}\sigma^2\Delta t$，再有 $e^{(r-q)\Delta t}=1+(r-q)\Delta t$ 和 $e^{2(r-q)\Delta t}=1+2(r-q)\Delta t$。将这些表达式代入后，我们可以看到当忽略 Δt 的高阶项后，式（21-2）成立。

21.1.4 通过树形倒推计算

通过在时间 T(即树的末端)的期权价格由**反向归纳**(backwards induction)的方式可以对期权定价。期权在时刻 T 的价值是已知的，例如，看跌期权的价值为 $\max(K-S_T, 0)$，而看涨期权的价格为 $\max(S_T-K, 0)$，其中 S_T 为股票在时刻 T 的价格，K 为执行价格。因为我们假定世界为风险中性，在 $T-\Delta t$ 时刻，每一个节点上的期权价值等于将 T 时刻期权价值的期望值以无风险利率 r 进行贴现。类似地，在 $T-2\Delta t$ 时刻，每一个节点上的期权价值可以将 $T-\Delta t$ 时刻期权价值的期望值以无风险利率进行贴现来求得，并依此类推。如果期权为美式，在二叉树的每个节点上我们需要检验在这一节点行使期权是否比在下一个时间区间后持有期权更有利。以倒推的形式，我们可以最后得出期权在0时刻的价格。

例 21-1

考虑一个无股息股票上5个月期限的美式看跌期权，股票的当前价格为50美元，执行价格为50美元，无风险利率为每年10%，波动率为每年40%。采用我们常用的符号，这意味着 $S_0=50$，$K=50$，$r=0.10$，$\sigma=0.40$，$T=0.4167$ 和 $q=0$。假如在构造二叉树时，我们将期权期限分为5个时间段，每段为1个月(=0.0833年)。利用式(21-4)~式(21-7)得出

$$u=e^{\sigma\sqrt{\Delta t}}=1.1224, \quad d=e^{-\sigma\sqrt{\Delta t}}=0.8909, \quad a=e^{r\Delta t}=1.0084$$

$$p=\frac{a-d}{u-d}=0.5073, \quad 1-p=0.4927$$

图21-3展示了由DerivaGem产生的二叉树。在每一个节点上有两个数值，上面的数值表示该节点所对应的股票价格，下面的数值代表节点所对应的期权价值。股价上涨的概率总是等于0.5073，股价下跌的概率总是等于0.4927。

在 $i\Delta t$ 时刻($i=0, 1, \cdots, 5$)，股票在第 j 个节点($j=0, 1, \cdots, i$)上的价格为 $S_0u^jd^{i-j}$。例如，股票在节点A($i=4$, $j=1$)(即树的第4步从下面数起第2个节点)上的价格为 $50\times1.1224\times0.8909^3=39.69$ 美元。在最后面节点上，期权价格为 $\max(K-S_T, 0)$。例如，期权在节点G上的价格为 $50-35.36=14.64$ 美元。期权在倒数第二步上的价格可由最后节点上的价格计算得出。首先我们假定在节点上不行使期权，这意味着期权价格等于在下一步节点上价格期望值的贴现值。例如，在节点E上，期权价格的计算式为

$$(0.5073\times0+0.4927\times5.45)e^{-0.10\times0.0833}=2.66$$

而在节点A上，期权价格的计算式为

$$(0.5073\times5.45+0.4927\times14.64)e^{-0.10\times0.0833}=9.90$$

然后我们检验提前行使期权是否比持有期权更为有利。在节点E上，提前行使期权带来的收益为0，是因为股价与执行价格均为50美元，很显然我们应该等待，即持有期权，因此在节点E的期权价格为2.66美元。在节点A上，情形会有所不同。如在该节点行使期权，价值为50-39.69即10.31美元，这一价值大于9.90美元。如果股票价格到达节点A，期权应该被行使，因此A点的期权价值为10.31美元。

前面节点上的期权价值可以采用类似的方式来计算。注意，当期权处于实值状态时，提前行使并不总是最佳的。考虑节点B，如果期权被行使，其价值为 $50-39.69=10.31$ 美元。但是，如果期权没有被提前执行，其价值则为

$$(0.5073\times6.38+0.4927\times14.64)e^{-0.10\times0.0833}=10.36$$

因此，期权在这一节点不应该被行使。该节点上期权的正确价格为10.36美元。

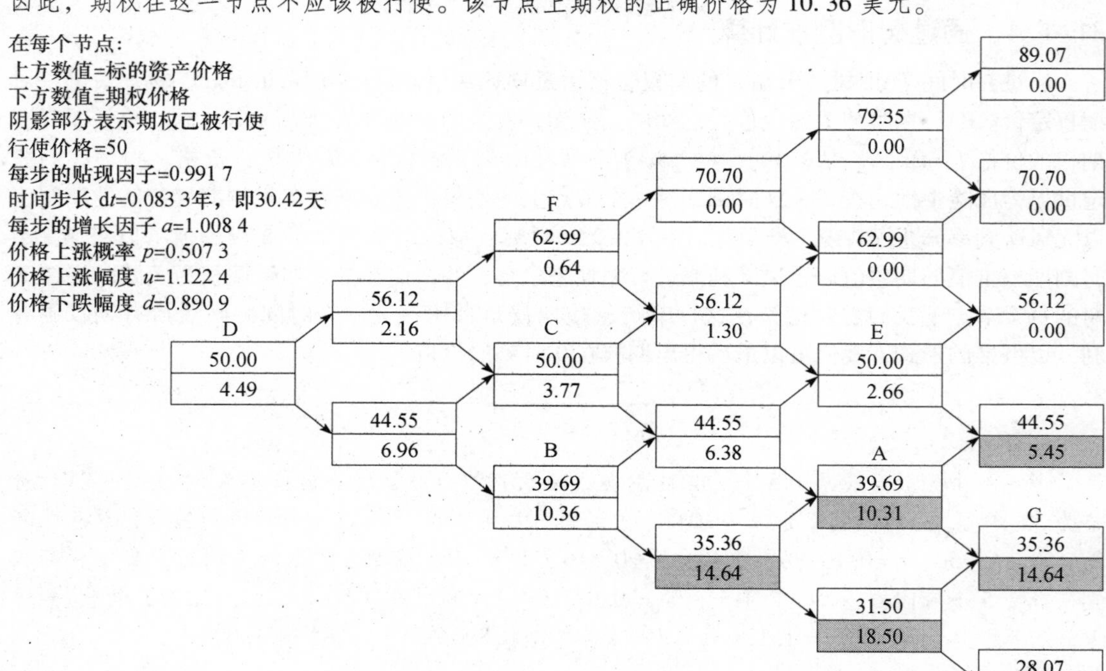

图21-3 由DerivaGem生成的无股息股票看跌期权的二叉树

从树的最后向前倒推，我们得出在初始节点上期权的价格为4.49美元。这一数量是对期权当前价格的估计。在实际中，我们应采用更小的时间步长Δt和更多的节点。DerivaGem显示30步、50步、100步和500步二叉树所得的期权价格分别为4.263美元、4.272美元、4.278美元和4.283美元。

21.1.5 代数表达式

假定将一个美式期权的期限分成N个长度为Δt的时间区间。我们称在时间$i\Delta t$的第j个节点为(i, j)节点，其中$0\leqslant i\leqslant N$，$0\leqslant j\leqslant i$。这意味着在时间$i\Delta t$，树形上最低的节点为$(i, 0)$，次低的节点为$(i, 1)$，并依此类推。令$f_{i,j}$为期权在(i, j)节点上的值，标的资产在(i, j)节点上的价格为$S_0u^jd^{i-j}$。如果期权是看涨期权，它在时间T(到期日)的值为$\max(S_T-K, 0)$，因此

$$f_{N,j} = \max(S_0u^jd^{N-j} - K, 0), \quad j = 0, 1, \cdots, N$$

如果期权是看跌期权，它在时间T的值为$\max(K-S_T, 0)$，因此

$$f_{N,j} = \max(K - S_0u^jd^{N-j}, 0), \quad j = 0, 1, \cdots, N$$

在$i\Delta t$时，从(i, j)节点移动到在$(i+1)\Delta t$时刻$(i+1, j+1)$节点的概率为p；在$i\Delta t$时刻从(i, j)节点移动到$(i+1)\Delta t$时刻$(i+1, j)$节点的概率为$1-p$。假定期权没有被提前行使，由风险中性定价原理可以得出，对$0\leqslant i\leqslant N-1$和$0\leqslant j\leqslant i$

$$f_{i,j} = e^{-r\Delta t}[pf_{i+1,j+1} + (1-p)f_{i+1,j}]$$

当考虑提前行使期权时，式中的$f_{i,j}$必须同期权的内涵价值进行比较，因此对于看涨期权

$$f_{i,j} = \max\{S_0u^jd^{i-j} - K, e^{-r\Delta t}[pf_{i+1,j+1} + (1-p)f_{i+1,j}]\}$$

对于看跌期权

$$f_{i,j} = \max\{K - S_0u^jd^{i-j}, e^{-r\Delta t}[pf_{i+1,j+1} + (1-p)f_{i+1,j}]\}$$

注意，由于定价计算从T时刻开始并以倒推形式进行，所以在$i\Delta t$时刻的期权价值不仅反映了在$i\Delta t$时刻提前行使期权可能性对于期权价值的影响，而且也反映了在将来提前行使期权对于期权价值的影响。

当Δt趋向于0时，我们可以得到美式期权的精确价值。在实际中，$N=30$的树形结构通常会给出一个合理的价格。图21-4显示了例21-1中期权价格的收敛性，这一图形是由DerivaGem软件（见例A）的应用工具计算得出的。

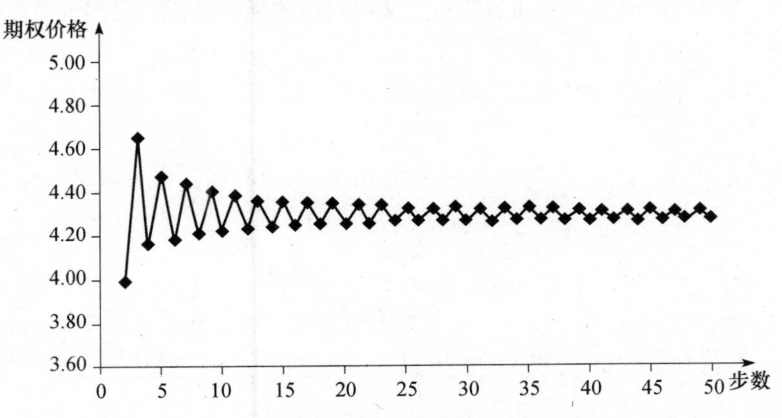

图21-4 由DerivaGem软件计算的例21-1中期权价格的收敛性

21.1.6 估计Delta与其他希腊值

根据前面的定义，期权的Delta（Δ）为期权价格变化与标的股票价格变化的比率，即

$$\frac{\Delta f}{\Delta S}$$

其中ΔS为股票价格的微小变化，Δf为相应期权价格的微小变化。在Δt时刻，当股票价格为S_0u时，期权价格估计值为$f_{1,1}$；当股票价格为S_0d时，期权价格的估计值为$f_{1,0}$。这说明当$\Delta S = S_0u - S_0d$时，$\Delta f = f_{1,1} - f_{1,0}$，因此在$\Delta t$的$\Delta$近似值为

$$\Delta = \frac{f_{1,1} - f_{1,0}}{S_0u - S_0d} \tag{21-8}$$

为了确定Gamma（Γ），我们注意在$2\Delta t$时刻有两个Δ的估计。当股票价格为$(S_0u^2 + S_0)/2$时（$2\Delta t$时刻的第2个与第3个节点的中间值），Δ为$(f_{2,2} - f_{2,1})/(S_0u^2 - S_0)$；当股票价格为$(S_0 + S_0d^2)/2$时（$2\Delta t$时刻的第1个与第2个节点的中间值），$\Delta$为$(f_{2,1} - f_{2,0})/(S_0 - S_0d^2)$。两个股票价格的差为$h$，其中

$$h = 0.5(S_0u^2 - S_0d^2)$$

Gamma等于Delta的变化除以h，即

$$\Gamma = \frac{[(f_{2,2} - f_{2,1})/(S_0u^2 - S_0)] - [(f_{2,1} - f_{2,0})/(S_0 - S_0d^2)]}{h} \tag{21-9}$$

这些计算给出了在 Δt 时刻的 Delta 估计值和 $2\Delta t$ 时刻的 Gamma 估计值。在实际中，这些估计值也被用来作为在 0 时刻的 Delta 和 Gamma 估计值。[⊖]

从二叉树中可以进一步直接估计的对冲参数为 Theta(Θ)，这一参数代表在其他条件不变时期权价格变化与时间变化的比率。期权在时刻 0 的价值是 $f_{0,0}$，时刻 $2\Delta t$ 的价值是 $f_{2,1}$。Theta 的一个估计值为

$$\Theta = \frac{f_{2,1} - f_{0,0}}{2\Delta t} \tag{21-10}$$

Vega 的计算可以从对波动率做一微小变化而得出。当 σ 的变动量为 $\Delta\sigma$ 时，我们可以重新构造二叉树（Δt 应该不变），并对期权重新定价。Vega 的估计值为

$$\upsilon = \frac{f^* - f}{\Delta\sigma}$$

其中 f 及 f^* 分别为由最初的二叉树和重建的二叉树得出的期权价值。我们也可以采用类似的方法来计算 Rho。

例 21-2

再一次考虑例 21-1，由图 21-3 得出 $f_{1,0} = 6.96$ 和 $f_{1,1} = 2.16$。式（21-8）给出的 Delta 估计值为

$$\frac{2.16 - 6.96}{56.12 - 44.55} = -0.41$$

利用式（21-9），我们可以由在节点 B，C 及 F 上的期权价值来估计期权的 Gamma

$$\frac{[(0.64 - 3.77)/(62.99 - 50.00)] - [(3.77 - 10.36)/(50.00 - 39.69)]}{11.65} = 0.03$$

利用式（21-10），可以由在节点 D 及 C 上的期权价值来估计期权的 Theta。结果为每年

$$\frac{3.77 - 4.49}{0.1667} = -4.3$$

即每日历天为 -0.012。当然，这些结果只是粗略的估计。当采用的步数增加时，这些估计值会越来越精确。当步数取成 50 时，DerivaGem 给出的 Delta、Gamma 和 Theta 值分别为 -0.415、0.034 及 -0.0117。改变参数并重新计算期权价格，我们可以得出 Vega 和 Rho 的估计，其值分别为 0.123 和 -0.072。

21.2 利用二叉树对股指、货币与期货合约上的期权定价

像在第 13 章、第 17 章和第 18 章解释过的那样，当对股指、货币和期货上的期权定价时，我们可以将这些标的资产看成是提供已知收益率的资产。对于股指，收益率等于股指中股票组合的股息收益率；对于货币，收益率等于外币无风险利率；对于期货合约，收益率等于本国无风险利率。因此只要适当地选择式（21-7）中的 q 值，我们可以将二叉树用于对股指、货币和期货上的期权定价。

⊖ 如果我们要计算更精确的 Delta 及 Gamma，我们可以建立在 $-2\Delta t$ 开始的二叉树，并假定在那一刻股票价格为 S_0。对应于 0 时刻，我们也因此会得出 3 个对应于不同股价的期权价格。

例 21-3

考虑一个股指期货上4个月期的美式看涨期权，当前期货的价格为300，执行价格为300，无风险利率为每年8%，股指波动率为每年30%。为了构造二叉树，我们将期权期限分成4个长度为1个月的时间段。这时，$F_0=300$，$K=300$，$r=0.08$，$\sigma=0.3$，$T=0.333\,3$ 和 $\Delta t=0.083\,3$。因为可以将期货价格当成一个支付连续股息收益率 r 的股票，在式（21-7）中应当将 q 取成 r，因此 $a=1$。其他构造二叉树的参数为

$$u=e^{\sigma\sqrt{\Delta t}}=1.090\,5,\quad d=\frac{1}{u}=0.917\,0$$

$$p=\frac{a-d}{u-d}=0.478\,4,\quad 1-p=0.521\,6$$

利用 DerivaGem，可以产生如图21-5所示的二叉树（其中节点上面的数值为期货价格，下面的数值为期权价格），期权的估计值为19.16。当取更多的步数时，我们可以得到更高的精度。例如，当采用50步二叉树时，DerivaGem 得出的期权价格为20.18；当采用100步二叉树时，DerivaGem 得出的期权价格为20.22。

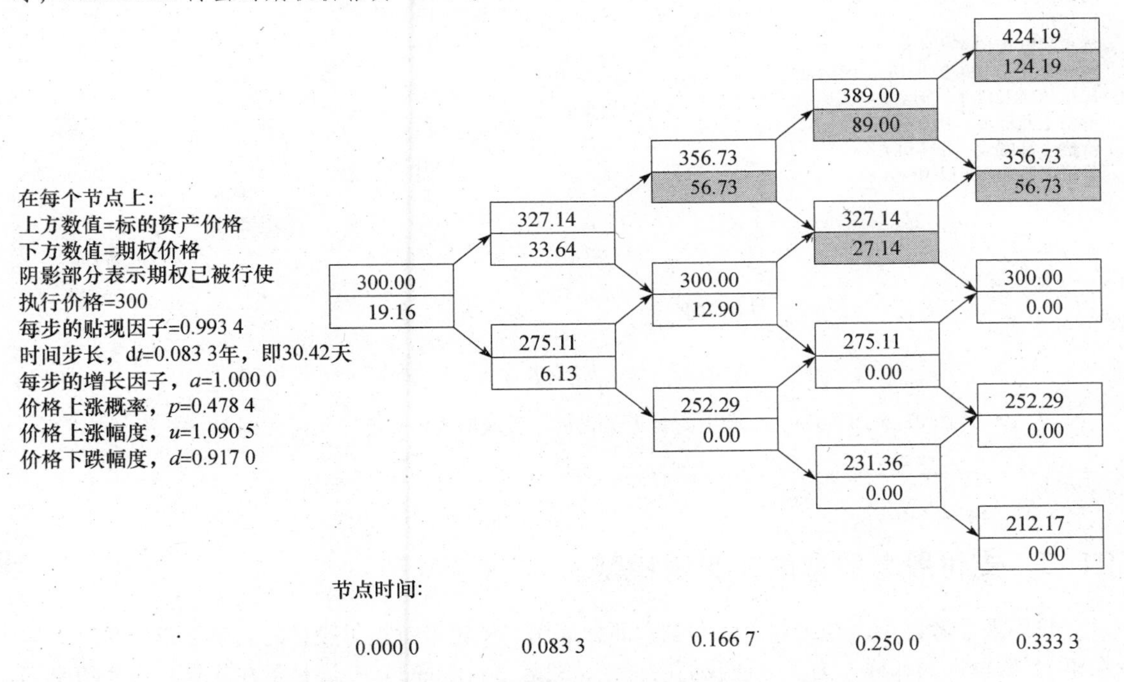

图 21-5　DerivaGem 产生的对于美式股指期货期权定价的二叉树（例21-3）

例 21-4

考虑英镑（GBP）上的1年期美式看跌期权。当前汇率为1.610 0，执行价格为1.600 0，美元无风险利率为每年8%，英镑利率为每年9%，英镑汇率的波动率为每年12%。在这里 $S_0=1.61$，$K=1.60$，$r=0.08$，$r_f=0.09$，$\sigma=0.12$ 和 $T=1.0$。为了构造二叉树，我们将期权期限分成4个长度为3个月的时间段，因此 $\Delta t=0.25$。这时 $q=r_f$，由式（21-7）得出

$$a=e^{(0.08-0.09)\times 0.25}=0.997\,5$$

构造二叉树所用的其他参数为

$$u = e^{\sigma\sqrt{\Delta t}} = 1.0618, \quad d = \frac{1}{u} = 0.9418$$

$$p = \frac{a-d}{u-d} = 0.4642, \quad 1-p = 0.5358$$

用 DerivaGem 产生的二叉树展示在图21-6中（节点上面的值代表汇率，下面的值代表期权价值）。期权的估计值为 0.0710 美元（采用 50 步二叉树，DerivaGem 计算的期权价格为 0.0738；采用 100 步二叉树，DerivaGem 计算的期权价格也是 0.0738）。

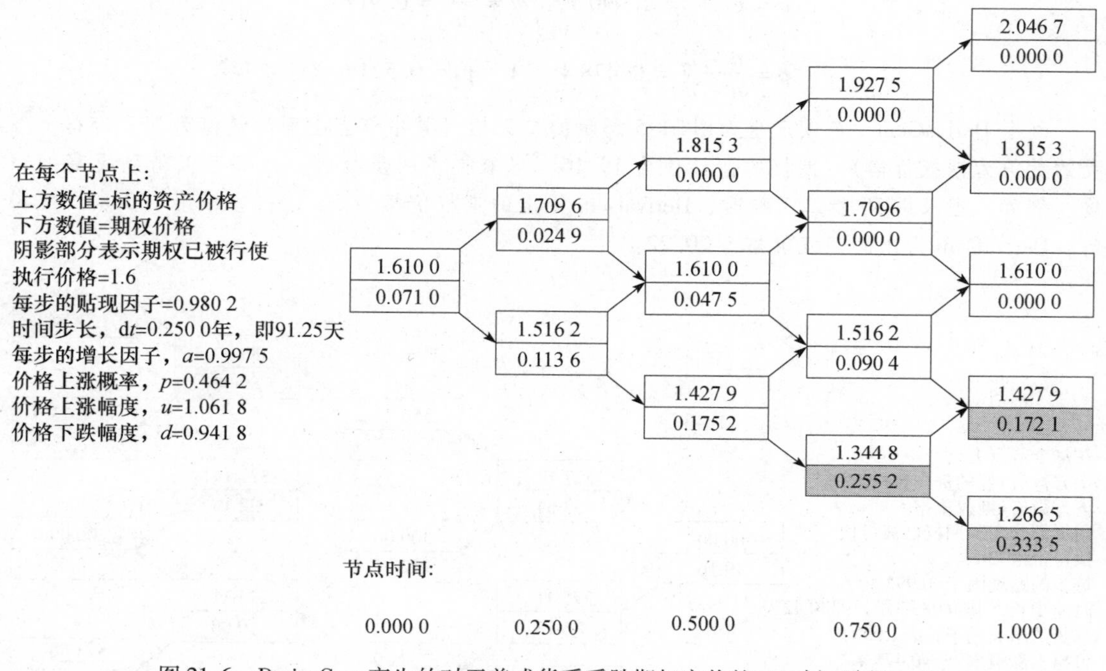

图 21-6 DerivaGem 产生的对于美式货币看跌期权定价的二叉树（例 21-4）

21.3 支付股息股票的二叉树模型

我们现在考虑一个较为棘手的问题，即如何用二叉树来对支付股息的股票期权定价。如同在第 15 章指出的那样，为了方便我们的讨论，**股息**（dividend）一词是指在除息日由于股息而导致股票价格下跌的数量。

21.3.1 股息收益率是已知的情形

在考虑长期限股票期权时，有时为了方便而假定股票支付连续收益率为 q 的股息。对这种期权，可以采用和对股指期权同样的方法来定价。

为了取得更精确的结果，我们可以假设股息是以离散形式支付的。假定股票只付一次股息，而且股息收益率（即股息为股票价格的百分比）是已知的。参数 u、d 和 p 与没有股息情形下一样。如果 $i\Delta t$ 在除息日之前的时间，二叉树上对应这个时间的节点上股票

价格为

$$S_0u^jd^{i-j},\quad j=0,1,\cdots,i$$

如果 $i\Delta t$ 在除息日之后，那么相应节点上的股票价格为

$$S_0(1-\delta)u^jd^{i-j},\quad j=0,1,\cdots,i$$

其中 δ 为股息收益率。树形如图 21-7 所示。对于期权有效期内有多个已知股息收益率的情形，我们可以采用同样的办法来处理。如果 δ_i 为 0 时刻到 $i\Delta t$ 时刻之间所有除息日的总股息收益率，则 $i\Delta t$ 时刻节点上的股票价格为

$$S_0(1-\delta_i)u^jd^{i-j}$$

21.3.2 已知股息金额数量的情形

在某些情形下，尤其是当期权的期限很短时，最符合现实的做法是假设已知支付的股息金额数量而不是股息收益率。假设股票波动率 σ 为常数，这时二叉树的形状会如图 21-8 显示的那样。二叉树将不再会重合，这意味着所要估算的节点数量将会变得很大。假设只有一次股息，而且除息日 τ 是介于 $k\Delta t$ 与 $(k+1)\Delta t$ 之间，股息金额数量为 D。当 $i\leqslant k$ 时，在 $i\Delta t$ 时刻节点上的股票价格为

$$S_0u^jd^{i-j},\quad j=0,1,2,\cdots,i$$

这与以前所述的股价相同。当 $i=k+1$ 时，相应节点上的股票价格为

$$S_0u^jd^{i-j}-D,\quad j=0,1,2,\cdots,i$$

当 $i=k+2$ 时，相应节点上的股票价格为

$$(S_0u^jd^{i-1-j}-D)u\quad 及\quad (S_0u^jd^{i-1-j}-D)d$$

其中 $j=0,1,2,\cdots,i-1$。因此，在 $i\Delta t$ 时刻总共有 $2i$ 个，而不是 $i+1$ 个节点。当 $i=k+m$ 时，在 $i\Delta t$ 时刻总共有 $m(k+2)$ 个节点，而不是 $k+m+1$ 个节点。如果在期权期限内有多个除息日的话，那么节点数量会增长得更快。

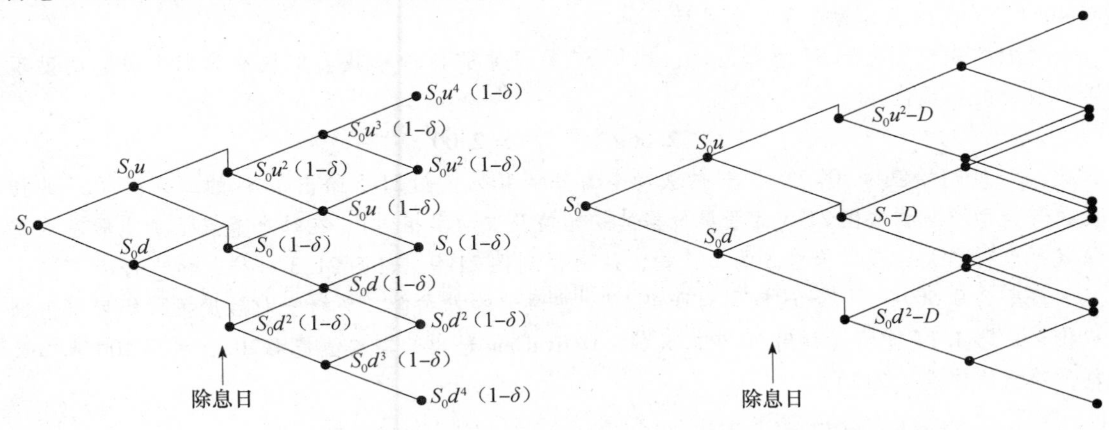

图 21-7　在指定时刻支付已知股息收益率的股票二叉树

图 21-8　已知股息金额数量并且假设波动率为常数的股票二叉树

第 15.12 节说明了在对支付股息的股票上的期权进行定价时，可以假定股票价格含有两个组成部分：一部分为不确定，另一部分为期权在期限内股息的贴现值。我们还给出了从业者认为这样假设合理的几个原因。显然，美式期权的定价方法应该完全与欧式期权的定价等同（否则，不应该被提前行使的美式期权的价格不会与欧式期权价格相等）。因此在实践中对支付已

知股息的股票上美式期权定价时使用的就是15.12节里所描述的方法，这样做可以解决图21-8所示的节点泛滥问题。

假定在期权期限内只有一个除息日 τ，并且 $k\Delta t \leqslant \tau \leqslant (k+1)\Delta t$。在 $i\Delta t$ 时刻，股票的不确定部分价格 S^* 为

$$S^* = S, 当\ i\Delta t > \tau$$

及

$$S^* = S - De^{-r(\tau - i\Delta t)}, 当\ i\Delta t \leqslant \tau$$

其中 D 为股息。令 σ^* 为 S^* 的波动率，并假设为常数。[㊀]参数 p、u 和 d 可由式（21-4）~式（21-7）来计算（用 σ^* 替代 σ）。这样我们可以采取通常的方式来构造模拟 S^* 的二叉树。在每个节点上把将来股息（如果有的话）的贴现值加回到股票价格上，我们可以将二叉树转化成模拟原股票价格 S 的二叉树。假定 S_0^* 为 S^* 在时刻0的价格，在 $i\Delta t$ 时刻，如 $i\Delta t < \tau$，股票价格为

$$S^* u^j d^{i-j} + De^{-r(\tau - i\Delta t)}, \quad j = 0, 1, \cdots, i$$

如 $i\Delta t > \tau$，股票价格为

$$S^* u^j d^{i-j}, \quad j = 0, 1, \cdots, i$$

这种方法的优点是与15.12节欧式期权定价方法一致，而且该方法成功地将二叉树变成了重合状态，即在 $i\Delta t$ 时刻只有 $i+1$ 个节点。我们可以把这种方法推广存在多个股息的情形。[㊁]

例21-5

考虑某股票上1个期限为5个月的看跌期权，预计在期权有效期内股票将支付2.06美元的股息。股票初始价格为52美元，执行价格为50美元，无风险利率为每年10%，波动率为每年40%，股票除息日为在3个半月后。

我们首先构造关于 S^* 的二叉树，这里 S^* 等于原股票价格减去期权有效期内股息的贴现值。股息的贴现值为

$$2.06e^{-0.2917 \times 0.1} = 2.00$$

因此，S^* 的初始值为50。假定 S^* 的波动率为每年40%。图21-3给出了 S^* 的二叉树（S^* 的初始值与波动率与构成图21-3的股票价格的初始值及波动率相同）。在每个节点上加上股息的现值就可以得出关于股票价格 S 的二叉树，从而得到图21-9。与图21-3一样，树上每个节点上涨的概率为0.5073，下跌的概率为0.4927。按通常的方式在二叉树上向后反推，即可得出期权价格，即4.44美元（利用50步二叉树，DerivaGem给出的期权值是4.202；利用100步二叉树，给出的值是4.212）。

㊀ 如15.12节所示，σ^* 会稍微小于股票 S 波动率 σ。在实践中，从业人员使用隐含波动率结构，从而对 σ^* 和 σ 进行区分也就变得没有必要。

㊁ 对于存在多次股息的长期限期权，我们会不太容易预测这些股息，而且股息贴现值成了 S_0 的一个重要部分。这时进行已知股息收率的假设比较合适。

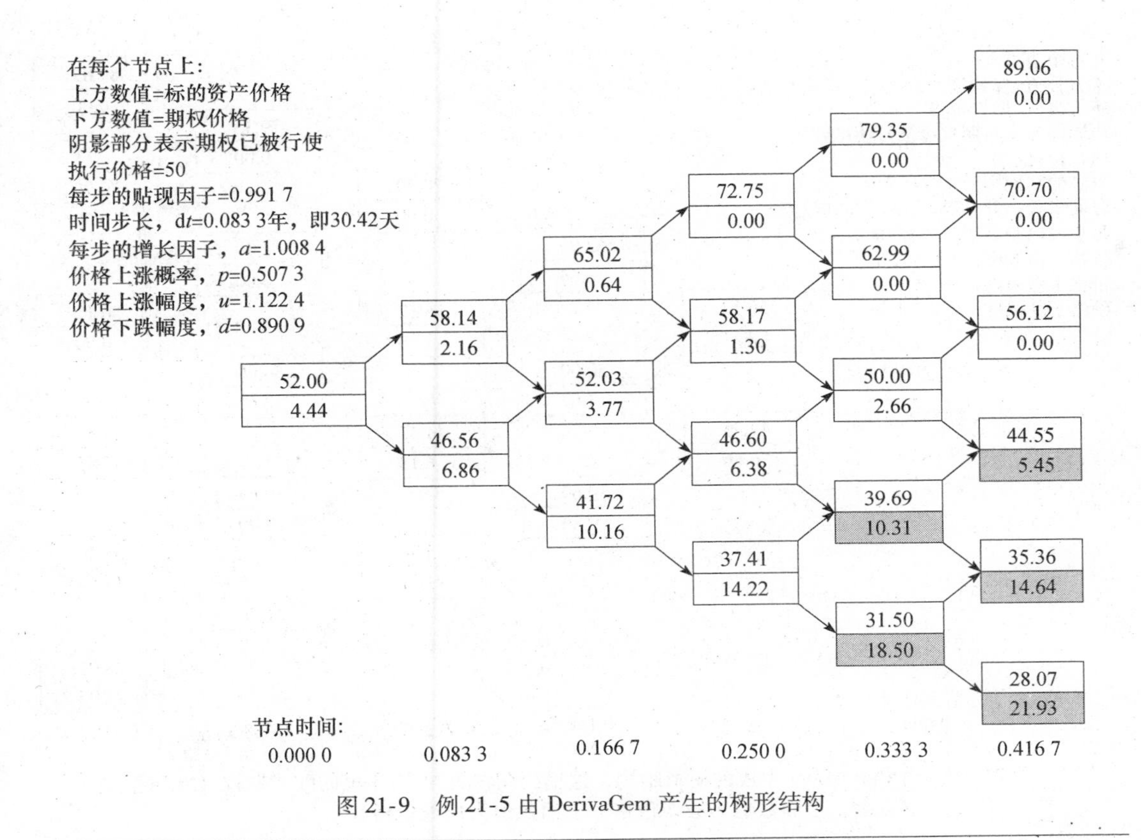

图 21-9　例 21-5 由 DerivaGem 产生的树形结构

21.3.3　控制变量技巧

对美式期权定价时，我们可以采用**控制变量技巧**（control variate technique）方法来提高计算精度，[⊖]这一方法用同一个树形来计算美式期权价值 f_A，以及相应的欧式期权价格 f_E。我们同时也采用布莱克－斯科尔斯－默顿模型来计算欧式期权价格 f_{BSM}。假设由树形得出的欧式期权误差 $f_{BSM}-f_E$ 与树形得出的美式期权误差是相同的，因此，美式期权的估计值为

$$f_A+f_{BSM}-f_E$$

为了说明这一方法，我们利用图 21-10 来对图 21-3 中的例子定价。计算求得的 f_E 为 4.32 美元。由布莱克－斯科尔斯－默顿公式计算出的欧式期权 f_{BSM} 价格为 4.08 美元，图 21-3 给出的美式期权估计值为 4.49 美元，因此由控制变量技巧所估计的美式期权价格为

$$4.49+(4.08-4.32)=4.25$$

采用 100 步的二叉树可以得出美式期权一个比较精确的估计值为 4.278。因此在这一例子中，控制变量技巧所得结果的精确度确实比二叉树（估计值为 4.49）有了显著的提高。

控制变量技巧实际上是采用树形来计算欧式与美式期权的差值，而非美式期权本身的价格。我们在本章后面讨论蒙特卡罗法时将给出控制变量技巧的另一个应用。

⊖ 见 J. C. Hull and A. White，"The Use of the Control Variate Technique in Opion Pricing"，*Journal of Financial and Quantitative Analysis* 23(September 1988)：237-251。

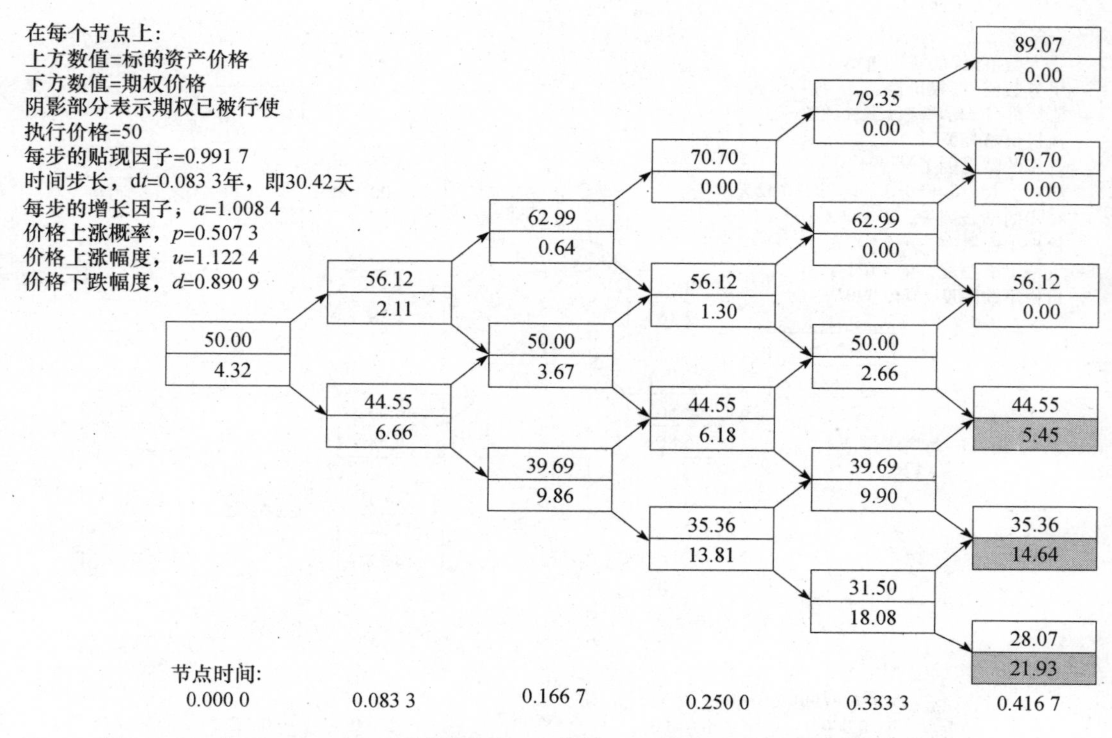

图 21-10 由 DerivaGem 生成的树形结构，这里的期权为图 21-3 里的欧式期权（在每个节点上，上面数值为股票价格，下面数值为期权价格）

21.4 构造树形的其他方法

Cox、Ross 和 Rubinstein(CRR) 方法并不是构造二叉树的唯一方法。在风险中性世界里，变量 $\ln S$ 在时间 Δt 内的变化的均值为 $(r-q-\sigma^2/2)\Delta t$，标准差为 $\sigma\sqrt{t}$。这些均值与标准差可通过令 $p=0.5$ 和

$$u = e^{(r-\sigma^2/2)\Delta t+\sigma\sqrt{\Delta t}}, d = e^{(r-\sigma^2/2)\Delta t-\sigma\sqrt{\Delta t}}$$

得到吻合。这种构造树形的方法与 Cox、Ross 和 Rubinstein(CRR) 的方法相比具有许多的优点：无论 σ 取什么值或步长是多少，树上的概率总是 $p=0.5$。[⊖]缺点是通过这种树形难以计算 Delta、Gamma、Rho 等希腊值，这是因为最初的股票价格不再是树形的中心。

例 21-6

某一汇率上 9 个月期限的美式期权执行价格为 0.795 0。当前的汇率为 0.790 0，国内无风险利率为每年 6%，外国无风险利率为每年 10%，汇率的波动率为 4%，这时 $S_0=0.79$，$K=0.795$，$r=0.06$，$r_f=0.10$，$\sigma=0.04$ 与 $T=0.75$。我们取 $\Delta t=0.25$（3 步），而且树上每个分支的概率为 0.5，因此

⊖ 当时间步骤很大，并使得 $\sigma<|(r-q)\sqrt{\Delta t}|$。Cox、Ross 及 Rubinstein 二叉树将会是负的概率，但在这里描述的方法没有这些缺点。

$$u = e^{(0.06-0.10-0.0016/2)\times 0.25+0.04\sqrt{0.25}} = 1.0098$$

$$d = e^{(0.06-0.10-0.0016/2)\times 0.25-0.04\sqrt{0.25}} = 0.9703$$

汇率二叉树如图21-11所示。由二叉树得出的期权价格为0.0026。

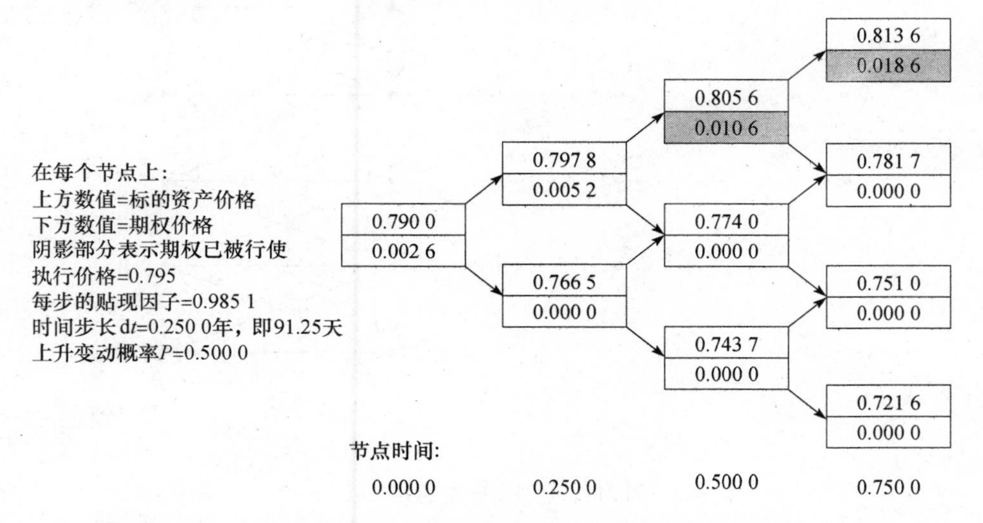

图21-11 外汇上美式看涨期权定价二叉树（节点上面的数值为汇率，下面的数值为期权价格，所有的概率均为0.5）

三叉树

三叉树可用来代替二叉树。三叉树的一般形式如图21-12所示。假定在树形的每个节点上价格变化为上升、取中间值、下降的概率分别为 p_u、p_m 和 p_d，树形的时间步长为 Δt。假定股票支付股息收益率 q，以下参数可以保证树形的均值和标准差与股票价格的均值和标准差相吻合

$$u = e^{\sigma\sqrt{3\Delta t}}, \quad d = \frac{1}{u}$$

$$p_u = -\sqrt{\frac{\Delta t}{12\sigma^2}}\left(r-q-\frac{\sigma^2}{2}\right)+\frac{1}{6}, \quad p_m = \frac{2}{3}, \quad p_d = \sqrt{\frac{\Delta t}{12\sigma^2}}\left(r-q-\frac{\sigma^2}{2}\right)+\frac{1}{6}$$

三叉树的计算过程与二叉树类似，计算由树尾倒推到树的起点。在每一个节点上，我们需要计算行使期权的价值与继续持有期权的价值。继续持有期权的价值等于

$$e^{-r\Delta t}(p_u f_u + p_m f_m + p_d f_d)$$

其中 f_u、f_m 和 f_d 分别为在下一步节点上对应于价格上升、取中间值和下降时的期权价格。可以证明，三叉树与21.8节中讨论的显式差分方法等价。

Figlewski 和 Gao 提出了一种改进三叉树的方法，他们称此方法为**自适应网格模型**（adaptive mesh model）。该模型在粗网格（Δt 较大）的树形里加入细网格（Δt 较小）的树形。[⊖]对于一般美式期权定价，在期权接近满期、资产价格接近执行价格的区域里加入细网格是最有效的。

⊖ 见 S. Figlewski and Gao, "The Adaptive Mesh Model: A New Approach to Efficient Option Pricing," *Journal of Financial Economics*, 53(1999): 313-51。

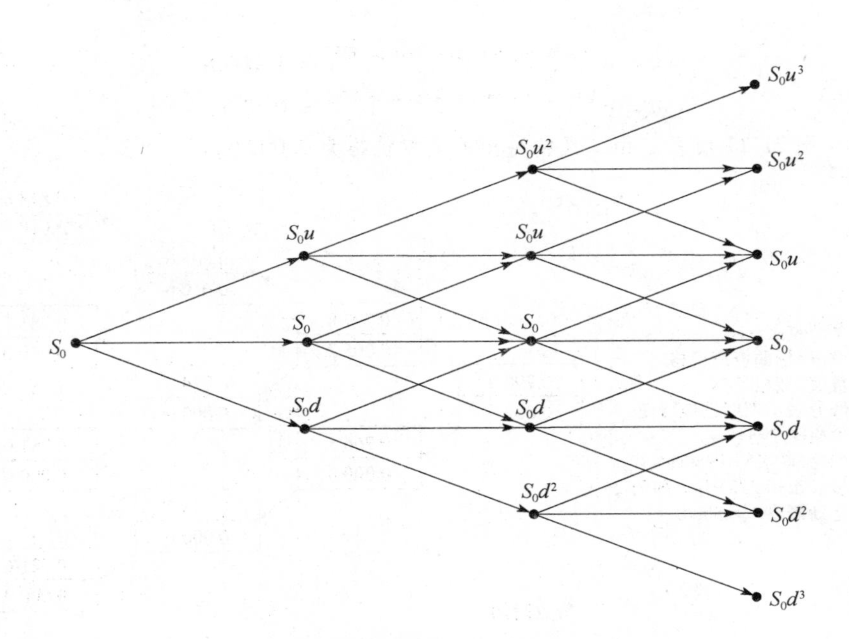

图 21-12　股票价格的三叉树

21.5　参数依赖于时间

到目前为止，我们一直假定 r、q、r_f 和 σ 均为常数。在实际中往往假设这些参数与时间有关。在时间 t 与 $t+\Delta t$ 之间，一般假设这些参数等于其远期价值。[㊀]

在 CRR 二叉树上，为了使 r 和 q(或 r_f) 成为时间的函数，在时间 t 节点上令

$$a = e^{[f(t)-g(t)]\Delta t} \tag{21-11}$$

其中 $f(t)$ 为介于 t 与 $t+\Delta t$ 之间的远期利率，$g(t)$ 为 q 介于 t 与 $t+\Delta t$ 之间的远期值。因为 u 和 d 与 a 无关，所以这样的假设并不改变二叉树的形状。从时刻 t 结点上所生出树叉的概率为[㊁]

$$p = \frac{e^{[f(t)-g(t)]\Delta t} - d}{u-d} \tag{21-12}$$

$$1-p = \frac{u - e^{[f(t)-g(t)]\Delta t}}{u-d}$$

二叉树方法中的其他步骤和前面介绍的一样，唯一不同之处是在 t 到 $t+\Delta t$ 贴现时要用 $f(t)$。

当 σ 为时间函数时，建立二叉树会比较困难。假设 $\sigma(t)$ 是用来对期限为 t 的期权定价时所用的波动率，一种方法是使时间步长与时间区间内的平均方差率成反比。这时在树形上 u 和 d 保持不变，从而保证了树形的再重合。定义 $V=\sigma(T)^2T$，其中 T 为树形的期限。定义 t_i 为第 i 步末所对应的时间。树形共有 N 步，我们可以选择 t_i 而保证 $\sigma(t_i)^2t_i = iV/N$，并令 $u = e^{\sqrt{V/N}}$，$d=1/u$，p 由 u、d、r 和 q 来表达，其表达形式类似于常数波动率的情形。这里的计算过程可以与处理非常数利率的过程并用，以此我们可以建立利率和波动率均不为常数的二叉树。

㊀ 远期收益率和远期方差率的计算方式与远期利率类似（方差率为波动率的平方）。

㊁ 对于足够多的时间步数，这些概率永远为正。

21.6 蒙特卡罗模拟法

我们现在讨论蒙特卡罗模拟法，这与二叉树法方法很不相同。业界事例 21-1 是关于如何在 Excel 中以蒙特卡罗随机抽样的思路来计算 π 的简单程序。

业界事例 21-1　利用蒙特卡罗方法计算 π

假定图 21-13 中方块的每一个边长度均为 1。设想你向这一方块随机地投掷梭镖，并随后计算梭镖落在圆圈中的比率。你会取得什么结果呢？方块的面积为 1.0，圆圈的半径为 0.5，圆圈的面积为 π 乘以半径的平方，即 π/4。因此，梭镖落在圆圈的比率应等于 π/4。将梭镖落在圆圈的比率乘以 4 即可得到 π 的估计值。

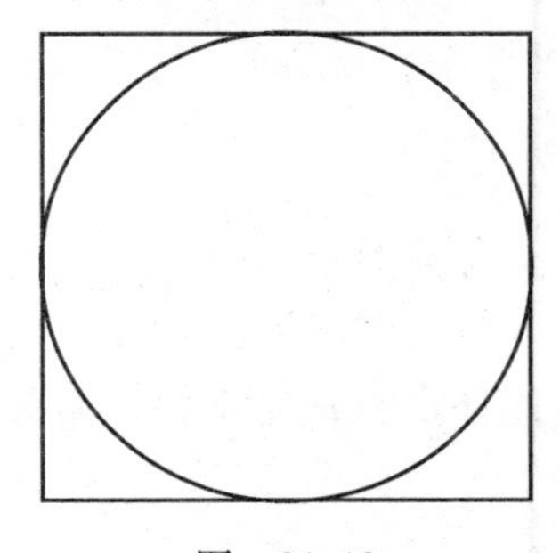

图　21-13

我们可以利用 Excel 计算表来模拟表 21-1 中梭镖投掷的情形。我们将计算表的元素 A1 和 B1 分别定义为 = RAND( )。A1 和 B1 为介于 0 与 1 之间的随机数，这两个随机数分别定义了梭镖落下的靠右以及靠上的位置，随后我们将计算表的元素 C1 定义为

= IF((A1 - 0.5)^2 + (B1 - 0.5)^2 < 0.5^2,4,0)

当梭镖落在圆圈内时，C1 =4；否则 C1 =0。

计算表里接下来的 99 行的定义与第 1 行类似。定于 C102 为 = AVERAGE(C1:C100) 和 C103 为 = STDEV(C1:C100)，C102（在表 21-1 中为 3.04）是由 100 次随机抽样所来计算出的 π 估计值，C103 是估算值的标准差。在例 21-7 中我们将会看到，标准差可以被用来检测估计值的准确性。增加抽样次数会改进准确度，但收敛到准确值（较为准确）3.141 59 的速度很慢。

表 21-1　业界事例 21-1 中的计算表

	A	B	C
1	0.207	0.690	4
2	0.271	0.520	4
3	0.007	0.221	0
⋮	⋮	⋮	⋮
100	0.198	0.403	4
101			
102		平均数	3.04
103		标准差	1.69

在计算期权价格时，蒙特卡罗模拟利用了风险中性理论。我们首先在风险中性世界里随机地产生标的资产价格的路径，并由此来取得收益的期望值，然后再对其按无风险利率进行贴现。考虑与某单个市场变量 S 有关的衍生产品，该衍生产品在 T 时刻产生收益。假定利率为常数，我们可以通过以下过程来对衍生产品定价：

（1）在风险中性世界里对 S 的随机路径进行抽样。

（2）计算衍生产品的收益。

（3）重复第一步和第二步，从而取得许多在风险中性世界里该衍生产品收益的样本。

（4）计算收益的平均值，这是衍生产品在风险中性世界里收益期望值的估计值。

（5）以无风险利率对收益期望值进行贴现，所得结果即为衍生产品价格。

以上过程显示在 DerivaGem 3.00 的蒙特卡罗计算表中。

假定在风险中性世界里标的市场变量服从以下过程

$$dS = \hat{\mu}S\,dt + \sigma S\,dz \tag{21-13}$$

其中 dz 是维纳过程，$\hat{\mu}$ 为标的变量在风险中性世界里的收益率期望，σ 为波动率。[㊀]为了模拟变量 S 的路径，我们可以将期权的期限分割成 N 个长度为 Δt 的小区间，并将式（21-13）近似为

$$S(t+\Delta t) - S(t) = \hat{\mu}S(t)\Delta t + \sigma S(t)\varepsilon\sqrt{\Delta t} \tag{21-14}$$

其中，$S(t)$ 为 S 在 t 时刻的值，ε 为期望值为 0、标准差为 1.0 的正态分布中的抽样。这可以使得我们从 S 的初始值计算出 S 在 Δt 时的值，并从 Δt 的值计算出 S 在 $2\Delta t$ 的值，等等。在 14.3 节里曾对这一过程进行过描述。每个模拟样本都需要通过对正态分布进行 N 次抽样来构造 S 的整个路径。

在实际中，对 $\ln S$ 进行抽样通常比对 S 进行抽样要更为准确。由伊藤引理得出，$\ln S$ 服从的过程为

$$d\ln S = \left(\hat{\mu} - \frac{\sigma^2}{2}\right)Sdt + \sigma dz \tag{21-15}$$

因此

$$\ln S(t+\Delta t) - \ln S(t) = \left(\hat{\mu} - \frac{\sigma^2}{2}\right)\Delta t + \sigma\varepsilon\sqrt{\Delta t}$$

其等价形式为

$$S(t+\Delta t) = S(t)\exp\left[\left(\hat{\mu} - \frac{\sigma^2}{2}\right)\Delta t + \sigma\varepsilon\sqrt{\Delta t}\right] \tag{21-16}$$

以上方程可用于产生 S 的路径。

对 $\ln S$（而不是 S）进行模拟的结果会更加精确，而且如果 $\hat{\mu}$ 和 σ 是常数，那么对于任意期限 T[㊁]

$$\ln S(T) - \ln S(0) = \left(\hat{\mu} - \frac{\sigma^2}{2}\right)T + \sigma\varepsilon\sqrt{T}$$

因此

$$S(T) = S(0)\exp\left[\left(\hat{\mu} - \frac{\sigma^2}{2}\right)T + \sigma\varepsilon\sqrt{T}\right] \tag{21-17}$$

以上方程可用于计算在 T 时刻提供非标准形式收益的衍生产品的定价。如业界事例 21-2 所示，它也可用来检验布莱克－斯科尔斯－默顿公式。

蒙特卡罗法的主要优点在于这一方法既可用于当收益只依赖于标的变量 S 终端值的情形，也可用于当收益依赖于标的变量 S 路径的情形（例如，该方法可用于收益依赖于 S 在 0 和 T 之间平均值的情形）。衍生产品的收益可能发生在期限内的若干时间点上（而不是只在期限的末尾）。对任何关于 S 的随机过程均可以采用这一方法。我们接下来马上将要说明，这里所描述的方法可推广到收益与若干标的变量有关的情形。蒙特卡罗法的缺点在于该方法的计算速度较为缓慢，并且当期权可以被提前行使时，采用这种方法不太容易。[㊂]

㊀ 如果 S 为无股息股票的价格，$\hat{\mu}=r$；如果 S 为汇率，$\hat{\mu}=r-r_f$；等等。注意，如 13.7 节所述，波动率在风险中性世界里和现实世界里是一样的。

㊁ 与之相比，式（21-14）只有在 Δt 趋于 0 时才为正确。

㊂ 如第 27 章所述，一些研究人员已经提出了一些将蒙特卡罗模拟法用于美式期权定价方法。

业界事例 21-2　在 Excel 上检验布莱克-斯科尔斯-默顿公式

对于欧式看涨期权，我们可以采用很多步数的二叉树来检验布莱克-斯科尔斯-默顿公式的正确性。另外一种检验布莱克-斯科尔斯-默顿公式正确性的方法是蒙特卡罗模拟法。表21-2是一个 Excel 计算表，计算表的元素 C2，D2，E2，F2 和 G2 分别代表 S_0，K，r，σ 和 T。元素 D4，E4 和 F4 分别用于计算 d_1，d_2 和期权价格（计算表中布莱克-斯科尔斯-默顿价格为 4.817）。

NORMSINV 为标准正态分布的逆分布函数，因此，NORMSINV(RAND()) 给出了一个服从标准正态分布的随机抽样。我们令 A1 为

= $C $2 * EXP($E $2 - $F $2 * $F $2/2) * $G $2 + $F $2 * NORMSINV(RAND()) * SQRT($G $2))

这是按式（21-17）所做的计算，求到的是股票在 T 时刻的随机抽样值。我们将 B1 设成 = EXP(-$E $2 * $G $2) * MAX(A1 - $D $2, 0)，这是看涨期权收益的贴现值。我们在接下的 999 行进行类似的操作。定义 B1002 为 = AVERAGE(B1:B1000)，在计算表中，此值为 4.98，为期权价格的估计，这一估计与布莱克-斯科尔斯-默顿价格的差别不大。B1003 定义为 STDEV(B1:B1000)，由例 21-8 我们可以知道，B1003 可用于检验估计的准确性。

表 21-2　利用蒙特卡罗法检验布莱克-斯科尔斯-默顿公式

	A	B	C	D	E	F	G
1	45.95	0	S_0	K	r	σ	T
2	54.49	4.38	50	50	0.05	0.3	0.5
3	50.09	0.09		d_1	d_2	BSM 价格	
4	47.46	0		0.2239	0.0118	4.817	
5	44.93	0					
⋮	⋮	⋮					
1000	68.27	17.82					
1001							
1002	均值：	4.98					
1003	标准差：	7.68					

21.6.1　多个标的变量的情形

在 14.5 节里我们曾讨论相关随机过程。考虑衍生产品，其收益与 n 个变量 $\theta_i(1 \leqslant i \leqslant n)$ 有关。定义 s_i 为 θ_i 的波动率，$\hat{m}_i$ 为 θ_i 在风险中性世界里的增长率期望，ρ_{ik} 为 θ_i 与 θ_k 之间的**相关系数**（correlation）。[⊖]与单个标的变量的情形相似，我们将期权的期限分割成 N 个长度为 Δt 的子时间。θ_i 随机过程的离散形式为

$$\theta_i(t+\Delta t) - \theta_i(t) = \hat{m}_i \theta_i(t)\Delta t + s_i \theta_i(t)\varepsilon_i\sqrt{\Delta t} \tag{21-18}$$

其中，ε_i 为正态分布的一个随机样本。ε_i 与 ε_k 的相关系数为 $\rho_{ik}(1 \leqslant i;\ k \leqslant n)$。每一次路径的抽样都需要 N 个从多元正态分布中所提取的 $\varepsilon_i(1 \leqslant i \leqslant n)$ 样本。然后将这些样本代入式（21-18）后可产生 θ_i 的模拟路径，由此我们可以计算衍生产品的抽样值。

21.6.2　从正态分布中产生样本

如业界事例 21-2 所示，Excel 里的指令 = NORMSINV(RAND()) 可以用来产生一元标准正

⊖ 注意，变量 s_i、$\hat{m}_i$ 和 ρ_{ik} 并不一定为常数，它们可以依赖于 θ_i。

态分布的随机样本。当需要产生二元相关正态随机变量 ε_1，ε_2 的随机样本时，我们可以采取如下步骤。我们首先像上面讲过的那样生成两个相互独立的一元随机正态样本 x_1 和 x_2，然后利用以下关系式即可生成我们所需要的随机样本

$$\varepsilon_1 = x_1$$

$$\varepsilon_2 = \rho x_1 + x_2\sqrt{1-\rho^2}$$

其中 ρ 为相关系数。

我们现在考虑如何产生 n 元联合正态分布的随机样本，这里变量 i 和 j 的相关系数为 ρ_{ij}。首先由一元标准正态分布生成 n 个相互独立的随机样本 $x_i(1\leqslant i\leqslant n)$，然后我们可以将所需要的随机样本 $\varepsilon_i(1\leqslant i\leqslant n)$ 定义成

$$\left.\begin{aligned}\varepsilon_1 &= \alpha_{11}x_1\\ \varepsilon_2 &= \alpha_{21}x_1+\alpha_{22}x_2\\ \varepsilon_3 &= \alpha_{31}x_1+\alpha_{32}x_2+\alpha_{33}x_3\end{aligned}\right\} \tag{21-19}$$

等。在这里选取系数 α_{ij}，使得这些变量有正确的相关系数和方差。这些系数可以通过递推方式来得到。令 $\alpha_{11}=1$；选择 α_{21}，使 $\alpha_{21}\alpha_{11}=\rho_{21}$；选择 α_{22}，使 $\alpha_{21}^2+\alpha_{22}^2=1$；选择 α_{31}，使 $\alpha_{31}\alpha_{11}=\rho_{31}$；选择 α_{32}，使 $\alpha_{31}\alpha_{21}+\alpha_{32}\alpha_{22}=\rho_{32}$；选择 α_{33}，使 $\alpha_{31}^2+\alpha_{32}^2+\alpha_{33}^2=1$；并依此类推。[⊖]这里描述的过程叫**乔里斯基分解**（Cholesky decomposition）。

21.6.3 模拟次数

蒙特卡罗法计算结果的精度依赖于模拟的次数。在蒙特卡罗模拟法中，我们通常除计算收益贴现的期望值外，还要计算标准差。将期望值和标准差分别用 μ 和 ω 表示。变量 μ 即为衍生产品价值的估计值，这一估计值的标准误差为

$$\frac{\omega}{\sqrt{M}}$$

其中 M 为模拟次数。衍生产品价格 f 的95%置信区间为

$$\mu-\frac{1.96\omega}{\sqrt{M}}<f<\mu+\frac{1.96\omega}{\sqrt{M}}$$

这说明衍生产品价格的不确定性与模拟次数的平方根成反比。如果想将精度提高1倍，我们必须将模拟次数提高4倍；如果想将精度提高10倍，我们必须将模拟次数提高100倍，并依此类推。

例 21-7

在表21-1中，π是100个数字的平均，标准差为1.69。这时，$\omega=1.69$，$M=100$。因此计算结果的标准误差为 $1.69/\sqrt{100}=0.169$。计算表给出的关于π的95%置信区间为（$3.04-1.96\times0.169$）至（$3.04+1.96\times0.169$），即2.71～3.37（精确值3.141 59落在置信区间内）。

例 21-8

在表21-2中，期权价格是1 000个数字的平均值，标准差为7.68。这时，$\omega=7.68$，$M=1\,000$，因此计算结果的标准误差为 $7.68/\sqrt{1\,000}=0.24$。计算表给出的关于期权价格的95%置

⊖ 如果关于 α 的方程没有实数解，那么所选的相关性结构不具有内部一致性，23.7节将进一步讨论这一点。

信区间为 $(4.68-1.96\times 0.24)$ 至 $(4.68+1.96\times 0.24)$，即 4.51 ~ 5.45（布莱克 - 斯科尔斯 - 默顿价格为 4.817，这个值落在置信区间内）。

21.6.4 通过树形抽样

在实现蒙特卡罗时，除了从假设标的变量所服从的随机过程上抽取样本外，我们也可以从 N 步二叉树上的 2^N 条可能路径来产生样本。假设在一个二叉树上向上变化的概率是 0.6，通过二叉树来抽取随机路径样本的程序如下：在每个节点上，我们抽取一个 0 和 1 之间的随机数。当这个随机数小于 0.4 时，我们选取向下的树枝，如果大于 0.4，我们选向上的树枝。一旦有了从最初的节点到树形末尾的完整路径时，我们就可以计算收益，这样就完成了一次抽样。利用类似的程序可以得到更多的样本。收益均值按无风险利率贴现后的值就是我们对衍生产品价格的估计。[⊖]

例 21-9

假定用图 21-3 所示的树形结构来计算收益等于 $\max(S_{ave}-50,0)$ 的期权价格，其中 S_{ave} 为今后 5 个月内股票的平均价格（平均值包括股票初始和最终价格）。这种期权叫**亚式期权**（Asian option）。当进行 10 次抽样后，表 21-3 显示了一组可能的结果。期权的价值等于平均收益按无风险利率贴现后的值。这时，收益平均值为 7.08 美元，无风险利率为 10%，因此期权价值为 $7.08e^{-0.1\times 5/12}=6.79$（这里的讨论只是为了说明问题。在实际中，为了取得更加精确的结果，应采用更多的时间步数和更多次的模拟试验）。

表 21-3 由图 21-3 中二叉树并利用蒙特卡罗模拟法来计算亚式期权的价格（收益等于平均价格高于 50 美元的数量（U 代表价格上涨，D 代表价格下跌））

抽样	路径	股票价格的平均值	期权收益
1	UUUUD	64.98	14.98
2	UUUDD	59.82	9.82
3	DDDUU	42.31	0.00
4	UUUUU	68.04	18.04
5	UUDDU	55.22	5.22
6	UDUUD	55.22	5.22
7	DDUDD	42.31	0.00
8	UUDDU	55.22	5.22
9	UUUDU	62.25	12.25
10	DDUUD	45.56	0.00
平均			7.08

21.6.5 计算希腊值

我们可以采用蒙特卡罗法来计算第 19 章中讨论的希腊值。假定我们想计算 f 对于 x 的偏导数，其中 f 为衍生产品的价格，x 为标的变量的价格或某个参数。首先，我们可以采取一般的蒙特卡罗法来计算衍生产品的价格 $\hat{f}$，然后我们将 x 值增加 Δx，并采用与计算 $\hat{f}$ 类似的方式来得出新价格 $\hat{f}^*$，对冲参数可由以下方程来计算

⊖ 关于如何更为高效地通过树形来进行模拟，见 D. Mintz, "Less is More", *Risk*, July 1997: 42-45.

$$\frac{\hat{f}^{*}-\hat{f}}{\Delta x}$$

为了减小标准误差，在计算$\hat{f}$和$\hat{f}^{*}$时，我们选用的时间区间的个数 N、所用的随机样本、模拟运算的次数 M 都应当相同。

21.6.6 应用

当衍生产品涉及 3 个或更多的随机变量时，蒙特卡罗法比其他数值方法的效率更高。这是因为蒙特卡罗的运算量与随机变量的数量呈线性关系，而其他数值方法的运算量与随机变量的数量呈指数关系。蒙特卡罗法的一个优点是可以给出估计值的标准误差，另一个优点是可以处理复杂的收益形式以及复杂的随机过程。再有，蒙特卡罗法可用于收益为标的变量所遵循的整个路径的函数，而不只是标的变量终端值函数的情形。

21.7 方差缩减程序

假如像式（21-13）~式（21-18）所述的那样对衍生产品标的变量的随机过程进行模拟，在一般情况下，我们需要做很多次抽样才会使估计值达到合理的精确度。这从计算时间上讲是非常昂贵的。在这一节里我们将介绍几种**方差缩减程序**（variance reduction procedure），利用这些程序可以大大减少计算时间。

20.7.1 对偶变量技巧

对偶变量技巧（antithetic variable technique）是指在每一次模拟抽样时，都要计算衍生产品的两个值。第一个值 f_1 是按通常的方式计算得出的，第二个值 f_2 是通过改变所有标准正态分布样本的符号而得出的（如果 ε 是用来计算 f_1 的抽样，那么 $-\varepsilon$ 则是计算 f_2 时相应的抽样）。由此计算出的衍生产品的抽样值等于 f_1 和 f_2 的平均值。因为在以上两个值中当一个高于真实值时，另一个一般会低于真实值，反之亦然，这使得这一方法很有效。

定义 $\bar{f}$ 为 f_1 和 f_2 的平均值

$$\bar{f}=\frac{f_1+f_2}{2}$$

衍生产品价格的估值是所有 $\bar{f}$ 的平均值。如果 $\bar{\omega}$ 为 $\bar{f}$ 的标准差，M 为模拟运算的次数（即所计算的衍生产品价格的次数），估计值的标准误差为

$$\bar{\omega}/\sqrt{M}$$

以上误差量一般会远远小于由 $2M$ 个随机试验所对应的标准误差。

21.7.2 控制变量技巧

在对美式期权定价时，我们已经给出了与树形结构并用的**控制变量技巧**（control variate technique）例子（见 21.3 节）。控制变量技巧适应于有两个相似衍生产品 A 和 B 的情形。衍生产品 A 是我们想定价的衍生品，衍生产品 B 与 A 相似并有解析解。计算过程将使用同样随机样本和 Δt 来同时计算这两个产品的值。第一项模拟得到对于 A 的估计值 f_A^*，第二项模拟得到对于 B 的估计值 f_B^*。以下公式会给出一个对于 A 更好的估计

$$f_A=f_A^*-f_B^*+f_B \tag{21-20}$$

其中f_B是由解析公式算出的B的真实值。赫尔和怀特在研究**随机波动率**（stochastic volatility）对于欧式期权价格的影响时给出了一个控制变量技巧的应用例子，[㊀]在这里，A为在随机波动率假设下的期权，B为在常数波动率假设下的期权。

21.7.3 重点抽样法

解释**重点抽样法**（important sampling）的最好方法是通过实例。假设我们要为一个执行价格为K、期限为T的深度虚值欧式期权进行定价。如果我们按通常的办法来对标的资产价格在T的值进行抽样，我们得出的大部分路径的终端值都是0。因为0终端值对于期权价格的影响很小，这样做会浪费很多计算时间。因此，我们想尽量选取股票价格在到期日大于K的重要路径。

假定F是股票价格在到期日T的无条件概率分布函数，q为在到期日股票价格大于K的概率，而且已知这一概率的解析式，那么$G=F/q$即为股票价格在股票价格大于K时的条件概率分布。为了实施重点抽样法，我们在G(而不是F）中进行抽样，期权价格的估计值等于收益贴现后的均值乘以q。

21.7.4 间隔抽样法

当我们从概率分布中抽取具有代表性的取值（而不是随机取值时），一般会得到更高的精确度。**间隔抽样法**（stratified sampling）就属于这类处理方法。假定我们想从概率分布中抽取1 000个样本，我们可以将分布分割成1 000个具有同样概率的区间，然后从这些小区间中选取具有代表性的数值（均值或中位数（median））。

对分成n个区间的标准正态分布情形，我们可以在第i个区间选取代表值

$$N^{-1}\left(\frac{i-0.5}{n}\right)$$

其中N^{-1}为累计正态分布函数的逆函数。例如，当$n=4$时，4个区间的代表值分别为$N^{-1}(0.125)$、$N^{-1}(0.375)$、$N^{-1}(0.625)$、$N^{-1}(0.875)$。函数N^{-1}可以利用Excel的NORMSINV函数来进行计算。

21.7.5 矩匹配法

矩匹配法（moment matching）是指对标准正态分布中抽取的样本进行调整，以便使样本与第一阶矩、第二阶矩甚至更高阶矩相匹配。假设为了计算一个变量在一段时间里的变化，需要从均值为0、标准差为1.0的标准正态分布中进行抽样。假定所取的样本值为$\varepsilon_i(1\leqslant i\leqslant n)$，为了使前两阶矩相匹配，我们首先计算样本值的均值$m$和标准差$s$，然后定义调整后的样本$\varepsilon_i^*$如下

$$\varepsilon_i^* = \frac{\varepsilon_i - m}{s}$$

经调整的样本具有正确的均值0与正确的标准差1.0。最后我们采用这些经调整后的样本来做所有的计算。

矩匹配法会节省计算时间，但这种方法却加重了存储的负担，这是因为所有的样本值均要存储到模拟过程的最后阶段。矩匹配法有时也被称为**二次再抽样法**（quadratic resampling）。这一方法常常与对偶变量技巧结合使用，因为对偶变量技巧自动会使所有的奇数矩相匹配，因此我们只需要在矩匹配法中使得第二节矩和（或许）第四节矩相匹配即可。

㊀ 见J. C. Hull and A. White, "The Pricing of Options on Assets with Stochastic Volatilities," *Journal of Finance*, 42 (June 1987): 281-300。

21.7.6 利用伪随机数序列

伪随机数序列（quasi-random sequence）（也称为**低差异序列**（low-discrepancy sequence））是由概率分布中得出的具有代表性样本组成的序列。㊀读者可以在 Brotherton-Ratcliffe 以及 Press 等人的文献中找到关于伪随机数序列的描述和应用。㊁伪随机数序列具有以下优点：由伪随机数序列所得模拟结果的标准差与 $1/M$（而不是 $1/\sqrt{M}$）成正比，这里的 M 代表模拟次数。

伪随机数抽样与间隔抽样法相似，其目的是寻求具有代表意义的标的变量样本值。在间隔抽样法中，我们假定事先已经知道需要抽取样本的确切数量，而伪随机数抽样过程则更加灵活。这种抽样的方式是总可以不断地在已经存在的样本之间的间隔里加入更多的样本。因此，在模拟过程的每个阶段，样本点都会大体上均匀地分布在整个概率空间上。

图 21-14 显示了由索博尔提议的方法而产生的二维伪随机数点。㊂我们可以看出，后来抽取的样本总是弥补前面样本所留下的空隙。

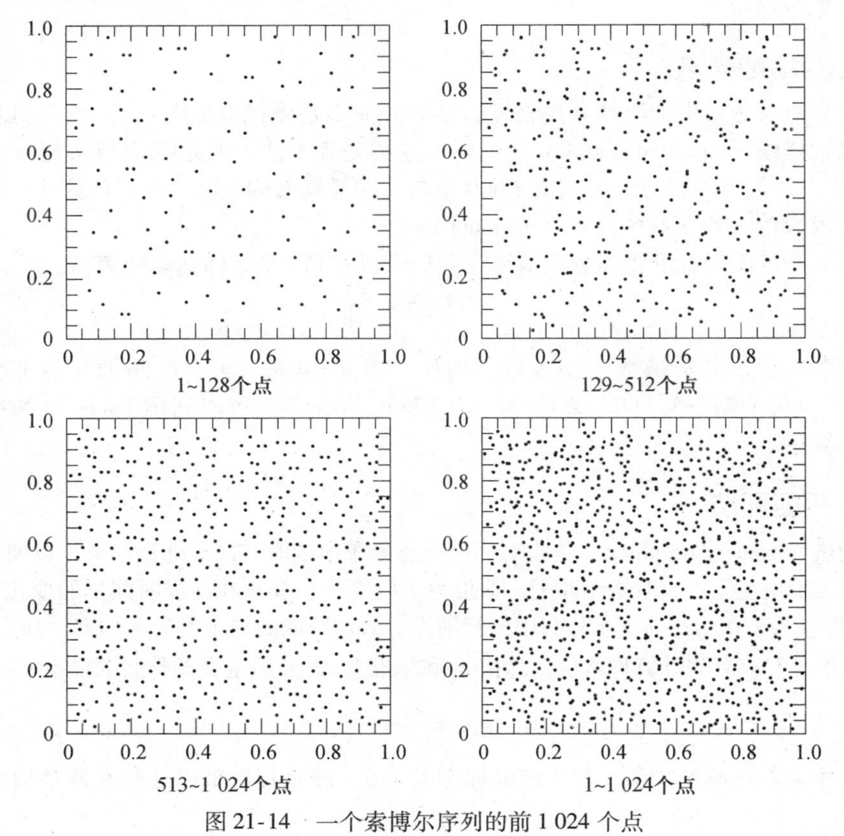

图 21-14 一个索博尔序列的前 1 024 个点

㊀ 伪随机（quasi-random）这一术语是个误称，伪随机序列实际上是很确定的。

㊁ 见 R. Brotherton-Ratcliffe, "Monte Carlo Motoring," *Risk*, December 1994: 53-58; W. H. Press, S. A. Teukolsky, W. T. Vetterling, and B. P. Flannery, *Numerical Recipes in C: The Art of Scientific Computing*, 2nd edn. Cambridge University Press, 1992.

㊂ 见 I. M. Sobol, *USSR Computational Mathematics and Mathematical Physics*, 7, 4(1967): 86-112. 在 W. H. Press, S. A. Teukolsky, W. T. Vetterling, and B. P. Flannery, *Numerical Recipes in C: The Art of Scientific Computing*, 2nd edn. Cambridge University Press, 1992 一书有关于索博尔序列的描述。

21.8 有限差分法

有限差分法（finite difference）通过求解衍生产品价格所满足的微分方程来达到定价的目的，在求解过程中，微分方程被转换成一组差分方程。我们可以通过迭代的方式来求出差分方程的解。

为了说明这种方法，我们考虑如何用它来对一个股息收益率为 q 的股票上美式看跌期权进行定价。由式（17-6）得出，期权价格满足微分方程

$$\frac{\partial f}{\partial t}+(r-q)S\frac{\partial f}{\partial S}+\frac{1}{2}\sigma^2S^2\frac{\partial^2 f}{\partial S^2}=rf \tag{21-21}$$

假设期权的期限为 T，我们将期限分成 N 个等间隔、长度为 $\Delta t=T/N$ 的时间区间，因此我们需要考虑 $N+1$ 个时间点

$$0,\Delta t,2\Delta t,\cdots,T$$

假设 $S_{\max}$ 为足够大的股票价格，一旦股票达到这一价格时，看跌期权的价值几乎为0。我们定义 $\Delta S=S_{\max}/M$，并考虑 $M+1$ 个具有同样间隔的股票价格

$$0,\Delta S,2\Delta S,\cdots,S_{\max}$$

我们在选取 $S_{\max}$ 时保证这些值中有一个刚好对应于股票的当前价格。

如图21-15所示，我们选取的股票价格和时间构成了一个共有 $(M+1)(N+1)$ 个点的网格。网格上的点（i，j）对应的时间为 $i\Delta t$，股票价格为 $j\Delta S$。我们用变量 $f_{i,j}$ 代表（i，j）点的期权价格。

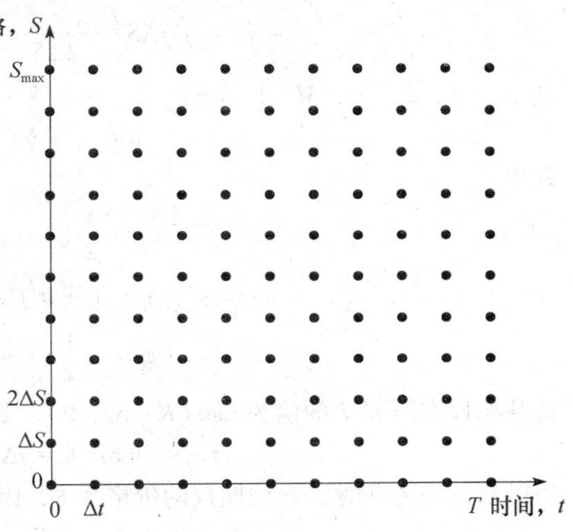

图21-15 有限差分网格

21.8.1 隐式有限差分法

对于网格内部的点（i，j），$\partial f/\partial S$ 可被近似为

$$\frac{\partial f}{\partial S}=\frac{f_{i,j+1}-f_{i,j}}{\Delta S} \tag{21-22}$$

或者

$$\frac{\partial f}{\partial S}=\frac{f_{i,j}-f_{i,j-1}}{\Delta S} \tag{21-23}$$

式（21-22）叫作**向前差分近似**（forward difference approximation），式（21-23）叫作**向后差分近似**（backward difference approximation）。将以上两种差分加以平均，我们可以得出一个对称的差分方程

$$\frac{\partial f}{\partial S}=\frac{f_{i,j+1}-f_{i,j-1}}{2\Delta S} \tag{21-24}$$

对于 $\partial f/\partial t$，我们将采用向前差分近似，从而 $i\Delta t$ 时刻的值与 $(i+1)\Delta t$ 的有关

$$\frac{\partial f}{\partial t}=\frac{f_{i+1,j}-f_{i,j}}{\Delta t} \tag{21-25}$$

下面我们考虑 $\partial^2 f/\partial S^2$。$(i,\ j)$ 点的 $\partial f/\partial S$ 向后差分近似地由式（21-23）给出。在 $(i,\ j+1)$ 点的 $\partial f/\partial S$ 向后差分近似为

$$\frac{f_{i,j+1}-f_{i,j}}{\Delta S}$$

因此在 $(i,\ j)$ 点 $\partial^2 f/\partial S^2$ 的有限差分近似为

$$\frac{\partial^2 f}{\partial S^2}=\frac{1}{\Delta S}\left(\frac{f_{i,j+1}-f_{i,j}}{\Delta S}-\frac{f_{i,j}-f_{i,j-1}}{\Delta S}\right)$$

或者

$$\frac{\partial^2 f}{\partial S^2}=\frac{f_{i,j+1}+f_{i,j-1}-2f_{i,j}}{\Delta S^2} \tag{21-26}$$

将式（21-24）、式（21-25）和式（21-26）代入微分方程式（21-21），并且注意 $S=j\Delta S$，得出

$$\frac{f_{i+1,j}-f_{i,j}}{\Delta t}+(r-q)j\Delta S\frac{f_{i,j+1}-f_{i,j-1}}{2\Delta S}+\frac{1}{2}\sigma^2 j^2\Delta S^2\frac{f_{i,j+1}+f_{i,j-1}-2f_{i,j}}{\Delta S^2}=rf_{i,j}$$

其中 $j=1, 2, \cdots, M-1$，$i=0, 1, \cdots, N-1$。将方程进行整理，我们得出

$$a_j f_{i,j-1}+b_j f_{i,j}+c_j f_{i,j+1}=f_{i+1,j} \tag{21-27}$$

其中

$$a_j=\frac{1}{2}(r-q)j\Delta t-\frac{1}{2}\sigma^2 j^2\Delta t$$

$$b_j=1+\sigma^2 j^2\Delta t+r\Delta t$$

$$c_j=-\frac{1}{2}(r-q)j\Delta t-\frac{1}{2}\sigma^2 j^2\Delta t$$

看跌期权在时间 T 的值为 $\max(K-S_T,\ 0)$，其中 S_T 为股票在 T 时刻的价格，因此

$$f_{N,j}=\max(K-j\Delta S,0),\quad j=0,1,\cdots,M \tag{21-28}$$

当股票价格为 0 时，看跌期权的价格为 K，因此

$$f_{i,0}=K,\quad i=0,1,\cdots,N \tag{21-29}$$

我们假定当 $S=S_{\max}$ 时，期权价格为 0，因此

$$f_{i,M}=0,\quad i=0,1,\cdots,N \tag{21-30}$$

式（21-28）、式（21-29）和式（21-30）定义了看跌期权在图 21-15 所示网格的三个边上的取值，这三个边分别对应 $S=0$，$S=S_{\max}$ 和 $t=T$。接下来，我们要利用式（21-27）来计算 f 在其他节点的值。当 $i=N-1$ 时，式（21-27）可写为

$$a_j f_{N-1,j-1}+b_j f_{N-1,j}+c_j f_{N-1,j+1}=f_{N,j} \tag{21-31}$$

其中 $j=1, 2, \cdots, M-1$。由式（21-28）我们知道方程右端的值，而且由式（21-29）和式（21-30）我们得出

$$f_{N-1,0}=K \tag{21-32}$$

$$f_{N-1,M}=0 \tag{21-33}$$

式（21-31）同时给出了关于 $M-1$ 个未知量的 $M-1$ 个方程，这些未知量为 $f_{N-1,1}$，$f_{N-1,2}$，$\cdots$，$f_{N-1,M-1}$。[⊖]一旦以上未知量确定后，我们将 $f_{N-1,j}$ 与 $K-j\Delta S$ 进行比较。如果 $f_{N-1,j}<K-j\Delta S$，那

⊖ 解方程时并不需要对矩阵求逆。式（21-31）在 $j=1$ 时可将 $f_{N-1,2}$ 来由 $f_{N-1,1}$ 表达；在 $j=2$ 时，与 $j=1$ 时的方程一起可将 $f_{N-1,3}$ 由 $f_{N-1,1}$ 表达，等等。在 $j=M-2$ 时与前面的方程一起，可将 $f_{N-1,M-1}$ 由 $f_{N-1,1}$ 表达。最终对应 $j=M-1$ 的方程可用来对 $f_{N-1,1}$ 求解。一旦 $f_{N-1,1}$ 确定后，我们可以得出其他 $f_{N-1,j}$。

么在时间 $T-\Delta t$ 行使期权是最优的，这时我们将 $f_{N-1,j}$ 设定为 $K-j\Delta S$。在时间 $T-2\Delta t$ 的节点可用相似的方式处理，等等。最终，我们可以得出 $f_{0,1}$，$f_{0,2}$，$f_{0,3}$，…，$f_{0,M-1}$，其中的一个价格即为我们寻求的期权价格。

控制变量技巧可以与有限差分法并用。在定价过程中，一旦设定时间和标的资产的网格后，我们采用同样的网格来对于一个类似但具有解析解的期权进行定价，然后利用式（21-20）。

例21-10

表21-4显示了由隐式方法求出的例21-1中美式看跌期权的数值解。在这里，参数 M，N 和 ΔS 分别等于20美元、10美元和5美元。因此，在定价过程中，我们将0美元和100美元之间分成了每5美元一个的价格区间，并同时将期权期限分成了每半个月一步的时间段。由这一网格得出的期权的价格为4.07美元，由同一网格给出的欧式期权价格为3.91美元，布莱克－斯科尔斯－默顿公式给出的欧式期权准确值为4.08美元。因此，由控制变量技巧得出的美式期权价格近似值为

$$4.07+(4.08-3.91)=4.24(\text{美元})$$

表21-4　采用隐式差分来计算例21-1中美式期权价格的网格

股票价格（美元）	距离到期日的时间（月）										
	5	4.5	4	3.5	3	2.5	2	1.5	1	0.5	0
100	0.00	0.00	0.00	0.00	0.00	0.00	0.00	0.00	0.00	0.00	0.00
95	0.02	0.02	0.01	0.01	0.00	0.00	0.00	0.00	0.00	0.00	0.00
90	0.05	0.04	0.03	0.02	0.01	0.01	0.00	0.00	0.00	0.00	0.00
85	0.09	0.07	0.05	0.03	0.02	0.01	0.01	0.00	0.00	0.00	0.00
80	0.16	0.12	0.09	0.07	0.04	0.03	0.02	0.01	0.00	0.00	0.00
75	0.27	0.22	0.17	0.13	0.09	0.06	0.03	0.02	0.01	0.00	0.00
70	0.47	0.39	0.32	0.25	0.18	0.13	0.08	0.04	0.02	0.00	0.00
65	0.82	0.71	0.60	0.49	0.38	0.28	0.19	0.11	0.05	0.02	0.00
60	1.42	1.27	1.11	0.95	0.78	0.62	0.45	0.30	0.16	0.05	0.00
55	2.43	2.24	2.05	1.83	1.61	1.36	1.09	0.81	0.51	0.22	0.00
50	4.07	3.88	3.67	3.45	3.19	2.91	2.57	2.17	1.66	0.99	0.00
45	6.58	6.44	6.29	6.13	5.96	5.77	5.57	5.36	5.17	5.02	5.00
40	10.15	10.10	10.05	10.01	10.00	10.00	10.00	10.00	10.00	10.00	10.00
35	15.00	15.00	15.00	15.00	15.00	15.00	15.00	15.00	15.00	15.00	15.00
30	20.00	20.00	20.00	20.00	20.00	20.00	20.00	20.00	20.00	20.00	20.00
25	25.00	25.00	25.00	25.00	25.00	25.00	25.00	25.00	25.00	25.00	25.00
20	30.00	30.00	30.00	30.00	30.00	30.00	30.00	30.00	30.00	30.00	30.00
15	35.00	35.00	35.00	35.00	35.00	35.00	35.00	35.00	35.00	35.00	35.00
10	40.00	40.00	40.00	40.00	40.00	40.00	40.00	40.00	40.00	40.00	40.00
5	45.00	45.00	45.00	45.00	45.00	45.00	45.00	45.00	45.00	45.00	45.00
0	50.00	50.00	50.00	50.00	50.00	50.00	50.00	50.00	50.00	50.00	50.00

21.8.2　显式有限差分法

隐式差分方法的优点在于其稳定性，当 ΔS 和 Δt 趋于0时，由隐式差分方法得出的数值解

总是收敛于微分方程的解，㊀但其中一个缺点是由$f_{i+1,j}$的值计算$f_{i,j}$时，我们必须同时对$M-1$个方程求解。当假设$\partial f/\partial S$和$\partial^2 f/\partial S^2$的值在点$(i,j)$上与$(i+1,j)$上相等时，有限差分法可以得到简化。这时式（21-24）和式（21-26）变为

$$\frac{\partial f}{\partial S}=\frac{f_{i+1,j+1}-f_{i+1,j-1}}{2\Delta S}$$

$$\frac{\partial^2 f}{\partial S^2}=\frac{f_{i+1,j+1}+f_{i+1,j-1}-2f_{i+1,j}}{\Delta S^2}$$

差分方程变为

$$\frac{f_{i+1,j}-f_{i,j}}{\Delta t}+(r-q)j\Delta S\frac{f_{i+1,j+1}-f_{i+1,j-1}}{2\Delta S}+\frac{1}{2}\sigma^2 j^2\Delta S^2\frac{f_{i+1,j+1}+f_{i+1,j-1}-2f_{i+1,j}}{\Delta S^2}=rf_{i,j}$$

即

$$f_{i,j}=a_j^*f_{i+1,j-1}+b_j^*f_{i+1,j}+c_j^*f_{i+1,j+1} \tag{21-34}$$

其中

$$a_j^*=\frac{1}{1+r\Delta t}\left(-\frac{1}{2}(r-q)j\Delta t+\frac{1}{2}\sigma^2 j^2\Delta t\right)$$

$$b_j^*=\frac{1}{1+r\Delta t}(1-\sigma^2 j^2\Delta t)$$

$$c_j^*=\frac{1}{1+r\Delta t}\left(\frac{1}{2}(r-q)j\Delta t+\frac{1}{2}\sigma^2 j^2\Delta t\right)$$

这样我们就产生了所谓的**显式有限差分法**（explicit finite difference method）。㊁图21-16显示了隐式差分法与显式差分法的区别。由式（21-27）定义的隐式差分给出了$i\Delta t$时刻的3个不同的期权值（即$f_{i,j-1}$，$f_{i,j}$和$f_{i,j+1}$）与$(i+1)\Delta t$时刻的1个期权值（即$f_{i+1,j}$）之间的关系；由式（21-34）定义的显式差分给出了$i\Delta t$时刻的1个不同的期权值（即$f_{i,j}$）与$(i+1)\Delta t$时刻的3个期权值（即$f_{i+1,j-1}$，$f_{i+1,j}$和$f_{i+1,j+1}$）之间的关系。

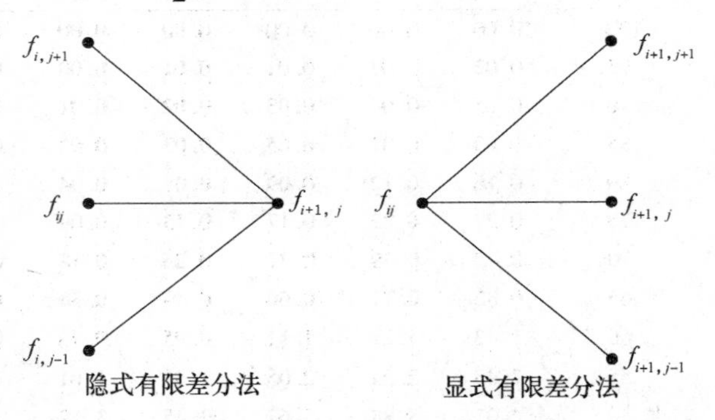

图21-16　显式差分和隐式差分的区别

例21-11

表21-5给出了通过显式有限差分为例21-1中的美式看跌期权定价的结果。同例21-10中一样，参数M、N和ΔS分别等于20美元、10美元和5美元。由网格所得出的期权价格为4.26美元。㊂

㊀ 有限差分法的一个通用规则是当ΔS和Δt趋于0时，应保证ΔS与$\sqrt{\Delta t}$成一定比例。

㊁ 对于$\partial f/\partial t$采用向后差分近似（而不是向前差分近似），我们同样可以得出显式有限差分法。

㊂ 稍后我们将解释造成网格左上边出现负数和其他矛盾的原因。

表21-5 通过显式差分法计算例21-1中美式期权价格的网格

股票价格（美元）	距离到期日的时间（月）5	4.5	4	3.5	3	2.5	2	1.5	1	0.5	0
100	0.00	0.00	0.00	0.00	0.00	0.00	0.00	0.00	0.00	0.00	0.00
95	0.06	0.00	0.00	0.00	0.00	0.00	0.00	0.00	0.00	0.00	0.00
90	−0.11	0.05	0.00	0.00	0.00	0.00	0.00	0.00	0.00	0.00	0.00
85	0.28	−0.05	0.05	0.00	0.00	0.00	0.00	0.00	0.00	0.00	0.00
80	−0.13	0.20	0.00	0.05	0.00	0.00	0.00	0.00	0.00	0.00	0.00
75	0.46	0.06	0.20	0.04	0.06	0.00	0.00	0.00	0.00	0.00	0.00
70	0.32	0.46	0.23	0.25	0.10	0.09	0.00	0.00	0.00	0.00	0.00
65	0.91	0.68	0.63	0.44	0.37	0.21	0.14	0.00	0.00	0.00	0.00
60	1.48	1.37	1.17	1.02	0.81	0.65	0.42	0.27	0.00	0.00	0.00
55	2.59	2.39	2.21	1.99	1.77	1.50	1.24	0.90	0.59	0.00	0.00
50	4.26	4.08	3.89	3.68	3.44	3.18	2.87	2.53	2.07	1.56	0.00
45	6.76	6.61	6.47	6.31	6.15	5.96	5.75	5.50	5.24	5.00	5.00
40	10.28	10.20	10.13	10.06	10.01	10.00	10.00	10.00	10.00	10.00	10.00
35	15.00	15.00	15.00	15.00	15.00	15.00	15.00	15.00	15.00	15.00	15.00
30	20.00	20.00	20.00	20.00	20.00	20.00	20.00	20.00	20.00	20.00	20.00
25	25.00	25.00	25.00	25.00	25.00	25.00	25.00	25.00	25.00	25.00	25.00
20	30.00	30.00	30.00	30.00	30.00	30.00	30.00	30.00	30.00	30.00	30.00
15	35.00	35.00	35.00	35.00	35.00	35.00	35.00	35.00	35.00	35.00	35.00
10	40.00	40.00	40.00	40.00	40.00	40.00	40.00	40.00	40.00	40.00	40.00
5	45.00	45.00	45.00	45.00	45.00	45.00	45.00	45.00	45.00	45.00	45.00
0	50.00	50.00	50.00	50.00	50.00	50.00	50.00	50.00	50.00	50.00	50.00

21.8.3 变量替换

如果利用几何布朗运动来描述标的资产价格，在应用有限差分法时以 $\ln S$ 作为标的变量比以 S 作为标的变量会更有效。定义 $Z=\ln S$，式（21-21）变为

$$\frac{\partial f}{\partial t}+\left(r-q-\frac{\sigma^2}{2}\right)\frac{\partial f}{\partial Z}+\frac{1}{2}\sigma^2\frac{\partial^2 f}{\partial Z^2}=rf$$

这时为了给衍生产品定价，我们应该针对 Z 设定等距离网格，而不是针对 S 设定等距离网格。在隐式法中，微分方程变为

$$\frac{f_{i+1,j}-f_{i,j}}{\Delta t}+\left(r-q-\frac{\sigma^2}{2}\right)\frac{f_{i,j+1}-f_{i,j-1}}{2\Delta Z}+\frac{1}{2}\sigma^2\frac{f_{i,j+1}+f_{i,j-1}-2f_{i,j}}{\Delta Z^2}=rf_{i,j}$$

即

$$\alpha_j f_{i,j-1}+\beta_j f_{i,j}+\gamma_j f_{i,j+1}=f_{i+1,j} \tag{21-35}$$

其中

$$\alpha_j=\frac{\Delta t}{2\Delta Z}\left(r-q-\frac{\sigma^2}{2}\right)-\frac{\Delta t}{2\Delta Z^2}\sigma^2$$

$$\beta_j=1+\frac{\Delta t}{\Delta Z^2}\sigma^2+r\Delta t$$

$$\gamma_j = -\frac{\Delta t}{2\Delta Z}\left(r - q - \frac{\sigma^2}{2}\right) - \frac{\Delta t}{2\Delta Z^2}\sigma^2$$

在显式法中，差分方程为

$$\frac{f_{i+1,j} - f_{i,j}}{\Delta t} + \left(r - q - \frac{\sigma^2}{2}\right)\frac{f_{i+1,j+1} - f_{i+1,j-1}}{2\Delta Z} + \frac{1}{2}\sigma^2\frac{f_{i+1,j+1} + f_{i+1,j-1} - 2f_{i+1,j}}{\Delta Z^2} = rf_{i,j}$$

即

$$\alpha_j^* f_{i+1,j-1} + \beta_j^* f_{i+1,j} + \gamma_j^* f_{i+1,j+1} = f_{i,j} \tag{21-36}$$

其中

$$\alpha_j^* = \frac{1}{1 + r\Delta t}\left[-\frac{\Delta t}{2\Delta Z}\left(r - q - \frac{\sigma^2}{2}\right) + \frac{\Delta t}{2\Delta Z^2}\sigma^2\right] \tag{21-37}$$

$$\beta_j^* = \frac{1}{1 + r\Delta t}\left(1 - \frac{\Delta t}{\Delta Z^2}\sigma^2\right) \tag{21-38}$$

$$\gamma_j^* = \frac{1}{1 + r\Delta t}\left[\frac{\Delta t}{2\Delta Z}\left(r - q - \frac{\sigma^2}{2}\right) + \frac{\Delta t}{2\Delta Z^2}\sigma^2\right] \tag{21-39}$$

经过变量替换后，参数 α_j，β_j 和 γ_j 以及 α_j^*，β_j^* 和 γ_j^* 都有独立于 j 的特征。在大多数情况下 $\Delta Z = \sigma\sqrt{3\Delta t}$是个很好的选择。

21.8.4 与三叉树法的关系

显式有限差分法与三叉树法等价。[⊖]式（21-34）中参数 a_j^*，b_j^* 和 c_j^* 可以理解为

$-\frac{1}{2}(r-q)j\Delta t + \frac{1}{2}\sigma^2 j^2\Delta t$：在 Δt 时间内，股票价格由 $j\Delta S$ 跌至 $(j-1)\Delta S$ 的概率

$1 - \sigma^2 j^2\Delta t$：在 Δt 时间内，股票价格 $j\Delta S$ 保持不变的概率

$\frac{1}{2}(r-q)j\Delta t + \frac{1}{2}\sigma^2 j^2\Delta t$：在 Δt 时间内，股票价格由 $j\Delta S$ 升至 $(j+1)\Delta S$ 的概率

这种解释显示在图 21-17 上。这 3 个概率的和等于 1。这些概率保证在 Δt 时间后，股票价格的增长期望为 $(r-q)j\Delta S\Delta t = (r-q)S\Delta t$，这恰恰是股票价格在风险中性世界的增长值期望。当 Δt 很小时，这些概率同时也保证在 Δt 时间内股票价格变动的方差为 $\sigma^2 j^2\Delta S^2\Delta t = \sigma^2 S^2\Delta t$，这恰恰对应于 S 所服从的随机过程。f 在 $i\Delta t$ 时刻的值等于将 $(i+1)\Delta t$ 时刻的 f 值在风险中性世界里的期望以无风险利率加以贴现。

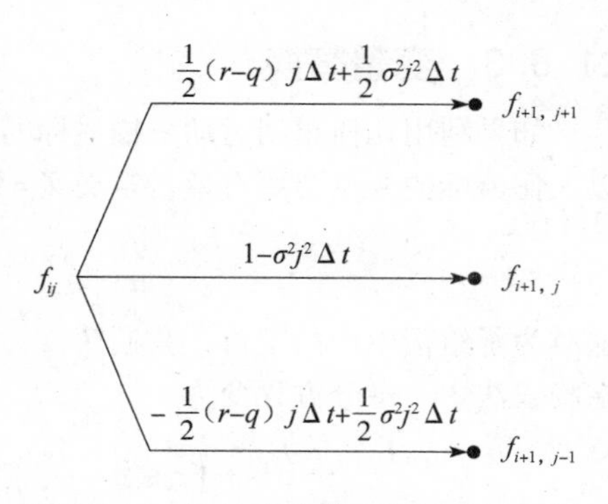

图 21-17 将显式差分法解释为三叉树

为了保证能够使用显式有限差分法，以下 3 个“概率”必须为正

$$-\frac{1}{2}(r-q)j\Delta t + \frac{1}{2}\sigma^2 j^2\Delta t$$

$$1 - \sigma^2 j^2\Delta t$$

$$\frac{1}{2}(r-q)j\Delta t + \frac{1}{2}\sigma^2 j^2\Delta t$$

⊖ 我们可以证明隐式与多叉树（multinomial tree）等价，在多叉树的每个节点上，股票总共有 $M+1$ 个价格变动。

在例 21-11 中，当 $j \geqslant 13$ 时（即当 $S \geqslant 65$ 时），$1-\sigma^2 j^2 \Delta t$ 为负。这给出了在表 21-5 的左上角期权价格为负和其他矛盾的原因。这个例子说明了显式差分法的主要问题：因为树形结构中的概率可能为负，由此得出的数值解不一定收敛于微分方程的解。[⊖]

当利用变量替换时（见式（21-36）~式（21-39）），变量 $Z=\ln S$ 减少 ΔZ、保持不变、增加 ΔZ 的概率分别为

$$-\frac{\Delta t}{2\Delta Z}\left(r-q-\frac{\sigma^2}{2}\right)+\frac{\Delta t}{2\Delta Z^2}\sigma^2$$

$$1-\frac{\Delta t}{\Delta Z^2}\sigma^2$$

$$\frac{\Delta t}{2\Delta Z}\left(r-q-\frac{\sigma^2}{2}\right)+\frac{\Delta t}{2\Delta Z^2}\sigma^2$$

Z 的这些变化值对应于 S 的变化值分别为 $Se^{-\Delta Z}$、S 和 $Se^{\Delta Z}$ 的 S 的变化值。如果取 $\Delta Z=\sigma\sqrt{3\Delta t}$，这里得出的树形和概率与 21.4 节中的三叉树结果相同。

21.8.5　其他差分法

研究人员提出了许多种关于求解微分方程的有限差分方法，其中有些方法中既包含显式有限差分的特性，也包含隐式方法的特性。

在所谓的**跳格法**（hopscotch method）中，当从一个节点转向另一个节点时，我们交替地使用隐式格式和显式格式，图 21-18 说明了这一方法。在每个时刻，我们首先按通常的显式方法在显式节点（E）完成计算，然后，我们可以不需要求解方程组就可以得到在隐式节点（I）上的数值解，这是因为我们已经得出了与隐式节点相邻节点上的取值。

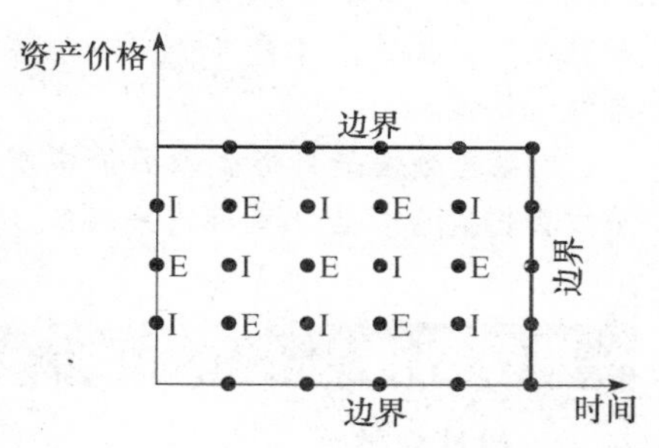

图 21-18　跳格差分法（I 代表隐式节点，E 代表显式节点）

在 **Crank-Nicholson 法**（Crank-Nicholson scheme）中，$\dfrac{f_{i+1,j}-f_{i,j}}{\Delta t}$ 被设定为隐式法与显式法的平均。

21.8.6　有限差分法的应用

对于任何树形方法适用的衍生产品，有限差分法也适用。它们既可以用来处理欧式期权定价，也可以用来处理美式期权定价，但这一方法很难用于衍生产品收益与标的变量历史价格有关的情形。有限差分法可用于多标的变量的情形，但计算时间会大大增加，因为这时图 21-15 的网格会变成多维的形式。

在有限差分法中，计算希腊值的方法与树形法类似。Delta，Gamma 和 Theta 可以直接由 $f_{i,j}$ 在网格上的值得出。对于 Vega，我们需要对波动率做一个很小的变化，然后再由同一个网格计算衍生产品的数值解。

⊖ 见 J. Hull and A. White, "Valuing Derivative Securities Using the Explicit Finite Difference Method," *Journal of Financial and Quantitative Analysis*, 25(March 1990): 87-100。这篇文章提出了如何克服这一问题的方法。对这里所考虑的情况，只要构造关于 $\ln S$(而不是 S 的网格)，就可以保证算法的收敛性。

小结

对于不存在解析解的衍生产品，我们列举了计算其价格的3种数值方法，包括树形法、蒙特卡罗模拟和有限差分法。

在二叉树法中，我们假设在每个很小时间区间 Δt 内，股票价格或按比例 u 上升，或按比率 d 下降。在选择 u 和 d 以及它们所对应的概率时，我们保证在风险中性世界里股票价格的变化具有正确的期望值和标准差。衍生产品的价格可以从二叉树的末端开始倒退计算得出。对于美式期权，在每个节点上的价格等于以下数值中的最大值：(a) 期权被立即行使后的价格，(b) 期权被再持有 Δt 时间的价格期望值的贴现。

蒙特卡罗模拟是利用随机数来对衍生产品标的变量在风险中性世界里的不同路径进行模拟。对于每一条路径，我们均可以得出衍生产品收益的贴现值，其算术平均即为衍生产品价格的近似值。

有限差分法是将衍生产品价格所满足的微分方程转换为差分方程后再来求解。类似于树形法，计算衍生产品的价格从期限的最后时刻开始再倒推到期限的初始时刻。显式法在功能上与三叉树等价，隐式有限差分比显式有限差分更为复杂，但其优点是用户不需要为取得收敛性而进行任何特殊处理。

在实际中，选择哪种方法取决于被估价的衍生产品的特性，以及用户对所得数值解的精确度要求。蒙特卡罗模拟从衍生产品的期限开始运作到期限的结束。蒙特卡罗法一般只适用于欧式期权定价，但也能用来处理复杂的收益形式。当标的资产数量增加时，这一方法的相对效率较高。树形法和有限差分法的计算由期限的末端开始，倒退到期限的开始，而且这两个方法均既可用于欧式期权，也可用于美式期权。但对于最终的收益既依赖于标的变量历史值也依赖于当前值的情形，应用树形法和有限差分法会很困难。并且当衍生产品包括3个或更多的标的变量时，树形法和有限差分法的计算量会很大。

推荐阅读

一般性文献

Clewlow, L., and C. Strickland, *Implementing Derivatives Models*. Chichester: Wiley, 1998.

Press, W. H., S. A. Teukolsky, W. T. Vetterling, and B. P. Flannery, *Numerical Recipes in C: The Art of Scientific Computing*, 3rd edn. Cambridge University Press, 2007.

关于树形算法

Cox, J. C, S. A. Ross, and M. Rubinstein. "Option Pricing: A Simplified Approach," *Journal of Financial Economics*, 7 (October 1979): 229–64.

Figlewski, S., and B. Gao. "The Adaptive Mesh Model: A New Approach to Efficient Option Pricing," *Journal of Financial Economics*, 53 (1999): 313–51.

Hull, J. C., and A. White, "The Use of the Control Variate Technique in Option Pricing," *Journal of Financial and Quantitative Analysis*, 23 (September 1988): 237–51.

Rendleman, R., and B. Bartter, "Two State Option Pricing," *Journal of Finance*, 34 (1979): 1092–1110.

关于蒙特卡罗模拟法

Boyle, P. P., "Options: A Monte Carlo Approach," *Journal of Financial Economics*, 4 (1977): 323–38.

Boyle, P. P., M. Broadie, and P. Glasserman. "Monte Carlo Methods for Security Pricing," *Journal of Economic Dynamics and Control*, 21 (1997): 1267–1322.

Broadie, M., P. Glasserman, and G. Jain. "Enhanced Monte Carlo Estimates for American Option Prices," *Journal of Derivatives*, 5 (Fall 1997): 25–44.

关于有限差分

Hull, J. C., and A. White, "Valuing Derivative Securities Using the Explicit Finite Difference Method," *Journal of Financial and Quantitative Analysis*, 25 (March 1990): 87–100.

Wilmott, P., *Derivatives: The Theory and Practice of Financial Engineering*. Chichester: Wiley, 1998.

练习题

21.1 在美式期权的希腊值 Delta、Gamma、Vega、Theta 和 Rho 中，哪一个可以通过构造单个二叉树来估计？

21.2 计算一个 3 个月期限的美式看跌期权的价格，这里的标的股票不支付股息，其当前价格为 60 美元，执行价格为 60 美元，无风险利率为每年 10%，波动率为每年45%，构造时间段为 1 个月的二叉树来为这一期权定价。

21.3 解释当采用树形结构对美式期权定价时，如何应用控制变量技巧。

21.4 计算玉米期货上 9 个月期限的欧式看涨期权价格，这里的玉米期货当前价格为 198 美分，执行价格为 200 美分，无风险利率为每年8%，波动率为每年30%，构造时间段为 3 个月的二叉树来为这一期权定价。

21.5 考虑一个期权，其最终收益等于股票最终价格与在期限内股票平均价格的差额，这一期权能否用二叉树来定价？解释你的答案。

21.6 "对于支付股息的股票，股价的树形不重合；但从股价中减去股息的贴现值后，其树形重合。"解释这一论点。

21.7 说明在 21.4 节脚注所示的情况下，应用 CRR 二叉树时，将出现负概率值。

21.8 利用间隔抽样抽取100 样本来改善业界事例 21-1 和表 21-1 中关于 π 近似值的精度。

21.9 说明为什么蒙特卡罗模拟法不能很容易地用来对美式衍生产品定价。

21.10 考虑某个无股息股票上 9 个月期限的美式看跌期权，期权执行价格为 49 美元，股票的当前价格为50 美元，无风险利率为每年 5%，波动率为每年 30%。采用 3 步二叉树来对期权定价。

21.11 采用 3 步树形来对一个小麦期货上 9 个月期限的美式看涨期权进行定价。期货的当前价格为 400 美分，执行价格为 420 美分，无风险利率为每年 6%，波动率为每年 35%。由二叉树估算期权的 Delta。

21.12 某股票上 3 个月期限的美式看涨期权执行价格为 20 美元，股票价格为 20 美元，无风险利率为每年 3%，波动率为每年 25%，在 1.5 个月时，股票将支付 2 美元股息，采用 3 步二叉树对期权定价。

21.13 在某无股息股票上 1 年期美式看跌期权的执行价格为 18 美元，股票的当前价格为 20 美元，无风险利率为每年 15%，股票价格的波动率为每年 40%。由 DerivaGem 软件并采用 4 步、步长为 3 个月的二叉树为期权定价。展示树形结构，并验证树的最后一步以及倒数第 2 步的期权价格的正确性。采用 DerivaGem 对相应的欧式期权定价。利用控制变量技巧来提高美式期权近似值的精度。

21.14 考虑某股指上 2 个月期限的美式看跌期权，期权的执行价格为 480，股指的当前值为 484，无风险利率为每年 10%，股指股息收益率为每年 3%，股指波动率为每年 25%。将期权期限分为 4 个步长为半个月的区间，利用树形结构为这一期权进行估价。

21.15 当采用树形方法时，如何应用控制变量技巧来改进美式期权的 Delta 估计值？

21.16 假设我们采用蒙特卡罗模拟法为某无股息股票的欧式看涨期权定价，股价的波动率为随机。解释如何应用控制变量技巧和对偶变量技巧来改进计算效率。解释在同时应用控制变量技巧和对偶变量技巧时，为什么需要计算6个期权值？

21.17 说明当采用隐式有限差分法对美式看涨期权定价时式（21-27）~式（21-30）的变化情况。

21.18 考虑某无股息股票上4个月期限的美式看跌期权，期权的执行价格为21美元，股票的当前价格为20美元，无风险利率为每年10%，波动率为每年30%。采用显式有限差分法对期权定价，在计算中采用4美元的价格间隔和1个月的时间间隔。

21.19 黄铜的即期价格为每磅0.60美元。假定期货价格（每磅的美元数量）如下

3个月	0.59
6个月	0.57
9个月	0.54
12个月	0.50

黄铜价格的波动率为每年40%，无风险利率为每年6%。采用二叉树对一个执行价格为0.60美元、期限为1年的美式看涨期权进行定价。在计算过程中将期限分成4个长度为3个月的时间区间（提示：如18.7节所示，在风险中性世界里，期货价格等于将来价格的期望值）。

21.20 采用练习题21.19的二叉树对以下证券定价：该证券在一年时的收益为x^2，其中x为黄铜价格。

21.21 在显式有限差分法中，在什么时候边界条件$S=0$和$S\to\infty$会影响衍生产品价格的估计值？

21.22 你应如何采用对偶变量法来改善业界事例21-2和表21-2中欧式期权近似值的精度？

21.23 一家公司发行了3年期的可转换债券，面值为25美元。证券持有者可在任何时刻将债券转换为两只发行公司的股票。当股票价格高于或等于18美元时，公司可提前赎回债券。假定公司将会在最早的时刻强制转换债券，可转换债券所满足的边界条件是什么？假定利率为常数，你将如何利用有限差分法来对可转换债券定价？假定公司无违约风险。

21.24 假定样本i和样本j之间的相关系数为$\rho_{i,j}$，提供由标准正态分布中抽取3个随机样本的公式。

作业题

21.25 考虑一美式看跌期权，期权持有者有权在1年末以每瑞士法郎0.80美元的价格卖出瑞士法郎。瑞士法郎汇率的波动率为每年10%，美元的无风险利率为6%，瑞士法郎的无风险利率为3%，当前的汇率为0.81。采用3步二叉树给这一期权定价。利用你所构造的树形估计期权的Delta。

21.26 白银期货上1年期的美式看跌期权执行价格为9美元。期货的当前价格为8.50美元，无风险利率为每年12%，期货波动率为每年25%。采用DerivaGem软件，并以步长为3个月的4步二叉树对期权定价。显示树形结果并验证最后一步与倒数第2步结点上期权价格的正确性。采用DerivaGem对相应的欧式期权定价，并采用控制变量技巧来改善美式期权价格的精度。

21.27 6个月期限美式看涨期权的标的股票将在第2个月末与第5个月末支付每股1美元的股息。股票的当前价格为30美元，执行价格为34美元，无风险利率为每年10%。对于除去股息的股票部分波动率为每年30%。采用DerivaGem软件，将期权期限分为100个时间区间来估计期权价格。将你的答案与布莱克近似模型（见15.12节）进行比较。

21.28 假定1英镑的当前价格为1.60美元，汇率波动率为15%，一个关于英镑上的美式看涨期权执行价格为1.62美元，期限为1年。美国和英国的无风险利率分别为每年6%及每年9%。采用显式有限差分

分法对期权定价。在定价中，在汇率0.80与2.40之间选用0.20的汇率间隔，时间间隔为3个月。

21.29 当采用21.4节给出的另外一种构造树形结构的方法来对期权定价时：

(a) 在21.4节里给出的二叉树与股票价格的对数在Δt时间段变化的均值和方差一致。

(b) 证明当Δt^2等高阶项被忽略时，21.4节中给出的三叉树与股票价格的对数在Δt时间区间里的变化均值和方差一致。

(c) 采用21.4节里的另一种方式来构造三叉树，在每个节点上，股票价格上升、取中间值、下降的概率分别为1/6、2/3、1/6，假定价格由S分别可以变化为Su、Sm、Sd，其中$m^2=ud$。在构造树形结构时，使股票价格对数变化的均值和方差被得以匹配。

21.30 利用软件DerivaGem的Application Builder功能检验由二叉树所得出的期权结果在步数增大时趋向于真解的收敛性（见图21-4和DerivaGem的Sample Application A）。考虑关于某股指上的看跌期权，股值取值为900，执行价格为900，无风险利率为5%，股指股息收益率为2%，期限为2年。

(a) 对于欧式期权和波动率等于20%的情形，生成类似于Sample Application A中关于收敛性的结果。

(b) 对于美式期权和波动率等于20%的情形，生成类似于Sample Application A中关于收敛性的结果。

(c) 波动率等于20%，采用控制变量技巧，画出美式期权价格与二叉树步数之间函数关系的图形。

(d) 假定美式期权的市场价格为85.0。画出由二叉树估计的隐含波动率与二叉树步数之间函数关系的图形。

21.31 从例21-3的树形上估计Delta、Gamma和Theta。解释如何理解这些参数。

21.32 在例21-4中，在第9个月最下面的节点上提前行使期权的是多少？

21.33 利用4步CRR（Cox-Ross-Rubinstein）二叉树来对关于某指数的一年期看跌期权进行定价，指数当前值为500，期权执行价格为500，指数收益率为2%，无风险利率为5%，指数波动率为每年25%。期权的价格、Delta、Gamma和Theta分别为多少？解释如何计算Vega和Rho。

CHAPTER22

第22章 风险价值度

在第19章里我们讨论了用于描述衍生产品投资组合风险量的不同测度，其中包括Delta，Gamma与Vega，这些测度是为了描述由衍生产品构成的投资组合的不同风险。金融机构通常每一天都会对自己所面临的市场变量进行风险计量，计算过程中常常会涉及成千上万个市场变量，因此每天的Delta-Gamma-Vega分析可能会产生大量不同的风险数据。这些风险数据对于金融机构的交易员来讲非常重要，但对金融机构面临的整体风险却没有提供描述。

风险价值度（value at risk，VaR）试图为高级管理人员提供一个囊括投资组合全部风险，并以单一数字来表达的风险度量。这一方法已经被银行的资产部、基金管理人员以及其他金融机构广泛采用。银行监管部门也采用VaR来确定银行因承担风险而需要的资本金。

在这一章里，我们将介绍VaR这一概念，并描述计算VaR的两种方法：**历史模拟法**（historical simulation approach）和**模型构建法**（model-building approach）。

22.1 VaR测度

当考虑VaR测度时，分析员所关心的是通过如下形式所表达的结论：

我有$X\%$的把握，在今后的N天内损失不会大于V。

这里的数量V就是投资组合的VaR。VaR是两个参数的函数：时间展望期（N天）和置信度（$X\%$）。这一数量说明在今后的N天内，只有$(100-X)\%$的概率，损失才会超出这个数量。银行监管人员要求银行在计算市场风险的VaR时采用$N=10$与$X=99$（见业界事例22-1）。

当展望期为N天、置信区间水平为$X\%$时，VaR对应于在今后N天内价值分布中的第$(100-X)$个分位数（注意，当我们研究投资组合收益变化分布时，亏损对应于负的收益，VaR是关于左端分布尾部）。例如，当$N=5$和$X=97$时，VaR对应于投资组合在5天后价值变化分布中的第3个分位数。图22-1展示了当投资组合价值变化服从正态分布时的VaR。

业界事例 22-1　银行监管人员如何应用 VaR

巴塞尔银行监管委员会（Basel Committee on Bank Supervision）由世界上许多国家的银行监管机构组成，这一委员会在瑞士的巴塞尔定期举行会议，在 1988 年，该委员会颁布了 Basel Ⅰ。通过这一协议，世界各国的监管机构对于如何计算银行由于信用风险所需要持有的资本金数量达成了共识。几年以后，巴塞尔银行监管委员会又颁布了 **1996 年修正案**（The 1996 Amendment），此修正案在 1998 年得以实施。修正案要求银行不但对信用风险持有资本金，也要对市场风险持有资本金。在修正案中，银行的交易账户和银行业务账户被区分开来。银行业务账户中包括以贷款为主的资产，对于这些资产，银行并不需要为了满足管理与财务要求而经常重新定价。银行交易账户中包括一系列的日常交易产品（例如股票、债券、互换、远期合约、期权等），对于这些资产，银行通常每天都要进行重新定价。

在 1996 年修正案中，银行交易账户所需资本金是通过 VaR 来计算的，其中 $N = 10$ 和 $X = 99$，这意味着只有 1% 的可能在今后 10 天的投资组合的损失会超出所计算出的 VaR 结果。银行所需要的资本金等于 k 乘以 VaR（对所谓的**特殊风险**（specific risk）要做调节），这里的因子由监管机构裁定，k 的值在银行与银行之间会有所不同，但无论如何，k 的值不会低于 3。对于拥有建立了很好 VaR 检测系统的银行，其 k 接近于最小值 3 的可能性会很大；而对于其他没有建立完善的 VaR 系统的银行，k 的值会更高一些。

在 Basel Ⅰ之后，巴塞尔银行监管委员会又陆续颁布了 Basel Ⅱ，Basel Ⅱ.5 和 Basel Ⅲ。对于信用风险和操作风险，Basel Ⅱ（世界多数地区在 2007 年已经实施了 Basel Ⅱ），采用了一年的展望期及 99.9% 的置信区间。Basel Ⅱ.5（在 2012 年实施）对市场资本金的计算方法进行了修改，其中一个变化是采用了压力风险价值度（stressed VaR），其计算是基于在某个特定的不利市场环境下的市场变量的变动。Basel Ⅲ 对于银行资本金数量要求有所增大，并且资本金中的股权资本比例也有所增大。

在 2012 年 5 月，巴塞尔银行监管委员会发表了一篇研讨文章，提议利用预期亏损来取代 VaR 对市场风险进行检测。

VaR 的概念具有吸引力，因为其本身比较容易理解。应用 VaR 时，实际上用户在问以下简单的问题："情况最坏会到什么地步？" 这是所有高级管理人员都希望能得到解答的问题，而他们会更喜欢将各种对不同种类市场变量的敏感度压缩成一个数字。

如果我们认为 VaR 是一个描述投资组合风险的有效的度量，一个有趣的问题是：VaR 是否为风险度量中最好的一个呢？某些研究人员认为，VaR 可能会使交易员选择具有图 22-2 中分布特性的投资组合。图 22-1 与图 22-2 所示的投资组合具备同样的 VaR，但图 22-2 所示投资组合的风险要大得多，这是因为其潜在损失要大得多。

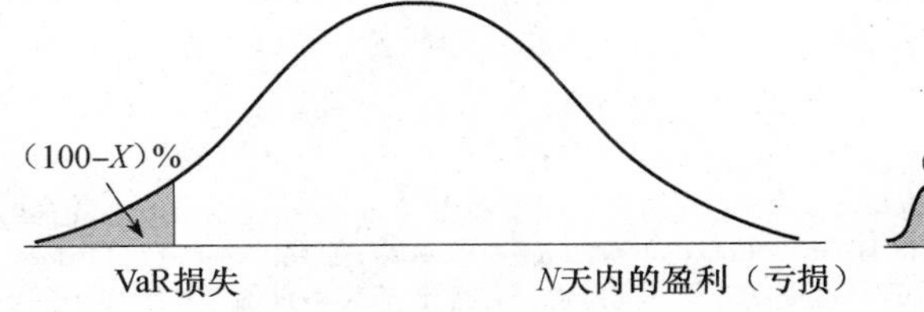

图 22-1　由投资组合价值变化概率分布计算 VaR（这里置信度为 X%。在图中，投资组合的收益为正，亏损为负）

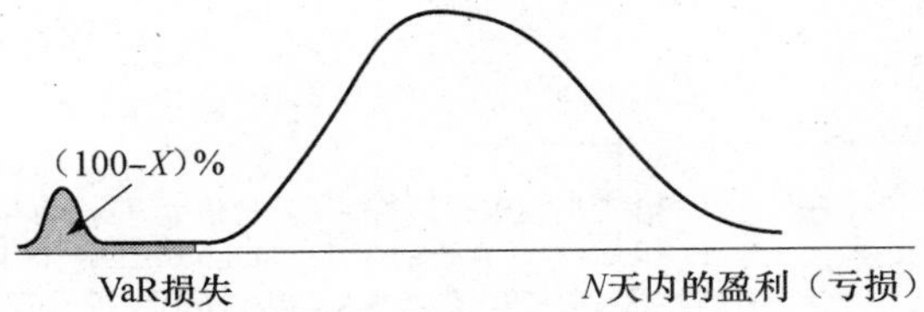

图 22-2　图 22-1 的一种变形（VaR 值相同，但潜在损失很大）

一种可以解决以上问题的测度为**预期亏损**（expected shortfall），[1]VaR 测度回答的是："事情会糟成什么样子？"而预期亏损回答的是："当事情确定变糟时，我们预期损失有多大？"预期亏损是指在今后 N 天，当损失在（$100-X$）分位数左侧的尾部时损失的期望值。例如，当 $X=99$ 和 $N=10$ 时，预期亏损是指今后 10 天的损失在比 10 天 99% VaR 更糟时公司的平均损失。

时间展望期

VaR 含有两个参数：时间展望期 N（以天为单位）与置信度 X。在实际中，分析人员总是先将 N 设定为 1。这是因为当 N 大于 1 时，我们没有足够多的数据来估计市场的变化。一个较为常用的假设是

$$N-\text{天 VaR}=1-\text{天 VaR}\times\sqrt{N}$$

当投资组合价值在不同天之间的变化相互独立并且服从期望值为 0 的相同正态分布时，以上公式严格成立。对于其他情形，这只是一个近似式。

22.2 历史模拟法

历史模拟法是计算 VaR 的一种流行方法，这种方法直接利用历史数据来预测将来可能发生的不同情形。假设我们采用过去 501 天的历史数据来计算某公司 1 天展望期、99% 置信度的 VaR（在计算市场风险 VaR 时，这样的展望期与置信区间是常用的选择。在选取数据时，最普遍的是选择 501 组数据。在下面我们将会看到，这对应于产生 500 个情形）。历史模拟法的第一步是选定影响投资组合的市场变量，这些变量一般是利率、股价、期货价格等。所有的价格都应当以本国货币来计算。例如，对一家德国银行来讲，一个市场变量可能会是以欧元计算的标普 500 指数。

然后我们需要收集这些变量在最近 501 天内的数据，这些数据为我们提供了从今天到明天市场变量可能发生的 500 种变化情形。我们将数据开始的第 1 天记为第 0 天（day 0），数据开始的第 2 天记为第 1 天（day 1），并依此类推。情形 1 为所有变量的百分比变化与它们在第 0 天和第 1 天之间的变化一样，情形 2 为所有变量的百分比变化与它们在第 1 天和第 2 天之间的变化一样，等等。对于每一个情形，我们可以计算从今天到明天之间的投资组合价值变化，并由此可以得出投资组合在一天内价值变化的概率分布，分布的 1% 分位数对应于 500 个计算数值的第 5 大的损失，[2]VaR 的估计刚好是第 1 个百分比分位数所对应的损失量。假定过去 500 天是对明天将发生情形的一个好的预测，那么公司会有 99% 的把握肯定，投资组合的损失会小于我们所估计的 VaR 值。

为了以代数形式来表示计算过程，定义 v_i 为市场变量在第 i 天的取值，并且假设今天是第 n天（day n）。在历史模拟方法中，情形 i 假设了市场变量在明天的取值为

$$v_n\frac{v_i}{v_{i-1}}$$

---

[1] 这一测度有时也被称为条件风险价值度（conditional VaR，C-VaR）或尾部损失（tail loss），这一概念最先见于 P. Artzner，F. Delbacn，J.-M. Eber，and D. Heath "Coherent Measures of Risk," *Mathematical Finance*, 9(1999)：203-28。作者在文章中讨论了一个合理风险测度应具备的特性，并指出 VaR 不具备这些特性。关于更多的讨论，见约翰·赫尔《风险管理与金融机构》第 3 版，机械工业出版社，2013 年。

[2] 在这里可以使用不同的方式，比如可以使用第 5 最大损失、第 6 最大损失，或两者之间的平均。在 Excel 中的 PERCENTILE 函数里，如果共有 n 个观察值，而且 k 是整数，则 $k/(n-1)$ 百分比分位数是排列 $k+1$ 的观察值。其他的百分比分位数是利用插值来计算的。

例解：在 4 个股指上的投资组合

为了说明历史模拟方法的计算过程，假设在 2008 年 9 月 25 日，某个美国的投资人拥有价值为 1 000 万美元的在以下 4 个指数上的投资：美国的道琼斯工业平均指数（DJIA）、英国的富时 100 指数（FTSE 100）、法国巴黎指数（CAC 40）和日本日经 225 指数（Nikkei 225）。在 2008 年 9 月 25 日，投资组合在每个指数上的投资数量如表 22-1 所示。在网页[⊖]http://rotman. utoronto. ca/ ~hull/OFOD/VaRExample 里 Excel 计算表中有4个指数在过去 501 天收盘价格的历史数据，以及汇率和计算 VaR 的一组完整数据。因为我们是以美国投资者的角度来进行计算，因此 FTSE 100，CAC 40 和 Nikkei 225 都要根据汇率按美元数量来计量。例如，在 2008 年 8 月 10 日，FTSE 100 为 5 823. 40，当时的美元/英镑汇率是 1. 891 8（即 1 英镑值1. 891 8美元）。这意味着以美元计量时，FTSE 的值为 5 823. 40 × 1. 891 0 = 11 016. 71。表 22-2 展示了经汇率调整后数据的一部分。

表 22-1　计算 VaR 所用的投资组合

指数	组合价值（千美元）
DJIA	4 000
FTSE 100	3 000
CAC 40	1 000
Nikkei 225	2 000
总数	10 000

当对股权资产投资进行估价时，2008 年9 月25 是个很有意思的日期。截至这一天，从 2007 年 8 月份开始的信用危机已经有一年了。在过去几个月内，股票价格一直在下跌，波动率还在上涨。雷曼兄弟在 10 天前刚宣布破产，而美国国会还没有通过财务部长的 7 000 亿美元不良资产救助计划（Troubled Asset Relief Program，TARP）。

表 22-2　经过利率调整后用于历史模拟的股指数据

天	日期	道琼斯工业平均指数	富时 100 指数	CAC 40 指数	日经 225 指数
0	2006 年 8 月 7 日	11 219. 38	6 026. 33	4 345. 08	14 023. 44
1	2006 年 8 月 8 日	11 173. 59	6 007. 08	4 347. 99	14 300. 91
2	2006 年 8 月 9 日	11 076. 18	6 055. 30	4 413. 35	14 467. 09
3	2006 年 8 月 10 日	11 124. 37	5 964. 00	4 333. 90	14 413. 32
⋮	⋮	⋮	⋮	⋮	⋮
499	2008 年 9 月 24 日	10 825. 17	5 109. 67	4 113. 33	12 159. 59
500	2008 年 9 月 25 日	11 022. 06	5 197. 00	4 226. 81	12 006. 53

表 22-3 给出的是在2008 年9 月 26 日这一天为产生各种情形所需要的市场变量值（以美元计）。情形 1（表 22-3 里的第 1 行）显示的是：在假定从 2008 年 9 月 25 日到 26 日之间市场变量百分比变化等于 2006 年 8 月 7 日到 8 日之间市场变量百分比变化的前提下，市场变量在 2008 年 9 月 26 日的取值；情形 2（表 22-3 里的第 2 行）显示的是：在假定从 2008 年 9 月 25 日到 26 日之间市场变量百分比变化等于 2006 年 8 月 8 日到 9 日之间市场变量百分比变化的前提下，市场变量在 2008 年 9 月 26 日的取值；等等。一般情况下，情形 i 产生的假设前提是：指数在 2008 年 9 月 25 日到 26 日之间的百分比变化等于第 $i-1$ 日到第 i 日之间指数百分比变化（$1 \leqslant i \leqslant 500$）。表 22-3 中的 500 行代表以此生成的 500 个情形。

⊖ 为了使例子尽量简单，我们只考虑当 4 个指数都有交易的日子。这也是为什么在 501 个数据中包括 2006 年 8 月 7 日到 2008 年 9 月 25 日。在实际中，如果这里的分析是由美国的金融机构来进行的，这时很可能会设法将不是美国假日的日子里的数据补上。

表 22-3 利用表 22-2 中数据产生 2008 年 9 月 26 日的情形

情形	道琼斯工业平均指数	富时 100 指数	CAC 40 指数	日经 225 指数	组合价值（千美元）	损失（千美元）
1	10 977.08	5 180.40	4 229.64	12 244.10	10 014.334	−14.334
2	10 925.97	5 238.72	4 290.35	12 146.04	10 027.481	−27.481
3	11 070.01	5 118.64	4 150.71	11 961.91	9 946.736	53.264
⋮	⋮	⋮	⋮	⋮	⋮	⋮
499	10 831.43	5 079.84	4 125.61	12 115.90	9 857.465	142.535
500	11 222.53	5 285.82	4 343.42	11 855.40	10 126.439	−126.439

在 2008 年 9 月 25 日，DJIA 是 11 022.06。在 2006 年 8 月 8 日，DJIA 值是 11 173.59，这比在 2006 年 8 月 7 日的值 11 219.38 要低。因此在情形 1 下，DJIA 的取值为

$$11\,022.06 \times \frac{11\,173.59}{11\,219.38} = 10\,977.08$$

类似地，FTSE 100，CAC 40 和 Nikkei 225 的值分别为 9 569.235，6 204.55 和 115.05。因此在情形 1 下，投资组合的价值为（以千美元计）

$$4\,000 \times \frac{10\,977.08}{11\,022.06} + 3\,000 \times \frac{9\,569.23}{9\,599.90} + 1\,000 \times \frac{6\,204.55}{6\,200.40} + 2\,000 \times \frac{115.05}{112.82} = 10\,014.334$$

因此在情形 1 下，组合价值增长了 14 334，对其他情形可以进行类似的计算。图 22-3 显示了组合亏损的直方图（直方图的收益为负亏损），方块表示的亏损（以千美元计）分别在 450 ~ 550，350 ~ 450，250 ~ 350，等等。

然后，将 500 个不同情形下的亏损排序，表 22-4 给出了部分结果。亏损中最坏的结果对应于情形 494（对应的假设是：指数的变化数量与雷曼兄弟宣布破产那天指数的变化数量相同）。1 天 99% VaR 对应于亏损中第 5 个最坏的结果，即 253 385。

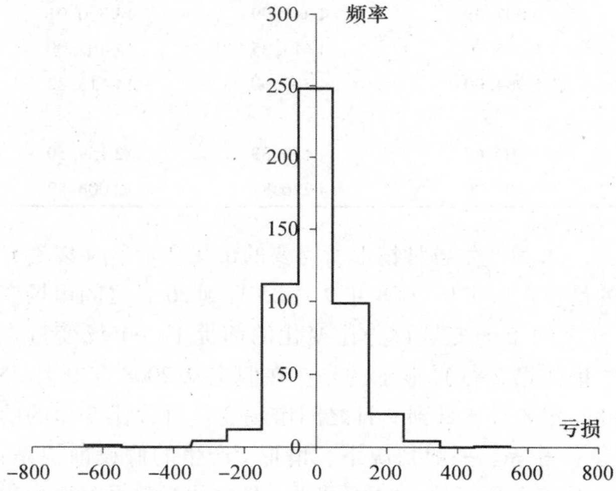

图 22-3 2008 年 9 月 25 ~ 26 日亏损情形直方图

表 22-4 500 种情形下的亏损排序（由高到低）

情形	亏损
494	477.841
339	345.435
349	282.204
329	277.041
487	253.385
227	217.974
131	205.256
238	201.389
473	191.269
306	191.050
477	185.127
495	184.450
376	182.707
237	180.105
365	172.224
⋮	⋮

22.1 节曾解释过，10 天 99% 的 VaR 通常是将 1 天 99% 的 VaR 乘以 $\sqrt{10}$，因此对我们所考虑的例子，10 天 99% VaR 等于

$$\sqrt{10} \times 253\,385 = 801\,274$$

即801 274。

在我们的例子中，每天的VaR均要通过最近501天的数据来更新。例如，考虑2008年9月26日（第501天）的情况。所有市场变量都有新数据，因此我们可以计算投资组合新的市场价值，然后通过以上描述的过程来计算新的VaR，在计算中我们采用2006年8月8日到2008年9月26日的市场变量数据（由此我们可以产生501个市场变量百分比变化的观察值，2006年8月7日（即第0天）的数据将不再使用）。类似地，在下一个交易日即2008年9月29日（在502天），我们可以采用2006年8月9日到2008年9月29日（即第2天至第502天）的数据来计算VaR，等等。

在实际中，金融机构的投资组合当然比我们这里考虑的例子要复杂得多。金融机构的投资组合往往是由几千甚至几万个头寸所组成，其中一些比较典型的产品包括远期合约、期权与其他衍生产品，并且每一天投资组合都会发生变化。如果交易造成投资组合的风险增大，投资组合的VaR将会增大；如果交易造成投资组合的风险减小，投资组合的VaR将会减小。金融机构往往会在假定下一个交易日里组合不变的前提下计算VaR。

在VaR计算中常常需要考虑几百个甚至几千个市场变量。就利率而言，在计算投资组合价值时，银行一般需要不同货币下的几种零息利率期限结构。在计算VaR时考虑的市场变量也是决定零息利率期限结构的那些市场变量（见第4章里有关零息利率期限结构的计算），银行存在风险敞口的每个零息利率曲线都可能会涉及多达10个市场变量。

22.3 模型构建法

除了历史模拟法外，**模型构建法**（model-building）是另外一种计算VaR的主要方法。在介绍该方法细节之前，我们首先说明一下关于波动率计量的单位问题。

22.3.1 日波动率

对于期权定价，“年”通常被视为时间单位，所以资产的波动率度量单位往往是“年波动率”。当我们采用模型构建法计算市场风险VaR时，“日”被作为时间单位，因此资产波动率的度量单位往往是“日波动率”。

期权定价中的年波动率与计算VaR时的日波动率之间转换关系是什么呢？定义σ_{year}为某种资产的年波动率，σ_{day}为该资产相应的日波动率，假定一年总共有252个交易日，式（15-2）给出了一年资产以连续复利计算的收益标准差，即为σ_{year}，或者为$\sigma_{\text{day}}\sqrt{252}$，因此

$$\sigma_{\text{year}} = \sigma_{\text{day}}\sqrt{252}$$

或

$$\sigma_{\text{day}} = \frac{\sigma_{\text{year}}}{\sqrt{252}}$$

这一方程显示，日波动率大约是年波动率的6%。

如15.4节所述，σ_{day}大约等于资产每日价格百分比变化的标准差。在计算VaR的过程中，我们假定这里的近似式为恒等式，因此，我们将资产价格（或其他市场变量）的日波动率定义为资产价格在一天内百分比变化的标准差。

我们在接下来的讨论中假设已经取得了对于日波动率以及相关系数的估计值，在第23章

里我们会讨论如何估计这些参数。

22.3.2 单一资产情形

我们现在考虑如何用模型构建法来计算一个价值为 1 000 万美元，并且只包含微软公司股票的投资组合的 VaR。在计算中我们假设 $N=10$ 天和 $X=99\%$，也就是说，我们感兴趣的是在 10 天展望期内、在 99% 置信水平下损失不能超出的数量。在计算过程中我们首先将展望期选定为 1 天。

假定微软公司股票的波动率为每天 2%（对应的年波动率为 32%），因为交易头寸的数量为 1 000 万美元，所以投资组合每天价值变化的标准差为 1 000 万美元的 2%，即 200 000 美元。

在模型构建法中，我们通常假设在一段展望期内，市场价格变化的期望值为 0。这一假设虽然不是完全正确，但还是比较合理。同该变化的标准差相比，市场价格本身的变化在一个较短展望期内相对较小。例如，假设微软公司的年收益是 20%，在 1 天内，预期收益大约是 $0.20/252=0.08\%$，与此对应每天价格变化的标准差是 2%。考虑 10 天的展望期，预期收益为 $0.08\%\times10$ 即 0.8%，而 10 天所对应的收益标准差为 $2\%\times\sqrt{10}$，即大约 6.3%。

到目前，我们已经得出了微软公司股票在一天内价格变化的标准差为 200 000 美元，并且（在近似意义上）每天价格变化的均值为 0。我们假定价格的变化服从正态分布。[⊖]通过 Excel 的 NORMSINV 函数，$N^{-1}(0.01)=2.326$，这意味着对一个正态分布变量，其价格下降超过 2.326 倍标准差变化的概率为 1%，另外一种等价的说法是，在正态分布下，我们有 99% 的把握肯定，价格下跌不会超过 2.326 倍的标准差。因此，1 000 万美元微软股票的一天展望期的 99% VaR 等于

$$2.326\times200\,000=465\,300(\text{美元})$$

假定微软股票在天与天之间的变化相互独立，因此 N 天的 VaR 等于 1 天的 VaR 乘以 $\sqrt{N}$，10 天的 99% VaR 等于

$$465\,300\times\sqrt{10}=1\,471\,300(\text{美元})$$

接下来我们考虑价值为 500 万美元的 AT&T 股票投资。假定，AT&T 股票的日波动率为 1%（对应的年波动率大约为 16%）。采用与微软股票类似的计算，我们得出 AT&T 在 1 天内价格变化的标准差为

$$5\,000\,000\times0.01=50\,000$$

假定价格的变化为正态分布，1 天展望期的 99% VaR 等于

$$50\,000\times2.326=116\,300(\text{美元})$$

10 天展望期的 99% VaR 等于

$$116\,300\times\sqrt{10}=367\,800(\text{美元})$$

22.3.3 两个资产的情形

现在我们考虑由 1 000 万美元微软股票与 500 万美元 AT&T 股票所构成的投资组合。假定微软与 AT&T 的股票价格变化服从二元正态分布，分布的相关系数为 0.3。如果变量 X 与 Y 的标准差分别为 σ_X 和 σ_Y，相关系数为 ρ，那么由统计学中的标准结果可知 $X+Y$ 的标准差为

⊖ 为了保证与第 15 章期权定价的假设一致，我们可以假定微软股票价格在明天的分布为对数正态，因为 1 天展望期的时间太短，这里对数正态假设与我们以前所做的正态假设几乎没有什么区别。

$$\sigma_{X+Y} = \sqrt{\sigma_X^2 + \sigma_Y^2 + 2\rho\sigma_X\sigma_Y}$$

在应用这一结果时，我们令 X 为微软股票在一天内的价格变化，令 Y 为 AT&T 股票在 1 天内的价格变化，则

$$\sigma_X = 200\,000 \text{ 和 } \sigma_Y = 50\,000$$

因此，由两种股票组成的投资组合的价值变化的标准差为

$$\sqrt{200\,000^2 + 50\,000^2 + 2 \times 0.3 \times 20\,000 \times 50\,000} = 220\,200$$

价格变化服从正态分布，并且假设均值为 0，因此 1 天展望期的 99% VaR 等于

$$220\,200 \times 2.33 = 512\,300$$

10 天展望期的 99% VaR 等于 $\sqrt{10}$乘以以上数量，即 1 620 100。

22.3.4 风险分散的益处

在我们以上考虑的例子中

（1）由单一微软股票组成的投资组合 10 天展望期的 99% VaR 等于 1 471 300 美元；

（2）由单一 AT&T 股票组成的投资组合 10 天展望期的 99% VaR 等于 367 800 美元；

（3）由微软与 AT&T 两种股票所组成的投资组合 10 天展望期的 99% VaR 等于 1 620 100 美元。

即

$$(1\,471\,300 + 367\,800) - 1\,620\,100 = 219\,000(\text{美元})$$

代表风险分散的益处。如果微软与 AT&T 的股票价格变化为完美相关，即相关系数等于 1，由微软与 AT&T 共同组成的投资组合的 VaR 等于微软的 VaR 加上 AT&T 的 VaR。小于 1 的相关系数使部分风险被**分散化解**（diversified away）。[⊖]

22.4 线性模型

以上讨论的例子是采用线性模型计算 VaR 的特例。假定我们持有的价值为 P 的投资组合中含有 n 个不同资产，在资产 i（$1 \leqslant i \leqslant n$）上投资资金的数量为 α_i。定义 Δx_i 为资产 i 在 1 天内的回报，在 1 天内投资于资产 i 所产生的价值变化为 $\alpha_i \Delta x_i$，因此

$$\Delta P = \sum_{i=1}^{n} \alpha_i \Delta x_i \tag{22-1}$$

其中 ΔP 为整个投资组合在 1 天内的价值变化。

在前一节所示例子中，第一项资产为价值 1 000 万美元的微软股票，第二项资产为价值 500 万美元的 AT&T 股票，因此 $\alpha_1 = 10$，$\alpha_2 = 5$（按百万美元计），并且

$$\Delta P = 10\Delta x_1 + 5\Delta x_2$$

如果我们假定式（22-1）中的 Δx_i 服从多元正态分布，那么 ΔP 也服从正态分布。为了计算 VaR，我们只需要计算出 ΔP 的期望值和标准差。在上一节里我们假设了每项 Δx_i 的期望值都为 0，因此 ΔP 的期望值也为 0。

为了计算 ΔP 的标准差，我们假定 σ_i 为第 i 项资产的日波动率，ρ_{ij}为资产 i 回报与资产 j 回

⊖ Harry Markowitz 是研究交易组合风险分散收益的先驱之一，由于做出了突出贡献，他于 1990 年获得了诺贝尔奖，见 H. Markowitz, "Portfolio Selection," *Journal of Finance*, 7, 1(March 1952), 77-91。

报之间的相关系数，这意味着 Δx_i 的标准差为 σ_i，Δx_i 与 Δx_j 之间的相关系数为 ρ_{ij}。将 ΔP 的方差记为 σ_P^2，我们有

$$\sigma_P^2 = \sum_{i=1}^{n}\sum_{i=1}^{n}\rho_{i,j}\alpha_i\alpha_j\sigma_i\sigma_j \tag{22-2}$$

这一方程也可以被写成

$$\sigma_P^2 = \sum_{i=1}^{n}\alpha_i^2\sigma_i^2 + 2\sum_{i=1}^{n}\sum_{j<i}\rho_{i,j}\alpha_i\alpha_j\sigma_i\sigma_j$$

N 天内投资组合价值变化的标准差为 $\sigma_P\sqrt{N}$，因此 N 天展望期的 99% VaR 等于 $2.326\sigma_P\sqrt{N}$。

投资组合在一天里的回报率是 $\Delta P/P$，由式（22-2）得出其方差为

$$\sum_{i=1}^{n}\sum_{i=1}^{n}\rho_{i,j}w_iw_j\sigma_i\sigma_j$$

其中 $w_i=\alpha_i/P$ 是组合在第 i 项资产上的投资比重。组合管理人员在使用式（22-2）时常常使用这种形式。

在前一节例子中，$\sigma_1=0.02$，$\sigma_2=0.01$ 和 $\rho_{12}=0.3$，在前面我们曾指出 $\alpha_1=10$ 和 $\alpha_2=5$，因此

$$\sigma_P^2 = 10^2\times0.02^2+5^2\times0.01^2+2\times10\times5\times0.3\times0.02\times0.01 = 0.0485$$

即 $\sigma_P=0.2202$，这一数量为投资组合每天价值变化的标准差（以百万元计）。10 天展望期的 99% VaR 等于 $2.326\times0.2202\times\sqrt{10}=1.62$，即 162 万美元。这与前一节所计算出的结果完全一致。

22.4.1 相关系数与协方差矩阵

相关系数矩阵里的第 i 行和第 j 列元素 ρ_{ij} 是变量 i 和变量 j 之间的相关系数，其形式如表 22-5 所示。因为一个变量与本身总是有完美的相关性，所以相关系数的对角线元素总是 1。另外，因为 $\rho_{ij}=\rho_{ji}$，所以相关系数矩阵是对称的。利用相关系数矩阵、变量 i 的日标准差以及式(22-2)，我们可以计算投资组合的方差。

除了使用相关系数与波动率外，从业人员也常常使用方差和协方差。变量 i 的日方差 var_i 等于日波动率的平方

$$\text{var}_i = \sigma_i^2$$

变量 i 与变量 j 之间的协方差是变量 j 的日波动率、变量 j 的日波动率以及 i 和 j 之间相关系数的乘积

$$\text{cov}_{ij} = \sigma_i\sigma_j\rho_{ij}$$

计算投资组合方差的表达式（22-2）可以写成

$$\sigma_P^2 = \sum_{i=1}^{n}\sum_{i=1}^{n}\text{cov}_{ij}\alpha_i\alpha_j \tag{22-3}$$

表 22-5 相关系数矩阵：ρ_{ij} 是变量 i 和变量 j 之间的相关系数

$$\begin{bmatrix} 1 & \rho_{12} & \rho_{13} & \cdots & \rho_{1n} \\ \rho_{21} & 1 & \rho_{23} & \cdots & \rho_{2n} \\ \rho_{31} & \rho_{32} & 1 & \cdots & \rho_{3n} \\ \vdots & \vdots & \vdots & & \vdots \\ \rho_{n1} & \rho_{n2} & \rho_{n3} & \cdots & 1 \end{bmatrix}$$

协方差矩阵（covariance matrix）里第 i 行和第 j 列元素是变量 i 和变量 j 之间的协方差。如上所述，变量与自身的协方差等于其方差，因此矩阵中的对角线元素为变量的方差（见表22-6）。正是因为这个原因，协方差矩阵有时也被称为**方差－协方差矩阵**（variance-covariance matrix）（与相关系数矩阵一样，协方差矩阵是对称的）。使用矩阵记号，上面所给出的投资组合方差可以写成

$$\sigma_P^2 = \boldsymbol{\alpha}^{\mathrm{T}} \boldsymbol{C} \boldsymbol{\alpha}$$

其中 $\boldsymbol{\alpha}$ 是列向量，第 i 个元素是 α_i，$\boldsymbol{C}$ 是方差－协方差矩阵，$\boldsymbol{\alpha}^{\mathrm{T}}$ 是 $\boldsymbol{\alpha}$ 的转置。

方差与协方差通常是通过历史数据来计算的。在23.8节里，我们将以22.2节里的4个股指为例来说明如何计算方差与协方差。

表22-6　方差－协方差矩阵：cov_{ij} 是变量 i 和变量 j 之间的协方差，对角线元素为方差：$\mathrm{cov}_{ii} = \mathrm{var}_i$

$$\begin{bmatrix} \mathrm{var}_1 & \mathrm{cov}_{12} & \mathrm{cov}_{13} & \cdots & \mathrm{cov}_{1n} \\ \mathrm{cov}_{21} & \mathrm{var}_2 & \mathrm{cov}_{23} & \cdots & \mathrm{cov}_{2n} \\ \mathrm{cov}_{31} & \mathrm{cov}_{32} & \mathrm{cov}_3 & \cdots & \mathrm{cov}_{3n} \\ \vdots & \vdots & \vdots & & \vdots \\ \mathrm{cov}_{n1} & \mathrm{cov}_{n2} & \mathrm{cov}_{n3} & \cdots & \mathrm{var}_n \end{bmatrix}$$

22.4.2　如何处理利率

在模型构建法中，我们不可能将一个公司面临的每一个债券价格和每一种利率风险都定义为一个单独的市场变量。在建立模型时，我们必须进行简化。一种方式是假定收益率曲线的变化形式只有平行移动，由此我们只需要定义一个市场变量，即平行移动的大小。我们可以采用以下方程来计算证券组合价值变化

$$\Delta P = -DP\Delta y$$

其中 P 为组合的价值，ΔP 为组合在1天内的变化，D 为组合的修正久期，Δy 为收益率在1天内的平移变化。

一般来讲，这种方法的准确性不够好。市场上通常采用的方法是选择以下标准期限的零息债券价格作为市场变量：1月、3月、6月、1年、2年、5年、7年、10年和30年。在计算VaR时，组合中产品的现金流被映射成标准期限上的现金流。考虑头寸为100万的国库券，期限为1.2年，债券的券息为6%，每半年支付一次。债券在0.2年、0.7年和1.2年发放券息，并在1.2年债券偿还本金。此债券可以作为以下三个零息债券的组合：0.2年期限面值为30 000美元、期限为0.7年面值为30 000美元以及期限为1.2年面值为1 030 000美元。在映射过程中，0.2年的头寸被等价的1个月和3个月头寸而取代，0.7年的头寸被等价的6个月和1年头寸而取代，1.2年的头寸被等价的1年和2年头寸而取代。因此，为了计算VaR，我们持有的1.2年期的带息债券分别被映射为1个月、3个月、6个月、1年和2年的无息债券。

这里描述的过程被称为**现金流映射**（cash-flow mapping）。网页 www.rotman.utoronto.ca/~hull/TechnicalNotes 上的 Technical Note 25 介绍了一种这样的现金流映射方法。注意，当使用历史模拟方法时，没有必要做现金流映射，这是因为对于每个情形，我们都可以计算完整的期限结构。

22.4.3　线性模型的应用

线性模型最简单的应用是针对只包含股票、债券，而同时没有衍生产品的投资组合。现金流映射法将债券转化为标准期限的零息债券。这时，投资组合价格的变化同股票价格和零息债

券的回报呈线性关系。

线性模型能够处理的衍生产品包括标的资产（变量）为汇率的远期合约。假设远期合约的期限为 T，这一合约可以被理解为期限为 T 的外国零息债券同期限为 T 的本国零息债券的交换。为了计算 VaR，我们将远期合约理解为外国债券的多头与本国债券空头的组合，而每一个债券都可以通过现金流映射来处理。

接下来我们考虑利率互换。如第 7 章所述，利率互换可以看作浮动利息债券与固定利息债券的交换。固定券息债券是一般的带息债券，而浮动券息债券在下一个付息日后的价值等于面值，因此浮动券息债券可以被当成期限等于下一个付息日的零息债券。因此，利率互换可以被转换为债券多头与空头的组合，从而我们可以采用一般的现金流映射来对互换进行处理。

22.4.4 线性模型与期权

我们现在考虑如何将线性模型用于期权产品，首先假设投资组合是由标的资产为一只股票的期权组成，标的资产的当前价格为 S，期权 Delta（由第 19 章里的计算方式来求得）为 δ，[⊖]因为 δ 为投资组合价格变化与 S 变化的比率，我们有以下近似式

$$\delta = \frac{\Delta P}{\Delta S}$$

即

$$\Delta P = \delta \Delta S \tag{22-4}$$

其中 ΔS 为 1 天内股票价格的变化，ΔP 为投资组合在 1 天内的价值变化。我们定义 Δx 为股票价格在 1 天内的百分比变化，因此

$$\Delta x = \frac{\Delta S}{S}$$

ΔP 与 Δx 有以下近似关系式

$$\Delta P = S\delta\Delta x$$

当投资组合包含几种不同标的市场变量的期权时，我们可以推导出 ΔP 与 Δx_i 之间的近似关系式

$$\Delta P = \sum_{i=1}^{n} S_i \delta_i \Delta x_i \tag{22-5}$$

其中 S_i 为第 i 个市场变量的取值，δ_i 为投资组合关于第 i 个变量的 Delta。类似于式（22-1）的近似关系式

$$\Delta P = \sum_{i=1}^{n} \alpha_i \Delta x_i$$

其中 $\alpha_i = S_i\delta_i$，至此我们可以利用式（22-2）或式（22-3）来计算 ΔP 的标准差。

例 22-1

假定一个投资组合是由标的资产为微软股票与 AT&T 股票的期权所组成，微软期权的 Delta 为 1 000，AT&T 期权的 Delta 为 20 000，微软股票的价格为 120，AT&T 的股票价格为 30。由式（22-5），我们得出以下近似式

⊖ 通常我们将交易组合 Delta 和 Gamma 分别计为 Δ 及 Γ，在这一节以及今后的一节里，我们将采用小写字母 δ 和 γ，这样做的原因是避免过多使用符号 Δ。

$$\Delta P = 120 \times 1\,000 \times \Delta x_1 + 30 \times 20\,000 \times \Delta x_2$$

即

$$\Delta P = 120\,000 \Delta x_1 + 600\,000 \Delta x_2$$

其中 Δx_1 与 Δx_2 分别为微软与 AT&T 股票在 1 天内的收益率，ΔP 为投资组合价值相应的变化（这相当于在微软上有 120 000 美元投资，在 AT&T 上有 600 000 美元的投资）。假设微软日波动率为 2%，AT&T 日波动率为 1%，它们之间的相关系数为 0.3，我们得出 ΔP 的标准差（以千元计）为

$$\sqrt{(120 \times 0.02)^2 + (600 \times 0.01)^2 + 2 \times 120 \times 0.02 \times 600 \times 0.01 \times 0.3} = 7.099$$

因为 $N(-1.645) = 0.05$，5 天展望期的 95% VaR 等于

$$1.645 \times \sqrt{5} \times 7\,099 = 26\,110(\text{美元})$$

22.5　二次模型

当投资组合中含有期权产品时，线性模型只是一个近似，其中不考虑投资组合的 Gamma 项。如第 19 章所述，Delta 是投资组合价值变化随标的市场变量变化的比率，Gamma 是投资组合 Delta 的变化随标的市场变量变化的比率。Gamma 是测量投资组合价值与市场变量关系式中的曲率。

图 22-4 展示了非零 Gamma 对于投资组合价值概率分布的影响，当 Gamma 为正时，概率分布通常具有**正偏性**（positively skewed）；而 Gamma 为负时，概率分布通常具有**负偏性**（negatively skewed）。图 22-5 和图 22-6 解释了产生这一现象的原因。图 22-5 显示了一个看涨期权多头价值同标的资产的关系。一个看涨期权多头是具有正 Gamma 期权的例子，该图说明当标的资产价格在 1 天内的概率分布为正态分布时，相应期权价值的概率分布具有正偏性态。[⊖]图 22-6 显示了一看涨期权空头价值与标的资产的关系。看涨期权空头的 Gamma 为负，这时当标的资产价格在 1 天内的概率分布为正态分布时，相应期权价值的概率分布具有负偏性。

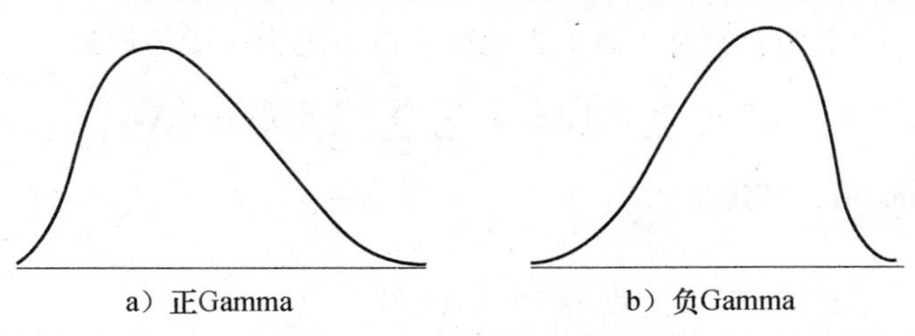

图 22-4　投资组合价值的概率分布

一个投资组合的 VaR 关键取决于投资组合价值分布左端的尾部。例如，当置信水平为 99% 时，VaR 就是左端尾部中对应的、恰有 1% 的分布低于该值的数值，图 22-4a 与 22-5 显示，具有正 Gamma 的投资组合同正态分布相比，左端分布较为瘦小，在假设 ΔP 为正态分布时得出的 VaR 会偏高。类似地，由图 22-4b 与 22-6 显示，具有负 Gamma 的投资组合同正态分布相比，左端分布较为肥大，在假设 ΔP 为正态分布时得出的 VaR 会偏低。

⊖ 如 22.3 节脚注所述，在计算 VaR 时，我们可以用正态分布作为对数正态分布的近似。

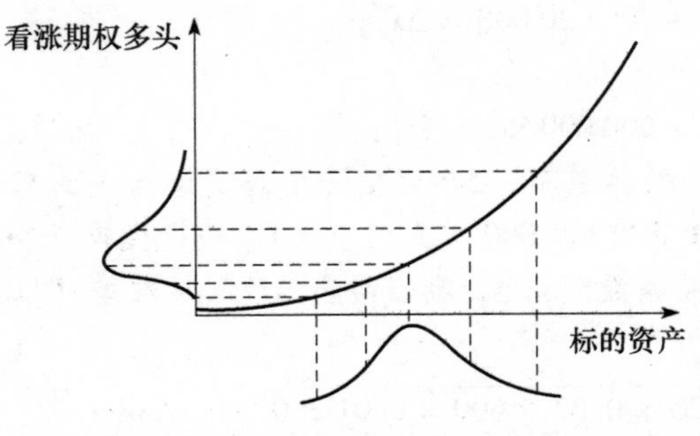

图 22-5 具有正态分布的标的资产概率分布与看涨期权多头概率分布的对应关系

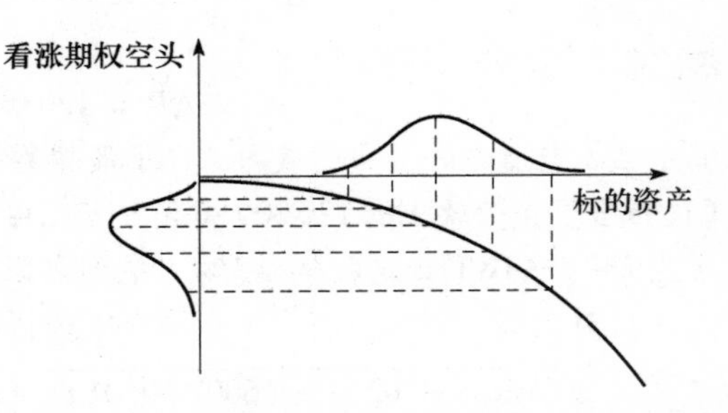

图 22-6 具有正态分布的标的资产概率分布与看涨期权空头的概率分布的对应关系

为了得到比线性模型更精确的 VaR 估计，我们可以在 ΔP 与 Δx_i 关系式中既考虑 Delta 又考虑 Gamma。考虑一个只依赖单一资产价格 S 的投资组合，假定 δ 和 γ 为投资组合的 Delta 和 Gamma。由第 19 章附录，式（22-4）中近似式的改进为[㊀]

$$\Delta P = \delta \Delta S + \frac{1}{2}\gamma(\Delta S)^2$$

令

$$\Delta x = \frac{\Delta S}{S}$$

由此得出

$$\Delta P = S\delta \Delta x + \frac{1}{2}S^2\gamma(\Delta x)^2 \tag{22-6}$$

假定投资组合价值与 n 个市场变量有关，并且组合中每个产品只依赖于一个市场变量，则式（22-6）变为

$$\Delta P = \sum_{i=1}^{n} S_i\delta_i\Delta x_i + \sum_{i=1}^{n} \frac{1}{2}S_i^2\gamma_i(\Delta x_i)^2$$

其中 S_i 为第 i 个市场变量的值，δ_i 和 γ_i 为投资组合关于第 i 个变量的 Delta 和 Gamma。当组合的资产依赖于不止一个市场变量时，以上方程变为以下更为一般的形式

$$\Delta P = \sum_{i=1}^{n} S_i\delta_i\Delta x_i + \sum_{i=1}^{n}\sum_{j=1}^{n} \frac{1}{2}S_iS_j\gamma_{ij}\Delta x_i\Delta x_j \tag{22-7}$$

其中 γ_{ij} 为交叉 Gamma 项，其定义为

$$\gamma_{ij} = \frac{\partial^2 P}{\partial S_i \partial S_j}$$

与式（22-1）相比，式（22-7）不是十分易于应用，但这一方程可用来计算 ΔP 的**矩**（moment）。由这些矩，我们可以利用统计学中的 Cornish-Fisher 展开来计算概率分布的分位数。[㊁]

㊀ 由第 19 章附录的泰勒级数展开式，以下方程是关于 ΔP 的近似式。

$$\Delta P = \Theta\Delta t + \delta\Delta s + \frac{1}{2}\gamma(\Delta S)^2$$

其中忽略阶数高于 Δt 的项。在实际中，$\Theta\Delta t$ 非常小，也常常被忽略。

㊁ 在网页 www. rotman. utoronto. ca/ ~ hull/TechnicalNotes 中的 Technical Note 10 给出了计算矩的细节，并且讨论了 Cornish-Fisher 展开的应用。当只有单一变量时，$E(\Delta P) = 0.5S^2\gamma\sigma^2$，$E(\Delta P^2) = S^2\delta^2\sigma^2 + 0.75S^4\gamma^2\sigma^4$，以及 $E(\Delta P^3) = 4.5S^4\delta^2\gamma\sigma^4 + 1.875S^6\gamma^3\sigma^6$，其中 S 为标的变量的值，σ 为日波动率。DerivaGem 软件中应用工具 E(Sample Application E) 对于这一情形实现了 Cornish-Fisher 展开。

22.6 蒙特卡罗模拟

除了上述方法，我们还可以在运用模型构建法时利用蒙特卡罗模拟法，由此来得到ΔP的概率分布。假如我们想计算投资组合展望期为1天的VaR，过程如下：

（1）利用市场变量的当前值，按通常方式对投资组合进行定价。

（2）由Δx_i服从的多元正态分布中进行一次抽样。[一]

（3）由Δx_i的样本值计算在交易日末的市场变量值。

（4）利用新产生的市场变量来对投资组合以通常方式重新定价。

（5）将第四步产生的数值减去第一步的数值，由此产生ΔP的一个抽样样本。

（6）多次重复第二步至第五步，我们可以建立ΔP的概率分布。

ΔP的概率分布中的某个分位数就是我们需求的VaR。假如我们由以上方法计算出ΔP的5 000个不同的样本值，那么1天展望期的99% VaR就对应于样本数值中的第50个最坏损失的取值；1天展望期的95% VaR对应于第250个最坏损失的取值，等等。[二]N天展望期的VaR等于1天展望期的VaR乘以$\sqrt{N}$。[三]

蒙特卡罗方法的弱点是计算速度缓慢，因为公司的投资组合（由成千上万的不同资产所组成）要被定价很多次。[四]一种加快计算速度的方法是用式（22-7）来描述ΔP与Δx_i的关系，这样，在蒙特卡罗方法中我们就可以由第二步直接跳到第五步，因此避免了对投资组合的完全重新定价，这一方法有时被称为**局部模拟方法**（partial simulation approach）。当运用历史模拟法时，有时采取类似的做法。

22.7 不同方法的比较

我们讨论了两种计算VaR的方法：历史模拟法与模型构建法。模型构建法的优点是计算速度快，并且可以比较容易地与下一章里讨论的波动率更新方法相结合。模型构建法的主要缺点是假设市场变量服从多元正态分布。在实际中，市场变量每天变化分布的尾部往往与正态分布有很大差别（例如，见表20-1）。

历史模拟法的优点是历史数据决定了市场变量的联合分布，它也避免了现金流映射过程。历史模拟法的主要缺点是计算速度较慢，并且不太容易与波动率更新方法结合使用。[五]

模型构建法的一个缺点是对于具有较低Delta的投资组合，它所给出结果的精度较差（见作业题22.21）。

[一] 在21.6节里，我们曾讨论过如何进行抽样。

[二] 就像在历史模拟法中那样，极值理论可以用来对尾部分布进行光滑处理，在处理之后我们可以得出极端分位的一个估计。

[三] 当交易组合包含期权时，这只是一个近似，但在实际中大多数的VaR计算方法里都做了这种假设。

[四] F. Jamishidian和Y. Zhu提出了限制重新定价次数的方法，参考“Scenario Simulation Model: Theory and Methodology,” *Finance and Stochastics*, 1(1997), 43-67。

[五] 关于如何将历史模拟法与波动率更新算法结合使用，参见J. Hull and A White, “Incorporating volatility updating into the historical simulation method for value-at-risk,” *Journal of Risk* 1, No. 1(1998): 5-19。

22.8 压力测试与回顾测试

除了计算 VaR，许多公司也对其投资组合进行**压力测试**（stress testing），其目的是检验投资组合在过去 10 到 20 年所出现的某些极端市场条件下的表现。

例如，为了检测美国市场股票价格极端变化对于投资组合价值的影响，一家公司可能会假设所有市场变量的百分比变化与 1987 年 10 月 19 日市场变量的百分比变化相同（在这一天标普 500 的变化等于其标准差的 22.3 倍）。如果这一情形被认为太极端，这家公司也许会选择 1988 年 1 月 8 日的情形（这一天标普 500 的变化等于其标准差的 6.8 倍）。为了检验英国利率的极端变化对于投资组合的影响，一家公司可能会假设所有市场变量的百分比变化与 1992 年 4 月 10 月的市场变量百分比变化相同（在这一天 10 年期债券收益率变化等于其标准差的 7.7 倍）。

压力测试中所用的情形有时会由公司高管制定。一种方法是要求公司高管定期见面，在给定经济背景和全球不确定状况下，通过集体研讨来得出市场上可能会出现的极端情形。

有些极端情形在现实中确实会出现，但在对市场变量所假设的概率分布下几乎是不可能的，而压力测验可以看成是将这些极端情形考虑在内的方式。市场变量在一天内变化超出 5 个标准差就是这样一种极端事件。在正态分布的假设下，这种事件在每 7000 年才可能发生一次，而在实际中，一天内市场变化 5 个标准差的事件在每 10 年内发生 1 ~ 2 次并不是很稀奇。

在经过 2007 年和 2008 年的信用危机后，监管部门提议计算**压力状态下的 VaR**（stressed VaR）。这是基于当市场变量在一段压力市场条件下（比如像 2008 年）由历史模拟法所产生的 VaR。

不管采用什么样的方法来计算 VaR，一个重要的实际检验为**回顾测试**（back testing）。这涉及检验 VaR 的估计值在过去的表现。假定我们计算一天的 99% VaR，在回顾测试中，我们要找出投资组合在一天内损失超出所计算的一天 99% VaR 的天数。如果超出的天数大约占整体天数的 1%，我们应该对计算 VaR 的方法感到欣慰。但是，如果超出一天 99% VaR 的天数占整体天数的比例很大，比如 7%，此时我们有理由对计算方法产生怀疑。

22.9 主成分分析法

主成分分析法（principal component analysis）是一种用来分析高度相关的市场变量风险的分析方法，这是一种在风险管理方面有许多应用的标准统计工具。该方法以市场变量的历史变化数据为依据，并试图从中找出解释这些变化的主要成分或因素。

解释这一方法的最好方式是通过以下这个例子。我们考虑的市场变量是期限为 1 年、2 年、3 年、4 年、5 年、7 年、10 年和 30 年的不同的美国互换利率，表 22-7 与表 22-8 给出了利用 2000 ~ 2011 年的 2 780 个数据对这些市场变量所得出的计算结果。表 22-7 中第 1 列显示利率期限，其他 8 列给出的是描述利率变化的 8 个因子（主要成分）。第 1 个因子对应于利率曲线的平行移动的变化，这一因子为表中的 PC1，该因子一个单位变化对应 1 年利率增加量为 0.216 基点，2 年利率的增加量为 0.331 个基点，并依此类推。表中第 2 个因子对应于 PC2 列，这一因子对应于收益率曲线的**扭动**（twist）或曲线坡度的变化，1 ~ 4 年的利率变化为同一方向，5 年至 30 年利率变化为另一方向。第 3 个因子 PC3 对应于利率**曲线弓伸**（bowing）现象，对应于这一因子，相对较短期（1 年和 2 年）和相对长期利率（10 年和 30 年）朝同一方向移动，而中期利率会朝另一相反方向移动。对应于某一因子的利率变化称为**因子载荷**（factor loading），在我们的例子中，对于 1 年期的第 1 个因子载荷为 0.216。[㊀]

表 22-7 互换利率的因子载荷

	PC1	PC2	PC3	PC4	PC5	PC6	PC7	PC8
1y	0.216	-0.501	0.627	-0.487	0.122	0.237	0.011	-0.034
2y	0.331	-0.429	0.129	0.354	-0.212	-0.674	-0.100	0.236
3y	0.372	-0.267	-0.157	0.414	-0.096	0.311	0.413	-0.564
4y	0.392	-0.110	-0.256	0.174	-0.019	0.551	-0.416	0.512
5y	0.404	0.019	-0.355	-0.269	0.595	-0.278	-0.316	-0.327
7y	0.394	0.194	-0.195	-0.336	0.007	-0.100	0.685	0.422
10y	0.376	0.371	0.068	-0.305	-0.684	-0.039	-0.278	-0.279
30y	0.305	0.554	0.575	0.398	0.331	0.022	0.007	0.032

表 22-8 因子得分的标准差（基点）

PC1	PC2	PC3	PC4	PC5	PC6	PC7	PC8
17.55	4.77	2.08	1.29	0.91	0.73	0.56	0.53

因为有 8 个利率变量与 8 个因子，通过对一线性 8 元方程求解，我们可以将任意一天的利率变化表达为因子的线性组合，在一天内利率变化中，对应的一个因子数量也被称为这一天利率变化的**因子得分**（factor score）。

因子的重要性是通过因子得分的标准差来反映的，我们将例子中因子得分的标准差在表 22-8 中按其重要性进行排列。表 22-8 的数字表示为基点数（即 0.000 1）。第 1 个因子的一个标准差对应于 1 年期的利率变化为 $0.216 \times 17.55 = 3.78$ 个基点，2 年期的利率变化为 $0.331 \times 17.55 = 5.81$ 个基点，等等。

读者可以在作者网页上找到计算表 22-7 和表 22-8 的软件。因子的选择标准是确保因子得分相互无关。在我们的例子中，第 1 个因子得分（平行移动数量）与第 2 个因子得分（扭动数量）在 2 780 个观察日内相互独立。因子得分的方差（也就是标准差的平方）具有如下性质：其和相加等于整个数据的方差。由表 22-8 得出，数据的整体方差（也就是 1 年期利率观察值的方差，2 年期利率观察值的方差，等等）为

$$17.55^2 + 4.77^2 + 2.08^2 + \cdots + 0.53^2 = 338.8$$

由此可以看到第 1 个因子解释了 $17.55^2/338.8 = 90.9\%$ 的原始数据变化；前两个因子解释了 $(17.55^2 + 4.77^2)/338.8 = 97.7\%$ 的数据变化；第 3 个因子又进一步解释了 1.3% 的数据变化。这说明，大部分利率变化中的风险可以由前 2 个或前 3 个因子来解释。这意味着我们可以将利率产品组合的风险同这些主要因子联系起来，因此我们并不需要考虑所有 8 个不同的利率。

图 22-7 中画出了表 22-7 给出的 3 个最重要的因子。[㊁]

㊀ 因子载荷有这样性质：所有载荷因子的平方之和为 1。另外，当所有因子载荷的符号变化时，因子并不改变。

㊁ 将主成分分析方法应用于任何一个国家的任意一种收益率曲线，得出的主要因子的含义与解释整体风险的程度都与这里陈述的结论基本相同。

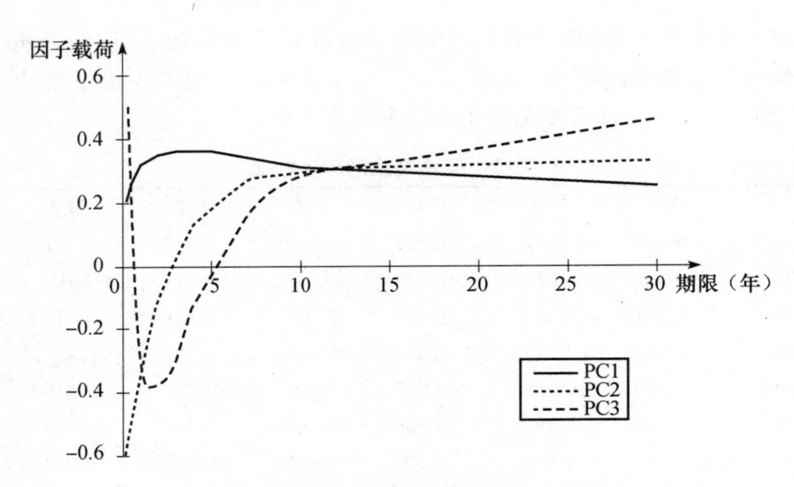

图 22-7 互换利率变化的三个最重要因素

应用主成分分析法来计算 VaR

为了说明如何应用主成分分析法来计算 VaR，假定我们拥有一投资组合，其对于利率变化的敏感度如表 22-9 所示。1 年期利率一个基点的变化将会触发组合价值增加 1 000 万，两年期利率一个基点的变化将会触发组合价值增加 400 万，等等。假设我们采用前两个因子来描述利率变化（如前所述，这两个因子解释了 97.7% 的利率变化）。应用表 22-7 中的数据，我们算出对于第 1 个因子的敏感度（以百万美元计，对应于每一因子得分的一个基点变动）为

$$10 \times 0.327 + 4 \times 0.392 - 8 \times 0.404 - 7 \times 0.394 + 2 \times 0.376 = -0.05$$

对于第 2 个因子的敏感度为

$$10 \times (-0.267) + 4 \times (-0.110) - 8 \times 0.019 - 7 \times 0.194 + 2 \times 0.371 = -3.87$$

假定 f_1 和 f_2 为因子得分（以基点数计算），投资组合价值变化的较好估计值为

$$\Delta P = -0.05 f_1 - 3.87 f_2$$

因子得分互不相关，表 22-8 给出了前两个因子的标准差，因此 ΔP 的标准差为

$$\sqrt{0.05^2 \times 17.55^2 + 3.87^2 \times 4.77^2} = 18.48$$

1 天展望期的 99% VaR 等于 $18.48 \times 2.326 = 42.99$。注意，表 22-9 的数据显示投资组合对于第 1 个因子的敏感性较低，而对于第 2 个因子的敏感性较高，只采用第 1 个因子（见练习题 22.11）进行计算将会大大低估 VaR。因为在 22.4 节里讨论的久期方法也只考虑了收益曲线的平行移动，所以久期方法也会大大低估 VaR。

表 22-9 与一个基点利率变化相对应的投资组合价值变化（以百万美元计）

1 年期利率	2 年期利率	3 年期利率	4 年期利率	5 年期利率
+10	+4	-8	-7	+2

从理论上讲，除了对利率变量外，主成分分析法也可用于其他市场变量。假定一家金融机构对于若干股指有风险敞口，主成分分析法可用来识别描述股指变化的因子，我们还可以用最重要的因子来取代股指进行 VaR 的计算。主成分分析法的有效性取决于市场变量之间的相关性。

如本章前面所述，VaR 的计算往往是通过将投资组合的实际变化与市场变量的百分比变化

(Δx_i) 结合起来，因此，为了计算VaR，对市场变量的百分比变化（而不是其实际变化）进行主成分分析也许更为合理。

小结

计算风险价值度（VaR）的目的是为了使管理人员对以下问题有一个清晰认识："有X%的把握，在今后的N天，我们的损失不会超出V。"这里的变量V就是风险价值度，X%为置信度，N天为展望期。

一种计算VaR的方法为历史模拟法。在这一方法中，我们需要构造在一段时间内市场变量每天变化值的数据库。在模拟计算中，第1个抽样是假定市场变量的百分比变化等于数据库所覆盖的第1天数据的百分比变化；第2个抽样是假定市场变量的百分比变化等于数据库所覆盖的第2天数据的百分比变化，并依此类推。对于每个样本，我们可以计算出投资组合的变化值ΔP，最后从ΔP概率分布的分位数中，我们可以求得投资组合的VaR。

另外一种计算VaR的方法为模型构建法。当满足以下两个条件时，该方法的实现比较简便：

(1) 投资组合价格变化（ΔP）同市场变量的百分比变化呈线性关系。

(2) 市场变量的百分比变化服从多元正态分布。

ΔP的分布也是正态，ΔP的标准差与市场变量的波动率以及相关系数之间存在一种解析关系。从正态分布的性质我们可以计算出VaR。

当投资组合中包括期权产品时，ΔP与市场变量的百分比变化呈非线性关系。当已知投资组合的Gamma时，我们可以推导一个ΔP与市场变量百分比变化之间的近似二次关系，然后可以利用蒙特卡罗模拟来估计VaR。

在下一章里我们将讨论如何估计和检验波动率和相关系数。

推荐阅读

Artzner P., F. Delbaen, J.-M. Eber, and D. Heath. "Coherent Measures of Risk," *Mathematical Finance*, 9 (1999): 203–28.

Basak, S., and A. Shapiro. "Value-at-Risk-Based Risk Management: Optimal Policies and Asset Prices," *Review of Financial Studies*, 14, 2 (2001): 371–405.

Beder, T. "VaR: Seductive but Dangerous," *Financial Analysts Journal*, 51, 5 (1995): 12–24.

Boudoukh, J., M. Richardson, and R. Whitelaw. "The Best of Both Worlds," *Risk*, May 1998: 64–67.

Dowd, K. *Beyond Value at Risk: The New Science of Risk Management*. New York: Wiley, 1998.

Duffie, D., and J. Pan. "An Overview of Value at Risk," *Journal of Derivatives*, 4, 3 (Spring 1997): 7–49.

Embrechts, P., C. Kluppelberg, and T. Mikosch. *Modeling Extremal Events for Insurance and Finance*. New York: Springer, 1997.

Frye, J. "Principals of Risk: Finding VAR through Factor-Based Interest Rate Scenarios" in *VAR: Understanding and Applying Value at Risk*, pp. 275–88. London: Risk Publications, 1997.

Hendricks, D. "Evaluation of Value-at-Risk Models Using Historical Data,"*Economic Policy Review*, Federal Reserve Bank of New York, 2 (April 1996): 39–69.

Hopper, G. "Value at Risk: A New Methodology for Measuring Portfolio Risk," *Business Review*, Federal Reserve Bank of Philadelphia, July/August 1996: 19–29.

Hua P., and P. Wilmott, "Crash Courses," *Risk*, June 1997: 64–67.

Hull, J.C., and A. White. "Value at Risk When Daily Changes in Market Variables Are Not Normally Distributed," *Journal of Derivatives*, 5 (Spring 1998): 9–19.

Hull, J.C., and A. White. "Incorporating Volatility Updating into the Historical Simulation Method for Value at Risk," *Journal of Risk*, 1, 1 (1998): 5–19.

Jackson, P., D.J. Maude, and W. Perraudin. "Bank Capital and Value at Risk." *Journal of Derivatives*, 4, 3 (Spring 1997): 73–90.

Jamshidian, F., and Y. Zhu. "Scenario Simulation Model: Theory and Methodology," *Finance and Stochastics*, 1 (1997): 43–67.

Jorion, P. *Value at Risk*, 3rd edn. New York: McGraw-Hill, 2007.

Longin, F.M. "Beyond the VaR," *Journal of Derivatives*, 8, 4 (Summer 2001): 36–48.

Marshall, C., and M. Siegel. "Value at Risk: Implementing a Risk Measurement Standard," *Journal of Derivatives* 4, 3 (Spring 1997): 91–111.

McNeil, A.J. "Extreme Value Theory for Risk Managers," in *Internal Modeling and CAD II*, London: Risk Books, 1999. See also: www.math.ethz.ch/~mcneil.

Neftci, S. "Value at Risk Calculations, Extreme Events and Tail Estimation," *Journal of Derivatives*, 7, 3 (Spring 2000): 23–38.

Rich, D. "Second Generation VaR and Risk-Adjusted Return on Capital," *Journal of Derivatives*, 10, 4 (Summer 2003): 51–61.

练习题

22.1 假定投资组合是由价值为100 000美元的资产A与价值为100 000美元的资产B所组成，假定两项资产的日波动率均为1%，两个资产回报的相关系数为0.3，投资组合5天展望期的99% VaR是多少？

22.2 当利用模型构建法来计算VaR时，描述3种处理利率产品的不同方法。当采用历史模拟法时，你将如何对产品进行处理？

22.3 一家金融机构拥有一个标的变量为美元/英镑（USD/GBP）的汇率期权投资组合，组合的Delta为56.0，当前汇率为1.500 0，推导投资组合价值变化与汇率百分比变化之间的近似线性关系式，如果汇率在1天内的波动率为0.7%，估计10天展望期的99% VaR。

22.4 假设在前一练习题中投资组合的Gamma为16.2，这里已知的Gamma将如何影响投资组合价值变化与汇率百分比变化的关系式？

22.5 假定投资组合在一天内的价值变化同由主成分分析法（PCA）所计算出的两个因子呈很好的线性关系，投资组合对于第1个因子的Delta为6，投资组合对于第2个因子的Delta为−4，两个因子的标准差分别为20与8，投资组合5天展望期的90% VaR为多少？

22.6 假定某公司的投资组合中含有股票和债券，但不含衍生产品。解释在使用以下计算VaR的方法时所做的两种假设：(a) 线性模型，(b) 历史模拟法。

22.7 解释在计算VaR时，如何将利率互换的现金流映射成一个具有标准期限的零息债券组合。

22.8 解释VaR与预期亏损的区别。

22.9 对包含期权投资组合的VaR，解释为什么线性模型仅仅提供了一个近似估计。

22.10 在一段时间之前，某家公司签订了一项以150万美元买入100万英镑的远期合约，这一远期合约离到期日还剩6个月。6个月英国零息债券的日波动率为0.06%（价格在转换成美元后），6个月期限美元零息债券的波动率为0.05%，两个债券收益的相关系数为0.8，当前的汇率为1.53，计算远期合约在一天内价值（以美元计算）变化的标准差。10天展望期的99% VaR是多少？在计算中假定英镑与美元6月期的利率均为5%（连续复利）。

22.11 表22-9所对应的例子中假设了两个因子。当你假设有（a）一个因子，（b）三个因子时，计算结果会分别有什么样的变化？

22.12 一家银行拥有某一标的资产上的期权投资组合，期权组合的Delta为−30，Gamma为−5，解释应当如何理解这些数字？资产价格为20，每天价格变化的波动率为

1%，采用 DerivaGem 软件中应用工具 Sample Application E 来计算 VaR。

22.13 假设练习题 22.12 中投资组合中对应于年波动率 1% 变化的 Vega 为 -2。推导投资组合 1 天内的价值变化与 Delta、Gamma 和 Vega 之间的关系式。在无须进行详细计算的情况下，解释如何应用这一模型来计算 VaR。

22.14 在 22.2 节里，对于 4 个指数的例子，我们计算出组合的 1 天展望期 99% VaR 值为 253 385 美元。通过网页 www.rotman.utoronto.ca/~hull/OFOD/VaRExample 里的计算表，计算：(a) 1 天 95% VaR，(b) 1 天 97% VaR。

22.15 当 22.2 节里的投资组合在 4 个指数上的投资比重都一样时，利用 22.2 节里的基本方法与上一题中的计算表计算 1 天 99% VaR。

作业题

22.16 一家公司持有债券投资组合的价值为 600 万美元，投资组合的修正久期为 5.2 年，假定利率曲线的变化只有平行移动形式，并且利率曲线变动的标准差为 0.09（利率以百分比计），利用久期模型来估计 20 天展望期的 90% VaR，详细解释这里的 VaR 计算方式的缺点，给出两种更为准确的计算方法。

22.17 考虑由价值为 300 000 美元的黄金投资与价值为 500 000 美元的白银投资所组成的头寸。假定以上两资产变化的日波动率分别为 1.8% 与 1.2%，资产回报之间的相关系数为 0.6，组合 10 天展望期的 97.5% VaR 为多少？投资分散效应所减小的 VaR 数量为多少？

22.18 考虑某个标的资产上的期权投资组合，假定投资组合的 Delta 为 12，标的资产价值为 10 美元，标的资产的日波动率为 2%，由 Delta 来估计投资组合一天展望期 95% VaR。接下来，假定投资组合的 Gamma 为 -2.6，推导投资组合价值在一天内变化同标的资产价格百分比变化的二次关系式。你会如何应用这一关系式来进行蒙特卡罗模拟？

22.19 一家公司持有 2 年期与 3 年期债券的多头与 5 年期债券的空头，每一债券的面值都是 100 美元，债券每年支付 5% 券息，计算公司投资对于 1 年、2 年、3 年、4 年与 5 年利率的风险敞口头寸，采用表 22-7 和表 22-8 中数据和以下有关利率的不同假设来计算 20 天展望期的 95% VaR，利率变动分别由 (a) 一个因子，(b) 两个因子和 (c) 三个因子来解释。在计算中假定零息利率为 5%。

22.20 一家银行卖出了标的资产为某股票的看涨期权，同时银行又卖出了标的资产为另一家股票的看跌期权，看涨期权的标的股票价格为 50，期权执行价格为 51，标的股票波动率为每年 28%，期权期限为 9 个月；看跌期权的标的股票价格为 20，执行价格为 19，标的股票波动率为每年 25%，期权期限为 1 年，两种股票均不支付股息，无风险利率是每年 6%，两种股票收益的相关系数为 0.4。采用以下方式计算 10 天展望期的 99% VaR。

(a) 只采用 Delta。

(b) 采用局部模拟法。

(c) 采用整体模拟法。

22.21 风险管理人员的一个普遍的抱怨是当投资组合的 Delta 接近 0 时，模型构建法（无论是线性模型或二次模型）的结果都不是很好。采用 DerivaGem 软件应用工具中的 Sample Application E 来进行验证（对于不同的期权头寸，调整标的产品头寸来使 Delta 为 0），并解释你的结果。

22.22 假设在 22.2 节里所考虑的投资组合如下（以千美元计）：DJIA 上数量为 3 000，FTSE 上为 3 000，CAC 40 上为 1 000 和 Nikkei 225 上为 3 000。利用上面提到的工作表来计算投资组合的 1 天 99% VaR，这里的 VaR 与在 22.2 节里所得结果的差别有多大？

CHAPTER23

第23章 估计波动率和相关系数

在本章中我们将解释如何从历史数据来估计当前和未来的波动率及相关系数。这一章的内容与利用模型构建法计算风险价值度以及对衍生产品定价有密切关系：在计算风险价值度时，我们对当前波动率和相关系数最感兴趣，这是因为我们要对交易组合在一个较短时间内的价值变化进行估计；在对衍生产品定价时，我们往往需要对衍生产品整个期限内的波动率和相关系数进行预测。

这一章将考虑一些具有令人瞠目名称的波动率估计方法，例如，指数加权移动平均（exponentially weighted moving average，EWMA）、自回归条件异方差（auto-regressive conditional heteroscedasticity，ARCH）以及广义自回归条件异方差（generalized auto-regressive conditional heteroscedasticity，GARCH）等。这些方法的一个显著特点是它们都假设波动率和相关系数不是常数：在某些时间段内波动率和相关系数可能相对较低，而在其他时间段内可能相对很高。这些方法试图跟踪波动率或相关系数随时间的变化。

23.1 估计波动率

定义 σ_n 为第 $n-1$ 天所估计的市场变量在第 n 天的波动率，第 n 天波动率的平方 σ_n^2 为**方差率**（variance rate）。在第15.4节我们曾描述了如何从历史数据来估计 σ_n 的标准处理方法：假定市场变量在 i 天末的取值为 S_i，变量 u_i 定义为在第 i 天（第 $i-1$ 天末至第 i 天末）连续复利收益率

$$u_i = \ln \frac{S_i}{S_{i-1}}$$

利用 u_i 在最近 m 天的观察数据所计算出的日方差率 σ_n^2 的无偏估计为

$$\sigma_n^2 = \frac{1}{m-1}\sum_{i=1}^{m}(u_{n-i}-\bar{u})^2 \tag{23-1}$$

其中 $\bar{u}$ 为这些 u_i 的平均值

$$\bar{u} = \frac{1}{m}\sum_{i=1}^{m} u_{n-i}$$

为了监视日方差率的变化，式（23-1）中的公式通常会有一些变动：

（1）u_i 被定义为市场变量值在第 $i-1$ 天末到第 i 天末的百分比变化。[一]

$$u_i = \frac{S_i - S_{i-1}}{S_{i-1}} \tag{23-2}$$

（2）$\bar{u}$ 被假设为零。[二]

（3）$m-1$ 被 m 代替。[三]

以上3个变化对计算结果影响不大，但这些变化会使得方差公式简化成

$$\sigma_n^2 = \frac{1}{m}\sum_{i=1}^{m} u_{n-i}^2 \tag{23-3}$$

其中 u_i 由式（23-2）给出。[四]

加权权重的格式

在式（23-3）中，u_{n-1}^2，u_{n-2}^2，…，u_{n-m}^2中的所有项都有相同的权重。我们的目标是估计当前波动率 σ_n 的水平，因此将较大的权重用在最近的数据更有意义。一种这样的模型为

$$\sigma_n^2 = \sum_{i=1}^{m} \alpha_i u_{n-i}^2 \tag{23-4}$$

变量 α_i 为第 i 天以前观察值所对应的权重，这些 α 都取正值。当选择这些变量时如果对$i>j$选择 $\alpha_i<\alpha_j$，也就是对于较旧的数据我们将设定较小的权重。权重之和必须为1，即

$$\sum_{i=1}^{m} \alpha_i = 1$$

对于式（23-4）可以做一推广。假定存在某一长期平均方差，并且应当给予该方差一定权重，这将导致以下形式的模型

$$\sigma_n^2 = \gamma V_L + \sum_{i=1}^{m} \alpha_i u_{n-i}^2 \tag{23-5}$$

其中 V_L 为长期方差率，γ 为 V_L 所对应的权重。因为权重之和仍为1，我们有

$$\gamma + \sum_{i=1}^{m} \alpha_i = 1$$

这一模型就是最先由 Engle 提出的 ARCH(m) 模型。[五]方差的估计值是基于长期平均方差以及 m 个观察值，观察数据越陈旧所对应的权重就越小。令 $\omega=\gamma V_L$，我们可以将式（23-5）写为

[一] 这与22.3节计算 VaR 时所定义的波动率一致。

[二] 如22.3节解释的那样，这种假设对于方差估计的影响不大，这是因为市场变量在一天内变化的期望值远远小于市场变量变化的标准差。

[三] 用 m 来代替 $m-1$ 将波动率从无偏差估计变成了极大似然估计。本章后面的内容里将讨论极大似然估计。

[四] 注意，这一章中的变量 u 所起的作用与第22章中的 Δx 作用一样，它们均为市场变量在一天内的百分比变化。对于 u 来讲，其下标代表关于同一市场变量在不同天里的观察值；对于 Δx 来讲，其下标代表在同一天内不同变量的取值。这两章中 σ 下标的区别与此类似，在本章下标代表天数，在第22章里下标代表不同的市场变量。

[五] 见 Robert Engle，"Autoregressive Conditional Heteroscedasticity with Estimates of the Variance of UK Inflation," *Econometrica*，50(1982)，987-1008。

$$\sigma_n^2 = \omega + \sum_{i=1}^{m} \alpha_i u_{n-i}^2 \tag{23-6}$$

在接下来的两节中我们将讨论两种观察波动率的重要方法，这两种方法均采用了式（23-4）及式（23-5）中的想法。

23.2 指数加权移动平均模型

指数加权移动平均模型（EWMA）是式（23-4）的一个特殊形式，其中权重 α_i 随着时间以指数速度递减。具体地讲，在这里 $\alpha_{i+1} = \lambda\alpha_i$，其中 λ 是介于 0 于 1 之间的常数。

在以上假设下可以发现更新波动率公式具有非常简单的形式

$$\sigma_n^2 = \lambda\sigma_{n-1}^2 + (1-\lambda)u_{n-1}^2 \tag{23-7}$$

变量在第 n 天的波动率估计值（在第 $n-1$ 天估计）σ_n 由第 $n-1$ 天波动率估计值 σ_{n-1}（在第 $n-2$ 天估计）和变量在最近一天内变化的百分比 u_{n-1}来决定。

为了说明式（23-7）的权重以指数速度下降，我们将 σ_{n-1}^2代入公式之中

$$\sigma_n^2 = \lambda[\lambda\sigma_{n-2}^2 + (1-\lambda)u_{n-2}^2] + (1-\lambda)u_{n-1}^2$$

即

$$\sigma_n^2 = (1-\lambda)(u_{n-1}^2 + \lambda u_{n-2}^2) + \lambda^2\sigma_{n-2}^2$$

代入 σ_{n-2}^2项，我们进一步得出

$$\sigma_n^2 = (1-\lambda)(u_{n-1}^2 + \lambda u_{n-2}^2 + \lambda^2 u_{n-3}^2) + \lambda^3\sigma_{n-3}^2$$

依此类推，我们得出

$$\sigma_n^2 = (1-\lambda)\sum_{i=1}^{m}\lambda^{i-1}u_{n-i}^2 + \lambda^m\sigma_{n-m}^2$$

当 m 很大时，$\lambda^m\sigma_{n-m}^2$项数量小到可以忽略，所以当 $\alpha_i = (1-\lambda)\lambda^{i-1}$时，式（23-7）与式（23-4）相同。对应于 u_i 的权重以 λ 的速度随时间向前推移而递减，每一项的权重是前一项权重与 λ 的乘积。

例 23-1

假如 λ 为 0.90，市场变量的波动率在第 $n-1$ 天的估计值为每天 1%。在第 $n-1$ 天，市场变量增长了 2%，这意味着 $\sigma_{n-1}^2 = 0.01^2 = 0.000\,1$ 以及 $u_{n-1}^2 = 0.02^2 = 0.000\,4$，由式（23-7）我们得出

$$\sigma_n^2 = 0.9 \times 0.000\,1 + 0.1 \times 0.000\,4 = 0.000\,13$$

因此，第 n 天波动率 σ_n 的估计为 $\sqrt{0.000\,13}$，即每天 1.14%。注意 u_{n-1}^2的期望值为 σ_{n-1}^2，也就是 0.000 1。在本例中，变量 u_{n-1}^2的实际值比期望值要大，因此我们对波动率的估计也会增加。当 u_{n-1}^2的实际数值小于期望值时，我们对波动率的估计值将会减小。

EWMA 方法的诱人之处是这一方法仅需要存储相对较少的数据。在任何时刻，我们只需要记忆对当前波动率的估计值以及市场变量的最新观察值。当我们得到市场变量的最新观察值后，我们可以计算当天价格变化的百分比，然后利用式（23-7）就可以更新对方差的估计。旧的方差估计值与旧的市场变量值可以被丢弃。

EWMA方法的目的是对波动率变化进行跟踪监测。假定市场变量在$n-1$天有一较大的变化，即u_{n-1}^2很大，由式（23-7）可以看出，这时对当前变化率的估计将会增加。数值λ决定了日波动率估计对于最新市场变量百分比变化的反应。在计算σ_n时，一个较低的λ将会给u_{n-1}^2一个较大的权重，这时每天所估计的日波动率本身的变化也会很大。一个较大的λ（接近于1.0）将会使日波动率的估计对市场变量每天百分比变化所提供的信息有较慢的反应。

最初由J. P. 摩根建立并于1994年公开的RiskMetrics数据库中采用了$\lambda=0.94$的EWMA模型来更新对日波动率的估计。J. P. 摩根发现对应于许多市场变量，这样选定的λ所对应的方差预测与方差最接近，[㊀]这里的实际方差是在连续前25天内所观察的u_i^2数值的等权平均值（见作业题23.19）。

23.3 GARCH(1，1) 模型

我们现在讨论由Bollerslev在1986年提出的GARCH(1，1）模型。[㊁]GARCH(1，1）模型与EWMA模型的区别与式（23-4）和式（23-5）的区别类似。在GARCH(1，1）中，σ_n^2是由长期平均方差V_L，u_{n-1}和σ_{n-1}计算得出的。GARCH(1，1）表达式为

$$\sigma_n^2 = \gamma V_L + \alpha u_{n-1}^2 + \beta\sigma_{n-1}^2 \tag{23-8}$$

其中γ为对应于V_L的权重，α为对应于u_{n-1}^2的权重，β为对应于σ_{n-1}^2的权重。因为权重之和为1，我们有

$$\gamma + \alpha + \beta = 1$$

EWMA模型是GARCH(1，1）模型对应于$\gamma=0$，$\alpha=1-\lambda$及$\beta=\lambda$的特例。

GARCH(1，1）模型的（1，1）表示σ_n^2是由最新的u^2观察值和最新的方差率估计而得出的。在更广义的GARCH(p，q）模型中，σ_n^2是由最新的p个u^2观察值和最新的q个方差率估计而得出的。[㊂]GARCH(1，1）是最流行的GARCH模型。

令$\omega=\gamma V_L$，我们也可以将GARCH(1，1）模型写成

$$\sigma_n^2 = \omega + \alpha u_{n-1}^2 + \beta\sigma_{n-1}^2 \tag{23-9}$$

在估计模型的参数时，通常会采用这种形式。一旦估计出ω，α和β后，我们可由$\gamma=1-\alpha-\beta$来计算γ，而长期方差$V_L=\omega/\gamma$。为了保证GARCH(1，1）模型的稳定，我们需要$\alpha+\beta<1$，否则对应于长期方差的权重会为负值。

例23-2

假设某一个由日观测数据估计出的GARCH(1，1）模型为

㊀ 见J. P. Morgan，*RiskMetrics Monitor*，Fourth Quarter，1995。在这一章后面我们将介绍另一方法（极大似然估计）来估计参数。

㊁ 见T. Bellerslev "Generalized Autoregressive Conditional Heteroscedasticity," *Journal of Econometrics*，31(1986)，307-327。

㊂ 有人已经提出有关公司非对称信息的GARCH模型，在这些模型设计中σ_n与u_{n-1}的符号有关。可以讲，这种模型对应于股票价格而言，比GARCH(1，1）更合适。如第20章所述，股票的波动率常常与价格有反向关系，因此一个符号为负的u_{n-1}比一个符号为正的u_{n-1}对于σ_n的影响更大。关于处理非对称信息的模型，读者可参考D. Nelson，"Conditional Heterscedasticity and Asset Returns: A New Approach" *Econometrica*，59(1990)，347-370以及R. F. Engle and V. Ng，"Measuring and Testing the Impact of News on Volatility," *Journal of Finance*，48(1993)，1749-1778。

$$\sigma_n^2 = 0.000\,002 + 0.13u_{n-1}^2 + 0.86\sigma_{n-1}^2$$

这对应于 $\alpha=0.13$，$\beta=0.86$ 和 $\omega=0.000\,002$。这时 $\gamma=1-\alpha-\beta=0.01$。由 $\omega=\gamma V_L$，我们得出 $V_L=0.000\,2$。换句话讲，由模型隐含出的长期日方差平均值为 0.000 2，对应的波动率为 $\sqrt{0.000\,2}=0.014$，即每天 1.4%。

假设对于第 $n-1$ 天的日波动率估计为 1.6%，因此 $\sigma_{n-1}^2=0.016^2=0.000\,256$，又假设在第 $n-1$ 天内市场变量降低了 1%，即 $u_{n-1}^2=0.01^2=0.000\,1$，因此

$$\sigma_n^2 = 0.000\,002 + 0.13\times 0.000\,1 + 0.86\times 0.000\,256 = 0.000\,235\,16$$

对于波动率的最新估计为 $\sqrt{0.000\,235\,16}=0.015\,3$，即每天 1.53%。

23.3.1 权重

将 σ_{n-1}^2 的表达式代入式（23-9）中，我们可得

$$\sigma_n^2 = \omega + \alpha u_{n-1}^2 + \beta(\omega + \alpha u_{n-2}^2 + \beta\sigma_{n-2}^2)$$

即

$$\sigma_n^2 = \omega + \beta\omega + \alpha u_{n-1}^2 + \alpha\beta u_{n-2}^2 + \beta^2\sigma_{n-2}^2$$

代入 σ_{n-2}^2 的表达式

$$\sigma_n^2 = \omega + \beta\omega + \beta^2\omega + \alpha u_{n-1}^2 + \alpha\beta u_{n-2}^2 + \alpha\beta^2 u_{n-3}^2 + \beta^3\sigma_{n-3}^2$$

以这种形式继续下去，我们可以看到对应于 u_{n-i}^2 的权重为 $\alpha\beta^{i-1}$。权重以 β 指数速度下降。参数 β 可解释为衰减率（decay rate），这与 EWMA 中的 λ 系数近似，在决定最新方差时，此系数决定了 u 的观察值的相对重要性。例如，$\beta=0.9$ 说明 u_{n-2}^2 的重要性只是 u_{n-1}^2 的 90%；u_{n-3}^2 的重要性只是 u_{n-1}^2 的 81%，等等。GARCH(1，1) 与 EWMA 模型类似，其不同之处是除了对过去的 u^2 权重按指数下降外，GARCH(1，1) 对于长期平均波动率赋予了一定的权重。

23.3.2 均值回归

随着时间的变化，GARCH(1，1) 模型中的方差率会被拉回到其长期平均水平 V_L。对应于 V_L 的权重为 $\gamma=1-\alpha-\beta$。GARCH(1，1) 模型与以下关于 V 的随机过程等价

$$\mathrm{d}V = a(V_L - V)\mathrm{d}t + \xi V\mathrm{d}z$$

其中时间是以天数为计量，$a=1-\alpha-\beta$，以及 $\xi=\alpha\sqrt{2}$（见练习题 23.14）。以上模型具有均值回归的特性：方差以 a 的速度被拉回到 V_L。当 $V>V_L$ 时，方差的漂移项为负；当 $V<V_L$ 时，方差的漂移项为正。模型在漂移项上附加了波动率 ξ。第 27 章进一步讨论了这种模型。

23.4 模型选择

在实际中，方差值确实常常会具有均值回归的性质。GARCH(1，1) 模型具有均值回归的特性，而 EWMA 却没有这种特性，从理论上讲，GARCH(1，1) 比 EWMA 更吸引人。

在下一节里我们将讨论如何估计 GARCH(1，1) 中参数 ω，α，β 的最佳匹配（best fit）。当参数 ω 为零时，GARCH(1，1) 退化为 EWMA。在某些场合下，最佳匹配参数 ω 为负，这时对应的 GARCH(1，1) 模型不稳定。在这种情况下采用 EWMA 模型更为合理。

23.5 极大似然估计法

我们现在讨论如何由历史数据来估计以上所讨论模型中的参数。这里将要讨论的方法称为**极大似然方法**（maximum likelihood method)。在参数估计过程中这一方法会涉及选择使数据发生的概率（likelihood）达到最大的参数。

我们引用一个简单例子来说明这种方法。在某一天我们随机地抽取 10 个股票的价格，我们发现其中一个股票价格在这一天下降了，而其他 9 个股票的价格没有变化或有所增加。这时，股票价格下降概率的最好估计为多少？一种自然的答案是 0.1。让我们看一下这一结果是否就是极大似然估计所给出的结果。

将股票价格下降的概率计为 p，对应只有一种股票价格下降而其他股票价格不下降的概率为 $p(1-p)^9$。应用极大似然估计方法，最好的估计值 p 会使得 $p(1-p)^9$ 取得最大值。将以上表达式对 p 求导，并令导数为 0，我们得出 $\hat{p}=0.1$ 时会使得表达式取得最大值，这说明极大似然估计值为 0.1，正如所期望的那样。

23.5.1 估计常数方差

在下一个有关极大似然方法的例子中，我们考虑如何由服从正态分布并且期望值为 0 的变量 X 的 m 个观察值来估计这一变量的方差。我们假定观察值为 u_1，u_2，…，u_m。将方差记为 v。将观察值出现在 $X=u_i$ 的概率定义成 X 的概率密度函数在 u_i 的取值，即

$$\frac{1}{\sqrt{2\pi v}}\exp\left(\frac{-u_i^2}{2v}\right)$$

m 个观察值正好按 u_1，u_2，…，u_m 出现的概率为

$$\prod_{i=1}^{m}\left[\frac{1}{\sqrt{2\pi v}}\exp\left(\frac{-u_i^2}{2v}\right)\right] \tag{23-10}$$

应用最大似然方法，v 的最好估计使得以上表达式达到最大值。

以上表达式的最大化与其对应的对数最大化等价，对式（23-10）取对数并且忽略常数项后可以得出我们想最大化的目标函数为

$$\sum_{i=1}^{m}\left[-\ln(v)-\frac{u_i^2}{v}\right] \tag{23-11}$$

或

$$-m\ln(v)-\sum_{i=1}^{m}\frac{u_i^2}{v}$$

将以上表达式对 v 求导，并令导数为 0，我们可以得到 v 的极大似然估计为[⊖]

$$\frac{1}{m}\sum_{i=1}^{m}u_i^2$$

23.5.2 估计 GARCH(1，1) 模型中的参数

我们现在考虑如何用极大似然方法来估计 EWMA，GARCH(1，1) 或其他更新波动率方法

⊖ 这一点证实 23.1 节第 3 个脚注的结论。

中的参数，定义 $v_i=\sigma_i^2$ 为第 i 天方差的估计值，在给定方差的条件下，u_i 的概率分布为正态。与上面类似，我们得出最佳参数应使得以下表达式达到最大

$$\prod_{i=1}^{m}\left[\frac{1}{\sqrt{2\pi v_i}}\exp\left(\frac{-u_i^2}{2v_i}\right)\right]$$

取对数后，我们可看到这与对下面表达式求最大是等价的

$$\sum_{i=1}^{m}\left[-\ln(v_i)-\frac{u_i^2}{v_i}\right] \tag{23-12}$$

除了 v 被代替为 v_i，这一表达式与式（23-11）相同，我们可以采用迭代法来求取使得表达式式（23-12）达到最大的解。

表 23-1 中所示的计算表给出了估计 GARCH(1，1）模型中参数的过程，这个表格分析了 2005 年 7 月 18 日至 2010 年 8 月 13 日之间标普 500 的数据。[㊀]表中第 1 列对应于日期；第 2 列对应天数；第 3 列显示标普 500 在第 i 天结束时的值 S_i；第 4 列显示了由第 $i-1$ 天结束时至第 i 天结束时标普 500 的百分比变化，即 $u_i=(S_i-S_{i-1})/S_{i-1}$；第 5 列是对在第 $i-1$ 天结束时对第 i 天方差率的估计，$v_i=\sigma_i^2$。在第 3 天开始，我们将方差设为 u_i^2，在接下去的每一天，我们采用式（23-9）来估计方差，第 6 列为似然性测度 $-\ln(v_i)-u_i^2/v_i$，第 5 列及第 6 列中的数据是基于当前参数 ω，α 和 β 的最新估计，我们的目标是如何选取 ω，α 和 β 使第 6 列中数值的和达到最大值。这一过程涉及迭代搜索程序。[㊁]

表 23-1　估计标普 500 指数在 2005 年 7 月 18 日到 2010 年 8 月 13 日之间 GARCH(1，1）模型中的参数

日　期	Day i	S_i	u_i	$v_i=\sigma_i^2$	$-\ln(v_i)-u_i^2/v_i$
2005 年 7 月 18 日	1	1221.13			
2005 年 7 月 19 日	2	1229.35	0.006 731		
2005 年 7 月 20 日	3	1 235.20	0.004 759	0.000 045 31	9.502 2
2005 年 7 月 21 日	4	1 227.04	−0.006 606	0.000 044 47	9.039 3
2005 年 7 月 22 日	5	1 233.68	0.005 411	0.000 045 46	9.354 5
2005 年 7 月 25 日	6	1 229.03	−0.003 769	0.000 045 17	9.690 6
⋮	⋮	⋮	⋮	⋮	⋮
2010 年 8 月 11 日	1 277	1 089.47	−0.028 179	0.000 118 34	2.332 2
2010 年 8 月 12 日	1 278	1 083.61	−0.005 379	0.000 175 27	8.484 1
2010 年 8 月 13 日	1 279	1 079.25	−0.004 024	0.000 163 27	8.620 9
					10 228.234 9

估计 GARCH 模型中的参数

$\omega=0.000\,001\,346\,5$　$\alpha=0.083\,394$　$\beta=0.910\,116$

在我们的例子中，参数的最优解为

$$\omega=0.000\,001\,346\,5,\alpha=0.083\,394,\beta=0.910\,116$$

表达式（23-12）的最大值为 10 228.234 9。在表 23-1 中所显示的数字对应于参数 ω，α 及 β 的

㊀ 数据与计算过程可从 www. rotman. utoronto. ca/ ~hull/GarchExample 上找到。

㊁ 如同在今后会讨论的那样，像微软软件 Excel 中的 Solver 这样的程序可以用来对问题求解。其他像诸如 Levenberg-Marguardt 这样的特殊算法也可以用来对问题求解。关于求解算法参考 W. H. Press，B. P. Flannery，S. A. Teukolsky，and W. T. Vetterling，*Numerical Recipes in C*：*The Art of Scientific Computing*，Cambridge University Press，1988。

最终迭代解。

在我们的例子中，长期方差 V_L 为

$$\frac{\omega}{1-\alpha-\beta}=\frac{0.000\,001\,366}{0.006\,490}=0.000\,207\,5$$

长期波动率为 $\sqrt{0.000\,207\,5}$，也就是每天 1.440 4%。

图 23-1 和图 23-2 显示了 S&P 500 指数与它的 GARCH(1, 1) 波动率在数据所包括的 5 年内的变化。在大多数时间上波动率小于 2%，但是在金融危机期间波动率经历了高达每天 5% 的情形（这个期间的高波动率也表现在 VIX 指数上，见 15.11 节）。

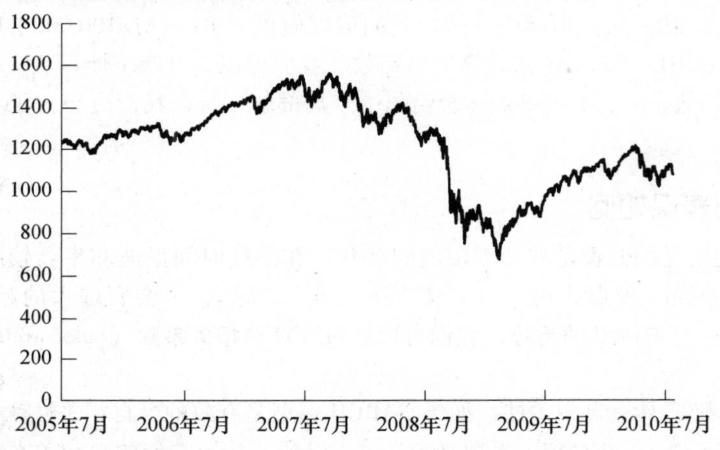

图 23-1 标普 500 指数：2005 年 7 月 18 日到 2010 年 8 月 13 日

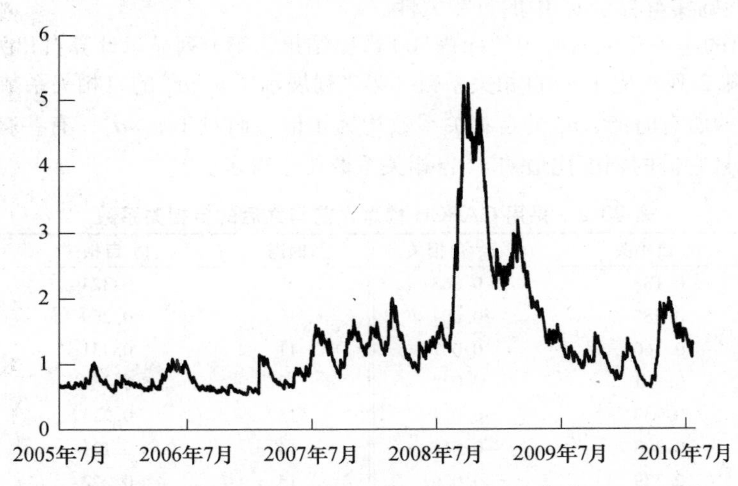

图 23-2 标普 500 指数的日波动率：2005 年 7 月 18 日到 2010 年 8 月 13 日

另一种有时会更可靠的估计 GARCH(1, 1) 参数的做法是所谓的**方差目标**（variance targeting）法。[⊖]这种方法将长期平均方差 V_L 设定为由数据计算出的样本方差（或其他合理的估计），因为 ω 等于 $V_L(1-\alpha-\beta)$，因此在模型中只需要估计两个参数，表 23-1 的数据所对应的样本方差为 0.000 241 2，对应的日波动率为 1.553 1%，令 V_L 等于样本方差，我们可以找出使

⊖ 见 R. Engle and J. Mezrich "GARCH for Groups", *Risk*, August 1996, 36-40。

得目标函数式（23-12）达到最大化的 α 和 β 分别为 0.084 45 和 0.910 1，相应目标函数值为 10 228.194 1，这一数字只是稍稍低于前面计算的极值数据 10 228.234 9。

当使用 EWMA 模型时，参数的估计过程就相对简单一些。因为 $\omega=0$，$\alpha=1-\lambda$ 和 $\beta=\lambda$，因此我们只需要估计一个参数，使用表 23-1 中的数据，我们可以求得使目标函数式（23-12）取得极大值的 λ 为 0.937，对应的目标函数取值为 10 192.510 4。

对 GARCH(1，1) 和 EWMA 方法我们都可以通过 Excel 软件中的 Solver 程序来找到使得似然函数达到最大的参数值。当计算表格的结构使得寻求的参数值大体在同一级别时，Solver 程序的表现会令人满意。例如，在 GARCH(1，1) 模型中，我们可以将计算表中的单元 A1、A2、A3 与数据 $\omega\times10^5$，10α 和 β 相对应。然后我们可以使单元 B1 = A1/100 000、B2 = A2/10 以及 B3 = A3，我们通过 B1，B2，B3 来计算似然函数。我们可以让 Solver 计算 A1，A2，A3 上使似然函数得到最大的值。因为有时 Solver 会给出一个局部解，所以我们应当对于参数设定一些不同的初始值。

23.5.3 模型表现如何

GARCH 模型所做的假设是波动率随时间变化。在某些时间里波动率会较高，而在其他时间里波动率较低。换一种形式讲，当 u_i^2 较高时，u_{i+1}^2，u_{i+2}^2，…会有增大的趋势；当 u_i^2 较低时，u_{i+1}^2，u_{i+2}^2，…会有降低的趋势，我们可以通过计算**自相关系数**（autocorrelation）来检验这些结论正确性。

我们假定 u_i^2 确实具有自相关性，如果 GARCH 模型是有效的，自相关性就会被清除。我们可以通过计算变量 u_i^2/σ_i^2 的自相关系数来验证这一结论。如果它们的自相关系数很小，那么我们可以说 σ_i^2 模型确实解释了 u_i^2 中的自相关性。

表 23-2 给出的是关于上面所用的标普 500 数据结果。第 1 列显示计算自相关系数所用的**时滞**（time lag），第 2 列对应于 u_i^2 自相关系数，第 3 列展示了 u_i^2/σ_i^2 的自相关系数。[㊀]表中结果显示对应于 1～15 的所有时滞，u_i^2 的自相关系数均为正值。而对于 u_i^2/σ_i^2，有些自相关系数为正而有些为负，而且它们的幅度比最初 u_i^2 自相关系数要小得多。

表 23-2　采用 GARCH 模型之前与之后的自相关系数

时滞	u_i^2 自相关	u_i^2/σ_i^2 自相关	时滞	u_i^2 自相关	u_i^2/σ_i^2 自相关
1	0.183	-0.063	9	0.324	0.041
2	0.385	-0.004	10	0.269	-0.083
3	0.160	-0.007	11	0.431	-0.007
4	0.301	0.022	12	0.286	0.006
5	0.339	0.014	13	0.224	-0.001
6	0.308	-0.011	14	0.121	-0.017
7	0.329	0.026	15	0.222	-0.031
8	0.207	0.038			

看来 GARCH 模型对于解释这些数据确实很有效。我们可以采用所谓的 Ljung-Box 统计量来做更为科学的检验。[㊁]如果一个数列中有 m 个观察值，Ljung-Box 统计量定义为

㊀ 数列 x_i 对应于时滞 k 的自相关系数等于 x_i 与 x_{i+k} 的相关系数。

㊁ 见 G. M. Ljung and G. E. P. Box, "On a Measure of Lack of Fit in Time Series Models," Biometrica, 65(1978), 297-303。

$$m\sum_{k=1}^{K}w_k\eta_k^2$$

其中 η_k 对应于时滞为 k 的自相关系数，K 为所考虑时滞的数量，以及

$$w_k=\frac{m+2}{m-k}$$

对于 $K=15$，当 Ljung-Box 统计量大于 25 时，我们可以有 95% 的把握拒绝自相关系数为 0 这一假设。

在表 23-2 中，关于 u_i^2 数列的 Ljung-Box 统计值为大约 1 566，这是说明确实存在很强的自相关性。关于数列 u_i^2/σ_i^2 的 Ljung-Box 统计值为 21.7，这说明 GARCH 模型确实清除了数据中的大部分自相关性。

23.6 采用 GARCH(1，1) 模型来预测波动率

采用 GARCH(1，1) 模型，在 $n-1$ 天结束时所估计的第 n 天方差率为

$$\sigma_n^2=(1-\alpha-\beta)V_L+\alpha u_{n-1}^2+\beta\sigma_{n-1}^2$$

因此

$$\sigma_n^2-V_L=\alpha(u_{n-1}^2-V_L)+\beta(\sigma_{n-1}^2-V_L)$$

在将来第 $n+t$ 天，我们有

$$\sigma_{n+t}^2-V_L=\alpha(u_{n+t-1}^2-V_L)+\beta(\sigma_{n+t-1}^2-V_L)$$

u_{n+t-1}^2 的期望值为 σ_{n+t-1}^2，因此

$$E[\sigma_{n+t}^2-V_L]=(\alpha+\beta)E[\sigma_{n+t-1}^2-V_L]$$

其中 E 表示期望值。重复应用这一方程，我们得出

$$E[\sigma_{n+t}^2-V_L]=(\alpha+\beta)^t(\sigma_n^2-V_L)$$

或

$$E[\sigma_{n+t}^2]=V_L+(\alpha+\beta)^t(\sigma_n^2-V_L) \tag{23-13}$$

以上方程采用了在 $n-1$ 天结束时所有可以利用的数据来预测第 $n+t$ 天的波动率。在EWMA 模型中，$\alpha+\beta=1$，式 (23-13) 说明，将来方差率的期望值与目前方差率相等。当 $\alpha+\beta<1$ 时，方程中的最后一项随时间增加而逐渐减小。图 23-3 显示了当目前方差率与 V_L 不同时，方差率在将来的预期路径。像前面讨论的那样，方差率具备均值回归的性质，均值回归水平为 V_L，回归速度为 $1-\alpha-\beta$。我们对将来方差率的预测会随着展望时间的延长而逐渐趋向于 V_L。这一分析强调了为保证 GARCH(1，1) 模型的稳定性，我们必须有 $\alpha+\beta<1$ 这一条件。当 $\alpha+\beta>1$ 时，对应于长期平均方差的权重为负，这时方差不具备均值回归性质，事实上此时的模型是均值逃离 (mean reverting) 的。

在我们之前考虑的 S&P 500 数据，$\alpha+\beta=0.993\,5$，和 $V_L=0.000\,207\,5$。假定我们对于当前方差率的估计为每天 0.000 3（这对应于每天 1.732% 的波动率），10 天之后的方差率期望值为

$$0.000\,207\,5+0.993\,5^{10}(0.000\,3-0.000\,2075)=0.000\,294\,2$$

波动率的期望值为每天 1.72%，这仍然远远高于长期波动率 (1.44%)，但是 500 天后的预期方差

$$0.000\,207\,5+0.993\,5^{500}(0.000\,3-0.000\,207\,5)=0.000\,211\,0$$

波动率的期望值为每天 1.45%，这同长期波动率已经非常接近。

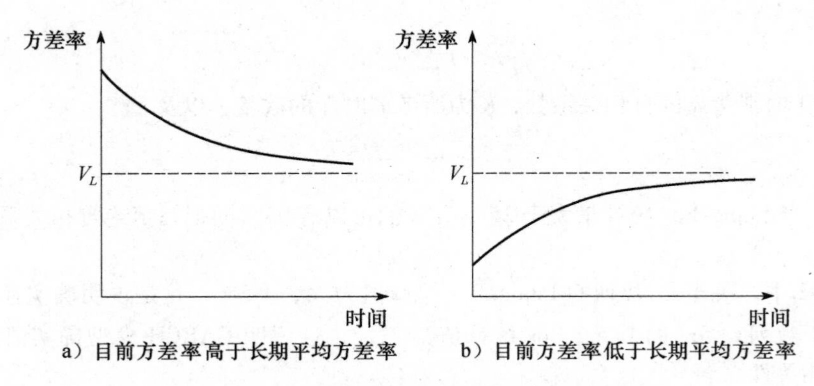

a）目前方差率高于长期平均方差率　　b）目前方差率低于长期平均方差率

图 23-3　对应于以下两种情形预期方差率的曲线

23.6.1 波动率期限结构

假定今天为第 n 天，定义

$$V(t) = E(\sigma_{n+t}^2)$$

与

$$a = \ln \frac{1}{\alpha + \beta}$$

式（23-13）变为

$$V(t) = V_L + \mathrm{e}^{-at}[V(0) - V_L]$$

这里的 $V(t)$ 为第 t 天**瞬时方差率**（instantaneous variance rate）的估计值，介于今天与时间 T 之间的方差率平均值为

$$\frac{1}{T}\int_0^T V(t)\,\mathrm{d}t = V_L + \frac{1 - \mathrm{e}^{-aT}}{aT}[V(0) - V_L]$$

T 越大，这个数值越接近 V_L。定义 $\sigma(T)$ 为利用 GARCH(1，1) 模型对一个期限为 T 天的期权定价时所采用的年波动率，假定每年中有 252 天，$\sigma(T)^2$ 是每天方差平均值的 252 倍，因此

$$\sigma(T)^2 = 252\left(V_L + \frac{1 - \mathrm{e}^{-aT}}{aT}[V(0) - V_L]\right) \tag{23-14}$$

如在第 20 章中的讨论，对于同一标的资产，我们常常采用不同期权的市场价格来计算**波动率期限结构**（volatility term structure），这一期限结构就是期权隐含波动率与期限之间的关系。式（23-14）可以用来估计基于 GARCH(1，1) 模型的波动率期限结构。由此所估计的期限结构同实际的期限结构往往是有区别的，但这种方法确实常常被用来预测实际波动率期限结构的变化形式与波动率变化的关系。

当目前波动率高于长期波动率时，GARCH(1，1) 模型预测的波动率结构为**下降形式**（downward-sloping）；而当目前波动率低于长期波动率时，GARCH(1，1) 预测的波动率期限为**上升形式**（upward-sloping）。对于前面的标普 500 数据，$a = \ln(1/0.993\,51) = 0.006\,511$ 和 $V_L = 0.000\,207\,5$。假定目前的每天方差率估计为 $V(0) = 0.000\,3$，由式（23-14）得出

$$\sigma(T)^2 = 252 \times \left[0.000\,207\,5 + \frac{1 - \mathrm{e}^{-0.006\,511T}}{0.006\,511T}(0.000\,3 - 0.000\,207\,5)\right]$$

其中时间 T 以天计算，表 23-3 给出对应于不同时间 T 的年波动率。

23.6.2　波动率变化的影响

式（23-14）可以写为

$$\sigma(T)^2 = 252\left(V_L + \frac{1 - e^{-aT}}{aT}\left[\frac{\sigma(0)^2}{252} - V_L\right]\right)$$

当 $\sigma(0)$ 的变化量为 $\Delta\sigma(0)$ 时，$\sigma(T)$ 的变化量大约为

$$\frac{1 - e^{-aT}}{aT}\frac{\sigma(0)}{\sigma(T)}\Delta\sigma(0) \tag{23-15}$$

对于上面所考虑的标普500数据，表23-4显示了波动率的变化对于不同期限期权的影响。与前面一样，我们假设 $V(0) = 0.000\,3$，因而 $\sigma(0) = \sqrt{252} \times \sqrt{0.000\,3} = 27.50\%$。表上考虑的情形为瞬时波动率由每年27.50%变为每年28.50%，即100个基点的变化，这意味着 $\Delta\sigma(0) = 0.01$，即1%。

表23-3　由GARCH(1，1)模型预测的标普500波动率期限结构

期权期限(天数)	10	30	50	100	500
期权波动率(%，每年)	27.36	27.10	26.87	26.35	24.32

表23-4　当瞬时波动率增加1%时由GARCH(1，1)模型预测的效应

期权期限(天数)	10	30	50	100	500
波动率增长(%)	0.97	0.92	0.87	0.77	0.33

当确定交易组合对波动率变化的风险敞口时，许多金融机构采用与此类似的分析方法。在计算Vega时，与其考虑将所有期限的隐含波动率增加1%，不如将波动率的变化量与期限联系起来。在表23-4中，10天期权的波动率增加量为0.97%，30天期权的波动率增加量为0.92%，50天期权波动率增加量为0.87%，等等。

23.7　相关系数

截至目前，我们仅仅是围绕对波动率的预测进行讨论。如第22章所示，在计算VaR时，相关性也起着很重要的作用。在这一节里我们将说明如何采用一种类似于对波动率进行更新的方法来估计相关系数。

两个变量 X 和 Y 之间的相关系数可以定义为

$$\frac{\mathrm{cov}(X,Y)}{\sigma_X\sigma_Y}$$

其中 σ_X 和 σ_Y 分别为 X 和 Y 的标准差，$\mathrm{cov}(X, Y)$ 为 X 和 Y 之间的协方差。X 和 Y 之间协方差的定义为

$$E[(X - \mu_X)(Y - \mu_Y)]$$

其中 μ_X 和 μ_Y 分别为 X 和 Y 的均值，E 代表期望值。虽然直观上我们更容易理解相关系数，但协方差才是我们真正需要分析的基本变量。[⊖]

⊖　这就像在EWMA及GARCH模型中，虽然波动率更容易被人理解，但方差才是真正的基础变量。

定义 x_i 和 y_i 分别为变量 X 与 Y 在第 $i-1$ 天与第 i 天之间的百分比变化

$$x_i = \frac{X_i - X_{i-1}}{X_{i-1}}, \quad y_i = \frac{Y_i - Y_{i-1}}{Y_{i-1}}$$

X_i 和 Y_i 分别为变量 X 和 Y 在第 i 天结束时的值。我们同时定义以下变量：

$\sigma_{x,n}$：在第 n 天对变量 X 日波动率的估计值；

$\sigma_{y,n}$：在第 n 天对变量 Y 日波动率的估计值；

cov_n：在第 n 天对变量 X 日变化量与变量 Y 日变化量之间协方差的估计值。

在第 n 天，变量 X 与变量 Y 之间相关系数的估计值为

$$\frac{\text{cov}_n}{\sigma_{x,n}\sigma_{y,n}}$$

采用同样的权重，并假定 x_i 和 y_i 的均值都为0，从式（23-3）我们可以得出，由最近 m 个观察值计算出的变量 X 和 Y 之间的方差分别为

$$\sigma_{x,n}^2 = \frac{1}{m}\sum_{i=1}^{m} x_{n-i}^2, \sigma_{y,n}^2 = \frac{1}{m}\sum_{i=1}^{m} y_{n-i}^2$$

类似地，变量 X 和 Y 之间协方差的估计式为

$$\text{cov}_n = \frac{1}{m}\sum_{i=1}^{m} x_{n-i}y_{n-i} \tag{23-16}$$

另外一种更新协方差的方法是类似于式（23-7）中的EWMA模型，这时对协方差估计的更新公式为

$$\text{cov}_n = \lambda\text{cov}_{n-1} + (1-\lambda)x_{n-1}y_{n-1}$$

与EWMA模型中的分析相似，我们可以证明对应于数据 $x_{n-1}y_{n-1}$ 的权重随着时间向后推移而逐渐降低。λ 的值越小，给予近期数据的权重也越大。

例 23-3

假设 $\lambda=0.95$，在 $n-1$ 天变量 X 与 Y 之间相关系数的估计值为0.6，同时我们假设变量 X 与 Y 在 $n-1$ 天的波动率估计分别为1%和2%。由协方差和相关系数的关系式可以得出在第 $n-1$ 天 X 与 Y 之间协方差的估计为

$$0.6 \times 0.01 \times 0.02 = 0.000\,12$$

假设变量 X 和 Y 在 $n-1$ 天的百分比变化分别为0.5%与2.5%，在第 n 天方差与协方差的估计应当被更新为

$$\sigma_{x,n}^2 = 0.95 \times 0.01^2 + 0.05 \times 0.005^2 = 0.000\,096\,25$$

$$\sigma_{y,n}^2 = 0.95 \times 0.02^2 + 0.05 \times 0.025^2 = 0.000\,411\,25$$

$$\text{cov}_n = 0.95 \times 0.000\,12 + 0.05 \times 0.005 \times 0.025 = 0.000\,120\,25$$

变量 X 的最新波动率估计为 $\sqrt{0.000\,096\,25}=0.981\%$，变量 Y 的最新波动率估计为 $\sqrt{0.000\,411\,25}=2.028\%$，$X$ 及 Y 之间的最新相关系数为

$$\frac{0.000\,120\,25}{0.009\,81 \times 0.020\,28} = 0.604\,4$$

GARCH模型也可用于对协方差进行更新，以及对未来协方差的预测。例如，对协方差更新的GARCH(1，1）模型为

$$\text{cov}_n = \omega + \alpha x_{n-1} y_{n-1} + \beta \text{cov}_{n-1}$$

其中，长期协方差平均值为$\omega/(1-\alpha-\beta)$。我们可以推出与式（23-13）和式（23-14）类似的方程，来预测未来的协方差以及计算期权期限内的平均方差。[㊀]

23.7.1　协方差的一致性条件

当计算出所有的方差及协方差之后，我们可以生成一个方差－协方差矩阵。当$i \neq j$时，矩阵的第（i，j）个元素对应于变量i与变量j之间的协方差；当$i=j$时，第（i，j）个元素对应于变量i的方差。

并不是所有的方差－协方差矩阵都是内部一致的。一个$N \times N$方差－协方差矩阵Ω满足内部一致性条件是：对于所有的$N \times 1$向量w

$$w^T \Omega w \geqslant 0 \tag{23-17}$$

其中w^T是w的转置。满足以上条件的矩阵称为**半正定**（positive-semidefinite）矩阵。

为了理解为什么不等式（23-17）必须成立，我们假定$w^T = [w_1, w_2, \cdots, w_n]$，表达式$w^T \Omega w$为变量$w_1 x_1 + w_2 x_2 + \cdots + w_n x_n$的方差（其中$x_i$代表变量$i$的值），因此自然不能为负。

为了保证矩阵的半正定性，我们在计算方差及协方差时必须保持一致性。例如，如果我们采用最新的m个历史数据并以均等的权重来计算方差，那我们在计算协方差时也应当采用同样的数据与权重。如果在更新方差时采用了$\lambda=0.94$的EWMA模型，那么在更新协方差时也应该采用同样的方式。

以下方差－协方差矩阵是不满足内部一致性条件的例子

$$\begin{bmatrix} 1.0 & 0.0 & 0.9 \\ 0.0 & 1.0 & 0.9 \\ 0.9 & 0.9 & 1.0 \end{bmatrix}$$

这时每个变量的标准差均为1.0，协方差与相关系数相等。第1变量同第3变量高度相关，第2变量同第3个变量也高度相关，但是第1变量同第2变量之间却没有相关性。这看起来有些奇怪。令$w=(1, 1, -1)^T$，我们可以验证关系式（23-17）不成立，从而证明了矩阵不满足半正定条件。[㊁]

23.7.2　将EWMA应用于4个指数的例子

现在我们重新考虑第22.2节里的例子。这是一个在2008年9月25日的交易组合。组合的构成为在道琼斯工业平均指数（DJIA）上400万美元的投资，在英国富时100指数（FTSE 100）上300万美元的投资，在法国CAC 40指数上100万美元的投资，以及在日经225指数（Nikkei 225）上200万美元的投资。在2008年9月25日可以得到之前500天内的指数回报数据。这里所用的数据与计算过程可以在以下网页中找到：http://rotman.utoronto.ca/~hull/OFOD/VaRExample。

2008年9月25日的相关系数矩阵可以通过对前500个回报赋予相等权重而得出，结果如

㊀ 本章的想法可以推广到多元变量GARCH模型的情形，其中整个方差－协方差矩阵被一致地加以更新。关于其他的方法，见R. Engle and J. Mezrich，"GARCH for Groups，" *Risk*，August 1996，36-40。

㊁ 可以证明一个3×3矩阵满足内部一致性的条件为$\rho_{12}^2 + \rho_{13}^2 + \rho_{23}^2 - 2\rho_{12}\rho_{13}\rho_{23} \leqslant 1$，其中$\rho_{ij}$为变量$i$与$j$之间的相关系数。

表23-5所示。富时100指数与CAC 40指数之间有很强的相关性，道琼斯工业平均指数与富时100指数和CAC 40指数之间也有较强的相关性。日经225指数与其他指数之间的相关性相对来讲不是很高。

表23-5　2008年9月25日的相关系数矩阵。计算方法是对最近500天的回报都赋予相同的权重。变量1代表道琼斯工业平均指数，变量2代表富时100，变量3代表CAC 40，变量4代表日经225

$$\begin{bmatrix} 1 & 0.489 & 0.496 & -0.062 \\ 0.489 & 1 & 0.918 & 0.201 \\ 0.496 & 0.918 & 1 & 0.211 \\ -0.062 & 0.201 & 0.211 & 1 \end{bmatrix}$$

表23-6给出了在相同权重情形下的协方差矩阵。由式（22-3）可知这个矩阵给出的交易组合亏损（按千美元计）方差为8 761.83。标准差是这个数字的平方根，即93.60。因此一天99%的风险价值度是（按千美元计）$2.33 \times 93.60 = 217.757$，即217 757美元。我们可以将这个数字与22.2节里通过历史模拟法所得到的风险价值度253 385美元相比较。

表23-6　2008年9月25日的协方差矩阵。计算方法是对最近500天的回报都赋予相同的权重。变量1代表道琼斯工业平均指数，变量2代表富时100，变量3代表CAC 40，变量4代表日经225

$$\begin{bmatrix} 0.0001227 & 0.0000768 & 0.0000767 & -0.0000095 \\ 0.0000768 & 0.0002010 & 0.0001817 & 0.0000394 \\ 0.0000767 & 0.0001817 & 0.0001950 & 0.0000407 \\ -0.0000095 & 0.0000394 & 0.0000407 & 0.0001909 \end{bmatrix}$$

与之前在计算方差与协方差时给所有观察值赋予相同权重的做法不同，我们现在应用$\lambda = 0.94$的指数加权移动平均（EWMA）模型。这样给出的方差－协方差矩阵如表23-7所示。[㊀]由式（21-3）可知组合亏损（按千美元计）的方差是40 995.765，标准差是这个数的平方根，即202.474。因此一天99%的风险价值度为

$$2.33 \times 202.474 = 471.025$$

即471 025美元，这个数值是由相等权重计算出的值的两倍多。表23-8和表23-9说明了出现这个结果的原因。由证券多头所构成组合的标准差随着证券回报标准差以及证券回报之间相关系数的增大而增大。表23-8说明使用EWMA模型所估计出的日标准差比使用相同权重时要高得多。这是因为在紧靠2008年9月25日之前几天内的波动率比在数据中其他天内的波动率要高得多。将表23-9与表23-5进行比较我们会发现，相关系数也增加了。[㊁]

表23-7　2008年9月25日的协方差矩阵。计算方法是应用λ=0.94的EWMA模型。变量1代表道琼斯工业平均指数，变量2代表富时100，变量3代表CAC 40，变量4代表日经225

$$\begin{bmatrix} 0.0004801 & 0.0004303 & 0.0004257 & -0.0000396 \\ 0.0004303 & 0.0010314 & 0.0009630 & 0.0002095 \\ 0.0004257 & 0.0009630 & 0.0009535 & 0.0001681 \\ -0.0000396 & 0.0002095 & 0.0001681 & 0.0002541 \end{bmatrix}$$

㊀ 在EWMA计算中，方差在初始时取成总体方差，但对任何比较合理的初始方差值，得出的结果基本上是一样的，这是因为在所有情形下，我们感兴趣的只是最后的方差值。

㊁ 当市场变糟时，相关系数通常会增加，这里所示的就是这种现象的一个例子。

表23-8 通过相同权重和EWMA模型计算出的波动率（每日%）

	道琼斯工业平均指数	富时100指数	CAC 40	日经225
相同权重	1.11	1.42	1.40	1.38
EWMA	2.19	3.21	3.09	1.59

表23-9 2008年9月25日的相关系数矩阵。计算方法是应用 $\lambda=0.94$ 的EWMA模型。变量1代表DJIA，变量2代表FTSE 100，变量3代表CAC 40，变量4代表Nikkei 225

$$\begin{bmatrix} 1 & 0.611 & 0.629 & -0.113 \\ 0.611 & 1 & 0.971 & 0.409 \\ 0.629 & 0.971 & 1 & 0.342 \\ -0.113 & 0.409 & 0.342 & 1 \end{bmatrix}$$

小结

在大多数流行的期权定价模型里（例如布莱克－斯科尔斯模型）都假定标的资产的波动率为常数。这一假定绝非完美。在实际中，波动率就如同标的资产本身一样，也是一个随机变量。但是与标的资产不同，这一变量并不能在市场上直接观测到。这一章描述的方法就是关于如何跟踪目前的波动率大小。

我们定义 u_i 为第 $i-1$ 天末到第 i 天末市场变量的百分比变化，市场变量的方差率（即波动率的平方）为 u_i^2 的加权平均。这里讨论模型的一个主要特性是对应于不同的 u_i^2，模型赋予不同的权重：数据越新，所对应的权重也越大。在EWMA和GARCH(1，1)模型中权重随着数据变老而以指数比例下降。GARCH(1，1)与EWMA模型的不同之处在于GARCH(1，1)给长期平均方差也赋予了一定的权重。EWMA与GARCH(1，1)模型的结构都使我们能够比较容易地预测将来方差的水平。

极大似然方法通常被用于估计EWMA，GARCH(1，1)以及其他基于历史数据来计算波动率模型中的参数。这些方法采用数值迭代来找到使历史数据得以重现的可能性达到最大的参数。当参数确定之后，我们可以通过模型是否可以清除 u_i^2 的自相关性来判断GARCH(1，1)的效果。

对应于每个跟踪方差的模型都会有一个相应的模型来跟踪协方差。本章所描述的方法可用于更新一个用于计算风险价值度的完整的方差－协方差矩阵。

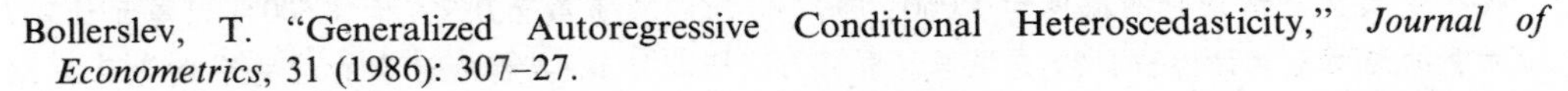

推荐阅读

Bollerslev, T. "Generalized Autoregressive Conditional Heteroscedasticity," *Journal of Econometrics*, 31 (1986): 307–27.

Cumby, R., S. Figlewski, and J. Hasbrook. "Forecasting Volatilities and Correlations with EGARCH Models," *Journal of Derivatives*, 1, 2 (Winter 1993): 51–63.

Engle, R. F. "Autoregressive Conditional Heteroscedasticity with Estimates of the Variance of UK Inflation," *Econometrica* 50 (1982): 987–1008.

Engle R. F., and J. Mezrich. "Grappling with GARCH," *Risk*, September 1995: 112–117.

Engle, R. F., and J. Mezrich, "GARCH for Groups," *Risk*, August 1996: 36–40.

Engle, R. F., and V. Ng, "Measuring and Testing the Impact of News on Volatility," *Journal of Finance*, 48 (1993): 1749–78.

Noh, J., R. F. Engle, and A. Kane. "Forecasting Volatility and Option Prices of the S&P 500 Index," *Journal of Derivatives*, 2 (1994): 17–30.

练习题

23.1 解释如何用指数加权移动平均（EWMA）模型和历史数据来估算波动率。

23.2 采用 EWMA 及 GARCH(1, 1) 对波动率进行更新的不同之处是什么？

23.3 某一资产波动率的最新估计值为 1.5%，资产在昨天交易结束时的价格为 30.00 美元。EWMA 模型中的参数 λ 为 0.94，假定在今天交易结束时资产价格为 30.50 美元，EWMA 模型将如何对波动率进行更新？

23.4 某一公司采用 EWMA 来预测波动率，公司决定将参数 λ 由 0.95 变为 0.85，解释这一变化的影响。

23.5 某市场变量的波动率为每年 30%，计算该变量在一天内的百分比变化大小对应的 99% 的置信区间。

23.6 一个公司采用 GARCH(1, 1) 来更新波动率，模型中的参数为 ω，α 及 β。描述稍稍增加某一参数并同时保持其他参数不变所带来的影响是什么？

23.7 美元/英镑汇率波动率的最新估计为每天 0.6%，在昨天下午 4 点，汇率为 1.500 0，在 EWMA 中参数 λ 为 0.9，假定在今天下午 4 点时汇率为 1.495 0，这时应该如何更新对汇率日波动率的估计？

23.8 假定标普 500 在昨天交易结束时为 1 040，在昨天，指数的日波动率估计值为每天 1%。GARCH(1, 1) 模型中的参数 $\omega = 0.000\,002$，$\alpha = 0.06$ 和 $\beta = 0.92$，如果指数在今天交易结束时的取值为 1 060，今天新的波动率估计为多少？

23.9 假定在昨天交易日末所估计的资产 A 和资产 B 的日波动率分别为 1.6% 和 2.5%，资产 A 和资产 B 在昨天交易日末的价格分别为 20 美元和 40 美元，资产收益相关系数的估计值为 0.25，EWMA 模型中的 λ 参数为 0.95。

(a) 计算目前资产之间的协方差。

(b) 假定在今天交易结束时，资产价格分别为 20.50 美元和 40.50 美元，更新相关系数的估计。

23.10 某 GARCH(1, 1) 模型的参数为 $\omega = 0.000\,004$，$\alpha = 0.05$ 以及 $\beta = 0.92$，长期平均波动率为多少？描述波动率会收敛到长期平均值的方程是什么？如果目前波动率为 20%，在 20 天后波动率的期望值为多少？

23.11 假定资产 X 和 Y 目前每天的波动率分别为 1.0% 和 1.2%，昨天在交易日结束时资产价格分别为 30 美元和 50 美元，资产收益的相关系数为 0.5，在这里我们采用 GARCH(1, 1) 模型来更新相关系数与波动率，GARCH(1, 1) 模型中的参数估计为 $\alpha = 0.04$ 和 $\beta = 0.94$，在相关系数估计中采用 $\omega = 0.000\,001$，在波动率估计中采用 $\omega = 0.000\,003$，假如在今天交易结束时资产的价格分别为 31 美元和 51 美元，相关系数的最新估计为多少？

23.12 假设富时 100 股指（以英镑计）的日波动率为 1.8%，美元/英镑汇率的日波动率为 0.9%，我们进一步假定富时 100 与美元/英镑汇率的相关系数为 0.4，富时 100 被转换成美元后的波动率为多少？这里假定美元/英镑汇率被表达为 1 英镑所对应的美元数量（提示：当 $Z = X \cdot Y$ 时，Z 所对应的每天百分比价格变化大约等于 X 的每天百分比价格变化，加上 Y 的每天百分比价格变化）。

23.13 假定在练习题 23.12 中，标普 500（以美元计）与富时 100（以英镑计）的相关系数为 0.7，标普 500（以美元计）与美元/英镑的汇率的相关系数为 0.3，标普 500 的日波动率为 1.6%，将富时 100 转换为美元后与标普 500（以美元计）的相关系数为多少？（提示：对于 3 个变量 X，Y 及 Z，$X + Y$ 同 Z 的协方差等于 X 与 Z 的协方差加上 Y 与 Z 的协方差）。

23.14 证明由式（23-9）所表达的 GARCH(1, 1) 模型 $\sigma_n^2 = \omega + \alpha u_{n-1}^2 + \beta\sigma_{n-1}^2$ 与随机波动率模型 $dV = a(V_L - V)dt + \xi V dz$ 等价，其中时间以天计算，V 为资产价格波动率的平方，以及

$$a = 1 - \alpha - \beta, V_L = \frac{\omega}{1 - \alpha - \beta}, \ \xi = \alpha\sqrt{2}$$

当时间以年计算时，随机波动率模型是什么？（提示：变量 u_{n-1} 为资产价格在 Δt 时间内的收益，假定其分布为正态，均值为 0，标准差为 σ_{n-1}。可以证明，从正态分布的矩可以得出，变量 u_{n-1}^2 的均值和方差分别为 σ_{n-1}^2 和 $2\sigma_{n-1}^4$。）

23.15　在 23.8 节末尾对 4 个指数 VaR 的计算中我们使用了模型构造法。当在每个指数中的投资为 250 万美元时，VaR 的计算会有什么变化？在计算中假定：使用相同权重估计波动率与协方差；使用 $\lambda = 0.94$ 的 EWMA 模型估计波动率与协方差。可以使用作者网页里的计算表。

23.16　在 23.8 节末尾对 4 个指数例子的计算中，将 λ 从 0.94 改成 0.97 时对计算有什么影响？可以使用上面网页里的计算表。

作业题

23.17　假定黄金价格在昨天收盘时为 600 美元，估计的波动率为每天 1.3%，今天黄金的收盘价为 596 美元。采用以下模型来更新波动率

(a) 采用 EWMA 模型，其中 $\lambda = 0.94$。

(b) 采用 GARCH(1, 1) 模型，其中参数选择为 $\omega = 0.000\,002$，$\alpha = 0.04$ 和 $\beta = 0.94$。

23.18　假定在作业题 23.17 中，昨天交易结束时的银价为 16 美元，价格波动率为每天 1.5%，银价与黄金价格的相关系数为 0.8，今天在交易结束时银价同昨天相同，即 16 美元。采用作业题 23.17 中的两个模型来更新黄金价格与银价的波动率以及它们之间的相关系数。在实际中，对于黄金价格及银价采用的 ω 参数是否会相同？

23.19　读者可以从网页 http://www.rotman.utoronto.ca/~hull/data 上下载一个计算表，其中含有至少 900 天的不同汇率与股指数据。选择一个汇率与一个股指，估计 EWMA 中的 λ，以使得

$$\sum_i (v_i - \beta_i)^2$$

达到极小。其中，v_i 为在第 $i-1$ 天末所做的方差预测，β_i 为由第 i 天至第 $i+25$ 天数据所计算出的方差。在计算中采用 Excel 中的 Solver 功能，在开始 EWMA 计算时，令第 1 天的方差预测值等于第 1 天收益的平方。

23.20　GARCH(1, 1) 模型中的参数 $\alpha = 0.03$，$\beta = 0.95$ 和 $\omega = 0.000\,002$。

(a) 长期平均波动率为多少？

(b) 如果当前波动率为每天 1.5%，你对 20 天、40 天及 60 天后的波动率估计为多少？

(c) 应采用什么样的波动率来计算 20 天、40 天及 60 天期限的期权价格？

(d) 假定有某一事件使得目前的波动率由每天 0.5% 增至每天 2%，估计这一事件对 20 天、40 天及 60 天后波动率的影响。

(e) 估计这一事件对用于 20 天、40 天及 60 天期限的期权的定价中所使用的波动率的影响。

23.21　在 23.8 节末对 4 个指数例子的计算中，我们假设交易组合在道琼斯工业平均指数，富时 100、CAC 40 以及日经 225 中的投资数量分别为 400 万美元、300 万美元、100 万美元和 200 万美元。当投资数量分别变为 300 万美元、300 万美元、100 万美元和 300 万美元时，对 VaR 的计算会有什么改变？在计算时假设：在估计波动率和相关系数时采用相同权重模型；估计时采用 EWMA 模型。在 EWMA 计算中当 λ 从 0.94 变成 0.90 时会有什么影响？在计算时可以利用作者网页里的计算表。

23.22　利用 2005 年 7 月 27 日至 2010 年 7 月 27 日之间的欧元－美元汇率数据，对 EWMA 模型和 GARCH(1, 1) 模型中的参数进行估计。汇率数据可以从网页 http://www.rotman.utoronto.ca/~hull/data 下载。

CHAPTER24

第24章 信用风险

到目前为止，在本书中考虑的大部分衍生产品所涉及的都是市场风险。在这一章里我们将讨论金融机构面临的另一类重要风险：信用风险。许多金融机构都花了大量的时间和精力来度量和管理信用风险，监管部门多年来一直要求银行设定的资本金应当反映所承受的信用风险，这一资本金是在业界事例21-1里所示的市场资本金之上的附加量。

信用风险来源于贷款的借贷方与衍生产品交易对手的违约可能性。在本章里我们将讨论估计违约概率的不同方法，并解释风险中性违约概率与现实世界违约概率的区别。在本章里还将考虑场外衍生产品中的信用风险特性，并介绍交易员如何通过在衍生产品交易合约上附加条款来减低信用风险。在本章中我们还将讨论信用相关性、高斯关联结构（copula）模型以及如何估算信用风险价值度等内容。

在第25章中我们将讨论信用衍生产品，并将说明如何利用本章里的概念来对信用衍生产品定价。

24.1 信用评级

穆迪（Moody's）、标准普尔（S&P）和惠誉（Fitch）等评级公司专门从事企业债券的信用评级业务。在穆迪的系统中，信用的最佳级别为Aaa，具有这种信用级别的债券几乎没有违约的可能。接下来的级别为Aa，再往下的排序为A，Baa，Ba，B，Caa，Ca及C。评级为Baa及高于Baa的债券被称为**投资级**（investment grade）债券。标准普尔和惠誉与穆迪Aaa，Aa，A，Baa，Ba，B，Caa，Ca和C相对应的信用级别分别是AAA，AA，A，BBB，BB，B，CCC，CC和C。为了产生更细的信用等级，穆迪将Aa等级分为Aa1，Aa2和Aa3，并将A等级分为A1，A2和A3等；类似地，标准普尔和惠誉将AA级分为AA+，AA和AA-，并将A等级分为A+，A和A-等。穆迪对Aaa没有再加细分，标准普尔和惠誉对AAA也没有再加细分，它们对最低的两个信用等级也通常没有再去细分。

24.2 历史违约概率

表24-1是由评级公司公布的一组典型数据，这些数据显示了在最初为某个级别的债券在今后20年内的违约情况。例如，初始信用级别为Baa的债券有0.177%的概率在一年内违约，有0.495%的概率在两年内违约，等等。债券在一个指定年份违约的概率可由这一表格计算得出。例如，初始信用级别为Baa的债券在期限中第二年违约的概率为0.495% - 0.177% = 0.318%。

表24-1 1970～2012年的平均累积违约率（以百分比计）

时间（年）	1	2	3	4	5	7	10	15	20
Aaa	0.000	0.013	0.013	0.037	0.106	0.247	0.503	0.935	1.104
Aa	0.022	0.069	0.139	0.256	0.383	0.621	0.922	1.756	3.135
A	0.063	0.203	0.414	0.625	0.870	1.441	2.480	4.255	6.841
Baa	0.177	0.495	0.894	1.369	1.877	2.927	4.740	8.628	12.483
Ba	1.112	3.083	5.424	7.934	10.189	14.117	19.708	29.172	36.321
B	4.051	9.608	15.216	20.134	24.613	32.747	41.947	52.217	58.084
Caa-C	16.448	27.867	36.908	44.128	50.366	58.302	69.483	79.178	81.248

资料来源：穆迪。

表24-1显示具备投资级别的债券在一年内的违约概率随着期限的增大而增大（例如，A级债券在第0～5年、5～10年、10～15年以及15～20年内的违约概率分别为0.870%、1.610%、1.775%和2.586%）。这是因为在发行时，债券的信用级别较好，但随着时间的推移，公司信用出现问题的可能性会随之增大。而对于最初信用级别较差的债券，每年的违约率常常是时间的一个递减函数（例如，B级债券在第0～5年、5～10年、10～15年以及15～20年的违约概率分别为24.613%、17.334%、10.270%和5.867%）。产生这一现象的原因是如果一个债券的信用较差，债券在今后一两年能否生存会面临巨大挑战，但公司如果能够顺利渡过难关，那么今后的财务前景将会变得乐观起来。

违约率

由表24-1我们可以计算出Caa或更低级别的债券在第3年内的违约率为36.908% - 27.867% = 9.041%。我们将其称为**无条件违约概率**（unconditional default probability）。此概率是今天（即在0时刻）观察的在第3年内违约概率。Caa债券一直到第2年年底都不会违约的概率为100% - 27.867% = 72.133%，因此我们得出在前两年没有违约的条件下，公司在第3年内违约的概率为0.090 41/0.721 33 = 12.53%。

这里计算出的12.53%是对应于1年观察期的违约概率。假设我们考虑一个很短的时间段Δt，定义在时间t的违约率$\lambda(t)$为在之前没有违约的条件下，违约发生在时间t与$t+\Delta t$之间的概率为$\lambda(t)\Delta t$。如果$V(t)$是从今天到时间t公司仍然生存的累积概率（即在时间t之前没有违约），那么在时间t与$t+\Delta t$之间违约的条件概率为$[V(t)-V(t+\Delta t)]/V(t)$，由于这个概率等于$\lambda(t)\Delta t$，我们有

$$V(t+\Delta t)-V(t)=-\lambda(t)V(t)\Delta t$$

取极限后得出

$$\frac{\mathrm{d}V(t)}{\mathrm{d}t}=-\lambda(t)V(t)$$

因此

$$V(t) = e^{-\int_0^t \lambda(\tau)d\tau}$$

定义 $Q(t)$ 为在时间 t 之前违约的概率，因此 $Q(t) = 1 - V(t)$，我们得出

$$Q(t) = 1 - e^{-\int_0^t \lambda(\tau)d\tau}$$

或者

$$Q(t) = 1 - e^{-\bar{\lambda}(t)t} \quad (24\text{-}1)$$

其中 $\bar{\lambda}(t)$ 为介于时间 0 与时间 t 之间违约率的平均值，条件违约概率被称为**违约密度**（default intensity）。

24.3 回收率

当一家公司破产时，公司的债权人会对公司的资产进行追索。[一]有时债权人会同意接受债务的部分偿还，公司会进行重组；而在其他的情形下，公司部分资产被债权结算人变卖，所得资金将最大限度地用于偿还债务。在债务追索过程中，有些债权具有优先权，必须优先偿还。

债券回收率一般是指在刚刚违约后的几天里，债券的市场价值与面值的百分比。表 24-2 给出了不同种类债券平均回收率的历史数据。从表中可以看出，优先支付带抵押债券的平均回收率最高，为 51.6%，而初级次级债券的平均回收率最低，为 24.7%。

表 24-2 1982 ~2012 年企业债券作为面值百分比的回收率

类别	平均回收率（%）
优先支付有抵押债券	51.6
优先支付无抵押保债券	37.0
次优先级债券	30.9
次级债券	31.5
初级次级债券	24.7

资料来源：穆迪。

回收率对违约概率的依赖性

从第 8 章里可以看到，2007 年开始的金融危机给人们的一个教训是按揭贷款的平均回收率与按揭贷款违约率有着负的相关性。利率上涨时，由于止赎按揭的原因将会有更多的房屋被卖掉，从而使房价下跌，因此造成回收率下降。

公司债券的平均回收率也显示了与违约率的负相关性。[二]当一年中违约的债券不多时，经济状态一般会很好，这时这些债券在违约时所得到的回收率可以高达 60%。但当一年内有很多债券违约时，经济状况一般不好，违约债券的平均回收率可能会低至 30%。负相关性所产生的影响是在高违约率的年头里使借出资金者雪上加霜，因为相伴随的往往是低回收率。

24.4 由债券收益率溢差来估计违约概率

像表 24-1 这样的数据提供了一种估计违约概率的方法，另一种方法是利用债券收益率溢差。债券的收益率溢差是所许诺的收益率高出无风险利率的部分。通常的假设是这部分多出的

[一] 在美国债券持有人的索赔包括债券的本金和应计利息。

[二] 见 E. I. Altman，B. Brady，A. Resti，and A. Sironi，"The Link between Default and Recovery Rates：Theory，Empirical Evidence，and Implications，" *Journal of Business*，78，6(2005)：2203-28。

收益率是对所承受违约风险的补偿。[⊖]

假设一个 T 年期债券的收益率溢差是每年 $s(T)$。这说明在时间 0 到 T 之间债券的平均损失率大概是每年 $s(T)$。假设在这段时间里违约率的平均值是 $\bar{\lambda}(T)$。而对平均损失率的另一种估计是 $\bar{\lambda}(T)(1-R)$，其中 R 是所估计的回收率。因此近似地会有关系式

$$\bar{\lambda}(T)(1-R)=s(T)$$

或

$$\bar{\lambda}(T)=\frac{s(T)}{1-R} \tag{24-2}$$

在很多情况下这个逼近式都很有用处。

例 24-1

假设一家公司所发行的 1 年期、2 年期和 3 年期债券的收益率比无风险利率分别高出 150 个基点、180 个基点和 195 个基点。如果预估的回收率是40%，由式（24-2）给出的一年平均违约率为 $0.0150/(1-0.4)=0.025$，即每年 2.5%。类似地，前两年的平均违约率是 $0.0180/(1-0.4)=0.030$，即每年 3.0%。前 3 年的平均违约率是 $0.0195/(1-0.4)=0.0325$，即每年 3.25%。这些结果表明第 2 年的平均违约率是 $2\times0.03-1\times0.035$，即 3.5%；而第 3 年的平均违约率是 $3\times0.0325-2\times0.03=0.0375$，即 3.75%。

24.4.1 吻合债券价格

为了使计算更加精确，我们可以选择违约率使其与债券价格吻合，这种方式与在第 4.5 节里计算零息收益率曲线的做法类似。假设使用的是期限为 t_i 的债券（t_i 满足：$t_1<t_2<t_3<\cdots$）。用最短期限的债券计算直到 t_1 的违约率，用下一个债券计算介于 t_1 与 t_2 之间的违约率，等等。

例 24-2

假设所有期限的无风险利率均为每年 5%（连续复利），1 年期、2 年期和 3 年期债券的收益率分别为 6.5%、6.8%和 6.95%（也是连续复利，这与例 24-1 里的数据是一致的）。我们假设每个债券的面值都是 100 美元，票息都是每年 8%（每半年支付一次，而且刚刚付过一次票息）。由债券的收益率可以计算出它们的价格分别为 101.33 美元、101.99 美元和 102.47 美元。假如债券是无风险的话，它们的价格应当分别是 102.83 美元、105.52 美元和 108.08 美元（由 5%的收益率计算）。这说明一年期债券的违约损失期望值的现值应当是 $102.83-101.33=1.50$ 美元。类似地，2 年期与 3 年期债券的违约损失期望值应当是 3.53 美元和 5.61 美元。假设第 i 年的违约率为 $\lambda_i(1\leqslant i\leqslant3)$，回收率为 40%。

考虑 1 年期债券，在前 6 个月内违约的概率是 $1-e^{-0.5\lambda_1}$，在接下来 6 个月内违约的概率是 $e^{-0.5\lambda_1}-e^{-\lambda_1}$。假设违约只可能发生在 6 个月时间段的中间，那么违约可能发生的时间是 3 个月后和 9 个月后。在 3 个月时债券的无风险（远期）价格为

$$4e^{-0.05\times0.25}+104e^{-0.05\times0.75}=104.12$$

⊖ 在今后我们会讨论这一点，这里的假设并不完美。在实际中，企业债券的价格也会受流动性的影响：债券流动性越差，债券价格也就越低。

由上一节里回收率的定义我们知道，如果违约发生的话债券将会值40美元，所以当3个月后违约发生时所受损失的现值等于

$$(104.12-40)e^{-0.05\times0.25}=63.33$$

在第9个月的时间点上债券的无风险价值为$104e^{-0.05\times0.25}=102.71$，而如果有违约的话，债券的价值将为40，所以当9个月后违约发生时所受损失的现值等于

$$(102.71-40)e^{-0.05\times0.75}=60.40$$

因此，违约率λ_1必须满足

$$(1-e^{-0.05\times\lambda_1})\times63.33+(e^{-0.5\times\lambda_1}-e^{-\lambda_1})\times60.40=1.50$$

这个方程的解（可以利用Excel里的Solver）为$\lambda_1=2.46\%$。

接下来考虑2年期债券。这个债券在3个月与9个月时的违约概率可以从上面关于1年期债券的分析中得到，而对2年里违约率的计算可以通过使违约损失期望的现值等于3.53美元来完成。对3年期债券可以由类似的方法处理。通过这些计算，我们可以得到在第2年与第3年的违约率分别是3.48%与3.74%（注意，这里所估计的违约率与在例24-1中通过式（24-2）所得结果非常相似）。

24.4.2 无风险利率

无风险利率的选择对我们刚刚介绍的计算违约概率方法有重要影响。例24-1中的溢差是债券收益率与无风险利率之差，而如何计算无风险债券价格对例24-2中计算由债券价格所蕴含的违约损失期望值有关键影响。债券交易员所用的参考无风险利率通常是某种国库券利率。例如，交易员对一个债券的报价也许是国库券上溢差250个基点。但是正如9.1节里所述，由于国库券利率太低，将其当成无风险利率没有太多用处。

信用违约互换合约（CDS）溢差（在7.1节里有过简单讨论，在第25章里将有更详细的论述）提供了不依赖所选择无风险利率的信用溢差估计。有些研究人员试图通过将债券溢差与CDS溢差相比较，从而估计所蕴含的无风险利率。他们研究的结果表示，所蕴含的无风险利率比较接近于相应的LIBOR/互换利率。例如，一种估计的结果是蕴含无风险利率比LIBOR/互换利率低大约10个基点。[⊖]

24.4.3 资产互换溢差

在实际中，在计算信用风险时常常将LIBOR/互换利率当成参考无风险利率。资产互换溢差更直接地提供了债券收益在LIBOR/互换曲线之上溢差的估计。

为了解释资产互换的运作机制，考虑以下情形：某个债券的资产互换溢差报价为150个基点，对应于这一报价有三种可能：

（1）债券价格等于账面价格，即100美元。资产互换的一方（公司A）支付债券的券息，而另一方（公司B）支付LIBOR+150个基点。注意这里的交易是将债券所承诺的券息进行交换，即无论债券是否违约，交换都会进行。

（2）债券价格低于其账面价格。假定债券价格为95美元。在资产互换中，A方除了支付

⊖ 见J. Hull, M. Predescu, and A. White, "The Relationship between Credit Default Swap Spreads, Bond Yields, and Credit Rating Announcements," *Journal of Banking and Finance*, 28(November 2004), 2789-2811。

券息外，在互换开始时A方还要对每100美元的面值先支付5美元。B方支付LIBOR+150个基点。

(3) 债券价格高于其账面价格，假定债券价格为108美元。在互换协议开始时，B方首先对每100美元的面值先支付8美元。B方付LIBOR+150个基点，A方支付券息。

在以上3种不同情形下，资产互换溢差（所对应的付款现金流）的贴现值等于无风险债券的价格与相似企业债券的差价。这里的无风险利率假设为LIBOR/互换曲线（见练习题24.20）。这个结果在例24-2这样的计算中很有用处。

24.5 违约概率估计的比较

由历史数据所估计出的违约概率通常要远远小于从债券价格中所隐含的违约概率，两者的差别在2007年中开始的信用危机期间显得尤为突出。在危机期间发生了所谓的“择优而栖”的现象，这时所有的投资人都想持有像国库券这样的安全证券。这种现象造成了公司债券价格下跌，从而导致收益率上涨。这些债券的信用溢差s增大，因此类似式（24-2）中的计算将会给出很高的违约概率估计值。

表24-3中给出了通过历史数据所估计的违约概率与由信用溢差所估计的违约概率之差。为了避免使得结果过度地受危机影响，在计算债券收益溢差估计时，我们只使用危机发生之前的数据。

表24-3 7年间平均违约率（每年%）

级别	历史违约率	从债券计算的违约率	比率	差别
Aaa	0.04	0.60	17.0	0.56
Aa	0.09	0.73	8.2	0.64
A	0.21	1.15	5.5	0.94
Baa	0.42	2.13	5.0	1.71
Ba	2.17	4.67	2.1	2.50
B	5.56	8.02	1.4	2.35
Caa或更低	12.50	18.39	1.5	5.89

表24-3的第2列是基于表24-1中有关7年期限的数据（使用7年期这一列数据的原因是我们在后面所考虑的债券有大约7年的期限）。为了解释计算的过程，注意利用式（24-1）可以得出

$$\bar{\lambda}(7) = -\frac{1}{7}\ln[1 - Q(7)]$$

其中，$\bar{\lambda}(t)$为截止到时间t的平均违约率，$Q(t)$为截止到时间t的累积违约概率。对应不同信用级别的$Q(7)$值来自于表24-1。例如，对于信用级别为A的公司，$Q(7)$的值为0.014 41，因此，7年的违约率平均值为

$$\bar{\lambda}(7) = -\frac{1}{7}\ln(1 - 0.014\,41) = 0.002\,1$$

即0.21%。

为了利用表24-3中的第3列数据由债券价格计算平均违约率，我们利用式（24-2）与由美林证券（Merrill Lynch）发表的债券收益率数据。所示结果是1996年12月至2007年6月之间的平均值。在计算中，假设回收率为40%。美林证券数据里的债券期限大约是7年（这也

正是为什么在计算违约概率时，我们使用表24-1里的7年期所对应的列）。在计算债券收益的溢差时，我们假设无风险利率为7年期互换利率减去10个基点（见上一节中的讨论）。例如，对于*A*级债券，美林证券报告的平均收益率为5.995%，平均7年期互换利率为5.408%，因此平均无风险利率为5.308%。这就给出了7年平均违约率

$$\frac{0.05995-0.05308}{1-0.4}=0.0115$$

即1.15%。

表24-3展示了对于投资级债券，由债券价格所计算出的违约概率与由历史数据计算出的违约概率的比率很大，但这些比率随着信用级别降低而有所下降。[㊀]与此相比，两种违约概率的差随着信用级别的降低而有所增加。

表24-4是对这些结果提供的另一种解释。表中给出了投资者在不同信用级别的债券上所得收益溢差（这里仍然假定无风险利率等于7年互换利率减去10个基点）。仍然考虑A级债券，这种债券的收益率超过国债收益率的平均溢差为111个基点，其中的42基点是7年国库券与我们选取的无风险利率之间的平均溢差，补偿预期违约需要12个基点（这一值等于表24-3中的历史违约概率乘以0.6，即回收率）。将预期违约考虑在内后，我们仍然有57个基点的额外预期收益。

表24-4　债券额外收益的期望值　（单位：基点）

信用评级	债券与国债收益率的溢差	无风险利率与国债收益率的溢差	补偿历史违约的溢差	额外收益
Aaa	78	42	2	34
Aa	86	42	5	39
A	111	42	12	57
Baa	169	42	25	102
Ba	322	42	130	150
B	523	42	340	141
Caa	1 146	42	750	354

由表24-3和表24-4可以看到，虽然两种违约概率差别很大，但对应的额外预期收益却相对较小（但仍然很显著）。对于Aaa级别的债券，两种违约概率的比率为17.0，但额外预期收益只有仅仅34个基点。额外预期收益随着信用级别的降低而有所增加。[㊁]

表24-4所示的债券额外收益随着时间变化而不同。在2001年、2002年和2003上半年，信用溢差（从而额外收益）均比较高。此后直到信用危机之前这段时间内，额外收益都比较低。

24.5.1　现实世界概率与风险中性概率的比较

由债券收益率所隐含的违约概率或违约率均为风险中性估计值。当存在违约风险时，我们可以用这些结果计算现金流在风险中性世界里的期望值，然后利用风险中性定价方法将现金流的期望值按无风险利率贴现，即可得到现金流的价值。例24-2是将这种方法用于计算违约费

㊀ 表24-3和表24-4更新了下文里的结果：J. Hull，M. Predescu，and A. White，"Bond Prices，Default Probabilities，and Risk Premiums，" *Journal of Credit Risk*，1，2(Spring 2005)：53-60。

㊁ 对于B级，债券表24-3及表24-4显示的特征刚好相反。

用的例子。在下一章中我们将会看到更多的应用。

与此相比，由历史数据计算出的概率或违约率都是在现实（有时也被称为**真实**（physical））世界里的估计值。表24-3显示的风险中性违约概率要比现实世界违约概率高出很多，表24-4中的额外预期收益直接来自在现实世界与风险中性世界里违约概率的差别。假如没有额外预期收益的话，现实世界违约概率将会等于风险中性违约概率，反之亦然。

为什么现实世界违约概率与风险中性世界违约概率会有如此大的差别呢？就像我们刚刚讨论的那样，这一问题等同于为什么企业债券交易员的平均收入要高于无风险利率。

一种解释是企业债券的流动性较差，因此它们要提供足够高的收益率才能对此进行补偿。事实确实是这样，但研究结果表明这并不能完全解释表24-4中的结果。[㊀]另外一种可能的原因是债券交易员的主观违约率假设也许比表24-1中给出的违约率要高得多，而交易员所假想的经济萧条情形可能要比历史数据中所有发生过的情形更差。但是，额外收益的很大一部分仍然很难用以上观点来解释。

到目前为止，人们发现造成表24-3和表24-4中结果的最主要原因是债券违约并不相互独立。在有些时间段内违约率较低，而在其他的时间段内违约率较高。观察不同年份的违约率将会证明这个结论。穆迪的统计结果表明，1970～2009年的违约率范围是从较低在1979年的0.09%到较高在2001年的3.97%和2009年的5.35%。年与年之间的违约率变化会导致系统风险（即不能通过风险分散而消除的风险），债券交易员因承担这种风险自然会索取额外收益（这与由资本资产定价模型所计算的股权持有者额外收益是类似的，见第3章附录）。年与年之间违约率的不同可能是归因于整体的经济状况，或者某公司的违约会触发其他公司的违约（这一现象常被称为**信用蔓延**（credit contagion））。

除了我们刚刚讨论的系统风险，每个债券都具有非系统风险。对于股票交易组合，我们可以认为当投资者选择适当的组合（例如组合含有30个股票）时，非系统风险可以被分散，因此当投资者持有非系统风险时就不应索取额外收益。但对于债券组合，以上观点就没有那么明显。债券收益具有很高的偏态性，同时投资收益的升势有限（例如，一个债券在1年内有99.75%的可能收益率为7%，同时有0.25%的可能收益率为－60%。第1种情形对应于没有违约出现，第2种情形对应于出现违约）。债券投资的这种风险很难分散），[㊁]因为如果我们要想进行风险分散的话，需要持有成千上万的债券。在实际中，许多债券组合的风险远远没有达到完全分散，因此债券交易员可能对自己承担的非系统风险也会索取额外的回报。

24.5.2 应当使用哪种违约概率估计

现在我们自然会问，在信用风险分析中我们是应该采用现实世界里的违约率还是风险中性世界里的违约率？答案取决于我们分析的目的：当我们对信用衍生产品定价或者分析违约对产品价格的影响时，我们应该采用风险中性违约概率，这是因为在分析中会涉及计算将来预期现金流的贴现值，在计算中会不可避免（直接或间接）地采用风险中性定价理论。当我们采用情形分析法来估计因违约而可能触发的损失时，应该采用现实世界里的违约率。

㊀ 例如，见J. Dick-Nielsen，P. Feldhutter，and D. Lando，“Corporate Bond Liquidity before and after the Onset of the Subprime Crisis，” *Journal of Financial Economics*，103，3(2012)，471-92。这篇文章中使用了多种流动性测度来研究一个很大的债券数据库里的交易。结果表明流动性只占信用溢差很小一部分。

㊁ 见J. D. Amato and E. M. Remolona，“The Credit Spread Puzzle”，*BIS Quarterly Review*，5(December 2003)：51-63。

24.6 利用股价估计违约概率

当我们利用类似于表24-1中数据来估计公司在现实世界里的违约概率时，我们必须依赖公司的信用评级，不幸的是公司信用评级的更新较慢。许多人认为在估计违约概率时，股票价格可以提供更及时的信息。

默顿在1974年提出了一种将公司股票当成公司资产上期权的模型。[㊀]为了便于讨论，假设公司仅发行了一个零息债券，债券到期时间为 T。定义：

V_0：公司资产的当前价值；

V_T：公司资产在时间 T 的价值；

E_0：公司股票的当前价值；

E_T：公司股票在时间 T 的价值；

D：公司债券在时间 T 的本金；

σ_V：资产波动率（假设为常数）；

σ_E：股票的瞬时波动率。

当 $V_T<D$ 时，公司会对自己发行的债券违约（至少在理论上讲），此时公司股票的价值为0；当 $V_T>D$ 时，公司会支付自己在时间 T 时应偿还的债务，这时股票价值为 V_T-D。因此在默顿模型中，在时间 T 时公司的股票价值为

$$E_T = \max(V_T - D, 0)$$

这表示公司的股票可以被看作公司资产上的看涨期权：期权的执行价格为应偿还债券本金的总量。布莱克－斯科尔斯－默顿公式给出了这一期权的当前价值

$$E_0 = V_0 N(d_1) - De^{-rT}N(d_2) \tag{24-3}$$

其中

$$d_1 = \frac{\ln(V_0/D) + (r + \sigma_V^2/2)T}{\sigma_V\sqrt{T}} \text{ 和 } d_2 = d_1 - \sigma_V\sqrt{T}$$

债券今天的价值等于 V_0-E_0。

公司在时间 T 时违约的风险中性概率为 $N(-d_2)$。为了计算这一数量，我们需要 V_0 与 σ_V，而这两个变量都不能从市场上直接观察到。但是如果公司是一家上市公司，我们可以观察到 E_0，这意味着式（24-3）给出了一个 V_0 与 σ_V 必须满足的等式。我们也可以通过历史数据或期权价格来估计 σ_E。由伊藤引理，我们得出

$$\sigma_E E_0 = \frac{\partial E}{\partial V}\sigma_V V_0 = N(d_1)\sigma_V V_0 \tag{24-4}$$

以上方程是 V_0 与 σ_V 必须满足的另一个等式。式（24-3）与式（24-4）给出了一组关于 V_0 和 σ_V 的方程，由这两个方程我们可以求得 V_0 及 σ_V。[㊁]

㊀ 见 R. Merton "On the Pricing of Corporate Debt: The Risk Structure of Interest Rates," *Journal of Finance*, 29 (1974), 449-470。

㊁ 为了对两个非线性方程 $F(x, y)=0$ 和 $G(x, y)=0$ 求解，我们可以采用Excel中的Solver功能，通过求取 $[F(x, y)]^2+[G(x, y)]^2$ 的极小值来达到目的。

例 24-3

某家公司的股权价值为300万美元，股权变化的波动率为80%，公司在1年后必须支付的债务总额为1 000万美元，无风险利率为每年5%。在以下计算中的数量以百万计。对应这一情形 $E_0=3$，$\sigma_E=0.80$，$r=0.05$，$T=1$ 和 $D=10$。对式（24-3）和式（24-4）求解，我们得出 $V_0=12.40$ 与 $\sigma_V=0.2123$，参数 $d_2=1.1408$，因此公司违约的概率为 $N(-d_2)=0.127$，即12.7%。债券的当前市价为 V_0-E_0，即9.40。债券面值的贴现值为 $10e^{-0.05\times1}=9.51$，因此债券的预期损失为（9.51－9.40)/9.51，即无违约可能时价值的大约1.2%。**预期损失**（expected loss，EL）等于**违约概率**（probability of default，PD）乘以1减去回收率，因此回收率等于1减去EL/PD。在本例中，回收率为1－1.2/12.7，即无违约可能时价值的91%。

我们可以将上面的默顿模型基本形式在几个方面加以推广。例如，一种形式是假设一旦资产价格低于一定的障碍值时，就会触发违约，另一种推广是允许使债券需要多次进行偿还支付的情形。

由默顿模型及其推广形式所产生的违约概率与实际违约概率有多么接近呢？这一问题的答案是默顿模型及其推广对于违约概率提供了较好的排序功能（风险中性或现实世界）。这意味着通过某种单调变换，我们可以将由默顿模型产生的违约概率转换成对现实世界里或风险中性世界里违约概率的估计。[⊖]利用理论上的风险中性违约概率 $N(-d_2)$（因为这是由期权定价模型中估计的）来估计现实世界里的违约概率，这种做法看上去比较奇怪，但在对上面模型的矫正过程中，我们假设了对不同公司的风险中性违约概率排序与其现实世界里违约概率的排序是一样的。

24.7 衍生产品交易中的信用风险

在本节中我们考虑如何量化双边结算衍生产品交易中的信用风险。一般来讲两家公司之间的双边结算衍生产品交易服从国际互换和衍生产品协会（ISDA）的主协议（master agreement）中的规定。协议中的一条重要条款是关于净额结算（netting）的规则：这项规则指明为了（a）计算在违约事件发生时的权益，（b）计算必须提交的抵押数量，所有介于两家公司之间的未平仓交易都应当视作一项交易。

在主协议里还定义了**违约事件**（event of default）发生的情形。例如，当一方没有能够履行衍生产品交易所指明的支付，或没能按要求交付抵押品，或宣布破产时，就会有一个违约事件。交易对手有权利终止所有与其之间未平仓的交易。在下面两种情况下，这些结果很可能会给非违约方造成损失：

（1）对非违约一方，所有未平仓交易的总值是正的，而且高于违约方所交付的抵押品（假如有的话）价值。对于交易中没有抵押品的部分，非违约方成了**无抵押债权人**（unsecured creditor）。

⊖ 穆迪KMV公司将默顿模型的违约概率转换为现实世界的违约概率（这一概率被称为EDF，EDF为预期违约频率（expected default frequency）的缩写）。CreditGrades采用默顿模型来估计信用溢差，这一信用溢差与风险中性违约概率密切相关。

（2）对违约的一方，所有未平仓交易的总值是正的，但是低于非违约方所交付的抵押品价值。为了要回自己已经交付的多余抵押品，非违约方成了无抵押债权人。

为了简化讨论，我们忽略因为需要更换与违约方之间所做的交易，非违约方由买入－卖出差价而带来的费用。

24.7.1 CVA 与 DVA

在第9章里我们曾介绍过CVA（信用价值调节）与DVA（债务价值调节）的概念。一家银行对其交易对手的CVA调节值等于由于对手违约所产生的预期费用的贴现值，而DVA调节值等于银行自己违约而给对手造成的预期费用的贴现值。银行违约的可能性对银行自己有利，因为银行有可能不需要按衍生产品的要求向对方支付。因此，作为对手的费用，DVA是对银行有益的。

未平仓交易的**无违约价值**（no default value）是当假设交易的双方都不违约情况下的交易价值（像布莱克－斯科尔斯－默顿这样的衍生产品定价模型所给出的都是无违约价值）。如果f_{nd}表示与某个交易对手之间未平仓交易对于银行的无违约价值，那么在考虑可能的违约情况后，未平仓交易的价值是

$$f_{nd} - \text{CVA} + \text{DVA}$$

假设在银行与交易对手之间未平仓衍生产品交易中期限最长的是T年，如第9章里所述，将0和T之间分成N个区间，CVA和DVA的估计值为

$$\text{CVA} = \sum_{i=1}^{N} q_i v_i, \quad \text{DVA} = \sum_{i=1}^{N} q_i^* v_i^*$$

其中q_i为对手在第i个区间里违约的风险中性概率；v_i为当对手在第i个区间的中间时间点上违约时，给银行造成损失的预期值的贴现值；q_i^*为银行在第i个区间里违约的风险中性概率；v_i^*为当银行在第i个区间的中间时间点上违约时，给对手造成损失（对银行有利）的预期值的贴现值。

首先考虑如何计算q_i。因为我们是在利用风险中性方法对未来现金流定价，所以q_i应当是风险中性违约概率（参见24.5节）。假设t_i是第i个区间的终点，那么q_i是交易对手在时间t_i和t_{i+1}之间的风险中性违约概率。我们首先采用一些不同的期限来估计对手的信用溢差，然后利用插值，可得到对期限t_i（$1 \leqslant i \leqslant N$）内交易对手的信用溢差估计值$s(t_i)$。由式（24-2），对手在时间0和$t_i$之间的平均违约率估计值是$s(t_i)/(1-R)$，其中$R$是当对手违约时的回收率期望值。由式（24-1），对手在直到t_i时仍未违约的概率是

$$\exp\left(-\frac{s(t_i)t_i}{1-R}\right)$$

这说明

$$q_i = \exp\left(-\frac{s(t_{i-1})t_{i-1}}{1-R}\right) - \exp\left(-\frac{s(t_i)t_i}{1-R}\right)$$

是对手在第i个区间里违约的概率。可以利用类似的方法从银行的信用溢差来估计概率q_i^*。

接下来我们考虑在假设没有提交抵押品的情况下如何计算v_i，这里的计算常常需要花大量时间利用蒙特卡罗模拟来完成。从时间0到T，在风险中性世界里对一些市场变量进行模拟，而这些市场变量决定了交易商与对手之间所有未平仓交易的无违约价值。在每次模拟实验中，在每个时间区间的中间点上计算银行关于对手的风险敞口，这里的风险敞口等于$\max(V, 0)$，

其中 V 是交易对于银行的总值（如果对银行来讲，总价值是负值时没有风险敞口；而价值为正时，风险敞口等于这个值）。计算在所有模型实验中这项风险敞口的平均值，将其贴现值乘以1减去回报率即可得到变量 v_i 的估计值。采用类似的方法，从对手对于银行的风险敞口可以计算变量 v_i^*。

当银行与对手之间有抵押协议时，v_i 的计算会更复杂。在每次模拟实验中，在第 i 个区间的中间点上如果有违约事件发生，我们需要估计双方所持抵押品的价值。在这样的计算中，通常假设从违约发生的 c 天前开始，对方既不再提交抵押品，也不再归还超量的抵押品。参数 c 通常被称为**补救期**（cure period），一般等于10或20天。为了知道在区间中间点上违约发生时都持有什么抵押品，需要计算所有交易在 c 天前的价值。下面的例子展示了如何计算风险敞口的方法，预期损失 v_i 的贴现值是按所有试验中风险敞口的平均值计算的（这与无违约的情形一样）。考虑对手关于银行的风险敞口时，利用类似的方法可以得到 v_i^*。

例24-4

在银行与交易对手之间有双边**零槛**（zero-threshold）抵押协议，这说明每方都需要向对手提交价值 $\max(V, 0)$ 的抵押品，这里 V 代表未平仓交易对于对手的价值。假设补救期为20天，τ 是在银行的CVA计算中所用的一个时间区间的中间点。

（1）在一次模拟实验中，在时间 τ，未平仓交易对银行的价值是50，而20天之前的价值是45。在这种情况下，通常假设如果在时间 τ 违约发生的话，银行所持有的抵押品价值是45，银行的风险敞口是衍生产品价值中没有抵押品的部分，即5。

（2）在一次模拟实验中，在时间 τ，未平仓交易对银行的价值是50，而20天之前的价值是55。在这种情况下，通常假设如果在时间 τ 内发生违约的话，银行持有足够的抵押品，从而风险敞口是0。

（3）在一次模拟实验中，在时间 τ，未平仓交易对银行的价值是 -50，而20天之前的价值是 -45。在这种情况下，通常假设如果在时间 τ 内发生违约的话，银行所交付的抵押品价值不超过50，从而风险敞口是0。

（4）在一次模拟实验中，在时间 τ，未平仓交易对银行的价值是 -50，而20天之前的价值是 -55。在这种情况下，通常假设如果在时间 τ 内发生违约的话，对手仍持有价值为55的抵押品，银行的风险敞口是5，即多余的抵押品部分。

除了计算CVA外，银行通常还计算每个区间中间点上的**高峰敞口**（exposure peak），这是在每次蒙特卡罗模拟中风险敞口的高百分位数。例如，如果百分位等于97.5%，在1万次模拟实验中，一个区间中间点上的高峰敞口等于第250个高的风险敞口。最高峰敞口等于所有区间中间点上高峰敞口的最大值。[⊖]

通常银行会保存在模拟中所有市场变量的样本路径，以及所计算的所有价值，这样可以加快有关新交易的CVA和DVA计算：这是因为在计算新交易对CVA和DVA的影响时，只需要在每个样本路径上计算新交易的价值。如果新交易的价值与已有的交易具有正相关性，这时很可能将会增加CVA和DVA，然而如果新交易的价值与已有的交易具有负相关性（比如完全或

⊖ 这里存在一些（通常被忽略的）理论问题。高峰敞口是情形分析里的一种度量，因此应当利用在现实世界里的违约估计（而不是风险中性世界里的违约估计）。

部分退出现存交易)，这时很可能将会降低 CVA 和 DVA。

在上面有关计算 CVA 方法的讨论中，我们假设了对手违约的概率与银行的风险敞口之间是相互独立的。在许多情形下这种假设比较合理。交易人员常常用术语**错向风险**（wrong-way risk）来描述当对手违约概率与风险敞口具有正相关性时的情形，而用**正向风险**（right-way risk）来描述当对手违约概率与风险敞口具有负相关性时的情形。为了描述违约概率与风险敞口的依赖性，人们提出了许多比上面描述的方法更复杂的模型。

对每个交易对手，银行都会有一个 CVA 和一个 DVA，而这些 CVA 和 DVA 都可以被当成是衍生产品：其价值会随着市场变量变化、对手信用溢差变化以及银行信用溢差变化而变化。对 CVA 和 DVA 风险的管理方式与管理其他衍生产品风险的方式一样，可以计算希腊值、进行情形分析等。

24.7.2 信用风险的缓和

有许多种方法可以用来减少双边结算交易中的信用风险，其中之一是我们已经讲过的净额结算。假设银行与某个对手之间有 3 笔没有抵押的交易：价值分别为 +1 000 万美元、+3 000 万美元和 -2 500 万美元。如果将它们都作为独立交易，银行在这些交易上的风险敞口分别为 +1 000 万美元、+3 000 万美元和 0，总共为 4 000 万美元。利用净额结算的话，将 3 笔交易放在一起作为一笔价值为 1 500 万美元的交易，这样风险敞口从 4 000 万降到了 1 500 万。

抵押协议是减少信用风险的一种重要方式。抵押品可以是现金（挣取利息）或在市场上交易的证券。为计算抵押品数量问题，可以按某种百分比对证券的市场价值打折，所降低的数量被称为**折扣**（haircut）。在违约事件发生时，衍生产品交易将会受到优先考虑。非违约方有权扣留对方交付的所有抵押品，因此没有必要为此去打既耗财力又耗精力的官司。

金融机构用来降低信用风险的另一种方法是利用**降级触发策略**（downgrade trigger）。在 ISDA 总协议里有一项条款指明，如果对手的信用评级低于某个水平（比如 BBB），银行有权对所有未平仓交易按市价平仓。但是当信用级别跳动幅度很大时（比如由 A 跳到违约），降级触发策略并不能提供多少帮助，而且只有当使用这种策略不是很多时，其效果才会相对较好。如果某家公司与许多对手之间都有降级触发协议的话，对其对手而言，这种策略起不了什么保护的作用（见业界事例 24-1）。

业界事例 24-1 降级触发与安然公司的破产

在 2001 年 12 月，美国最大的公司之一安然（Enron）公司宣布破产。直到安然破产前几天，安然公司的信用评级仍然是投资级，穆迪对安然在临破产前的评级为 Baa3，而标准普尔的评级为 BBB-。但是股票市场在一定程度上对安然的破产却已有所料：在破产之前的一段时间里，安然的股票价格急剧下跌。在这一段时间里，在第 24.6 节里所讨论的那些模型对安然违约概率的估计将会急剧增长。

安然与交易对手进行的大量衍生产品交易中都设定了降级触发条约，这些降级触发条约阐明当安然的信用评级低于投资级（即 Baa3/BBB-）时，交易对手有权对交易进行平仓。假定安然的信用评级在 2001 年 10 月只是被降到低于投资级别，安然交易对手选择的平仓交易一定是那些对安然有负价值的交易（对交易对手而言具有正价值），因此安然公司要向交易对手付出大量的现金，而安然这时肯定是没有能力付出这一大笔费用，因此无论如何破产也会很快发生。

这一事例表明，降级触发条款只有在没有被滥用时才会有效，如果一个公司跟许多对手都签有降级触发条款，这也可能会导致公司破产。对于安然公司的情形，我们也许会说安然公司注定会破产，所以将破产进程提前两个月不会带来太多的危害。事实上，安然公司在2001年10月确实有一次生存的机会：另外一家能源公司Dynergy曾试图寻求抢救安然的方案。在2001年10月，无论是安然的股东还是贷款人都不希望安然破产。

信用评级公司发现它们自己处在比较尴尬的位置：它们如果为了正确反映安然的财务窘态而将安然降级，这无非是将安然立即判以死刑；如果它们不这样做，至少安然还有一线生机。

24.7.3 特殊情形

在本节里，我们考虑两个不需要蒙特卡罗模拟就可以计算CVA的特殊情形。

第一个特殊情形是当银行与对手之间只有一笔无抵押的衍生产品交易，而交易只是在时间T向银行提供收益（例如，银行向对手购买了剩余期限为T的欧式期权）。在将来时间银行的风险敞口等于期权在那个时间的无违约价值，因此风险敞口的现值等于衍生产品在将来时刻价值的贴现值，这正是衍生产品在今天的无违约价值：对所有i

$$v_i = f_{\text{nd}}(1 - R)$$

其中f_{nd}为衍生产品在今天的无违约价值，R为回收率。这意味着

$$\text{CVA} = (1 - R)f_{\text{nd}}\sum_{i=1}^{n} q_i$$

在这种情形下，DVA=0。因此在考虑信用风险后，衍生产品的价值为

$$f = f_{\text{nd}} - (1 - R)f_{\text{nd}}\sum_{i=1}^{n} q_i \tag{24-5}$$

我们现在考虑的衍生产品是由对手发行的T年期零息债券。假设债券的回收率与衍生产品回收率一样，债券的价值等于

$$B = B_{\text{nd}} - (1 - R)B_{\text{nd}}\sum_{i=1}^{n} q_i \tag{24-6}$$

其中B_{nd}为债券的无违约价值。由式（24-5）和式（24-6）

$$\frac{f}{f_{\text{nd}}} = \frac{B}{B_{\text{nd}}}$$

如果y为由交易对手所发行的T年期债券的收益率，B_{nd}为类似的无风险债券收益率，$B = \text{e}^{-yT}$和$B_{\text{nd}} = \text{e}^{-y_{\text{nd}}T}$，我们得到

$$f = f_{\text{nd}}\text{e}^{-(y-y_{\text{nd}})T}$$

这说明在对衍生产品定价时，贴现率可以取成对风险中性世界里收益用来贴现的利率加上对手的T年期信用溢差。

例24-5

某个无抵押2年期期权的布莱克－斯科尔斯－默顿价格是3美元，由卖出这个期权的公司所发行的零息债券收益率比无风险利率高1.5%，当考虑违约风险后，期权的价值是$3\text{e}^{-0.015\times 2} = 2.91$美元。在这里我们假定当违约事件发生时，这个期权不与别的衍生产品进行净额结算。

对第二个特殊例子，我们考虑如下情形：银行与交易对手签订了远期合约，银行在时间T按价格K购买某种资产。将在时间T交付的远期合约在时间t的远期价格定义为F_t，由第5.7

节知道，交易在时间 t 时的价值为

$$(F_t - K)e^{-r(T-t)}$$

其中 r 为无风险利率（假设为常数）。

因此银行在时间 t 的风险敞口等于

$$\max[(F_t - K)e^{-r(T-t)}, 0] = e^{-r(T-t)}\max[F_t - K, 0]$$

F_t 在风险中性世界里的期望值等于 F_0，$\ln F_t$ 的标准差为 $\sigma\sqrt{t}$，其中 σ 为 F_t 的波动率。由式（15A-1），在时间 t 风险敞口的期望值等于

$$w(t) = e^{-r(T-t)}[F_0 N(d_1(t)) - KN(d_2(t))]$$

其中

$$d_1(t) = \frac{\ln(F_0/K) + \sigma^2 t/2}{\sigma\sqrt{t}}$$

$$d_2(t) = d_1(t) - \sigma\sqrt{t}$$

这样可以得到

$$v_i = w(t_i)e_i^{-rt}(1 - R)$$

例 24-6

一家银行与一家矿业公司签订了一项远期合约，合约是在 2 年后银行按每盎司 1 500 美元的价格向矿业公司购买 100 万盎司的黄金。目前的 2 年期黄金远期价格是每盎司 1 600 美元。在计算 CVA 时，我们假设只考虑长度为 1 年的两个时间区间，公司在第 1 年内违约的概率是 2%，在第 2 年内违约的概率是 3%。无风险概率是每年 5%，在违约发生时，预计有 30% 的回收率。黄金远期价格的波动率是 20%。

在本例中，$q_1 = 0.02$，$q_2 = 0.03$，$F_0 = 1\,600$，$K = 1\,500$，$\sigma = 0.2$，$r = 0.05$，$R = 0.3$，$t_1 = 0.5$，$t_2 = 1.5$，从而

$$d_1(t_1) = \frac{\ln(1\,600/1\,500) + 0.2^2 \times 0.5}{0.2 \times \sqrt{0.5}} = 0.572\,1$$

$$d_2(t_1) = d_1(t) - 0.2 \times \sqrt{0.5} = 0.385\,6$$

于是

$$w(t_1) = e^{-0.05\times1.5}[1\,600 \times N(0.527\,1) - 1\,500 \times N(0.385\,6)] = 135.73$$

和

$$v_1 = w(t_1)e^{-0.05\times0.5} \times (1 - 0.3) = 92.67$$

类似地可以得到 $w(t_2) = 201.18$ 和 $v_2 = 130.65$。

违约的预期费用为

$$q_1 v_1 + q_2 v_2 = 0.02 \times 92.67 + 0.03 \times 130.65 = 5.77$$

远期合约的无违约价值是（1 600 − 1 500）$e^{-0.05\times2} = 90.48$，在考虑对手违约的可能后，价值降低到了 90.48 − 5.77 = 84.71。我们可以将这里的计算推广到公司可能在更多时间点上违约的情形（见作业题 24.29）。DVA 将会使衍生产品的价值增加，对它的计算与 CVA 类似（见作业题 24.30）。

24.8 违约相关性

违约相关性（default correlation）是用来描述两家公司同时违约的倾向。违约相关性的存

在有许多原因：处于同一行业或位于同一地域的公司往往会受同样的外界因素影响，因此这些公司可能会同时遭遇财政困难。经济状况一般会造成在某些年份内的平均违约率高于其他年份。一家公司的违约可能会引起另一家公司的违约（**信用蔓延效应**，credit contagion effect）。违约相关性的存在意味着信用风险不能够被完全分散，这一点正是造成风险中性违约率远远大于现实世界违约率的主要原因（见24.5节）。

当资产组合与多家交易对手有关时，违约相关性是决定组合违约损失概率分布的重要决定因素。[⊖]研究人员提出了两种描述违约相关性的模型，一种是**简化模型**（reduced form models），另外一种是**结构模型**（structural models）。

在简化模型中假定不同公司的违约率服从与一些宏观经济变量相关的随机过程。当公司A违约率很高时，公司B违约率往往也会很高，这样就带来了公司之间的违约相关性。

简化模型的数学形式很吸引人，并反映了经济循环周期会带来违约相关性的倾向，其主要缺点是它所能取得的违约相关性的范围是有限的。即使两家公司的违约率具有完美的相关性，但两家公司在一个很短时间区间里同时违约的概率通常会很低，在某些情形下这会产生问题。例如，当两家公司在同一行业和同一国家运作，或者由于某种原因，一家公司的财政状态与另一家公司的财政状态息息相关时，我们往往希望产生较高的违约相关性。一种解决这个问题的方式是在违约率中引入跳跃性来对模型进行推广。

结构模型都类似于默顿模型（见24.6节）。当资产价值低于一定水平时，公司就会违约。公司A和公司B之间的违约相关性是通过公司A的资产价值所服从的随机过程与公司B的资产价值所服从的随机过程之间的相互关系来描述的。结构模型的主要优点是该模型可以产生任意的相关系数，其主要缺点是计算速度十分缓慢。

24.8.1 违约时间的高斯关联结构模型

对于违约时间，一种越来越流行的实用工具是高斯关联结构（copula）模型。该类模型与默顿的结构模型相似。在这种模型中假设所有的公司最终都会违约，并试图通过两家公司违约时间的概率分布来定量地描述违约相关性。

高斯关联结构模型既可以用在现实世界里，也可以用在风险中性世界里。在现实世界里，一家公司违约时间概率分布的左端尾部可由表24-1中所示的评级公司数据来估计；在风险中性世界中，违约时间概率分布的左端尾部可由24.4节里描述的债券价格信息来估计。

定义t_1为公司1的违约时间，t_2为公司2的违约时间。如果t_1和t_2服从正态分布的话，我们可以假设t_1和t_2的联合分布为二元正态分布，但事实上，公司的违约时间连大概服从正态分布都不是。这正是引入高斯Copula模型的原因。我们将t_1和t_2用以下变换来转换为两个新的变量x_1和x_2

$$x_1 = N^{-1}[Q_1(t_1)], x_2 = N^{-1}[Q_2(t_2)]$$

其中Q_1和Q_2分别为t_1和t_2的累积概率分布，N^{-1}为累积正态分布的逆函数（即当$v=N(u)$时，$u=N^{-1}(v)$）。以上变换为分位数与分位数之间（percentile-to-percentile）的映射，t_1概率分布上5%的分位数被映射到$x_1=-1.645$，这正是标准正态分布上5%的分位数；t_1概率分布上10%的分位数被映射到$x_1=-1.282$，这正是标准正态分布上10%的分位数，依此类推。

⊖ 网页 www.rotman.utoronto.ca/~hull/TechnicalNotes 里的 Techinical Note 26 里描述了评级机构所用的一种二项相关度量。

t_2 与 x_2 之间的映射与此类似。

由构造过程可知，x_1 和 x_2 均服从均值为0、方差为1的正态分布。模型中假设 x_1 和 x_2 之间服从二元正态分布，我们将这一假设称为采用了高斯 Copula 模型。使用这一假设会很方便，因为 t_1 和 t_2 的联合概率分布完全由 t_1 和 t_2 的累积违约分布 Q_1 和 Q_2 及一个相关参数来定义。

高斯关联结构模型的诱人之处在于这一模型可以被推广到多个公司的情形。假如我们考虑 n 家公司，第 i 家公司的违约时间为 t_i，我们将 t_i 转换为一个新的服从标准正态分布的变量 x_i，这里采用的映射为分位数与分位数之间的映射

$$x_i = N^{-1}[Q_i(t_i)]$$

其中 Q_i 为 t_i 的累积概率分布。然后我们假设这些 x_i 服从多元正态分布。由此得出，t_i 与 t_j 之间的违约相关性由 x_i 与 x_j 之间的相关性来定义，这一相关性被称为**关联结构**（copula）**相关系数**（copula correlation）。[1]

高斯关联结构模型常常被用于描述不服从正态分布的随机变量之间的相关性结构，这一模型允许将相关结构的估计与变量的边际（即无条件）分布分开。虽然这些变量本身并不满足多元正态分布，但对每一个变量进行变换后，所有这些变换后的变量满足多元正态分布。

例 24-7

假定我们希望对10家公司在今后5年内的违约进行模拟。每两家公司之间的 Copula 违约相关系数为0.2。每家公司在今后1年、2年、3年、4年和5年内的累积违约概率分别为1%、3%、6%、10%和15%。在应用高斯 Copula 模型时，我们从多元正态分布中进行抽样来得到 x_i $(1\leqslant i\leqslant 10)$ 的样本，在这里每两个变量之间的相关系数都是0.2。然后我们将 x_i 转换为违约时间 t_i。当从正态分布得出的样本小于 $N^{-1}(0.01)=-2.33$ 时，违约发生在第1年；当样本介于 -2.33 和 $N^{-1}(0.03)=-1.88$ 之间时，违约发生在第2年；当样本介于 -1.88 和 $N^{-1}(0.06)=-1.55$ 之间时，违约发生在第3年；当样本介于 -1.55 和 $N^{-1}(0.10)=-1.28$ 之间时，违约发生在第4年；当样本介于 -1.28 和 $N^{-1}(0.15)=-1.04$ 之间时，违约发生在第5年；当样本大于 -1.04 时，在5年期间没有违约。

24.8.2 基于因子的相关性结构

在高斯 Copula 模型中，为了避免对每两个变量 x_i 与 x_j 之间都定义不同的相关系数，我们常常可以采用单因子模型，其假设为

$$x_i = a_iF + \sqrt{1-a_i^2}Z_i \tag{24-7}$$

在以上方程中，F 为影响所有公司违约状态的共同因子，Z_i 为只影响公司 i 的因子，F 与 Z_i 服从独立标准正态分布。参数 a_i 是 $-1\sim1$ 的常数。x_i 与 x_j 之间的相关系数为 a_ia_j。[2]

假定公司 i 在 T 时刻之前违约的概率为 $Q_i(T)$。在高斯 Copula 模型下，当条件 $N(x_i)<Q_i(T)$ 或 $x_i<N^{-1}[Q_i(T)]$ 满足时，违约在 T 时刻之前发生。由式（24-7）得出以上条件的等价形式

$$a_iF + \sqrt{1-a_i^2}Z_i < N^{-1}[Q_i(T)]$$

---

[1] 作为近似，t_i 与 t_j 之间相关性常常被假设为公司 i 股票和公司 j 股票之间的相关性。

[2] 参数 a_i 有时由公司 i 的股票收益与一个分散性较好的市场指数收益之间的相关系数来近似。

或

$$Z_i < \frac{N^{-1}[Q_i(T)] - a_iF}{\sqrt{1-a_i^2}}$$

因此，在给定 F 值的条件下，违约概率为

$$Q_i(T \mid F) = N\left(\frac{N^{-1}[Q_i(T)] - a_iF}{\sqrt{1-a_i^2}}\right) \tag{24-8}$$

单因子高斯 Copula 模型的一种特殊形式是当所有公司的违约概率分布都一样，并且所有不同的 i 和 j 之间相关系数也都相同的情形。假定对所有 i，$Q_i(T)=Q(T)$，共同的相关系数为 ρ，即对所有的 i，$a_i=\sqrt{\rho}$。这时式（24-8）变为

$$Q(T \mid F) = N\left(\frac{N^{-1}[Q(T)] - \sqrt{\rho}F}{\sqrt{1-\rho}}\right) \tag{24-9}$$

24.9 信用 VaR

信用风险价值度的定义与市场风险价值度类似（见第22章）。例如，1年展望期的99.9%信用 VaR 表示在今后一年内有99.9%的把握信用损失将不会超出这个数量。

考虑一家持有一个很大贷款组合的银行，组合中的贷款比较相似。作为近似，假设每笔贷款的违约概率都相等，并且贷款之间的相关系数也都相等。当采用违约时间的高斯 Copula 模型时，式（24-9）的右端项是对截止到时间 T、违约量占整体交易组合百分比的一个很好的估计，该估计值为 F 的函数，其中 F 服从标准正态分布。我们有 X% 把握肯定其价值大于 $N^{-1}(1-X)=-N^{-1}(X)$。因此，我们有 X%的把握肯定，在今后的 T 年内，违约概率不会超出 $V(T, X)$，其中

$$V(T,X) = N\left(\frac{N^{-1}[Q(T)] + \sqrt{\rho}N^{-1}(X)}{\sqrt{1-\rho}}\right) \tag{24-10}$$

以上结果是由 Vasicek 最先给出的。[㊀]如式（24-9）所示，$Q(T)$ 为在时间 T 之前违约的概率，ρ 为任意两个贷款之间的 Copula 相关系数。

当采用 X% 置信度时，展望期为 T 的信用 VaR 可以近似估计为 $L(1-R)V(X, T)$，其中 L 为贷款组合的规模，R 为回收率。每笔规模为 L_i 的贷款对整体 VaR 的贡献是 $L_i(1-R)V(X, T)$。以上模型是监管部门在计算信用资本金时所用的一些公式的基础。[㊁]

例 24-8

假定一家银行持有价值1亿美元的零售贷款，每一笔贷款的年违约概率均为2%，违约时贷款的平均回收率为60%，Copula 相关系数估计值为0.1，此时

$$V(0.999,1) = N\left(\frac{N^{-1}(0.02) + \sqrt{0.1}N^{-1}(0.999)}{\sqrt{1-0.1}}\right) = 0.128$$

㊀ 见 O. Vasicek "Probability of Loss on a Loan Portfolio," Working Paper，KMV，1987。Vasicek 的结果发表在2002年12月期的 *Risk* 杂志上，文章的标题为 "Loan Portfolio Value"。

㊁ 见 J. Hull，*Risk Management and Financial Institutions*，3rd edn. Hoboken，NJ：Wiley. 在《风险管理与金融机构》第3版（中文版）中，对此有更多的描述。

这说明我们有 99.9% 的把握肯定违约率不会高于 12.8%，1 年展望期的 99.9% 信用 VaR 为 100×0.128×(1－0.6)，即 513 万美元。

CreditMetrics

为了计算信用 VaR，许多银行都开发了供自己内部使用的程序，其中最流行的方法是 CreditMetrics。该系统通过对所有交易对手的信用评级变化进行蒙特卡罗模拟来估计信用损失的概率分布。假定我们想确定 1 年后的损失概率分布。在每次模拟中，我们通过抽样来决定每个交易对手在 1 年内的信用评级变化与违约，然后我们对每个尚未平仓的合约重新估价，来计算整体组合在本年内的信用损失。通过大量的模拟实验，我们可以得出信用损失的概率分布，并且可以以此计算信用风险价值度。

CreditMetrics 方法计算速度非常缓慢，但计算结果既体现了由违约所带来的损失，也体现了由于信用降级所带来的损失。同时也可以将第 24.7 节里所描述的信用风险缓解条款的作用反映在分析之中。

表 24-5 是由信用评级机构提供的关于信用转移历史数据的典型例子。这种数据可以作为 CreditMetrics 系统中蒙特卡罗模拟法的基础。表中数据显示债券在 1 年时间内由一种信用级别转变为另一种信用级别的概率。例如，一个当前信用级别为 A 的债券有 89.80% 的可能在第 1 年年底时的信用级别仍为 A 级，有 0.10% 的可能在第 1 年内违约，有 0.13% 的可能在第 1 年内降级为 B 级债券，等等。[⊖]

表 24-5　1 年的信用转移矩阵，这些是基于 1970～2012 年的历史数据，违约概率以百分比表达。在计算时调整了转移到没有评级的（without rating，WR）情形

初始评级	年末评级								
	Aaa	Aa	A	Baa	Ba	B	Caa	Ca-C	违约
Aaa	90.59	8.31	0.89	0.17	0.03	0.00	0.00	0.00	0.00
Aa	1.25	89.48	8.05	0.90	0.20	0.04	0.01	0.01	0.08
A	0.08	2.97	89.80	6.08	0.79	0.13	0.03	0.01	0.10
Baa	0.04	0.30	4.58	88.43	5.35	0.84	0.14	0.02	0.30
Ba	0.01	0.09	0.52	6.61	82.88	7.72	0.67	0.07	1.43
B	0.01	0.05	0.16	0.65	6.39	81.69	6.40	0.57	4.08
Caa	0.00	0.02	0.03	0.19	0.81	9.49	72.06	4.11	13.29
Ca-C	0.00	0.03	0.12	0.07	0.57	3.48	9.12	57.93	28.69
Default	0.00	0.00	0.00	0.00	0.00	0.00	0.00	0.00	100.00

资料来源：穆迪。

在确定信用损失的抽样过程中，我们不应该将不同交易对手的信用评级变化假设为相互独立。与在上一节里用来描述违约时间联合分布类似，可以用高斯 Copula 模型来构造信用评级变化的联合概率分布。两个公司信用评级转移的 Copula 相关性一般被设定为等于股票收益的相关性，这里的股票收益是通常由类似于 24.8 节里所讨论的因子模型来确定。

为了说明 CreditMetrics 模型，假定我们采用表 24-5 所示的信用转移矩阵来对一家 Aaa 级公司和一家 Baa 级公司在 1 年时间内的信用评级变化进行模拟。假设两家公司股票收益之间的相关系数为 0.2。在每一模拟实验中，我们对于两个服从标准正态分布的变量 x_A 和 x_B 进行抽样，

⊖ 网页 www.rotman.utoronto.ca/～hull/TechnicalNotes 里的 Technical Note 11 解释了如何采用表 24-5 来计算期限不是一年的信用转移矩阵。

并保证 x_A 和 x_B 之间的相关系数为0.2，变量 x_A 决定Aaa级公司新的信用等级，变量 x_B 决定Baa级公司新的信用等级，因为 $N^{-1}(0.9059)=1.3159$，当 $x_A<1.3159$ 时，Aaa级公司的级别保持不变；因为 $N^{-1}(0.9059+0.0831)=2.2904$，当 $1.3159\leqslant x_A<2.2904$ 时，Aaa级公司信用级别变为Aa级；因为 $N^{-1}(0.9059+0.0831+0.0089)=2.8627$，当 $2.2904\leqslant x_A<2.8627$，Aaa级公司信用级别变为A级，并依此类推。考虑Baa级公司，因为 $N^{-1}(0.0004)=-3.3528$，当 $x_B<-3.2528$ 时，B级公司信级别变为Aaa；因为 $N^{-1}(0.0004+0.0030)=-2.7065$，当 $-3.3528\leqslant x_B<-2.7065$ 时，B级公司信用级别变为Aa；因为 $N^{-1}(0.0004+0.0030+0.0458)=-1.6527$，当 $-2.7065\leqslant x_B<-1.6527$ 时，B级公司信用级别变为A；等等。Aaa级公司在1年内不会违约，Baa级公司在 $x_B>N^{-1}(0.9970)$ 时违约，这对应于 $x_B>2.7478$。

小结

公司在将来某段时间内违约的概率可以由历史数据、债券价格或股票价格来估计。由债券价格估计出的概率为风险中性违约概率，而由历史数据估计出的概率为现实世界里的违约概率。现实世界里的概率可以用于情形分析与**信用风险价值度**（credit VaR）的计算，风险中性概率可以用于对信用有关的产品定价。风险中性违约概率通常远远高于现实世界里违约概率。

由于交易对手有违约的可能，银行在计算衍生产品价值时会将其降低一定数量，这个数量通常被称为CVA调节量。而由于银行自己也有违约的可能，因此会将衍生产品的价值上调一定数量，这个数量通常被称为DVA。在计算CVA和DVA时将会利用蒙特卡罗模拟来确定双方在未来的风险敞口。

信用VaR的定义与市场VaR的定义相似。一种计算信用VaR的方法是计算关于违约时间的高斯关联结构模型，这一方法已被监管部门用来计算信用风险资本金；另外一种计算信用VaR的方法是CreditMetrics。这种方法利用高斯Copula模型来决定信用等级的变化。

推荐阅读

Altman, E. I. "Measuring Corporate Bond Mortality and Performance," *Journal of Finance*, 44 (1989): 902–22.

Altman, E. I., B. Brady, A. Resti, and A. Sironi. "The Link Between Default and Recovery Rates: Theory, Empirical Evidence, and Implications," *Journal of Business*, 78, 6 (2005), 2203–28.

Duffie, D., and K. Singleton "Modeling Term Structures of Defaultable Bonds," *Review of Financial Studies*, 12 (1999): 687–720.

Finger, C. C. "A Comparison of Stochastic Default Rate Models," *RiskMetrics Journal*, 1 (November 2000): 49–73.

Gregory, J. *Counterparty Credit Risk and Credit Value Adjustment: A Continuing Challenge for Global Financial Markets*, 2nd edn. Chichester, UK: Wiley, 2012.

Hull, J., M. Predescu, and A. White. "Relationship between Credit Default Swap Spreads, Bond Yields, and Credit Rating Announcements," *Journal of Banking and Finance*, 28 (November 2004): 2789–2811.

Kealhofer, S. "Quantifying Credit Risk I: Default Prediction," *Financial Analysts Journal*, 59, 1 (2003a): 30–44.

Kealhofer, S. "Quantifying Credit Risk II: Debt Valuation," *Financial Analysts Journal*, 59, 3 (2003b): 78–92.

Li, D. X. "On Default Correlation: A Copula Approach," *Journal of Fixed Income*, March 2000: 43–54.

Merton, R. C. "On the Pricing of Corporate Debt: The Risk Structure of Interest Rates," *Journal of Finance*, 29 (1974): 449–70.

Vasicek, O. "Loan Portfolio Value," *Risk* (December 2002), 160–62.

练习题

24.1 某家企业3年期债券的收益率与相似的无风险债券收益率之间的溢差为50个基点，债券回收率为30%，估计3年内每年的平均违约率。

24.2 在练习题24.1中，假定同一家企业5年期债券的收益率与相似的无风险债券收益率之间的溢差为60个基点，回收率同样为30%。估计5年内每年的平均违约率。你对第4年内和第5年内平均违约率的计算结果说明了什么？

24.3 对以下情形，研究人员应当采用现实世界还是风险中性违约概率？(a) 计算信用风险价值度，(b) 因违约而做的价格调整。

24.4 回收率通常是怎么定义的？

24.5 解释无条件违约概率密度与违约率的区别。

24.6 验证：(a) 表24-3中第2列里的数字与表24-1中的数值一致；(b) 表24-4中第4列里的数字与表24-3中的数值一致，其中回收率为40%。

24.7 解释净额结算的运作方式。一家银行与某一交易对手已经有一笔交易，解释为什么与同一交易对手进行另一笔交易时，有可能会增加也有可能会减小对于该交易对手的信用风险敞口。

24.8 "当银行经历财政困难时，DVA可能会使其处境改善。"解释为什么这句话是对的。

24.9 从以下两个方面解释关于违约时间的高斯Copula模型和CreditMetrics的不同：(a) 信用损失的定义；(b) 违约相关性的处理方式。

24.10 假定LIBOR/互换曲线为水平6%（以连续复利计），5年期券息为5%（每半年付息一次）的债券价格为90.00，如何构造对应于这一债券的资产互换？此时资产互换的溢差应当如何计算？

24.11 证明在违约发生时，如果可以索赔的数量是关于无违约情形下债券的价值，那么一个企业的带息债券价值等于其所包含的零息债券价值的和。但如果可以索赔的数量是关于债券面值加上累计利息，以上结论不再成立。

24.12 一个4年期企业债券的券息为4%（每半年付息一次），收益率为5%（以连续复利为计），无风险收益率曲线为水平，利率为3%（以连续复利为计），假定违约事件只可能在年末（支付券息或本金之前）发生，回收率为30%。在今后每年内都相等的假设下，估计风险中性违约概率。

24.13 假定某公司发生的3年期和5年期债券的券息均为每年4%（每年支付一次），这两个债券的收益率（以连续复利计）分别为4.5%和4.75%。对应所有期限的无风险利率均为3.5%（连续复利），回收率为40%，违约事件只能发生在每年的正中间，从第1~3年的风险中性违约率为每年Q_1，第4年和第5年的违约率为每年Q_2。估计Q_1和Q_2。

24.14 假定某金融机构与交易对手X之间有一笔与英镑利率有关的利率互换交易，同时与交易对手Y之间有一个完全与此相抵消的互换交易，以下哪一种观点是正确的？哪一种是错误的？解释你的答案。
(a) 违约费用的总贴现值等于与X交易的违约费用的总贴现值加上与Y交易的违约费用的总贴现值。
(b) 在1年内，对两项交易的预期敞口头寸等于与X交易的预期敞口头寸加上与Y交易的预期敞口头寸。
(c) 以后在1年内在两项交易上的风险敞口头寸所对应的95%置信区间上

限，等于1年内与X交易风险敞口头寸的95%置信区间上限加上1年内与Y交易风险敞口头寸的95%置信区间上限。

24.15 “具有信用风险的远期合约长头寸等于无违约看跌期权短头寸与一个具有信用风险的看涨期权长头寸之间的组合。”解释这句话。

24.16 解释为什么对于不同交易对手的两个相反方向的远期交易与一个跨式组合交易（straddle）相似。

24.17 解释为什么一对相反方向的利率互换的信用风险比相应的一对相反方向的汇率互换的信用风险要低。

24.18 “当一家银行在协商货币互换时，银行应尽量选择从低信用风险的公司接受具有低利率的货币。”解释这是为什么。

24.19 当存在违约风险时，看跌－看涨期权平价关系式是否还成立？解释你的答案。

24.20 考虑某资产互换，B为对应于1美元面值的债券市场价格，B^*为对应于1美元面值的无风险债券价值，V为对应于1美元本金的溢差贴现值，证明$V=B^*-B$。

24.21 证明在24.6节里的默顿模型中，T年期零息债券的信用溢差等于

$$-\ln[N(d_2)+N(-d_1)/L]/T$$

其中$L=De^{-rT}/V_0$。

24.22 假定某企业3年期零息债券收益率与相应的3年期无风险零息债券收益率的溢差为1%。对于该企业所卖出的期权，由布莱克－斯科尔斯所计算出的期权价值比真正价值高出多少？

24.23 对以下情形给出例子：（a）正向风险，（b）错向风险。

作业题

24.24 假定一个3年期企业债券的券息为每年7%，券息每半年支付一次，债券的收益率为5%（每年复利两次），对应于所有期限的无风险债券收益率均为每年4%（每年复利两次）。假定违约事件每6个月可能发生一次（刚好在券息付出日之前），假定回收率为45%。估计在3年内的违约率（假设是常数）。

24.25 某公司有1年期与2年期的债券尚未平仓。两种债券的券息均为8%，券息每年支付一次，两债券的收益率分别为6%与6.6%（以连续复利计）。对应于所有期限的无风险利率均为4.5%，回收率为35%。违约事件可能发生在年正中间，估计每年的风险中性违约率。

24.26 仔细解释现实世界概率与风险中性世界概率的不同，这两个概率哪个会更高？某银行签订了一个信用衍生产品合约，合约约定如果在1年内某公司的信用从A降为Baa或更低时，银行将在年末时支付100美元。1年期的无风险利率为5%，利用表24-5来估计衍生产品的价值，在计算中你需要做什么样的假设？你对衍生产品的价格往往会过高还是过低？

24.27 某公司的股票市价为400万美元，股票变动的波动率为60%，在2年后要偿还债券的数量为1 500万美元，无风险利率为每年6%，采用默顿模型来估计违约预期损失、违约概率及违约时的回收率，解释为什么默顿模型会给出一个较高的回收率（提示：Excel中的Solver功能可以用于对这一问题的方程求解）。

24.28 假定某银行有一项价值为1 000万美元的某种风险敞口，1年的违约概率平均为1%，回收率平均为40%，Copula相关系数为0.2，估计1年展望期99.5%信用VaR。

24.29 对违约只可能发生在每个月中间的情形，推广例24-5中有关CVA的计算。假设在第1年的每个月内违约概率为0.001 667，在第2年的每个月内违约概率为0.002 5。

24.30 计算例24-5中的DVA。假设违约事件只可能在每个月的正中间发生，而在2年内银行的违约概率为每个月0.001。

CHAPTER25

第25章 信用衍生产品

自从20世纪90年代末以来，信用衍生产品是衍生产品市场中一项重要的发展。在2000年，信用衍生产品合约的总面值仅为8 000亿美元，而到2009年12月，总面值已增至32万亿美元。信用衍生产品是指收益与一个（或多个）公司或国家的信用有关的合约。在本章里我们将解释信用衍生产品的运作和定价方式。

信用衍生产品能够使公司对信用风险就像对市场风险一样进行交易。在过去，银行或其他金融机构一旦承受了信用风险后只能被动地等待（而只能寄希望于发生最好的结果）；而现在金融机构可以主动地管理自己的信用风险组合，在保留一部分信用风险后，将其余的信用风险利用信用衍生产品来加以保护。如业界事例25-1所示，银行是最大的信用保护买入方，而保险公司一直是最大的信用保护卖出方。

信用衍生产品可以被分类为**“单一公司”**（single name）产品，或**“多家公司”**（multi name）产品。最流行的单一公司信用衍生产品是**信用违约互换**（credit default swap，CDS）：该产品的收益依赖于某家公司或某个国家的信用质量。在CDS合约里有两方，即信用保护的卖出方和买入方。当某个指定的实体（某公司或国家）对其债务违约时，信用保护的卖出方要向保护的买入方提供赔偿。最为流行的多家公司信用衍生产品为**债务抵押债券**（collateralized debt obligation，CDO）：在CDO中，首先需要阐明一个债券组合，然后将债券组合的资金流以一种约定的方式分配到若干类投资者。第8章里描述了在金融危机之前是如何从住房按揭贷款来产生多家公司信用衍生产品的。本章主要考虑关于某公司或某国家的标的信用风险。在2007年6月以前，与单一公司衍生产品相比，多家公司信用产品在市场上备受欢迎，但在2007～2009年的信用危机期间，这类产品就变得不那么受欢迎了。

在本章里我们首先解释CDS的运作以及定价方式，然后我们将解释信用指数以及交易人员如何利用这些指数来购买对一个组合的保护。在这之后我们将考虑篮筐式信用违约互换、资产支持型债券以及债务抵押债券。本章还会将第24章中关于高斯Copula模型的结果加以推广，并说明如何采用违约相关性的关联结构（copula）模型来对债务抵押债券的份额进行定价。

业界事例25-1 谁承担了信用风险

在传统上，银行的业务是进行放贷，然后承担借款人的违约风险。但多年来银行不愿将贷款留在自己的资产负债表上，因为如果把将监管机构所要求的资本金考虑在内后，贷款的平均收益要逊色于其他形成的资产。如第8.1节里所述，通过构造**资产支持型债券**（asset-backed securities），银行可以将这些贷款（及其信用风险）转移给投资者。在20世纪90年代末和本世纪初，银行还大量地利用了衍生产品将自身贷款组合的信用风险转移给金融系统的其他参与者。

以上所讨论的种种原因造成了最终承担贷款信用风险的金融机构，与最初检测贷款人信用质量的机构往往是不同的。2007年的金融危机证明了这种现象对整个金融系统的健康是没有好处的。

25.1 信用违约互换

在市场上最流行的信用衍生产品是**信用违约互换**（CDS）。这种合约是对某一特定公司违约的风险所提供的保险。这里所涉及的公司被称为**参考实体**（reference entity），而这个公司的违约被定义为**信用事件**（credit event）。在信用事件发生时，保险的买入方有权将违约公司的债券以面值的价格卖给保险的卖出方，而保险的卖出方则同意按面值的价格买进债券。[一]能够被卖出的债券总面值被称为CDS的**名义本金**（notional principal）。

CDS的买入方定期向卖出方付款，直到CDS结束或信用事件发生。这里的定期付款通常是在每个季度末，但也有些交易规定定期付款的时间是在每月末、每半年末或者每年末，甚至可以提前付款。在违约事件发生后，合约的交割方式可能是交付债券实物或者是现金支付。

以下例子可以帮助我们理解CDS的结构。假如某两家公司在2015年3月20日签订5年期的信用违约互换，名义本金为1亿美元。为获得对某参考实体违约的保护，买入方同意每年付90个基点，每季度末付款一次。

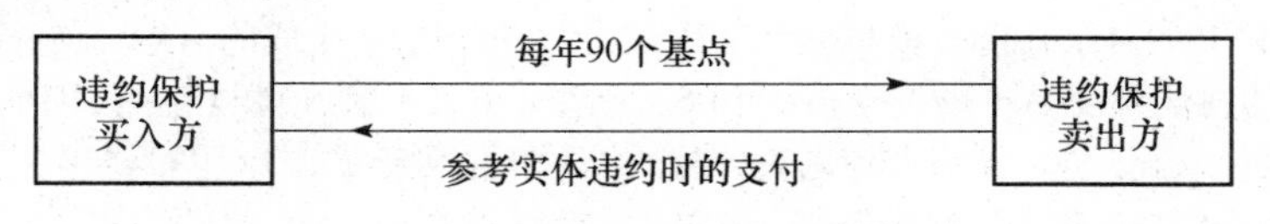

图25-1 信用违约互换（CDS）

CDS的结构如图25-1中所示。如果参考实体没有违约（也就是没有信用事件发生），CDS的买入方不会得到任何收益，并且在2015年6月和以后的每个季度末都支付1亿美元的22.5个基点（90个基点的1/4），直到2020年3月20日。每个季度所支付的数量为0.002 25 × 100 000 000，或225 000美元。[二]当信用事件发生时，卖出方很可能需要向买入方支付一笔可观的赔偿。假设在2018年5月20日（在第4年里的2个月后）买入方通知卖出方有信用事件发生。如果合约指定的交割方式为实物交割，买入方有权以1亿美元的价格向卖出方出售面值为1亿美元、由参考实体所发行的债券。如果合约指定以现金形式交割（目前一般是这种方式），在信用事件发生后的几天内将会利用由国际互换与衍生工具协会（ISDA）组织的拍卖过程来确定**最便宜可交割债券**（cheapest deliverable bond）的市场中间价。假如通过拍卖确定了每100

[一] 债券的面值（face value或par value）是指在没有违约情形下债券发行人应偿还的本金数量。

[二] 由于第6章里讲过的几天惯例约定的作用，每季度的付款数量可能会与225 000美元稍有出入。

美元本金的股票只值35美元，这时CDS卖出方必须向买入方支付6 500万美元。

当信用事件发生后，信用保护的买入方向卖出方在每3个月、半年或一年的定期付款就会终止。但是，因为付款时间是期尾，通常买入方在最后仍然需要向卖出方支付最后的**应计付款**(accrual payment)。在我们的例子中，由于违约事件发生在2018年5月20日，买入方需要向卖出方支付由2018年3月20日到2018年5月20日之间的应计付款（大约为150 000美元）。在这一次付款之后，买入方不再需要支付任何其他费用。

为了买入信用保护，买入方每年所付的资金数量作为名义本金的百分比被称为CDS的**互换溢价**（CDS spread）。CDS市场的造市商是几家大银行。对于某公司5年CDS的报价，造市商可能会给出250个基点的买入价与260个基点的卖出价，这意味着造市商准备以每年250个基点（每年支付本金的2.5%）买入这家公司的信用保护，同时也准备以每年收入260个基点（每年收入本金的2.6%）卖出这家公司的信用保护。

许多不同的公司和国家可以成为在市场上交易的CDS合约参考实体。付款频率通常为每季度一次，付款时间为期尾。5年期的CDS在市场上最为流行，但其他像1年、2年、3年、7年和10年期的CDS在市场上也较为常见。合约的到期日通常是以下标准日期：3月20日、6月20日、9月20日和12月20日。这种约定的结果是：在最初签订时，合约的真正期限年数与合约里所说的年数可能比较接近，但并不一定完全一致。假定你在2015年11月15日，你通知交易商要买入对某家公司5年期的信用保护，合约的有效期到2020年12月20日。你的第1次付款日为2015年12月20日，数量是基于2015年11月15日至2015年12月20日这一段时间。[⊖]CDS合约的关键是对违约事件的定义。违约事件通常为应当付款时未能支付、债务重组或破产。在北美的合约中，有时债务重组不算成违约事件（尤其是在公司债务有很高收益率的情形下）。业界事例25-2里有更多关于CDS市场的内容。

业界事例25-2 CDS市场

在1998年和1999年，国际互换与衍生工具协会（ISDA）为在场外交易市场上交易的CDS建立了标准合约。从此，这个市场飞速增长。在许多方面，CDS合约与保险合约都很相似，但它们之间有一个关键区别：保险合约所保护的是买入方已经拥有资产的损失，而对CDS来讲，买方并不一定要拥有标的资产。

在2007年8月开始的信用危机期间，监管机构非常关心系统风险（见业界事例2-3）。它们认为CDS是使金融市场动荡的原因之一。这些产品的危险之处在于，一家金融机构的违约可能会给予其之间有CDS交易的对手带来巨大损失，从而会进一步引起其他金融机构的违约。保险巨头AIG的麻烦更加重了它们的忧虑。这家公司是对由按揭贷款生成的AAA份额提供保险的大卖主（见第8章）。事实证明这些保护对AIG来讲是非常昂贵的，并且需要美国政府对其进行援助。

在2007年和2008年这两年中，虽然许多信用衍生产品都停止了交易，但CDS的交易却仍然很活跃（尽管购买保护的费用大幅度上涨）。相对其他信用衍生产品而言，CDS的优点是结构很简单明了，而其他信用衍生产品（像由住房按揭贷款证券化所生成的产品，见第8章）却缺乏透明度。

在一家公司上的CDS合约规模超过其债务总额的情况并不罕见。这时候显然需要对合约进行现金交割。当雷曼在2008年9月违约时，雷曼

⊖ 如果第1个标准日期在1个月之内，第1次付款通常会安排在第2个标准日期上；否则，第1次付款会安排在第1个标准日期上。

债务上的 CDS 合约总量是 4 000 亿美元，而雷曼公司尚未平仓的债务却只有 1 550 亿美元。对 CDS 合约买入方支付的（通过 ISDA 拍卖确定）现金额为面值的 91.375%。

与本书中的其他场外交易衍生产品相比，CDS 有一个很大的区别：其他衍生产品价值所依赖的是利率、外汇兑换率、股指以及商品价格，等等。对于这些市场变量，我们没什么理由去假设一个市场参与者会比另一个拥有更多的信息。

信用违约互换溢价所依赖的是一家公司在某个特定时间段里违约的概率。对估计违约概率而言，一个市场参与者很有可能会比别人有更多信息。为一家公司出主意、提供贷款、处理发行新证券业务的金融机构会比另一家与这个公司之间没有业务往来的金融机构更了解该公司的信用状况。经济学家将这种现象称为**信息不对称**（asymmetric information）。金融机构常常会强调的是：做出购买对某家公司信用风险保护决定的是某个风险管理人员，而不是来源于和该公司之间有业务来往的其他部门所拥有的特殊信息。

25.1.1　CDS 与债券收益率

CDS 可以用来对冲企业债券头寸的风险。假定某投资者按面值的价格买入一个 5 年期、收益率为每年 7% 的企业债券，同时又签订了一份 5 年期 CDS 来获得对债券发行者违约时的保护。假定 CDS 的溢价为 200 个基点，即每年 2%。CDS 的作用是（至少在近似意义上）将企业债券转换成了无风险债券。如果债券发行人没有违约，投资者收益率为每年 5%（企业债券收益率减去 CDS 的溢价）。如果债券发行人违约，投资者在违约发生前的收益率为 5%。然后根据 CDS 合约的条款，投资者可以用债券换回债券的本金。投资者在收到本金后可以在 5 年的剩余时间内将资金以无风险利率进行投资。

这说明 n 年期 CDS 溢价应该大约等于 n 年的企业债券收益率与无风险利率的差价。如果 CDS 溢价远小于企业债券收益率与无风险利率的差价，那么投资者通过买入企业债券并购买信用保护而得出的收益率（近似于无风险）会大于无风险利率；如果 CDS 溢价远大于企业债券收益率与无风险利率的差价，投资者可以卖空企业债券并卖出信用保护而得到小于无风险利率的借款利率。

CDS 债券基点的定义是

$$\text{CDS 债券基点} = \text{CDS 溢价} - \text{债券溢差}$$

其中债券溢差的计算是以 LIBOR/互换利率作为无风险利率的。在一般情况下，债券溢差取成资产互换的溢差。

上面的无套利论证说明 CDS 债券基点应当接近 0，但事实上有时这个值倾向于取正值（比如在 2007 年之前），有时会倾向于取负值（比如在 2007 ~ 2009 年）。在任何时间，CDS 基点的正负取决于所依赖的参考实体。

25.1.2　最便宜可交割债券

如 24.3 节解释的那样，债券的回收率等于债券在刚刚违约后的价格与面值的比率，这意味着 CDS 的收益等于 $L(1-R)$，其中 L 为面值，R 为回收率。

在 CDS 合约中，通常指定在违约时可以选择几种不同的债券用于交割，这些债券的优先级别往往相同。但在违约发生后，债券的卖价与本金的比率可能会有所不同。[⊖]这样一来，CDS 给信用

⊖ 有几个原因会造成这种现象，违约时对于债券的追索往往包括面值和应计利息，应计利息高的债券在违约时的价格往往会比较高。市场也许会认为在重组事件发生之后，公司的决定会对某些债券持有人更为有利。

保护的买入方提供了选取某种最便宜可交割债券的期权。我们在前面已经提到过，最便宜交割债券的价值通常会由 ISDA 组织的拍卖程序来确定，这也就确定了信用保护买入方的收益。

25.2 CDS 定价

我们可以利用违约概率来估计关于特定参考实体的 CDS 溢价，下面的简单例子可以说明这一点。

假设参考实体在 CDS 的整个 5 年期限内的违约率都是每年 2%。表 25-1 给出了生存概率与无条件违约概率。由式（24-1），生存到时间 t 的概率是 $e^{-0.02t}$，在 1 年内违约的概率等于在年初的生存概率减去在年底的生存概率。例如，生存 2 年的概率是 $e^{-0.02\times2}=0.9608$，而生存 3 年的概率是 $e^{-0.02\times3}=0.9418$，因此在第 3 年内违约的概率是 $0.9608-0.9418=0.0190$。

表 25-1 无条件违约概率以及生存概率

时间（以年计）	生存到年底的概率	在年内违约的概率	时间（以年计）	生存到年底的概率	在年内违约的概率
1	0.980 2	0.019 8	4	0.923 1	0.018 6
2	0.960 8	0.019 4	5	0.904 8	0.018 3
3	0.941 8	0.019 0			

我们接下来假设违约只会发生在 1 年的中间，并且在 CDS 中信用保护的付款时间是在每年的年底。我们还假定无风险利率为每年 5%（连续复利），回收率为 40%。由此我们将计算过程分为 3 部分，计算结果显示在表 25-2、表 25-3 和表 25-4 中。

表 25-2 给出了 CDS 预期支付期望值的贴现值，在这里我们假定溢价为每年 s，名义本金为 1 美元。例如，第 3 次数量为 s 的付款发生的概率为 0.941 8，因此付款数量的期望值为 $0.9418s$，贴现值为 $0.9418se^{-0.05\times3}=0.8106s$。所有付款期望值的贴现总和为 $4.0728s$。

表 25-2 预期支付贴现值（数量 = 每年 s）

时间（以年计）	生存概率	预期付款	贴现因子	预期付款的贴现值
1	0.980 2	0.980 2s	0.951 2	0.932 4s
2	0.960 8	0.960 8s	0.904 8	0.869 4s
3	0.941 8	0.941 8s	0.860 7	0.810 6s
4	0.923 1	0.923 1s	0.818 7	0.755 8s
5	0.904 8	0.904 8s	0.778 8	0.704 7s
总计				4.072 8s

表 25-3 预期收益的贴现值（名义本金 =1 美元）

时间（以年计）	违约概率	回收率	预期收益	贴现因子	预期收益的贴现值
0.5	0.019 8	0.4	0.011 9	0.975 3	0.011 6
1.5	0.019 4	0.4	0.011 6	0.927 7	0.010 8
2.5	0.019 0	0.4	0.011 4	0.882 5	0.010 1
3.5	0.018 6	0.4	0.011 2	0.839 5	0.009 4
4.5	0.018 3	0.4	0.011 0	0.798 5	0.008 8
总计					0.050 6

表 25-3 给出了对应于名义本金为 1 美元的预期收益贴现值。在前面我们已经假设违约事件总是在年中发生。例如，收益发生在第 3 年年中的概率为 0.019 0，因为回收率为 40%，所以对应于第 3 年年中的预期收益为 $0.0190 \times 0.6 \times 1 = 0.0114$ 美元，贴现值为 $0.0114e^{-0.05\times2.5} = 0.0101$ 美元。收益期望贴现值的总和为 0.050 6 美元。

表 25-4 给出了计算的最后一步。在这里我们计算在违约时的**应计付款**（accrual payment）。例如，违约发生在第 3 年年中的概率为 0.019 0，而此时对应的累积应计付款的期限为半年，所以应计付款的数量为 $0.5s$，对应这一时间段的应计付款期望值为 $0.0190 \times 0.5s = 0.0095s$，贴现值为 $0.0095se^{-0.05\times2.5} = 0.0084s$，应计付款期望值的贴现值为 $0.0422s$。

表 25-4 应计付款的贴现值

时间（以年计）	违约概率	预期应计付款	贴现因子	预期应计付款的贴现值
0.5	0.019 8	0.009 9s	0.975 3	0.009 7s
1.5	0.019 4	0.009 7s	0.927 7	0.009 0s
2.5	0.019 0	0.009 5s	0.882 5	0.008 4s
3.5	0.018 6	0.009 3s	0.839 5	0.007 8s
4.5	0.018 3	0.009 1s	0.798 5	0.007 3s
总计				0.042 2s

由表 25-2 和表 25-4 我们得出支付期望值的贴现值为

$$4.0728s + 0.0422s = 4.1150s$$

由表 25-3，收益期望值的贴现值为 0.050 6 美元。令两者相等

$$4.1150s = 0.0506$$

即 $s = 0.0123$。因此我们所考虑的 5 年期 CDS 溢价的市场中间价为 0.012 3 乘以名义本金，或每年 123 个基点。这个结果也可以由 DerivaGem 里的 CDS 计算表产生。

在以上的计算里我们假设违约事件只可能发生在付款日之间的中间。尽管在一般情况下这个简单假设就可以给出较好的结果，但我们仍可以很容易地将结果推广到违约可能发生在更多时间点上的情形。

25.2.1 对 CDS 按市值计价

与其他形式的互换一样，对 CDS 每天都按市值定价。CDS 的价值可能是正，也可能是负。假设在我们例子中的 CDS 是在一段时间之前签订的，溢价是 150 个基点，这时买方所支付的费用为 $4.1150 \times 0.0150 = 0.0617$，收益期望值的贴现值为 0.050 6。对于信用卖出方来讲，这一 CDS 的价值为 $0.0617 - 0.0506 = 0.0111$，即名义本金的 0.011 1 倍。对于信用保护的买入方而言，这一 CDS 按市场计价的价值为面值的 −0.011 1 倍。

25.2.2 估计违约概率

在 CDS 定价中，我们采用的违约概率应该是风险中性违约概率，而不是现实世界里的违约概率（关于这两个概率的差别，见第 24.5 节中的讨论）。在 24 章中我们曾解释过如何从债券价格或资产互换价格来估计风险中性违约概率。另外一种方法是从 CDS 的报价中隐含出违约概率的估计值。这一方式类似于在期权市场上交易商从比较活跃的期权价格中计算隐含波动率的做法。

在表25-2、表25-3和表25-4中的例子中，假设我们并不知道违约概率，但已知市场上5年期CDS的报价为每年100个基点。（利用Excel里的Solver）我们可以逆向计算出隐含违约概率为每年1.63%。利用DerivaGem，我们可以通过信用溢差期限结构来计算违约率的期限结构。

25.2.3 两点信用互换

两点信用互换（binary credit default swap）与普通的CDS相似，不同之处是它的收益为一个固定的值。假设在表25-1～表25-4的例子中对应的收益为1美元（而不是 $1-R$），将两点CDS的溢价记为 s，表25-1、表25-2和表25-4均不变，但由表25-5代替表25-3。新的两点CDS溢价由 $4.1150s=0.0844$ 给出，由此 $s=0.0205$，即205个基点。

表25-5 由两点CDS来计算预期收益的贴现值（本金=1美元）

时间（以年计）	违约概率	预期收益	贴现因子	预期收益的贴现值
0.5	0.0198	0.0198	0.9753	0.0193
1.5	0.0194	0.0194	0.9277	0.0180
2.5	0.0190	0.0190	0.8825	0.0168
3.5	0.0186	0.0186	0.8395	0.0157
4.5	0.0183	0.0183	0.7985	0.0146
总计				0.0844

25.2.4 回收率有多么重要

无论我们是采用CDS溢价还是债券价格来估计违约概率，我们都要有一个回收率的估计值，但是如果我们采用同样的回收率来估算风险中性违约概率和计算CDS价格，那么我们得出的CDS价值（或CDS溢价）对回收率的敏感性并不是很强，这是因为隐含违约概率大约同 $1/(1-R)$ 成比例，而CDS的收益大约同 $1-R$ 成比例。

以上讨论对两点CDS的定价并不成立。隐含违约概率仍然大约同 $1/(1-R)$ 成比例，但是两点CDS的收益与 R 无关。如果已知普通CDS和两点CDS的溢价，我们可以同时对回收率和违约概率进行估计（见作业题25.24）。

25.3 信用指数

在信用衍生产品市场上，参与者已经构造了一些用于跟踪CDS溢价变化的信用指数。在2004年，不同的指数构造者达成了共识，从而使一些指数相互合并。指数提供者使用的两种最重要的标准交易组合如下。

（1）CDX NA IG：由北美125家投资级公司组成的组合。

（2）iTraxx欧洲：由欧洲125家投资级公司组成的组合。

这些交易组合在每年的3月20日和9月20日被更新。在指数中将会除去不再具备投资等级的公司，同时加入新的投资级公司。[⊖]

⊖ 在2013年9月20日新定义了iTraxx欧洲20系列（Series 20 iTraxx Europe）组合和CDX NA IG 21系列（the Series 21 CDX NA IG）组合。这些系列号码说明截止到2013年9月份，iTraxx欧洲系列组合已被更新了19次，CDX NA IG系列组合已被更新了20次。

假如某造市商对5年期CDX NA IG指数报出的买入价为65个基点，卖出价为66个基点（这被称为指数溢差）。粗略地讲，这表示一个交易员可以按每家公司都为66个基点的价格买入125家公司的CDS保护。假设一个交易员想对每家公司都取得面值为800 000美元的保护，交易员的总费用为$0.0066 \times 800\,000 \times 125$，即每年660 000美元。类似地，交易员也可以按每年650 000美元的价格卖出125家公司中每家面值为800 000美元的信用保护。当某个公司违约时，信用保护的买入方会得到像通常一样的CDS收益，而且付款费用每年会减少$660\,000/125 = 5\,280$美元。期限为3年、5年、7年和10年的CDS指数保护的买卖市场非常活跃。在指数上这些类型合约的到期日通常为12月20日和6月20日$\left(\text{这意味着，5年合约的期限实际是在}4\frac{3}{4}\text{年和}5\frac{1}{4}\text{年之间}\right)$。粗略地讲，指数值等于标的资产组合所包含公司的CDS溢价平均值。[⊖]

25.4 固定券息的使用

CDS和CDS指数交易的具体运作方式比以上的描述要更复杂一些。对于每个标的以及每个期限，都要指定券息和回收率。由指数溢价的报价，通过以下程序来计算价格：

（1）每年付款4次，期末付款。

（2）从溢价的报价隐含出一个违约率。计算过程与25.2节中相似，通过迭代可以求出与溢价报价相匹配的违约率。

（3）计算CDS付款的“久期”值D。久期值与溢价的乘积等于付款的贴现值（在25.2节里的例子中，久期值等于4.1150）。[⊜]

（4）价格P由公式$P = 100 - 100 \times D \times (s - c)$给出，其中$s$为指数溢价，$c$为以小数形式表示的券息值。

当交易员买入信用保护时，交易员对每100美元的剩余名义本金需支付$100 - P$，信用保护的卖出方收取这一数量（如果$100 - P$为负值，信用保护的买入方会收入款项，信用保护的卖出方会支付款项）。在每个付款日，信用保护的买入方需要向卖出方支付数量等于券息乘以剩余名义本金的款项（对CDS，在未违约之前剩余名义本金等于原来名义本金的数量，违约后名义本金为0；对CDS指数，剩余名义本金等于指数中尚未违约公司的数量乘以每家公司的面值份额）。在违约事件发生时的收益按通常的方式计算。以上的安排便于进行交易，这是因为交易方式与债券相同。信用保护买入方在每季度正常付款的数量与买入方刚签订合约时的溢价无关。

例25-1

假定iTraxx欧洲指数的报价为34个基点，券息为40个基点，期限为正好5年。这里的报

⊖ 更精确地讲，指数的大小比指数交易组合内所包含公司的信用违约互换溢价平均值要稍低一些。为了解释这一点，我们考虑两家公司，其中一家的CDS溢价为1 000个基点，另一家的CDS的溢价为10个基点。买入这两家公司的信用保护所对应的平均溢价应该稍稍低于505个基点，这是因为大家会意识到1 000个基点的预期付费期限不会像10个基点的预期付费期限那样长，因此对1 000个基点的溢价应设定较小的权重。另外一个关于CDX NA IG（对iTraxx却没有）的复杂之处是指数中的违约包括公司重组（restructuring），而CDS合约的违约定义却不包括这一点。

⊜ 在这里，术语“久期”的意义与第4章中不同。

价约定均为“实际天数/360”（这是 CDS 和 CDS 指数市场的通常约定）。在“实际天数/实际天数”约定下，指数的等价数量为 0.345%，关于券息的等价数量是 0.406%。假定收益率曲线呈水平状，为每年 4%（实际天数/实际天数，连续复利），指定的回收率为 40%，对应于每年付款 4 次、期末付款的隐含违约率为 0.571 7%，久期值为 4.447 年。因此，价格等于

$$100 - 100 \times 4.447 \times (0.003\,45 - 0.004\,06) = 100.27$$

考虑一个合约，其中对每个参考实体所保护的面值为 100 万。在合约开始时，信用保护的卖出方需向买入方支付 $1\,000\,000 \times 125 \times 0.002\,7$ 美元。此后买入方在每个季度末付款，付款的年率为 $1\,000\,000 \times 0.004\,06 \times n$，其中 n 为指数中尚未违约公司的个数。当一家公司违约时，我们采用通常的方式来计算收益，而信用保护买入方需向卖出方支付累计利息，计算时所用利率为 0.406%，面值为 100 万美元。

25.5 CDS 远期合约与期权

一旦 CDS 市场的发展趋于完善，衍生产品交易商自然会开始交易信用违约互换溢价上的远期合约和期权。[⊖]

信用违约互换远期合约是一种契约：在将来某个特定时间 T，签约者需要买入或卖出有关某个特定参考实体的特定信用违约互换。如果参考实体在时间 T 之前违约，远期合约自动失效。例如，某银行可以签订在 1 年后按 280 个基点卖出关于某公司 5 年期信用保护的远期合约。如果这家公司在一年内违约，远期合约将会自动失效。

信用违约互换期权是一种权利：在将来某个特定时间 T，期权持有者有权买入或卖出有关某个特定参考实体的特定信用违约互换。例如，一个投资者可以购买在 1 年后按 280 个基点的价格买入关于某公司 5 年期信用保护的权利。这是一种看涨期权。如果在 1 年后，这家公司的 5 年期 CDS 溢价高于 280 个基点，期权将会被行使，否则期权不会被行使。期权的费用要在期权交易成交时付清。类似地，一个投资者可以购买在 1 年后按 280 个基点的价格卖出关于某公司 5 年期信用保护的权利，这是一种看跌期权。如果在 1 年后这家公司的 CDS 溢价低于 280 个基点，期权将会被行使，否则期权不会被行使，期权的费用也必须在交易成交时付清。与 CDS 远期合约一样，如果在期权到期之前参考实体违约，CDS 期权合约将会自动失效。

25.6 篮筐式 CDS

在**篮筐式 CDS**（basket credit default swap）中有多个参考实体。**附加篮筐式 CDS**（add-up basket credit default swap）在任何一家参考实体违约时均提供违约赔偿。**第 1 次违约篮筐式 CDS**（first-to-default basket credit default swap）只对参考实体中的首次违约提供赔偿，**第 2 次违约篮筐式 CDS**（second-to-default basket credit default swap）只对参考实体中的第 2 次违约提供赔偿。在一般情况下，**第 k 次违约篮筐式 CDS**（kth-to-default basket credit default swap）只对参考实体中出现的第 k 次违约提供赔偿。以上的违约赔偿与一般 CDS 的违约赔偿方式相同。

⊖ 有关这些产品定价的详细讨论，见 J. C. Hull and A. White, “The Valuation of Credit Swap Options,” *Journal of Derivatives*, 10, No. 5 (Spring 2003), 40-50。

在与合约有关的违约事件出现后，合约双方进行交割处理，然后合约自行解除，双方都不再需要任何其他付款。

25.7　总收益互换

总收益互换（total return swap）是一种信用衍生产品，这是将某个债券（或任何资产组合）的总收益与LIBOR加上一个差价相交换的互换合约。资产的总收益包括券息、利息以及在互换期限内资产的盈亏。

例如，一个5年期总收益互换的名义本金为1亿美元，互换的一方将某企业债券的收益同另一方LIBOR+25个基点进行交换。这一衍生产品的形式如图25-2中所示：在券息支付日期，总收益付出方将1亿美元债券所收入的券息付给总收益收入方，同时收入方将利率为LIBOR+25个基点时1亿美元面值的利息付给互换总收益付出方（LIBOR在券息日设定，但相应利息在下一个券息日付出，这与标准利率互换是一样的）。在互换合约结束时将会有最后一次付款来反映债券价值的变化。例如，如果债券在互换期限内价值增长了10%，在5年后总收益互换的付出方需要向收入方支付1 000万美元（1亿美元的10%）；如果债券价值降低了15%，总收益互换的收入方在5年时需要向付出方支付1 500万美元。如果债券违约，总收益互换合约将会停止，但是总收益互换的收入方必须向付出方支付债券市场价格与1亿美元的差额。

如果在合约结束的时间点上对双方均加上名义本金，我们可以这样理解总收益互换：总收益的付出方支付由1亿美元公司债券投资所收入的现金流，总收益的收入方支付由面值为1亿美元、利率为LIBOR+25个基点的债券所收入的现金流。如果付出方拥有公司债券，总收益互换可以将债券的信用风险转让给收入方。如果付出方不拥有债券，总收益互换可以使其达到卖空债券的目的。

总收益互换常常被当作融资工具。以下情形会产生图25-2所示的总收益互换合约：总收益的收入方为了对参考债券的1亿美元投资进行融资，从而与付出方（可能是金融机构）达成一项总收益互换协议。然后总收益付出方买入1亿美元的债券。对于总收益收入方而言，这样做的结果与按LIBOR+25个基点的利息贷款并买进债券是等价的。在总收益互换协议中，付出方在互换期限内仍然拥有债券的所有权。但对付出方而言，这样做比直接借钱给收入方来买入债券并以债券作为抵押品所面临的对手信用风险要小。如果总收益的收入方违约，付出方不用面临因抵押品的所有权问题而可能带来的法律纠纷。总收益互换与再回购协议（repos）（见第4.1节）相似，它们的构造方式是为了减小融资时的信用风险。

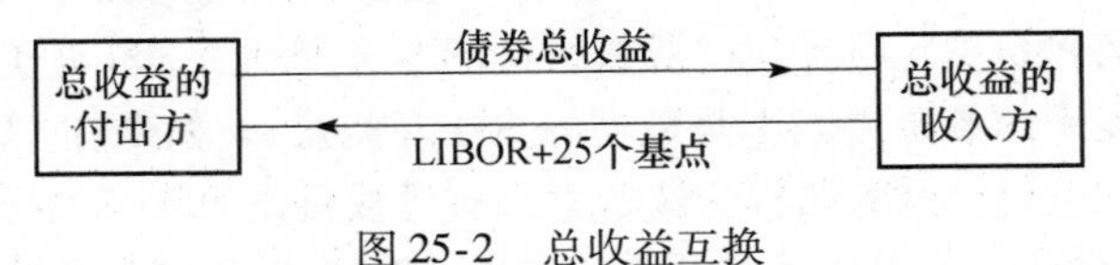

图25-2　总收益互换

在总收益互换中，由于总收益收入方有违约的可能性，在LIBOR之上的差价是对总收益付出方所承受的这种违约风险的补偿。当参考债券价格下跌时，总收益互换收入方的违约将会给付出方带来损失，因此这一差价依赖于总收益互换收入方的信用状态、债券发行者的信用状态以及两者之间的相关性。

以上描述的标准交易有几种不同形式。有时候在互换结束时，反映债券价格变化的现金付款可以由资产的实际交割而代替。在这种情况下，总收益付出方在互换的到期日以标的资产换回名义本金。有时反映债券价格变化的支付会定期进行（而不是全等到互换结束时才支付）。

25.8 债务抵押债券

在第8章里我们讨论了资产支持证券（ABS）。图8-1给出了这种产品的一种简单结构。当标的资产为债券时，这样的ABS称为**债务抵押债券**（collateralized debt obligations，CDO）。债券的利息与本金可以用与图8-2相似的瀑布形式来定义。尽管瀑布形式的精确规则很复杂，但其设计原则是高级份额比低级份额更可能收到所许诺的利息和本金。

25.8.1 合成CDO

当CDO是按照以上所述形式由债券组合产生时，所得结构称为**现金CDO**（cash CDO）。信用产品市场上的重要发展是人们意识到，如果在CDS中的参考实体是一家发行债券的公司，那么持有企业债券的长头寸与持有以发行债券的企业作为参考实体的CDS短头寸（即在CDS中卖出信用保护）具有相似的风险。由此产生了**合成CDO**（synthetic CDO）的结构，而且这种结构变得很受欢迎。

合成CDO的发起者首先选取一个公司组合与结构的期限（比如5年），然后出售组合中每家公司的CDS保护（CDS的期限与结构的期限相等）。合成CDO的本金等于其中所有CDS名义本金的总和。发起者收入的现金流等于CDS的溢价，而当组合中的公司违约时将会支出现金流。在构造合成CDO时将会形成不同的**份额**（tranche），现金的流入和流出将会分配到份额里，而且合成CDO中现金流入与流出分配的规则比现金CDO要更直截了当。假定只有3个份额：股权、中间和高级份额。规则可能会采取以下的形式：

（1）股权份额承担CDS的支付，直到高达合成CDO本金的5%，股权份额收取份额本金剩余数量上每年1 000个基点的差价。

（2）中间份额承担超过合成CDO本金5%，但最多不超过20%的支出。该份额收取份额本金剩余数量上每年100个基点的差价。

（3）高级份额承担超过合成CDO本金20%的支出。该份额收取份额本金剩余数量上每年10个基点的差价。

为了理解合成CDO是如何运作的，假设本金为1亿美元。股权份额、中间份额和高级份额的面值分别为500万美元、1 500万美元和8 000万美元。在刚开始，份额挣取在这些名义本金上预先指定的溢差。假设在1年后，由于组合中一些公司的违约而导致对CDS有200万美元的支付，股权份额持有者负责这些支付。股权份额的本金降到了300万美元，因此1 000个基点的差价是基于300万美元的本金（而不是最初的500万美元）。如果在CDO有效期的后期，对CDS又有400万美元的支付，这时股权份额的累计支付数目是500万美元，因此其剩余本金为0。中间份额将需要支付余下的100万美元，其剩余份额降到了1 400万美元。

现金CDO在刚开始时需要份额持有者的投资（用于购买标的债券）。与此相反，合成CDO持有者并不需要在开始时做任何投资，他们仅仅需要同意如何计算现金的流入和流出就够了。在实际中，一般总是要求他们将最初的份额本金作为抵押。当一个份额要对CDS的支付负责时，所需要的金额将会从抵押金里扣除。抵押金账户里的剩余金额会挣得利率等于LIBOR的利息。

25.8.2 标准组合与单份额交易

在上述的合成CDO里，份额持有者将信用保护卖给了CDO的发行人，而CDO发行人会转身将CDS上的保护卖给其他的市场参与者。市场上的一种革新是在没有构造标的CDS短头寸组合的情况下对份额进行交易。有时称这种交易为**单份额交易**（single tranche trading）。交易里有两方：份额保护的买入方和份额保护的卖出方。CDS短头寸的组合被用来作为确定双方之间现金流的参考，但并没有真正建立起来。保护的买入方将份额差价支付给卖出方，而保护的卖出方支付给买入方的金额相应于在参考组合中份额所负责的损失。

在第25.3节里我们讨论了像CDX NA IG和iTraxx欧洲这样的CDS指数，在市场上投资人也利用这些指数里的标的组合来定义标准合成CDO的份额，而且这种产品的交易非常活跃。在iTraxx欧洲指数中6个标准份额分别负责0~3%、3%~6%、6%~9%、9%~12%、12%~22%和22%~100%的损失。CDXNAIG中的6个标准份额分别负责0~3%、3%~7%、7%~10%、10%~15%、15%~30%和30%~100%的损失。

表25-6显示的是在连续3年中的1月底对5年期iTraxx份额的报价。如第25.3节所述，指数的差价是对指数中所有公司购买保护所需要的以基点计算的费用。除了0~3%份额外，份额的报价是指购买份额保护每年以基点计算的费用（在前面解释过，当份额经历损失后，计算费用时的本金将会减少）。对于0~3%（股权）份额，保护购买方预先支付一笔费用，然后每年支付剩余份额本金上500个基点。表中的报价是指预先支付的数量作为初始份额本金的百分比。

表25-6 iTraxx欧洲指数5年期份额的中间市场报价。除了0~3%份额外，表中标价均为基点数，0~3%份额的标价等于必须预先支付的份额面值百分比，另外再加上每年收费500个基点

日期	份额					iTraxx指数
	0~3%	3%~6%	6%~9%	9%~12%	12%~22%	
2007年1月31日	10.34	41.59	11.95	5.60	2.00	23
2008年1月31日	30.98	316.90	212.40	140.00	73.60	77
2009年1月31日	64.28	1 185.63	606.69	315.63	97.13	165

*资料来源：*Creditex Group Inc.

信用市场在短短两年之内可能会经历巨大变化。表25-6显示信用紧缩导致了信用溢差的暴涨。iTraxx指数从2007年1月份的23个基点涨到了2009年1月份的165个基点。每个份额的报价也显出了巨大幅度的上升。出现这些变化的原因之一是市场对投资级公司违约概率的估计增加了。另外一个原因是在许多情形下保护卖出方也遭遇了流动性危机，因此变得更加小心，从而要求更高的风险溢价来补偿所承受的风险。

25.9 相关系数在篮筐式CDS与CDO中的作用

第k次违约CDS保护的费用和CDO份额的溢价都与违约相关性密切相关。假如以含有100个参考实体的组合为基础定义了一个5年期、对第k次信用违约CDS提供保护的产品，其中每一个参考实体在今后5年内违约的风险中性概率为2%。当参考实体的违约相关性为0时，由两项分布得出在今后5年内有至少有一个参考实体出现违约的概率为86.74%，我们也可以得出在今后5年内至少有10个参考实体出现违约的概率为0.003 4%。由此可见对第一次违约

CDS保护的价格会很高，而对第10次违约保护的价格几乎为0。

随着违约相关性的增加，出现1个或多个参考实体违约的概率会随之降低，而10个或更多参考实体违约的概率会随之增大。在参考实体相关性为完美（等于1）的极端情形下，1个或更多参考实体违约的概率与10个或更多参考实体违约的概率均为2%，这是因为在这种极端情形下所有的参考实体基本上都是一样的，因此要么所有的参考实体一起违约（概率为2%），要么任何参考实体均不违约（概率为98%）。

与此相似，合成CDO份额的价值也同样与违约相关性密切相关。当相关性较低时，低级股权份额风险较大，高级份额非常安全。当相关性增加时，低级份额风险会减小，而高级份额风险将会增大。在具有完美相关性和回收率为0的极端情形下，所有份额将具有相同的风险。

25.10 合成CDO的定价

DerivaGem软件可以用来对合成CDO定价。为了解释计算过程，假定合成CDO份额的付款时间为τ_1，τ_2，…，τ_m和$\tau_0=0$。定义E_j为在时刻τ_j份额面值数量的期望值，$v(\tau)$为在时刻τ收取1美元的贴现值。假定关于特定份额的溢价（即为了买入信用保护所支付的基点数）为每年s，该溢价应用于剩余份额面值上。CDO的预期正常付费贴现值为sA，其中

$$A = \sum_{j=1}^{m}(\tau_j - \tau_{j-1})E_j v(\tau_j) \tag{25-1}$$

时刻τ_{j-1}与τ_j之间损失的期望值为$E_{j-1}-E_j$。假定损失发生在时间段的中间点（即在时刻$0.5\tau_{j-1}+0.5\tau_j$）。CDO份额的收益期望贴现值为

$$C = \sum_{j=1}^{m}(E_{j-1} - E_j)v(0.5\tau_{j-1} + 0.5\tau_j) \tag{25-2}$$

损失发生时的应计付款为sB，其中

$$B = \sum_{j=1}^{m}0.5(\tau_j - \tau_{j-1})(E_{j-1} - E_j)v(0.5\tau_{j-1} + 0.5\tau_j) \tag{25-3}$$

对于信用保护的买入方而言，份额的价值为$C-sA-sB$，**两平溢价**（breakeven spread）是指付款贴现值等于收益贴现值时的情形，即

$$C = sA + sB$$

因此，两平溢价满足以下方程

$$s = \frac{C}{A+B} \tag{25-4}$$

式（25-1）~式（25-3）展示了份额面值期望在计算两平溢价时所起的关键作用。如果对于所有付款日我们都已知份额面值期望，另外假定零息收益率曲线也为已知，那么我们可以通过式（25-1）~式（25-4）来计算两平溢价。

25.10.1 利用违约时间的高斯Copula模型

在24.9节中，我们引入了关于违约时间的单因子高斯Copula模型，这是关于合成CDO定价的标准市场模型。假定到时间t所有公司都具有相同的违约概率$Q(t)$，式（24-9）将这个到时间t的无条件违约概率转换成到时间t之前在因子F条件下违约的概率

$$Q(t \mid F) = N\left(\frac{N^{-1}[Q(t)] - \sqrt{\rho}F}{\sqrt{1-\rho}}\right) \tag{25-5}$$

其中ρ为Copula相关系数。这里假定了所有公司之间的相关系数都是相同的。

在计算$Q(t)$时，通常假定公司的违约率为常数，并与指数的溢价一致。通过第25.2节中的CDS定价公式，我们可以求出违约率，在求解过程中我们需要保证求到的违约率与指数的溢价相匹配。假定违约率为λ，由式（24-1）得出

$$Q(t)=1-e^{-\lambda t} \tag{25-6}$$

由两项式分布的性质，标准市场模型给出了正好有k个公司违约的概率为（在F的条件下）

$$P(k,t\mid F)=\frac{n!}{(n-k)!k!}Q(t\mid F)^k[1-Q(t\mid F)]^{n-k} \tag{25-7}$$

其中n为合成CDO中参考实体的总数量。假定这里考虑的份额所覆盖的资产组合损失范围为α_L至α_H，参数α_L被称为**附着点**（attachment point），参数α_H被称为**离开点**（detachment point）。定义

$$n_L=\frac{\alpha_L n}{1-R} \text{和} n_H=\frac{\alpha_H n}{1-R}$$

其中R为回收率。再有，定义$m(x)$为大于x的最小整数。在不失一般性的前提下，我们可以假设份额的最初面值为1。当违约数量k小于$m(n_L)$时，份额面值为1；当违约数量k大于或等于$m(n_H)$时，份额面值为0；在其他情形下，份额的面值为

$$\frac{\alpha_H-k(1-R)/n}{\alpha_H-\alpha_L}$$

定义$E_j(F)$为在给定因子F值的条件下，份额面值在时刻τ_j的期望值，因此

$$E_j(F)=\sum_{k=0}^{m(n_L)-1}P(k,\tau_j\mid F)+\sum_{k=m(n_L)}^{m(n_H)-1}P(k,\tau_j\mid F)\frac{\alpha_H-k(1-R)/n}{\alpha_H-\alpha_L} \tag{25-8}$$

定义$A(F)$、$B(F)$和$C(F)$分别为在F条件下A、B和C的值。与式（25-1）~式（25-3）类似，我们有

$$A(F)=\sum_{j=1}^{m}(\tau_j-\tau_{j-1})E_j(F)v(\tau_j) \tag{25-9}$$

$$B(F)=\sum_{j=1}^{m}0.5(\tau_j-\tau_{j-1})(E_{j-1}(F)-E_j(F))v(0.5\tau_{j-1}+0.5\tau_j) \tag{25-10}$$

$$C(F)=\sum_{j=1}^{m}(E_{j-1}(F)-E_j(F))v(0.5\tau_{j-1}+0.5\tau_j) \tag{25-11}$$

变量F服从标准正态分布。为了计算A、B和C的无条件值，我们必须对$A(F)$、$B(F)$和$C(F)$在标准正态分布下进行积分。一旦求得无条件值后，两平溢价等于$C/(A+B)$。[一]

积分的计算最好是通过高斯求积公式（Gaussian quadrature）来完成。计算过程中涉及以下近似式

$$\int_{-\infty}^{+\infty}\frac{1}{\sqrt{2\pi}}e^{-F^2/2}g(F)\mathrm{d}F\approx\sum_{k=1}^{M}w_k g(F_k) \tag{25-12}$$

以上公式的精确程度随着M的增大而增大。对于不同的M，作者网页上给出了参数w_k和F_k的取值。[二]这里的M是DerivaGem里“积分点数”（number of integration points）的2倍。一般情况

[一] 对于股权份额，标价对应于最初的付费以及每年的500基点的费用，收支平衡的最初付款数为$C-0.05(A+B)$。

[二] 参数w_k和F_k的选取是通过对Hermite多项式求解来得出，读者可以在网页www.rotman.utoronto.ca/~hull/TechnicalNotes里的Technical Note 21中找到更多关于高斯求积公式的信息。

下将积分点数设成20就足够了。

例25-2

考虑iTraxx欧洲的中间份额（5年期限），Copula相关系数为0.15，回收率为40%。这时，$\alpha_L=0.03$，$\alpha_H=0.06$，$n=125$，$n_L=6.25$以及$n_H=12.5$。我们假设利率期限结构呈水平状，为3.5%，付款频率为每季度一次，指数的CDS溢价为50个基本点。采用与25.2节中类似的计算方式，可以得到与CDS溢价相对应的常数违约率为0.83%（连续复合）。其他计算的摘要列举在表25-7中。在式（25-12）中的$M=60$，因子F_k和权重w_k的取值列在表的最上部；在因子取值的条件下，利用式（25-5）~式（25-8）所得到的份额面值期望值列在表的第二部分里；在因子取值的条件下，由式（25-9）~式（25-11）所得到的A，B和C的取值列在表的后三部分里：变量A，B和C的无条件值是通过在F概率分布上对$A(F)$、$B(F)$和$C(F)$进行积分而得出的。计算过程是在式（25-12）中轮流将$g(F)$换成$A(F)$、$B(F)$和$C(F)$。计算结果为

$$A=4.2846,\quad B=0.0187,\quad C=0.1496$$

两平溢价为$0.1496/(4.2846+0.0187)=0.0348$，即384个基点。

表25-7 例25-2中CDO的定价

比重和价值						
w_k	…	0.1579	0.1579	0.1342	0.0969	…
F_k	…	0.2020	−0.2020	−0.6060	−1.0104	…
面值期望 $E_j(F_k)$						
时间						
$j=1$	…	1.0000	1.0000	1.0000	1.0000	…
⋮	⋮	⋮	⋮	⋮	⋮	⋮
$j=19$	…	0.9953	0.9687	0.8636	0.6134	…
$j=20$	…	0.9936	0.9600	0.8364	0.5648	…
支付值期望的贴现 $A(F_k)$						
$j=1$	…	0.2478	0.2478	0.2478	0.2478	…
⋮	⋮	⋮	⋮	⋮	⋮	⋮
$j=19$	…	0.2107	0.2051	0.1828	0.1299	…
$j=20$	…	0.2085	0.2015	0.1755	0.1185	…
总计	…	4.5624	4.5345	4.4080	4.0361	…
累计支付值期望的贴现 $B(F_k)$						
$j=1$	…	0.0000	0.0000	0.0000	0.0000	…
⋮	⋮	⋮	⋮	⋮	⋮	⋮
$j=19$	…	0.0001	0.0008	0.0026	0.0051	…
$j=20$	…	0.0002	0.0009	0.0029	0.0051	…
总计	…	0.0007	0.0043	0.0178	0.0478	…
收益期望的贴现 $C(F_k)$						
$j=1$	…	0.0000	0.0000	0.0000	0.0000	…
⋮	⋮	⋮	⋮	⋮	⋮	⋮
$j=19$	…	0.0011	0.0062	0.0211	0.0412	…
$j=20$	…	0.0014	0.0074	0.0230	0.0410	…
总计	…	0.0055	0.0346	0.1423	0.3823	…

这个结果可以通过DerivaGem得到：通过CDS工作表可以将50个基点的溢价转换成0.83%的违约率，然后利用这个违约率并取30个积分点，即可得到表中的结果。

25.10.2 第 k 次违约 CDS 的定价

第 k 次违约 CDS(kth-to-default CDS)（见第25.6节）价值也可以通过在因子 F 条件下用标准市场模型来求得。第 k 次违约发生在介于 τ_{j-1} 和 τ_j 之间的条件概率等于到 τ_j 时至少有 k 次违约发生的概率减去到 τ_{j-1} 时至少有 k 个违约发生的概率。由式（25-5）~式（25-7），我们可以得出所求的概率为

$$\sum_{q=k}^{n} P(q,\tau_j \mid F) - \sum_{q=k}^{n} P(q,\tau_{j-1} \mid F)$$

假定介于时间 τ_{j-1} 和 τ_j 之间的违约发生在时刻 $0.5\tau_{j-1}+0.5\tau_j$，这样一来，我们可以在因子 F 的条件下计算收益的贴现值，计算方式与一般的 CDS 收益计算方式相同（见第25.2节）。通过在 F 上积分，我们可以求得费用和收益的无条件贴现值。

例 25-3

考虑一个由10个不同债券组成的组合，每个债券的违约率为2%。假定我们想计算对第3次违约提供保护的 CDS 价值，CDS 的付款时间在每年的年底。假定 Copula 相关系数为0.3，回收率为40%，无风险利率为5%。如在表25-7中一样，我们考虑60个不同的因子值。截止到第1~5年债券的无条件累计违约概率分别为0.0198，0.0392，0.0582，0.0769和0.0952。式（25-5）表示在 $F=-1.0104$ 条件下，相应的违约概率分别为0.0361，0.0746，0.1122，0.1484和0.1830。由二项式分布得出截止到第1~5年，至少有3个债券违约的条件概率分别为0.0047，0.0335，0.0928，0.1757和0.2717。第3个债券违约发生在第1~5年中的条件概率分别为0.0047，0.289，0.0593，0.0829和0.0960。采用与25.2节里类似的分析，我们可以得出在 $F=-1.0104$ 条件下，收益期望贴现值、付款贴现值、应计付款贴现值分别为0.1379，3.8443s 和0.1149s，其中 s 代表溢价。对其他的59个因子值可以利用类似的计算方式，然后利用式（25-12）在 F 上求积分。由此得出收益的无条件贴现值、付款贴现值和应计付款贴现值分别为0.0629，4.0580s 和0.0524s。CDS 的两平溢价为0.0629/(4.0580+0.0524)=0.0153，即153个基点。

25.10.3 隐含相关系数

在标准市场模型中，回收率通常被假定为40%，因此，参数 ρ 为模型中唯一的未知参数。这一特性与在布莱克－斯科尔斯－默顿模型中波动率是唯一未知参数的情形相类似。市场参与者喜欢由份额市场报价来隐含出相关系数，这一点与他们由期权价格来隐含出期权波动率的做法是相似的。

假定份额 $\{\alpha_L,\ \alpha_H\}$ 从低级到高级的排序为 $\{\alpha_0,\ \alpha_1\}$，$\{\alpha_1,\ \alpha_2\}$，$\{\alpha_2,\ \alpha_3\}$，…，其中 $\alpha_0=0$（例如，对于 iTraxx 欧洲指数，$\alpha_0=0$，$\alpha_1=0.03$，$\alpha_2=0.06$，$\alpha_3=0.09$，$\alpha_4=0.12$，$\alpha_5=0.22$，$\alpha_6=1.00$）。通常有两种不同的隐含相关系数度量。一种是**复合相关系数**（compound-correlation）或**份额相关系数**（tranche correlation）：对于份额 $\{\alpha_{q-1},\ \alpha_q\}$，这是使得通过模型得到的份额溢价与市场溢价一致的相关系数 ρ，它可以通过迭代的方式进行；另一种相关系数叫**基础相关系数**（base correlation）：对于任意一个 $\alpha_q(q\geqslant 1)$，这是使份额 $\{0,\ \alpha_q\}$ 的价值与市场价值一致的参数，其计算步骤如下：

（1）计算每个份额的复合相关系数。

（2）利用所得到的复合相关系数，计算每个份额在 CDO 期限内损失期望值的贴现值占最初份额面值的百分比，这一比率即为前面已经定义过的变量 C。假定对于份额 $\{\alpha_{q-1}, \alpha_q\}$，相应的 C 取值为 C_q。

（3）计算份额 $\{0, \alpha_q\}$ 损失期望值的贴现值占整体标的资产组合份额面值的百分比，所得值等于 $\sum_{p=1}^{q} C_p(\alpha_p - \alpha_{p-1})$。

（4）对应于份额 $\{0, \alpha_q\}$ 的 C 值等于第三步求得的数量除以 α_q。基础相关系数就是与以上 C 值保持一致的相关系数 ρ，这可以通过迭代法来求得。

对于表 25-6 中在 2007 年 1 月 31 日的 iTraxx 欧洲指数，图 25-3 显示了上面第三步中对份额损失期望贴现值占整体资产组合份额面值百分比的计算结果。表 25-8 给出了这些报价的隐含相关系数。这些结果是通过 DerivaGem 来求得的，其中假设利率期限结构为水平，每年 3%，回收率为 40%。CDS 工作表显示对应于 23 个基点溢价的违约率为 0.382%。隐含相关系数是通过 CDO 工作表来计算的。图 25-3 所用的值也可以利用上面第 3 步里的表达式通过这个工作表来计算。

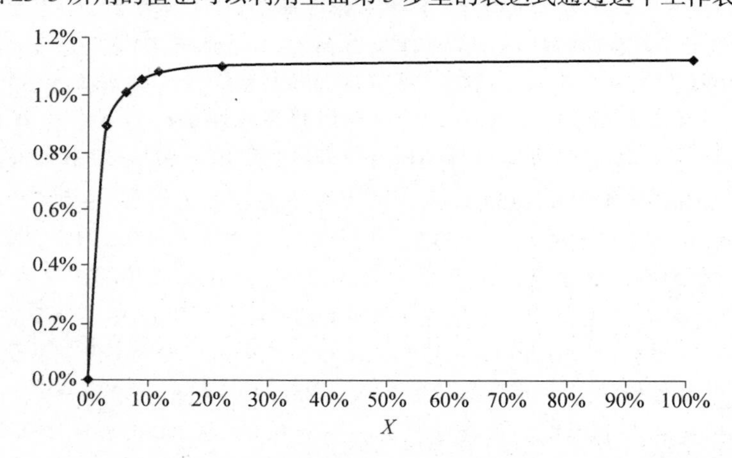

图 25-3 2007 年 1 月 31 日 iTraxx 欧洲指数中 0 到 X% 份额的预期损失贴现值占整体面值的百分比

表 25-8 中所示的相关系数规律是在市场上所观察到的这种系数的典型代表。复合相关系数显示了**相关系数微笑**（correlation smile）特性：当份额级别变得越来越高时，隐含相关系数首先下降，然后又升高；基础相关系数展示**相关系数偏态**（volatility skew）特性：基础相关系数是份额附着点的递增函数。

表 25-8 2007 年 1 月 31 日 5 年期 iTraxx 欧洲指数的隐含相关系数

复合相关系数					
份额	0～3%	3%～6%	6%～9%	9%～12%	12%～22%
报价	17.7%	7.8%	14.0%	18.2%	23.3%
基础相关系数					
份额	0～3%	3%～6%	6%～9%	9%～12%	12%～22%
报价	17.7%	28.4%	36.5%	43.2%	60.5%

如果市场价格与单因子高斯 Copula 模型是一致的，那么对于所有的份额，隐含相关系数（无论是复合相关系数还是基础相关系数）均应相等。但从实际中所观察到的明显微笑和偏态特性可以看出，市场价格与这种模型并不一致。

25.10.4　非标准份额的定价

对 iTraxx 欧洲指数中标准资产组合，我们并不需要利用模型来计算标准份额的溢价，因为在市场上可以观察到这些溢价，但有时却需要对标准资产组合中的非标准份额提供报价。假如你想得到 iTraxx 欧洲指数中 4% ~8% 份额的报价，一种方法是通过对基础相关系数进行插值来得到对应于 0 ~4% 份额和 0 ~8% 份额的基础相关系数。由这两个相关系数我们可以计算这些份额预期损失的贴现值（作为整体资产组合面值的百分比）。4% ~8% 份额损失期望的贴现值（作为整体面值的百分比）可以被估计成 0 ~8% 份额和 0 ~4% 份额损失期望值贴现值之差，由此我们可以隐含出复合相关系数，并得出份额的两平溢价。

现在人们认识到以上的做法并非是最佳的选择，另一种更好的做法是对于每个标准份额，我们计算出相应的预期损失，并产生类似于图 25-3 的图形，该图形显示了 0 ~ X% 份额的损失期望值随 X 的变化。在这个图形上进行插值，我们得出 0 ~4% 份额和 0 ~8% 份额的损失期望值，由这两个值的差作为对 4% ~8% 份额损失期望值的估计要比通过对基础相关系数进行插值而得到的结果更好。

我们可以证明为了保证无套利条件的成立，图 25-4 中损失期望值的递增速度必须越来越慢。如果对基础相关系数进行插值，并由此来计算损失期望值，无套利条件常常会不满足（这里的问题是 0 ~ X% 份额的基础相关系数是 0 ~ X% 份额损失期望的非线性函数），因此对预期损失直接进行插值要远远优于间接地对基础相关系数进行插值，而且这样做，我们可以保证前面所提到的无套利条件成立。

25.11　其他模型

在这一节里，我们将简要地讨论一些其他模型，这些模型可以用来代替已经成为市场标准的单因子高斯 Copula 模型。

25.11.1　异质模型（Heterogeneous Model）[㊀]

市场标准模型是一个**同质模型**（homogeneous model）。同质模型是指所有公司的违约时间概率分布均相同，而且任意两家公司之间的 Copula 相关系数也相等。我们可以放宽同质性的假设并采用更为一般的模型。但是，由此得出的模型会更为复杂，因为各家公司在任何时刻都将会有不同的违约概率，并且我们不能再由二项式公式即式（25-7）来计算 $P(k,\ t\mid F)$。我们需要使用像 Andersen 等（2003）以及 Hull 和 White（2004）里所描述的数值方法来进行计算。[㊁]

25.11.2　其他 Copula 模型

单因子高斯 Copula 模型是用于描述违约时间之间相关性的特殊模型。除此之外还有许多其他的单因子模型，其中包括 Student t Copula 模型、Clayton Copula 模型、Archimedean Copula 模型以及 Marshall-Olkin Copula 模型。我们还可以通过假设式（23-10）中的 F 和 Z_i 服从均值为 0、方差为 1 的非正态分布来得出新的模型。赫尔和怀特说明了当 F 和 Z_i 为具有 4 个自由度

㊀ 原书只讲述了同质模型。——译者注

㊁ 见 L. Andersen，J. Sidenius，and S. Basu，"All Your Hedges in One Basket，" *Risk*，November 2003，和 J. C. Hull and White，"Valuation of a CDO and nth-to-Default Swap without Monte Carlo Simulation，" *Journal of Derivatives*，12，2（Winter 2004），8-23。

的 Student t 分布时，模型可以与市场达到较好的匹配，[1]他们将相应的模型叫作**双重 t Copula**（double t Copula）模型。

另一种处理方式是增加模型中的因子个数，但不幸的是这样做会使模型的运算变得很缓慢，因为时常需要在多个（而不是只在一个）正态分布上积分。

25.11.3 随机因子载荷模型

Andersen 和 Sidenius 提出了一种将式（25-5）中的 Copula 相关系数 ρ 取成 F 函数的模型。[2]

一般来讲，ρ 会随 F 的减小而增大，这意味着当违约率较高时（即当 F 较低时），违约相关性也会很高，实证结果确实证明了这一点。[3]Andersen 和 Sidenius 发现他们的模型对于市场报价的匹配比标准市场模型要好。

25.11.4 隐含 Copula 模型

赫尔和怀特说明了如何由市场报价来通过隐含的形式计算 Copula 函数。[4]这种模型的最简单形式是假定在 CDO 期限内对所有公司均采用某个平均违约率，其中平均违约率的概率分布可以通过份额的市场价格以隐含的方式得出。在概念上讲，计算隐含 Copula 函数的做法同第 20 章中由期权价格计算隐含概率分布的做法相似。

25.11.5 动态模型

到目前为止，我们所讨论的模型均可以归纳为**静态模型**（static model）。从根本上来讲，这些模型只是在 CDO 期限内对平均违约环境进行模拟。对 5 年期 CDO 构造的模型与对 7 年期 CDO 构造的模型是不同的，而后者与对 10 年期 CDO 构造的模型也不相同。**动态模型**（dynamic model）与静态模型有所不同，它试图对资产组合随时间变化产生的损失进行模拟。有 3 种不同类型的动态模型：

（1）**结构模型**（structural model）：这类模型与第 24.6 节里所描述的模型类似，其不同之处是需要同时建立描述许多公司资产价格的随机过程。当公司资产的价格达到一定的边界值时，违约会发生。资产价格所服从的过程之间具有相关性。这类模型的缺点是在实现过程中必须采用蒙特卡罗模拟，从而校正过程比较困难。

（2）**简化模型**（reduced form model）：这类模型是对公司的违约率进行模拟。为了建立比较切合实际的相关系数，需要在违约率上附加一些跳跃。

（3）**至顶向下模型**（top down model）：这类模型对资产组合的整体损失进行模拟，不考虑单一公司的信用变化。

---

[1] 见 J. C. Hull and White，"Valuation of a CDO and nth-to-Default Swap without Monte Carlo Simulation，" *Journal of Derivatives*，12，2（Winter 2004），8-23。

[2] 见 L. Andersen，J. Sidenius，"Extension of the Gaussian Copula Model：Random Recovery and Random Factor Loadings，" *Jounral of Credit Risk*，1，1（Winter 2004），29-70.

[3] 见，例如，A. Sevigny and O Renault，"Default Correlation：Empirical Evidence，" Working Paper，Standard and Poor's（2002）；S. R. Das，L. Freed，G. Geng，and N. Kapadia，"Correlated Default Risk，" *Journal of Fixed Income*，16（2006），2，7-32，J. C. Hull，M. Predescu and A. White，"The Valuation of Correlation-Dependent Credit Derivatives Using a Structural Model，" Working Paper，University of Toronto，2005；and A. Ang and J. Chen，"Asymmetric Correlation of Equity Portfolios，" *Journal of Financial Economics*，63（2002），443-494。

[4] 见 J. C. Hull and White，"Valuing Credit Derivatives Using an Implied Copula Approach，" *Journal of Derivatives*，14（2006），8-28。

小结

信用衍生产品能够使银行或其他金融机构积极主动地管理自身的信用风险。这些产品可以用来将一家公司的信用风险转移给另一家，或用来将一类风险敞口转换为另一类风险敞口，从而分散信用风险。

市场上最流行的信用衍生产品是信用违约互换（CDS）。在CDS合约中，一家公司从另一家公司买入有关第三家公司（参考实体）对自己债务违约的保护。合约的收益通常是参考实体所发行债券的面值与刚刚违约之后债券价值之差。对信用互换的分析，可以通过计算在风险中性时间里预期支付的贴现值与预期收益的贴现值来进行。

CDS的远期合约是指在将来某个特定时刻签订某个特定CDS的一种契约，CDS期权是指在将来某个特定时刻签订某个特定CDS的权利。如果在合约到期之前参考实体已经违约，CDS的远期合约和期权合约都会自动消失。第k次违约CDS是当由公司组成的组合里有第k次违约时产生收益的CDS。

总收益互换是一种与信用有关的资产组合总收益与LIBOR加上差价的交换协议。总收益互换常常被用来作为融资工具。当一家公司想买入某个债券组合时，可以同金融机构达成协议：协议中指明让金融机构为公司买入债券组合，然后与公司签订总收益互换。金融机构向这家公司支付债券组合的收益，同时收取LIBOR加上某种差价的利息。这种安排的好处是减小了金融机构对于这家公司的信用风险敞口。

债务抵押债券中（CDO）是由企业债券或商业贷款组合所派生出的不同债券。CDO对信用损失的分配指定了一定的规则：这些规则的直接作用是可以从资产组合派生出很高或很低信用等级的债券。在CDS交易的基础上，合成CDO生成了一些类似的证券。关于第k次违约提供保护的CDS以及合成CDO份额定价的标准市场模型是用来描述违约时间的单因子高斯Copula模型。

推荐阅读

Andersen, L., and J. Sidenius, "Extensions to the Gaussian Copula: Random Recovery and Random Factor Loadings," *Journal of Credit Risk*, 1, No. 1 (Winter 2004): 29–70.

Andersen, L., J. Sidenius, and S. Basu, "All Your Hedges in One Basket," *Risk*, 16, 10 (November 2003): 67–72.

Das, S., *Credit Derivatives: Trading & Management of Credit & Default Risk*, 3rd edn. New York: Wiley, 2005.

Hull, J. C., and A. White, "Valuation of a CDO and *n*th to Default Swap without Monte Carlo Simulation," *Journal of Derivatives*, 12, No. 2 (Winter 2004): 8–23.

Hull, J. C., and A. White, "Valuing Credit Derivatives Using an Implied Copula Approach," *Journal of Derivatives*, 14, 2 (Winter 2006), 8–28.

Hull, J. C., and A. White, "An Improved Implied Copula Model and its Application to the Valuation of Bespoke CDO Tranches," *Journal of Investment Management*, 8, 3 (2010), 11–31.

Laurent, J.-P., and J. Gregory, "Basket Default Swaps, CDOs and Factor Copulas," *Journal of Risk*, 7, 4 (2005), 8–23.

Li, D. X., "On Default Correlation: A Copula Approach," *Journal of Fixed Income*, March 2000: 43–54.

Schönbucher, P. J., *Credit Derivatives Pricing Models*. New York: Wiley, 2003.

Tavakoli, J. M., *Credit Derivatives & Synthetic Structures: A Guide to Instruments and Applications*, 2nd edn. New York: Wiley, 1998.

练习题

25.1 解释普通 CDS 同两点 CDS 的区别。

25.2 某 CDS 需要每半年付款一次，付费溢价为每年 60 个基点，本金为 3 亿美元，交割方式为现金。假设违约发生在 4 年零 2 个月后，在刚刚违约时，由 CDS 指定计算人所估计的最便宜可交割债券的价格等于面值的 40%，列出 CDS 出售方的现金流和支付时间。

25.3 说明 CDS 的两种交割方式。

25.4 说明现金 CDO 和合成 CDO 的构造过程。

25.5 什么是第一次违约 CDS 合约？当信用相关性增加时，其价格是将会增加还是减小？解释你的答案。

25.6 解释在风险中性世界与现实世界中违约概率的不同。

25.7 解释为什么总收益互换可以被用来作为融资工具。

25.8 假定零息收益率曲线为水平，每年为 7%（连续复利）。假定在新建立的 5 年期 CDS 合约中违约只可能发生在每年的年中，回收率为 30%，违约率为 3%。估计 CDS 的溢价，在计算中假定 CDS 付费为 1 年 1 次。

25.9 假定在练习题 25.8 中 CDS 溢价为面值的 150 个基点，这一 CDS 对于信用买入方的价值为多少？

25.10 假如练习题 25.8 中的 CDS 为两点 CDS，这时的溢价是多少？

25.11 一个 5 年期第 n 次违约互换合约的运作方式是什么？假定有一个由 100 个参考实体所构成的组合，每一个参考实体的违约概率为每年 1%，当参考实体的违约相关性增加时，第 n 次违约互换合约在以下情形下的价值会如何变化：$n=1$ 和 $n=25$，解释你的答案。

25.12 将 CDS 收益、面值和回收率联系到一起的公式是什么？

25.13 证明一个普通 CDS 的溢价等于 $1-R$ 乘以一个两点 CDS 的溢价，这里的 R 为回收率。

25.14 验证在表 25-1 ~ 表 25-4 的例子中如果 CDS 溢价为 100 个基点，那么违约率必须是每年 1.61%。当回收率由 40% 变为 20% 时，违约率会如何变化？验证你的答案和违约率与 $1/(1-R)$ 成比例的结论是一致的（R 为回收率）。

25.15 某家公司签订总收益互换合约，在合约中这家公司的收入为某企业券息为 5% 的债券收益，而同时需要付出的利率为 LIBOR。解释这一合约和一个固定利率为 5%、浮动利率为 LIBOR 的普通利率互换之间的区别。

25.16 解释 CDS 远期合约及 CDS 期权的结构。

25.17 “在 CDS 中买入方的头寸与无风险债券的长头寸加上企业债券的短头寸相似。”解释这一观点。

25.18 为什么在 CDS 中存在信息不对称问题？

25.19 在 CDS 定价中采用现实世界违约概率（而不是风险中性违约概率）会高估还是低估信用保护的价值？解释为什么。

25.20 总收益互换与资产互换之间的区别是什么？

25.21 假定在一个单因子高斯 Copula 模型中，125 家公司中每一家公司的 5 年违约概率均为 3%，Copula 相关系数为 0.2。对应于不同的因子值 -2，-1，0，1，2，计算：(a) 在已知因子取值条件下的违约概率；(b) 在已知因子取值条件下，出现多于 10 个违约事件的概率。

25.22 解释基础相关系数与复合相关系数之间的区别。

25.23 在例 25-2 中，9% ~ 12% 份额的溢价为多少？假设份额相关系数是 0.15。

作业题

25.24 假定无风险零息收益曲线为水平，每年为 6%（连续复利），并且假定在一个 2 年期普通 CDS 合约中违约只可能会发生在 0.25 年、0.75 年、1.25 年和 1.75 年，CDO 合约溢价付费为每半年一次。假定回收率为20%，并且无条件违约概率（在时间0观察到）在0.25年时和0.75年时均为1%，在1.25时和1.75年时均为1.5%。CDS溢价是多少？如果以上CDS变为两点CDS，那么溢价又会是多少？

25.25 假定某公司的违约率为λ，回收率为R，无风险利率为每年5%。违约只可能发生在每年的正中间。一年付款一次的5年期普通CDS溢价为120个基点，一年付款一次的5年期两点CDS溢价为每年160个基点。估计R和λ。

25.26 当组合中债券的相关性增加时，你预料合成CDO里不同份额所给出的回报会如何变化？

25.27 假设：

(a) 5年期无风险债券的收益率为7%；

(b) 5年期的公司X债券的收益率为9.5%；

(c) 对公司X违约提供保护的5年期CDS溢价为每年150个基点。

这时是否存在套利机会？当CDS的溢价由150个基点变为300个基点时，有什么样的套利机会？

25.28 在例25-3中，以下产品的溢价分别为多少？(a) 第1次违约CDS；(b) 第2次违约CDS。

25.29 在例25-2中，6%~9%份额的溢价为多少？假设份额相关性为0.15。

25.30 1年、2年、3年、4年和5年期CDS的溢价分别为100、120、135、145和152个基点。对应于所有期限的无风险利率均为3%，回收率为35%，每季度支付一次。利用DerivaGem计算每年的违约率。在1年内违约的概率是多少？在第2年内违约的概率是多少？

25.31 表25-6显示在2008年1月31日，5年期iTraxx指数为77个基点。假定对于所有期限的无风险利率均为5%，回收率为40%，每季度付费一次。再假定77个基点的溢价对所有期限都适用。利用DerivaGem里的CDS工作表计算与溢价一致的违约率。在CDO工作表中利用这个结果，并选取10个积分点来计算对应于2008年1月31日报价中每个份额的隐含基础相关系数。

CHAPTER26

第26章 特种期权

欧式和美式看涨看跌期权等衍生产品可以统称为**简单产品**（plain vanilla product），这些产品的定义非常标准并且意义明确。在市场上这些简单产品的交易比较活跃，从交易所或衍生产品交易商那里可以随时得到这些产品的价格或隐含波动率。在场外衍生产品市场内，令人兴奋的是金融工程师发明了许多**非标准产品**（exotic options）（或称**特种产品**（exotics））。虽然特种产品占整体交易组合的比例仍然很小，但这类产品对衍生产品交易商非常重要，因为这些产品的盈利要比简单产品更高。

特种产品的产生有许多原因，有时这些产品是为了满足某种对冲需要。有时由于税务、财会、法律或监管等原因，企业资金部、基金经理以及金融机构发现特种产品更能满足他们的需要。有时这些产品的设计是为了反映对于一些市场变量将来走向的预测。在少数情况下，衍生产品交易商设计的特种产品是为了使某些本来普通的产品看起来更加诱人，以此来吸引那些不太老练的资金部主管或基金经理的注意力。

在本章中，我们将描述一些比较常见的特种期权并讨论它们的定价过程。我们考虑的资产提供收益率 q。如第17章和第18章所述，对于股指期权，q 等于股息收益率；对于货币期权，q 等于外币的无风险利率；对于期货期权，q 等于国内无风险利率。本章讨论的大多数期权都可以利用 DerivaGem 软件来定价。

26.1 组合期权

组合期权（package）是由标准欧式看涨期权、欧式看跌期权、远期合约、现金以及标的资产所构成的证券组合。我们在第12章里曾经讨论过若干组合期权：牛市差价、熊市差价、蝶式差价、日历差价、跨式期权、异价跨式期权，等等。

交易员经常将组合期权设计成初始成本为0。其中的一个例子是**范围远期合**

约（range-forward contract）。[⊖]17.2节中我们曾讨论过这种产品。范围远期合约是由一个看涨期权的多头寸和一个看跌期权的空头寸组成，或者由一个看涨期权的空头寸和一个看跌期权的多头寸组成，这里的看涨期权执行价格大于看跌期权执行价格，而且执行价格的选取使得看涨期权的价格等于看跌期权的价格。

我们应该注意到，通过将衍生产品的付费延迟到到期日，我们可以将任何产品转换为零费用产品。考虑一个欧式看涨期权。如果 c 为在0时刻支付的期权价格，那么 $A=ce^{rT}$ 为在到期日，即 T 时刻支付的费用。期权收益为 $\max(S_T-K,\ 0)-A$，或 $\max(S_T-K-A,\ -A)$。当执行价格等于远期价格时，延迟付费产品的其他名称为**断点远期**（break forward）、**波士顿期权**（Boston option）、**可撤远期**（forward with optional exit）和**可取消远期**（cancelable forward）。

26.2 永续美式看涨与看跌期权

当标的资产以费率 q 支付红利时，衍生产品价格满足的微分方程为式（17-6）

$$\frac{\partial f}{\partial t}+(r-q)S\frac{\partial f}{\partial S}+\frac{1}{2}\sigma^2S^2\frac{\partial^2 f}{\partial S^2}=rf$$

考虑一个当资产价格第一次等于 H 时支付数量 Q 的衍生产品。当 $S>H$ 时，微分方程的边界条件是当 $S=H$ 时 $f=Q$，而当 $S=0$ 时 $f=0$。当 $\alpha>0$，函数 $f=Q(S/H)^{\alpha}$ 满足边界条件，如果 α 满足方程

$$(r-q)\alpha+\frac{1}{2}\alpha(\alpha-1)\sigma^2=r$$

那么 f 将满足微分方程。这个方程的正解是 $\alpha=\alpha_1$，其中

$$\alpha_1=\frac{-w+\sqrt{w^2+2\sigma^2r}}{\sigma^2}$$

以及 $w=r-q-\sigma^2/2$。因为 $Q(S/H)^{\alpha_1}$ 既满足边界条件又满足微分方程，所以这肯定是期权的价格。

接下来考虑执行价格为 K 的永续美式看涨期权。假如当 $S=H$ 期权被行使，收益是 $H-K$。由上面的结果可知，期权的价值是 $(H-K)(S/H)^{\alpha_1}$。看涨期权持有人可以选择执行期权时的资产价格 H。最优的 H 值使我们刚计算的价值达到最大。利用标准的微分方法，最优的选择是 $H=H_1$，其中

$$H_1=K\frac{\alpha_1}{\alpha_1-1}$$

因此，如果 $S<H_1$，永续美式期权的价格为

$$\frac{K}{\alpha_1-1}\left(\frac{\alpha_1-1}{\alpha_1}\frac{S}{K}\right)^{\alpha_1}$$

如果 $S>H_1$，应当马上执行期权，价值是 $S-K$。

为了对美式看跌期权定价，考虑 $S>H$ 的情形。当 $S=H$ 时，衍生产品收益是 Q（障碍 H 是从上面达到的）。在这种情形下，微分方程的边界条件 $S=H$ 时 $f=Q$，而当 S 趋于无限时，

⊖ 范围远期合约的另外一个常用名称为**零成本区间双限**（zero-cost collar），其他名称包括**灵活远期**（flexible forward）、**滚筒式期权**（cylinder option）、**期权围栏**（option fence）、**最小最大合约**（min-max）和**远期界定**（forward band）。

$f=0$。这时如果 $\alpha>0$，函数 $f=Q(S/H)^{-\alpha}$ 满足边界条件。与上面相同，当 $\alpha=\alpha_2$ 时，函数也满足微分方程，其中

$$\alpha_2=\frac{w+\sqrt{w^2+2\sigma^2 r}}{\sigma^2}$$

如果美式看跌期权持有人在 $S=H$ 时选择行使期权，看跌期权的价值是 $(K-H)(S/H)^{-\alpha_2}$。期权持有人将会选择使得价值达到最大的行使水平 $H=H_2$，即

$$H_2=K\frac{\alpha_2}{\alpha_2+1}$$

当 $S>H_2$ 时，永续期权的价格是

$$\frac{K}{\alpha_2+1}\left(\frac{\alpha_2+1}{\alpha_2}\frac{S}{K}\right)^{-\alpha_2}$$

如果 $S<H_2$，应当马上行使期权，价值是 $K-S$。

25.6 节与练习题 15.23 给出了当 $q=0$ 时结果的特殊情形。

26.3 非标准美式期权

标准美式期权在有效期内任何时刻均可以被行使，并且执行价格相同。有时场外市场交易的美式期权具有一些非标准特性。例如：

（1）提前行使时间只限于期权有效期内的某些特定日期。此类产品被称为**百慕大式期权**（Bermudan option）（百慕大介于欧洲与美洲之间）。

（2）提前行使只限于期权有效期内的某个特定时间区间内。例如，在刚开始时有一段“待定”时间，在此期间不能提前行使期权。

（3）在有效期内，期权执行价格会有所变化。

由公司发行的认股权证常常会具备以上特性。例如，某 7 年期的认股权证行使日期只是在第 3 年与第 7 年之间的某些特定日期上，在第 3 年与第 4 年之间执行价格为 30 美元，在接下两年内执行价格为 32 美元，在最后一年执行价格为 33 美元。

我们往往采用二叉树来对非标准美式期权进行定价，在树上可行使期权的节点上，为了反映期权的条款，我们需要检测期权是否会被行使。

26.4 缺口期权

缺口期权是一种欧式期权，当 $S_T\geqslant K_2$ 时，其收益为当 S_T-K_1。缺口期权与具有执行价格 K_2 的普通看涨期权之间的区别是当 $S_T\geqslant K_2$ 时，收益增加了 K_2-K_1。这个数量的正与负取决于是 $K_2>K_1$ 还是 $K_1>K_2$。

对欧式缺口期权定价时，只要将布莱克－斯科尔斯－默顿公式稍加修改即可。采用常用的记号，这个值等于

$$S_0e^{-qT}N(d_1)-K_1e^{-rT}N(d_2) \tag{26-1}$$

其中

$$d_1=\frac{\ln(S_0/K_2)+(r-q+\sigma^2/2)T}{\sigma\sqrt{T}}$$

$$d_2=d_1-\sigma\sqrt{T}$$

这个公式所给的价格比通常的布莱克－斯科尔斯－默顿公式所给执行价格为 K_2 的普通看涨期权价格高出

$$(K_2 - K_1)e^{-rT}N(d_2)$$

为了理解这个差别，注意行使期权的概率是 $N(d_2)$，而当期权被行使时，缺口期权持有人的收益比普通看涨期权持有人的收益高出 $K_2 - K_1$。

缺口看跌期权的收益当 $S_T < K_2$ 时为 $K_1 - S_T$。期权的价值等于

$$K_1 e^{-rT}N(-d_2) - S_0 e^{-qT}N(-d_1) \qquad (26\text{-}2)$$

其中 d_1 和 d_2 的定义如式（26-1）所示。

例 26-1

某资产的目前价值为500 000美元。在今后1年内，其波动率预期为20%。无风险利率为5%，资产没有任何收入。假设一家保险公司同意如果在1年年末资产的价值低于400 000美元时以400 000美元的价格收购该资产，那么只要当资产的价值低于400 000美元，保险公司就要支付400 000 − S_T。保险公式对投保人提供了一个普通看跌期权：投保人有权在1年年末按400 000美元的价格将资产卖给保险公司。这份保险的价值可以由式（15-21）来计算，其中 $S_0 = 500\,000$，$K = 400\,000$，$r = 0.05$，$\sigma = 0.2$，$T = 1$。价值是3 436美元。

以下假定转移资产的费用是50 000美元，而这项费用由投保人承担。这时只有当资产的价值低于350 000美元时，期权才会被行使。在这种情况下，当 $S_T < K_2$ 时对保险公司而言费用为 $K_1 - S_T$，其中 $K_2 = 350\,000$，$K_1 = 400\,000$，S_T 为1年后资产的价格。这里的保险是一个缺口看跌期权，其价值可以通过式（26-2）来计算，其中 $S_0 = 500\,000$，$K_1 = 400\,000$，$K_2 = 350\,000$，$r = 0.05$，$\sigma = 0.2$，$T = 1$。价值是1 896美元。在本例中，将索赔时投保人的费用考虑在内后，这项保险对保险公司的费用将会降低大约45%。

26.5 远期开始期权

远期开始期权（forward start option）是在未来某时刻才开始的期权，第16章里所讨论的雇员股票期权可以看成是远期开始期权：在一个典型的雇员股票期权计划中，公司（明确或不明确地）向其雇员许下了在将来某时刻向雇员发放平值期权的承诺。

考虑一个远期开始平值欧式看涨期权，期权开始时刻为 T_1，到期日为 T_2。假定资产在0时刻的价格为 S_0，在 T_1 时刻的价格为 S_1。为了给这一期权定价，我们注意到在第15章和第17章中给出的欧式平值期权的价格与资产价格成比例。因此，在 T_1 时刻，远期开始的期权价格为 cS_1/S_0，其中 c 为在0时期限为 $T_2 - T_1$ 的平值期权价格。采用风险中性定价，在时刻0远期开始期权的价格为

$$e^{-rT_1}\hat{E}\left[c\frac{S_1}{S_0}\right]$$

其中 $\hat{E}$ 代表风险中性世界里的期望值。因为 c 和 S_0 为已知，并且 $\hat{E}[S_1] = S_0 e^{(r-q)T_1}$，我们得出远期开始欧式价格为 ce^{-qT_1}。对于无股息股票，$q = 0$，远期开始期权的价格与具有相同期限的普通平值期权价格相等。

26.6 棘轮期权

棘轮期权（cliquet option 或 ratchet option，有时也叫作**执行价格调整**（strike reset）期权）是一系列由某种方式确定执行价格的看涨或看跌期权。假设调整日期为时刻 τ，2τ，…，$(n-1)\tau$，棘轮期权期限为 $n\tau$。一种简单结构如下：第 1 个期权的时间是 0 与 τ 之间，执行价格为 K（也许是资产的初始价格）；第 2 个期权在时刻 2τ 提供收益，其执行价格为资产在 τ 时刻的价格；第 3 个期权在时刻 3τ 提供收益，其执行价格为资产在 2τ 时刻的价格，等等。这是个普通期权加上 $n-1$ 个远期开始期权，而这些远期开始期权可以通过 26.5 节中的方法定价。

有些棘轮期权比我们在这里描述的形式要复杂得多。比如有时会对期权在整个期限内的总收益加以上限和下限，有时会指明当资产价格处于某个范围内时，棘轮期权将会在这个时间区间末结束。当精确的解析解不存在时，我们可以通过蒙特卡罗模拟法对这种期权定价。

26.7 复合期权

复合期权（compound option）是期权上的期权。复合期权主要有 4 种类型：看涨 - 看涨期权、看涨 - 看跌期权、看跌 - 看涨期权、看跌 - 看跌期权。复合期权有两个执行价格和两个到期日。例如，考虑如下看涨 - 看涨期权：在第 1 个到期日 T_1，复合期权持有人有权支付 K_1 的执行价格来获得看涨期权，所得看涨期权给期权持有人按第 2 个执行价格 K_2 在第 2 个到期日 T_2 买入资产的权利。只有第 2 个期权在第 1 个到期日时的价格高于第 1 个执行价格时，复合期权才会被行使。

在通常的几何布朗运动假设下，欧式复合期权的价格可由解析公式来表达。[㊀]解析公式涉及二元正态函数的计算。采用通常的符号，欧式看涨 - 看涨期权的价格为

$$S_0 e^{-qT_2} M(a_1, b_1; \sqrt{T_1/T_2}) - K_2 e^{-rT_2} M(a_2, b_2; \sqrt{T_1/T_2}) - e^{-rT_1} K_1 N(a_2)$$

其中

$$a_1 = \frac{\ln(S_0/S^*) + (r - q + \sigma^2/2)T_1}{\sigma\sqrt{T_1}}, a_2 = a_1 - \sigma\sqrt{T_1}$$

$$b_1 = \frac{\ln(S_0/K_2) + (r - q + \sigma^2/2)T_2}{\sigma\sqrt{T_2}}, b_2 = b_1 - \sigma\sqrt{T_2}$$

其中 $M(a, b; \rho)$ 代表第 1 个变量小于 a、第 2 个变量小于 b、相关系数为 ρ 的 2 元正态累积分布函数。[㊁]变量 S^* 对应于在时间 T_1、期权价格等于 K_1 的资产值。在时间 T_1，如果资产价格大于 S^*，第 1 个期权将被行使；如果资产价格小于 S^*，第 1 个期权在到期时价值为 0。

利用类似的符号，欧式看跌 - 看涨期权的价格为

$$K_2 e^{-rT_2} M(-a_2, b_2; -\sqrt{T_1/T_2}) - S_0 e^{-qT_2} M(-a_1, b_1; -\sqrt{T_1/T_2}) + e^{-rT_1} K_1 N(-a_2)$$

欧式看涨 - 看跌期权的价格为

$$K_2 e^{-rT_2} M(-a_2, -b_2; \sqrt{T_1/T_2}) - S_0 e^{-qT_2} M(-a_1, -b_1; \sqrt{T_1/T_2}) - e^{-rT_1} K_1 N(-a_2)$$

㊀ 见 R. Geske, "The Valuation of Compound Options," *Journal of Financial Economics*, 7 (1979): 63-81; M. Rubinstein, "Double Trouble," *Risk*, December 1991/January 1992: 53-56。

㊁ 在网页 www. rotman. utoronto. ca/ ~ hull/TechnicalNotes 里的 Technical Note 5 中有关于计算 M 的数值算法。

欧式看跌－看跌期权的价格为

$$S_0e^{-qT_2}M(a_1,-b_1;-\sqrt{T_1/T_2})-K_2e^{-rT_2}M(a_2,-b_2;-\sqrt{T_1/T_2})+e^{-rT_1}K_1N(a_2)$$

26.8 选择人期权

选择人期权（chooser option）有时也称为**任选期权**（as-you-like-it option）。该期权具有以下特性：在经过一段指定的时间之后，持有人能够选择所持有的期权是看涨期权还是看跌期权。假定持有人做出选择的时刻为 T_1，这时选择人期权的价值为

$$\max(c,p)$$

其中 c 为选择人期权中看涨期权的价格，p 为选择人期权中看跌期权的价格。

如果选择人期权的两个标的期权均为欧式期权，并且具有同样的执行价格，那么我们可以通过看跌－看涨期权的平价关系式来推导出选择人期权的定价公式。假定 S_1 为标的资产在 T_1 的价格，K 为执行价格，T_2 为期权的到期日，r 为无风险利率，q 为标的资产的股息收益率。由看跌－看涨期权的平价关系式得出

$$\begin{aligned}\max(c,p)&=\max(c,c+Ke^{-r(T_2-T_1)}-S_1e^{-q(T_2-T_1)})\\&=c+e^{-q(T_2-T_1)}\max(0,Ke^{-(r-q)(T_2-T_1)}-S_1)\end{aligned}$$

以上关系式显示选择人期权是一种组合期权，其构成为

（1）执行价格为 K，到期日为 T_2 的看涨期权；

（2）$e^{-q(T_2-T_1)}$ 份执行价格为 $Ke^{-(r-q)(T_2-T_1)}$、到期日为 T_1 的看跌期权。

因此，可以很容易地对选择人期权进行定价。

我们可以定义更复杂的选择人期权，其中看涨和看跌期权的执行价格与期限可以各不相同。这种选择人期权不再是简单的期权组合，其特性在某些方面与复合期权相似。

26.9 障碍期权

障碍期权（barrier option）取决于标的资产的价格在一段特定时间区间内是否达到某个特定水平。

在场外市场里经常有多种不同的障碍期权在进行交易。因为障碍期权比相应的普通期权便宜，所以它们颇受投资者的青睐。障碍期权可分为**敲出期权**（knock-out option）和**敲入期权**（knock-in option）两类。当标的资产价格达到一定水平时，敲出期权不再存在；当标的资产价格达到一定水平时，敲入期权才开始存在。

式（17-4）和式（17-5）给出了普通欧式看涨和看跌期权在0时刻的价格

$$c=S_0e^{-qT}N(d_1)-Ke^{-rT}N(d_2)$$

$$p=Ke^{-rT}N(-d_2)-S_0e^{-qT}N(-d_1)$$

其中

$$d_1=\frac{\ln(S_0/K)+(r-q+\sigma^2/2)T}{\sigma\sqrt{T}}$$

$$d_2=\frac{\ln(S_0/K)+(r-q-\sigma^2/2)T}{\sigma\sqrt{T}}=d_1-\sigma\sqrt{T}$$

下跌－敲出看涨期权（down-and-out call）是敲出期权的一种，这种期权是一种普通的看涨期权，但当资产价格下跌到一定障碍水平 H 时，期权自动消失。障碍水平低于初始资产水平。与之相对应的敲入看涨期权为**下跌－敲入看涨期权**（down-and-in call），这是一种普通看涨期权，但只有当资产价格下跌到一定水平 H 时，这种期权才会生效。

当 H 低于或等于执行价格 K 时，下跌－敲入看涨期权在0时刻的价值为

$$c_{\mathrm{di}} = S_0 e^{-qT}(H/S_0)^{2\lambda} N(y) - Ke^{-rT}(H/S_0)^{2\lambda-2} N(y - \sigma\sqrt{T})$$

其中

$$\lambda = \frac{r - q + \sigma^2/2}{\sigma^2}$$

$$y = \frac{\ln[H^2/(S_0K)]}{\sigma\sqrt{T}} + \lambda\sigma\sqrt{T}$$

因为一个普通的看涨期权等于一个下跌－敲入看涨期权加上一个下跌－敲出看涨期权，因此，下跌－敲出看涨期权的价格为

$$c_{\mathrm{do}} = c - c_{\mathrm{di}}$$

当 $H \geqslant K$ 时，

$$c_{\mathrm{do}} = S_0 N(x_1) e^{-qT} - Ke^{-rT} N(x_1 - \sigma\sqrt{T}) - S_0 e^{-qT}(H/S_0)^{2\lambda} N(y_1) + Ke^{-rT}(H/S_0)^{2\lambda-2} N(y_1 - \sigma\sqrt{T})$$

以及

$$c_{\mathrm{di}} = c - c_{\mathrm{do}}$$

其中

$$x_1 = \frac{\ln(S_0/H)}{\sigma\sqrt{T}} + \lambda\sigma\sqrt{T}$$

$$y_1 = \frac{\ln(H/S_0)}{\sigma\sqrt{T}} + \lambda\sigma\sqrt{T}$$

上升－敲出看涨期权（up-and-out call）是一种普通看涨期权，但当资产价格达到一定障碍水平 H 时，期权自动消失，H 高于目前资产价格。**上升－敲入看涨期权**（up-and-in call）是一种普通看涨期权，但只有当资产价格上升到一定水平 H 时，这种期权才会生效。当 H 小于或等于 K 时，上升－敲出看涨期权价格为0，上升－敲入看涨期权的价格为 c。当 H 大于执行价格 K 时，我们有

$$c_{\mathrm{ui}} = S_0 N(x_1) e^{-qT} - Ke^{-rT} N(x_1 - \sigma\sqrt{T}) - S_0 e^{-qT}(H/S_0)^{2\lambda}[N(-y) - N(-y_1)] + Ke^{-rT}(H/S_0)^{2\lambda-2}[N(-y + \sigma\sqrt{T}) - N(-y_1 + \sigma\sqrt{T})]$$

以及

$$c_{\mathrm{uo}} = c - c_{\mathrm{ui}}$$

障碍看跌期权的定义与障碍看涨期权类似。**上升－敲出看跌期权**（up-and-out put）是一种普通看跌期权，但当资产价格上涨到一定障碍水平 H 时，期权自动消失，H 高于目前资产价格。**上升－敲入看跌期权**（up-and-in-put）是一种普通看跌期权，但只有当资产价格上升到一定水平 H 时，这种期权才会生效。当 H 大于或等于执行价格 K 时，我们有

$$p_{\mathrm{ui}} = -S_0 e^{-qT}(H/S_0)^{2\lambda} N(-y) + Ke^{-rT}(H/S_0)^{2\lambda-2} N(-y + \sigma\sqrt{T})$$

以及

$$p_{\mathrm{uo}} = p - p_{\mathrm{ui}}$$

当 H 小于或等于执行价格 K 时，我们有

$$p_{uo} = -S_0N(-x_1)e^{-qT} + Ke^{-rT}N(-x_1+\sigma\sqrt{T}) + S_0e^{-qT}(H/S_0)^{2\lambda}N(-y_1) - Ke^{-rT}(H/S_0)^{2\lambda-2}N(-y_1+\sigma\sqrt{T})$$

以及

$$p_{ui} = p - p_{uo}$$

下降－敲出看跌期权（down-and-out put）是一种看跌期权，但当资产价格下降到一定障碍水平 H 时，期权自动消失。**下降－敲入看跌期权**（down-and-in put）只有当资产价格下降到一定水平 H 时，这种期权才会生效。当 H 大于或等于 K 时，$p_{do}=0$ 和 $p_{di}=p$。当 H 小于执行价格 K 时，我们有

$$p_{di} = -S_0N(-x_1)e^{-qT} + Ke^{-rT}N(-x_1+\sigma\sqrt{T}) + S_0e^{-qT}(H/S_0)^{2\lambda}[N(y)-N(y_1)] - Ke^{-rT}(H/S_0)^{2\lambda-2}[N(y-\sigma\sqrt{T})-N(y_1-\sigma\sqrt{T})]$$

以及

$$p_{do} = p - p_{di}$$

在所有以上的定价公式中均假设了资产价格在将来时刻的分布为对数正态。关于障碍期权的重要问题是对资产是否达到障碍值的观察频率。在以上的解析结果里我们假定以连续的形式观察资产是否达到障碍值，有时实际情况确实如此。[㊀]但在更多的时候合约会阐明观察 S 值具有一定的周期性（例如，每天中午12点）。当观察资产的形式为不连续时，Broadie，Galsserman 和 Kou 给出了一种对以上公式进行调整的解析公式，[㊁]结果如下：对于上升－敲入和上升－敲出，障碍水平 H 被 $He^{0.5826\sigma\sqrt{T/m}}$ 代替；对于下降－敲入和下降－敲出期权，障碍水平 H 被 $He^{-0.5826\sigma\sqrt{T/m}}$ 代替，其中 m 为观察资产的次数（因此，T/m 为每次观察时间之间的间隔）。

障碍期权同普通期权有很不一样的性质。例如，有时障碍期权的 Vega 为负值。考虑一个上涨－敲出看涨期权，当标的资产的价格接近障碍水平时，波动率增加会导致标的资产价格达到障碍水平的概率增加，因此波动率的增加会造成障碍期权的价值下降。

我们到现在为止所考虑障碍期权的一个缺陷是如果标的资产价格出现“尖峰”，那么这将会导致期权被敲入或敲出。另一种期权是巴黎期权（Parisian option），这时只有当资产价格高于或低于障碍水平一段时间后，期权才会被敲入或敲出。例如，考虑一个下降－敲出巴黎看跌期权，执行价格为初始价格的90%，障碍水平为初始价格的75%。当资产价格低于障碍水平的天数达到50天时，期权将被敲出。期权可能会指明这里的50天为“连续50天”或“期权期限内任何50天”。对巴黎期权的定价要比对普通障碍期权更加困难。[㊂]将蒙特卡罗模拟方法与二叉树方法改进后，可以用来对这类期权定价（见27.5节和27.6节里的讨论）。

26.10 二元式期权

二元式期权（binary option）是具有不连续收益的期权。一个简单的例子是**现金或空手**

㊀ 一种跟踪股票价格是否从下面（上面）达到障碍水平的做法是向交易所发出限价指令，限价指令注明当障碍水平达到时卖出（买入）资产。此限价指令可以检验资产价格是否达到障碍水平。

㊁ 见 M. Broadie，P. Glasserman，and S. G. Kou，“A Continuity Correction for Discrete Barrier Options，” *Mathematical Finance* 7，4（October 1997）：325-49。

㊂ 例如，见 M. Chesney，J. Cornwall，M. Jeanblanc-Picque，G. Kentwell，and M. Yor，“Parison pricing，” *Risk*，10，1（1997），77-79

看涨期权（cash-or-nothing call option）：在到期日 T，如果标的资产价格低于执行价格，该期权的收益为0，但当标的资产价格高于执行价格时，该期权的收益为指定数量 Q。在风险中性世界中，期权到期时标的资产价格高出执行价格的概率为 $N(d_2)$，因此，现金或空手看涨期权的价值为 $Qe^{-rT}N(d_2)$。**现金或空手看跌期权**（cash-or-nothing put option）的定义与现金或空手看涨期权类似：在到期日 T，如果标的资产价格高于执行价格，该期权的收益为0，但当标的资产价格低于执行价格时，该期权的收益为规定数量 Q。现金或空手看跌期权的价值为 $Qe^{-rT}N(-d_2)$。

另一种二元式期权为**资产或空手看涨期权**（asset-or-nothing call）：在到期日 T，如果标的资产价格低于执行价格，该期权的收益为0；但当标的资产价格高于执行价格时，该期权的收益为标的资产价格本身。采用常用的记号，我们可以得出资产或空手看涨期权的价格为 $S_0e^{-qT}N(d_1)$。**资产或空手看跌期权**（asset-or-nothing put）的定义与资产或空手看涨期权类似：在到期日 T，如果标的资产价格高于执行价格，该期权的收益为0，但当标的资产价格低于执行价格时，该期权的收益为标的资产本身。资产或空手看跌期权的价格为 $S_0e^{-qT}N(-d_1)$。

一个普通的欧式看涨期权等于一个资产或空手看涨期权多头寸与一个现金或空手看涨期权空头寸的组合，其中现金或空手看涨期权的现金收益为执行价格。类似地，一个普通的欧式看跌期权等于一个现金或空手看跌期权多头寸与一个资产或空手看跌期权空头寸的组合，其中现金或空手看跌期权的现金收益等于执行价格。

26.11 回望式期权

回望期权（lookback option）的收益与在期权有效期内标的资产价格所达到的最大值或最小值有关。**浮动回望看涨期权**（floating lookback call）收益等于最后的标的资产价格超出在期权有效期内标的资产最低价格的差价。**浮动回望看跌期权**（floating lookback put）的收益等于期权有效期内标的资产最高价格超出最后标的资产价格的差价。

欧式浮动回望期权具有解析定价公式。[⊖]欧式浮动回望看涨期权的定价公式为

$$c_{fl} = S_0e^{-qT}N(a_1) - S_0e^{-qT}\frac{\sigma^2}{2(r-q)}N(-a_1) - S_{\min}e^{-rT}\left[N(a_2) - \frac{\sigma^2}{2(r-q)}e^{Y_1}N(-a_3)\right]$$

其中

$$a_1 = \frac{\ln(S_0/S_{\min}) + (r-q+\sigma^2/2)T}{\sigma\sqrt{T}}$$

$$a_2 = a_1 - \sigma\sqrt{T}$$

$$a_3 = \frac{\ln(S_0/S_{\min}) + (-r+q+\sigma^2/2)T}{\sigma\sqrt{T}}$$

$$Y_1 = -\frac{2(r-q-\sigma^2/2)\ln(S_0/S_{\min})}{\sigma^2}$$

$S_{\min}$为资产价格到目前为止所取得的最小值（如果回望期权刚刚开始，$S_{\min} = S_0$）。对于 $r=q$ 的

⊖ 见 B. Goldman, H. Sosin, and M. A. Gatto, "Path-Dependent Options: Buy at the Low, Sell at the High," *Journal of Finance*, 34 (December 1979): 1111-27; M. Garman, "Recollection in Tranquility," *Risk*, March (1989): 16-19。

情形，见练习题26.23。

欧式浮动回望看跌期权的定价公式为

$$p_{fl} = S_{\max}e^{-rT}\left[N(b_1) - \frac{\sigma^2}{2(r-q)}e^{Y_2}N(-b_3)\right] + S_0e^{-qT}\frac{\sigma^2}{2(r-q)}N(-b_2) - S_0e^{-qT}N(b_2)$$

其中

$$b_1 = \frac{\ln(S_{\max}/S_0) + (-r+q+\sigma^2/2)T}{\sigma\sqrt{T}}$$

$$b_2 = b_1 - \sigma\sqrt{T}$$

$$b_3 = \frac{\ln(S_{\max}/S_0) + (r-q-\sigma^2/2)T}{\sigma\sqrt{T}}$$

$$Y_2 = \frac{2(r-q-\sigma^2/2)\ln(S_{\max}/S_0)}{\sigma^2}$$

$S_{\max}$为资产价格到目前所取得的最大值（如果回望期权刚刚开始，$S_{\max}=S_0$）。

浮动回望看涨期权是为了保证期权持有者能以期权有效期内资产能达到的最低价格买入资产。类似地，浮动回望看跌期权是为了保证期权持有者能以期权有效期内资产所达到的最高价格卖出资产。

例 26-2

考虑某无股息股票上刚刚开始的浮动回望看跌期权，股票价格为50美元，股票价格波动率为每年40%，无风险利率为每年10%，期限为3个月。这时$S_{\max}=50$，$S_0=50$，$r=0.1$，$q=0$，$\sigma=0.4$和$T=0.25$。由以上公式得出$b_1=-0.025$，$b_2=-0.225$，$b_3=0.025$以及$Y_2=0$。因此，欧式回望看跌期权的价值为7.79。同一股票上刚刚开始的浮动回望看涨期权价值为8.04。

在固定回望期权中，执行价格是指定的。一个**固定回望看涨期权**（fixed lookback call option）的收益类似于普通欧式看涨期权，但不同之处是最后的资产价格被期权期限内资产价格的最大值代替；固定回望看跌期权（fixed lookback put option）的收益类似于一个普通欧式看跌期权，但不同之处是最后的资产价格被期权期限内资产价格的最小值代替。定义$S^*_{\max}=\max(S_{\max}, K)$，其中$S_{\max}$为截止到目前为止资产价格的最大值，$K$为执行价格。同时，定义$p^*_{fl}$为浮动回望看跌期权的价值，这一看跌期权与固定回望看涨期权的期限相同，固定回望看涨期权中截止到目前为止资产所取的最大值$S_{\max}$被$S^*_{\max}$取代。采用看跌－看涨期权平价关系中的论证方式，我们可以得出固定回望看涨期权的价格c_{fix}满足以下关系式[⊖]

$$c_{fix} = p^*_{fl} + S_0e^{-qT} - Ke^{-rT}$$

类似地，令$S^*_{\min}=\min(S_{\min}, K)$，我们可以得出固定回望看跌期权的价格$p_{fix}$满足以下关系式

$$p_{fix} = c^*_{fl} + Ke^{-rT} - S_0e^{-qT}$$

⊖ 这一观点是由H. Y. Wong和Y. K. Kwok在以下文章中提出的："Sub-replication and Replenishing Premium: Efficient Pricing of Multi-state Lookbacks," *Review of Derivatives Research*, 6 (2003), 83-106。

其中，c_{fl}^{*}为浮动回望看涨期权的价格，这一看涨期权的期限与固定回望看跌期权的期限相同，固定回望看跌期权中截止到目前为止资产所取的最小值$S_{\min}$被$S_{\min}^{*}$取代。这说明了对以上给出的浮动回望期权的公式进行修改后，我们即可对固定回望期权进行定价。

回望期权对投资者很有吸引力，但与一般期权价格相比，这种期权的价格非常昂贵。与障碍期权相似，回望期权的价格与为了确定标的资产价格最大值和最小值而设定的对资产价格观察的频率有关。在以上定价公式中，我们假定对资产价格的观察频率是连续的。Broadie，Galsserman 和 Kou 给出了当观察时间为离散情形时，对于以上公式的调整方法。[1]

26.12 喊价式期权

喊价式期权（shout option）为欧式期权，期权持有者在期权有效期内可以向期权承约人（卖出方）做一次“喊价”：在期权到期时，期权持有者的收益等于普通期权收益与喊价时期权内涵值的最大值。假定期权执行价格为50美元，在标的资产价格为60美元时期权持有者喊价。如果最终的标的资产价格小于60美元，期权持有者的收益为10美元。如果最终的标的资产价格大于60美元，期权持有者的收益等于标的资产价格超出50美元的余额。

喊价式期权同回望期权有些类似，但其价格会便宜很多。如期权持有者在时间τ、资产价格为S_τ时进行喊价，那么最终的期权收益为

$$\max(0, S_T - S_\tau) + (S_\tau - K)$$

其中K为执行价格，S_T为时间T时的资产价格。在时间τ，如果期权持有者喊价，其价值等于（在时间T收取）$S_\tau - K$的贴现值加上一个执行价格为S_τ的欧式期权的价格，这一期权可用布莱克－斯科尔斯－默顿公式定价。

我们可采用通常构造的二叉树和三叉树来对喊价式期权进行定价。在树形结构上进行回退运算时，在每个节点上，我们均要计算进行喊价和不进行喊价所对应的期权价值，期权在节点上的值等于以上两个价值的最大值。喊价期权的定价过程与美式期权的定价过程相似。

26.13 亚式期权

亚式期权（Asian option）的收益同标的资产在期权有效期内价格的算术平均有关。**平均价格看涨期权**（average price call option）的收益为max（0，$S_{\text{ave}} - X$），**平均价格看跌期权**（average price put option）的收益为max（0，$X - S_{\text{ave}}$），其中S_{ave}为标的资产价格的平均值。平均价格期权比普通期权便宜，并且往往可能更适合公司资金部主管的需求。假设一家美国公司的资金部主管预计在明年内会陆续而且均匀地接收其澳大利亚子公司1亿澳元的现金流，该主管会有可能对一种能够保证该年内平均汇率高于某一水平的某种期权感兴趣。平均价格看跌期权比普通看跌期权更能满足其需求。

如果假定S_{ave}服从对数正态分布，那么我们可以利用和普通期权类似的公式来对平均价格期权定价。但是，我们通常假设标的资产价格服从对数正态分布，这样做是比较合理的。[2]一

---

[1] 见 M. Broadie，P. Glasserman，and S. G. Kou，“Connecting Discrete and Continuous Path-Dependent Options，”*Finance and Stochastics*，2（1998）：1-28。

[2] 当资产价格服从几何布朗运动时，价格的几何平均服从对数正态，但是算术平均只是大约服从对数正态分布。

种比较流行的处理方法是将一个对数正态分布的前两阶矩与S_{ave}的前两阶矩相匹配，然后再采用布莱克模型。[1] 假定M_1和M_2是S_{ave}的前两阶矩。平均价格看涨期权与看跌期权价值由式（18-9）和式（18-10）给出，其中

$$F_0 = M_1 \tag{26-3}$$

以及

$$\sigma^2 = \frac{1}{T}\ln\left(\frac{M_2}{M_1^2}\right) \tag{26-4}$$

其中的平均值是按连续的方式计算的，r，q和σ均为常数（和DerivaGem的假设一样）：

$$M_1 = \frac{e^{(r-q)T}-1}{(r-q)T}S_0$$

以及

$$M_2 = \frac{2e^{[2(r-q)+\sigma^2]T}S_0^2}{(r-q+\sigma^2)(2r-2q+\sigma^2)T^2} + \frac{2S_0^2}{(r-q)T^2}\left[\frac{1}{2(r-q)+\sigma^2} - \frac{e^{(r-q)T}}{r-q+\sigma^2}\right]$$

在更一般的情况下，当平均值是由时刻$T_i(1 \leqslant i \leqslant m)$的价格计算时

$$M_1 = \frac{1}{m}\sum_{i=1}^{m}F_i \text{ 和 } M_2 = \frac{1}{m^2}\left(\sum_{i=1}^{m}F_i^2 e^{\sigma_i^2 T_i} + 2\sum_{j=1}^{m}\sum_{i=1}^{j-1}F_i F_j e^{\sigma_i^2 T_i}\right)$$

其中F_i和σ_i分别为对应于期限T_i的远期价格和隐含波动率。在网页www.rotman.utoronto.ca/~hull/TechnicalNotes里的Technical Note 27是对这个公式的证明。

例26-3

考虑一个最新发行的无股息股票上平均价格看涨期权，股票的当前价格为50，执行价格为50，股票价格的波动率为每年40%，无风险利率为每年10%，期限为1年，这时$S_0=50$，$K=50$，$r=0.1$，$q=0$，$\sigma=0.4$和$T=1$。如果平均值是按连续计算得出的，$M_1=52.59$，$M_2=2\,922.76$。由式（26-3）和式（26-4）得出$F_0=52.59$，$\sigma=23.54\%$，在式（18-9）中设定$K=50$，$T=1$以及$r=0.1$，得出期权价值为5.62。当假定在计算平均值时对股票价格所观察的次数为12、52和250时，期权的价格分别为6.00、5.70和5.63。

对以上分析进行修改，我们可以将其用在对不是新发行的期权而且已经观察到一部分用于计算平均值的股票价格的情形。假定计算平均价格包括已经观察到价格的长度为t_1的时间段，而t_2时间段为期权的剩余期限。假定资产价格在t_1时间段的平均值为$\bar{S}$，期权的收益为

$$\max\left(\frac{\bar{S}t_1 + S_{ave}t_2}{t_1+t_2} - K, 0\right)$$

其中S_{ave}为资产价格在剩余期限内的平均值。以上公式定价于

$$\frac{t_2}{t_1+t_2}\max(S_{ave} - K^*, 0)$$

其中

---

[1] 见S. M. Turnbull and L. M. Wakeman, "A Quick Algorithm for Pricing European Average Options," *Journal of Financial and Quantitative Analysis*, 26 (September 1991): 377-89.

$$K^* = \frac{t_1 + t_2}{t_2}K - \frac{t_1}{t_2}\bar{S}$$

当 $K^* > 0$ 时，可以采用与刚刚开始的亚式期权定价相同的方式来对以上期权定价。在计算中，K 被 K^* 代替，最终结果要乘以 $t_2/(t_1+t_2)$。当 $K^* < 0$ 时，期权肯定被行使，因此可以将期权当成远期合约来定价

$$\frac{t_2}{t_1 + t_2}[M_1 e^{-rt_2} - K^* e^{-rt_2}]$$

另外一种类型的亚式期权为**平均执行价格期权**（average strike option）。**平均执行价格看涨期权**（average strike call option）的收益为 max（0，$S_T - S_{ave}$），而**平均执行价格看跌期权**（average strike put option）的收益为 max（0，$S_{ave} - S_T$）。平均执行价格期权可以保证在一段时间内频繁买入标的资产的平均价格不会高于最终价格。另外，平均执行价格期权也可以保证在一段时间内频繁卖出标的资产的平均价格不会低于最终价格。当假定 S_{ave} 服从对数正态分布时，我们可以将这类期权当成资产交换期权来定价。

26.14 资产交换期权

资产交换期权（option to exchange one asset for another，也被称为**交换期权**（exchange option））有多种形式。从美国投资者的观点来看，用日元来购买澳元的期权是把一种外币资产交换成另一种外币资产的期权。股票投标是将一种股票交换成另一种股票的期权。

考虑欧式资产交换期权：期权持有者有权在 T 时刻以价值为 U_T 的资产来交换 T 时刻价值为 V_T 的资产。期权收益为

$$\max(V_T - U_T, 0)$$

Margrabe 首先给出了资产交换期权的定价公式。[⊖]假定资产 U 和 V 均服从几何布朗运动，波动率分别为 σ_U 和 σ_V，进一步假定 U 和 V 之间的瞬时相关系数为 ρ，U 和 V 的收益率分别为 q_U 和 q_V。期权在 0 时刻的价值为

$$V_0 e^{-q_V T} N(d_1) - U_0 e^{-q_U T} N(d_2) \tag{26-5}$$

其中

$$d_1 = \frac{\ln(V_0/U_0) + (q_U - q_V + \hat{\sigma}^2/2)T}{\hat{\sigma}\sqrt{T}}, \quad d_2 = d_1 - \hat{\sigma}\sqrt{T}$$

和

$$\hat{\sigma} = \sqrt{\sigma_U^2 + \sigma_V^2 - 2\rho\sigma_U\sigma_V}$$

其中 U_0 和 V_0 分别为资产 U 和 V 在 0 时刻的价值。

以上公式的证明将在第 28 章中给出。有意思的是式（26-5）与无风险利率 r 无关。这是因为当 r 增大时，两个资产在风险中性世界的增长率均增大，这刚好造成与贴现率的增长相互抵消。变量 $\hat{\sigma}$ 为 V/U 的波动率。与式（17-4）进行比较，我们可得出期权公式等价于 U_0 份，标的变量为 V/U、执行价格为 1.0、无风险利率为 q_U、股息收益率为 q_V 的欧式期权价格。

⊖ 见 W. Margrabe，"The Value of an Option to Exchange One Asset for Another," *Journal of Finance*，33（March 1978）：177-86。

马克・鲁宾斯坦证明了对于美式期权，我们也可以采用以上论点对期权定价。[⊖]美式期权价值等于 U_0 份标的变量为 V/U、执行价格为1.0、无风险利率为 q_U、股息收益率为 q_V 的美式期权的价格。因此，我们可以采用第21章里的二叉树来对美式期权定价。

获得两个资产中较好或较差资产的期权同交换期权密切相关，此类期权等于其中某种资产与资产交换期权的组合

$$\min(U_T,V_T) = V_T - \max(V_T - U_T,0)$$
$$\max(U_T,V_T) = U_T + \max(V_T - U_T,0)$$

26.15 涉及多种资产的期权

涉及两种或更多风险资产的期权有时也称为**彩虹期权**（rainbow option）。一个例子是在第6章中所描述的在CBOT交易的债券期货合约，此期货合约允许空头寸方在交割时从大量不同的债券中进行选择。

涉及多种资产的期权最为普遍的例子也许是欧式**篮筐式期权**（basket option）。该期权的收益同组合（篮筐）资产的价值有关，这里的资产常常为股票、股指和货币。假定篮筐中的资产服从相关的几何布朗运动，我们可以采用蒙特卡罗模拟来对篮筐式期权定价。更为快捷的方法是通过计算篮筐在期权到期时在风险中性世界里的前两阶矩，然后假定篮筐的价值在期权到期时服从对数正态分布。这时可以利用布莱克模型对篮筐式期权定价，其中相应的参数由式（26-3）和式（26-4）给定。这时

$$M_1 = \sum_{i=1}^{m} F_i \text{ 和 } M_2 = \sum_{i=1}^{n}\sum_{j=1}^{n} F_i F_j e^{\rho_{ij}\sigma_i\sigma_j T}$$

其中 n 为资产的个数，T 为期权的期限，F_i 和 σ_i 为第 i 个资产的远期价格和波动率，ρ_{ij} 为第 i 个资产与第 j 个资产之间的相关系数。见 www. rotman. utoronto. ca/ ~ hull/TechnicalNotes 里的 Technical Note 28。

26.16 波动率和方差互换

假定我们考虑的时间区间为0到 T，**波动率互换**（volatility swap）是指将一段时间内资产价格所实现的波动率与某一事先约定的波动率进行互换的合约。资产价格所实现的波动率通常按15.4节里描述的方法计算：在计算中一般假设资产日收益的均值为0，如果在0与 T 之间共有 n 个观察日，资产价格已实现的波动率为

$$\bar{\sigma} = \sqrt{\frac{252}{n-2}\sum_{i=1}^{n-1}\left[\ln\left(\frac{S_{i+1}}{S_i}\right)\right]^2}$$

其中 S_i 为资产的第 i 个观察值（有时会将 $n-2$ 换成 $n-1$）。

对于固定波动率的支付方而言，波动率互换在时刻 T 的收益为 $L_{\text{vol}}(\bar{\sigma}-\sigma_K)$，其中 L_{vol} 为名义本金，σ_K 为固定波动率。期权对于资产价格和波动率风险敞口的形式很复杂，而波动率互换的形式却比较简单，因为互换只对波动率有风险敞口。

方差互换（variance swap）是指将一段时间0到 T 之间的资产价格已实现的方差 $\bar{V}$ 与某一事

⊖ 见 M. Rubinstein, "One for Another," *Risk*, July/August, 1991: 30-32。

先约定的方差进行互换的合约。方差等于波动率的平方（$\bar{V}=\bar{\sigma}^2$）。方差互换比波动率互换更容易定价，这是因为我们完全可以采用看涨和看跌期权来复制0到T之间的方差。对于固定方差的支付方而言，方差互换在时刻T的收益为$L_{\text{var}}(\bar{V}-V_K)$，其中$L_{\text{var}}$为名义本金，$V_K$为固定方差。方差互换的名义本金常常用相应的波动率名义本金来表达，转换公式为$L_{\text{var}}=L_{\text{vol}}/(2\sigma_K)$。

26.16.1 方差互换的定价

网页 www.rotman.utoronto.ca/~hull/TechnicalNotes 里的 Technical Note 22 证明了对于资产价格的任意值S^*，0与T之间平均方差的期望值为

$$\hat{E}(\bar{V}) = \frac{2}{T}\ln\frac{F_0}{S^*} - \frac{2}{T}\left[\frac{F_0}{S^*}-1\right] + \frac{2}{T}\left[\int_{K=0}^{S^*}\frac{1}{K^2}e^{rT}p(K)\,dK + \int_{K=S^*}^{\infty}\frac{1}{K^2}e^{rT}c(K)\,dK\right] \quad (26\text{-}6)$$

其中F_0是到期日为T的资产远期价格；$c(K)$是期限为T、执行价格为K的欧式看涨期权价格；$p(K)$是期限为T、执行价格为K的欧式看跌期权价格。

以上公式给出了一种对方差互换的定价方法：[⊖]收入0到T之间的已实现方差，并同时支付方差V_K的合约价值为

$$L_{\text{var}}[\hat{E}(\bar{V}) - V_K]e^{-rT} \quad (26\text{-}7)$$

其中L_{var}为合约的名义本金。假定已知执行价格为$K_i(1\leqslant i\leqslant n)$的欧式期权价格，其中$K_1<K_2<\cdots<K_n$。一种计算式（26-6）的标准方法是将$S^*$设定为小于$F_0$的第一个执行价格，积分的近似式为

$$\int_{K=0}^{S^*}\frac{1}{K^2}e^{rT}p(K)\,dK + \int_{K=S^*}^{\infty}\frac{1}{K^2}e^{rT}c(K)\,dK = \sum_{i=1}^{n}\frac{\Delta K_i}{K_i^2}e^{rT}Q(K_i) \quad (26\text{-}8)$$

其中当$2\leqslant i\leqslant n-1$时，$\Delta K_i=0.5(K_{i+1}-K_{i-1})$；$\Delta K_1=K_2-K_1$；$\Delta K_n=K_n-K_{n-1}$。当$K_i<S^*$时，$Q(K_i)$是执行价格为$K_i$的欧式看跌期权价格；当$K_i>S^*$时，$Q(K_i)$是执行价格为$K_i$的欧式看涨期权价格；当$K_i=S^*$时，$Q(K_i)$是执行价格为$K_i$的欧式看涨期权和欧式看跌期权价格的平均值。

例 26-4

考虑一份3个月期限的合约，该合约的持有者需要收入在3个月内股指已实现的方差率，同时支付的方差率为0.045，合约的面值为1亿美元。无风险利率为4%，股指的股息收益率为1%，股指的当前水平为1 020。假定对应于执行价格为800，850，900，950，1 000，1 050，1 100，1 150，1 200，期限为3个月的隐含波动率分别为29%，28%，27%，26%，25%，24%，23%，22%和21%。这时，$n=9$，$K_1=800$，$K_2=850$，…，$K_9=1\,200$，$F_0=1\,020e^{(0.04-0.01)\times0.25}=1\,027.68$，以及$S^*=1\,000$。DerivaGem 给出$Q(K_1)=2.22$，$Q(K_2)=5.22$，$Q(K_3)=11.05$，$Q(K_4)=21.27$，$Q(K_5)=51.21$，$Q(K_6)=38.94$，$Q(K_7)=20.69$，$Q(K_8)=9.44$，$Q(K_9)=3.57$。再有，对于所有的$i$，$\Delta K_i=50$，因此

$$\sum_{i=1}^{n}\frac{\Delta K_i}{K_i^2}e^{rT}Q(K_i) = 0.008\,139$$

⊖ 见 K. Demeterfi, E. Derman, M. Kamal, and J. Zou, "A Guide to Volatility and Variance Swaps," *Journal of Derivatives*, 6, 4 (summer 1999), 9-32。关于方差和波动率期权，见 P. Carr and R. Lee, "Realized Volaitility and Variance: Options via Swaps," *Risk*, May 2007, 76-83。

由式（26-6）和式（26-8）得出

$$\hat{E}(\bar{V})=\frac{2}{0.25}\ln\left(\frac{1\,027.68}{1\,000}\right)-\frac{2}{0.25}\left(\frac{1\,027.68}{1\,000}-1\right)+\frac{2}{0.25}\times 0.008\,139=0.062\,1$$

由式（26-7）得出，方差互换的价值为（以百万美元计）$100\times(0.062\,1-0.045)\mathrm{e}^{-0.04\times 0.25}=1.69$。

26.16.2 波动率互换的定价

为了对波动率互换定价，我们需要计算$\hat{E}(\bar{\sigma})$，其中$\bar{\sigma}$为时间0到T的波动率平均值。我们将其写成

$$\bar{\sigma}=\sqrt{\hat{E}(\bar{V})}\sqrt{1+\frac{\bar{V}-\hat{E}(\bar{V})}{\hat{E}(\bar{V})}}$$

将右端的第2项展开，我们得出

$$\bar{\sigma}=\sqrt{\hat{E}(\bar{V})}\left\{1+\frac{\bar{V}-\hat{E}(\bar{V})}{2\,\hat{E}(\bar{V})}-\frac{1}{8}\left[\frac{\bar{V}-\hat{E}(\bar{V})}{\hat{E}(\bar{V})}\right]^2\right\}$$

两边取期望值，得出

$$\hat{E}(\bar{\sigma})=\sqrt{\hat{E}(\bar{V})}\left\{1-\frac{1}{8}\left[\frac{\mathrm{var}(\bar{V})}{\hat{E}(\bar{V})^2}\right]\right\}\tag{26-9}$$

其中$\mathrm{var}(\bar{V})$为$\bar{V}$的方差。因此，对于波动率互换定价，我们需要估计在合约期限内平均方差率的方差。对于收入0到T的已实现波动率，并同时支付波动率σ_K的一方而言，合约的价值为

$$L_{\mathrm{vol}}[\hat{E}(\bar{\sigma})-\sigma_K]\mathrm{e}^{-RT}$$

这里假定合约双方的本金均为L_{vol}。

例26-5

对于例26-4的情形，考虑一个波动率互换协议。在互换中收入已实现波动率，支付23%的波动率，本金为1亿美元。这时，$\hat{E}(\bar{V})=0.062\,1$。假定在3个月内平均方差的标准差为0.01，这意味着$\mathrm{var}(\bar{V})=0.000\,1$，式（26-9）给出

$$\hat{E}(\bar{\sigma})=\sqrt{0.062\,1}\left(1-\frac{1}{8}\times\frac{0.000\,1}{0.062\,1^2}\right)=0.248\,4$$

互换的价值为（以百万美元计）

$$100\times(0.248\,4-0.23)\mathrm{e}^{-0.04\times 0.25}=1.82$$

26.16.3 VIX指数

在式（26-6）中，对数函数ln可以由其级数展开的前两项来近似

$$\ln\left(\frac{F_0}{S^*}\right)=\left(\frac{F_0}{S^*}-1\right)-\frac{1}{2}\left(\frac{F_0}{S^*}-1\right)^2$$

这意味着风险中性累积方差的期望可由以下公式计算

$$\hat{E}(\bar{V})T=-\left(\frac{F_0}{S^*}-1\right)^2+2\sum_{i=1}^{n}\frac{\Delta K_i}{K_i^2}\mathrm{e}^{rT}Q(K_i)\tag{26-10}$$

自2004年以来，VIX波动率指数（见15.11节）的计算一直是基于式（26-10）。计算过程是在任意一天，对于市场上交易的那些期限刚好大于30天和刚好小于30天的期权计算相应的$\hat{E}(\bar{V})T$。对以上所计算出的两个数值进行插值而得出30天的风险中性预期累计方差，然后将求得数值乘以365/30，并取根号来最终得出指数的值。具体计算细节在以下文章中给出www.cboe.com/micro/vix/vixwhite.pdf。

26.17 静态期权复制

如果我们采用第19章中描述的方式来对冲特种期权，我们会发现有些特种产品比较容易处理，而有些产品，因为不连续条件的缘故，处理起来非常困难（见业界事例26-1）。对于这些难以处理的情形，有一种叫作**静态期权复制**（static options replication）的对冲方式有时会有用。[㊀]静态对冲的目的是寻求市场上交易活跃的产品组合来近似地复制特种期权。卖空复制的期权组合将会达到对冲的目的。[㊁]

业界事例26-1 对于特种产品进行Delta对冲是更加困难还是更加容易

如第19章所述，我们可以通过构造Delta中性交易，并不断对交易组合进行调整来保证Delta中性来对冲特种产品。这样做时我们会发现对有些特种产品的对冲比简单产品对冲要更加容易，而对某些产品的对冲要比对简单产品对冲更难。

例如，亚式看涨期权的对冲相对来讲就较为容易，随着时间的改变，我们会观察到越来越多的资产价格，而这些价格被用来计算最后的平均值。这意味着随着时间的推移，最终期权收益的不定性会逐渐减小。因此，期权也就会逐渐变得越来越容易被对冲。在期权接近满期的最后几天，因为基础资产价格对期权价格影响越来越小，期权的Delta趋近于零。

与以上产生鲜明对照的是障碍期权。对这种期权进行对冲难度相对较大。考虑一个欧式看涨-敲出期权，期权标的变量为汇率，当前汇率比障碍水平高0.0005，在汇率达到障碍水平时，期权价值变为零，当障碍没有达到时，期权的收益也许很好。障碍期权的Delta在障碍值附近不连续，从而使得进行传统方式的对冲会很困难。

静态对冲的基本原理如下：如果两个交易组合在某个边界上的价值相同，那么它们在边界的内部点上价值也相同。考虑某无股息股票上9个月期限的上涨-敲出看涨期权，股票价格为50，执行价格为50，障碍水平为60，无风险利率为每年10%，波动率为每年30%。假定$f(S, t)$是当股票价格为S、时间为t时的期权价格。我们可以利用任意(S, t)空间的边界来产生复制交易组合。一种方便的做法如图26-1所示，边界由$S=60$和$t=0.75$定义。上涨-敲出看涨期权在边界值上的价格由以下表达式给出

$$f(S,0.75) = \max(S-50,0) \quad 如果 \quad S<60$$
$$f(60,t) = 0 \quad 如果 \quad 0 \leqslant t \leqslant 0.75$$

㊀ 见E. Derman, D. Ergener, and I. Kani, "Static Options Replication," *Journal of Derivatives* 2, 4 (Summer 1995): 78-95。

㊁ 网页www.rotman.utoronto.ca/~hull/TechnicalNotes上的Technical Note 22给出了一个静态复制的例子。我们可以证明，一个资产的方差率可以通过交易标的资产的虚值期权来复制，由这一结果我们可以得出用于对冲方差互换的式（26-6）。

利用普通期权，我们可以通过许多方式在边界上近似地匹配期权的价格。在第一个边界上与期权达到匹配的一个产品是执行价格为50、期限为9个月的欧式看涨期权。因此，复制组合中的第一个成分就是一份该期权（我们将该期权记为A）。

一种与$f(60, t)$边界进行匹配的做法如下：

（1）首先将期权期限分成N个长度为Δt的区间；

（2）选择欧式看涨期权，期权执行价格为60，期限为$N\Delta t$（=9个月）来匹配边界点$\{60, (N-1)\Delta t\}$。

（3）选择欧式看涨期权，期权执行价格为60，期限为$(N-1)\Delta t$来匹配边界点$\{60, (N-2)\Delta t\}$，等等。

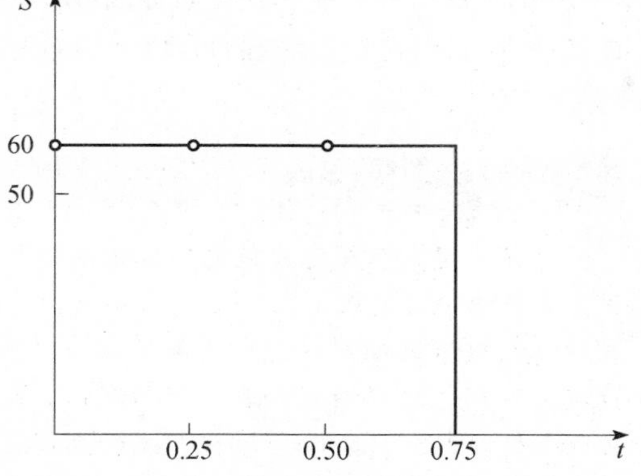

图26-1 用于静态期权复制的边界点

注意，我们按顺序选择期权来保证在已经被前面期权所匹配的边界上取值为0。[⊖]执行价格为60、期限为9个月的期权在已经被期权A匹配的竖直边界上的取值为0。在$i\Delta t$到期的期权在边界点$\{60, i\Delta t\}$上的值为0，这些点已经被在$(i+1)\Delta t$到期的期权匹配$(1 \leqslant i \leqslant N-1)$。

假定$\Delta = 0.25$。除了期权A，复制组合还包括执行价格为60，期限分别为9个月、6个月和3个月的欧式期权。我们将这些期权分别称为B，C和D。在给定的波动率和利率的条件下，期权B在$\{60, 0.5\}$边界点上的价值为4.33，在这一点上期权A的价值为11.54，为了与边界点$\{60, 0.5\}$进行匹配，持有期权B的数量应为$-11.54/4.33 = -2.66$。期权C在$\{60, 0.25\}$边界点上的价值为4.33，在这一点上期权A和B的组合的价值为-4.21，为了与边界点$\{60, 0.25\}$进行匹配，持有期权C的数量应为$4.21/4.33 = 0.97$。类似可以得出，为了与边界点$\{60, 0\}$进行匹配，持有期权D的数量应为0.28。

在表26-1中，我们将复制期权组合进行了总结（见DerivaGem应用工具软件的实例应用F（Sample Application F））。复制期权组合的初始值为0.73（即时间为0、股价等于50时）。由本章初的解析公式得出上涨-敲出期权的价格为0.31。复制期权组合的价格与上涨-敲出期权的价格有很大出入，这是因为复制期权组合的价格只在第二个边界上的3个点与上涨-敲出期权的价格达到匹配。如果采用同样的做法，我们在第二个边界上的18个点（即采用每半个月到期的期权）与上涨-敲出期权的价格达到匹配，复制期权组合的价值为0.38。采用100个点，复制期权组合的价值会下降到0.32。

表26-1 用于复制上涨-敲出欧式期权的欧式期权组合

期权	敲定价格	满期日（年）	头寸	初始价格
A	50	0.75	1.00	+6.99
B	60	0.75	-2.66	-8.21
C	60	0.50	0.97	+1.78
D	60	0.25	0.28	+0.17

为了对冲期权，我们可以卖空满足边界条件的复制期权组合。当达到边界点时，复制组合

⊖ 这不是必需条件。如果有K个边界点需要匹配，我们可以选择K个期权并通过对K个线性方程所组成的方程组求解来确定期权的头寸。

中的相应交易必须被平仓。

与 Delta 对冲相比，该类对冲的好处在于不需要经常对它做调整。静态对冲可应用的范围广泛，在对期权进行复制的过程中，用户可以自由选择匹配价格的边界与期权类型。

小结

特种期权是指决定收益的规则比标准期权更为复杂的一类期权。我们在本章共讨论了 15 种特种期权：组合期权、永续美式期权、非标准美式期权、缺口期权、远期开始期权、棘轮期权、复合期权、选择人期权、障碍期权、二元式期权、回望期权、喊价式期权、亚式期权、资产交换期权、涉及多种资产的期权等。利用第 15 章的布莱克 - 斯科尔斯 - 默顿公式的假设，我们讨论了如何对这些特种期权定价。有些特种期权价格有解析式，但解析式的表达式要远比一般的看涨或看跌期权表达式复杂；有些特种期权只有近似解析解；而对于另一些特种期权，我们只能通过第 21 章中的数值方法进行推广来求其数值解。在第 27 章里，我们将进一步讨论关于计算特种期权价格的数值算法。

有些特种期权的对冲要比对一般期权的对冲更为容易，有些会更难。一般来讲，亚式期权的对冲比较容易，这时因为当我们接近到期日时，期权的收益越来越为确定。障碍期权的对冲较为困难，这是因为在障碍附近，Delta 具有不连续性。一种对冲特种期权的方式是静态复制，其目的是寻找一个由一般期权所组成的交易组合，这一交易组合在某个边界上与特种期权的价值相同。对特种期权的对冲可以通过卖空这个交易组合来实现。

推荐阅读

Carr, P., and R. Lee, "Realized Volatility and Variance: Options via Swaps," *Risk*, May 2007, 76–83.

Clewlow, L., and C. Strickland, *Exotic Options: The State of the Art*. London: Thomson Business Press, 1997.

Demeterfi, K., E. Derman, M. Kamal, and J. Zou, "More than You Ever Wanted to Know about Volatility Swaps," *Journal of Derivatives*, 6, 4 (Summer, 1999), 9–32.

Derman, E., D. Ergener, and I. Kani, "Static Options Replication," *Journal of Derivatives*, 2, 4 (Summer 1995): 78–95.

Geske, R., "The Valuation of Compound Options," *Journal of Financial Economics*, 7 (1979): 63–81.

Goldman, B., H. Sosin, and M. A. Gatto, "Path Dependent Options: Buy at the Low, Sell at the High," *Journal of Finance*, 34 (December 1979); 1111–27.

Margrabe, W., "The Value of an Option to Exchange One Asset for Another," *Journal of Finance*, 33 (March 1978): 177–86.

Rubinstein, M., and E. Reiner, "Breaking Down the Barriers," *Risk*, September (1991): 28–35.

Rubinstein, M., "Double Trouble," *Risk*, December/January (1991/1992): 53–56.

Rubinstein, M., "One for Another," *Risk*, July/August (1991): 30–32.

Rubinstein, M., "Options for the Undecided," *Risk*, April (1991): 70–73.

Rubinstein, M., "Pay Now, Choose Later," *Risk*, February (1991): 44–47.

Rubinstein, M., "Somewhere Over the Rainbow," *Risk*, November (1991): 63–66.

Rubinstein, M., "Two in One," *Risk* May (1991): 49.

Rubinstein, M., and E. Reiner, "Unscrambling the Binary Code," *Risk*, October 1991: 75–83.

Stulz, R. M., "Options on the Minimum or Maximum of Two Assets," *Journal of Financial Economics*, 10 (1982): 161–85.

Turnbull, S. M., and L. M. Wakeman, "A Quick Algorithm for Pricing European Average Options," *Journal of Financial and Quantitative Analysis*, 26 (September 1991): 377–89.

练习题

26.1 解释远期开始期权与选择人期权的区别。

26.2 描述具有同样期限的一个浮动回望看涨期权和一个浮动回望看跌期权组合的收益图。

26.3 考虑一个选择人期权：在2年内任何时刻，期权持有者有权在欧式看涨期权和欧式看跌期权之间进行选择，无论何时做出选择，看涨期权和看跌期权的到期日和执行价格均相同。在2年到期之前做出行使选择会是最佳吗？解释原因。

26.4 假设 c_1 和 p_1 分别是执行价格为 K、期限为 T 的欧式平均价格看涨期权和欧式平均价格看跌期权的价格，c_2 和 p_2 分别是期限为 T 的欧式平均执行价格看涨期权和欧式平均执行价格看跌期权的价格，c_3 和 p_3 分别是执行价格为 K、期限为 T 的普通欧式看涨期权和普通欧式看跌期权的价格。证明：$c_1+c_2-c_3=p_1+p_2-p_3$。

26.5 书中给出了将选择人期权分解为一个期限为 T_2 的看涨期权和一个期限为 T_1 的看跌期权的方式。导出另外一个形式来将选择人期权分解为一个期限为 T_1 的看涨期权和一个期限为 T_2 的看跌期权。

26.6 第26.9节中给出了两个下跌－敲出看跌期权的公式，第一个公式在障碍值 $H\leqslant K$ 时成立，第二个公式在障碍值 $H\geqslant K$ 时成立。证明当 $H=K$ 时，以上公式等同。

26.7 解释为什么当障碍水平大于执行价格时，下跌－敲出看跌期权的价值为0。

26.8 假定某美式期权的执行价格以增长率为 g 的速度增长，标的资产为一个不提供任何股息的股票，证明如果 g 小于无风险利率 r，提早行使此美式期权一定不会是最优。

26.9 假定在期权开始时，执行价格被定为高于股票价格10%，如何对这样的远期开始的期权定价。假定标的资产为无股息股票。

26.10 假定股票价格服从几何布朗运动，$A(t)$ 为0时刻到 t 时刻之间股票价格的算术平均值，则 $A(t)$ 服从什么过程？

26.11 解释为什么对于亚式期权的Delta对冲比一般期权的对冲更为容易？

26.12 计算以下欧式期权的价格，期权持有者有权在1年时以100盎司白银换取1盎司黄金。黄金和白银的当前价格分别为每盎司1 520美元和16美元，无风险利率为10%，两种商品价格的波动率均为每年20%，两种商品的相关系数为0.7。在计算中忽略存储费用。

26.13 某个资产上的下跌－敲出期权和该资产期货上的下跌－敲出期权是否相等？假定期货的到期日等于期权的到期日。

26.14 回答以下有关复合期权的问题：

(a) 欧式看涨－看涨期权与欧式看跌－看涨期权之间的平价关系式是什么？证明书中给出的公式满足平价关系式。

(b) 欧式看涨－看跌期权与欧式看跌－看跌期权之间的平价关系式是什么？证明书中给出的公式满足平价关系式。

26.15 当我们增加观测标的资产最小值的频率时，一个浮动回望看涨期权的价值是增加还是减小？

26.16 当我们增加观测标的资产是否达到障碍水平的频率时，一个下跌－敲出看涨期权的价值是增加还是减小？一个下跌敲入看涨期权的价值会如何变化？

26.17 解释为什么一个普通欧式看涨期权等于一个下跌－敲出看涨期权与一个下跌－敲入看涨期权的组合。

26.18 当6个月后标普500股指高于1 000时，一个衍生产品提供的收益为100美元，否则提供收益为0。这里股指的当前水平为960，无风险利率为每年8%，股指的股息收益率为每年3%，股指波动率为每年20%，这一衍生产品的价值是多少？

26.19 考虑一个白银期货上3个月期限的下

跌－敲出看涨期权，执行价格为每盎司20美元，障碍水平为18美元。当前的期货价格为19美元，无风险利率为5%，白银期货价格的波动率为每年40%。解释期权的运作方式，并计算其价值。具有同样条款的白银期货价格上普通看涨期权价格是多少？具有同样条款的白银期货价格上的下跌－敲入看涨期权价值是多少？

26.20 一个刚刚开始的某股指上欧式浮动回望看涨期权的期限为9个月。股指的当前水平为400，无风险利率为每年6%，股指股息收益率为每年4%，股指波动率为20%，利用DerivaGem计算期权价值。

26.21 估计一个刚刚开始的6个月期限的平均价格看涨期权价值，标的资产为某无股息股票，股票的初始价格为30美元，执行价格为30美元，无风险利率为5%，股票价格波动率为30%。

26.22 利用DerivaGem计算以下期权的价值：

(a) 一个普通欧式期权，标的资产是当前价格为50美元的无股息股票，无风险利率为每年5%，波动率为每年30%，执行价格为50美元，期限为1年。

(b) 一个参数由（a）给出的欧式下跌－敲出看涨期权，障碍水平为45美元。

(c) 一个参数由（a）给出的欧式下跌－敲入看涨期权，障碍水平为45美元。

证明（a）中的欧式期权等于（b）中期权与（c）中期权的和。

26.23 当$r=q$时，解释如何对以下公式进行修正：(a) 在第26.11节里给出的浮动回望看涨期权定价公式；(b) 第26.13节里给出的M_1和M_2的计算公式。

26.24 对26.16节中的例26.4的方差互换进行定价，假定对应于执行价格800，850，900，950，1 000，1 050，1 100，1 150，1 200的隐含波动率分别为20%，20.5%，21%，21.5%，22%，22.5%，23%，23.5%，24%。

26.25 验证第26.2节中关于$S=H$时支付Q的衍生产品价格与第15.6节里的相应公式一致。

作业题

26.26 当美元/英镑汇率在一年后高于1.500 0时，衍生产品提供的收益为10 000英镑，否则提供收益为0。当前美元/英镑汇率为1.480 0，美元和英镑的无风险利率分别为每年4%及每年8%，美元/英镑汇率波动率为每年12%，这一衍生产品价值为多少美元？

26.27 考虑以下上涨－敲出看涨期权：标的资产为无股息、当前价格为50美元的股票，期权执行价格为50美元，波动率为30%，无风险利率为5%，期限为1年，障碍水平为80美元。采用DerivaGem来对这一期权定价并画出以下图形：(a) 期权价格与标的资产价格的关系；(b) 期权Delta与标的资产价格的关系；（c）期权价格与期限的关系；(d) 期权价格与波动率的关系。对以上结果提供直观解释。说明为什么上涨－敲出看涨期权的Delta，Gamma，Theta，Vega可正可负。

26.28 DerivaGem应用工具软件的实例应用F(Sample Application F）考虑了第26.17节中的静态复制。这一例子说明了一种通过4个期权来实现（见26.17节）的对冲和两种通过16个期权来实现的对冲。

(a) 解释两种通过16个期权来实现的对冲有什么不同，用直观的方式说明为什么第2种对冲效果更好。

(b) 通过变动第3个和第4个期权的Tmat来改善采用4个期权所实现的对冲效果。

(c) 检验16个期权所组成的期权组合

对于 Delta、Gamma 和 Vega 匹配的程度。

26.29 考虑一个关于某外汇上的下跌 - 敲出看涨期权。初始汇率为 0.90，期限为 2 年，执行价格为 1.00，障碍水平为 0.80，国内无风险利率为 5%，外币无风险利率为 6%，汇率波动率为每年 25%。利用 DerivaGem 来构造一个由 5 个期权构成的静态复制策略。

26.30 假定股指的当前水平为 900，股息收益率为 2%，无风险利率为 5%，波动率为 40%。利用网页 www.rotman.utoronto.ca/~hull/TechnicalNotes 里的 Technical Note 27 中的结果来计算 1 年期、执行价格为 900 的平均价格看涨期权价值。为了计算均值，我们在每季度末对资产价格进行观测。将你的结果与 DerivaGem 结果进行比较，DerivaGem 假定一年平均价格的观察频率为连续。直观地解释两个价格的不同。

26.31 利用 DerivaGem 应用工具来比较以下每天的 Delta 对冲效率：（a）表（19-2）和表（19-3）里所考虑的期权；（b）具有同样参数的平均价格看涨期权。利用 DerivaGem 应用工具软件的实例应用 C（Sample Application C）。为了计算平均价格看涨期权，你需要修改计算元 C16 里的期权价格，计算元 H15 和 H16 的期权收益，以及 Delta（计算元 G46 至 G186 以及 N46 至 N186）。点击功能键 F9 重复 20 次蒙特卡罗模拟。在每次运算中，记录期权承约费用以及对冲费用、全部 20 周的交易量、第 11 周至第 20 周的交易量。对结果进行评论。

26.32 修改 DerivaGem 应用工具软件的实例应用 D（Sample Application D）来检验以下看涨 - 看涨复合期权的 Delta，Gamma 对冲的效果，期权规模为 100 000 单位外汇，汇率为 0.67，本国无风险利率为 5%，外币的无风险利率为 6%，汇率波动率为 12%，第 1 个期权期限为 20 周，执行价格为 0.015。第 2 个期权期限为（从目前起）40 周，执行价格为 0.68。解释你将如何修改计算表中的计算元。评论对冲效率。

26.33 表现证书（outperformance certificate）（有时也被称为短跑证书（sprint certificate）、加速证书（accelerator certificate）或短跑者（speeder））是由欧洲银行向投资者发行的投资于公司股票的方式。最初的投资等于股票价格 S_0。从 0 时刻到 T 时刻，如果股票价格增加，投资者在 T 时刻收益为 k 乘以股票的增值，其中 k 为大于 1 的常数。但在 T 时刻股票的增值被限定在一个极限 M 内。如果股票价格下跌，投资者的损失等于股票的跌值。在此证书中，投资者不会收到股息。

（a）说明表现证书为一个组合期权。

（b）股票价格等于 50 欧元，$k=1.5$，$M=70$ 欧元，无风险利率为 5%，股票价格波动率为 25%，在第 2 个月、第 5 个月、第 8 个月和第 11 个月股票股息预计为 0.5 欧元。采用 DerivaGem 计算 1 年期的表现证书的价值。

26.34 在 26.15 节里给出的例 26-4 中，假定互换的期限为 1 个月而非 3 个月，对期权进行定价。

26.35 普通看涨期权、二元式看涨期权以及缺口看涨期权之间的关系是什么？

26.36 给出以下形式的棘轮期权定价公式：数量为 Q 的投资被用来在 n 段时间后提供收益。在每个时间段里的回报率等于某个指数的回报率（不算股息）与零的最大值。

CHAPTER27

第27章 再谈模型和数值算法

到目前为止，对期权定价时我们均采用了资产价格服从几何布朗运动的假设。在此假设下所产生的布莱克-斯科尔斯-默顿公式和数值算法都比较简单。在这一章里，我们将引入一些新模型，并解释如何改变数值算法来处理一些特殊问题。

在第20章里，我们解释了交易员采用波动率曲面来克服几何布朗运动模型的不足。在对简单期权定价时，波动率曲面给出了在布莱克-斯科尔斯-默顿模型中应采用的波动率。不幸的是，对于特种期权，在使用第26章里的期权公式时，波动率曲面不再能告诉我们什么是应该使用的正确波动率。假定对于1年期的简单期权，当执行价格为40美元时，波动率曲面给出的波动率为27%，但这一波动率对执行价格等于40美元的1年期障碍期权（或其他特种期权）不一定适合。

本章的第一部分讨论了几种可以取代几何布朗运动的模型，这些模型可用于特种期权的定价，并同时保证与简单期权价格的一致性。这些替代模型中资产价格所服从的过程对于简单期权市场价格的匹配比几何布朗运动要更好。因此，我们将这些模型用于特种产品时会更有信心。

在本章的第二部分里我们将进一步讨论数值方法。我们将解释如何应用树形结构对**可转换债券**（convertible bond）以及其他**依赖路径期权**（path-dependent option）定价，并讨论对障碍期权定价时存在的特殊问题以及解决方法。在最后，我们简要介绍如何建立关于两个相关变量的树形结构以及如何将蒙特卡罗模拟法用于具有提前行使权利的衍生产品定价。

在以前的章节中，我们讨论了如何对收益率为 q 的证券上的衍生产品定价。对于股指期权，q 应等于股指的收益率；对于汇率期权，q 应等于外币的无风险利率；对于期货期权，q 应等于无风险利率。

27.1 布莱克-斯科尔斯-默顿的替代模型

布莱克-斯科尔斯-默顿模型假定了资产价格变化是连续的，并且资产价格在将来的分布为对数正态。对于资产价格的变化，我们可以做许多其他假设。一种可能是仍然假设资产变化为连续，但过程并非是几何布朗运动。另外一种可能是在资产连续变化之上附加跳跃性。还有一种假设是所有资产的价格变化均为跳跃形式。在这一节中我们将讨论这三种假设下的特例。我们将考虑**常方差弹性模型**（constant elasticity of variance model，CEV）、默顿的**跳跃－扩散混合模型**（mixed jump-diffusion model）以及**方差－gamma 模型**（variance-gamma model）。在软件 DerivaGem3.00 中包括所有 3 种模型的实现。以上这些模型被统称为 **Levy 过程**（Levy process）。[㊀]

27.1.1　常方差弹性模型

一种关于布莱克－斯科尔斯－默顿模型的替代形式为**常方差弹性模型**。该模型是关于股票价格 S 的一种特殊的扩散模型，它的风险中性过程为

$$dS = (r - q)S\mathrm{d}t + \sigma S^{\alpha}\mathrm{d}z$$

其中 r 为无风险利率，q 为股息收益率，$\mathrm{d}z$ 为维纳过程，σ 为波动率，α 为正常数。[㊁]

当 $\alpha = 1$ 时，CEV 模型就是我们已经讨论过的几何布朗运动；当 $\alpha < 1$ 时，波动率随股票价格的下降而增大，由此产生的资产价格概率分布与观察到的具有**左端肥尾**（heavy left tail）和**右端瘦尾**（less heavy right tail）的股票价格分布较为相似（见图 20-4）；[㊂]当 $\alpha > 1$ 时，波动率随股票价格的增大而增大，由此产生的资产价格概率分布具有右端肥尾和左端瘦尾的特性，这对应于有时在期货期权中会观察到的隐含波动率为执行价格递增函数的波动率微笑。这种波动率微笑有时会发生在期货期权中。

在 CEV 模型下，欧式看涨和看跌期权的定价公式为：当 $0 < \alpha < 1$ 时，

$$c = S_0 e^{-qT}[1 - \chi^2(a, b+2, c)] - Ke^{-rT}\chi^2(c, b, a)$$

$$p = Ke^{-rT}[1 - \chi^2(c, b, a)] - S_0 e^{-qT}\chi^2(a, b+2, c)$$

当 $\alpha > 1$ 时，

$$c = S_0 e^{-qT}[1 - \chi^2(c, -b, a)] - Ke^{-rT}\chi^2(a, 2-b, c)$$

$$p = Ke^{-rT}[1 - \chi^2(a, 2-b, c)] - S_0 e^{-qT}\chi^2(c, -b, a)$$

其中

$$a = \frac{[Ke^{-(r-q)T}]^{2(1-\alpha)}}{(1-\alpha)^2 v}, \quad b = \frac{1}{1-\alpha}, \quad c = \frac{S_0^{2(1-\alpha)}}{(1-\alpha)^2 v}$$

$$v = \frac{\sigma^2}{2(r-q)(\alpha-1)}[e^{2(r-q)(\alpha-1)T} - 1]$$

$\chi^2(z, k, v)$ 代表非中心参数为 k、自由度为 v 的非中心 χ^2 分布的累计概率。在网页 www.rotman.utoronto.ca/~hull/TechnicalNotes 里的 Technical Note 12 中有关于计算 $\chi^2(z, k, v)$ 的数值方法介绍。

CEV 模型尤其适用于计算特殊股票期权。我们可以通过匹配简单模型价格的形式来选取参

㊀ 大体讲，Levy 过程为具有稳态独立增量的连续时间随机过程。

㊁ 见 J. C. Cox and S. A. Ross，“The Valuation of Options for Alternative Stochastic Processes，” *Journal of Financial Economics*，3（March 1976）：145-66。

㊂ 原因如下：当股票价格下跌时，波动率的上升会使得股票低价位出现的可能性增大；当股票价格上涨时，波动率的下跌会使得股票高价位出现的可能性减小。

数，其实际操作可以通过对模型价格和实际价格差的二次方来求极小化。

27.1.2 默顿跳跃-扩散混合模型

默顿提出了一种把跳跃和连续变化联合起来考虑的模型。[⊖]定义：

λ：股票价格每年的平均跳跃次数。

k：平均跳跃幅度占股票价格的百分比。

跳跃幅度百分比是由模型中一个概率分布抽样得出的。

在时间 Δt 内，一次跳跃发生的概率为 $\lambda\Delta t$。因此由跳跃而触发的平均增长率为 λk。在风险中性世界里，标的资产服从的过程为

$$\frac{\mathrm{d}S}{S}=(r-q-\lambda k)\mathrm{d}t+\sigma\mathrm{d}z+\mathrm{d}p$$

其中 $\mathrm{d}z$ 为维纳过程，$\mathrm{d}p$ 为泊松过程（Poisson process），σ 为几何布朗运动中的波动率。假定 $\mathrm{d}z$ 和 $\mathrm{d}p$ 为相互独立。

默顿模型的一个重要特例是当1加上跳跃幅度百分比的对数服从正态分布的情形。假定正态分布的标准差为 s，默顿证明了欧式期权价格可以被写为

$$\sum_{n=0}^{\infty}\frac{\mathrm{e}^{-\lambda' T}(\lambda' T)^n}{n!}f_n$$

其中 $\lambda'=\lambda(1+k)$，变量 f_n 为股息率为 q，方差率为

$$\sigma^2+\frac{ns^2}{T}$$

无风险利率为

$$r-\lambda k+\frac{n\gamma}{T}$$

的布莱克-斯科尔斯-默顿期权价格，其中 $\gamma=\ln(1+k)$。

同布莱克-斯科尔斯-默顿模型相比，这一模型给出的分布左右端都较为肥大，因此我们可以利用这一模型来对货币期权进行定价。类似于 CEV 模型，模型参数的选择是通过对模型价格与市场价格之差的平方求极小值来确定。

通过蒙特卡罗模拟，我们可以实现像默顿模型这样涉及跳跃的模型。当跳跃是由泊松过程所生成时，在时间 t 正好有 m 个跳跃的概率是

$$\frac{\mathrm{e}^{-\lambda t}(\lambda t)^m}{m!}$$

其中 λ 是1年中的平均跳跃次数，或者说 λt 是在时间 t 内的平均跳跃次数。

假设每年平均发生0.5次跳跃。在两年中有 m 个跳跃的概率等于

$$\frac{\mathrm{e}^{-0.5\times 2}(0.5\times 2)^m}{m!}$$

表27-1给出了在两年内跳跃次数为0，1，2，3，4，5，6，7和8的概率和累计概率。（像该表中这样的数字可以通过 Excel 中的 POISSON 函数来得到）。

⊖ 见 R. C. Merton, "Option Pricing When Underlying Stock Returns Are Discontinuous," *Journal of Financial Economics*, 3 (March 1976): 125-44。

表 27-1　2 年内跳跃次数的概率

跳跃次数 m	跳跃概率	累计概率	跳跃次数 m	跳跃概率	累计概率
0	0.367 9	0.367 9	5	0.003 1	0.999 4
1	0.367 9	0.735 8	6	0.000 5	0.999 9
2	0.183 9	0.919 7	7	0.000 1	1.000 0
3	0.061 3	0.981 0	8	0.000 0	1.000 0
4	0.015 3	0.996 3			

为了模拟两年内的跳跃过程，在每次模拟实验中都需要确定跳跃的次数和跳跃的幅度。

为了确定跳跃的次数，每次模拟实验中我们首先取一个 0 和 1 之间的随机数，然后利用表 27-1。如果随机数是在 0 和 0.367 9 之间，没有跳跃发生；如果随机数是在 0.367 9 和 0.735 8之间，有 1 次跳跃发生；如果随机数是在0.735 8 和0.919 7 之间，有 2 次跳跃发生；等等。为了确定跳跃的幅度，在每次模拟跳跃时，我们都需要从描述跳跃幅度的分布中提取一个样本。一旦确定了跳跃次数和跳跃幅度，我们就可以得到本次实验里变量的模拟值。

在默顿的混合跳跃 - 扩散模型中，跳跃是叠加在对股票价格通常所假设的对数正态扩散过程上。这时过程有两个部分（通常的扩散部分与跳跃部分），对每部分都要单独取样。对扩散部分可以按照 21.6 节和 21.7 节里所描述的方式取样，而跳跃部分可以按刚才描述的方式取样。对衍生产品定价时，我们必须使资产的总回报率（来自两部分）等于无风险利率。这说明在默顿模型里，扩散部分的漂移项等于 $r-q-\lambda k$。

27.1.3　方差 - Gamma 模型

方差 - Gamma 模型是非常流行的纯跳跃模型特例。[⊖]对于这一模型，我们首先定义 g 为服从均值率为 1.0，方差率为 v 的 Gamma 过程的变量在时间 T 内的变化。Gamma 过程是一种纯跳跃过程，其中小的跳跃经常发生，但大的跳跃只是偶尔发生。g 的概率分布密度函数为

$$\frac{g^{T/v-1}\mathrm{e}^{-g/v}}{v^{T/v}\Gamma(T/v)}$$

其中 $\Gamma(\cdot)$ 代表 Gamma 函数。这一概率密度可以通过 Excel 的 GAMMADIST(· , · , · , ·) 函数来计算，函数的第 1 个变量为 g，第 2 个变量为 T/v，第 3 个变量为 v，第 4 个变量为 TRUE 或者 FALSE，其中在变量等于 TRUE 时给出累积概率函数，FALSE 时给出概率密度函数。

像通常那样，定义 S_T 为资产在 T 时刻的价格，S_0 为资产的当前价格，r 为无风险利率，q 为股息收益率。在风险中性世界里，假定方差 - Gamma 模型时，$\ln S_T$ 在条件 g 下服从正态分布，条件期望值为

$$\ln S_0+(r-q)T+\omega+\theta g$$

条件标准差为

$$\sigma\sqrt{g}$$

其中

$$\omega=\frac{T}{v}\ln(1-\theta v-\sigma^2 v/2)$$

⊖ 见 D. B. Madan, P. P. Carr, and E. C. Chang, "The Variance-Gamma Process and Option Pricing," *European Finance Review*, 2 (1998): 79-105。

在方差－Gamma 模型中共有 3 个参数，即 v、σ 和 θ，[⊖]参数 v 为 Gamma 过程的方差率，σ 为波动率，θ 定义了**偏态**（skewness）。当 $\theta=0$ 时，$\ln S_T$ 为对称；当 $\theta<0$ 时，$\ln S_T$ 为负偏态（类似股价情形）；当 $\theta>0$ 时，$\ln S_T$ 为正偏态。

假定标的资产服从方差－Gamma 模型，我们想利用 Excel 来抽取从时间 0 到 T 资产变化的 10 000个随机样本。作为初始设定，我们分别设定计算表的元素 E1、E2、E3、E4、E5、E6 和 E7 为 T、v、θ、σ、r、q 和 S_0，元素 E8 为 ω，定义为

= $E$1 * LN(1 - $E$3 * $E$2 - $E$4 * $E$4 * $E$2/2)/ $E$2

之后的计算过程为

（1）利用 GAMMAINV 函数来对 g 进行抽样。我们设定计算元 A1，A2，…，A10000 为

= GAMMAINV(RAND( ),$E$1/ $E$2,$E$2)

（2）对于每一个 g，我们在期望值为 θg、标准差为 $\sigma\sqrt{g}$ 的正态分布中提取一个样本，这可以将 B1 设定为

= A1 * $E$3 + SQRT(A1) * $E$4 * NORMSINV(RAND( ))

对计算元 B2，B3，…，B10000 进行类似运算。

（3）股票价格 S_T 由以下表达式给定

$$S_T = S_0\exp[(r-q)T+\omega+z]$$

定义计算元 C1 为

= $E$7 * EXP(($E$5 - $E$6) * $E$1 + B1 + $E$8)

对计算元 C2，C3，…，C10000 进行类似运算，计算元 C1，C2，…，C10000 的结果即为 S_T 的样本值。

图 27-1 显示了在方差－Gamma 假设下，当 $S_0=100$，$T=0.5$，$v=0.5$，$\theta=0.1$，$\sigma=0.2$ 和 $r=q=0$ 时，S_T 的概率分布。作为对照，我们同时也展示了波动率 $\sigma=0.2$（即 20%）几何布朗运动的概率分布图。虽然图 27-1 显示得不是非常清楚，方差－Gamma 模型的尾部比几何布朗运动所给的对数正态分布要肥大。

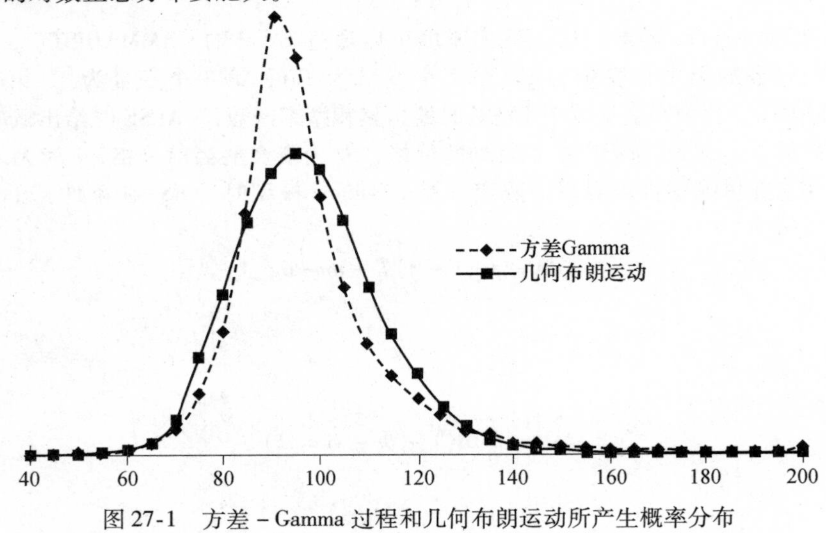

图 27-1　方差－Gamma 过程和几何布朗运动所产生概率分布

⊖ 从现实世界变化到风险中性世界时，所有的参数都会发生变化。这与在纯扩散模型中波动率保持不变的情形是不一样的。

一种对方差 - Gamma 分布进行描述的方式是将 g 视为在时间 T 内信息到达的速度。如果 g 很大，信息到达量也很多，以上计算过程第二步的正态分布均值和方差也较大；如果 g 很小，信息到达量也很少，以上计算过程第二步的正态分布均值和方差也较小。参数 T 为通常的时间测度，g 有时被视为**度量经济时间**（economic time）或者**经时间调整后信息量**（time adjusted for flow of information）的参数。

Madan 等人（1998）提供了欧式期权的**半解析**（semi-analytic）公式。方差 - Gamma 分布往往会产生 U 字形波动率微笑，这一波动率微笑不一定为对称。对于短期产品，波动率微笑十分明显；对于长期产品，波动率微笑逐渐消失。可以将方差 - Gamma 模型价格与股权或简单货币期权产品价格相匹配。

27.2 随机波动率模型

在布莱克 - 斯科尔斯 - 默顿模型里假设了波动率为常数。在实际中，如在第 23 章讨论的那样，波动率是随时间变化的。方差 - Gamma 模型的参数 g 反映了这种性质：低参数 g 代表信息到达的速度较慢，波动率也较低；高参数 g 代表信息到达的速度较快，波动率也较高。

与方差 - Gamma 模型不同的另一种选择是明确假定波动率变量所遵循的过程。我们首先假设在描述标的变量几何布朗运动中的波动率为时间的函数，在风险中性世界里，标的资产价格服从

$$dS = (r - q)Sdt + \sigma(t)Sdz \tag{27-1}$$

这时布莱克 - 斯科尔斯 - 默顿公式的方差率应该被改为期权期限内方差率的平均值（见练习题 27.6）。方差率等于波动率的平方。假定在 1 年内，在前 6 个月的股票价格波动率为 20%，在后 6 个月波动率为 30%，平均方差率为

$$0.5 \times 0.20^2 + 0.5 \times 0.30^2 = 0.065$$

在布莱克 - 斯科尔斯 - 默顿公式中，我们采用的方差率应等于 0.065，相应的波动率为 $\sqrt{0.065} = 0.255$，即 25.5%。

式（27-1）假定了资产的瞬时波动率是完全可以预测的，而实际中的波动率变化过程是随机的，这一现象导致了由于涉及两个随机变量而更为复杂的模型，即股票价格和其波动率均为随机的模型。

研究人员使用的其中一种模型是

$$\frac{dS}{S} = (r - q)dt + \sqrt{V}dz_S \tag{27-2}$$

$$dV = a(V_L - V)dt + \xi V^{\alpha}dz_V \tag{27-3}$$

其中 a，V_L，ξ 和 α 均为常数，dz_S 和 dz_V 为维纳过程，V 为资产的方差率。方差率的漂移项将其以速度 a 拉回到水平 V_L 上。

赫尔和怀特证明了当波动率为随机但与资产价格不相关时，欧式期权的价格等于布莱克 - 斯科尔斯 - 默顿价格以平均方差率在期权期限内的分布上的积分。[㊀] 欧式看涨期权的价格为

$$\int_0^{\infty} c(\bar{V})g(\bar{V})d\bar{V}$$

㊀ 见 J. C. Hull and A. White, "The Pricing of Options on Assets with Stochastic Volatilities," *Journal of Finance*, 42 (June 1987): 281-300，这一结果与方差率所遵循的过程无关。

其中 $\overline{V}$ 为方差率的平均值，c 为以将布莱克 - 斯科尔斯 - 默顿价格作为 $\overline{V}$ 的函数，g 为 $\overline{V}$ 在风险中性世界里的概率密度函数。用这一结果可以证明在平值期权或接近平值期权的情形下，布莱克 - 斯科尔斯 - 默顿价格高估了期权价格；在深度虚值或深度实值期权情形下，布莱克 - 斯科尔斯 - 默顿价格低估了期权价格。这一结果与我们在现实中所观察到的货币期权隐含波动率的形状是一致的（见 20.2 节）。

当标的资产价格与波动率相关时，情况会就更加复杂。我们可以通过蒙特卡罗模拟计算期权价格。对 $\alpha = 0.5$ 的特殊情形，赫尔和怀特给出了级数形式的近似，而 Heston 给出了解析结果。[一]当标的资产价格与波动率具有负的相关性时，我们计算出的隐含波动率与从股票市场上所观察的结果相似（见 20.3 节）。[二]

在第 23 章里我们曾经讨论过指数加权移动平均（EWMA）和 GARCH（1，1）模型，这些模型可以用来代替随机波动率模型。Duan 证明了以 GARCH（1，1）为基础，我们可以得出一个内在一致的期权定价模型（关于 GARCH（1，1）与随机波动率的等价性，见练习题 23.14）。[三]

在应用随机波动率模型时，我们首先应保证由随机波动率模型得出的简单期权价格与市场价格尽量一致，然后我们可以将随机波动率模型应用于特种期权。[四]当期权期限小于 1 年时，从绝对意义上看，随机波动率对于期权价格的影响很小（尽管对于深度虚值期权，期权价格的百分比变化可能很大）；当期权期限增大时，其影响也逐渐增大。随机波动率对于期权 Delta 对冲参数的影响较大，市场上的交易员已经认识到了这一点，如第 19 章中所述，这些交易员通过计算 Vega 来跟踪自身对于波动率变化的风险敞口。

27.3 IVF 模型

到目前为止，在所讨论的模型中，我们可以选取参数以便使得在任意一天内的模型价格均与简单期权价格比较接近。金融机构有时想更近一步，在选择模型时使模型价格与简单产品的市场价格达到完全一致。[五]在 1994 年，Derman 和 Kani，Dupire 以及 Rubinstein 发展了这样的模型，这类模型在后来被称为**隐含波动率函数**（implied volatility functional，IVF）模型或**隐含树形**（implied tree）模型。[六]不管波动率曲面的形状如何，这种模型均可以与任意一天所观察到的欧式期权价格达到完全匹配。

㊀ 见 J. C. Hull and A. White，“An Analysis of the Bias in Option Pricing Caused by a Stochastic Volatility,” *Advances in Futures and Options Research*，3（1988）：27-61；S. L. Heston，“A Closed Form Solution for Options with Stochastic Volatility with Applications to Bonds and Currency Options,” *Review of Financial Studies*，6，2（1993）：327-43。

㊁ 见第 26.1 节的第三个脚注。

㊂ 见 J. -C. Duan，“The GARCH Option Pricing Model,” *Mathematical Finance*，vol. 5（1995），13-22；和 J. -C. Duan，“Cracking the Smile,” *RISK*，vol 9（December 1996），55-59。

㊃ 关于模型应用的例子，见 J. C. Hull and W. Suo，“A Methodology for Assessment of Model Risk and its Application to the Implied Volatility Function Model,” *Journal of Financial and Quantitative Analysis*，37，2（June 2002）：297-318。

㊄ 这么做有一个实际原因。如果银行采用的模型不具备这一特性，银行的交易员可能会对银行的内部模型进行套利。

㊅ 见 B. Dupire，“Pricing with Smile,” *Risk*，February（1994）：18-20；E. Derman and I. Kani，“Riding on a Smile,” *Risk*，February（1994）：32-39；M. Rubinstein，“Implied Binomial Trees” *Journal of Finance*，49，3（July 1994），771-818。

在风险中性世界里，模型中的资产价格服从以下形式的随机过程

$$dS = [r(t) - q(t)]Sdt + \sigma(S,t)Sdz$$

其中 $r(t)$ 为在 t 时刻到期的瞬时远期利率，$q(t)$ 为依赖于时间的股息收益率，波动率 $\sigma(S, t)$ 为 S 和 t 的函数，其选择是保证模型价格与所有在市场上观察到的欧式期权价格一致。Dupire，Andersen 和 Brotherton-Ratcliffe 均证明了 $\sigma(S, t)$ 可由以下解析公式来计算[一]

$$[\sigma(K,T)]^2 = 2\frac{\partial c_{mkt}/\partial T + q(T)c_{mkt} + K[r(T) - q(T)]\partial c_{mkt}/\partial K}{K^2(\partial^2 c_{mkt}/\partial K^2)} \quad (27\text{-}4)$$

其中 $c_{mkt}(K, T)$ 是执行价格为 K、期限为 T 的欧式看涨期权市场价格。当市场上存在足够多的欧式看涨期权时，可以用这一方程来估计函数 $\sigma(S, t)$。[二]

Andersen 和 Brotherton-Ratcliffe 采用将式（27-4）与隐式差分法相结合的方式实现了这个模型。Derman、Kani 以及 Rubinstein 通过构造标的资产树形结构给出了另一种方法，这里的树形结构与市场上简单期权的价格是一致的。

在实际应用中，我们需要每天对 IVF 模型进行校正，以确保模型价格与简单期权价格的一致性，这种模型成了能与简单期权价格保持一致并能为特种期权定价的工具。在第 20 章的讨论中我们曾指出简单期权定义了资产价格在将来任一时间的风险中性概率分布。因此 IVF 模型给出的资产价格在将来任一时间上的风险中性概率分布都是正确的。这意味着，如果期权的收益只在一给定时刻发生（例如，**全部或空手**（all-or-nothing）或**资产或空手**（asset-or-nothing）），IVF 模型给出的价格一定为正确价格。但是，模型给出的资产在两个时间或多个时间的联合分布却不一定正确。这意味着，对于特种期权（例如复合期权和障碍期权），这种模型给出的价格就不一定是正确的。[三]

27.4 可转换债券

我们现在将讨论如何修改第 21 章中提出的数值方法来处理一些特殊定价问题，我们首先考虑**可转换债券**（convertible bond）定价问题。

可转换债券是由公司发行的债券，债券持有者在将来某些时刻有权将债券转换成公司的股票，**转换率**（conversion ratio）是一个单位债券可以转换的股票数量（该比率可能是时间的函数）。这种债券几乎总是可被**赎回**（callable）的，即债券发行者有权按预先指定的价格在某些时间将债券赎回。在债券被赎回时，债券持有者总是有权将债券转换为股票。因此这种可被赎回的作用是债券发行方可以强迫债券持有方提前将债券转换的一种方式。有时债券发行方的可赎回权利只有当股票价格在一定水平之上时才会生效。

在对可转换债券定价时，信用风险起着非常重要的作用。忽略信用风险时将会高估券息和

[一] 见 B. Dupire，"Pricing with Smile，" *Risk*，February（1994）：18-20；L. B. G. Andersen and R. Brotherton-Ratcliffe "The Equity Option Volatility Smile：An Implicit Finite Difference Approach，" *Journal of Computational Finance* 1，No. 2（Winter 1997/98）：5-37。Dupire 考虑了 r 和 q 等于 0 的情形；Andersen 和 Brotherton-Ratcliffe 考虑了更一般的情形。

[二] 这里有必要对观察到的波动率曲面进行光滑处理。

[三] Hull 和 Suo 假定所有衍生产品价格均由随机波动率模型来确定，并由此来检验 IVF 模型。他们发现对于复合期权，模型表现不错，但对于障碍期权，模型可能会产生很大的误差。见 J. C. Hull and W. Suo，"A Methodology for the Assessment of Model Risk and its Application to the Implied Volatility Function Model，" *Journal of Financial and Quantitative Analysis*，37，2（June 2002）：297-318。

本金的价值，计算出的债券价格会不准确。Ingersoll 提出了用一种类似于在 24.6 节中所讨论的默顿（1974）模型来对可转换债券定价的方法。[㊀]在模型中，Ingersoll 假定债券发行方的总资产价值服从几何布朗运动，并将公司股权、可转换债券以及其他与资产价值相关的债权作为资产上的待定权益。在模型中假设只有当资产价值超出负债价值时，债权拥有者才能得到全部付款，因此以这种方式将信用风险考虑在内。

在实际中一个被广泛采用的简单模型是直接模拟债券发行方的股票价格。在这一模型中，假设股票价格服从几何布朗运动，并且在每个小的时间区间 Δt 内，公司有 $\lambda\Delta t$ 的“概率”会违约。当公司违约时股价会变为0，但债券会有一定的回收率。参数 λ 为在24.2 节中所讨论过的风险中性违约密度。

股票价格服从的过程可以通过修改通常所用的二叉树来表达，在每个节点上我们有：

（1）在每段时间 Δt 后，价格按比率 u 上涨的概率为 p_u；

（2）在每段时间 Δt 后，价格按比率 d 下降的概率为 p_d；

（3）在每段时间 Δt 后，公司违约（即股票价格变为0）的“概率”为 $\lambda\Delta t$。更准确地讲，这一违约概率为 $1-e^{-\lambda\Delta t}$。

以下参数保证了树形价格变化的前两阶矩与股票价格分布一致

$$p_u=\frac{a-de^{-\lambda\Delta t}}{u-d},\quad p_d=\frac{ue^{-\lambda\Delta t}-a}{u-d},\quad u=e^{\sqrt{(\sigma^2-\lambda)\Delta t}},\quad d=\frac{1}{u}$$

其中 $a=e^{(r-q)\Delta t}$，r 为无风险利率，q 为股票的收益率。

将树形的期限设定为可转换债券的期限，在树形的末端，债券价格依赖于在这个时间上债券持有人所持有的转换期权，然后我们在树形结构上进行倒推计算。在每个可以进行转换的节点上，我们都需要检验转换是否为最优决策。同时，在可允许将债券赎回的节点上我们还要检验债券发行方是否会将债券赎回，而且如果发行方将债券赎回，我们还要检验将债券转换是否是最优决策。这些决策等价于在节点上将债券价格取为

$$\max[\min(Q_1,Q_2),Q_3]$$

其中 Q_1 为由倒推所产生的价值（假定债券未被转换，也未被赎回），Q_2 为被赎回后的价值，Q_3 为转换后的价值。

例 27-1

考虑一个由 XYZ 公司发行的面值为 100 美元的 9 个月期零息债券。假定在 9 个月的期限内，债券持有者可将债券转换为两只 XYZ 的股票，而且该债券可以在 9 个月内的任意时刻以 113 美元的价格被赎回。股票的最初价格为 50 美元，波动率为每年 30%，股票不支付股息，公司的违约密度 λ 为每年 1%，对应于所有期限的无风险利率均为 5%。假定在违约发生时，债券价值为 40 美元（按通常定义，回收率为 40%）。

图 27-2 显示了可以用来对可转换债券定价的股票价格树形结构，树形共有 3 步（$\Delta t=0.25$）。每个节点上方的数值为股票价格，下方数值为可转换债券的价值。树形结构的 3 个参数为

$$u=e^{\sqrt{(0.09-0.01)\times0.25}}=1.1519,\quad d=1/u=0.8681$$

㊀ 见 J. E. Ingersoll, “A Contingent Claims Valuation of Convertible Securities,” *Journal of Financial Economics*, 4, (May 1977), 289-322。

$$a = e^{0.05 \times 0.25} = 1.0126, \quad p_u = 0.5167, \quad p_d = 0.4808$$

公司违约（即转换到最低节点）的概率为 $1 - e^{-0.01 \times 0.25} = 0.002497$。在 3 个违约节点上，股票价格为 0，债券价值为 40。

我们首先考虑树形的终端节点。在节点 G 和 H 上，债券将被转换，转换后的价值是股票价格的 2 倍；在节点 I 和 J 上，债券将不会被转换，其价值为 100。

对树形结构进行倒推计算后，我们可以得出在树形中前面节点上债券的价值。例如，考虑节点 E，如果债券被转换，其价值为 2 × 50 = 100 美元；如果债券不被转换，这时会有：(a) 以0.5167 的概率转移到节点 H，这时债券的价值为 115.19 美元；(b) 以 0.4808 的概率转移到节点 I，这时债券的价值为 100 美元；(c) 以 0.002497 的概率公司违约，这时债券的价值为 40 美元。因此，债券不被转换时的价值为

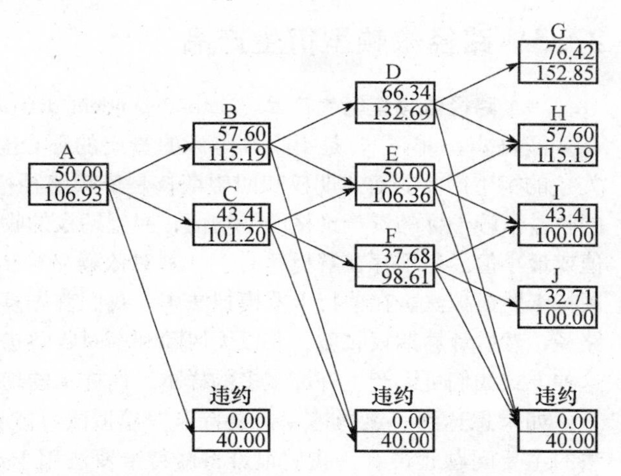

图 27-2　对可转换债券定价的树形。节点上方数值为股票价格；下方数值为可转换债券价值

$$(0.5167 \times 115.19 + 0.4808 \times 100 + 0.002497 \times 40) \times e^{-0.05 \times 0.25} = 106.36(\text{美元})$$

这个值比转换后价值 100 美元要高，因此在节点 E 上，我们不会将证券进行转换。最后，因为赎回价格 113 美元高于 106.36 美元，因此在节点 E 上债券发行方不会将债券赎回。

作为另一个例子，我们考虑节点 B。在债券被转换后其价值为 2 × 57.597 = 115.19 美元；如果不转换，采用类似节点 E 上的计算可以得出债券价值为 118.31 美元，因此债券持有者不会将债券进行转换，但债券发行方会以 113 美元的价格将债券赎回，这时债券持有者将债券转换所取得的收益比债券被赎回后取得的收益要好，因此债券持有者会选择将债券进行转换。在 B 点的债券价值为 115.19 美元。采用类似的做法可以得出债券在节点 D 的价值。在没有转换时，债券价值为 132.79 美元。但是，由于债券将被赎回而会导致强行转换。在这一节点债券价值会减低到 132.69 美元。

可转换证券的价格等于在最初节点 A 上的价格，即 106.93 美元。

当债券支付券息时，我们在计算时必须将其考虑在内。在每个节点上，在债券不被转换的前提下计算债券价值时，债券在将来所支付的所有券息的贴现值都应当被考虑在内。风险中性违约密度 λ 可以通过债券价格或信用违约互换的溢价来估计。在更一般的实现过程中，λ、σ 和 r 均可以为时间的函数。这时，我们可以通过三叉树（而不是二叉树）来进行计算（见 21.4 节）。

我们这里所讨论模型的缺点是违约概率与股票价格无关。一些研究人员建议利用一些隐式差分方法来实现这种模型，其中违约密度 λ 可以是股票和时间的函数。[⊖]

⊖ 例如，像 L. Andersen and D. Buffum，"Calibration and Implementation of Convertible Bond Models，" *Journal of Computational Finance*，7，1（Winter 2003/04），1-34。这些作者假设违约密度函数与 S^{α} 成反比，其中 S 为股票价格，α 为一个正常数。

27.5 路径依赖型衍生产品

一个**路径依赖型衍生产品**（path-dependent derivative）（也被称为**依赖历史衍生产品**（history-dependent derivative））是指收益与标的资产的路径有关（而不仅仅只与标的资产的最终价格有关）的衍生产品。亚式期权和回望期权是依赖路径衍生产品的例子。如第26章所示，亚式期权的收益依赖于标的资产价格的平均值，回望期权的收益依赖于资产价格在期权期限内取得的最大值或最小值。当不存在解析解时，一种对依赖路径衍生产品定价的方法是在第21章中讨论过的蒙特卡罗模拟法。在蒙特卡罗模拟法中，我们首先模拟标的资产变量在风险中性世界里所遵循的路径，然后计算期权收益，并以无风险利率对收益进行贴现。由此我们可以得出一个样本。通过这种方式我们可以产生许许多多的样本，而样本的均值即为衍生产品价格的近似值。

如果想达到一定的精度，蒙特卡罗模拟法可能会需要很长的运算时间，这是蒙特卡罗模拟法的主要问题。再有，我们很难将蒙特卡罗法用于依赖路径美式期权（即衍生产品的收益依赖路径，同时期权的持有方有权提前行使期权）。在这一节里，我们将说明如何推广在第21章里所讨论的二叉树法来对依赖路径衍生产品定价。[⊖]这里的方法可以用来处理依赖路径美式期权定价。对于依赖路径欧式衍生产品，这一方法比蒙特卡罗法更加有效。

为了保证这一方法可以运作，以下两个条件必须成立：

（1）衍生产品收益只与标的变量路径的一个函数 F 有关；

（2）F 在时刻 $\tau+\Delta t$ 的值可以由 F 在时刻 τ 的值和标的变量在 $\tau+\Delta t$ 的值来计算。

27.5.1 回望期权例解

为了说明算法，我们首先考虑无股息股票上的美式浮动回望期权。[⊜]如果在时刻 τ 行使期权，期权收益等于在0与 τ 之间股票价格的最大值与股票当前价格的差。假定股票的初始价格为50美元，波动率为每年40%，无风险利率为每年10%，期权的期限为3个月，股票价格的变动由一个3步二叉树来表达。采用通常的符号，$S_0=50$，$\sigma=0.4$，$r=0.10$，$\Delta t=0.083\,33$，$u=1.122\,4$，$d=0.890\,9$，$a=1.008\,4$ 和 $p=0.507\,3$。

树形结构如图27-3所示。节点上方的数值为股票价格，下一层的数值为股票价格在到达该节点可能路径上的最大值，最下层的数值为衍生产品的价值。对应每个可能的最大值都会有一个相应的衍生产品价值。

期权在树形最后节点上的值等于股票的最大值减去实际股票价格。为了说明倒推计算过程，假定我们正处在节点A上，相应的股票价格为50美元。在这一点上，股票价格所取的最大值或者为56.12美元，或者为50美元。我们首先考虑最大值为50美元的情形。如果股票价格往上移动时，股票的最大值变为56.12美元，相应的期权价值为0；如果股票价格向下移动时，股票的最大值仍为50美元，相应的期权价值为5.45美元。在没有提前行使的条件下，在节点A上，对应最大值为50美元的情形，期权价值等于

$$(0\times 0.507\,3+5.45\times 0.492\,7)e^{-0.1\times 0.083\,333}=2.66(\text{美元})$$

⊖ 这一方法最先由赫尔和怀特提出，见 J. Hull and A. White，“Efficient Procedures for Valuing European and American Path-Dependent Options，” *Journal of Derivatives*，1，1（Fall 1993）：21-31。

⊜ 这一例子只是为了说明针对依赖路径产品的一般计算方法，关于美式回望期权更有效的定价方法，见网页 www.rotman.utoronto.ca/~hull/TechnicalNotes 里的 Technical Note 13。

显然，在节点 A 我们不应该提前行使期权，因为由行使期权所带来的收益为 0。通过类似的计算我们可以得出，在节点 A 对应于最大值为 56.12 美元的情形，在没有提前行使的前提下期权价值等于

$$(0 \times 0.5073 + 11.57 \times 0.4927)e^{-0.1 \times 0.083333} = 5.65(\text{美元})$$

这时，提前行使期权的收益为 6.12 美元，因此提前行使期权为最优。按照以上说明的方式，在树形结构上进行倒推计算，我们得出美式回望期权的价格为 5.47 美元。

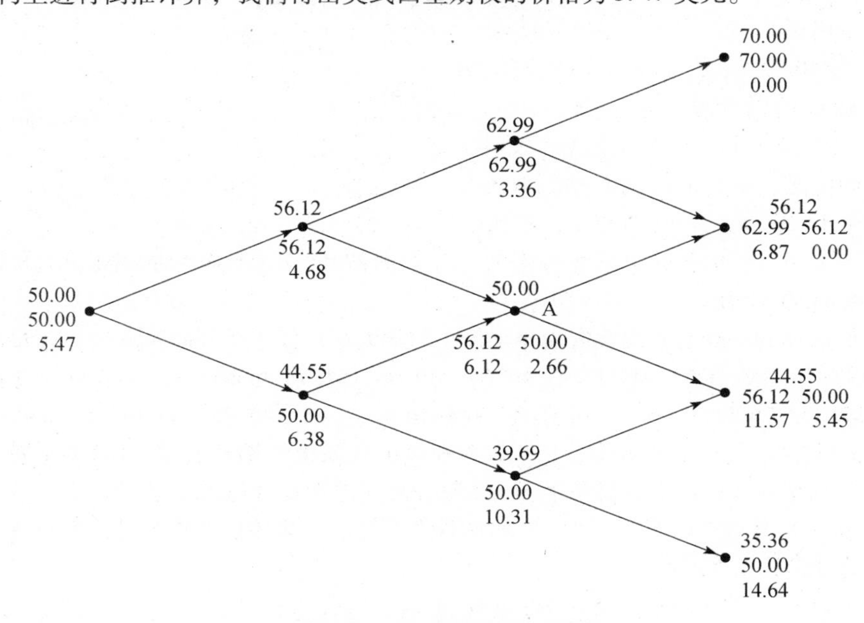

图 27-3　美式回望期权的定价树形结构

27.5.2　推广

随着时间步数的增长，如果节点上的路径函数 F 取值的个数增长不太快，从数值计算的角度来看，以上描述的方法切实可行。以上考虑的回望期权例子满足这个条件，因为在一个 n 步二叉树上，每一节点对应的不同最大值不会超过 n。

幸运的是，以上方法可以推广到路径函数 F 取很多值的情形。基本处理方式如下：在每个节点上，我们只对路径函数 F 所取的少数具有代表意义的值进行计算。当需要其他路径函数值时，我们可以采用插值法来从已知的数值上求取。

计算的第 1 步，是以向前推进的方式在树形结构的每一个节点上建立路径函数的最大值和最小值。假定路径函数在时刻 $\tau+\Delta t$ 的取值可以由路径函数在时刻 τ 的值和标的变量在 $\tau+\Delta t$ 的值来计算，路径函数在时刻 $\tau+\Delta t$ 的最大值和最小值可以直接由路径函数在时刻 τ 的最大值和最小值来计算。计算的第 2 步，是在每个节点上选取具有代表意义的路径函数值。做法有很多种，一种做法是选取最大值和最小值以及介于它们之间其他相同间隔的中间值。当我们在树形上进行倒推计算时，对于每个路径函数的代表值，我们都要计算相应衍生产品的价值。

我们将通过考虑 26.13 节例 26-3 中的平均价格看涨期权来说明计算过程，在这里期权的收益依赖于股票平均价格。股票的初始价格为 50 美元，执行价格为 50 美元，无风险利率为 10%，股票价格波动率为 40%，期限为 1 年。在计算中，我们采用 20 步的二叉树。二叉树的参数为 $\Delta t=$

0.05，$u=1.0936$，$d=0.9144$，$p=0.5056$ 和 $\Delta t=0.4944$。路径函数为股票价格的算术平均值。

图 27-4 显示了在树形上的一部分运算过程。节点 X 为 0.2 年时（树形的第四步）的中心节点，节点 Y 和 Z 为 0.25 年时与 X 节点相连接的两个节点，在 X 节点上的股票价格为 50 美元。由向前归纳可以得出在节点 X，股票价格平均值的最大值为 53.83 美元，最小值为 46.65 美元（在计算平均值时，我们包括最初以及最后的股票价格）。节点 X 分叉出节点 Y 和 Z。在节点 Y，股票价格为 54.68 美元，平均值的上下界分别为 57.39 美元和 47.99 美元；在节点 Z，股票价格为 45.72 美元，平均值的上下界分别为 52.48 美元和 43.88 美元。

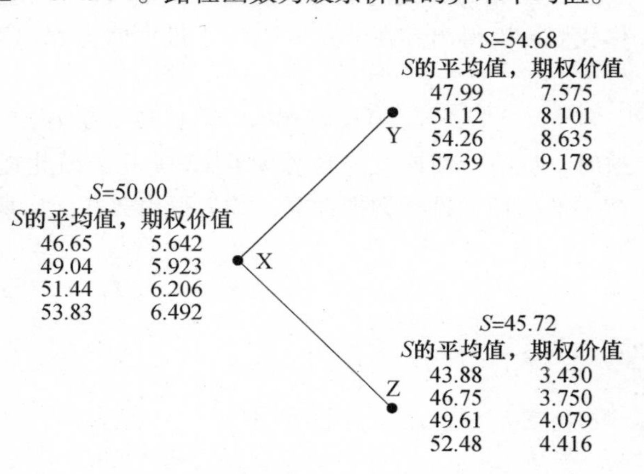

图 27-4 算术平均值期权定价的局部计算

假定我们选择的路径函数代表值为介于最小与最大值之间 4 个等间隔点（包括最小与最大值本身）。因此，在节点 X，我们考虑 46.65、49.04、51.44 和 53.83；在节点 Y，我们考虑 47.99、51.12、54.26 和 57.39；在节点 Z，我们考虑 43.88、46.75、49.61 和 52.48。假设通过向后归纳，我们已经计算出了对应于节点 Y 和 Z 上代表值的期权价值。图 27-4 展示了计算结果（例如，在节点 Y，当平均值等于 51.12 时，相应的期权价值为 8.101）。

考虑在节点 X 上当平均值等于 51.44 时的计算过程。如果股票价格上升到节点 Y，新的平均值为

$$\frac{5\times 51.44+54.68}{6}=51.98$$

在节点 Y 上，对应于这一新的平均值，衍生产品的价值等于平均值为 51.12 和 54.26 所对应衍生产品价值的插值，即

$$\frac{(51.98-51.12)\times 8.635+(54.26-51.98)\times 8.101}{54.26-51.12}=8.247$$

类似地，如果股票价格下降到节点 Z，新的平均值为

$$\frac{5\times 51.44+45.72}{6}=50.49$$

通过插值，我们得出相应的衍生产品价值为 4.182。

因此，对应于平均值 51.44，衍生产品的价值为

$$(0.5056\times 8.247+0.4944\times 4.182)e^{-0.1\times 0.05}=6.206$$

对节点 X 上其他代表值也可以通过类似的方法处理。一旦完成了对应于 0.2 年上节点的计算，我们可以接着考虑对应于 0.15 年的节点。

在 0 时刻由整个树形得出的期权价值为 7.17。当时间步数和节点上的代表值数量增加时，期权价格将会收敛于正确解。由 60 步树形和 100 个平均代表值得出的期权价格为 5.58。在例 26-3中计算出的解析近似解为 5.62。

这里所讨论方法的主要优点在于它可被用于处理美式期权。对于美式期权，计算过程同以上描述相似，唯一区别是对于每个代表值，我们均要检验是否应提前行使期权（在实际中，提前行使期权的决策可能会与路径函数取值和标的资产价值都有关）。在以上期权为美式期权的

情形下，由 20 步树形与 4 个平均代表值得出的期权价格为 7.77，由 60 步树形与 100 个平均代表值得出的期权价格为 6.17。

这里描述的方法可以用于许多不同的情形，在这一节的开始我们列出了该方法可行性的 2 个条件。在方法的实现过程中，采用二次插值的效率会高于线性插值。

27.6 障碍期权

在第 26 章里，我们给出过标准障碍期权的解析定价公式。在这一节里我们考虑当没有解析解时，关于障碍期权定价的数值算法。

原则上讲，我们可以采用第 21 章里讨论的二叉树和三叉树来对障碍期权定价。考虑一个上涨 - 敲出期权（up-and-out option），我们可以采用与标准期权定价相同的算法，只是当节点高出障碍值时，我们需要将期权的价值设为 0。

三叉树比二叉树的精确度要好，但对于障碍期权，三叉树的收敛也很慢。为了取得合理的精确度，我们需要采用很大的步数。产生这一现象的原因是由于树形结构采用的障碍与实际障碍有所不同。[⊖]定义**内部障碍**（inner barrier）为刚好落在真正障碍内的树形结构上的节点（离树形结构的中心更近），**外部障碍**（outer barrier）为刚好落在真正障碍外的树形结构上的节点（离树形结构的中心更远）。图 27-5 显示了在障碍为水平的假设下三叉树的内部障碍和外部障碍。在通常的计算中，一般都隐含地将外部障碍假设为真正障碍，这是因为障碍条件首先被用于在外部障碍上的节点。假定时间步长为 Δt，垂直节点之间的间隔与 $\sqrt{\Delta t}$同阶。这意味着，由真正障碍与外部障碍之间的差别所带来的计算误差也应该与 $\sqrt{\Delta t}$同阶。

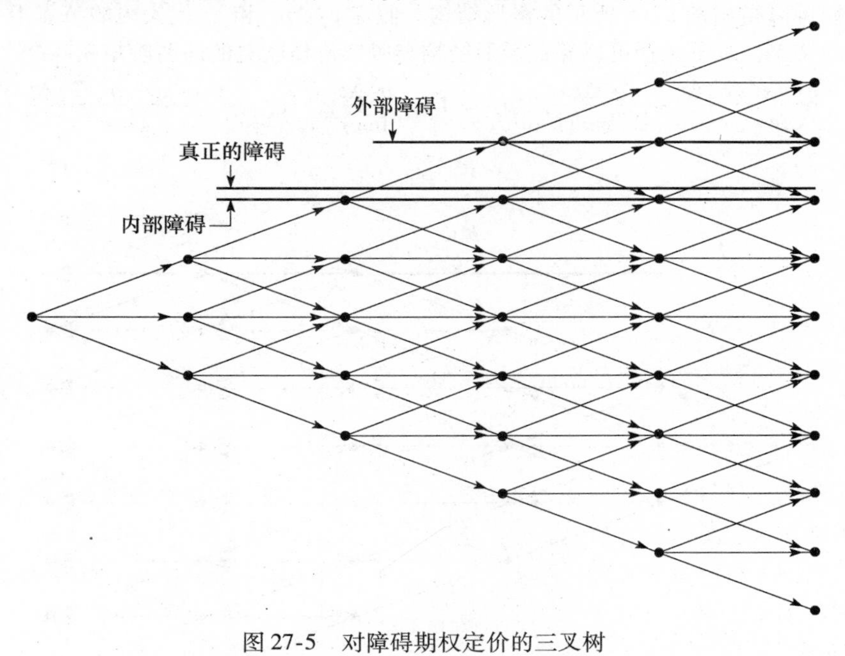

图 27-5　对障碍期权定价的三叉树

⊖ 关于这一问题的讨论，见 P. P. Boyle and S. H. Lau，"Bumping Up Against the Barrier with the Binomial Method，" *Journal of Derivatives*，1，4（Summer 1994）：6-14。

一种解决这一问题的方法如下：

（1）假定内部障碍为真正障碍，计算期权价值；

（2）假定外部障碍为真正障碍，计算期权价值；

（3）对以上两个价值进行插值。

另外一种解决问题的方法是确保节点落在障碍上。假定股票的初始价格为 S_0，障碍为 H。在三叉树的每个节点上，资产价格变化共有三种可能：价格上升比率为 u，价格不变，价格下降比率为 d，其中 $d=1/u$。我们总可以选择 u 来保证节点落在障碍上，u 所满足的条件为

$$H = S_0 u^N$$

即

$$\ln H = \ln S_0 + N\ln u$$

其中 N 为一个正（或负）的整数。

在 21.4 节中讨论三叉树时，我们曾建议将 u 的值取为 $e^{\sigma\sqrt{3\Delta t}}$，因此 $\ln u=\sigma\sqrt{3\Delta t}$。对这里所考虑的情形，一个选择 $\ln u$ 的原则是在保证 $\ln H=\ln S_0+N\ln u$ 条件成立的同时，确保 $\ln u$ 尽可能接近于 $\sigma\sqrt{3\Delta t}$，这意味着

$$\ln u = \frac{\ln H - \ln S_0}{N}$$

其中

$$N = \text{int}\left[\frac{\ln H - \ln S_0}{\sigma\sqrt{3\Delta t}} + 0.5\right]$$

这里 $\text{int}(x)$ 代表 x 的整数部分。

由此我们可以得出图 27-6 所示的树形结构。假定 p_u、p_m 和 p_d 代表树的节点上价格上涨、不变、下跌的概率，以下选择可以保证树形结构与股票价格收益的前两阶矩相匹配

$$p_d = -\frac{(r-q-\sigma^2/2)\Delta t}{2\ln u} + \frac{\sigma^2\Delta t}{2(\ln u)^2}, \quad p_m = 1 - \frac{\sigma^2\Delta t}{(\ln u)^2}, \quad p_u = \frac{(r-q-\sigma^2/2)\Delta t}{2\ln u} + \frac{\sigma^2\Delta t}{2(\ln u)^2}$$

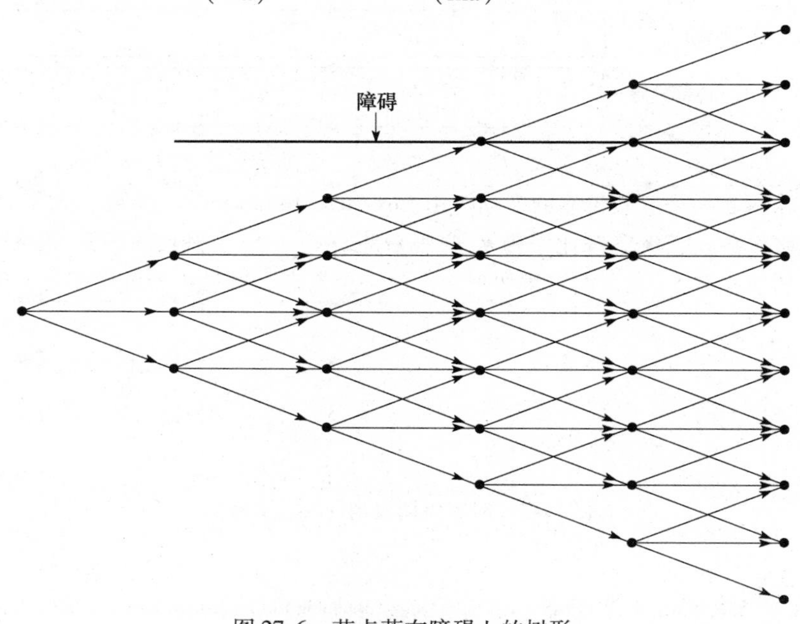

图 27-6　节点落在障碍上的树形

自适用网格模型

在初始股票的价格与障碍有一定距离时，以上所讨论方法的效果很好。当资产初始价格与障碍水平很接近时，我们可以采用 21.4 节中提到的自适用网格模型。[㊀]这一模型的核心思想是在树形结构上，当资产价格是在计算所需要的关键区域时，树形结构会自行由粗网格变为细网格。

为了给障碍期权定价，当资产价格接近障碍时，我们需要更细致的网格。图 27-7 说明了该类树形的设计过程。树形的几何形状保证节点落在障碍上，概率的选择会保证标的资产所服从过程的两阶矩被得以匹配。图 27-7 中的粗线条代表粗网格树形，细线条代表细网格树形。在计算过程中，我们首先以通常的方式在粗网格树形上进行倒推计算，在附加网格上我们采用虚线所示的分叉进行计算，最后在树形上进行倒推计算。

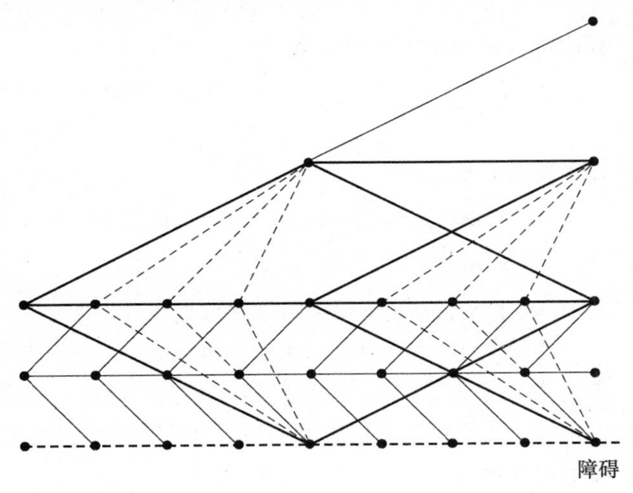

图 27-7　用于障碍期权定价的自适用网格模型

27.7　两个相关资产上的期权

另外一个难以用数字计算来处理的问题是与两个相关变量有关的美式期权定价。为此研究人员提出了许多种解决方法，在这一节里我们将讨论其中的三种。

27.7.1　变量替换

对两个不相关的变量，我们可以比较容易地构造代表变量变动的三维树形结构。构造过程如下：首先我们构造两个分别代表单个变量变动的二维树形，然后我们将这两个树形结合成一个三维树形。在三维树形中分支所对应的概率等于二维树形概率的乘积。例如，两个股票价格分别为 S_1 和 S_2，每一个股票价格的变动可由 Cox-Ross-Rubinstein 二叉树来表示。假设 S_1 上升比率为 u_1 的概率是 p_1，S_1 下降比率为 d_1 的概率是 $1-p_1$；S_2 上升比率为 u_2 的概率是 p_2，S_2 下降比率为 d_2 的概率是 $1-p_2$。在三维树形上，每一个节点会产生 4 个价格变化，相应的概率为

p_1p_2：S_1 上升，S_2 上升；

$p_1(1-p_2)$：S_1 上升，S_2 下降；

$(1-p_1)p_2$：S_1 下降，S_2 上升；

$(1-p_1)(1-p_2)$：S_1 下降，S_2 下降。

接下来我们考虑 S_1 和 S_2 相关的情形。假定在风险中性世界里 S_1 和 S_2 分别服从

$$dS_1 = (r-q_1)S_1dt + \sigma_1 S_1 dz_1$$

㊀ 见 S. Figlewski and B. Gao, "The Adaptive Mesh Model: A New Approach to Efficient Option Pricing," *Journal of Financial Economics*, 53 (1999): 313-51。

$$dS_2 = (r - q_2)S_2 dt + \sigma_2 S_2 dz_2$$

其中维纳过程 dz_1 和 dz_2 之间的瞬时相关系数为 ρ。这意味着

$$d\ln S_1 = (r - q_1 - \sigma_1^2/2)dt + \sigma_1 dz_1$$

$$d\ln S_2 = (r - q_2 - \sigma_2^2/2)dt + \sigma_2 dz_2$$

我们定义两个不无关的变量[1]

$$x_1 = \sigma_2 \ln S_1 + \sigma_1 \ln S_2$$

$$x_2 = \sigma_2 \ln S_1 - \sigma_1 \ln S_2$$

以上变量服从

$$dx_1 = [\sigma_2(r - q_1 - \sigma_1^2/2) + \sigma_1(r - q_2 - \sigma_2^2/2)]dt + \sigma_1\sigma_2\sqrt{2(1+\rho)}dz_A$$

$$dx_2 = [\sigma_2(r - q_1 - \sigma_1^2/2) - \sigma_1(r - q_2 - \sigma_2^2/2)]dt + \sigma_1\sigma_2\sqrt{2(1-\rho)}dz_B$$

其中 dz_A 和 dz_B 为互不相关的维纳过程。

变量 x_1 和 x_2 可以分别用两个单独的二叉树来描述。在 Δt 时间，x_i 增加 h_i 的概率为 p_i，减小 h_i 的概率为 $1 - p_i$。变量 h_i 和 p_i 的选择确保 x_i 的前两阶矩被得以匹配。因为变量 x_1 和 x_2 互不相关，我们可以采用以上描述的方式来产生三维树形。在树形的每个节点上，我们可以采用以下反变换由 x_1 和 x_2 计算出 S_1 和 S_2

$$S_1 = \exp\left[\frac{x_1 + x_2}{2\sigma_2}\right], S_2 = \exp\left[\frac{x_1 - x_2}{2\sigma_1}\right]$$

在三维树形上，对于衍生产品价格的倒推计算与二维树形时相似。

27.7.2 采用非长方形的树形结构

Rubinstein 提出了一种建立两个相关股票价格三维树形的方法。[2]在任何时间点上，树形的节点位置不一定为长方形。由节点（S_1，S_2）出发，其中 S_1 为第 1 个股票的价格，S_2 为第 2 个股票的价格，股票价格有 0.25 的概率变为以下每个值

$$(S_1u_1, S_2A), (S_1u_1, S_2B), (S_1d_1, S_2C), (S_1d_1, S_2D)$$

其中

$$u_1 = \exp[(r - q_1 - \sigma_1^2/2)\Delta t + \sigma_1\sqrt{\Delta t}]$$

$$d_1 = \exp[(r - q_1 - \sigma_1^2/2)\Delta t - \sigma_1\sqrt{\Delta t}]$$

以及

$$A = \exp[(r - q_2 - \sigma_2^2/2)\Delta t + \sigma_2\sqrt{\Delta t}(\rho + \sqrt{1-\rho^2})]$$

$$B = \exp[(r - q_2 - \sigma_2^2/2)\Delta t + \sigma_2\sqrt{\Delta t}(\rho - \sqrt{1-\rho^2})]$$

$$C = \exp[(r - q_2 - \sigma_2^2/2)\Delta t - \sigma_2\sqrt{\Delta t}(\rho - \sqrt{1-\rho^2})]$$

$$D = \exp[(r - q_2 - \sigma_2^2/2)\Delta t - \sigma_2\sqrt{\Delta t}(\rho + \sqrt{1-\rho^2})]$$

当相关系数为0时，以上构造树形的方法等价于利用21.4 节里单独构造 S_1 和 S_2 树形的方法。

---

[1] 这一想法最先由赫尔和怀特提出，见 J. Hull and A. White，“Valuing Derivative Securities Using the Explicit Finite Difference Method，” *Journal of Financial and Quantitative Analysis*，25（1990）：87-100。

[2] 见 M. Rubinstein，“Return to Oz，” *Risk*，November（1994）：67-70。

27.7.3 调整概率

第 3 种构造关于 S_1 和 S_2 的三维树形的方法如下：首先假定相关系数为 0 来构造树形结构，然后通过调整概率来反映相关系数。[一]对于单独的 S_1 和 S_2，我们采用 21.4 节里的方法构造二叉树，这种方法使得价格上升和下降的概率均为 0.5。在没有相关性的前提下，合成二叉树的概率如表 27-2 所示。对于概率进行调整后，合成二叉树的概率变为了表 27-3 中的形式。

表 27-2　相关系数为 0 时三维树形的概率

S_2 变动	S_1 变动	
	下方	上方
上方	0.25	0.25
下方	0.25	0.25

表 27-3　相关系数为 ρ 时三维树形的概率

S_2 变动	S_1 变动	
	下方	上方
上方	$0.25(1-\rho)$	$0.25(1+\rho)$
下方	$0.25(1+\rho)$	$0.25(1-\rho)$

27.8 蒙特卡罗模拟与美式期权

蒙特卡罗模拟法很适合用于对依赖路径期权或与多变量有关的期权定价。树形结构和有限差分法可用于美式期权的定价。如果期权既是美式期权，又依赖路径时会如何？如果一个美式期权与几个随机变量有关将如何处理？在 27.5 节中，我们讨论了如何改进二叉树算法来考虑与路径有关的若干情形。一些研究人员尝试不同的算法以便将蒙特卡罗法用于美式期权的定价。[二]在这里，我们将讨论两种不同的算法。

27.8.1 最小二乘法

当对美式期权定价时，我们必须在可以提前行使期权的时间上对继续持有期权或行使期权做出选择。行使期权所得价值通常比较容易决定。包括 Longstaff 和 Schwartz 在内的一些研究人员提出了一种在蒙特卡罗模拟过程中确定继续持有期权所得价值的方法。[三]在必须做出是否提前行使期权决定的时间点上，Longstaff 和 Schwartz 提出了采用最小二乘法来确定继续持有期权的价值与某些有关变量之间的最佳匹配关系。解释这一方法的最好办法是通过例子。我们在这里采用的例子来自于 Longstaff 和 Schwartz 的文章。

考虑一个无股息股票上的 3 年期美式看跌期权，在第 1 年年末、第 2 年年末和第 3 年年末期权持有人可以行使期权。无风险利率为每年 6%（连续复利），当前的股票价格为 1.00，期权执行价格为 1.10。假定我们模拟了 8 条如表 27-4 所示的股票价格路径（这只是为了说明问题。在实际中，我们需要做很多次模拟）。如果期权只在第 3 年年末行使，行使期权所得的资金流等于期权的内涵价值，相应结果显示在表 27-5 的最后一列。

[一] 这一方法是由赫尔和怀特在处理利率树形时首先提出的，见 J. Hull and A. White, "Numerical Procedures for Implementing Term Structure Models II: Two-Factor Models," *Journal of Derivatives*, Winter (1994): 37-48。

[二] Tilley 是最早对这种问题给出解法的人，见 J. A. Tilley, "Valuing American Options in a Path Simulation Model," *Transactions of the Scoiety of Actuaries*, 45 (1993): 83-104。

[三] 见 F. A. Longstaff and E. S. Schwartz, "Valuing American Options by Simulation: A Simple Least-Square Approach," *Review of Financial Studies*, 14, 1 (Spring 2001): 113-47。

表 27-4　看跌期权例子的模拟路径

路径	$t=0$	$t=1$	$t=2$	$t=3$
1	1.00	1.09	1.08	1.34
2	1.00	1.16	1.26	1.54
3	1.00	1.22	1.07	1.03
4	1.00	0.93	0.97	0.92
5	1.00	1.11	1.56	1.52
6	1.00	0.76	0.77	0.90
7	1.00	0.92	0.84	1.01
8	1.00	0.88	1.22	1.34

表 27-5　期权只在第 3 年年末被行使时所对应的现金流

路径	$t=1$	$t=2$	$t=3$
1	0.00	0.00	0.00
2	0.00	0.00	0.00
3	0.00	0.00	0.07
4	0.00	0.00	0.18
5	0.00	0.00	0.00
6	0.00	0.00	0.20
7	0.00	0.00	0.09
8	0.00	0.00	0.00

如果期权在第 2 年年末为实值期权，期权持有者必须决定是否应提前行使期权。由表 27-4 得出，路径 1，3，4，6，7 在第 2 年年末时期权处于实值状态。对于这些路径，我们假定以下近似关系

$$V = a + bS + cS^2$$

其中 S 为股票在第 2 年时的价格，V 为继续持有期权的价值被贴现到 2 年年末时的值。S 的 5 个观察值为 1.08，1.07，0.97，0.77 和 0.84。由表 27-5 得出相应 V 的价值分别为 0.00，$0.07e^{-0.06\times1}$，$0.18e^{-0.06\times1}$，$0.20e^{-0.06\times1}$和$0.09e^{-0.06\times1}$。我们采用这些数据来求使

$$\sum_{i=1}^{5}(V_i - a - bS_i - cS_i^2)^2$$

达到最小的系数 a、b 和 c，其中 S_i 和 V_i 分别为 S 和 V 的第 i 个观察值。这些系数分别为 $a=-1.070$，$b=2.983$，$c=-1.813$，因此最佳匹配方程为

$$V = -1.070 + 2.983S - 1.813S^2$$

因此，对于路径 1、3、4、6、7，在第 2 年年末继续持有期权的价值为 0.036 9、0.046 1、0.117 6、0.152 0 和 0.156 5。由表 27-4 得出行使期权的价值分别为 0.02、0.03、0.13、0.33 和 0.26，这意味着在路径 4、6 和 7 上，我们在第 2 年年末应行使期权。对于这 8 条路径，表 27-6总结了期权或在第 3 年年末行使，或在第 2 年年末行使所产生的现金流。

表 27-6　期权只在第 2 年年末或第 3 年年末被行使所对应的现金流

路径	$t=1$	$t=2$	$t=3$
1	0.00	0.00	0.00
2	0.00	0.00	0.00
3	0.00	0.00	0.07
4	0.00	0.13	0.00
5	0.00	0.00	0.00
6	0.00	0.33	0.00
7	0.00	0.26	0.00
8	0.00	0.00	0.00

我们接下来考虑期权在第 1 年年末为实值期权的情形，期权在路径 1、4、6、7、8 上为实值期权。由表 27-4 得出，在第 1 年年末，相应的股票价格分别为 1.09、0.93、0.76、0.92 和 0.88。由表 27-6 得出，继续持有期权的价值被贴现到第 1 年年末时的价格分别为 0.00，$0.13e^{-0.06\times1}$，$0.33e^{-0.06\times1}$，$0.26e^{-0.06\times1}$和 0.00。最小二乘关系式为

$$V = 2.038 - 3.335S + 1.356S^2$$

因此，对于路径 1、4、6、7、8，在第 1 年年末继续持有期权的价值分别为 0.013 9、0.109 2、0.288 6、0.117 5 和 0.153 3。由表 27-4 得出，行使期权所的价值分别为 0.01、0.17、0.34、0.18 和 0.22。表 27-7 总结了期权可在第 3 年年中的每一年末均可以被行使时所产生的现金流。期权价格等于所有现金流以无风险利率进行贴现后的平均值，即

$$\frac{1}{8}(0.07e^{-0.06\times 3}+0.17e^{-0.06\times 1}+0.34e^{-0.06\times 1}+0.18e^{-0.06\times 1}+0.22e^{-0.06\times 1})=0.1144$$

因为以上数值大于 0.10，因此立即行使期权不是最优。

表 27-7　期权的现金流

路径	$t=1$	$t=2$	$t=3$	路径	$t=1$	$t=2$	$t=3$
1	0.00	0.00	0.00	5	0.00	0.00	0.00
2	0.00	0.00	0.00	6	0.34	0.00	0.00
3	0.00	0.00	0.07	7	0.18	0.00	0.00
4	0.17	0.00	0.00	8	0.22	0.00	0.00

这里介绍的方法可以在多方面加以推广。如果可以在任何时刻行使期权，我们可以通过增加可行使期权时刻次数（类似于二叉树）的方式来估计期权。我们也可以假设 V 和 S 之间的关系式更加复杂，例如，我们可以假设 V 是 S 的立方函数（而不是二次函数）。当提前行使权利与多个变量有关时，我们也可以采用以上的算法进行计算，并假设 V 和变量之间关系具有某种函数形式，其中的参数仍可由最小二乘法来确定。

27.8.2　将行使边界参数化的方法

有一些研究人员（例如 Andersen）提出了另一种对提前行使边界进行参数化来对美式期权的模拟定价方法。边界确定的方式是由期权的到期日开始向后倒推，并在每一步以迭代的形式选取最佳参数。[⊖]为了说明这种方法，我们仍采用上面的看跌期权例子，并且仍然假定在表 27-4 中为模拟而生成的 8 个路径。这时，提前行使的边界是以 S 的关键值 $S^*(t)$ 来确定的。在时刻 t，如果股票价格小于 $S^*(t)$，期权被提前行使；如果股票价格大于 $S^*(t)$，期权不会被提前行使。$S^*(3)$ 的值为 1.10，即当 $t=3$ 时，如果股票价格小于 1.10，期权被行使；如果股票价格大于 1.10，期权不会被行使。我们接下来考虑如何计算 $S^*(2)$。

假定 $S^*(2)$ 的取值小于 0.77，期权在任何一条路径上都不会在第 2 年时被行使。在第 2 年年末，期权在 8 条路径下的价值分别为 0.00、0.00、$0.07e^{-0.06\times 1}$、$0.18e^{-0.06\times 1}$、0.00、$0.20e^{-0.06\times 1}$、$0.09e^{-0.06\times 1}$和 0.00。平均值为 0.0636。接下来，假定 $S^*(2)=0.77$。这时，在第 2 年年末，期权在 8 个路径下的价值分别为 0.00、0.00、$0.07e^{-0.06\times 1}$、$0.18e^{-0.06\times 1}$、0.00、0.33、$0.09e^{-0.06\times 1}$和 0.00。平均值为 0.0813。类似地，当 $S^*(2)$ 分别等于 0.84、0.97、1.07 和 1.08 时，相应的期权价值分别为 0.1032、0.0982、0.0938 和 0.0963。以上分析说明，$S^*(2)$ 的最佳（即使得期权价格的平均值为最大）选择是 0.84（更准确地讲，$0.84\leqslant S^*(2)<0.97$）。当 $S^*(2)$ 等于这一最佳选择时，在第 2 年年末，期权在 8 个路径下的价值分别为 0.00、0.00、0.0659、0.1695、0.00、0.33、0.26 和 0.00，其平均值为 0.1032。

我们接着考虑如何计算 $S^*(1)$。假定 $S^*(1)<0.76$，期权在任何一条路径上都不会在第 1 年时被行使，期权在第 1 年年末时的价值为 $0.1032e^{-0.06\times 1}=0.0972$。假定 $S^*(1)=0.76$。这时，在第 1 年年末，期权在 8 条路径下的价值分别为 0.00、0.00、$0.0659e^{-0.06\times 1}$、$0.1695e^{-0.06\times 1}$、0.00、0.34、$0.26e^{-0.06\times 1}$和 0.00，其平均值为 0.1008。类似地，当 $S^*(1)$ 分别等于 0.88、0.92、0.93 和 1.09 时，相应的期权价值分别为 0.1283、0.1202、0.1215 和 0.1228。以上分析说明，$S^*(1)$ 的最佳选择是 0.88（更准确地讲，$0.88\leqslant S^*(1)<0.92$）。在没有提前行使的

⊖ 见 L. Andersen，"A Simple Approach to the Pricing of Bermudan Swaptions in the Multifactor LIBOR Market Model，" *Journal of Computational Finance*，3，2（Winter 2000）：1-32。

情况下，0时刻的期权价值为$0.1283e^{-0.06\times1}=0.1208$，这一价值大于在0时刻立即行使期权的价值0.10。

在实际中，我们需要进行成千上万次的模拟来确定以上所描述的行使边界。一旦行使边界被确定以后，我们将舍弃为确定行使边界所模拟的路径，并利用所得到的行使边界重新进行新的模拟来对期权定价。我们例子中的美式期权比较简单，因为在任意时刻都可以通过一个股票价格来定义出提前行使边界。在更复杂的情形下，我们必须对如何将边界参数化做一些假设。

27.8.3 价格的上界

以上讨论的两种方法往往会低估美式期权的价格，这是因为我们提供的提前行使期权边界并非为最优。由于这个原因，Andersen 和 Broadie 提出了一个计算期权上界的方法。[⊖]与计算期权价格的下界的算法并用，Andersen 和 Broadie 方法可以求出更加精确的期权价格估计值，其精确度要高于仅仅采用计算下界的方法所得出的估计值。

小 结

研究人员已经提出了一些能够与现实世界所观察到的波动率微笑相吻合的模型。由常方差弹性模型所得出的波动率微笑与我们在现实中观察到的股票期权波动率微笑较为相似；跳跃－扩散模型所得出的波动率微笑与我们观察到的货币期权波动率微笑较为相似；方差－Gamma 模型和随机波动率模型更加灵活，这些模型既可以产生我们观察到的货币期权波动率微笑，也可以产生股票期权的波动率微笑。蕴含波动率函数（IVF）模型比此更加灵活，该模型的设计是用来与欧式期权市场价格的任意形式达到完全匹配。

对依赖路径的期权定价的自然方法是蒙特卡罗模拟法。蒙特卡罗法的缺点是计算速度缓慢，而且难以用于对美式衍生产品的定价。幸运的是，树形结构可以用来对许多类型的依赖路径期权产品定价，其做法是在树形的每一节点上计算一些具有代表意义的数值，并在树形结构中反推计算时，对于每一个路径值计算出相应的衍生产品价格。

我们可以将二叉树进行推广来用于对可转换债券定价。对应于公司违约的情形，我们要在树形结构上引入额外一个分叉。在倒退计算过程中需要考虑债券持有者是否将债券进行转换，以及发行方是否会将债券赎回。

树形结构可用于对多种形式的障碍期权定价。但当树形结构的步数增加时，数值解收敛于精确解的速度比较缓慢。一种改善收敛速度的方法是改变树形的几何结构以保证树形结构的节点落在障碍边界上。另外一种方法是由于所假定的障碍值与期权的障碍值不同，我们可以通过插值的方式来对期权定价。第三种方法是在接近障碍值时，对标的资产的变化值提供更为细致的网格。

对于与两个相关变量有关的期权进行定价时，第1种做法是将相关变量转换为相互无关的变量，然后对每一个经过转换的变量建立树形结构，再产生一个三维树形。在树形结构的每一个节点上，我们通过一个反变换可以求出标的资产的价格。第2种做法是将树上的节点位置做出安排以反映相关性条件。第3种做法是建立没有任何相关性的树形结构，然后再对概率进行调整来反映相关性条件。

蒙特卡罗法对于美式期权的应用并不是十

⊖ 见 L. Andersen and M. Broadie, "A Primal-Dual Simulation algorithm for Pricing Multi-Dimensional American Options," *Management Science*, 50, 9 (2004), 1222-34。

分自然，但我们可以通过两种做法来使得能够将蒙特卡罗法用于对美式期权定价。第一种做法采用最小二乘法将继续持有期权的价值（即不行使期权）与某些有关变量联系起来；第二种做法将提前行使期权的边界进行参数化，参数化的过程是从树形结构的末端开始倒退进行计算。在每一步，行使期权的边界是以迭代的形式计算得出的。

推荐阅读

Andersen, L., "A Simple Approach to the Pricing of Bermudan Swaptions in the Multifactor LIBOR Market Model," *Journal of Computational Finance*, 3, 2 (Winter 2000): 1–32.

Andersen, L. B. G., and R. Brotherton-Ratcliffe, "The Equity Option Volatility Smile: An Implicit Finite Difference Approach," *Journal of Computational Finance*, 1, 2 (Winter 1997/98): 3–37.

Bodurtha, J. N., and M. Jermakyan, "Non-Parametric Estimation of an Implied Volatility Surface," *Journal of Computational Finance*, 2, 4 (Summer 1999): 29–61.

Boyle, P. P., and S. H. Lau, "Bumping Up Against the Barrier with the Binomial Method," *Journal of Derivatives*, 1, 4 (Summer 1994): 6–14.

Cox, J. C. and S. A. Ross, "The Valuation of Options for Alternative Stochastic Processes," *Journal of Financial Economics*, 3 (March 1976), 145–66.

Derman, E., and I. Kani, "Riding on a Smile," *Risk*, February (1994): 32–39.

Duan, J.-C., "The GARCH Option Pricing Model," *Mathematical Finance*, 5 (1995): 13–32.

Duan, J.-C., "Cracking the Smile," *Risk*, December (1996): 55–59.

Dupire, B., "Pricing with a Smile," *Risk*, February (1994): 18–20.

Figlewski, S., and B. Gao, "The Adaptive Mesh Model: A New Approach to Efficient Option Pricing," *Journal of Financial Economics*, 53 (1999): 313–51.

Heston, S. L., "A Closed Form Solution for Options with Stochastic Volatility with Applications to Bonds and Currency Options," *Review of Financial Studies*, 6, 2 (1993): 327–43.

Hull, J., and A. White, "Efficient Procedures for Valuing European and American Path-Dependent Options," *Journal of Derivatives*, 1, 1 (Fall 1993): 21–31.

Hull J. C., and A. White, "The Pricing of Options on Assets with Stochastic Volatilities," *Journal of Finance*, 42 (June 1987): 281–300.

Hull, J. C. and W. Suo, "A Methodology for the Assessment of Model Risk and its Application to the Implied Volatility Function Model," *Journal of Financial and Quantitative Analysis*, 37, 2 (2002): 297–318.

Longstaff, F. A. and E. S. Schwartz, "Valuing American Options by Simulation: A Simple Least-Squares Approach," *Review of Financial Studies*, 14, 1 (Spring 2001): 113–47.

Madan D. B., P. P. Carr, and E. C. Chang, "The Variance-Gamma Process and Option Pricing" *European Finance Review*, 2 (1998): 79–105.

Merton, R. C., "Option Pricing When Underlying Stock Returns Are Discontinuous," *Journal of Financial Economics*, 3 (March 1976): 125–44.

Rebonato, R., '*Volatility and Correlation: The Perfect Hedger and the Fox*, 2nd edn. Chichester: Wiley, 2004.

Ritchken, P, and R. Trevor, "Pricing Options Under Generalized GARCH and Stochastic Volatility Processes," *Journal of Finance* 54, 1 (February 1999): 377–402

Rubinstein, M., "Implied Binomial Trees," *Journal of Finance*, 49, 3 (July 1994): 771–818.

Rubinstein, M., "Return to Oz," *Risk*, November (1994): 67–70.

Stutzer, M., "A Simple Nonparametric Approach to Derivative Security Valuation," *Journal of Finance*, 51 (December 1996): 1633–52.

Tilley, J. A., "Valuing American Options in a Path Simulation Model," *Transactions of the Society of Actuaries*, 45 (1993): 83–104.

练习题

27.1 验证 CEV 模型下的期权公式满足看跌 - 看涨期权平价关系式。

27.2 当 $r=0.05$，$q=0$，$\lambda=0.3$，$k=0.5$，$\sigma=0.25$，$S_0=30$，$K=30$，$s=0.5$ 以及 $T=1$时，默顿混合跳跃 - 扩散模型的欧式看涨期权价格是什么？利用 DerivaGem 来验证你的答案。

27.3 验证当跳跃的幅度服从对数正态分布时，由默顿的跳跃 - 扩散模型得出的期权价格满足看跌 - 看涨期权平价关系式。

27.4 假定从今天到第 6 个月的资产波动率为 20%，从 6 个月到 12 个月的资产波动率为 22%，从 12 个月到 24 个月的资产波动率为 24%。当利用布莱克 - 斯科尔斯 - 默顿公式对一个 2 年期的期权进行定价时，我们应采用什么样的波动率？

27.5 考虑默顿的跳跃 - 扩散模型，其中每次跳跃都将使资产价格变为 0。假定每一年的平均跳跃次数为 λ。证明欧式看涨期权的价格等价于在无跳跃时的看涨期权价格，只是无风险利率为 $r+\lambda$（而不是 r）。存在跳跃的可能会使得期权的价格增加还是减小？（提示：在无跳跃、一个跳跃、多跳跃的情况分别对期权进行定价，在时间 T 内，资产价格无跳跃的概率为 $e^{-\lambda T}$。）

27.6 在 0 时刻，一个无股息股票的价格为 S_0，假设我们将 0 到 T 的时间区间分为两个部分，时间长度分别为 t_1 和 t_2。在第 1 个时间区间内，无风险利率和波动率分别为 r_1 和 σ_1；在第 2 个时间区间内，无风险利率和波动率分别为 r_2 和 σ_2。假定世界为风险中性。

(a) 利用第 15 章里的结果来确定股票价格在时刻 T 的分布，并将最终结果以 r_1、r_2、σ_1、σ_2、t_1、t_2 和 S_0 来表达。

(b) 假定 $\bar{r}$ 为 0 时刻与 T 时刻之间的平均利率，$\bar{V}$ 为 0 时刻与 T 时刻之间的平均方差率。股票价格在时刻 T 的分布是什么？将最终结果以 $\bar{r}$、$\bar{V}$、T 和 S_0 来表达。

(c) 当共有3个时间段、3个不同的利率和3个不同的波动率时，(a) 和 (b) 的结果会如何改变？

(d) 证明当无风险利率 r 和波动率 σ 分别为时间的已知函数时，在风险中性世界里，股票价格在 T 时刻的概率分布满足

$$\ln S_T \sim \phi\left[\ln S_0+\left(\bar{r}-\frac{\bar{V}}{2}\right)T, \bar{V}T\right]$$

其中 $\bar{r}$ 为 r 的均值，$\bar{V}$ 为 σ^2 的均值，S_0 为股票的当前价格，$\phi(m, v)$ 为具有均值 m 和方差 v 的正态分布。

27.7 假定资产价格服从由式 (27-2) 和式 (27-3) 所定义的随机过程，说明模拟这一随机波动率模型中资产价格路径的方程。

27.8 “IVF 模型并不一定能正确地描述了波动率曲面变化。”解释这一论点。

27.9 “当利率为常数时，IVF 模型正确地给出了收益只与某单一时刻的资产价格有关的衍生产品价格。”解释这一论点。

27.10 采用一个 3 步二叉树来对一个美式回望货币期权进行定价，当前汇率为 1.6，国内无风险利率为每年 5%，外币的无风险利率为每年 8%，汇率波动率为 15%，期限为 18 个月。在计算中，采用 27.5 节中给出的算法。

27.11 当参数 v 趋于 0 时，方差 - Gamma 模型会如何变化？

27.12 采用一个 3 步二叉树来对一个美式看跌期权定价，期权标的变量为无股息股票价格的几何平均值，股票当前价格为 40 美元，执行价格为 40 美元，无风险利率为每年 10%，股票价格波动率为每年 35%，期限为 3 个月。几何平均值的计算由今天开始直到期权的到期日。

27.13 在 27.5 节中所描述的对于依赖路径期权定价的方法是否可用于对以下 2 年期

的美式期权定价？期权的收益为 $\max(S_{ave}-K, 0)$，其中 S_{ave} 为在期权被行使前3个月的资产平均价格。解释你的答案。

27.14 验证图27-4中的数字6.492是正确的。

27.15 检查27.8节例子中所考虑的8条路径。最小二乘法和边界参数化所得出的提前行使策略有什么不同？对于给定的路径样本，哪个给出的期权价格会更高？

27.16 考虑一个无股息股票上的欧式看跌期权，股票当前价格为100美元，执行价格为110美元，无风险利率为每年5%，期限为1年。假定在期权期限内平均方差率等于0.06的概率为0.20、等于0.09的概率为0.50、等于0.12的概率为0.30。波动率与股票价格相互无关。估计期权的价格。在计算中使用DerivaGem软件。

27.17 当我们有两个障碍时，如何设计树形以保证节点落在两个障碍边界上？

27.18 考虑一个18个月期限的某公司零息债券，面值为100美元。在18个月内，债券持有者随时可将债券转换为5股公司的股票。假定股票的当前价格为20美元，股票不支付股息，对于所有期限的无风险利率均为每年6%（连续复利），股票价格的波动率为每年25%。假定违约密度为每年3%，债券回收率为35%，债券发行方可以以110美元的价格将债券赎回。利用一个3步树形计算债券的价格，转换期权的价值为多少（剔除发行方的看涨期权）？

作业题

27.19 一个股指上新的欧式浮动回望看涨期权的期限为9个月。股指的当前水平为400，无风险利率为每年6%，股息收益率为每年4%，股指波动率为20%。采用第27.5中的算法来对这一期权定价，将你的结果与DerivaGem软件的解析公式所给结果进行比较。

27.20 假定表19-2给出了对于6个月货币期权定价的波动率。假定本国与外国无风险利率均为每年5%，当前汇率为1.00。考虑由一个期限为6个月、执行价格为1.05的欧式看涨期权长头寸和一个期限为6个月、执行价格为1.10的欧式看涨期权短头寸所组成的牛市价差。

(a) 牛市价差的价值为多少？

(b) 对于两个期权，使用什么样的单一波动率可以保证牛市价差价格的正确性？（在计算中，将DerivaGem应用工具与Excel计算表的Goal Seek或Solver结合使用）

(c) 你的结果是否验证了在本章开始时提到过的特种期权定价所采用的波动率可能会与直觉不一致这一观点？

(d) IVF模型是否会给出牛市价差的正确价格？

27.21 假定执行价格为1.13，重复27.8节里对于看跌期权的分析。在分析中，采用最小二乘法和将期权行使边界参数化方法。

27.22 在无股息股票上一个欧式期权的期限为6个月，执行价格为100美元。目前的股票价格是100美元，无风险利率为5%。利用DerivaGem来回答以下问题：

(a) 当波动率为30%时，期权的布莱克-斯科尔斯-默顿价格是多少？

(b) 在CEV模型中 $\alpha=0.5$。什么样的CEV波动率参数会给出与(a)中结果相同的价格？

(c) 在默顿混合跳跃-扩散模型中，跳跃的平均频率是每年一次，平均跳跃幅度是2%，1加上百分比跳跃幅度的对数的标准差为20%。当价格过程的扩散部分波动率是多少时，这个模型可以给出与(a)中相同的价格？

(d) 在方差 - Gamma 模型中，$\theta=0$ 和 $\upsilon=40\%$。当波动率为多少时模型给出的价格与 (a) 中相同?

(e) 对 (b)、(c) 和 (d) 中的模型，通过考虑介于 80 ~ 120 执行价格的欧式看涨期权，计算波动率微笑。描述由波动率微笑所蕴含概率分布的特征。

27.23 一个由 ABC 公司发行的 3 年期可转换债券的面值为 100 美元。债券在每年末支付券息 5 美元，在第 1 年和第 2 年年末可以转换为 ABC 公司的股票。在第 1 年年末，在券息发放后，这一债券可以转换成 3.6 只股票；在第 2 年年末，在券息发放后，这一债券可以转换成 3.5 只股票。股票的当前价格为 25 美元，股票波动率为 25%，股票不支付股息。无风险利率为每年 5%（连续复利）。由 ABC 发行的债券的收益率为 7%（连续复利），回收率为 30%，

(a) 利用 3 步树来计算债券的价值。

(b) 转换期权的价值为多少?

(c) 如果债券在前 2 年内任何时刻都可以按 115 美元的价格赎回，这一赎回期权将如何改变债券和转换期权的价值?

(d) 假设股票在第 6 个月、第 18 个月、第 30 个月将支付 1 美元的股息，这将如何改变你的分析过程? 在分析中不需要给出详细的计算结果。

（提示：利用式 (24-2) 来估计平均违约密度。）

第 28 章

鞅与测度

CHAPTER 28

到现在为止，在对期权定价时，我们总是假设利率为常数。为了对从第29～33章中将要讨论的利率衍生产品定价做准备，我们在本章中将放松这个假设。

风险中性定价原理表明，一个衍生产品的价值可以通过以下方式来确定：(a) 假设标的资产的预期收益率等于无风险利率，并由此计算衍生产品收益的期望值；(b) 对得到的收益期望值以无风险利率进行贴现。当无风险利率是常数时，风险中性定价提供了一个明确、毫不含糊的工具。但当利率是随机时，这个方法的意思并不是很清楚。标的资产的预期收益率等于无风险利率是什么意思？是指 (a) 每天的收益率期望值是无风险利率，或 (b) 每年的收益率期望值是1年期的无风险利率，或 (c) 在5年时间的开始时所期望的收益率是5年利率？对收益的期望值用无风险利率进行贴现又指什么？比如，我们能对预计在5年后所实现的收益用今天的5年无风险利率进行贴现吗？

在这一章里，我们将解释当无风险利率为随机时风险中性定价的理论基础，并且说明在任何情形下都可以假定许多不同的风险中性世界。我们首先定义一个叫作**风险市场价格** (market price of risk) 的参数，然后证明在一个很短的时间区间里衍生产品的收益率高于无风险利率的部分与标的随机变量的风险市场价格之间有一个线性关系。我们把风险市场价格是零的情形称为**传统风险中性世界** (traditional risk-neutral world)。我们将会发现在某些情况下，一些其他关于风险市场价格的假设也是很有用处的。

要想完全理解风险中性定价，**鞅** (martingale) 与**测度** (measure) 是很关键的概念。一个鞅是没有漂移项的随机过程，而一个测度是我们表示证券价格的一种单位。本章的关键结果是**等价鞅测度** (equivalent martingale measure)。它表明如果我们用可交易的证券价格作为衡量单位，那么将存在一个风险市场价格使得所有的证券价格都是鞅。

在本章中，我们将看到等价鞅测度的许多用处。我们将利用它来推广布莱克模型（见18.8节），并由此对利率是随机情况下的股票期权定价，也对资产替换期权定价。在第29章里，将利用这些结果去理解利率衍生产品定价的标准市场模型。我们在第30章里对一些非标准衍生产品进行定价，而这些结果将会帮助我们在第32章中建立LIBOR市场模型。

28.1 风险市场价格

我们首先考虑只依赖于一个变量θ的衍生产品性质。假设θ所服从的过程是

$$\frac{d\theta}{\theta} = m dt + s dz \tag{28-1}$$

这里dz是个维纳过程，参数m和s分别表示θ增长率的期望和波动率。我们假定这些参数只依赖于θ和t。变量θ并不一定是投资资产的价格，它可以代表与金融市场不大相关的东西，比如像新奥尔良市中心的温度。

假定f_1与f_2是两个只依赖于θ和t的衍生产品价格。这些可以是期权，也可以是个在以后某个时间以θ和t函数形式提供收益的产品价格。我们假设在所考虑的时间区间中，f_1与f_2不提供任何收入。[⊖]

假设f_1与f_2所服从的过程为

$$\frac{df_1}{f_1} = \mu_1 dt + \sigma_1 dz$$

与

$$\frac{df_2}{f_2} = \mu_2 dt + \sigma_2 dz$$

这里μ_1、μ_2、σ_1和σ_2都是θ和t的函数，其中的“dz”项必须与式（28-1）中的dz一致。这是因为它们代表f_1与f_2中不确定性的唯一来源。

我们现在用类似于14.6节中的布莱克－斯科尔斯分析将价格f_1与f_2联系起来。把f_1与f_2的过程离散化

$$\Delta f_1 = \mu_1 f_1 \Delta t + \sigma_1 f_1 \Delta z \tag{28-2}$$

和

$$\Delta f_2 = \mu_2 f_2 \Delta t + \sigma_2 f_2 \Delta z \tag{28-3}$$

我们可以利用$\sigma_2 f_2$个单位的第1个衍生产品和$-\sigma_1 f_1$单位的第2个衍生产品建立一个瞬时无风险交易组合，这样可以将Δz项去掉。如果用Π来表示这个组合的价值，那么

$$\Pi = (\sigma_2 f_2) f_1 - (\sigma_1 f_1) f_2 \tag{28-4}$$

和

$$\Delta\Pi = \sigma_2 f_2 \Delta f_1 - \sigma_1 f_1 \Delta f_2$$

将式（28-2）和式（28-3）带入，这个式子变成了

$$\Delta\Pi = (\mu_1 \sigma_2 f_1 f_2 - \mu_2 \sigma_1 f_1 f_2)\Delta t \tag{28-5}$$

由于这个组合是瞬时无风险的，它必须挣取无风险利率。因此，

$$\Delta\Pi = r\Pi\Delta t$$

将式（28-4）和式（28-5）带进这个方程可以得到

⊖ 以下的分析可以推广到提供收入的情况（见练习题28.7）。

$$\mu_1\sigma_2 - \mu_2\sigma_1 = r\sigma_2 - r\sigma_1$$

或

$$\frac{\mu_1 - r}{\sigma_1} = \frac{\mu_2 - r}{\sigma_2} \tag{28-6}$$

注意，式（28-6）的左边只依赖于f_1过程中的参数，而右端只依赖于f_2过程中的参数。我们定义λ为式（28-6）两边的值，那么

$$\frac{\mu_1 - r}{\sigma_1} = \frac{\mu_2 - r}{\sigma_2} = \lambda$$

去掉下标，我们证明了如果f是一个只依赖于θ和t的衍生产品价格，并且

$$\frac{\mathrm{d}f}{f} = \mu\mathrm{d}t + \sigma\mathrm{d}z \tag{28-7}$$

那么

$$\frac{\mu - r}{\sigma} = \lambda \tag{28-8}$$

参数λ通常称为θ的**风险市场价格**（market price of risk，在衡量交易组合表现的背景下，这个量被称为夏普（Sharpe）指数）。它可能依赖于θ和t，但却不依赖于衍生产品f的特征。我们的分析表明，如果没有套利机会，那么在任何时间上如果衍生产品f只依赖于θ和t，$(\mu - r)/\sigma$的值都必须是一样的。

变量θ的风险市场价格对于依赖于θ的证券在其风险与收益之间的平衡关系起着一个度量的作用。式（28-8）可以被写成

$$\mu - r = \lambda\sigma \tag{28-9}$$

我们可以从直观上来理解这个方程。注意变量σ可以被不严格地理解成在f中的θ - 风险。在方程的右边，我们将θ风险的数量乘上σ - 风险的市场价格。表达式的左边是衍生产品在所得收益里高于无风险利率的部分，这部分可以被理解成对风险的补偿。式（28-9）与资本资产定价模型有些相似，它们都将高于无风险利率的部分和风险联系了起来。在这一章中，我们不考虑如何去度量风险的市场价格，在第35章里考虑实物期权问题时将会对此有所讨论。

值得一提的是，我们很自然地会将参数σ称为f的波动率，它是式（28-7）中$\mathrm{d}z$的系数，但事实上σ的值可能是负的。当f与θ有负相关性时（即$\partial f/\partial\theta$为负），情况正是这样。其实$\sigma$的绝对值$|\sigma|$才是$\theta$的波动率。一种理解这一点的方式是注意当在$f$的过程中将$\mathrm{d}z$换为$-\mathrm{d}z$时，两个过程具有相同的统计性质。

我们在第5章里特别指出了投资资产与消费资产的区别。如果有足够多的投资者是为了投资的目的而买卖某种资产，那么这个资产被称为投资资产，而拥有消费资产的主要目的是为了消费。式（28-8）对所有不提供收入而且只依赖于θ和t的投资资产都成立。如果θ本身正好也是个投资资产，那么

$$\frac{m - r}{s} = \lambda$$

但在其他情况下，这个关系式并不一定成立。

例 28-1

考虑这样一个衍生产品，它的价格和原油价格之间具有正的相关性，而且不依赖别的随机变量。假设它提供每年为12%的预期收益率与每年20%的波动率，如果无风险利率为每年

8%，这说明原油的风险市场价格是

$$\frac{0.12-0.08}{0.2}=0.2$$

注意，原油是消费资产而不是投资资产，因而不能在式（28-8）中让μ等于在原油上投资的收益率期望，而且让σ等于原油价格的波动率。

例 28-2

考虑两个证券，它们都与90天的利率有正的相关性。假如第1个证券的收益率期望是每年3%，而波动率是每年20%，第2个证券的波动率是每年30%。假设瞬时无风险利率是每年6%。利用第1个证券的收益率期望与波动率可以计算风险市场价格为

$$\frac{0.03-0.06}{0.2}=-0.15$$

将式（28-9）改写一下就可以得到第2个证券的收益率期望为

$$0.06-0.15\times 0.3=0.015$$

或每年1.5%。

其他世界

衍生产品价格f服从

$$df=\mu f dt+\sigma f dz$$

其中μ依赖于投资者对风险的选择。在一个风险市场价格为0的世界里，λ等于0。从式（28-9）可以得到$\mu=r$，于是f服从

$$df=rf dt+\sigma f dz$$

我们将称此为**传统风险中性世界**（traditional risk-neutral world）。

在对风险市场价格λ做一些其他假设后，我们还可以定义其他内在一致的世界。一般来讲，由式（28-9）我们可以得出

$$\mu=r+\lambda\sigma$$

于是

$$df=(r+\lambda\sigma)f dt+\sigma f dz \tag{28-10}$$

一个变量的风险市场价格决定了所有依赖于这个变量的证券的增长率。当我们从一个风险市场价格换成另外一个时，证券价格增长率的期望值将会改变，但它的波动率却不会改变。这是Girsanov定理的结论（在13.7节里我们在二叉树模型的情况下对此有过描述）。选择一个风险市场价格也被称为定义了一个**概率测度**（probability measure）。对于某个特殊风险市场价格，我们可以得到一个“现实世界”及其在实际中所观察到的证券价格增长率。

28.2 多个状态变量

假设有n个变量θ_1，θ_2，…，θ_n，它们服从以下形式的随机过程：对$i=1$，…，n，

$$\frac{d\theta_i}{\theta_i}=m_i dt+s_i dz_i \tag{28-11}$$

其中dz_i为维纳过程，参数m_i和s_i分别表示增长率的期望与波动率，它们可以依赖于θ_i和时间。第14章附录中的式（14A-10）为我们提供了一个可以用于多个变量的伊藤引理。这个结

果表示，一个只依赖于 θ_i 的证券价格 f 具有个 n 随机部分，并且可以表示成

$$\frac{\mathrm{d}f}{f} = \mu \mathrm{d}t + \sum_{i=1}^{n} \sigma_i \mathrm{d}z_i \tag{28-12}$$

在这个方程里 μ 表示证券的收益率期望，$\sigma_i \mathrm{d}z_i$ 表示在这个收益的风险中可以归咎于 θ_i 的部分。μ 和 σ_i 都可能依赖于 θ_i 和时间。

在网页 www. rotman. utoronto. ca/~hull/TechnicalNotes 里的 Technical Note 30 中，我们证明了

$$\mu - r = \sum_{i=1}^{n} \lambda_i \sigma_i \tag{28-13}$$

其中 λ_i 为 θ_i 的风险市场价格。这个方程将投资者对一个证券的额外收益率要求与 λ_i 和 σ_i 联系了起来。式（28-9）是这个方程在 $n=1$ 时的特例。这个式子右端的 $\lambda_i\sigma_i$ 衡量投资者对一个证券由于受 θ_i 影响而要求额外收益率补偿的程度。如果 $\lambda_i\sigma_i=0$，那么没有影响。如果 $\lambda_i\sigma_i>0$，那么投资者要求有更高的收益率来补偿由 θ_i 所引进的风险。当 $\lambda_i\sigma_i<0$ 时，对 θ_i 的依赖性使得投资者对其所要求的收益率比不依赖 θ_i 时低。当一个证券会降低（而不是增加）一个典型投资者的投资组合风险时，情况 $\lambda_i\sigma_i<0$ 才会成立。

例 28-3

一个股票依赖于 3 个标的变量：原油价格、黄金价格和一个股票指数。假如这三个变量的风险市场价格分别是 0.2、-0.1 和 0.4，我们还假定已经估计出了式（28-12）中相对于这 3 个变量的 σ_i 分别是 0.05、0.1 和 0.15. 这个股票中比无风险利率高出的额外收益率为

$$0.2 \times 0.05 - 0.1 \times 0.1 + 0.4 \times 0.15 = 0.06$$

或每年 6.0%。如果有其他变量也影响这个股票的价格，那么只要这些变量的风险市场价格为零，我们的结论仍然成立。

式（28-13）与斯蒂芬·罗斯（Stephen Ross）在 1976 年开发的套利定价理论有着密切的关系。[一] 连续时间下的资本资产定价模型（CAPM）可以被看成这个方程的特殊情况，CAPM 认为投资人会要求额外收益来补偿由于和市场收益风险的相关性而带来的风险，而对其他的风险并不要求补偿。与股票市场收益相关的风险通常被称为**系统风险**（systematic risk），而其他的风险被称为**非系统风险**（nonsystematic risk）。如果 CAPM 正确，那么 λ_i 对 θ_i 变化与市场收益之间的相关系数成比例。当 θ_i 与市场收益不相关时，λ_i 为零。

28.3 鞅

鞅是一个没有漂移的随机过程。[二] 如果一个变量 θ 的过程具有以下形式

$$\mathrm{d}\theta = \sigma \mathrm{d}z$$

[一] 见 S. A. Ross, "The Arbitrage Theory of Capital Asset Pricing," *Journal of Economic Theory*, 13（December 1976）: 343-62。

[二] 更准确地讲，对于一系列随机变量 X_0，X_1，…，如果对于所有 $i>0$，$E(X_i \mid X_{i-1}, X_{i-2}, \cdots, X_0) = X_{i-1}$，其中 E 表示期望，那么该列变量被称为鞅。

那么该变量就是一个鞅，其中 dz 是个维纳过程。变量 σ 本身也可以是随机的，它可以依赖于 θ 和其他的随机变量。鞅具有一个很方便的性质：它在将来任何时间的期望值都等于它今天的取值。这意味着

$$E(\theta_T) = \theta_0$$

这里 θ_0 和 θ_T 分别表示 θ 在时间 0 和 T 的取值。为了理解这个结果，我们注意在一个很小的时间区间上 θ 的变化服从均值为 0 的正态分布，因而 θ 在一个很小的时间区间上变化的期望值是零。θ 在时间 0 与 T 之间的变化是由它在许多很小时间区间上变化的和所组成的，因此 θ 在时间 0 与 T 之间变化的期望值必须是零。

等价鞅测度结果

假设 f 和 g 是两个只依赖于一个不确定因素的可交易证券的价格。我们假设这些证券在我们考虑的时间区间内不提供任何收入。[⊖]定义 $\phi = f/g$。变量 ϕ 是 f 关于 g 的相对价格。这可以理解成将 f 的价格基于 g（而不是美元）来做单位。证券价格 g 称为**计价单位**（numeraire）。

关于**等价鞅测度**（equivalent martingale measure）的结果说明了在没有套利机会时，对于某个风险市场价格的选择，ϕ 是个鞅。不但如此，对一个给定的计价单位证券 g，在同一个风险市场价格的选择下，所有的证券价格 f 都会使 ϕ 成为鞅，而且所选择的风险市场价格正好是 g 的波动率。换句话说，当风险市场价格等于 g 的波动率时，对所有的证券价格 f，比值 f/g 都是鞅（注意风险的市场价格与波动率具有同样的维数，即两变量均为时间的平方根，因此将风险的市场价格选择为波动率是可以的）。

为了证明这个结果，我们假设 f 和 g 的波动率分别是 σ_f 和 σ_g。当一个世界里的风险市场价格是 σ_g 时，从式（28-10）我们可以得到

$$df = (r + \sigma_g\sigma_f)f\mathrm{d}t + \sigma_f f\mathrm{d}z$$

$$dg = (r + \sigma_g^2)g\mathrm{d}t + \sigma_g g\mathrm{d}z$$

利用伊藤引理，可以得到

$$\mathrm{d}\ln f = \left(r + \sigma_g\sigma_f - \frac{\sigma_f^2}{2}\right)\mathrm{d}t + \sigma_f\mathrm{d}z$$

$$\mathrm{d}\ln g = \left(r + \frac{\sigma_g^2}{2}\right)\mathrm{d}t + \sigma_g\mathrm{d}z$$

于是

$$\mathrm{d}(\ln f - \ln g) = \left(\sigma_g\sigma_f - \frac{\sigma_f^2}{2} - \frac{\sigma_g^2}{2}\right)\mathrm{d}t + (\sigma_f - \sigma_g)\mathrm{d}z$$

即

$$\mathrm{d}\left(\ln\frac{f}{g}\right) = -\frac{(\sigma_f - \sigma_g)^2}{2}\mathrm{d}t + (\sigma_f - \sigma_g)\mathrm{d}z$$

利用伊藤引理，可以从 $\ln(f/g)$ 得出 f/g

$$\mathrm{d}\left(\frac{f}{g}\right) = (\sigma_f - \sigma_g)\frac{f}{g}\mathrm{d}z \tag{28-14}$$

这说明 f/g 是个鞅，从而证明了等价鞅测度结果。我们把以 g 的波动率 σ_g 作为风险市场价格

⊖ 练习题 28.8 将这里的分析扩展到了证券提供收入的情形。

的世界叫作以 g 作为计价单位的**远期风险中性**（forward risk neutral）世界。

由于在一个关于 g 为远期风险中性的世界里 f/g 是个鞅，由本节开始时的结果，我们有

$$\frac{f_0}{g_0} = E_g\left(\frac{f_T}{g_T}\right)$$

即

$$f_0 = g_0 E_g\left(\frac{f_T}{g_T}\right) \tag{28-15}$$

其中 E_g 表示在一个关于 g 为远期中性世界里的期望。

28.4 计价单位的其他选择

我们现在给出几个关于应用等价鞅测度结果的例子。第一个例子说明这与我们一直用到现在的传统风险中性定价结果是一致的。其他的例子为第29章中关于债券期权、利率上限以及互换期权定价做准备。

28.4.1 货币市场账户作为计价单位

美元货币市场账户是一个证券，它在时间零的价值是1美元，并且在任何时刻都挣取瞬时无风险利率 r。[⊖]变量 r 可以是随机的。如果我们令 g 表示货币市场账户，那么它以 r 的速度增长，于是

$$dg = rg\,dt \tag{28-16}$$

g 的漂移项是随机的，但它的波动率是零。由第28.3节的结论，我们知道在风险市场价格为零的世界里，f/g 是鞅，这正是我们以前定义的传统风险中性世界。从式（28-15）可以得到

$$f_0 = g_0\,\hat{E}\left(\frac{f_T}{g_T}\right) \tag{28-17}$$

其中 $\hat{E}$ 表示在传统风险中性世界里的期望。

在这个情况下，$g_0 = 1$，以及

$$g_T = e^{\int_0^T r\,dt}$$

于是式（28-17）变成了

$$f_0 = \hat{E}(e^{-\int_0^T r\,dt} f_T) \tag{28-18}$$

或

$$f_0 = \hat{E}(e^{-\bar{r}T} f_T) \tag{28-19}$$

其中 $\bar{r}$ 是 r 在时间0和 T 之间的平均值。这个方程给出了一种对利率衍生产品定价的方法，即在传统风险中性世界里对短期利率 r 进行模拟，在每一个实验里我们可以计算收益，并用短期利率 r 在模拟样本路线上的平均值来进行贴现。

当我们假设短期利率 r 是常数时，式（28-19）被简化成了

$$f_0 = e^{-rT}\,\hat{E}(f_T)$$

⊖ 货币市场账户是如下证券当 Δt 趋于零时的极限。在第一个长度为 Δt 的短时间区间上按初始 Δt 段利率投资。在时间 Δt 时，再以 Δt 时的利率投资在下一个 Δt 时间段上；在时间 $2\Delta t$ 时，再按新的 Δt 段利率投资在下一个 Δt 时间段上，等等。其他货币中的货币市场账户与美元类似。

这正是我们在以前章节中建立的风险中性定价关系。

28.4.2 零息债券价格作为计价单位

定义一个在时间 T、收益为 1 美元的零息债券在时间 t 的价格为 $P(t, T)$，我们现在探讨当取 g 为 $P(t, T)$ 时会意味着什么。我们用 E_T 表示在一个对 $P(t, T)$ 为远期风险中性世界里的期望。由于 $g_T = P(T, T) = 1$ 和 $g_0 = P(0, T)$，式（28-15）给出

$$f_0 = P(0,T)E_T(f_T) \tag{28-20}$$

注意式（28-20）与式（28-19）之间的区别。在式（28-19）里，贴现是取在期望算子的里面，而在式（28-20）里，贴现是由 $P(0, T)$ 来表示，而且是取在期望算子的外面。当我们利用关于 $P(t, T)$ 为远期风险中性的世界时，对一个仅在时间 T 有收益的证券定价时可以简化许多。

考虑任意变量 θ。[⊖] θ 上的一个到期日为 T 的远期合约是一个在时间 T 收益为 $\theta_T - K$ 的合约，这里 θ_T 是 θ 在时间 T 的值，我们用 f 表示这个远期合约的价值。从式（28-20）我们有

$$f_0 = P(0,T)[E_T(\theta_T) - K]$$

θ 的远期价格 F 是使得 f_0 等于零的 K 值。这样我们有

$$P(0,T)[E_T(\theta_T) - F] = 0$$

或

$$F = E_T(\theta_T) \tag{28-21}$$

式（28-21）表明，在一个对于 $P(t, T)$ 为远期风险中性的世界里任何变量（利率除外）的远期价格都等于它未来即期价格的期望值。注意远期价格与期货价格的区别，在第 18.7 节里我们曾证明了在一个传统风险世界里，一个变量的期货价格等于它在将来时间即期价格的期望。

式（28-20）表明我们可以这样对一个在时间 T 提供收益的证券定价：首先在一个对于在时间 T 到期的债券价格为风险中性的世界里计算收益的期望值，然后以在时间 T 到期的无风险利率进行贴现。式（28-21）说明在计算收益期望时，可以假定标的变量的期望值等于其远期价格。

28.4.3 零息债券作为计价单位时的利率

在我们的下一个结果里，我们定义 $R(t, T, T^*)$ 为在时间 t 所观察到的介于 T 与 T^* 之间的远期利率，它的复利区间是 $T^* - T$（比如，如果 $T^* - T = 0.5$，利率为半年复利一次；如果 $T^* - T = 0.25$，利率是按季度复合，等等）。对一个在时间 T 和 T^* 之间的零息债券，它在时间 t 所观察到的远期价格是

$$\frac{P(t,T^*)}{P(t,T)}$$

因为远期利率是相应债券的远期价格所隐含的利率，也就是说

$$\frac{1}{1 + (T^* - T)R(t,T,T^*)} = \frac{P(t,T^*)}{P(t,T)}$$

于是

⊖ 以后我们将会看到，关于利率的远期合约与关于其他变量的远期合约是不同的。远期利率是远期债券价格隐含的利率。

$$R(t,T,T^*)=\frac{1}{T^*-T}\left[\frac{P(t,T)}{P(t,T^*)}-1\right]$$

或

$$R(t,T,T^*)=\frac{1}{T^*-T}\left[\frac{P(t,T)-P(t,T^*)}{P(t,T^*)}\right]$$

如果我们令

$$f=\frac{1}{T^*-T}[P(t,T)-P(t,T^*)]$$

和 $g=P(t,T^*)$，那么等价鞅测度结果说明在一个关于 $P(t,T^*)$ 为风险中性的世界里 $R(t,T,T^*)$是个鞅。这意味着

$$R(0,T,T^*)=E_{T^*}[R(T,T,T^*)] \tag{28-22}$$

其中 E_{T^*}表示在关于 $P(t,T^*)$ 为风险中性世界里的期望。

变量$R(0,T,T^*)$是在时间0所观察的用于时间 T 和 T^*之间的远期利率，而$R(T,T,T^*)$是时间 T 和 T^*之间所实现的利率，因此式（28-22）表明在一个对期限为 T^* 的零息债券为风险中性的世界里，远期利率等于在将来时刻利率的期望。与式（28-20）一起，这个结果对我们在下一章中关于利率上限的讨论将会提供很大帮助。

28.4.4　年金因子作为计价单位

作为等价鞅测度结果的下一个应用，我们考虑一个从时间 T 开始的利率互换，它的付款时间是在 T_1，T_2，…，T_N。定义 $T_0=T$，假设这个互换的本金是1美元，在时间 $t(t\leqslant T)$ 的远期互换率（使得互换合同价值为零的定息方利率）为 $s(t)$。互换合同对于支付固定利率的价值为

$$s(t)A(t)$$

其中

$$A(t)=\sum_{i=0}^{N-1}(T_{i+1}-T_i)P(t,T_{i+1})$$

假设我们用的是LIBOR利率贴现。当给最后一个互换日期的支付双方都加上本金时，互换合同的浮动利息方在合同开始时的价值等于它的本金（这是因为浮动利息方是LIBOR浮动利息债券，贴现用的也是LIBOR。这种处理方式正是我们在第7.7节里以债券的形式对互换定价所用的）。这说明了如果我们在时间 T_N 对浮息方加上1美元，那么它在时间 T_0 的值是1美元。时间 T_N 时的1美元在时间 t 的价值是 $P(t,T_N)$，而在时间 T_0 的1美元在时间 t 的价值是 $P(t,T_0)$。因此，浮息方的价值在时间 t 为

$$P(t,T_0)-P(t,T_N)$$

令定息方和浮息方的价值相等，我们得到

$$s(t)A(t)=P(t,T_0)-P(t,T_N)$$

或

$$s(t)=\frac{P(t,T_0)-P(t,T_N)}{A(t)} \tag{28-23}$$

令 f 等于 $P(t,T_0)-P(t,T_N)$，g 等于 $A(t)$，利用等价鞅测度结果我们可以得到

$$s(t)=E_A[s(T)] \tag{28-24}$$

其中 E_A 表示在关于 $A(t)$ 为远期风险中性世界里的期望。因此，在一个关于 $A(t)$ 为远期风险

中性的世界里，未来互换率的期望值等于目前的互换率。

对于任何一个证券f，式（28-15）说明

$$f_0 = A(0)E_A\left[\frac{f_T}{A(T)}\right] \tag{28-25}$$

这个结果与式（28-24）一起将为我们在下一章里推导欧式利率互换期权标准市场模型起关键作用。我们将会看到，这个结果也可以推广到以OIS贴现的情形。

28.5 多个因子情形下的推广

我们可以把28.3节与28.4节里的结果推广到多个独立因子的情形。[⊖]假如有n个独立因子，而f和g在传统风险中性世界里服从的过程是

$$\mathrm{d}f = rf\mathrm{d}t + \sum_{i=1}^{n}\sigma_{f,i}f\mathrm{d}z_i$$

和

$$\mathrm{d}g = rg\mathrm{d}t + \sum_{i=1}^{n}\sigma_{g,i}g\mathrm{d}z_i$$

利用28.2节里的结果，其他内在一致的风险中性世界可由以下方程定义

$$\mathrm{d}f = \left[r + \sum_{i=1}^{n}\lambda_i\sigma_{f,i}\right]f\mathrm{d}t + \sum_{i=1}^{n}\sigma_{f,i}f\mathrm{d}z_i$$

和

$$\mathrm{d}g = \left[r + \sum_{i=1}^{n}\lambda_i\sigma_{g,i}\right]g\mathrm{d}t + \sum_{i=1}^{n}\sigma_{g,i}g\mathrm{d}z_i$$

其中$\lambda_i(1\leqslant i\leqslant n)$是$n$个风险市场价格，现实世界可以看成是这些世界中的一个特例。

我们把在$\lambda_i=\sigma_{g,i}$的特殊情况称为关于g为远期风险中性的世界。由于$\mathrm{d}z_i$之间都是不相关的，利用伊藤引理，我们可以证明f/g所服从过程的漂移项是零（见练习题28.12）。上两节中其他的结果（从式（28-15）往后）也都仍然成立。

28.6 改进布莱克模型

在18.8节中我们曾指出，在利率为常数情形下，布莱克模型是利用标的资产的远期或期货价格对欧式期权定价的流行工具。接下来我们将放宽常数利率的假设，并说明当利率为随机变量时，我们仍可以采用布莱克模型来利用标的资产的远期价格对欧式期权定价。

考虑一个标的资产上执行价格为K期限为T的欧式看涨期权，由式（28-20），这个看涨期权的价格为

$$c = P(0,T)E_T[\max(S_T-K,0)] \tag{28-26}$$

其中S_T是标的资产在时间T的价格，E_T表示一个关于$P(t,T)$为远期风险中性世界里的期望。定义F_0和F_T分别为在T时刻到期的远期合约在0时刻和T时刻的远期价格，因为$S_T=F_T$，

$$c = P(0,T)E_T[\max(F_T-K,0)]$$

⊖ 独立性条件并不关键，如果因子之间不相互独立，我们可以将其正交化。

假设 F_T 在所考虑的世界里是对数正态，而且 $\ln(F_T)$ 的标准方差等于 $\sigma_F\sqrt{T}$，这是因为远期价格所服从随机过程中的波动率为 σ_F。在第15章的附录式（15A-1）证明了

$$E_T[\max(F_T-K,0)] = E_T(F_T)N(d_1) - KN(d_2) \tag{28-27}$$

其中

$$d_1 = \frac{\ln[E_T(F_T)/K] + \sigma_F^2T/2}{\sigma_F\sqrt{T}}$$

$$d_2 = \frac{\ln[E_T(S_T)/K] - \sigma_F^2T/2}{\sigma_F\sqrt{T}}$$

由式（28-21）我们得出 $E_T(F_T)=E_T(S_T)=F_0$，因此

$$c = P(0,T)[F_0N(d_1) - KN(d_2)] \tag{28-28}$$

其中

$$d_1 = \frac{\ln(F_0/K) + \sigma_F^2T/2}{\sigma_F\sqrt{T}}$$

$$d_2 = \frac{\ln(F_0/K) - \sigma_F^2T/2}{\sigma_F\sqrt{T}}$$

类似地

$$p = P(0,T)[KN(-d_2) - F_0N(-d_1)] \tag{28-29}$$

其中，p 是执行价格为 K、期限为 T 的欧式看跌期权的价格。以上模型正是布莱克模型。

当利率为随机变量时，这一模型对投资资产以与消费资产均适用，其中 F_0 为资产的远期价格，变量 σ_F 可以被解释为远期资产价格的波动率（常数）。

28.7 资产交换期权

下面我们考虑将一个价值为 U 的投资资产转换成一个价值为 V 的投资资产的期权。在26.14节中我们对这种期权已经讨论过。假设 U 和 V 的波动率分别是 σ_U 和 σ_V，它们之间的相关系数是 ρ。

首先假定这两个资产不提供收入。将计价单位 g 选成 U，而且在式（28-15）中令 $f=V$，我们有

$$V_0 = U_0E_U\left(\frac{V_T}{U_T}\right) \tag{28-30}$$

其中 E_U 表示在一个关于 U 为远期风险中性世界里的期望值。

然后我们在式（28-15）中令 f 为所考虑期权，即资产交换期权的价值。于是 $f_T=\max(V_T-U_T,0)$，这样会得到

$$f_0 = U_0E_U\left[\frac{\max(V_T-U_T,0)}{U_T}\right]$$

即

$$f_0 = U_0E_U\left[\max\left(\frac{V_T}{U_T}-1,0\right)\right] \tag{28-31}$$

而 V/U 的波动率 $\hat{\sigma}$ 满足（见练习题28.13）

$$\hat{\sigma}^2 = \sigma_U^2 + \sigma_V^2 - 2\rho\sigma_U\sigma_V$$

利用式（15A-1），式（28-31）可以写成

$$f_0 = U_0\left[E_U\left(\frac{V_T}{U_T}\right)N(d_1) - N(d_2)\right]$$

其中

$$d_1 = \frac{\ln(V_0/U_0) + \hat{\sigma}^2 T/2}{\hat{\sigma}\sqrt{T}} \text{和} d_2 = d_1 - \hat{\sigma}\sqrt{T}$$

由式（28-30）我们得到

$$f_0 = V_0 N(d_1) - U_0 N(d_2) \tag{28-32}$$

这就是在资产不提供收入的情况下将一个资产交换成另一个资产的期权价格。

练习题 28.8 证明了当 f 和 g 以 q_f 和 q_g 的速度提供票息时，式（28-15）变为

$$f_0 = g_0 e^{(q_f - q_g)T} E_g\left(\frac{f_T}{g_T}\right)$$

因此，式（28-30）和式（28-31）变为

$$E_U\left(\frac{V_T}{U_T}\right) = e^{(q_U - q_V)T}\frac{V_0}{U_0}$$

和

$$f_0 = e^{-q_U T} U_0 E_U\left[\max\left(\frac{V_T}{U_T} - 1, 0\right)\right]$$

式（28-32）变为

$$f_0 = e^{-q_V T} V_0 N(d_1) - e^{-q_U T} U_0 N(d_2)$$

而 d_1 和 d_2 则被重新定义成

$$d_1 = \frac{\ln(V_0/U_0) + (q_U - q_V + \hat{\sigma}^2/2)T}{\hat{\sigma}\sqrt{T}} \text{和} d_2 = d_1 - \hat{\sigma}\sqrt{T}$$

这正是式（26-5）所给出的关于资产交换期权的结果。

28.8 计价单位变换

在这一节里，我们考虑计价单位的变换对一个市场变量所服从随机过程的影响。首先假定市场变量是一个可交易证券的价格 f。如果在一个世界里 dz_i 的风险市场价格为 λ_i，我们将会有

$$df = \left[r + \sum_{i=1}^{n} \lambda_i \sigma_{f,i}\right] f dt + \sum_{i=1}^{n} \sigma_{f,i} f dz_i$$

与此类似，当风险市场价格为 λ_i^* 时

$$df = \left[r + \sum_{i=1}^{n} \lambda_i^* \sigma_{f,i}\right] f dt + \sum_{i=1}^{n} \sigma_{f,i} f dz_i$$

从这里我们可以看到，从第一个世界转换到第二个世界将会使一个可交易证券 f 的增长率期望增加

$$\sum_{i=1}^{n} (\lambda_i^* - \lambda_i)\sigma_{f,i}$$

下面我们考虑一个不是可交易证券价格的变量 v。对于风险市场价格的变化，在网页 www. rotman. utoronto. ca/ ~hull/TechnicalNotes 里的 Technical Note 20 中证明了 v 增长率期望的变

化与可交易证券价格增长率的变化是一样的，增长量为

$$\alpha_v = \sum_{i=1}^{n}(\lambda_i^* - \lambda_i)\sigma_{v,i} \tag{28-33}$$

其中$\sigma_{v,i}$为v波动率的第i个成分。

当我们从一个计价单位g变化成另一个计价单位h时，$\lambda_i=\sigma_{g,i}$和$\lambda_i^*=\sigma_{h,i}$。定义$w=h/g$和w波动率的第i个成分为$\sigma_{w,i}$。由伊藤引理（见练习题28.13），我们得出

$$\sigma_{w,i} = \sigma_{h,i} - \sigma_{g,i}$$

于是式（28-33）变成了

$$\alpha_v = \sum_{i=1}^{n}\sigma_{w,i}\sigma_{v,i} \tag{28-34}$$

我们把w称为**计价单位比率**（numeraire ratio）。式（28-34）等价于

$$\alpha_v = \rho\sigma_v\sigma_w \tag{28-35}$$

其中σ_v为v的总波动率，σ_w为w的总波动率，ρ为v和w之间的瞬时相关系数。[⊖]

这个结果简单得令人惊奇。当从一个计价单位转换成另外一个计价单位时，一个变量v的增长率将会增加，而增加的幅度是v百分比变化和计价单位比率百分比变化的瞬时协方差。在第30章中我们将把这个结果用在对时间调整和Quanto调整的问题上。

本章中结果的一个特殊情形是从现实世界转换成传统风险中性世界（这时所有的风险市场价格均为零）。由式（28-33）可知v的增长率的变化为$-\sum_{i=1}^{n}\lambda_i\sigma_{v,i}$。这对应于当$v$是可交易证券价格时式（28-13）中的结果。我们还证明了当v不是可交易证券价格时这个结果也是成立的。一般来讲，将一个不是可交易证券价格的变量从一个世界转换到另一个世界与可交易证券价格的情形是相同的。

小 结

一个变量的风险市场价格定义了依赖于这个变量的可交易证券的风险和收益之间的平衡关系。当只有一个变量时，一个衍生产品高于无风险利率的额外收益率等于风险市场价格乘以衍生产品的波动率。当有许多变量时，额外收益率等于每个变量的风险市场价格与相应波动率的乘积之和。

关于衍生产品定价的一个有力工具是风险中性定价方法。我们在第13章和第15章中已经引进了这个概念。风险中性定价原理说明，对衍生产品定价时，如果假定世界是风险中性的，那么我们所得出的衍生产品价格不但在风险中性世界里是正确的，而且在其他世界里也同样是正确的。在传统的风险中性世界里，所有变量的风险市场价格都是零。在这一章里我们推广了风险中性定价原理。当利率是随机时，我

⊖ 为了说明这一点，我们注意在很短一段时间Δt里，v和w的变化Δv和Δw可由以下方程给出

$$\Delta v = \cdots + \sum\sigma_{v,i}v\varepsilon_i\sqrt{\Delta t}$$

$$\Delta w = \cdots + \sum\sigma_{w,i}w\varepsilon_i\sqrt{\Delta t}$$

由于dz_i之间互不相关，可以得到当$i\neq j$时$E(\varepsilon_i\varepsilon_j)=0$，并且由$\rho$的定义，我们有

$$\rho v\sigma_v w\sigma_w = E(\Delta v\Delta w) - E(\Delta v)E(\Delta w)$$

忽略比Δt高的项时可以得出

$$\rho\sigma_v\sigma_w = \sum\sigma_{w,i}\sigma_{v,i}$$

们证明了可以有许多不但有意思，而且也很有用处的不同于传统风险中性世界的选择。

鞅是没有漂移项的随机过程，任何一个服从鞅的过程都有以下简单性质：它在将来任何时刻的期望值都等于它现在的值。等价鞅测度结果说明，如果 g 是某个证券的价格，那么在一个关于 g 为远期风险中性的世界里，对于所有的证券 f 的比值 f/g 都是鞅。因此，当适当地选择计价单位 g 时，我们可以简化对许多依赖于利率衍生产品的定价。

本章利用等价鞅测度结果推广出了当利率为随机变量时的布莱克模型，以及资产交换欧式期权的定价模型，在第29～33章中，这些模型对利率衍生产品定价会非常有用。

推荐阅读

Baxter, M., and A. Rennie, *Financial Calculus*. Cambridge University Press, 1996.

Cox, J.C., J.E. Ingersoll, and S.A. Ross, "An Intertemporal General Equilibrium Model of Asset Prices," *Econometrica*, 53 (1985): 363–84.

Duffie, D., *Dynamic Asset Pricing Theory*, 3rd edn. Princeton University Press, 2001.

Harrison, J.M., and D.M. Kreps, "Martingales and Arbitrage in Multiperiod Securities Markets," *Journal of Economic Theory*, 20 (1979): 381–408.

Harrison, J.M., and S.R. Pliska, "Martingales and Stochastic Integrals in the Theory of Continuous Trading," *Stochastic Processes and Their Applications*, 11 (1981): 215–60.

练习题

28.1 一个不是投资资产价格的变量的风险市场价格是如何定义的？

28.2 假设黄金价格的风险市场价格是零。如果储藏费是每年1%，无风险利率是每年6%，那么金价的增长率期望是多少？假设黄金不提供收入。

28.3 考虑两个依赖于同一市场变量的证券，它们的收益率期望分别是8%和12%。第一个证券的波动率是15%，瞬时无风险利率是4%。第二个证券的波动率是多少？

28.4 一个原油公司成立的唯一目的是在德克萨斯州内的一个小区域里寻找原油。公司的价值主要依赖于两个随机变量：原油价格与原油储备量。讨论第二个变量的风险市场价格应该是正是负，还是零。

28.5 一个衍生产品价格与两个不分红的可交易证券价格有关。通过构造由衍生产品以及两个可交易证券的无风险组合，推导衍生产品价格所满足的微分方程。

28.6 假设利率 x 服从以下过程

$$dx = a(x_0 - x)dt + c\sqrt{x}dz$$

这里 a，x_0 和 c 是正常数。我们进一步假设 x 的风险市场价格是 λ，在传统风险中性世界里，x 所服从的过程是什么？

28.7 当证券 f 以 q 的速度提供收益时，证明式（28-9）变成了 $\mu + q - r = \lambda\sigma$（提示：将从 f 得到的收入再投资于 f 中，这样可以构造一个新的不提供收入的证券 f^*。）

28.8 证明当 f 和 g 分别以 q_f 和 q_g 的速度提供收益时，式（28-15）变为

$$f_0 = g_0 e^{(q_f - q_g)T} E_g\left(\frac{f_T}{g_T}\right)$$

（提示：将从 f 得到的收入再投资于 f，从 g 得到的收入再投资于 g，这样我们可以构造新的不提供收入的证券 f^* 和 g^*。）

28.9 "一个利率将来值在风险中性世界里的期望大于它在现实世界里的期望值。"这个结论对以下变量的风险市场价格有什么影响？(a) 某种利率；(b) 某个债券的价格。你认为这个结论有可能成立吗？给出理由。

28.10 变量 S 是一个以货币A为计量的投资资产，它以 q 的速度提供收益。在现实世界里，它服从过程

$$dS = \mu_S S dt + \sigma_S S dz$$

可以定义必要的变量，给出在以下情况下 S 的过程，以及相应的风险市场价格。

(a) 在一个对货币A是传统风险中性的世界里。

(b) 在一个对货币B是传统风险中性的世界里。

(c) 在一个对货币A里在时间 T 到期的零息债券为远期风险中性的世界里。

(d) 在一个对货币B里在时间 T 到期的零息债券为远期风险中性的世界里。

28.11 解释远期利率的定义与其他变量的远期价值之间的区别，这些变量可以是股票价格、商品价格、货币兑换率。

28.12 证明在以下假设下，28.5节中的结论

$$df = [r + \sum_{i=1}^{n} \lambda_i \sigma_{f,i}] f dt + \sum_{i=1}^{n} \sigma_{f,i} f dz_i$$

和

$$dg = [r + \sum_{i=1}^{n} \lambda_i \sigma_{g,i}] g dt + \sum_{i=1}^{n} \sigma_{g,i} g dz_i$$

其中 dz_i 是互不相关的，当 $\lambda_i = \sigma_{g,i}$ 时，f/g是个鞅（提示：首先利用式（14A-11）得出 $\ln f$ 和 $\ln g$ 的过程）。

28.13 证明当 $w = h/g$，而 h 和 g 都依赖于 n 个维纳过程时，w 波动率的第 i 个成分是 h 的第 i 个成分减去 g 的第 i 个成分（提示：首先利用式（14A-11）得出 $\ln g$ 和 $\ln h$ 的过程）。

28.14 “如果 X 是一个随机变量的条件期望，那么 X 是个鞅。”解释这个结论的意思。

作业题

28.15 一个证券的价格依赖于两个随机变量：黄铜价格和日元/美元兑换率。证券的价格与这两个变量有正向关系。假如这两个变量的风险市场价格分别是0.5和0.1，如果黄铜价保持不变，那么证券的波动率将会是每年8%；如果日元/美元兑换率保持不变，那么证券的波动率将会是每年12%。无风险利率是每年7%，证券的增长率期望是多少？如果两个变量是不相关的，那么证券的波动率是多少？

28.16 假设在时间 T 到期的零息债券价格服从以下过程

$$dP(t,T) = \mu_P P(t,T) dt + \sigma_P P(t,T) dz$$

而一个依赖于这个债券的衍生产品价格服从过程

$$df = \mu_f f dt + \sigma_f f dz$$

假设随机性只有一个来源，而且 f 不提供收入。

(a) f 在时间 T 到期合约的远期价格 F 是什么？

(b) 在一个关于 $P(t, T)$ 为远期风险中性的世界里，F 服从什么过程？

(c) 在传统的风险中性的世界里，F 服从什么过程？

(d) 在一个关于 $P(t, T^*)$ 为远期风险中性的世界里，F 的过程是什么？这里 $T^* \neq T$，假设 σ_P^* 是这个债券的波动率。

28.17 考虑一个非利率的变量。

(a) 在什么世界里这个变量的期货价格是鞅？

(b) 在什么世界里这个变量的远期价格是鞅？

(c) 推导在传统风险世界里，期货价格的漂移项与远期价格漂移项之差的表达式。必要时可以定义新的变量。

(d) 在5.8节中当期货价格高于远期价格时，我们曾给出一些观点，证明你的结果与这些观点是一致的。

CHAPTER29

第29章 利率衍生产品：标准市场模型

利率期权是指收益在某种程度上依赖于利率水平的期权产品。在20世纪80年代与90年代，利率衍生产品的交易量在场外市场和交易所内都有迅猛增长。许多新产品的发展都是为了满足客户的特殊需要。交易人员所面临的一个关键挑战是寻找好而且有效的方法来对这些产品进行对冲和定价。对利率衍生产品定价要比对股票和货币衍生产品定价困难得多，原因有许多：

（1）单一利率的变化比一个股票价格或汇率变化要复杂得多；

（2）对许多利率产品的定价都需要建立一个模型来描述整个零息利率曲线；

（3）利率曲线上的每一点都有不同的波动率；

（4）利率既被用来贴现，又被用来确定衍生产品的收益。

本章将讨论在场外交易中最流行的三种利率期权产品：债券期权、利率上限与下限以及互换期权。我们将讨论这些产品的运作方式以及如何采用标准市场模型来对这些产品定价。

29.1 债券期权

债券期权（bond option）是指在将来某确定时刻以某一确定价格买入或卖出某个债券的权利。除了在场外市场进行交易外，债券期权常常隐含在一些债券内，其作用是在债券发行时达到吸引发行者或投资者的目的。

29.1.1 内含债券期权

具有内含期权债券的一个例子是**可赎回债券**（callable bond），这种债券含有允许发行债券的公司在将来某时刻以事先约定的价格买回债券的条款，因此这种债券的持有人向发行人卖出了一个看涨期权。该期权中的执行价格，即**赎回价格**（call price），是该债券发行人在赎回债券时必须支付给债券持有者的价格。可赎回债券通常在债券发行的最初几年内不能赎回（称为**锁定区间**（lock-out period）），此后的赎回价格通常是时间的递减函数。例如，在某个10年期可赎回债券发行的最初两年内，债券发行人没有赎回债券的权利，随后该债券发行人有权在第3年和第4年以110美元的价格、在第5年和第6年以107.50美元的价格、在第7年和第8年以106美元的价格、在第9年和第10年以103美元的价格将债券赎回。这个看涨期权的价值反映在债券的收益率报价之中。一般附有可赎回条款的债券比没有可赎回条款的债券的收益率要高。

具有内含期权的另一类债券是**可退还债券**（puttable bond），这种债券含有允许债券持有人在将来某一时间内以预先约定的价格提前将债券退还给债券发行人并收回现金的条款。债券持有人在买入债券本身的同时，也买入了债券的看跌期权。对于债券持有人而言，由于看跌期权增加了债券本身的价值，附有可退还条款的债券比没有这种条款的债券收益率要低。一个简单可退还债券的例子为10年期可退还债券，此债券的持有人有权在第5年年末要回本金（有时这类债券也被称为**可撤销债券**（retractable bond））。

贷款和储蓄产品有时也具有内含债券期权。例如，假定某金融机构的5年定期储蓄可以被提前提取而没有任何惩罚，那么它就包含了一个债券美式看跌期权（储蓄是一个投资者有权在任何时刻以其面值卖给金融机构的债券）。类似地，在贷款和有抵押贷款中可以提前付清的权利也是关于债券的看涨期权。

最后，银行或其他金融机构所提供的**贷款许诺**（loan commitment）可以看作关于债券的看跌期权。例如，某一银行给某个潜在借款人报出5年期的年利率为5%，此报价在随后的2个月内有效。在这种情况下，该客户事实上取得了在随后2个月内随时向金融机构按面值出售利率为5%的5年期债券的权利，当利率上涨时，客户将会行使期权。

29.1.2 欧式债券期权

许多场外交易的债券期权和一些债券内含期权都是欧式期权。在对于欧式债券期权定价的标准市场模型中通常所做的假设是债券的远期价格具有常数波动率 σ_B，因此我们可以用28.6节中的布莱克模型来对这些期权定价。在式（28-28）和式（28-29）中，令 σ_F 等于 σ_B，F_0 等于远期债券价格 F_B，则

$$c = P(0,T)[F_BN(d_1) - KN(d_2)] \tag{29-1}$$

$$p = P(0,T)[KN(-d_2) - F_BN(-d_1)] \tag{29-2}$$

其中

$$d_1 = \frac{\ln(F_0/K) + \sigma_B^2T/2}{\sigma_B\sqrt{T}} \text{和} d_2 = d_1 - \sigma_B\sqrt{T}$$

其中 K 为债券期权的执行价格，T 为期权的期限。$P(0, T)$ 是对于期限 T 的无风险贴现因子。

如5.5节所述，F_B 可以利用以下公式来计算

$$F_B = \frac{B_0 - I}{P(0,T)} \tag{29-3}$$

其中 B_0 为债券在0时刻的价格，I 为在期权期限内债券所支付息票的贴现值。在以上公式中，即期债券价格与远期债券价格均为**现金价格**（cash price），而非**报价**（quoted price）。在6.1节中，我们曾解释过现金价格与报价之间的关系。

式（29-1）和式（29-2）中的执行价格 K 应是现金执行价格，因此在选择 K 的正确取值时，期权的具体条款阐述非常重要。如果一个合约将执行价格定义为当期权被行使时与债券交换的现金价格，那么 K 应该被设定为这一执行价格。但更常见的情形是执行价格为期权被行使时所对应的报价，这时 K 应等于执行价格加上在到期日时的应计利息。交易员将债券的报价称

为**洁净价**（clean price），将现金价称为**带息价格**（dirty price）。

例 29-1

考虑一个 10 月期的欧式看涨期权，标的资产是期限为 9.75 年、面值为 1 000 美元的债券（当期权到期时，该债券的剩余期限为 8 年零 11 个月）。假设债券在当前的现金价格为 960 美元，执行价格为 1 000 美元，10 个月期的无风险利率为每年 10%，债券上 10 个月期限的远期价格波动率为每年 9%。债券券息率为每年 10%（每半年支付一次）。债券在第 3 个月和第 9 个月将支付 50 美元的利息（这意味着当前应计利息为 25 美元，报价为 935 美元）。我们假设 3 个月期和 9 个月期的无风险利率分别为每年 9.0% 和 9.5%。因此，所支付利息的贴现值为

$$50e^{-0.09\times0.25}+50e^{-0.095\times0.75}=95.45$$

即 95.45 美元。由式（29-3）可得出债券远期价格为

$$F_B=(960-95.45)e^{0.1\times10/12}=939.68$$

（a）如果执行价格是在期权行使时为了得到该债券所付的现金价格，那么式（29-1）中的参数为 $F_B=939.68$，$K=1\,000$，$P(0, T)=e^{-0.1\times(10/12)}=0.920\,0$，$\sigma_B=0.09$，$T=10/12$。看涨期权的价格为 9.49 美元。

（b）如果执行价格是在期权行使时为了得到该债券所付的报价，则因为期权的到期日是息票支付后的一个月，所以必须在 K 中加上一个月的累计利息。因此 K 等于

$$1\,000+100\times0.083\,33=1\,008.33$$

式（29-1）中其他参数不变（即 $F_B=939.68$，$P(0, T)=0.920\,0$，$\sigma_B=0.09$，$T=0.833\,3$）。看涨期权价格为 7.97 美元。

图 29-1 展示了当我们向前展望时债券价格对数值的标准差变化形式。由于今天的债券价格没有不确定性，所以它的标准差为 0。另外，当债券到期时，债券价格等于其面值，所以这时标准差也为 0。但是，现在与债券到期日之间，标准差先是上升，然后再下降。

当对债券的欧式期权定价时，波动率 σ_B 应该被取成

$$\frac{\text{在期权到期时债券对数的标准差}}{\sqrt{\text{期权权期}}}$$

对于一个特定的标的债券，增加期权期限时会发生什么呢？图 29-2 显示了将 σ_B 作为期权期限函数时的典型形状。一般来讲，当期权期限增大时，σ_B 会随之减小。

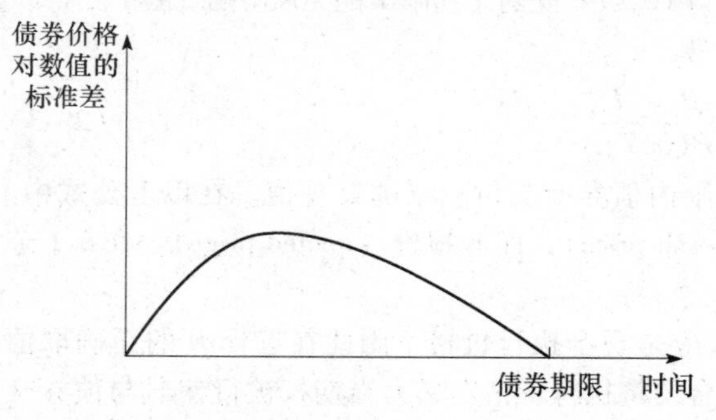

图 29-1　在将来时刻债券价格对数的标准差

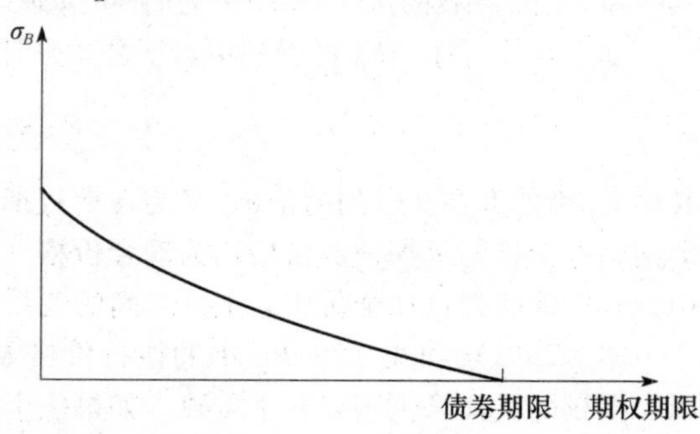

图 29-2　将债券固定时它的远期价格波动率 σ_B 与期权期限的变化关系

29.1.3　收益率波动率

对债券期权所报的波动率通常是收益率波动率而不是价格波动率。在市场上，人们通过第 4 章里引入的久期概念来将所报的收益率波动率转换成价格波动率。假设 D 是第 4 章里定义的期权标的债券在期权到期日的修正久期。债券远期价格 F_B 的变化 ΔF_B 与相应远期收益率 y_F 的变化 Δy_F 之间关系满足

$$\frac{\Delta F_B}{F_B} \approx -D\Delta y_F$$

即

$$\frac{\Delta F_B}{F_B} \approx -Dy_F\frac{\Delta y_F}{y_F}$$

波动率是对某一变量价值百分比变化的标准差的度量。以上方程说明，在布莱克模型中的远期价格波动率 σ_B 与相应的远期收益率波动率 σ_y 近似地满足以下关系式

$$\sigma_B = Dy_0\sigma_y \qquad (29\text{-}4)$$

其中 y_0 为 y_F 的初始值。当收益率波动率被用来对期权进行报价时，一个潜在的假设通常是我们会通过式（29-4）将该波动率转换为价格波动率，然后利用这个波动率和式（29-1）或式（29-2）来计算期权价格。假设某看涨期权的标的债券在期权到期时的修正久期为 5 年，远期收益率为 8%，由交易商给出的远期收益率波动率报价为 20%，这意味着对应于这一市场报价，期权的市场价格可由式（29-1）计算得出，公式中的变量 σ_B 等于

$$5 \times 0.08 \times 0.2 = 0.08$$

即每年 8%。图 29-2 说明远期债券波动率与所考虑的期权有关。我们刚定义的远期收益率的波动率更像个常数，这也是交易员喜欢使用这个波动率的原因。

本书附带软件 DerivaGem 中的 Bond_Options 工作表可用于计算欧式债券期权的价格。在计算时，用户在定价模型中应选择 Black European 来作为定价模型。用户输入收益率波动率，软件按上面所述方式应用这一波动率，执行价格既可以选择现金价格也可以选择市场报价。

例 29-2

考虑一个 10 年期、面值为 100 美元的债券上欧式看跌期权。债券票息率为 8%，每半年支付一次，期权的期限为 2.25 年，期权的执行价格为 115 美元，远期收益率的波动率为 20%，零息曲线为水平 5%（连续复利）。DerivaGem 显示债券的报价为 122.82 美元，当执行价格对应于市场报价时，期权价格为 2.36 美元。当执行价格为现金价格时，期权价格为 1.74 美元（手算见练习题 29.16）。

29.2　利率上限和下限

在场外市场里，金融机构提供的一种很流行的利率期权是**利率上限**（interestrate cap）。为了帮助我们理解利率上限，我们首先考虑**浮动利息本票**（floating ratenote）。在这种本票中，利率要被定期重置为 LIBOR。两次重置利率时间的间隔叫**票期**（tenor）。假定票期为 3 个月，浮动利息本票中最初 3 个月的利率为最初的 LIBOR 利率；接下 3 个月所对应的利率等于当时的市

场 LIBOR 利率，等等。

利率上限的设计是为了保证浮动利息债券中的浮动利率不超过某个水平。这一利率水平被称为**上限利率**（cap rate）。假定本金为 1 000 万美元，票期为 3 个月，上限期限为 5 年，上限利率为 4%（因为票期为 3 个月，这一个上限利率为每 3 个月复利一次）。这一上限合约保证了浮动利息本票中的利率不会高于 4%。

在以下的分析中，我们首先忽略计量天数惯例对于计算结果的影响。我们假设付款日之间的时间间隔正好为 0.25 年（在本节的最后，我们将讨论计量天数惯例）。假设在某一个利率重置日，3 个月的 LIBOR 利率为 5%，浮动利率本票在 3 个月后需支付

$$0.25 \times 0.05 \times 10\,000\,000 = 125\,000(\text{美元})$$

在 3 个月 LIBOR 利率为 4% 的情况下，浮动利率本票在 3 个月后需支付

$$0.25 \times 0.04 \times 10\,000\,000 = 100\,000(\text{美元})$$

因此利率上限所提供的收益为 25 000 美元（125 000 - 100 000）。注意产品的收益并不发生在观察利率（即 5%）的重置日，而是发生在 3 个月以后。这一点反映了利率的观察时间与交割时间存在一个自然的时间差。

在利率上限内的每一个重置日上，如果 LIBOR 利率小于 4%，在 3 个月后的上限收益为 0；如果 LIBOR 大于 4%，上限收益为 LIBOR 超出 4% 的溢差乘以面值 1 000 万美元，再乘以 1/4。通常在定义上限时，即使最初的 LIBOR 利率高于上限利率，在第一个重置日也不会导致任何收益。在我们的例子中，上限期限为 5 年，因此总共有 19 个重置日（即在 0.25 年、0.50 年、0.75 年……4.75 年）和 19 个潜在的收益日（即在 0.5 年、0.75 年、1.00 年……5.00 年）。

29.2.1 将利率上限看作利率期权的组合

考虑一个期限为 T 的利率上限，本金为 L，上限利率为 R_K。利率上限的重置日为 t_1，t_2，…，t_n，并定义 $t_{n+1}=T$，R_k 为在 t_k 时刻观察到的 t_k 到 t_{k+1} 之间的 LIBOR 利率（$1 \leqslant k \leqslant n$），利率上限在 $t_{k+1}(k=1, 2, \cdots, n)$ 的收益为

$$L\delta_k \max(R_k - R_K, 0) \tag{29-5}$$

其中 $\delta_k = t_{k+1} - t_k$，[⊖] R_K 和 R_k 的复利频率均等于重置日的频率。

由式（29-5）所表达的收益等价于一个在时间 t_k 所观察的 LIBOR 利率上的看涨期权，期权的收益发生在时间 t_{k+1}。一个利率上限包含 n 个这样的看涨期权。LIBOR 利率的重置日为 t_1，t_2，t_3，…，t_n，相应的收益日为 t_2，t_3，t_4，…，t_{n+1}。上限中的 n 个看涨期权被称为**利率上限单元**（caplet）。

29.2.2 将利率上限当成债券期权组合

利率上限也可以看成是一个零息债券上看跌期权的组合。看跌期权的收益发生在利率重置日。由式（29-5）定义的发生在 t_{k+1} 的收益等价于以下发生在 t_k 的收益

$$\frac{L\delta_k}{1+R_k\delta_k}\max(R_k - R_K, 0)$$

应用简单代数运算，可以得出以上表达式等价于

⊖ 我们将在本节的最后讨论天数计量惯例。

$$\max\left[L-\frac{L(1+R_K\delta_k)}{1+R_k\delta_k},0\right] \tag{29-6}$$

表达式

$$\frac{L(1+R_K\delta_k)}{1+R_k\delta_k}$$

是在 t_{k+1} 时支付 $L(1+R_K\delta_k)$ 的零息债券在时间 t_k 的价值。式（29-6）等于一个在 t_{k+1} 到期的零息债券上看跌期权的收益，期权的到期日为 t_k，零息债券的面值为 $L(1+R_K\delta_k)$，期权的执行价格为 L。因此，我们可以将利率上限看成是一个关于零息债券欧式看跌期权的组合。

29.2.3 利率下限和利率双限

利率下限（floor）和**双限**（collar）（有时也被称为**下限 - 上限协议**（floor-ceiling agreement））的定义与利率上限类似。利率下限在浮动利息本票的利率低于一定水平时提供收益。沿用前面的符号，利率下限在时间 $t_{k+1}(k=1,2,\cdots,n)$ 收益为

$$L\delta_k\max(R_K-R_k,0)$$

同利率上限类似，利率下限可看作一个由利率看跌期权组成的交易组合，也可以当成零息债券上看涨期权的组合。利率下限中的每个期权都被称为**下限单元**（floorlet）。利率双限确保支付与 LIBOR 有关的浮动利率介于两个上下限水平之间，它是一个利率上限多头寸与一个利率下限空头寸的组合。在构造利率双限时，通常使上限的价值等于下限的价值。因此，进入利率双限交易的成本为 0。

业界事例 29-1 给出了利率上限与下限之间的平价关系式。

业界事例 29-1　利率上限与下限之间的看跌 - 看涨平价关系式

利率上限及下限之间存在一种如下形式的看跌 - 看涨平价关系式

上限价值 = 下限价值 + 利率互换价值

在以上关系式中，上限与下限具有同样的执行价格 R_K。在互换交易中收入浮动利率同时付出固定利率 R_K，并且在第 1 个重置日没有支付，这里所涉及的 3 个产品具有同样的期限与付款频率。

为了说明以上关系式是正确的，我们考虑一个由利率上限多头寸和一个下限空头寸所组成的交易组合，利率上限在当 LIBOR 大于 R_K 时提供的收益为 LIBOR $-R_K$，利率下限的空头寸在当 LIBOR 小于 R_K 时提供收益为

$$-(R_K-\text{LIBOR})=\text{LIBOR}-R_K$$

因此对应于所有情形，交易组合的收益均为 LIBOR $-R_K$，这刚好等价于利率互换的收益，所以上限价值减去下限价值刚好等于互换的价值。

注意互换的构造往往是在 0 时刻 LIBOR 决定了在第 1 个重置日的付款量，而上限及下限的构造是使第 1 个重置日没有任何支付。这说明为什么在看跌 - 看涨平价关系式里的互换跟通常的互换不太一样，因为它在第 1 个重置日没有支付。

29.2.4 上限与下限的定价

如式（29-5）所示，在 t_k 时间被重置的利率上限单元在时间 t_{k+1} 所提供的收益为

$$L\delta_k\max(R_k-R_K,0)$$

利用标准市场模型，这一利率上限单元的价值为

$$L\delta_kP(0,t_{k+1})[F_kN(d_1)-R_KN(d_2)] \tag{29-7}$$

$$d_1 = \frac{\ln(F_k/R_K) + \sigma_k^2 t_k/2}{\sigma_k \sqrt{t_k}}$$

$$d_2 = \frac{\ln(F_k/R_K) - \sigma_k^2 t_k/2}{\sigma_k \sqrt{t_k}} = d_1 - \sigma_k \sqrt{t_k}$$

其中 F_k 是在时间 0 时所观察到的时间 t_k 与 t_{k+1} 之间的远期利率，σ_k 是它的波动率。以上模型是布莱克模型的自然推广。波动率 σ_k 与$\sqrt{t_k}$相乘，这是因为利率 R_k 的观察时间是 t_k，而贴现因子 P（0，t_{k+1}）则反映了收益发生在时间 t_{k+1}，而不是在时间 t_k。相应的下限单元价格为

$$L\delta_k P(0,t_{k+1})[R_K N(-d_2) - F_k N(-d_1)] \tag{29-8}$$

例 29-3

考虑一个在一年后开始，并持续 3 个月的将 1 000 万美元的 LIBOR 利率限定在 8% 以下（每季度复利一次）的利率上限。这里所描述的上限单元有可能是上限合约的一个组成部分。假设以 LIBOR/互换零息曲线作为无风险利率用来贴现，而且假定 LIBOR/互换零息曲线形状为水平，每年 7%，复利频率为每季度一次。利率上限单元所对应的 3 个月期限远期利率波动率为每年 20%，对应于所有期限的（连续复利）利率均为 6.939 4%。在式（29-7）中，$F_k = 0.07$，$\delta_k = 0.25$，$L = 10$，$R_K = 0.08$，$t_k = 1.0$，$t_{k+1} = 1.25$，$p(0,\ t_{k+1}) = e^{-0.069\,395 \times 1.25} = 0.916\,9$ 和 $\sigma_k = 0.20$。同时

$$d_1 = \frac{\ln(0.07/0.08) + 0.2^2 \times 1/2}{0.2 \times 1} = -0.567\,7$$

$$d_2 = d_1 - 0.20 = -0.767\,7$$

因此上限单元的价值为（按百万计）

$$0.25 \times 10 \times 0.916\,9 \times (0.07N(-0.567\,7) - 0.08N(-0.767\,7)) = 0.005\,162(\text{美元})$$

即 5 162 美元。这个结果也可以由 DerivaGem 求出。

每一个利率上限单元都必须通过式（29-7）来单独定价。类似地，每一个下限单元都必须通过式（29-8）来单独定价。一种定价的方法是对于不同的上限单元（或下限单元）采用不同的波动率，这些波动率被称为**即期波动率**（spot volatility）。另外一种定价方法是对于构成上限（或下限）的所有上限单元（或下限单元）均采用相同的波动率，但波动率随上限（下限）的有效期限变动，这一波动率被称为**单一波动率**（flat volatility）。[⊖]虽然市场所报出的波动率常常为单一波动率，但是许多交易员却喜欢估计即期波动率，因为这可以帮助他们识别那些价格过高或过低的上限单元（或下限单元）。欧洲美元期货看跌（看涨）期权同利率上限单元（下限单元）非常相似，由利率上限单元和下限单元所使用的 3 个月 LIBOR 即期波动率常常与那些由欧洲美元期货期权价格所计算出的波动率进行比较。

29.2.5 即期波动率和单一波动率

图 29-3 展示了典型的即期波动率和单一波动率与期限之间的函数关系（对于即期波动率情形，期限对应于利率上限单元与下限单元的到期日；对于单一波动率情形，期限是上限或下

⊖ 由单一波动率可以计算即期波动率，反之亦然（见练习题 29.20）。

限的到期日）。单一波动率相当于即期波动率的累积平均值，因此其变动幅度相对较小。如图 29-3 所示，在波动率中我们常常会观测到在大约 2 年到 3 年时会出现“驼峰”（hump）的形状，而且无论是在期权价格所隐含的波动率中还是在由历史数据计算出的波动率中，我们都会观测到这种驼峰形状。对于驼峰存在的原因，还没有一个定论。一种可能的解释如下：零息曲线中的短期利率由中央银行控制，而与短期利率对应的 2 年和 3 年的利率在一定程度上由交易员的交易行为所决定，也许这些交易员对于短期利率的变化反应过于敏感，因此其交易行为会造成这些利率比短期利率的变化幅度要高。期限大于 2 ~ 3 年的利率具有在第 31 章将讨论的回归均值（mean reversion）特性，从而造成了波动率的下降。

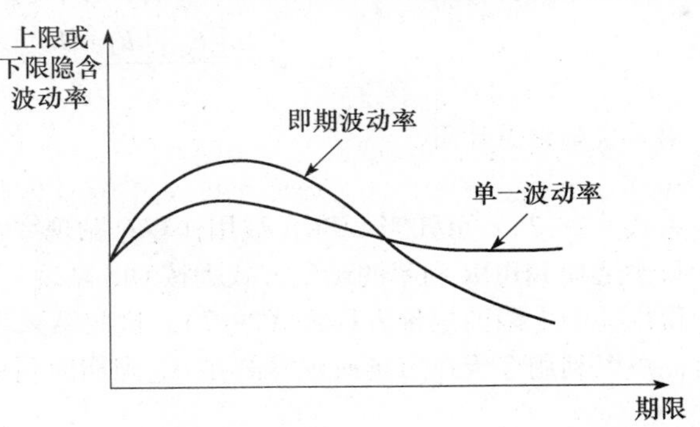

图 29-3　隐含波动率的驼峰

经纪人会提供上限与下限的单一波动率表格，这些波动率所对应的产品通常为平值期权，这是指上限/下限利率等于与上限付款日期相同的互换利率。表 29-1 显示了美国市场中典型的经纪人报价数据，其中上限的票期为 3 个月，上限的有效期为 1 年到 10 年不等。这里的波动率为单一波动率而不是即期波动率。数据显示出图 29-3 中驼峰的形状。

表 29-1　典型的美元上限和下限隐含单一波动率的数据　（每年%）

期限	买入价上限	卖出价上限	买入价下限	卖出价下限
1 年	18.00	20.00	18.00	20.00
2 年	23.25	24.25	23.75	24.75
3 年	24.00	25.00	24.50	25.50
4 年	23.75	24.75	24.25	25.25
5 年	23.50	24.50	24.00	25.00
7 年	21.75	22.75	22.00	23.00
10 年	20.00	21.00	20.25	21.25

29.2.6　模型的理论根据

布莱克模型的推广可以用于对上限单元定价，这一模型与对于在 t_{k+1} 到期的零息债券为远期风险中性的世界是内在一致的。28.4 节里的分析说明：

（1）任意一个证券的价值都等于在这个世界里证券在 t_{k+1} 的期望值乘上 t_{k+1} 到期的零息债券价格（见式（28-20））；

（2）这一世界内，时间 t_k 与 t_{k+1} 之间利率的期望值等于远期利率（见式（28-22））。

沿用前文的记号，上面的第一个结论说明在 t_{k+1} 提供收益的上限单元价格为

$$L\delta_k P(0,t_{k+1})E_{k+1}[\max(R_k - R_K,0)] \tag{29-9}$$

其中 E_{k+1} 代表对于在 t_{k+1} 到期的零息债券为远期风险中性世界中的期望值。假定上限标的远期利率的波动率为常数 σ_k，同时在这一世界里，R_k 服从对数正态分布，$\ln(R_k)$ 的标准差为 $\sigma_k\sqrt{t_k}$。由第 15 章的附录可知式（29-9）变为

$$L\delta_k P(0,t_{k+1})[E_{k+1}(R_k)N(d_1) - R_K N(d_2)]$$

其中

$$d_1 = \frac{\ln[E_{k+1}(R_k)/R_K] + \sigma_k^2 t_k/2}{\sigma_k \sqrt{t_k}}$$

$$d_2 = \frac{\ln[E_{k+1}(R_k)/R_K] - \sigma_k^2 t_k/2}{\sigma_k \sqrt{t_k}} = d_1 - \sigma \sqrt{t_k}$$

第2个结论意味着

$$E_{k+1}(R_k) = F_k$$

由式（28-22）可知当LIBOR被用作零息贴现率时，上式是正确的。在29.4节里，我们将证明只要远期LIBOR利率的确定方式去按OIS贴现一致，上式仍然正确。与以上式结合，我们可以得出关于上限的定价方程式（29-7）。这些结果表示，当将利率期望值设定为远期利率时，我们可以利用今天在市场所观察的在t_{k+1}到期的利率对预期收益进行贴现。

29.2.7 使用DerivaGem软件

DerivaGem软件可用于对利率上限与下限进行定价，其中的模型为布莱克模型。用户在Cap_and_Swap_Option工作表中应选择Cap/Floor作为产品类型，并选择Black-European为**定价模型**（pricing model）来进行计算。定价中输入的LIBOR/互换零息曲线为连续复利形式（当使用OIS贴现时，必须同时将OIS零息曲线输入）。输入的数据包括上限有效期的起始日期及结束日期，单一波动率及上限付款的交割频率（即区间长度）。软件所产生的付款日期由结束日开始反向倒推到起始日。刚开始时上限单元/下限单元所覆盖的区间为正常区间的1/2倍到1.5倍。例如，假定上限的有效期为1.22~2.80年，付款交割频率为季度，有效期内共有6个上限单元，它们分别为2.55~2.80年、2.30~2.55年、2.05~2.30年、1.80~2.05年、1.55~1.80年及1.22~1.55年。

29.2.8 计量天数惯例的影响

到现在为止，我们在本节所给出的公式里没有考虑计量天数惯例的影响（对于计量天数惯例的解释，见6.1节）。假定上限利率R_K的计量天数惯例为"实际天数/360"（actual/360）（这是美国市场常用的惯例）。这意味着公式中的δ_k应被a_k代替，a_k为t_k与t_{k+1}之间的**计利时段**（accrual fraction）。例如，假定t_k为5月1日，t_{k+1}为8月1日，在"实际天数/360"计量天数惯例下，t_k与t_{k+1}之间有92天，因此$a_k = 92/360 = 0.2556$。远期利率的计量天数惯例也必须为"实际天数/360"，这意味着我们必须通过以下方程求得F_k

$$1 + a_k F_k = \frac{P(0,t_k)}{P(0,t_{k+1})}$$

这样做的影响与反过来计算的影响基本一致：在"实际天数/实际天数"基础上计算δ_k，然后将R_K由"实际天数/360"转换为"实际天数/实际天数"（actual/actual），并通过以下方程求F_k

$$1 + \delta_k F_k = \frac{P(0,t_k)}{P(0,t_{k+1})}$$

29.3 欧式利率互换期权

利率互换期权（swap option，swaption）是利率互换上的期权产品。这些产品给持有者一个在将来某个时刻进入约定的利率互换的权利（当然，持有者并不是一定要行使这个权利）。许多向企业提供利率互换合约的大型金融机构也随时准备向其客户出售或购买利率互换期权。如业界事例 29-2 所示，利率互换期权也可以被看成是一种债券期权。

业界事例 29-2　互换期权与债券期权

如第 7 章所示，一个利率互换可以被看成将定息债券与浮息债券相交换的合约。在互换开始时，浮息债券的价值总是等于其面值。由此可见，我们可以将互换期权看成是由定息债券与面值相交换的期权，也就是说这是一种债券期权。

如果互换期权给予持有者支付定息而收入浮动利息的权利，那么它是一个定息债券上的看跌期权，期权的执行价格等于面值。如果互换期权给予持有者支付浮动息而收入固定利息的权利，那么它是一个定息债券上的看涨期权，期权的执行价格等于面值。

为了说明互换期权的应用方式，考虑以下例子：某企业已知在 6 个月后要签订一项 5 年期的浮动利率贷款，企业希望通过利率互换将浮动利息转为固定利息，这样企业可以将贷款转为固定利息贷款（见第 7 章里关于如何以这种方式使用互换产品的讨论）。支付一定的费用，企业可以买入互换期权，这一期权给予企业进入收取 6 个月 LIBOR 利率并同时付出固定利率（例如年利率为 3%）的互换权利，互换在 6 个月后开始，持续 5 年。如果 6 个月后 5 年期的普通互换利率低于 3%，公司将选择不行使期权，而以常规的形式进入互换交易。但是，如果互换利率高于每年 3%，公司将通过行使互换期权来进入互换交易，在互换交易中公司所付出的固定利率要低于市场上的互换利率。

当以上述形式应用互换期权时，互换期权给企业提供了保护，它使得企业避免了由于借入资金的利率上涨而带来的风险。互换期权是远期互换（有时也被称为**延迟互换**（deferred swaps））的一种替代品，远期互换无须事先支付费用，但其不利之处在于企业一定要履行互换合约的义务。而互换期权可使得企业在利率向有利方向变动时能够得到收益，而同时在利率向不利方向变动时得到保护。互换期权与远期互换的区别类似于外汇期权与外汇远期合约的区别。

29.3.1　欧式互换期权的定价

如第 7 章中所述，在某一时刻，对应于一个特定期限的互换利率是指当新签定一个具有同一期限并与 LIBOR 利率进行互换时的固定利率（利率中间价）。在互换期权定价的模型中，通常假定互换利率在期权到期日服从对数正态分布。考虑以下互换期权：我们有权在 T 年后进入为期 n 年的互换交易，在互换中我们付出的利率为 s_K，同时收入 LIBOR 利率。我们假设互换的名义本金为 L，每年支付 m 次。

在第 7 章中我们曾指出，由于计量天数惯例的原因，在每一个利率付款日，固定利息的付款量可能会稍有不同。现在我们首先忽略计量天数惯例的影响，并假定在每一笔定息付款均为固定利率乘以 L/m。在本节的最后我们将讨论计量天数惯例的影响。

假定在 T 时刻开始并持续 n 年的互换利率为 s_T。将固定利率为 s_T 的互换现金流与固定利率为 s_K 的现金流进行比较，可以看出该互换期权的收益是由以下一系列现金流组成

$$\frac{L}{m}\max(s_T - s_K, 0)$$

在互换有效期的 n 年内，每年收入 m 次现金流。假设互换付款的日期为 T_1，T_2，…，T_{mn}，时间计算从今天开始，以年为单位（T_i 近似等于 $T+i/m$）。每个现金流是执行价格为 s_K，标的变量为 s_T 的看涨期权收益。

利率上限是关于利率的期权组合，而互换期权则是在一个具有重复付款的互换率上的期权。标准市场模型给出的有权支付固定利率 s_K 的互换期权价格为

$$\sum_{i=1}^{mn}\frac{L}{m}P(0,T_i)[s_0N(d_1)-s_KN(d_2)]$$

其中

$$d_1=\frac{\ln(s_0/s_K)+\sigma^2T/2}{\sigma\sqrt{T}}$$

$$d_2=\frac{\ln(s_0/s_K)-\sigma^2T/2}{\sigma\sqrt{T}}=d_1-\sigma\sqrt{T}$$

其中 s_0 为由式（28-23）给出的在0时刻的远期互换利率，σ 为远期互换利率的波动率（$\sigma\sqrt{T}$为 $\ln s_T$ 的标准差）。

以上模型是布莱克模型的自然推广，波动率被$\sqrt{T}$相乘，$\sum_{i=1}^{mn}P(0,T_i)$ 是对于 mn 个收益的贴现因子。定义 A 为在 T_i 时刻支付 $1/m(1\leqslant i\leqslant mn)$ 数量现金合约的价值，那么期权价格变为

$$LA[F_0N(d_1)-R_KN(d_2)] \tag{29-10}$$

其中

$$A=\frac{1}{m}\sum_{i=1}^{mn}P(0,T_i)$$

如果互换期权持有者有权收取 s_K（而不是付出 s_K），这时互换期权的收益为

$$\frac{L}{m}\max(s_K-s_T,0)$$

这是 s_T 上的看跌期权。同以前一样，获得收益的时间为 $T_i(1\leqslant i\leqslant mn)$。标准市场模型给出这一互换期权的价值为

$$LA[s_KN(-d_2)-s_0N(-d_1)] \tag{29-11}$$

例 29-4

假定 LIBOR 收益率曲线形状（假设用来贴现）为水平，年利率为6%（连续复利）。考虑以下互换期权，持有者具有在5年后开始一个3年期利率互换的权利。在互换中，期权持有人支付6.2%的固定利率，远期互换利率的波动率为20%。每半年付款一次，本金为1亿美元。这时

$$A=\frac{1}{2}(e^{-0.06\times5.5}+e^{-0.06\times6}+e^{-0.06\times6.5}+e^{-0.06\times7}+e^{-0.06\times7.5}+e^{-0.06\times8})=2.0035$$

按连续复利的利率6%等价于每半年复利一次的利率6.09%。在这个例子中，$s_0=0.0609$，$s_K=0.062$，$T=5$，$\sigma=0.20$，因此

$$d_1=\frac{\ln(0.0609/0.062)+0.2^2\times5/2}{0.2\sqrt{5}}=0.1836$$

$$d_2=d_1-0.2\sqrt{5}=-0.2636$$

由式（29-10）得出的互换期权价值为（以百万计）

$$100 \times 2.0035 \times [0.0609 \times N(0.1836) - 0.062 \times N(-0.2636)] = 2.07$$

即 2.07（百万美元）（这与 DerivaGem 计算出的价格一致）。

29.3.2　经纪人的报价方式

市场经纪人会提供欧式互换期权的隐含波动率（即利用式（29-10）和式（29-11），由市场价格隐含出的波动率 σ）。隐含波动率所对应的产品通常为平值期权。这意味着互换期权执行价格等于远期互换利率。表 29-2 展示了在美元市场中经纪人报价的典型数据。期权的期限列在竖轴上，期限从 1 个月到 5 年不等。标的互换的期限被列在横轴上，期限的长度从 1 年到 10 年不等。表中对应 1 年期限的波动率与上限相似，也显示了以前所述的驼峰现象。其他长期互换上的期权也会显示驼峰现象，但隆起的幅度变得要小一些。

表 29-2　经纪人提供的美元互换期权波动率数据

（市场中间价，每年%）

到期日	长期互换（年）						
	1	2	3	4	5	7	10
1 个月	17.75	17.75	17.75	17.50	17.00	17.00	16.00
3 个月	19.50	19.00	19.00	18.00	17.50	17.00	16.00
6 个月	20.00	20.00	19.25	18.50	18.75	17.75	16.75
1 年	22.50	21.75	20.50	20.00	19.50	18.25	16.75
2 年	22.00	22.00	20.75	19.50	19.75	18.25	16.75
3 年	21.50	21.00	20.00	19.25	19.00	17.75	16.50
4 年	20.75	20.25	19.25	18.50	18.25	17.50	16.00
5 年	20.00	19.50	18.50	17.75	17.50	17.00	15.50

29.3.3　模型的理论根据

通过考虑对于**年金**（annuity）A 为远期中性的世界，我们可以证明关于互换期权的布莱克模型是内在一致的。28.4 节中的分析证明了：

（1）任何一个证券的价值都等于年金的当前价格乘以

$$\frac{\text{证券在 } T \text{ 的价值}}{\text{年金在 } T \text{ 的价值}}$$

在这个世界里的期望值（见式（28-25））。

（2）时间 T 时的互换利率在这个世界里的期望值等于远期互换利率（见式（28-24））。

第 1 个结果说明互换期权的价值为

$$LAE_A[\max(s_T - s_K, 0)]$$

利用第 15 章附录的结果，以上式子等于

$$LA[E_A(s_T)N(d_1) - s_K N(d_2)]$$

其中

$$d_1 = \frac{\ln(E_A(s_T)/s_K) + \sigma^2 T/2}{\sigma\sqrt{T}}$$

$$d_2 = \frac{\ln(E_A(s_T)/s_K) - \sigma^2 T/2}{\sigma\sqrt{T}} = d_1 - \sigma\sqrt{T}$$

第2个结果表明 $E_A(s_T)$ 等于 s_0（当以 LIBOR 贴现时，由式（28-24）可以得出这个结果。在29.4节里我们将证明只要确定远期互换利率的方式与 OIS 贴现一致，这个结果仍然成立）。结合这些结果，我们就可以得出式（29-10）中的互换期权定价公式。这说明了当我们将互换利率的期望值设定为远期互换利率时，为了贴现的目的，我们可以将利率视为常数。

29.3.4 计量天数惯例的影响

为了使以上公式更为精确，我们可以考虑计量天数惯例的影响。互换期权里标的互换合约的固定利率是按类似于“实际天数/365”或“30/360”这样的计量天数惯例来表示的。假设 $T = T_0$，而且在选定的计量天数惯例下，从时间 T_{i-1} 到 T_i 的计利时段为 a_i（例如，如果 T_{i-1} 对应于3月1日，而 T_i 对应于9月1日，假定计量天数惯例为“实际天数/365”，那么 $a_i = 184/365 = 0.5041$）。将年金因子 A 定义为

$$A = \sum_{i=1}^{mn} a_i P(0, T_i)$$

上式仍然成立。当以 LIBOR 贴现时，远期互换利率可以按式（28-23）计算。

29.4 OIS 贴现

在本章到目前为止的公式中，我们假设 LIBOR 不仅被用来计算现金流，而且也用来当成无风险利率进行贴现。当按 OIS 贴现时，可以按9.3节里所述的方式确定远期 LIBOR 利率，这时介于 t_k 和 t_{k+1} 之间的远期 LIBOR 利率等于 $E_k(R_k)$，其中 R_k 为在这个区间上所实现的 LIBOR 利率，E_k 代表关于在 t_{k+1} 到期的无风险（OIS）零息债券为远期风险中性的期望。

当对上限定价时，式（29-9）仍然正确。如果将 F_k 定义为 $E_{k+1}(R_k)$，而且由 OIS 零息曲线计算 $P(0,\ t_{k+1})$，所得结果为式（29-7）。

对互换期权定价时，结果类似。当按 OIS 贴现时，式（29-10）和式（29-11）仍然正确。年金因子 A 是通过 OIS 零息曲线计算的，而远期互换率 s_0 的计算是通过远期 LIBOR 利率，从而使得以 OIS 贴现时，远期互换的价值为0。

29.5 利率衍生产品的对冲

在本节里，我们讨论如何将第19章中的希腊值推广到利率衍生产品上。

对于利率衍生产品，Delta 风险表示由于零息曲线移动所带来的风险。由于零息曲线可以有许多种移动形式，我们可以计算许多不同的 Delta，其中包括：

（1）计算在零息曲线上由一个基点的平行移动所带来的影响，计算结果被称为 DV01；

（2）计算由于每个用来构造零息曲线的产品价格的微小变化所带来的影响；

（3）将零息曲线（或远期曲线）分割为若干段，然后我们让其中一段的利率变动一个基点，而同时保持其他段的利率不变（这在业界事例6-3中曾有所描述）；

（4）进行类似于在22.9节中所描述的主成分分析，对前面几个因子的变化都计算1个相应的 Delta，这时第1个 Delta 表示利率曲线上一个很小并且是大致平行的移动所造成

的影响，第2个Delta描述了零息曲线的一个很小的扭曲所造成的影响，等等。

在实际中，交易员趋向于选择第2种方式，他们的理由是只有当某个用来构造零息曲线的产品价格变动时，零息曲线才会变动。因此，交易员认为应该关注的是由于这些产品价格变化所造成的影响。

当计算多个Delta时，自然也会有许多可能的Gamma测度。假如我们利用了10种产品来计算零息曲线，并且对每个产品价格的变动，我们都要计算相应的Delta。Gamma是形式为$\partial^2\Pi/\partial x_i\partial x_j$的二阶导数，其中$\Pi$为产品组合的价值，我们对$x_i$有10个选择，对$x_j$也有10个选择。因此，我们共有55个Gamma测度，这样做法也许有些“信息超载”。一种简单做法是忽略交叉项而关注10个当$i=j$时的偏导数。另一种做法是只计算一个Gamma测度：它是组合价值关于零息曲线平行移动的二阶导数。此外，还有一种做法是计算关于主成分分析里前两个因子的Gamma。

利率衍生产品组合的Vega描述了组合价值对波动率变化的敞口。一种处理方式是计算组合里所有上限和欧式互换期权布莱克波动率的一个小的变化对组合价值的影响。但是，这样做就意味着假设了所有波动率都是由一个因素来影响的，因此这种做法有些过于简单。一个比较好的做法是对上限和互换期权波动率进行主成分分析，然后计算对应于前两个或三个因子的Vega测度。

小结

在对欧式利率期权定价时，布莱克模型及其推广是一种非常流行的办法。布莱克模型的实质是假设期权标的变量在期权到期日的值服从对数正态分布。对于债券期权，布莱克模型假设标的债券价格在到期日服从对数正态分布；对于上限，模型假设构成上限的每个上限单元的标的利率都服从对数正态分布；对于互换期权，模型假设标的互换利率服从对数正态分布。

本章所描述的每一个模型都是内在一致的，但它们相互之间并不兼容。例如，当将来债券价格是对数正态时，将来的利率与互换率不会是对数正态；而当将来利率为是对数正态时，将来债券价格与互换利率不会是对数正态。这些模型很难被推广到用来对诸如美式互换期权这样的产品定价。

布莱克模型涉及计算收益的期望值。这里需要假设一个变量的期望值等于它的远期值，然后采用今天所观察到的零息利率对这个期望值进行贴现。这种办法对我们所考虑的简单产品是正确的，但在下一章里我们将看到，这种做法并不是在所有情形下都正确。

推荐阅读

Black, F. “The Pricing of Commodity Contracts,” *Journal of Financial Economics*, 3 (March 1976): 167–79.

Hull, J., and A. White. “OIS Discounting and the Pricing of Interest Rate Derivatives,” Working Paper, University of Toronto, 2013.

练习题

29.1 一家企业签订了一项上限合约，合约将3个月期的LIBOR利率上限定为每年10%，本金为2 000万美元。在重置日3个月的LIBOR利率为每年12%。根据利率上限协议，支付的数目是多少？何时付款？

29.2 解释为什么一个互换期权可以被看做是一个债券期权。

29.3 采用布莱克模型来对一个期限为1年、

标的资产为10年期债券的欧式看跌期权定价。假定债券当前价格为125美元，执行价格为110美元，1年期利率为每年10%，债券远期价格的波动率为每年8%，期权期限内所支付票息的贴现值为10美元。

29.4 仔细解释你如何利用（a）即期波动率，（b）单一波动率来对一个5年期的上限定价。

29.5 计算以下期权的价格：在15个月时将3个月期的利率上限定为13%（按季度复利），本金为1 000美元。对应这段时间的远期利率为12%（按季度复利），18个月期限的无风险利率为每年11.5%（连续复利），远期利率的波动率为每年12%。

29.6 某家银行采用布莱克模型来对欧式债券期权定价。假定银行采用了5年期限、标的资产为10年期的债券期权隐含波动率来对这个债券上9年期的期权定价。你所得到的价格太高还是太低？解释你的答案。

29.7 采用布莱克模型来计算具有4年期限的欧式看涨期权价格，标的资产是从现在起5年后到期的债券。5年期债券的现金价格为105美元，与5年期债券具有同样票息率的4年期债券的现金价格为102美元，期权执行价格为100美元，4年期无风险利率为每年10%（连续复利），4年后债券价格的波动率为每年2%。

29.8 看跌期权的期限为5年，标的资产为在10年后到期的债券，债券收益率波动率为22%，如何对这一期权进行定价？假定在基于今天的利率下，债券在期权满期时的久期为4.2年，债券的远期收益率为7%。

29.9 如果利率上限与利率下限执行价格相同，什么样的金融产品等价于一个5年期零费用利率双限？这里的共同执行价格等于什么？

29.10 推导关于欧式债券期权的看跌－看涨期权平价关系式。

29.11 推导关于欧式互换期权的看跌－看涨期权平价关系式。

29.12 说明当上限隐含的布莱克（单一）波动率不等于利率下限隐含的波动率时，会有套利机会。在由市场经纪人给出的表29－1中的报价里存在套利机会吗？

29.13 当债券价格服从对数正态时，债券的收益率会取负值吗？解释你的答案。

29.14 以下欧式互换期权的价值为多少？这个期权给持有人在4年后有权进入一个3年期的利率互换，在互换中支付的固定利率为5%，同时收入LIBOR，互换本金为1 000万美元，互换每年付款一次。假设收益率曲线呈水平状，为每年5%（连续复利），互换率的波动率为20%。将你的答案同DerivaGem给出的结果进行比较。再假设所有互换率均为5%，所有OIS利率均为4.7%。利用DerivaGem计算LIBOR零息曲线与互换期权价值。

29.15 假设一个零息债券的收益率R服从以下过程

$$dR = \mu dt + \sigma dz$$

其中μ和σ均为R和t的函数，dz为维纳过程。利用伊藤引理证明在接近到期日时，零息债券价格的波动率会下降到0。

29.16 通过手算来验证例29-2中的期权价格。

29.17 假定1年、2年、3年、4年、5年期的LIBOR对定息每半年支付的互换率分别为6%、6.4%、6.7%、6.9%和7%。面值为100美元、每半年支付一次、上限利率为8%的5年期限利率上限价格为3美元。利用DerivaGem软件来确定

（a）以LIBOR贴现时，5年期上限与下限的单一波动率。

（b）以LIBOR贴现时，上限利率为8%的5年期零费用利率双限中的下限利率。

（c）以OIS贴现时，（a）和（b）的答案又是什么？假设OIS互换利率比

LIBOR 互换利率低 100 个基点。

29.18 证明 $V_1+f=V_2$，其中 V_1 为介于时间 T_1 与 T_2 之间付出固定利率 s_K 并同时收入 LIBOR 的互换期权的价值，f 为介于 T_1 与 T_2 之间收入固定利率 s_K 并同时付出 LIBOR 的远期利率互换的价值，V_2 为介于 T_1 与 T_2 之间收入固定利率 s_K 的互换期权的价格。并由以上公式来证明当 s_K 等于当前远期互换利率时，$V_1=V_2$。

29.19 假定零息利率如练习题 29.17 所示。利用 DerivaGem 来决定以下期权的价格：期权持有人在 1 年后有权进入一个 5 年期的利率互换，在互换中支付的固定利率为 6%，同时收入 LIBOR，互换本金为 1 亿美元，互换付款日为每半年一次，互换利率的波动率为 21%。用 LIBOR 贴现。

29.20 描述你将如何 (a) 由上限的即期波动率来计算上限的单一波动率，和 (b) 由上限的单一波动率来计算上限的即期波动率。

作业题

29.21 考虑一个 8 个月期、标的债券为在目前仍有 14.25 年期限的看跌期权，债券在目前的现金价格为 910 美元，执行价格为 900 美元，债券价格波动率为每年 10%，在 3 个月后债券将支付票息 35 美元，1 年内所有期限的无风险利率均为每年 8%。采用布莱克模型为这一期权定价。在定价中考虑以下两种情形：(a) 执行价格为债券现金价格；(b) 执行价格为债券报价。

29.22 计算一个 9 个月期、标的变量为 90 天 LIBOR 的利率上限价格，其中本金为 1 000美元。采用布莱克模型及以下信息进行计算：

(a) 9 个月期的欧洲美元期货价格为 92（忽略期货与远期利率的差别）；

(b) 9 个月期的欧洲美元期权隐含波动率为每年 15%；

(c) 当前连续复利的 12 个月期限的利率为每年 7.5%；

(d) 上限利率为每年 8%（假定计量天数惯例为“实际天数/360”）。

29.23 假定 LIBOR 收益率曲线为水平 8%（按年复利）。某个互换期权给期权持有者以下权利：在 4 年后可以进入一个 5 年期的互换，在互换中收入 7.6% 固定利率，付款为每年一次，互换利率的年波动率为 25%，本金为 100 万美元。采用布莱克模型来对以上期权（按 LIBOR 贴现）定价。将你的结果与 DerivaGem 给出的结果比较。

29.24 利用 DerivaGem 软件对以下 5 年期的双限定价：双限保证 LIBOR（每季度确定一次利率）的最大及最小利率分别为 7% 及 5%，LIBOR 零息曲线（连续复利）为水平 6%，在定价中采用单一波动率 20%，本金数量为 100 美元。以 OIS 贴现。

29.25 采用 DerivaGem 软件对以下欧式互换期权定价：期权持有者有权在 2 年后进入一个 5 年期的互换。在互换中付出 6% 固定利率，同时收入浮动利率，互换中的现金流为每半年交换一次。1 年、2 年、5 年和 10 年期的 LIBOR 对定息互换率（每半年支付一次）分别为 5%、6%、6.5% 和 7%。假定本金为 100 美元，波动率为每年 15%。

(a) 利用 LIBOR 贴现。

(b) 利用 OIS 贴现，假设 OIS 互换率比 LIBOR 互换率低 80 个基点。

(c) 错误的做法对由 LIBOR 所计算的互换率以 OIS 利率贴现。这样做所得结果的误差是多少？

CHAPTER30

第30章 曲率、时间与Quanto调整

对欧式衍生产品定价的一种流行的两步程序为：

(1) 在每个标的变量的期望值都等于其远期值的假设下，计算收益的期望值；

(2) 将收益的期望值以定价日期与收益日期之间的无风险利率加以贴现。

在第4章中，我们曾采用以上两步程序对FRA和互换产品进行了定价。当对FRA定价时，我们可以在假定远期利率将被实现的基础上计算收益，然后将收益以无风险利率加以贴现。类似地，在第7章里对互换合约定价时，我们可以在假定远期利率将被实现的基础上来计算现金流，然后以无风险利率加以贴现。在第18章和第28章中展示了利用布莱克模型对很广泛的欧式期权定价的一般方法，而布莱克模型正是上面两步程序法的一种应用。第29章中关于债券期权、上限/下限以及互换期权的定价都是这种两步程序的应用例子。

人们自然会问，利用这种两步程序对欧式利率衍生产品定价的结果是否永远正确？这里的答案是否定的！对一些非标准利率衍生产品，我们有时需要对上面的两步程序加以修改，修改过程主要包括对第一步中标的变量的远期值做出一定调整。在本章中，我们将考虑下面三种调整，即曲率调整、时间调整和Quanto调整。

30.1 曲率调整

我们首先考虑对这样一种产品定价：其收益依赖于在收益发生时间所观察到的债券收益率。

通常一个变量的远期值是通过一个在时间 T 收益为 $S_T - K$ 的远期合约来计算的，它是对应于合约价值为0的价格 K。我们在28.4节中曾指出，远期利率与远期债券收益率的定义有所不同：远期利率是由远期零息债券所隐含的利率。一般来讲，远期债券收益率是远期债券价格所隐含的利率。

假定 B_T 是在时间 T 时的一个债券价格，y_T 为其收益率。B_T 与 y_T 之间（债券定价）的关系式为

$$B_T = G(y_T)$$

定义 F_0 为时间 T 到期的合约在时间0的远期债券价格，y_0 为时间0的远期债券收益率。由定义得出

$$F_0 = G(y_0)$$

函数 G 为非线性函数。这意味着，当将来债券价格的期望值等于远期债券价格时（于是我们在一个对于时间 T 到期的零息债券为风险中性世界里），将来的债券收益率期望值并不等于远期债券收益率。

这一点可通过图30-1来说明。图30-1展示了在时间 T 债券价格与债券收益率的关系。为简单起见，我们假定只有三种可能性的债券价格 B_1，B_2 和 B_3，这些价格在一个关于 $P(t,T)$ 为风险中性世界里发生的可能是相同的。假如债券价格之间的间隔是相同的，即 $B_2 - B_1 = B_3 - B_2$。债券的远期价格是债券的期望值 B_2。由债券价格，我们可以计算出3个具有相同可能性的收益率：y_1，y_2 和 y_3。这些收益率之间的间隔并不相同。变量 y_2 为远期债券的收益率，这是因为它对应于远期债券价格。债券收益率的期望值为 y_1，y_2 和 y_3 的平均值，显然该平均值大于 y_2。

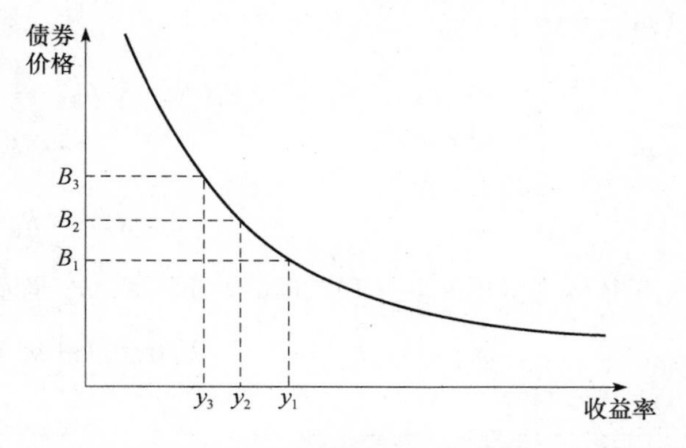

图30-1　在时间 T 时债券价格与债券收益率的关系

现在考虑一个收益依赖于时间 T 的债券收益率的衍生产品。由式（28-20）可知，产品可以通过以下过程来定价（a）在对于时间 T 到期的零息债券为远期风险中性的世界里计算收益的期望值，（b）以当前期限为 T 的无风险利率进行贴现。我们知道，在所考虑的世界里，债券价格期望值等于远期价格。因此，我们需要计算当债券价格期望值等于远期价格时，债券收益率的期望值。在本章附录里我们证明了所需要的债券收益率期望值可以由以下近似式表示

$$E_T(y_T) = y_0 - \frac{1}{2}y_0^2\sigma_y^2 T\frac{G''(y_0)}{G'(y_0)} \tag{30-1}$$

其中 G' 和 G'' 表示函数 G 的一阶和二阶偏导数，E_T 表示在一个对于 $P(t, T)$ 为远期风险中性世界里的期望值，σ_y 为远期收益率的波动率。由此可见，当我们假设债券收益率的期望为

$$y_0 - \frac{1}{2}y_0^2\sigma_y^2 T\frac{G''(y_0)}{G'(y_0)}$$

而不是 y_0 时，我们可以用当前期限为 T 的无风险利率来对收益期望值进行贴现。债券收益率期望值与远期收益率之间的差为

$$-\frac{1}{2}y_0^2\sigma_y^2 T\frac{G''(y_0)}{G'(y_0)}$$

以上表达式被称为**曲率调整**（convexity adjustment），它对应于图30-1中 y_2 与收益率期望值的差（因为 $G'(y_0)<0$，$G''(y_0)>0$，因此曲率调整为正）。

30.1.1　应用1：利率

作为式（30-1）的第一个应用，我们考虑以下产品：它在时间 T 提供本金 L 按时间 T 与

T^*之间利率所产生的利息（当我们在第33章讨论LIBOR后置互换时会用到这个例子）。注意，在时间T与时间T^*之间的利息一般是在T^*支付，但在这里我们假设利息是在时间T支付。

在时间T，我们考虑产品的现金流为$LR_T\tau$，其中$\tau = T^* - T$，R_T为T与T^*之间的零息利率（按时间段τ复利）。[⊖]变量R_T可以被看成是在时间T^*到期的零息债券在时刻T的收益率，这个债券价格与其收益率之间的关系式为

$$G(y) = \frac{1}{1 + y\tau}$$

由式（30-1）有

$$E_T(R_T) = R_0 - \frac{1}{2}R_0^2\sigma_R^2 T\frac{G''(R_0)}{G'(R_0)}$$

或

$$E_T(R_T) = R_0 + \frac{R_0^2\sigma_R^2\tau T}{1 + R_0\tau} \tag{30-2}$$

其中R_0是应用于T与T^*之间的远期利率，σ_R是远期利率的波动率。因此，这个产品的价值为

$$P(0,T)L\tau\left[R_0 + \frac{R_0^2\sigma_R^2\tau T}{1 + R_0\tau}\right]$$

例30-1

考虑一个衍生产品，它在3年后提供的收益等于那时的1年期零息利率（按年复利）乘上1 000美元。假设所有期限的零息利率均为每年10%，按年复利。而相应的从第3~4年之间的远期利率的波动率为20%。这时$R_0 = 0.10$，$\sigma_R = 0.20$，$T = 3$，$\tau = 1$和$P(0, 3) = 1/1.10^3 = 0.7513$。衍生产品价值为

$$0.7513 \times 1000 \times 1 \times \left[0.10 + \frac{0.10^2 \times 0.20^2 \times 1 \times 3}{1 + 0.10 \times 1}\right]$$

或75.95美元（在没有任何曲率调整的情况下，产品价值为75.13美元）。

30.1.2 应用2：互换利率

我们接下来考虑另一衍生产品，它在时间T提供的收益等于在那时所观察到的互换利率。当使用LIBOR利率贴现时，互换利率等于平值收益率（par yield）。为了计算曲率调整，我们可以假设在时间T时的N年互换利率等于在那时的N年债券的收益率，债券的票息等于今天的远期互换利率，这样我们就可以利用式（30-1）。

例30-2

考虑如下产品，它在3年后提供的收益等于那时的3年期互换利率乘以100美元。假设互换的支付是按年进行，对应所有期限的零息利率均为12%，按年复利。3年后的3年期远期互换波动率为22%（由互换期权隐含率得出），而用来贴现的是LIBOR/互换零息利率曲线。我们将互换利率近似为一个票息为12%的债券收益率，于是相应的函数$G(y)$为

⊖ 与通常一样，为简单起见，我们假设计量天数惯例为“实际天数/实际天数”（actual/actual）。

$$G(y)=\frac{0.12}{1+y}+\frac{0.12}{(1+y)^2}+\frac{1.12}{(1+y)^3}$$

$$G'(y)=-\frac{0.12}{(1+y)^2}-\frac{0.24}{(1+y)^3}-\frac{3.36}{(1+y)^4}$$

$$G''(y)=\frac{0.24}{(1+y)^3}+\frac{0.72}{(1+y)^4}+\frac{13.44}{(1+y)^5}$$

在这种情况下，远期收益率 y_0 为0.12，于是 $G'(y_0)=-2.4018$，$G''(y_0)=8.2546$。由式（29-1）得出

$$E_T(y_T)=0.12+\frac{1}{2}\times 0.12^2\times 0.22^2\times 3\times\frac{8.2546}{2.4018}=0.1236$$

因此，在对这个产品定价时，我们应当假设远期互换利率为0.1236（12.36%），而不是0.12%。这个产品的价值为

$$\frac{100\times 0.1236}{1.12^3}=8.80$$

即8.80美元（在没有任何曲率调整的情况下，产品价值为8.54美元）。

30.2 时间调整

在本节里我们考虑如下情形，我们观察一个市场变量的时间为 T，但这一观察值却被用来计算发生在之后的时间 T^* 的收益。定义：

V_T：V 在时间 T 的取值；

$E_T(V_T)$：在一个关于 $P(t, T)$ 为远期风险中性的世界里 V_T 的期望值；

$E_{T^*}(V_T)$：在一个关于 $P(t, T^*)$ 为远期风险中性的世界里 V_T 的期望值。

从计价单位 $P(t, T)$ 转移到计价单位 $P(t, T^*)$ 时，计价单位比率（见28.8节）为

$$W=\frac{P(t,T^*)}{P(t,T)}$$

这是在 T 与 T^* 之间的零息债券远期价格。定义：

σ_V：V 的波动率；

σ_W：W 的波动率；

ρ_{VW}：V 和 W 之间的相关系数。

由式（28-35）我们知道，由于计价单位的变化会导致 V 的增长率增加 α_V，其中

$$\alpha_V=\rho_{VW}\sigma_V\sigma_W \tag{30-3}$$

我们可以用 T 与 T^* 之间的远期利率来表达这一结果。定义：

R：T 与 T^* 之间的远期利率，其复利频率为 m；

σ_R：R 的波动率。

W 与 R 之间满足

$$W=\frac{1}{(1+R/m)^{m(T^*-T)}}$$

W 的波动率与 R 的波动率之间的关系可以通过伊藤引理得出

$$\sigma_W W=\sigma_R R\frac{\partial W}{\partial R}=-\frac{\sigma_R R(T^*-T)}{(1+R/m)^{m(T^*-T)+1}}$$

因此

$$\sigma_W = \frac{\sigma_R R(T^* - T)}{1 + R/m}$$

从而式（30-3）变为[⊖]

$$\alpha_V = -\frac{\rho_{VR}\sigma_V\sigma_R R(T^* - T)}{1 + R/m}$$

其中$\rho_{VR} = -\rho_{VW}$是V与R之间的瞬时相关系数。作为近似，我们假设R为常数并等于初值R_0，并且假设关系式中的波动率和相关系数均为常数，因此在时间0可以得到

$$E_{T^*}(V_T) = E_T(V_T)\exp\left[-\frac{\rho_{VR}\sigma_V\sigma_R R_0(T^* - T)}{1 + R_0/m}T\right] \tag{30-4}$$

例30-3

考虑一个衍生产品，它在6年后提供的收益等于在5年所观察到股指值。假如一个5年期合约的股指远期值为1 200，股指波动率为20%，在第5年与第6年之间远期利率的波动率为18%，并且两者之间的相关系数为-0.4。进一步假设零息利率曲线呈水平状，年复利利率为8%。我们将刚才得到的结果应用于这一情形，其中V等于股指价值。这时，$T=5$、$T^*=6$、$m=1$、$R_0=0.08$、$\rho_{VR}=-0.4$、$\sigma_V=0.20$和$\sigma_R=0.18$，于是

$$E_{T^*}(V_T) = E_T(V_T)\exp\left[-\frac{-0.4\times0.20\times0.18\times0.08\times1}{1+0.08}\times5\right]$$

即$E_{T^*}(V_T)=1.005\,35E_T(V_T)$。由第28章的结果我们得出$E_T(V_T)$为股指的远期值，即1 200。于是$E_{T^*}(V_T)=1\,200\times1.005\,35=1\,206.42$。再利用第28章中的结论，由式（28-20）得出，衍生产品的价值为$1\,206.42\times P(0,6)$，其中$P(0,6)=1/1.08^6=0.630\,2$。所以，衍生产品的价值为760.25。

再谈应用1

由刚才的分析，我们可以采用另外一种途径得出上一节里应用1中的结果。利用以上的记号，我们定义R_T为T与T^*之间的利率，R_0为T与T^*之间的远期利率。由式（27-22）得出

$$E_{T^*}(R_T) = R_0$$

令V等于R，应用式（30-4）得出

$$E_{T^*}(R_T) = E_T(R_T)\exp\left[-\frac{\sigma_R^2 R_0\tau}{1 + R_0\tau}T\right]$$

其中$\tau = T^* - T$（注意$m=1/\tau$），于是

$$R_0 = E_T(R_T)\exp\left[-\frac{\sigma_R^2 R_0 T\tau}{1 + R_0\tau}\right]$$

⊖ 变量R和W之间具有负相关性，我们可以通过设定$\sigma_W = -\sigma_R(T^* - T)/(1 + R/m)$（这是个负数），以及$\rho_{VW}=\rho_{VR}$来反映这一点。另一种做法是改变$\sigma_W$的符号而保证它为正值，同时令$\rho_{VW}=-\rho_{VR}$。在两种不同方法下，我们都可以得到关于$\alpha$的同样结论。

或

$$E_T(R_T) = R_0 \exp\left[\frac{\sigma_R^2 R_0 T\tau}{1 + R_0\tau}\right]$$

利用指数函数近似式，我们可以得出

$$E_T(R_T) = R_0 + \frac{R_0^2 \sigma_R^2 \tau T}{1 + R_0 \tau}$$

这正是式（30-2）里的结果。

30.3 Quanto

Quanto或交叉货币衍生产品（cross-currency derivative）是涉及两种货币的金融产品，其收益是由一种货币来度量，但却是以另一种货币来支付。Quanto的一个例子是业界事例5-3中在CME交易的日经225（Nikkei 225）指数上的期货合约。合约标的市场变量是日经225指数（以日元计算），但合约却是以美元交割。

考虑一个在时间T按货币X提供数量收益的Quanto，我们假设其收益依赖于一个在时间T观察的货币Y上变量V的值。定义：

$P_X(t, T)$：以货币X度量，在时间T付出一个X货币单位的零息债券在时间t的价值；

$P_Y(t, T)$：以货币Y度量，在时间T付出一个Y货币单位的零息债券在时间t的价值；

V_T：V在时间T的值；

$E_X(V_T)$：在一个对$P_X(t, T)$为远期风险中性世界里V_T的期望值；

$E_Y(V_T)$：在一个对$P_Y(t, T)$为远期风险中性世界里V_T的期望值。

从计价单位$P_Y(t, T)$转换到计价单位$P_X(t, T)$的计价单位比率为

$$W(t) = \frac{P_X(t,T)}{P_Y(t,T)} S(t)$$

其中$S(t)$为时间t的即期汇率（每X单位货币所对应的Y货币数量）。由此可见，计价单位比率$W(t)$是期限为T的远期汇率。定义：

σ_W：W的波动率；

σ_V：V的波动率；

ρ_{VW}：V与W之间的瞬时相关系数。

由式（28-35），计价单位的变化会使V的增长率增加α_V，其中

$$\alpha_V = \rho_{VW}\sigma_V\sigma_W \tag{30-5}$$

如果我们假设波动率和相关系数均为常数，这意味着

$$E_X(V_T) = E_Y(V_T)\,e^{\rho_{VW}\sigma_V\sigma_W T}$$

或作为近似

$$E_X(V_T) = E_Y(V_T)(1 + \rho_{VW}\sigma_V\sigma_W T) \tag{30-6}$$

我们将利用这个方程来对第33章中所谓的交叉货币度量互换（differential swap）进行定价。

例30-4

假定日经指数的当前值为15 000日元，1年期的美元无风险利率为5%，1年期的日元无风险利率为2%，日经指数的股息收益率为1%，以日元计价的1年期日经远期合约可由通常

方式，即式（5-8）来计算

$$15\,000e^{(0.02-0.01)\times 1} = 15\,150.75$$

假设股指的波动率为20%，一年期美元/日元远期汇率的波动率为12%，股指与汇率的相关系数为0.3。这时，$E_Y(V_T)=15\,150.75$、$\sigma_F=0.20$、$\sigma_W=0.12$ 和 $\rho=0.3$。由式（30-6），日经指数在对1年期美元零息债券为远期风险中性世界里的期望值为

$$15\,150.75e^{0.03\times 0.2\times 0.12\times 1} = 15\,260.23$$

这是日经合约的远期价格，合约提供的是美元收益，而不是日元收益（作为近似，这也是该类合约的期货价格）。

使用传统风险中性测度

当衍生产品的收益只发生在一个时刻时，我们所使用的远期风险中性测度会非常有效，但对于其他情形，有时使用传统的风险中性测度会更为合适。假设我们知道变量 V 在货币 Y 下的传统风险中性世界里所服从的过程，而希望估计这个变量在货币 X 下的传统风险中性世界里所服从的过程。定义：

S：即期汇率（每单位 X 的 Y 数量）；

σ_S：S 的波动率；

σ_V：V 的波动率；

ρ：S 与 V 之间的瞬时相关系数。

这时，计价单位的变化是由货币 Y 为度量的**货币市场账户**（money market account）转换到以货币 X 为度量的货币市场账户（两种货币市场账户均以货币 X 结算）。定义 g_X 为货币 X 的货币市场账户价值，g_Y 为货币 Y 的货币市场账户价值。计价单位比率为

$$\frac{g_X}{g_Y}S$$

在28.4节中我们讲过，变量 $g_X(t)$ 和 $g_Y(t)$ 具有随机漂移项，但它们的波动率均为0。由伊藤引理得出，计价单位比率的波动率为 σ_S。因此，计价单位变化使得 V 的增长率增加了

$$\rho\sigma_V\sigma_S \tag{30-7}$$

风险市场价格由0变为了 $\rho\sigma_S$。这个结果可以用来解释Siegel悖论（见业界事例30-1）。

业界事例30-1 Siegel悖论

考虑两种货币 X 和 Y。假设在两种货币下的利率 r_X 和 r_Y 均为常数。定义 S 为每单位货币 X 所兑换货币 Y 的数量。如第5章所述，外国货币是一种提供收益率为外国无风险利率的资产。因此，S 在传统风险世界的过程为

$$dS = (r_Y - r_X)Sdt + \sigma_S Sdz$$

利用伊藤引理，$1/S$ 的过程为

$$d(1/S) = (r_X - r_Y + \sigma_S^2)(1/S)dt + \sigma_S(1/S)dz$$

这就导致了所谓的 **Siegel悖论**（Siegel paradox）。由于在风险中性世界里，S 的期望增长率为 $r_Y - r_X$，利用对称性，$1/S$ 的期望增加率应该为 $r_X - r_Y$，而非 $r_X - r_Y + \sigma_S^2$。

要想理解Siegel悖论，我们需要认识到这里所给出关于 S 的风险中性过程是处在以货币 Y 的货币市场账户为计价单位的风险中性世界里，由于 $1/S$ 的过程是由 S 的过程演变而来，因此以上给出的 $1/S$ 过程也是基于同一计价单位。由于 $1/S$ 表示的是每 Y 单位所兑换 X 的数量，为了对称

起见，我们应该在一个以货币 X 的货币市场账户为计价单位的世界里来度量 $1/S$ 的过程。式(30-7)表明，当我们将计价单位由货币 Y 的货币市场账户转换为货币 X 的货币市场账户时，一个变量 V 的增长率会增加 $\rho\sigma_V\sigma_S$，其中 ρ 为 S 和 V 之间的相关系数。这时，$V=1/S$，所以 $\rho=-1$ 和 $\sigma_V=\sigma_S$。因此，计价单位的变化会导致 $1/S$ 的增长率增加 $-\sigma_S^2$。这正好与上面所给过程中的 $+\sigma_S^2$ 项抵消。因此，在以货币 X 的货币市场账户作为计价单位的风险中性世界里，$1/S$ 的过程为

$$d(1/S) = (r_X - r_Y)(1/S)dt + \sigma_S(1/S)dz$$

这与我们开始所给出的 S 过程是对称的。这样我们就解决了这个悖论。

例 30-5

一个2年期美式期权提供的收益为 $S-K$ 英镑，其中 S 为期权被行使时的标普500的水平，K 为执行价格。标普500的当前水平为1 200。英镑和美元的无风险利率分别为5%和3%，美元/英镑汇率与标普500之间的相关系数为0.2，标普500的波动率为25%，汇率波动率为12%，标普500的股息收益率为1.5%。

我们可以通过构造关于标普500的二叉树来对这个期权进行定价，这里的树形是以英国的货币市场账户作为计价单位的（即以英国投资者的角度看是风险中性的世界）。由式(30-7)，将计价单位从美国货币市场账户转换为英国货币市场账户会导致标普500的增长率期望增加

$$0.2 \times 0.25 \times 0.12 = 0.006$$

即0.6%。当以美元货币市场账户为计价单位时，标普500的增长率为3% −1.5% =1.5%。因此，以英镑货币市场账户作为计价时，这个增长率为2.1%。英镑的无风险利率为5%，因此，在英镑货币市场账户作为计价单位时，标普500可以被视为一个提供增长率为5% −2.1% =2.9%的资产。利用参数值 $S=1\,200$，$K=1\,200$，$r=0.05$，$q=0.029$，$\sigma \doteq 0.25$ 和 $T=2$，采用100步二叉树，DerivaGem软件给出的期权近似值为179.83英镑。

小 结

当计算一个在将来特定时间提供收益的衍生产品价格时，我们会自然地假设衍生产品标的变量的期望值都等于它的远期值，然后再对收益以定价时刻与收益时刻之间的无风险利率进行贴现。在本章中我们说明了这种做法并非永远正确。

当收益依赖于在时间 T 所观察的债券收益率时，式(30-1)说明债券收益率的期望值应当高于远期债券收益率。这个结论也适用于收益依赖于互换利率的情形。当观察变量值发生的时间为 T 而收益发生在其后的时间 T^* 时，变量的远期值应按式(30-4)进行调整。当我们在一种货币下观察变量，而收益却是以另一种货币下结算时，变量远期值应当被加以调整，这种情形下的调整数量由式(30-6)给出。

在第33章中，我们将利用这些结果来处理一些非标准互换。

推荐阅读

Brotherton-Ratcliffe, R., and B. Iben, "Yield Curve Applications of Swap Products," in *Advanced Strategies in Financial Risk Management* (R. Schwartz and C. Smith, eds.). New York Institute of Finance, 1993.

Jamshidian, F., "Corralling Quantos," *Risk*, March (1994): 71–75.

Reiner, E., "Quanto Mechanics," *Risk*, March (1992), 59–63.

练习题

30.1 解释你如何去对一个在5年后付出$100R$的衍生产品定价，其中R是在4年后所观察到的1年期利率（按年复利）。当支付时间在第4年时，会有什么区别？当支付时间在第6年时，会有什么区别？

30.2 解释在下面情况下，有没有必要做任何曲率或时间调整？

(a) 我们要定价的期权每个季度支付一次，数量等于5年期互换利率超出3个月LIBOR利率的部分（假如超出的话），本金为100美元，收益发生在利率被观察后90天。

(b) 我们要定价的期权每季度支付一次，数量等于3个月的LIBOR利率减去3个月的短期国库券利率，收益发生在利率被观察后90天。

30.3 假设29.2节中例29-3里的收益发生在1年后（即利率被观察到的时候），而不是15个月后。布莱克模型中所需要的参数会有什么区别？

30.4 收益率曲线呈水平形状，利率为每年10%，按年复利，计算这样一个产品的价值：5年后收取2年互换利率（按年复利），而付出10%的固定利率，两种利率的名义本金数量均为100美元。假设互换利率的波动率为每年20%，解释产品的价格为什么不等于0。

30.5 解释在下列情况下，练习题30.4会有何区别。互换利率被观察的时间为5年，但收益却发生在（a）6年后，（b）7年后。假设所有远期利率的波动率均为20%，介于5~7年之间的互换利率与介于5~6年之间的远期利率的相关系数为0.8，并与5~7年之间远期利率的相关系数为0.95。

30.6 一个债券在时间T的价格作为其收益率的函数为$G(y_T)$。假设在一个对时间T到期的债券为远期风险中性的世界里，远期债券收益率y服从几何布朗运动。假定远期债券收益率的增长率为α，波动率为σ_y。

(a) 利用伊藤引理，计算由α、σ_y、y和$G(y)$表示的远期债券价格的过程。

(b) 在所考虑的世界里，远期债券价格应当为一个鞅。利用这个结论来推导α的表达式。

(c) 证明α表达式的一阶逼近与式（30-1）一致。

30.7 变量S是一个提供中间收益率为q并以货币A来度量的投资资产。在现实世界里，它服从以下过程

$$dS = \mu_S S dt + \sigma_S S dz$$

如有必要，可以定义新的变量。对以下情形，给出S所服从的过程，以及相应的风险市场价格。

(a) 在货币A下的传统风险中性世界。

(b) 在货币B下的传统风险中性世界。

(c) 对货币A下，对时间T到期的零息债券为远期风险中性的世界。

(d) 对货币B下，对时间T到期的零息债券为远期风险中性的世界。

30.8 一个看涨期权在时间T提供的收益为$\max(S_T-K, 0)$日元，其中S_T为时间T以美元计价的黄金价格，K为执行价格。假设黄金存储费用为0，并定义其他必要的变量，计算合约的价值。

30.9　假设一个加拿大的股票指数的当前水平为 400，而目前 1 加元值 0.70 美元，加拿大和美国的无风险利率分别为 6% 和 4%，股指的股息收益率为 3%。定义 Q 为每单位美元所兑换的加元数量，S 为股指值，S 的波动率为 20%，Q 的波动率为 6%，S 和 Q 之间的相关系数为 0.4。利用 DerivaGem 计算以下关于这个指数的 2 年期美式看涨期权的价值。

(a) 以加元为度量的指数超出 400 的数量。

(b) 以美元为度量的指数超出 400 的数量。

作业题

30.10　考虑一个 2 年后支付 S 美元的产品，这里 S 代表日经指数值，指数的当前值为 20 000，日元/美元汇率为 100（1 美元所兑换的日元数量）。汇率与指数的相关系数为 0.3，指数的股息收益率为每年 1%。日经指数的波动率为 20%，日元/美元汇率的波动率为 12%。美国和日本的无风险利率（假定为常数）分别为 4% 和 2%。

(a) 该产品的价值为多少？

(b) 假设在产品有效期内的某个时间汇率为 Q、指数的水平为 S。证明一个美国投资者可以通过在日经指数上投资 S 美元，并且卖空 SQ 日元的组合来达到以下目的：当指数变化为 ΔS 日元时，组合的变化大约为 ΔS 美元。

(c) 通过假设指数由 20 000 变为 20 050，汇率由 100 变为 99.7 来验证（b）的正确性。

(d) 你如何对所考虑的产品进行 Delta 对冲？

30.11　假设 LIBOR 收益率曲线呈水平状，利率为 8%（按连续复利）。一个衍生产品的收益发生在 4 年后，并等于当时的 5 年期利率减去 2 年期利率，本金为 100 美元，而且利率均按连续复利（产品的收益可正可负）。计算衍生产品的价值。假定所有利率的波动率均为 25%。如果收益发生在 5 年后而不是 4 年后，这会引起什么不同？假设所有利率之间都有完美的相关性。使用 LIBOR 贴现。

30.12　假设一个衍生产品的收益发生在 10 年后，并且等于在当时所观察到的 3 年期每半年结算一次的美元互换合约的互换利率乘以本金数量。假定美元和日元收益率曲线均呈水平状，利率分别为 8% 和 3%（均按半年复利），远期互换利率的波动率为 18%，10 年期的“每单位美元的日元数量”远期汇率的波动率为 12%，并且汇率与美元利率的相关系数为 0.25。

(a) 如果互换利率被用在 1 亿美元的本金上，收益是按美元支付，这时衍生产品的价值为多少？

(b) 如果互换利率被用在 1 亿日元的本金上，收益是按日元支付，这时衍生产品的价值为多少？

30.13　一个衍生产品的收益发生在 8 年后，其数量等于在第 5、第 6、第 7 和第 8 年时所观察到的 1 年期利率的平均值乘以 1 000美元本金。收益率曲线呈水平状，利率等于 6%（按年复利），而所有利率的波动率均为 16%。假设所有利率之间都具有完美的相关性，衍生产品的价值为多少？

附录 30A　曲率调整公式的证明

在这个附录里，我们计算关于远期债券收益率的曲率调整值。假设一个衍生产品在时间 T 的收益依赖于当时所观察到的某个债券的收益率。定义：

y_0：今天所观察到在时间 T 到期的远期合约中的远期债券收益率；

y_T：时间 T 的债券收益率；

B_T：时间 T 的债券价格；

σ_y：远期债券收益率的波动率。

我们假设

$$B_T = G(y_T)$$

将 $G(y_T)$ 在 $y_T = y_0$ 按泰勒级数展开，我们可以得到以下近似式

$$B_T = G(y_0) + (y_T - y_0)G'(y_0) + 0.5(y_T - y_0)^2 G''(y_0)$$

其中 G' 和 G'' 分别为函数 G 的一阶和二阶偏导数。在一个对时间 T 到期的零息债券为远期风险中性的世界里取期望值，我们得出

$$E_T(B_T) = G(y_0) + E_T(y_T - y_0)G'(y_0) + \frac{1}{2}E_T(y_T - y_0)^2 G''(y_0)$$

其中 E_T 表示这个世界里的期望。由定义可以得出，$G(y_0)$ 等于远期债券价格，并且在我们设定的特殊世界里，$E_T(B_T)$ 等于远期债券价格，$E_T(B_T) = G(y_0)$，因此

$$E_T(y_T - y_0)G'(y_0) + \frac{1}{2}E_T(y_T - y_0)^2 G''(y_0) = 0$$

表达式 $E_T(y_T - y_0)^2$ 近似地等于 $\sigma_y^2 y_0^2 T$。因此以下等式近似成立

$$E_T(y_T) = y_0 - \frac{1}{2}y_0^2\sigma_y^2 T\frac{G''(y_0)}{G'(y_0)}$$

这说明了，如果我们想得到债券收益率在一个对时间 T 到期的零息债券为远期风险中性世界里的期望值，我们应当给远期债券收益率加上以下数量

$$-\frac{1}{2}y_0^2\sigma_y^2 T\frac{G''(y_0)}{G'(y_0)}$$

这正是式（30-1）中的结果。通过练习题 30.6，我们可以得到关于这一结果的另外一种证明方法。

第 31 章

CHAPTER31

利率衍生产品：短期利率模型

到目前为止，在我们给出的利率衍生产品定价模型中都假定某个利率或债券价格以及其他变量在将来某个时刻的概率分布为对数正态。这些模型被广泛地用在了对诸如上限、欧式债券期权以及欧式互换期权这样产品的定价中。但是，这些模型的局限性是不能对利率如何随时间变化来提供描述。因此，这些模型不能用来对美式利率期权或结构型债券等产品定价。

在本章和下一章中，我们将讨论如何克服这些局限性的不同方式，其中包括建立所谓的**利率期限结构模型**（term structure model）。这些模型描述了所有零息利率的变动规律。[㊀]在本章中，我们将注意力集中在如何刻画短期利率 r 的变动规律上，并以此来构造利率期限结构模型。

我们在本章所考虑的是如何对单条无风险利率曲线建立模型。如第 9 章所述，由于对产品定价时按 OIS 利率贴现的做法是大势所趋，所以我们经常需要同时对两条零息曲线建立模型。本章里的模型可以用来对 OIS 利率建立模型，本章同时提供了另一种模型来刻画介于 OIS 和 LIBOR 之间的利差。在 32.3 节里将讨论具体做法。

31.1 背景

在时刻 t 的短期无风险利率 r 是关于在 t 开始的一个无穷小时间段上的利率，有时也被称为**瞬时短期利率**（instantaneous short rate）。债券价格、期权价格以及其他衍生产品价格都只依赖于 r 在风险中性世界里的过程，而与 r 在现实世界的形式无关。如在第 28 章所述，在传统风险中性世界里，在一个很短的时间区间 t 到 $t+\Delta t$ 内，投资者所得的平均回报率为 $r(t)\Delta t$。除非特别指出的情形外，在本章中我们给出的所有关于 r 的过程均是定义在这个风险中性世界里。

由式（28-19），在时刻 T 提供收益为 f_T 的利率衍生产品在时刻 t 的价值为

㊀ 在使用利率期限结构模型时，我们无须进行前一章所述的曲率、时间和 Quanto 调节。

$$\hat{E}[\mathrm{e}^{-\bar{r}(T-t)}f_T] \tag{31-1}$$

其中 $\bar{r}$ 为 r 在时刻 t 与 T 之间的平均值，$\hat{E}$ 表示在传统风险中性世界里的期望值。

与通常一样，我们定义 $P(t,T)$ 为在时刻 T 支付 1 美元的无风险零息债券在时刻 t 时的价格。由式（31-1）得出

$$P(t,T) = \hat{E}[\mathrm{e}^{-\bar{r}(T-t)}] \tag{31-2}$$

如果 $R(t,T)$ 为在时刻 t 、期限为 $T-t$ 、按连续复利的利率，那么

$$P(t,T) = \mathrm{e}^{-R(t,T)(T-t)}$$

于是

$$R(t,T) = -\frac{1}{T-t}\ln P(t,T) \tag{31-3}$$

由式（31-2）得出

$$R(t,T) = -\frac{1}{T-t}\ln \hat{E}[\mathrm{e}^{-\bar{r}(T-t)}] \tag{31-4}$$

通过这个方程，任何时刻的利率期限结构都能够由 r 在该时刻的值以及其风险中性过程来求得。这说明一旦我们定义了 r 的过程，那么我们就完全定义了零息曲线的初始形状以及其随时间变动的规律。

假设 r 服从如下随机过程

$$\mathrm{d}r = m(r,t)\,\mathrm{d}t + s(r,t)\,\mathrm{d}z$$

由伊藤引理，任何依赖 r 的利率衍生产品价格 f 服从如下过程

$$\mathrm{d}f = \left(\frac{\partial f}{\partial t} + m\frac{\partial f}{\partial r} + \frac{1}{2}s^2\frac{\partial^2 f}{\partial r^2}\right)\mathrm{d}t + s\frac{\partial f}{\partial r}\mathrm{d}z$$

由于我们考虑的是传统风险中性世界，所以如果衍生产品不提供任何收入，其价格所服从的过程必须具有以下形式

$$\mathrm{d}f = rf\cdot\mathrm{d}t + \cdots$$

因此

$$\frac{\partial f}{\partial t} + m\frac{\partial f}{\partial r} + \frac{1}{2}s^2\frac{\partial^2 f}{\partial r^2} = rf \tag{31-5}$$

这是利率衍生产品价格所服从的方程。这个方程等价于布莱克－斯科尔科－默顿偏微分方程，而零息债券价格是它的一个特殊解。

31.2 均衡模型

均衡模型一般先对一些经济变量做假设，并推导出一个关于短期利率 r 的过程，然后再得出 r 对债券价格与期权价格的影响。

在单因子均衡模型中，r 的过程仅仅涉及一种不确定性。短期利率风险中性过程通常由以下形式的伊藤过程来描述

$$\mathrm{d}r = m(r)\,\mathrm{d}t + s(r)\,\mathrm{d}z$$

其中瞬时漂移项 m 与瞬时标准差 s 均被假设成 r 的函数（但与时间无关）。在这里只有一个因子的假设并不像看起来那么局限。单因子的假设意味着在一个很短时间区间内，所有利率都向同一方向变动，但它们所变化的大小并不一定相同。因此，零息曲线的形状可以随时间的变化

而变化。

在本节中，我们考虑以下三种单因子均衡模型

$$m(r)=\mu r;\quad s(r)=\sigma r \qquad \text{(Rendleman 和 Bartter 模型)}$$

$$m(r)=a(b-r);\quad s(r)=\sigma \qquad \text{(Vasicek 模型)}$$

$$m(r)=a(b-r);\quad s(r)=\sigma\sqrt{r} \qquad \text{(Cox, Ingersoll 和 Ross 模型)}$$

31.2.1 Rendleman 和 Bartter 模型

在 Rendleman 和 Bartter 模型中，r 的风险中性过程为[㊀]

$$dr=\mu r dt+\sigma r dz$$

其中 μ 和 σ 均为常数。这意味着 r 服从几何布朗运动，r 的过程与第 15 章里关于描述股票价格所假设的过程是同一类型，并且可以通过类似于在第 13 章里描述股票价格变动的二叉树来表示。[㊁]

乍一看来，我们可能会很自然地假设利率与股票价格的变化规律一样，但这一假设并不理想。利率与股票价格的一个重要区别在于利率有被“拉回”到某个长期平均水平的趋势，这种现象被称为**均值回归**（mean reversion）。当 r 很高时，均值回归将会使其产生负的漂移；当 r 很低时，均值回归将会使其产生正的漂移。我们将均值回归现象展示在图 31-1 中。Rendleman 和 Bartter 模型没有考虑均值回归的性质。

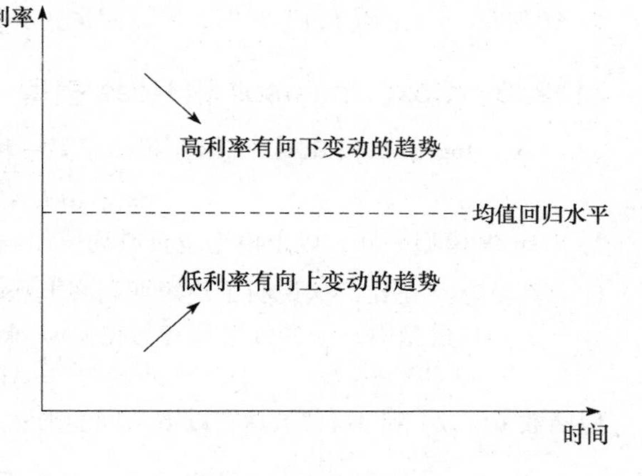

图 31-1　均值回归

经济学中有很多令人信服的依据支持均值回归：当利率很高时，经济发展会缓慢下来，贷款发行人因为资金需求的降低而下调利率；但当利率很低时，资金需求会增大，因此贷款发行人会上调利率。

31.2.2 Vasicek 模型

在 Vasicek 模型中，r 的风险中性过程为

$$dr=a(b-r)dt+\sigma dz$$

其中 a、b 和 σ 均为非负常数。[㊂]这一模型考虑了均值回归性：短期利率以速度 a 被拉回到水平 b。模型是在这一回归力之上附加了一个服从正态分布的随机变量 σdz。

对于在时刻 T 支付 1 美元的零息债券，Vasicek 证明了由式（31-2）可以得出这个债券在时刻 t 的价格为

$$P(t,T)=A(t,T)e^{-B(t,T)r(t)} \tag{31-6}$$

在这个方程中，$r(t)$ 为 r 在时刻 t 的值，其中

㊀ 见 R. Rendleman and B. Bartter, “The Pricing of Options on Debt Securities,” *Journal of Financial and Quantitative Analysis*, 15 (March 1980): 11-24。

㊁ 我们将在本章后面解释利率树形的使用方法。

㊂ 见 O. A. Vasicek, “An Equilibrium Characterization of the Term Structure,” *Journal of Financial Economics*, 5 (1977): 177-88。

$$B(t,T)=\frac{1-e^{-a(T-t)}}{a} \tag{31-7}$$

和

$$A(t,T)=\exp\left[\frac{(B(t,T)-T+t)(a^2b-\sigma^2/2)}{a^2}-\frac{\sigma^2B(t,T)^2}{4a}\right] \tag{31-8}$$

当 $a=0$ 时，$B(t,T)=T-t$，$A(t,T)=\exp[\sigma^2(T-t)^3/6]$。

这个公式可以用以下方法得出。在微分方程式（31-5）中，设 $m=a(b-r)$ 和 $s=\sigma$，因此

$$\frac{\partial f}{\partial t}+a(b-r)\frac{\partial f}{\partial r}+\frac{1}{2}\sigma^2\frac{\partial^2 f}{\partial r^2}=rf$$

假设方程解的形式是 $f=A(t,T)e^{-B(t,T)r}$，带入微分方程后可以得到

$$B_t-aB+1=0$$

和

$$A_t-abAB+\frac{1}{2}\sigma^2AB^2=0$$

其中下标表示导数。在式（31-7）和式（31-8）中的 $A(t,T)$ 和 $B(t,T)$ 是这两个方程的解。因为 $A(T,T)=1$，$B(T,T)=1$，所以满足边界条件 $P(T,T)=1$。

31.2.3 Cox，Ingersoll 和 Ross 模型

Cox，Ingersoll 和 Ross（CIR）提出了另一种模型。[⊖]在他们的模型中，r 的过程为

$$dr=a(b-r)dt+\sigma\sqrt{r}dz$$

与 Vasicek 模型一样，以上模型也具有均值回归性，但短期利率在一个很小时间区间内变化的标准差与 $\sqrt{r}$ 成正比。这说明了当短期利率上涨时，其标准差也会增大。

在 CIR 模型中，债券价格具有与在 Vasicek 模型中一样的形式

$$P(t,T)=A(t,T)e^{-B(t,T)r(t)}$$

但函数 $B(t,T)$ 和 $A(t,T)$ 具有以下不同的形式

$$B(t,T)=\frac{2(e^{\gamma(T-t)}-1)}{(\gamma+a)(e^{\gamma(T-t)}-1)+2\gamma}$$

和

$$A(t,T)=\left[\frac{2\gamma e^{(a+\gamma)(T-t)/2}}{(\gamma+a)(e^{\gamma(T-t)}-1)+2\gamma}\right]^{2ab/\sigma^2}$$

其中 $\gamma=\sqrt{a^2+2\sigma^2}$。

这个公式可以用以下方法得出。在微分方程（31-5）中，设 $m=a(b-r)$ 和 $s=\sigma\sqrt{r}$，

$$\frac{\partial f}{\partial t}+a(b-r)\frac{\partial f}{\partial r}+\frac{1}{2}\sigma^2r\frac{\partial^2 f}{\partial r^2}=rf$$

与在 Vasciek 模型里一样，通过将 $f=A(t,T)e^{-B(t,T)r}$ 带入微分方程，我们可以证明债券价格的公式。在这里 $A(t,T)$ 和 $B(t,T)$ 是以下方程的解

$$B_t-aB-\frac{1}{2}\sigma^2B^2+1=0$$

⊖ 见 J. C. Cox，J. E. Ingersoll，and S. A. Ross，“A Theory of the Term Structure of Interest Rates，” Econometrica，53（1985）：385-407。

和

$$A_t - abAB = 0$$

公式所给的价格满足边界条件 $P(T,T) = 1$ 。

31.2.4　Vasicek 模型与 CIR 模型的性质

Vasicek 模型与 CIR 模型里的函数 $A(t,T)$ 和 $B(t,T)$ 是不一样的，但在这两种模型里

$$P(t,T) = A(t,T)e^{-B(t,T)r(t)}$$

因此

$$\frac{\partial P(t,T)}{\partial r(t)} = -B(t,T)P(t,T) \tag{31-9}$$

利用式（31-3）得出在时间 t ，期限为 $T-t$ 的零息利率为

$$R(t,T) = -\frac{1}{T-t}\ln A(t,T) + \frac{1}{T-t}B(t,T)r(t)$$

以上方程说明了一旦 a , b 和 σ 被选定后，整个期限结构可以由一个 $r(t)$ 的函数来确定。利率 $R(t,T)$ 与 $r(t)$ 之间有线性关系。[⊖]这说明了 $r(t)$ 的值确定了在时间 t 期限结构的大小，但期限结构在时间 t 的形状却与 $r(t)$ 无关，而与时间 t 有关。如图 31-2 所示，其形状可以是上升、下降或具有轻微的“驼峰”的形状。

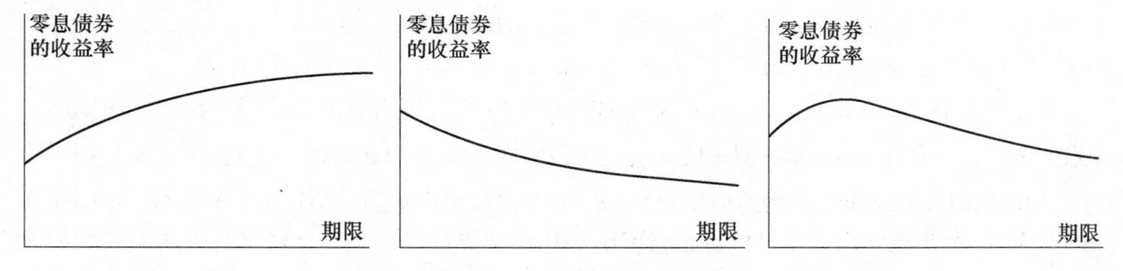

图 31-2　Vasicek 模型下可能出现的期限结构

在第 4 章里我们看到，如果债券或其他依赖利率的产品价格为 Q ，其久期 D 是由

$$\frac{\Delta Q}{Q} = -D\Delta y$$

来定义的，其中 ΔQ 代表当收益率曲线平行移动很小的 Δy 值时，Q 的变化数量。可以与 Vasicek 模型和 CIR 模型结合使用的另一种久期定义为

$$\hat{D} = -\frac{1}{Q}\frac{\partial Q}{\partial r}$$

当 Q 为零息债券价格 $p(t,T)$ 时，式（31-9）说明 $\hat{D} = B(t,T)$ 。

例 31-1

考虑持续 4 年的零息债券。这时 $D = 4$ ，因此在期限结构上 10 个基点（0.1%）的平行移动会使债券价格大约下降 0.4%。如果使用 $a = 0.1$ 的 Vasicek 模型，则有

⊖ 一些研究人员已经提出了两因子平衡性模型。相对 Vasicek 模型与 CIR 模型来讲，这种两个因子的模型能够给出更丰富的期限结构形状。例如，见 F. A. Longstaff and E. Schwartz，“Interest Rate Volatility and the Term Structure：A two Factor General Equilibrium Model,” *Journal of Finance*，47，4（September 1992），1259-82。

$$\hat{D} = B(0,4) = \frac{1 - e^{-0.1\times 4}}{0.1} = 3.30$$

这说明短期利率增长10个基点时会使债券价格大约下降0.33%。由于均值回归的作用，短期利率变化10个基点时对债券价格的影响比零息利率曲线平行移动10个基点的影响要小。

当 Q 是 n 个零息债券的组合时，对 $1 \leqslant i \leqslant n$，$P(t,T_i)$ 是第 i 个债券的价格，c_i 是其面值，那么

$$\hat{D} = -\frac{1}{Q}\frac{\partial Q}{\partial r} = -\frac{1}{Q}\sum_{i=1}^{n} c_i \frac{\partial P(t,T_i)}{\partial r} = \sum_{i=1}^{n} \frac{c_i P(t,T_i)}{Q}\hat{D}_i$$

其中 $\hat{D}_i$ 是 $P(t,T_i)$ 的 $\hat{D}$。这说明在计算带息债券的 $\hat{D}$ 时，我们将其视为组成这个债券的零息债券 $\hat{D}$ 的加权平均，这与通常久期 D 的计算类似（见表4-6）。与久期类似，我们可以定义Vasicek模型与CIR模型下的曲率测度（见练习题31.22）。

由于 $P(t,T)$ 是可交易证券的价格，其在传统风险中性世界里的增长率期望值为 $r(t)$。因为债券价格 $P(t,T)$ 是 $r(t)$ 的函数，在 $P(t,T)$ 过程中 dz 的系数可以通过伊藤引理来得到：在Vasicek模型里 $\sigma\partial P(t,T)/\partial r(t)$，在CIR模型里为 $\sigma\sqrt{r}\partial P(t,T)/\partial r(t)$。由式（31-9）可知 $P(t,T)$ 在风险中性世界里的过程为

$$\text{Vasicek}: \mathrm{d}P(t,T) = r(t)P(t,T)\mathrm{d}t - \sigma B(t,T)P(t,T)\mathrm{d}z(t)$$

$$\text{CIR}: \mathrm{d}P(t,T) = r(t)P(t,T)\mathrm{d}t - \sigma\sqrt{r(t)}B(t,T)P(t,T)\mathrm{d}z(t)$$

为了比较在给定 r 时由Vasicek模型与CIR模型所给出的利率期限结构，我们使用相同的常数 a 和 b，但是在Vasicek模型里的 σ 应当大致等于CIR里的 σ 乘以 $\sqrt{r}$，将Vasicek的 σ 记为 σ_{vas}，CIR里的 σ 记为 σ_{cir}。例如假设 r 为4%，$\sigma_{vas}=0.01$，σ_{cir} 的值应当取成 $0.01/\sqrt{0.04}=0.05$。Vasicek模型给出的零息债券收益率比CIR模型要低。用来试验对这些模型做实验的软件可以从www.rotman.utoronto.ca/~hull/VasicekCIR里下载。在Vasicek模型里 r 可能会出现负值，但在CIR模型里这是不可能的。[⊖]

31.2.5 均衡模型的应用

在下一节里我们将会看到，对于衍生产品定价来讲，将所使用的模型与当前的利率期限结构相吻合是很重要的。但是，当为了做情形分析而在很长时间区间上进行蒙特卡罗模拟时，本节中讨论的均衡模型可能会是很有用处的工具。如果一个养老基金或保险公司只关心一个投资组合在20年以后的价值，那么利率期限结构是否可以和当前的利率期限结构吻合与组合在20年后的风险敞口不会有太大的关系。

一旦选取了我们所讨论的模型，一种处理方法是通过短期利率在过去的变化来确定参数（1个月期限和3个月期限的利率可以当作短期利率的近似）。搜集的数据可以是每天、每周或每月内短期利率的变化，确定参数的方法包括将 r 对 Δr 做线性回归（见例31-2）或利用极大似然估计（见练习题31.13）。另一种处理方法是收集债券价格，然后利用像Excel中Solver这样的工具来确定使得债券市场价格与相应模型价格之差的平方达到最小的 a、b 以及 σ 的参数

⊖ 在CIR模型里，当利率接近于0时，利率变化的可能性变得很小。在所有情形下都不会出现负利率。当 $2ab \geqslant \sigma^2$ 时，也不会有0利率。

值。这两种处理方式之间有很重要的区别。第1种方式（与历史数据吻合）提供的是在现实世界里的参数估计，而第2种方式（与债券价格吻合）提供的是在风险中性世界里的参数估计。在进行情形分析时，我们感兴趣的是描述短期利率在现实世界里变化的模型。但是，在蒙特卡罗模拟时间里的每一时刻上，我们往往希望能够知道完整的利率期限结构。因此，我们需要在风险中性世界里的参数值。

当我们从现实世界转换到风险中性世界时，短期利率的波动率不会改变，但漂移项则会变化。为了确定漂移项的变化，我们需要估计利率风险的市场价格。Ahmad 和 Wilmott 的方法是比较零息收益率曲线的斜率与短期利率在现实世界里的漂移项。[⊖]他们对美国利率的利率风险市场价格长期平均值的估计大约为 -1.2。在不同时间上，他们估计的利率风险市场价格变化很大。在市场疲软的情况下，“恐惧因素”会很高（比如在2007～2009年的信贷危机），这时的利率风险市场价格是比 -1.2 大得多的负数。

例 31-2

假设 Vasicek 模型的离散形式

$$\Delta r = a(b - r)\Delta t + \sigma\varepsilon\sqrt{\Delta t}$$

被用来吻合短期利率在10年中的每周数据，目的是为了进行蒙特卡罗模拟。模型的参数可以通过将 Δr 对 r 做回归来估计。当将 Δr 对 r 做回归时，斜率是 -0.004，截距为 0.000 16，估计的标准差为 0.001。这时，$\Delta t = \frac{1}{52}$，于是 $\frac{a}{52} = 0.004$，$\frac{ab}{52} = 0.000\,16$，$\frac{\sigma}{\sqrt{52}} = 0.001$。这说明 $a = 0.21$，$b = 0.04$ 和 $\sigma = 0.007\,2$（这些参数说明短期利率以21%的速度回归到4.0%。在任何时间，短期利率的波动率为0.72%除以短期利率）。然后可以在现实世界里模拟短期利率。

为了确定 r 的风险中性过程，注意 r 的比例整长率是 $a(b - r)/r$，波动率为 σ/r。由第28章的结果我们知道在从现实世界变成险中性世界时，比例漂移项减少 $\lambda\sigma/r$，其中 λ 是利率风险的市场价值。因此在风险中性世界里，r 的过程是

$$\mathrm{d}r = [a(b - r) - \lambda\sigma]\mathrm{d}t + \sigma\mathrm{d}z$$

或

$$\mathrm{d}r = [a(b^* - r)]\mathrm{d}t + \sigma\mathrm{d}z$$

其中

$$b^* = b - \lambda\sigma/a$$

利用 Ahmad 和 Wilmott 的结果，我们可以令 $\lambda = -1.2$，因此 $b^* = 0.04 + 1.2 \times 0.007\,2/0.21 = 0.082$。在蒙特卡罗模拟的任何时刻，都可以利用式（31-6）～式(31-8)（$b = b^*$）来确定完整的利率期限结构。

例 31-3

利用 CIR 模型

$$\mathrm{d}r = a(b - r)\mathrm{d}t + \sigma\sqrt{r}\mathrm{d}z$$

的解析结果可以对任何期限的债券定价。假定使得一组债券的市场价格与模型给出价格的差取

⊖ 见 R. Ahmad and P. Wilmott, “The Market Price of Interest-Rate Risk: Measuring and Modeling Fear and Greed in the Fixed-Income Markets,” *Wilmott*, January 2007, 60-74。

得最小的优化参数为 $a = 0.15, b = 0.06$ 和 $\sigma = 0.05$。这些参数值给出了短期利率与市场价格最佳吻合的风险中性过程。在这里，短期利率的比例漂移项为 $a(b-r)/r$，短期利率的波动率为 $\sigma/\sqrt{r}$。由第28章可知，当我们从风险中性世界转换到现实世界时，比例漂移项会增加 $\lambda\sigma/\sqrt{r}$，其中 λ 为利率风险市场价格。因此，在现实世界里 r 的过程为

$$dr = [a(b-r) + \lambda\sigma\sqrt{r}]dt + \sigma\sqrt{r}dz$$

这个过程可以用来对现实世界的短期利率过程进行模拟。[㊀]在任何时刻，利用风险中性过程与解析结果可以得出长期利率。与前面相同，我们可以令 $\lambda = -1.2$。

31.3 无套利模型

对于上面所讨论的均衡模型的一个缺点是这些模型无法自动地与今天的利率期限结构达到吻合。通过细心地选取参数，我们可以利用模型来对实际生活中所遇到的许多期限结构进行近似，但这种逼近一般是不完美的。大多数交易员对此不太满意：他们认为如果模型连标的债券都不能准确地定价的话，那么很难相信模型会给出一个合理的债券期权价格。他们的观点并非没有道理，因为1%的债券价格误差可能会导致25%的期权价格误差。

无套利模型（no-arbitrage model）的设计是做到与今天的利率期限结构完全吻合的模型。因此，均衡模型与无套利性模型的本质区别如下：在均衡模型下，今天的利率期限结构是模型所输出的结果，而无套利模型将今天的利率期限结构作为输入来使用。

在均衡模型中，短期利率的漂移项（即 dt 系数）一般不是时间的函数，但是在无套利模型中，漂移项与时间 t 有关，这是因为在无套利模型下，初始零息利率曲线的形状决定了将来短期利率变化所取的平均路径。如果零息利率曲线在时间 t_1 和 t_2 之间呈现急剧上升的形状，那么 r 在这两个时间之间的漂移项将会为正；反过来，如果零息利率曲线在这两个时间之间呈现急剧下降的形状，那么 r 在这两个时间之间的漂移项将会为负。

我们将会发现，在短期利率的漂移项中引入一个时间 t 的函数时，可以将一些均衡模型转换为无套利模型。我们接下来将讨论 Ho-Lee、Hull-White（单因子和双因子）、Black-Derman-Toy 以及 Black-Karasinski 模型。

31.3.1 Ho-Lee 模型

Ho 和 Lee 在 1986 年的一篇文章里第一次提出了关于期限结构的无套利模型，[㊁]他们通过假定债券价格的变化规律为具有两个参数的二叉树形式来描述模型，这里的两个参数为短期利率的标准差和短期利率的风险市场价格。可以证明，Ho-Lee 模型在连续时间的极限为

$$dr = \theta(t)dt + \sigma dz \tag{31-10}$$

其中短期利率的瞬时标准差 σ 为常数，$\theta(t)$ 为时间 t 的函数，其选取的标准是确保模型与初始期限结构相吻合。变量 $\theta(t)$ 定义了 r 随时间 t 移动的平均方向，它与 r 的大小无关。当该模型

㊀ 对于 CIR 模型，当在现实世界与风险中性世界里互相转换时，比较方便的假设是 λ 与 $\sqrt{r}$ 或 $1/\sqrt{r}$ 成比例，因为这样可以保持漂移项的函数形式。

㊁ 见 T. S. Y. Ho and S. -B. Lee, "Term Structure Movements and Pricing Interest Rate Contingent Claims," *Journal of Finance*, 41 (December 1986): 1011-29。

被用于利率衍生产品定价时，Ho-Lee模型里刻画风险市场价格的参数是没有关系的。

在网页 www. rotman. utoronto. ca/ ~hull/TechnicalNot 里的 Technical Note 31 中证明了

$$\theta(t) = F_t(0,t) + \sigma^2 t \tag{31-11}$$

其中 $F(0,t)$ 为时间0所观察的在时刻 t 的瞬时远期利率，而下标 t 表示对于 t 的偏导数。$\theta(t)$ 近似等于 $F_t(0,t)$，这说明短期利率在将来移动的平均方向近似地等于瞬时远期利率曲线的斜率。Ho-Lee模型如图31-3所示，在短期利率平均变动上附加的是按正态分布的随机项。

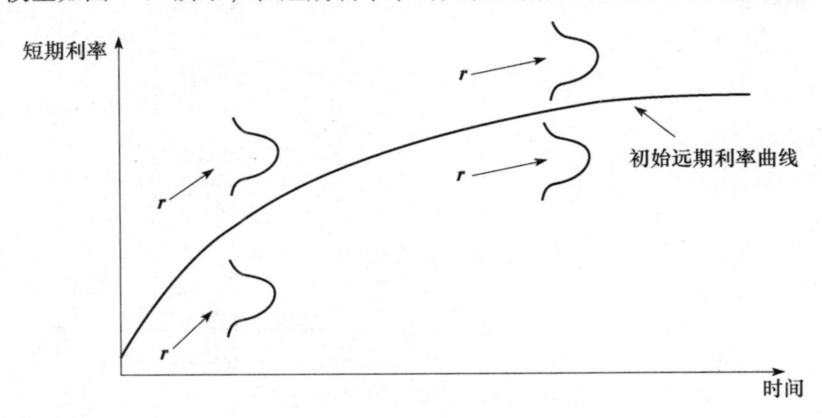

图31-3 Ho-Lee模型

在 Technical Note 31 里还证明了

$$P(t,T) = A(t,T)\mathrm{e}^{-r(t)(T-t)} \tag{31-12}$$

其中

$$\ln A(t,T) = \ln\frac{P(0,T)}{P(0,t)} + (T-t)F(0,t) - \frac{1}{2}\sigma^2 t(T-t)^2$$

由4.6节我们知道，从今天的利率期限结构可得到对所有时刻 t 的零息债券价格 $P(0,T)$。因此式（31-12）给出了以时刻 t 短期利率与债券在今天的价格表示的零息债券在将来时间 t 的价格。

31.3.2 Hull-White（单因子）模型

赫尔和怀特在1990年发表的一篇文章中讨论了如何将Vasicek模型推广到与初始期限结构相吻合的情形，[⊖]他们所考虑的Vasicek模型扩展形式的其中一种是

$$\mathrm{d}r = [\theta(t) - ar]\mathrm{d}t + \sigma\mathrm{d}z \tag{31-13}$$

或

$$\mathrm{d}r = a\left[\frac{\theta(t)}{a} - r\right]\mathrm{d}t + \sigma\mathrm{d}z$$

其中 a 和 σ 为常数。这个模型通常被称为Hull-White模型。它既可以被刻画为具有均值回归速度 a 的Ho-Lee模型，也可以被刻画成具有依赖时间回归水平的Vasicek模型。在时间 t，短期利率以 a 的速度回归到 $\theta(t)/a$。Ho-Lee模型是Hull-White模型对应于 $a=0$ 时的特例。

Hull-White模型具有Ho-Lee模型同样的解析性质。在 Technical Note 31 里证明了

⊖ 见 J. Hull and A. White, "Pricing Interest Rate Derivative Securities," *Review of Financial Studies*, 3, 4 (1990): 573-92。

$$\theta(t) = F_t(0,t) + aF(0,t) + \frac{\sigma^2}{2a}(1 - e^{-2at}) \tag{31-14}$$

这个等式的最后一项一般很小，如果我们将其忽略，则 r 的漂移项在时间 t 等于 $F_t(0,t) + a[F(0,t) - r]$。这说明了在平均意义下，r 沿初始瞬时远期利率曲线的斜率方向变动。当利率离这一曲线太远时，均值回归会使利率以 a 的速度返回到该曲线。模型如图 31-4 所示。

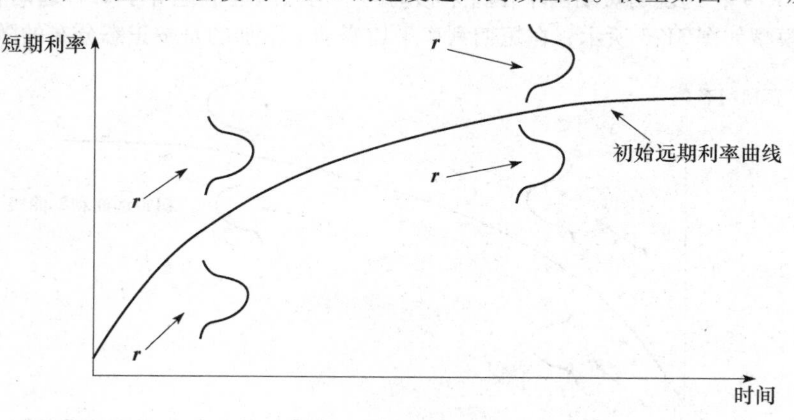

图 31-4 Hull-White 模型

Technical Note 31 里证明了在 Hull-White 模型下，在时间 t 的债券价格为

$$P(t,T) = A(t,T)e^{-B(t,T)r(t)} \tag{31-15}$$

其中

$$B(t,T) = \frac{1 - e^{-a(T-t)}}{a} \tag{31-16}$$

和

$$\ln A(t,T) = \ln\frac{P(0,T)}{P(0,t)} + B(t,T)F(0,t) - \frac{1}{4a^3}\sigma^2(e^{-aT} - e^{-at})^2(e^{2at} - 1) \tag{31-17}$$

在下一节里我们将证明欧式债券期权的价格可以利用 Hull-White 模型与 Ho-Lee 模型的解析形式来计算。在本章的后面部分里我们将给出利用三叉树来表示这些模型的方法，这对美式期权或其他不能用解析公式定价的衍生产品是很有用处的。

31.3.3 Black-Derman-Toy 模型

在 1990 年，Black、Derman 和 Toy 提出了针对对数正态短期利率过程的二叉树模型。[⊖]在网页 www.rotman.utoronto.ca/~hull/TechnicalNotes 里的 Technical Note 23 中解释了他们建立二叉树的程序。可以证明对应于这种模型的随机过程是

$$d\ln r = [\theta(t) - a(t)\ln r]dt + \sigma(t)dz$$

且有

$$a(t) = -\frac{\sigma' t)}{\sigma(t)}$$

其中 $\sigma'(t)$ 是 $\sigma(t)$ 对于 t 的导数。相对于 Ho-Lee 模型和 Hull-White 模型而言，Black-Derman-

⊖ 见 F. Black, E. Derman, and W. Toy, "A One-Factor Model of Interest Rates and Its Application to Treasury Bond Prices," *Financial Analysts Journal*, Journal/Febuary (1990): 33-39。

Toy 模型的优点是利率不会取负值。维纳过程 dz 会使 ln$r$ 取负值，但 r 本身永远是正的。模型的缺点是缺少解析性质。这个模型的一个更严重的缺点是构造树形时在波动率参数 $\sigma(t)$ 与回归速度参数 $a(t)$ 之间强加上了一种关系。只有当短期利率波动率是时间的递减函数时，回归速度才会是正的。

在实践中，这个模型最有用的是当 $\sigma(t)$ 为常数时的特殊情形。这时参数 a 为零，所以在模型里没有均值回归性质。这时的模型为

$$\mathrm{d}\ln r = \theta(t)\mathrm{d}t + \mathrm{d}z$$

这可以刻画成对数正态版的 Ho-Lee 模型。

31.3.4 Black-Karasinski 模型

在 1991 年，Black 和 Karasinski 建立了 Black-Derman-Toy 模型的一种推广形式，其中回归率与波动率由相互独立的方式确定。模型的最一般形式是[㊀]

$$\mathrm{d}\ln r = [\theta(t) - a(t)\ln r]\mathrm{d}t + \sigma(t)\mathrm{d}z$$

这个模型与 Black-Derman-Toy 模型的形式是一样的，但不同之处是在 $a(t)$ 与 $\sigma(t)$ 之间没有关系。在实践中常常将 $a(t)$ 与 $\sigma(t)$ 假设成常数，因此模型变为

$$\mathrm{d}\ln r = [\theta(t) - a\ln r]\mathrm{d}t + \sigma\mathrm{d}z \tag{31-18}$$

与我们前面考虑的模型一样，函数 $\theta(t)$ 的选取是为了使模型与初始利率期限结构完全吻合。模型没有解析性质，但在本章的后面部分里我们将会看到，利用三叉树可以在确定 $\theta(t)$ 的同时也描述 r 的过程。

31.3.5 Hull-White 两因子模型

赫尔和怀特发展了一种两因子模型[㊁]

$$\mathrm{d}f(r) = [\theta(t) + u - af(r)]\mathrm{d}t + \sigma_1\mathrm{d}z_1 \tag{31-19}$$

其中 $f(r)$ 是 r 的函数，u 的初始值为 0，并且服从以下过程

$$\mathrm{d}u = -bu\mathrm{d}t + \sigma_2\mathrm{d}z_2$$

和刚才考虑的单因子模型一样，参数 $\theta(t)$ 的选择是为了使模型与初始期限结构一致。随机过程 u 是 $f(r)$ 回归水平的一部分，其自身以 b 的速度回归到水平 0 上。参数 a，b，σ_1 和 σ_2 均为常数，dz_1 和 dz_2 为两个具有瞬时相关系数 ρ 的维纳过程。

与单因子模型相比，这个模型能够提供更为丰富的期限结构形状和更为丰富的波动率形状。在网页 www. rotman. utoronto. ca/ ~ hull/TechnicalNotes 里的 Technical Note 14 中可以找到更多关于这个模型的结果。

31.4 债券期权

在我们已经引进的模型中，有的模型可以解析地计算零息债券的欧式期权价格。对于 Vasicek 模型、Ho-Lee 模型以及 Hull-White 模型，在时间 s 到期的零息债券上，期限为 T 的欧式

㊀ 见 F. Black and P. Karasinski，"Bond and Option Pricing When Short Rates Are Lognormal，" *Financial Analyst Journal*，July/August（1991），52-59。

㊁ 见 J. Hull and White，"Numerical Procedures for Implementing Term Structure Models II：Two-Factor Models，" *Journal of Derivatives*，2，2（Winter 1994）：37-48。

看涨期权在时间 0 的价值为

$$LP(0,s)N(h) - KP(0,T)N(h - \sigma_P) \tag{31-20}$$

其中 L 为债券本金，K 为执行价格，并且

$$h = \frac{1}{\sigma_P}\ln\frac{L\ P(0,s)}{P(0,T)K} + \frac{\sigma_P}{2}$$

相应的欧式看跌期权价格为

$$KP(0,T)N(-h + \sigma_P) - LP(0,s)N(-h)$$

在 Technical Notes 31 中证明了对于 Vasicek 和 Hull-White 模型

$$\sigma_P = \frac{\sigma}{a}[1 - e^{-a(s-T)}]\sqrt{\frac{1 - e^{-2aT}}{2a}}$$

对于 Ho-Lee 模型

$$\sigma_P = \sigma(s - T)\sqrt{T}$$

式（31-20）与 29.1 节中讨论的对债券定价的布莱克模型是基本一致的，远期债券价格的波动率为 $\sigma_P/\sqrt{T}$。如 29.2 节所示，我们可以将利率上限或下限表示为零息债券期权的组合，因此我们可以利用以上给出的方程以解析的形式来表达上限/下限的价格。

对于在 31.2 节中所讲过的 Cox，Ingersoll 和 Ross 模型，同样也存在计算零息债券期权的解析公式，但这些公式涉及非中心 Chi－平方分布的积分。

带券息的债券期权

在单因子模型下，当 r 下降时，所有零息债券的价格都会上涨；而当 r 上升时，所有零息债券的价格都会下降。因此，在单因子模型下，我们可以将关于带息债券的欧式期权表示成一些关于零息债券欧式期权的组合。具体程序如下：

（1）计算 r 的关键值 r^*，该值保证在期权到期时，相应的带息债券的价格等于债券期权执行价格；

（2）计算零息债券期权在 T 时刻的价格，这些零息债券构成了带息债券，其中每个期权的执行价格都等于在时间 T，当 $r = r^*$ 时的零息债券价格；

（3）令带息债券的期权价格等于在第 2 步所计算出的所有零息债券欧式期权的价格总和。

这样，我们可以在 Vasicek 模型，Cox、Ingersoll 和 Ross 模型，Ho-Lee 模型以及 Hull-White 模型下计算关于带券息的债券期权价格。如业界事例 29-2 所述，一个欧式互换期权可以被看成是带券息债券上的欧式期权，因此，欧式互换期权也可以由以上描述的过程来定价。在网页 www.rotman.utoronto.ca/~hull/TechnicalNotes 里的 Technical Note 15 中对计算过程有更为详细的介绍。

31.5 波动率结构

我们所讨论的模型可以产生不同的波动率结构。在图 31-5 中，我们展示了 Ho-Lee 模型、Hull-White 单因子模型以及 Hull-White 两因子模型下 3 个月期的远期利率波动率与期限之间的函数关系。在图中假定利率期限结构是水平的。

在 Ho-Lee 模型中，3 个月期远期利率波动率对于所有期限都是相同的。在单因子 Hull-White 模型中，由于均值回归的影响，3 个月期远期利率波动率随时间期限的增大而下降。在 Hull-White 两因子模型中，在合理地选择参数的情况下，3 个月期远期利率波动率具有“驼峰”形状。这一现象与实证分析中由利率上限所隐含的波动率形状是一致的（见 29.2 节）。

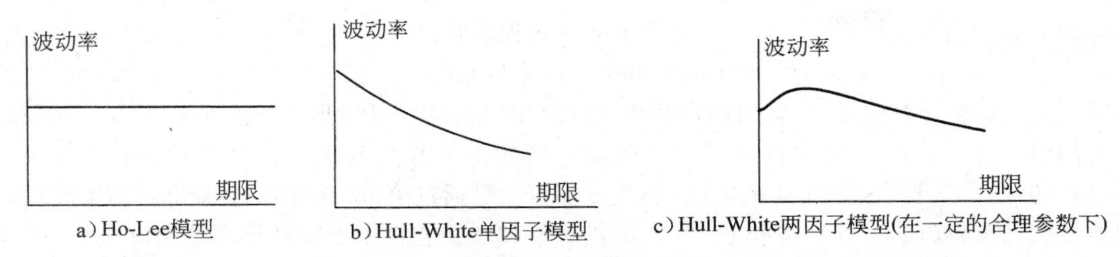

图 31-5　在以下模型中，3 个月期的远期利率波动率与期限之间的函数关系

31.6　利率树形

利率树形是短期利率随机过程在离散时间下的表现形式，这与股票价格树形是对于股票价格所服从过程在离散时间下的表现形式基本是一样的。假如树形的时间步长为 Δt，那么树形上的利率是 Δt 时间段按连续复利的利率。在构造树形时，通常的假设是 Δt 时间段上的利率 R 所服从的随机过程与相应瞬时利率 r 在连续时间下的随机过程是一样的。利率树形与股票树形的主要区别在于贴现的方式：在股票价格树上，一般的假设是贴现率在每个节点上都是一样的（或为时间的函数），但在利率树形上，贴现率在不同节点上的值是不相同的。

我们常常会发现对利率而言，使用三叉树比二叉树更为方便。三叉树的主要优点是它为用户多提供了一项自由度，这样，利率过程的特点比如均值回归可以更方便地被表达出来。如 21.8 节所述，三叉树方法等价于显式有限差分法。

31.6.1　三叉树应用例解

我们考虑由图 31-6 所表示的一个简单例子来说明如何使用三叉树对利率衍生产品定价，这里的三叉树是一个 2 步树形，步长为 1 年，即 $\Delta t=1$。假设在每个节点上，向上、保持不变、向下的概率分别为 0.25、0.5、0.25。所假设的 Δt 时间段利率显示在节点上方。[⊖]

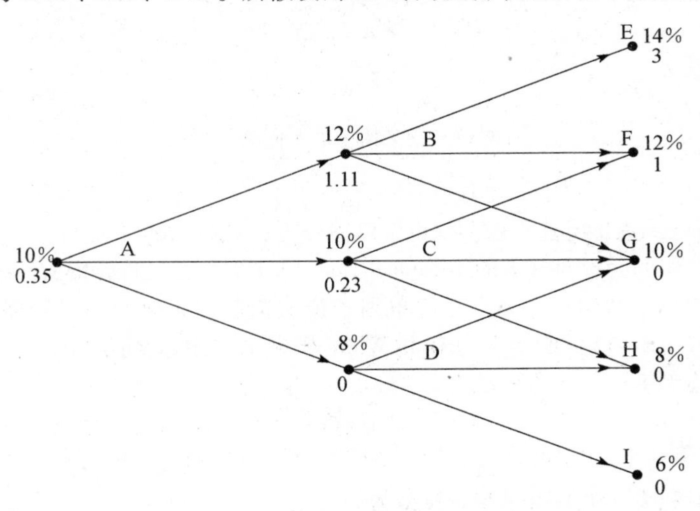

图 31-6　利率三叉树的使用。节点上方数值为利率，下方数值为衍生产品的价格

⊖ 在后面我们将解释利率树形上的利率和概率的确定方式。

我们将利用以上树形来计算一个在第 2 年年末提供收益为

$$\max[100(R-0.11),0]$$

的衍生产品价值，其中 R 为 Δt 时间段利率。计算出的衍生产品价值显示在节点下方。在最后一步的节点上，衍生产品的价格等于其收益。例如，在节点 E 上，衍生产品价值为 $100\times(0.14-0.11)=3$，在前面的节点上，衍生产品价值是通过第 13 章和第 21 章里所描述的反向递推方式计算得出的。在节点 B 上，1 年期利率为 12%，它将用于贴现计算。由节点 E、F 和 G 上的值，我们可以求得衍生产品在节点 B 的值为

$$[0.25\times3+0.5\times1+0.25\times0]e^{-0.12\times1}=1.11$$

在节点 C 上，1 年期利率为 10%，由此可以得出衍生产品在节点 C 上的值为

$$[0.25\times1+0.5\times0+0.25\times0]e^{-0.1\times1}=0.23$$

在初始节点 A 上，利率也是 10%，因此衍生产品价值为

$$[0.25\times1.11+0.5\times0.23+0.25\times0]e^{-0.1\times1}=0.35$$

31.6.2 非标准树枝

我们发现有时对图 31-6 中的标准树枝形状加以修改后会使得树形更易于使用。图 31-7 展示了 3 种不同形式。通常的树枝形状显示在图 31-7a 中，其形状为“上升一格/平行/下降一格”；图 31-7b 所示的树枝形状为“上升两格/上升一格/平行”，这种形状在考虑均值回归而且利率很低时会用到；图 31-7c 所示的第 3 种树枝形状为“平行/下降一格/下降两格”。这种形状在考虑均值回归而且利率很高时会用到。在下一节里，我们将讨论如何使用这些不同的树枝形状来建立树形。

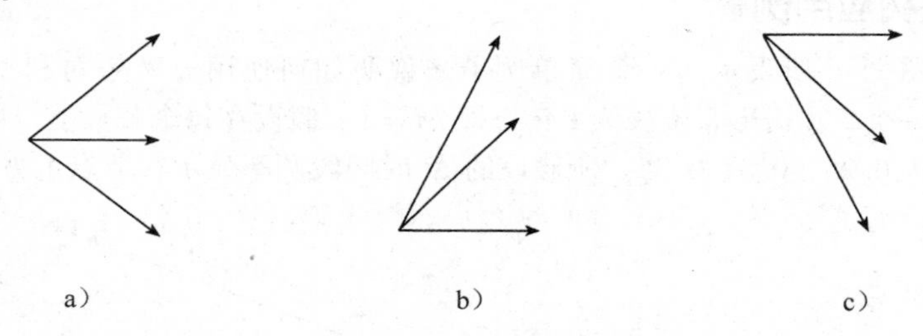

图 31-7 三叉树中的不同树枝形状

31.7 建立树形的过程

赫尔和怀特提出了如何对一类广泛的单因子模型构造三叉树的两步程序。[⊖]在本节里，我们将解释如何对式（31-13）所定义的 Hull-White 模型来应用这个两步程序，并同时说明如何将其推广到其他模型上。

31.7.1 第一步

刻画瞬时短期利率 r 的 Hull-White 模型为

⊖ 见 J. Hull and A. White，“Numerical Procedures for Implementing Term Structure Models I：Single-Factor Models，” *Journal of Derivatives*，2，1（1994）：7-16；and J. Hull and A. White，“Using Hull-White Interest Rate Trees，” *Journal of Derivatives*，（Spring 1996）：26-36。

$$dr = [\theta(t) - ar]dt + \sigma dz$$

假定树形的时间步长为常数，并等于 Δt 。[⊖]

我们假定 Δt 时间段利率 R 服从与 r 相同的过程

$$dR = [\theta(t) - aR]dt + \sigma dz$$

显然当 Δt 趋于零时，这是一个合理假设。构造关于这个模型三叉树的第 1 步是建立一个关于变量 R^* 的三叉树，这里 R^* 的初始值为零，并且服从过程

$$dR^* = -aR^* dt + \sigma dz$$

这个过程关于 $R^*=0$ 为对称，变量 $R^*(t+\Delta t) - R^*(t)$ 服从正态分布。如果忽略 Δt 的高阶项，那么 $R^*(t+\Delta t) - R^*(t)$ 的期望值为 $-aR^*(t)\Delta t$ ，方差为 $\sigma^2 \Delta t$ 。

定义 ΔR 为树形上利率之间的距离，并令

$$\Delta R = \sigma\sqrt{3\Delta t}$$

可以证明，从减小误差的角度来看，这是一个很好的选择。

程序第 1 步的目的是对 R^* 构造一个类似于图 31-8 的树形。为了这个目的，在每个节点上我们都需要确定应该使用哪一种图 31-7 中所示的树枝，这也就确定了整个树形的几何形状。一旦确定树枝形状后，我们还要计算树枝所对应的概率。

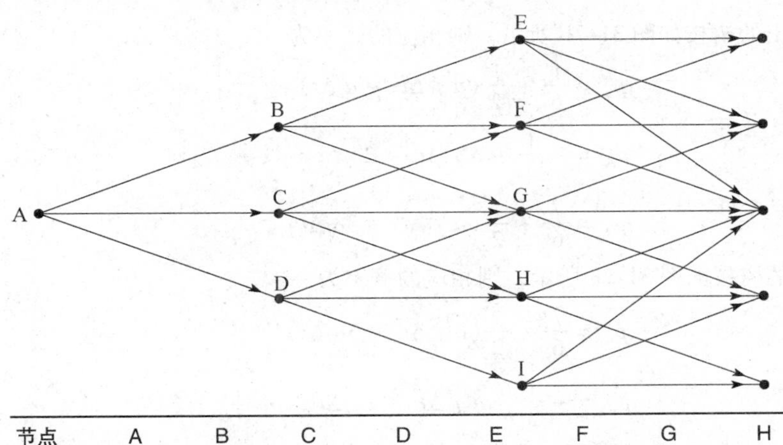

节点	A	B	C	D	E	F	G	H	I
R^*(%)	0.000	1.732	0.000	−1.732	3.464	1.732	0.000	−1.732	−3.464
p_u	0.166 7	0.121 7	0.166 7	0.221 7	0.886 7	0.121 7	0.166 7	0.221 7	0.086 7
p_m	0.666 6	0.656 6	0.666 6	0.656 6	0.026 6	0.656 6	0.666 6	0.656 6	0.026 6
p_d	0.166 7	0.221 7	0.166 7	0.121 7	0.086 7	0.221 7	0.166 7	0.121 7	0.886 7

图 31-8 Hull-White 模型中关于 R^* 的树形（第 1 步）

将 $t=i\Delta t$ 和 $R^*=j\Delta R$ 时所对应的节点记为 (i,j)（变量 i 为正整数，j 为正或负整数）。在一个节点上所使用的树枝形状必须使所有三个树枝的概率均为正值。在大多数情况下，图 31-7a 所示的树枝形状是合适的。当 $a>0$ 时，对于充分大的 j 而言，有必要从图 31-7a 所示树枝换成图 31-7c 所示树枝；类似地，当 j 为充分大的负数时，有必要由图 31-7a 所示树枝换成图 31-7b 所示树枝。定义 j_{max} 为我们由图 31-7a 所示树枝换成图 31-7c 所示树枝时相应的 j 值；j_{min} 为我们将图 31-7a 所示的树枝换成图 31-7b 所示的树枝时相应的 j 值。赫尔和怀特证明了当我们令 j_{max} 为大

⊖ 关于使用非均匀步长的情形，见网页 www. rotman. utoronto. ca/ ~ hull/TechnicalNotes 里的 Technical Note 16。

于或等于$\frac{0.184}{a\Delta t}$的最小整数和$j_{\min} = -j_{\max}$时，所有的概率均为正值。[1]定义p_u，p_m和p_d为从节点所延伸出的上、中和下树枝所对应的概率。概率的选择保证了在下一时间段Δt中，R^*变化的期望值和方差与其树形相吻合，这些概率的和等于1。对于3个概率，我们可以建立3个方程。

前面已经提到过，在时间Δt内，R^*变化的均值为$-aR^*\Delta t$，方差为$\sigma^2\Delta t$，在节点(i,j)上，$R^* = j\Delta R$。如果树枝的形状如图31-7a所示，节点上的概率p_u、p_m和p_d满足以下关系式

$$p_u\Delta R - p_d\Delta R = -aj\Delta R\Delta t$$

$$p_u\Delta R^2 + p_d\Delta R^2 = \sigma^2\Delta t + a^2j^2\Delta R^2\Delta t^2$$

$$p_u + p_m + p_d = 1$$

令$\Delta R = \sigma\sqrt{3\Delta t}$，则以上方程的解为

$$p_u = \frac{1}{6} + \frac{1}{2}(a^2j^2\Delta t^2 - aj\Delta t)$$

$$p_m = \frac{2}{3} - a^2j^2\Delta t^2$$

$$p_d = \frac{1}{6} + \frac{1}{2}(a^2j^2\Delta t^2 + aj\Delta t)$$

类似地，如果所伸出的树枝如图31-7b所示，则相应的概率为

$$p_u = \frac{1}{6} + \frac{1}{2}(a^2j^2\Delta t^2 + aj\Delta t)$$

$$p_m = -\frac{1}{3} - a^2j^2\Delta t^2 - 2aj\Delta t$$

$$p_d = \frac{7}{6} + \frac{1}{2}(a^2j^2\Delta t^2 + 3aj\Delta t)$$

最后，如果所伸出的树枝如图31-7c所示，则相应的概率为

$$p_u = \frac{7}{6} + \frac{1}{2}(a^2j^2\Delta t^2 - 3aj\Delta t)$$

$$p_m = -\frac{1}{3} - a^2j^2\Delta t^2 + 2aj\Delta t$$

$$p_d = \frac{1}{6} + \frac{1}{2}(a^2j^2\Delta t^2 - aj\Delta t)$$

为了说明构造树形的第一步，假设$\sigma = 0.01$，$a = 0.1$，$\Delta t = 1$。这时，$\Delta R = 0.01\sqrt{3} = 0.0173$，$j_{\max}$为比0.184/0.1大的最小整数，以及$j_{\min} = -j_{\max}$。这意味着，$j_{\max} = 2$和$j_{\min} = -2$。所得树形如图31-8所示。每个树枝所对应的概率显示在树下方的表中，它们是通过上面关于p_u，p_m和p_d的方程计算得出的。

注意，图31-8中每个节点上概率仅仅依赖于j。例如，节点B的概率与节点F的概率一样，树的形状为对称，节点D的概率是节点B上的概率的镜像反射。

31.7.2 第2步

构造树形的第2步是将R^*的树形转换为R的树形，这可以通过变动R^*树形的节点而使初

[1] 对于任何介于0.184/（aΔt）和0.816/（aΔt）之间的$j_{\max}$和对于任何介于-0.184/（aΔt）和-0.816/（aΔt）之间的$j_{\min}$，相应的概率均为正值。在最早可能的情况下就将树枝形状加以改变，这样的计算效率最好。

始利率结构与树形完全吻合。定义

$$\alpha(t) = R(t) - R^*(t)$$

当时间步长 Δt 为无穷小时，$\alpha(t)$ 可以通过式（31-14）解析计算得出。[⊖]但是，我们希望对固定的 Δt，所构造的树形能够与期限结构完全吻合，因此，我们以递推的形式确定 α。

定义 α_i 为 $\alpha(i\Delta t)$，α_i 等于 R 在 R - 树形上时间 $i\Delta t$ 的值减去 R^* - 树形上在时间 $i\Delta t$ 的相应值。定义 $Q_{i,j}$ 为如下证券的贴现值：当节点 (i,j) 被达到时，支付 1 美元，否则支付为 0。α_i 和 $Q_{i,j}$ 可以通过向前递推的形式来计算，递推过程保证了树形与初始期限结构保持吻合。

31.7.3　第 2 步数值例解

假设图 31-8 例子中的连续复利零息利率如表 31-1 所示。$Q_{0,0}$ 的值为 1.0。α_0 的选取使得在时间 Δt 到期的零息债券价格与树形吻合，也就是说，α_0 被设定为初始 Δt 时间段的利率。在本例中，$\Delta t = 1$，$\alpha_0 = 0.038\,24$，这就定义了图 31-9 中 R - 树形在初始节点的位置。接下一步是计算 $Q_{1,1}$，$Q_{1,0}$ 和 $Q_{1,-1}$ 的值。到达节点 (1,1) 的概率为 0.166 7，而第一步的贴现率为 3.82%，因此 $Q_{1,1}$ 等于 $0.166\,7e^{-0.038\,2} = 0.160\,4$。类似地，$Q_{1,0} = 0.641\,7$ 和 $Q_{1,-1} = 0.160\,4$。

表 31-1　图 31-8 和图 31-9 中例子的零息利率

期限（年）	利率（%）	期限（年）	利率（%）
0.5	3.430	2.0	4.512
1.0	3.824	2.5	4.812
1.5	4.183	3.0	5.086

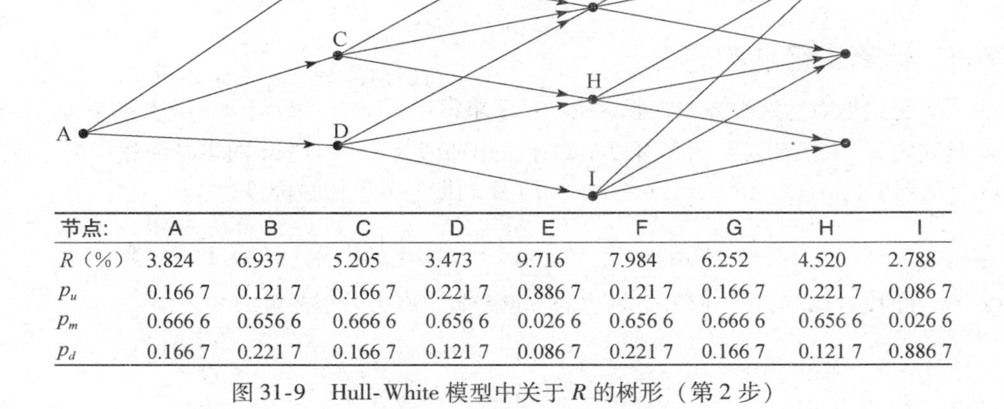

节点:	A	B	C	D	E	F	G	H	I
R（%）	3.824	6.937	5.205	3.473	9.716	7.984	6.252	4.520	2.788
p_u	0.166 7	0.121 7	0.166 7	0.221 7	0.886 7	0.121 7	0.166 7	0.221 7	0.086 7
p_m	0.666 6	0.656 6	0.666 6	0.656 6	0.026 6	0.656 6	0.666 6	0.656 6	0.026 6
p_d	0.166 7	0.221 7	0.166 7	0.121 7	0.086 7	0.221 7	0.166 7	0.121 7	0.886 7

图 31-9　Hull-White 模型中关于 R 的树形（第 2 步）

⊖ $\alpha(t)$ 可以通过解析公式来估计。由于

$$dR = [\theta(t) - aR]dt + \sigma dz \text{ 和 } dR^* = -aR^* dt + \sigma dz$$

于是 $d\alpha = [\theta(t) - a\alpha(t)]dt$。利用式（31-14），这个方程的解为

$$\alpha(t) = F(0,t) + \frac{\sigma^2}{2\alpha^2}(1 - e^{-at})^2$$

一旦确定了 $Q_{1,1}$ 、$Q_{1,0}$ 和 $Q_{1,-1}$ ，我们就可以确定 α_1 ，它的选取使树形上在 $2\Delta t$ 到期的零息债券价格取值正确。由于 $\Delta R = 0.01732$ 和 $\Delta t = 1$ ，这个债券在节点 B 的价格为 $e^{-(\alpha_1+0.01732)}$ 。类似地，债券在节点 C 的价格为 $e^{-\alpha_1}$ ，在节点 D 的价格为 $e^{-(\alpha_1-0.01732)}$ 。因此，债券在初始节点的价格为

$$Q_{1,1}e^{-(\alpha_1+0.01732)} + Q_{1,0}e^{-\alpha_1} + Q_{1,-1}e^{-(\alpha_1-0.01732)} \tag{31-21}$$

从初始期限结构出发，我们知道债券的正确价格为 $e^{-0.04512\times 2} = 0.9137$ 。在式（31-21）中代入相应的 Q 项，我们得出

$$0.1604e^{-(\alpha_1+0.01732)} + 0.6417e^{-\alpha_1} + 0.1604e^{-(\alpha_1-0.01732)} = 0.9137$$

或

$$e^{-\alpha_1}(0.1604e^{-0.01732} + 0.6417 + 0.1604e^{0.01732}) = 0.9137$$

或

$$\alpha_1 = \ln\left[\frac{0.1604e^{-0.01732} + 0.6417 + 0.1604e^{0.01732}}{0.9137}\right] = 0.05205$$

这说明在时间 Δt 上，R 的树形中间节点所对应的利率为 5.205%（见图 31-9）。

在下一步我们将要计算 $Q_{2,2}$ 、$Q_{2,1}$ 、$Q_{2,0}$ 、$Q_{2,-1}$ 和 $Q_{2,-2}$ 。我们可以利用前面已经得到的 Q 值来简化计算。以 $Q_{2,1}$ 为例，$Q_{2,1}$ 的取值相当于一个证券的价值，若节点 F 能到达，此债券支付 1 美元，否则支付 0 美元。节点 F 只可能由节点 B 和 C 来达到，而在这两个节点上的利率分别为 6.937% 和 5.205% 。与树枝 B-F 和 C-F 相关的概率为 0.6566 和 0.1667。因此，一个在节点 F 支付 1 美元的证券在节点 B 的价格为 $0.6566e^{-0.06937}$ ，在节点 C 的价格为 $0.1667e^{-0.05205}$ 。因此 $Q_{2,1}$ 等于 $0.6566e^{-0.06937}$ 乘以在节点 B 收取 1 美元的贴现值，再加上 $0.1667e^{-0.05205}$ 乘上在节点 C 收取 1 美元的贴现值，也就是说

$$Q_{2,1} = 0.6566e^{-0.06937} \times 0.1604 + 0.1667e^{-0.05205} \times 0.6417 = 0.1998$$

类似地，$Q_{2,2} = 0.0182$，$Q_{2,0} = 0.4736$，$Q_{2,-1} = 0.2033$ 和 $Q_{2,-2} = 0.0189$。

构造图 31-9 中 R -树形的下一步是计算 α_2 。在此之后，可以计算 $Q_{3,j}$ ，然后再计算 α_3 ，等等。

31.7.4 计算 α 和 Q 的公式

为了更正式地表达这种方法，假定我们已经求得了所有当 $i \leqslant m$（$m \geqslant 0$）时的 $Q_{i,j}$ 。接下来一步是确定 α_m 来保证 R -树形可以正确地给出期限为 $(m+1)\Delta t$ 的零息债券价格。在节点 (m,j) 上的利率为 $\alpha_m + j\Delta R$ ，因此在 $(m+1)\Delta t$ 到期的零息债券价格为

$$P_{m+1} = \sum_{j=-n_m}^{n_m} Q_{m,j}\exp[-(\alpha_m + j\Delta R)\Delta t] \tag{31-22}$$

其中 n_m 是在时间 $m\Delta t$ 时在中间节点每边的节点个数，以上方程的解为

$$\alpha_m = \frac{\ln\sum_{j=-n_m}^{n_m} Q_{m,j}e^{-j\Delta R\Delta t} - \ln P_{m+1}}{\Delta t}$$

一旦确定了 α_m ，对于 $i = m+1$ ，$Q_{i,j}$ 可由以下方程计算得出

$$Q_{m+1,j} = \sum_k Q_{m,k}q(k,j)\exp[-(\alpha_m + k\Delta R)\Delta t]$$

其中 $q(k,j)$ 为由节点 (m,k) 移动到节点 $(m+1,j)$ 的概率，求和指标是所有使这个概率不为零的 k 值。

31.7.5　推广到其他模型

我们可以将刚刚描述的程序推广到具有以下形式的其他过程上

$$df(r) = [\theta(t) - af(r)]dt + \sigma dz \tag{31-23}$$

其中f是r的单调函数。这种模型具有可以和任何期限结构相吻合的性质。[⊖]

同前面一样，我们假设Δt段利率R服从与r同样的过程

$$df(R) = [\theta(t) - af(R)]dt + \sigma dz$$

令$x = f(R)$，于是

$$dx = [\theta(t) - ax]dt + \sigma dz$$

第一阶段是对x^*建立树形，其中x^*服从与x同样的过程，但相应的$\theta(t)$为0，而且初始值为0。这与建立图31-8中树形的程序完全一样。

如图31-9所示，我们接下来对时间$i\Delta t$的节点移动α_i，并使得树形与初始期限结构相吻合。这里确定α_i和$Q_{i,j}$的递推方程与$f(R) = R$的情形略有不同。Q在第一个节点$Q_{0,0}$被假设为1。假定对所有的$i \leqslant m(m \geqslant 0)$，$Q_{i,j}$都已经被确定，下一步是确定$\alpha_m$使树形可以正确地为$(m+1)\Delta t$到期的零息债券定价。定义$g$为函数$f$的反函数，在时间$m\Delta t$，第$j$个节点上$\Delta t$时间段的利率为

$$g(\alpha_m + j\Delta x)$$

在时间$(m+1)\Delta t$到期的零息债券价格为

$$P_{m+1} = \sum_{j=-n_m}^{n_m} Q_{m,j}\exp[-g(\alpha_m + j\Delta x)\Delta t] \tag{31-24}$$

这个方程的数值解可以通过Newton－Raphson迭代法给出。当$m = 0$时，α_0等于$f(R(0))$。

一旦求出了α_m，对于$i = m+1$，$Q_{i,j}$可由以下方程来计算

$$Q_{m+1,j} = \sum_k Q_{m,k}q(k,j)\exp[-g(\alpha_m + k\Delta x)\Delta t]$$

其中$q(k,j)$为由节点(m,k)移动到节点$(m+1,j)$的概率，求和指标是对所有使概率$q(k,j)$不为零的k值。

图31-10展示了将上述程序应用于由式（31-18）定义的Black-Karasinski模型

$$d\ln(r) = [\theta(t) - a\ln(r)]dt + \sigma dz$$

所得出的结果，其中$a = 0.22$，$\sigma = 0.25$，$\Delta t = 0.5$，零息利率如表31-1所示。

当选取$f(r) = r$时，我们可以得到由式（31-13）定义的Hull-White模型；当$f(r) = \ln(r)$时，我们可以得到由式（31-18）定义的Black-Karasinski模型。模型$f(r) = r$的主要优点是它的解析性质，主要缺点是存在出现负利率的可能。在大多数情形下，模型出现负利率的概率很小，但有些分析员不愿意使用任何会出现负利率的模型。模型$f(r) = \ln(r)$没有解析性质，但其优点是利率永远为正。

⊖ 并非所有的模型都具有这个性质。比如，由Cox，Ingersoll和Ross（CIR）（1985）以及Hull-White（1990）所考虑的CIR模型推广形式

$$dr = [\theta(t) - ar]dt + \sigma\sqrt{r}dz$$

就无法与远期利率急剧下降的利率曲线相吻合。这是因为当$\theta(t)$为负时，以上所述过程无法定义。

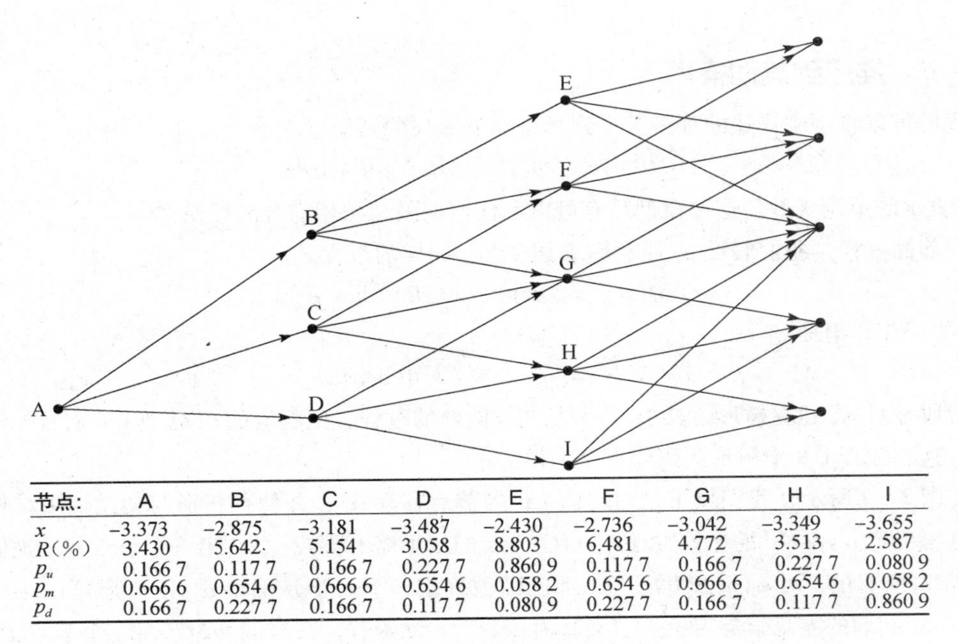

节点:	A	B	C	D	E	F	G	H	I
x	−3.373	−2.875	−3.181	−3.487	−2.430	−2.736	−3.042	−3.349	−3.655
R(%)	3.430	5.642	5.154	3.058	8.803	6.481	4.772	3.513	2.587
p_u	0.166 7	0.117 7	0.166 7	0.227 7	0.860 9	0.117 7	0.166 7	0.227 7	0.080 9
p_m	0.666 6	0.654 6	0.666 6	0.654 6	0.058 2	0.654 6	0.666 6	0.654 6	0.058 2
p_d	0.166 7	0.227 7	0.166 7	0.117 7	0.080 9	0.227 7	0.166 7	0.117 7	0.860 9

图 31-10　对数正态模型树形

31.7.6　如何处理低利率环境

在利率较低的环境里选择令人满意的模型是一个棘手的问题。在这种情况下我们无法忽视 Hull-White 模型里产生负利率的概率。Black-Karasinski 模型也不是很好，原因是对高利率和低利率使用同样的波动率是不合适的。一种避免负利率的方法是当 r 很低时，将 $f(r)$ 选择为与 $\ln(r)$ 成比例，而在其他情况下将 $f(r)$ 选择为与 r 成比例。[⊖]另一种做法是将短期利率取做由 Vasicek 类型模型所定义利率的绝对值。Alexander Sokol 提出了一种更好的办法：假设 r 的回归速度和波动率都是 r 的函数，而这些函数可以通过实证数据来估计。然后将 r 转换成使 dz 系数为常数的新变量 x。对这种模型，可以利用比图 31-7 中更广泛的三叉树形来实现。

31.7.7　解析结果和树形并用

当构造 $f(r)=r$ 的 Hull-White 模型树形时，利用 31.3 节中的解析结果可以求得每个节点上的期限结构和欧式期权价格，注意树形所给出的是 Δt 时间段的利率 R，并不是瞬时利率 r。了解这一点对我们很重要。

由式（31-15）、式（31-16）和式（31-17），我们可以证明（见练习题 31.21）

$$P(t,T) = \hat{A}(t,T)\mathrm{e}^{-\hat{B}(t,T)R} \tag{31-25}$$

其中

$$\begin{aligned}\ln \hat{A}(t,T) = {} & \ln\frac{P(0,T)}{P(0,t)} - \frac{B(t,T)}{B(t,t+\Delta t)}\ln\frac{P(0,t+\Delta t)}{P(0,t)} \\ & - \frac{\sigma^2}{4a}(1-\mathrm{e}^{-2at})B(t,T)[B(t,T)-B(t,t+\Delta t)]\end{aligned} \tag{31-26}$$

⊖ 见 J. Hull and A. White, "Taking Rates to the Limits," *Risk*, December (1997): 168-69。

和

$$\hat{B}(t,T) = \frac{B(t,T)}{B(t,t+\Delta t)}\Delta t \tag{31-27}$$

（对 Ho-Lee 模型，在以上方程中我们令 $\hat{B}(t,T) = T - t$）。

因此，在计算债券价格时，我们应该使用式（31-25）而不是式（31-15）。

例 31-4

假设零息利率如表 31-2 所示。对应于表中所示期限之间的利率是由线性插值来计算的。

表 31-2　零息曲线，所有利率均按连续复利（实际天数/365）

到期日	天数	利率（%）	到期日	天数	利率（%）
3 天	3	5.017 72	4 年	1 461	6.734 64
1 个月	31	4.982 84	5 年	1 826	6.948 16
2 个月	62	4.972 34	6 年	2 194	7.088 07
3 个月	94	4.961 57	7 年	2 558	7.275 27
6 个月	185	4.990 58	8 年	2 922	7.308 52
1 年	367	5.093 89	9 年	3 287	7.397 90
2 年	731	5.797 33	10 年	3 653	7.490 15
3 年	109 6	6.305 95			

我们考虑一个在 9 年（$=9\times365$ 天）后支付 100 的零息债券上、期限为 3 年（$=3\times365$ 天）的欧式看跌期权。假定利率服从 Hull-White 模型（$f(r) = r$），执行价格为 63，$a = 0.1$ 和 $\sigma = 0.01$。我们构造一个 3 年的树形，在最后的节点上我们利用刚才描述的解析公式来计算债券价格。如表 31-3 所示，由树形上所得结果与期权的解析价格是一致的。

表 31-3　9 年期零息债券上期限为 3 年的看跌期权价值，执行价格为 63，模型参数 $a=0.1$ 和 $\sigma=0.01$；零息曲线由表 31-2 给出

步数	树形	分析	步数	树形	分析
10	1.846 8	1.809 3	100	1.812 8	1.809 3
30	1.817 2	1.809 3	200	1.809 0	1.809 3
50	1.805 7	1.809 3	500	1.809 1	1.809 3

该例为模型的实现提供了一个很好的检验，这是因为在期权到期后，零息曲线的斜率马上呈现剧烈变化。在构造和使用树形时，一个小的误差很可能会对价格产生很大影响（DerivaGem 软件里应用工具（Application Builder）的例 G 正是这个例子）。

31.7.8　美式债券期权树形

对于欧式和美式债券期权、上限/下限，以及欧式互换期权，DerivaGem 软件实现了正态和对数正态模型。图 31-11 显示了由软件生成的树形，这里的树形是关于 10 年期债券上、期限为 1.5 年的美式债券期权定价而设定的，步数为 4 步，模型为对数正态（Black-Karasinski）模型，参数是 $a = 5\%$，$\sigma = 20\%$，标的债券的期限为 10 年，面值为 100 美元，券息为每年 5%，每半年支付一次，收益率曲线为水平，每年为 5%，债券期权执行价格为 105 美元。在 29.1 节我们讲过，执行价格可以是现金价格，也可以是报价。本例中的执行价格为报价，在树形上所示的债券价格为现金价格。每个节点对应的累计利息显示在树的下方，现金执行价格等于执行价格报价加上累计利息。债券报价为其现金价格减去累计利息，期权收益为债券的现金价格减去现金执行价格，这与债券报价和执行价格（报价）的差是一样的。

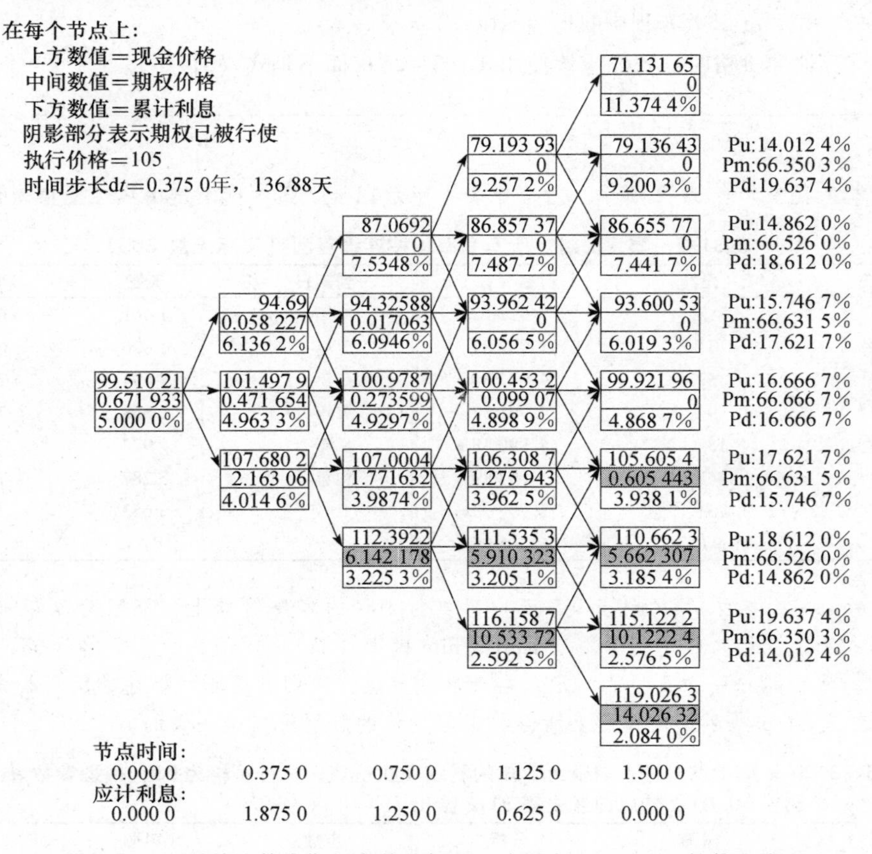

图 31-11 对美式债券期权定价的树形，该图由 DerivaGem 软件生成

树形上所给出的期权价格为 0.672，一个 100 步树形给出的期权价格为 0.703。注意当假设对数正态模型时，我们无法利用解析公式来计算 10 年期债券的价格。这些价格是在一个比所显示的树形要大得多的另一个树形上通过倒推计算得出的。

31.8 校正

到目前为止我们都是假定参数 a 和 σ 是已知的。现在我们讨论如何确定这些参数，确定参数的过程通常被称为对模型的校正。

波动率参数是由在市场上交易活跃的期权市场数据来确定的（比如像表 29-1 和表 29-2 中经纪人报出的有关上限和互换期权波动率的数据）。这些市场上交易活跃的产品被称为**校正产品**（calibrating instrument）。校正过程的第一步是选取一个衡量**拟合质量**（goodness-of-fit）的测度。假定有 n 个校正产品，一种流行的测度是

$$\sum_{i=1}^{n}(U_i - V_i)^2$$

其中 U_i 为第 i 个校正产品的市场价格，V_i 为由模型给出的这个产品价格，模型校正的目标是选取参数来使得以上测度达到最小。

波动率参数的数量不应当多于校正产品的数量。如果 a 和 σ 为常数，那么我们只有两个波动率参数。我们可以将模型推广到 a 或 σ 或两个参数均为时间函数的情形，此时可以利用阶梯函数。假设 a 为常数，而 σ 为时间的函数。我们可以选取时间 t_1，t_2，…，t_n，并假设对 $t \leqslant t_1$，$\sigma(t) = \sigma_0$；对 $t_i \leqslant t \leqslant t_{i+1}$，$\sigma(t) = \sigma_i$（$1 \leqslant i \leqslant n-1$），以及对 $t > t_n$，$\sigma(t) = \sigma_n$。这样，我们共有 $n+2$ 个波动率参数：a，σ_0，σ_1，…，σ_n。

对拟合测度求最小化可以通过 Levenberg-Marquardt 程序来完成。[㊀]当 a 或 σ 或两个参数均为时间的函数时，在拟合测度上常常需要加上一个**惩罚函数**（penalty function）以使得这些函数具备良好的性质。在刚才的例子中，σ 为阶梯函数，我们可以将目标函数取成

$$\sum_{i=1}^{n}(U_i - V_i)^2 + \sum_{i=1}^{n} w_{i,1}(\sigma_i - \sigma_{i-1})^2 + \sum_{i=1}^{n-1} w_{2,i}(\sigma_{i-1} + \sigma_{i+1} - 2\sigma_i)^2$$

第2项对在两步之间 σ 值较大的变化提供了惩罚，第3项对 σ 的高曲率提供了惩罚。通过试验可以选取适当的 $w_{1,i}$ 和 $w_{2,i}$ 值，以便使得 σ 具有一定的光滑程度。

用于校正模型的产品应当与被定价的产品相似。例如，假设要对一个百慕大式互换期权定价：这个期权将延续10年，并在第5年与第9年之间的任何支付日上都可以被行使，从而进入一个10年后（从现在起）到期的互换。这时，最相关的校正产品为5×5，6×4，7×3，8×2和9×1欧式互换期权（$n \times m$ 欧式期权是指在 n 年期权到期后进入 m 年互换的期权）。

将 a 或 σ 或两个参数都设成时间函数的优点是能够使模型更精确地与在市场上交易活跃的产品价格吻合，其缺点是波动率结构会因此变得不稳定。模型给出的将来波动率期限结构可能与今天市场上存在的波动率有很大差异。[㊁]

一种与此有所不同的校正方式是利用所有可用的校正产品来计算出“整体最优吻合”（global-best-fit）参数 a 和 σ。将参数 a 固定为最优吻合值时，我们可以采用与布莱克－斯科尔斯－默顿同样的方法来使用模型，这时在期权价格和参数 σ 之间存在一一对应关系。我们可以利用模型将表29-1和表29-2转换为隐含波动率 σ 的表格，[㊂]这些表格可以帮助我们选取最适合产品定价的参数 σ。

31.9　利用单因子模型进行对冲

在29.5节里我们曾大致描述了如何对利率衍生产品进行对冲。这些结论可以用在本章所讨论的期限结构模型上。在计算 Delta、Gamma 和 Vega 时，我们需要对零息曲线或波动率做微小变化，然后重新计算组合的价值。

应当注意的是，在对利率衍生产品定价时，我们常常假设只有一个因子，但在进行对冲时，只有一个因子的假设却不太合适。例如，我们计算的 Delta 应当是允许在零息曲线上有多种不同的变化，而不是仅仅局限于选定模型所提供的变化。在对冲时，在实际中的做法是既考虑所选取

㊀ 关于这个程序的描述，见 W. H. Press，B. P. Flannery，S. A. Teukolsky，and W. T. Vetterling，*Numerical Recipes in C*：*The Art of Scientific Computing*，Cambridge University Press，1988。

㊁ 关于当 a 和 σ 为时间函数时对模型的实现，见网页 www. rotman. utoronto. ca/ ~ hull/TechnicalNote 里的 Technical Note 16。

㊂ 注意，在一个期限结构模型下的隐含参数 σ 与表29-1和表29-2中通过布莱克模型所计算出的波动率是不一样的。计算隐含参数 σ 的过程如下：首先利用布莱克模型将布莱克波动率转换成价格，然后用迭代的方式计算由价格所隐含的期限结构模型中的参数 σ。

模型下可能的变化，同时也考虑在模型下不可能的变化。这一做法被叫**模型外对冲**（outside model hedging），这是交易员的标准做法。[⊖]实际上，当谨慎地使用一个单因子模型时，它通常会给出合理的产品价格，但在设计一个好的对冲方案时，我们将有意或无意地假设有多个因子。

小 结

在金融领域使用的传统期限结构模型是所谓的均衡模型，这类模型对理解经济变量之间的关系很有用处，但其缺点是初始期限结构是模型的输出而非输入。当对衍生产品定价时，重要的一点是保证模型与市场所观察到的初始期限结构一致。无套利模型的设计正是为了满足这一性质，这类模型将初始期限结构取为已知，并定义了它的演变方式。

本章描述了几种单因子的无套利短期利率模型，这些模型非常有用，并且可以与任何初始零息利率一起使用。这里最简单的模型为Ho-Lee模型，它的优点是具有解析性质，主要缺点是该模型意味着在任何时刻所有利率的变化都是一样的。Hull-White模型是Ho-Lee模型的一种变形，它考虑了利率均值回归的特性，该模型在保持了解析性质的同时，也提供了更丰富的波动率环境。对数正态单因子模型避免了负利率的产生，但这些模型不具有解析性质。

推荐阅读

关于均衡模型

Ahmad, R., and P. Wilmott, "The Market Price of Interest Rate Risk: Measuring and Modelling Fear and Greed in the Fixed Income Markets," *Wilmott*, January 2007: 64–70.

Cox, J. C., J. E. Ingersoll, and S. A. Ross, "A Theory of the Term Structure of Interest Rates," *Econometrica*, 53 (1985): 385–407.

Longstaff, F. A. and E. S. Schwartz, "Interest Rate Volatility and the Term Structure: A Two Factor General Equilibrium Model," *Journal of Finance*, 47, 4 (September 1992): 1259–82.

Vasicek, O. A.,"An Equilibrium Characterization of the Term Structure," *Journal of Financial Economics*, 5 (1977): 177–88.

关于无套利模型

Black, F., E. Derman, and W. Toy, "A One-Factor Model of Interest Rates and Its Application to Treasury Bond Prices," *Financial Analysts Journal*, January/February 1990: 33–39.

Black, F., and P. Karasinski, "Bond and Option Pricing When Short Rates Are Lognormal," *Financial Analysts Journal*, July/August (1991): 52–59.

Brigo, D., and F. Mercurio, *Interest Rate Models: Theory and Practice*, 2nd edn. New York: Springer, 2006.

Ho, T. S. Y., and S.-B. Lee, "Term Structure Movements and Pricing Interest Rate Contingent Claims," *Journal of Finance*, 41 (December 1986): 1011–29.

Hull, J., and A. White, "Bond Option Pricing Based on a Model for the Evolution of Bond Prices," *Advances in Futures and Options Research*, 6 (1993): 1–13.

Hull, J., and A. White, "Pricing Interest Rate Derivative Securities," *The Review of Financial Studies*, 3, 4 (1990): 573–92.

Hull, J., and A. White, "Using Hull–White Interest Rate Trees," *Journal of Derivatives*, Spring (1996): 26–36.

Rebonato, R., *Interest Rate Option Models*. Chichester: Wiley, 1998.

⊖ 模型外对冲的一个例子是布莱克－斯科尔斯模型的使用方式。布莱克－斯科尔斯模型假设波动率为常数，但交易员常常计算Vega来对冲波动率的变化。

练习题

31.1 均衡模型与无套利模型的区别是什么？

31.2 假设当前的短期利率为4%，其标准差为每年1%。当短期利率增长到8%时，在下列模型中，它的标准差会有什么变化？(a) Vasicek模型；(b) Rendleman和Bartter模型；(c) Cox，Ingresoll和Ross模型。

31.3 如果股票价格具有均值回归性，或有轨迹依赖性，那么市场将不会是有效的。为什么当短期利率具有这些性质时，市场仍可以是有效的？

31.4 解释单因子与两因子模型的区别。

31.5 在31.4节中，我们描述了如何将一个带息债券的期权分解成一些零息债券期权的组合，这种处理方式能被推广到两个因子模型的情形吗？解释你的答案。

31.6 假设在Vasicek模型与Cox，Ingresoll和Ross模型中的参数为$a=0.1$和$b=0.1$。在两种模型下，初始短期利率均为10%，在一个短时间Δt内，短期利率变化的初始标准差为$0.02\sqrt{\Delta t}$。比较两种模型所给出的10年期零息债券的价格。

31.7 假设在Vasicek模型中，$a=0.1$，$b=0.08$和$\sigma=0.015$，初始短期利率为5%。计算在3年期零息债券上期限为1年、执行价格为87美元的欧式看涨期权价格。零息债券本金为100美元。

31.8 重复练习题31.7，考虑一个执行价格为87美元的欧式看跌期权。欧式看涨期权价格与欧式看跌期权价格之间的看跌－看涨平价关系式是什么？证明在这种情况下，看跌和看涨期权满足看跌－看涨平价关系式。

31.9 假设在Vasicek模型中，$a=0.05$，$b=0.08$和$\sigma=0.015$，初始短期利率为6%，计算3年期债券上期限为2.1年的欧式看涨期权价格。假设债券每半年支付一次券息，年息为5%，债券的本金为100美元，期权执行价格为99美元，执行价格为现金价格（而非报价）。

31.10 利用练习题31.9的结果与看跌－看涨平价关系式，计算一个与练习题31.9中看涨期权具有相同条件的看跌期权价格。

31.11 在Hull-White模型下，$a=0.08$，$\sigma=0.01$，计算一个在5年期零息债券上期限为1年的欧式看涨期权的价格。利率期限结构呈水平状，利率为每年10%，债券本金为100美元，执行价格为68美元。

31.12 假定在Hull-White模型下，$a=0.05$和$\sigma=0.015$，而且初始利率期限结构呈水平状，利率为6%，按半年复利。计算一个关于3年期债券上期限为2.1年的欧式看涨期权价格。假设债券的券息为每年5%，每半年支付一次，债券本金为100美元，执行价格为99美元，其中执行价格为现金价格（而非报价）。

31.13 按Δt的时间间隔观察了一些短期利率的值，第i个观察值是r_i（$0\leqslant i\leqslant m$）。证明在Vasicek模型里参数a,b以及σ的极大似然估计是通过对

$$\sum_{i=1}^{m}\left(-\ln(\sigma^2\Delta t)-\frac{[r_i-r_{i-1}-a(b-r_{i-1})\Delta t]^2}{\sigma^2\Delta t}\right)$$

求极大值来得到的。对于CIR模型的相应结果是什么？

31.14 假设$a=0.05$，$\sigma=0.015$，期限结构呈水平状，利率为10%。构造一个关于Hull-White模型步长为1年的两步三叉树。

31.15 由图31-6中的树形计算2年期零息债券的价格。

31.16 由图31-9中的树形计算2年期零息债券的价格，并验证该价格与初始期限结构是一致的。

31.17 由图31-10中的树形计算18个月期的零息债券价格，并验证该价格与初始期限结构是一致的。

31.18 单因子期限模型的校正都会涉及什么？

31.19 利用DerivaGem软件对收取固定利率、支付浮动利率的1×4，2×3，3×2和4×1欧式互换期权定价。假设1年、2

年、3年、4年和5年利率分别为6%，5.5%，6%，6.5%和7%。互换的交换频率为半年，固定利率为年息6%，按半年复利。利用参数 $a=3\%$，$\sigma=1\%$ 时的Hull-White模型，计算在布莱克模型下每个期权所隐含的波动率。

31.20 证明式(31-25)、式(31-26)和式(31-27)。

31.21 (a) 在Vasicek模型与CIR模型里 $P(t,T)$ 关于 r 的2阶偏导数是什么？

(b) 在31.2节里，我们曾将 $\hat{D}$ 作为标准久期 D 的替代。与4.9节里衡量曲率的测度相类似的 $\hat{C}$ 是什么？

(c) 对于 $P(t,T)$ 的 $\hat{C}$ 是什么？对带息债券，你将如何计算 $\hat{C}$？

(d) 在Vasicek模型和CIR模型下，对 $\Delta P(t,T)$ 做由 Δr 和 $(\Delta r)^2$ 组成的泰勒级数展开。

31.22 假设短期利率 r 为4%，它在现实世界里的过程为 $dr=0.1[0.05-r]dt+0.01dz$，而在风险中性世界里的过程为 $dr=0.1[0.11-r]dt+0.01dz$。

(a) 利率风险的市场价格是多少？

(b) 在风险中性世界里，5年期零息债券的增长率期望和波动率是多少？

(c) 在现实世界里，5年期零息债券的增长率期望和波动率是多少？

作业题

31.23 构造参数 $\sigma=0.02$ 的Ho-Lee模型三叉树。假设在初始时对应于期限为0.5，1.0和1.5年的零息利率分别为7.5%、8%和8.5%。采用步长为6个月的两步树形来计算本金为100美元、在树的最后节点仍有6个月期限的零息债券价格。利用树形来计算在这个债券上1年期、执行价格为95的欧式看跌期权价格。将你在树上所得价格与DerivaGem的解析价格进行比较。

31.24 一位交易员想要计算一个本金为100美元、5年期债券上期限为1年的美式看涨期权价格。债券支付的券息为6%，每半年支付一次，期权执行价格（报价）为100美元。6个月、1年、2年、3年、4年和5年的连续复利零息利率分别为4.5%、5%、5.5%、5.8%、6.1%和6.3%。对正态模型和对数正态模型所估计的最优拟合回归率均为5%。

该债券上1年期、执行价格为100（报价）的欧式看涨期权交易很活跃，市场价格为0.50美元。交易员决定利用这个价格对模型进行校正。利用DerivaGem和10步三叉树来回答下列问题：

(a) 假设正态模型，计算欧式期权所隐含的 σ。

(b) 当期权为美式期权时，利用参数 σ 来计算其价格。

(c) 假设对数正态模型，重复(a)和(b)。说明当用已知的欧式期权价格来做校正时，采用不同模型对价格并没有太大的影响。

(d) 对于正态情形，显示树形并计算发生负利率的概率。

(e) 对于对数正态情形，显示树形并验证节点 $i=9$ 和 $j=-1$（31.7节里的记号）上期权价格的正确性。

31.25 利用DerivaGem计算1×4，2×3，3×2和4×1欧式互换期权的价格。互换为收取浮动利率，支付固定利率。假定1年、2年、3年、4年和5年的利率分别为3%、3.5%、3.8%、4.0%和4.1%。互换的支付频率半年，固定利率为每年4%，按半年复利。利用对数正态模型，$a=5\%$、$\sigma=15\%$ 和50步的三叉树，计算在每个期权中由布莱克模型所隐含的波动率。

31.26 验证DerivaGem软件对所考虑例子所给出的图31-11。利用该软件，对正态和对数正态模型计算执行价格为95美元、100美元和105美元的美式债券期权价格。当使用正态模型时，假设 $a = 5\%$ 和 $\sigma = 1\%$。以第20章给出的关于肥尾分布的角度，讨论所得结果。

31.27 将DerivaGem软件里应用工具（Application Builder）的样本应用G加以修改来验证三叉树价格的收敛性。采用三叉树计算一个5年期、本金为100美元的债券上2年期看涨期权的价格。假设执行价格为100美元（报价），券息为7%，每年支付2次。假设零息曲线如表31-2所示，对以下情形进行比较：

(a) 期权为欧式，正态模型，$\sigma = 0.01$ 和 $a = 0.05$；

(b) 期权为欧式，对数正态模型，$\sigma = 0.15$ 和 $a = 0.05$；

(c) 期权为美式，正态模型，$\sigma = 0.01$ 和 $a = 0.05$；

(d) 期权为美式，对数正态模型，$\sigma = 0.15$ 和 $a = 0.05$。

31.28 假设在风险中性世界里短期利率 r 的（CIR）过程为

$$dr = a(\theta - r)\,dt + \sigma\sqrt{r}\,dz$$

而且利率风险的市场价格为 λ。

(a) r 在现实世界里的过程是什么？

(b) 10年期零息债券在风险中性世界里的回报期望与波动率是什么？

(c) 10年期零息债券在现实世界里的回报期望与波动率是什么？

CHAPTER32

第32章 HJM，LMM模型以及多种零息曲线

有时第29章所述的简单模型并不太适合于对一些利率产品定价，然而第31章中讨论的利率模型在这些产品中却得到了广泛的应用。这些利率模型很容易被实现，而且如果谨慎地使用这些模型，我们可以使得大部分非标准的利率衍生产品价格与市场上交易活跃的产品（例如，利率上限、欧式债券期权和欧式互换期权）的价格相一致，但是这些模型有两种局限性：

（1）大多数模型只含单个因子（也就是说，只有一个不确定性的来源）。

（2）用户没有选择波动率结构的自由。

分析人员在使用模型时可以将 a 和 σ 设定为时间的函数，这可以使得模型与目前市场上所观察到的波动率相吻合。但我们在31.8节中曾指出，这种做法所得到的波动率期限结构会不稳定，也就是说，未来的波动率结构有可能与目前观察到的形状大不相同。

本章将讨论几种建立期限结构模型的方法，这些方法可以使得用户灵活地定义波动率环境，并且在模型中使用多个因子。当使用OIS贴现时，常常需要建立两种（或更多种）利率曲线（例如LIBOR零息曲线与OIS零息曲线）。我们将在本章中讨论如何实现这种做法。

本章中还将讨论美国房产抵押证券市场，并且描述如何将本章中的一些结果用于对这个市场中某些产品的定价。

32.1 Heath，Jarrow 和 Morton 模型

在1990年，David Heath，Bob Jarrow 和 Andy Morton（HJM）发表了一篇重要文章，文章描述了一种收益率曲线模型必须满足的无套利条件。[⊖]为了描述他们的模型，我们使用如下记号：

⊖ 见 D. Heath，R. A. Jarrow，and A. Morton，"Bond Pricing and the Term Structure of Interest Rates: A New Methodology，" *Econometrica*，60，1（1992）：77-105。

$P(t,T)$：本金为1美元，在时间 T 到期的零息债券在时间 t 时的价格。

Ω_t：该向量是用来确定时间 t 时与波动率相关的过去和现在的利率与债券价格。

$v(t,T,\Omega_t)$：$P(t,T)$ 的波动率。

$f(t,T_1,T_2)$：在时间 t 观察的用于时间 T_1 与 T_2 之间的远期利率。

$F(t,T)$：在时间 t 观察的适用于时间 T 到期合约的瞬时远期利率。

$r(t)$：时间 t 的短期无风险利率。

$dz(t)$：驱动期限结构移动的维纳过程。

32.1.1 零息债券价格和远期利率过程

我们首先假设只有一个因子，并且采用传统风险中性世界来进行分析。由于零息债券是一个不提供收入的可交易债券，在传统风险中性世界里，它的收益率为 r。这意味着描述零息债券的随机过程有如下形式

$$dP(t,T)=r(t)P(t,T)\,dt+v(t,T,\Omega_t)P(t,T)\,dz(t) \tag{32-1}$$

如变元 Ω_t 所示，在模型的最一般形式下，零息债券的波动率可以是过去和现在利率与债券价格的函数（只要函数具有某些性质）。由于债券价格波动率在到期日下降为0，我们必须有[⊖]

$$v(t,t,\Omega_t)=0$$

由式（4-5）得出，远期利率 $f(t,T_1,T_2)$ 与债券价格满足以下关系式

$$f(t,T_1,T_2)=\frac{\ln[P(t,T_1)]-\ln[P(t,T_2)]}{T_2-T_1} \tag{32-2}$$

由式（32-1）和伊藤引理得出

$$d\ln[P(t,T_1)]=\left[r(t)-\frac{v(t,T_1,\Omega_t)^2}{2}\right]dt+v(t,T_1,\Omega_t)\,dz(t)$$

和

$$d\ln[P(t,T_2)]=\left[r(t)-\frac{v(t,T_2,\Omega_t)^2}{2}\right]dt+v(t,T_2,\Omega_t)\,dz(t)$$

因此由式（32-2）

$$df(t,T_1,T_2)=\frac{v(t,T_2,\Omega_t)^2-v(t,T_1,\Omega_t)^2}{T_2-T_1}dt+\frac{v(t,T_1,\Omega_t)-v(t,T_2,\Omega_t)}{T_2-T_1}dz(t) \tag{32-3}$$

式（32-3）说明，f 的风险中性过程只依赖于 v，它对于 r 和 P 的依赖性仅仅是因为 v 本身依赖于这些变量。

在式（32-3）中，令 $T_1=T$ 和 $T_2=T+\Delta T$，然后取 ΔT 趋于0时的极限，这时 $f(t,T_1,T_2)$ 变为 $F(t,T)$，$dz(t)$ 的系数变为 $-v_T(t,T,\Omega_t)$，而 dt 的系数变为

$$\frac{1}{2}\frac{\partial[v(t,T,\Omega_t)^2]}{\partial T}=v(t,T,\Omega_t)v_T(t,T,\Omega_t)$$

其中 v 的下标表示偏导数，于是

$$dF(t,T)=v(t,T,\Omega_t)v_T(t,T,\Omega_t)\,dt-v_T(t,T,\Omega_t)\,dz(t) \tag{32-4}$$

⊖ 方程 $v(t,t,\Omega_t)=0$ 与假设所有折价债券（discount bond）在任何时间都具有有限的漂移项是等价的。假如在债券到期时，债券价格的波动率不为零，那么为了保证在到期时债券价格等于其面值，漂移率必须为无穷大。

一旦给出了函数 $v(t,T,\Omega_t)$，$dF(t,T)$ 的风险中性过程即为已知。

式（32-4）说明在瞬时远期利率的漂移率与标准差之间存在一种关系，这一点正是 HJM 模型的关键所在。从 $\tau=t$ 到 $\tau=T$ 对 $v_\tau(t,T)$ 进行积分，我们得出

$$v(t,T,\Omega_t)-v(t,t,\Omega_t)=\int_t^T v_\tau(t,\tau,\Omega_t)\mathrm{d}\tau$$

因为 $v(t,t,\Omega_t)=0$，以上方程变为

$$v(t,T,\Omega_t)=\int_t^T v_\tau(t,\tau,\Omega_t)\mathrm{d}\tau$$

如果 $m(t,T,\Omega_t)$ 和 $s(t,T,\Omega_t)$ 分别为 $F(t,T)$ 的瞬时漂移率和标准差，$F(t,T)$ 满足

$$\mathrm{d}F(t,T)=m(t,T,\Omega_t)\mathrm{d}t+s(t,T,\Omega_t)\mathrm{d}z(t)$$

那么由式（32-4）得出

$$m(t,T,\Omega_t)=s(t,T,\Omega_t)\int_t^T s(t,\tau,\Omega_t)\mathrm{d}\tau \tag{32-5}$$

这就是 HJM 的结果。

在一般的 HJM 模型下，短期利率 r 的过程为非马尔科夫过程。这说明 r 在将来时刻 t 的分布既依赖于 r 在时间 t 的值，也依赖于 r 在现在与时间 t 之间的路径。[⊖]这一点正是在实现一般 HJM 模型时的困难所在，所以不得不采用蒙特卡罗模拟法。利用树形结构时会有很多问题，因为当我们利用树形结构来表示期限结构移动时，树形的分叉呈不重合的形状。假设模型只含有一个因子，树形为图 32-1 所示的二叉树，那么在 n 步后将有 2^n 个节点（当 $n=30$ 时，2^n 大约为 10 亿）。

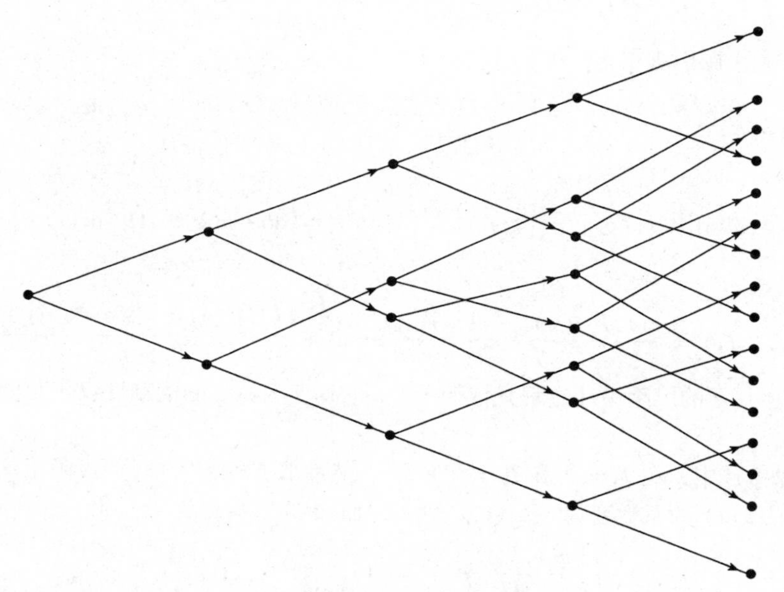

图 32-1　一般 HJM 模型中产生的非重合树形

由式（32-4）所表达的 HJM 模型貌似简单，其实却非常复杂。在大多应用中某个特定的远期利率 $F(t,T)$ 是个马尔科夫过程，并且我们可以用一个重合树形来描述，但这一树形却不

⊖ 关于详细结果，见网页 www. rotman. utoronto. ca/ ~ hull/TechnicalNotes 上的 Technical Note 17。

能用于所有的远期利率。如果取 $s(t, T, \Omega_z)$ 为常数 σ，我们将会得到 Ho-Lee 模型（见练习题 32.3）。当取 $S(t,T,\Omega_t) = \sigma e^{-a(T-t)}$ 时，我们将会得到 Hull-White 模型（见练习题 32.4）。这些都是 HJM 模型为马尔科夫过程的例子，而且在这些例子中短期利率 r 与所有远期利率均可由同一个树形来表示。

32.1.2　延伸到多因子模型

HJM 的结果可以被推广到存在多个相互独立因子的情形。假设

$$dF(t,T) = m(t,T,\Omega_t)dt + \sum_k s_k(t,T,\Omega_t)dz_k(t)$$

利用与前面类似的分析（见练习题 32.2），我们可以得出

$$m(t,T,\Omega_t) = \sum_k s_k(t,T,\Omega_t)\int_t^T s_k(t,\tau,\Omega_t)d\tau \tag{32-6}$$

32.2　LIBOR 市场模型

HJM 模型的一个缺陷是它由瞬时远期利率来表示的，而这些利率并不能直接在市场上观测到。另一个缺陷是很难利用在市场上交易活跃的产品来校正模型，这使得 Brace、Gatarek 和 Musiela（BGM），Jamshidian，Miltersen、Sandmann 和 Sondermann 提出了新的模型。[⊖]这个模型被称为 **LIBOR 市场模型**（LIBOR Market Model，LMM），或 BGM 模型（BGM model），该模型是针对交易员使用的远期利率而建立的。

32.2.1　模型

定义 $t_0 = 0$，并设 $t_1, t_2, \cdots$ 为目前在市场上交易的上限重置时间。在美国，最流行的上限是按季度重置的，因此 $t_1 = 0.25$，$t_2 = 0.5$，$t_3 = 0.75$，等等。定义 $\delta_k = t_{k+1} - t_k$，以及

$F_k(t)$：时间 t 所观察的在时间 t_k 与 t_{k+1} 之间按 δ_k 时间段复利的远期利率，这里 δ_k 以“实际天数/实际天数”（actual/actual）计天惯例来表示；

$m(t)$：对应于时间 t 的下一个重置日，这意味着 $m(t)$ 是使得 $t \leqslant t_{m(t)}$ 的最小整数；

$\zeta_k(t)$：$F_k(t)$ 在时间 t 的波动率。

我们首先假设只有一个因子。如 28.4 节所示，在一个对 $P(t,t_{k+1})$ 为远期风险中性的世界里，$F_k(t)$ 是一个鞅，并且服从以下过程

$$dF_k(t) = \zeta_k(t)F_k(t)dz \tag{32-7}$$

其中 dz 为维纳过程。

债券价格 $P(t,t_{k+1})$ 的过程具有如下形式

$$\frac{dP(t,t_k)}{P(t,t_k)} = \cdots + v_k(t)dz$$

因为债券价格与利率之间有负相关性，$v_k(t)$ 为负值。

在实际中，给利率期权定价最方便的方式是考虑对某个债券为远期风险中性的世界，这个

⊖ 见 A. Brace, D. Gatarek, and M. Musiela, “The Market of Interest Rate Dynamics,” *Mathematical Finance*7, 2 (1997): 127-55; F. Jamshidian, “LIBOR and Swap Market Models and Measures,” *Finance and Stochastic*, 1 (1997): 293-330; 以及 K. Mitersen, K. Sandmann, and D. Sondermann, “Closed Form Solutions for Term Structure Derivatives with LogNormal Interest Rate,” *Journal of Finance*, 52, 1 (March 1997): 409-30。

债券总是等于在下一个重置日到期的零息债券。我们将这个世界称为**滚延远期风险中性世界**（rolling forward risk-neutral world）。[1]在这个世界里，我们对时间 t_{k+1} 到 t_k 之间的贴现是利用在 t_k 所观察到的以 t_{k+1} 为期限的零息利率。在定价过程中，我们不需要考虑在时间 t_k 与 t_{k+1} 之间的利率会如何变化。

在时间 t，滚延远期风险中性世界是关于债券价格 $P(t,t_{m(t)})$ 为远期风险中性的。在式（32-7）里 $F_k(t)$ 所遵循的过程是处在对 $P(t,t_{k+1})$ 为远期风险中性的世界里。由 28.8 节的结论，我们可以得出 $F_k(t)$ 在滚延远期风险中性世界里所遵循的过程为

$$dF_k(t) = \zeta_k(t)[v_{m(t)}(t) - v_{k+1}(t)]F_k(t)dt + \zeta_k(t)F_k(t)dz \tag{32-8}$$

远期利率与债券价格之间的关系式为

$$\frac{P(t,t_i)}{P(t,t_{i+1})} = 1 + \delta_i F_i(t)$$

或

$$\ln P(t,t_i) - \ln P(t,t_{i+1}) = \ln[1 + \delta_i F_i(t)]$$

利用伊藤引理，我们可以计算以上方程左端和右端所服从的过程，然后比较 dz 的系数得出[2]

$$v_i(t) - v_{i+1}(t) = \frac{\delta_i F_i(t)\zeta_i(t)}{1 + \delta_i F_i(t)} \tag{32-9}$$

因此由式（32-8）可以得出，$F_k(t)$ 在滚延远期风险中性世界里的过程为

$$\frac{dF_k(t)}{F_k(t)} = \sum_{i=m(t)}^{k} \frac{\delta_i F_i(t)\zeta_i(t)\zeta_k(t)}{1 + \delta_i F_i(t)}dt + \zeta_k(t)dz \tag{32-10}$$

由式（32-4）给出的 HJM 结果是以上表达式当 δ_i 趋向于零时的极限情形（见练习题 32.7）。

32.2.2 远期利率波动率

我们现在将模型进行简化，假设 $\zeta_k(t)$ 仅是介于 t 之后的第一个重置日与时间 t_k 之间完整累计区间数目的函数，当其中有 i 个这样的区间时，定义 Λ_i 为 $\zeta_k(t)$ 的值，因此 $\zeta_k(t) = \Lambda_{k-m(t)}$ 是一个阶梯函数。

这些 Λ_i 参数（至少在理论上）可以由布莱克模型里对于上限单元定价的波动率来进行估计（也就是图 29-3 中的即时波动率）。[3]假设 σ_k 为对应于时间 t_k 到 t_{k+1} 之间区间上限单元的布莱克波动率。比较方差项，我们可以得出

$$\sigma_k^2 t_k = \sum_{i=1}^{k} \Lambda_{k-i}^2 \delta_{i-1} \tag{32-11}$$

我们可以利用以上方程以递推的形式求得所有的 Λ。

例 32-1

假设 δ_i 都相等，前 3 个上限单元的即时波动率分别为 24%，22% 和 20%，这意味着 $\Lambda_0=$

---

[1] 在 28.4 节的术语下，这个世界里以滚延定期存单（rolling CD）为计价单位。滚延定期存单是指我们以 1 美元开始，买入在 t_1 到期的债券。在 t_1 时刻，以收入的资金买入在 t_2 到期的债券；在 t_2 时刻，将收入的资金买入在 t_3 到期的债券；等等。严格地讲，我们在第 31 章构造的树形结构是在关于以滚延远期风险中性世界里，而不是在传统的风险中性世界里进行的。这里的滚延定期存单要在每一个时间步上进行滚延。

[2] 由于 v 和 ζ 的符号相反，当期限增长时，债券价格波动率（绝对值）也将会增大，这正是所预料的。

[3] 在实际中，Λ 是由我们后面将讨论的最小二乘校正法来确定的。

24%，因为

$$\Lambda_0^2+\Lambda_1^2=2\times 0.22^2$$

由此得出，Λ_1 为 19.80%，又因为

$$\Lambda_0^2+\Lambda_1^2+\Lambda_2^2=3\times 0.20^2$$

Λ_2 为 15.23%。

例 32-2

考虑表 32-1 中上限单元波动率 σ_k 的数据。这些数据呈现出我们在 29.3 节讨论过的驼峰状态。Λ 的值显示在第 2 行。注意，Λ 呈现比 σ 更为明显的驼峰形状。

表 32-1 波动率数据；累计区间为 1 年

年，k:	1	2	3	4	5	6	7	8	9	10
σ_k（%）:	15.50	18.25	17.91	17.74	17.27	16.79	16.30	16.01	15.76	15.54
Λ_{k-1}（%）:	15.50	20.64	17.21	17.22	15.25	14.15	12.98	13.81	13.60	13.40

32.2.3 模型的实现

LIBOR 市场模型可以用蒙特卡罗模拟来实现。将式（32-10）以 Λ_i 表达

$$\frac{\mathrm{d}F_k(t)}{F_k(t)}=\sum_{i=m(t)}^{k}\frac{\delta_i F_i(t)\Lambda_{i-m(t)}\Lambda_{k-m(t)}}{1+\delta_i F_i(t)}\mathrm{d}t+\Lambda_{k-m(t)}\mathrm{d}z \tag{32-12}$$

利用伊藤引理

$$\mathrm{d}\ln F_k(t)=\left[\sum_{i=m(t)}^{k}\frac{\delta_i F_i(t)\Lambda_{i-m(t)}\Lambda_{k-m(t)}}{1+\delta_i F_i(t)}-\frac{(\Lambda_{k-m(t)})^2}{2}\right]\mathrm{d}t+\Lambda_{k-m(t)}\mathrm{d}z \tag{32-13}$$

作为近似，在计算 $\ln F_k(t)$ 的漂移项时，我们假定对于 $t_j<t<t_{j+1}$，$F_i(t)=F_i(t_j)$，这时

$$F_k(t_{j+1})=F_k(t_j)\exp\left[\left(\sum_{i=j+1}^{k}\frac{\delta_i F_i(t_j)\Lambda_{i-j-1}\Lambda_{k-j-1}}{1+\delta_i F_i(t_j)}-\frac{\Lambda_{k-j-1}^2}{2}\right)\delta_j+\Lambda_{k-j-1}\varepsilon\sqrt{\delta_j}\right] \tag{32-14}$$

其中 ε 是均值为 0、标准差为 1 的正态分布随机样本。在蒙特卡罗模拟中，这个方程可以用来由在时间 0 的远期利率来计算 t_1 的远期利率，然后再用来计算 t_2 的远期利率，等等。

32.2.4 多因子情形下的推广

LIBOR 模型可以被推广到包含多个因子的情形。假设共有 p 个因子，$\zeta_{k,q}$ 表示 $F_k(t)$ 的波动率中来源于第 q 个因子的部分。式（32-10）可以被表达为（见练习题 32.11）

$$\frac{\mathrm{d}F_k(t)}{F_k(t)}=\sum_{i=m(t)}^{k}\frac{\delta_i F_i(t)\sum_{q=1}^{p}\zeta_{i,q}(t)\zeta_{k,q}(t)}{1+\delta_i F_i(t)}\mathrm{d}t+\sum_{q=1}^{p}\zeta_{k,q}(t)\mathrm{d}z_q \tag{32-15}$$

当从下一个重置日到远期合约到期日之间总共有 i 个累计区间时，定义 $\lambda_{i,q}$ 为波动率中的第 q 个部分，式（32-14）变为

$$F_k(t_{j+1})=F_k(t_j)\exp\left[\left(\sum_{i=j+1}^{k}\frac{\delta_i F_i(t_j)\sum_{q=1}^{p}\lambda_{i-j-1,q}\lambda_{k-j-1,q}}{1+\delta_i F_i(t_j)}-\frac{\sum_{q=1}^{p}\lambda_{k-j-1,q}^2}{2}\right)\delta_j+\sum_{q=1}^{p}\lambda_{k-j-1,q}\varepsilon_q\sqrt{\delta_j}\right] \tag{32-16}$$

其中 ε_q 是均值为 0、标准差为 1 的正态分布随机样本。

当假设远期利率的漂移率在每个累计区间上为常数时，在进行模拟中我们可以从一个重置

日跳到下一个重置日。这是一个很方便的假设，因为我们已经提到过，滚延远期风险中性世界使得我们可以从一个重置日贴现到下一个重置日。假设我们想模拟一条具有 N 个累计区间的零息曲线，在每次实验中，我们从时间 0 的远期利率开始，这些是由初始零息曲线计算出的利率 $F_0(0)$，$F_1(0)$，…，$F_{N-1}(0)$。利用式（32-16）可以计算出 $F_1(t_1)$，$F_2(t_1)$，…，$F_{N-1}(t_1)$，然后再利用式（32-16）可以计算出 $F_2(t_2)$，$F_3(t_2)$，…，$F_{N-1}(t_2)$，依此类推，直到最后得出 $F_{N-1}(t_{N-1})$。注意，随着时间的推移，零息曲线变得越来越短。例如，假设每个区间长度为 3 个月以及 $N=40$，我们从一个 10 年的零息曲线开始，在 6 年的时间点上（时间为 t_{24}）所做的模拟给了我们关于一条 4 年零息曲线的信息。

我们可以利用式（32-16）计算上限单元价格，并将得出的价格与布莱克模型的价格进行比较，这样可以检验对漂移项所做假设（即对 $t_j < t < t_{j+1}$，$F_i(t) = F_i(t_j)$）的近似程度。$F_k(t_k)$ 的值是 t_k 与 t_{k+1} 之间所实现的利率，这样可使我们计算上限在时间 t_{k+1} 上的收益，再逐个在每个累计区间上对这个收益进行贴现，直到时间 0。上限单元价格是贴现后收益的平均值。以这种形式所做的分析证明，由蒙特卡罗模拟得出的结果与布莱克模型所得结果并无很大差别，即使当累计区间为 1 年时，大量抽样后所得出的结果证明这一点仍然正确。[⊖]这说明我们对漂移项所做的假设并无大碍。

32.2.5 跳动上限、黏性上限和灵活上限

LIBOR 市场模型也可以用来对一些非标准形式的上限定价。考虑**跳动上限**（ratchet cap）与**黏性上限**（sticky cap），这些产品含有一些确定每个上限单元利率的规则。跳动上限的上限率等于上一个重置日的 LIBOR 利率加上一个利差，黏性上限的利率等于前一阶段被封顶后的上限率加上一个利差。假设在时间 t_j 的上限率为 K_j，在时间 t_j 的 LIBOR 利率为 R_j，利差为 s。在跳动上限里 $K_{j+1} = R_j + s$，而在黏性上限里 $K_{j+1} = \min(R_j, K_j) + s$。

表 32-2 和表 32-3 给出了由单个、2 个和 3 个因子的 LIBOR 市场模型以 LIBOR 贴现计算出的跳动上限和黏性上限的价格。在这里，本金为 100 美元，期限结构为水平状，利息为年息 5%（连续复利或 5.127% 按年复利），上限波动率如表 32-1 所示，其中利率每年重置一次，利差为按年复利利率上的 25 个基本点。表 32-4 和表 32-5 展示了当模型含有 2 个和 3 个因子时，如何对波动率进行分解。这些结果是基于 100 000 次蒙特卡罗模拟以及在 21.7 节中描述的对偶变量技巧，每个价格的标准差为 0.001。

表 32-2 跳动上限的定价

开始时间（年）	单因子	两个因子	三个因子	开始时间（年）	单因子	两个因子	三个因子
1	0.196	0.194	0.195	6	0.180	0.189	0.193
2	0.207	0.207	0.209	7	0.172	0.180	0.188
3	0.201	0.205	0.210	8	0.167	0.174	0.182
4	0.194	0.198	0.205	9	0.160	0.168	0.175
5	0.187	0.193	0.201	10	0.153	0.162	0.169

⊖ 见 J. C. Hull and A. White, "Forward Rate Volatilities, Swap Rate Volatilities, and the Implementation of the LIBOR Market Model," *Journal of Fixed Income*, 10, 2 (September 2000): 46-62。唯一例外是当上限波动率很高的情形。

表 32-3　黏性上限的定价

开始时间（年）	单因子	两个因子	三个因子	开始时间（年）	单因子	两个因子	三个因子
1	0.196	0.194	0.195	6	0.498	0.512	0.524
2	0.336	0.334	0.336	7	0.502	0.520	0.533
3	0.412	0.413	0.418	8	0.501	0.523	0.537
4	0.458	0.462	0.472	9	0.497	0.523	0.537
5	0.484	0.492	0.506	10	0.488	0.519	0.534

第 3 种非标准上限是**灵活上限**（flexi cap），它与普通上限一样，但对可以被行使的上限单元的总数却有限制。考虑一个按年支付的灵活上限，本金为 100 美元，期限结构为水平状，利率为 5%，上限波动率如表 32-1、表 32-4 和表 32-5 所示。假如在所有的实值上限单元中可以最多行使 5 次，对于单个、2 个和 3 个因子的情形，LIBOR 市场模型给出的价格分别为 3.43、3.58 和 3.61（对于其他类型的灵活上限，见作业题 32.15）。

表 32-4　2 个因子模型中的波动率因子

年，k:	1	2	3	4	5	6	7	8	9	10
$\lambda_{k-1,1}$（%）:	14.10	19.52	16.78	17.11	15.25	14.06	12.65	13.06	12.36	11.63
$\lambda_{k-1,2}$（%）:	-6.45	-6.70	-3.84	-1.96	0.00	1.61	2.89	4.48	5.65	6.65
合计波动率（%）:	15.50	20.64	17.21	17.22	15.25	14.15	12.98	13.81	13.60	13.40

基本类型的上限价格只依赖于总波动率，而与因子的数目无关。这是由于基本类型的上限单元只依赖于一个远期利率的变化。我们所考虑的非标准产品的价格却与此不同，因为它们依赖于多个不同远期利率的联合分布。因此，这些非标准产品的价格确实依赖于因子的个数。

表 32-5　3 个因子模型中的波动率因子

年，k:	1	2	3	4	5	6	7	8	9	10
$\lambda_{k-1,1}$（%）:	13.65	19.28	16.72	16.98	14.85	13.95	12.61	12.90	11.97	10.97
$\lambda_{k-1,2}$（%）:	-6.62	-7.02	-4.06	-2.06	0.00	1.69	3.06	4.70	5.81	6.66
$\lambda_{k-1,3}$（%）:	3.19	2.25	0.00	-1.98	-3.47	-1.63	0.00	1.51	2.80	3.84
合计波动率（%）:	15.50	20.64	17.21	17.22	15.25	14.15	12.98	13.81	13.60	13.40

32.2.6　欧式互换期权定价

在 LIBOR 市场模型下，存在一个对欧式互换期权定价的近似公式。[⊖]假设我们以 LIBOR 进行贴现。令 T_0 为互换期权的期限，假设互换的支付日期为 T_1，T_2，…，T_N。定义 $\tau_i = T_{i+1} - T_i$。由式（28-23）得出在时间 t 的互换利率为

$$s(t) = \frac{P(t,T_0) - P(t,T_N)}{\sum_{i=0}^{N-1} \tau_i P(t,T_{i+1})}$$

对于 $1 \leqslant i \leqslant N$，以下公式同样正确

⊖ 见 J. C. Hull and A. White, "Forward Rate Volatilities, and the Implementation of the LIBOR Market Model," *Journal of Fixed Income*, 10, 2 (September 2000): 46-62。其他解析形式的近似方法见以下文章：A. Brace, D. Gatarek, and M. Musiela, "The Market of Interest Rate Dynamics," *Mathematical Finance*7, 2 (1997): 127-55; L. Andersen and J. Andreasen, "Volatility Skews and Extensions of the LIBOR Market Model," *Applied Mathematical Finance*, 7, 1 (2000): 1-32。

$$\frac{P(t,T_i)}{P(t,T_0)} = \prod_{j=0}^{i-1} \frac{1}{1+\tau_j G_j(t)}$$

其中 $G_j(t)$ 是时间 t 观察的 T_j 与 T_{j+1} 之间的远期利率。以上两个方程定义了 $s(t)$ 与 $G_j(t)$ 之间的关系。利用伊藤引理（见练习题 32.12），互换利率 $s(t)$ 的方差 $V(t)$ 由下式给出

$$V(t) = \sum_{q=1}^{p} \left[\sum_{k=0}^{N-1} \frac{\tau_k \beta_{k,q}(t) G_k(t) \gamma_k(t)}{1+\tau_k G_k(t)} \right]^2 \tag{32-17}$$

其中

$$\gamma_k(t) = \frac{\prod_{j=0}^{N-1}[1+\tau_j G_j(t)]}{\prod_{j=0}^{N-1}[1+\tau_j G_j(t)]-1} - \frac{\sum_{i=0}^{k-1}\tau_i \prod_{j=i+1}^{N-1}[1+\tau_j G_j(t)]}{\sum_{i=0}^{N-1}\tau_i \prod_{j=i+1}^{N}[1+\tau_j G_j(t)]}$$

其中 $\beta_{j,q}(t)$ 为 $G_j(t)$ 波动率的第 q 个部分。对所有的 j 和 t，我们假定 $G_j(t) = G_j(0)$，并以此来计算 $V(t)$ 的近似值。在标准市场模型中用来对互换期权定价的互换波动率为

$$\sqrt{\frac{1}{T_0}\int_{t=0}^{T_0} V(t)\,\mathrm{d}t}$$

或

$$\sqrt{\frac{1}{T_0}\int_{t=0}^{T_0} \sum_{q=1}^{p}\left(\sum_{k=0}^{N-1} \frac{\tau_k \beta_{k,q}(t) G_k(0) \gamma_k(0)}{1+\tau_k G_k(0)} \right)^2 \mathrm{d}t} \tag{32-18}$$

在互换期权中标的互换合约的累计区间长度与上限单元累计区间长度一致的情形下，$\beta_{k,q}(t)$ 是期限为 $T_k - t$ 的上限远期波动率的第 q 个部分，这可以从类似表 32-5 这样的表中查到。

在欧式互换期权经纪人报价中，互换期权累计区间并不总是与经纪人所报的上限和下限的累计区间一致。例如，在美国，标准上限和下限是按季度重置的，但标准欧式互换期权中的互换却是按半年重置。幸运的是，欧式互换期权的定价结果可以被推广到当每个互换累计区间都包含 M 个可以为典型上限累计区间的情形。定义 $\tau_{j,m}$ 为第 j 个累计区间中的第 m 个时间区间，于是

$$\tau_j = \sum_{m=1}^{M} \tau_{j,m}$$

定义 $G_{j,m}(t)$ 为在时间 t 所观察的在 $\tau_{j,m}$ 累计区间上的远期利率，由于

$$1+\tau_j G_j(t) = \prod_{m=1}^{M}[1+\tau_{j,m}G_{j,m}(t)]$$

通过修改推导式（32-18）的分析过程，我们可以使 $s(t)$ 的波动率由 $G_{j,m}(t)$（而不是 $G_j(t)$）的波动率来表示。可以证明（见练习题 32.13），在对互换期权定价时，代入标准市场模型中的互换波动率为

$$\sqrt{\frac{1}{T_0}\int_{t=0}^{T_0} \sum_{q=1}^{p}\left[\sum_{k=n}^{N-1}\sum_{m=1}^{M} \frac{\tau_{k,m} \beta_{k,m,q}(t) G_{k,m}(0) \gamma_k(0)}{1+\tau_{k,m} G_{k,m}(0)} \right]^2 \mathrm{d}t} \tag{32-19}$$

其中 $\beta_{j,m,q}(t)$ 为 $G_{j,m}(t)$ 波动率的第 q 个部分，这是期限为从 t 到互换累计区间 (T_j, T_{j+1}) 中的第 m 个小区间开始时刻的上限远期利率的波动率。

式（32-18）和式（32-19）中互换波动率表达式涉及所做的近似 $G_j(t) = G_j(0)$ 和 $G_{j,m}(t) = G_{j,m}(0)$。赫尔和怀特对由式（32-18）和式（32-19）计算出的欧式互换期权价格与由蒙特卡罗模拟所得的价格做了比较，他们发现这两个价格非常接近。一旦 LIBOR 市场模型经过校正后，式（32-18）和式（32-19）就可提供一种计算欧式互换期权的快捷方法。分析人员由此可

以确定相对于上限，欧式互换期权的价值是否太高或太低。我们在下面将会看到，分析人员也可以采用这些结果而以互换期权市场价格来校正模型。以上分析亦可推广到 OIS 贴现。

32.2.7 模型校正

参数 Λ_j 是在时间 t 所观察的 t_k 与 t_{k+1} 之间的远期利率波动率，其中在 t 与 t_k 之间共有 j 个完整累计区间。为了校正 LIBOR 市场模型，我们必须确定 Λ_j，并且确定如何将其分配到 $\lambda_{j,q}$ 上。这些 Λ 参数通常是由当前市场数据来确定的，但如何分配到 λ 上则是基于历史数据。

首先考虑如何由 Λ 值来确定 λ 值。我们可以将主成分分析法（见 22.9 节）用在远期利率数据上，并由此确定将 Λ 分配到 λ 的方式。主成分分析法模型为

$$\Delta F_j = \sum_{q=1}^{M} \alpha_{j,q} x_q$$

其中 M 为因子的总个数（等于不同远期利率的个数），ΔF_j 为第 j 个远期利率 F_j 的变化，$\alpha_{j,q}$ 为第 j 个远期利率和第 q 个因子的因子载荷，x_q 为第 q 个因子的因子得分。定义 s_q 为第 q 个因子得分的标准差。如果在 LIBOR 市场模型中所用的因子个数 p 等于因子总数 M，那么对于 $1 \leqslant j, q \leqslant M$，我们可以设

$$\lambda_{j,q} = \alpha_{j,q} s_q$$

当 $p < M$ 时，我们必须对 $\lambda_{j,q}$ 乘上一个比例使得

$$\Lambda_j = \sqrt{\sum_{q=1}^{p} \lambda_{j,q}^2}$$

我们可以取

$$\lambda_{j,q} = \frac{\Lambda_j s_q \alpha_{j,q}}{\sqrt{\sum_{q=1}^{p} s_q^2 \alpha_{i,q}^2}} \tag{32-20}$$

下面考虑对这些 Λ 参数的估计。式（32-11）提供了一种使它们与上限单元价格保持一致的方法。但在实际中，我们往往不使用这种方式，因为它会导致 Λ 值大幅度地摆动，甚至有时与上限报价一致的 Λ 并不存在。通常使用的矫正方法与 31.8 节里的单因子模型相似。假设 U_i 是第 i 个校正产品（一般是上限或欧式互换期权）的市场价格，V_i 为模型价格。我们选取使得下式达到最小的 Λ 值

$$\sum_i (U_i - V_i)^2 + P$$

其中 P 是一个惩罚函数，选择函数的标准是通常使 Λ 取值“表现良好”。与 31.8 节类似，函数 P 可以取成以下形式

$$P = \sum_i w_{1,i}(\Lambda_{i+1} - \Lambda_i)^2 + \sum_i w_{2,i}(\Lambda_{i+1} + \Lambda_{i-1} - 2\Lambda_i)^2$$

当一些校正产品为欧式互换期权时，式（32-18）与式（32-19）使得我们可利用 Levenberg-Marquardt 程序来求最小值。式（32-20）可被用来由 Λ 值来确定 λ。

32.2.8 波动率偏态

经纪人对上限所报价格中既包括非平值上限也包括平值上限。在某些市场里我们可以观察到波动率偏态的现象，也就是说，对上限或下限的波动率报价（布莱克波动率）是执行价格的递减函数，这一波动率特性可由 CEV 模型来处理（见 26.1 节中 CEV 模型在股权中的应用），CEV 模型表达形式为

$$dF_i(t) = \cdots + \sum_{q=1}^{p} \zeta_{i,q}(t) F_i(t)^{\alpha} dz_q \tag{32-21}$$

其中 α 为常数（$0 < \alpha < 1$）。这种模型可以由与对数正态模型类似的方式处理。我们可以利用非中心 χ^2 分布对上限或下限产品由解析方法定价，对于上面讨论的欧式互换期权也存在某种解析估计式。[一]

32.2.9 百慕大式互换期权

百慕大式互换期权（Bermudan swap option）是一种非常流行的利率衍生产品，这种互换期权行使时间可以是标的互换的某些支付日或所有支付日。利用 LIBOR 市场模型对百慕大式互换期权定价非常困难，这是因为 LIBOR 市场模型依赖于蒙特卡罗模拟，而使用蒙特卡罗模拟时对是否提前行使决策的判断非常困难。幸运的是，我们可以利用在 27.8 节中描述的处理方法来对产品定价。当存在许多因子时，Longstaff 和 Schwartz 利用了最小二乘法的处理方式，他们假定在一个支付日上不被行使的期权价格为因子值的多项式函数。[二]Andersen 证明了在定价过程中，可以采用最优提前行使边界的处理方式。Andersen 对不同形式的提前行使边界参数化形式进行了比较，并发现当假设提前行使边界只依赖于期权内在价值时，计算效果很好。[三]对百慕大式互换期权定价时，大多数交易员使用在第 31 章中介绍的单因子无套利模型。但是，使用单因子模型对百慕大式互换期权定价的精确性仍然是一个很有争议的问题。[四]

32.3 对多种零息曲线的处理方法

在第 29 章、第 31 章以及本章目前为止所考虑的模型中，我们都是假设只需要一条利率曲线来对利率衍生产品定价。在 2007 年开始的信用危机之前，在实际中大部分也确实是这样做的：对于许多衍生产品定价时计算收益与贴现因子所用的都是 LIBOR/互换零息曲线。如第 9 章所述，目前通常是利用 OIS 零息曲线作为无风险零息曲线进行贴现（至少对抵押产品定价时是这样做的）。这说明对于像互换、利率上/下限以及互换期权定价时，我们需要考虑多条利率曲线，原因是这些产品的收益都依赖于 LIBOR 利率，所以我们需要利用 LIBOR 零息曲线来计算收益，而利用 OIS 零息曲线进行贴现。

如果我们同时对 OIS 零息曲线与 LIBOR/互换零息曲线建立模型，并且假设银行可以无风险地按任何一条利率曲线所得利率进行借贷（到目前为止我们一直是这样假定的），那么不可避免地将在金融市场上存在套利机会：银行可以按 OIS 借款，然后按 LIBOR 利率贷给别人而锁

[一] 关于这种方法的细节，见 L. Andersen and J. Andreasen，“Volatility Skews and Extensions of the LIBOR Market Model,” *Applied Mathematical Finance*，7，1（2000）：1-32；J. C. Hull and A. White，“Forward Rate Volatilities, and the Implementation of the LIBOR Market Model,” *Journal of Fixed Income*，10，2（September 2000）：46-62。

[二] 见 F. A. Longstaff and E. S. Schwartz，“Valuing American Options by Simulations：A Simple Least Square Approach,” *Review of Financial Studies*，14，1（2001）：113-47。

[三] 见 L. Andersen，“A Simple Approach to the Pricing of Bermudan Swaptions in the Multifactor LIBOR Market Model,” *Journal of Computational Finance*，3，2（Winter 2000）：5-32。

[四] 关于反对观点，见 L. Andersen 和 J. Andreasen 的文章“Factor Dependence of Bermudan Swaptions：Fact or Fiction,” 和 F. A. Longstaff，P. Santa-Clara 和 E. S. Schwartz 的文章“Throwing Away a Billion Dollars：The Cost of Suboptimal Exercise Strategies in the Swaption Market.” 两篇文章均发表在 *Journal of Financial Economics*，62，1（October 2001）。

定盈利。一种替代方法是建立能够解释信用风险与流动性风险的模型，并以此模型解释 OIS 利率与 LIBOR 利率之间的区别，但不幸的是这种方法非常复杂，因此很难用在实际中。由于这些原因，许多从业人员决定在不明确地考虑违约风险与流动性风险的前提下对 LIBOR 利率与 OIS 利率分别建模，并且忽略了由于使用多条零息曲线所产生的套利机会。

我们可以认为只有一条 LIBOR 曲线。假设知道了 LIBOR 的短期利率，那么如第 31 章所述，整条 LIBOR 零息曲线即为已知。在金融危机之前，这种假设比较合理。如 9.3 节所述，在金融危机之后，从业人员常常从依赖 1 个月、3 个月、6 个月以及 12 个月 LIBOR 利率的产品来分别计算零息曲线，而且这些曲线并不相同。[⊖]这说明交易 LIBOR 的衍生产品从业人员同时使用了至少 5 条零息曲线。

从原理上讲可以直截了当地对 OIS 零息曲线建立模型：可以利用第 31 章里的短期利率模型，或者利用本章所讨论的 HLM/LMM 方法（“LIBOR 市场模型”成为“OIS 市场模型”）。在 9.3 节里我们解释过以 OIS 贴现所计算的远期 LIBOR 利率与以 LIBOR 贴现所计算的远期 LIBOR 利率是不同的。这一点非常重要，却在实际应用中往往被忽视。定义 $F_{\mathrm{LD}}(t,t_1,t_2)$ 为在时间 t 介于 t_1 与 t_2 之间以 LIBOR 贴现的远期 LIBOR 利率，而 $F_{\mathrm{OD}}(t,t_1,t_2)$ 为相应以 OIS 贴现的远期利率。例 9-2 与例 9-3 演示了如何从 LIBOR – 对固定利率互换报价中以息票剥离法的方式计算 $F_{\mathrm{LD}}(t,t_1,t_2)$ 和 $F_{\mathrm{OD}}(t,t_1,t_2)$。定义 $P_{\mathrm{LD}}(t,T)$ 为时间 t、期限为 T 并以 LIBOR 贴现的零息债券价格，$P_{\mathrm{OD}}(t,T)$ 为相应以 OIS 利率贴现的价格。由 28.4 节中结果可知，在关于 $P_{\mathrm{LD}}(t,t_2)$ 为远期风险中性的世界里，$F_{\mathrm{LD}}(t,t_1,t_2)$ 是个鞅，因此等于在 t_1 与 t_2 之间 LIBOR 利率的期望值。以前对以 LIBOR 贴现的上限单元定价时，我们利用了这个结果。然而一般来讲，在对 $P_{\mathrm{OD}}(t,T)$ 为风险中性的世界里，$F_{\mathrm{LD}}(t,t_1,t_2)$ 并不是个鞅。当考虑以 OIS 贴现时我们应当使用的是 $F_{\mathrm{OD}}(t,t_1,t_2)$，而不是 $F_{\mathrm{LD}}(t,t_1,t_2)$。这是因为在关于 $P_{\mathrm{OD}}(t,T)$ 为风险中性的世界里，$F_{\mathrm{OD}}(t,t_1,t_2)$ 为鞅，因此等于在这个世界里介于 t_1 与 t_2 之间的 LIBOR 利率期望值。

在第 9 章中我们曾解释过，在对以 OIS 贴现的互换合约定价时，我们假设远期利率 $F_{\mathrm{OD}}(t,t_1,t_2)$ 为所实现的利率，并且以 OIS 利率贴现。在对上限与上限单元定价时，我们可以利用式（29-7）与式（29-8）。但是如 29.4 节所述，在定义适当变量时需要非常小心。这些方程中的 F_k 是 $F_{\mathrm{OD}}(t,t_k,t_{K+1})$，$P(0,t_{k+1})$ 是这里的 $P_{\mathrm{OD}}(0,t_{k+1})$，通常由市场价格蕴含的波动率依赖于使用的是 LIBOR 利率还是 OIS 利率。

我们可以按类似的方式对以 OIS 贴现的互换期权定价。在利用式（29-10）与式（29-11）时，我们定义

$$A=\frac{1}{m}\sum_{i=1}^{mn}P_{\mathrm{OD}}(0,T_i)$$

并且以 F_{OD} 利率（而不是 F_{LD} 利率）来计算远期互换利率。蕴含波动率仍然依赖于使用的贴现率是 LIBOR 还是 OIS。

在软件 DerivaGem 3.00 里，既可以对按 LIBOR 贴现也可以对按 OIS 贴现的互换、上/下限以及互换期权进行定价。

在对更复杂的产品定价时，常常需要同时建立 LIBOR 和 OIS 零息曲线的模型。一些研究人员认为这是可行的：一种做法先对两种曲线分别建立模型，比如假设 LIBOR 和 OIS 短期利率服从具

⊖ 关于这方面的讨论以及之间的区别，参见 M. Bianchetti，“Two Curves，One Price，” Risk，23，8（August，2008）：66-72。多条 LIBOR 零息曲线的使用反映了信用风险：12 个月期限的 LIBOR 贷款比 12 份一个月期限的 LIBOR 贷款风险更大。

有相关性的随机过程。这样做的缺点是有时 OIS 利率会高于 LIBOR 利率。一种比较好的方法是利用第 31 章里的短期利率模型或本章里的 HJM/LMM 模型来刻画 OIS 利率，而 LIBOR 高于 OIS 的利差期限结构可以用非负的变量来描述，比如最简单的方法是假设利差等于远期利差。对于随机利差模型，我们知道在关于 $P_{\mathrm{OD}}(t,t_{i+1})$ 为风险中性的世界里，远期 LIBOR 利率 $F_{\mathrm{OD}}(t,t_i,t_{i+1})$ 是鞅，同时远期 OIS 远期利率也是鞅，因此在这个世界里，利差（两者之差）也是个鞅。

描述远期利差时，我们可以使用类似于式（32-10）与式（32-15）中含有一个或多个因子的远期利率模型

$$\frac{\mathrm{d}F_k(t)}{F_k(t)} = \cdots + \sum_{q=1}^{p} \xi_{k,q}(t)\,\mathrm{d}z_q$$

其中为了简化记号，$F_k(t)$ 为时间 t 所观察介于 t_k 与 t_{k+1} 之间的远期利差，$\xi_{k,q}$ 为这个利差波动率的第 q 个成分。32.2 节中用来计算利率服从过程的所有结果都可以用到利差上。

32.4 联邦机构住房抵押证券

本章所述模型可以应用在美国**联邦机构住房抵押证券**（Agency mortgage-backed securities，联邦机构 MBS）上。

联邦机构 MBS 与第 8 章里所描述的资产支持证券（ABS）相似，其唯一不同之处是债券的付款通常由诸如政府国民住房抵押贷款协会（Government National Mortgage Association，GNMA）或联邦国民住房抵押贷款协会（Federal National Mortgage Association，FNMA）这些与政府有关的机构来担保，所以投资者不承担违约风险。这使 MBS 看起来好像与政府发行的普通固定收入证券相同，但实际上，联邦机构 MBS 与普通固定收入证券之间有着重要差别：MBS 中的住房贷款具有**提前偿付**（prepayment）特权。对房主而言，这些提前偿付特权可能会很有价值。在美国，住房贷款的期限一般是 30 年，并可以在任意时刻提前偿付。这意味着房主随时可以将房屋贷款的面值退还给贷款借出方，也就是说相当于房主持有一个 30 年期的美式期权。

在现实中，提前偿付贷款的原因有多种多样。有时利率下跌，房主决定以更低的利率再融资。而在另外一些情形下，提前偿付贷款的简单原因是房屋已经被出售。对 MBS 定价的关键是确定**提前偿付函数**（prepayment function），这个函数描述了在某个时刻 t，房屋贷款提前偿付与时间 t 的利率曲线以及其他相关变量之间的函数关系。

当预测个别住房贷款的提前偿付情况时，利用提前偿付函数来预测实际提前偿付数量是很不可靠的。但将许多类似的住房贷款放在一起时，**大数定律**（law of large number）会起作用，从而通过历史数据，我们可以比较精确地预测提前偿付的数量。我们在前面提到过，提前偿付并不完全是由于利率的因素。尽管如此，提前偿付在利率很低时会更容易产生。这意味着投资者会要求联邦机构 MBS 比其他固定收入产品支付更高的利息以便补偿所承约的提前偿付期权。

32.4.1 分级偿还房产抵押贷款证券

最简单的 MBS 通常被称为**过手证券**（pass-through）。在这里，所有的投资者都获得同样的收益并承受同样的提前偿付风险。并非所有的 MBS 都以这种方式运作。**分级偿还房产抵押贷款证券**（collateralized mortgage obligations，CMO）将投资者分成不同的级别，并设定一套规则来决定如何将本金支付给不同级别的投资者。一个 CMO 构造了不同级别的证券，不同证券承担不同的提前偿还风险。这与在第 8 章中讲过的资产抵押证券一样，在那里不同级别的证券承

担了不同的信用风险。

作为一个CMO的例子，考虑某个联邦机构MBS，其投资者被分成三级：A级、B级和C级。所有的本金支付（既包括正常支付也包括提前支付）先分配给A级投资者，直到对该级别投资者的支付全部完毕。然后，本金支付分配给B级投资者，直到该级别投资者的支付也全部完毕。最后，本金支付分配给C级投资者。在这种情况下，A级投资者所承受的提前偿还风险最大。可以预料，A级证券的实际期限比B级要短，同样，B级证券的实际期限比C级要短。

这种结构的目的是产生不同类型的证券。对机构投资者而言，这种证券比那些简单的过手证券更有吸引力。不同类型证券所对应的提前偿付风险取决于每一类证券的面值（par value）。例如，当A类、B类和C类的面值分别为400、300及100时，C级类承担的提前偿付风险很小。但当各类的面值分别为100、200及500时，C类会承担较大的提前偿付风险。

分级偿还房产抵押贷款证券的构造者还构造了许多比我们刚刚讨论的证券更加特殊的结构，业界事例32-1给了一个这样的例子。

业界事例32-1　纯息债券和纯本金债券

在所谓的**剥离MBS**（stripped MBS）中，本金支付是与利息支付分开的。所有的本金支付均分配给一类证券，即**纯本金**（principle only，PO）债券，而所有的利息支付都分配给另一类证券，即**纯息**（interest only，IO）债券。IO与PO两种债券都是具有很大风险的投资。当提前偿付率增加时，PO的价值会变得较大，而IO的价值会变得较小。当提前偿付率减小时，相反的结论成立。在PO中，固定数量的本金将会还给投资者，但偿还的时间却不确定。当资产中所含房产抵押贷款的提前偿还率较高时，将会导致收到本金的时间较早（对PO持有者来讲，这当然是好消息）。所含房产抵押贷款的提前偿还率较低时，将会推迟归还本金的时间，从而降低了PO所提供的收益率。在IO情形，投资者所收到的现金流是不确定的。提前偿还率越高，投资者收到的现金流会越少，反之亦然。

32.4.2　对联邦机构房产抵押贷款证券的定价

对联邦机构房产抵押贷款证券的定价一般是利用蒙特卡罗模拟的方式对国债利率变化建立模型。我们可以使用HJM或LIBOR市场模型。考虑在一次模拟试验中可能发生的情况，在每个月内，利用目前的收益率曲线以及收益率曲线变动的历史，我们可以计算预期的提前偿付数量。由这些提前偿付的数量可以确定MBS持有者的预期现金流，然后按国库券利率加上一定利差来将现金流贴现到时间零，从而得到一个联邦机构MBS价格的样本。MBS价值的估计值是由许多模拟实验所得样本而产生的平均值。

32.4.3　期权调整利差

除了计算房产抵押贷款证券以及其他含有隐含期权的债券价格外，交易员还常常喜欢计算所谓的**期权调整利差**（option-adjusted spread，OAS），它所指的是在考虑所有内含期权后，产品所提供的高于国库券收益率的利差。

在计算一个产品的OAS时，我们首先利用零息国库券曲线加上一个利差来对产品定价。我们将模型所给的产品价格与市场价格相比较，然后利用一系列的迭代来确定使得模型价格等于市场价格的利差。这个利差就是所求的OAS。

小 结

在计算利率衍生产品时，HJM 和 LMM 模型给用户提供了能够自由选择波动率期限结构的处理方法。LMM 模型比 HJM 模型具有两项关键的优势：首先，LMM 模型的建立是基于确定上限价格的远期利率，而不是瞬时远期利率；其次，相对而言，我们能够比较容易地利用上限价格或欧式互换期权价格对模型进行校正。HJM 和 LMM 都具有的缺点是它们不能被再重合树形来表示。这意味着在实际中我们必须利用蒙特卡罗模拟来实现这些模型，因此与第 31 章所介绍的简单模型相比，这里所需要的计算时间要长得多。

在 2007 年开始的信用危机之后，在对抵押衍生产品进行贴现时常常将 OIS 利率当成是无风险利率。这意味着我们需要对利率互换、上/下限以及互换期权定价的程序加以调整，以便使我们能够用 OIS 利率贴现，而且远期利率与互换利率都是在适当远期风险中性测度下计算的。对更复杂的产品定价时，我们需要对 OIS 零息曲线与 LIBOR 零息曲线一起建立模型。

在美国，在联邦机构房产抵押贷款证券市场上产生了许多特种利率衍生产品：CMO，IO，PO，等等。这些产品对其持有者所提供的现金流依赖于房产抵押贷款的提前偿还率。提前偿还率的大小与许多因素有关，其中包括利率的高低。房产抵押贷款证券的价格对路径有很强的依赖性，因此价格计算必须通过蒙特卡罗模拟来实现。这些产品是 HJM 模型和 LMM 模型比较理想的应用对象。

推荐阅读

Andersen, L., "A Simple Approach to the Pricing of Bermudan Swaption in the Multi-Factor LIBOR Market Model," *The Journal of Computational Finance*, 3, 2 (2000): 5–32.

Andersen, L., and J. Andreasen, "Volatility Skews and Extensions of the LIBOR Market Model," *Applied Mathematical Finance*, 7, 1 (March 2000): 1–32.

Andersen, L., and V. Piterbarg, *Interest Rate Modeling*, Vols. I–III. New York: Atlantic Financial Press, 2010.

Brace A., D. Gatarek, and M. Musiela "The Market Model of Interest Rate Dynamics," *Mathematical Finance*, 7, 2 (1997): 127–55.

Duffie, D. and R. Kan, "A Yield-Factor Model of Interest Rates," *Mathematical Finance* 6, 4 (1996), 379–406.

Heath, D., R. Jarrow, and A. Morton, "Bond Pricing and the Term Structure of Interest Rates: A Discrete Time Approximation," *Journal of Financial and Quantitative Analysis*, 25, 4 (December 1990): 419–40.

Heath, D., R. Jarrow, and A. Morton, "Bond Pricing and the Term Structure of the Interest Rates: A New Methodology," *Econometrica*, 60, 1 (1992): 77–105.

Hull, J., and A. White, "Forward Rate Volatilities, Swap Rate Volatilities, and the Implementation of the LIBOR Market Model," *Journal of Fixed Income*, 10, 2 (September 2000): 46–62.

Jamshidian, F., "LIBOR and Swap Market Models and Measures," *Finance and Stochastics*, 1 (1997): 293–330.

Jarrow, R.A., and S.M. Turnbull, "Delta, Gamma, and Bucket Hedging of Interest Rate Derivatives," *Applied Mathematical Finance*, 1 (1994): 21–48.

Mercurio, F., and Z. Xie, "The Basis Goes Stochastic," *Risk*, 25, 12 (December 2012): 78–83.

Miltersen, K., K. Sandmann, and D. Sondermann, "Closed Form Solutions for Term Structure Derivatives with Lognormal Interest Rates," *Journal of Finance*, 52, 1 (March 1997): 409–30.

Rebonato, R., *Modern Pricing of Interest Rate Derivatives: The LIBOR Market Model and Beyond*. Princeton Umiversity Press, 2002.

练习题

32.1 解释关于短期利率的马尔科夫模型与非马尔科夫模型之间的区别。

32.2 证明在多因子模型下，式（32-6）里HJM模型的远期利率的漂移项与波动率之间的关系式。

32.3 “当HJM模型中的远期利率波动率$s(t,T)$是常数时，所得到的模型是Ho-Lee模型。”通过证明HJM给出的债券价格过程与第31章中Ho-Lee模型一致来验证这个结果是正确的。

32.4 “当HJM模型中的远期利率波动率$s(t,T)$等于$\sigma e^{-a(T-t)}$，所得到的模型是Hull-White模型。”通过证明HJM给出的债券价格过程与第31章中Hull-White模型一致来验证这个结果是正确的。

32.5 同HJM模型相比，LMM模型的优点是什么？

32.6 从直观上说明当因子的个数增加时，跳跃上限的价值也会增加。

32.7 证明当δ_i趋于零时，式（32-10）变为式（32-4）。

32.8 解释为什么黏性上限要比一个类似的跳跃上限更贵。

32.9 解释为什么提前偿还率对IO和PO有相反的影响。

32.10 “期权调整利差类似于债券的收益率。”解释这个结论。

32.11 证明式（32-15）。

32.12 证明式（32-17）中互换利率的方差$V(T)$的公式。

32.13 证明式（32-19）。

作业题

32.14 在一个按年付款的上限里，期限为1年、2年、3年和5年开始而一年后结束的上限单元布莱克波动率分别是18%、20%、22%和20%。当期限如下时，估计LIBOR市场模型中1年远期利率的波动率：(a) 0~1年；(b) 1~2年；(c) 2~3年；(d) 3~5年。假设零息曲线为水平，利率为每年5%（按年复利）。利用DerivaGem估计2年、3年、4年、5年和6年平值上限的水平波动率。

32.15 在32.2节里考虑的灵活上限中，持有者有行使前N个实值上限单元的义务。在此之后，持有者不能再行使其他上限单元（在例子中，$N=5$）。有时灵活上限也可以由另外两种方式来定义：

(a) 持有者可以决定是否行使一个上限单元，但能够行使的上限单元数不超过N个；

(b) 一旦持有者决定行使一个上限单元，所有随后的实值上限单元都必须被行使，直到最多N个。

讨论对这些类型的灵活上限定价时会存在什么问题。在三种类型的灵活上限中，你认为哪类会最贵？哪类会最便宜？

CHAPTER33

第33章 再谈互换

互换合约对衍生产品场外交易市场的成功起了关键的作用。事实证明，互换合约是管理风险的一种灵活工具。无论是交易的合约种类，还是每年的交易总量，我们都可以说互换是金融市场上有史以来最成功的革新之一。

在第7章和第9章里我们讨论了如何对标准利率互换定价。标准的定价方式可以被概括为："假设远期利率将会实现。"步骤如下：

（1）假设将来的LIBOR利率等于由今天在市场上交易产品价格所计算出的远期利率，然后计算互换的净现金流（在9.3节里我们曾指出过，以OIS利率贴现与以LIBOR利率贴现所得远期利率是不一样的)。

（2）互换的价值等于所得净现金流的贴现值。

在本章中我们描述几种非标准互换：一些可以利用"假设远期利率将会实现"的处理方法，另一些需要应用我们在第30章里讲过的曲率、时间和Quanto调整，还有一些则包括隐含期权，这时我们必须利用第29章、第31章和第32章中所描述的方法来定价。

33.1 标准交易的变形

许多利率互换是第7章里所讨论标准利率互换的简单变形。有时利率互换的名义本金会随时间以某种事先约定的固定形式变化。当名义本金随时间变化增加时，利率互换被称为**递升互换**（step-up swap）。当名义本金随时间变化递减时，利率互换被称为**摊还互换**（amortizing swap）。如果某家建筑公司对一项目以浮动利率借入资金的形式来进行融资，而且借入资金的数量逐渐增加，这时如果公司希望将浮动利率转换为固定利率，递升互换将会非常有用。当某家公司的债务为固定利率，而债务数量逐步递减时，摊还互换可以用来将债务转换为浮动利率。

业界事例 33-1 虚拟非标准互换定约

交易日（trade date）	2013年1月4日
生效日（effective date）	2013年1月11日
工作日计算约定（全部日期）（business day convention，（all dates））	随后工作日（following business day）
假日日历（holiday calendar）	美国
结束日（termination date）	2018年1月11日
固定息方	
固定息付款方	微软
固定息方名义面值	1亿美元
固定利率	每年6%
固定利率计天方式	实际天数/365（Actual/365）
固定息付款日期	从2013年7月11日开始，直到并且包括2018年1月11日，每年的7月11日和1月11日
浮动息方	
浮动息付款方	高盛
浮动息方名义面值	1.2亿美元
浮动利率	1月期美元LIBOR利率
浮动利率计天方式	实际天数/360（Actual/360）
浮动息付款日期	2013年7月11日，和从2013年7月11日开始直到并且包括2018年1月11日，每个月的11日

互换交易的双方可以有不同的本金，双方付款频率可以不同。在业界事例33-1中给出了一个这种互换的例子。这一虚拟的互换交易是微软与高盛之间的交易，交易浮动利率方的名义面值为1.2亿美元，而固定利率方的名义面值为1亿美元。浮动利率付款频率为1个月1次，而固定利率付款频率为每6个月1次。这种利率标准互换的变形并不影响定价方式，我们仍然可以运用“假设远期利率将会实现”的方法进行定价。

浮动利率方的参考利率并不一定总是LIBOR。在有些情形下，参考利率可以是**商业票据**（commerical paper，CP）利率或OIS利率。在**基差互换**（basis swap）中，以基于一种浮动利率的现金流与基于另一种浮动利率的现金流进行交换。例如，在基差互换中，3个月期的OIS利率加上10个基点与3个月期的LIBOR进行交换，双方的面值均为1亿美元。当资产和负债与不同的浮动利率有关时，金融机构可以采用基差互换来对资产负债进行风险管理。

当互换的参考浮动利率不是LIBOR时，我们仍然可以利用“假设远期利率将会实现”的处理方式对其定价。远期利率的计算方式是使得涉及参考利率的互换价值为0（类似于当用OIS贴现时计算远期LIBOR利率的做法）。

业界事例 33-2 某虚拟复合非标准互换定约

交易日（trade date）	2013年1月4日
生效日（effective date）	2013年1月11日
假日日历（holiday calendar）	美国
工作日计算约定（business day convention）	随后工作日（following business day）
结束日（termination date）	2018年1月11日
固定息方	
固定息付款方	微软
固定息方名义面值	1亿美元
固定利率	每年6%
固定利率计天方式	实际天数/365（Actual/365）
固定息付款日期	2018年1月11日
固定息复合利率	按6.3%
固定息利率复合日期	从2013年7月11日开始，直到并且包括2017年7月11日，每年的7月11日和1月11日
浮动息方	
浮动息付款方	高盛
浮动息方名义面值	1亿美元
浮动利率	6月期美元LIBOR利率+20个基点
浮动利率计天方式	实际天数/360（Actual/360）
浮动息付款日期	2018年1月11日
浮动息复合利率	按LIBOR+10个基点
浮动息利率复合日期	从2013年7月11日开始，直到并且包括2017年7月11日，每年的7月11日和1月11日

33.2 复合互换

标准利率互换的另一种变形是**复合互换**（compounding swap）。在业界事例33-2中我们给出了一个虚构的例子。在这个例子中，浮动利率方与固定利率方都只有一个付款日期，即利率互换的截止日。浮动利率为LIBOR+20个基点。不同于定时将付款交割，浮动利息一直按LIBOR+10个基点的利率复合到互换的截止日期。固定利率为6%，不同于定时将付款进行交割，此利息是按6.3%的利率复合到互换的截止日期。

对于像业界事例33-2里这样的复合互换，我们可以利用“假设远期利率将会实现”的处理方式对其定价。处理固定利率一方的方式很简单，这是因为支付的时间是在到期日并且所付数量也已知。处理浮动利息方时，“假设远期利率将会实现”方法也是可行的，因为我们可以设计一系列远期利率合约（FRA），其中浮动利率现金流与假设每个浮动利率都等于相应远期利率时的价值相交换。⊖

⊖ 关于具体细节，见网页 www.rotman.utoronto.ca/~hull/TechnicalNotes 里的 Technical Note 18。如果用于复利的利差 s_c 为0，可将其按以下的方式复利：在时间 t 的数量 Q 将在 $t+\tau$ 时被复利为 $Q(1+R\tau)(1+s_c\tau)$，其中 R 为LIBOR，这时“假设远期利率将会实现”方法依然完全成立。但是如果像一般情况下那样被复利到 $Q[1+(R+s_c)\tau]$，这时会有一点近似。

例 33-1

一个按年重置的复合互换具有 3 年有效期。支付的是固定利率，而收取的是浮动利率。固定利率为 4%，浮动利率为 12 个月 LIBOR。固定利率按 3.9% 进行复利计算，而浮动利率方按 12 个月 LIBOR 减去 20 个基点的利率进行复利计算。LIBOR 零息曲线呈水平状，利率为 5% 按年复利。名义本金为 1 亿美元。

对固定利率方，在一年末挣取的利息为 400 万美元，并在第 2 年年末被复利成 4×1.039（百万）$=415.6$ 万美元。数量为 400 万美元的第 2 期利息将会被加到第 2 年年末，从而向前复利的总数是 815.6 万美元。这会在第 3 年年末被复利成 8.156×1.039（百万）$=847.4$ 万美元，而且在第 3 年年末又会有 400 万美元的利息。从而在第 3 年年末互换的固定利率方共有 1 247.4 万美元。

在浮动利率方，我们假定将来所有的利率都等于相应的远期 LIBOR 利率。在给定的 LIBOR 零息曲线下，将来的所有利率都是 5% 按年复利。在第 1 年年末计算的利息为 500 万美元，将其以 4.8% 的利率（远期 LIBOR 减去 20 基点）向前复利，在第 2 年年末会变成 5×1.048（百万）$=524$ 万美元。加上利息，向前复利的数量为 1 024 万美元。再将其向前复利，我们将得到 $1\,024 \times 1.048 = 1\,073.1$ 万美元。加上最后的利息将会得到 1 573.1 万美元。

我们可以假设互换将会导致在第 3 年年末现金流入为 1 573.1 万美元，现金流出为 1 247.4 万美元。因此，互换的价值为

$$\frac{1\,573.1 - 1\,247.4}{1.05^3} = 281.4$$

或 281.4 万美元（这里的分析忽略了计量天数惯例的影响）。

33.3 货币互换

在第 7 章里我们介绍过货币互换。货币互换可以将一种货币下的利率敞口转化为对另一种货币下的利率敞口。通常有两项本金，每种货币中都有一项。如第 7.9 节所述，在互换有效期的开始与结束时本金均予以交换。

假设货币互换所涉及的货币为美元（USD）与英镑（GBP）。在一个定息对定息的货币互换中，每个货币都指定一个固定利率。一方的支付是以美元的固定利率按美元本金来确定利息，另一方的支付是以英镑的固定利率按英镑本金来确定利息。在 7.10 节中我们曾讨论过如何对这类互换定价。

另一种流行的货币互换是 7.11 节里的浮息对浮息。这时，一方的支付是将美元 LIBOR（可能加上一个利差）用在美元本金上来确定。与此类似，另一方的支付是将英镑 LIBOR（可能加上一个利差）用在英镑本金上来确定。第三类互换是**交叉货币利率互换**（cross currency interest swap），即在一种货币下的浮动利率与另一种货币下的固定利率相交换。

对浮息对浮息与交叉货币利率互换，我们均可以利用“假设远期利率将会实现”的处理方式来进行定价，在每种货币下都假设将来的 LIBOR 利率等于今天的远期利率。这样可以确定在各种货币下的现金流：美元现金流由美元 LIBOR 零息利率贴现，而英镑现金流则由英镑 LIBOR 零息利率贴现，然后用目前的汇率将两个现值转换到同一种货币下。

为了反映市场现状，有时会对以上程序加以调整。从理论上讲，一个新的浮息对浮息互换

应当涉及将一种货币下的 LIBOR 转换成另一种货币下的 LIBOR（不加利差）。但在实际中，宏观经济影响会导致利差的出现。为此，金融机构经常调整贴现率。例如，假设在当前的市场条件下，新交易的所有期限浮息对浮息互换中美元 LIBOR 可以与日元（JPY）LIBOR 减去 20 基点相交换。在对这个互换定价时，一个美国的金融机构将会对美元现金流以美元 LIBOR 贴现，而对日元现金流将以日元 LIBOR 减去 20 基点贴现。⊖在所有同时涉及日元和美元现金流的互换中，金融机构都将会采取这种做法。

33.4 更复杂的互换

我们下面将考虑“假设远期利率将会实现”的处理方式不再适用的互换例子。在每种情形下，我们都需要对远期利率进行调整，然后再假定这个利率将会被实现。本节的结果是建立在第 30 章里结论的基础上。

33.4.1 LIBOR 后置互换

标准利率互换的特点是将前一个付息日期所观察的浮动利率在下一个付息日期付出。市场上有时也交易一种叫作 **LIBOR 后置互换**（LIBOR-in-array swap）的产品，其特点是在一个支付日所付的浮动利率由在这个支付日所观察到的利率来确定的。

假设一个互换的重置日期是 t_i，$i=0,1,\cdots,n$，以及 $\tau_i=t_{i+1}-t_i$。定义 R_i 为区间 t_i 与 t_{i+1} 之间的 LIBOR 利率，F_i 为 R_i 的远期利率，σ_i 为这个远期利率的波动率（σ_i 的值通常是由上限单元价格隐含而得）。在一个 LIBOR 后置互换中，浮动利率方在时间 t_i 的支付是基于 R_i，而不是通常的 R_{i-1}。如在 30.1 节中所述，当对支付额定价时，有必要对远期利率做一个曲率调整。定价时应当基于假设所付的浮动利率为

$$F_i+\frac{F_i^2\sigma_i^2\tau_it_i}{1+F_i\tau_i} \tag{33-1}$$

而不是 F_i。

例 33-2

在一个 LIBOR 后置互换中，本金为 1 亿美元。按年收取 5% 的固定利率并支付 LIBOR，在第 1 年、第 2 年、第 3 年、第 4 年和第 5 年的年底交换支付。用于贴现的收益率曲线呈水平状，利率为每年 5%，按年复利。所有的上限单元波动率均为每年 22%。

每个浮动利率方支付的远期利率均为 5%。假如这是个标准互换不是后置互换，它的价值（忽略计天约定）正好为零。由于这是个后置互换，我们必须进行曲率调整。在式（33-1）中，对所有的 i，$F_i=0.05$，$\sigma_i=0.22$ 和 $\tau_i=1$。曲率调整将在所有时间 t_i 的利率由 0.05 变成为

$$0.05+\frac{0.05^2\times0.22^2\times1\times t_i}{1+0.05\times1}=0.05+0.000\,115t_i$$

因此在第 1 年、第 2 年、第 3 年、第 4 年和第 5 年底支付的浮动利率应当分别被假设成 5.011 5%、5.023 0%、5.034 5%、5.046 0% 和 5.057 5%。第 1 个交换日期的净交换值等价于 1 亿美元的 0.011 5% 或 11 500 美元的现金外流。我们可以类似地计算其他交换的等价净现金流。互换的价

⊖ 这种调整并不严谨，但不做的话，每当做一个新的 JPY/USD 浮息对浮息互换时，交易员都会马上有盈亏。

格为

$$-\frac{11\,500}{1.05}-\frac{23\,500}{1.05^2}-\frac{34\,500}{1.05^3}-\frac{46\,000}{1.05^4}-\frac{57\,500}{1.05^5}$$

或 -144 514 美元。

33.4.2 CMS 与 CMT 互换

固定期限互换（constant maturity swap，CMS）是一种浮动利率等于某一个固定期限互换利率的利率互换。例如，某 CMS 互换的浮动利率方可能是每6个月支付一次，并等于5年的互换利率。通常会有一个滞后时间而使得在一个特定支付日期的支付等于在前一个支付日期所观察的互换利率。假设利率在时间 $t_0,t_1,t_2,\cdots$ 被设定，而分别在时间 $t_1,t_2,t_3,\cdots$ 支付，L 为名义本金。在时间 t_{i+1} 的浮动利率支付为

$$\tau_i L S_i$$

其中，$\tau_i=t_{i+1}-t_i$，S_i 为在时间 t_i 的互换利率。

假设 y_i 是互换利率 S_i 的远期值。在对时间 t_{i+1} 的支付定价时，我们发现可以对远期互换利率做一个曲率调整，即把实际互换利率假设成

$$y_i-\frac{1}{2}y_i^2\sigma_{y,i}^2 t_i\frac{G_i''(y_i)}{G_i'(y_i)}-\frac{y_i\tau_i F_i\rho_i\sigma_{y,i}\sigma_{F,i}t_i}{1+F_i\tau_i} \tag{33-2}$$

而不是 y_i。在这个方程中，$\sigma_{y,i}$ 是远期互换利率的波动率，F_i 是目前在时间 t_i 和 t_{i+1} 之间的远期利率，$\sigma_{F,i}$ 是这个远期利率的波动率，ρ_i 是远期互换利率与远期利率之间的相关系数。$G_i(x)$ 是债券作为其收益率 x 的函数在时间 t_i 的价格。债券的券息为 y_i，并具有与计算 CMS 利率所用互换同样的有效期与支付频率。$G'_i(x)$ 和 $G''_i(x)$ 是 G_i 关于 x 的一阶和二阶导数。波动率 $\sigma_{y,i}$ 可以由互换期权隐含而得出，波动率 $\sigma_{F,i}$ 可以由上限单元价格隐含而得出，而相关系数 ρ_i 可以由历史数据估计。

式（33-2）涉及曲率和时间调整，其中的调节量为

$$-\frac{1}{2}y_i^2\sigma_{y,i}^2 t_i\frac{G_i''(y_i)}{G_i'(y_i)}$$

与我们在30.1节里的例30-2中计算的调整项类似，它是建立在互换利息 S_i 只发生在单个时间 t_i，而不是发生在一个年金付款时间系列的假设之上。另外一项

$$-\frac{y_i\tau_i F_i\rho_i\sigma_{y,i}\sigma_{F,i}t_i}{1+F_i\tau_i}$$

与我们在30.2节里所计算的调整项类似，它考虑了由 S_i 所计算的支付是发生在 t_{i+1} 而不是在 t_i 的事实。

例 33-3

在一个6年期 CMS 互换中，收取的是5年互换利率，而支付的是5%的固定利率。名义本金为1亿美元。每半年支付一次（5年互换与 CMS 互换本身都是这样）。支付日期的交换数量由上一个支付日期的互换利率确定。期限结构呈水平状，利率为每年5%，按半年复利。所有5年互换期权均有15%的隐含波动率，而所有6个月期限的上限单元隐含波动率均为20%。每个上限率与每个互换利率之间的相关系数都假设是0.7。

在这种情形下，对所有的 i，$y_i=0.05$，$\sigma_{y,i}=0.15$，$\tau_i=0.5$，$F_i=0.05$，$\sigma_{F,i}=0.20$ 和

$\rho_i = 0.7$，并且

$$G_i(x) = \sum_{i=1}^{10} \frac{2.5}{(1+x/2)^i} + \frac{100}{(1+x/2)^{10}}$$

于是 $G_i'(y_i) = -437.603$ 和 $G_i''(y_i) = 2\,261.23$。式（33-2）给出总的曲率/时间调整量为 $0.000\,119\,7t_i$，或每年 1.197 个基点，直到互换利率被观察到为止。例如，为了对 CMS 互换定价，在 4 年后的 5 年互换利率应当被假设成 5.047 9%，而不是 5%，在 4.5 年的时间点上所收入的净现金流应当被假设成 $0.5 \times 0.000\,479 \times 100\,000\,000 = 23\,940$ 美元。我们可以类似地计算其他的净现金流。取现值后，我们可以得到互换的价值为 159 811 美元。

固定期限国债互换（constant maturity Treasury swap，CMT）与 CMS 类似，只是这里的浮动利率为具有特定期限的政府债券收益。对 CMT 互换的分析与 CMS 互换基本上是一样的，这时只要将 S_i 定义为具有特定期限长度的政府债券面值收益即可。

33.4.3 跨货币互换

跨货币互换（differential swap）有时也简称为 **Diff 互换**（diff swap），是一种利率互换。互换的浮动利率是在一种货币下观察到，但却用在另一种货币的本金上。假设我们在货币 Y 下观察到介于 t_i 和 t_{i+1} 之间的 LIBOR 利率，并在时间 t_{i+1} 时用在货币 X 下的本金上。定义 V_i 为货币 Y 下介于 t_i 和 t_{i+1} 之间的远期利率，W_i 为一个期限为 t_{i+1} 的合约中的远期汇率（表示为一个单位的货币 X 所值的货币 Y 数量）。如果货币 Y 下的 LIBOR 利率用在货币 Y 下的本金上，在计算时间 t_{i+1} 的现金流时，我们可以假设在时间 t_i 的 LIBOR 利率等于 V_i。从第 30.3 节中的分析我们知道，当将其用于货币 X 下的本金时，我们需要做一个 Quanto 调整：我们可以在 LIBOR 利率等于

$$V_i + V_i \rho_i \sigma_{W,i} \sigma_{V,i} t_i \tag{33-3}$$

的假设下对现金流定价，其中 $\sigma_{W,i}$ 是 W_i 的波动率，$\sigma_{V,i}$ 是 V_i 的波动率，ρ_i 是 V_i 与 W_i 之间的相关系数。

例 33-4

在一个 3 年期按年支付的 Diff 互换合约中，收取的是 12 月的美元 LIBOR，支付的是 12 月英镑 LIBOR，而且两种利率都是用在 1 000 万英镑的本金上。所用的贴现率为 LIBOR/互换零息利率。假定对于所有期限的利率均为 5%（半年复利）。从市场价格估计出的美国所有 1 年期远期利率的波动率均为 20%，所有期限的远期美元/英镑汇率（每英镑的美元数）的波动率均为 12%，而且两者之间的相关系数为 0.4。

在这种情形下，$V_i = 0.05$，$\rho_i = 0.4$，$\sigma_{W,i} = 0.12$，$\sigma_{V,i} = 0.2$。因此，对依赖于在时间 t_i 所观察的 1 年期美元利率的浮动现金流应当是基于假设利率为

$$0.05 + 0.05 \times 0.4 \times 0.12 \times 0.2 \times t_i = 0.05 + 0.000\,48 t_i$$

这意味着为了定价的缘故，我们应当假设在时间 1 年、2 年和 3 年时互换的净现金流为 0、4 800 和 9 600 英镑。因此，互换的价值为

$$\frac{0}{1.05} + \frac{4\,800}{1.05^2} + \frac{9\,600}{1.05^3} = 12\,647$$

或 12 647 英镑。

33.5 股权互换

股权互换（equity swap）中的一方同意付出一定名义本金数量上的股指收益，另一方同意付出一定名义本金数量上的固定或浮动利率收益。通过采用股权互换，基金经理可以在不买入或卖出股票的情况下，增大或缩小对于某股指的风险敞口。股权互换是一种将一系列股指远期合约进行打包以便满足市场需求的交易形式。

这里的股指通常为总收益指数。总收益指数是指所有股息都被再投资到股指所包括的股票里。业界事例33-3是一个股权互换的和约。在股权互换中，6个月的S&P 500股指收益率与LIBOR进行交换。互换双方的本金均为1亿美元，每6个月支付一次。

业界事例33-3 某虚拟的股权互换定约

交易日（trade date）	2013年1月4日
生效日（effective date）	2013年1月11日
工作日计算预定（business day convention）	随后工作日（Following business day）
假日日历（holiday calendar）	美国
结束日（termination date）	2018年1月11日
股权方	
股权付款方	微软
股权方面值	1亿美元
股权指数	S&P 500总收益
股权指数收益率	$100(I_1-I_0)/I_0$，其中I_1为付款日的指数水平，I_0为前一个付款日的指数水平，第1个付款日的I_0为2013年1月11日的指数水平
股权付款日期	从2013年7月11日开始，直到并且包括2018年1月11日，每年的7月11日和1月11日
浮动息方	
浮动息付款方	高盛
浮动息方面值	1亿美元
浮动利率	美元6月期LIBOR
浮动利率计天方式	实际天数/360（Actual/360）
浮动息利息付款日期	从2013年7月11日开始，直到并且包括2018年1月11日，每年的7月11日和1月11日

对于像业界事例33-3这样的股权对浮息互换，在刚开始时合约的价值为零（假设按LIBOR贴现）。这是因为金融机构可以不付任何费用而复制出一方的现金流：在每个支付日期以LIBOR利率借取本金，而将其投资于股指，并将所得股息再投资于股指中，直到下个支付日。类似地，我们可以证明在每个支付日后，互换的价值也是零。

在两个支付日之间，我们必须对下一个支付日的股权现金流和LIBOR现金流进行定价。LIBOR现金流在上一个重置日就已经被确定，因此可以很容易得到其价值。股权现金流的价值是LE/E_0，其中L是本金，E是股指目前的取值，而E_0是其在上一个支付日的取值。[⊖]

⊖ 在网页www. rotman. utoronto. ca/ ~hull/TechnicalNotes里的Technical Note 19中对此有详细的讨论。

33.6 具有内含期权的互换

一些互换带有内含期权。在本节中，我们考虑一些常见的例子。

33.6.1 计息互换

计息互换（accrual swap）是一种一方的利息只有在浮动参考利率介于某个区间时才会累计的互换。有时区间会在整个互换期间保持不变，有时会被定期重新设定。

作为计息互换的一个例子，考虑一个在每季度将固定利率 Q 与 3 个月 LIBOR 相交换的交易。我们假定只有当3 个月 LIBOR 的年率低于 8% 时，固定利率才会累计。假设本金是 L。在一个普通互换中，在每个支付日固定利率支付方将会付出 QLn_1/n_2，其中 n_1 是前一个季度里的天数，n_2 是一年里的天数（这里我们假定计天方式是"实际天数/实际天数"）。在一个计息互换中，这一项变成了 QLn_3/n_2，其中 n_3 是在上一个季度里 3 个月 LIBOR 低于 8% 的天数。固定利率支付方在每当3 个月 LIBOR 高于 8% 的日子里可以节省 QL/n_2。[⊖]固定利率支付方的头寸可以当成等价于一个普通互换与一系列在互换有效期内每天都有的**两值期权**（binary option）之和。当3 个月 LIBOR 高于 8% 时，两值期权的收益为 QL/n_2。

为了推广，我们假设 LIBOR 的截止利率是为 R_K（在刚才考虑的情形下是 8%），而且每 τ 年交换一次支付。考虑在互换有效期内的第 i 天，并且假设到第 i 天的时间是 t_i。如果在第 i 天时 τ 年 LIBOR 利率是 R_i，当 $R_i < R_K$ 时利息才会累计。定义 F_i 为 R_i 的远期值，σ_i 为 F_i 的波动率（后者可以通过上限单元的即时波动率来估计）。利用通常的对数正态分布假设，在一个对于时间 $t_i+\tau$ 到期的零息债券是远期风险中性的世界里，LIBOR 大于 R_K 的概率为 $N(d_2)$，其中

$$d_2 = \frac{\ln(F_i/R_K) - \sigma_i^2 t_i/2}{\sigma_i\sqrt{t_i}}$$

两值期权收益被实现的时间是在第 i 天之后的支付日。假设这个时间是 s_i。在一个对于时间 s_i 到期的零息债券是远期风险中性的世界里，LIBOR 大于 R_K 的概率为 $N(d_2^*)$，其中计算 d_2^* 与 d_2 的公式是一样的，只需对 F_i 做一个很小的时间调整来反映时间 $t_i+\tau$ 与 s_i 之间的差别。

对应于第 i 天的两值期权价值为

$$\frac{QL}{n_2}P(0,s_i)N(d_2^*)$$

将互换有效期内每一天上的这个表达式加在一起，我们即可得到两值期权的总价值。由于时间调整（使得 d_2 被 d_2^* 代替）非常小，所以在实际中常常被忽略。

33.6.2 可取消互换

可取消互换（cancelable swap）是一个简单的利率互换交易，但其中一方有权决定在某一日期或多个日期上终止交易。终止一个利率互换交易与进入一个反方向利率互换等价。考虑微软与高盛之间的一个互换交易：如果微软有权取消互换，微软的头寸等价于一个普通利率互换与一个进入相反方向互换期权的长头寸组合；如果高盛有权取消互换，微软的头寸等价于一个普通利率互换与一个进入相反方互换期权的短头寸组合。

⊖ 对于节假日，通常的约定是将有关利率取为上一个业务日的利率。

如果可取消日期只有一个，这时可取消互换等价于一个普通利率互换与一个欧式期权的组合。例如在一个10年的利率互换中，微软付出LIBOR，同时收入6%固定利率。假定微软有权在第6年年末取消利率互换，那么对于微软而言，这一可取消互换等价于一个收入6%固定利率、付出LIBOR的普通利率互换，加上一个6年期限、进入4年期付出6%固定利率而收入LIBOR的互换期权（此期权被称为6×4欧式互换期权）。我们可以采用第29章里的标准互换期权模型来进行定价。

如果可取消互换可在一系列日期上被取消时，此互换等价于一个普通利率互换与一个百慕大式互换期权的组合。例如，微软与某对手进行了一个5年互换交易，微软每半年收入6%固定利率，同时付出LIBOR。假定微软的交易对手在2~5年的每一个付款日均有权终止互换，对微软而言，此交易等价于一个普通利率互换与一个百慕大式互换期权的短头寸的组合：百慕大期权的持有者有权进入5年期限、收入6%固定利率，同时付出LIBOR的利率互换。期权行使日期为2~5年的每一个付款日。在第31章和第32章中，我们曾讨论过如何对百慕大式互换期权定价的方法。

33.6.3 可取消复合互换

有时复合互换可以在特定的时期上被终止，浮动利息方支付将浮动利息复合到终止时间的数量，而固定利息方支付将固定利息复合到终止时间的数量。

一些技巧可以被用来对**可取消复合互换**（cancelable compounding swap）定价。首先假设浮动利率为LIBOR，并按LIBOR贴现和复利。我们假定在互换有效期末，固定利率方和浮动利率方都收取互换的本金数量。这与在考虑普通互换时从表7-1到表7-2是类似的。这样做并不改变互换的价值，但可以使得浮动利率方的价值在支付日上总是等于本金面值。在决定是否取消互换时，我们只需要注意固定利率方。我们构造一个像在第31章中所描述的利率树形，然后由通常在树上以向后倒推的方式计算固定利率方的价值。在每个可以取消互换的节点上，我们检验取消互换还是保留互换为最优。取消互换的效果是将固定利率方设成面值。如果我们支付固定利率而收取浮动利率，我们的目标是将固定利率方的值最小化；如果我们是收取固定利率而支付浮动利率，那么我们的目标是将固定利率方的值最大化。

当浮动利率方为LIBOR加上一个利差而且按LIBOR复利时，与其将利差所对应的现金流加在浮动利率方，我们不如将其从固定利率方减去，然后可以像没有利差时那样对期权定价。

当复利是按LIBOR加上一个利差时，我们可以利用下面的近似处理方法。[⊖]

（1）假设远期利率将被实现，在每个取消日上计算互换中浮动利率方的价值。

（2）假设浮动利率是LIBOR并按LIBOR复利，在每个取消日上计算互换中浮动利率方的价值。

（3）在一个取消日上将第一步的结果高于第二步结果的部分定义为“利差值”。

（4）将期权按上面所述方法处理。在决定是否取消互换时，从计算的固定利率方价值中减去利差值。

如果假设OIS与LIBOR之间利差等于远期利差，这时类似的方法可以用来对OIS贴现的情形定价。

⊖ 这种处理方式并不完全精确，这是因为我们假定了行使取消期权的决定不受将来支付是按不同于LIBOR的利率来复利的影响。

33.7 其他互换

本章讨论的互换仅是所交易的不同类型互换中的少数几种。在实际中，我们可以不夸张地讲，不同交易产品的范围仅仅受金融工程师的想象力以及公司资金部主管对创新风险管理工具的胃口的约束。

在20世纪90年代中期，一种在美国较为流行的互换为**指数递减比率互换**（index amortizing rate swap）（有时也被称为**指数本金互换**（indexed principal swap））。在此互换中，本金减少的数量与利率水平有关。利率越低，本金的减少程度也会越大。至少在近似意义上讲，最初的指数递减比率互换的设计是使得固定息方等价于住房贷款支持债券的投资收益。对投资者而言，指数递减比率互换可将投资者对住房贷款支持债券的投资收益转化为浮动利息收益。

现在**商品互换**（commodity swap）交易变得越来越流行。一家每年消耗100 000桶原油的公司可以进入一个商品互换。在此互换中，这家公司在今后10年内每年付800万美元，同时收入100 000S，其中S为每桶原油的市场价格。一家原油生产商可能会进入相反的交易，这样原油生产商可以锁定每桶原油80美元的价格。在第34章里我们将讨论能源衍生产品。

在本书的其他章节里我们还讨论了一些其他类型的互换，例如，第24章讨论了资产互换，第25章概括了总收益互换和各种类型的信用违约互换，第26章分析了波动率以及方差互换。

怪异交易

某些互换的收益非常怪异。宝洁与信孚银行在1993年所做的交易就是这类交易的例子（见业界事例34-4）。这一交易是后来一起诉讼案的焦点，[⊖]在许多公开文献里都可以了解该案的其他细节。

业界事例33-4 宝洁公司的怪异交易

宝洁公司在1993年11月2日同信孚银行做了一笔被称为“5/30”的离奇互换交易。这一交易期限为5年，每半年会有资金交付，交易的面值为2亿美元，信孚银行在交易中付年息为5.3%的固定利率，而宝洁付给信孚银行的利率为30天CP（商业票据）的平均利率减去75个基点再加上某个利差，这里的商业票据平均利率是在利率观测区间内的30天商业票据利率的平均值。

在第一个付款日（1994年5月2日），利差为零。在接下来的几个付款日，利差为

$$\max\left[0,\frac{98.5\left(\frac{5\text{ 年期的 CMT 利率 }\%}{5.78\%}\right)-(30\text{ 年期的 TSY 价格})}{100}\right]$$

公式中CMT为固定期限国债利率（此利率是由美国联储报告的5年国债利率），30年期TSY价格是在2023年8月满期、券息为6.25%的国债买入价与卖出价的平均值。注意，以上计算利差公式的单位是百分比，而不是基点。如果以上公式所给出的利差为0.1，而CP利率为0.06，那么P&G所付的利率是0.1+0.06−0.0075=15.25%。

宝洁做此交易时希望这项利差为0，因此宝洁可将5.3%的固定利率转化为此商业票据减去75基点的浮动利率。而事实上，在1994年利率急剧上涨，债券价格急剧下降。这笔交易让宝洁付出了惨重的代价（见作业题33.10）。

⊖ 参见D. J. Smith，“Aggressive Corporate Finance：A Close Look at the Procter and Gamble-Bankers Trust Leveraged Swap.”，*Journal of Derivatives* 4，No. 4（Summer 1997）：67-79。

小 结

互换已经成为品种繁多的金融产品。许多产品的价格可以由这样来计算：（a）假设LIBOR（或其他浮动参考利率）将会等于它的远期值，（b）将所得现金流加以贴现。这包括标准利率互换、大多数的货币互换、本金按预先约定方式变化的互换、双方具有不同支付日期的互换以及复合互换，等等。

在对互换产品定价时，对某些互换我们需要调整远期利率。这些调整叫做曲率、时间或Quanto调整。需要做这些调整的互换产品包括LIBOR后置互换、CMS/CMT互换以及跨货币互换等。

股权互换涉及将一个股指的收益交换成固定或者浮动利率，它们的设计原理是使其支付日的价值为零，但在支付日之间的价值可能会不为零。

一些互换具有隐含期权。一个计息互换等价于一个普通互换加上一个还有很多两值期权的组合（在互换有效期内每天都有一个）。一个可取消互换是一个普通互换加上一个百慕大式互换期权。

推荐阅读

Chance, D., and Rich, D., "The Pricing of Equity Swap and Swaptions," *Journal of Derivatives* 5, 4 (Summer 1998): 19–31.

Smith D. J., "Aggressive Corporate Finance: A Close Look at the Procter and Gamble–Bankers Trust Leveraged Swap," *Journal of Derivatives*, 4, 4 (Summer 1997): 67–79.

练习题

33.1 计算业界事例33-1中互换的所有固定现金流及其支付时间。假设计量天数惯例是用于目标支付日期而不是实际支付日期。

33.2 假设在某种互换中约定固定利率与2倍的LIBOR利率相交换。对这个互换还能利用"假设远期利率将会实现"的规则来定价吗？

33.3 如下2年期的定息对浮息复合互换的价值是多少？互换本金是1亿美元，支付每半年进行一次。互换是收取固定利率而支付浮动利率。固定利率是8%并按8.3%的利率复利（都是每半年复利一次）。浮动利率是LIBOR加上10个基点并按LIBOR加上20个基点的利率复利。LIBOR零息曲线呈水平状，利率为8%，按半年复利（并用来贴现）。

33.4 在一个5年期的互换中，假定以通常方式付出的利率为LIBOR，收入的利率为以LIBOR复利的LIBOR利率。双方的本金均为1亿美元。付出LIBOR的频率为6个月，收入LIBOR的复合频率也为6个月。假定利率曲线为水平5%，计算互换价值。

33.5 仔细解释为什么一个银行可能会对货币互换的现金流使用与LIBOR稍微不同的利率进行贴现。

33.6 在第33.4节的例33-3中，如果所有上限波动率是18%而不是20%，5年期互换上所有期权的波动率均为13%而不是15%，计算总的曲率/时间调整。为了计算互换价值，3年后的5年期互换利率应当假设成多少？互换的价值是多少？

33.7 解释为什么普通互换和第33.2节里的复合互换可以利用"远期利率将会实现"的规则来定价，但对第33.4节里的LIBOR后置互换却不行。

33.8 在书中讨论的计息互换中，只有当浮动利率低于某个水平时固定利率才会累计。讨论如何将分析推广到另一种情形，只有当浮动利率高于某一水平而低于另一水平时才会累计。

作业题

33.9 LIBOR 零息利率在美国是为5%，而在澳大利亚是为10%（均为按年复利）。在一个4年期跨货币互换中，收取澳大利亚 LIBOR 并支付9%，而两个利率均用于1亿美元的本金上。付款每年交换一次。澳大利亚所有一年远期利率的波动率均估计为25%，所有期限的远期美元/澳元汇率（每美元的澳元数）的波动率均为15%，两者之间的相关系数是0.3，互换的价值是多少？

33.10 估计 P&G 在第33.7节里的5/30互换里所付的利率，假设：（a）CP 利率是6.5%，国债收益率曲线是水平为6%，（b）CP 利率是7.5%，国债收益率曲线是水平为7%，按半年复利。

33.11 假设你与一个不会做曲率调整的对手做一笔 LIBOR 后置互换交易。如想利用这个优势，你会支付固定利率，还是收取固定利率？你会如何构造互换的有效期与付款频率？

考虑以下情形，收益率曲线为水平，利率为10%，按年复利。所有上限波动率均为18%。对有效期分别为（a）5年，（b）10年，（c）20年，付款每年交换一次的 LIBOR 后置互换，内行交易员和外行交易员所给价值的区别是多少？假设面值本金是100万美元。

33.12 假设 LIBOR 零息利率曲线是水平为5%，按年复利并用来贴现。在一个5年期互换中，公司 X 付固定利率6%而收取 LIBOR。3年后的2年期互换利率波动率是20%。

（a）互换的价值是多少？

（b）如果公司 X 有权在3年后取消互换，利用 DerivaGem 计算互换的价值。

（c）如果对方有权在3年后取消互换，利用 DerivaGem 计算互换的价值。

（d）如果双方均有权在3年后取消互换，互换的价值是多少？如果对方有权在3年后取消互换，利用 DerivaGem 计算互换的价值。

33.13 如果以 OIS 贴现，你如何去计算在业界事例33-3中股权互换的初始值？

第34章 能源与商品衍生产品

CHAPTER34

我们有时将衍生产品价值所依赖的变量简称为标的。在本书中到目前为止主要考虑了当标的变量为股票价格、股票指数、汇率、债券价格、利率或信用事件所产生的损失。在本章中，我们考虑一些其他标的变量。

在本章的第一部分里我们考虑当标的变量是商品的情形。第2章里讨论了商品上的期货合约，第18章里讨论了如何对商品期货合约上的欧式和美式期权定价。当期货合约的到期日与期权到期日相同时，欧式期货合约的收益与欧式即期期权合约的收益相同，因此，可以按对欧式期货期权定价的布莱克模型来对欧式即期期权定价。但是，当期权为美式或其他按很复杂的方式依赖于商品即期价格时，我们将会需要使用更复杂的模型来定价。商品价格常常显示均值回归的特征(与利率相似)，并且常常具有跳跃性。对一些为了刻画利率而建立的模型进行改进后可以用在商品价格上。

本章的第二部分考虑气候与保险衍生产品。这些衍生产品的一个重要特征是它们依赖某些没有系统风险的变量。例如，对于某地温度的期望值，或由于飓风所造成的损失，我们可以合理地假设它们在现实世界与风险中性世界里是相同的。这说明对这些类型的衍生产品定价来讲，历史数据将会有更大用处。

34.1 农产品

农产品包括种植的产品（或由其产生的产品），像玉米、小麦、可可、咖啡、白糖、棉花和冻橙汁；也包括与家畜有关的产品，像活牛、猪肉和五花肉。与所有商品一样，农产品的价格是由市场供需决定的。美国农业部定期公布贮备与生产的状况。像棉花与小麦这样的农产品，一个被密切关注的统计量是**库存-使用比例**（stocks-to-use ratio），即年终库存量与该年度使用量的比例。一般情况下，这个比例是在20%~40%。该比例对价格波动率有很大影响：如果关于某个商品的这项比例较低，那么商品价格对供应的变化将会很敏感，因此波动率将会上升。

在农产品价格上假设某种均值回归性质是有道理的。当价格下跌时，农场主将会发现生产这种产品不太合算，因此由于供应下降会对价格产生上升的压力。与此类似，当某种农产品价格上升时，农场主会将更多的资源用来生产这种产品，从而由于供应的增加而对产品价格产生下降的压力。

农产品价格常常会显示季节性，这是因为储存比较昂贵，而且产品储存的时间也是有限的。气候是决定大多数农产品的关键因素。冰霜会大面积摧毁巴西咖啡作物，而佛罗里达的飓风很可能会影响冰冻橙汁的价格，等等。农作物商品价格的波动率在收获季节之前往往是最高，而当产量确定后，波动率就会下降。在作物生长季节，随气候的变化，农产品价格所服从的过程往往显示出跳跃性。

许多交易的农作物产品是用来饲养家畜的（例如，CME 集团所交易的玉米期货指明是用来喂家畜的玉米）。家畜的价格（或在屠宰后的价格）往往会依赖于这些商品的价格，而这些商品的价格则受气候影响。

34.2 金属

另一类重要的商品是金属，包括黄金、白银、铂金、钯、铜、锡、钎、锌、镍和铝。金属与农产品的特征很不一样，它们的价格不受季节与气候的影响，因为它们是由地下挖出来的，由于可以分割而相对来讲容易储存。有些金属，比如铜，几乎总是用在产品加工上，所以应该将其分类为消费资产。如第 5.1 节所述，持有其他资产（比如黄金与白银）的主要目的是为了投资，所以应当将其分类为投资资产。

与农产品一样，分析员通过关注储存水平来确定短期价格波动率。货币汇率波动也可能会导致价格波动，这是因为开采金属的国家往往不同于报出金属价格的国家。从长远来讲，金属的价格取决于其在不同生产过程中被使用的趋势，以及发现这种金属的新产源。勘探技术、开采方法、地缘政治、企业联合以及环保政策对金属价格也会有影响。

金属供应的一个可能来源是回收。某种金属可能会用来制造某种产品，在今后 20 年里，由于回收，也许会有 10% 的这种金属又重新回到市场。

我们一般不假定作为投资资产的金属价格服从均值回归过程，因为均值回归过程将会给投资者一种套利的机会。作为消费资产的金属，有时可以假定其价格具有一些均值回归性质。当一种金属的价格上涨时，在一些生产过程中很可能会避免使用这种金属，而且从困难地方开采这种金属从经济上来讲切实可行，这些现象将会对价格产生下降的压力。与此类似，当价格下跌时，在一些生产过程中将会尽量使用这种金属，而且从困难地方开采这种金属将会不再可行，因此将会对价格产生上涨的压力。

34.3 能源产品

能源产品是最重要也是交易最活跃的商品之一。在场外市场和交易所里都有许多种类的能源衍生产品交易。在这里将我们考虑原油、天然气和电能。对于这些产品，有种种理由可以支持其价格服从均值回归过程的假设。当一种资源的价格上涨时，其消费量很可能会下降，产量相对过大，从而对价格产生下跌的压力。当一种资源的价格下跌时，其消费量很可能会上升，同时增加生产变得不划算，从而对价格产生上涨的压力。

34.3.1　原油

原油市场是世界上最大的商品市场，全球需求量大约为每天 8 000 万桶。10 年期的固定价格供油合约已经在场外市场上流行了许多年。这些合约通常是以原油固定价格与原油浮动价格进行交换。

由于比重与含硫量的不同，原油分成很多等级。对原油定价的两种重要基准是布兰特原油（Brent crude oil，来自北海）和德州轻油（West Texas Intermediate，WTI）。原油会被提炼成诸如汽油、民用燃料油、燃料油和煤油。

在场外市场上，几乎所有以股票或股指作为标的资产衍生产品的形式都有相应的以原油价格作为标的资产的衍生产品。互换、远期合约、期权都很普遍。在这些合约中，有时是需要现金交割，有时则需要实物交割（即交付原油）。

交易所里的合约也很流行。CME 集团和洲际交易所（Intercontinental-Exchange，ICE）交易一些原油期货和原油期货期权合约。有些期货合约以现金交割，其他合约以实物交割。例如，ICE 交易的布兰特原油期货有以现金交割的选择，而 CME 集团交易的轻质低硫（light sweet）原油期货则需要以实物交割。在两种情况下，一份合约的标的资产是 1 千桶原油。CME 集团交易的两种很受欢迎的成品油合约是民用燃料油和汽油。在这两种情况下，一份合约需要交付 42 000 加仑。

34.3.2　天然气

在 20 世纪八九十年代，在全世界各地的天然气市场都经历了放松管制（deregulation）的阶段，政府不再垄断这个市场。现在供应天然气的公司与生产天然气的公司并不一定是一家，供应商面临着满足日常需求的问题。

一种典型的场外市场合约是在一个月内按大致均匀的速度交付指定数量的天然气。在场外市场上，远期合约、期权以及互换合约都有交易。通常天然气卖方负责将天然气通过管道输送到指定的地点。

CME 集团交易的天然气合约是交付 100 亿英国热量单位（British thermal unit）的天然气。对未被平仓的合约，在交付月内卖出方需要按大致均匀的速度将天然气输送到路易斯安那州的某个指定的枢纽。ICE 在伦敦也交易类似的合约。

天然气是建筑物取暖常用的能源，同时也被用来发电，而电力又用在空调设备上。因此，对天然气的需求具有季节性，而且受气候影响。

34.3.3　电力

电力是一种特殊的商品，原因是电力无法储存。[⊖]在任何时刻，对一个地区供电的最大数量是由该地区所有发电厂的最大发电量决定的。在美国，有 140 个所谓控制地区（control area）的区域。在一个控制地区内首先将供需达到平衡，然后再将多余的电力卖给其他控制地区。这些多余的电力形成了电力批发市场，将一个控制地区的电力卖给另一个控制地区的能力取决于两个地区输送电网的容量。由一个地区将电力输送到另一个地区时，电网拥有者会收取费用，

⊖ 有时发电厂会将多余的电力用来将水抽到水电厂的上面，以便将来用来发电。为了储存电力，能做的最多也就是如此了。

而且在输送过程中也会损失能量。

大部分电力被用于空调系统，因此对电力的需求（从而其价格）在夏天的几个月中要比在冬天的月份中高得多。由于电力是无法储存的，电力的即期价格有时会发生非常大的变化。酷暑曾经使即期价格在短时间内上涨到高达1 000%。

与天然气一样，电力也经历了放松管制的阶段，政府垄断的现象逐渐消失，而与此相随的是电力衍生产品市场的兴起。目前CME集团交易电力价格上的期货合约，而且在场外市场上远期合约、期权以及互换的交易都很活跃。典型的合约（交易所或场外）是指明一方在一个指定的月份内、在一个指定的地点、按指定的价格接收一定数量兆瓦的电力。在一个5×8合约里，在指明的月份内，接收电力的时间是非高峰时间（晚上11点到早上7点），每周5天（星期1到星期5）。在一个5×16合约里，在指明的月份内，接收电力的时间是高峰时间（早上7点到晚上11点），每周5天。在一个7×24合约里，在指明的月份内，接收电力时间是每天昼夜不停。在期权合约里，或者是日行权，或是月行权。在日行权的情形下，期权持有者可以在一个月内的每一天都选择是否行使期权（提前一天通知）而按指定的行使价格接收指定数量的电力。在月行权的情况下，只是在月初决定是否行使期权，从而在整个月内按指定的行使价格接收电力。

在电力与天然气市场上，一种有趣的合约是所谓的**摆动期权**（swing option），也叫作**收购付款期权**（take-and-pay option）。在这种合约里，期权持有者在一个月内每天按指定价格必须购买的最多与最少数量的电力是预先指定的，而且在整个月内的最多与最少数量也是预先指定的。在行权月内，期权持有者可以改变（或摆动）购买电力的速度，但一般情况下改变的次数是有限制的。

34.4 商品价格模型

为了对衍生产品定价，我们常常希望在传统风险中性世界里对商品的即期价格建立模型。由18.7节我们知道，在这个世界里商品价格在将来的期望值等于其期货价格。

34.4.1 简单过程

我们可以用以下方式对商品价格建立一种简单模型。假设商品价格增长率的期望仅依赖于时间，而且商品价格的波动率是常数，那么商品价格的风险中性过程为

$$\frac{dS}{S} = \mu(t)\,dt + \sigma dz \tag{34-1}$$

而且我们有

$$F(t) = \hat{E}[S(t)] = S(0)e^{\int_0^t \mu(\tau)d\tau}$$

其中$F(t)$是期限为t的期货合约价格，$\hat{E}$表示在风险中性世界里的期望。于是

$$\ln F(t) = \ln S(0) + \int_0^t \mu(\tau)\,d\tau$$

对两边关于时间求导数将会得到

$$\mu(t) = \frac{\partial}{\partial t}[\ln F(t)]$$

例 34-1

假设在 2014 年 7 月末，活牛期货价格如下（每磅所值美分）

2014 年 8 月	62.20	2015 年 2 月	63.37
2014 年 10 月	60.60	2015 年 4 月	64.42
2014 年 12 月	62.70	2015 年 6 月	64.40

我们可以利用这些期货价格来估计活牛价格在风险中性世界里的增长率。例如，当使用式（34-1）所示的模型时，在风险中性世界里活牛价格在 2014 年 10 月与 12 月之间的增长率为

$$\ln\left(\frac{62.70}{60.60}\right) = 0.034$$

或每两个月为 3.4%，按连续复利。当按年计算时，这相当于每年 20.4%。

例 34-2

假设活牛期货价格如例 34-1 所示。一项养殖决策需要现在投资 10 万美元，而且在第 3 个月、第 6 个月和第 9 个月后各需要费用支出 2 万美元。投资的效果是在年底能有额外的牛群可以出售。这里的不确定性来源主要有两项：能够用于出售的额外牛群磅数和每磅活牛的价格。牛群磅数的期望值是 30 万。从例 34-1 中我们知道在风险中性世界里，1 年后活牛价格的期望值是每磅 64.40 美分，假设无风险利率是每年 10%，这项投资的价值为（按千美元计）

$$-100 - 20e^{-0.1\times0.25} - 20e^{-0.1\times0.50} - 20e^{-0.1\times0.75} + 300\times0.644e^{-0.1\times1} = 17.729$$

在这里我们假定了可以销售的额外牛群的不确定性具有零系统风险，而且可以销售的额外牛群磅数与价格之间没有相关性。

34.4.2 均值回归

我们已经介绍过，大多数商品价格服从均值回归过程，价格有被拉回到中心价值的倾向。在描述商品价格 S 所服从的风险中性过程时，比式（34-1）更接近实际的过程是

$$\mathrm{d}\ln S = [\theta(t) - a\ln S]\mathrm{d}t + \sigma\mathrm{d}z \tag{34-2}$$

这种过程包含了均值回归，而且与第 31 章中对短期利率所假设的过程是类似的。这个过程有时也被写成

$$\frac{\mathrm{d}S}{S} = [\theta^*(t) - a\ln S]\mathrm{d}t + \sigma\mathrm{d}z$$

由伊藤公式可知这与式（34-2）的过程是等价的，其中 $\theta^*(t) = \theta(t) + \sigma^2/2$。

第 31.7 节中的三叉树方法可以用来构造 S 的树形，并且由此来确定式（34-2）中使得 $F(t) = \hat{E}[S(t)]$ 的 $\theta(t)$ 值。我们将通过建立关于商品价格的 3 步树形来展示这个构造过程。假设目前商品价格是 20 美元，而且 1 年、2 年和 3 年的期货价格分别是 22 美元、23 美元和 24 美元。假设在式（34-2）中 $a = 0.1$，$\sigma = 0.2$。我们首先定义初始值为零，并且服从如下过程的变量 X

$$\mathrm{d}X = -aX\mathrm{d}t + \sigma\mathrm{d}z \tag{34-3}$$

利用 31.7 节中的程序，我们可以构造 X 的三叉树，树形显示在图 34-1 中。

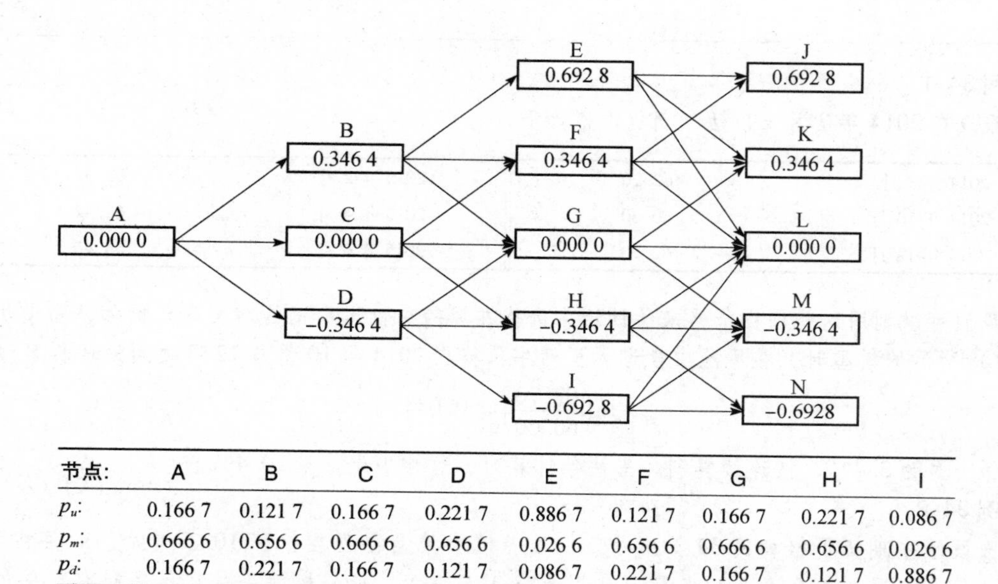

节点:	A	B	C	D	E	F	G	H	I
p_u:	0.166 7	0.121 7	0.166 7	0.221 7	0.886 7	0.121 7	0.166 7	0.221 7	0.086 7
p_m:	0.666 6	0.656 6	0.666 6	0.656 6	0.026 6	0.656 6	0.666 6	0.656 6	0.026 6
p_d:	0.166 7	0.221 7	0.166 7	0.121 7	0.086 7	0.221 7	0.166 7	0.121 7	0.886 7

图 34-1　X 的树形。构造该树是建立即期商品价格 S 树形的第一步，这里 p_u 、p_m 和 p_d 是从一个节点向“上”、“中” 和 “下” 移动的概率

变量 $\ln S$ 服从与 X 同样的过程，只是它具有依赖时间的漂移项。与第 31.7 节相似，通过变动节点的位置，我们可以将 X 的树形转换成关于 $\ln S$ 的树形，所得结果展示在图 34-2 中。最初的节点对应于目前的商品价格 20，因此节点的变动是 ln20 。假设在 1 年时间节点上的变动为 α_1 。X 在 1 年时 3 个节点上的值是 +0.346 4，0 和 −0.346 4。所以相应的 $\ln S$ 值是 $0.3464+\alpha_1$ ，α_1 和 $\alpha_1-0.3464$。因此 S 的值分别是 $e^{0.3464+\alpha_1}$ ，e^{α_1} 和 $e^{-0.3464+\alpha_1}$ 。我们需要令 S 的期望值等于期货价格。这意味着

$$0.1667e^{0.3464+\alpha_1}+0.6666e^{\alpha_1}+0.1667e^{-0.3464+\alpha_1}=22$$

方程的解是 $\alpha_1=3.071$ 。这说明 S 在一年时点上的值分别为 30.49，21.56 和 15.25。

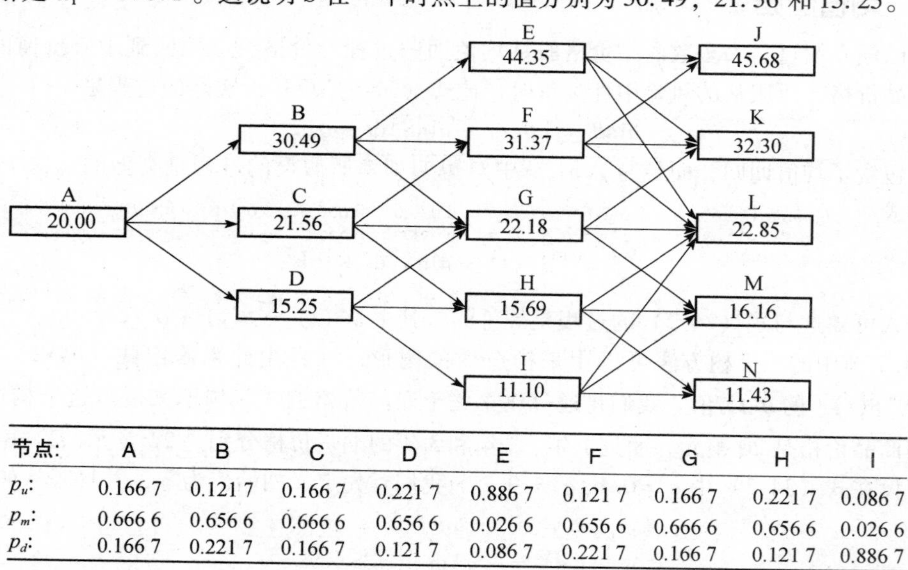

节点:	A	B	C	D	E	F	G	H	I
p_u:	0.166 7	0.121 7	0.166 7	0.221 7	0.886 7	0.121 7	0.166 7	0.221 7	0.086 7
p_m:	0.666 6	0.656 6	0.666 6	0.656 6	0.026 6	0.656 6	0.666 6	0.656 6	0.026 6
p_d:	0.166 7	0.221 7	0.166 7	0.121 7	0.086 7	0.221 7	0.166 7	0.121 7	0.886 7

图 34-2　即期商品价格 S 的树形：p_u ，p_m 和 p_d 是从一个节点向 “上”、“中” 和 “下” 移动的概率

在 2 年的时间点上，我们首先通过到达节点 B、C 和 D 的概率来计算到达节点 E、F、G、H 和 I 的概率。到达节点 F 的概率等于到达节点 B 的概率乘以从 B 到达 F 的概率，再加上到达节点 C 的概率乘以从 C 到达 F 的概率，即

$$0.1667 \times 0.6566 + 0.6666 \times 0.1667 = 0.2206$$

与此类似，到达节点 E、G、H 和 I 的概率分别是 0.0203，0.5183，0.2206 和 0.0203。在 2 年的时间点上，节点被变动的数量 α_2 必须满足

$$0.0203e^{0.6928+\alpha_2} + 0.2206e^{0.3464+\alpha_2} + 0.5183e^{\alpha_2} + 0.2206e^{-0.3464+\alpha_2} + 0.0203e^{-0.6928+\alpha_2} = 23$$

它的解 $\alpha_2 = 3.099$。这说明 S 在 2 年时的值分别为 44.35、31.37、22.18、15.69 和 11.10。

在第 3 年时，我们可以做类似的计算。图 34-2 展示了所计算出的 S 树形。

例 34-3

假如我们利用图 34-2 中的树形对即期商品价格上的 3 年期美式看跌期权定价，执行价格为 20，利率为每年 3%（连续复利）。在树形上以通常的方式向后计算，我们得到图 34-3，期权的价值是 1.48 美元。在节点 D，H 和 I 上，期权会被提前行使。如果需要更精确的值，我们可以利用更多步数的树形。在更多步数的树形上，我们可以通过对期货价格进行插值来得到对应于树形上每一步的期货价格。

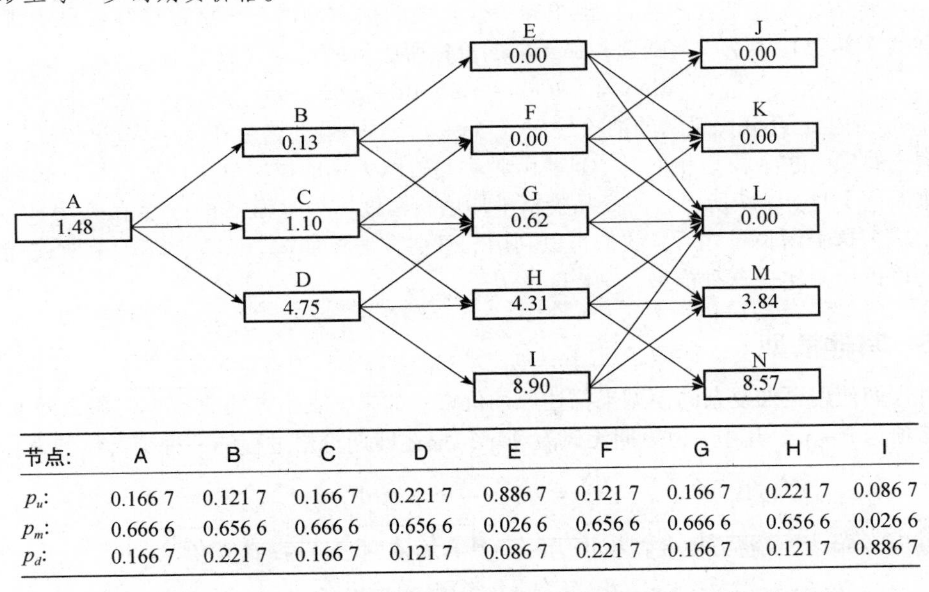

节点:	A	B	C	D	E	F	G	H	I
p_u:	0.166 7	0.121 7	0.166 7	0.221 7	0.886 7	0.121 7	0.166 7	0.221 7	0.086 7
p_m:	0.666 6	0.656 6	0.666 6	0.656 6	0.026 6	0.656 6	0.666 6	0.656 6	0.026 6
p_d:	0.166 7	0.221 7	0.166 7	0.121 7	0.086 7	0.221 7	0.166 7	0.121 7	0.886 7

图 34-3　利用图 34-2 中树形对执行价格为 20 美元的欧式看跌期权定价

34.4.3　插值与季节性

当使用许多步数的树形时，我们需要在期货价格之间进行插值来得到相对于每一步末的期货价格。当价格呈现季节性时，插值的方式应当反映这种特点。假设我们需要的时间步长等于一个月，兼容季节性的一种简单做法是收集每月的即期价格历史数据，并计算价格的 12 月移动平均。然后可以计算一个**季节性因素百分比**（percentage seasonal factor），这个值等于 1 个月内即期价格与以该月为中心的 12 个月即期价格的移动平均之比的平均值。

然后季节性因素百分比可以用来消除已知期货价格中的季节性。每个月消除季节性后的期货价格可以利用插值来得到。然后再利用季节性因素百分比将季节性加回到这些期货价格里，并且由此建立树形。例如，假设在市场上观察的9月份与12月份期货价格分别为40和44，我们需要计算10月份与11月份的期货价格。我们进一步假设由历史数据计算出的9月份、10月份、11月份和12月份的季节性因素百分比分别为0.95、0.85、0.8和1.1。消除季节性后的期货价格为：9月份40/0.95=42.1和12月份44/1.1=40。由插值得到的10月份与11月份消除季节性后的期货价格分别为41.4与40.7。在构造树形时所用的是10月份与11月份加上季节性后的期货价格，它们分别为41.4 × 0.85 = 35.2和40.7 × 0.8 = 32.6。

像我们讲过的那样，有时商品价格的波动会呈现季节性。例如，由于气候的不确定性，某些农产品价格在作物生长季节波动性较大。我们可以利用第23章里所讨论的方法来监测波动率，并且估算波动率的季节性因素百分百，从而在式（34-2）与式（34-3）里我们可以将参数σ换成$\sigma(t)$。当波动率是时间函数时，对其构造三叉树形的步骤在网页www.rotman.utoronto.ca/~hull/TechnicalNotes中的Technical Note 9和16里有详细讨论。

34.4.4 跳跃

由于与气候相关的需求冲击，有些商品的价格（比如像电力和天然气）显示跳跃的特征。而另外一些商品（尤其是农产品），由于和气候有关的供应冲击，价格也往往会显示跳跃。我们可以在式（34-2）中引入跳跃项，那么即期价格所服从的过程变成了

$$\mathrm{d}\ln S = [\theta(t) - a\ln S]\mathrm{d}t + \sigma\mathrm{d}z + \mathrm{d}p$$

其中$\mathrm{d}p$是生成百分比跳跃的泊松过程（Poisson process）。这与在27.1节里描述股票价格的默顿混合跳跃－扩散模型相似。一旦跳跃频率与跳跃大小的概率分布被选定后，我们可以计算在将来时间t由于跳跃所引起的商品价格平均增长幅度。为了确定$\theta(t)$，在到期日为t的期货价格中减去这个增长量之后，我们可以利用三叉树方法。如21.6节与27.1节所述，蒙特卡罗模拟法可以用来实现这种模型。

34.4.5 其他模型

有时人们使用更加复杂的模型来描述原油价格。如果y表示方便收益率，那么即期价格的比例漂移项为$r-y$，其中r为短期无风险利率，描述即期价格过程的一种很自然的选择是

$$\frac{\mathrm{d}S}{S} = (r-y)\mathrm{d}t + \sigma_1\mathrm{d}z_1$$

Gibson和Schwartz建议将方便收益率作为一个具有均值回归性质的过程[㊀]

$$\mathrm{d}y = k(\alpha - y)\mathrm{d}t + \sigma_2\mathrm{d}z_2$$

其中k和α为常数，$\mathrm{d}z_2$和$\mathrm{d}z_1$是相关的维纳过程。为了能够与期货价格达到完全匹配，我们假定α是时间t的函数。

对于天然气与电力价格，Eydeland和Geman提出了如下形式的随机波动率模型[㊁]

$$\frac{\mathrm{d}S}{S} = a(b - \ln S)\mathrm{d}t + \sqrt{V}\mathrm{d}z_1$$

㊀ 见R. Gibson and E. S. Schwartz, "Stochastic Convenience Yield and the Pricing of Oil Contingent Claims," *Journal of Finance*, 45 (1990): 959-76。

㊁ A. Eydeland and H. Geman, "Pricing Power Derivatives," *Risk*, September 1998。

$$dV = c(d - V)dt + e\sqrt{V}dz_2$$

其中 a 、b 、c 、d 和 e 均为常数，dz_2 和 dz_1 是相关的维纳过程。在假定 b 也是随机时，Geman 用这种过程来描述原油的价格。[一]

34.5 气候衍生产品

许多公司的业绩表现都可能会受到气候的负面影响。[二]对这些公司而言，像对冲其外汇风险或利率风险一样来对冲气候风险的做法是有道理的。

场外市场上的第一种气候衍生产品是在1997年引进的。为了理解产品的运作，我们首先解释两个变量：

HDD：升温天数（Heating degree days）

CDD：降温天数（Cooling degree days）

1天的HDD定义成

$$\text{HDD} = \max(0, 65 - A)$$

而1天的CDD定义成

$$\text{CDD} = \max(0, A - 65)$$

其中 A 是在当天某个指定的气象站处最高与最低温度的平均（计量单位为华氏度）。例如，如果在一天内（子夜到子夜之间）的最高温度是68华氏度，而最低温度是44华氏度，这时 $A = 56$ ，因此这一天的HDD为9，CDD为0。

场外市场上的典型衍生产品是收益依赖于在一个月累积HDD或CDD的远期合约或期权。例如，某衍生产品交易商可能在2014年1月份卖给客户如下形式的期权：期权的标的变量是在芝加哥奥黑尔机场气象站2015年2月份的累积HDD，执行价格是700，每一度/天所对应的收益为1万美元。如果实际的累积HDD为820，那么收益将为120万美元。在合约里常常会含有收益上限。如果在我们的例子中收益上限为150万美元，这个合约与牛市差价是等价的（见第12章）：客户持有标的为累积HDD上执行价格为700的看涨期权多头与执行价格为850的看涨期权空头。

一天的HDD是度量在一天内取暖所需要的能源，一天的CDD是度量在一天内降温所需要的能源。大多数气象衍生产品合约是在能源生产商与客户之间签订的。但是零售商、连锁超市、食品与饮料加工、卫生服务、农产品公司以及娱乐行业都是气候衍生产品的潜在用户。气候风险协会（The Weather Risk Management Assocaition，见 www. wrma. org）的成立是为了向气候风险管理行业提供服务。

在1999年9月，芝加哥商业交易所（CME）开始交易气候期货与气候期货上的欧式期权。合约的标的变量是在某个气象站所观察的某个月的累积HDD和CDD。在月底一旦知道了HDD与CDD后，合约马上按现金形式交割。一份期货合约的大小是20乘以当月的累积HDD与CDD。目前CME为世界各地很多城市提供气候期货与期权，而且也提供在飓风、结霜、降雪上的期货与期权。

[一] H. Geman, "Scarcity and Price Volatility in Oil Markets," EDF Trading Technical Report, 2000.

[二] 美国能源部曾估计大约1/7的美国经济受到气候影响。

34.6 保险衍生产品

当衍生产品合约用于对冲目的时，它们有许多与保险合约相同的特征。两种合约的设计都是为了对不利事件提供保护，因此许多保险公司都有附属部门进行衍生品交易，而且保险公司的许多业务与投资银行非常相似。

在对冲像飓风和地震这样的**灾难性**（CAT）风险敞口时，保险业传统的做法是进行所谓的**再保险**（reinsuarance）。再保险合约有多种形式。假设某家保险公司对加州地震有1亿美元的风险敞口，但希望将敞口降低到3 000万美元。一种做法是每年签订再保险合约而对70%风险敞口提供保护。如果在某一年内加州地震的赔偿总数是5 000万美元，那么对公司的费用仅有1 500万美元。另一种更流行的方法可以降低再保险费用，即购买一系列覆盖所谓**超额损失层**（excess cost layers）的再保险合约。第一层可能对3 000万美元到4 000万美元之间的损失提供保障，下一层则可能会覆盖4 000万美元到5 000万美元之间的损失，等等。每个再保险合约都称为**超额损失**（excess-of-loss）再保险合约。再保险提供者卖出了总损失上的牛市差价，即执行价格等于损失层低端值的看涨期权多头和执行价格等于损失层高端值的看涨期权空头。[⊖]

有时CAT风险可能会引起巨额赔偿。在1992年发生的安德鲁飓风在佛罗里达州造成的保险损失高达150亿美元，这比在佛罗里达州之前7年内所收的相关保险费用还要高。假如安德鲁飓风也袭击到迈阿密市的话，估计保险损失会高达400亿美元。安德鲁飓风与其他一些灾害性事件使保险/再保险的费用急剧上涨。

在场外市场上出现了一些代替传统再保险的产品，其中最受欢迎的是CAT债券。CAT债券是由保险公司的附属机构发行的债券，其利息比普通债券要高。与高利息相交换的是债券持有人同意一种提供对超额损失再保险的合约。由债券的条款决定，债券的利息或本金（或两者）可以被用来支付赔偿。在上面的例子里，一家保险公司希望对加州地震所造成的在3 000万与4 000万美元之间的损失进行保护，这时保险公司可以发行面值为1 000万美元的CAT债券。当加州地震对保险公司所造成的损失超过3 000万美元时，债券持有人将会损失一部分甚至全部本金。另一种覆盖这个超额损失层的做法是保险公司发行很大数量的债券，使得只有债券的利息受到影响。

34.7 气候与保险衍生产品定价

气候与保险衍生产品的一个明显特点是产品的收益中没有系统风险（即在市场上给予补偿的风险），这说明由历史数据所得到的估计值也可以同样用在风险中性世界里。因此气候与保险衍生产品可以通过以下方式定价：

（1）利用历史数据估计收益的期望值；

（2）按无风险利率对收益的期望值贴现。

气候与保险衍生产品的另一个关键特征是标的不确定性随时间增长的方式。对于股票价

⊖ 有时再保险的形式也可能是当损失达到某个水平时提供一笔支付，这时保险提供者卖出了在损失上的现金或空手二项看涨期权。

格，不确定性的增长大约与时间的平方根成正比。股票价格在 4 年内的不确定性（以价格对数值的标准差来度量）大约是 1 年价格不确定性的 2 倍。对于商品价格，尽管有均值回归性质的作用，但是在 4 年内的不确定性（以价格对数值的标准差来度量）仍然比在 1 年内的不确定性高很多。对于气候，不确定性随时间的增长就很不明显。某个地点在 4 年后 2 月份的 HDD 与在同一地点 1 年后 2 月份的 HDD 不确定性会稍稍高一些。与此类似，对 4 年后开始一段时间里由于地震所造成损失的不确定性只是比与 1 年后开始类似一段时间里由于地震所造成损失的不确定性稍高一些。

现在考虑对累积 HDD 上期权的定价问题。我们可以搜集 50 年历史数据，并由此来估计 HDD 的概率分布。这些数据可以用于吻合对数正态，或者其他的概率分布，然后可以计算收益的期望值。将其按无风险利率贴现即可得出期权的价值。通过分析历史数据的趋向与考虑气象学家的预测，我们可以对这里的分析加以改进。

例 34-4

考虑以芝加哥奥黑尔机场气象站的累积 HDD 做标的资产、到期日为 2016 年 2 月、执行价格为 700 的看涨期权，每一度/天支付 1 万美元。假设从 50 年历史数据估计的 HDD 服从对数正态分布，均值为 710，HDD 自然对数的标准差等于 0.07。由式（15A-1），收益期望值为

$$10\,000 \times [710N(d_1) - 700N(d_2)]$$

其中

$$d_1 = \frac{\ln(710/700) + 0.07^2/2}{0.07} = 0.237\,6$$

$$d_2 = \frac{\ln(710/700) - 0.07^2/2}{0.07} = 0.167\,6$$

即 250 900 美元。假设无风险利率为 3%，所考虑期权的定价时间是 2015 年 2 月份（离到期日还有 1 年）。期权的价值是

$$250\,900 \times e^{-0.03\times1} = 243\,400$$

即 243 400 美元。

为了反映温度趋向，我们可以调整 HDD 的概率分布期望值。假设通过线性回归发现，2 月份的 HDD 以每年 0.5 的速度下降（也许是因为全球变暖的结果），因此对 2016 年 2 月份的 HDD 估计只有 697。[㊀]如果收益自然对数的标准差保持不变，那么收益期望值将降至 180 400 美元，期权的价值降为 175 100 美元。

最后，假设气候专家预测 2013 年的 2 月份很可能比较暖和，这时应当降低对 HDD 期望值的估计，从而期权的价值会降低。

在保险方面，Litzenberger 等人证明了 CAT 债券的收益与股票市场没有明显的相关性（这与我们想象的是一样的）。[㊁]这也印证了气候衍生品中没有系统风险，而且定价时可以利用保险

㊀ 在以前的 50 年内每年平均值都降低 0.5 度（平均是 710 度）。这说明在以前 50 年刚开始时，平均值是 722.5 度，在 50 年末，平均温度是 697.5 度。下一年的合理估计是 697 度。

㊁ R. H. Litzenberger, D. R. Beaglehole and C. E. Reynolds, "Assessing Catastrophe reinsurance-Linked Securities as a New Asset Class," Journal of Portfolio Management, Winter 1996: 76-86。

公司所收集的精算数据来进行。

CAT 债券一般会对高于通常水平的利率赋予很高的概率，对特大损失赋予低概率。投资人为什么会对这种证券感兴趣呢？答案是这种证券的收益期望（考虑到可能的损失后）比无风险投资的收益要高。然而在一个很大的组合里 CAT 债券的风险（至少在理论上）可以完全得以分散，因此 CAT 债券具有改进风险 - 收益均衡关系的可能性。

34.8 能源生产商如何对冲风险

能源生产商面临两类风险：一类是与能源市场价格有关的风险（价格风险），另一类是与能源被购买数量有关的风险（数量风险）。虽然价格会随着数量变化进行调节，但两者之间的关系并非完美。在构造对冲决策时，能源生产商必须将这两种风险都考虑在内。价格风险可以利用本章所讨论的能源衍生产品进行对冲，而数量风险则可以用气候衍生产品进行对冲。定义：

Y：1 个月的盈利；

P：1 个月的平均能源价格；

T：1 个月的相关气温变量（HDD 或 CDD）。

能源生产商可利用历史数据来得到一个最佳拟合线性回归方程

$$Y = a + bP + cT + \varepsilon$$

其中 ε 为误差项。能源生产商因此可以签订数量为 $-b$ 的能源远期合约或期货合约以及数量为 $-c$ 的气候远期合约或期货合约来对冲风险。以上的关系式也可以用于分析其他期权策略的有效性。

小 结

当需要控制和管理风险时，衍生产品市场在开发新产品来满足客户需求的方面有很强的创造力。

有许多不同形式的商品衍生品，标的变量可以是地里种植的农产品、家畜、金属以及能源产品。对它们定价的模型通常会包括均值回归，有时会明确考虑季节性并使模型包括跳跃项。以原油、天然气以及电力作为标的变量的能源衍生产品尤其重要，对这些产品定价的模型与描述股票价格、汇率以及利率所用的模型一样复杂。

在气候衍生产品市场里，HDD 和 CDD 两个测度可以用来描述一个月中的天气温度。这些测度可以用来描述交易所交易与场外市场衍生产品的最终收益。毫无疑问，随着气候衍生产品的发展，在今后我们将会看到有关降雨、降雪以及其他气候变量的衍生产品。

保险衍生产品已经逐渐开始取代传统的再保险合约。这些产品为保险公司管理像飓风和地震等这样灾难性风险提供了工具。毫无疑问，在将来我们会看到其他保险产品（例如，生命保险以及汽车保险）会以类似的方式进行交易。

在气候和保险衍生产品中，标的变量里没有系统风险。这意味着我们可以采用历史数据法来计算收益期望，并利用无风险利率对收益进行贴现来求得衍生产品的价值。

推荐阅读

关于商品衍生生产品

Clewlow, L., and C. Strickland. *Energy Derivatives: Pricing and Risk Management*. Lacima Group, 2000.

Edwards, D.W. *Energy, Trading, and Investing: Trading, Risk Management and Structuring Deals in the Energy Markets*. Maidenhead: McGraw-Hill, 2010.

Eydeland, A., and K. Wolyniec. *Energy and Power Risk Management*. Hoboken, NJ: Wiley, 2003.

Geman, H. *Commodities and Commodity Derivatives: Modeling and Pricing for Agriculturals, Metals, and Energy*. Chichester: Wiley, 2005.

Gibson, R., and E.S. Schwartz. "Stochastic Convenience Yield and the Pricing of Oil Contingent Claims," *Journal of Finance*, 45 (1990): 959–76.

Schofield, N.C. *Commodity Derivatives: Markets and Applications*. Chichester: Wiley, 2011.

关于气候衍生产品

Alexandridis, A.K., and A.D. Zapranis. *Weather Derivatives: Modeling and Pricing Weather Related Risk*. New York: Springer, 2013.

Cao, M., and J. Wei. "Weather Derivatives Valuation and the Market Price of Weather Risk," *Journal of Futures Markets*, 24, 11 (November 2004), 1065–89.

关于保险衍生产品

Canter, M.S., J.B. Cole, and R.L. Sandor. "Insurance Derivatives: A New Asset Class for the Capital Markets and a New Hedging Tool for the Insurance Industry," *Journal of Applied Corporate Finance* (Autumn 1997): 69–83.

Froot, K.A. "The Market for Catastrophe Risk: A Clinical Examination," *Journal of Financial Economics*," 60 (2001): 529–71.

Litzenberger, R.H., D.R. Beaglehole, and C.E. Reynolds. "Assessing Catastrophe Reinsurance-Linked Securities as a New Asset Class," *Journal of Portfolio Management* (Winter 1996): 76–86.

练习题

34.1 HDD与CDD的含义是什么？

34.2 典型的天然气远期合约是如何构造的？

34.3 对于衍生产品定价，历史数据法和风险中性之间的区别是什么？在哪种情形下，两种方法得出的结果是一致的？

34.4 假定在7月份每一天的最低温度为68华氏度，最高温度为82华氏度，一个基于7月份累积CDD、执行价为250的期权收益为多少？假定每一度/天的收益为5 000美元。

34.5 为什么电力价格的波动比其他能源价格的波动率要大？

34.6 为什么我们可以采用历史数据法来计算气候衍生产品和CAT债券的价格？

34.7 "HDD与CDD可以被看成是以温度为标的变量的期权收益。"解释这一观点。

34.8 假定你有过去50年有关温度的数据可以使用，仔细解释如何由此数据来计算对于某一个月累积CDD的远期合约价格。

34.9 你认为一年期限的原油远期合约价格波动率是会大于还是会小于现期市场价格的波动率？解释你的观点。

34.10 具有较高波动率和较强均值回归性质的能源价格特点是什么？给出这种能源的一个例子。

34.11 能源制造商如何利用衍生产品来对冲风险？

34.12 解释2009年5月可每天行权的5×8电力期权运作方式。解释2009年5月依月行使的5×8期权的运作方式。哪一个期权价值更高？

34.13 解释CAT债券的运作方式。

34.14 假定两个券息、期限以及价格均相同的债券，其中一个公司债券信用评级为B，另一个债券为CAT债券。由历史数据所做的推断显示出在今后每一年这两个债券的损失期望都相等。这时你会建议交易组合经理去购买哪一个债券？为什么？

34.15 考虑某种商品的价格，价格的波动率为常数，增长率只是时间的函数。证明在传统风险中性世界里

$$\ln S_T \sim \phi\left(\ln F(T) - \frac{1}{2}\sigma^2 T, \sigma^2 T\right)$$

其中 S_T 是商品在时间 T 的价格，$F(t)$ 是期限为 t 的期货价格在时间0的值，$\phi(m,v)$ 是均值为 m、方差为 v 的正态分布。

作业题

34.16 一家保险公司的某项保险损失可以用正态分布来描述。正态分布的期望值为1.5亿美元，标准差为5 000万美元（假定风险中性损失与现实世界损失没有区别）。1年无风险利率为5%，解释在以下几种情形下保险合约的费用。

(a) 在1年里支付占保险公司整体损失比例为60%的合约。

(b) 在1年里如果损失超出2亿美元，保险赔偿为1亿美元的保险合约。

34.17 当1年期与2年期的期货价格分别为21美元和22美元（而不是22美元和23美元）时，如何调整图34-2中的图形？这对例34-3中的美式期权价格有什么影响？

第35章 实物期权

CHAPTER35

到现在为止，我们所关心的问题几乎全是对金融资产的定价。在本章中，我们探讨如何将这些方法推广到对于实物资产的资本投资机会的评估上，这里的实物资产包括土地、建筑、厂房以及设备。由于在这些投资机会中常常含有隐含期权（像扩大投资的权利、放弃投资的权利、推迟投资的权利等），利用传统的资本投资评估技巧对这些期权定价是非常困难的。一种称为**实物期权**（real option）的方法试图利用期权定价理论来处理这些问题。

在本章里，我们首先解释如何利用传统方法对实物资产投资进行评估，并说明为什么利用这种方法对隐含期权估价会非常困难。此后我们将解释如何把风险中性定价方法推广到处理实物资产定价的问题上，并且利用几个例子来展示在不同情形下如何使用这种风险中性定价方法。

35.1 资本投资评估

对资本投资项目评估的传统处理方式是**净现值**（net present value，NPV）法。一个项目的NPV是其未来预期现金流增值的贴现值。计算贴现值所用的贴现率是一种经过“风险调整”（risk-adjusted）的贴现利率，它的选取反映了项目的风险程度。项目风险越大，贴现率也会越高。

作为例子，考虑一项费用为1亿美元而延续5年的投资。预期每年的现金流入估计为2 500万美元。如果经过风险调整后的贴现率是12%（连续复利），那么投资的净现值（以百万计）是

$$-100+25e^{-0.12\times1}+25e^{-0.12\times2}+25e^{-0.12\times3}+25e^{-0.12\times4}+25e^{-0.12\times5}=-11.531$$

净现值为负值表明承担这个项目的结果将会降低公司对股东的价值，因此不应投资这一项目，而正的净现值则表明应当投资这个项目，因为这样做的结果将会增加股东的财富。

风险调整后的贴现率应当是公司（或公司的股东）投资所需求的收益率。它可以通过许多方式来计算。常常被推荐的一种方法是利用资本资产定价模型

(capital asset pricing model，CAPM，参见第 3 章附录 3A)。步骤如下。

(1) 选取一些主要业务与所考虑项目类似的公司。

(2) 计算这些公司的 Beta，并将它们的平均值来作为项目 Beta 的近似。

(3) 将所需求的收益率设为无风险利率加上项目 Beta 乘上市场收益率超过无风险利率的部分。

利用传统 NPV 方法所遇到的一个难题是许多项目都含有隐含期权。例如，某个公司在考虑建造一个工厂来加工一项新产品，当情况不如预先想象得那么好时，公司常常有放弃这个项目的权利；而当市场上对其新产品的需求超出预料时，公司同样有扩大工厂的权利。这些权利常常具有与基本项目很不相同的风险特征，因此，在定价时需要使用不同的贴现率。

为了理解这里的问题，考虑在第 13 章开头给出的例子。这时，股票的当前价格为 20 美元，在 3 个月后价格可能是 22 美元也可能是 18 美元。风险中性定价说明了股票上执行价格为 21 美元、期限为 3 个月的看涨期权价值为 0.663。第 13 章开始的第一个脚注说明，如果在现实世界里投资者对股票所需求的预期收益率是 16%，那么相应的对期权所需求的预期收益率将会是 42.6%。类似的分析表明，如果这是个看跌期权而不是看涨期权，对期权所需求的预期收益率将会是 -52.5%。这些分析意味着，如果利用传统的净现值方法对看涨期权定价，正确的贴现率应当是 42.6%；而对看跌期权定价时，正确的贴现率却应当是 -52.5%。对于这些贴现率，我们没有什么容易的办法来估计（这里我们可以求得这些贴现率的原因是因为可以用别的方法对期权定价）。与此类似，对由于放弃、扩大以及其他权利所产生的现金流，也没有容易的办法来估计经风险调整的适当贴现率。这正是我们探讨能否将通常的金融资产期权上的风险中性定价原理用在实物资产期权上的动机。

利用 NPV 方法的另一个难题是如何计算适用于基本项目（即没有隐含期权的项目）贴现率。上面三步程序中用来计算 Beta 的公司本身也都应具有自己的扩大和放弃一些项目的权利，在它们的 Beta 里已经反映了这些期权信息，因此这些公司并不一定适用于估计基本项目的 Beta。

35.2 风险中性定价的推广

在 28.1 节里，我们定义一个变量 θ 的风险市场价格为

$$\lambda = \frac{\mu - r}{\sigma} \tag{35-1}$$

其中 r 是无风险利率，μ 是仅依赖于 θ 的可交易证券收益率，σ 是它的波动率。如第 28.1 节所示，对任何仅依赖于 θ 的可交易证券都会得到同样的风险市场价格 λ。

假设某个实物资产依赖于一些变量 θ_i（$i = 1, 2, \cdots$）。令 m_i 和 s_i 分别为 θ_i 的增长率期望和波动率，于是

$$\frac{\mathrm{d}\theta_i}{\theta_i} = m_i \mathrm{d}t + s_i \mathrm{d}z_i$$

其中 z_i 是一个维纳过程。定义 θ_i 的风险市场价格为 λ_i。可以通过推广风险中性定价原理来证明对任何依赖于 θ_i 的资产，我们都可以利用如下方式来定价[⊖]

⊖ 为了说明与风险中性定价的一致性，假定 θ_i 为一个无股息股票，因为 θ_i 为交易证券，式（35-1）意味着 $(m_i - r)/s_i = \lambda_i$，或 $m_i - \lambda_i s_i = r$。因此，对增长率期望的调整等价于将股票收益设定为无风险利率。关于一个更为一般结果的证明，见 www.rotman.utoronto.ca/~hull/TechnicalNotes 里的 Technical Note 20。

（1）将每个 θ_i 的预期增长率从 m_i 降到 $m_i - \lambda_i s_i$；

（2）用无风险利率对现金流进行贴现。

例 35-1

在某个城市里，租用商品房产的费用是按新签署的5年租用合同中每平方英尺每年所付款项来报价的。目前，每平方英尺的费用为30美元。费用的增长率期望为每年12%，波动率为每年20%，它的风险市场价格为0.3。某公司面临如下机会：它可以现在付100万美元而有权在2年后按每平方英尺35美元的费用租用100 000平方英尺，租期为5年。无风险利率是每年5%（假定是常数）。定义 V 为两年后所报出的每平方英尺写字楼空间的费用。为简化运算，我们假设每年都是预先交付租金。期权的收益是

$$100\,000A\max(V-35,0)$$

其中 A 是由下面式子所给出的摊还因子

$$A = 1 + 1\times e^{-0.05\times1} + 1\times e^{-0.05\times2} + 1\times e^{-0.05\times3} + 1\times e^{-0.05\times4} = 4.5355$$

因此在风险中性世界里收益的期望值为

$$100\,000\times4.5355\times\hat{E}[\max(V-35,0)] = 453\,550\times\hat{E}[\max(V-35,0)]$$

其中 $\hat{E}$ 表示在风险中性世界里的期望。利用式（15A-1），我们得出以上表达式等价于

$$453\,550[\hat{E}(V)N(d_1) - 35N(d_2)]$$

其中

$$d_1 = \frac{\ln[\hat{E}(V)/35] + 0.2^2\times2/2}{0.2\sqrt{2}}$$

$$d_2 = \frac{\ln[\hat{E}(V)/35] - 0.2^2\times2/2}{0.2\sqrt{2}}$$

在风险中性世界里，商业房产费用的增长率期望是 $m-\lambda s$，其中 m 是现实世界里的增长率，s 是波动率，λ 是风险市场价格。在这里，$m=0.12$，$s=0.2$ 和 $\lambda=0.3$，于是风险中性增长率期望是0.06，或每年6%，因此 $\hat{E}(V) = 30e^{0.06\times2} = 33.82$。将此带入上面表达式中，我们即可得到在风险中性世界里收益的期望值是150.15万美元。以无风险利率贴现后，期权的价值为 $150.15e^{-0.05\times2} = 135.86$ 万美元，这说明为这个期权支付100万美元是划算的。

35.3 估计风险市场价格

利用实物期权的方法来评估投资可以使我们避免诸如35.1节中所述的那样去估计风险调整后的贴现率，但却需要估计所有随机变量的风险市场价格参数。当一个变量有历史数据时，我们可以用资本资产定价模型来估计它的风险市场价格。为了说明这种估计方法，我们考虑一个仅依赖于这个变量的投资资产。定义：

μ：投资资产收益率的期望；

σ：投资资产收益的波动率；

λ：变量的风险市场价格；

ρ：变量的百分比变化与一个包含广泛股票的指数收益率之间的瞬时相关系数；

μ_m：股票指数收益率的期望值；
σ_m：股票指数收益率的波动率；
r：短期无风险利率。

因为投资资产仅依赖于市场变量，它的收益与指数之间的瞬时相关系数也等于ρ。应用连续时间下的资本资产定价模型（见第3章目录），我们有[⊖]

$$\mu - r = \frac{\rho\sigma}{\sigma_m}(\mu_m - r)$$

由式（35-1），$\mu - r$的另一种表达方式为

$$\mu - r = \lambda\sigma$$

因此

$$\lambda = \frac{\rho}{\sigma_m}(\mu_m - r) \tag{35-2}$$

我们可以利用这个方程估计λ。

例 35-2

某公司的季度销售额历史数据所显示的公司销售额百分比变化与标普500股指收益之间的相关系数为0.3。标普500的波动率是每年20%，历史数据表明，标普500收益高于无风险利率部分的期望值是5%。式（35-2）给出了对公司销售额的风险市场价格估计为

$$\frac{0.3}{0.2} \times 0.05 = 0.075$$

当没有所考虑变量的历史数据时，有时可以使用其他变量代替。例如，如果建造了一个工厂用来加工一种新产品，那么我们可以搜集其他类似产品的销售额数据。市场指数与新产品之间的相关系数可以假设为这些其他产品与市场之间的相关系数。在一些情形下，对式（35-2）中ρ的估计必须靠主观判断。如果分析员确信一个变量与市场指数的表现无关，那么应当将它的风险市场价格设成零。

对某些变量，如果可以直接估计它在风险中性世界里所服从的过程，那么将没有必要去估计它的风险市场价格。例如，当变量是一个金融资产的价格时，它在风险中性世界里的总收益率应该等于无风险利率。如果变量是短期利率r，第31章说明了如何由初始利率期限结构来估计它的风险中性过程。

对于商品，如第34章所述，期货价格可以用来估计风险中性过程。例34-2是一个实物期权的简单应用，其中利用了期货价格来评估关于饲养活牛的投资决策。

35.4 对业务的评估

对业务评估的一种传统方法是将市盈倍数（P/E multiplier）乘以现时盈余，这一传统方法对新企业评估不太适用。一个新企业常常具有这样的特点：由于在头几年内企业试图获取更多的市场并与客户建立关系，企业的利润往往为负。对这些企业的评估必须要依靠估计企业在未

⊖ 将资产溢差对市场指数溢差进行回归时，回归系数 Beta 为$\beta\sigma/\sigma_m$。

来不同情形下的利润和现金流。

在这种情况下，实物期权方法会很有用处。公司在未来的现金流一般会依赖于一些变量，像销售额增长、可变成本与销售额的百分比、固定成本等。对一些关键变量，我们应当利用像前两节所述的方法来估计它们的风险中性随机过程，然后可以用蒙特卡罗方法生成在各种不同情形下每年的净现金流。公司很可能在一些情形下盈利很好，而在另一些情形下却会倒闭而停止运作（在模拟过程中必须明确倒闭的规则，即在何种情形下公司会倒闭）。公司的价值等于每年净现金流的期望以无风险利率贴现的现值。业界事例 35-1 给了一个将此方法应用于对亚马逊公司（Amazon. com）定价的例子。

业界事例 35-1 评估亚马逊公司

在利用实物期权对公司定价方面，最早的一篇文章是 Schwartz 和 Moon（2000）所发表，他们考虑了亚马逊公司在 1999 年年底的价格。假设公司的销售利润 R 与其收入增长率 μ 服从以下随机过程

$$\frac{\mathrm{d}R}{R} = \mu \mathrm{d}t + \sigma(t)\,\mathrm{d}z_1$$

$$\mathrm{d}\mu = \kappa(\bar{\mu} - \mu)\,\mathrm{d}t + \eta(t)\,\mathrm{d}z_2$$

假定两个维纳过程 $\mathrm{d}z_1$ 和 $\mathrm{d}z_2$ 互不相关，并且根据历史数据，Schwartz 和 Moon 对 $\sigma(t)$、$\eta(t)$、κ 与 $\bar{\mu}$ 做了一些合理的假设。

假设卖出产品成本是销售额的 75%，其他可变成本是销售额的 19%，而固定成本是每季度 7 500 万美元。最初销售额水平是 3. 56 亿美元，最初税务结转亏损是 5. 59 亿美元，税率是 35%。变量 R 的风险市场价格可以通过历史数据按上一节中所述方法估计，变量 μ 的风险市场价格被假设成零。

分析的展望期被设定为 25 年，在展望期最后，公司的价值被假定为 10 倍于公司的税前盈利，最初的现金持有量为 9. 06 亿。当现金余额为负值时，公司将会破产。

蒙特卡罗模拟法可以在风险中性世界里产生将来的不同情形。在不同情形下，需要将行使可转换债券以及行使雇员期权的可能性考虑在内。对于股权人而言，公司的价值等于将来的现金流以无风险利率进行贴现后的总和。

在这些假设下，Schwartz 和 Moon 得出亚马逊公司股票在 1999 年年底的估价为 12. 42 美元，当时其市场价格为 76. 125 美元（虽然在 2000 年，该股票价格大幅下跌）。实物期权法的优点在于这一方法对关键的假设进行了识别。Schwartz 和 Moon 发现估计的股价对增长率的波动率 $\eta(t)$ 十分敏感，该波动率是期权价值的主要来源，$\eta(t)$ 上小小的增量会使得期权价值增大，从而会使得亚马逊公司股票的估价大大增大。

35. 5 投资机会中期权的定价

我们已经提到过，大多数投资项目都会涉及期权。这些期权可以给项目增加可观的价值，但人们常常会忽略这些期权或使用错误的方法定价。隐含在投资项目里的期权可能包括以下几种。

(1) **放弃期权**（abandonment option）。这是指转让或关闭项目的权利。它是项目价值上的美式看跌期权，期权的执行价格是项目的清仓（或转让）价值减去清仓时的所有费用。当清仓价值很低时，执行价格可能为负值。放弃期权可以减轻非常糟糕的投资结果对项目的影响，从而增加最初项目的价值。

(2) **扩大期权**（expansion option）。这是指在以后当条件有利时增加投资，从而增加生产的权利。它是在增加生产能力价值上的美式看涨期权。期权的执行价格是增加生产

能力的成本被贴现到行使期权时的价值。执行价格常常与最初的投资有关。如果在最初选择构建时，管理层计划的生产规模已经超过预期生产的水平，那么执行价格会相对很小。

(3) **缩减期权**（contraction option）。这是减小项目规模的权利，它是关于减少生产能力的价值上的美式看跌期权。期权的执行价格是在行使时刻所有将被节省的未来支出的贴现值。

(4) **推迟期权**（option to defer）。对于管理人而言，一种非常重要的权利是能够推迟项目。这是项目价值上的美式看涨期权。

(5) **延期期权**（option to extend life）。有时可能在付出一笔固定费用后可以延长一个资产的寿命，这是在资产将来价值上的欧式看涨期权。

35.5.1 例子

作为对含有隐含期权投资评估的简单例子，我们考虑下面问题：一家公司需要决定是否要投资1 500万美元以便在今后3年内从某处按每年200万单位的速度提取600万单位商品。运作设备的固定成本是每年600万美元，而可变成本（variable cost）是提取每单位商品需要17美元。我们假设所有期限的无风险利率均为每年10%，商品即期价格是每单位20美元，1年、2年和3年的期货价格分别是每单位22美元、23美元和24美元。

35.5.2 当没有隐含期权时的定价

我们首先假定这个项目中没有隐含期权。在1年、2年和3年后，商品价格在风险中性世界里的期望值分别是22美元、23美元和24美元。在风险中性世界里项目收益的期望值可以通过费用支出数据计算，在1年、2年和3年的值分别是（按百万美元计）4.0，6.0和8.0。因此，项目的价值为

$$-15.0+4.0e^{-0.1\times1}+6.0e^{-0.1\times2}+8.0e^{-0.1\times3}=-0.54$$

这个分析表明，公司不应当承担这个项目，因为这样做会使股权持有者的财富降低54万美元。

35.5.3 利用树形

我们现在假设商品的即期价格服从随机过程

$$\mathrm{d}\ln S=[\theta(t)-a\ln S]\mathrm{d}t+\sigma\mathrm{d}z \tag{35-3}$$

其中$a=0.1$和$\sigma=0.2$。对于这里的例子，在第34.4节里我们说明了如何对商品价格构造树形，如图35-1所示（与图34-2相同）。树形所代表的过程与对S所假设的过程、对a和σ所假设的值，以及1年、2年和3年的期货价格是一致的。

当没有隐含期权时，我们不需要利用树形来对项目估价（我们已经知道在没有期权时项目的基本价值是-0.54）。但是，在我们考虑期权之前，为了帮助理解以及将来计算，我们利用树形来对没有期权时的项目进行估价，并且验证前面所得到的结果。图35-2展示了项目在图35-1中的每个节点上的价值。例如，考虑节点H，在第3年年末商品价格为22.85的概率是0.221 7，于是在第3年内的盈利是$2\times22.85-2\times17-6=5.70$。与此类似，在第3年年末商品价格为16.16的概率是0.656 6，因此盈利是-7.68，以及在第3年年末商品价格为11.43的概率是0.121 7，因此盈利是-17.14。由此可以得到在图35-2中节点H上的项目价值为

$$[0.2217\times5.70+0.6566\times(-7.68)+0.1217\times(-17.14)]e^{-0.1\times1}=-5.31$$

作为另一个例子，考虑节点 C，移动到价格为 31.37 的节点 F 的概率是 0.1667。在第 2 年的现金流为 2×31.37－2×17－6＝22.74。在节点 F 后的现金流价值为 21.24。因此，当移动到节点 F 时项目的总价值为 21.42＋22.74＝44.16。类似地，当我们移动到节点 G 和 H 时，项目的总价值分别为 10.35 和－13.93。因此，项目在节点 C 的价值为

$$[0.1667\times44.16+0.6666\times10.35+0.1667\times(-13.93)]e^{-0.1\times1}=10.80$$

图 35-2 显示了在最初的节点 A 上，项目的价值为 14.46。因此，当我们将项目在开始时的投资考虑进去时，项目的价值为－0.54，这与我们前面的计算结果一致。

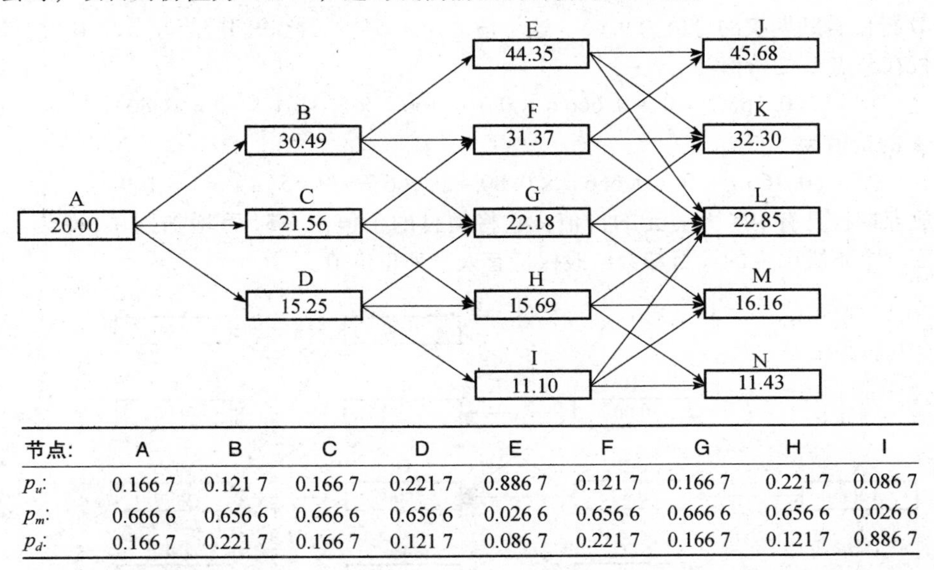

节点:	A	B	C	D	E	F	G	H	I
p_u:	0.166 7	0.121 7	0.166 7	0.221 7	0.886 7	0.121 7	0.166 7	0.221 7	0.086 7
p_m:	0.666 6	0.656 6	0.666 6	0.656 6	0.026 6	0.656 6	0.666 6	0.656 6	0.026 6
p_d:	0.166 7	0.221 7	0.166 7	0.121 7	0.086 7	0.221 7	0.166 7	0.121 7	0.886 7

图 35-1 即期商品价格的树形：这里 p_u，p_m 和 p_d 是从一个节点向“上”“中”和“下”移动的概率

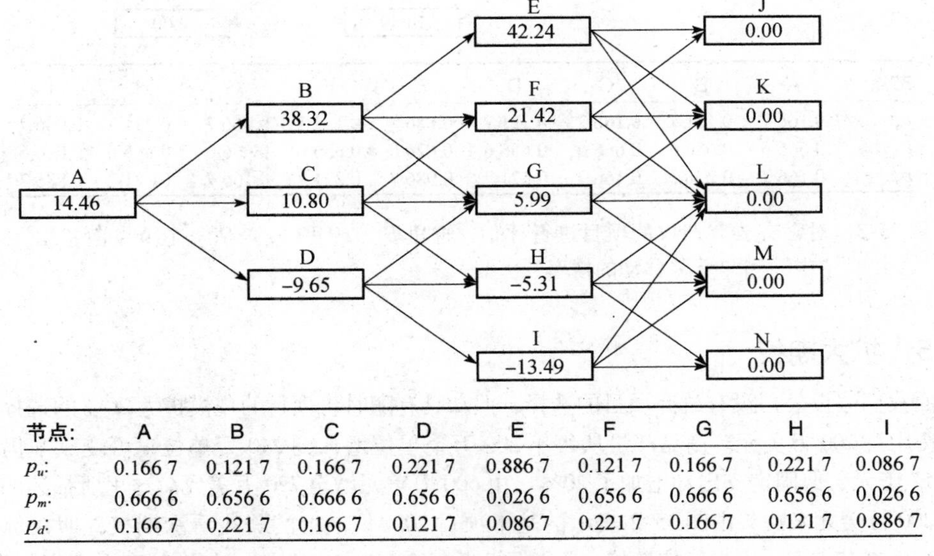

节点:	A	B	C	D	E	F	G	H	I
p_u:	0.166 7	0.121 7	0.166 7	0.221 7	0.886 7	0.121 7	0.166 7	0.221 7	0.086 7
p_m:	0.666 6	0.656 6	0.666 6	0.656 6	0.026 6	0.656 6	0.666 6	0.656 6	0.026 6
p_d:	0.166 7	0.221 7	0.166 7	0.121 7	0.086 7	0.221 7	0.166 7	0.121 7	0.886 7

图 35-2 对没有内含期权的基本项目进行评估：这里 p_u、p_m 和 p_d 是从一个节点向“上”“中”和“下”移动的概率

35.5.4 放弃期权

现在假设公司具有随时放弃项目的选择。我们假定项目一旦被放弃，项目将没有残值，而且不需要再支付费用。放弃期权是执行价格为零的美式看跌期权，其价格的计算显示在图 35-3 中。由于在节点 E，F 和 G 上项目的价值为正，期权不应当被行使，而在节点 H 和 I 上应当行使期权。在节点 H 和 I 上看跌期权的价值分别是 5.31 和 13.49。在树形上向前递推计算，我们可以计算在节点 D 上如果期权不被行使，其价值为

$$(0.1217\times 13.94+0.6566\times 5.31+0.2217\times 0)e^{-0.1\times 1}=4.64$$

在节点 D 行使看跌期权的价值为 9.65。这个值大于 4.64，因此我们应当在节点 D 上行使期权。看跌期权在节点 C 的价值为

$$(0.1667\times 0+0.6666\times 0+0.1667\times 5.31)e^{-0.1\times 1}=0.80$$

在节点 A 的价值为

$$(0.1667\times 0+0.6666\times 0.80+0.1667\times 9.65)e^{-0.1\times 1}=1.94$$

因此，放弃期权具有 194 万美元的价值，它将项目的价值由 -54 万增加到 +140 万。由此可见，前面一个不吸引人的项目却会给股权持有人带来正价值。

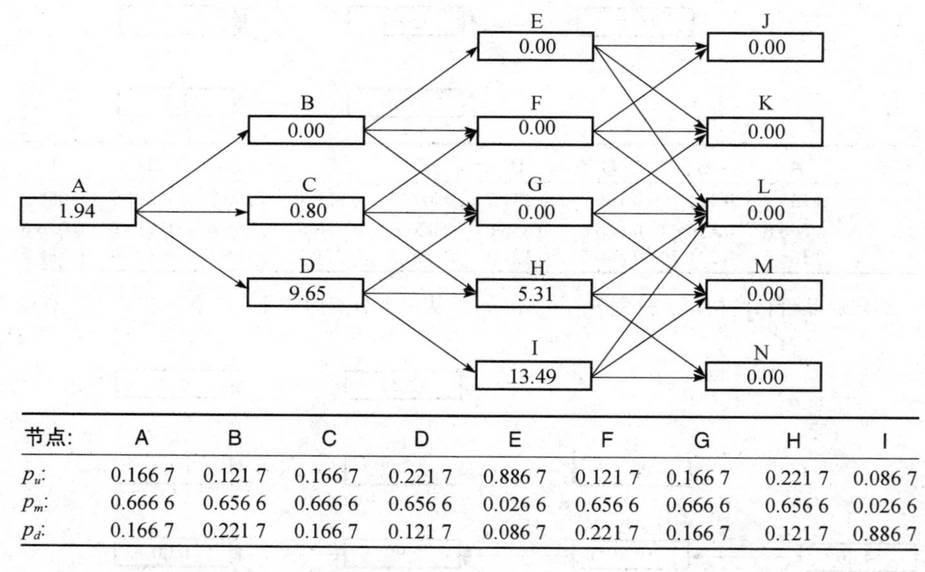

节点:	A	B	C	D	E	F	G	H	I
p_u:	0.1667	0.1217	0.1667	0.2217	0.8867	0.1217	0.1667	0.2217	0.0867
p_m:	0.6666	0.6566	0.6666	0.6566	0.0266	0.6566	0.6666	0.6566	0.0266
p_d:	0.1667	0.2217	0.1667	0.1217	0.0867	0.2217	0.1667	0.1217	0.8867

图 35-3 对含有放弃期权的项目进行评估：这里 p_u、p_m 和 p_d 是从一个节点向“上”、“中”和“下”移动的概率

35.5.5 扩大期权

下面我们假设公司没有放弃项目的选择，但却具有随时将项目的规模扩大 20% 的选择，扩大规模的费用是 200 万美元。商品产量从每年 200 万个单位增加到 240 万单位，可变成本仍保持在每单位 17 美元，但固定支出却增加了 20%，由 600 万美元增至 720 万美元。这里所描述的扩大期权是付 200 万美元来购买由图 35-2 表示的基本项目 20% 价值上的美式看涨期权，期权价值由图 35-4 计算。在节点 E，应当行使期权，收益是 $0.2\times 42.24-2=6.45$。在节点 F 也应当行使期权，收益是 $0.2\times 21.42-2=2.28$。在节点 G，H 和 I 上，期权不应当被行使。在节点 B，行使期权要

比等待的价值大，期权价值为0.2×38.32－2＝5.66。在节点C，如果期权不被行使，它的价值为

$$(0.1667\times 2.28+0.6666\times 0.00+0.1667\times 0.00)e^{-0.1\times 1}=0.34$$

而如果期权被行使，它的价值为0.2×10.80－2＝0.16。因此，在节点C不应当行使期权。在节点A，如果期权不被行使，其价值为

$$(0.1667\times 5.66+0.6666\times 0.34+0.1667\times 0.00)e^{-0.1\times 1}=1.06$$

如果期权被行使，其价值为0.2×14.46－2＝0.89。因此提前行使期权不是最优。在此情形下，期权会将项目的价值从－0.54增加到＋0.52。这里我们再次发现，尽管以前项目具有负值，但现在却是正值。

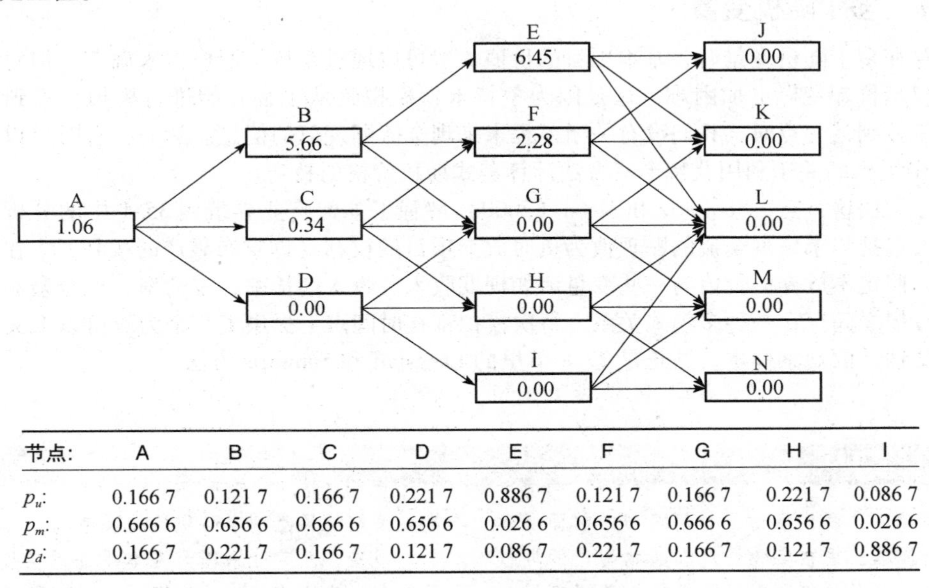

节点:	A	B	C	D	E	F	G	H	I
p_u:	0.166 7	0.121 7	0.166 7	0.221 7	0.886 7	0.121 7	0.166 7	0.221 7	0.086 7
p_m:	0.666 6	0.656 6	0.666 6	0.656 6	0.026 6	0.656 6	0.666 6	0.656 6	0.026 6
p_d:	0.166 7	0.221 7	0.166 7	0.121 7	0.086 7	0.221 7	0.166 7	0.121 7	0.886 7

图35-4 对含有扩大期权的项目进行评估：这里p_u、p_m和p_d是从一个节点向“上”、“中”和“下”移动的概率

相对来说，图35-4中的扩大期权比较容易评估，因为一旦期权被行使，随后的所有现金流出和流入均增加20%。在固定成本保持不变或增长小于20%的情形，我们将需要在图35-4的节点上考虑更多的信息。明确地讲，我们需要记录下面信息来计算行使期权所带来的收益：

（1）其后固定成本的贴现值；

（2）其后除去可变成本的收入。

然后可以计算行使期权时的收益。

35.5.6 多种期权

当一个项目具有两个或更多个期权时，它们一般不会是独立的。同时含有期权A和B的价值一般不等于两个期权之和。为了说明这一点，假定我们所考虑的公司同时具有放弃和扩大的权利。当项目已经被放弃时，再扩大项目是不可能的。而且放弃项目的看跌期权价值一般会依赖于项目是否已经被扩大过。[⊖]

⊖ 在例35-3和图35-4中的期权恰好不相关。但是当取时间间隔更小而使得树形变得更大时，两个期权之间的影响将会成为问题。

我们例子中的两个期权之间的相互影响可以通过在每个节点上考虑4个状态来处理：

(1) 还没有放弃，还没有扩大；

(2) 还没有放弃，已经被扩大；

(3) 已经放弃，还没有被扩大；

(4) 已经放弃，已经被扩大。

从树上向前递推时，我们需要在每个节点上计算所有4种不同期权的价值总和。在第27.5节里对依赖路径期权定价的处理方法有更详细的讨论。

35.5.7 多个随机变量

当存在多个随机变量时，基本项目的价值一般可以通过蒙特卡罗模拟来确定。但对项目的隐含期权定价却变得更加困难。这是因为蒙特卡罗模拟是从工程开始进行模拟，直到工程结束。当模拟到某一点时，我们没有关于工程未来现金流贴现值的信息。然而，有时可以使用在27.8节中提到的关于利用蒙特卡罗方法计算美式期权价格的技巧。

为了说明这一点，Schwartz 和 Moon（2000）解释了如何将业界事例35-1中的分析推广到可以考虑包括当未来现金流的贴现值为负时放弃项目的权利（即宣布破产的权利）。[1]在每个时间步上，假定不放弃的价值与一些变量诸如现期收入、收入增长率、波动率、现金余额以及税务结转亏损之间存在一种多项式关系。每次模拟都在时间点上提供了一个为取得以上关系的最小二乘法估计的观察样本，这正是27.8节里的 Langstaff 和 Schwartz 方法。[2]

小 结

在本章中，我们探讨了如何将书中前面所建立的定价原理应用在实物资产和实物资产的期权上，我们说明了如何利用风险中性定价原理对依赖于任何一组变量的资产定价。为了反应风险市场价格，我们需要对每个变量的增长率期望加以调整。在调整之后，资产的价格等于其现金流的期望值按无风险利率贴现后的现值。

风险中性定价原理为资本投资评估提供了一种内在一致的处理方法，同时也可以用来对许多常常含有隐含期权的实际项目进行定价。通过对 Amazon.com 在1999年年底的定价和一个商品项目定价的例子，我们演示了如何使用这种方法。

推荐阅读

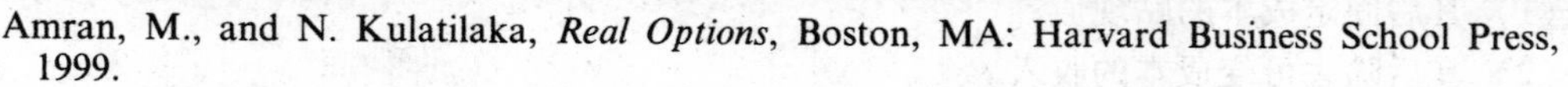

Amran, M., and N. Kulatilaka, *Real Options*, Boston, MA: Harvard Business School Press, 1999.

Copeland, T., and V. Antikarov, *Real Options: A Practitioners Guide*, New York: Texere, 2003.

Koller, T., M. Goedhard, and D. Wessels, *Valuation: Measuring and Managing the Value of Companies*, 5th edn. New York: Wiley, 2010.

Mun, J., *Real Options Analysis*, Hoboken, NJ: Wiley, 2006.

Schwartz, E.S., and M. Moon, "Rational Pricing of Internet Companies," *Financial Analysts Journal*, May/June (2000): 62–75.

Trigeorgis, L., *Real Options: Managerial Flexibility and Strategy in Resource Allocation*, Cambridge, MA: MIT Press, 1996.

[1] 35.4节的分析假定现金流余额为负时，破产会发生，但这一假设对亚马逊不一定为最优。

[2] 见 F. A. Longstaff and E. S. Schwartz, "Valuing American Options by Simulation: A Simple Least-Squares Approch," *Review of Financial Studies*, 14, 1 (Spring 2001): 113-47。

练习题

35.1 对于新的资本投资机会进行评估有两种不同的方法，它们是净现值定价法和风险中性定价法。解释它们之间的区别。在对实物期权定价时，风险中性定价方法有什么优点？

35.2 铜价的风险市场价格是0.5，铜价的波动率是每年20%，即期市场价格是每磅80美分，而且6月期的期货价格是每磅75美分。在以后6个月里，铜价的百分比增长率期望是多少？

35.3 如果y代表某商品的便利收益率，u为储存费用率，证明在传统中性世界里该商品的整长率为$r-y+u$，其中r为无风险利率。推导商品的风险市场价格，其在现实世界的增长率、波动率、y以及u之间的关系。

35.4 一个公司的毛收入与市场指数之间的相关系数是0.2。市场收益高于无风险利率6%，而且市场收益的波动率是18%。公司收入的风险市场价格是多少？

35.5 一家公司可以购买一种在3年后按每单位25美元价格买入100万单位商品的期权。商品的3年期期货价格是每单位24美元。无风险利率是年息5%按连续复利，期货价格的波动率是每年20%。期权的价值是多少？

35.6 一个正在签约租车合同的司机可以得到在4年后以1万美元购买此车的权利，汽车的当前价格为3万美元。假设汽车价格S服从如下随机过程$dS=\mu Sdt+\sigma Sdz$，其中$\mu=-0.25$，$\sigma=0.15$，dz是一个维纳过程。已估计出汽车价格的风险市场价格是-0.1，期权的价值是多少？假设所有期限的无风险利率均为6%。

作业题

35.7 假设小麦的即期价格、6月期期货价格和12月期期货价格分别是每蒲式耳250美分、260美分和270美分。假设小麦价格服从式（35-4）中的过程，其中$a=0.05$，$\sigma=0.15$。在风险中性世界里对小麦价格构造一个2步树。

一个农场主的项目需要现在支出1万美元，而且在6个月后再支出9万美元。这个项目将会增收的小麦产量为每年4万蒲式耳，则项目的价值是多少？假设农场主能够在6个月后放弃项目，从而避免在那时数量为9万美元的费用，则放弃期权的价值是多少？假设无风险利率为5%，按连续复利。

35.8 在35.5节考虑的例子中：

(a) 如果费用是300万美元而不是零，则放弃期权的价值是多少？

(b) 如果费用是500万美元而不是200万美元，则扩大期权的价值是多少？

CHAPTER36

第36章 重大金融损失与借鉴

自20世纪80年代中期开始，衍生品市场出现了若干起引人注目的重大损失，其中最大的损失来自于有关美国住房按揭产品的交易，这在第8章已经有所讨论。在业界事例36-1中，我们列举了其中一些金融机构的损失；在业界事例36-2中，我们列举了其中一些非金融机构的损失。这些事件有一个显著特点，那就是由某一个雇员造成重大损失所出现的次数较为突出。在1995年，由于尼克·利森（Nick Leeson）的交易而使一个运作了200年之久的英国老牌银行巴林银行垮台；在1994里，由于罗伯特·西特仑（Robert Citron）的交易而给美国加州奥兰治县造成的损失高达20亿美元；约瑟夫·杰特（Joseph Jett）的交易给基德公司（Kidder Peabody）造成的损失达3.5亿美元；约翰·拉斯纳克（John Rusnak）给爱尔兰联合银行（Allied Irish Bank）带来的7亿美元损失在2002年得以曝光；在2006年，由于布莱恩·亨特（Brian Hunter）的风险交易而使Amaranth对冲基金损失了60亿美元；在2008年，法国兴业银行（Societe Generale）的杰里米·科维尔（Jerome Kerviel）在股指期货交易中，给银行造成的损失数量超出了70亿美元。瑞银集团（UBS）、壳牌原油公司（Shell）以及住友株式会社（Sumitomo）的巨额损失均是由某一个人的行为而造成的。

这里列举的损失有些涉及衍生产品，但这些损失并不能代表整个衍生产品市场的现状。衍生产品市场的规模达数万亿，无论从哪个角度看这个行业都是一个十分成功的行业，这个市场确实满足了许多客户的需求。业界事例36-1和业界事例36-2中所列举的事件只是整个交易市场的一小部分（无论是交易数量还是交易规模），尽管如此，我们仍然应该认真思考一下从这些事件中能够吸取什么样的教训。

36.1 所有衍生产品使用者的教训

我们首先考虑一些对所有衍生产品使用者（不管是金融公司还是非金融公司）都适用的一些教训。

业界事例36-1 金融机构的重大损失

爱尔兰联合银行（Allied Irish Bank）

这家银行因为其外汇交易员约翰·拉斯纳克在若干年内的投机交易而损失了7亿美元，拉斯纳克以制造虚假期权交易的形式掩盖了他的损失。

Amaranth对冲基金

在2006年，这一对冲基金因为对天然气价格走向的赌博而蒙受60亿美元的损失。

巴林银行（Barings Bank）

这家运作了200年的英国老牌银行因为其外派新加坡的交易员尼克·利森的行为而在1995年毁于一旦。尼克·利森采用期货与期权对日经225指数进行了大笔的方向性投机，他最终给银行造成的损失高达10亿美元。

安然交易对手

通过一些极有想象力的合约，安然对自己的股东隐瞒了公司的真实情况。几家被指帮助安然实现目的的金融机构与安然股东们在庭外解决了纷争，所需至少有10亿美元。

基德公司

由于公司一名交易员约瑟夫·杰特的行为，这家纽约投资商在交易美国国债中损失了3.5亿美元。损失是由公司计算机系统计算盈利公式的错误而造成的。

长期资本管理公司（LTCM）

在1998年，由于俄罗斯政府对自身所发行债券的违约以及随后的市场"择优而栖"现象，这家对冲基金损失了大约40亿美元。纽约联储银行组织了14家银行对该基金注资，从而使该基金能够得到有序的解体。

英国米德兰银行（Midland Bank）

这家英国银行在20世纪90年代初很大程度上因为对利率方向的错误赌博而损失了5亿美元。该银行后来被香港的汇丰银行兼并。

法国兴业银行

杰里米·科维尔在2008年1月因为对股指走向的投机行为而给这家法国银行造成了超过70亿美元的损失。

次级住房抵押贷款损失

在2007年，投资者对由美国次级住房抵押贷款产生的结构产品丧失了信心，从而导致了"信用紧缩"现象，许多像瑞银集团、美林（Merill Lynch）、花旗集团这样的金融机构都遭受了数百亿美元的损失。

瑞银集团

在2011年，由Kweku Adoboli擅自做出的一些股指投机交易导致瑞银集团损失了23亿美元。

业界事例36-2 非金融机构的重大损失

联合里昂食品公司（Allied Lyons）

这家餐饮业公司的资金部在1991年因卖出美元/英镑的汇率看涨期权而损失1.5亿美元。

吉布森贺卡公司（Gibson Greetings）

这家制作礼品卡公司的资金部在1994年因与信孚银行交易结构性产品而损失了2 000万美元。后来这家公司起诉了信孚银行，法律纠纷最终在庭外解决。

哈默史密斯－富勒姆区市政当局

这个英国的地方当局因为英镑互换与期权交易在1988年损失了近6亿美元，但使其交易对手恼火的是后来英国法院宣布所有这些合约都是无效的。

德国金属集团公司（Metallgesellshaft）

这家德国公司与其客户签署了供应原油和汽油的长期合约，并利用对短期期货的延展来对冲风险，后来因为终止这项业务时损失了13亿美元。

奥兰治县

在1994年，由于奥兰治县的资金管理人罗伯特·西特仑的行为而使这个美国加州城市损失了近20亿美元，这位管理人利用衍生产品来对利率进行投机，他赌的是利率不会增长。

宝洁公司

在1994年，这家美国公司的资金部与信孚银行进行结构性产品交易时损失了大约9 000万美元，后来这家公司起诉了信孚银行，法律纠纷最终在庭外解决。

壳牌原油公司

这家公司在日本子公司的一个雇员因交易未被授权的货币期货给公司造成了10亿美元的损失。

住友株式会社

在20世纪90年代，一位为这家日本公司工作的交易员在黄铜即期、期货以及期权市场的交易给公司带来了大约20亿美元的损失。

36.1.1 定义风险额度

所有的公司必须对自身所能承担的风险有一个清晰并且含义明确的定义，这一点至关重要。公司应该设定管理程序来保证风险额度的贯彻执行。整体的风险额度最好由董事会决定，然后这些额度应被转化为负责某种特定风险的管理人员的特定额度，每天的风险报告应该指明由市场变量变化所带来的盈亏，然后将这些数值与实际盈亏进行比较来保证产生报告所使用的定价工具的准确性。

在使用衍生产品时，公司尤其应该对自身面临的风险进行仔细的检测。正如我们在第1章看到的那样，衍生产品既可以被用来对冲风险也可以被用于进行投机与套利。如果不对风险进行仔细检测，我们几乎不可能知道交易员是否由一个对冲者变成了投机者，或者从一个套利者变成了一个投机者。巴林银行、兴业银行以及瑞银集团都是管理失败的典型案例。在这些案例中，交易员的任务是做一些低风险的套利与对冲交易，但在他们上司不知情的情况下，这些交易员都从套利与对冲变成了对市场变量的走向进行巨大赌博的投机者。他们所属银行的管理系统很不完善，以至于当时没有人知道他们在做什么。

我们这里的观点并不是说我们不能承担任何形式的风险。应当允许金融机构的交易员，或者基金经理对市场变量在将来的变化建仓，但我们在这里是想说明这些交易人员的交易量一定要受到某种制约，公司必须建立完善的系统从而准确地报告有关交易的风险。

36.1.2 认真对待风险额度

如果某个交易员在超过了风险额度的情况下取得了盈利，我们这时应该怎么办？对于管理部门来讲这是一个棘手的问题，交易员的盈利会使人们忽略其违犯风险额度的行为，但这是一种短见的做法，这样所形成的风险文化会对风险额度不再重视，也会给将来的灾难埋下隐患。在业界事例36-1和业界事例36-2中很多情形都是因为曾经承担过某些风险并因此盈利，这些公司对这些风险出现了一些过分自满的态度。

一个典型的例子是奥兰治县。罗伯特·西特仑在1991~1993年曾给奥兰治县带来了巨大的盈利，城市也依赖于他的交易收入作为运转资金。这使人们因为他的交易盈利而忽略了他所承担的风险，不幸的是西特仑在1994年的损失远远超过了他在此之前的盈利。

在盈利时对于违反交易额度的惩罚与在亏损时的惩罚要一视同仁，否则的话交易员在交易损失之后会增大自己的交易量来企图取得盈利并希望人们会忘记自己的交易损失。

36.1.3 不要认为你会猜透市场

有的交易员很可能比其他人更为优秀，但是没有任何人能够对市场做出永远正确的预测。交易员在所有的预测中有60%的正确率就已经相当不错了。一个交易员的突出战绩（像20世纪90年代初的罗伯特·西特仑）往往可能是由于运气，而并非是因为有更好的交易技巧。

假定某金融机构雇用了16名交易员，其中一位交易员在过去一年中每一个季度都带来盈利，这位交易员是否应拿到更多的分红呢？他的风险额度是否应该增加呢？对第一个问题的答案无疑是肯定的，但对于第二个问题的答案应该是否定的。在四个季度中均盈利的概率为 0.5^4，即1/16，这意味着即使完全出于机遇，每16个交易员中也会有一位在每个季度都搞对。我们不应该相信交易员的运气会永远持续下去，因此我们不能因为交易员的暂时盈利而给他增加风险额度。

36.1.4　不要忽略多元化的好处

当交易员比较擅长预测某个市场变量时，公司常有给这些交易员增加额度的倾向，我们在上面指出，这么做可能是一个很糟糕的决策，这是因为交易员的交易结果可能是出于运气而并非是由于智慧。即使我们确信某交易员具备某种天赋，这时我们应该如何决定组合风险的集中程度来从这个交易员的天赋中盈利呢？答案是，风险分散所带来的好处是巨大的，放弃风险分散的好处而对某一个市场变量下赌注的做法往往是很不明智的。

我们用一个例子来说明这个问题，假定我们有20种股票，每个股票的预期收益均为10%，标准差均为30%，股票两两之间的相关性为0.2，投资者将资产以均等的形式投入这20种股票，投资者投资组合的预期收益为10%，标准差为14.7%，风险分散使得投资者的风险降低了超过了一半，我们也可以说风险分散使得我们对于每一份承担的风险所赚得的收益增大了一倍，只进行一种股票投资的投资者必须极端“聪明”才能取得比以上更好的风险-收益的权衡关系。

36.1.5　进行情形分析以及压力测试

在计算诸如VaR的风险度量时我们必须进行情形分析与压力测试，这会有助于我们进一步了解薄弱环节的风险。在第22章中，我们曾讨论过情形分析以及压力测试等管理工具，这些工具对于管理人员来讲是至关重要的。人类有一个很不好的倾向，那就是在做出决策时往往会过分地依赖一两个情形，例如在1993年及1994年，宝洁公司在其决策过程中如此相信利率会维持在低水平上，它们完全忽略了利率增长100个基点的可能性。

对于不同情形的构造，管理人员一定要有创造力，并且利用经验丰富的管理人员的判断。一种途径是选取10年或20的历史数据中最极端的事件作为分析的情形。如果对于关键变量缺乏数据，我们可以选某些相近的变量作为近似，可以将这些近似变量的历史收益数据作为是对于关键变量收益的近似。例如，假如我们对于某个国家发行的债券没有太多的历史数据，我们可以采用一些与其相似国家的债券作为近似，并从这些相似国家债券的历史数据中计算我们需要的情形。

36.2　对于金融机构的教训

在这一节里我们主要考虑金融机构应该吸取的教训。

36.2.1　对于交易员的管理

在交易大厅里往往有这样的倾向：那些交易表现出色的交易员往往是“碰不得”的，对于这些交易员的监管要松得多。很显然基德公司国债产品的明星交易员约瑟夫·杰特平时“很忙”，以至于他没有时间来回答公司风险管理人员的问题。

所有的交易员，特别是那些盈利高的交易员都应该对其行为负责，这一点至关重要。金融机构对某笔交易的高额盈利是否由于高风险所致应该有一个清醒的认识。另外，银行必须检验自身交易系统以及定价模型的准确性，并要确保这些交易工具没有被滥用。

36.2.2 确保前台、中台以及后台职责的分离

金融机构**前台**（front office）主要由交易员组成，这些交易员职责是进行交易，即对产品进行买卖；**中台**（middle office）主要是由风险管理人员所组成，这些风险管理人员的职责是监测所承受的风险；**后台**（back office）的职责主要是**记账**（record keeping）以及财会结算。有些金融衍生产品灾难的源头是没有对以上几个职能部门的职责加以严格区分，尼克·利森掌管了巴林银行在新加坡分行的前台与后台，因此他有机会在长时间内掩盖其大笔交易损失，远在伦敦的上级高管对他的行为竟毫无察觉。而杰里米·科维尔曾在兴业银行的后台工作过。在成为交易员后，他利用自己对银行系统的知识隐瞒了所做的交易。

36.2.3 不可盲目地相信模型

有些金融机构的大笔损失是由于所用模型与计算机系统错误而造成的。在业界事例5-1里我们曾经讨论过基德公司是如何被自己的计算机系统所愚弄的。

如果某家金融机构采用相对简单的交易策略而获得了大笔盈利，那么有很大可能是这家机构计算盈利的模型存在问题。类似地，如果某家金融机构对于某个特定产品报价一直比其他同业竞争者报价要好，那么有很大可能这家公司所采用的模型与其他市场参与者的模型有所不同，这时这家机构应对自己的模型进行仔细分析。对于交易平台的总管来讲，太多地获得某种单项生意和太少地获得某种单项生意一样令人担忧。

36.2.4 以保守的方式记录起始盈利

当金融机构向非金融机构出售非常复杂的结构性产品时，产品的价格会与模型有直接的关系。例如，产品中如果包含期限较长的利率期权，产品价格会同所采用的利率模型有相当大的关系。在这种情况下，市场上经常以**按模型计价**（mark to model）的方式来计算产品每天的价格变动，因为这时在市场上找不到类似的产品来作为对这些结构性产品定价的标准。

假定一金融机构出售给客户某产品的价格比实际价格或者模型价格高出1 000万美元，这里的1 000万美元被称为**起始盈利**（inception profit），这一起始盈利应该在什么时刻被记入账户呢？对于这笔盈利的处理方法有多种多样，有些银行会马上将这笔钱记入为盈利，而一些其他的银行会比较保守地在合约期限内逐渐地将这笔收入计入盈利账户。

将起始盈利马上记入盈利账户是一种非常危险的做法。这样做会鼓励交易员采用激进的模型，交易员会在挣得分红后，选择在模型以及交易价格受到严格审核之前离开银行。将起始盈利慢慢记入盈利账户的做法比较合理，这样做会使交易员在交易之前有动机去检测不同模型以及不同假设对于交易产品价格的影响。

36.2.5 不要向客户出售不适宜的产品

卖给客户不适宜产品对于金融机构来讲是很有诱惑力的，尤其是在客户具有承担某种风险的胃口时更为明显，但这么做是非常没有远见的。关于这一点最明显例子是信孚银行（BT）在1994年春季之前的一些交易行为，那时许多BT的客户被BT说服购买了许多高风险但对客

户根本不适宜的产品，一个典型产品是给客户提供一个较大的机会节省几个基点的融资费用，但同时有一个较小的机会造成大笔费用的支出（如在业界事例33-4中提到过的5/30互换），这些产品在1992年及1993年给许多BT的客户带来了收益，但在1994年利率上涨时终于出现了问题，这些问题最终对BT的公众形象产生了很大伤害，随后BT需要花很多年时间去修复同企业客户之间的关系，BT在开发衍生产品上的名声因为几个激进的销售员而毁于一旦，并不得不向客户付出大笔赔偿以试图庭外解决法律纠纷。后来BT终于在1999年被德意志银行吞并。

36.2.6　小心轻而易举所得的盈利

从安然公司的例子我们可以看到，一些激进的交易人员如何能轻易地使他们所效力的银行遭受数十亿美元的损失。当时与安然做交易似乎很容易赚钱，许多银行都挤破头皮要与其交易，但事实上许多银行争先恐后与其所做的交易并不见得最终会使银行得到盈利。由于与安然所做的一些交易，一些银行被安然的股东们诉至法庭，而最终使这些银行损失了很大一笔钱。一般来讲，对很容易获利的一些交易，人们应当认真考虑其中潜在的风险。

一些由次级债生成的ABS CDO份额得到了AAA评级，但这些产品所付的利息远远高于普通AAA级别的产品，因此投资这些份额看来是个很好的机会。大部分投资人都没有想到去问一问，这些额外的回报来源是不是由于信用评级公司没有将某些风险考虑在内。

36.2.7　不要忽略流动性风险

在对于市场上交易不太活跃的奇异性产品定价时，金融工程师往往要依靠市场上交易活跃的产品价格，例如：

（1）金融工程师往往采用市场上交易活跃的政府债券，即**指标债券**（on the run bonds）来建立零息收益曲线，然后利用这些曲线来对交易不活跃的产品即**非指标债券**（off the run bonds）进行定价。

（2）金融工程师经常用交易活跃的期权价格来计算隐含资产波动率，然后将这些波动率用于对市场上交易不活跃的产品进行定价。

（3）金融工程师经常从交易活跃的利率交易产品（例如利率上限及利率期权）求得利率变动的隐含信息，然后将这些信息用于计算复杂的结构性产品的价格。

以上的做法并不是不合理，但是有时假设市场交易不频繁的产品交易价格与其理论价格等同的做法可能非常危险。当金融市场经历某种形式的风波之后，可能会产生“择优而栖”现象。这时流动性对于投资者来讲非常重要，而非流动性产品往往只能以同其理论价格相比有很大折扣的价格卖出，一起事例就发生在2007年9月，当时由于缺少了对次级房屋抵押贷款债券的信心，引发了信用市场的剧烈震荡。因此在交易决策中，如果假设流动性相对不好的产品在短期内售出的价格同其理论价值相同，那么很可能会造成危险的后果。

另一起由于流通风险造成重大损失的例子是业界事例2-2提到的长期资本管理公司（LTCM）。LTCM采用的套利策略是**收敛性套利**（convergence arbitrage），在这种套利策略中需要识别理论价格应该一致的两种债券（或债券组合）。如果在市场上某种债券的价格较低，这时可以买入低价格债券而卖空高价格债券，这种套利的基本假设就是如果两个债券的理论价值一致，那么其市场价格最终也会一致。

在1998年夏天，LTCM遭受了巨大损失。其损失的根本原因是俄罗斯政府对自己债券的违约导致市场上发生了"择优而栖"现象，LTCM在交易中持有流动性差产品的多头而同时持有流动性好产品的空头（例如，LTCM同时持有非指标债券多头与指标债券的空头）。在俄国债券违约后，流动性好的产品与流动性差的产品差价急剧增大，LTCM的杠杆效应又极强，因此在蒙受损失的同时又伴随着追加抵押金的要求，这时LTCM无法再满足追加抵押金的要求。

LTCM的故事再一次突出了情形分析以及压力测试的重要性。通过这些分析我们可以看到最坏情形所对应的损失，LTCM在决策过程中应该检验以前历史上所发生过的"择优而栖"现象，并以此来对自己面临的流动性风险进行定量化检测。

36.2.8 在所有人都做同样交易时应加倍小心

有时市场上许多参与者都在同时进行基本相同的交易，这种现象会造成危险的市场环境，市场会产生大幅度振荡，并使市场参与者蒙受巨大损失。

我们在第19章中曾给出了一个例子。这是关于资产组合保险策略与1987年10月的市场暴跌。在市场暴跌的前几个月里，有越来越多的交易组合管理人以合成看跌期权的形式来对他们的资产组合进行保护。组合管理人在市场升值时买入股票或股票指数期货，而在市场下跌时卖出股票或股票指数期货。这种策略会造成市场的不稳定，市场一个较小的下跌可能会造成资产管理者抛出股票的热潮，这一热潮会进一步使得市场下跌，然后会进一步促成投资组合管理人抛售股票。毫无疑问，如果没有投资组合保险策略的存在，1987年10月股票的下跌也许不会那么严重。

另外一个例子是1998年发生在LTCM上的损失。LTCM在遇到麻烦以后，其他采用同样收敛套利策略的对冲基金的行为使得LTCM的困境雪上加霜。在俄国债券违约造成"择优而栖"现象以后，LTCM曾试图变卖自己的部分资产以满足抵押金的要求，不幸的是其他对冲基金也同时面临类似于LTCM所面临的问题，这些对冲基金也想做类似的交易，从而又使市场情况进一步恶化，导致流通差价变得比原来更大，这使得"择优而栖"现象更加严重。比如LTCM的头寸为美国国债，LTCM持有流动性差的非指标债券多头以及持有流动性好的指标债券空头，当"择优而栖"现象产生后两种债券的收益率的差价增大，LTCM只有变卖部分非指标债券并且同时买入指标债券，其他对冲基金也在进行同样的交易，所有这些交易促成了指标债券价格相对非指标债券价格继续上涨，从而使两种债券收益率的差价比以前更大。

还有一个例子是20世纪90年代后期的一些英国保险公司所受的损失。当时许多英国保险公司都卖出了大量的保险合约，在这些保险合约中保险公司承诺投保者在退休时收到的**年保金**（annuity）收益率要远高于市场上及其他锁定利息的产品。如果长期利率低于保险公司所承诺的收益率，那么保险公司将会赔钱。由于多方面原因，所有这些保险公司都利用衍生产品来对冲自己面临的部分风险，而同保险公司进行交易的金融机构决定买入长期英镑国债来对冲自己面临的风险，这就造成了债券市场价格的上扬，因此利率下降。这时在市场上需要购买更多的国债来维持动态对冲，从而造成英镑长期利率进一步下降。金融机构因长期利率的下降而蒙受了损失，而保险公司发现由于自己没有选择对冲的一些风险而处境更为糟糕。

从这些故事中我们得到的主要教训是对于金融市场的整体认识至关重要。当市场许多参与者都采用相似的交易策略时，我们应该对市场隐含的内在危机保持清醒的认识。

36.2.9 不能过多地用短期资金来满足长期需要

所有的金融机构都在一定程度上用短期资金来满足长期的需要。但是，如果金融机构过多地依赖短期资金将会使其暴露于难以承受的流动性风险之中。

假设一家金融机构采用在每个月都延伸商业票据的方式为长期需要提供资金，在4月1号发行的商业票据将以在5月1号发行的商业票据来兑现，而这个新的商业票据将以在6月1号发行的商业票据来兑现，依此类推。只要市场认为这家金融机构是健康的，那么这样做是没有问题的，但是如果投资人一旦对其失去信心（不管是对还是错），向前延伸商业票据的做法将会行不通，从而金融机构将会遭遇严重的流动性问题。

在金融危机时，许多金融机构的失败都是由于过多依赖短期资金造成的（例如，雷曼兄弟和北岩银行），因此，为国际性银行提供监管的巴塞尔委员会正在提出银行应当满足的流动性指标。

36.2.10 市场透明度至关重要

2007年的信用紧缩给我们的教训之一是市场透明度的重要性。在2007年之前，交易高度结构性产品的投资者对标的资产缺乏认识，他们唯一所知的仅是评级公司对于资产的评级。从事后来看，我们认为投资者当时应该对标的资产有所了解，并且认真检验自身所承担的风险。但我们必须承认，事后诸葛亮总是好做！

由于2007年次级债券危机，投资者对所有的结构性产品都丧失了信心，并纷纷撤离这一市场，因而造成了结构性产品市场的崩溃，结构产品份额所能卖出的价格远远低于其理论价格。伴着“择优而栖”现象的出现，信用溢差进一步增大。如果市场具有透明度，投资者了解自己买入的资产担保债券产品，虽然次债仍会产生一定损失，但“择优而栖”现象以及市场震荡的效应就不会那么强。

36.2.11 管理奖励制度

2007年和2008年的信用危机给我们的一个关键教训是奖励制度的重要性。银行的奖励制度常常强调雇员的短期表现，现在有的金融机构已经改变奖励制度，奖金是基于在长于1年内的表现（比如5年）。这样做的优势是很明显的，它将会阻止交易员去做那些在近期看起来很好但在将来可能会造成巨大损失的生意。

当贷款被债券化时，使放贷人的利益与最终承担风险的投资人利益相一致是很重要的，这样的话放贷人将不会有谎报贷款质量的动机。一种达到这个目的方式是监管部门要求贷款组合的放贷人保留一部分由组合产生的所有份额以及其他产品。

36.2.12 永远不能忽略风险管理

当一切都好（或看起来挺好）时，人们常常会有假定情况永远不会变糟的倾向，并且常会忽略风险管理部门所做的压力测验以及其他分析的结果。在2007年的信用危机之前，常常会听到一些风险管理被忽视的故事。在2007年7月（信用危机之前），花旗集团总裁查克·普林斯所做的评论正是这种对风险管理错误态度的例子：

> 当音乐停止时，就流动性而言，情况会很复杂。但是只要音乐还在演奏，你就该起身跳舞。我们还在跳。

查克·普林斯先生在当年的下半年丢了工作，花旗集团由于信用危机所造成的损失高于500亿美元！

36.3 对于非金融机构的教训

在这一节里我们主要考虑非金融结构应该吸取的教训。

36.3.1 理解你的交易

企业一定不要去做自己不完全理解的交易，并且不要去采用自己不完全理解的交易策略。这听起来是件十分明显的事，但在蒙受许多巨大损失之后，我们往往会惊讶地发现非金融机构的交易员承认自己对所做交易的无知，并且常常声称自己的错误是由于投资银行的误导而造成的。奥兰治县的资金主管罗伯特·西特仑就是其中一位，还有哈默史密斯－富勒姆区的交易员。虽然他们的交易量巨大，但他们对于利率互换与其他利率衍生产品的无知程度令人吃惊。

如果一个企业的高管对于下级所提出的交易不理解，那么这个交易是不应该被通过的。一个简单的约定俗成的规则是：如果进行一个交易的动机是如此复杂，以至于管理人员都不能理解，这时我们基本上可以肯定这一交易对企业来讲是不合适的。如果采用这一规则的话，宝洁公司和基布森礼品公司所遭受的损失都会得到避免。

一种保证彻底理解金融产品的方式是对这一产品进行定价，如果一个企业没有自己的雇员能去对产品进行定价，那么企业就不应该交易这种产品。在实际中企业常常依赖自己的投资银行给出关于价格的建议，这样做是很危险的。宝洁公司以及基布森礼品公司的案例就说明了这一点，当企业想对交易进行平仓时，产品的价格是由信孚银行（Bankers Trust）的特有模型计算得出的，它们根本不可能对价格做任何的检验。

36.3.2 确保对冲者不变成投机者

现实中一个不幸的事实是对冲交易相对枯燥无味，而投机行为却充满刺激。当一家公司雇用了一名交易员来管理其外汇、商品以及利率风险时，以下的危险现象可能会产生：在最初时交易员工作勤奋，并且赢得了公司高管的信任。他/她会对公司的风险敞口进行评估并采取对冲措施，但随着时间的推移，交易员逐渐认为自己可以看准市场走势，并渐渐地会变成投机者。在刚刚开始投机时，可能会一切顺利，但不久产生了交易损失。为了掩盖损失，交易员会将交易量加倍来进行赌博，进而又可能触发更大的损失，久而久之交易员的行为可能会造成灾难性的损失。

就像我们以前讨论的那样，风险额度一定要由高管来事先确定，对于额度的实施要设立一定的控制环节，企业在进行交易之前要首先对自身面临的外汇、利率、商品等风险做一个分析，交易决策是为了如何保证将风险控制在一定的可接受范围内，企业的交易与企业的风险敞口脱节是出现问题的明显前兆。

36.3.3 要警惕将资金部变成盈利中心

在过去的20年内有一种将公司的资金部变为盈利中心的趋势，这么做看起来似乎有一定好处，资金部有动机去减小融资费用并且尽可能提高自身的风险盈利，问题是资金部所能取得的盈利是有限的，在进行融资或者将额外资金进行投资时，资金主管面临的市场是一个有效市场，资金部只有在承担更大风险的前提下才能改善自身的管理底线（即降低融资成本），公司的对冲项目会给资金部主管采取英明决策来提高盈利的机会，但我们应该牢记对冲的主要目的是为了减小风险而不是增加预期盈利。如第 3 章所述，采用对冲决策后的结果比不采用任何对冲决策的结果更糟的可能性是 50%。因此如果将资金部变为盈利中心，这样做的危险是将会使资金部（主管）成为投机者，因此像奥兰治县、宝洁公司和吉布森贺卡公司的现象也就容易产生。

小 结

由于使用衍生产品而带来的巨大损失使许多资金部管理人员忧心忡忡，针对这些损失，一些非金融机构宣称他们要缩减甚至杜绝使用衍生产品，这一决定很不幸，因为衍生产品确实可以给资金管理人员提供一些管理风险的有效工具。

这些损失突出了我们在第 1 章中提出的观点：衍生产品既可用于对冲也可用于投机。也就是说衍生产品既可减低风险也可以增加风险。损失产生的大多数情形是因为对衍生产品使用不当，在这些情形中，那些有明确或不明确责任对公司风险进行对冲的雇员却对风险进行了投机。

由这些损失所得出的一个重要教训是内部控制的重要性。公司高管一定要对衍生产品的使用政策，以及允许雇员对市场变动所取的头寸有一个明确的说明。管理人员要确保内控和政策的实施。如果仅仅给予某个人交易衍生产品的授权，但同时对这个人没有实现风险监控，往往会带来金融灾难。

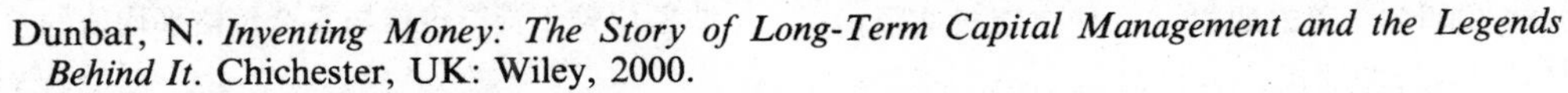

推荐阅读

Dunbar, N. *Inventing Money: The Story of Long-Term Capital Management and the Legends Behind It*. Chichester, UK: Wiley, 2000.

Jorion, P. "How Long-Term Lost Its Capital," *Risk* (September 1999).

Jorion, P., and R. Roper. *Big Bets Gone Bad: Derivatives and Bankruptcy in Orange County*. New York: Academic Press, 1995.

Persaud, A. D. (ed.) *Liquidity Black Holes: Understanding, Quantifying and Managing Financial Liquidity Risk*. London, Risk Books, 2003.

Sorkin, A. R., *Too Big to Fail*. New York: Penguin, 2009.

Tett, G. *Fool's Gold: How the Bold Dream of a Small Tribe at J. P. Morgan Was Corrupted by Wall Street Greed and Unleashed a Catastrophe*. New York: Free Press, 2009.

术 语 表

（次序以原文字母顺序为准）

A

ABS 见资产支持证券（Asset-Backed Security）。

ABS CDO 由ABS所派生出的份额产品。

Accrual Swap 计息互换 利率互换的一种变形，一方的利息只在满足一定的条件时才进行累积。

Accrued Interest 应计利息 自上一个券息付出日到今天为止债券所累积的券息。

Adaptive Mesh Model 自适应网格模型 由Figlewski和Gao提出的一种模型，该模型在资产价格的重要区域上自动由粗网格的树形变成细网格的树形。

Agency Costs 代理费用 由于管理人不以股权人的利益为主，而给股权人带来的费用。

American Option 美式期权 一种在期权期限内随时可以行使的期权。

Amortizing Swap 摊还互换 在互换交易中的面值按某种指定的方式递减。

Analytic Result 解析结果 一种被某种方程式所表达的结果。

Arbitrage 套利 由两种或更多产品价格之间的差异中锁定盈利的投资方式。

Arbitrageur 套利者 套利的参与者。

Asian Option 亚式期权 期权收益与指定时间段内标的资产的平均价格有关。

Ask Price 卖盘价 交易商卖出资产的价格，也被称为卖出价（Offer Price）。

Asked Price 索取价 见卖盘价（Ask Price）。

Asset-Backed Security, ABS 资产支持证券 由贷款组合、证券、信用卡应收款以及其他资产所派生出的债券产品。

Asset-or-Nothing Call Option 资产或空手看涨期权 当标的资产价格高于执行价格时，期权收益等于标的资产的价格，否则期权收益为0。

Asset-or-Nothing Put Option 资产或空手看跌期权 当标的资产价格低于执行价格时，期权收益等于标的资产的价格，否则期权收益为0。

Asset Swap 资产互换 债券的券息与LIBOR加上溢差进行交换而形成的互换。

As-You-Like-It Option 任选期权 见选择人期权（Chooser Option）。

At-the-Money Option 平值期权 期权执行价格等于标的资产价格。

Average Price Call Option 平均价格看涨期权 期权收益等于标的资产价格平均值与执行价格之差与0之间的最大值。

Average Price Put Option 平均价格看跌期权 期权收益等于执行价格与资产价格平均值的差与0之间的最大值。

Average Strike Option 平均执行价格期权 期权收益依赖于资产价格与资产价格平均值的差。

B

Backdating 倒填日期 将文件日期修改成早于当前日期的行为（常常是违法的）。

Back Testing 回顾测试 利用历史数据对VaR进行检测的方式。

Backwards Induction 倒推归纳 一种由树形的末端倒推到树的起点来对期权定价的过程。

Barrier Option 障碍期权 期权收益与标的资产的价格是否达到一定的障碍水平（即事先约定的水平）有关。

Base Correlation 基础相关系数 对于一个X值，由该相关系数所求出的由0%～X%的CDO份额价值与市场价值一致。

Basel Committee 巴塞尔委员会 负责全球银行监管的国际性委员会。

Basis 基差 商品即期价格与期货价格之间的差别。

Basis Point 基点 在描述利率时，一个基点等于百分之一的百分之一（即0.01%）。

Basis Risk 基差风险 在对冲时由于将来基差的

不定性所引起的风险。

Basis Swap 基差互换 互换交易两方的利率计算分别与两个不同的浮动利率有关。

Basket Credit Default Swap 篮筐式信用违约互换 具有多个参考实体的信用违约互换。

Basket Option 篮筐式期权 收益依赖于资产交易组合价值的期权。

Bear Spread 熊市差价 执行价格为 K_1 的看跌期权空头头寸与执行价格为 K_2 的看跌期权多头头寸的组合，其中 $K_2 > K_1$（熊市差价也可以由看涨期权来组成）。

Bermudan Option 百慕大式期权 期权持有者在期权期限内的一些指定的时间点上可以行使期权。

Beta 贝塔 用于度量一个资产系统风险的测度。

Bid-Ask Spread 买入索取差价 见买入卖出差价（Bid-Offer Spread）。

Bid-Offer Spread 买入卖出差价 卖出（或索取）价格与买入价格的差别。

Bid Price 买入价 交易商准备买入某资产所付的价格。

Bilateral Clearing 双边结算 场外市场交易双方设定的交易协议，双边协议通常会以国际互换和衍生产品协会（ISDA）设定的主协议为基础。

Binary Credit Default Swap 两点式信用违约互换 在此合约中，当参考实体违约时会触发一个固定数量的收益。

Binary Option 两值期权 具有不连续收益形式的期权。例如，现金或空手期权（Cash-or-Nothing Option）以及资产或空手期权（Asset-or-Nothing Option）。

Binomial Model 二项式模型 用于描述资产在一系列相继小时间区间内价格变化的模型。假设在一个小时间区间内价格变化只有两种可能。

Binomial Tree 二叉树 在二项式模型假设下描述资产变化的树形结构。

Bivariate Normal Distribution 二元正态分布 由两个相关并且分别服从正态分布的变量所组成的联合分布。

Black's Approximation 布莱克近似 由 Fisher Black 提出的用于对标的资产为支付股息股票的期权定价的近似方法。

Black's Model 布莱克模型 用于欧式期货期权定价的模型，这是布莱克 - 斯科尔斯模型的推广，当资产价格在到期日服从对数正态分布时，这种欧式期权定价模型有着广泛的应用。

Black-Scholes-Merton Model 布莱克 - 斯科尔斯 - 莫顿模型 一种用于股票欧式期权的定价模型，由 Fisher Black，Myron Scholes 和 Robert Merton 建立。

Bond Option 债券期权 标的资产为债券的期权。

Bond Yield 债券收益率 使得债券资金流的贴现总和等于债券市场价格的贴现利率。

Bootstrap Method 票息剥离方法 由市场数据来计算零息收益率的一种方法。

Boston Option 波士顿期权 见延迟付款期权（Deferred Payment Option）。

Box Spread 盒式差价 由一个由看涨期权组成的牛市差价和一个由看跌期权组成的熊市差价所组成的期权组合。

Break Forward 断点远期 见延迟付款期权（Deferred Payment Option）。

Brownian Motion 布朗运动 见维纳过程（Wiener Process）。

Bull Spread 牛市差价 执行价格为 K_1 的看涨期权的多头头寸与执行价格为 K_2 的看涨期权的空头头寸的组合，其中 $K_2 > K_1$（牛市差价也可以由看跌期权来组成）。

Butterfly Spread 蝶式差价 此交易由执行价格为 K_1 的看涨期权的多头头寸，执行价格为 K_3 的看涨期权的多头头寸，以及两倍数量的执行价格为 K_2 的看涨期权的空头头寸组合而成，其中 $K_3 > K_2 > K_1$，$K_2 = 0.5(K_1 + K_3)$（蝶式差价也可以由看跌期权来组成）。

C

Calendar Spread 日历差价 日历差价可以由一个具有某一执行价格与一定期限的看涨期权空头头寸和具有同样执行价格，但具有较长期限看涨期权多头头寸来构成（日历差价也可以由看跌期权来构成）。

Calibration 校正 由市场上交易活跃的产品价格来计算隐含参数的方法。

Callable Bond 可赎回债券 债券上条款注明发行者可在债券期限内的某些指定时间以约定的

价格将债券购回。

Call Option 看涨期权 在将来时刻以指定价格买入资产的权力。

Cancelable Swap 可取消互换 互换的一方可以在指定的日期上终止互换交易。

Cap 上限 见利率上限（Interest Rate Cap）。

Cap Rate 上限利率 决定利率上限收益的利率。

Capital Asset Pricing Model 资本资产定价模型 关于资产预期收益与资产的 Beta 系数之间关系的模型。

Caplet 上限单元 利率上限的组成成分。

Case-Shiller Index 凯斯－席勒指数 美国的房屋价格指数。

Cash Flow Mapping 现金流映射 一种为了计算 VaR 而将产品拆解为一套标准零息债券的方法。

Cash-or-Nothing Call Option 现金或空手看涨期权 当标的资产价格高于执行价格时，期权收益等于固定的现金数量，否则期权收益为 0。

Cash-or-Nothing Put Option 现金或空手看跌期权 当标的资产价格低于执行价格时，期权收益等于固定的现金数量，否则期权收益为 0。

Cash Settlement 现金交割 以现金而不是以实物形式将交易进行交割的方式。

CAT Bond CAT 债券 债券的券息以至于本金都可能在某种灾难（catastrophic）保险赔偿超出一定数量后被扣除。

CCP 见中央结算对手（Central Clearing Party）。

Cooling Degree Days, CDD 降温天数 平均温度超出华氏 65 度的数量与 0 之间的最大值，这里平均温度是指最高温度与最低温度的平均（子夜到子夜）。

CDO 见债务抵押债券（Collateralized Debt Obligation）。

CDO Squared CDO 平方 该债券的抵押证券组合由 CDO 份额组成，其信用风险的分配再以份额形式被分派到债券之中。

CDS 见信用违约互换（Credit Default Swap）。

CDS Spread CDS 溢差 在 CDS 合约中，买入信用违约保护需要支付费用（以基点计量）。

CDX NA IG 由 125 家北美投资级公司构成的资产组合。

CEBO 见信用事件两点式期权（Credit Event Binary Option）。

Central Clearing 中心结算 用于场外交易的结算方法。

Central Clearing Party 中央结算对手 场外交易的中央结算机构。

Central Counterparty 中央交易对手 场外交易的中央交易对手，也是场外交易的中央结算机构。

Cheapest-to-Deliver Bond 最便宜可交割债券 芝加哥期货交易所的债券期货中可以用于交割的最便宜的债券。

Cholesky Decomposition 乔里斯基分解 乔里斯基分解是对矩阵进行分解的一种方法，借助于此，我们可由相互无关的随机抽样来产生具有一定相关性的抽样。

Chooser Option 选择人期权 期权持有人在将来某时刻行使期权时可以选择拥有看涨期权或看跌期权。

Class of Options 期权分类 见期权分类（Option Class）。

Clean Price of Bond 债券除息价格（洁净价） 债券的报价，买入债券的价格（带息价格）等于这一报价加上应计利息。

Clearing House 结算中心 交易所设定的、保证交易双方履行交易所衍生产品交割义务的实体（也被称为结算机构）。

Clearing Margin 结算保证金 结算中心所要求的保证金数量。

Cliquet Option 棘轮期权 具有确定执行价格规则的一系列看涨及看跌期权组合，一般是一个期权结束时，另外一个期权才会开始。

CMO 见房产抵押债券（Collateralized Mortgage Obligation）。

Collar 双限 见利率双限（Interest Rate Collar）。

Collateralization 抵押品策略 在衍生产品交易中一方向另一方提供抵押品的运作方式。

Collateralized Debt Obligation 债务抵押债券 一种将信用风险打包的方式，这是一个由某种交易组合派生出来几种不同债券的形式，违约的摊派服从事先指明的规则。

Collateralized Mortgage Obligation 房产抵押债券 这是一个由房屋贷款派生出的债券形式。债券投资者被分成若干类，本金的偿还以事先指明的规则被分配给不同的投资者。

Combination **组合** 同一标的资产的看涨和看跌期权组合。

Commodity Futures Trading Commission **商品期货交易管理委员会** 此委员会的职责是对美国商品期货交易进行监管。

Commodity Swap **商品互换** 互换交易一方的现金流与商品价格有关。

Compound correlation **复合相关系数** 由 CDO 份额所隐含的相关系数。

Compound Option **复合期权** 期权上的期权。

Compounding Frequency **复利频率** 用于计算利率的约定方式。

Compounding Swap **复合利率互换** 互换的利息不在中间交换，而是复合到最后进行交换。

Conditional Value at Risk，C-VaR **条件 VaR** 在 $(100-X)\%$ 的盈利/亏损分布的条件下，在 N 天内的损失期望值。其中，N 为展望期，$X\%$ 为置信水平。

Confirmation **交易确认书** 在场外市场用于确认双方口头交易的书面合约。

Constant Elasticity of Variance (CEV) Model **常方差弹性模型** 在一个短时间内，此模型所描述变量变化的方差与变量本身的大小成正比。

Constant Maturity Swap，CMS **固定期限互换** 互换协议中的一方的利率为某一固定期限的互换利率，另一方为浮动利率或固定利率。

Constant Maturity Treasury Swap **固定期限国债互换** 互换协议一方的利率是基于国债的收益率，另外一方是基于固定利率或浮动利率。

Consumption Asset **消费资产** 用于消费而不是投资的资产。

Contango **期货溢价** 期货价格高于将来即期价格的期望值。

Continuous Compounding **连续复利** 利率报价的一种方式，当报价复利区间变得越来越小时，其极限形式就是这里的连续复利。

Control Variate Technique **控制变量技术** 这种技术可用于改善数值计算的精度。

Convenience Yield **便利收益率** 用于计量拥有某种资产而带来的便利，这种便利是期货合约的多头头寸持有者所不拥有的。

Conversion Factor **转换因子** 在芝加哥交易所中交易的期货合同中用于计算交割债券数量的因子。

Convertible Bond **可转换债券** 一种由公司发行的并可以在债券期限某时刻转换为一定数量股权的债券。

Convexity **曲率** 测定债券价格同收益率之间曲线函数的曲率。

Convexity Adjustment **曲率调整** 这一术语被应用之处很多，例如它可以用于描述将期货利率转换为远期利率的调节量，它还可以用于将对某些产品利用布莱克模型定价时对于远期利率的调节。

Copula 一种由已知变量之间相关系数来定义联合分布的方法。

Cornish-Fisher Expansion **科尼什-费雪展开** 概率分布的百分位数与其矩之间的近似关系。

Cost of Carry **持有成本** 存储成本加上购买资产融资费用再减去资本的收益。

Counterparty **交易对手** 金融交易的另一方。

Coupon **券息** 债券所付的利息。

Covariance **协方差** 描述两个变量之间的相互关系（等于变量的相关系数乘以它们的标准差）。

Covariance Matrix **协方差矩阵** 见方差-协方差矩阵（Variance-Covariance Matrix）。

Covered Call **备保看涨期权** 持有欧式期权空头头寸与持有资产多头头寸的组合。

Crashophobia **暴跌恐惧症** 人们对于类似 1987 年股票大跌的恐惧症，有人认为这一现象造成了市场参与者提高了深度虚值看跌期权的价值。

Credit Contagion **信用蔓延** 一家公司的违约导致其他公司也会违约的倾向。

Credit Default Swap **信用违约互换** 信用违约互换的买入方可以在债券违约时以面值的价格将债券卖给信用互换的卖出方。

Credit Derivative **信用衍生产品** 收益与某家公司或多家公司信用有关的衍生产品合约。

Credit Event **信用事件** 触发信用衍生品支付的事件，比如破产或改组事件等。

Credit Event Binary Option **信用事件两点式期权** 是一种场内衍生品。当参考实体出现违约事件时，该产品会支付一个固定支付数量。

Credit Index **信用指数** 跟踪购买关于交易组合内每个公司的信用保护费用的指数（例如，CDX NA IG 和 iTraxx Europe）。

Credit Rating 信用等级 债券信用的一种度量。

Credit Ratings Transition Matrix 信用评级转移矩阵 此矩阵给出了某公司在某时间内由某一信用等级转换为另一信用等级的概率。

Credit Risk 信用风险 在衍生产品交易中因为交易对手违约而造成的风险。

Credit Spread Option 信用差价期权 期权收益与两个资产收益率之差有关。

Credit Support Annex，CSA 信用支持附约 在ISDA主协议中（ISDA Master Agreement），关于抵押品的说明文件。

Credit Value Adjustment，CVA 信用价值调节量 对衍生产品价值的调节，以反映交易对手的风险。

Credit Value at Risk 信用风险价值度 对应于某一置信区间，信用损失不能超出的数量。

CreditMetrics 一种计算信用风险价值度的系统。

Cross Hedging 交叉对冲 采用不同的资产来对冲另一资产所产生的风险敞口。

Cumulative Distribution Function 累积分布函数 变量小于 x 的概率作为自变量 x 的函数。

Currency Swap 货币互换 某种货币的本金以及利息同另外一种货币的本金以及利息进行互换的合约。

CVA 见信用价值调节量。

D

Day Count 计天方式 为了计算利息而设定的用于计算天数的方法。

Day Trade 即日交易 在当天进入并在同一天平仓的交易。

Debt (Debit) Value Adjustment，DVA 债务价值调节量 一家公司对于衍生品可能会违约，因此给自身带来的价值。

Default Correlation 违约相关性 用于计量两个公司同时违约的趋势。

Default Intensity 违约密度 见风险率（Hazard Rate）。

Default Probability Density 违约概率密度 度量在将来短暂区间内的无条件违约概率。

Deferred Payment Option 延迟付款期权 期权费用被推迟到期权的到期日付出。

Deferred Swap 延期互换 在将来开始的互换交易，也被称为远期互换（Forward Swap）。

Delivery Price 交割价格 在远期合约中同意（可能在一段时间之前）收入或付出的价格。

Delta 衍生产品价格变化同标的资产价格变化的比率。

Delta Hedging Delta对冲 为了使衍生产品交易组合价格与标的资产价格微小变化无关的一种对冲机制。

Delta-Neutral Portfolio Delta中性交易组合 Delta为0的交易组合，这种交易组合的价格同标的资产价格的微小变化无关。

DerivaGem 在作者网页上可以下载的用于计算期权价格的软件。

Derivative 衍生产品 由某种资产而派生出来的产品。

Deterministic Variable 确定性（非随机）变量 变量在将来的值是已知的。

Diagonal Spread 对角差价 两个具有不同期限与不同执行价格的看涨期权组合（对角差价也可以由看跌期权来组成）。

Differential Swap 交叉货币度量互换 互换交易中将一种货币下的浮动利率与另一种货币下的浮动利率相交换，两种利率均应用同一本金。

Diffusion Process 扩散过程 在此模型下，资产以连续形式变化。

Dirty Price of Bond 带息价格 债券的现金价格。

Discount Bond 折扣债券 见零息债券（Zero Coupon Bond）。

Discount Instrument 折扣产品 不提供券息的产品，例如短期国债。

Diversification 分散化 将投资组合分布于不同资产的投资方式。

Discount Rate 贴现率 由短期债券或其他产品收益占面值的百分比所得出的年收益率。

Dividend 股息 股票发行人给出的现金收益。

Dividend Yield 股息收益率 票息与股票价格的百分比。

Dodd-Frank Act 《多德－弗兰克法案》 在2010年美国设立的新法案，其目的是保护消费者和投资人、避免未来对银行的救助、更加审慎地对金融系统进行监督等。

Dollar Duration 绝对额久期 债券的修正久期与债券价格的乘积。

DOOM Option **DOOM 期权** 末日期权，芝加哥交易所提供的一种深度虚值（deep-out-of-the-money）看跌期权。

Down-and-In Option **下降－敲入期权** 标的资产价格下跌到一定水平之后，这一期权才会存在。

Down-and-Out Option **下降－敲出期权** 标的资产价格下跌到一定水平之后，这一期权将不再存在。

Downgrade Trigger **降级触发** 合约中的一种条款，它指明当某方的信用评级低于一定水平时，合约将终止，并以现金交割。

Drift Rate **漂移变化率** 一个随机变量在每单位时间的平均增长量。

Duration **久期** 用以度量债券的平均寿命，这一测度也是债券价格百分比变化同债券收益率变化比率的近似。

Duration Matching **久期匹配** 将金融机构资产久期与负债久期进行匹配的一种过程。

DV01 利率变化一个基点所对应的价值变化。

DVA 见债务价值调节量。

Dynamic Hedging **动态对冲** 为了对冲期权头寸，需要不断调节持有的标的资产数量的对冲过程。对冲目的一般是为了保证交易组合 Delta 中性。

E

Early Exercise **提前行使** 在到期前行使期权。

Effective Federal Funds Rate **有效联邦基金利率** 对于促成交易（brokered transtion）的联邦基金利率的加权平均。

Efficient Market Hypothesis **有效市场假设** 资产价格反映了相关信息的一种假设。

Electronic Trading **电子交易** 使得买方与卖方得到匹配的电子计算机系统。

Embedded Option **内含期权** 产品中不可分割的期权部分。

Empirical Research **实证研究** 基于历史数据的研究方式。

Employee Stock Option **雇员股票期权** 作为薪酬的一部分，公司给予雇员的公司股票看涨期权。

Equilibrium Model **均衡模型** 一种由经济模型来导出的利率变化模型。

Equity Swap **股权互换** 股票（或股票组合）收益与固定利率或浮动利率进行交换的合约。

Equity Tranche **股权份额** 首先承担损失的份额。

Equivalent Annual Interest Rate **等价年利率** 每年复利利率。

Euribor 欧元区内银行间拆借利率。

Eurocurrency **欧洲货币** 一种脱离其发行国的货币控制系统的货币。

Eurodollar **欧洲美元** 存于美国之外银行的美元。

Eurodollar Futures Contract **欧洲美元期货合约** 关于欧洲美元的期货合约。

Eurodollar Interest Rate **欧洲美元利率** 欧洲美元存款利率。

Euro LIBOR **欧元 LIBOR** 欧元的同业拆借利率。

European Option **欧式期权** 只能在期权到期日才能被行使的期权。

EWMA 指数加权移动平均。

Exchange Option **互换期权** 期权持有者有权以一种资产来换取另一种资产。

Ex-dividend Date **除息日** 当公布票息时，除息日也被指明，在除息日之前买入股票的投资者会收到股息。

Exercise Limit **行使限额** 期权持有人在任意 5 个连续的交易日可行使期权的最大限额。

Exercise Multiple **行使倍数** 在雇员期权被行使时股票价格与执行价格的比。

Exercise Price **执行价格** 在期权合约中资产可以被买入或被卖出的固定价格（此价格也被称为敲定价格（Strike Price））。

Exotic Option **特种期权** 非标准期权。

Expectations Theory **预期理论** 该理论认为远期利率等于未来的即期利率的期望值。

Expected Shortfall **预期亏损** 见条件风险价值度（Conditional Value at Risk）。

Expected Value of a Variable **变量的期望值** 变量的取值被其出现概率加权后得出的加权平均值。

Expiration Date **到期日** 合约期限的终止日。

Explicit Finite Difference Method **显式有限差分方法**

通过求解微分方程来对衍生产品定价的一种方法。衍生产品在时间 t 的价格与其在时间 $t+\Delta t$ 的三个价格存在一种关系，这一方法在实质上就是三叉树方法。

Exponentially Weighted Moving Average Model **指数加权移动平均模型** 对于历史数据给予某种指数权重来进行预测的模型，有时这种模型被用于计算与 VaR 相关的方差以及协方差的计算。

Exponential Weighting **指数加权** 这种加权方式与数据的新旧有关，对于 t 时刻的加权权重等于 λ 乘以 $t-1$ 时刻的权重，这里 $\lambda<1$。

Exposure **风险敞口** 对手违约带来的损失最大值。

Extendable Bond **可展期债券** 债券持有人有权延长债券的期限。

Extendable Swap **可延期互换** 互换的一方有权延长互换的期限。

F

Factor **因子** 不定性的起源。

Factor Analysis **因子分析** 这一方法与主成分分析法（Principal Component Analysis）相似，其目的是在分析许多变量的相关变化中，找出少量但可解释大部分变化的因素。

FAS 123 美国关于雇员期权的会计准则。

FAS 133 美国关于用于对冲产品的会计准则。

FASB 财务会计准则委员会。

Federal Funds Rate **联邦基金利率** 银行间的隔夜贷款利率。

FICO 由 Fair Isaac 公司研发出的信用评分。

Financial Intermediary **金融媒介** 在经济环境中对不同实体的资金流动提供协助的银行或其他金融机构。

Finite Difference Method **有限差分法** 对微分方程的一种求解方法。

Flat Volatility **单一波动率** 当对上限定价时，采用同一波动率来对所有的上限单元定价时的波动率。

Flex Option **灵活期权** 交易所内交易员可提供的非标准化条款期权。

Flexi Cap **Flexi 上限** 在此上限（Cap）交易中，可行使的上限单元数量被限制。

Floor **下限** 见利率下限（Interest Rate Floor）。

Floor-Ceiling Agreement **下限－上限协议** 见双限（Collar）。

Floorlet **下限单元** 利率下限交易中对应于一段时间区间的组成元素。

Floor Rate **下限利率** 利率下限交易中标明的利率。

Foreign Currency Option **外汇期权** 有关汇率的期权。

Forward Contract **远期合约** 合约约定买方和卖方在将来某指定时刻以指定价格买入或卖出某种资产。

Forward Exchange Rate **远期汇率** 汇率的远期合约价格。

Forward Interest Rate **远期利率** 由今天市场利率所得出的应用于将来某时间段的利率。

Forward Price **远期价格** 远期合约中使得合约价格为 0 的交割价格。

Forward Rate **远期率** 由今天的零息利率所隐含出的用于将来时间段的利率。

Forward Rate Agreement，FRA **远期利率合约** 交易双方达成的在将来某时刻以某种固定利率对于一定面值来计息的协议。

Forward Risk-Neutral World **远期风险中性世界** 当资产的风险市场价格等于其波动率时，这样的世界被称为关于这个资产的远期风险中性世界。

Forward Start Option **远期开始期权** 将来某时刻开始的平值期权。

Forward Swap **远期互换** 见延期互换（Deferred Swap）。

Futures Commission Merchants **期货佣金经纪人** 执行客户指令的期货交易商。

Futures Contract **期货合约** 一种约定双方在将来某时刻以指定价格买卖资产的合约，此合约每天都要进行结算。

Futures Option **期货期权** 期货上的期权。

Futures Price **期货价格** 期货合约中当前的交割价格。

Futures-Style Option **期货式期权** 关于期权收益的期货合约。

G

Gamma Delta 的变化与资产价格变化的比率。

Gamma-Neutral Gamma 中性 Gamma 为 0 的交易组合。

GAP Management 缺口管理 用于匹配资产负债期限的管理过程。

Gap Option 缺口期权 欧式看涨或看跌期权在期权中会涉及两个执行价格，一个执行价格是确定期权是否会被行使，另外一个执行价格是用于确定期权收益。

GARCH Model GARCH 模型 一种预测波动率的模型，在此模型中方差具有均值回归的特性。

Gaussian Copula Model 高斯 Copula 模型 一种定义两个或多个变量相关性的模型，在某些信用衍生产品定价中，该模型被用于定义违约时间的相关性结构。

Gaussian Quadrature 高斯求积公式 一种在正态分布变量上的积分方式。

Generalized Wiener Process 广义维纳过程 在此随机过程中，变量在时间段 t 内的变化服从正态分布，并且均值和方差均与 t 成比例。

Geometric Average 几何平均 n 个数字乘积的 n 次方根。

Geometric Brownian Motion 几何布朗运动 常常用于描述资产变化的随机过程，其中标的资产的对数变化服从广义维纳过程。

Girsanov's Theorem 哥萨诺夫定理 这一定理说明，当我们进行测度变换时（例如，从现实世界变换到风险中性世界），变量的漂移率会有所变化，而波动率不变。

Greeks 希腊值 Delta，Gamma，Vega，Theta 以及 Vega 等对冲参数。

Guaranty Fund 担保基金 交易中心或 CCP 的结算会员提供的在违约事件中抵御损失的资金数量。

H

Haircut 折扣 当计算资产抵押品时采用的折扣。

Hazard Rate 风险率 一种用于度量在没有前期违约条件下一段短时期内违约概率的测度。

HDD 升温天数，一天平均温度超出华氏 65°的数值与 0 之间的极大值，这里平均温度为一天最高温度与最低温度的平均值（子夜到子夜）。

Hedge 对冲 用于减小风险的交易。

Hedge Funds 对冲基金 这类基金所受限制要远少于互惠基金，它们可以利用衍生产品，采用卖空交易策略，但是不能向公众发行证券。

Hedger 对冲者 进入对冲交易的个人。

Hedge Ratio 对冲比率 对冲产品数量与被对冲头寸的比率。

Historical Simulation 历史模拟 基于历史数据的模拟方式。

Historical Volatility 历史波动率 由历史数据估计的波动率。

Holiday Calendar 假期日历 用于定义假期的日历，这一日历的目的是为了确定互换的付款日期。

I

IMM Dates IMM 日期 3 月份、6 月份、9 月份和 12 月份的第三个星期三。

Implicit Finite Difference Method 隐式有限差分 通过求解微分方程来对衍生产品定价的方法。在该方法中，衍生产品在 $t+\Delta t$ 时刻的价格与其在 t 时刻的 3 个价格之间满足一定的关系。

Implied Correlation 隐含相关系数 利用高斯 Copula 模型或其他模型由信用衍生产品价格隐含出的相关系数。

Implied Distribution 隐含分布 由期权价格所隐含出的将来资产价格的分布。

Implied Tree 隐含树形 用于描述资产价格未来走向并与所观察到的市场期权价格一致的树形结构。

Implied Volatility 隐含波动率 使布莱克－斯科尔斯模型（或类似模型）的价格等于相应市场价格的波动率。

Implied Volatility Function (IVF) Model 隐含波动率函数模型 模型的设计保证了欧式期权的模型价格与市场价格一致。

Inception Profit 起始盈利 由衍生产品的卖出价格高于理论价格所产生的盈利。

Index Amortizing Swap 指数递减互换 见指数本金互换（Index Principal Swap）。

Index Arbitrage 指数套利 此套利策略涉及交易指数内所含有的股票和股指期货。

Index Futures 指数期货 股指或其他指数上的期货合约。

Index Option 指数期权 股指或其他指数的

期权。

Index Principal Swap **指数本金互换** 互换中的本金随着时间的变化而减小，本金减小的速度与利率水平有关。

Initial Margin **初始保证金** 在最初交易期货时所需要的现金保证金。

Instantaneous Forward Rate **瞬时远期利率** 将来一个非常短的时间段上的远期利率。

Interest Rate Cap **利率上限** 在利率高于一定水平时，这种期权会产生收益，这里对应的利率为定期设定的浮动利率。

Interest Rate Collar **利率双限** 一个利率上限和下限的组合。

Interest Rate Derivative **利率衍生产品** 收益与将来利率有关的衍生产品。

Interest Rate Floor **利率下限** 在利率低于一定水平时，这种期权会产生收益，这里对应的利率为定期设定的浮动利率。

Interest Rate Option **利率期权** 收益与将来利率有关的期权。

Interest Rate Swap **利率互换** 固定利率与浮动利率的互换合约，双方用于计算利息的本金相同。

International Swap and Derivatives Association **国际互换和衍生产品协会** 该协会是为了场外交易而设定，并开发了用于场外交易的标准协议。

In-the-Money Option **实值期权** 这种期权或者是资产价格大于执行价格的看涨期权，或者是资产价格低于执行价格的看跌期权。

Intrinsic Value **内涵价值** 对于看涨期权，此价值等于资产价格超出执行价格的值与0之间的最大值，对于看跌期权，此价值等于执行价格超出资产价格的值与0之间的最大值。

Inverted Market **反向市场** 在反向市场中期货价格随期限的增大而减小。

Investment Asset **投资资产** 一种被相当数量的个人拥有并用于投资目的的资产。

IO 纯息债券。

ISDA 见国际互换和衍生产品协会（International Swap and Derivatives Association）。

Ito Process **伊藤过程** 在一个短的时间区间 Δt 内，某随机过程所描述的随机变量变化服从正态分布。变化的期望值和方差与 Δt 成比例，但不一定为常数。

Ito's Lemma **伊藤引理** 由描述一个变量的随机过程来导出描述该变量的函数的随机过程的数学结论。

ITraxx Europe **ITraxx 欧洲** 由125个欧洲投资级公司构成的组合。

J

Jump-Diffusion Model **跳跃扩散模型** 在描述资产价格变化的扩散过程（例如几何布朗运动）上附加价格跳跃的模型。

Jump Process **跳跃过程** 在扩散过程（例如，几何布朗运动）上附加有跳跃的随机过程。

K

Kurtosis **峰度** 用于检验尾部肥瘦的测度。

L

LEAPS **长期资产预期证券** 这是期限较长的股票或股指期权。

LIBID **伦敦同业银行借款利率** 银行对于借入欧洲货币的利息率（也就是银行愿意以这一利率从其他银行借入资金）。

LIBOR **伦敦同业银行拆出利率** 银行对于存入欧洲货币的利息率（也就是银行愿意以这一利率将资产借给其他银行）。

LIBOR Curve **LIBOR 曲线** 以LIBOR零息利率作为期限的函数。

LIBOR-in-Arrears Swap **LIBOR 后置互换** 在此交易中，利率观察日与付款日相同（利率的计算不是取决于前一阶段所观察到的利率）。

LIBOR-OIS Spread **LIBOR-OIS 溢差** 对于一定期限的LIBOR利率与OIS利率的差。

Limit Move **涨跌停版变动** 交易所限定的在一交易时间区间内价格变化的最大限额。

Limit Order **限价指令** 只在达到某指定价格或更优惠价格时才执行的指令。

Liquidity Preference Theory **流动性偏好理论** 由这一理论得出的结果是远期利率会高于将来即期利率的期望值。

Liquidity Premium **流动性溢价** 远期利率超出将来即期利率期望值的数量。

Liquidity Risk 流动性风险 一个资产的卖出价格不能达到其理论价格的风险。

Locals 自营经纪人 在交易大厅为自己的账户，而不是为其他客户进行交易的交易员。

Lognormal Distribution 对数正态分布 一个变量服从对数正态分布是指这一变量的对数服从正态分布。

Long Hedge 多头对冲 涉及进入期货多头头寸的对冲策略。

Long Position 多头头寸 买入某资产的交易。

Lookback Option 回望期权 在到期日期权收益与资产价格与在一段时间内所取得的最大值或最小值有关。

Low Discrepancy Sequence 低偏差序列 见伪随机序列（Quansi-Random Sequences）。

M

Maintenance Margin 维持保证金 当交易员的保证金低于这一水平时，交易员会被要求增加保证金，以使得保证金恢复到最初保证金的水平。

Margin 保证金 期货或期权交易员必须维持的现金存款（或其他形式的证券）数量。

Margin Call 保证金催付 当保证金账号存款低于维持保证金水平时所做出的增加额外保证金的要求。

Market-Leveraged Stock Unit，MSU 市场股票凭据 该凭据的持有者在将来有权收入一定数量的股票，收入股票数量与股价有关。

Market Maker 做市商 给出买入与卖出两种报价的交易员。

Market Model 市场模型 被交易员广泛采用的模型。

Market Price of Risk 风险市场价格 投资者检测风险与收益之间替换关系的测度。

Market Segmentation Theory 市场分割理论 该理论认为短期利率和长期利率相互无关。

Marking to Market 按市场定价 对产品重新定价时，反映市场变量当前市场价格的做法。

Markov Process 马尔科夫过程 随机过程所描述的变量在将来一个较短时间段内的变化只与变量在时间段开始时的取值有关，而与其历史值无关。

Martingale 鞅 漂移率为 0 的随机过程。

Maturity Date 到期日 合约的终结时间。

Maximum Likelihood Method 极大似然方法 一种选择参数的方法，由这一方法所得出的参数可以保证出现观察值的概率达到最大。

Mean Reversion 均值回归 市场变量（例如波动率或利率）回归到长期平均水平的倾向。

Measure 测度 有时也被称为概率测度，它定义了风险的市场价格。

Mezzanine Tranche 中层份额 损失发生在股权份额之后，但在高级份额之前的份额。

Modified Duration 修正久期 一种对标准久期的修正，其目的是为了更准确地描述债券价格变化同收益率变化的比率关系，修正久期考虑了收益率报价的复利频率。

Money Market Account 货币市场账户 在最初投资为 1 美元，在时刻 t 该投资在很短的时间区间内的增长率等于该时间区间内的无风险利率。

Monte Carlo Simulation 蒙特卡罗模拟 一种对市场变量进行随机抽样而为衍生产品定价的程序。

Mortgage-Backed Security 房产抵押贷款证券 此债券持有人的现金流来自于一个住房抵押贷款组合。

N

Naked Position 裸露期权 一个不与标的资产多头头寸结合的看涨期权空头头寸。

Netting 净额结算 在对手违约时能够使具有正价值的合约与负价值的合约相互抵消的能力。

Newton-Raphson Method Newton-Raphson 方法 一种用于对非线性方程的迭代求解法。

NINJA 描述没有工作、没有收入、没有资产，信用差的群体。

No-Arbitrage Assumption 无套利假设 在市场上没有套利机会的假设。

No-Arbitrage Interest Rate Model 无套利利率模型 一种描述利率变化的模型，模型所产生的初始利率期限结构与所观察到的市场利率期限结构一致。

Nonstationary Model 非平稳模型 此模型中的波动率参数为时间的函数。

Nonsystemic Risk 非系统风险 能够被分散掉的

风险。

Normal Backwardation 正常现货溢价 期货价格低于将来即期价格的期望值。

Normal Distribution 正态分布 统计上标准的铃状分布。

Normal Market 正常市场 期货价格随着期限增大而增长的市场。

Notional Principal 面值（本金） 用于计算利率互换付款量的本金数量，这里的本金是一种“面值”（notional）形式，因为这一本金有可能被支付也有可能不被支付。

Numeraire 计价单位 该参数定义了证券价格的计量单位。例如，如果IBM的股票为计价单位，那么所有的证券均以IBM股票计量。假如IBM股票的价格为80美元，某证券的价格为50美元，那么当IBM股票为计价单位时，这一证券的价格为0.625。

Numerical Procedure 数值方法 在没有解析公式时所采用的计算方法。

O

Option Clearing Corporation，OCC 期权结算中心 见结算中心（Clearing house）。

Offer Price 卖出价格 交易商给出的资产卖出价格（也被称为索取价格（Ask Price））。

OIS 见隔夜指数互换。

Open Interest 未平仓合约 期货市场上所有的多头头寸数量（等于市场上所有的空头头寸数量）。

Open Outcry 公开喊价 交易员在交易大厅相见，以公开喊价的形式报出价格的一种交易方式。

Option 期权 买入或卖出资产的权利。

Option-Adjusted Spread 期权调整差价 此差价附加于政府债券收益率之上来使得利率衍生产品价格等于其理论价格。

Option Class 期权种类 对于某一股票的不同期权类型（看涨或看跌）。

Option Series 期权系列 具有相同期限和执行价格的某个期权种类的所有期权。

Out-of-the-Money Option 虚值期权 这种期权是资产价格低于执行价格的看涨期权，或者是资产价格高于执行价格的看跌期权。

Overnight Indexed Swap 隔夜指数互换 互换中的一个区间的固定利率（例如，一个月）与这一区间上的隔夜利率的平均值进行交换。

Over-the-Counter Market 场外交易市场 交易员通过电话交流的市场，这里的交易员通常代表金融机构、企业或资金管理公司。

P

Package 组合期权 由标准欧式看涨期权、标准欧式看跌期权、远期合约以及标的资产本身所构成的证券组合。

Par Value 面值 债券的本金。

Par Yield 面值收益 使得债券价格等于本金的券息。

Parallel Shift 平行移动 收益曲线上每一点移动量均等同的变化形式。

Parisian Option 巴黎期权 当资产价格比障碍值高或低的时间超出一段预先约定时间长度时，期权才被敲入或敲出。

Path-Dependent Option 路径依赖型期权 期权的收益不仅仅只是与资产的终端值有关，并且与资产价格变化的路径有关。

Payoff 收益 在期权或其他衍生产品到期时所实现的现金收入。

PD 违约概率。

Perpetual Derivatives 永续衍生品 衍生品不具有任何期限。

Plain Vanilla 简单 用于描述标准交易的术语。

P-Measure P-测度 现实世界的测度。

PO 纯本金债券。

Poisson Process 泊松过程 描述事件发生次数的一种随机过程，在时间段Δt内，事件发生的概率为$\lambda\Delta t$，其中λ为过程的密度。

Portfolio Immunization 组合免疫 使得资产组合与利率变化不太敏感的一种方法。

Portfolio Insurance 证券组合保险 此交易策略保证交易组合的价值不低于一定的水平。

Position Limit 头寸限额 交易员（或一组交易员）所能持有的头寸限额。

Premium 期权付费 期权的价格。

Prepayment Function 提前偿付函数 通过此函数由其他变量来估计住房贷款本金提前偿付的数量。

Principal **本金** 债券产品的面值。

Principal Components Analysis **主因子分析** 一种在大量相关因子中找出少数因子来描述其大部分变化的分析方法（与因子分析法（Factor Analysis）类似）。

Principal Protected Notes **保本型证券** 产品回报取决于风险资产的表现，但最终回报不会为负，即投资人本金受到保护。

Program Trading **程序交易** 交易指令是由计算机自动产生并由计算机向交易所自动发出。

Protective Put **保护看跌期权** 看跌期权与标的资产的组合。

Pull-to-Par **收敛于面值现象** 债券价格在到期时收敛于面值的现象。

Put-Call Parity **看跌－看涨期权平价关系式** 具有同样执行价格与期限的欧式看涨期权和欧式看跌期权所满足的关系式。

Put Option **看跌期权** 在将来某时刻以某指定价格卖出某资产的权利。

Puttable Bond **可提前退还债券** 持有此债券的投资者在将来某时刻有权以预先指定价格将债券卖给债券发行人。

Puttable Swap **可赎回互换** 互换协议的一方有权提前中止互换协议。

Q

Q-Measure **Q－测度** 风险中性测度。

Quanto 期权的收益由某种货币决定，但付出收益的货币品种却为另一种货币。

Quansi-Random Sequences **伪随机序列** 蒙特卡罗模拟所采用的数值序列，该序列表示不同结果的代表值的样本，而并非随机抽样。

R

Rainbow Option **彩虹期权** 期权收益与两个或多个标的资产变量有关。

Range-Forward Contract **远期范围合约** 看涨期权多头头寸与看跌期权空头头寸的组合，或者看涨期权空头头寸与看跌期权多头头寸的组合。

Ratchet Cap **执行价格调整上限** 利率上限中一个计利区间的上限利率等于前一计利区间的利率加上一个溢差。

Real Option **实物期权** 期权涉及商品实物（而不是金融产品），商品实物可以是土地、工厂或设备等。

Rebalancing **再平衡** 对交易头寸的调整，其目的一般是为了保证 Delta 中性。

Recovery Rate **回收率** 违约时债券收回价值作为面值的百分比。

Reference Entity **参考实体** CDS 中指明的信用所保护的实体。

Repo **再回购** 再回购协议的简称，这种协议的一方以卖出资产并保证在今后以稍高价格购回的形式借入资金。

Repo Rate **再回购利率** 再回购协议中采用的利率。

Reset Date **重置日（定息日）** 在互换和上限/下限协议中，对一个区间上利率的设定时间。

Restricted Stock Unit，RSU **受限股票单位** 持有人在将来有权收入一份股票。

Reversion Level **回归水平** 市场变量（例如波动率）回归到的水平。

Rho 衍生产品价格变化同利率变化的比率。

Rights Issue **优先权证** 对现有证券持有人发行的在将来以某固定价格购买新发行股票的权利。

Risk-Free Rate **无风险利率** 不承担任何风险而收入的利率。

Risk-Neutral Valuation **风险中性定价** 在期权和其他衍生产品定价中假设世界为风险中性，风险中性定价给出的价格不只是对于风险中性世界成立，在所有的世界里，其价格均正确。

Risk-Neutral World **风险中性世界** 在这一世界中，投资者对所承担风险不索取额外回报。

Roll Back **倒推** 见倒退归纳（Backwards Induction）。

S

Scalper **投机者** 此类投资者持有债券的时间非常短暂。

Scenario Analysis **情形分析** 一种分析市场变量的不同变化情形对于组合价值影响的分析过程。

SEC 证券交易委员会。

Securitization **证券化** 将一投资组合资产的风险进行分配的过程。

SEF 见互换产品执行场所。

Settlement Price 结算价格 在交易日结束前合约价格的平均交易价格，此价格用于按市场定价。

Sharpe Ratio Sharpe 比率 资产高于无风险利率以上的回报与资产标准差的比率。

Short Hedge 空头头寸对冲 此对冲采用期货的空头头寸。

Short Position 空头头寸 交易员卖出自己并不拥有的证券。

Short Rate 短期利率 适用于短暂时间区间的利率。

Short Selling 卖空交易 从其他投资者处借入资产并在市场上变卖的交易形式。

Short-Term Risk-Free Rate 短期无风险利率 见短期利率（Short Rate）。

Shout Option 喊价期权 在该期权中，期权持有者在期权到期前有一次机会锁定收益的最小值。

Simulation 模拟 见蒙特卡罗模拟（Monte Carlo Simulation）。

Specialist 专家 在交易所负责管理限价指令（limit order）的管理人员，这些专家不向其他交易人员公布限价指令信息。

Speculator 投机者 市场上持有某种头寸的个人，通常他/她对于资产价格的上涨或下跌进行下赌。

Spot Interest Rate 即期利率 见零息利率（Zero Coupon Interest Rate）。

Spot Price 即期价格 即期交割的资产价格。

Spot Volatility 即期波动率 对于一个上限的不同上限单元定价所采用的不同波动率。

Spread Transaction 差价交易 期权的收益等于两个市场变量的差值。

Stack and Roll 滚动对冲 将短期期货叠在一起向前滚动来对冲长期风险敞口的方式。

Static Hedging 静态对冲 头寸在设定后无须再加调整的对冲策略。

Static Option Replication 静态期权复制 一种对交易组合进行对冲的方式，这一对冲过程涉及寻求另一交易组合来使得其在某边界上的值与被对冲的交易组合在同一边界上的值近似相等。

Step-up Swap 本金逐渐增加互换 此互换中的本金随时间的变化以某种既定的方式递增。

Sticky Cap 黏性上限 在这一利率上限中，一个计利区间的上限利率等于前一计利区间封顶后的利率加上一个溢差。

Stochastic Process 随机过程 描述随机变量将来可能变化的数学方程。

Stochastic Variable 随机变量 将来价值不确定的变量。

Stock Dividend 股票式股息 股票的股息以额外附加股票的形式付出。

Stock Index 股指 用于跟踪股票组合的指数。

Stock Index Futures 股指期货 股票指数上的期货产品。

Stock Index Option 股指期权 股指上的期权。

Stock Option 股票期权 股票上的期权。

Stock Split 股票分股 每一份既存股票被转换为更多的股票。

Storage Costs 贮存费用 贮存某种商品的费用。

Straddle 跨式期权 一个看涨期权的多头头寸与一个看跌期权的多头头寸的交易组合，这里的看涨期权和看跌期权具有同样的执行价格与到期日。

Strangle 异价跨式期权 一个看涨期权多头头寸与一个具有相同到期日的看跌期权多头头寸的交易组合，这里的看涨期权和看跌期权具有不同的执行价格。

Strap 带式组合 两个看涨期权多头头寸与一个看跌期权多头头寸的交易组合，这里的看涨期权和看跌期权具有同样的执行价格与到期日。

Stress VaR 压力风险价值度 利用受压市场数据来计算出的风险价值度。

Stress Testing 压力测试 用于检验极端市场变化对于组合价值的影响。

Strike Price 执行价格（敲定价格） 期权合约中所指明的资产买入或卖出的价格（也被称为行使价格（Exercise Price））。

Strip 序列组合 一个看涨期权多头头寸与两个看跌期权多头头寸的交易组合，这里的看涨期权和看跌期权具有同样的执行价格与到期日。

Strip Bonds 剥离债券 由长期国债中与本金分离的券息所产生的零息债券。

Subprime Mortgage 次级住房抵押贷款 向信用历史较差或无信用历史的贷款人所发放的住房抵押贷款。

Swap 互换协议 在将来以某种指定的形式交换

现金流的合约。

Swap Execution Facility **互换执行场所** 场外衍生产品的电子交易平台。

Swap Rate **互换利率** 保证利率互换价格为0的固定互换利率。

Swaption **互换期权** 一种在将来某时刻以某一固定利率进入利率互换的权利。

Swing Option **摆动期权** 这些合约通常阐明期权持有人以某指定价格每天接受电力的最低数量以及在每月所接收电力的最高数量，期权持有人可以变化（摆动）在每月买入电力的快慢，但一般来讲合约对期权持有人的变化次数有一定限制。

Synthetic CDO **合成 CDO** 由卖出信用违约互换而构成的CDO。

Synthetic Option **合成期权** 由交易标的资产而构成的期权。

Systematic Risk **系统风险** 不能被分散的风险。

T

Tailing the Hedge **尾随对冲** 为了反映每天的结算而对对冲期货合约的数量进行调整的方式。

Tail Loss **尾部损失** 见预期亏损（Expected Shortfall）。

Take-and-Pay Option **且取且付期权** 见摆动期权（Swing Option）。

TED Spread **TED 溢差** 3个月期限的LIBOR利率与3个月期限短期国债利率的差。

Tenor **支付期限** 用于支付的时间长度。

Term Structure of Interest Rates **利率期限结构** 利率与其期限的变化关系。

Terminal Value **终端值** 在合约到期时产品的价值。

Theta 随着时间的推移，期权或衍生产品的价值变化率。

Time Decay **时间衰减** 见Theta。

Time Value **时间价值** 由于今天与到期日之间的时间而产生的期权价值（等于期权价值减去内涵价值）。

Timing Adjustment **时间调整** 对某一变量的远期价格进行调整以便反映衍生产品收益发生的时刻。

Total Return Swap **总收益互换** 在这一互换协议中，资产（比如债券）收益与LIBOR加上一个溢差进行交换，资产收益包括收入（比如券息）以及资产价格的升值。

Tranche **份额** 具有不同风险特征的证券的一部分，例如CDO的份额。

Transaction Costs **交易费用** 进行交易而产生的费用（佣金以及取得的价格与产品中间价格的差值，产品中间价格等于买入与卖出价的平均）。

Treasury Bill **短期政府债券** 政府发行的用于融资的短期无券息证券。

Treasury Bond **长期政府债券** 政府发行的用于融资的长期有券息证券。

Treasury Bond Futures **长期政府债券期货** 关于长期政府债券的期货。

Treasury Note **中期国库券** 见Treasury Bond（中期国库券的期限小于10年）。

Treasury Note Futures **中期国库券期货** 中期国库券上的期货。

Tree **树形** 为了用于给期权以及其他衍生产品定价而建立的描述市场变量的树形结构。

Trinomial Tree **三叉树形** 在树形结构上的每个节点均有三支分叉。类似于二叉树，三叉树形也可用于对衍生产品定价。

Triple Witching Hour **三重合时刻** 股指期货、股指期权以及股指期货期权同时到期的时间。

U

Underlying Variable **标的变量** 决定期权以及其他衍生产品价格的变量。

Unsystematic Risk **非系统风险** 见非系统风险（Nonsystematic Risk）。

Up-and-in Option **上升-敲入期权** 标的资产价格上升到一定水平之后，这一期权将会生效。

Up-and-out Option **上升-敲出期权** 标的资产价格上升到一定水平之后，这一期权会被终止。

Uptick **价格升档** 价格的增加。

V

Value at Risk，VaR **风险价值度** 在一定置信水平之下，损失不能超出的数量。

Variance-Covariance Matrix **方差-协方差矩阵** 用于表达不同市场变量之间方差和协方差的矩阵。

Variance-Gamma Model 方差 - Gamma 模型 一种纯价格跳跃模型，其中小的价格跳跃经常发生，大的价格跳跃不经常发生。

Variance Rate 方差率 波动率的平方。

Variance Reduction Procedures 方差缩减程序 一种减小蒙特卡罗模拟法中误差的方法。

Variance Swap 方差互换 将一段时间内资产价格所实现的方差率与某一事先约定的方差率进行交换的合约。

Variation Margin 变动保证金 当产生保证金催付时，将保证金账户的资金提高到初始保证金水平所需要的额外保证金。

Vega 期权或其他衍生产品价格变化同波动率变化的比率。

Vega-Neutral Portfolio Vega 中性交易组合 Vega 为 0 的交易组合。

Vesting Period 等待时间 在这段时间内，期权不能被行使。

VIX Index VIX 指数 关于 S&P 500 股指波动率的指数。

Volatility 波动率 用于检验资产收益不定性的测度。

Volatility Skew 波动率倾斜 用于描述非对称波动率微笑的术语。

Volatility Smile 波动率微笑 隐含波动率作为执行价格的函数曲线。

Volatility Surface 波动率曲面 隐含波动率随执行价格与期限的变化表。

Volatility Swap 波动率互换 在此互换协议中，一个将计利区间内价格变化的实际波动率与一以固定波动率进行交换，计算双方现金流的本金相同。

Volatility Term Structure 波动率期限结构 隐含波动率随期限的变化。

Volcker Rule 沃克尔法则 多德 - 弗兰克法案中限制银行进行自营交易的规则，该法则由美联储前主席保罗·沃克尔（Paul Volcker）提出。

W

Warrant 认股权证 由公司或金融机构所发行的期权，公司经常会发行关于自身股票上的认股权证。

Waterfall 瀑布现金流 将标的资产组合所产生的现金流进行分配的规则。

Weather Derivative 气候衍生产品 收益与气候有关的衍生产品。

Weeklyes 单周期权 在每个星期四发行，在接下来的星期五到期的期权。

Wiener Process 维纳过程 在一个短时间区间 Δt 内，随机过程所描述的变量变化服从正态分布，变量变化期望值为 0，方差等于 Δt。

Wild Card Play 万能牌游戏 在交易结束后的某时间段以交易封仓价格（closing price）将期货进行交割的权利。

Writing an Option 期权承约 卖出一个期权。

Y

Yield 收益率 产品提供的回报率。

Yield Curve 收益率曲线 见利率期限结构（Term Structure of Interest Rate）。

Z

Zero-coupon Bond 零息债券 没有券息的债券。

Zero-coupon Interest Rate 零息利率 无息债券所对应的收益率。

Zero-coupon Yield Curve 零息收益率曲线 零息利率与期限之间的函数关系。

Zero Curve 零曲线 见零息收益率曲线（Zero-Coupon Yield Curve）。

Zero Rate 零息利率 见零息利率（Zero-Coupon Interest Rate）。

附录 A　DerivaGem 软件

DerivaGem 3.00 软件为《期权、期货及其他衍生产品》一书第 9 版的读者增加了若干功能。用户可以通过第 27 章所讨论的 CEV、默顿、混合跳跃扩散（mixed - jump diffusion）、方差 Gamma 等模型来对欧式期权定价，也可以进行蒙特卡罗模拟；同时，利用市场数据，用户还可以构建 LIBOR 和 OIS 曲线，可以对于互换和债券来进行定价。对互换、上限及互换期权定价时，用户可以采用 OIS 和 LIBOR 两种不同的贴现方式。

初始设定

使用软件最困难的阶段的往往是第一步，以下是 DerivaGem 软件 3.00 版一个循序渐进的初始设定过程。

（1）使用本书设定的通行证，将文件 DG300.xls，DG300 functions.xls 和 DG application.xls 下载到你的计算机上，并打开 DG300.xls 文件。

（2）你要确保 Macros（宏）功能属于开启状态，如果在你的工作页上有 Enable Editing 和 Enable Macros，请点击开启。某些 Windows 和 Office 版本的用户需要将 Macros 的安全等级设定为 Medium（中级）或者 Low（低级）。

（3）在页面的底部选择 Equity_FX_Index_Fut_Opts_Calc 工作页。

（4）将标的资产选定为 Currency，期权类型选定为 Binomial American，选择 Put 键，不要选择 Imply Volatility 一项。

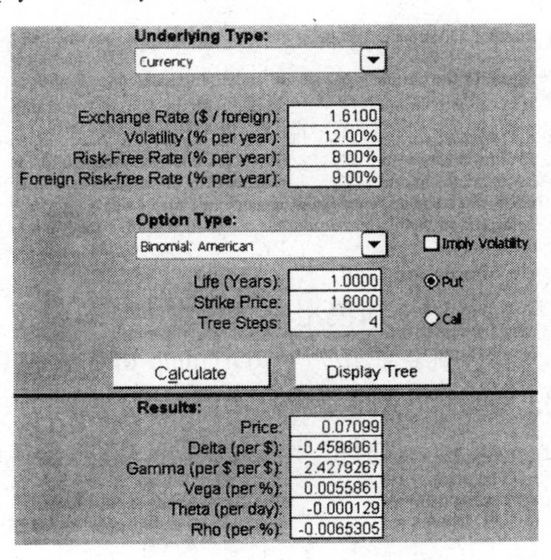

（5）你现在可以对美式货币看跌期权进行定价，定价需要 6 个输入值：汇率、波动率、国内无风险利率、国外无风险利率、期限（以年为计）、执行价格和时间步长。在计算单元 D5，D6，D7，D8，D13，D14 和 D15 中分别输入 1.61，12%，8%，9%，1.0，1.60 和 4。

（6）输入回车键，并点击 Calculate 键。D20 的数值将是 0.070 99，D21 和 D25 是希腊值，在接下一页，我给出了屏幕输出。

（7）点击 Display Tree 之后，你可以看到用于期权定价的二叉树。这正是第 21 章的图 21-6。

下面的步骤

熟悉了初始设定后，对于其他类型的期权定价，你不应该再有很大困难。为了计算隐含波动率，你需要点击 Imply Volatility 一项，并同时在计算单元中 D20 中输入期权价值，打入回车，点击计算键，最终的波动率会显示在单元 D6 上。

在接下的一个工作页，软件可以显示不同的图形。为了显示图形，你需要设定横轴和数轴自变量取值区间和竖轴的应变量，设定完毕后，点击回车（点击 Draw Graph）。

使用 Equity_FX_Index_Fut_Opts_Calc 工作页时，需注意以下几点：

（1）对于美式和欧式股票期权，用户最多可以在一个输入表格中输入标的资产的 7 个股息，输入股息格式为第 1 列为股息时间（从今天算起以年为计量），第 2 列为股息量，股息必须按时间的前后次序给出。

（2）美式期权的定价树的最大步数为 500 步，图像最多可以展示 10 步的定价树。

（3）标准看涨和看跌期权的希腊值是由对输入值进行扰动来产生的，计算中没有采用解析公式。

（4）对于亚式期权，当前平均（current average）是由期权开始算起，对于一个新交易（距离期权开始时间为 0），该变量没有用于计算。

（5）对于回望期权，截止到目前的极小（minimum to date）用于看涨期权计算和截止到目前的极大（maximum to date）用于看跌期权计算，对于一个新交易，这些数量应被设定为标的产品的当前值。

（6）利率为连续复利。

另外一个工作页 Alternative Models 的操作过程与 Equity_FX_Index_Fut_Opts_Calc 工作页类似，用户可以通过 CEV、默顿（Merton）、混合跳跃扩散（mixed-jump diffusion）、方差 Gamma 等模型来对欧式期权来定价；同时可以显示图形，隐含波动率可以显示在竖轴，横轴可以选取执行价格，以此用户可以展示波动率微笑。

蒙特卡罗模拟

在 Monte Carlo 工作页，用户可以看到不同模型对于期权的定价过程，可选用的模型包括对数正态、CEV、默顿（Merton）、混合跳跃扩散（mixed-jump diffusion）、方差 Gamma 等。图形将显示 10 个抽样结果。如果用户选取 Do AntiThetic，图形结果是针对 5 对抽样；如果用户没有选取 Do AntiThetic，图形结果是针对 10 个抽样。整体模拟和 10 个抽样的标准差在工作页中也有所显示。

零息曲线

LIBOR 零息曲线计算是基于 LIBOR 存款利率和 LIBOR 与固定息互换利率，OIS 零息利率则是基于 OIS 利率。为了教学展示，我们将真实世界的情形简化为利息累计区间为整年的一部分（例如 1 年、0.5 年、0.25 年等），天数计量惯例为实际天数/实际天数。如第 9 章所示，LIBOR

零息曲线可以利用 LIBOR 贴现或 OIS 贴现。利用这个工作页，用户可以用来检验将 LIBOR 贴现转换为 OIS 贴现对于 LIBOR 零息曲线的影响。

债券和互换

Bond_and_Swap_Price 工作页的运作与前面讨论的工作页运作类似，互换的定价可以采用 LIBOR 和 OIS 两种不同的贴现。对于 OIS 贴现，用户需要输入 OIS 零息利率和 LIBOR 零息利率，LIBOR 零息利率的计算通常可以通过 Zero Curve 计算页来实现。

债券期权

债券期权（Bond_Option）工作页的操作与前面工作页类似，用户可以选择的定价模型包括布莱克模型（见 29.1 节）、短期利率的正态分布模型（见式（31-13））和短期利率的对数正态分布模型（见式（31-18））。第一个模型只能用于欧式期权，另外两个模型可以用于美式或欧式期权，券息为每年券息率，券息时间频率可以是 Quarterly（每季度）、Semi-Annual（每半年）和 Annual（每年）。在名为 Term Structure 数表中，用户需要输入零息收益曲线，在第 1 列中输入期限（以年为计），在第 2 列输入要连续复利的利率。DerivaGem 采用与图 4-1 类似的分段线性零息收益曲线的假设。用户应注明执行价格是一个洁净价格（clean price）还是一个带息价格（dirty price）（见 21.1 节）。软件计算债券价格和输入执行价格均对应于 100 美元本金量。

上限和互换期权

上限和互换期权（Cap_and_Swap_Options）工作页的操作大体和股票、外汇、股指、期货期权的操作类似，用户可以利用这一页来对利率上限/下限和互换期权定价。29.2 节和 29.3 节分别解释了如何利用布莱克模型对于上限/下限和欧式互换期权进行定价，关于短期利率的正态模型和对数正态模型分别由式（31-13）和式（31-18）给出。利率期限结构的输入方式和债券期权类似，付款时间频率可以是每季度、每半年和每年。DerivaGem 从产品到期日开始以倒推的方式得出期权的付款日期，最初的计利区间可能是非标准的，其长度可能介于正常计利区间的 0.5 ~ 1.5 倍，贴现利率可以选用 OIS 和 LIBOR 两种。

信用违约互换

信用违约互换（CDS）工作页可以根据 CDS 溢差来计算违约率，反之亦然。用户需要输入（连续复利）利率的期限结构以及 CDS 溢差的期限结构或者违约率的期限结构。第一个违约率对应于零时刻到期限结构第一个时间点，第二个违约率对应的时间间隔为期限结构的第一个时间点到第二个时间点，依此类推。我们的计算中假设违约只可能发生在支付日与支付日之间的中点时间，见第 25.2 节的实例计算。

债务抵押债券

债务抵押债券（CDO）工作页根据用户输入的份额相关性计算 CDO 份额的报价。用户可以输入份额的附着点和离开点；报价可以是以溢差基点为单位或者涉及一个前端支付（up-front payment），是以份额面值百分比为计，此值可以是输入值，也可以为输出值（比如，iTraxx European 或 CDX NA IG 的股权份额的固定溢差为 500 个基点）。积分点个数（见式（25-

12))决定了计算的精度，在大多数情况下，10 个积分点足以满足精度要求（最大值为 30）。软件中会以份额本金的百分比形式显示预期损失（expLoss），并且以每年每 10 000 个基点的比率显示预期支付的贴现值（PVPmts）。这样，溢差（spread）等于 ExpLoss * 10 000/PVPmts，前端支付为 ExpLoss-(Spread * PVPmts/10 000)。工作页可以根据用户输入的报价来推算出份额的复合相关性（compound correlation）或基底相关性（base correlation）。对于基底相关性，必须将第一个份额的附着点设为 0%，一个份额的离开点是另一个份额的附着点。

希腊值的定义方式

在“Equity_FX_Index_Futures”工作页中，计算出的希腊值分别为：

Delta：当资产价格增长 1 美元时，期权价格相应的变化量；

Gamma：当资产价格增长 1 美元时，期权 Delta 相应的变化量；

Vega：当波动率增长 1% 时（例如，波动率由 20% 变为 21%），期权价格相应的变化量；

Rho：当利率增长 1% 时（例如，利率由 5% 变为 6%），期权价格相应的变化量；

Theta：日历日往前提进一日时，期权价格的变化量。

在“Bond_Options”和“Caps_and_Swap_Options”工作表中，计算出的希腊值分别为：

DV01：当收益曲线往上平移一个基点时，期权价格相应的变化量；

Gamma01：当收益曲线往上平移一个基点时，DV01 相应的变化量；

Vega：当波动率增长 1% 时（例如，波动率由 20% 变为 21%），期权价格相应的变化量。

应用工具

在熟悉了期权计算器（DG300. xls）后，你可以开始使用应用工具（Application Builder，DG300 application. xls），通过这个应用工具，你可以进一步来研发新的应用。DerivaGem 函数中含有 VBA 源代码，软件包含以下应用：

（1）二叉树收敛性（binomial convergence）：这一应用实例用于检验第 13 章及第 21 章所讨论的二叉树的收敛性。

（2）希腊值（Greek Letters）：这一应用实例将第 19 章所讨论的希腊值图形化。

（3）Delta 对冲（DeltaHedge）：这一应用实例用于检验表 19-2 及表 19-3 中的 Delta 对冲的表现。

（4）Delta 及 Gamma 对冲（Deltaand GammaHedge）：这一应用实例用于检验 Delta 及 Gamma 对冲对于两值期权的表现。

（5）风险价值度（value at risk）：这一应用实例采用三种不同的方法来计算有同一标底的三个期权所组成的交易组合的风险价值度。

（6）障碍期权复制（barrier replication）：这一应用实例进行静态期权复制计算（见 26.16 节）。

（7）三叉树收敛性（trinomial convergence）：这一应用实例用于检验三叉树的收敛性。

附录B 世界上的主要期权期货交易所

交易所	缩写	网址
澳大利亚股票交易所（Australian Stock Exchange）	ASX	www. asx. com. au
巴西商品及期货交易所（BM&FBOVESPA）	BMF	www. bmfbovespa. com. br
孟买证券交易所（Bombay Stock Exchange）	BSE	www. bseindia. com
波士顿期权交易所（Boston Options Exchange）	BOX	www. bostonoptions. com
马来西亚股票交易所（Bursa Malaysia）	BM	www. bursamalaysia. com
芝加哥期权交易所（Chicago Board Options Exchange）	CBOE	www. cboe. com
中国金融期货交易所（China Financial Futures Exchange）	CFFEX	www. cffex. com. cn
芝加哥商业交易所集团（CME Group）		www. cmegroup. com
大连商品交易所（Dalian Commodity Exchange）	DCE	www. dce. com. cn
欧洲期货交易所（Eurex）	EUREX	www. eurexchange. com
香港期货交易所（Hong Kong Futures Exchange）	HKFE	www. hkex. xom. hk
洲际交易所（Intercontinental Exchange）	ICE	www. theice. com
国际债券交易所（International Securities Exchange）	ISE	www. iseoptions. com
堪萨斯城交易所（Kansas City Board of Trade）	KCBT	www. kbct. com
伦敦金属交易所（London Metal Exchange）	LME	www. lme. co. uk
西班牙固定利得及不定利得金融期货交易所（MEFF Renta Fija and Variable，Spain）	MEFF	www. meff. com
墨西哥衍生产品交易所（Mexican Derivatives Exchange）	MEXDER	www. mexder. com
明尼阿波利斯谷物交易所（Minneapolis Grain Exchange）	MGE	www. mgex. com
蒙特利尔交易所（Montreal Exchange）	ME	www. me. org
纳斯达克 OMX（NASDAQ OMX）		www. nasdaqomx. com
孟买国家证券交易所（National Stock Exchange，Mumbai）	NSE	www. nseindia. com
纽约泛欧交易所（NYSE Euronext）		www. nyse. com
大阪证券交易所（Osaka Securities Exchange）	OSE	www. ose. or. jp
上海期货交易所（Shanghai Futures Exchange）	SHFE	www. shfe. com. cn
新加坡交易所（Singapore Exchange）	SGX	www. ses. com. sg
东京谷物交易所（Tokyo Grain Exchange）	TGE	www. tge. or. jp
东京金融交易所（Tokyo Financial Exchange）	TFX	www. tfx. co. jp
郑州商品交易所（Zhengzhou Commodity Exchange）	ZCE	www. zce. cn

在最近几年，世界上若干家衍生产品交易所纷纷进行合并。例如，芝加哥交易所和芝加哥商业交易所两家合并为一，成立了芝加哥商业交易所集团（CME Group)，同时包括纽约商品交易所（NYMEX）；Euronext 和 NYSE 两家交易所合并成立纽约泛欧交易所 NYSE Euronext，同时拥有美国股票交易所（AMEX）、太平洋交易所（PXS）、伦敦国际金融期货交易所（LIFFE）和两家法国的交易所；澳大利亚股票交易所（ASX）与悉尼期货交易所（SFE）合并为一成为澳大利亚证券交易所（ASX）；洲际交易所（ICE）购买了纽约交易所（NYBOT）、国际石油交易所（International Petroleum Exchange，IPE）和温尼伯商品交易所（Winnipeg Commodity Exchange，WCE）；EUREX 现由德国的 Borse AG 公司及瑞士 SWX 交易所共同拥有，并且收购了国际证券交易所（ISE）。毫无疑问，交易所合并的原因在于经济规模效应，规模大的交易所会降低交易费用。

附录 C　$x \leqslant 0$ 时 $N(x)$ 的取值

下表列出了对应于 $x \leqslant 0$ 时的 $N(x)$ 的取值，此表应该与插值并用。例如

$$\begin{aligned} N(-0.1234) &= N(-0.12) - 0.34[N(-0.12) - N(-0.13)] \\ &= 0.4522 - 0.34(0.4522 - 0.4483) \\ &= 0.4509 \end{aligned}$$

x	0.00	0.01	0.02	0.03	0.04	0.05	0.06	0.07	0.08	0.09
0.00	0.5000	0.4960	0.4920	0.4880	0.4840	0.4801	0.4761	0.4721	0.4681	0.4641
-0.10	0.4602	0.4562	0.4522	0.4483	0.4443	0.4404	0.4364	0.4325	0.4286	0.4247
-0.20	0.4207	0.4168	0.4129	0.4090	0.4052	0.4013	0.3974	0.3936	0.3897	0.3859
-0.30	0.3821	0.3783	0.3745	0.3707	0.3669	0.3632	0.3594	0.3557	0.3520	0.3483
-0.40	0.3446	0.3409	0.3372	0.3336	0.3300	0.3264	0.3228	0.3192	0.3156	0.3121
-0.50	0.3085	0.3050	0.3015	0.2981	0.2946	0.2912	0.2877	0.2843	0.2810	0.2776
-0.60	0.2743	0.2709	0.2676	0.2643	0.2611	0.2578	0.2546	0.2514	0.2483	0.2451
-0.70	0.2420	0.2389	0.2358	0.2327	0.2296	0.2266	0.2236	0.2206	0.2177	0.2148
-0.80	0.2119	0.2090	0.2061	0.2033	0.2005	0.1977	0.1949	0.1922	0.1894	0.1867
-0.90	0.1841	0.1814	0.1788	0.1762	0.1736	0.1711	0.1685	0.1660	0.1635	0.1611
-1.00	0.1587	0.1562	0.1539	0.1515	0.1492	0.1469	0.1446	0.1423	0.1401	0.1379
-1.10	0.1357	0.1335	0.1314	0.1292	0.1271	0.1251	0.1230	0.1210	0.1190	0.1170
-1.20	0.1151	0.1131	0.1112	0.1093	0.1075	0.1056	0.1038	0.1020	0.1003	0.0985
-1.30	0.0968	0.0951	0.0934	0.0918	0.0901	0.0885	0.0869	0.0853	0.0838	0.0823
-1.40	0.0808	0.0793	0.0778	0.0764	0.0749	0.0735	0.0721	0.0708	0.0694	0.0681
-1.50	0.0668	0.0655	0.0643	0.0630	0.0618	0.0606	0.0594	0.0582	0.0571	0.0559
-1.60	0.0548	0.0537	0.0526	0.0516	0.0505	0.0495	0.0485	0.0475	0.0465	0.0455
-1.70	0.0446	0.0436	0.0427	0.0418	0.0409	0.0401	0.0392	0.0384	0.0375	0.0367
-1.80	0.0359	0.0351	0.0344	0.0336	0.0329	0.0322	0.0314	0.0307	0.0301	0.0294
-1.90	0.0287	0.0281	0.0274	0.0268	0.0262	0.0256	0.0250	0.0244	0.0239	0.0233
-2.00	0.0228	0.0222	0.0217	0.0212	0.0207	0.0202	0.0197	0.0192	0.0188	0.0183
-2.10	0.0179	0.0174	0.0170	0.0166	0.0162	0.0158	0.0154	0.0150	0.0146	0.0143
-2.20	0.0139	0.0136	0.0132	0.0129	0.0125	0.0122	0.0119	0.0116	0.0113	0.0110
-2.30	0.0107	0.0104	0.0102	0.0099	0.0096	0.0094	0.0091	0.0089	0.0087	0.0084
-2.40	0.0082	0.0080	0.0078	0.0075	0.0073	0.0071	0.0069	0.0068	0.0066	0.0064
-2.50	0.0062	0.0060	0.0059	0.0057	0.0055	0.0054	0.0052	0.0051	0.0049	0.0048
-2.60	0.0047	0.0045	0.0044	0.0043	0.0041	0.0040	0.0039	0.0038	0.0037	0.0036
-2.70	0.0035	0.0034	0.0033	0.0032	0.0031	0.0030	0.0029	0.0028	0.0027	0.0026
-2.80	0.0026	0.0025	0.0024	0.0023	0.0023	0.0022	0.0021	0.0021	0.0020	0.0019
-2.90	0.0019	0.0018	0.0018	0.0017	0.0016	0.0016	0.0015	0.0015	0.0014	0.0014
-3.00	0.0013	0.0013	0.0013	0.0012	0.0012	0.0011	0.0011	0.0011	0.0010	0.0010
-3.10	0.0010	0.0009	0.0009	0.0009	0.0008	0.0008	0.0008	0.0008	0.0007	0.0007
-3.20	0.0007	0.0007	0.0006	0.0006	0.0006	0.0006	0.0006	0.0005	0.0005	0.0005
-3.30	0.0005	0.0005	0.0005	0.0004	0.0004	0.0004	0.0004	0.0004	0.0004	0.0003
-3.40	0.0003	0.0003	0.0003	0.0003	0.0003	0.0003	0.0003	0.0003	0.0003	0.0002
-3.50	0.0002	0.0002	0.0002	0.0002	0.0002	0.0002	0.0002	0.0002	0.0002	0.0002
-3.60	0.0002	0.0002	0.0001	0.0001	0.0001	0.0001	0.0001	0.0001	0.0001	0.0001
-3.70	0.0001	0.0001	0.0001	0.0001	0.0001	0.0001	0.0001	0.0001	0.0001	0.0001
-3.80	0.0001	0.0001	0.0001	0.0001	0.0001	0.0001	0.0001	0.0001	0.0001	0.0001
-3.90	0.0000	0.0000	0.0000	0.0000	0.0000	0.0000	0.0000	0.0000	0.0000	0.0000
-4.00	0.0000	0.0000	0.0000	0.0000	0.0000	0.0000	0.0000	0.0000	0.0000	0.0000

附录 D　$x \geqslant 0$ 时 $N(x)$ 的取值

下表列出了对应于 $x \geqslant 0$ 时的 $N(x)$ 的取值，此表应该与插值并用。例如

$$\begin{aligned} N(0.627\,8) &= N(0.62) + 0.78[N(0.63) - N(0.62)] \\ &= 0.732\,4 + 0.78 \times (0.735\,7 - 0.732\,4) \\ &= 0.735\,0 \end{aligned}$$

x	0. 00	0. 01	0. 02	0. 03	0. 04	0. 05	0. 06	0. 07	0. 08	0. 09
0. 00	0. 500 0	0. 504 0	0. 508 0	0. 512 0	0. 516 0	0. 519 9	0. 523 9	0. 527 9	0. 531 9	0. 535 9
0. 10	0. 539 8	0. 543 8	0. 547 8	0. 551 7	0. 555 7	0. 559 6	0. 563 6	0. 567 5	0. 571 4	0. 575 3
0. 20	0. 579 3	0. 583 2	0. 587 1	0. 591 0	0. 594 8	0. 598 7	0. 602 6	0. 606 4	0. 610 3	0. 614 1
0. 30	0. 617 9	0. 621 7	0. 625 5	0. 629 3	0. 633 1	0. 636 8	0. 640 6	0. 644 3	0. 648 0	0. 651 7
0. 40	0. 655 4	0. 659 1	0. 662 8	0. 666 4	0. 670 0	0. 673 6	0. 677 2	0. 680 8	0. 684 4	0. 687 9
0. 50	0. 691 5	0. 695 0	0. 698 5	0. 701 9	0. 705 4	0. 708 8	0. 712 3	0. 715 7	0. 719 0	0. 722 4
0. 60	0. 725 7	0. 729 1	0. 732 4	0. 735 7	0. 738 9	0. 742 2	0. 745 4	0. 748 6	0. 751 7	0. 754 9
0. 70	0. 758 0	0. 761 1	0. 764 2	0. 767 3	0. 770 4	0. 773 4	0. 776 4	0. 779 4	0. 782 3	0. 785 2
0. 80	0. 788 1	0. 791 0	0. 793 9	0. 796 7	0. 799 5	0. 802 3	0. 805 1	0. 807 8	0. 810 6	0. 813 3
0. 90	0. 815 9	0. 818 6	0. 821 2	0. 823 8	0. 826 4	0. 828 9	0. 831 5	0. 834 0	0. 836 5	0. 838 9
1. 00	0. 841 3	0. 843 8	0. 846 1	0. 848 5	0. 850 8	0. 853 1	0. 855 4	0. 857 7	0. 859 9	0. 862 1
1. 10	0. 864 3	0. 866 5	0. 868 6	0. 870 8	0. 872 9	0. 874 9	0. 877 0	0. 879 0	0. 881 0	0. 883 0
1. 20	0. 884 9	0. 886 9	0. 888 8	0. 890 7	0. 892 5	0. 894 4	0. 896 2	0. 898 0	0. 899 7	0. 901 5
1. 30	0. 903 2	0. 904 9	0. 906 6	0. 908 2	0. 909 9	0. 911 5	0. 913 1	0. 914 7	0. 916 2	0. 917 7
1. 40	0. 919 2	0. 920 7	0. 922 2	0. 923 6	0. 925 1	0. 926 5	0. 927 9	0. 929 2	0. 930 6	0. 931 9
1. 50	0. 933 2	0. 934 5	0. 935 7	0. 937 0	0. 938 2	0. 939 4	0. 940 6	0. 941 8	0. 942 9	0. 944 1
1. 60	0. 945 2	0. 946 3	0. 947 4	0. 948 4	0. 949 5	0. 950 5	0. 951 5	0. 952 5	0. 953 5	0. 954 5
1. 70	0. 955 4	0. 956 4	0. 957 3	0. 958 2	0. 959 1	0. 959 9	0. 960 8	0. 961 6	0. 962 5	0. 963 3
1. 80	0. 964 1	0. 964 9	0. 965 6	0. 966 4	0. 967 1	0. 967 8	0. 968 6	0. 969 3	0. 969 9	0. 970 6
1. 90	0. 971 3	0. 971 9	0. 972 6	0. 973 2	0. 973 8	0. 974 4	0. 975 0	0. 975 6	0. 976 1	0. 976 7
2. 00	0. 977 2	0. 977 8	0. 978 3	0. 978 8	0. 979 3	0. 979 8	0. 980 3	0. 980 8	0. 981 2	0. 981 7
2. 10	0. 982 1	0. 982 6	0. 983 0	0. 983 4	0. 983 8	0. 984 2	0. 984 6	0. 985 0	0. 985 4	0. 985 7
2. 20	0. 986 1	0. 986 4	0. 986 8	0. 987 1	0. 987 5	0. 987 8	0. 988 1	0. 988 4	0. 988 7	0. 989 0
2. 30	0. 989 3	0. 989 6	0. 989 8	0. 990 1	0. 990 4	0. 990 6	0. 990 9	0. 991 1	0. 991 3	0. 991 6
2. 40	0. 991 8	0. 992 0	0. 992 2	0. 992 5	0. 992 7	0. 992 9	0. 993 1	0. 993 2	0. 993 4	0. 993 6
2. 50	0. 993 8	0. 994 0	0. 994 1	0. 994 3	0. 994 5	0. 994 6	0. 994 8	0. 994 9	0. 995 1	0. 995 2
2. 60	0. 995 3	0. 995 5	0. 995 6	0. 995 7	0. 995 9	0. 996 0	0. 996 1	0. 996 2	0. 996 3	0. 996 4
2. 70	0. 996 5	0. 996 6	0. 996 7	0. 996 8	0. 996 9	0. 997 0	0. 997 1	0. 997 2	0. 997 3	0. 997 4
2. 80	0. 997 4	0. 997 5	0. 997 6	0. 997 7	0. 997 7	0. 997 8	0. 997 9	0. 997 9	0. 998 0	0. 998 1
2. 90	0. 998 1	0. 998 2	0. 998 2	0. 998 3	0. 998 4	0. 998 4	0. 998 5	0. 998 5	0. 998 6	0. 998 6
3. 00	0. 998 7	0. 998 7	0. 998 7	0. 998 8	0. 998 8	0. 998 9	0. 998 9	0. 998 9	0. 999 0	0. 999 0
3. 10	0. 999 0	0. 999 1	0. 999 1	0. 999 1	0. 999 2	0. 999 2	0. 999 2	0. 999 2	0. 999 3	0. 999 3
3. 20	0. 999 3	0. 999 3	0. 999 4	0. 999 4	0. 999 4	0. 999 4	0. 999 4	0. 999 5	0. 999 5	0. 999 5
3. 30	0. 999 5	0. 999 5	0. 999 5	0. 999 6	0. 999 6	0. 999 6	0. 999 6	0. 999 6	0. 999 6	0. 999 7
3. 40	0. 999 7	0. 999 7	0. 999 7	0. 999 7	0. 999 7	0. 999 7	0. 999 7	0. 999 7	0. 999 7	0. 999 8
3. 50	0. 999 8	0. 999 8	0. 999 8	0. 999 8	0. 999 8	0. 999 8	0. 999 8	0. 999 8	0. 999 8	0. 999 8
3. 60	0. 999 8	0. 999 8	0. 999 9	0. 999 9	0. 999 9	0. 999 9	0. 999 9	0. 999 9	0. 999 9	0. 999 9
3. 70	0. 999 9	0. 999 9	0. 999 9	0. 999 9	0. 999 9	0. 999 9	0. 999 9	0. 999 9	0. 999 9	0. 999 9
3. 80	0. 999 9	0. 999 9	0. 999 9	0. 999 9	0. 999 9	0. 999 9	0. 999 9	0. 999 9	0. 999 9	0. 999 9
3. 90	1. 000 0	1. 000 0	1. 000 0	1. 000 0	1. 000 0	1. 000 0	1. 000 0	1. 000 0	1. 000 0	1. 000 0
4. 00	1. 000 0	1. 000 0	1. 000 0	1. 000 0	1. 000 0	1. 000 0	1. 000 0	1. 000 0	1. 000 0	1. 000 0

CFA协会投资系列

机械工业出版社华章公司、Wiley出版社和CFA协会非常荣幸地推出CFA协会投资系列及CFA协会机构投资系列丛书，这套丛书通过享有盛誉的学者和金融专业人士的努力，针对金融领域的重要问题提供了大量的关键资料。在每一本书中，这些善于思考的领导者在理论和实践层面针对金融问题提出了自己的洞见。这些书籍是金融研究生和从业人员的理想读物。

序号	丛书名	中文书号	中文书名	原作者	译者	定价
1	CFA协会投资系列	978-7-111-45367-3	公司金融：实用方法	Michelle R. Clayman, Martin S. Fridson, George H. Troughton	汤震宇 等	99
2	CFA协会投资系列	978-7-111-38805-0	股权资产估值(原书第2版)	Jeffrey K.Pinto, Elaine Henry, Jerald E. Pinto, Thomas R. Robinson, John D. Stowe, Abby Cohen	刘醒云 等	99
3	CFA协会投资系列	978-7-111-38802-9	定量投资分析（原书第2版）	Jerald E. Pinto, Richard A. DeFusco, Dennis W. McLeavey, David E. Runkle	劳兰珺 等	99
4	CFA协会投资系列	978-7-111-38719-0	投资组合管理：动态过程（原书第3版）	John L. Maginn, Donald L. Tuttle, Dennis W. McLeavey, Jerald E. Pinto	李翔 等	149
5	CFA协会投资系列	2014即将出版	固定收益证券分析（原书第2版）	Frank J. Fabozzi	汤震宇 等	99
6	CFA协会投资系列	2014即将出版	国际财务报表分析	Thomas R. Robinson, Elaine Henry, Wendy L. Pirie, Michael A. Broihahn	汤震宇 等	149
7	CFA协会投资系列	2014即将出版	投资决策经济学：微观、宏观与国际经济学	Christopher D. Piros	韩复龄 等	99
8	CFA协会投资系列	2014即将出版	投资学：投资组合理论和证券分析	Michael G. McMillan	王晋忠 等	99
9	CFA协会投资系列	2014即将出版	新财富管理：理财顾问客户资产管理指南	Roger C. Gibson	翟立宏 等	99
10	CFA协会机构投资系列	978-7-111-43668-3	投资绩效测评：评估和结果呈报	Todd Jankowski, Watts S. Humphrey, James W. Over	潘席龙 等	99
11	CFA协会机构投资系列	2015即将出版	风险管理：变化的金融世界的基础	Austan Goolsbee, Steven Levitt, Chad Syverson	郑磊 等	149
12	CFA协会机构投资系列	2014即将出版	估值技术：现金流贴现、收益质量、增加值衡量和实物期权	David T. Larrabee	王晋忠 等	99
13	CFA协会机构投资系列	2014即将出版	私人财富管理：财富管理实践	Stephen M. Horan	翟立宏 等	99

华章教材经典译丛（清明上河图）系列

课程名称	书号	书名、作者及出版时间	定价
财务会计	978-7-111-39244-6	财务会计教程（第10版）（亨格瑞）（2012年）	79
财务管理（公司理财）学习指导	978-7-111-32466-9	公司理财（第8版）习题集（汉森）（2010年）	42
财务管理（公司理财）	978-7-111-36751-2	公司理财（第9版）（罗斯）（2012年）	88
财务管理（公司理财）	978-7-111-47887-4	公司理财（精要版）（第10版）（罗斯）（2014年）	75
电子商务	978-7-111-45187-7	电子商务：管理与社会网络的视角（第7版）（特班）（2014年）	79
战略管理	978-7-111-39138-8	战略管理：概念与案例（第8版）（希尔）（2012年）	69
战略管理	978-7-111-43844-1	战略管理：获取持续的竞争优势（第4版）（巴尼）（2013年）	69
商业伦理学	978-7-111-37513-5	企业伦理学（第7版）（乔治）（2012年）	79
领导学	978-7-111-47356-5	领导学（第8版）（尤克尔）（2014年）	65
管理学	978-7-111-46255-2	管理学（诺里亚）（2014年）	69
管理学	978-7-111-41449-0	管理学：原理与实践（第8版）（罗宾斯）（2013年）	59
管理技能	978-7-111-37591-3	管理技能开发（第8版）（惠顿）（2012年）	98
创业管理	978-7-111-40258-9	公司创新与创业（第3版）（库拉特科）（2012年）	49
项目管理	978-7-111-39774-8	项目管理：基于团队的方法（布朗）（2012年）	49
数据、模型与决策	即将出版	数据、模型与决策（第5版）（希利尔）（2014年）	85
管理会计	978-7-111-39512-6	管理会计教程（第15版）（亨格瑞）（2012年）	88
投资银行学	978-7-111-41476-6	投资银行、对冲基金和私募股权投资导论（斯托厄尔）（2013年）	99
金融中介学	978-7-111-43694-2	金融市场与金融机构（第7版）（米什金）（2013年）	99
金融学（货币银行学）指导或案例	978-7-111-44311-7	货币金融学（第2版）学习指导（米什金）（2013年）	45
金融学（货币银行学）	978-7-111-34261-8	货币金融学（第2版）（米什金）（2011年）	75
金融市场学	978-7-111-26674-7	金融市场学（第10版）（罗斯）（2009年）	79
金融工程学习指导	978-7-111-30014-4	期权、期货及其他衍生产品习题集（第7版）（赫尔）（2010年）	42
金融工程	978-7-111-48437-0	期权、期货及其他衍生产品（第9版）（赫尔）（2014年）	109
（证券）投资学学习指导	978-7-111-42662-2	投资学习题集（第9版）（博迪）（2013年）	49
（证券）投资学	978-7-111-39028-2	投资学（第9版）（博迪）（2012年）	98
（证券）投资学	978-7-111-44485-5	投资学（第9版）（珍藏版）（博迪）（2013年）	199
中级宏观经济学	978-7-111-43155-8	宏观经济学（第5版·升级版）（布兰查德）（2013年）	75
西方经济学学习指导	978-7-111-33099-8	哈伯德《经济学》学习指南（第3版）（斯卡希尔）（2011年）	45
西方经济学学习指导	978-7-111-31352-6	经济学精要（精要版）（第4版）学习指南（拉什）（2010年）	39
西方经济学（微观）	978-7-111-32767-7	经济学（微观）（第3版）（哈伯德）（2011年）	59
西方经济学（微观）	978-7-111-42810-7	经济学（微观部分）（第2版）（斯通）（2013年）	55
西方经济学（宏观）	978-7-111-32768-4	经济学（宏观）（第3版）（哈伯德）（2011年）	49
西方经济学（宏观）	978-7-111-42849-7	经济学（宏观部分）（第2版）（斯通）（2013年）	49
西方经济学	978-7-111-28088-0	经济学：私人与公共选择（第12版）（格瓦特尼）（2009年）	78
西方经济学	978-7-111-27481-0	经济学原理（精要版）（第4版）（帕金）（2009年）	62
商务与经济统计	978-7-111-37641-5	商务与经济统计（第11版）（安德森）（2012年）	108
商务与经济统计	即将出版	商务与经济统计（第12版）（安德森）（2014年）	109
组织行为学	978-7-111-44814-3	组织行为学精要（第12版）（罗宾斯）（2014年）	45
人力资源管理	978-7-111-40189-6	人力资源管理（亚洲版·第2版）（德斯勒）（2012年）	65
消费者行为学	978-7-111-47509-5	消费者行为学（第12版）（霍金斯）（2014年）	79
市场营销学（营销管理）	978-7-111-43017-9	市场营销学（第11版）（阿姆斯特朗、科特勒）（2013年）	75
市场营销学（营销管理）	978-7-111-43202-9	市场营销原理（亚洲版·第3版）（科特勒）（2013年）	79
服务营销学	978-7-111-48495-0	服务营销（第6版）（泽丝曼尔）（2014年）	75
供应链（物流）管理	978-7-111-45565-3	供应链物流管理（第4版）（鲍尔索克斯）（2014年）	59
管理信息系统	978-7-111-34151-2	管理信息系统（第11版）（劳顿）（2011年）	55